CSSCI来源集刊

刑事法评论

CRIMINAL LAW REVIEW

北京大学刑事法理论研究所 主办

2010 陈兴良 主编

第 26 卷

北京大学出版社
PEKING UNIVERSITY PRESS

图书在版编目(CIP)数据

刑事法评论·第 26 卷/陈兴良主编. —北京:北京大学出版社,2010.5
ISBN 978 – 7 – 301 – 17119 – 6

Ⅰ. 刑… Ⅱ. 陈… Ⅲ. 刑法 – 法的理论 – 文集 Ⅳ. D914.01 – 53

中国版本图书馆 CIP 数据核字(2010)第 069573 号

书　　　名:	刑事法评论·第 26 卷(2010)
著作责任者:	陈兴良　主编
责 任 编 辑:	侯春杰　马寅翔
标 准 书 号:	ISBN 978 – 7 – 301 – 17119 – 6/D · 2583
出 版 发 行:	北京大学出版社
地　　　址:	北京市海淀区成府路 205 号　100871
网　　　址:	http://www.yandayuanzhao.com　电子邮箱:law@ pup.pku.edu.cn
电　　　话:	邮购部 62752015　发行部 62750672　编辑部 62117788
	出版部 62754962
印　刷　者:	世界知识印刷厂
经　销　者:	新华书店
	730 毫米×980 毫米　16 开本　36 印张　721 千字
	2010 年 5 月第 1 版　2010 年 5 月第 1 次印刷
定　　　价:	68.00 元

未经许可,不得以任何方式复制或抄袭本书之部分或全部内容。
版权所有,侵权必究
举报电话:010 – 62752024　电子邮箱:fd@ pup.pku.edu.cn

主编絮语

本卷是《刑事法评论》第26卷，也是2010年的第1卷。

在"主题研讨"栏目中，发表了3篇具有相当理论深度的论文。付立庆的《中国传统犯罪构成理论总检讨》一文，切合了当前我国刑法学界正在讨论的一个热点问题，这就是犯罪构成体系。付立庆在文中要检讨的所谓传统犯罪构成理论，就是目前我国通行的四要件的犯罪构成体系。从四要件的犯罪构成体系到三阶层的犯罪论体系的演进，是我国刑法知识转型、刑法理论变革的一个基本方向。而欲达成这一目标，我们尚需在两个方面进行学术努力：一是对四要件的犯罪构成体系的批判；二是对三阶层的犯罪论体系的介绍，这两项工作缺一不可。付立庆的文章属于前者，是对四要件的犯罪构成体系进行整体性反思的一篇力作。文中涉及对作为四要件的犯罪构成体系前提的社会危害性理论的系统批判、对四要件的犯罪构成体系各种要素存在缺陷的深刻揭示，以及以违法与责任阶层性结构为分析工具对四要件的犯罪构成体系的构造性缺失的全面审视。可以说，付立庆的文章是对四要件犯罪构成体系批判性观点的集大成之作。

在本栏目中，发表了周详的两篇作品，这是不同寻常的。周详所任职的中南财经政法大学是实质刑法观的发源地,老一辈学者曾宪信、江任天等教授开创了这一学术进路,出身于中南的年轻一辈刑法学者张明楷、刘艳红、苏彩霞等将之发扬光大,这对于我国刑法学派之形成是一个重要贡献。周详同样接受了这一师承,对于实质刑法观耳濡目染,感同身受,体会最为深切。在两篇作品中,周详一再自称是"一个某种意义上的实质解释论坚持者",这对于理解周详文中观点是十分重要的一个提示。在《建立一座法律解释论的"通天塔"——对实质的刑法解释论的反思》一文中,作者从实质解释论这样一个向度进行了反思。本文的写作手法是颇为别致的,作者从电影《通天塔》中引出话题,形象地表现了人与人之间沟通与理解的困难。法律解释实际上是法律文本与法律规范接受者之间的一种沟通。在这当中,到底是采形式解释论还是实质解释论,其结论是大不相同的。在本文中,作者以中南弟子的身份,对实质解释论进行了一定的检讨,并且对作为实质解释论对立面的形式解释论也作了一些梳理,力图形成两者之间的学派关系。这样一种研究,在我国刑法学界还是极为少见的,我以为是别有新意的。尽管本文中涉及对相关学者的评判,包括我在内,也有对所谓"中南派"与"北大派"的刻画,这些文字在传统的写作语境中都是犯忌的,十分容易引起争议。当然现在已经是一个学术宽容的时代,只要作者是以一种善意的、理性的立场出发,尽管批判存在偏颇,我以为都是能够接受的。因为现在毕竟已经不是学术威权或者理论专制的时代,一家之说的成立正是百家争鸣的前提。尽管我也不完全同意周详的观点,但我对周详在本文中表现出来的思想新颖、文字活泼、文风洒脱的风格,还是极为欣赏的。

  周详的另一篇作品是书评,题为《论一只"牛虻"在中国刑法学术生态圈的诞生——评〈中国实质刑法观批判〉》。这部作品写作于前文之后,但两篇作品之间存在某种关联。本文所涉及的作品是邓子滨教授的《中国实质刑法观批判》一书。我对于该书的评价,可以参见我为该书所作的序,在此不赘。周详的书评,是对邓子滨该书的一个学术反响。这里应当指出,周详的博士论文是采用生态学方法对我国刑法学术生态进行研究,而邓子滨该书的出版,正好为周详的研究提供了一个样本,因而被纳入中国刑法学术生态圈中,展开生态学的研究。在本文的题目中出现了"牛虻"一词,只要看过同名小说的读者,对于牛虻精神可能还有一些印象。显然,周详是把邓子滨该书比喻为"牛虻"。无论这一比喻是否合适,其寓意是深刻的。本书提出,邓子滨该书的出版标志着中国刑法学流派的诞生。由此可见其对于邓子滨该书的基本态度,这种态度与前文是关联的,反映了周详的某种学术立场。当然,周详对邓子滨该书也不是完全肯定,而是进行了批判之批判。因此,周详也做了一回"牛虻"。当然,如果读者先读邓子滨的《中国实质刑法观批判》一书,再读周详本文,才能真正领会作者的思想。

在"理论前沿"栏目中发表了4篇论文。这些论文的共同特点是开拓了新的学术领域，不属于对传统问题的研究，而是对刑法相关问题的前沿性探讨。

欧阳本祺的《论刑法解释的刑事政策化》一文，提出了一个十分重要的问题，就是刑法教义学与刑事政策学之间的关系，并且从刑法解释这一角度对此作了探讨。刑法教义学与刑事政策之间的关系，也是目前我正在思考的一个问题。以往我们对刑法与刑事政策的理解，都是一种外在关系的理解。是否可以将刑事政策引入刑法教义学，使之形成某种内在关系呢？尤其是在刑法解释中，如何考虑刑事政策的因素，这些问题都是值得思考的。在这一问题上，德国学者罗克辛给我们以很大的启示。他在《刑事政策与刑法体系》一文中，就提出了刑事政策与刑法体系相结合的思路，这也是其目的理性主义的犯罪论体系的创新之所在。欧阳本祺在本文中提出了问题，也对问题进行了一定程度的阐述，这是值得肯定的。

张开骏的《基于法治原则的民意正当性拷问与刑事理性策略》一文，对民意与司法的关系进行了讨论。应该说，这本身是一个老问题，但作者从刑事理性策略角度的探讨，却是具有新意的。这里的刑事理性策略，主要还是指刑事政策。因此，本文侧重点在于从刑事政策角度提出对民意影响司法的应对之策。这个问题，在当前网络民意盛行的背景下，具有重要的现实意义。

肖雄的《论劳动权刑法保护的内容与范围——中国劳动刑法建构的核心问题》一文，对劳动刑法进行了系统的探讨，这个题目本身就是较为新颖的。作者是一位在读的硕士生，能够写出如此具有前沿性的论文，是难能可贵的。《刑事法评论》发表过一些本科生、硕士生的论文，这些论文都达到了较高的学术水准，对于学术新人的扶持，也是本刊义不容辞的使命。

朱铁军的《民事赔偿的刑法意义》一文，是从民刑关系的角度，对民事赔偿的刑事责任实现方式中的地位与作用的理论考察。民事赔偿影响量刑，在现实生活中往往被误解为以钱赎刑。本文对这些问题都作了深入的研究，例如对民事赔偿影响量刑的法理依据的分析，就是具有理论意义的。

在"刑法方法论"栏目中，发表了杜宇的《"类型"作为刑法上之独立思维形式——兼及概念思维的反思与定位》一文，这是杜宇对类型学方法在刑法理论运用研究中的重要内容之一。杜宇致力于对类型学方法论的研究，我以为是具有重要的刑法方法论意义的。刑法研究，不仅是教义学的研究，还要引入相关学术资源，对刑法进行内涵充实、外延拓展式的学术研究。只有这样，才能使刑法理论与日俱进，自立于人文社会科学之林。

在"域外传译"栏目中，刊登了德国学者的两篇论文。在此，我要重点推荐的是德国学者罗克辛的《刑事政策与刑法体系》一文，该文是蔡桂生翻译的，并获得了罗克辛教授的支持。蔡桂生现在德国波恩大学法学院攻读博士学位，能够有机会接触到德国理论的前沿性成果,并通过翻译介绍到国内来,这对于我国刑法理论研究也是具有积极意义的。罗克辛教授的《刑事政策与刑法体系》一文,着重探讨了如何将刑事政策引入刑法教义学体系的问题,这对于我国建立刑法教义学体系也是具有重要启迪的。以往我们对刑事政策与刑法关系的了解,都是一种外在的视角,或者是一种外在的相关性。而罗克辛教授则开启了一种考察刑事政策与刑法关系的内在视角,使刑事政策能够通过刑法教义学而发生实在的影响,这对于我国的刑事政策研究和教义刑法学的研究都是一种借鉴。

此外,我还要特别推荐约阿希姆·福格尔的《纳粹主义对刑法的影响》一文。我国学者对纳粹刑法有着太多的误解,把纳粹刑法看作是坚持形式的犯罪概念,却没有起到保障人权的作用。[1] 甚至认为罪刑法定原则也被法西斯主义利用过[2]。那么,法西斯纳粹果真是坚持形式的犯罪概念、利用罪刑法定原则,而不是摈弃形式的犯罪概念,公然践踏罪刑法定原则的吗?请看本文中的以下这段话:

> 纳粹刑法同"实质主义而非形式主义","合法性(Rechtmassigkeit)而不是合法律性(Gesetzmaessigkeit)"等流行语衔接的天衣无缝。过去将 Dahm 和 Schaffstein 反对 1933 年前所谓"形式主义"的论战视为非历史的(unhistorisch,即类似动物般地忘记历史——译者注),在今天就不能让当代人信服了。更确切地说,纳粹主义使得实质化极端化——顺便提一下,因为虽然一方面使之有利于产生政治上"正确的"结论,另一方面却开启必须通过预先设定的服从和消除司法独立予以弥补的司法自由空间,这在专制独裁中是自相矛盾的。

由此可见,纳粹刑法从根本上说就是反形式的,因而是反法治的,是极端化实质主义的。实质,无论是以"健全的公民感受(gesunde Volksempfinden)"的名义,还是以社会危害性的形式,只要其不受法律形式的限制,就是极为危险的,这也是我坚持形式刑法观的信念之所在。

在"域外视野"栏目中,发表了侣化强的《西方刑事诉讼传统的形成——以中世纪"非理性"证据、审判制度为中心》与蔡曦蕾的《美国刑法理论视野下正当事由与宽宥事由的宏观探析——区分之理、存在之据与影响之果》两文,这两篇论文都涉及对西方的刑法与刑事诉讼法的基本理论的介绍,对于我国刑事法理论的发展是有所裨益的。

在"专题研究"栏目中,发表了 10 篇论文,涉及刑事法的各学科。张训的《入罪的理由:论刑法生成的标准——基于指标分析的理路》一文,在与量刑对应的意

---

[1] 参见苏彩霞、刘志伟:《混合的犯罪概念之提倡——兼与陈兴良教授商榷》,载《法学》2006 年第 3 期。
[2] 参见马荣春、周建达:《为社会危害性概念的刑法学地位辨正——兼与陈兴良教授商榷》,载赵秉志主编:《刑法论丛》(第 19 卷),法律出版社 2009 年版,第 203 页。

义上研究了入罪问题,这里的入罪与我们通常所说的定罪是相当的。尤其是作者引用了有关指标对入罪的理由进行讨论,表明其不是法教义学的探讨,而是引入了法实证主义的方法论。张亚军的《客观归责的体系性定位》一文是对客观归责问题的进一步探讨。客观归责是我国刑法学界目前正在研究的一个热点问题,张亚军的博士论文就是以此为题目的,本文是这一研究的继续。周铭川的《论故意概念的相对性》一文,是对实质故意的一种研究,在故意概念中包含了价值的、规范的内容。当然,何为故意的相对性,在本文中缺乏定义式说明。张曙光的《论持有的实质——以巨额财产来源不明罪为例的分析》一文,是对持有的一种更为深入的探讨,作者认为,持有自身不是一种危害行为,而只是"非法持有"的事实侧面(或行为侧面);它也不是传统意义上的行为,而仅是一种事实关系。这些观点,对于我们正确地理解持有的本质具有一定的启示。谢冬慧的《南京国民政府时期刑事审判制度述论》,是一篇刑事法史的论文,为我们描述了一个特定历史时期的刑事审判制度。朱桐辉的《侦查辩护的诉讼救济与宪法救济》一文,提出了侦查辩护的百年,其实我国目前在侦查阶段是根本谈不上辩护的,因为我国现行的侦查行为不是诉讼行为而是行政行为。本文为我国侦查模式的改造提供了一种思路。汪贻飞的《量刑义务:检察官客观义务之核心》一文,提出了检察官的量刑义务的概念,以此充实检察官的客观义务。应该说,在我国目前对量刑程序进行改革的背景下,对这一问题的探讨是具有现实意义的。当然,检察官的量刑义务一词是容易引起误解的。量刑是法官的职权,检察官所具有的应该是保证量刑适当的义务。王利荣的《社区矫正应向何处去——以重庆市试点情况为切入点》一文,是对社区矫正所作的一个实证研究,其提出的问题是具有启发意义的。宋健强的《司法说理的国际境界——兼论国际犯罪论体系》一文,是对国际刑法研究的一种深化,尤其是试图建构国际犯罪论体系,这一命题具有一定的学术想象力。李强的《论社会团结、社会失范与犯罪控制》一文,是采用社会学知识,对犯罪控制这一问题所作的深入研究,对于我国犯罪学研究的发展具有一定的示范性。

《刑事法评论》的逐版出版,学术助理都付出了重大的努力。今年蔡桂生去德国留学,接替蔡桂生的是我的博士生马寅翔。我相信,马寅翔会圆满地完成这一工作。

陈兴良
谨识于北京海淀锦秋知春寓所
2010 年 1 月 28 日

目 录

主编絮语/陈兴良 …………………………………………………………… (1)

主 题 研 讨

中国传统犯罪构成理论总检讨/付立庆 ……………………………………… (1)
  一、前提缺陷:凌驾于犯罪构成之上的社会危害性理论……………………… (2)
  二、要素缺陷:犯罪客体与犯罪主体要件之反思与消解 ……………………… (18)
  三、结构缺陷之一:缺乏违法性的阶层
      ——兼论正当防卫、紧急避险的体系地位 ………………………………… (29)
  四、结构缺陷之二:缺乏责任阶层——从期待可能性理论切入 ……………… (37)
  五、实践缺陷:缺乏可操作性 ………………………………………………… (46)
  六、功能缺陷:突出保护功能,忽视保障功能 ………………………………… (50)
  七、全文小结:四要件体系的缺陷盘点………………………………………… (54)

建立一座法律解释论的"通天塔"
  ——对实质的刑法解释论的反思/周 详 ………………………………… (57)
  一、形式解释与实质解释的概念在法理学中的缺位 ………………………… (57)
  二、对《通天塔》电影的解读 …………………………………………………… (60)
  三、对实质解释论的几点反思 ………………………………………………… (67)

论一只"牛虻"在中国刑法学术生态圈的诞生
  ——评《中国实质刑法观批判》/周 详 ………………………………… (84)
  一、中国刑法学术生态圈的描述——"牛虻物种(精神)"的缺失 ………… (85)

二、《批判》一书标志着中国刑法学流派的诞生 …………………… (87)
三、《批判》之批判 ………………………………………………… (102)

理论前沿

论刑法解释的刑事政策化/欧阳本祺 ……………………………… (113)
 一、刑法解释刑事政策化的依据 …………………………………… (113)
 二、刑法解释刑事政策化的路径 …………………………………… (121)
 三、刑法解释刑事政策化的贯彻 …………………………………… (127)
 四、结语 ……………………………………………………………… (128)

基于法治原则的民意正当性拷问与刑事理性策略/张开骏 ………… (130)
 一、问题的提出:民意过度介入影响司法公正 ……………………… (130)
 二、司法的态度:法治不允许盲动的民意 …………………………… (135)
 三、解决的路径:司法应对与刑事政策之措施 ……………………… (140)
 四、未必多余的余论:正确理解与协调好司法的法律效果与
  社会效果 ………………………………………………………… (146)

论劳动权刑法保护的内容与范围
 ——中国劳动刑法建构的核心问题/肖 雄 ……………………… (149)
 一、导论:研究的缘起与必要性 …………………………………… (149)
 二、劳动刑法与劳动关系、劳动权 ………………………………… (154)
 三、建构劳动刑法的理论依据——法益理论 ……………………… (162)
 四、劳动权刑法保护对刑法理论的挑战 …………………………… (170)
 五、劳动刑法理论对我国在劳动权刑法保护方面的启示 ………… (182)
 六、结语 ……………………………………………………………… (185)

民事赔偿的刑法意义/朱铁军 ……………………………………… (187)
 一、民事赔偿机能的历史流变 ……………………………………… (187)
 二、民事赔偿刑法意义在域外理论和立法中的表现 ……………… (190)
 三、民事赔偿在我国刑法中的意义 ………………………………… (197)

刑法方法论

"类型"作为刑法上之独立思维形式
 ——兼及概念思维的反思与定位/杜 宇 ………………………… (206)
 一、"类型"作为独立的讨论客体 ………………………………… (206)

二、"类型"的语义发展 …………………………………………… (207)
三、"类型"的思维特征 …………………………………………… (209)
四、"类型"的逻辑结构 …………………………………………… (224)
五、"类型"的类型化 ……………………………………………… (226)
六、类型与概念的基本关系 ……………………………………… (232)

域 外 传 译

刑事政策与刑法体系/克劳斯·罗克辛 文　蔡桂生 译 …………… (244)
纳粹主义对刑法的影响/约阿希姆·福格尔 文　喻海松 译 ……… (283)
　　一、引言 …………………………………………………………… (284)
　　二、20世纪刑法的发展路线 …………………………………… (289)
　　三、纳粹时期对刑法的继续影响是综合发展路线的体现 …… (292)
　　四、纳粹时期继续影响的刑事政策的、宪法的和刑法教义学的教训 …… (308)
　　五、结语 …………………………………………………………… (311)

域 外 视 野

西方刑事诉讼传统的形成
　　——以中世纪"非理性"证据、审判制度为中心/倪化强 …… (313)
　　一、基督教文化中的刑事司法观:法官＝谋杀犯,刑事司法＝谋杀 …… (314)
　　二、早期审判正义化原则的形成及其对刑事审判的影响 …… (324)
　　三、前基督教时代与基督教时代的证据、审判模式比较 …… (331)
　　四、中世纪刑事审判、证据制度的特点与解析之一
　　　　——为司法者提供免受"血罪"惩罚的程序设计 ……… (334)
　　五、中世纪刑事审判、证据制度的特点与解析之二:获致案件真实、
　　　　实现实体正义的方式——以形式理性、数字理性实现实质理性 …… (345)
　　六、结论:司法消极性的确立 …………………………………… (360)
美国刑法理论视野下正当事由与宽宥事由的宏观探析
　　——区分之理、存在之据与影响之果/蔡曦蕾 ………………… (363)
　　一、前言 …………………………………………………………… (363)
　　二、正当事由与宽宥事由的区分之理 ………………………… (363)
　　三、正当事由与宽宥事由的存在之据 ………………………… (366)

四、正当事由与宽宥事由的影响之果 …………………………………（374）
　　五、展望：中国刑事实体辩护事由的二维区分 ……………………（382）

专 题 研 究

入罪的理由：论刑法生成的标准
　　——基于指标分析的理路/张　训 ………………………………（383）
　　一、几点必要的说明 ……………………………………………………（384）
　　二、一般理解的"入罪"标准 ……………………………………………（386）
　　三、"入罪"的科学当量——指标分析体系 ……………………………（389）

客观归责的体系性定位/张亚军 ……………………………………………（397）
　　一、客观归责的本质界定 ………………………………………………（397）
　　二、客观归责与因果理论的关系厘清 …………………………………（402）
　　三、结语：客观归责的体系归位 ………………………………………（406）

论故意概念的相对性/周铭川 ………………………………………………（409）
　　一、引言 …………………………………………………………………（409）
　　二、故意并非心理学要素的实例 ………………………………………（409）
　　三、形式的故意概念与实质的故意概念 ………………………………（416）
　　四、故意概念的相对性的具体论证 ……………………………………（419）
　　五、对实例一、二中行为人罪过的解读 ………………………………（424）

论持有的实质
　　——以巨额财产来源不明罪为例的分析/张曙光 ……………………（426）
　　一、导言 …………………………………………………………………（426）
　　二、持有的本体：人对物事实上的控制、支配 ………………………（427）
　　三、持有的本质：一种"事实关系" ……………………………………（431）
　　四、持有的实质：不是状态，也不是作为和不作为 …………………（434）
　　五、一个成功的解释示例：巨额财产来源不明罪的危害行为 ………（438）

南京国民政府时期刑事审判制度述论/谢冬慧 ……………………………（442）
　　一、南京国民政府时期刑事审判制度的特点 …………………………（442）
　　二、南京国民政府时期刑事审判制度的价值 …………………………（448）
　　三、南京国民政府时期刑事审判制度的局限 …………………………（452）

侦查辩护的诉讼救济与宪法救济/朱桐辉 …………………………………（459）
　　一、意义与界定 …………………………………………………………（459）

二、现有救济体系的问题 …………………………………………（460）
　　三、法治国家的有效救济方式 ……………………………………（466）
　　四、需要增加的救济 ………………………………………………（469）
　　五、从诉讼救济到宪法救济 ………………………………………（471）

量刑义务：检察官客观义务之核心/汪贻飞 ……………………………（476）
　　一、问题的提出 ……………………………………………………（476）
　　二、侦查阶段："客观义务"抑或"法治原则" …………………（478）
　　三、审查起诉阶段："客观义务"VS"功利主义" ………………（480）
　　四、定罪阶段：客观义务的乌托邦 ………………………………（482）
　　五、量刑阶段：客观义务作用的核心阶段 ………………………（484）
　　六、判后阶段：检察官客观义务在量刑问题上的延伸 …………（485）
　　七、结论 ……………………………………………………………（486）

社区矫正应向何处去
　　——以重庆市试点情况为切入点/王利荣 ………………………（488）
　　一、讨论的缘起 ……………………………………………………（488）
　　二、转制难结及解困方案 …………………………………………（490）
　　三、准确把握"五种人"结构性变化规律 ………………………（492）
　　四、合理诠释"矫正"的制度内涵 ………………………………（494）
　　五、以修改刑诉法为先导，地方立法跟进 ………………………（497）

司法说理的国际境界
　　——兼论国际犯罪论体系/宋健强 ………………………………（499）
　　一、旧题新议："司法说理"的国际境界 ………………………（499）
　　二、国际刑事司法裁判文书经典样本剖析
　　　　——"充分说理"的表面印象 …………………………………（502）
　　三、国际刑事司法裁判文书经典样本剖析
　　　　——"充分说理"的实质印象 …………………………………（510）
　　四、"国际犯罪论体系"新说——"犯罪论体系"的国际化辩正 …（514）

论社会团结、社会失范与犯罪控制/李　强 ……………………………（533）
　　一、社会团结：类型与过程 ………………………………………（533）
　　二、犯罪作为社会失范 ……………………………………………（541）
　　三、犯罪控制：范围、体系与模式 ………………………………（545）
　　四、国家一元主导型犯罪控制模式的局限及其克服 ……………（550）

《刑事法评论》征稿启事 …………………………………………………（559）

[主题研讨]

中国传统犯罪构成理论总检讨

付立庆[*]

众所周知,中国现有的被称为平面耦合式四要件体系的(狭义)犯罪论体系(即犯罪成立条件),来源于苏联。1949年10月,在亚洲的东方耸立起了一个幅员辽阔、人口众多的崭新的国家,这就是社会主义中国。为了标志新中国与以往社会的本质不同,中国的决策者决定抛弃旧中国的所谓"六法全书",与以往的法律传统决裂,业已在民国时期初步成型的具有大陆法系特色的刑法理论完全被推翻,一头倒向苏联老大哥,学习其刑事立法和刑法理论。一批著名的苏联刑法学家来到中国任教,并帮助培养刑法学教学科研人才。苏联的犯罪成立理论也随之传入中国,经过新中国第一代刑法学者的吸收和改造,形成了我们的犯罪客体—犯罪客观方面—犯罪主体—犯罪主观方面的体系框架及其基本内容。不容否认,在新中国从1949年到1979年整整30年的时间里,没有一部系统的刑法典,在刑事司法人员依靠执政党的政策办案的宏观社会背景之下,这一套四要件的犯罪构成理论以新的马克思主义法学理论的姿态明确了犯罪成立所需要的主客观条件和入罪的基本规格,使得司法人员确定犯罪之成立与否在思维模式上有章可循,这就至少在一定程度上填补了在刑事领域之中"无法无天"所带来的真空。并且至今,这一体系也已经为广大的司法人员所熟悉,具有便于操作的特点和某种意义上的存在的合理性。充分肯定并且明确尊重这一点,是历史唯物主义的态度。相反,如果完全忽视这一平面四要件体系的历史贡献,反而单纯地大谈特谈中国犯罪论体系的诸多缺陷,无疑会被批评为"以偏概全"、"不够客观"或者过于极端。这一点,是在我们反思中国现有的犯罪构成理论的时候所必须首先强调的。

另一方面,经过移植期(基本上从1949年—1957年)、沉寂期(1957年—1978年)

---

[*] 作者系中国人民大学法学院讲师,法学博士,曾任日本东京大学法学政治学研究科客员研究员。本文为作者承担的司法部课题(项目编号06SFB3011)"重构我国的犯罪构成理论:比较研究与路径选择"最终成果的第二部分。

之后,中国的犯罪构成理论进入了发展期。[1] 随着社会的发展进步而带来的从防卫社会到保障人权的观念转变,同时也是随着国门的打开和与外国刑法学同行联系的增多,中国传统的犯罪成立理论本身所固有的弊端日益凸显出来,学术界反思中国犯罪构成理论的呼声30年来不绝于耳。现有的四要件理论究竟具有哪些缺陷?这些"缺陷"真的是重要的缺陷,或者不过是学者们自娱自乐的话题资源?对于中国的犯罪构成理论进行较为全面、系统的清理,从而决定我们对待其的态度是至为重要的,而且,由于诸多的刑法学同仁们已经做了大量的工作,这样的系统清理也是可能的。这正是本文的任务所在。

一、前提缺陷:凌驾于犯罪构成之上的社会危害性理论

(一)话语的背景:支持传统社会危害性理论的正当性基础

基于对犯罪的基本特征和本质属性的不同理解,各国刑事立法关于犯罪概念的规定基本上也有三种类型——犯罪的形式概念,只指明犯罪的形式特征,将犯罪概括为刑法明文规定科处刑罚的违法行为;犯罪的实质概念,对犯罪作社会政治的评价,揭示犯罪的社会政治内涵;犯罪的形式与实质相统一的概念,试图完整地揭示犯罪的法律特征和本质属性,以克服犯罪的形式概念和实质概念的片面性。我国《中华人民共和国刑法》(以下简称《刑法》)采用了长期以来被津津乐道的形式与实质相统一的犯罪定义。根据《刑法》第13条的规定,我国传统的刑法理论一般认为,犯罪具有社会危害性(严重的社会危害性或其他诸如此类的提法)、刑事违法性和应受刑罚惩罚性三个基本特征。其中,严重的社会危害性是犯罪的本质特征(也有学者不同意"本质特征"的提法而改称"本质属性")[2],揭示了犯罪的社会政治内容;刑事违法性是犯罪的法律特征,揭示了犯罪与刑法的关系;应受刑罚惩罚性是犯罪的法律后果,反映了犯罪与刑罚的关系。严重的社会危害性决定刑事违法性和应受刑罚惩罚性,而刑事违法性和应受刑罚惩罚性则反过来说明和体现严重的社会危害性。这套被称为"社会危害性中心论"的理论长期占据着我国刑法理论研究的主战场,社会危害性作为犯罪的本质特征已经成为不可置疑的权力话语而被我国学者认为天经地义、理所当然。就笔者掌握的资料而言,新《刑法》颁行以来出版的大多数教材和论著在论及犯罪的特征的时候,除

---

[1] 这种三个时期的划分,例见何秉松:《犯罪构成系统论》,中国法制出版社1995年版,第45—56页。杨兴培教授进一步将1979年之后的我国犯罪构成理论分为复活、疑问和发展三个阶段,参见杨兴培:《犯罪构成原论》,中国检察出版社2004年版,第40—44页。

[2] 参见张明楷:《犯罪论原理》,武汉大学出版社1991年版,第62页。

了文字表述上稍有不同外,一般都沿袭了传统的提法。[1]

如果说在1979年《刑法》没有明确规定罪刑法定原则反而规定类推制度的刑事立法背景下,被动尾随刑事立法的中国刑法学以社会危害性为犯罪的本质特征还多少具有一点法律依据的话,在1997年修订的《刑法》明确规定罪刑法定原则、废除类推制度后,仍然固执地坚持以社会危害性为犯罪的本质特征则是无法令人信服的。它不仅表明我们的刑法理论研究仍然未能摆脱"幼稚学科"之低水平重复的命运,也与"依法治国"方略的基本理念难以达成有效的契合。

社会危害性理论究竟何以在我国传统刑法理论中站稳脚跟,并且受到众多学者的青睐,从而盘踞整个刑法学界几十年之久呢?换言之,支持传统社会危害性理论的正当性基础是什么?这实际上涉及反思社会危害性理论的话语背景,并且,在时下比较常见的"先歪曲再批判"的讨论系统之中,有关话语背景的检视就显得尤为重要。我们认为,我国刑法学界多数学者长期以来之所以将社会危害性奉为圭臬,将其作为犯罪的本质特征加以考察,主要可从如下几个方面找到答案:

1. 政治刑法和"人治社会"是解读社会危害性理论的制度背景

犯罪是一种复杂的社会现象。一种行为是否被认为是犯罪,受着该国的国家类型、立法当时的政治经济形势、法律文化传统以及刑法时代思潮的强烈影响。在经济体制改革之前,我国的社会结构是建立在计划经济体制上的、以集中垄断大一统为特征的人治社会。在这种一元社会结构中,领袖人物因其个人魅力获得了至高无上的尊贵地位,执政党包括最高决策层在内的民主制度荡然无存,加之几千年来儒家礼法合一、德主刑辅的传统,使得作为社会控制工具的法律一直无从树立其首屈一指的权威地位,法律虚无主义在长达几十年的时间里甚嚣尘上。就刑事领域而言,不仅在长达30年的时间内以执政党的刑事政策代替刑事法典,即便1979年诞生的《刑法》也仅仅成为国家推行其统治阶段意志的暴力工具,工具性是刑法的根本特性。这种工具性的突出表现就是,强调刑法的社会保护机能,而轻视刑法的人权保障机能,至少是未将人权保障机能同社会保护机能放在一个同等重要的位置上。工具性的刑法不仅丧失了法律的独立品格,成为政治的附庸,而且还丧失了确定性的特征,牺牲了法定性原则,随着政治斗争的需要而随时可以超越法律规定。这种工具性的刑法观反映到刑事政策上,就是"以阶级斗争为纲"或者"两手抓,两手都要硬"或者"从重从快打击犯罪"(即所谓"严打")。在这样的刑事政策基础上,社会危害性自然而然地获得了无论怎样评价都不为过的显赫地位,用"犯罪的本质特征在于其社会危害性"的理论去诠释犯罪

---

[1] 这方面的例证不胜枚举,有兴趣的读者可以参见目前仍在流行的一些教材,例如高铭暄、马克昌主编:《刑法学》,中国法制出版社1999年版;高铭暄主编:《新编中国刑法学》,中国人民大学出版社1998年版;赵秉志主编:《新刑法教程》,中国人民大学出版社1997年版;梁华仁、裴广川主编:《新刑法通论》,红旗出版社1997年版;曹子丹、侯国云主编:《中华人民共和国刑法精解》,中国政法大学出版社1997年版。

就是天经地义的了。

2. 法学研究主体意识的丧失成为社会危害性理论的肇端和渊源

在法律的工具性观念的支配下,刑法理论研究缺乏起码的自主性和独立性,完全沦为政治与行政的附庸。在这种情况下,法学研究很难谈得上科学性。在近现代刑法学中,"社会危害性说"发端于贝卡里亚的《论犯罪与刑罚》。在其经典性的论述中,贝卡里亚明确指出,犯罪对社会的危害程度是衡量犯罪的真正标尺。但把"社会危害性说"推向极致的则是苏联社会主义刑法学。我国刑法在其初始阶段基本上秉承了苏联的一整套理论,在犯罪概念的界定、社会危害性问题的理解上,紧跟苏联学者的主张。[1] 在苏联,社会危害性话语是在对资本主义的形式主义刑法的总决裂和全面否定中应运而生的,并因其与社会主义本质犯罪观具有天然的契合性及强大的解释力,最终在犯罪概念乃至整个犯罪成立理论中占据着支配地位。在一个强调协调、中庸、统一与服从的特定环境中成长起来的一代学者们,似乎更习惯于用经典作家的思考代替本人的思考,似乎只是满足于一得之见,缺乏应有的批判意识和创新精神。在注释式研究中,"理论的棱角逐渐磨平,反思的能力严重萎缩"[2],久而久之,法学研究成为寻章摘句的同义语。无法避免的生吞活剥的结果只能是将错就错、以讹传讹。反映到犯罪问题上,集中体现为极力维护社会危害性对于犯罪阐释的独霸地位。实际上,社会危害性在我国犯罪理论的解释体系中拥有至上地位,其此种地位的合法性是靠承继犯罪的阶级属性获得的。不假思索地强调犯罪阶级属性并将其上升为政治高度,势必是对"社会危害性本质特征论"的津津乐道与无端盲从。我国学者邱兴隆教授认为:"与法学的落后同步,我国刑法学研究相当幼稚。更为重要的是,学者尚未形成独立的学术品格,学术研究对政治的依附性极强。研究的落后决定新的刑法理念得不到应有的关注与推行,而学术研究对政治的依附性又决定了刑法理论不但缺乏应有的启蒙意识与对现实的批判精神,而且往往蜕变为为不合理的立法与司法现实辩护的工具"。[3] 在这种情况下,为现行刑事实践所信奉与贯彻的社会危害性不但得不到理性的否定与清理,其盛行也就自然而必然了。

---

[1] 20世纪50年代,我国的刑法理论基本上照搬了苏联的刑法理论。张明楷教授认为,之所以照搬和能够照搬,主要有两个方面的原因:一是因为新中国成立后废除了"伪法统",也废除了已有的刑法理论,而一时又不可能建立崭新的刑法理论,于是照搬了在政治制度上与中国相同的苏联的刑法理论。二是因为新中国成立后的50年代,中国没有刑法典,刑法理论的研究不受刑法规定的制约,因而可能照搬苏联的刑法理论(参见吕英杰:《兴趣与立场:刑法学的一种追思性梳理——访著名刑法学家张明楷教授》,载冯军主编:《比较刑法研究》,中国人民大学出版社2007年12月版,第470页)。

[2] 陈兴良:《学术自传——一个刑法学人的心路历程》,载《走向哲学的刑法学》,法律出版社1999年版,第51页。

[3] 邱兴隆:《关于惩罚的哲学——刑罚根据论》,法律出版社2000年版,第155页注。

3."实事求是"原则的意识形态化是社会危害性理论背后的认识论基础[1]

如果说辩证唯物主义认识论是以理性作为其理论的生命基石的话,从它传入中国社会并为主流意识形态所认可的那一刻起,就被硬生生地斩断了和理性的血脉相连的关系。也就是说,从一开始,这种辩证唯物主义认识论在中国社会就遭到强制性阉割的灭顶之灾,无可挽回地经历了本土化或者说断章取义化的过程。

作为意识形态而存在的"实事求是"使社会危害性成为独特的与真理休戚与共的概念,并由此完成了对政治正确性的确认,使社会危害性成为政治正确性在刑法领域内的反映和标志。同时,政治上的正确性又反过来使社会危害性不容置疑地被赋予凛然不可侵犯的神圣色彩。可以说,长久以来,社会危害性之所以一直能在我国刑法体系中牢牢占据霸主地位,意识形态化的"实事求是"所担当的角色实在是功不可没。

(二)问题的所在:社会危害性与我国的犯罪成立要件之间关系紧张

至今,对于社会危害性理论的质疑之声来势凶猛,越来越多的学者开始对社会危害性理论持一种不屑一顾或者敬而远之的心态。社会危害性理论怎么了?它究竟存在什么问题?对此,必须予以郑重的审视。

1.问题描述:凌驾于平面四要件体系之上的社会危害性

回答类似于"社会危害性理论怎么了"这样的疑问,首先取决于我们对于这样一个问题的回答,即,被通说认为属于犯罪的本质特征的社会危害性(实质违法性)[2]与通常意义上的平面四要件的犯罪构成之间究竟是一种什么样的逻辑关系?这看似简单,其实不然。学界一般认为,犯罪构成是衡量犯罪成立与否的唯一的、终局的标准,但是,在此之外又有被认为是"质和量的统一"、"主观和客观相统一"的作为犯罪本质特征的社会危害性概念,这其中的逻辑关系很难说是非常清楚的。在笔者看来,我国现有的四要件的犯罪构成理论,其作为犯罪成立的终局或者唯一规格的资格,因为社会危害性以及但书(犯罪概念的定量因素)的存在,而受到了质(社会危害性)和量(但书)两方面的阉割。对于犯罪概念中的但书的评价需要专门撰文[3],而就社会危害性来说,比如正当防卫行为,一方面满足了通常意义上的犯罪成立四要件,一方面又仅仅因为排除了社会危害性而不认为是犯罪。一种行为满足了犯罪成立要件(因此也就满足了所谓的犯罪成立的唯一的规格)而又因为"排除了"社会危害性而不属于犯罪,在

---

[1] 这方面的内容,劳东燕在一篇文章中作出了精彩的诠释[参见劳东燕:《社会危害性的背后——对刑事领域认识论思维的质疑》,载陈兴良主编:《刑事法评论》(第7卷),中国政法大学出版社2000年版,第199页以下]。

[2] 我国刑法中的"社会危害性"与"实质违法性"应该是内涵相同的概念,在功能上是可以相互替换的。对于这一判断的支持,可见陈忠林主编:《违法性认识》,北京大学出版社2006年版,第19页。

[3] 从另一个角度来说,《刑法》第13条中的但书所体现出的犯罪概念的定量因素与社会危害性概念是密切相关的,在把社会危害性理解为"质与量的统一"的意义上,但书完全就是社会危害性在量上的反面体现。

犯罪成立要件规定犯罪成立的资格问题上,社会危害性给予其当头一棒。这里,当然也可以从所谓的实质解释论的角度认为正当防卫等正当行为从一开始就不满足犯罪的成立要件,从而也就不存在上述的矛盾,但是,所谓的实质解释论毕竟不过是一种区别于通说的有力说而已。我国刑法理论的通说认为,排除犯罪性行为(排除社会危害性行为)形式上符合犯罪构成,但实质上不具有社会危害性从而不构成犯罪的行为。例如有学者指出,排除社会危害性的行为是指外表上符合某种犯罪构成,实质上不具有社会危害性的行为。[1] 还有学者认为,排除犯罪性的行为,是指形式上似乎符合某种犯罪构成,但在实质上不具备刑事违法性,且大多是对社会有益的行为。[2] 而且,从现行的我国《刑法典》的条文规定来看,得出正当防卫(《刑法》第20条)的行为,是在满足了犯罪构成(大致上为《刑法》第14—19条)之后的一种排除性的规定,似乎在逻辑思维上也更为顺畅。果真如此,作为犯罪的本质特征的社会危害性与作为评价犯罪成立的唯一规格的犯罪构成之间所存在的紧张关系,就是必须承认的。凛然凌驾于形式的犯罪构成之上,对于是否成立犯罪起实质评价意义的社会危害性,使得犯罪构成概念的存在意义受到了矮化和贬损,而社会危害性的概念本身又是超规范的、待验证的。这些,也是近年来社会危害性观念受到了越来越多的质疑和驱逐的主要原因之一。再有一点,"如果说犯罪构成是犯罪成立的全部要件、排除犯罪性事由完全为其所包容,由于排除犯罪性事由与犯罪构成要件重合,就应当完全由控诉方承担证明责任。这明显与司法实践中被告人对排除犯罪性事由承担一定程度的证明责任的做法相悖"。[3]

2. 问题剖析:究竟是平面四要件体系,还是两阶层体系?

在我国当下刑法总论的理论框架之中,关于违法性的理论一般被作为犯罪的特征之一加以研究。即,社会危害性是犯罪的本质特征,刑事违法性是犯罪的法律特征,应受刑罚惩罚性是犯罪的法律后果,也是犯罪的特征之一。这里所说的"刑事违法性",是指行为违反了刑事法律的规定,如借用"形式违法性"与"实质违法性"的区分的话,作为犯罪的法律特征的刑事违法性,实际上相当于形式违法性;而所谓的社会危害性,则是行为对于社会所造成的实质上的损害,实则也就是上述的"实质违法性"。如果以上的对应关系(社会危害性 = 实质违法性,刑事违法性 = 形式违法性)是成立的,则通说所理解的犯罪的特征也就成了实质违法性(本质特征)——形式违法性(法律特征)——应受刑罚惩罚性(法律后果)这样的三元结构。与此相对,作为犯罪的成立要件,则是犯罪客体、犯罪客观方面、犯罪主体、犯罪主观方面的四要件平面式结构。这其中,首先在名称和形式的意义上,是没有违法性的一席之地的。而在实质的意义上,犯罪的客体被认为是"对于社会主义社会关系或者社会主义社会利益的侵害",也不等

---

[1] 参见王作富主编:《中国刑法研究》,中国人民大学出版社1988年版,第190页。
[2] 参见赵秉志、吴振兴主编:《刑法学通论》,高等教育出版社1993年版,第266页。
[3] 赖早兴:《英美法系国家犯罪构成要件之辨正及其启示》,载《法商研究》2007年第4期,第118页。

于这里的"违法性",而犯罪的客观方面要件,不能说体现了行为的违法性(比如行为虽然造成了损害结果,但是却属于正当防卫行为的);至于犯罪主体和主观要件,则更是不能直接与违法性挂钩。于是,在犯罪的成立要件之中,也就没有违法性存在的一席之地了。

由于违法性是犯罪的特征而不是犯罪的要件之一,则我们可以认为,违法性这一特征体现在犯罪的整体评价之上,进而也就体现在成立犯罪的每一个要件之中。但是,由于违法性毕竟不是一个独立要件,所以在逻辑上,没有违法性的行为也可能构成犯罪(否则,只有有违法性的行为才构成犯罪,则违法性仍成为成立犯罪的独立要件)。但是,应该说,刑事违法较之犯罪来说,不仅外延更宽(存在属于刑事违法但不构成犯罪的情况),而且也是其必经的一个过滤环节(刑事违法是行为本身对于法秩序的破坏,而犯罪则是基于这种破坏法秩序的行为而对于行为人的谴责)。由此来说,仅将违法性作为犯罪的特征,实际上是混淆了违法性与犯罪成立之间的关系。而且,实际上也正是因为违法性仅是犯罪成立之后所外现的一种特征(表征),所以造成了犯罪构成的实在价值遭到了阉割,犯罪构成必须结合实质违法性(社会危害性)的概念,才能共同完成对于行为成立犯罪与否的判断。这样看来,我国现有的犯罪构成体系,若是终局看来,已经不是平面的四要件结构,而是犯罪构成(四要件)——社会危害性(实质违法性)这样的双层次结构,一种行为只有在经过了犯罪构成和社会危害性的双重过滤,才能成立犯罪,其中四要件的犯罪构成从积极的入罪角度入手,而社会危害性(实质违法性)则是从消极的、出罪角度的考量。[1] 这样的一种理解,尽管可以说是消解了前述的犯罪构成与社会危害性之间的紧张关系,但是却同时颠覆了通说所支持的两个主张:(1)犯罪构成已经不是成立犯罪的终局的标准;(2)社会危害性也不仅是犯罪所具有的本质"特征"了。

3. 问题的延伸:刑事领域的违法性冲突,何以调和?

其实,在对社会危害性理论作出清醒的命运定位的时候,有必要重新审视社会危害性与刑事违法性的关系问题。应该看到,过去强调的社会危害性与刑事违法性的统一,就其实质而言,是社会危害性对刑事违法性的统一。显然,这是一种不平等的、非矛盾的统一。这种统一非但无助于罪刑法定原则的贯彻,反而构成了罪刑法定原则实现的最大障碍。在达致罪刑法定精神这一根本目的要求下,社会危害性与刑事违法性关系问题将再次成为话题:社会危害性与刑事违法性能否统一,又将该

---

[1] 我国有学者为了解决苏俄和我国刑法学将排除社会危害性行为放在犯罪构成体系之外所造成的逻辑矛盾,在犯罪构成之外提出了犯罪成立条件的概念,认为犯罪构成不能等同于犯罪成立。犯罪的成立除了必须具备积极条件(行为符合刑法规定的犯罪构成)之外,还必须具备消极条件(形式上符合或类似于犯罪构成的行为具有应受刑罚惩罚的社会危害性而不是正当行为)。只有这两个条件同时具备,才能成立犯罪。我国学者将这一观点称为对称式的犯罪成立理论,以区别于传统的犯罪构成理论(参见王政勋:《正当行为论》,法律出版社2000年版,第47页)。

如何统一？

如果抽象地对犯罪作学理分析，不可否认，行为有没有社会危害性是决定国家是否对一个行为进行伦理道德上的责难谴责、政治上的否定评价和刑法上的惩罚制裁的根据所在。行为的社会危害性是刑事违法性的基础。一个法制化的社会中，一个具有严重的社会危害性的行为，必然会产生犯罪化的内在要求，而或早或晚地被国家立法机关规定在刑法中。一个行为如果不具有社会危害性，立法者则没有理由将其犯罪化，已经被规定为犯罪的行为如果因为时过境迁而丧失了社会危害性，立法者也应当及时进行非犯罪化处理。因而一个行为一旦符合刑法规定的犯罪构成，一般也就表明其具有严重的社会危害性。社会危害性和刑事违法性具有本质上的和谐与一致性，两者一般不会存在脱节和冲突的现象。但是，不可否认的是，在这种形式特征与实质特征相统一的犯罪概念中，实质特征处于主导地位。犯罪的形式与实质特征既对立又统一，其中的实质特征又是矛盾的主要方面，居于主导地位，而形式特征是矛盾的次要方面，处在从属地位。因此，社会危害性在刑法典规定的犯罪概念中处于决定性的地位，而刑事违法性只是社会危害性的法律反映，不具有决定性的作用。因此，当现实生活中出现这样的情况：有的行为虽然具有严重的社会危害性，由于立法的原因而没有被犯罪化，刑法没有明文将其规定为犯罪；有的行为虽然被刑法规定为犯罪，但是随着社会的发展而丧失了社会危害性，而立法者又没有将其非犯罪化而从犯罪圈和刑罚圈中剔除出去。在立法没有对这样的情况作出回应之前，司法过程如果脱离刑法规范本身，坚持以社会危害性为犯罪的本质，并根据社会危害性的有无评价一个行为是否法律上的犯罪，则可能产生直接违背罪刑法定原则的严重后果。在犯罪的形式特征与实质特征发生冲突的情况下，到底是服从犯罪的形式特征还是服从犯罪的实质特征，这才是问题的关键。

犯罪的形式特征和实质特征发生冲突，一种可能是某一行为存在一定的社会危害性，但刑法没有规定其为犯罪，因而不具有刑事违法性的场合。这时，如果坚持社会危害性是犯罪的本质特征，对刑法规范的违反只是犯罪的形式特征，那么本质当然可以决定甚或超越形式。犯罪的形式特征与实质特征发生冲突时，即行为的社会危害性与刑事违法性不统一时，就似乎应以社会危害性为最高标准。借用韦伯的合理性分析框架，形式特征与实质特征相统一的犯罪概念在面对形式合理性与实质合理性的冲突时主张选择实质合理性。按照这样的结论进一步进行逻辑演绎，我们又会合乎逻辑地推导出以下的结论：如果行为具有社会危害性，即使行为在刑法上没有明文规定，也不能让它逃脱法网，而应当比附援引刑法有关条文类推定罪。毫无疑问，这样的结论与现代刑法所倡导的罪刑法定原则及其蕴涵的人权保障机能是势不两立的。

（三）学界对于社会危害性理论的反思及其评说

1. 对于社会危害性理论的质疑与批判

刑法学界从来不乏有识之士。自1997年《刑法》修订以来，出于对社会危害性理论固有缺陷的深刻体察以及对舶来的罪刑法定原则的善良期待，当然在宏观上来说，也是由于从政治刑法到市民刑法的转变所伴随的学界自主性和独立性的增强，刑法学界开始从不同的角度对社会危害性理论进行批判和反思。这些批判与反思，有的是敏锐、犀利，有的是高屋建瓴、颇具启迪意义的，但是总体说来似乎又都是未完全到位的，因而存在这样那样的遗憾，有待进一步深入挖掘。

就我们目前掌握的资料而言，率先对社会危害性理论进行反思的可能是何秉松教授。何秉松教授在其主编的《刑法教科书》中指出："仅仅从社会危害性自身是不能解决犯罪的质的规定性的，社会危害性只是犯罪的社会属性，并非犯罪的唯一的本质属性。只要承认罪刑法定原则，就必须承认犯罪概念的法律属性即依法应受惩罚性是犯罪的本质属性。社会危害性和依法应受惩罚性是决定犯罪这一事物的不可分割的两个本质属性。"[1] 比较而言，这种说法当然是一个理论进步，它注意到了罪刑法定原则对我国传统犯罪概念和犯罪本质论的挑战，具有直接的启迪作用。但是无论如何，本质是"一事物区别于它事物而为该事物内部所固有的特殊规定性"，一个事物不可能同时具有两个本质属性，而且社会危害性也不是犯罪这一现象特有的规定性。[2] 把犯罪的本质归结为社会危害性和依法应受惩罚性的统一存在逻辑上的重大缺陷。几乎与此同时，樊文先生也注意到了罪刑法定原则与《刑法》第 13 条犯罪概念的冲突，认为《刑法》第 13 条的犯罪概念仍然以社会危害性为标准，与罪刑法定原则所要求的规范标准相互冲突。因此，他主张我国《刑法》和刑法理论应当根据罪刑法定原则的要求，确定犯罪的规范标准。[3] 樊文认为，在一个犯罪定义中同时使用互相冲突、排斥的两个标准来界定犯罪，势必影响罪刑法定原则在犯罪定义中的完全彻底体现，使犯罪定义乃至整个刑法学的科学性大打折扣。现在看来，尽管他的这篇短小精悍的文章在许多问题的论述上显然还不够深入和深刻，但是，不可否认，他的眼光是敏锐且独到的。

陈兴良教授更是语出惊人，甚至扬言要把社会危害性概念逐出注释刑法学领域，这与他近年来一直奔走呼号的刑事法治和形式理性有着密切的关联。[4] 他认为，社会危害性与刑事违法性的冲突，实际上是实质合理性与形式合理性的冲突。在二者发生冲突的情况下，应当坚持刑事违法性标准。其根据在于：（1）体现了刑事法治的根本要求；（2）是人权保障的要求；（3）体现了一般公正的要求。在坚持面临形式合理性和实质合理性冲突的情况下应当选择形式合理性的基础上，陈兴良接受了王世洲提出的双重犯罪概念说，主张对于社会危害性和刑事违法性的关系可以从立法和司法两个

---

[1] 参见何秉松：《刑法教科书》，中国法制出版社 1997 年版，第 142—145 页。
[2] 有必要指出的是，有些人基于社会危害性是质和量的统一的基本立场，认为社会危害性与其他行为（比如民事违法行为、行政不法行为）还是存在质的差异。我们认为这种观点是难以自圆其说的。
[3] 参见樊文：《罪刑法定与社会危害的冲突——兼析刑法第 13 条关于犯罪的概念》，载《法律科学》1998 年第 1 期，第 26—28 页。
[4] 参见陈兴良：《社会危害性理论——一个反思性检讨》，载《法学研究》2000 年第 1 期。

层面进行考察,也可以从理论刑法学和注释刑法学两个角度进行分析。我们认为,从形式合理性和实质合理性的冲突的角度反思社会危害性理论是适宜的,他的结论本身也具有重要的启迪意义。但是在我国现阶段,是否就真的可以不顾一切地追求形式合理性? 有时候,矫枉过正是必要的,但是如果从一个极端走向另一个极端,代价同样是惨重的。形式合理性是否一定并且永远是至上的? 我们认为,形式理性的贯彻是以相对完备的《刑法》为前提的,而众所周知,我们现在的《刑法》还存在这样那样的令人无法忍受的近乎致命的缺陷与不足。在这个意义上说,形式合理性应该是我国在法治进程中信守的底线,但是信守不等于"固"守——"固执地坚守"。有时候,从有利于被告人的角度出发,可以突破形式理性的底线,追求实质理性,这同样是法治的要求。

陈兴良教授指导的刘为波博士也在一篇长篇论文中对社会危害性理论作出了犀利的批判,他认为全面地贯彻罪刑法定原则,是一种历史误读的结果,或者说,是一种出于时代需求的转译或意义重建。因为,新中国刑法史上不存在罪刑法定的知识语境,相反,与罪刑法定存在根本上的对立,它是反罪刑法定的,而对此,社会危害性无疑扮演了一个急先锋的角色。[1] 陈兴良教授的另一位高足劳东燕博士甚至认为:"只要社会危害性范畴在我国刑法领域内继续占据统治地位,刑事法治就永远难见天日,夭折在摇篮里是早晚的事。"[2]

2. 对社会危害性理论的辩护及其评析

从一开始,对社会危害性理论的反思就遭遇了另一种声音。这些学者基于"立法者那里的社会危害性"和"司法者那里的社会危害性"的区分,认定我国犯罪概念中对社会危害性的强调,不仅没有违背罪刑法定主义的基本精神,相反,凭借社会危害性对制刑权的制约机能,有利于罪刑法定更为彻底的贯彻。[3] 但是,这种观点是难以立足的。因为尽管司法者在对一个行为的刑事违法性进行评价的时候,在情节犯、数额犯等场合下也对行为的社会危害性进行评价,但这里的社会危害性并非自足的,它是立法阶段的社会危害性在司法领域的逻辑延伸。换言之,尽管论者提到了"司法者那里的社会危害性"的概念,但在司法领域中,这种社会危害性已经完全受制于刑事违法性,对是否构成犯罪没有任何阐释功能,纯粹是一种摆设而已。在对社会危害性"过街老鼠"般的讨伐中,这种辩护的声音是微弱的,直到后来我国老一辈著名刑法学者储槐植先生和他的一名博士生张永红(现为湘潭大学法学院副教授)以一篇题为《善待社会

---

[1] 参见刘为波:《诠说的底线——对以社会危害性为核心话语的我国犯罪观的批判性考察》,载陈兴良主编:《刑事法评论》(第6卷),中国政法大学出版社2000年版,第78—157页。

[2] 参见劳东燕:《社会危害性的背后——对刑事领域认识论思维的质疑》,载陈兴良主编:《刑事法评论》(第7卷),中国政法大学出版社2000年版,第200页。

[3] 参见李立众、李晓龙:《罪刑法定与社会危害性的统一——与樊文先生商榷》,载《政法论丛》1998年第6期;李立众、柯赛龙:《为现行犯罪概念辩护》,载《法律科学》1998年第3期。

危害性观念——从我国刑法第 13 条但书说起》[1]的文章发表,再次引起了人们的关注。储槐植先生的这篇论文,以《刑法》第 13 条但书为切入点,具体分析了但书的内容、渊源、功能,但书与我国《刑法》中的犯罪概念,并且,着重论述了但书与罪刑法定原则在价值和功能上的一致性,认为"我国现行刑法中不存在社会危害性标准",而"社会危害性与罪刑法定原则并不冲突"。我们认为,尽管先生的论文中的分析视角是新颖别致的——在这个意义上说,这篇论文将我们对社会危害性的反思大大地推进了一步,并且,先生试图抚慰社会危害性的良苦用心亦可体惊,但是,他的结论却是无法令人接受的。我们认为,储先生等对于以往反思的追问给人以剑走偏锋的感觉,将社会危害性在立法和司法两个领域穿梭使用,将犯罪的实质认定权交由司法者行使(尽管是有限的行使),很容易导致司法权的篡位与擅断。这里实际上存在一个对社会危害性的实事求是(这里的"实事求是"是认识论和方法论上的一项原则,与前面所批判的意识形态层面的"实事求是"不可同日而语)的评价问题。不可否认,社会危害性标准在新中国历史上的特定时期曾起到过一定的积极意义,它对于迅速巩固新生的政权和社会主义制度,对于维护特定时期的社会稳定,确实起到了历史的作用。这是在反思社会危害性理论时应该首先强调的,是在这一问题上的历史唯物主义。同时,对于现在的"社会危害性"也要避免进行过于情绪化的辩护式的扫描,这与极端的"一棍子打死"一样,也是不科学的。评价社会危害性理论,还要与一个国家的法治现状和法治化进程相联系。我国现阶段正处在从人治社会向法治社会转型的过程中,一方面,"依法治国,建设社会主义法治国家"已经明确地以党章和宪法的形式昭示于世人,另一方面,法律本身还没有确立起应有的权威,法律本身(与我们的论题直接相关的就是刑法)还存在大量的漏洞,司法腐败还是一个灾难性的不争的事实。在这种情况下,对于"形式理性"和"刑事违法性"的过高期待可能同样是需要警惕的。究竟该对社会危害性作出怎样的恰如其分的定位?这是摆在我们面前的不容回避的重大课题。

已经进入新世纪的中国刑法学界正面临着研究范式转换的历史性课题。每一个致力于刑法学研究的人都不能回避这样的现实——怎样摆脱从前的尾随刑事立法的被动局面,提升刑法学研究的思想性、学术性和规范性?我们愿意将目前仍在持续中的对于社会危害性理论的反思看成是这种转换与提升的努力之一。对于真理的追求是知识共同体的集体事业,而真理往往是越辩越明。关于社会危害性的或此或彼的声音,尽管未必都能经得住推敲从而应该为别人所接受,但是毫无疑问,这种批判、辩护或者反思直接深化了我们对于社会危害性理论和罪刑法定原则的认识,从而为我们实现刑事法治和依法治国提供了可能赖以维系的理念根基和制度平台。

---

[1] 储槐植、张永红:《善待社会危害性观念——从我国刑法第 13 条但书说起》,载《法学研究》2002 年第 3 期。

(四) 反思社会危害性理论的观念准备:犯罪概念的功能区分

我们基本认同王世洲教授区分犯罪的立法概念和司法概念的观点,但我们同时认为,将犯罪的概念区分为"立法概念"和"司法概念",似乎不如区分为"事实犯罪"和"法定犯罪"更为明了。[1] 我们并且认为,中国刑法学界对犯罪本质之所以出现误读,之所以顽固地(当然确切地说是从前的主流刑法学)将社会危害性奉若神灵,没有明确地区分"事实犯罪"和"法定犯罪",是其中一个十分重要的原因。"事实犯罪",实际上也就是犯罪学所研究的"功能性犯罪"或者刑事立法学所要研究的具有一定社会危害性应当犯罪化的"实质犯罪"[2],其本质特征是具有(严重的)社会危害性,因为其有(严重的)社会危害性,对现行法律秩序构成相当损害,才需要动用刑罚加以制裁。但"事实犯罪"并不能自动成为刑法规范意义上的犯罪。"事实犯罪"具有社会危害性,但仅此而已。在立法机关通过立法程序将其正式犯罪化之前,"事实犯罪"不具有刑法规范违反性,因而不具有可罚性。正如何秉松教授所言:"行为的社会危害性虽然是客观存在的,但它并不能自为自在地成为犯罪,只有经过国家的价值判断并在法律上确认它应受刑罚惩罚才能构成犯罪,这是罪刑法定原则的必然要求。"[3] 这个"价值判断"的过程就是国家刑事立法的过程。国家立法确认某一行为为犯罪的根本依据是"事实犯罪"的社会危害性。而一旦经由立法确认(并且只能经由立法确认),这一行为就具有了法律上的特别属性,即对刑法规范的违反性。正是通过立法这一中介,"事实犯罪"被赋予刑法规范违反性这一属性,而成为法律上的犯罪即"法定犯罪"。此时,尽管其作为法律概念仍然应当具有(严重的)社会危害性,并以社会危害性为刑事违法性的基础,但其与作为事实概念的犯罪以及一切其他违法行为的区别,却不在于社会危害性,而在于刑事违法性。只有这一属性才反映了"法定犯罪"的质的规定的特殊性。因此,如果我们承认犯罪是一个法律概念,其本质属性就只能是对刑法规范的违反。对"法定犯"不能把超规范的社会危害性的评价作为其本质属性,而只能严格按照规范学原理发掘其规范学的本质。因为,作为一种社会政治评价的社会危害性并不具有基本的规范质量,没有一个确定的具有可操作性的认定标准,以致在司法实践中,统治者如果要处罚一个行为,社会危害性说就可以在任何时候为其提供超越法律规范的根据。对犯罪进行超规范的"本质"解释,实际上就通过其"犯罪本质"的外衣,为突破罪刑法

---

[1] 这里的"事实犯罪"与"法定犯罪"的区分,根本不同于西方刑法学界对犯罪所作的"实质犯"、"形式犯"或者"自然犯"与"法定犯"的区分。自然犯即因为本身是一种恶而被规定为犯罪,法定犯本身并非一种道德上的恶,但因为法律将其规定为犯罪而成了一种道德上的恶。关于这一问题,请参见张明楷:《法益初论》,中国政法大学出版社 2000 年版,第 343—346、350—355 页;邱兴隆:《关于惩罚的哲学——刑罚根据论》,法律出版社 2000 年版,第 34 页注 3。

[2] "功能性犯罪"的定义,最初由白建军教授在《犯罪学原理》(现代出版社 1992 年版)一书提出。

[3] 何秉松主编:《刑法教科书》,中国法制出版社 1997 年版,第 145 页。

定原则进行法外定罪处刑,提供了一种貌似具有刑法色彩的理论根据。[1] 可以说,正是这一理论为类推制度和类推解释的存在提供了犯罪论基础,在实践中对贯彻罪刑法定原则、实行依法治国具有直接的反制作用。

事实犯罪,即边沁所说的禁止的恶,是具有一定社会危害性应该犯罪化的"实质犯罪",属于应然的范畴,侧重的是国家的价值判断过程,即将什么样的行为规定为具有社会危害性的行为予以犯罪化,它在范围上不局限于《刑法》的规定,还包括其他法律文件所规定的违法行为,以及有可能发展为违法犯罪的不良行为,即待犯罪化的行为和准犯罪的行为;法定犯罪是已经在国家的刑事立法上明确规定为犯罪并且经过证据支持和法庭审判的"形式犯罪",属于实然的范畴,侧重的是司法机关的法律适用即事实判断过程,即对符合法律规定的犯罪构成要件因而成为犯罪的行为予以刑罚惩罚的过程。

将犯罪概念作"事实犯罪"与"法定犯罪"的区分,与前述犯罪的立法概念与司法概念的区分相比,不是简单的文字游戏,它不仅可以更清楚、更直观地反映两类犯罪的不同性质、国家所持的不同态度、对司法人员的不同要求,从而更形象地凸现出两类犯罪的不同特征,而且法定犯罪与前述犯罪的司法概念相比,更为强调证据的作用与法庭审判的价值。具体而言,我们认为这种区分的意义在于:

1. 明确划分了立法机关与司法机关的职能分工,将评价一种行为的社会危害性有无与大小的任务交由"事实犯罪"概念来承担,即通过立法机关是否犯罪化的价值判断来完成;而社会危害性也只是立法者和法学家们站在社会的立场上对犯罪的认识根据,并不能明确地使行为人和善良公民知晓"什么是犯罪",依据罪刑法定原则,司法机关可以专心致力于判断一种具有社会危害性的行为是否符合刑法总则规定的犯罪构成及分则对于具体犯罪的特殊规定,从而确定犯罪的规范标准,然后依据证据条件和庭审过程决定"事实犯罪"能否转化为"法定犯罪"并予以刑罚处罚,这也就是我们通常所说的定罪活动。这样,可以最大限度地保证立法机关的价值判断趋向公平,司法机关的事实判断富有效率。

2. 从刑事一体化[2]的角度而言,有应当追究刑事责任的社会危害性的行为(事实犯罪)要转化为可以动用国家的刑事实体法律科处刑罚的行为(法定犯罪),需要具备三个必要的条件:(1)有刑事实体法之明文规定;(2)有确凿充分的证据支持;(3)经过正当的刑事诉讼程序。其中法律的明文规定是实体条件,后两者则分别是证据条件

---

[1] 参见李海东:《刑法原理入门(犯罪论基础)》,法律出版社1998年版,自序:"我们这个时代的人与刑法理论"。

[2] 刑事一体化,是由著名刑法学家、北京大学法学院教授储槐植先生提出的一种认识和处理犯罪和刑罚问题的刑事政策思想和刑事法理论研究思路。刑事一体化思想主张打破学科藩篱,贯通刑法学、刑事诉讼法学、犯罪学、刑事执行法学、刑事政策学的研究成果,对犯罪和刑罚做整体的透视,以期获得全面科学的认识(参见储槐植:《刑事一体化和关系刑法论》,北京大学出版社1997年版)。

和程序条件。只有同时具备三个条件，"事实犯罪"才能提升为"法定犯罪"。换言之，如果案卷里有证据证明有罪，但这种有罪的证据没有在法庭上充分展示，有罪的道理没有在法庭上充分说透，法官都只能将这种"事实犯罪"推定为"法律上的无罪"。这就是无罪推定原则的通俗化解释。基于无罪推定的要求，任何人在被确定为"法律上有罪"之前不能被称为"罪犯"，而只能在相应的诉讼阶段分别被称为"犯罪嫌疑人"（侦查阶段和审查起诉阶段）和"被告人"（审判阶段）并按照无罪的公民来对待他们。"事实犯罪"与"法定犯罪"的区分，彻底消除了类推适用在理论上的合理性与可能性，并使"无罪推定"原则能够名正言顺地在法治进程中拥有一席之地。毫无疑问，这有利于保护被告人得到正当公正的待遇，使刑法有可能真正成为"犯罪嫌疑人的大宪章"，也使庭审有可能真正成为实现实体正义与程序正义的场所。

3. 新中国犯罪学在很长时期内对犯罪概念并无一个自身的理解，而是沿袭刑法学中的犯罪概念，这一概念因其首倡社会危害性而被认为是实质概念，从而为犯罪学直接从刑法学中继承犯罪概念找到了充分的依据。但我们必须注意到——正如前面所分析的——这里的危害性是从阶级分析、推导下的所谓的对统治阶级的危害性的一个政治范畴，在这样一种高度统一于政治需要的背景下，犯罪学和刑法学这两门学科的科学性及实际意义也都因之受到削弱：刑法学不再是规范科学，犯罪学不再是事实科学。将犯罪概念作"事实犯罪"与"法定犯罪"的区分并将前者界定为犯罪学意义上的犯罪，既为整个犯罪学的研究确定了相应的范围，又可以使犯罪学直接为刑事立法、刑事政策的制定服务；也正是由于这种区分，我们才完成了储槐植先生所倡导的"将犯罪学中的犯罪概念从规范概念的束缚中解放出来，从而赋予其独特的意义"的超越。[1]

4. 在关于建立具有中国特色的刑法学体系的种种努力中，占主导地位的仍然是社会危害性中心论。因循这一观点，犯罪的社会危害性不仅是犯罪论而且也是整个刑法学体系的基石，有关犯罪与刑罚的一切问题都应从犯罪的社会危害性来解释。在将社会危害性理论在注释刑法学[2]的研究领域中的地位作出重新定位，并且将犯罪区分为事实犯罪和法定犯罪之后，将对我们的刑法理论和整个刑法学科体系建设产生重大影响。它有助于我们对现有的犯罪构成理论、共同犯罪理论、阻却违法性事由理论、刑罚的结构与功能理论以及刑法分则对于具体犯罪的规定等进行深入的反思与重构（这一点不是本文关注的重心，我们将在其他的论文中详细论及）。并且，这一区分有利于

---

[1] 参见储槐植：《刑事一体化和关系刑法论》，北京大学出版社1997年版，第18—19页。
[2] 许多人提到注释刑法学时往往带着不屑一顾的眼神。其实这不过是刑法学科内部的一种分工，注释刑法学并非低能学科的代名词，并且，它应该是刑法学研究的主体内容，刑法学的其他学科只有在注释刑法学的基础之上才可能得到充分的展开。注释刑法学的功能主要在对刑法条文的诠释上。在大陆法系国家（当然包括我国），刑法是定罪量刑的主要依据，因而对刑法条文的理解，就成为司法活动的前提与根本。在这种情况下，注释刑法学的研究成果对于司法活动就具有了直接的指导意义，它影响到司法工作人员的刑事司法活动。

推动"刑事一体化"目标的实现。至今,我们虽然也承认刑法学与刑事诉讼法学(包括证据学)之间有着紧密的联系,但在学科划分上,还是将它们各自的研究范围作了较为严格的界定。在刑法学中很少涉及诉讼法学的问题,而刑事诉讼法学中也同样很少含有刑法学的内容。这种刑事法学研究中的各自为战的局面极不适应司法实践的需要。开展从事实犯罪向法定犯罪的转化的研究(即对定罪活动的研究),提出了刑事实体法与程序法结合的迫切要求,同时也为这种结合提供了契机。

我们由此进一步推论,尽管根据刑事一体化的要求,"事实犯罪"和"法定犯罪"都应当成为广义中国刑法学的研究对象,但从刑法学学科内部职能分工的角度来看,"事实犯罪"和"法定犯罪"应当分别成为刑事立法学和刑法适用解释学(注释刑法学、刑法规范解释学)的研究对象。对行为的社会危害性的判断,不应当是刑法适用解释学研究的对象,而应当是犯罪学特别是刑事立法学应当关注的问题。刑事立法学研究作为事实概念的犯罪的主要任务在于揭示行为的社会政治属性即社会危害性,并据此表明国家对行为的正式的否定评价和责难、谴责,并根据相应的法律标准将具有一定社会危害程度的事实犯罪行为通过国家立法程序上升为"法定犯罪";而刑法适用解释学之所以排斥社会危害性,决不意味着在司法中不做实质的评价,陷入形式主义法学的泥沼之中,而是说要用法益标准替换社会危害性进行评价。刑法适用解释学研究"法定犯罪"的主要任务,就是确定行为是否触犯禁止性刑法规范的禁令或命令性规范的要求,表现在刑法的形式规定上,就是要确定行为是否触犯了法益,是否符合法定犯罪构成。在刑法适用解释学中,刑法适用解释论者没有必要再对行为本身的社会危害性作出有无或者轻重的判断,因为立法者已经代表社会公意通过一定的立法程序完成了对事实犯罪的社会政治评价,适用解释论者的唯一的使命只在于确定具体的行为是否符合法定的犯罪构成要件,完成对被指控的具体行为是否构成法定犯罪的认定。如果允许适用解释论者抛弃立法规定,违背立法规定所体现的社会公意,根据其个人意志另行判断被指控的法定犯罪行为是否具有社会危害性,则必将混淆立法和司法的职能分工,违背现代法治社会国家权力架构的基本原则,也隐藏着司法擅断、司法专横、侵犯人权的巨大危险。明确"事实犯罪"概念和"法定犯罪"概念的功能区别,确定刑法学分别从立法学和适用解释学的不同视角研究犯罪的内部学科分工,我们就能够撩开笼罩在犯罪现象表面的层层面纱,科学地把握住犯罪的本质,以此为基础正确地展开对犯罪和刑罚问题的理论研究,避免司法实践中违背罪刑法定原则的错误定罪。

(五)小结:作为"犯罪本质特征"的社会危害性理论的命运所系

以上的分析试图体现,社会危害性理论在规范刑法学的领域中应该重新定位,这不仅因为这一理论本身存在缺陷,更因为社会危害性这种实质的评价标准使得其与我国的犯罪构成理论之间关系紧张,甚至难以调和。将社会危害性理解为犯罪的本质特征,在情形1,一种行为具有社会危害性但是不具有刑事违法性(不符合法定的犯罪构成要件)时,该如何解决?另一方面,在情形2,一种行为符合了犯罪构成特征但是又不具有社会危害性的时候,又该怎样处理?在情形1,比如拐卖成年男子的行为,在情形2,比如正当防卫的行为,更比如安乐死的行为,等等,都会产生逻辑上的矛盾和混乱。这些矛盾的根源,都在于社会危害性具有凌驾于现有的犯罪构成理论之上的超然地位,承担着判断是否成立犯罪的实质标准。这样的一种实情,使得作为犯罪成立要件的犯罪构成理论处境尴尬。

这种尴尬境地的出现,与社会危害性的超然地位相关联,而社会危害性这一"犯罪本质属性"的存在,也使我国通说所理解的平面四要件体系地位下降,可以说,作为"犯罪的本质特征"存在的超然于规范判断的社会危害性及其理论,是中国现存的平面四要件体系在体系自身之外所存在的缺陷,是前提性的缺陷。这种缺陷是先天性的,外于四要件体系本身,无论我们对四要件体系做出如何精致的解释和安排,都无法解决作为犯罪本质特征的社会危害性理论与平面体系之间的紧张关系。若想解决这一问题,理顺我国犯罪成立条件的逻辑关系,解决社会危害性理论所带来的理论逻辑和司法实践上的障碍,只能是"解铃还须系铃人",从社会危害性理论自身入手,对于社会危害性理论予以重新定位,而其结局,就是抛弃"社会危害性是犯罪的本质特征"这一传统命题,将其作为实质违法性的同义语,在(作为犯罪成立之一个环节而非一个特征的)违法性有无的判断标准上加以保留,这才是这一理论的归宿所在(关于社会危害性理论与违法性的关系问题,进一步的分析,见本文"结构缺陷之一"部分)。

(六)补论:反驳实质解释论的相应立场

可能需要承认,迄今为止,对于社会危害性理论的批判,包括本文中的以上研究,可能都还立足于形式解释论基础之上,从而可能会有所欠缺。以上对于传统的犯罪构成理论以及社会危害性的批判可能都面临着来自于实质解释论者的反驳。在实质解释论者看来,不能认为,对于犯罪的成立与否存在犯罪构成(要件)与社会危害性两套标准,一种行为只有积极地满足了犯罪构成的标准同时消极地不存在社会危害性方才能被认定为犯罪,犯罪构成作为犯罪成立的终局标准的含义受到了削弱,形式化的犯罪构成必须和实质化的社会危害性一起才能够完成对于行为是否成立犯罪的认定,作为犯罪之本质的社会危害性由此也就凌驾在了犯罪构成之上。实质解释论认为,我国的犯罪构成要件是形式与实质相结合的,社会危害性概念及其标准并非凌驾于犯罪构成之上而是镶嵌于构成要件之中,就判断犯罪的成立与否而言,始终只存在着犯罪构成要件这一个标准(由此,犯罪构成作为成立犯罪之唯一、终局标准的资格得以维持),而社会危害性则是作为判断是否该当于构成要件时的实质的判断材料(社会危害性的判断=实质违法性的判断)。从而,根据实质解释论,正当防卫等行为一开始就是由于不具备社会危害性从而不符合犯罪构成要件(由于不符合犯罪构成之中的某个要件,比如是犯罪故意或者是犯罪行为要件,从而不符合作为评价成立犯罪与否之标准的犯罪构成),而并非一方面符合了犯罪构成要件另一方面又仅仅因为社会危害性的不存在而不构成犯罪,所以,也就根本不能存在所谓的社会危害性与犯罪构成理论之间的紧张关系问题,两者之间非但不紧张,而且还是(在犯罪构成是形式与实质相结合的意义上)和谐的,对于社会危害性的所谓批判,原本就是一个误区。[1]

应该承认,这种实质解释论是非常有力的一种学说,对于理顺社会危害性与我国的犯罪构成理论之间的关系提供了一个可能的方向,是一种具有诱惑力的学说。退一步说,在采纳了这种实质解释论的前提之下,确实能够较为顺畅地解决社会危害性与犯罪构成之间的关系,一定程度上缓和社会危害性与刑事违法性之间的矛盾。但是,只要是采纳实质解释论,社会危害性与刑事违法性之间的矛盾就自然消除了吗?问题并不这么简单。在犯罪客体—犯罪客观方面—犯罪主体—犯罪主观方面的耦合式犯罪构成理论之中,没有哪一个要件是讨论实质违法性即社会危害性的。这些要件实际上都是从正面,也是从形式上讨论犯罪成立所需要的条件问题,这些要件的满足使得行为符合了刑法分则各条的规定,行为具有了违法性,但这种违法性是形式上的,要终极性判断犯罪是否成立,还必须借助有无实质违法性即社会危害性的判断。只是,这种实质违法性的判断只是在正当防卫等例外的场合才予以发动。简单地说,仿效苏俄刑法学的我国刑法学,是在犯罪概念之中讨论违法性问题,而在犯罪构成要件之中,违法性是缺位的。正如苏俄刑法学的关键性人物、对于中国的犯罪构成理论亦产生了重要影响的特拉伊宁博士所说:"在犯罪构成的学说范围内,没有必要而且也不可能对正当防卫和紧急避险这两个问题作详细的研究。"[2]我国学者认为,正当防卫、紧急避险等之所以不纳入犯罪构成体系,主要还是由苏俄刑法学中社会危害性理论的逻辑以及犯罪构成体系的结构所造成的。在苏俄刑法学的犯罪构成体系中,在功能上类同于大陆法系犯罪论体系中的实质违法性的社会危害性并没有作为犯罪构成要件加以确立,由此形成了犯罪概念与犯罪构成之间的一定程度上的脱节。在大陆法系刑法学中,犯罪被直接定义为符合构成要件的、违法的和有责的行为。在这种情况下,犯罪除了犯罪成立条件之外,没有自己的内容,从而将犯罪成立的判断完全交由犯罪成立要件来完成。但在苏俄刑法学中,犯罪概念的内容有别于犯罪构成,两者之间被认为是一般与具体的关系,犯罪概念为认定犯罪提供一般标准,而犯罪构成为认定犯罪提供具体标准。之所以有必要保留犯罪概念在认定犯罪中的独特作用,主要是因为犯罪的实质概念能够为具有社会危害性但刑法没有规定为犯罪的行为类推定罪提供法律上的根据。这一逻辑在刑法上存在类推制度的情况下似乎能够成立,但在类推制度取消以后已没有合理性,但仍然基于理论的惰性而被保留下来。[3] 社会危害性和我国传统的

---

〔1〕 这种实质解释论的主张,可见刘艳红:《晚近我国刑法犯罪构成理论研究中的五大误区》,载《法学》2001年第10期。

〔2〕 参见[苏]A. H. 特拉伊宁:《犯罪构成的一般学说》,王作富等译,中国人民大学出版社1958年版,第272页。

〔3〕 参见陈兴良:《刑法知识论》,中国人民大学出版社2007年版,第256页。

犯罪构成理论之间的矛盾"来源于社会危害性与犯罪构成的分离,更来源于对社会危害性的强调,由此难以完成从社会危害性是刑事责任的唯一根据到犯罪构成是刑事责任的唯一根据的转变。只有将实质的违法性纳入到犯罪构成体系之中,这个问题才能得到彻底解决"。[1] 由此来看,来源于苏俄刑法学的主流、正统观点是倾向于在犯罪构成之外作为排除社会危害性事由来讨论正当防卫等问题的,而所谓的实质解释论在此问题上的立场,实际上所坚持的是经过论者自己理解和加工之后变型的中国犯罪构成理论。实质解释论即使在具体的问题上理顺(但不能说是解决)了社会危害性与犯罪构成理论之间的关系,但是在传统的平面四要件体系的框架之内,即便是采纳实质解释论,其作用依然是有限的。其并没有从根本上回答,既然社会危害性(以及可以与之置换的实质违法性)可以栖身于犯罪论体系之中,其在犯罪论体系之中究竟处在什么样的位置?实际上是违法性理论(包括实质违法性)在平面四要件体系之中的位置问题。实质解释论虽然在正当防卫等具体问题上可以自圆其说从而局部地理顺社会危害性与犯罪构成之间的关系,但在理论抽象的层面上,始终是说服力不足的。简单地说,平面四要件犯罪构成体系中难有社会危害性(实质违法性)理论的藏身之处,只有采纳了阶层式的犯罪论体系,将实质违法性作为行为该当于形式上的犯罪构成要件之后的实质的判断标准,才能从根本上解决社会危害性与犯罪构成之间的紧张关系。这样说来,尽管受到了来自于实质解释论者的质疑,本文以上对于中国"传统"的犯罪构成理论以及社会危害性理论的批判,并非无病呻吟。

二、要素缺陷:犯罪客体与犯罪主体要件之反思与消解

除了以"犯罪的本质特征"存在凌驾于犯罪构成四要件之上的超然的社会危害性及其理论是平面四要件体系受到指责的前提性缺陷之外,平面四要件体系受到广泛诟病,还与这一体系自身内在的组成要素相关。正是其组成要素所存在的问题,使得平面四要件体系更处在风雨飘摇之中。在犯罪客体—犯罪客观方面—犯罪主体—犯罪主观方面的四要件体系之中,犯罪的客观方面与犯罪的主观方面的要件是任何犯罪的成立都必须具备的(参见后文的英美法系的犯罪成立理论),而其中的犯罪客体与犯罪主体的要件,可能都存在问题,需要检讨。[2]

(一)犯罪客体不应该作为犯罪构成的一个独立要件

1. 肯定犯罪客体应该作为犯罪构成要件之一的观点

学界至今的所谓通说,仍认为犯罪构成包括四个要件,犯罪客体是其中之一,甚至被摆放为首要要件。至于为什么将犯罪客体作为犯罪构成的要件之一,概括起来大致

---

[1] 陈兴良:《刑法知识论》,中国人民大学出版社2007年版,第258页。
[2] 或者可以说,即便退一步讲,认为社会危害性理论不是中国传统的犯罪构成理论的一处死穴,至少中国的犯罪构成理论还存在着其他方面的问题。

有以下几个理由:

(1)任何犯罪都侵犯一定的客体,不存在不侵犯任何客体的犯罪。这种观点认为:"犯罪客体是指我国刑法所保护的,为犯罪行为所侵犯的社会关系。犯罪客体是行为构成犯罪的必备要件之一。行为之所以构成犯罪,其根本原因在于该行为侵害或者可能侵害了一定的社会关系,某种行为如果没有或者不可能危害任何一种刑法所保护的社会关系,那就不可能构成犯罪。"[1]追根溯源,学界的这种观点表述,来自于苏联学者。比如特拉伊宁指出,之所以认为犯罪客体是构成要件,只是因为"每一个犯罪行为,无论它表现为作为还是不作为,永远是侵犯一定客体的行为。不侵犯任何东西的犯罪行为,实际上是不存在的"[2]。

(2)犯罪客体对罪与非罪的区分具有重要意义。论者指出,某些正当行为,如正当防卫、紧急避险、自救行为、经被害人承诺的侵害行为中,单纯靠行为主体特征、行为人的客观行为以及主观心理态度,可能判定行为符合犯罪的主体要件、主观要件和客观要件,如果此时不考虑行为是否侵害合法权益的一面,显然会出现错误。从另一方面讲,对正当防卫、紧急避险、自杀和自伤、毁损本人财物等行为之所以不以犯罪论处,就是因为这类行为没有侵犯刑法所保护的社会关系,不符合犯罪客体要件。论者进一步指出,在司法实践中,因属于正当行为等上述情形而不构成犯罪的案件较少,这也是一些学者认为犯罪客体要件对司法认定没有意义的原因。但是,这类案件尽管少见,但毕竟还是现实存在,因而这并不能成为取消犯罪客体要件的理由。这就像刑法中背叛国家罪等一些罪名尽管很少适用但也不能取消一样。[3]

(3)犯罪客体对区分此罪与彼罪也具有重要意义。从刑法的规定看,此罪与彼罪的界限,也需要借助"行为侵犯了什么合法权益"来判断(当然也离不开客观要件、主体要件和主观要件),这充分体现了犯罪客体要件的重要性。[4]比如,扔手榴弹杀人,到底是定故意杀人罪还是定爆炸罪,这就要看侵犯的客体是公共安全还是特定人的生命权利。因此,犯罪客体对于此罪与彼罪的认定也具有直接的意义。

2.否定犯罪客体应该作为犯罪构成要件之一的观点

在我国刑法学界,尽管通说仍将犯罪客体作为犯罪构成要件,但已经有越来越多的学者对犯罪客体作为犯罪构成的要件提出质疑。我国学者张文教授最早提出否认

---

[1] 高铭暄、马克昌主编:《刑法学》(第3版),北京大学出版社、高等教育出版社2007年版,第55页。
[2] [苏]A.H.特拉伊宁:《犯罪构成的一般学说》,王作富等译,中国人民大学出版社1958年版,第101页。
[3] 参见赵秉志:《犯罪构成理论不宜动摇——解析犯罪构成体系及其要素之争》,载《检察日报》2004年4月1日。
[4] 参见高铭暄主编:《刑法专论》(第2版),高等教育出版社2006年版,第145页。

犯罪客体是犯罪构成要件的观点[1]，并且得到了不少学者的响应。[2] 实际上，主张犯罪客体是犯罪构成要件之一的肯定论的观点产生在前，而否定犯罪客体是犯罪构成的一个要件的观点则产生在后，并且，也正是在对于肯定论的观点加以反驳的基础上得以立足的。因此，首先检视否定论者对于肯定论主张的反驳，对于我们正确认识犯罪客体与犯罪构成之间的关系，具有直接的意义。

（1）犯罪客体在认定犯罪中必不可少，并不等于其就属于构成要件的内容。否定犯罪客体属于犯罪构成要件的学者指出，确实，苏联刑法在论证犯罪客体是构成要件时认为"每一个犯罪，无论它表现为作为或不作为，永远是侵犯一定客体的行为。不侵犯任何东西的行为，是不存在的"。但是，任何犯罪都侵犯客体，不等于犯罪客体本身是构成要件。例如，任何犯罪都违反刑法，但刑法本身不是构成要件。将犯罪客体作为构成要件，有偷换概念之嫌。[3] 确实，如果说犯罪客体决定了犯罪行为的成立，犯罪客体本身是怎么认定的？正如我国学者胡家贵所指出的，以社会关系为内容的犯罪客体，要么它在犯罪构成之外，要么犯罪已在客体之外，两者根本无法互为前提。[4]

（2）在正当防卫等场合，主张犯罪客体在认定犯罪上的积极作用，是一个似是而非的命题。肯定论者在主张犯罪客体在认定罪与非罪问题上的积极作用的时候，认为正当防卫、紧急避险等行为从表面上看，符合犯罪的客观要件、主观要件和主体要件，只是因为没有现实侵犯刑法所保护的社会关系（客体）才不作为犯罪处理。可是，在笔者看来，这是一个似是而非的命题。怎样看待正当防卫等正当化事由不作为犯罪处理的实质依据？这实际上有两种途径。第一种途径，实际上是现在通说的观点，认为正当防卫等正当化事由在形式上也是符合犯罪构成要件的，其之所以不属于犯罪，是因为在这样的正当化事由在形式上符合了犯罪构成之外，又属于"欠缺社会危害性"的"排除社会危害性"的行为——由于社会危害性是犯罪的本质，所以这些正当化事由虽然表面上看符合了犯罪构成，但是由于不具备社会危害性这一犯罪的本质特征，所以才不作为犯罪处理。可见，在这样的主流观点看来，将正当防卫、紧急避险等正当化事由予以出罪的实质理由，是社会危害性，而不是所谓的犯罪客体。

事实上，正像我国学者所指出的那样，"苏联刑法理论将犯罪客体纳入犯罪构成之中后，使犯罪构成要件丧失了实质意义而成了单纯的形式要件，正当防卫、紧急避险也被当作符合犯罪构成的行为。为了使这种行为无罪，又在犯罪构成之外以其没有社会

---

[1] 参见张文：《关于犯罪构成理论的几个问题探索》，载《法学论文集（续集）》，光明日报出版社1985年版，第252页以下。

[2] 参见张明楷：《犯罪论原理》，武汉大学出版社1991年版；刘生荣：《犯罪构成原理》，法律出版社1997年版；杨兴培：《犯罪构成的反思与重构》（上、下），载《政法论坛》1999年第1期和第2期。

[3] 参见张明楷：《刑法学》（第3版），法律出版社2007年版，第97页。

[4] 参见杨兴培：《犯罪构成原论》，中国检察出版社2004年版，第104页。

危害性为由否定其犯罪性,于是犯罪构成丧失了认定犯罪的法律标准的机能"。[1]

将正当化行为予以出罪的第二种途径,确实是在犯罪构成内部完成的,就是采纳与前述第一种途径的形式解释论相对的实质解释论,认为正当化行为本身就是不符合犯罪构成的,从而也就当然不构成犯罪。与前一种途径相比,这种方式维持了构成要件作为认定犯罪的唯一标准的规格,这一点是值得肯定的,但是,必须注意的是,这里认为正当化行为不符合我国的平面的犯罪构成,不是通过犯罪客体这一要件完成的,而是通过犯罪构成的其他要件,即犯罪客观方面与犯罪主观方面的要件。比如就正当防卫而言,只要是存在正当防卫的前提(存在不法侵害)、针对正当防卫的对象(不法侵害人本人)、满足正当防卫的时间(不法侵害已经开始尚未结束)、具备正当防卫的主观方面(为了防卫自己或者他人的利益)并且符合正当防卫的限度(没有明显超出必要限度且造成重大损害)就可以成立正当防卫,而正当防卫的行为之所以不是犯罪,则是因为不具备成立犯罪的主观要件(不具备"犯罪"的故意、过失),同时也不具备成立犯罪的客观条件(如果超出了正当防卫的限度条件,也可以构成犯罪)。可见,在这种实质解释论的论者看来,正当防卫行为之所以不构成犯罪,是因为这种行为不具备成立犯罪的主客观条件,而不是因为正当防卫行为没有侵犯犯罪客体而不构成犯罪。这里,在确定正当防卫行为不构成犯罪的实质上的依据时,犯罪客观方面和犯罪主观方面起了衡量标准的作用,而所谓的犯罪客体,不过是事后的一种解释不成立犯罪的理由(而非判断是否成立犯罪的标准)而已。对于正当化事由的其他情形,其不作为犯罪处理的理由以及犯罪客体的概念在其中所能扮演的角色,与正当防卫的场合相同。

(3)犯罪客体在区分此罪与彼罪上的积极作用,也不足以使其确定犯罪成立的一个要件。犯罪构成不但是区分罪与非罪的标准,而且也是区分此罪与彼罪的界限。此罪与彼罪的区分界线,当然应该在犯罪构成内部完成,而不能指望任何超越犯罪构成的标准。只是,在犯罪构成内部,究竟何种要件具有区分此罪与彼罪的功能,这仍然是一个需要考察的问题。在笔者看来,承担区分此罪与彼罪的标准的,应该是犯罪的客观要件、主观要件(有时也包括主体要件)。一个行为侵犯了什么客体,是由客观构成要件以及符合客观构成要件的事实决定的。同样,区分此罪与彼罪,关键在于犯罪主客观方面的特征。如果离开犯罪的主客观方面的特征,仅仅凭借犯罪客体认定犯罪性质,难以甚至不可能达到目的。[2] 比如,扔手榴弹杀人,到底是定故意杀人罪还是定爆炸罪,这主要看作为犯罪客观方面内容的行为对象,同时也要参照行为者的主观方面。而行为所侵犯的客体,不过是在事后评价一种行为性质时的阐释理由。即便我们承认犯罪客体在区分此罪与彼罪上具有积极作用,这种积极作用也不过是事后的解释作用,而不是当时的评价作用,这种事后的解释作用不足以使犯罪客体成为确定犯罪成

---

[1] 张明楷:《刑法学》(第3版),法律出版社2007年版,第97—98页。
[2] 参见张明楷:《刑法学》(第3版),法律出版社2007年版,第97页。

立的一个要件。

（4）小结。实际上，主张犯罪客体在认定罪与非罪、此罪与彼罪中具有积极作用从而应该属于犯罪构成要件之一，如同批评者所言："它混淆了刑事立法规定某种犯罪的立法依据和刑事司法认定某种犯罪的司法依据之间的界限。刑事立法规定某种犯罪，它并不完全以社会现实中是否已经有这种犯罪行为为实在依据，它只是抽象地、预先地向全体社会成员宣告法律将禁止这种行为的实施，一旦有人实施了，将承担由此产生的法律后果，以此希望保护某种现存的社会利益。当某种犯罪一旦在刑法中得到确立，刑事立法设定这种犯罪所要保护的某种社会利益作为立法根据在刑事立法上已经完成了它的应有使命，它在刑事司法实践中对认定某种行为是否构成犯罪的过程中不再具有犯罪的规格作用。这是因为刑事立法所要考虑的问题是要不要将某种行为规定为犯罪，而刑事司法所要面临的问题是能不能将某种行为认定为犯罪。根据主客观相一致的刑事定罪原则，某种行为只要在行为人故意或过失的罪过支配下，其行为特征已经符合了罪刑法定原则下的刑事立法规定的要求，经过价值评价和规范评价，该行为就已经构成犯罪当属无疑。行为具有刑事违法性（在没有犯罪阻却事由的情况下），必然具有了社会危害性，也就是对刑法所保护的某种社会利益已经造成了侵害。所以，刑法所要保护的社会利益在刑事司法的定罪过程中不再具有印证的作用。而传统的犯罪客体理论不但将刑法所要保护的社会利益看成是刑事立法设定犯罪的依据，而且还将其视为刑事司法认定犯罪的依据，严重混淆了两者的应有界限。"[1]在笔者看来，论者的这一番论断，可谓是一语中的，其既说明了犯罪客体在刑事法学（刑事立法学）中的特殊意义，又严格将刑事立法层面与刑事司法层面相区分，明确指出犯罪客体发挥作用的领域只限于刑事立法，这样的论证是具有启发意义的，对于主张犯罪客体在认定罪与非罪、此罪与彼罪中具有积极作用从而应该属于犯罪构成要件之一的论点来说，可谓是正本清源。

3. 犯罪客体不该作为构成要件——否定说的进一步论证

（1）犯罪客体与苏联刑法学。犯罪客体是苏联刑法理论中的一个独特概念，犯罪客体被确定为犯罪行为所侵害的社会关系，从而将其与犯罪对象相区分（认为犯罪对象是社会关系的主体和物质体现）。我国刑法理论在引入苏联犯罪构成体系的同时也引入了犯罪客体的概念，犯罪客体是刑法所保护而为犯罪行为所侵害的社会主义社会关系，这一表述长期以来占据统治地位。实际上，苏联刑法学者的表述，恐怕可以追溯到马克思的著述之中。马克思发表于1842年的《关于林木盗窃法的辩论》一文中有如下的论断："犯罪行为的实质并不在于侵害了作为某种物质的林木，而在于侵害了林木的国家神经——所有权本身，也就在于实现了不法的意图。"[2]可是，马克思的上述论

---

[1] 杨兴培：《犯罪构成原论》，中国检察出版社2004年版，第94—95页。
[2] 《马克思恩格斯全集》（第1卷），人民出版社1995年版，第168页。

断实质上是在讨论犯罪的本质问题,这与将犯罪客体作为犯罪构成的要件之一之间,并不存在论理上的因果联系。正如我国学者陈兴良教授所指出的那样,"应该说,马克思深刻地揭示了犯罪行为的实质:林木只是所有权的载体,所有权才是犯罪所侵害的实质内容。但这种所有权在法律上表现为一种权利,其进一步的本质又在于利益。侵害林木的国家神经实际上是触犯了法律所保护的某种利益。那么,从马克思的上述论断能否引申出作为犯罪构成要件的犯罪客体呢? 我们的回答是否定的。因为马克思在上述论断中论述的是犯罪的本质问题,这种对犯罪的本质的理解与利益侵害的观点是一致的。"[1]

我国刑法理论关于犯罪客体是构成要件的观点来自于苏联。但是,苏联学者中也有人(如特拉伊宁)反对这种观点。而且,值得注意的是,苏联解体后,俄罗斯国内关于犯罪客体是社会主义社会关系的统一看法开始分化。除一部分学者继续坚持犯罪客体是社会关系的观点以外,越来越多学者的思想轨迹朝着否定传统观点的方向发展,并出现以法益取代犯罪客体的观点。[2] 可见,即便在苏联刑法学之中,犯罪客体概念作为犯罪构成要件之一的地位,不但从源头上来看就有疑问,今日也受到了苏联部分学者的质疑,其体系地位值得反思。[3]

(2) 犯罪客体概念本身所存在的问题

① 犯罪客体概念的意识形态化特征。有学者指出,中国刑法学中的意识形态化的问题,即使不说是越来越严重,也可以说没有根本性的削减。例如,承认犯罪客体概念,将犯罪视作对社会主义社会关系的侵害,就是意识形态的触角深入刑法学领域的最集中表现。重视犯罪客体概念,不仅会使刑法学理论陷入混乱,将行为与罪状的关系,以及与行为违法性的关系,搅在一起;而且会使被告人的辩护显得特别困难,国家权力的"大棒"有了赤裸裸的任意挥舞的特质。[4]

② 犯罪客体的形骸化、抽象化。源自苏联、为我国刑法学界所继承的犯罪客体概念,被定义为"犯罪行为所侵害的而为刑法所保护的社会主义社会关系"。可是,究竟何谓"社会主义社会关系",却是一个空洞的、抽象的、待证的事实。如有学者也认为,

---

[1] 陈兴良:《本体刑法学》,商务印书馆 2001 年版,第 208 页。
[2] 参见薛瑞麟:《嬗变中的俄罗斯犯罪客体》,载《比较法研究》2000 年第 2 期。
[3] 对于苏联刑法学对于中国刑法学影响的整体评估,笔者总体上认同张明楷教授的如下判断,"刑法学不是真理的判断,而是价值的判断,因此,没有必要也不应该强求学者们将苏联刑法理论对我国刑法理论的影响认定为不利影响"。"另一方面,我又觉得苏联刑法理论对中国刑法理论的影响不会太长久。因为越来越多的学者们在研习德日刑法理论,也有不少学者打算建立具有中国特色的刑法理论体系,研习苏联刑法及其理论的人很少见,而阅读范围会影响学者的立场与观点。新的理论会不断地取代旧的理论。因此,苏联刑法理论对于中国刑法理论的影响不会太长久。"(参见吕英杰:《兴趣与立场:刑法学的一种追思性梳理——访著名刑法学家张明楷教授》,载冯军主编:《比较刑法研究》,中国人民大学出版社 2007 年 12 月版。)
[4] 参见周光权:《刑法总论》,中国人民大学出版社 2007 年版,序言第 2—3 页。

犯罪客体与犯罪构成的其他要件并不处于同一层次,犯罪客体是被反映、被说明的对象。[1] 实际上,由于犯罪客体缺乏实质的内容,犯罪客体的存在与否需要借助其他要素的存否来检验和证明,这也说明了犯罪客体的形骸化的问题。就连特拉伊宁本人在论述犯罪构成要素时,虽然论述了各种表明客观方面、主体与主观方面的因素,但他也没有论述哪些因素是表明犯罪客体的构成因素,只是说明了犯罪客体的含义与作用。这正好说明,表明犯罪客体的因素来自其他构成要件,而不是其本身。就此,正如我国学者指出的那样,当前刑法理论意义上的客体,显然具有刑法哲学意义,但却不具有司法刑法学意义。重要的是认识到,犯罪构成是一个司法刑法学范畴,而不是一个刑法哲学范畴。犯罪客体具有刑法哲学意义不等于它应当被纳入犯罪构成模式之中。在我国,犯罪客体单指保护客体,而行为客体被作为犯罪对象纳入犯罪客观方面之中,检察机关出示的证据实际上都是对客体以外的构成要件进行证明,证明了其他要件也就说明了犯罪客体;由于犯罪客体的不可证明性和只可说明性,犯罪客体在起诉书中只是一种摆设而已。"但问题是,把一种不可证明的东西塞进犯罪构成,就暗示了对于认定有罪而言,作为犯罪构成要件的客体是可以不被证明的,客体这个构成要件可以不被证明,就有理由主张别的要件也可以不被证明,如此推论下去,刑事诉讼法的证据规则就丧失了全部意义,现代刑事司法文明必将遭受挑战。"[2]

③ 犯罪客体、社会危害性与犯罪构成之间的关系杂糅。犯罪客体究竟与作为犯罪本质的社会危害性之间是一种什么样的关系?像一些学者主张的那样,用法益的概念取代犯罪客体的概念之后,法益及其侵害与社会危害性之间是什么样的关系?社会危害性与犯罪构成之间又是什么关系?犯罪构成到底是不是认定犯罪的唯一的、终局的标准?等等这些,都是十分混乱的问题。对社会危害性的检讨需要另费笔墨,但是,这里可以说,犯罪客体、社会危害性与犯罪构成之间的多边杂糅关系,使得犯罪认定问题上叠床架屋,混乱不堪。

④ 犯罪客体理论缺乏自身独立的理论品格。正如有学者所指出的那样:"传统的犯罪客体理论实在经不住理论上的点滴推敲,它不过是在注释刑法学中一种思想教条、观念僵化的低级注释的反映。科学的刑法理论的独立品格应当表明,刑法理论应该是一种高居于刑事立法、刑事司法之上的具有理性指导意义的理论体系,它不能、也不应随着刑事立法和刑事司法改变固有的轨道而放弃自己的理论阵地。而传统的犯罪客体理论恰恰在这里暴露出了它的随意性,刑法稍有变动,它也像'变色龙'一样随之发生变动,这就无法逃避被人怀疑其理论成分和理论价值合理性的结局,要么其原先洋洋洒洒的说教没有价值,要么其现在的法云亦云的诠释没有合理的成分。无论哪

---

[1] 参见张明楷:《刑法学》(第3版),法律出版社2007年版,第97—98页。
[2] 刘远:《犯罪构成模式的反思与重构》,载梁根林主编:《犯罪论体系》,北京大学出版社2007年版,第236页。

一种情形都在宣告其自身的理论基础的垮塌"。[1] 确实,联系到1997年《刑法》修订对于一些犯罪的立法调整即其在刑法分则不同章节的设置位置,以上的论断可谓是入木三分。比如贪污罪原来属于1979年《刑法》中的第5章侵犯财产罪、受贿罪原来属于1979年《刑法》分则第8章渎职罪,而现在这两种犯罪都被规定在1997年《刑法》分则第8章贪污贿赂罪中,于是学者们在解释贪污罪、受贿罪的客体时,也都发生了变化。又如,1979年《刑法》分则的第7章为妨害婚姻家庭罪,而1997年《刑法》将这类犯罪并入了分则第4章侵犯公民人身权利、民主权利罪,于是学者们对于这类犯罪的客体内容的解释,也都随着变化。再如,原先1979年《刑法》中的私藏枪支弹药罪被规定在妨害社会管理秩序罪之中,而1997年《刑法》将该罪并入到分则第2章危害公共安全罪,于是学者们对该罪的客体的解释,也还是跟着发生变化。这样的例子还可以举出很多。人们不禁要问:这些犯罪所侵犯的客体究竟是什么?一个犯罪所侵犯的"社会主义社会关系"或者是"社会主义社会利益"难道不应该是客观的、固定的吗?因为立法的修改而导致一个犯罪的客体也随着修改,这是严肃和合理的吗?按照沿革解释(历史解释)对相应犯罪的客体作重新界定并非不允许(比如我们完全可以和应该按照沿革解释对遗弃罪的客体作不同于1979年《刑法》的解释),问题是,这应该限定在立法的修改是理性和有所考虑的场合,在立法的修订完全是出于立法技术上的便利的场合,对于相应犯罪所侵犯的客体内容也予以"与时俱进"的解释,只能说明犯罪客体这一概念和相应的理论本身完全附庸、尾随于立法,欠缺基本的独立品格。[2]

（3）犯罪客体在犯罪论体系中的应然位置。在犯罪客观方面、犯罪主体、犯罪主观方面是认定一行为是否构成犯罪时要考虑的实体性标准,是一种事中的判断,而犯罪客体属于揭示一种已经构成犯罪的行为所具有的属性,是一种事后的解释。本质上,犯罪客体与其他三个要件根本不属于同一层次。对此,正如有学者指出,犯罪客体应放在犯罪概念中研究而不应作为犯罪构成要件研究,因为犯罪的概念已经揭示了犯罪的本质属性是应受刑罚处罚的社会危害性,而社会危害性也就是行为侵害了我国社会主义社会关系。[3] 可以说,"犯罪客体的功能在于揭示犯罪的本质特征,这一功能不是犯罪构成要件所应具备的,而是犯罪概念的功能"。[4] 更有论者甚至指出:"将作为实质性范畴而非实体性范畴的犯罪客体概念作为构成要件,不仅混淆了犯罪构成的实践性功能和犯罪概念的理论性功能,而且损害了现代刑事诉讼价值。同时,将犯罪

---

[1] 杨兴培:《犯罪构成原论》,中国检察出版社2004年版,第94页。
[2] 此外,杨兴培教授针对传统的犯罪客体理论,从形成过程和理论根据选择错误、现实存在和构成功能理解错误等角度进行了反思,并且认为传统犯罪客体理论存在着(1)犯罪客体政治功能和法律功能的混淆;(2)犯罪客体立法功能和司法功能的混同;(3)对犯罪客体研究角度和研究目的的混乱等问题(参见杨兴培:《犯罪构成原论》,中国检察出版社2004年版,第104—124页)。
[3] 参见张文:《犯罪构成初探》,载《北京大学学报》(哲学社会科学版)1984年第5期。
[4] 陈兴良:《本体刑法学》,商务印书馆2001年版,第210页。

构成具有的定罪功能转移到犯罪概念的本质揭示功能,从表面上看似乎抬高了犯罪构成的地位,但实际上却是损害了犯罪构成的使用价值。"[1]

实际上,对于将犯罪客体理解为犯罪行为所侵犯的社会主义社会关系的观点,由于"社会关系"模糊、难以界定,早就有学者提出要以社会利益的概念取代之,认为犯罪客体是犯罪主体的犯罪活动侵害的、为刑法所保护的社会主义社会利益(较早提出"社会利益说"的应该是何秉松教授)。尽管这种观点仍然把犯罪客体作为构成犯罪的要件,这一点是令人遗憾的,但是,在将犯罪客体理解为为刑法所保护而为犯罪行为所侵犯的社会利益的时候,这种观点已经与大陆法系刑法理论中的法益侵害说相当接近了。所以,不管是放弃"犯罪客体"的概念而直接借用"法益"的概念,还是迁就现实保留"犯罪客体"概念但在"社会利益"而非"社会关系"意义上使用,犯罪客体本身所具有的空洞化、形骸化的缺陷都是需要克服的。相对于在"社会利益"意义上定义犯罪客体的做法,笔者倒是倾向于彻底地采纳"法益"的概念,即干脆以"法益"的概念取代"犯罪客体"的概念。而且,法益概念自然不是犯罪构成的一个直接要素,它一方面作为犯罪概念的一种解释依据,另一方面,又成为判断行为违法性(犯罪成立条件之一意义上的违法性)的一个实质内核。以法益的概念取代犯罪客体的概念之后,法益侵害的概念也可以进一步取代社会危害性的概念,这样,犯罪构成——社会危害性这样的双层次的犯罪评价系统得以清除,犯罪构成作为认定犯罪的终局标准的地位得到匡复。

值得注意的是,肯定犯罪客体是犯罪构成要件之一的学者也指出:"我们并不反对将法益这一外国刑法理论中的重要概念引入中国刑法学的犯罪客体理论中,即将犯罪客体修正为刑法所保护的法益也未尝不可。"[2]但是,这样的论调仍然是以法益的概念替代犯罪客体的概念作为犯罪构成的要件之一。而外国刑法将法益视为十分重要的概念,但没有任何人认为刑法所保护的法益本身是构成要件的内容。而且,犯罪客体本身是被侵犯的法益,但要确定某种行为是否侵犯了法益以及侵犯了什么法益,并不是由犯罪客体本身来解决,而需要通过客观构成要件(从法律上讲)以及符合客观构成要件的事实(从事实上讲)反映出来。将犯罪客体作为构成要件可能只起单纯的评价作用,但将一个没有要素的要件交由法官评价,会有损构成要件的罪刑法定主义机能;如果认为犯罪客体是事实要素,又会与客观构成要件相重复(因为结果表明了行为对法益的侵害、危险,行为概念本身也表明了对法益的危险)。[3] 作为犯罪构成的要件,应当是犯罪的实体性存在,而犯罪客体不属于犯罪的实体内容,而是在犯罪之外的

---

[1] 刘远:《犯罪构成模式的反思与重构》,载梁根林主编:《犯罪论体系》,北京大学出版社2007年版,第236—237页。

[2] 赵秉志:《犯罪构成理论不宜动摇——解析犯罪构成体系及其要素之争》,载《检察日报》2004年4月1日。

[3] 参见张明楷:《刑法学》(第3版),法律出版社2007年版,第97页。

某种社会构成要素。无论是把这种社会要素视为犯罪所侵害的社会关系(利益)还是视为刑法所保护的价值,虽然都与犯罪相关联,但都不能纳入犯罪要件的体系之中。[1]

(二) 犯罪主体也不应该作为犯罪构成的一个独立要件

犯罪是人实施的,任何犯罪都离不开一定的主体,但是否把犯罪主体作为犯罪构成的要件,却是一个值得研究的问题。尽管学界通说至今将犯罪主体作为成立犯罪的四个要件之一,但是,质疑将犯罪主体作为犯罪构成的一个要件的观点也越来越有力。那么,犯罪主体究竟应不应该作为犯罪成立的一个独立的要件?

1. 问题的所在:犯罪主体作为犯罪构成平面四要件之一所引出的两难境地

实际上,从不同的角度,总会有论证犯罪主体不属于犯罪构成要件之一的不同理由。[2] 在此,笔者想特别强调的是,根据我国通行的犯罪构成理论,将犯罪主体作为犯罪构成要件,会引起逻辑上的矛盾:到底是犯罪主体作为犯罪构成的一个要件先于犯罪行为而独立存在? 还是符合犯罪构成的犯罪行为先于犯罪主体被评价? 如果说犯罪主体作为犯罪构成的一个要件先于犯罪行为而独立存在,每一个达到法定刑事责任年龄、具备刑事责任能力的人都是犯罪主体。如果是符合犯罪构成的犯罪行为先于犯罪主体被评价,则不具备刑事责任能力的人也有可能实施犯罪行为。这是一个两难的推理,将犯罪主体是犯罪构成要件的观点推到一个尴尬境地。[3] 确实,对于这个先有犯罪主体还是先有犯罪行为的"先有鸡还是先有蛋"式的问题,其存在本身是必须得到正视的,这确实不是一个假问题。[4]

实际上,之所以否定犯罪主体作为犯罪成立的一个要件,除了以上所描述的两难处境之外,还有这样一个同样很形象的原因:如果承认犯罪主体是独立于犯罪客观方面和犯罪主观方面要件的话,就会面临这样一种尴尬,即犯罪主体这种要件究竟是"客观的",还是"主观的"? 或者是"部分是客观的,部分是主观的"? 可是,究竟有没有一种东西既不是"客观的",也不是"主观的",或者"部分是客观的,部分是主观的"? 承认犯罪主体是独立于犯罪客观要件与犯罪主观要件之外的一个独立要件,实际上也就是否认了"客观—主观"这一区分标准的绝对性和纯粹性,这在逻辑上是可能的和妥当的吗? 这也是一个需要回答的问题。

2. 我国学者对于犯罪主体应作为犯罪构成要件之一的论述及其反驳

我国有学者从行为主义与行为人主义的学说史角度,论证了犯罪主体的重要意义。论者指出,众所周知,在西方刑法理论的演进过程中,刑事古典学派强调的是行为

---

[1] 参见陈兴良:《本体刑法学》,商务印书馆2001年版,第210页。
[2] 对此,请参见陈兴良:《本体刑法学》,商务印书馆2001年版,第212页。
[3] 参见杨兴培:《犯罪主体的重新评价》,载《法学研究》1997年第4期。
[4] 承认论者所述的这一逻辑矛盾之存在的观点,可见陈兴良:《本体刑法学》,商务印书馆2001年版,第214页;周光权:《刑法总论》,中国人民大学出版社2007年版,第97页。所以,把行为主体与责任能力相剥离,取消犯罪主体这一犯罪构成要件,是必须要加以考虑的。

中心论,刑事实证学派强调的是行为人中心论。实践证明,这两种理论都有失偏颇,行为中心主义和行为人中心主义从对立走向调和折中早已成为当代刑法发展的主流。这一发展趋势在犯罪构成理论中也得到了体现,行为人和行为都成为犯罪构成不可或缺的要件。行为人的刑事责任年龄、刑事责任能力、特定的身份等特征是区分罪与非罪、此罪与彼罪、罪轻与罪重的重要根据,是必不可少的犯罪构成要件。犯罪主体要件也可以分为共同要件和特殊身份要件两个层次,不能因为特定身份不具有普遍性意义就否定其对某些犯罪的构成要件意义。犯罪主体也是不能被犯罪主观方面要件包含的,比如一个已满14周岁不满16周岁的行为人多次实施盗窃行为的案件,行为人的盗窃行为可能完全符合故意的主观方面特征,此时如果不考虑主体要件的话,就无法区分罪与非罪的界限。特殊的主体身份更是主观方面无法包括的,比如是否属于国家工作人员是区分挪用公款罪和挪用资金罪的界限,如果只考虑行为人主观方面是无法区分两罪界限的。[1]

以上的论证,只是说明了有关犯罪主体的内容需要在承担确定犯罪成立标准的犯罪构成之中得以体现,似乎并不足以说明犯罪主体可以独立成为一个构成要件。最关键和最直接的是,这样的论证并没有正面回答以上所提出的"两难境地"的问题。实际上,对于犯罪主体的概念,存在着两种定义方式,要么像通说那样,将犯罪主体定义为实施危害社会的行为、依法应当负刑事责任的自然人和单位;[2]要么干脆像一些学者所主张的那样,将犯罪主体定义为"具有刑事责任能力、达到刑事责任年龄的人"。[3]可是,像通说那样的犯罪主体定义,注定难以逃脱前述"先有犯罪主体还是先有犯罪行为"的两难境地,要是从犯罪主体中抽调犯罪行为的限定,把具有刑事责任能力、达到刑事责任年龄的人称为犯罪主体,会导致犯罪主体的范围无限制扩大,甚至导致人人自危。"由此可见,逻辑错误的产生并非犯罪主体概念之过,而是将犯罪主体作为犯罪构成要件惹的祸。"[4]

3. 解决的方向

在大陆法系犯罪构成理论中,并没有我们通常所说的犯罪主体这样一个犯罪构成要件。犯罪主体的内容被分解为两部分,在构成要件该当性中,论述行为的主体,将其与行为客体相对应。由于构成要件该当性只是犯罪成立的第一个要件,因而无论什么人,只要实施了构成要件该当的行为,就具备了行为主体这一要件。在有责性中,论述责任能力。责任能力是责任的前提,如果没有责任能力,就不存在罪过问题。在责任

---

[1] 赵秉志:《犯罪构成理论不宜动摇——解析犯罪构成体系及其要素之争》,《检察日报》2004年4月1日。

[2] 参见高铭暄、马克昌主编:《刑法学》(第3版),北京大学出版社、高等教育出版社2007年版,第93页。

[3] 陈兴良:《刑法哲学》,中国政法大学出版社2000年版,第550页。

[4] 葛磊:《我国犯罪构成体系的逻辑考察》,载陈兴良主编:《犯罪论体系研究》,清华大学出版社2005年版,第161页。

能力中,以否定要件的形式论述无责任能力的情形。这样,像大陆法系国家那样,犯罪主体分解为行为主体与责任能力(责任主体)之后,将其分别置于构成要件该当性与有责性的判断、评价之中,就能很好地解决前述的两难处境问题。

实际上,犯罪主体的内容虽有必要,但是应该将之区分为行为主体与责任能力,以此来消解犯罪主体的要件,行为主体以及身份体现在客观构成要件(犯罪的客观方面)之中[1],责任能力则体现在犯罪的主观方面之中,只有这样,才能既保证客观要件与主观要件这一标准的纯粹性,又可以有效地解决前述的两难境地。[2] 将犯罪主体作为与犯罪的客观方面和主观方面相并列的犯罪成立的一个独立要件,实在是得不偿失。[3]

(三)犯罪客体、犯罪主体要件变动给四要件体系带来的影响

现有的犯罪客体—犯罪客观方面—犯罪主体—犯罪主观方面的四要件的犯罪构成体系,在剔除了犯罪客体的要件,将犯罪主体要件中的行为主体、身份,包括单位纳入犯罪的客观方面,同时将责任能力的要件并入犯罪的主观方面之后,实际上,这时的犯罪主观方面已经不再是单纯的犯罪故意、过失这样的纯粹主观的内容,也包括了刑事责任能力这种刑法上的辨认和控制能力,而这尽管也因人而异,却是可以在一定意义上客观把握的了。所以,将刑事责任能力等要件纳入到犯罪主观方面之后,犯罪主观方面已经发生了一定的质变,等到(后文将要讨论的)期待可能性理论也被吸纳到其中之后,作为罪过形式的犯罪主观方面要件将不再纯"主观",心理责任论将为规范责任论所取代,而作为犯罪论体系的一个环节的责任论(有责性)也将登场了。

三、结构缺陷之一:缺乏违法性的阶层
——兼论正当防卫、紧急避险的体系地位

尽管"成分"(要素=元素)和"结构"的区分在其他社会科学领域之中已受到广泛重视,但是在刑法学领域,较早提出"成分不等于结构"这一命题的,似乎是储槐植教授。储先生明确指出:"古来任何历史阶段的社会均有农业和工业两种产业(成分),成分相同而成分之间比重(结构)不同,则形成不同类型的社会,农业比重占优势则是农业社会,工业比重占优势则为工业社会。人是社会的主体,任何社会都有农村人口和

---

[1] 作为部分犯罪之犯罪主体的单位,也作为一种特殊的身份,纳入犯罪的客观方面中加以研究。
[2] 这里,需要注意的是,与责任能力不同,行为主体的特定身份是犯罪故意成立所必须认识的要素(而主观要素则不是犯罪故意所认识的内容),例如行为人没有认识到自己是严重性病患者的,则不成立传播性病罪。特定身份说明行为的客观违法性,因此将之归入犯罪的客观方面。
[3] 此外,杨兴培教授认为,犯罪构成的基本功能、唯物辩证法的基本原理都决定了犯罪主体不是犯罪构成的必要要件,而把犯罪主体排除在犯罪构成之外,也不会发生刑事责任无所依附的问题(其详细的论证,请参见杨兴培:《犯罪构成原论》,中国检察出版社2004年版,第73—77页)。

城市人口两种成分,而两种人口之比(结构)不同,便形成不同类型的社会。同样有死刑、监禁刑和罚金刑等几种刑罚方法(成分)存在的国家刑罚,则有重刑结构和轻刑结构的重大区别。成分是事物(更抽象的科学用语是系统)的实体基础,成分之间的不同比例组合即结构则决定事物的性质,显示一事物与他事物之间的本质区别。在社会科学领域,既要关注系统的成分,更要研究系统的结构。"[1]这样富有思想的论断是有启发意义的。中国的犯罪构成理论,与德日以及英美的犯罪论体系相比,不仅在成分(要素)上存在不同(参见前节所批评的中国的犯罪构成理论的要素缺陷),在结构上更是不同。而且,在某种意义上,也正是因为成分(要素)的不同,决定了其结构不同。

中国通行的犯罪构成理论,被称为平面式的体系,其形式上的最大特征,就是这些犯罪构成要素之间,缺乏基本的阶层区分(已如前文所述,不同的先后排列顺序并不表明其阶层性)。较之德日的三阶层体系而言,中国的四要件体系明显地缺乏违法性阶层和有责性阶层,而正是由于这种犯罪构成体系在结构上缺乏违法性阶层和有责型阶层的区分,导致其存在着一些难以克服的缺陷。本节和下节,就对于这两个问题分别加以展开,本节则先从违法性阶层的欠缺入手。

(一)实质违法性理念的宣扬和构建——从社会危害性到法益侵害性再到违法性概念及其阶层

1. 从社会危害性理论到法益侵害理论

社会危害性理论所显现的实质的价值理念与罪刑法定主义所倡导的形式的价值理念之间存在基本立场的冲突。批评者一般认为,社会危害性理论的缺陷主要表现在:(1)非规范性,即社会危害性是对犯罪的一种超规范解释,社会危害性理论会导致对行为的超规范评价;(2)非实体性,即社会危害性和刑事违法性的关系不明确,两者之间存在循环论证的问题;(3)非专属性,即社会危害性理论解释场域不明确。[2] 本文认为,现有的中国刑法中的社会危害性的概念,主要承担着两方面的职能,而这两方面,恰恰都是有问题的。第一,作为评价的客体,它与作为犯罪成立要件之一的犯罪客体的关系含混(而已如前文所述,犯罪客体的概念又是相当的形骸化、意识形态化),另一方面,也是更主要的,作为评价的尺度,社会危害性缺乏基本的规范质量,其作为"尺度"的资格是大可质疑的。正是基于对社会危害性的上述认识,使得法益这个西方刑法学界广为关注的概念得以进入中国刑法学者理论研究的视野中来。可以说,法益概念及其法益侵害的导出是对社会危害性理论进行反思的合乎逻辑的结论。以法益的概念取代社会危害性的概念之后,法益概念在作为评价的客体和评价的尺度两个方

---

[1] 储槐植:《刑事一体化论要》,北京大学出版社 2007 年版,第 53 页。引言中着重号为本书作者所加。——笔者注。

[2] 对此可参见陈兴良:《社会危害性理论——一个反思性检讨》,载《法学研究》2000 年第 1 期;刘为波:《诠说的底线——对以社会危害性为核心话语的我国犯罪观的批判性考察》,载陈兴良主编:《刑事法评论》(第 6 卷),中国政法大学出版社 2000 年版,第 78—157 页。

面,都可以避免社会危害性的前述缺陷。就作为评价的客体而言,使用了法益概念并且赋予其相应的地位("违法性"的地位),由于法益自身是相对明确固定的,也有助于破除"犯罪的客体"这一意识形态化的概念的相应误区。而就评价尺度的适格性而言,法益概念较之社会危害性概念而言也更为适宜。这是因为,法益概念作为评价尺度时,具有相应的规则,这些规则的确立,更有助于刑法中相应问题的妥当解决。比如法益主体的平等性原则,有助于反观我国现行刑法中相应的不平等保护问题;法益保护的欠缺理论,在对被害者的同意、正当防卫等问题的解释功能上,也更加强大。再有,法益关系的错误理论等。可以说,以法益概念取代现有的社会危害性概念和犯罪的客体的概念,实际上也就是主客观相统一的社会危害性概念的去主观化(本文以为,抽掉附着在社会危害性概念上的"主客观相统一"的外衣,从客观主义刑法出发,还社会危害性以应有的本来面目,实际上这时候"客观的社会危害性"着眼于行为的结果及其危险,与结果无价值论主张的"法益侵害"也不过是概念名称上的区别罢了)和犯罪客体概念的去意识形态化、去形骸化的问题。而一旦做到了这一点,与法益的侵害及其威胁相应的、作为犯罪成立的要件之一的"违法性"的概念也就应运而生了。

陈兴良教授认为,将社会危害性概念逐出注释刑法学领域后,为了避免使注释刑法学的犯罪概念变成一个空洞的法律形式,从而坠入形式法学的泥潭,需要引入一个具有实质意义的概念即法益及其法益侵害。[1] 所谓法益,用李斯特的话说,就是刑法规范所保护的利益。在当今大陆法系国家刑法学中,尽管对犯罪的违法性本质有所谓"社会危害性说"、"秩序违反说"、[2] "规范违反说"[3] 等诸多学说,但"法益侵害说"无疑是更为主流的学说。[4] 根据法益理论,犯罪的本质既然在于法益侵害,即对于国

---

[1] 参见陈兴良:《社会危害性理论———一个反思性检讨》,载《法学研究》2000年第1期。
[2] "秩序违反说"是法国刑法理论和刑法实务关于犯罪的违法性本质的主流学说。法国刑法学家卡斯东·斯特法尼把犯罪定义为"由刑法规定并依据其对社会秩序造成的扰乱进行惩处的行为",认为犯罪违法性的本质在于对社会秩序的扰乱(参见[法]卡斯东·斯特法尼:《法国刑法总论精义》,罗结珍译,中国政法大学出版社2003年版,第6页)。
[3] "规范违反说"是近年来德国刑法学者格吕恩特·雅科布斯提出的机能主义刑法学关于犯罪的违法性本质的解读。雅科布斯认为,犯罪不是法益侵害(Rechtsgutsverletzung),而是规范否认(Normdesavouierung),刑法保护的也不是法益,而是规范的有效性。他指出,刑法机能主义指的是这样一种理论,即刑法所要达到的效果是对规范同意性的保障、对宪法和社会的保障(参见[德]格吕恩特·雅科布斯:《行为 责任 刑法———机能性描述》,冯军译,中国政法大学出版社1997年版)。
[4] "法益侵害说"作为大陆法系主流的关于犯罪的违法性本质的理论,肇始于费尔巴哈的"权利侵害说",经过德国刑法学家毕尔巴模、宾丁、李斯特、威尔泽尔等人的推动,成为德国刑法学的主流学说,并影响其他大陆法系国家的刑法学。我国刑法学近年来也开始引入"法益侵害说",认为用法益侵害说取代社会危害性说更能科学地揭示犯罪的违法性本质,也有助于提升犯罪概念的规范属性,平衡刑法的保护机能和保障机能[具体可参见杨春洗、苗生明:《论刑法法益》,载《北京大学学报》(哲学社会科学版)1996年第6期;张明楷:《法益初论》,中国政法大学出版社2000年版;丁后盾:《刑法法益原理》,中国方正出版社2000年版]。

家法益、社会法益和个人法益的侵害，作为对犯罪的反制手段的刑法，其价值和机能当然首先在于法益保护。也就是说，刑法具有制止犯罪、维护秩序、防范国家、社会和公民个人的法益免遭犯罪行为者的侵害的机能。因为刑法规范对一切侵犯或危害国家、社会或个人法益的行为都规定了相应的刑罚方法。任何行为只要侵犯了刑法所保护的国家、社会或者个人的法益，国家就应当予以追究，借以惩罚和预防犯罪。毫无疑问，刑法对已然侵害国家、社会或者公民个人法益的犯罪行为予以刑罚处罚，以保障国家、社会或者个人的法益，维护社会秩序，体现了刑法存在的原始根据。作为刑法的原始和基础的功能，法益保护功能的存在正是刑法的工具性渊源所在。

应该看到，相对于社会危害性而言，法益确实具有规范性、实体性和专属性的优点。法益概念的推崇与引入是我国刑事法理论研究的重大进步，它使得我们对于犯罪的评价不但具有实体内容，而且具有规范约束，对于我们清理在社会危害性统治之下的我国刑法理论体系，重新审视犯罪的本质、特征与概念确实具有建构性的作用。但是，我们以往的做法往往是，在打破了一个神话的同时塑造了另一个神话。需要思考的是，是否只要法益概念一引进就万事大吉了？在打破了一个在引入由法益概念代替社会危害性在解释刑法规定的犯罪现象的话语霸权的时候，除了必定伴随而来的话语系统的转换外，法益本身还存在哪些问题应该引起我们的足够警惕？

对上面的忧虑的另一种分析思路是，是否在一种行为具有了形式上的违法性（表面看来似乎侵犯了所谓的"法益"），就必定伴随着刑法上的当罚性？是否存在这样的情况——行为具有刑事违法性，却没有社会危害性（或者说实质的法益侵害性）的例证？毫无疑问，这样的情况是存在的。问题的关键是，如何评价这种行为？是否同样需要坚持形式理性的标准？还是应该并且可能有超乎形式理性的更高的准则？

2. 违法性理论的构建与夯实

基于传统的刑法理论"社会危害性是刑事违法性的基础，刑事违法性是社会危害性在刑法上的表现"的认识，致使我国的刑事违法性缺乏实体内容。我们赞同陈兴良教授的如下主张，即认为在"违法"理解上，应引入大陆法系的违法性理论，坚持形式违法与实质违法的统一，主观违法与客观违法的统一，使违法性真正成为一个具有实体内容的概念。[1] 具体而言，我们认为刑事违法性应该包括以下内容：(1) 形式的违法性，不仅是违反狭义的《中华人民共和国刑法》的规定，而且也包括违反单行刑法和附属刑法的禁止性规定，即违反广义的刑法。同时，不仅指违反确定有罪时以规定某种犯罪构成的《刑法》分则条文的规定，而且也包括违反《刑法》总则有关条文的规定，如犯罪预备、共同犯罪等。有学者认为，这里还包括违反刑法关于空间效力和时间效力、追溯时效的条文等。[2] 我们认为，上述条文的规定，只是是否适用刑法的条件性法律

---

[1] 参见陈兴良：《社会危害性理论——一个反思性检讨》，载《法学研究》2000年第1期。
[2] 参见何秉松：《犯罪构成系统论》，中国法制出版社1995年版，第432—433页。

制度,并非司法定罪的法律根据本身应具有的属性,故不宜将定罪的法律根据任意扩大化。从刑法规范与其他法律规范的关系来看,刑事违法性表现为两种情况:一是直接违反了刑法规范;二是违反其他法律规范,但因情节严重进而违反了刑法规范。在后一种情况下,行为具有双重违法性,因而在承担刑事责任的同时,还可能承担其他的法律责任。(2)实质的违法性,对刑法法益的侵害性,即刑事违法性应当具有侵害刑法法益或使之遭受危险的属性。顺便提一句,有学者认为,对社会伦理规范的违反也是实质违法性的一个方面。[1] 我们认为,尽管社会伦理规范与犯罪有密切的联系,刑罚对犯罪的惩罚一方面可以加强道德的约束力,产生强烈的伦理效果,另一方面也需要以伦理为基础,获得伦理的支持。但是刑法毕竟不是伦理的罚则,刑法不可能承担起维护全部道德准则的作用。因而,对社会伦理规范的违反行为中只有极有限的部分才能进入刑法视野,而成为应当承担刑事责任的犯罪行为。社会的伦理道德不可能完全依赖于刑法予以提倡,立法者也不应当基于维护道德秩序的考虑任意地将社会伦理规范的违反视为犯罪。

(二)应该在犯罪构成之内讨论正当化事由等犯罪阻却事由

在笔者看来,中国犯罪构成模式所存在的一个非常严重的结构缺陷——某种意义上看是要素缺陷的另一种表现形式——是这一体系不但是静止的、平面的,同时也是刚性的,缺乏弹性的。说这一体系是静止的,平面的,是说这一体系仅反映定罪规格,不反映定罪矛盾,对此本文别处已有详述;而说这一体系是刚性的,缺乏弹性的,则是说这一体系仅反映了入罪的规格,而没有体现罪的标准,仅有入罪的条件,而缺乏出罪的管道。由于这一体系的平面性、静止性缺陷,使得这一体系在操作性上存在问题;而由于这一体系的封闭性、刚性,使得这样体系在人权保障功能上留有缺陷。这里,主要探讨一下犯罪论体系中的出罪渠道问题。

1. 现行的在犯罪构成之外讨论正当化事由的弊端

比如正当防卫的行为,一方面满足了通常意义上的犯罪成立四要件,一方面又仅仅因为排除了社会危害性而不认为是犯罪。已如前文所指出的那样,一种行为满足了犯罪成立要件(因此也就满足了所谓的犯罪成立的唯一的规格)而又因为"排除了"社会危害性而不属于犯罪,在犯罪成立要件规定犯罪成立的资格问题上,社会危害性给予其当头一棒。我国刑法理论的通说认为,排除犯罪性行为(排除社会危害行为)是形式上符合犯罪构成但实质上不具有社会危害性从而不构成犯罪的行为。例如有学者指出,排除社会危害性的行为是指外表上符合某种犯罪构成,实质上不具有社会危害性的行为。[2] 还有学者认为,排除犯罪性的行为,是指形式上似乎符合某种犯罪构

---

[1] 参见张文、陈瑞华、苗生明主编:《中国刑事司法制度与改革研究》,人民法院出版社2000年版,第240页。

[2] 参见王作富主编:《中国刑法研究》,中国人民大学出版社1988年版,第190页。

成,但在实质上不具备刑事违法性且大多是对社会有益的行为。[1] 由此可见,只要是在犯罪构成之外讨论阻却犯罪成立事由(犯罪构成的消极事由),就意味着必定要在犯罪构成之外和犯罪构成之上架设实质的评价标准,这种实质的评价标准作为出罪的渠道游弋在犯罪构成之外、凌驾于犯罪构成之上,使得犯罪构成作为认定犯罪成立之唯一标准的资格,只具有名义上的意义。[2]

2. 以法益侵害代替社会危害性作为实质违法性的评价

事实上,之所以会出现以上的情况,主要是因为我国的犯罪构成体系四要件仅仅是一种形式的判断,其中缺乏行为是否实质上违法(是否具有所谓的社会危害性)的实质判断。将这种实质判断委身于犯罪构成之外的独立标准,必定会带来犯罪构成自身的地位被矮化。只有在犯罪构成之内进行实质判断,才能维持犯罪构成作为犯罪成立标准的唯一性、终局性。这就需要将社会危害性这样的评价标准纳入犯罪构成要件之中。前文已述,鉴于社会危害性观念及其理论所存在的弊端,我们已经主张将其以更为明确和规范的法益侵害性的理论和观念所替代。关键是,在将法益侵害性纳入犯罪构成体系之中后,其如何摆放?地位如何?其应该作为一种表面上符合了构成要件的行为是否事实上造成了侵害的认定标准,而一旦得出了肯定的评价,则这种表面符合《刑法》分则的规定、实质上具有侵害的行为,从整体法秩序的角度而言,就是违法的行为。

3. 只有在犯罪构成之内讨论排除犯罪性事由,才可以实现刑法运行的安全

我国有学者指出,如果不存在出罪的出口,是否存在以下问题:由于理论体系的指引,使理论的使用者具有只管入罪而可能忽视出罪的问题。论者认为,对于法律已经规定的排除犯罪性事由,由于不是在犯罪构成的理论体系之中存在,而是独立于犯罪构成的理论体系之外,就有可能存在这样的问题:对排除犯罪性事由的法律规定之认定,由于是在犯罪构成是否存在之前或者之后的单独认定,也就难于将其与犯罪的认定直接挂起钩来,同时为了认定的严格,是难以将认定犯罪的基本价值问题也自觉地应用于对排除犯罪性行为的认定,这种认定也只能是就法律已经规定了的排除犯罪性事由进行认定,难于解决前面提到的超法规的排除犯罪性事由问题;如果在犯罪构成认定之前,进行是否存在排除犯罪性事由,包括超法规的排除犯罪性事由的认定,在这种情况下,就不可避免地要对犯罪成立的问题进行涉及,因为排除犯罪性事由的认定是不符合犯罪成立条件的事由之认定,而是否符合犯罪成立条件,是犯罪成立的积极

---

[1] 参见赵秉志、吴振兴主编:《刑法学通论》,高等教育出版社1993年版,第266页。

[2] 关于正当防卫的体系地位,参见田宏杰:《刑法中的正当化行为与犯罪构成关系的理性思考》,载《政法论坛》2003年第6期;肖昌宝:《正当化事由在犯罪构成中的地位与根基》,载陈兴良主编:《刑事法评论》(第18卷),北京大学出版社2006年版,第332—351页;陈檬:《正当化事由体系地位初探——以对犯罪构成的体系性思考为切入》,载陈兴良主编:《刑事法评论》(第21卷),北京大学出版社2007年版,第524—570页。

条件是否具备的问题,在没有对行为是否符合犯罪构成进行认定之前,也就难以确定何种行为之性质是不符合犯罪的成立条件的。也就是说,犯罪构成是犯罪成立的积极条件,在犯罪认定过程中居于核心的地位,不能设想离开犯罪成立的积极条件来对犯罪进行认定。但是如果在该认定中没有排除犯罪性事由的存在,理论体系的设定中没有出罪的出口,其安全性就有可能出现问题,将一个过程的两个方面,即入罪的条件与出罪的事由放在一个理论体系中,则可以兼顾两个方面,在认定犯罪的过程中解决入罪与出罪的两方面问题,使犯罪的认定过程成为在事实与法律之间不断进行往返判断的过程,保证在犯罪的认定过程中不忽视任何一个方面的问题,以实现刑法运行的安全。[1]

而就我国的平面四要件的犯罪构成体系来说,由于犯罪构成这种认识犯罪是否成立的积极要件与排除犯罪性事由这种犯罪成立的消极要件是分离的,就使本来是一个事物的不同侧面的内容被设定为不同的部分,在具有相当距离的不同部分中对其进行讨论,也就使本来具有的密切联系淡化了。而这种淡化的结果,是使作为犯罪成立消极要件的排除犯罪性事由,变成了与犯罪成立似乎没有关系的事项。而且,如果犯罪构成与排除犯罪性的事由分别具有犯罪成立的积极要件与消极要件的性质的话,将其连接起来进行研究就是符合研究的基本思路的,因为将正反两个方面的条件纳入一个体系当中,不但可以引导人的思维,即在思维上不至于因为犯罪成立的积极要件与消极要件的分离而导致对出罪事项的忽略,而且就是对排除犯罪性事由的研究也会结合犯罪的成立与否直接进行,使其在犯罪成立中所起到的作用之判断会更贴切,并且这种判断不仅是性质的判断而且也是程度的判断,与分离式的体系设定相比,其合理性更明显。[2]

总的来说,将犯罪成立的积极要件与消极要件融合在一个理论体系中,一方面,不至于因为思维的惯性而使某些事项被忽略而导致法运行中犯罪成立;另一方面,将排除犯罪性事由也就是犯罪成立的消极要件融合到犯罪成立的理论体系之中,可以使该消极要件的把握与犯罪积极要件的把握在同一过程中进行,也就容易形成统一的标准,使法的运行过程中,避免标准不统一的状况发生,形成在司法划一方面的安全性。[3]

4. 只有在犯罪构成之内讨论排除犯罪性的问题,超法规的阻却犯罪事由才能得以发展

对于阻却犯罪成立事由的法定化(成文化)问题,我国学者李洁教授有着十分精彩的论述:"如果说,违法的研究价值在于通过违法性的研究将符合犯罪轮廓而实质上不具有违法性或者不具有惩罚价值的行为,排除在犯罪之外,而将时常出现的某种虽然

---

[1] 参见李洁:《中国通论犯罪构成理论体系评判》,载《法律科学》2008年第2期,第75页。
[2] 李洁:《中国通论犯罪构成理论体系评判》,载《法律科学》2008年第2期,第75页。
[3] 李洁:《中国通论犯罪构成理论体系评判》,载《法律科学》2008年第2期,第75页。

具有犯罪的基本轮廓,但其实质上不具有违法性的行为类型化,不但有助于对这样的类型的深入研究,也有助于节省资源,避免不必要的重复所导致的浪费;同时也有助于对实质上不具有违法性的行为之深入研究,将其精致化,不但可以节约资源,也可以在复杂的社会生活中,在纷乱的事实内容中,把握其实质与精髓,尽可能避免判断的失误。"[1]当然,这样的类型化是难以一次性完成的,社会生活是那样的复杂,如果社会在发展、进步,人的行为在随着社会发展的同时,也会不断出现新的样态,正常的行为是这样,非正常的、违法的、犯罪的行为也是这样。而与这样的不断出现的行为相适应,符合犯罪的基本轮廓而实质上不具有惩罚的必要性的行为也会与社会同步发展。在这种情况下,虽然将成熟的排除犯罪的事由立法化是简化认定过程的必要形式,但要将不断发展的社会中的具有犯罪的某种法定轮廓但实质上不具有惩罚必要性的行为完全且及时类型化是不可能的,而且在没有对这样的事情予以充分关注的情况下,即使存在也未必能够及时发现。因此,对于排除犯罪性的事由保持其开放性就是必须的,而这种开放不仅是对立法的开放,更需要对司法开放。因为立法的开放虽然可以通过法律的修正而将其纳入到刑法中来,但法律的稳定性要求又导致法律不可能经常修改。而法律规定的稳妥要求又不能将不成熟的事项立法化,如果需要将成熟的事项归置到法律中,没有司法的经验,立法也就是困难的。因此,保持出罪事由的开放性,就是必然的事理。而且这种对出罪事由的非法定化之事项的关注,也是在实质上保持犯罪成立条件的合理性,避免出现认定犯罪上可能出现的失误。[2]

现在的问题是,纵使我们认可了超法规阻却犯罪成立事由所存在的正当性,关键是这种超法规的出罪事由为什么必须要在犯罪构成之内栖身?在封闭的平面犯罪构成之外讨论超法规的出罪事由的问题,难道不是一样的吗?

超法规的阻却违法事由概念来自于大陆法系的犯罪构成理论。大陆法系中的一种行为必须同时具备犯罪构成的该当性[3]、违法性和有责性三个条件才能构成犯罪。而所谓超法规的违法阻却事由,正是贯通构成要件的该当性和违法性的一个概念,它是指行为在表面上具有了违法性,虽然没有明确的法规依据,却可以依照法律秩序的整体精神,阻却行为违法性的事由。由于超法规的违法事由没有明文定型化,为了维护法治国家的基本原则,避免法律秩序的混乱,各国都对这类违法阻却事由的范围及其适用,给予严格的限制。超法规的违法阻却事由一般包括被害人承诺的损害、推定

---

[1] 李洁:《中国通论犯罪构成理论体系评判》,载《法律科学》2008年第2期,第78页。
[2] 参见李洁:《中国通论犯罪构成理论体系评判》,载《法律科学》2008年第2期。
[3] "犯罪构成的该当性"中的"该当",是从日文中的汉字直接借用而来,其意为"符合"。因此,近期出版的有关刑法学著作已放弃构成要件"该当性"的译法,而改译为"犯罪构成的符合性"(参见邱兴隆:《关于惩罚的哲学——刑罚根据论》,法律出版社2000年版,第21页注1)。本文认为,"该当"的说法已经约定俗成,而且并不晦涩,也不违反汉语的表达习惯(汉语中早就有"该当何罪"的说法),因此本文采纳了"构成要件该当性"的传统说法。

承诺的损害、自损行为、自救行为、医疗行为、安乐死（关于安乐死行为是否阻却违法性,至今仍是一个颇有争议的问题）、竞技行为和警察圈套等。毫无疑问,超法规的违法阻却事由是从有利于被告的角度出发的实质评价标准,在上述的情况之下,机械的坚持形式违法性的标准和形式理性至上的原则,不仅是对被害人合法权利的侵害,也是对国家法治的直接破坏。在我国,刑法理论之中并未明确引入超法规的违法阻却事由的概念,而是用另一个概念"排除社会危害性的行为"取而代之。我国《刑法》规定了正当防卫和紧急避险,但对于其他排除社会危害性的行为没有明确加以规定。一种观点认为,按照行为本身的性质而言,它根本不是犯罪行为,所以没有加以规定的必要。[1] 我们认为,对于除了正当防卫和紧急避险之外的其他排除社会危害性的行为应在刑法上加以明文规定,这有利于澄清司法实践中的混乱做法,充分保障人权。

四、结构缺陷之二:缺乏责任阶层
——从期待可能性理论切入

(一) 中国的四要件体系之中缺乏责任要件、责任阶层和责任理论

在我国的刑法理论之中,素来就有"刑事责任"的概念,但是,众所周知,我国的"刑事责任"概念与大陆法系犯罪论体系中的"责任"或者"有责性"的概念完全不同。大陆法系犯罪成立理论中的"责任"和"有责性"要件属于犯罪成立的一个要件和阶层,而我国犯罪构成理论中的刑事责任概念,指的则是犯罪成立之后的一种法律后果。在我国现有的四要件体系之中,包括主体、主观方面等,但主体与主观方面的要件之和并不等于责任要件。这其中,不但作为主体的内容之一的"身份"应该属于客观的构成要件从而不属于责任范畴,而且由于四要件之间只存在理论研究上的"顺序"而不存在各要件之间内在的逻辑顺序,也使得主体、主观方面等也难以发挥其作为"责任"要件所应具有的功能。所以可以说,我国虽有责任(刑事责任)概念,却无责任要件,也无责任阶层。

由于在成立犯罪的要件之中没有独立的"责任"要件,自然与缺乏发达的违法性理论同理,也就缺乏发达的责任理论。这表现在,由于缺乏相应的责任理论,在犯罪主观方面只研究通常的故意、过失,期待可能性的理论将无从栖身,无法灵活解决"法有限、情无穷"之间的矛盾(对此问题,后文将详述);缺乏足够的责任理论,还表现在我们也缺乏主观责任、个人责任的足够意识,因此一些不切实际的团体责任特别是客观责任(严格责任)等主张和观念也得以登堂入室。想想在2003年1月17日最高人民法院关于奸淫幼女型的强奸罪之成立是否要求"明知对方是不满十四周岁的幼女"的争论、特别是部分学者主张奸幼型的强奸罪的成立实际上是严格责任的实情,就会明白缺乏发

---

[1] 参见马克昌、杨春洗、吕继贵主编:《刑法学全书》,上海科学技术文献出版社1993年版,第111页。

达的责任理论、缺乏作为犯罪成立要件之一的责任阶层,在理论上会带来多大的混乱。

(二)缺乏责任阶层的具体问题——期待可能性理论无所皈依

具有责任能力,也具有故意、过失甚至违法性意识的可能性,在具体的情形之下,作出该违法行为完全没什么无理可言的场合,已经不能对于行为者加诸责任非难。换言之,在具体的事情之下,仅仅在能够期待行为者做出适法行为的场合,才能对行为者加诸责任非难。在具体的事情之下,能够期待行为者作出适法行为这一点,就是所谓的期待可能性。这里,存在期待可能性的话,责任非难即属可能;期待可能性若不存在,责任非难即为不可能。在这个意义上,期待可能性可谓是责任非难的限界。期待可能性是规范责任论的核心概念,而期待可能性的理论,是20世纪初由德国学者富兰克(Frank)、修密特(Schmidt)等提倡的,至20世纪20年代成为德国的通说;昭和之初被介绍到日本,由于佐伯千仞等人的努力,支持者不断增多,在日本形成强烈的影响。期待可能性理论现在在德国已经禁止乱用;但"二战"后却成为日本的通说,现在仍为日本许多学者所承认。基于期待不可能性的阻却责任情况主要有两种:(1)法定的期待不可能的场合,比如刑事被告人湮灭自己的刑事被告案件证据的行为;又如犯人或脱逃人的亲属为犯人或脱逃人的利益而藏匿犯人、湮灭证据。(2)在超法规的期待不可能的场合,比如在极端贫困情况下,实施了轻微的盗窃、或者在再就业极其困难情况下,受职务上的上司强索,因害怕失业而实施某种违法行为(如行贿),都是这种情况的适例。

期待可能性理论在德日的阶层式犯罪论体系之中处于什么样的地位?近些年来,发端于德国的期待可能性理论逐渐为我国学界所熟悉,并且自觉运用到对于司法实践中的具体问题的分析之中,这原来也是值得高兴的事。可是,在我国传统的四要件的犯罪论体系中,期待可能性的命运如何?在四要件的平面体系之中,真有期待可能性理论栖息的空间吗?这是需要认真考察的。

1. 期待可能性在犯罪论体系中的地位——日本刑法理论的学说状况

就期待可能性在犯罪论体系中的位置而言,在其属于责任论的问题这一点上,日本的刑法学说上几乎是一致的。[1] 可是,在期待可能性与故意、过失等其他的责任要素的关系上,学说又是各种各样。大致分来,主要包括如下三种见解:(1)认为期待可能性是故意、过失的构成要素(成立要件)的见解(泷川幸辰、小野清一郎、团藤重光

---

[1] 也有见解主张,将其大部分(针对一般平均人的期待可能性)作为违法论的问题,在极为例外的场合(仅在对该"行为者"不能期待适法行为的时候),在理论上,承认作为责任阻却事由(超法规的责任阻却,或者是没有实质的责任)的"期待可能性不存在",在这个限度内,期待可能性可以成为责任要素[[日]内田文昭:《改订刑法(总论)》,青林书院1986年版,第252页]。这种观点也就是,以行为人(一般人)为标准的期待可能性是违法论的问题,以行为者为标准的期待可能性,极为例外地在理论上成为责任论问题。对此,确实,就违法与责任的区别而言,要是采纳了以一般人(平均人)为基准的是违法判断、以具体的行为者为基准的是责任判断这样的见解的话,就一定成了前述论者所主张的结论。但是,就违法与责任的区别来说,这样的见解是不能赞成的。

等);(2)将期待可能性作为与故意、过失不同的,与其相并列的第三个责任要素的见解(大塚仁等);(3)将期待可能性的不存在作为独立的责任阻却事由来考虑的见解(佐伯千仞、中山研一、福田平等)。"只是,不管采取何种学说,若是期待可能性不存在的话则责任被否定而不可罚,在这一点上是没有差别的。学说上的不同纯属理论上的争论。"[1]即便果真如此,对以上各种学说逐一检讨,并且厘定各自优劣,对于主张重构中国犯罪论体系的学界而言,可能还是具有直接意义的。

(1)故意、过失的构成要素说(团藤说)

① 基本的主张。将期待可能性理解为"故意、过失的要素"的论者,在日本刑法学中具有相当的影响,特别是在较早的老一辈的刑法学者之中,不少学者采纳此说。比如团藤重光教授认为,就故意犯而言,仅仅说行为者表现出犯罪事实且予以容忍并诉诸了行为时,我们还尚不足以对行为者的人格态度予以充分的评价。为了对行为者作出非难可能性的判断,不是要看一般的人格态度,而是有必要看在具体事情的场合的人格态度。因此,即便存在犯罪事实的表象、容忍(根据学说来说进一步的违法性的认识),假如置于具体的情形之下,做出这一行为完全没有什么不合理的(不能被期待不做出该行为)的场合,由于已经不能对行为者加诸非难,则期待可能性就必须作为故意的成立要件来考虑。[2]就过失犯而言,既然过失也是非难可能性,则期待可能性的理论不仅在过失责任这里是妥当的,而且较之故意责任而言,可谓是更为妥当的。不仅如此,团藤教授还指出:"认为期待可能性作为与故意或者过失相并列的第三个责任要素的立场是存在的。限于将故意或者过失只看作是单纯的心理的东西的意义上,这一观点是正确的。但是,在将故意、过失看作责任形式的时候,则故意责任、过失责任都必须包含非难可能性的要素。欠缺期待可能性的时候,故意责任、过失责任本身被阻却。"[3]由此,团藤积极地主张期待可能性是故意、过失的构成要素。

② 批判。这一学说受到了持不同观点的学者的批判。比如福田平教授明确指出,期待可能性与故意(事实的故意)在把握的方法上是不同的,从而,将期待可能性这一规范的要素视为作为心理活动形式的故意的要素是不妥当的。[4]内藤谦教授更进一步指出,理论地看待责任的构造的话,故意、过失是以对于犯罪事实特别是结果惹起的心理状态为问题的,而与此相对,期待可能性是以这样的故意、过失的存在为前提,期待做出相应违法行为之外的适法行为这一意思决定的可能性为问题的。这样,故意、过失与期待可能性,问题的所在与把握的方法皆不相同,与故意、过失是责任的原则的、心理的要素相对,期待可能性是责任的规范要素。从而,将作为规范的要素的期待

---

[1] 〔日〕前田雅英:《刑法总论讲义》(第4版),东京大学出版会2006年版,第371页。
[2] 〔日〕团藤重光:《刑法纲要总论》(第3版),创文社1990年版,第323—324页。
[3] 〔日〕团藤重光:《刑法纲要总论》(第3版),创文社1990年版,第324页。
[4] 〔日〕福田平:《全订刑法总论》(第4版),有斐阁2004年版,第220页。

可能性理解为作为心理的要素的故意、过失的构成要素,可以认为是不适切的。[1]

（2）与故意、过失相并列的责任要素说（大塚说）

① 基本主张。这一学说主张,作为客观的责任要素的适法行为的期待可能性,与属于主观的责任要素的故意过失相区别,是与从来的责任要素相并列的积极的要素。[2]

② 批判。针对这一学说,前田雅英教授批判说,"该说认为期待可能性也是应成为犯罪的事实的一部分这一旨趣,这么说来也是不妥当的。检察官一方必须要时常证明期待可能性的存在,这是不合理的。"[3]

（3）独立的责任阻却事由说（福田说＝本文所赞成）

① 基本的主张。该说将责任能力与故意、过失理解为"责任的原则的要素",而将期待可能性的不存在（"期待不可能性"）理解为"责任的例外要素"。这一立场在日本刑法学者中支持者众多,佐伯千仞、江家义男、平场安治、大野平吉、中山研一、吉川经夫、浅田和茂、齐藤信治、野村稔、香川达夫、庄子邦雄、大谷实、川端博、前田雅英等都持此说。为我国学者比较熟悉的福田平教授也赞成此说。他指出,是应该将期待可能性的存在视为责任的积极要素,还是应该将其不存在视为责任阻却事由,彼此的看法翻过来看的话,就会转化为对方的见解,实质上也就可以说没有多大的差别。[4] 将责任能力和故意、过失予以整合,构成责任的原则型,责任能力以及故意或者过失若是存在的话,由于期待行为者做出适法行为,当其做出违法行为就可以加以非难,这里存在着这样大致的推定（原则型）,在具体的场合,存在着打破这样的推定的事情,即,不存在适法行为的期待可能性的场合是存在的（例外型）,在这一场合,由于不能使其承担刑事责任,则期待可能性的不存在,也就成了责任阻却事由。从这一点来看,这一学说在思考经济上可谓是优越的。[5] 著作已经译入我国的川端博教授也指出,期待可能性,由于是在例外的事态中被作为问题,适合责任判断中的"原则—例外"的构造类型,所以应该支持将期待不可能性作为超法规的责任阻却事由来理解的学说。这样的理解方法,在思考经济上、诉讼手续上都是有益的,实际说来也可谓是妥当的。[6] 内藤谦教授也认为,这一学说,将期待可能性的不存在的例外的性格予以明确,而且,在期待可能性的不存在场合的诉讼法操作上,可以认为基本上是妥当的。[7]

② 批判及其反驳。针对这一学说,采纳了将期待可能性作为与故意、过失和责任

---

[1] [日]内藤谦:《刑法讲义总论（下）》,有斐阁1991年版,第1203页。
[2] [日]大塚仁:《刑法概说（总论）》（第3版补订版）,有斐阁2005年版,第459页。
[3] [日]前田雅英:《刑法总论讲义》（第4版）,东京大学出版会2006年版,第371—372页。
[4] 参见[日]福田平:《全订刑法总论》（第4版）,有斐阁2004年版,第220页。
[5] 参见[日]福田平:《全订刑法总论》（第4版）,有斐阁2004年版,第220页。
[6] 参见[日]川端博:《刑法总论讲义》（第2版）,成文堂2006年版,第443页。
[7] 参见[日]内藤谦:《刑法讲义总论》（下）Ⅰ,有斐阁1991年版,第1204页。

能力并列的"独立的第三责任要素说"的大塚仁教授提出了批判。他认为,期待可能性不仅涉及责任存否这一面,在决定责任之轻重的程度上也发挥着重要的作用,既然如此,将其作为单纯的消极的责任要素来看待是不适当的。[1]

对此,福田平教授反驳道,确实,在期待可能性作为决定责任的轻重之要素的意义上,其属于责任要素。可是,承认期待可能性具有作为决定责任之轻重的要素的意义,可以说与将期待可能性作为同故意、过失相并列的积极的责任要素这一点,其间是没有论理上的必然性的。[2] 内藤谦教授结合日本的判例状况指出,阻却责任事由说也可以看作是,在承认期待可能性的减少是使责任减轻的要素的前提下(在这个意义上,可以说肯定了其作为责任要素这一点),其减少至极端的场合(期待可能性不存在)理解为责任阻却事由。而且,在下级审判决中,在不存在期待可能性的场合属于责任被阻却这一点上,作为类型来说是最多的(除了三井煤矿放哨事件福冈高裁判决之外,超过了20件)。从而,最高裁判所,尽管是一般论,也认可了以期待可能性的不存在为理由而否定刑事责任属于"超法规的责任阻却事由"(三井煤矿放哨事件最高裁判决)。再者,从诉讼法上来说,可以认为是认可了"不存在期待可能性这一主张属于刑诉法335条2项中的主张"这一点的最高裁判决(昭和24年9月1日)也是存在的。从而,可以说,判例的大趋势是倾向于将期待可能性的不存在作为独立的阻却事由来理解的。[3]

2. 作为责任阻却事由的期待不可能性——限定的适用说?

不管是将期待可能性作为责任的积极要素,还是将其不存在作为消极的责任要素,在欠缺期待可能性的场合,责任被阻却,这一点是没有争议的。但是,仍有问题需要进一步关注:期待可能性作为责任阻却事由,是否需要做一定的限制?进一步说,是在所有的欠缺期待可能性的场合,均无一例外地阻却责任,还是仅在符合一定条件的情况之下,欠缺期待可能性方能阻却责任?对此,认为期待不可能性是超法规的责任阻却事由的见解是今日日本的通说[而在德国,一般认为是给防卫过当(第33条)、紧急避险(第35条)等刑法上所承认的责任阻却事由提供理论基础的][4],而与此立场

---

[1] 参见〔日〕大塚仁:《刑法概说》(总论)(第3版补订版),有斐阁2005年版,第459页。顺带提及,在讨论得天昏地暗的许霆案重审判决之后不久,陈兴良教授发表文章指出:"银行的过错产生了巨大的金钱诱惑,从而诱发了许霆的犯罪。从期待可能性上来说,由于存在着自动取款机故障这一附随状况而使得期待可能性程度有所降低,由此可以减轻许霆的责任。"(陈兴良:《许霆案的法理分析》,载《人民法院报》2008年4月1日)确实,主张许霆的行为因为完全欠缺期待可能性而不成立犯罪的思想,是不能成立的,因为期待可能性思想的核心在于"法律不强人所难"而不在于"纵人为恶"。但是,认为许霆的行为毕竟是由于银行方面的错误而诱发的,从而在期待可能性的程度上有所减轻,这样的观点还是值得重视的。

[2] 参见〔日〕福田平:《全订刑法总论》(第4版),有斐阁2004年版,第220页。

[3] 参见〔日〕内藤谦:《刑法讲义总论》(下)Ⅰ,有斐阁1991年版,第1204页。

[4] 参见〔日〕大塚仁:《刑法概说》(总论)(第3版补订版),有斐阁2005年版,第459页。

相对，还存在着认为责任阻却的范围应该予以限制的学说，又分为如下两种。

（1）法的规定说。这一学说认为，就欠缺期待可能性而言，过失的场合虽是超法规的责任阻却事由，在故意行为来说，则被限定于例外的、特别是被法律上规定的场合，或者是法的规定的解释上，被合理地理解的场合。这一学说的实质论据在于，责任阻却事由是一种例外，应该予以限制，将期待可能性之不存在理解为一般的超法规的责任阻却事由的思想，会弱化刑法的规制机能，招来刑法秩序的迟缓。因此，这一学说主张，就故意行为而言，原则上具有期待可能性。

（2）未必的故意、间接故意说。这一学说认为，就欠缺期待可能性而言，对过失行为的责任阻却全面地予以认可也是可以的，但就故意行为而言，其责任阻却之认可应被限定于未必的故意、间接故意的场合。泷川幸辰、中谷瑾子等学者持此种主张。根据这一学说，"就故意而言，说到何种范围的欠缺期待可能性作为免除责任的理由，至少，可以全面地否定就直接故意而言以欠缺期待可能性为理由而免除责任这一点。如富兰克所举的例子，主人威胁男仆说，要是不用石头砸邻居家的窗户的话，立刻就将其解雇，男仆遵令而行的场合，是不能免除故意的责任的。故意中认可的以不具期待可能性为由免除责任的，应该限于未必故意、间接故意"。[1]

（3）对限定适用说的批判。对于以上限定说，福田平教授批判道，期待可能性是内含着复杂的程度的概念，要是仅在法律规定的场合才能承认由于期待可能性不存在的责任阻却的话，在法律没有规定的时候，即便确实存在着不能对行为者加以非难的情形，大概也必须要对这一行为者进行责任非难。确实，在遇到以期待可能性之不存在为理由适用阻却责任的时候，固然必须要警惕其滥用，但是，害怕其被滥用的危险之结果，却将其限定为有法律规定的场合，这反倒会招致不当的结果。[2] 大塚仁教授更是明确指出，无限制地适用期待可能性的理论，确实会招来刑法的迟缓化。在这个意义上，必须充分重视德国的理论动向。但是，要是认可了将基于期待不可能性的责任阻却限定在专门的刑法典上有规定的场合这样的解释原理的话，大概会带来这一理论本来的意图很难充分发挥的缺憾。期待可能性作为责任阻却事由的慎重性固然重要，但是，应该认为其不存在一般的超法规的责任阻却事由。[3] 从这样的见地出发，同样也就没有理由主张其应限定于未必的故意、间接故意了。而且，即便是在直接故意的场合，不能加诸责任非难的事态也是可能存在的，因此，可以说将直接故意与未必的故意、间接故意相区别是没有合理的根据的。[4] 针对限定的适用说，前田雅英教授也指出，"将（期待可能性）作为责任判断的最后的安全阀，恐怕就一切样态的犯罪来说都有

---

[1] 参见〔日〕川端博：《刑法总论讲义》（第2版），成文堂2006年版，第443页。
[2] 参见〔日〕福田平：《全订刑法总论》（第4版），有斐阁2004年版，第221页。
[3] 参见〔日〕大塚仁：《刑法概说》（总论）（第3版补订版），有斐阁2005年版，第457页。
[4] 参见〔日〕川端博：《刑法总论讲义》（第2版），成文堂2006年版，第442页。

予以承认的必要性"。[1]

应该说,限定说所基于的力图避免刑法适用的迟缓化的初衷和问题意识是完全应该肯定的。问题是,基于这样的初衷,将适用期待可能性的场合限定于法律有规定的场合或者间接故意、未必故意的场合是否妥当。这里,首先要考虑"制定法的严格的框架与社会现实的矛盾,特别是在以义务冲突为背景的情形之下,在谋求具体的事案妥当性的基础上,期待可能性的理论发挥着优越的机能"[2],因此,其存在的理由,不应该被漠视或者被贬低。这里,要充分考虑期待可能性理论的"本来的意图",就是"法律不强人所难",由此可以说,将其限定于法律有规定的场合确实会导致这一理论本身的价值受到极大的贬损,而即便是在直接故意的场合,也完全有可能存在期待不可能的状况,所以,将期待不可能性作为一般的超法规的责任阻却事由的观点,还是值得赞成的。

3. 关于期待可能性体系地位的其他主张

除了以上关于期待可能性理论的各种主流的观点,对于期待可能性的体系地位,还有如下的主张,也值得介绍。

(1) 量刑事由说。也有学说主张,期待可能性虽属于刑法上的法规的责任阻却事由,但却不能成为超法规的责任阻却事由,其只具有作为与刑之量定相关的统一的规准机能。[3] 对于量刑事由说,川端博教授指出,由于期待可能性是能够包含"程度"的概念,即便是作为量刑事由起作用也是能够被认可的。但是,就其极限来说(期待不可能的事态),由于已经不能追究责任,也就已经超出了单纯的量刑的范围。这与责任能力的存否是不同的问题,应该直截了当地被作为责任阻却事由。就忽视了这一点来说,量刑事由说大概是不妥当的。[4]

(2) 可罚的责任阻却、减少说。这种观点主张,在不存在期待可能性的场合,并非是像不具备责任能力场合这样的责任消灭,而仅仅是可罚的责任的消灭。不仅如此,在期待可能性减少的场合,可罚的责任也减少,但这也能够在责任的阶段找到位置。[5]

可是,可罚的责任的概念本身不值得提倡,将期待不可能性作为可罚的责任阻却、减少的这一主张在日本刑法学界也可谓是应者寥寥。

4. 期待可能性在平面犯罪论体系中无处栖身

(1) 期待可能性理论不容于四要件犯罪论体系的理由所在。无论是作为独立于故意、过失和责任能力的第三责任要素,还是将其不存在作为超法规的阻却责任事由,

---

[1] [日] 前田雅英:《刑法总论讲义》(第4版),东京大学出版会2006年版,第372页。
[2] [日] 藤木英雄:《刑法讲义总论》,弘文堂1975年版,第225—226页。
[3] 参见[日] 八木国之:《新派刑法学的现代的展开》,第25页以下。转引自[日] 川端博:《刑法总论讲义》(第2版),成文堂2006年版,第441页。
[4] 参见[日] 川端博:《刑法总论讲义》(第2版),成文堂2006年版,第442页。
[5] 参见[日] 山中敬一:《刑法总论Ⅱ》,成文堂1999年版,第648页。

期待可能性理论都在阶层式的犯罪论体系中得到了良好的栖息。与此相对,在我国现行的平面耦合式的犯罪论体系之中,并没有期待可能性的恰当位置,换言之,期待可能性在我国现行的主流犯罪论体系中处境尴尬,甚至无处栖身。之所以得出如此结论,主要是因为以下两点:① 期待可能性理论是规范责任论的核心概念。而我国现存的犯罪论体系之中,可能并无规范责任论的位置。与期待可能性理论可能沾边的犯罪构成要件大概能数到犯罪主体和犯罪主观方面,可是犯罪主体主要涉及是否达到责任年龄、有无责任能力、是否属于特殊主体犯罪等,期待可能性的理论难以置身其中;[1] 而犯罪主观方面则主要研究故意、过失、违法性意识、认识错误等,由于期待可能性的规范属性,若是将其强行塞入其中,同样会破坏犯罪主观方面的统一特征。② 之所以说期待可能性在我国的平面犯罪论体系中无处栖身,主要还是因为其所存在的结构性缺陷。这种缺陷最明显地体现于,其在成立犯罪的条件之中,缺乏违法性与责任的二元区分,由此,不但在正当防卫的成否、共犯的从属性等问题上会存在解释上的障碍,而且,作为(超法规)的阻却责任事由的期待可能性理论也注定要受到排挤。因为,在我国,"责任"或者"刑事责任"仅仅是成立犯罪之后的一种法律后果而并非犯罪成立的一个要件,因此就不能因为一种行为欠缺期待可能性而阻却"责任"从而不认定为犯罪。因为,犯罪构成作为判断犯罪成立与否的唯一的终局的标准,其中并无"责任"的容身之地,因此自然也就没有"阻却责任"的存在可能。

(2) 难以在犯罪论体系之外讨论期待可能性问题。既然四要件的犯罪构成理论之中并无期待可能性的容身之处,为了引入期待可能性理论,能否在成立犯罪的条件之外考虑期待可能性的体系地位问题?对此,学界主要有如下的几种方案,但在本文看来,这几种方案都不值得肯定。

方案一:超出平面犯罪构成体系,在作为犯罪的"本质特征"的社会危害性范畴上讨论期待可能性问题。即便我们赋予社会危害性"定性与定量相统一"、"主观与客观相统一"等属性,我们也无法认可欠缺期待可能性的危害社会行为不具有"社会危害性"。实际上,期待可能性讨论的是对于一个已然造成危害的行为是否能够对相应行为者加诸刑罚予以非难的问题,其与社会危害性属于两个不同的范畴。在社会危害性中讨论期待可能性既与我们对期待可能性的本来理解不同,也会造成(已经非常混乱的)社会危害性与犯罪构成理论之间的关系更为混乱不堪。

方案二:在罪过之外讨论期待可能性问题,比如认为期待可能性是故意、过失的前提(或基础);判断行为人是否存在故意、过失,需要考察行为人是否具有期待可能性。但是,正如这一方案的曾经主张者所反思的那样,"这意味着在讨论行为人是否具有故意、过失之前,首先要讨论有无期待可能性问题,这既违背了期待可能性的本来任务

---

[1] 主张将期待可能性作为刑事责任能力的构成要素的观点,参见游伟、肖晚祥:《期待可能性理论与我国刑法理论的借鉴》,载《政治与法律》1999 年第 5 期;张爱艳:《期待可能性的理论基础及借鉴价值》,载《理论学刊》2006 年第 11 期。

(评价行为人的故意、过失是否应受到刑罚非难),又不具有经济性——在尚未明确行为人是否存在故意、过失之前,根本无需讨论期待可能性问题。"[1]

方案三:在我国刑法理论现有的"刑事责任"的范畴之中讨论期待可能性。如有论者认为,考虑到我国刑法总论"犯罪→刑事责任→刑罚"的体系,应该把期待可能性作为刑事责任的要素来处理。[2] 但是,期待可能性要解决的主要问题是就一种危害社会的行为是否可以对行为者进行责任非难的问题,其虽然也涉及已经构成犯罪之行为具体非难可能性的大小即刑事责任的大小问题(期待可能性的程度问题),但主要还是确定一种危害行为是否可以被认定为犯罪的问题(期待可能性的有无问题)。而在确定了一种行为已经符合犯罪构成,构成犯罪之后,再来判断有无期待可能性从而决定是否承担刑事责任,这不但会冲击犯罪构成作为犯罪成立的终局(唯一)标准的观念,也与我们所理解的"有犯罪必有刑事责任"、"刑罚是刑事责任的具体承担方式"等信条水火不容。

方案四:看到"我国刑法界诸多关于期待可能性体系地位的解说,或多或少均存在不足,其主要症结在于未能准确揭示和把握期待可能性问题的实质",而主张应当将期待可能性定位在"犯罪动机"下论述,将其作为一个主观方面的酌定减免责情节(事由)。[3] 但是,由于犯罪的动机不过是推动行为人实施危害行为的内心起因,一般认为其只影响量刑不影响定罪,所以不但在犯罪动机中讨论期待可能性仍可谓是在(狭义的)犯罪论体系(=成立犯罪的条件集合)之外讨论期待可能性的地位,而且,将其作为免责事由也缺乏足够的依据。更为重要的,犯罪动机毕竟是主观的心理事实,而期待可能性是一种针对心理事实的规范判断。将两种属性不同的东西放在一起,如同前文所提到的将期待可能性作为故意、过失的要素的观点一样,是不值得赞同的。

(3)问题的解决方向。既然我们现有的四要件的犯罪论体系之中并无期待可能性理论的恰当位置,而我们又不能在犯罪论体系之外讨论期待可能性问题,实际上我们就面临着这样的选择:要么放弃现有的犯罪构成理论,要么放弃对期待可能性理论的引进。[4] 可以说,中国刑法学已经走过了对期待可能性理念的简单介绍和宣扬的阶段。要想让这一理论和理念有充分的施展空间,就必须将矛头对准平面的犯罪论体系。即便一些人并不情愿接受德日的构成要件:该当性—违法性—有责性这样的三阶层体系,但是至少要在犯罪构成模型之中区分违法和责任,这应该是基本的,也不难做

---

[1] 参见李立众:《期待可能性地位问题的反思》,载《第五届全国中青年刑法学者专题研讨会暨"期待可能性"高级论坛论文集》,南京师范大学法学院2008年4月印,第275页。

[2] 参见童德华:《刑法中的期待可能性论》,中国政法大学出版社2004年版,第219页。

[3] 参见冯亚东、张丽:《期待可能性与犯罪动机》,载《第五届全国中青年刑法学者专题研讨会暨"期待可能性"高级论坛论文集》,南京师范大学法学院2008年4月印,第65—66页。

[4] 与本文这一观点相同的主张,可见李立众:《期待可能性地位问题的反思》,载《第五届全国中青年刑法学者专题研讨会暨"期待可能性"高级论坛论文集》,南京师范大学法学院主办,2008年4月印。

五、实践缺陷:缺乏可操作性

(一)中国的平面四要件体系是静态的,而非动态的

1. 突出定罪规格(静止性),而否认定罪过程(过程性)

刑事诉讼过程是历时性的,因此作为定罪模式的犯罪构成也应该是历时性的。西方两大法系虽然犯罪构成模式不同,但确有异曲同工之妙,就是它们的犯罪构成模式都鲜明地体现了控辩双方平等竞争、法官居中裁判的动态的定罪过程,特别是把辩护权在犯罪构成模式的意义上主动化、制度化了。[1] 反观我国的犯罪构成模式,却是共时性的,这种犯罪构成体现的是一次性的法律评价。现实的定罪过程的历时性与我国的犯罪构成的共时性之间存在着内在的矛盾。我国传统的耦合式的犯罪构成模式,采取的是一种平面直角的视角,适用犯罪构成对行为定罪是通过一次性的评价完成的。控方的进攻是一次性的,辩方的抵抗也是一次性的,辩方胜诉的机会相应减少。亦如前述,以这种平面直观的方式构建出的犯罪构成不能体现控辩双方的对抗过程和刑法的人权保障机能。而且,刑法理论如果只是反映从实体角度逐一罗列犯罪规格是什么,而丝毫不顾及程序过程的特点,"实体与程序两张皮"的状况就无法得到改变。从"全体刑法学"、"刑事一体化"的思想高度审视,显然也不利于刑事法整体向前推进。[2]

2. 不同的构成要件排列顺序,并不表明四要件体系本身反映定罪过程

(1)传统的、典型的犯罪构成模式。在我国,"犯罪构成"不是像德日体系中的"构成要件"那样,是成立犯罪的一个轮廓和条件之一,而是全部的犯罪成立条件。我国传统的刑法理论,是在犯罪概念之外论述犯罪构成,认为犯罪构成是成立犯罪必须具备的主客观要件的有机整体,具体由四个方面构成:① 犯罪客体,是指我国刑法保护而为犯罪行为所侵犯的社会主义社会关系(社会利益);② 犯罪客观方面,是指犯罪活动在客观上的外在表现,其中主要包括危害行为、危害结果、行为与结果之间的因果关系等;③ 犯罪主体,是指达到刑事责任年龄、具有刑事责任能力、实施危害社会行为的人。单位可以成为部分犯罪的主体。④ 犯罪主观方面,是指犯罪主体对其所实施的危害行为及危害结果所抱的心理态度,包括故意、过失以及目的等。这种通说的排列顺序,自认为是按照认定犯罪的过程来排列构成要件顺序的。[3]

(2)传统的、变种的犯罪构成模式。不满足于传统的犯罪客体—犯罪客观方面—

---

[1] 参见刘远:《犯罪构成模式的反思与重构》,载梁根林主编:《犯罪论体系》,北京大学出版社2007年版,第230—233页。

[2] 参见张文、刘艳红、甘怡群:《人格刑法导论》,法律出版社2005年版,第230页。

[3] 参见高铭暄、马克昌:《刑法学》(上编),中国法制出版社1999年版,第14、105—106页。

犯罪主体—犯罪主观方面的典型的犯罪构成模式，学界开始了若干的改进尝试，只是，这种尝试多数是在四要件的框架之内、围绕着四要件的先后排列顺序，出现了若干的变种。第一种主张认为，犯罪构成共同要件应当按照如下顺序排列：犯罪主体—犯罪主观方面—犯罪客观方面—犯罪客体。这种主张在十几年前就曾经出现过[1]，也被至今的部分教材所采纳[2]，可以说也有一定的影响。这种观点自认为是按照犯罪的发生顺序来进行逻辑排列的。第二种主张认为，犯罪主体和犯罪客体是犯罪构成这个系统结构的两极，犯罪的主观方面和犯罪的客观方面是连接它们的中介，因此构成要件的排列顺序应该是犯罪主体—犯罪客体—犯罪主观方面—犯罪客观方面[3]，这样的主张得到了论者所主持的教材的进一步推广。[4] 第三种主张认为，按照犯罪客体—犯罪主体—犯罪客观方面—犯罪主观方面的顺序排列。[5] 第四种主张认为，构成要件的排列顺序不仅应该满足建构犯罪构成理论的要求，还应该满足犯罪构成实践层面的要求，因此我国刑法中构成要件应当按照犯罪的客观要件—犯罪的客体要件—犯罪的主观要件—犯罪的主体要件的顺序排列。[6]

（3）简短的评价。以上四要件的不同排列顺序，实际上清楚地反映出这种平面四要件体系之间缺乏应有的位阶关系，因此可以任意排列组合：主体—主观方面—客体—客观方面的顺序，实际上是按照犯罪发生的顺序进行排列的（因为首先有人，人产生了犯罪的思想，在犯罪思想的指导下产生了犯罪的行为，然后对刑法所保护的社会关系造成了危害）；而按照犯罪认定的顺序，则大致上会采纳通行的客体—客观方面—主体—主观方面的顺序（首先是犯罪造成了危害结果，因此将犯罪客体作为首要的要件，然后在客体的背后去寻找行为，之后再去找行为的实施者，最后是主观罪过）。正如陈兴良教授所指出的那样："犯罪构成四要件的顺序可以任意排列组合，这本身就表明这四要件之间的逻辑关系是混乱的，不明确的"。[7]

在四要件体系的内部，不管各个要件之间的顺序如何安排，其都是在平面体系内部的一种"换汤不换药"式的细节调换，而无法改变这一体系只反映定罪的规格不反映定罪的过程的事实。这是因为：（1）已如前述，犯罪客体的要件本身是空洞的、抽象的，犯罪客体的要件不是自足的，不是认定犯罪的第一个步骤，而是在犯罪认定之后对于犯罪本质的一种说明。犯罪客体的要件依赖于其他要件的存在方能得到说明，其本

---

[1] 参见赵秉志、吴振兴主编：《刑法学通论》，高等教育出版社1993年版，第84—85、91页。
[2] 参见冯军、肖中华主编：《刑法总论》，中国人民大学出版社2008年版。
[3] 参见何秉松：《犯罪构成系统论》，中国法制出版社1995年版，第112—119页。
[4] 参见何秉松主编：《刑法学教科书》（上卷），中国法制出版社2000年版，第208页。
[5] 参见曲新久主编：《刑法学》，中国政法大学出版社2008年版。
[6] 参见王充：《从理论向实践的回归——论我国犯罪构成构成要件的排列顺序》，载《法制与社会发展》2003年第3期。
[7] 参见杨丹：《感想与感悟：刑法学的一种观感式叙说——访著名刑法学家陈兴良教授》，载冯军主编：《比较刑法研究》，中国人民大学出版社2007年12月版，第459页。

身并非认定犯罪的一环,更非首要环节。所以,所有将犯罪客体作为构成要件的体系都值得批判。(2)亦如前所述,不加改装的犯罪主体也不足以成为独立的犯罪构成要件之一,更非认定犯罪的首要条件,否则,难以逃脱何以没有犯罪行为就有"犯罪"主体的诘难。(3)现有的平面思维方式下的四要件的体系及其种种变种,各要件之间没有很好的任务分工,没有明确的价值取向,没有适当的价值依托,没有必要的、不同意义上的犯罪的区分(对此问题,后文将有详述),这些也都体现于这个体系是平面的,静止的,而非立体的,动态的。(4)作为刑法理论上之经验总结的犯罪论体系即犯罪构成理论来说,其所承担的实际上是解释一种行为何以被作为犯罪处理或者不作为犯罪处理的任务,是"整理法官的思考,规制法官的判断"的一种知识系统。所以,犯罪构成理论自然应该按照犯罪认定的顺序来架构,而不是依照所谓犯罪发生的顺序。

(二)中国四要件体系的操作障碍

1. 中国现有的犯罪构成体系有悖于一般人的思维模式

具体说到中国犯罪构成理论体系存在的可操作性方面的问题,除了这种体系是静止的、无从体现动态的定罪过程之外,还应该从更为深入的角度加以剖析。对此,我国有学者指出:这种理论体系所设定的思维方式与人的一般思维习惯存在一定的距离,这也是这一体系在操作性上的问题所在。论者指出,人的思维习惯就一般的常识来说,就是整体性的思维,作为思维的开始,即将一个事物首先作整体性的判断,然后再进一步分析其内部结构的具体内容,即在对事物的认识有了一个大致的轮廓之后,再进一步对其具体的内容进行分项分析。"很难说以下的思维方式是符合人的思维习惯:在没有一个对事物的大致轮廓的认识(也可以是猜测)的情况下,通过具体分析事物的一个一个要素,最终得出对事物的总体认识或者理解。"[1]

如果说人的认识一般是从对事物的总体轮廓的认识开始的,对于犯罪的认识来说,从对犯罪的轮廓的一般认识开始进行也就是符合常理与人的思维习惯的。犯罪作为人的行为,其一般的轮廓也就必然是人的行为的轮廓,即有意识的(无意识的人的活动从一般常识上就与犯罪无关)、对人或者社会有害的(这是犯罪的基本要求)人(不是人的行为不能纳入刑法的关注视野)的活动。因此行为的轮廓,也就必然作为不能人为分割的对犯罪认识的对象。如果试图将这样的要素分割,就必然是理论体系的设定违背人的思维习惯。从人的思维习惯来说,将一个统一的事物分离的思维方式,是不符合常理的,在操作上也是有障碍的。我们难以对司法者做出这样的要求:不能有常人的思维方式。因为即使司法者通过特殊的训练可以达到这一点(虽然是相当困难的),也难以要求司法过程的参与者都具备这样的思维(诉讼的参与者是众多的,而且多数参与者并不具有特殊的思维习惯,也不能对之作这样的要求),将刑法的思维方式设定为特殊的模式不具有合理性,无论是从刑法的司法过程是一种民众可以普遍参与

---

[1] 李洁:《中国通论犯罪构成理论体系评判》,载《法律科学》2008年第2期。

的活动之角度,还是从诉讼经济的角度来说都是如此。因此犯罪的理论体系设定,应当符合常人的思维方式之要求,是刑事司法的性质使然。因此,对事物的总体认识方式也就不能不成为犯罪论体系设定的基本思路。在这样的前提设定之下,犯罪论的理论体系不应该是分离式的思维,而应该是整体式的思维,即将犯罪首先作为一个事物的整体来把握,这个整体不仅是轮廓上的,也是内容上的。因此,犯罪成立条件理论体系的设定,就不可能是在不具有总体轮廓的情况下的要素分离,而应当首先具有整体轮廓的性质。在这个方面,我国的犯罪构成理论体系不具有思维方式上的合理性。[1]

2. 中国的犯罪构成体系实践起来会由于"模糊规则"而带来恶果

对于我国平面四要件的犯罪构成理论在实践操作中所出现的问题,我国有学者指出了"模糊规则"现象。一个达到了刑事责任年龄的人实施了有法益侵害性且具有犯罪类型相符性的行为,其被认定为有罪的可能性往往要大于无罪的可能性,因为在犯罪构成的四大要件中,他或她已经具备了犯罪主体、犯罪客体和犯罪客观方面三大要件,至于第四个要件即犯罪主观方面,即使是模糊的,在前三个要件面前也要服从"我们都有了,你也得有",或者"我们都有了,你也很可能有",乃至"我们都有了,你莫须有"的"模糊规则"。这种情况最容易发生在疏忽大意的过失犯罪和意外事件之间。再者,对于我们见怪不怪的"罪犯"已被判了死刑而真凶后来才出现的冤案来说,实际上是由犯罪主观要件、犯罪客体要件和犯罪客观方面要件"模糊"出犯罪主体要件。所以,虽然从理论上说,四大要件的"同时具备"意味着四大要件的"一损俱损",但在实践上却恰恰相反,因为任何一个办案者都不愿半途而废:找到了第一个要件,就想找到第二个要件;找到了第二个要件,就想找到第三个要件;找到了第三个要件,当然就急于凑齐第四个要件。司法审判环节的无罪当作有罪确实是这种"模糊规则"的恶果。[2] 论者这里所指出的"模糊规则"的问题,虽然或许有些许夸大,但总体说来,倒也符合中国刑事司法之中更倾向于认定有罪的实践倾向和客观现实。这样的"模糊规则",实际上是一种估堆评价,是在犯罪构成之中不区分事实与价值、典型与个别等范畴的产物。这样的一种模糊处理,实际上形象表明了中国的传统犯罪构成理论在操作上的随意性,在定罪问题上的随意而非确定性,是非常可怕的。

(三) 现行犯罪论体系实践障碍的直接体现:判决书无从详细说理

定罪的过程是一个摆事实、讲道理的过程,同时也就是一个说服人的过程:首先要说服的是被告人,法庭是通过何种推理才得出被告人有罪或无罪的结论的,前后的来龙去脉首先要令被告人心服口服,才能真正认罪服判;其次对于普通公民,也同样需要说服,造成了损害结果的行为人为什么有的被判有罪,有的却相反?从这个意义上讲,刑事判决就是刑事法治的喉舌,通过它的声音,将法治的理念传播到四方。守法者只

---

[1] 参见李洁:《中国通论犯罪构成理论体系评判》,载《法律科学》2008年第2期。
[2] 参见马荣春:《我国犯罪成立理论体系的不足与重构》,载梁根林主编:《犯罪论体系》,北京大学出版社2007年版,第271—272页。

有对案件判决心悦诚服,才能逐渐树立起对法的信仰。然而,正如我国学者所指出的那样,现行的犯罪构成理论在定罪这一关,并未给司法人员的创造性活动提供足够的空间。现有的理论实质上只是让司法裁判官将行为依次往四大要件上套,然后借其口宣告结果是"是"还是"否"。这种状况给司法实践带来的消极影响,是法官对于判决的说理不予重视。虽然近年的司法改革在判决书的规范性上有所改观,但是仍不尽如人意。若要彻底改变此状况,必须从根本上挑战定罪的思维模式,将事实判断与价值判断过程一一展示在判决书中:案件已收集的证据有哪些,它们是如何组合而成以证明有犯罪事实存在的;在此基础上法官作出最终认定犯罪成立(不成立)的依据,这一系列前后相继的分支环节,如果能一环扣一环地出现在判决书中,将是非常完美的判决模本。[1]

六、功能缺陷:突出保护功能,忽视保障功能

在笔者看来,犯罪构成体系作为认定犯罪的规格和标准的要素集合和知识系统,在刑法理论中占有显著地位,在司法实践中发挥着重要作用。而框定犯罪构成体系的功能,自然也离不开刑法的基本功能。刑法的基本功能是"大宪章"的功能,既是"犯罪人的大宪章",也是"自由公民的大宪章"。作为"犯罪人的大宪章",保障犯罪人不受不当刑事处遇,作为"自由公民的大宪章",保证其免受刑事犯罪的侵害,这就是刑法的人权保障功能和社会保护功能。作为犯罪论体系而言,其自然也应该指向并且服务于刑法的保障和保护功能。可是,中国的平面四要件的犯罪构成体系,在这些功能发挥上表现得如何?这是接下来需要讨论的问题。

(一)表现:重视控诉机制而轻视辩护机制

1. 轻视辩护机制的理论缘由和实践后果

之所以说我国平面的四要件的犯罪构成体系没有突出辩护机制,在理论上讲,是由于习惯于将定罪看作是法院单边的职务活动,或者看作是由法院主导、以控审双方联合为基础(所谓"联合办案")的"司法"活动,所以我国的犯罪构成作为定罪模式,其四个一般要件都是肯定性的、正面符合性要件,代表了控方立场即政府立场,体现了以社会保护为主导的价值取向。平面的四要件体系只考虑了成立犯罪的积极条件,未考虑不成立犯罪的消极条件,只考虑了成立犯罪的"原则"情况,未考虑不成立犯罪的例外情况,所以,这样的犯罪构成体系是封闭的、刚性的、欠缺出罪管道的,所以,被告人及其辩护人只能在四要件的夹缝之中寻求辩护的空间,这是何等的艰难!

---

[1] 参见张文、刘艳红、甘怡群:《人格刑法导论》,法律出版社2005年版,第229—230页。此外,从诉讼证明的角度对中国犯罪构成理论的反思,请参见聂昭伟:《犯罪构成体系的完善——以诉讼证明为视角的思考》,载陈兴良主编:《刑事法评论》(第19卷),北京大学出版社2006年版,第182—197页。

这种辩方诉讼话语权的明显缺失，容易导致辩方在诉讼中被动挨打。[1] 实践中，由于在犯罪构成理论上不考虑为辩护权利的行使留有余地，就会出现行为完全符合四个构成要件，但有罪结论明显不合理的情况。对此，我国学者举了这样的例子：现行刑法中并无亲亲相隐不为罪的规定。亲属之间相互包庇、窝藏的，完全符合《刑法》第310条的规定，就应当定罪。但这并不是特别合理，很多人就开始批评刑法规定不合理，建议增设相应的特别免责条款。但是，如果犯罪构成理论中有辩护机制存在，即使刑法中未规定亲亲相隐不为罪，也可以将类似行为"出罪化"。按照大陆法系的刑法理论，行为人可以在责任判断阶段做免责的辩解。[2] 而在我国刚性的、封闭式的犯罪构成模式之中，这样的行为却缺乏应有的出罪管道，要么是按照犯罪处理而放弃其实质处罚的合理性，要么作为（无根据地）不作为犯罪处理而贬损定罪的权威。

就我国的平面四要件体系缺乏辩护机制而言，或许有观点认为，四要件中的每一个要件都存在其反方面，都可以以其不存在为由进行辩护，这难道不是辩护空间很宽广吗？但是，针对每个要件的反方面（例如不存在故意、不存在行为）进行辩护，这固然是一种出路，但是这都是表面上看就不符合构成要件的行为，并没有从根本上解决表面上符合构成要件但实际上不应该作为犯罪处理的现象的出罪渠道问题，所以，并不能否认平面体系存在辩护空间不足的问题。而且，正如有论者指出的那样，"如果将构成要件分为积极的构成要件与消极的构成要件，进一步将消极的犯罪构成分为消极的犯罪客体、消极的犯罪客观要件、消极的主体、消极的主观要件、消极的情节要件等来讨论，也会导致犯罪构成体系的复杂化"。[3]

2. 辩护机制的积极作用

定罪活动可能同时朝着两个方向运动，从而形成对抗的张力：一个是控方的方向，极力论证一种事实已经具备了某种犯罪或某种重罪之成立所需要的要件；另一个是辩方的方向，极力反驳控方的指控，论证指控的事实不存在或者虽然存在但不符合犯罪或重罪之成立条件。既然定罪过程中存在上述两种相反相成的运动方向，犯罪构成作为一种定罪的模式，就理所当然地应把控辩双方的"诉讼话语权"都反映出来，把上述两种相反相成的运动方向都反映出来。这就要求作为犯罪构成要件内容的实体因素，应当包括肯定性的和否定性两部分。换言之，由于犯罪构成是定罪模式，它在内容上就应该包括那些对犯罪成立必不可少的一切正面的符合性条件和反面的排除性条件。这是控辩双方在犯罪构成这一实体平台上进行诉讼对抗所依凭的实体空间，也是控辩双方的法庭话语权的平衡问题。比如大陆法系国家认定犯罪的三阶层的犯罪构成模式，首先是给控方指控犯罪提供了一个实体平台，即构成要件该当性，但构成要件不过

---

[1] 参见刘远：《犯罪构成模式的反思与重构》，载梁根林主编：《犯罪论体系》，北京大学出版社2007年版，第227—229页。

[2] 参见周光权：《刑法总论》，中国人民大学出版社2007年版，第95—96页。

[3] 张明楷：《刑法学》（第3版），法律出版社2007年版，第100页。

是犯罪类型的"轮廓",符合这个"轮廓"的事实还不应是犯罪,因为在这种情况下,还有"违法阻却事由"和"责任阻却事由"的可能性。这正是辩方对控方进行反驳的两个主要的实体平台。可以说,无论是在大陆法系国家犯罪论体系中的违法性、责任判断阶段,还是在英美法系的双层次犯罪论体系中的合法抗辩事由阶段,都存在着非常显著和非常实用的辩护机制:个人可以主张自己的行为未侵害法益、自己不具有谴责可能性或者具有其他的合法抗辩事由,来摆脱刑事司法机关的追诉。辩护机制的存在具有重要的正面价值,它使国家对罪犯的惩罚建立在罪犯"同意"的基础上,使刑法成为罪犯"内心"的法,从而为国家的惩罚提供罪犯所认可的合法性。此外,法院也在罪犯与由检察机关所代表的国家的冲突中,根据犯罪成立理论中的辩护机制以中立的角色出现,从而国家巧妙地化解了来自其对手的挑战而获得了统治的合法性。[1] 应该说,在犯罪构成体系中能否突出辩护机制,决定着辩护人的行为以及行为人的特殊性能否最大限度地得到尊重,这也往往在实体上决定着行为人的最终命运。

(二)结论:平面四要件体系的功能缺陷——突出了保护功能,忽视了保障功能

我国目前的平面四要件的犯罪论体系,是一种封闭式的注重定罪规格的体系,这一体系本身,加之我们现有的超然于犯罪构成理论的社会危害性理论和"具有中国特色"的刑法第3条"罪刑法定主义"的"双面规定"(特别是其中的"法律明文规定为犯罪的,依照法律定罪处刑"的规定),共同效忠于刑法的有效打击犯罪,就对于刑法机能的发挥来说,是单纯地指向社会保护(法益保护)的。[2] 已如前述,由于行为人在这样的犯罪构成模式中未能得到足够的实体性的安排,使得其辩护权等程序性权利受到了极大的限制,被告人常常只能沦为被审判的对象、被惩罚的客体而无法充分行使自己的权利。犯罪构成作为一个定罪的模式,在"被告人大宪章"这一刑法功能方面,是存在明显不足的。可以说,我国犯罪构成理论将排除犯罪性的行为放在四个一般要件之后,从而将其排除在犯罪构成模式之外。这样的犯罪构成模式就完全是同质化的,仅代表政府立场。传统的定罪观和犯罪构成模式,是互为表里的,它们逻辑地生产和再生产着"先判后审"现象。[3] 而与此相对,较之我国现有的体系而言,德日的三阶层式的犯罪论体系更能实现刑法的自由保障和法益保护的机能的协调发挥。

目前,我国正在建设社会主义和谐社会。和谐社会的构建,不是单纯的理念宣扬,它必须落实到一个个具体的制度和细节之中。在体现国家追诉犯罪的实体平台即犯罪构成要件之中,也要体现控辩双方的和谐,而不是单纯地体现一方对另一方的控诉、追究、打击。这里所说的犯罪构成体系之中的控辩和谐,就是要在国家控诉犯罪的同

---

[1] 参见周光权:《刑法总论》,中国人民大学出版社2007年版,第95页。
[2] 笔者对于我国《刑法》第3条所谓"罪刑法定原则"之规定方式的反思,可见付立庆:《善待罪刑法定——以我国刑法第三条之检讨为切入点》,载《法学评论》2005年第3期。
[3] 参见刘远:《犯罪构成模式的反思与重构》,载梁根林主编:《犯罪论体系》,北京大学出版社2007年版,第227—229页。

时能够充分听取辩护人的辩解,能够充分吸纳不同见解、反映辩护方的声音。而要做到这一点,根本的途径就在于犯罪构成本身,不应该是平面的,而应该是立体的、阶层的,要将犯罪成立的消极事由纳入犯罪构成之中,犯罪成立的消极事由作为辩护权的行使依据,发挥着保障人权的重要功能。看到这一点上,我国现有的犯罪构成理论与其他大陆和英美法系的差异,是十分重要的。

(三)一种代表性观点及其反驳

我国学者曲新久教授撰文指出:"我国刑法学界似乎有越来越多的学者倾向于认为,德、日三阶段的犯罪论体系有利于避免刑法适用的危险,有利于法治的实现,而我国平面式犯罪构成理论有利于打击犯罪、保护社会,但不利于维护人权。笔者认为,这种看法大有可疑。我们必须看到一个基本的历史事实,德、日三阶段犯罪论体系并没有阻挡德国、日本刑法的法西斯化——实际上是承受不起这一重任的,相反,这种理论在某种程度上依然可以为法西斯主义刑法服务。苏联社会主义实践曾经有过不光彩的人权记录,我国'文革'十年动乱也是如此。但是,无论如何,我们不能将人治、专制的恶果都归因于平面式四要件犯罪构成体系以及以此为中心的犯罪论体系,我们不能简单地说,三段论犯罪成立理论有利于维护人权,而我国的犯罪论体系就有利于打击犯罪保护社会,而在人权保障方面存有缺陷。实际上,任何犯罪成立理论以及以此为中心的犯罪论体系都会有助于避免刑法适用时的侵犯人权的危险,这也是为什么犯罪构成理论在我国一度成为理论禁区的原因。无论如何,犯罪构成理论不能独立地承受法治建设之重,犯罪构成理论不能解决刑事法治的所有问题。无论是苏联,还是我国1979年《刑法》实施过程中罪刑法定原则并没有得到确立的情况下,犯罪构成理论,例如,犯罪构成是刑事责任唯一根据的命题,在一定程度上满足了确保最低程度的法治需要,对于刑事司法的恣意性在一定范围内和一定程度上起到了限制作用,功不可没。"[1]

曲新久教授的这段话的中心思想,实际上是说,一个国家实行人治还是法治,与一个国家采纳什么样的犯罪论体系没有必然的联系,不是说采纳了德、日的三阶层体系就有利于保障人权从而就是法治社会,而采纳了我国的平面四要件体系就不利于保障人权从而就是专制社会了——我国的犯罪构成理论对于刑事司法的恣意性在一定范围内和一定程度上也起到了限制作用,功不可没。在我看来,经我转述的曲老师的上述判断当然没有问题,但是这并不能得出中国的犯罪构成理论体系就和德日的三阶层体系一样(甚至比三阶层体系更加)具有保障人权的功能。任何一种理论体系都有其作用的边界,德、日刑法在特定时期的法西斯化虽属历史事实,但这是因为当时的刑法被法西斯分子所强奸,沦为了政治斗争的工具,以及一小部分刑法学者迷失了中立的学术立场,成了法西斯主义的帮凶,说明白点,这是部分政客利用了刑法、部分学者献

---

[1] 曲新久:《刑法的逻辑与经验》,北京大学出版社2008年版,第134页。

媚于政治的产物,刑法理论明显超出了自己发挥作用的边界,自然会为侵犯人权的法西斯统治所服务,这与德日阶层式犯罪论体系自身的优越性是没有关系的、并不矛盾的。我们是就纯粹的犯罪论体系自身的逻辑结构及其体现的出罪、入罪功能来讨论两种不同的犯罪论体系各自的优缺长短的,这只能在犯罪论体系发挥作用的界域之内,不能横空出世地夹杂进一个变化多端的政治因素进来。学术归学术,政治归政治,不能把两个不同领域、不同层面的问题杂糅在一起讨论。包括德日的犯罪论体系在内,任何一种犯罪论体系都不是万能的,只能是在"引导法官思考、规制法官判断"的意义上,我们可以说德日的体系(较之我国的体系)为辩护权的发挥提供了更为定型化的思维模式和更为制度化的出罪渠道,从而更有助于被告人权利的保障而已。把政治因素夹杂进来,对于犯罪论体系而言,很大程度上是强其所难的,甚至是无能为力的。

七、全文小结:四要件体系的缺陷盘点

(一)我国通行犯罪论体系几种缺陷的简短归纳

本文的论述表明,我国当下通行的平面四要件体系存在着前提缺陷、要素缺陷、结构缺陷、实践缺陷和功能缺陷。

1. 实际上,前提缺陷是由于存在着被视为"犯罪的本质特征"、凌驾于四要件体系之上的社会危害性理论,其贬损和矮化了犯罪构成理论作为认定犯罪成立之规格的价值。这种缺陷虽属于广义的犯罪论体系范畴,但却可谓是狭义的犯罪构成体系(即犯罪成立理论)之外的一种缺陷,唯有对于这一本质性的缺陷加以剔除,才可能真正解决中国犯罪构成理论所存在的问题。

2. 相对于犯罪成立理论体系外部的社会危害性理论这一前提性缺陷,平面四要件体系自身内部也存在着要素或曰成分上的缺陷,这主要表现在,由于诸多的原因,犯罪客体和犯罪主体都不应该成为独立的犯罪成立要件。犯罪客体概念应该与超规范的社会危害性评价标准加以整合,其应该为法益概念所替换,在社会危害性≈实质违法性≈法益侵害性的意义上,对其予以重新定位。而犯罪主体的要件也应该为行为主体和责任主体的概念所取代,如此,方可能保持理论的自洽和逻辑的严谨。

3. 除了醒目地具备犯罪客体和犯罪主体这两个问题重重、破绽多多的本不该有的要素和成分之外,中国的平面四要件体系还欠缺违法性和责任(有责性)这两个阶层。如果以德日的阶层体系为基准来评价中国的四要件体系的话,缺乏违法性阶层和责任阶层这两个犯罪成立的条件或许亦可谓要素和成分上的缺陷,但是,着眼于现有的中国的平面体系自身,就不存在即缺乏阶层性从而也就当然地欠缺违法性和责任阶层而言,也可谓是中国平面体系的结构性缺陷。这种结构性缺陷突出表现在正当防卫、紧急避险等正当化事由原本都应该在犯罪成立理论体系的内部讨论从而圆满自洽,而中国体系下将其作为"排除犯罪性事由"则会矛盾丛生;还表现在在中国的平面体系内诸

如超法规的阻却违法事由和诸如期待可能性之类的超法规的阻却责任事由根本无栖息的空间,违法与责任(从而正当化与免责)的二元区分也无从可能。这都带来一系列的问题。总体上可以比较直白地说,中国平面四要件的犯罪成立理论体系之中,"不该有的有了,该有的倒没有。"

4. 中国的犯罪成立理论体系以上成分和结构上的缺陷,以及其平面体系的本性,都决定了这种只反映定罪规格、不反映定罪过程的体系,在操作上有悖一般人的思维模式。并且,要素和结构上的缺陷影响操作,并且最终影响犯罪构成理论在功能上的发挥。中国的平面体系由于缺乏成立犯罪的消极条件(犯罪构成理论在结构上缺乏违法性和责任阶层,相应地也就缺乏违法阻却事由和责任阻却事由),也就在体系内部无从体现控辩双方的平等对话和和谐共存,犯罪成立理论单纯异化为追诉和打击犯罪的工具,辩护权难以系统施展,人权保障的刑法机能难以制度性发挥。总体而言,相对于德日以及英美的体系,我国的这种平面体系在社会保护机能上是得心应手的,而在人权保障机能上则是相形见绌。

(二)我国通行犯罪论体系几种缺陷的逻辑归结

实际上,我国通行的平面四要件体系(无论如何排列,实质上也包括同属平面体系的三要件体系、五要件体系等变种)之所以会有这些缺陷,都映衬着并且实际上归根于这种平面四要件的体系所存在的本质上的逻辑缺陷,这就是,现在的四要件理论实际上是以犯罪已经成立为前提的,这就存在着逻辑上的重大矛盾与缺陷。现有的平面体系是在犯罪已经成立的前提之下,再用四要件理论对其进行解剖,就像是已经存在一个西瓜,将其切分为四块,分别是客体、客观方面、主体、主观方面,这四块合起来就是一个西瓜。"这种思维往往假定犯罪已经存在,再用四要件理论对犯罪进行分析。但是,现在的问题是要认定犯罪,从无罪到有罪是一个犯罪的'寻找'过程,这是定罪的逻辑思维过程。犯罪不应当在判断之前就存在,而应当作为判断的结论最后出现。大陆法系的犯罪构成理论就有这个特点,首先是构成要件该当性,然后是违法性,最后是有责性,只有这三个要件齐备了,犯罪才成立。这样的判断过程,以无罪为前提,有罪是判断最后得出的逻辑结论。这是一种无罪推定的思维模式,犯罪判断的过程是非罪的情形不断被排除出去的过程,为无罪辩护提供了广阔的空间。"[1] 简单地说,只要承认犯罪构成模式不但是认定犯罪的标准,更是一整套刑事司法的思维模式,那么,犯罪构成的理论框架就必须体现定罪的过程,而这是以无罪推定为前提的。

正如学者所尖锐指出的那样,把对犯罪——一种基本上属于人间最为复杂的社会现象——的认定这种高智商展示过程,降格为将犯罪客体—犯罪客观方面—犯罪主体—犯罪主观方面这四大块拼凑在一起的"搭积木"游戏,会带来很多问题。游戏的过

---

[1] 杨丹:《感想与感悟:刑法学的一种观感式叙说——访著名刑法学家陈兴良教授》,载冯军主编:《比较刑法研究》,中国人民大学出版社 2007 年 12 月版,第 461 页。

程,枯燥无味,这自然不用说了;有时,拼凑四大构成要件的游戏,还带有"儿戏"的味道,因为依据这种理论认定犯罪时,出错的几率,比起德、日阶层式的犯罪论体系要高出不少。[1] 由此可见,只有改变我国现有的平面体系这种"存在论"的体系,真正构建出一种体现认定犯罪过程、体现出刑事法网不断收缩的"认定论"的体系,才能充分保障行为人的权利,才能与刑事法治的精神合拍。

---

[1] 参见周光权:《刑法总论》序言,中国人民大学出版社2007年版,第2页。

建立一座法律解释论的"通天塔"*

——对实质的刑法解释论的反思

周 详**

一、形式解释与实质解释的概念在法理学中的缺位

在刑法学领域,虽然也有关于解释目标上的主观说、客观说的争论,然而"形式解释论"与"实质解释论"却被更频繁使用,形成了形式解释论与实质解释论的两种对立的解释立场或者思路。刑法学的多数基本问题的争议都是围绕形式解释与实质解释展开的。在大陆法系国家,在犯罪论上存在形式犯罪论与实质犯罪论的根本对立,与此相对应在刑法的解释上形成形式解释论与实质解释论的两种基本的学派。从罪刑法定原则的要求、保障人权的要求出发,承认构成要件的独立机能,以社会的一般观念为基础,将构成要件进行类型化的把握的犯罪论,通常被称之为形式的犯罪论。形式的犯罪论者主张形式的解释论,"在构成要件的解释上,在进行处罚的必要性或合理性的实质判断之前,应当从具有通常的判断能力的一般人是否能够得出该种结论的角度出发,进行形式的判断。"与此相反,实质的犯罪论者主张实质的解释论。他们认为,作

---

* 本文原系齐文远教授与笔者合写,大约成于 2008 年 1 月。但因齐教授认为有些观点尚不成熟,因此一直不倾向于公开发表本文。由于邓子滨研究员在其专著《中国实质刑法观批判》(法律出版社 2009 年 8 月版)中,不少地方引用了这篇没有发表的文章中的观点,对该文的很多观点给予了让笔者感到受宠若惊的高度评价。因此,笔者就有了将尘封已久的该文拿出来予以公开发表的冲动。两年之后的今天,形式解释与实质解释的争论在我国刑法学界也发生了很多改变,文中有些论述已经过时,但为了保持原稿文本的完整性、原生性,笔者除了修改了某些错别字,以及个别地方增加了转承衔接语之外,对本文原稿一字不改,保留其先在的缺陷,但造次以单独署名的方式发表,且文责自负。另外,笔者对本文的大幅修改稿已改投《法学研究》,是否被采用,尚不得而知,若两文都能发表,则可将新旧两个文本相互对照,以观中国刑法学术研究在近两年的细微发展与变化。

** 作者系中南财经政法大学刑事司法学院讲师,法学博士。项目资助:国家社科基金项目"中国刑法本土化、国际化争论背景下的社会危害性理论"(04BFX048);中央高校基本科研业务费专项资金重点项目"刑法基础理论问题研究"。

为形式的犯罪论的中心的犯罪的定型或者类型的内容不明确,因此追求保障人权或保护国民利益的处罚范围实际上难以恰当划定,认为刑法规范是行为规范,但更应当是以法官为中心,为了导入实质的当罚性判断的裁判规范。因此主张在刑罚法规特别是构成要件的解释上,进行实质的解释。[1]

在我国刑法学中,近些年也开始对形式解释论与实质解释论展开了讨论。如张明楷教授是实质解释论的主要倡导者,根据他的观点:在刑法学研究中,形式解释与实质解释在不同场合可能具有不同含义。就犯罪构成要件的解释而言,形式解释意味着仅仅根据法条的文字表述解释构成要件,而不问经过解释所形成的构成要件是否说明犯罪的实质;实质解释意味着仅仅将值得科处刑罚的行为解释为符合构成要件的行为。主张即使在罪刑法定原则之下,也应当用犯罪的本质,即用应当负刑事责任程度的社会危害性去解释犯罪构成。[2]

然而,"形式解释论"与"实质解释论"的争议在法理学界还没有得到应有的关注,在法理学领域,我们更为熟悉的概念是法律解释学的主观说与客观说,却几乎看不到"形式的解释"与"实质的解释"这样的提法。最相近的提法是在西方法理学界批判概念法学、注释法学、分析实证主义法学的运动中常常使用的"形式主义"、"法条主义"的字眼。[3] 可以这么说,人人都在批判对方的理论或者解释方法是"法律形式主义"的,人人都可能被贴上"法律形式主义"的标签,"形式主义"无论是在日常生活中还是在学术界都成为一个臭名昭著的字眼和标签,因此,被批判者也是唯恐避之不及。与此同时,也许是鉴于学者们无法确定法律形式主义的具体内容与范围,无法把握"形式主义"与"实质主义"之间的界限,因此在法理学界即使批判对手是"法律形式主义"的,也几乎也没有人把自己称之为"法律实质主义",而是习惯用"法律现实主义"、"价值法学"等字眼来自我命名。"法律形式主义"只是一个随时可以贴在对手身上的丑陋的标签,因此"法律形式主义"在法理学领域就被悬置虚化了,似乎"法律形式主义"以及相对应的"法律实质主义"在法理学上并不能成为一对有效的、合法的分析范畴。[4] 同样,这反应在解释学上就是形式解释与实质解释的概念在法理学上的缺位。因此,从现有的状况看,形式解释论与实质解释论的争论的确局限在刑法学领域,并且和刑法中的独特的罪刑法定原则以及独特的犯罪成立理论紧密相关。

于是,部门法和法理学在该问题的研究上呈现出一个少见的"倒置现象":刑法学

---

[1] 以上内容参见〔日〕大谷实:《刑法总论》,黎宏译,法律出版社2003年版,第73页。
[2] 参见张明楷:《刑法的基本立场》,中国法制出版社2002年版,第128页;张明楷:《刑法学研究中的十大关系论》,载《政法论坛》2006年第2期。
[3] 张志铭:《法律解释操作分析》,中国政法大学出版社1999年版,第52页。
[4] 个别法理学者注意到这个现象,开始试图在法理学界为"法律形式主义"正名(参见孙笑侠:《中国传统法官的实质性思维》,载《浙江大学学报》2005年第4期;陈锐:《法理学中的法律形式主义》,载《西南政法大学学报》2004年第6期;柯岚:《法律方法中的形式主义与反形式主义》,载《法律科学》2007年第2期)。

领域对形式解释论或者实质解释论的研究要比法理学领域稍稍走在了前面。[1] 由此产生了一个基本的疑问:难道是因为刑法文本的特殊性决定了"形式解释论"或者"实质解释论"只能局限在刑法解释学的领域,不能成为法哲学或者法律解释学中的一般问题?对该问题,笔者倾向于认为形式解释论与实质解释论可以也应当成为法理学研究的问题。

1. 从抽象层面来看,"形式"与"实质"在哲学上就是一个古老的对立概念,必然会在法理学上有所反应,形式思维与实质思维也必然会反映到对法律的解释上。事实上,在法理学界存在所谓的批判"形式主义"的法律解释立场或者方法的运动,虽然不能直接等同于"形式解释论"和"实质解释论"的问题,但这个批判运动是对形式解释论与实质解释论之争的歪曲的反映,至少包含了形式解释论与实质解释论的部分问题。

2. 即使因为刑法文本的特殊性决定了一些问题的特殊性,也并不必然意味着"特殊性问题"不能成为法理学问题。(1)人们对属于部门法的特殊问题的法理性的认识有一个过程。属于部门法的问题完全可能因认识的加深而转化为法理学的研究内容,如法理学上的法解释学问题本身就是从部门法领域发起的,正如梁慧星教授所言:"关于法律解释适用的方法论,本属于民法学的内容之一,但本世纪以来,法学方法论日益受到重视,因此有从民法学脱离而成为独立研究领域的趋势。"[2] (2)存在着因为部门法问题的特殊性而在法理上尤其重要的可能性。和其他部门法相比,刑法文本最独特的地方就在于刑法规定的罪刑法定原则,由此产生了一些特殊的解释问题:排斥类推适用,排斥习惯法,严格区分扩大解释与类推解释等。在其他法律领域,比如民法领域,依习惯补充法律漏洞、类推适用,乃至于"不具有类似性"关系的"目的性扩展"解释等方法是一般的解释方法,甚至各国民法对这些法律漏洞的补充方法有明文规定。[3] 然而正是因为刑法禁止类推解释的特殊性,使得这个特殊性问题已经成为法理学关注或者研究的对象。[4]

3. 最重要的是,从认识论层面上看,部门法学需要法理学界对形式解释论与实质解释论的许多基本问题进行法理的论证和回应。比如什么是一般意义上的形式的解释论与实质的解释论?"形式的解释论"和法律解释的主观说、历史解释论以及和概念法学、分析法学、法律实证主义等这些概念是什么的样的关系?"实质的解释论"和法律解释的客观说、目的解释论以及和法律现实主义、利益法学、自由法运动等概念是什么样的关系?这些问题并不是不言自明的东西,亟须法理学界给予回应,否则部门法的学者可能就会想当然的预设一些没有经过法理学论证的前提。比如在刑法学领域,

---

[1] 该"倒置现象"仅仅指关注时间上的迟早,并不意味着刑法学界对问题的认识比法理学界更为进步。

[2] 梁慧星:《民法总论》,法律出版社1996年版,第278页。

[3] 参见梁慧星:《民法总论》,法律出版社1996年版,第281—285页。

[4] 参见[美]博登海默:《法理学法哲学与法律方法》,邓正来译,中国政法大学出版社1999年版,第495页。

无论是实质解释论者还是形式解释论者,一些学者想当然的认为在"法解释学上,向有形式的解释论与实质的解释论学说之争。……形式的解释论与实质的解释论反映在刑法上,就是形式的刑法解释论与实质的刑法解释论之争"[1]"法律解释论关于法律解释的目标向来有主观解释论与客观解释论、形式的解释论与实质的解释论的学说之争。主观解释论……因而亦称形式解释论。客观解释论……因而又称为实质的解释论。"[2]实际上,部门法学者的这些说法无法在法理学上找到理论根据。他们将解释学上的主观说直接等同于形式解释论,客观说等同于实质解释论。形式解释论、实质解释论在此变成了主观解释论、客观解释论的代名词而已,他们通过这种未经法理论证的概念置换,悄然完成了从法理学或者法哲学层面上的对刑法解释学中的形式解释论与实质解释论的"理论支持"。

鉴于形式解释论与实质解释论在法理学研究领域中尚处于一种缺位状态,法理学没有给部门法提供现成的材料、命题、结论或者比较成熟的论证思路,更谈不上达成共识。因此本文所使用的素材,绝大部分来源于我国刑法学界关于形式解释与实质解释的论战,而且将焦点集中在形式解释论与实质解释论的内部关系的问题上。至于本文提及的形式解释、实质解释与其他相关的法理学概念、范畴之间的外部关系等问题,虽然笔者认为非常的重要,但限于篇幅,本文也只能是将这些问题提出来,暂且存而不论,以期抛砖引玉,引起法理学对相关问题的关注。

关于形式解释论与实质解释之间的关系,在我国刑法学界的相关论战中形成了一些熟知的意见、结论,但实际上有些熟知的意见、结论并没有得到充分的验证,这些"共识性"的意见是如何变得可质疑的,有问题的?我们还得从最近(2007年年末)在大陆公映的一部美国电影——《通天塔》——谈起。

二、对《通天塔》电影的解读

一部虚构的外国电影如何与严肃的刑法学术问题风马牛不相及却扯在一起的?这的确有点唐突,为了消除一些疑惑,在此从方法论的角度,简单地说明以文艺作品为素材进行法学研究的可能性。(1)电影《通天塔》是促使笔者对实质解释等法学理论进行思考的一个偶然的动因。偶然看到电影《通天塔》(也被翻译为《巴别塔》、《火线交错》),偶然地知道"巴别塔"一词来源于圣经故事,偶然地知道"巴别塔"一词也被用于语言解释学、法律解释学上。于是乎,这几个偶然因素相加,电影《通天塔》就和法律解释学有了一个外在的关联。(2)从学术意义上来看,仅仅有这个外在的关联是不够的。重要的不是什么东西引起了思考,重要的是思考了什么东西。如果找不到二者之

---

[1] 苏彩霞:《实质解释论之确立与展开》,载《法学研究》2007年第2期。
[2] 梁根林:《罪刑法定视域中的刑法适用解释》,载《中国法学》2004年第3期。

间的内在的关系,将电影《通天塔》和法律解释扯在一起,就类似于"雨伞和缝纫机在手术台上一样"[1],这种古怪的相遇哪怕产生了所谓的"事物诗意般相遇的火花",但在讲究规范性的法学学术上将是无意义的,甚至是负价值的,只能产生"某种挥之不去的难堪",增加"类似于异位移植的困惑和无序"[2]。因此,必须寻找到表面相异的事物之间的内在的相关性。事实上,在我们看来,虽然电影《通天塔》只是一部虚构的艺术品,但艺术和科学并不是泾渭分明的。[3] 各种艺术形式都具有的一定的思想价值。"艺术作为自然与人的理想化,除了其形式价值之外,还应具备意境和精神内涵,心理和哲理情趣"[4]"作家是用笔思想的"[5]一类人。"艺术作品就是用最小的面积惊人地集中了最大量的思想。"[6]很多法学家也从文学艺术作品中吸收思想的成分,如日本著名刑法学者西原春夫说:法律家不但必须熟悉法律制度,还应该大量阅读小说或者其他文学作品,以便培养理解相互对立利益的持有者的心情、感情的能力。[7] 甚至于在美国有着一个影响不小的"法律与文学"的运动或领域或流派,主张法律不过是另外一种应当予以解释和理解的故事,文学作品的解释方法可能有助于法律的解释。在我国的法理学界,以朱苏力教授为代表的少数学者在这方面也进行了一些成功的探索与尝试。[8]

当然这些都只是证明了文学艺术作品的思想本性对法律问题的理解有所助益的可能性而不是必然性。从可能性到现实性的转化,尚依赖于个人的研究路径的选择是否正确。我们在探讨、解读电影《通天塔》的过程中,因为"通天塔"一词勾连了电影和法律解释两个领域,自然对电影《通天塔》的关注也就远远地超出了"电影无非就是给我们讲述一个故事"的意义,而是想到了更多,获得了更多的东西,在思想上给笔者巨大触动。这种触动逐步影响到我们对实质解释论、形式解释论原有的一些看法。电影《通天塔》和法律解释之间的内在关系也就逐步建构起来。

先简单介绍一下电影《通天塔》的故事情节。《通天塔》实际的叙事顺序和结构比较复杂,从这些故事碎片中我们大体上可以将其理顺为"三个国家的故事"或者"四个

---

[1] 法国诗人洛特雷阿蒙说"一把雨伞和一台缝纫机的偶然相遇产生美",这句话成为法国文学史上最有名的象征之一,是说最不相干的两个形象放在一起,会创造出新的象征意义([捷]昆德拉:《被背叛的遗嘱》,余中先译,上海译文出版社2003年版,第52页。)
[2] 参见[法]福柯:《词与物——人文科学考古学》,莫伟民译,三联书店2001年版,第1—5页。
[3] 在中国的传统教育观念中:艺术是求美,科学是求真,道德是求善。似乎越是科学的就越不是艺术,越是艺术的就越不科学,因为艺术是极其不严谨的。但这种观点值得反思。
[4] [英]里德:《艺术的真谛》,王柯平译,中国人民大学出版社2004年版,第5页。
[5] 王蒙:《作家是用笔思考的》,载《读书》1990年第1期。
[6] [法]巴尔扎克:《论艺术家》,伍蠡甫、胡经之主编:《西方文学理论名著选编》(中卷),北京大学出版社1986年版,第100页。
[7] [日]西原春夫:《刑法的根基与哲学》,顾肖荣等译,法律出版社2004年版,第140—141页。
[8] 参见苏力:《法律与文学——以中国传统戏曲为材料》,三联书店2006年版,第5—11页。

家庭故事":摩洛哥故事(摩洛哥家庭故事、美国家庭故事),墨西哥故事,日本故事。摩洛哥故事讲的是在摩洛哥贫瘠的山坡上,两个小兄弟(14岁以下)扛着父亲阿卜杜勒买来的猎枪放羊,兄弟为了见证猎枪到底能打多远,朝远处的一辆旅游车放了一枪,竟击伤了美国人理查德的妻子苏珊。美国夫妇只好暂住小村庄等待救援。美国和摩洛哥政府在该枪击案是否为一起恐怖事件问题上产生分歧。伤者苏珊被滞留在小村子里生命垂危。摩洛哥警方费尽心思追查到枪支为阿卜杜勒持有,警方对惊慌出逃的阿卜杜勒父子开火,弟弟被迫拿枪还击,在乱枪中哥哥被打死。美国人理查德因为妻子被枪击的事件延迟回国。于是打电话回家告诉其保姆照看好他的两个孩子。于是引出了墨西哥故事。该保姆是一个在美国打工的墨西哥妇女,这期间,正值保姆的儿子在墨西哥举办婚礼,于是保姆带着理查德的两个孩子出境,但在半夜返回美国国境时,却被美国警方怀疑她拐带美国小孩,其侄子慌忙中开车冲关后把她们抛在荒漠中跑掉。在荒漠中两个小孩子生命垂危,墨西哥女人竭尽全力向美国警方求救。警方却将其逮捕,她最终因非法打工被永久地驱逐出美国。摩洛哥警察去追查枪的来源,于是又引出日本故事。原来一个日本人到摩洛哥打猎,日本人回国之前基于临时建立起的友谊而把猎枪送给了摩洛哥的那个向导,该向导将枪卖给阿卜杜勒。该日本人的妻子自杀,留下一个聋哑的女儿(读高中或者大学),他和女儿之间的关系显得冷漠、生疏。美丽的女儿由于聋哑或者其他心理原因,无法和异性谈恋爱,因此常常用在陌生男人面前暴露身体等极端方式来宣泄情绪。本片最后是以父亲拥抱着全身赤裸的女儿的镜头结尾。

虽然这部电影获得多种奖项提名,最后也摘取金球奖最佳影片奖、戛纳电影节最佳导演奖、奥斯卡最佳配乐奖。但是面对这样一部电影,中国观众最初的反应却呈现出截然相反的分流:以多数普通观众为基础的"不懂派"和以极少数专业影评人为代表的"看懂派"、"欣赏派"。很多中国观众在看完电影后十分失望:"没看懂"、"一头雾水"、"三条线索之间没有很好的衔接,显得很凌乱,不知道导演究竟要说什么"、"节奏拖拉,让人昏昏欲睡,看后感觉很阴郁"、"它不光烂,而且恶质"、"尤其糟糕的是,本片还表达了父女之间的暧昧关系、乱伦关系"等。上述看法的确反应了多数普通观众的真实想法。

问题是普通观众对该电影的不理解是如何发生的?从电影元素来看,或许是因为《通天塔》缺乏商业大片的一切吸引观众眼球的元素。《通天塔》没有出彩的故事,没有跌宕的情节,没有敌我的冲突,没有诙谐的笑场,没有宏大的场面,没有绚丽的色彩,没有欢愉的音乐。每个人对事物的理解是和兴趣紧密联系在一起的[1],当观众在电影中没有找到预期的有兴趣的东西,自然也就谈不上去思考更深的意义。最重要的是中国观众缺乏对电影《通天塔》的名字的前理解。"通天塔"之名起源于《圣经·创世纪》

---

[1] [德]哈贝马斯:《认识与兴趣》,郭官义译,学林出版社1999年版,第201页。

中记载的一则故事:最初,上帝创造人时赋予人的语言是统一的,于是人们商量造一座通天的巴别塔(The Tower of Babel),以此来传扬人的名字而不是上帝的名字,后来上帝用法术变乱了人们的语言,使人类之间的交流出现障碍,分歧、猜疑与争吵就此出现,由于从此无法用语言彼此沟通理解,巴别塔也就停工了。现代的语言解释学借用"巴别"(Babel)一词来表示语言的"乱混"的特性。[1] 当观众没有这种西方人熟知的"通天塔"背景知识,《通天塔》电影就显得是一些无意义的、混乱的镜头的拼凑,在中国普通观众看来,《通天塔》电影的内容和"××塔"没有什么直观的关系,也就很难在观众心中建立起意义。

最初的"看懂派"主要是一些专业影评人,在大量影评[2]中几乎都要提及圣经故事"巴别塔"。尽管具体表述上有差异,他们都将电影《通天塔》的主题归结为"语言隔阂":人们因为语言的不同或者不通而无法相互理解,从而发生误会与冲突。他们通过网络等方式传播着这个主题,当观众有了这个前见之后,就像黑屋子里点燃了一根火柴,观众对《通天塔》电影的那些琐碎的细节的理解似乎一下子就明朗起来,凌乱变得有序,琐碎变得一体,沉闷变得深刻。反过来,电影中的一切材料、场景也都涌现出来佐证电影的这一主题。如理查德用英语和手势向摩洛哥司机求助,送妻子去医院,但该司机还是绝尘而去的场景;日本聋哑女在学校的排球比赛中愤怒地向误判的裁判伸出中指的镜头等等。并且电影中出现的贫富两个世界,美、非、亚三大洲,美国、摩洛哥、墨西哥、日本四个民族国家,英语、摩洛哥语、墨西哥语、日语、哑语五种语言等要素,也表征着该主题的普遍性存在。

在一段时间内,笔者也从来没有怀疑过这个共识性的解读结论。然而,有一次偶然浏览到一篇影评,发现该影评对电影情节的描述与电影文本的实际情况有细微出入,该影评对墨西哥故事是这样描述的:墨西哥保姆等人"在路上由于语言不通以及种族差异的原因,而导致被警察误认为是绑架美国小孩的嫌犯而遭追捕……"[3]事实上,在电影中,墨西哥保姆以及其侄子和美国警察发生冲突时,他们使用的是流利的英语,而不是美国警察无法理解的墨西哥土语。于是有一连串的问题突然抓住了笔者:这是导演没有处理好的穿帮镜头?还是解读者的一个小小的偶然的失误,或者必然的失误?人们为什么会犯如此明显的错误却视而不见?在这个失误背后隐藏着什么问题?"语言不同或不通的障碍导致误会与冲突"真的就是《通天塔》想要表达的意义?我们真的读懂了《通天塔》吗?于是笔者开始反思这个越来越流行和越来越熟知的"共识性主题"。其实人一旦开始反思或者开始发问的时候,同一事物的另面性就开始显露出来,新的意义也就有了生成的空间。的确,当我们开始提问的时候,其实就意味

---

[1] 参见齐文远、周详:《严打方针的刑法学思考》,载《法学论坛》2002年第5期。
[2] 有一个专门的影评网页,大约有近四百篇关于《通天塔》的影评,参见 http://www.douban.com/subject/1498818/。
[3] 玉米:《世界性的磨难》,参见 http://ent.163.com/06/1030/11/2UM9TMDK000300B6.html。

着某些新的东西开始显现出来。在哲学解释学中"承认问题对于一切有揭示事物意义的认识和谈话的优先性"。"问题的出现好像开启了被问东西的存在"。真正的"提问就是进行开放"〔1〕可以说是问题开放了对《通天塔》主题理解的另外的视域或者别的路径。

这个看似不起眼的"失误"产生了蝴蝶效应〔2〕,最终导致了对主题的理解的根本性的冲击。西方俗话说:"丢失一个钉子,亡了一个帝国。"〔3〕一点点细微的出入使得我们开始反思那个所谓的共识性主题,原本支撑该主题的一些电影镜头所提供的信息、材料、情节突然之间有了相反解释的可能性。随着深入的考证,那个"共识性主题的意义"——语言不同或不通的障碍导致误会与冲突——变得千疮百孔,最终土崩瓦解。

1. 虽然《通天塔》有表现因为语言不通或者不同而产生隔膜的场景,但是人们忽视了更多的相反的场景。事实上,《通天塔》的诸多冲突场景中,人们使用的恰恰是同一种语言,在语言工具方面并不存在交流的障碍。

2. 进一步反思影评人士常提及的因为语言不通或者不同而产生隔膜的电影场景,我们惊奇地发现一个完全不同的解释结论:这些场景并不是反映语言障碍导致冲突的问题。比如日本聋哑女孩在排球比赛中和裁判的冲突,恰恰是因为裁判从她的手势中读懂了她的哑语:"这个球明明出界了,虽然我是聋子,但我不是瞎子",所以裁判才红牌罚下她,于是出现了她愤怒地向裁判伸出中指的一幕。同样,电影中的一些曾被忽视了的细节实际上表明摩洛哥货车司机虽然不懂英语,但他其实明白了理查德所表达的"需要救助的意思",司机绝尘而去显然有其他的原因。可见,在这些语言不通或者不同的场景中,语言障碍并不足以妨碍人们在当下情景中的意思的把握。甚至于在这些场景中,隔膜的产生、存在或者加深,恰恰是以双方都读懂了对方的语言所要表达的意思为基础。

于是我们可以得出一个结论:在绝大多数情况下,语言障碍并不是隔膜产生的真正原因。

我们认为也许是基于一些不为人知的顾虑,人从一开始就预设的自我封闭、不愿交流的态度才是隔膜产生的真正原因。

俗话说:"解铃还需系铃人。"真正的原因找到了,实际上也就预示了消除误解,消除隔膜的路径:双方是否愿意交流的态度决定隔膜的存在与消除。是否理解的结果取决于是否愿意理解的态度。以封闭的下意识态度收获的将是"隔膜",以宽容的下意识

---

〔1〕 〔德〕加达默尔:《真理与方法》,洪汉鼎译,上海译文出版社1999年版,第466页。

〔2〕 "蝴蝶效应"最早由气象学家洛伦兹提出。它是混沌理论或者非线性理论的一个通俗表述,意指微小的误差随着不断推移造成了巨大的后果。

〔3〕 西方民谣:"丢失一个钉子,坏了一只蹄铁;坏了一只蹄铁,折了一匹战马;折了一匹战马,伤了一位骑士;伤了一位骑士,输了一场战斗;输了一场战斗,亡了一个帝国。"

态度收获的将是理解。"我们把领会使自己成形的东西称谓解释。领会在解释中并不成为别的东西,而是成为它自身。"[1]实际上,我们认为《通天塔》"以枪开头,以裸结尾"[2]的结构,就暗示了从隔膜到理解的这种可能性路径。

"以枪开头"的寓意。枪在本片中起导火线的作用,这只是浅层的理解,实际上"枪"具有强烈的象征意义:"枪"代表着拒绝交流的强力态度。"枪"所追求的东西从来就不是为了获取理解。枪所指向的对象在身体上的被迫合作力度与对象在心理上的内在抗拒力度成正比。所以电影中凡是使用或者显示枪的场景,我们看到的都不是对方的理解与内心合作,而只是内心的恐惧与抗拒。在影片中我们还看到更多"无形的枪":射人的眼神、喷火的话语、咄咄逼人的姿势,发达国家文化姿态上的傲慢……甚至于每个人物都抽象化为一支支随时擦枪走火的"猎枪"的符号。例如当理查德向货车司机求助时,也许是习惯了一种美国文化的强势,他的"姿态"给人一种咄咄逼人的感觉,完全像是一个歹徒在"持枪"(文化之枪)抢劫,从该角度看,我们就不难理解为什么货车司机完全明白理查德的求助意思,也还是扬长而去。这样的情节处处可见,如果愿意的话,完全可以把本片解读为一部没有硝烟的枪战片。"枪"始终贯穿在《通天塔》电影中,这恐怕也是笔者对《通天塔》又名《火线交错》的另类解释。

"以裸结尾"的寓意。"裸体"是《通天塔》最后的镜头,也是最令人费解的镜头:在黑夜中,在灯光照耀的阳台上,静静地,父亲和一丝不挂的女儿拥抱着。导演的这个结尾绝不是为了表现"父女的乱伦或者暧昧关系"[3]。当笔者看到这个唐突的场景的时候,没有引起任何的色情感、罪恶感、龌龊感,而是给人一种心灵的震撼和深思。裸体超越了它的色情意义,相反它想要表达的是一种爱,也许是"爱使我们失去对尘世的知觉,使我们心里充满了天堂;因此爱使我们摆脱了一切的罪恶"[4]。"裸体"是日本故事的结尾,也是整部片子的结尾,实际上也是其他几个故事的结尾。摩洛哥男孩生命的失去,理查德妻子肢体健康的失去,墨西哥妇女美国生活的失去,这些都和日本女孩的裸体有着相同的表征:"裸体"意味着某种形式(衣服)的"失去",失去尊严、生命、健康、财产、生活。在西方文化中,"裸体意味本质"[5]。"裸体"具有打破闭锁的力量,它是不再回避、不再添加的显露,代表着一种隔膜的撕破、自我封闭的破茧、伪饰的退去、对世界的开放状态。也许只有经历某种形式之"裸"的人才能真正明白"理解他人,善待他人"的重要性。"裸体"将人置于一种没有任何东西可以再失去的境地,最坏的结果都已经降临和承受了,还有什么值得恐惧的?值得抱怨的?还有什么不能接受的?《通天塔》通过瞬间发生的、被动遭受的悲剧,将人置于一种对世界和他人不得不开放

---

[1] [德]海德格尔:《存在与时间》,陈嘉映、王庆节译,三联书店1999年版,第173页。
[2] 在中国大陆公映的电影《通天塔》剪掉了某些裸露的镜头。
[3] 我们反对这种色情的意义的解读。
[4] [捷]昆德拉:《不朽》,王振孙、郑克鲁译,上海译文出版社2003年版,第221页。
[5] [法]于连:《本质或裸体》,林志明、张婉真译,百花文艺出版社2007年版,第24页。

的境地,揭示了开放心态或者宽容心态在理解中的重要性。实际上这种苦难性、瞬间性和被动遭受性符合人类理解得以发生的一般规律。我们是"通过受苦而学习"的,"它们只有以像我们突然有一种想法的方式出现","每一个突然的想法都有一种问题的结构……提问更多的是被动的遭受,而不是主动的行动"。[1] 裸体意识就是一种悲剧意识、问题意识。在悲剧中,"一向没有露面的事物,突然对立起来,结果它们相互启发,彼此理解了"。[2] 因为悲剧通过使人受苦,尤其是精神上的受苦让人意识到问题,一直在回避思考的问题。问题意识就像是一盏灯,也许照亮不了整个世界,但却照亮了世界的某个角落、某个小小盲区,成为"漆黑的夜中一抹耀眼的光"。[3] "不仅是可见之物,而且也使可理解领域得以表现的光并不是太阳之光,而是精神之光,即奴斯(Nous)之光"。[4] 这种问题意识之光使得理解成为可能。

这种理解的可能性出路在哪里?《通天塔》导演在四个故事的结尾,处理掉了语言,而用悠长的音乐诉说着:"倾听,才是最好的出路"。[5] 倾听在本质上也就是愿意交流的一种积极开放的态度。古哲人亚里士多德早有一个类似的洞见:"在理解中,倾听优于观看","谁想听取什么,谁就彻底是开放的。如果没有这样一种彼此的开放性,就不能有真正的人类联系"。[6]

这种因为一个小小的失误而引起整个熟知的主题的颠覆的过程,对笔者的思想产生了巨大的震动,真切地感到"意见的可怕力量"和"人性的弱点"。正像柏拉图指出的那样:"意见具有巨大的力量,这种力量反对我们认识自己的无知。意见就是压制提问的东西,意见具有一种奇特的扩大知识的趋向。"[7] 培根更是认为这是人的固有的错误习惯:人类智力还有一种独特的、永久的错误,就是它较易被正面的东西所激动,较难被反面的东西所激动;人类理解力一经采取了一种意见之后(不论是作为已经公认的意见而加以采取或是作为合于己意的意见而加以采取),便会牵引一切其他事物来支持、来强合于那个意见。纵然在另一面可以找到更多的和更重的事例,它也或者把它们忽略了,蔑视了,或者借一点什么区分把它们撇开和排除了,竟将先入的判断持守到很大而有害的程度,为的是使原有结论的权威得以保持不受触犯。[8]

该震撼性的反思使得笔者自然联系到原初对张明楷教授提倡的实质解释论的某

---

[1] 〔德〕加达默尔:《真理与方法》,洪汉鼎译,上海译文出版社1999年版,第458、470页。
[2] 〔德〕尼采:《看哪这人》,张念东、凌素心译,中央编译出版社2000年版,第51页。
[3] 《通天塔》结尾的致谢词:"谨以此片献给我的孩子,那是漆黑夜中一抹耀眼的光。"
[4] 〔德〕加达默尔:《真理与方法》,洪汉鼎译,上海译文出版社1999年版,第616页。
[5] 这是《通天塔》的导演说的一句话。
[6] 〔德〕加达默尔:《真理与方法》,洪汉鼎译,上海译文出版社1999年版,第858、464页。
[7] 〔德〕加达默尔:《真理与方法》,洪汉鼎译,上海译文出版社1999年版,第470页。
[8] 参见〔英〕培根:《新工具》,许宝骙译,商务印书馆1984年版,第23页。

种膜拜的反思。[1]

三、对实质解释论的几点反思

形式解释与实质解释是对法律文本的两种不同的解释方式和立场,有着各自的逻辑、立论、甚至利益。这场学术争论活动也可以被视为一个活体的文本,按照"法律与文学"流派的观点,也可以被视为类似于一部《通天塔》电影故事来解读。

上文中《通天塔》电影给我们的启示很多,但其中最大的启示就在于要对自己的意见、观点持有适度的自我怀疑,点燃了问题意识之光,点燃了划破观念盲区的 nous 之光。我们对电影《通天塔》的解读方式,自然渗透到了对这场学术争论的有关问题的解读中去,不放过自我观点中可能存在的任何思维盲区、误区和问题。

从当前我国刑法学界来看,明确主张或者支持实质解释论的主要是以张明楷教授为代表的"中南学人"。[2] 毋庸讳言,笔者自视为实质解释论的坚持者,至少不是实质解释论的反对者。[3] 本文力图站在实质解释论的反面来反思"实质解释论者"提出的一些论点和论据,对实质解释论提出问题、提出质疑,揭示实质解释论者可能存在的观念误区。在这个批判过程中,由于张明楷教授是实质解释论者的一面旗帜,是实质解释论的系统的阐述者,因此我们更多的是引用张明楷教授的观点、材料进行反思,因此这种批判、质疑显得非常的具体化、尖锐化甚至个人化,但这种批判也是针对自我的一种批判。在这个反思过程中,尽管有一些提问最初从表面上看起来是可笑的,甚至有

---

[1] 本句是为了衔接上下两部分的转承关系而为笔者后来所添加。
[2] 这种实质解释的立场最早可以追溯到中南政法学院的老一辈刑法学者的观点,如曾宪信等老师很早提出的建立以社会危害性理论为中心的刑法学学科体系的观点。当前,明确提倡社会危害性理论、实质的犯罪概念、实质的罪刑法定原则、提倡或者坚持实质的解释论的学者,主要是以张明楷教授为旗帜的有中南政法学院学术背景的一些学者,如刘艳红、苏彩霞、李立众、吴学斌等中南学人,当然也包括笔者在内。而明确主张形式的犯罪概念、形式的罪刑法定原则、提出"形式解释"概念的主要是以北京大学陈兴良教授为代表的极少数学者。客观地讲,我们国家并没有形成严格意义的刑法学派。但近些年在学术观点上却呈现出以几所主要的大学为平台,且主要围绕少数几个有影响的中青年法学者的观点而分流的趋势。比如北师大、人大、武大主要是刑法通说的阵地。为了行文方便,在本文中我们不妨分别将其统称为"中南派"、"北大派"、"通说派",尽管这免不了有"扯虎皮,拉大旗"的嫌疑。而且这种分类标准是不周延的、不准确的。有些有影响的学者的观点并不能按这个标准划分,如周光权教授是实质解释论者,但并不具有中南政法学院的学术背景,当然因为他现在和张明楷教授同在清华大学,这也算是有共同的实质解释论立场的一个间接平台因素。再如李海东、冯亚东、刘树德等学者主张形式的犯罪概念、形式的解释,他们就不好归入"北大派"中,而北京大学的储槐植等学者则是维护社会危害性理论的,倾向于实质解释论。
[3] 参见齐文远,周详:《社会危害性与刑事违法性的关系新论》,载《中国法学》2003 年第 1 期。在该文中提出了"以形式的解释为前提的实质解释论"的论点;齐文远,周详:《刑法解释的基本原则》,载《中国法学》2004 年第 2 期。在该文提出"实质性解释是刑法解释的核心"的命题。当然在上述文章中,这些论点并没有充分地展开论述。

抓小辫子的嫌疑,但是我们相信"一种严格的经验检验总是要力图找到一种反驳,一个反例。……我们总是试图首先反驳最冒险的预测,'似乎最不可能的……结论',这就是说,我们总是在那种最概然的地方寻找那种最概然的反例"[1] 所以,通过这样一种"熟知非真知"的反思,我们将会把形式解释论与实质解释论的某些真正的问题显露出来,哪怕我们不能给出即时的、满意的答案。

问题一:我国存在形式解释论者吗?

对于这个问题,实质解释论者或者"中南派"乍一看,当然会认为可笑,就好像幼稚的孩子问《通天塔》电影中有"好人"吗,有"坏人"吗?因为在实质解释论者看来,"形式的刑法解释论则随处可见"[2],答案是明确的,甚至已经或明示或暗示地指出我国刑法的形式解释论者包括哪些学者。然而我们发现在实质解释论与形式解释论的争论中,形式解释论者是否存在,还真是一个问题,这就像电影《通天塔》虽然有无数个冲突的场景,甚至有生死悲剧的冲突,但却无法找到我们熟悉的传统电影或者戏曲中的那种好人/坏人、英雄/懦夫、红脸/白脸的脸谱。

首先来看看"中南派"认为的"明确提出形式解释论"的学者。在论及"形式解释论"时,实质解释论者都会提到阮齐林教授是明确主张形式解释论的学者。的确,阮齐林教授曾经提出:"罪刑法定原则的确立,还将导致刑法解释方法论的转变,即由重视实质的解释转向重视形式的解释。……犯罪的形式定义、法律特征及犯罪法定要件将成为首要的问题。"[3]这固然是白纸黑字的证明,但是笔者发现阮齐林教授实际上很快就纠正了这一立场。他在《绑架罪的法定刑对绑架罪认定的制约》一文中说,"脱离我国刑法对绑架罪处罚的特定模式,仅仅从法律形式上分析绑架罪的构成要件是不够的"[4] 在他的学术生涯自述中,有明确的说明:"这篇论文,其实涉及法律解释、适用的观念问题。《刑法典》修订后不久,笔者在《法学研究》编辑部组织的一个研讨会发言中曾提到新刑法提出的新课题之一就是罪刑法定原则对法律解释论的影响(参见《新刑法提出的新课题》)。那个发言认为,罪刑法定原则将会要求解释论更加注重法律形式,显然是片面的。这种观点因此也遭到了学者的批评。笔者这片面认识根源于把实质的解释论等同于不利被告的解释。在类推背景下,很容易产生这样的警觉。但是这却是错觉。其实,实质的解释论既可能作不利被告的解释也可能做有利被告的解释。认为罪刑法定原则要求形式的解释论排斥实质的解释论显然是片面的。从司法实践的情况看,更为突出的问题倒是过分拘泥于法律形式的解释、适用,并且这种解释、适用往往导致显失公平合理的判决。因此,在上述关于绑架罪的论文中,就提出了

---

[1] [英]波普尔:《猜想与反驳》,沈恩明缩编,浙江人民出版社1989年版,第91页。

[2] 苏彩霞:《实质的刑法解释论之确立与展开》,载《法学研究》2007年第2期。

[3] 阮齐林:《新刑法提出的新课题》,载《法学研究》1997年第5期。

[4] 阮齐林:《绑架罪的法定刑对绑架罪认定的制约》,载《法学研究》2002年第2期。

实质解释论的必要性,也算是对自己以前片面认识的纠正。"[1]

显然,当他很快纠正了自己的形式解释的立场,我们就不能把他当作形式解释论者。当然,实质解释论者也许会对此窃喜,连明确主张形式解释论的学者也很快"掉转枪头"投诚了,这一消解似乎恰恰是对实质解释论合理性的最好的证明。我们暂且不论这种可能的心境,继续来考察"中南派"眼中的第二类"形式解释论者"是否存在的问题。

第二类"形式解释论者"指向刑法的"通说派"。因为持通说的学者实在是太多,"中南派"没有具体指名。如张明楷教授指出,几乎所有的刑法学教材以及刑法理论都认为,正当防卫、紧急避险等排除犯罪性的行为,形式上符合某种犯罪构成而实质上不具有社会危害性和刑事违法性。在某些情况下,犯罪构成并不能真正反映出犯罪的社会危害性。这便告诉人们,某些行为虽然符合犯罪构成,但不一定具有社会危害性,故犯罪构成只是形式的法律记述。正是受这种观点的支配,我国刑法理论对构成要件基本上采取了形式的解释论。[2] "我国刑法理论一直注重的是形式解释"。[3]

问题是,"通说派"能否被视为形式解释论者?恐怕不能就此下此结论。(1)"通说派"从来没有提出,也不承认"形式解释"的概念。"中南派"将"通说派"归入形式解释论者,恐怕得不到"通说派"本身的认可。(2)和"中南派"相反,"北大派"通常将"通说派"视为实质解释论者而予以批判。我国刑法通说基本上是继承苏联刑法的基本理论,而以社会危害性理论为核心的刑法理论具有实质主义的特征。[4] 这是一个有趣的现象。"北大派"把"中南派"主张的社会危害性理论等观点归入我国刑法通说的范畴加以批判,而"中南派"则把"北大派"形式的犯罪概念等观点归入"形式解释论"的刑法通说范畴加以批判。而被抛来抛去的"通说派"在该问题上又是暧昧的、沉默的、不表态的。孰是孰非?恐怕是一言难尽。可见,能否将"通说派"视为形式解释论者,尚需要认真考察。

既然明确主张形式解释论的学者已经自我纠正了,而第二类所谓的"形式解释论者"的归类是否能得到认可还是个悬而未决的问题。况且在该问题上,笔者倾向于认为"通说派"和实质解释论者的思维、观点更相近。[5] 这样看来,提出形式解释论者是否存在的问题是有意义的。假设我国不存在形式解释论者,这个结论对实质解释论者而言将是一个难以接受的事实,一个沉重的打击,无异于像堂吉诃德,给自己开了一个

---

[1] 京师刑事法治网关于阮齐林教授学术思想的介绍:http://www.criminallawbnu.cn/criminal/Info/ShowLS.asp? ProgramID = 580&pkID = 133。
[2] 参见张明楷:《刑法的基本立场》,中国法制出版社 2002 年版,第 109 页。
[3] 张明楷:《刑法学研究中的十大关系论》,载《政法论坛》2006 年第 2 期。
[4] 参见陈兴良:《社会危害性理论:进一步批判清理》,载《中国法学》2006 年第 4 期。
[5] 这个问题比较复杂,在下文中,笔者将对此专门论述。

荒唐的玩笑,原来一辈子与之战斗的"敌人"根本不存在,就像《堂吉诃德》中的大风车一样,完全是自己想象虚构出来的敌人。当然,如果说"中南派"对形式解释论者的定位完全没有道理,似乎也不太合适。毕竟和"通说派"的沉默不同,"北大派"对"中南派"主张的实质解释论有实实在在的主动反击,这个反击似乎又告诉我们,实质解释论者的对手是存在的,不是想象出来的。如陈兴良教授就一贯坚持自己的"形式合理性优先"的主张,坚持形式的犯罪概念、形式的罪刑法定原则,反对实质的犯罪概念,反对具有实质主义法学特征的社会危害性理论,并认为在我国刑法学尚没有区分形式解释与实质解释的语境下,不宜提倡实质解释论。[1] 他在实行行为,因果关系等具体的刑法问题上也赞成"形式解释的理解"。[2] 那么能否据此而肯定"北大派"就是形式解释论者? 这同样需要谨慎对待。(1)"北大派"只是针对"中南派"提倡的实质解释论提出质疑,"破"不能等于"立";(2)"北大派"还没有形成系统的形式解释论的刑法理论体系。作为"论"的"形式解释"与"具体问题上的形式解释的理解"还不是一回事。

因此,笔者认为,在目前还不存在典型的形式解释论者,当然"中南派"硬性地将"北大派"视为形式解释论者,是不会遭到"北大派"的内心抗拒,毕竟从某种意义上讲,建立形式解释论是"北大派"的一个学术方向。由于我国的形式解释论与实质解释论的争论在很多问题上仍暧昧不清,为了便于对比二者的差异,从而理清形式解释论与实质解释论的相关问题,我们还是假定"北大派"是典型的形式解释论者,至少可以说是"正在形成中的形式解释论者"。

问题二:实质解释论者赞成的就是形式解释论者反对的吗?

从表面上看,这是问题的答案是不言而喻的,不成其为真正的问题。然而正像上文中《通天塔》电影给我们的启示中所言:人一旦开始反思或者开始发问的时候,同一事物的另面性就开始显露出来,某些新的东西开始显现出来。仔细考察当前我国实质解释论与形式解释论的争议,我们却发现实际上二者的差别也许并没有想象中,或者双方宣称中的那样大。

1. 实质解释论赞成什么。笔者将其归纳为如下几点:(1)实质解释论的"实质解释"的对象是"刑法规定的构成要件"。实质解释并不是单纯根据行为的社会危害性认定犯罪,并不意味着将刑法没有规定的行为解释为犯罪。[3] 如果缺乏构成要件的规定,当然不可能将其解释为犯罪。这是一个实质解释论必须强调的前提。(2)实质解释论中的"实质"是指的犯罪的本质,也就是"应受刑罚惩罚的社会危害性",社会危害性是指行为对法益的侵犯性。刑事违法性的实质或者实质违法性是社会危害性(法益侵害性)。因此实质解释论实际上也可以转换为"用实质违法性为指导解释刑法所规

---

[1] 参见陈兴良:《社会危害性理论:进一步批判清理》,载《中国法学》2006年第4期。
[2] 参见陈兴良、周光权:《刑法学的现代展开》,中国人民大学出版社2006年版,第752页。
[3] 参见张明楷:《刑法的基本立场》,中国法制出版社2002年版,第110页。

定的犯罪构成要件"[1] (3)实质解释论坚持在制定法与自然法(实质的正义观念)发生冲突的时候,优先选择自然法(实质的正义观念)[2]。(4)实质解释论的目的是:只能将值得科处刑罚的行为解释为犯罪行为,换言之,实质解释是一种限制解释[3]。实质解释论希望在正义观念指导下,在解释中用社会危害性(法益侵害性)的实质判断将不值得科处刑罚的行为排除在刑事违法性之外。(5)从效果或者功能上来看,实质解释论既坚持了罪刑法定原则的形式侧面、形式正义,也坚持了罪刑法定原则的实质侧面、实质正义。

2. 实质解释论反对什么。实质解释论反对形式解释论的最重要的理由是"形式解释论充其量只是实现了形式正义,而并不意味着实质正义。换言之,如果将罪刑法定原则的内容仅概括为形式的侧面,必然是存在缺陷的,最基本表现是难以避免恶法亦法的现象,不能实现良法之治的要求。因为传统的形式侧面强调对刑法的绝对服从,只是限制了司法权,而没有限制立法权;如果不对立法权进行限制,就意味着容忍不正义的刑法。""形式的解释导致在构成要件之外寻找定罪的标准,从而违反罪刑法定原则的初衷;此外,形式的解释在许多情况下会扩大处罚范围"[4]。

笔者认为,实质解释论者将形式与实质解释论的争议限定在对犯罪构成要件的解释要不要实质标准的问题上,这固然没有错,但实质解释论者由此认为"形式解释论"不要实质的标准,不要实质正义[5],那就是有问题的。如陈兴良教授认为实体正义、实质合理性是刑事法治文化的归依。只不过他强调要通过程序正义、形式合理性来追求实体正义、实质合理性[6]。冯亚东教授对此也有明确的说法:"就进行解释或理解的方法论而言,既然存在对法律规范的理解,就自然产生在理解时所参照的标准或依据问题。而作为被理解的对象即规范本身,便当然不可能又反过来成为进行理解所依循的标准。规范不能以自身作为解释自身的依据,必须引入规范之外的因素才可能对规范进行理解。"[7]

再以实质解释论者经常举的关于形式解释论不合理的典型例子为例。实质解释论者举例说,刑法中规定的行贿罪、挪用公款罪没有数额上的限制,如果从字面上或者形式上来解释,挪用公款1元的行为,或者为了谋取不正当利益,给予国家工作人员1元现金的行为,也构成犯罪。这会导致许多危害轻微的挪用、行贿等行为乃至一般馈赠行为也构成犯罪;只有对刑法的规定作出实质的解释,使犯罪构成反映、说明实质的

---

[1] 张明楷:《刑法学》(第2版),法律出版社2003年版,第96—101页。
[2] 参见张明楷:《刑法学研究中的十大关系论》,载《政法论坛》2006年第2期。
[3] 参见张明楷:《刑法的基本立场》,中国法制出版社2002年版,第117页。
[4] 参见张明楷:《刑法学研究中的十大关系论》,载《政法论坛》2006年第2期。
[5] 参见苏彩霞:《实质的刑法解释论之确立与展开》,载《法学研究》2007年第2期。
[6] 参见陈兴良:《法治国的刑法文化》,载《人民检察》1999年第11期。
[7] 冯亚东:《刑法解释应体现法的精神》,载《法商研究》2003年第3期。

违法性,才能合理地限制处罚范围。[1] 这似乎切中了"形式解释论"的要害,但实际上这只是一个想象中的例子,虚构的例子,并非"形式解释论者"真正的解释结论。笔者至少还没有看到有哪一位"形式解释论者"认为上述的例子会构成挪用公款罪、行贿罪。比如陈兴良教授认为"行贿罪的罪量要素,刑法未做规定。但这并不等于无论行贿数额大小,一概构成犯罪"。[2] 同样,被视为形式解释论的刑法通说在认定行贿罪的时候也会将一般馈赠行为和行贿罪区别,将数额较小的一般违法行为与行贿罪区别开来。[3]

这类似于某些在前见的影响下的影评者,居然能够明显的违背电影情节,对情节进行篡改来符合自己的前见,并成功的蒙骗了自我。可以说实质解释论者无意识中犯了如培根所说的"视而不见"的错误。挺有意思的是,连形式解释论者对实质解释论者所犯的这个明显的错误也是"视而不见",也许是不值得一提吧。自然,笔者若没有受《通天塔》电影的启示,也会和争论中的双方一样轻易地放过了它。

3. 在争论中实质解释论者有"跑题"或者"射偏靶子"的嫌疑,通过人为放大形式解释论的缺陷,而将形式解释论与实质解释论之间的真正差异给遗忘了。

遗忘也许是人的本性,"慢与记忆,快与遗忘有一个秘密联系……慢的程度与记忆的强度直接成正比;快的程度与遗忘的强度直接成正比"。[4] 就像《通天塔》中各种冲突场景中,争论的双方急于相互指责、质问、抱怨、揭短,从一个争论快速地转换到另一个争论,每个人都通过这种快速转换的方式,回避了正视自身的问题,遗忘了彼此间的真正分歧,从而人为地放大了二者之间的某些差异。所以我们认为应当将二者争论的真正问题进行"还原"。我们一直坚信一个观点:对立思想的差异往往并不是彼此缺乏对方是什么样的思想成分,而在于对每种思想成分的分量,排序和配方上的差异。[5] 同样的道理,实际上形式解释论与实质解释论在实质标准的问题上不是要不要的问题,而是一个在什么理论范畴内予以考虑,怎么来考虑的问题。换言之,二者争论的核心问题最后还原为一个犯罪成立模式之间的差别问题。比如在西方犯罪成立理论上,形式解释论者将实质标准(法益侵害或者规范违反)放在"违法性范畴"中讨论,而实质解释论则将实质标准提前到犯罪构成要件的范畴来讨论。如此看来,陈兴良教授的

---

[1] 参见张明楷:《刑法的基本立场》,中国法制出版社2002年版,第127页;苏彩霞:《实质的刑法解释论之确立与展开》,载《法学研究》2007年第2期。
[2] 陈兴良:《规范刑法学》,中国政法大学出版社2003年版,第684页。
[3] 参见高铭暄主编:《刑法学》,北京大学出版社1989年版,第715页;赵秉志主编:《新刑法教程》,中国人民大学出版社1997年版,第795页。
[4] [捷]昆德拉:《慢》,马振骋译,上海译文出版社2003年版,第39页。
[5] 参见齐文远、周详:《对刑法中"主客观相统一原则"的反思》,载《法学研究》2002年第3期。

"形式解释论"大体上可以类比为大陆法系早期由贝林格、麦耶等提倡的行为构成要件说。[1] 张明楷教授的实质解释论大体上可类比为大陆法系后来发展起来的违法类型说或者违法有责类型说。[2] 究竟什么样的犯罪成立模式比较科学合理,也就成为核心问题,这是中国刑法学的发展过程中无法绕过的"百慕大三角"。

问题三:实质解释论真的是一种限制解释吗?

乍一看,的确,无论从实质解释论的定义还是对实质解释论的理论展开,实质解释论者都宣称是在罪刑法定原则的形式侧面的第一步限制解释的前提下,用罪刑法定原则的实质侧面对犯罪做出的第二步限制解释。[3] 按这种说法,和形式的解释论相比较而言,实质解释论这种"双限解释"肯定会比形式解释论的"单限解释"所得出的犯罪圈小得多,这种结论应当是顺理成章的。这也是实质解释论反对形式解释论的最重要的理由。

然而事实真的是这样吗?当我们较真去考证这个不成问题的问题的时候,还真的发现情况并不是我们最初想象中得那么简单。

1. 和上述"问题二"的发现有关,实质解释论者给我们造成了"形式解释论"对犯罪的解释是不要实质判断的,从而"在很多情况下形式解释论会扩大处罚范围"的假象。从这个角度上看,如果不是全部,也至少有很大部分所谓的"形式解释扩大了处罚范围",或者"实质解释论的进一步限制解释"的空间是虚构出来的。其实反过来想想,如果说提倡实质解释论的真实目的以及实际效果真的是"出罪"的话,笔者相信以陈兴良教授为代表的形式解释论者会毫不犹豫地鼓掌欢迎,因为实质解释论似乎比形式解释论在保障犯罪人的人权的方向上走得更为深远。然而事实可能与此相反。

2. 抛开这"虚构的限制解释空间"不论,认真考证实质解释论者和形式解释论者

---

[1] 陈兴良教授明确表示他是大陆法系递进式的犯罪构成理论体系的积极倡导者,即使我国刑法的规定没有改变,也可以直接采用大陆法系的犯罪构成理论体系(陈兴良:《犯罪构成:法与理之间的对应与紧张关系》,载《法商研究》2003 年第 3 期)。并且在其主编的教材《刑法学》(复旦大学出版社 2003 年版)中,尝试直接采用这种犯罪构成理论体系。在《本体刑法学》(商务印书馆 2001 年版)一书中提出罪体与罪责的对合性的犯罪构成理论体系。在《规范刑法学》(中国政法大学出版社 2003 年版)一书中提出罪体—罪责—罪量的三分法的犯罪构成理论体系。其中"罪体"大体相当于客观的、形式的行为构成要件。这些犯罪构成理论和大陆法系早期的由贝林格提出的犯罪成立模式比较接近,因此带有较强的形式解释论的色彩。

[2] 张明楷教授的实质解释论是以我国的形式与实质、主观与客观相统一的犯罪构成理论为前提的。在此区别的前提下,相似点是在构成要件范畴讨论实质判断标准。

[3] 对此的论述参见张明楷:《刑法的基本立场》,中国法制出版社 2002 年版,第 115—121 页;刘艳红:《社会危害性理论之辨正》,载《中国法学》2002 年第 2 期;刘艳红:《走向实质解释的刑法学》,载《中国法学》2006 年第 5 期;苏彩霞、刘志伟:《混合的犯罪概念之提倡》,载《法学》2006 年第 3 期;苏彩霞:《实质的刑法解释论之确立与展开》,载《法学研究》2007 年第 2 期;储槐植、张永红:《善待社会危害性观念》,载《法学研究》2002 年第 3 期;李立众、柯赛龙:《为现行犯罪概念辩护》,载《法律科学》1999 年第 2 期;吴学斌:《司法能动主义:司法实践超越法律形式主义》,载《广东行政学院学报》2006 年第 3 期。

的解释结论,我们又发现了一个"怪现象":实际上很多有争议的案件,或者在具体的理论争议问题上,与实质解释论宣称的限制解释论完全相反,实质解释论者的结论并不是限制解释,相反形式解释论者的结论倒更像是限制解释。空口无凭,我们还是用事实来说话。例如在对"冒充军警人员抢劫"这个抢劫罪的法定加重情节的解释上,张明楷教授虽然不肯定,但倾向于把"军警人员抢劫"也解释到该情节中去,"如果说'冒充'包括假冒与充当,其实质是使被害人得知行为人为军警人员,可以将军警人员的抢劫认定为'冒充军警人员抢劫'……"[1]但"形式解释论者"则认为这种解释显然超越了"冒充"一词可能具有的最大含义范围,甚至已经完全背离了"冒充"一词的应有含义,主张只能对军警人员公然抢劫做出有利于被告人的解释,不得适用该法定加重情节。[2]

在宋福祥案件中,妻子自杀,丈夫宋福祥见死不救,他是否构成不作为的杀人罪?张明楷教授站在实质解释论的立场认为:我国《婚姻法》规定了夫妻之间具有相互扶养的义务,其中"扶养"既然包括一般生活上的相互照料,就更应该包括在一方的生命处于危险状态时予以救助,因此宋福祥的行为构成不作为的杀人罪。[3] 但陈兴良教授站在形式解释论的立场认为:法律没有规定救助义务,如果通过"举轻以明重"的方法解释为扶养义务当然包含的内容,实际上是一种类推解释的方法,因而是不可取的,有违反罪刑法定原则之嫌。因此他主张宋福祥的行为无罪。[4] 另外,在遗弃罪的对象上是否包含家庭成员以外的人的问题,对前有事实婚后有法律婚,先后甚至同时有事实婚等能否构成重婚罪等问题上二者均得出相反的结论。类似的例子我们还可以找到很多。的确"形式刑法解释论与实质刑法解释论的对立还表现在以犯罪构成要件的解释为中心的犯罪论领域的诸多问题上,如不真正不作为犯的作为义务来源、因果关系的判定、共犯与正犯的区分"[5],但是我们真正去比较形式解释论者和实质解释论者实际的解释结果的时候,如果不是全部,至少也是绝大部分问题往往发生和实质解释论宣称的"限制解释"相反的现象。

劳特曼曾经说过:"思想不会包含在引语中,哪怕是精心选择的引语,而是由整个艺术结构表达出来。"[6]如果说对于艺术品的理解需要根据艺术的整个结构来理解,那么对于一个学者思想的理解也是一样,我们也应该根据他的作品群所体现出来的整

---

[1] 张明楷:《刑法学》(第2版),法律出版社2003年版,第758页。

[2] 参见梁根林:《刑法适用解释规则论》,载《法学》2003年第12期。

[3] 参见陈兴良:《论不作为犯罪之作为义务》,载陈兴良主编:《刑事法评论》(第3卷),中国政法大学出版社1999年版,第264页。

[4] 参见张明楷:《论不作为杀人罪》,载陈兴良主编:《刑事法评论》(第3卷),中国政法大学出版社1999年版,第219页。

[5] 苏彩霞:《实质的刑法解释论之确立与展开》,载《法学研究》2007年第2期。

[6] [苏]劳特曼:《艺术文本的结构》,载胡经之、张首映主编:《20世纪西方文论选》(第2卷),中国社会科学出版社1989年版,第366页。

体思想结构来理解,而不能被某一处的论点所蒙蔽。通过对形式与实质解释论者的整个解释体系的考证和比较,我们认为,"实质解释论是一种限制解释"的论点是有问题的,需要重新考量。如波普尔指出,"科学只能从问题开始。问题会突然发生,当我们的预期落空或我们的理论陷入困难、矛盾之中时,尤其是这样。这些问题可能发生于一种理论内部,也可能发生于两种不同的理论之间,还可能作为理论同观察冲突的结果而发生。而且,只有通过问题我们才会有意识地坚持一种理论,正是问题激励我们去学习,去发展我们的知识,去实验,去观察。"[1]

问题四:法律形式主义导致了纳粹主义的"恶法之治"吗?

张明楷教授认为,罪刑法定原则仅有形式的侧面充其量只是实现了形式正义,而并不意味着实质正义。换言之,如果将罪刑法定原则的内容仅概括为形式的侧面,必然是存在缺陷的,最基本的表现是难以避免恶法亦法的现象,不能实现良法之治的要求。20世纪出现的法西斯"恶法之治"便是最明显的例证。以法的形式所推行的专制或者说以法的名义推行的暴政,由于法的普遍性而导致一般人的利益受侵害的范围更广泛、程度更深远,因而完全可能比没有法的形式而推行的专制与暴政更残忍。并引用孟德斯鸠的话来说明法律形式主义的缺陷:"没有比在法律的借口之下和装出公正的姿态所做的事情更加残酷的暴政了,因为在这样的情况下,可以说,不幸的人们正是在他们自己得救的跳板上被溺死的。"[2]

其他实质解释论者对这一论据表示赞同,认为单纯注重法官的机械司法而忽视法官对个案正义的追求,虽然能够形式地保障人权,但却隐含了实质地侵犯人权的巨大危险。这一点就被20世纪30年代纳粹德国所利用。认为纳粹德国推行的仍是形式的法治,法官只限于根据形式逻辑的三段论来决断案件,不但未能保障人权,反而成为纳粹主义者压制民主、推行法律的工具,使当时的法官囿于"法律就是法律"而无法秉承自己的良知来对抗恶法。也引用拉德布鲁赫等法学家的话来证明恶法之治的形式主义的、实证主义的根源。"由于相信'法律就是法律'已使德国法律界毫无自卫能力,来抵抗具有专横的、犯罪内容的法律"[3]而其弟子考夫曼教授则更进一步指出:"事实上,我们由于不公正法律的罪恶行径已经永远地失去了我们的清白(对此,实证主义思想和自然法思想同样负有不可推卸的罪责),不能再有任何法哲学完全局限于形式而却忽略其内容,即听凭政治为所欲为。"[4]实质解释论者还引用了魏德士的法律的价值判断说来反驳"形式法律论"。魏德士认为"任何法律规范都包含了立法者的'利益评价',也就是'价值判断'。所以,法律适用就意味着在具体的案件中实现法定的价值判断。"因此这决定了对法律规范不可能仅作形式的理解与机械的适用,而必须对法律

---

[1] 〔英〕波普尔:《猜想与反驳》,沈恩明缩编,浙江人民出版社1989年版,第83页。
[2] 张明楷:《刑法的基本立场》,中国法制出版社2002年版,第115—116页。
[3] 苏彩霞:《实质的刑法解释论之确立与展开》,载《法学研究》2007年第2期。
[4] 苏彩霞、刘志伟:《混合的犯罪概念之提倡》,载《法学》2006年第3期。

规范作实体的考察与解释。[1]

甚至为"法律形式主义"正名的法理学者似乎也认可实质解释论者的这个判断。认为法律形式主义并不是没有问题：法律形式主义不足以防止不公正，因为法律可以屈从于不道德的目的。富勒于1954年指出："纳粹的独裁统治通过蓄意利用法律形式操纵权力，这方面是空前的。"[2] 的确，这个看法几乎是中外法学界的一个"常识"。

但笔者仔细推敲，却发现这个法学"常识"或者"共识性"结论有问题。与此相联系的其他法理学问题也相继冒了出来，实质主义能阻碍法西斯专政的暴政吗？把法律当成统治的工具到底是实质主义的做法，还是形式主义的做法？为什么有那么多学者认为法西斯暴政是法律形式主义或者形式解释惹的祸？

1. 不能因为纳粹统治戴上了"法"的形式或者"以法的名义"，就认为这是法的形式主义。并不是所有的有"法"这个名词的东西都是法律形式主义所认可的法形式。相反法律形式主义强调的"法"有着内在的逻辑规则和形式。比如"法"必须经过正当程序产生，法与道德、政治、党派利益严格区分，法必须是事先公布的成文法，禁止溯及既往等规则。但纳粹的"法"有的是通过胁迫等手段违反法定程序制定出来的，或者制定出的"法"不符合形式规则，或者在适用中违背程序。富勒曾反复指出：在希特勒统治下的德国，"法制普遍、极端败坏"。纳粹党制定溯及既往的刑事法规，不公布法律，实行"秘密法"，等等。更严重的是，他们在感到法律形式不方便时，就直接在街道上使用暴力。同时，法官为了自己的方便，或害怕招来"上面"的不悦，在审判中根本不顾法律，甚至不顾纳粹党人自己制定的法律。由此富勒强调：决不能把对既定权势的尊敬和忠于法律这二者混为一谈。"有人认为，严格遵守法律和制定一批残忍的、非人道的法律是可以结合的。事实上，这种观点不过是人们的一种根深蒂固的偏见的产物，即把服从既定权势和忠于法律混为一谈。那些残忍的、非人道的法律必然会严重地危害法律的内在道德，即法制原则"。[3] 因此纳粹的"法"与法律形式主义的"法"是两回事。"系上腰带不等于男人，梳着辫子不等于女人"（维吾尔族俗语）。这就像我们不能

---

[1] 苏彩霞：《实质的刑法解释论之确立与展开》，载《法学研究》2007年第2期。
[2] 转引自孙笑侠：《中国传统法官的实质性思维》，载《浙江大学学报》（人文社会科学版）2005年第4期。
[3] 沈宗灵：《现代西方法理学》，北京大学出版社1992年版，第58—64页。笔者认为，富勒对实证主义法学的批判实际上是对实证主义的内在价值的证明，从表面上看，富勒反对实证主义法学将法和道德区分的观点，他提出的法与道德一致性的观点，却是和以往的自然法中的"道德"一词有巨大区别，传统自然法中的道德是指法律追求的外在法律的实体目标，传统自然法认为违反实体正义的制定法是不道德的，因而这个制定法就是无效的；而他所说的道德指法律的内在道德，指法律之所以为法律应该具备形式上、程序上的规则要求。换言之，富勒认为违反形式正义的制定法是不道德的，因而是无效的。运用在刑法领域，我们不妨这样说：只有坚持形式的罪刑法定原则的刑法才能是刑法。然而，坚持形式合理性、坚持罪刑法定原则的形式侧面是实证主义法学、形式解释论的核心观点。所以表面上他是在对实证主义的"恶法亦法"进行批判，但实际上富勒强调的"法的内在道德"，却和实证主义的内在精神有着异曲同工之妙。

认为"冒充军警人员抢劫"之罪应当归于军警人员一样。

2. 法律形式主义与"恶法之治"具有对抗性。"恶法"恰恰是以违背形式主义的方式产生的。纳粹要么使用赤裸的武力威胁立法,要么使用其他欺骗手段进行"恶法之治",纳粹常常觉得法律不方便,而要绕过法律,绕过法院,甚至于经过纳粹改造过的"法",纳粹自己制定的"恶法",纳粹也还是觉得该"恶法"使用起来不方便而绕过"恶法",直接处决"危险分子"。可见"法",哪怕是"恶法"对于为所欲为的权力而言也是一个障碍,因此纳粹会想方设法地绕过形式主义法律的障碍。如魏德士所言:"那些重要的领导者和政府官员在该统治的任何阶段对法律的敌视"是"蔑视法律倾向的纳粹运动"。[1]可见,即使在法西斯专政的恐怖时期,法的形式主义、形式的罪刑法定原则也还是在起着力不从心的反抗作用。这个事实本应该让我们清醒地认识到"反抗失败"与"赞同"的明显区别,但法律形式主义、实证主义、形式解释等却意外地被很多学者草率地、不公正地定性为恶法之治的罪魁祸首。最可怕的不是法律形式主义、形式的罪刑法定等成为纳粹统治下的"牺牲品",最可怕的是对它们的"二次伤害",它们不仅成为后来某些学者思想中的"牺牲品",也成为法官为自己的不光彩的过去而辩护的"救命稻草"。"不知是谁臆造了这个神话:纳粹时代的法学家对法律条文无比忠贞"、"实证主义的神话粉饰了整个法律界,那些本应为纳粹时期的罪行负责者兴高采烈地拾起了这根救命稻草,法庭也乐意接受罪犯的自我开脱"、"这些歪曲历史的谎言意在为整个法律界开脱,并败坏民主派法学家的声誉"。[2]

3. 如果我们再仔细阅读体会实质解释论引用的孟德斯鸠、考夫曼等学者的同一句话,就会深刻体会到从《通天塔》中所揭示的"意见的可怕力量"和"人性固有的错误习惯"。"没有比在法律的借口之下和装出公正的姿态所做的事情更加残酷的暴政了……""事实上,我们由于不公正法律的罪恶行径已经永远地失去了我们的清白(对此,实证主义思想和自然法思想同样负有不可推卸的罪责)……"为什么实质解释论者偏偏从引语中只看到"法律的借口"或者"实证主义"的字眼,而忽略"公正"、"自然法思想"的字眼?为什么绝大多数人都认为这些话是批评法律形式主义、实证主义,从而赞扬法律实质主义、自然法的结论?若要为"恶法之治"负责,至少也是二者都要负责。同样,实质解释论者也不能断章取义地引用拉德布鲁赫的某一句话来证明他是反实证主义的,反形式主义的。实际上在他同一本书中对该问题的看法表述得很清楚:"我们不同意有人在诺德豪森所发表的下述看法:'形式法学的考量'惯于使'清楚的事实构成变得模糊不清'。我们更愿意坚持这种观点:在12年弃绝法的安定性之后,更应该强化'形式法学的'考量……"[3]如果实质解释论者非要对这些明确的表达"视而不

---

[1]〔德〕魏德士:《法理学》,吴越、丁晓春译,法律出版社2005年版,第245—246页。
[2]〔德〕穆勒:《恐怖的法官——纳粹时期的司法》,王勇译,中国政法大学出版社2000年版,第204—207页。
[3]〔德〕拉德布鲁赫:《法律智慧警句集》,舒国滢译,中国法制出版社2001年版,第177页。

见",我们觉得再解释的话就纯粹多余了,还是静静地倾听吧,也许"倾听,才是最好的出路"。

4. 纳粹的"恶法之治"并不能过多地归责于法官是坚持形式解释论或者实质解释论的立场或者方法。一个明显的事实是,在纳粹德国时期,适用"恶法"的法官在内心当然是有价值判断的,在内心是有良知的,心中是有自然法的,他们之所以明知是"恶法"还要适用,并不是因为法官坚持"恶法亦法"的法律实证主义或者法律形式主义的思想所致,而是因为自身难保的处境所致。在那种极端恐怖的权力重压之下,法官提着自己的脑袋的情况下,他有再多的正义观念或者实质正义的判断,只要他不是一个想献身的英雄,那就是枉然。魏德士明确说:"从经验上看来,在极权主义中的法律秩序发生嬗变的时候,法院和法学的阻碍作用是微乎其微的。……方法论的手段既不能阻止,更不能消除极权主义的恶法制度。"[1]

5. 退一万步来说,如果非要找出一个"恶法之治"的替罪羊,我们倒觉得法律实质主义、实质解释更合适些。魏德士对纳粹法的评价中就有这种倾向性:"民族社会主义中法律秩序的嬗变主要是通过司法判决及其指引的法学研究而产生……根据占统治地位的新意识形态进行了转义解释(更好地说是'添加')。"纳粹的"具体秩序思想是一种工具,借助这个工具,就可以实现对现行法的抛弃(即反'实证主义',反'规范主义')。""'具体秩序思想'促成了研究事物或者制度的'本质'的闹剧。所谓'本质依据'其实是肤浅的依据,其根本在于用花言巧语的伪装,将那些在意识形态上的,法律之外的,具体的价值判断混入现行法律秩序中。"[2] 其中所谓的转义解释实际上就是添加了某种具体的实质内容的实质解释。

总之,法律形式主义或者形式解释并不是"恶法之治"的根源。

问题五:当前我国应该"提倡"实质解释论吗?

前面四个问题,对实质解释论进行了不客气的反思和批判,按照逻辑结论,笔者似乎在立场上必然会站在了形式解释论的一边。且慢,笔者并没有过早地下这样的结论。我们的结论是:根据当前我国的法治状况以及文化传统的特点,我们仍然坚持"实质"解释论的立场,但不宜"提倡"实质解释论,相反支持"提倡"形式解释论。

这一结论基于如下的一个基本判断:从总体来看,"中南派"主张的实质解释论立场是自觉地顺应中国传统文化惯性的产物,而"北大派"反实质解释论的立场是一种企图彻底根除中国文化传统的惯性[3],彻底反思中国传统文化的产物。从思维的特点来看,形式解释论与实质解释论的关系类似于《小王子》中的大人与小王子的

---

[1] 〔德〕魏德士:《法理学》,吴越、丁晓春译,法律出版社2005年版,第409页。
[2] 〔德〕魏德士:《法理学》,吴越、丁晓春译,法律出版社2005年版,第246—250页。
[3] 惯性在物理学上是指任何物体都会持续保持其静止状态,或持续保持直线匀速运动状态,除非有某种外力强加于它,迫使其改变。在哲学上惯性基本上指的是与生命力、自由意志相对应的死物的特性或者决定论(参见〔美〕克纳普:《根除惯性》,季广茂译,吉林人民出版社2003年版,第7—13页)。

关系,是一种惯性与反惯性的关系。《小王子》有这样一个故事:6岁的小王子看了一本名为《生命中的真实故事》的书,描写蟒蛇把捉到的动物整个吞下去。于是他画了一幅画给大人看,问大人怕不怕。所有的大人都说这有什么好怕的,只是一顶帽子而已。

小王子急了,于是画了第二张画来解释。

　　大人们看完后还是无动于衷,小王子深感沮丧。"这些大人从来就不主动去了解任何事情;而对我们小孩子来说,老是要跟他们再三做出解释,实在是太累了"。[1] 这个童话故事揭示了每个人都会受到传统文化思想观念的巨大的惯性的影响。"大人"实际上就是某种成熟的、惯常的文化观念、思维的代表。"人心不足蛇吞象"这个俗语表明在大人的观念中,"蛇吞象"在经验上是不可能的,是荒谬的。因而对"幼稚的小王子"的超乎惯常经验的想象力所发现的事实无动于衷。

　　基于上述的基本定位,我们认为,当前我国不宜"提倡"实质解释论。

　　1. 中国传统文化的主流性质是实质主义的。张明楷教授认为:"我国刑法理论对构成要件基本上采取了形式的解释论"、"我国刑法理论一直注重的是形式解释",若单纯地从该判断出发我们可以推测张明楷教授似乎认为我国的刑法文化理论是一种法律形式主义的理论。[2] 但与张明楷教授的这一潜台词相反,我们认为,中国传统文化

---

[1] 〔法〕圣艾修伯里:《小王子》,艾柯译,哈尔滨出版社2001年版,第11—12页。
[2] 值得注意的是,张明楷教授在《法益初论》(中国政法大学出版社2000年版)中承认中国传统的刑法文化是伦理化的文化,并对立法伦理主义、规范违反说持批判态度,从而提倡法益侵害说。如果说刑法通说派是一种形式主义法学派,那刑法通说派很难和传统法律文化的伦理主义挂上钩。笔者觉得这是张明楷教授在我国刑法文化特性判断上的一个矛盾,这需要张明楷教授来回应。

的特性是一种"实质主义"的[1],中国传统文化中形式主义的思想相对比较匮乏。[2]正如赵秉志等教授所言:"中国法律文化传统不是以形式主义理性为特征,而是以道德、法律不分的法律伦理主义闻名于世。"[3] "所谓的实质性思维,又称实质主义思维,指法官注重法律的内容、目的和结果,而轻视法律的形式、手段和过程,也表现为注重法律活动的意识形态,而轻视法律活动的技术形式,注重法律外的事实,而轻视法律内的逻辑。与其相对的是形式主义思维。"[4]

2. "中南派"主张的实质解释论和中国传统文化的实质主义思维方式有内在的一致性。如在张明楷教授的学术观点中,始终有一个最基本的主线,那就是继承了曾宪信等老一辈刑法学者的实质主义思路,积极探索以社会危害性为核心建立中国特色的犯罪论体系。当然在不同的历史时期,这条主线有不同的表现形式。[5] 而"社会危害性"实际上承载的就是中国传统文化中的本质主义、实质主义的内涵。即使将"社会危害性"概念的内涵用"法益"予以具体化,也没有脱离中国传统文化的基本轨道。这种根据时代的发展而对社会危害性概念的内涵所进行的适应性转换,虽然具体的表现形

---

[1] 注意,此处的"实质主义"和西方哲学意义上的"实质主义"是相反的概念。西方的实质主义大体相当于中国人熟悉的形式主义、形而上学。而中国人所熟悉的"实质主义"是一种"实用理性",它在西方被称之为"历史的观念","历史意识的发达等是中国实用理性的重要内容和特征"(参见李泽厚:《李泽厚学术文化随笔》,中国青年出版社1998年版,第71页;[英]柯林武德:《历史的观念》,何兆武、张文杰译,中国社会科学出版社1986年版,第48页)。

[2] 也有学者认为,中国文化的主流是形式主义的(俞吾金:《形式主义批判——对当代中国文化病症的反思之一》,载《探索与争鸣》2006年第8期)。我们不同意俞吾金先生关于"中国人的形式和形式主义崇拜"的看法。他所说的"形式"或者"形式主义"只是一种表面现象,只是一种实质主义的特殊表现,中国人之所以热衷于搞"形式"、搞"形式主义",那恰是因为在这些人看来,从该"形式"中他要么可以避免很多麻烦,避免劳心劳力,要么是从该形式中能获取个人利益。因此该"形式"或者"形式主义"实际上是这些人"务实"的最极端的表现。该政治意义上的形式主义和哲学意义上的形式主义不是一回事。在哲学上,区分形式主义与实质主义应当从根据上而不是外在表现上,这就好比有"法制"不等于有"法治"一样。

[3] 赵秉志、田宏杰:《传承与超越:现代化视野中的中国刑法传统考察》,载《政法论坛》2001年第5期。

[4] 孙笑侠:《中国传统法官的实质性思维》,载《浙江大学学报》(人文社会科学版)2005年第4期。类似的判断另参见[美]昂格尔:《现代社会中的法律》,吴玉章、周汉华译,中国政法大学出版社1994年版,第91页;辜鸿铭:《中国人的精神》,广西师范大学出版社2001年版,第54页;李泽厚:《中国现代思想史论》,东方出版社1987年版,第322页。

[5] 例如在1987年,张明楷教授在《类推的几个问题》一文中主张,类推制度可以扩大到主体的"类似"上;在1991年出版的《犯罪论原理》一书中实际上已经提出了实质解释的观点;2000年出版的《法益初论》一书提倡用"法益"概念对"社会危害性"概念予以具体化、规范化的思路;2002年在《存疑时有利于被告原则的界限》一文提出:存疑时有利于被告原则不适用于法律有疑问,应当通过一般解释原则来消除法律疑问,不能一概做出有利于被告的解释;在2002年出版的《刑法的基本立场》一书明确提倡"实质解释论",并进行了最为系统完整的阐述。后来的其他实质解释论者基本上未能超越在本书中所提及的立论思路和基本论据;2004年出版的《刑法分则的解释原理》一书则是实质解释论立场的具体应用。

式不同,但和传统的实质主义思维在性质上具有一贯性。

3."中南派"主张的实质解释论是对中国传统法文化中的实质主义思维的一种继承和顺应。中国文化中从来不缺乏实质主义思维,中国文化中实质主义思维是一种过剩。因此我们认为所谓的"提倡"实质解释论的观点确实能得到司法实践部门的认可,可能也会得到越来越多的学者的认同,但从社会理论的批判现实的功能上看是不合时宜的。从反面来讲,我们倒觉得"形式解释论"应该大力"提倡",因为在中国文化中"形式主义思维"要素不能说完全没有,但确实太匮乏了,"缺什么,就补什么"。

当然,我们认为当前不宜提倡实质解释论,甚至应该提倡形式解释论,但这并不意味着我们要抛弃实质解释论的立场。我们仍然坚持实质解释论的立场。

1."文化是骨子里的东西"[1],"墨守传统在科学发展中总具有必不可少的作用,我们的知识在质与量方面最重要的来源就是传统。笔者不认为我们总是能完全地摆脱传统的束缚。所谓摆脱,其实只是从一种传统转变到另一种传统"[2]。我们根本做不到文化上的剔骨换血,就像一个人的性格不可能完全变成另外一个人性格一样。任何一个国家的法治建设,都不可能完全抛弃传统文化的根基而成为另外一种完全相反的文化,传统文化是人文社科研究的"根",民族思维方式的差异在事实上决定了我们不可能"生活在别处"[3]。

2.实质解释论虽然根植于实质主义文化,但并非不加鉴别、不加批判的被动接受,实际上实质解释论在很多方面对传统文化也有所鉴别、改造和超越。

(1)实质解释论的刑法理论体系的建立,是用实际行动超越了中国传统文化中的神秘主义色彩。在中国文化中,"没有说出口的往往是重要的"[4],所谓"道可道,非常道,名可名,非常名"[5]。俗话也说:"知者不言,言者不知"。在中国的社会交往中,沉默、委婉是中国文化的一个显著的特点。但沉默方式潜入到学术交流中,甚至成为主宰方式,那是有害的。如刑法通说多少也带有这种中国文化的神秘主义色彩,例如实践部门常常抱怨刑法理论中难以找到疑难案件的处理根据,从文字层面上看,在通说教材或者专著中看到的往往都是"形式的解释",但真要去咨询刑法通说的专家和学者,他们肯定会给出一个有实质标准或者实质理由为支撑的处理意见。至于这种实质理由或者根据是什么,是不是明确表达出来,以及实质理由或者根据是不是前后一致那是另外的问题。"非常有趣的一个事实是,人对潜在于文化中的这一套价值观念,可以是自觉,但也往往并不自觉,有一些价值甚至根本不被意识到。这就是说,个人不必

---

[1] 茅于轼:《中国人的道德前景》,暨南大学出版社2003年版,第65页。
[2] [英]拉卡托斯、马斯格雷夫:《批判与知识的增长》,周寄中译,华夏出版社1987年版,第2页。
[3] 齐文远:《刑法学人学术品格的重塑》,载《法商研究》2003年第3期。
[4] [英]刘易斯:《文化的冲突与共荣》,关世杰译,新华出版社2002年版,第8页。
[5] 老子:《道德经》,安徽人民出版社1990年版,第1页。

知道他据以判断人物或事物好坏的标准是什么,是怎样形成的,就可以用之去作判断"[1]。因此,在这一点上和张明楷教授的判断不同,笔者认为刑法"通说派"是实质主义者。"通说派"在表象上有形式解释的特征[2],这方便于利用"形式解释"给自己的实质解释留下更大的自由解释空间,可以根据具体的需要,灵活的选择某些不可言说的实质标准。如果需要"出罪"的话,甚至于"坚持形式的罪刑法定"这样的理由也异化为某些具体案件的实质理由之一。

(2) 实质解释论的建立,破除了传统文化的"以和为贵"的精神对学术交流的障碍,有利于倡导学派意识、问题意识。虽然实质解释论顺应了中国传统文化的实质主义思维,继承了中国传统文化中的实用理性,但是这种顺应是自觉的,而不是潜意识的;是理性的,而不是非理性的;是说理的,而不是神秘的,不可言说的。这有利于倡导学派意识、问题意识,对我国刑法学术的思想性沉淀,促进刑法问题的深入研究,起着重要的开拓性作用。这种学派意识"一举扔弃'和为贵'的传统思想,都证明中国实用理性这种为维护民族生存而适应环境、吸取外物的开放特征。实用理性是中国民族维护自己生存的一种精神和方法。"[3] 如张明楷教授认为:我们不仅要就具体问题展开争论、进行学术批评,更要就具体问题背后的理论根基展开争论,并且,争论者要使自己的具体观点与理论根基、基本立场一致。学派之争不只是使刑法之争体系化、持久化,更重要的是促进学术自由和学术繁荣昌盛[4]。法学研究若没有学派,就会导致看似学术争论不断,从一个"热点"快速地转移到另一个"热点",在这种快速的转换中不仅仅遗忘了具体的问题,也遗忘了或者回避了对法律或刑法根基的拷问。事实上也证明,正是张明楷著书立说,大张旗鼓地提倡"学派意识",所以才会有陈兴良教授等"北大派"对实质解释论进行针锋相对的批判。实际上张明楷教授提倡的"学派意识"和陈兴良教授提倡的"片面的深刻"有异曲同工之妙[5]。

总之,实质解释论对传统法律文化进行有意识的扬弃,进行精确化、系统化的研究是一个必要的学术课题。尽管在这个过程中,刑法学理论越来越精确化、系统化,包含的问题甚至错误也越来越多,但是"一种理论愈是精确,愈易于遭到反驳,也就愈使人感到兴趣"[6]。如张明楷教授也赞同张五常提出来的"一种理论可能被推翻时才有价

---

[1] 何新:《危机与反思》,国际文化出版公司1997年版,第30页。
[2] 这就决定了"通说派"在"社会危害性理论"与"犯罪构成理论"等基本问题上含混不清。因此"中南派"与"北大派"的论战中,双方都将"通说派"划归在对方的范畴予以批判。
[3] 李泽厚:《中国现代思想史论》,东方出版社1987年版,第322页。
[4] 参见张明楷:《学术之盛需要学派之争》,载《环球法律评论》2005年第1期。
[5] 参见齐文远:《刑法学人学术品格的重塑》,载《法商研究》2003年第3期。
[6] [英]波普尔:《猜想与反驳》,沈恩明缩编,浙江人民出版社1989年版,第102页。

值"的高见。[1]"刑法是最精确的法学"[2],在这个意义上看,一国的刑法是否具有可反驳的"精确性",乃是衡量刑法发展程度的标志。

作为一个某种意义上的实质解释论的坚持者,本文通过对实质解释论的反思,甚至支持"提倡"形式解释论,也许免不了有"胳膊肘朝外拐"的嫌疑,似乎是犯了"立场上的错误",但笔者相信,这一反常的做法,是基于学术只能在争鸣中才能够深入发展的认识,对尚未确立起来的形式解释论而言,"这样它才不致潜力还未展挥殆尽就过早地失去效能"。[3] 对实质解释论而言,这可以防止"当多数人仅迷信一种理想时,不宽容和残暴就会紧随而至"。[4] 我们应该时刻反思自己的实质解释立场中所包含的问题与错误,真诚地"倾听"形式解释论者的批判意见,真正理解对方在主张什么,反对什么,对我们有什么意义。在学术研究中,唯有一种将最强大的对手当成知己[5]的态度,才能在学术争论中达成一种"不必立场一致却有真正的理解",建成一座法律解释论的"通天塔"。

---

[1] 张明楷:《刑法的基本立场》,中国法制出版社2002年版,第4页。对此,波普尔早说过"一种不能用任何想象得到的事件反驳掉的理论是不科学的。不可反驳性不是(如人们时常设想的)一个理论的长处,而是它的短处。"〔英〕波普尔:《猜想与反驳》,沈恩明缩编,浙江人民出版社1989年版,第15页。)

[2] 〔德〕罗克辛:《德国刑法学 总论》(第1卷),王世洲译,法律出版社2005年版,译者序,第1页。

[3] 〔英〕拉卡托斯、马斯格雷夫:《批判与知识的增长》,周寄中译,华夏出版社1987年版,第34页。

[4] 〔美〕博登海默:《法理学法律哲学与法律方法》,邓正来译,中国政法大学出版社1999年版,第167页。尽管他这句话是针对西方的理性主义、逻辑实证主义、形式主义进行的批判性忠告,但在我国的当前的情景下,相反倒适用于对大一统的实质主义、伦理主义传统的批判。

[5] 张艺谋导演的《英雄》电影中有这样的一幕:当无名为了天下统一而放弃刺杀暴君秦始皇时,秦始皇仰天长叹"没想到,知我者刺客也"。

论一只"牛虻"在中国刑法学术生态圈的诞生
——评《中国实质刑法观批判》

周 详*

2009年10月29日,这一天发生一件让笔者很高兴的事情——收到中国社科院法学所邓子滨博士寄来的专著《中国实质刑法观批判》(下文简称《批判》)。当笔者打开邮包,发现里面不是一本普通的刑法学专著,而是类似于生物学家发现了传说中的物种——侏罗纪的恐龙抑或陕西的华南虎——豁然立于面前。与《中国实质刑法观批判》"四目"对视,没有被血盆大口吃掉的恐惧,而是一种欣喜若狂之情,若不赶快拿出相机接近那只"凶猛动物",将其姿态多角度拍下,留作展示给世人的证据,将会后悔一辈子,生怕或者怀疑自己只是在"黄粱一梦"中的奇遇,醒来就忘记了梦中的情节与感悟。笔者对此书爱不释手,一口气读完两遍,深受启发,有很多想法压抑不住,急迫地想要表达。于是笔者不自量力地写了一篇"六经注我、我注六经式"[1]的"书评"[2]。

---

* 作者系中南财经政法大学刑事司法学院讲师,法学博士。本文为中央高校基本科研业务费专项资金重点项目"刑法基础理论问题研究"成果之一。

〔1〕 本"书评"是建立在笔者博士论文《中国刑法学的文化生态学分析》一文中对刑法学派特性的"牛虻精神"之归纳基础上的。对《批判》一书的"六经注我、我注六经式"解读,或者说对"书评"文式的形式与内容的定位,乃是一种"过度诠释",也就是在一本他人著作中描述或者发现自己想看想说而没有说出来的有价值的东西,因而"书评"可能是一种心灵的契合,也可能是一种误读与掺水。这就难以避免如《批判》一书批判实质解释时的一处引文所言:"挖出来的仅仅是他们自己埋进去的东西"、书评只是一面镜子,"从中看到的不过是解释者(书评者——笔者解)自己的影子"(邓子滨:《中国实质刑法观批判》,法律出版社2009年版,第34页)。下文中凡是自我观点的引文均出自该博士论文(尚未公开出版,也无部分发表),不做自引注释。

〔2〕 任何类型的文章都有其形式要件与实质品格。笔者只看过某些书评,但从来没有写过书评。看见并记住别人游泳的动作招式,不等于或者必然不等于自己跳下水就能浮起来,免不了呛水趴沙的命运。吃过猪肉与看过猪跑毕竟是两回事。因此本文能否称之为一篇神形兼备的"书评",尚值得怀疑,或许称之为读后"杂感"更合适。没有了书评的形式与实质的高要求,本文也就放马任驰,信马由缰,想到哪儿写到哪儿。或许这正好契合《批判》一书中"没有通常教科书式的、四平八稳的结构安排,而是辕门射戟、直奔主题"的风格(邓子滨:《中国实质刑法观批判》,法律出版社2009年版,第5页)。

一、中国刑法学术生态圈的描述
——"牛虻物种(精神)"的缺失

  大抵对刑法学术有内在爱好的中国学人,或许都有类似于张明楷教授从懵懵懂懂的学生到支撑中国刑法学一片天的老师这一漫长的求学为学之路中的感慨:"不知道因为什么,也不知道为了什么,从开始接触刑法的那一刻起,笔者便对学派之争兴趣浓厚。在课堂上听到尊敬的老师介绍(西方——笔者注)学派之争时,一定会完完全全地记录;在图书馆见到高深的著述论评学派之争时,肯定会原原本本地抄录;在教室里遇到可爱的学生询问学派之争时,注定会高高兴兴地陈说;在著述中想到争议的问题涉及学派之争时,注定会痛痛快快地陈述"。[1]几十年过去了,中国刑法学人为由各种刑法流派促生的蔚为大观的西方思想洪流所诧异、所吸引、所折服,年轻一代对西方刑法学流派的临渊羡鱼心态依然如故,这不能不说是中国刑法学术思想史中的巨大遗憾。"我国的刑法为何缺乏这种学派类型的思想性?欧洲刑法学派是如何产生的?"这一心结仍然纠结在中国学人的心底。笔者将中国学派缺失归因为"中国刑法学术生态环境中的牛虻物种(精神)的缺失"。用吴玉章先生的话说就是:"彼此之间虽有相互批评辩驳,始终因学术批判之生态环境尚不具备而不能畅所欲言"。[2]"国人在面对西方刑法学的旧派与新派这两座巍峨的思想大山,在刑法学界高举倡导学派之争的呼声中,笔者隐隐听到了小说《牛虻》中的主人公'牛虻'的那种心态,他参加革命之前,时常有一种模糊而持续的不满足的感觉,一种精神上空虚的感觉,他渴望看到一种迅流急湍,一看见瀑布或者高山,就使他沉入欣喜之中,他和这些高山或者激流之间仿佛存在着一种神秘的联系。"[3]何以将西方刑法学派的精神实质比喻或者描述为"牛虻精神"?笔者为免去新论说之麻烦与费心,干脆就复制本人博士论文中的几段论述:

  在一般人的眼中,牛虻,在大自然中是一种不起眼的乃至于让人生厌的生物。然而笔者却发现,在西方文明史中,就是这一不起眼的让人生厌的生物,却有着非同一般的象征之意。例如俄国的著名寓言文学家克雷洛夫写过一个寓言——《狮子与牛虻》,该文中牛虻是可以在雄壮的百兽之王面前公然挑战并战胜狮子的战士。不过在该寓言中,牛虻也有令人讨厌的一面:因为它战胜了狮子而洋洋自得,令人生厌地嗡嗡到处夸耀,一不小心撞到了一张蜘蛛网上,成了蜘蛛的美餐。[4]伟大的歌德也曾经又气又喜的将他的一个女性崇拜者比喻为一只牛虻——"这只使人难以忍受的牛虻,纠缠我

---

[1] 张明楷:《刑法的基本立场》,中国法制出版社2002年版,序言第1页。
[2] 转引自邓子滨:《中国实质刑法观批判》,法律出版社2009年版,序言第5页。
[3] 〔英〕艾提尔·丽莲·伏尼契:《牛虻》,古绪满译,译林出版社1995年版,第13—22页。
[4] 参见〔俄〕克雷洛夫:《狮子与牛虻》,载《文学少年》2005年第9期。

已经很久了"。[1] 然而在这个将女人和牛虻相比的那个熟知的故事中,昆德拉却看到了另外一面,他说:这个疲惫的思想老人,听说那个"跪在门槛上诡辩的女人"又来找他,他怎么办呢？他突然恢复了生气,带着一种难以形容的喜悦,把她叫作 leidige breme(使人难以忍受的牛虻)。昆德拉此时感慨:"我想着歌德在写'难以忍受的牛虻'的时刻。我想着他所感受到的喜悦。"[2]一只难以忍受的牛虻何以引起伟人的喜悦？生气和喜悦又何以同时存在？笔者想,大概伟大的歌德在说出那一句话时,是不会不知道"牛虻"在西方哲学或者思想史上所蕴含的文化意味的。如果说在歌德、克雷洛夫等西方思想者的笔下牛虻还是一个让人爱恨交加、毁誉参半的形象,那么,到了英国女作家艾提尔·丽莲·伏尼契笔下,牛虻的形象则完全转换为正面的英雄形象。伏尼契不仅为其主人公(原名亚瑟)设计"牛虻"这个名字,还直接将这部与《钢铁是怎样炼成的》[3]齐名的长篇小说的书名确定为《牛虻》,在该小说中,亚瑟临刑前给恋人的绝笔就是"不管我活着,还是我死去,我都是一只牛虻,快乐地飞来飞去。"[4]她就是借用了西方哲学之父苏格拉底临死前的一则著名的比喻:

> 如果你们处死我,你们将很难再找到我这样的人。事实上,打一个玩笑的比方,我是受神灵委派附在这个城邦身上的(牛虻),这座城就像是一匹良种马,由于身躯太大,容易懒散,需要牛虻蜇一蜇……如果你们听从我的意见,就会让我活下去。但是,我猜想,不久你们就会从瞌睡中醒来,听从阿尼图斯的话,一巴掌把我打死,然后接着睡。[5]

的确,他没有猜错,法官要求第二次投票,苏格拉底这只令人讨厌的牛虻被"一巴掌打死"了。然而他自喻为一只牛虻,却让笔者感慨良久,经过他"人之将死,其言也善"的自喻,牛虻的形象在西方文化中也就有了全新的意义。无论在个人感情上如何讨厌牛虻,牛虻在自然中有其生存之道,生存之美。按照生态学的观点,无论是大生物还是微生物,无论是丑的生物还是美的生物,无论是万物之灵还是低级动物乃至无生命的物质,在自然生态中都有其不可或缺的地位和功能。"植物臭也好,香也好,或者干脆淡而无味也好,都只是外在的形式,本质只有一个,就是适应环境,图谋生存"[6]笔者想某种特定的文化类型或者在特定的文化类型中的学术流派也是一样,我们的人类就像是赫德尔的花园,其中每株植物——每个社会——都会带来特有的美丽,因为

---

[1] 在歌德的晚年,有一个时常和歌德调情,却又时时在各种公开场合刻意表现出是歌德思想的反对者的女人,不管歌德说什么,她都表示反对,有一次她的这种刺激行为终于使得歌德勃然大怒而说出那句名言。
[2] [捷]米兰·昆德拉:《不朽》,王振孙、郑克鲁译,上海译文出版社2003年版,第82页。
[3] 令人惊诧的是,在《钢铁是怎样炼成的》这部小说中,保尔曾经提到读过《牛虻》这本小说,这一文学创作上的暗示,使《钢铁是怎样炼成的》与《牛虻》这两个小说互为文本,在人物的主题精神上得以共振。
[4] [英]艾提尔·丽莲·伏尼契:《牛虻》,古绪满译,译林出版社1995年版,第310页。
[5] [美]阿兰·德波顿:《哲学的慰藉》,资中筠译,上海译文出版社2004年版,第38页。
[6] 管仲连、涂方祥:《远逝的家园——生态文化漫谈文集》,化学工业出版社2004年版,第22页。

它们以各自的方式表达普遍性。正如《三国演义》中云:古来"寂寞豪华皆有意"。苏格拉底在严肃的死亡面前以"牛虻"自喻,甚至使笔者得出一个结论:西方法学流派的产生,从很大意义上来源于自苏格拉底奠基的"牛虻精神",学派精神的实质就是牛虻精神、批判精神。而中国学派的缺失,根本原因也就在于中国刑法学术生态圈中这种"牛虻物种(精神)"的缺失。

二、《批判》一书标志着中国刑法学流派的诞生

在博士论文的其他部分,笔者将西方刑法学流派的"理论生态环境"类比为牛虻与狮子之间的相生相克、生生不息的自然生态关系。并将龙勃罗梭作为整个西方刑法学流派的理论生态系统中的一只典型的"牛虻"看待,对西方刑法学派产生的规律予以描述与分析。对比西方刑法学术生态环境,当时基于中国儒家文化对"异端"肉体上宽容但精神上重压的判断,对中国能否产生刑法学流派持一种"不抱希望"的"希望"的无奈与矛盾心态。然而《批判》一书让笔者眼前一亮,彻底打破先前的无奈心态,看到了一只"牛虻"在中国刑法学术生态圈的诞生。因此,一只幼小"牛虻"的诞生足以让笔者兴奋不已,彻夜难眠。心中涌起了一个或许不为其他中国刑法学者认同的"妄论":《批判》一书标志着中国刑法学流派的诞生,从此结束中国没有自己的刑法学派更无学派之争的历史。[1] 下

---

[1] 陈兴良教授在本书序言中说:"本书将在我国刑法学史上占据一个独特的位置"(邓子滨:《中国实质刑法观批判》,法律出版社2009年版,前言第2页)。笔者则作出了该独特位置的具体定位。另外,回溯去看,对于与之相对的实质解释论(或实质刑法)学派成立的标志,则是《刑法新思潮——张明楷学术观点探究》一书的出版。该书明确宣称以"派"的形式写成。该书的作者群的主体是张明楷教授的历届学生,以及少数其他追随者(参见李立众、吴学斌主编:《刑法新思潮——张明楷学术观点探究》,北京大学出版社2008年7月版,前言第7页)。一本是独著,一本是作者群的合著,这种作者数量的对比,多少也反映了两派在势力上、阵营上的某种不均衡。需要说明的是:判断学派成立的标准应当是多种因素的组合,大体上应当同时考虑三个因素:(1)观点、立场的体系性;(2)主张者的多众性;(3)对立体系的相对性。若孤立的考察实质解释立场、观点的体系性构建,则基本上是由张明楷教授的《刑法的基本立场》(中国法制出版社2002年版)一书建立起来的。笔者之所以没有将体系的建构著作作为该派的成立标志,这是基于"独木不成林,滴水不成流"的考虑,若只有旗手一人,缺乏更多的跟随者,难以成"派"成"流",这是从学派人员的内部结构要素做出的判断;从学派之间的关系而言,"独派不成派"。虽然某一种基本立场很可能早就形成了体系,也具备了支持者的多众性,但若要将这种体系性的观点称之为派,则需要后来的对立的体系性观点的成形来成就与确认。例如西方刑法学"旧派"是在"新派"产生后才被称之为"旧派"。因此,虽然《刑法新思潮——张明楷学术观点探究》出版时间比《批判》一书时间稍早,该书也宣告是以"派"的形式成书,但当时以陈兴良教授为代表的学者所主张的形式刑法或者形式解释尚未以体系性的批判形式出现,主要是以文章的形式来表现,而《批判》一书则是建立在陈兴良教授的很多批判性文章基础上对形式刑法观的体系性建构,因此笔者也没有将陈兴良教授的某篇文章,而是将《批判》一书作为形式刑法流派成立的标志。综合以上多种因素的考虑,笔者将《批判》一书作为我国学派成立的标志。这丝毫无损于张明楷、陈兴良教授在两大学派成立中的奠基性作用和核心地位。

文通过对《批判》一书的关键词式或者命题式的解评来对此"妄论"进行论证。

(一) 前言之关键词:批判

《批判》一书之名为"批判","前言"也是从解说"批判"[1]一词之"诡异"开始。说该词"诡异",那是因为无论是刑法学界的张明楷教授还是法理学界的苏力教授这些大方之家,虽行批判之实,但刻意回避"批判"之名,宁可以"批评"代替之。这固然有《批判》前言点明的两大原因:中国汉语中"批判"一词的道德、政治否定意味与文革大批判的特殊历史事件在中年人身心上的伤痛烙印,但在笔者看来,即使舍去"批判"一词在汉语词典中的形式解释(或平义解释)或者遗忘那段历史[2],也不必然产生"批判"之文风。因为字典或者历史事件固定下来的不合理的词义,只是一个国家文化特性的逻辑发展到极端的表现。"文化是骨子里的东西"[3]民族文化的思维模式即使不再那么极端地表现,也会以温和、善意、关心的细微方式,以"温水煮青蛙"的方式来表现。这就是为什么在改革开放几十年后的今天,在从上到下都提"百家争鸣、百花齐放"的新背景下,在不具有剥夺学者身体、政治、学术生命的压力环境中,中国法学学术界或者整个学术界的生产与创作中,仍然流行着"胡萝卜加大棒"的精神分裂式策略:打一下摸一下,或摸一下打一下;说的不做,做的不说,言与行分裂;正话反说,反话正说,形式与实质分立。中国人特有的圆滑世故与老练的文化性格又何尝不是学术生产中的潜规则?所以邓子滨博士说:文章中"批判者是你著作的最忠实的读者,得到批评,就是得到承认与尊重"之类说辞(或者事实)的反复告慰与强调,恰恰"反映了批判者的老练,也反映出以己度人的心态,透露出批判者内心的惶恐",进而感慨"通常以为驳论比立论容易,其实不然,更需要'安慰'的是批判者,现实中他可能面临了更多的困难"。[4]因此,对于"你和我都深深嵌在这个世界之中"[5]的人而言,要想从这个文化制度重力的吸引之下,想牵着自己的头发逃离这个地球,可谓难于上青天。因此,或许对于一段指名道姓的直白式批判,人们异样眼光的一瞥或者被批判者长时间的沉默、无言,足以制造一个"抽象的肯定/赞赏'批判',具体的否定/贬低'批判'"的看不见摸不着的强大气场。于是在中国学术生态环境中,说了什么倒变成了其次,重要的是怎么说的。或许批判得越有道理,越尖锐,越无人回应,从而丧失对实质问题的进一步的升华与反思,也就难以触摸到刑法的根基。"应当承认,刑法学界缺少学术批评,缺乏针锋相对,自说自话人云亦云的现象还普遍存在。即使面对他人的学术批评,也并不

---

[1] 参见邓子滨:《中国实质刑法观批判》,法律出版社2009年版,前言第1—2页。
[2] 这种舍去与遗忘并非不可能,而是一种正在时间流逝中变成的事实。例如对于20世纪70年代出生的刑法学人而言,已经没有了"文革"大批判的感同身受,甚至可能将那段历史视为一个好看的喜剧故事、一部电影。
[3] 茅于轼:《中国人的道德前景》,暨南大学出版社2003年版,第65页。
[4] 邓子滨:《中国实质刑法观批判》,法律出版社2009年版,前言第3页。
[5] 苏力:《你和我都深深嵌在这个世界之中——从戴安娜之死说起》,载《天涯》1997年第6期。

直接回应,而只是重申自己陈旧的理由"[1],逃避了对理论根基、基本立场的探讨,自然也就难以形成学派之争。因此笔者倒愿意对"说了什么倒变成了其次,重要的是怎么说的"的心态反应进行反解:对我国刑法学的发展而言,批判的形式的确是决定性的,是形式决定内容;没有"牛虻"的那种刺激与批判形式,也就不会有学派的生成;有了《批判》的文风形式,也就有了中国自己的学派。

因此,邓子滨博士以形式解释为武器,以批判为文风形式,对实质刑法观的批判渗透在该书的各个章节与每一字句之中。批判形式也就是内容,批判方式的存在也就是学派的存在。方法论与本体论合为一体,须臾不可分。

(二) 第一章之关键词:敌我混沌

第一章名之为"实质刑法的基本问题",但要说清楚这些基本问题,并没有想象中的那么容易。尽管我们在直觉的感知上明白:与"形式刑法观"(或"形式解释论")相对立的"实质刑法观"(或"形式解释论")是两种对立的观与论(废话),但若较真地试图明确区分或者划分,二者的界限却总是飘忽不定,陷入一片混沌之中。"告诉我你的敌人是谁,我将告诉你你是谁——卡尔·施密特。"[2]邓子滨博士在具体的考察时感到了确定、把握被批判对象的流动性、混沌性。"实质刑法不能单独存在,他是在批判形式刑法的过程中成长起来的……形式刑法也不能单独存在,它是由实质论者命名的,它没有自己的阵营,甚至前线也是由它的对手设定的。"[3]虽然他最后还是大致按照陈兴良教授的思路,从犯罪概念、犯罪论、解释论、罪刑法定的多角度尽量做出形式刑法与实质刑法的界限区分,但仍然避免不了类似于近来热播的谍战片中的那种敌中有我,我中有敌的"潜伏者"的混沌因素。正如他在梳理了二者大概的区分之后所言:"不过,如果有能力做过细的分析,或许还会发现,就可能的、具体的结论而言,某位学者所持的观点,可能更接近他的'对手',而不是号称与他同一战壕的'战友'"。[4]

其实西方刑法学派之间也是一种既斗争又依生的复杂生态关系。学派的依生性,还可以从其名称中体现出来:有新派学者将自己的观点称之为新派,而将其之前的观点称之为旧派。没有新派之名就没有旧派之名,反之亦然。这就像是在自然界,如果只有一个物种,就不会产生物种的概念。对于"没有新派也就没有旧派"的依生关系[5],需要多说一句:如果我们暂时抛弃严格的新派的指代或者命名,将视野放大,实际上从某种意义上讲,研究犯罪人的"非严格意义上的新派观点和方法",在"严格意义

---

[1] 张明楷:《学术之盛需要学派之争》,载《环球法律评论》2005年第1期。
[2] 转引自邓子滨:《中国实质刑法观批判》,法律出版社2009年版,第1页。
[3] 转引自邓子滨:《中国实质刑法观批判》,法律出版社2009年版,第2页。
[4] 邓子滨:《中国实质刑法观批判》,法律出版社2009年版,第16页。
[5] 依生关系有两层含义,一是彼此离不开;二是相互之间存在着滋养或补缺的关系。

的旧派"之前就已经存在。[1] 同样,这些无论是旧派之前的还是和旧派同时代的带有新派色彩的观点也是旧派"批判"[2]的对象。当然学派之间的混沌的依生关系,并不是我们放弃对彼此阵营的具体划分的理由,实际上如何对具体的刑法豪俊划分阵营,即使是高风险的乃至于简单化的尝试,也是有趣且有价值的工作。这就像《易经》中对混沌的太极划分为阴阳两仪[3],两仪生四象,四象生八卦,连绵不断地生成丰富无穷的符号与象征意义。因此,动态而持续的"批判"(明显的他者)与"自我批判"(类似于抓出自己阵营内部的潜伏者、分流者)将是知识得以增长的内生器。"设想一条路线沿该树上行,从树干基部到某条树枝的末梢而不再折回。发端于这条路线的任何两种理论彼此都是有亲缘关系的"[4],但发端于同一树干基部的不同树枝也许相距较远,而与另外一棵树的某枝条可能靠得更近。

(三)第二章之关键词:双截棍之穿透力

第二章名之为"实质刑法的主要强点"。在本章中,邓子滨博士对实质刑法的主要强点的论述中没有出现"双截棍之穿透力"词组,而是使用了诸如"灵活性"、"适应力"、"弹性"等词。不过笔者细细思量,还是觉得使用"穿透力"一词更形象,更有概括性。该词是笔者借用了中华文化之瑰宝——"功夫"理论的结果。如果说"刑罚是一种不得已的恶"的命题可以成立,刑法解释的技术大体上可以视为不得已而击杀的技术。因此笔者就将形式刑法与实质刑法之功效与功夫中所使用的武器之功效类比。实质刑法大致可以视为被功夫大师李小龙发挥到极致的双截棍。双截棍的优势在那里?它没有长棍的长度,没有刀剑的锋刃,没有铁锤的重量,甚至于不善使者还很容易击打到自己。但是双截棍的这些所有的短处加起来却成为最具穿透力的暴力武器。

---

[1] 例如菲利就考究了龙勃罗梭创立新派之前对犯罪人进行实证研究的历史。最早可以追溯到古希腊柏拉图、亚里士多德的一些研究,较近的可以追溯到中世纪一些观相学家、颅相学家对犯罪人的零散研究,近的可以追溯到19世纪早期,意大利、德国、法国学者对犯罪人的专门研究。最近的则是19世纪50年代在人类学上产生的严格意义的犯罪人类学派。菲利指出:新派(实证派犯罪社会学)的原始名称源于人类学中的"犯罪人类学派"。推动新派发展的最主要的动力应当归功于人类学的研究。(参见〔意〕恩里科·菲利:《犯罪社会学》,郭建安译,中国人民公安大学出版社2004年版,第99—100页)

[2] 按笔者理解,在西方文化中,"批判"一词带有"先虚心学习,受其启发而生他思"的褒义,从某种意义上讲,不被批判的东西就是没有价值的东西。"批判"至少是"取其精华,去其糟粕"的中性词,但鉴于"取其精华,去其糟粕"在国内学术界已经异化为某种拒绝接受、实践某种思想的客套话:"辨正"地评说评说而已,在行动上其实是不会接受或实践的。因此笔者把中性意义上的"批判"看作类似于身体吸收食物的营养,排泄不能吸收的残渣的消化过程。这样,文化上的批判者对被批判者存在着现实或者实践意义上"精神食粮"的依生关系。至少我们不能单纯从批判者与被批判者这种关系上来判断二者的思想价值的有无与大小。但在中国文化传统中,"批判"常常是一个贬义词,至少是和"政治批斗"、"人格否定"有着或远或近的暧昧关系的敏感词,被批判者似乎感受不到尊敬之意。

[3] 在太极图中,阴阳两仪虽然大体对立、分流,但仍然存在着阴中有阳,阳中有阴(太极图中的黑白"鱼眼")的依生关系。

[4] 〔英〕拉卡托斯、马斯格雷夫:《批判与知识的增长》,周寄中译,华夏出版社1987年版,第354页。

优势一：双截棍外表不像刑法上所讲的具有大杀伤力的凶器或暴力武器，它还特容易携带和隐藏，随便往裤袋里、衣服中一插即可，随时可以抽出来使用而令对手防不胜防。因此它的外表对对手具有非常强的欺骗性、麻醉性。这使得该武器在发生打斗之前就具有非常强的环境适应力而颇受欢迎。如果一人拿着外形上僵硬、直白的凶器，一开始就将其特点暴露无遗，无疑像人们通常对形式主义或者形式刑法的批判，"'无法无罪'太傻，'有法有罪'太笨"[1] 老子说的好："揣而锐之，不可长保"[2]，说不定它还没有来得及使用，就早已被警察给强行没收、销毁，对持有武器者以非法持有管制刀具（武器）罪逮捕收监。我国形式刑法观（或者形式解释论）的命运多少与此有点类似，它还没有在司法实践中真正发挥其实际的功效，就已经具有了被强大的实质刑法观所否定、摒弃的趋势。

优势二：双截棍具有非常强的灵活性与弹性，不仅仅出招之前可以用手臂、后背隐藏遮蔽另一截，让对手看不清双截棍是以什么确定的、可预判的路线运行[3]。它的一头在运行中若遇到隔挡与障碍时，另一头却可以转向、转弯，甚至借隔挡之弹力而加重其打击力。因此，它可以从上下左右各个方向循环而灵活地以直线、弧线以及不规则的折线攻击，令对手防不胜防。真正实现了武哲中阐述的"以无法为有法，以无限为有限"的辩证法思想。所以，当实质刑法观祭出"既保护善良人，也保护犯罪人"的刑法双重目时，或者刑法的实质解释祭出既实现形式的正义又实现实质的正义，既维护了罪刑法定的形式侧面，也维护了罪刑法定原则的实质侧面时，其"不仅……而且……"句式[4]就是一副"双截棍"。不知道在具体的刑法解释时实质解释到底使用的是哪一截"目的"击中并穿透了机体（刑法规范）。于是才有邓子滨博士对实质解释的"对具体司法实践的影响到底是怎样的：导致过量入罪的可能性更大还是不当出罪的概率更大"[5]的疑问。另外，如果刘艳红教授主张的开放的构成要件不是例外而是原则，适用于我国的所有犯罪构成要件的解释，刘艳红教授就是可堪比功夫大师李小龙这样的武林高手，娴熟地掌握了双截棍的击打技术，不知道她的双截棍将从什么方向、以什么路线和规则出招。

优势三：刀剑之锋刃对肌体导致的伤口是规则的、可缝补的，而双截棍对机体所导致的是外表无伤但内脏破裂或者粉碎性骨折之类的内伤，其穿透形式的打击之伤难以弥补缝合。而且，当社会的机体遭受无规则的、强穿透力的双截棍的某种过度打击之

---

[1] 邓子滨：《中国实质刑法观批判》，法律出版社 2009 年版，第 32 页。

[2] 该句译为："尖利锋芒（把铁器磨得又尖又利），难保长久"（老子：《道德经》，安徽人民出版社 1990 年版，第 22 页）。

[3] 在国球运动中，国际乒乓球协会为了限制这种竞争的不公平，不仅要求高抛，而且在规则上还取消了中国人掌握得更为娴熟的手臂遮挡技术，以求竞赛公平。

[4] 参见邓子滨：《中国实质刑法观批判》，法律出版社 2009 年版，第 44—45 页。

[5] 邓子滨：《中国实质刑法观批判》，法律出版社 2009 年版，第 55 页。

后,其责任还不在于使用双截棍的人,而只能怪使用其他形式的武器之人的防卫机体抗损的能力太差。谁叫你使用僵直、刚性、机械的武器(形式解释论),不懂以灵活的实质穿透形式之技术(实质解释论)呢!正是因为双截棍所具有的强大的、过度的、不规则的穿透力与打击力,以至于极个别西方国家明令禁止警察使用双截棍警械。因此,刑法学界是否也应该对实质解释的特性进行某种反思或者限制呢?这是一个未尽的话题。

(四)第三章之关键词:攻击艺术

第三章名之为"实质刑法的倾向:纵容权力"。如果说上一章只是脱离刑事司法权力实践而对实质刑法观(实质解释论)功能的抽象论述,本章就是论及实质解释论如何受到刑事司法权力实践者的青睐、喜好。这不再是李小龙的功夫表演或者他撰写的功夫著作上的纸上谈兵,而是实打实的战斗。在我国,与"犯罪作斗争"、"打击犯罪、保护人民"是一场殊死搏斗。在我国司法实践中,"痛恨敌人"、"犯罪分子比敌人还恶劣,因为他在内部打击社会"是一种普遍性的、强势的政治正确的判断。因此,"司法官员的第一本能是化解法律"[1],司法权力者认同、要求、选择灵活的、具有强打击力与穿透力的实质解释论之武器而不是形式解释论之武器,对实质解释论青睐有加,就是一个逻辑上的必然。"皮球遇到障碍会改变方向,权力遇到障碍则不会善罢甘休,权力像洪水,遇堤坝后,它逐渐渗透、侵蚀、找到漏洞,并试图溃围而出。……于是一套化解法律的'功夫秘笈'出笼了。"[2]形式解释是不需要智慧的、艺术的,它只需要一个普通老实人的那种九头牛都拉不回来的固执,那种坚持的耐心,不放弃的决心,战死到最后一个人的傻性。只有实质解释才需要某些需要特殊训练,秘笈观念的指导,加上个人的天才与领悟的艺术。"法律解释的艺术彰显法律人的智慧。……智慧不是一个普通的词汇,其背后所密切关联的一切可能超乎世人的想象。拥有智慧可以发现许多不为人知的认识背景以及知识。"[3]

其实,"法律解释是一门艺术"命题特指"实质解释是一门艺术"。这就是为什么张明楷教授会主张刑法解释学不是低层次的学问,而是含有深层次的哲学原理。刑法解释学与刑法哲学并非性质不同的两种学问[4],而且他的确在实践这种实质解释的艺术,例如对于真军警人员实施的抢劫比刑法明文规定的"冒充军警人员抢劫"法定加重情节的社会危害性更重,这是一个共识,在几乎所有的刑法学者都认为这是一个立法上的漏洞时,张明楷教授却另辟蹊径,从"冒充"一词找到了实质解释的切入点,将"冒充"解释为"假冒"与"充当",因而真军警人员实施的抢劫完全可以适应冒充军警人员抢劫的法定加重情节。这种实质解释让人眼前一亮,虽然该解释是否超出了普通公民

---

[1] 邓子滨:《中国实质刑法观批判》,法律出版社2009年版,第72—81页。
[2] 邓子滨:《中国实质刑法观批判》,法律出版社2009年版,第73页。
[3] 陈金钊:《法律解释的艺术——一种微观的法治实现方法》,载《法商研究》2009年第5期,第29页。
[4] 参见张明楷:《刑法学》(第3版),法律出版社2007年版,绪论第3页。

对语义的可预测性从而是一种类推解释存有疑问,最终结论是否妥当尚值得探讨[1],但刑法学界的确暂时还没有人能超越张明楷教授的刑法解释的智慧,这种实质解释的思路也受到司法实务界的欢迎。因此,邓子滨博士在本章结尾如是说:"权力的拥有者虽然不喜欢法律,但他可能喜欢法学家,因为他发现法学家最了解法律的破绽在哪里,并且法学家经常帮助权力者,偶尔也帮助普通民众利用法律的破绽。不过,根据'实质解释',有权者钻法律的空子叫因地制宜,普通民众钻法律的空子叫不法刁民。"[2]笔者接着补充一句:"智慧的法学家钻法律的空子,叫法律解释的艺术。"

(五)第四章之关键词:奥卡姆剃刀

第四章名之为"实质刑法的实质:社会危害性刑法"。在本章,邓子滨博士将实质刑法的实质归结为社会危害性刑法,并从刑事违法性与社会危害性的关系,犯罪的形式概念与实质概念(包括混合概念)的两个角度予以论述。不过笔者看重的是他的论证方式或者工具:奥卡姆剃刀原理(形式逻辑原理)——"如无必要,勿增实体"[3]。应当说,这是秉承了其师陈兴良教授对犯罪本质特征——"社会危害性"概念的否定之思路。对社会危害性的概念(包括对犯罪实质概念)批判,其核心理由是社会危害性这一"本质"、"共相"实在是缺乏稳定性、可把握性、规范性。你说社会危害性大,我说社会危害性小,你说有社会危害性,我说没有社会危害性,到底谁说了算?或许就是具体案件中的掌握司法权力者,或者是可以决定、影响司法权力者的其他权力者。简言之,"官大的表准"。所以在纯理论上主张社会危害性的学者或许还没有什么"社会危害性",但社会危害性这一实体的、实质的、本质的东西一旦进入司法实务界就特别受欢迎、推崇,具有破坏法治的危险性。因为这个概念武器就如歌曲《双截棍》中所唱的那样,"什么兵器最喜欢,双截棍柔中带刚",它实在是太好用,指哪打哪(或者是虚指这,实打那),想怎么用就怎么用。这就让笔者联想起很多国共战争片,国军将领总是自以为聪明地强调,自己已经摸清了红军"声东击西"的战略战术,但结果总是找不到红军主力的打击方向在哪里,虚虚实实,实实虚虚,红军将中国自古就有的辩证法思维的灵

---

[1] 参见李立众、吴学斌主编:《刑法新思潮——张明楷学术观点探究》,北京大学出版社2008年版,第255页以下。

[2] 邓子滨:《中国实质刑法观批判》,法律出版社2009年版,第85页。

[3] 奥卡姆剃刀定律,是由14世纪逻辑学家、圣方济各会修士,生于奥卡姆的威廉(William of Occam)提出。他在《箴言书注》2卷15题说:"切勿浪费较多东西去做用较少的东西同样可以做好的事情。"这个原理简化为"如无必要,勿增实体"或"思维经济原则"。威廉对当时无休无止的关于"共相"、"本质"之类的争吵感到厌倦,于是著书立说,宣传唯名论,只承认确实存在的东西,认为那些空洞无物的普遍性要领都是无用的累赘,凡干扰这一具体存在的空洞的概念,都是无用的累赘和废话,应当被无情地"剃除"。这把剃刀出鞘后,剃秃了几百年间争论不休的经院哲学和基督教神学,使科学、哲学从神学中分离出来,引发了欧洲的文艺复兴和宗教改革。同时,这把剃刀曾使很多人感到威胁,被认为是异端邪说,威廉本人也受到伤害。然而,这并未损害这把刀的锋利,相反,经过数百年越来越快,并早已超越了原来狭窄的领域而具有广泛的、丰富的、深刻的意义。参见张军:《奥卡姆剃刀》,载《今日科苑》2009年第19期,第62页。

活性运用到极致。一支有着"飞机加大炮"的几百万正规军与正规战法的强大国军,就是这样一点点地被"小米加步枪"的红军与非常规的游击战法所击溃、消灭。所以,邓子滨博士引用了师兄弟刘为波的一语中的的话:"社会危害性话语……以其与社会主义本质犯罪观具有天然的契合性(引文是'和契性'——笔者注)及强大的解释力,其重要性日渐凸显,并最终在犯罪概念乃至整个犯罪论中占据着支配地位。"[1]

邓子滨博士在"不那么学术的角度"的论证中的确点出了社会危害性争论的实质,"社会危害性理论利弊之争是生活逻辑和法律逻辑的冲突"[2]。按笔者的理解,"生活逻辑和法律逻辑的冲突"大致上可用"游击战略与正规战略的冲突"、"哲学解释学与古典解释学的冲突"、"辩证逻辑与形式逻辑的冲突"的对子予以补充或者代替。这是一条铁律:生活总是辩证的、灵活的、实质的,只有纸面上的法律才是规范的、僵化的、形式的。在这场冲突中,后者往往避免不了被击破、击溃的命运。"铁打的营盘流水的兵",法律所规定的形式,就像是预想的坚不可摧的马其诺防线,其实在现实的、切合生活本质的战略面前不堪一击。所以邓子滨博士通过"奥卡姆剃刀"[3]一语点破其中的奥秘:"仔细想来,许多学者(形式解释论者——笔者注)作为弊端加以抨击的,其实正是它的强项。"[4] 社会危害性不是没有用,而是太有用,社会危害性概念背后的辩证法哲学思维之战法,能够轻松地突破、渗透、绕过马其诺防线,其打击犯罪、击垮"敌人"的效果实在是太好了。

当然,邓子滨博士用奥卡姆剃刀点破了很多形式解释论者的某些观念缺陷之后,他并没有丧失自己坚守的形式解释的立场:"混合概念曾经高举辩证统一的大旗,这面大旗本身即有哲学话语的优势。但是法学毕竟不同于哲学,哲学命题不能无条件移植到法学中。"[5]因此他仍然坚持形式刑法观。

(六) 第五章之关键词:感同身受

第五章之名:"实质刑法的弊害:动摇罪刑法定"。相对其他章节,本章是全书内容最多的一部分[6],也是《批判》书中举例最多的一章,尤其是他作为律师亲手办理的案

---

[1] 邓子滨:《中国实质刑法观批判》,法律出版社2009年版,第88页。

[2] 邓子滨:《中国实质刑法观批判》,法律出版社2009年版,第88页。

[3] 对于邓子滨使用的奥卡姆剃刀,笔者从他在本章中对社会危害性与刑事违法性关系的争论的形式逻辑分析过程中看出来。后文中他的一句话也暗含了这一点:"话扯远了,还是回到前述那个关于词项交叉关系的分析。实际上,形式论者需要找回自己的词项逻辑(着重号为笔者所加)。也就是,社会危害性与刑事违法性是一种'真包含关系'"(邓子滨:《中国实质刑法观批判》,法律出版社2009年版,第97页)。

[4] 邓子滨:《中国实质刑法观批判》,法律出版社2009年版,第99页。如果笔者没有理解错,本章的内容总体上是用奥卡姆剃刀原理剔除形式解释论者在批判社会危害性时存在的某些观点上的失误、累赘、误解。其批判的对象主要是自己阵营内部的某些盲点。

[5] 邓子滨:《中国实质刑法观批判》,法律出版社2009年版,第107页。

[6] 其他章节页数大致在30—50页之间,本章60页。

例,因此笔者用一部美国电影——《绿里奇迹》(The Green Mile)——中的一个单词"感同身受"来解读该章节。这是一部让笔者看了十几遍,感动十几遍的电影。[1] 影片中那个身躯庞大,憨憨傻傻的善良黑人约翰,因"上帝"赋予他某种预测未来与感知他人心灵的神奇自然力,他竭力用神力拯救两名被奸杀的幼女,但因发现太迟而失败,他抱着两个孩子痛哭流涕,被赶来的人群与警察当场逮住,被判死刑。在冷山死牢关押期间,他用神力治好了几年来一直折磨着狱警保罗的膀胱炎以及监狱长之妻的不治之症,并惩罚了真正的强奸杀人犯比利以及那个喜欢看人死的坏狱警帕西。在这些过程中,他将感同身受与时间倒流的感知神力传导给狱警保罗,保罗如导演拍戏般看到了比利奸杀案的残酷实情[2],知道约翰是一个无辜的善良人,却在法律上无能为力,难以纠正该冤案(只有上帝与上帝的仆人才知道客观事实,但他们都不参加世俗审判),却要亲自对约翰执行死刑。约翰在被执行死刑前(和苏格拉底之死一样也是他自己选择的),与痛苦的保罗有一段感人的谈话。保罗透露了将他私放出狱的想法,因为保罗不想亲手杀死一个无辜的善良人、毁掉上帝创造的奇迹,否则将来无法面对自己大限之日的上帝审判。约翰平静地告诉他:不要做这样的傻事,不是你杀死我,是我选择了死,每日每夜我都切身感受着丑陋的人性,承受着全世界的人所遭受的痛苦,身心上伤痕累累,太累了。你这是在行善……保罗对约翰执行最后一次死刑后就再也无法面对死刑而申请了调职,却无法消去传承到自己身上的那个神秘的感同身受的自然力,承受着亲朋好友与世人的生离死别的痛苦,只盼死神早点找到自己。

而在《批判》一书中,笔者深切地感受到邓子滨博士的这种对权力之恶的感同身受能力,所以他强烈地主张形式刑法观,主张形式的罪刑法定对权力之恶与人性之恶的限制本义,反对实质刑法观在爱、正义的名义下实际上扩张、滋长了权力之恶,在宣告对被告人的爱与正义的名义下杀死被告人,实质解释论的这种"霸王硬上弓式"[3]的"爱"、"正义",给权力之恶的扩张带上了学术上、知识上、道德上善的面具。笔者在《批判》全书中处处看到的就是:邓子滨博士像那个被人看成傻子或当作"罪犯"(至少是恶法亦法、恶法之治的帮凶)的约翰一样,不断地叨唠着"他利用她们彼此的爱而杀死了她们",如在本章批判实质刑法观时,他说:"你不能以'为你们好'为理由,把一件你认为的好事强加给我们。"[4] 尽管上述两句话表述的实质内容是不同的,但这两句话的逻辑形式太相同了,以至于笔者不得不将其放在一起予以对比,但切勿类推,对号入座。笔者谈的是形式逻辑,而不是实质内容,这要分清楚。

---

[1] 笔者曾经针对法学本科生开设一门"刑事案例演习"课程,在历届学生中反复播放该电影。
[2] 奸杀犯在劫持两个姐妹时,分别对姐妹说,你爱你的姐姐(妹妹)吗?如果你出声我就杀死你姐姐(妹妹)。所以约翰不停的叨唠:"他利用她们彼此的爱而杀死了她们。"
[3] "霸王硬上弓"是邓子滨博士批判刘艳红的实质刑法的论证之弊时使用的词语(邓子滨:《中国实质刑法观批判》,法律出版社 2009 年版,第 251 页)。
[4] 邓子滨:《中国实质刑法观批判》,法律出版社 2009 年版,第 164 页。

其实在笔者看来，个人对权力之恶或者对人世间的痛苦的"感同身受"，与个人的经历、环境有一定的关系，但感同身受或许更是一种天生的态度或者能力，与环境无必然关系，环境只是起到一种对内在自然力量的触发作用。陈兴良教授在《批判》的序言中，提到了邓子滨博士作为兼职律师的辩护经历对《批判》一书文风与观点的影响。对于书中的一段话："说到罪刑法定的现实困境，我可能比别人有更多的感触，其中一个重要的感触令自己都觉得震撼：罪刑法定写入刑法12年来，司法解释与审判实践都证明了这个原则的彻底失败"，陈兴良教授的评价是："以上结论是有所偏颇，也过于悲观了一些。也许邓子滨博士亲身办案，受到现实的挫折，其对司法活动的感触比我们来得更加真切，更加深刻。但我还是要为司法现实作一点辩护……"[1] 陈兴良教授的评价中的"也许……但……"的句式很有趣。这与笔者在刑事案例教学过程中与很多学生关于死刑的对话时，学生随时使用的句式一样："老师您说的废除死刑的理由我都认同，但我还是坚持保留死刑"，笔者每每听到类似的话，愕然无语、呆若木鸡。陈兴良教授既然承认自己或者其他人没有亲身办案[2]，没有邓子滨博士那样的挫折，没有对司法活动的感触那样真切、深刻，那么他将真切的、深刻的司法活动的真相、真实揭露出来，我们承认就是了，何必来个"但是"引出另外的结论？或许是出于对门生的爱护吧。不过，是否感同身受，甚至于是否承认他人的感同身受的说辞、结论、推导，的确与环境相关。他人如何描述火烧火燎之痛，一个从没有被烧伤过的人大概是不会承认该描述为真，还以为是装的呢。但笔者又说感同身受与个人所处的环境、职业等没有必然的决定性关系，这是因为同样是律师，同样的办案过程与经历，其对人性的感知也会不同。例如《绿里奇迹》中的那个约翰的辩护律师，或许就对人性的看法与邓子滨式的辩护律师不一样，甚至于恰恰是这个律师将自己的委托人约翰送上电椅的。[3] 《绿里奇迹》中，同样是执行死刑的狱警，有的（如帕西）就具有喜欢、期盼着看到死囚在电椅上

---

[1] 邓子滨：《中国实质刑法观批判》，法律出版社2009年版，序第6页。
[2] 根据笔者了解，包括陈兴良、张明楷教授在内的很多知名法学教授都在司法实践部门有兼职或者挂职，或者被聘为公检法部门的专家咨询委员。但这些都与辩护律师真实的办案有差距。即使不排除兼职、挂职时也亲自办案，但公检法权力部门的高高在上以及打击犯罪的"天生"职能，使得这些教授对身处看守所的犯罪嫌疑人或者将要入狱的被告的弱势生存状态以及其人性的脆弱的一面难有切身体会。
[3] 在保罗找到该律师，希望他能提供一些约翰无罪的证据时，他却极其反感地告知保罗，他坚信约翰是从不干好事的奸杀犯。保罗提出：约翰从来没有任何细微的违法犯罪记录，如此引人关注的大块头（2.4米）与肤色特征也无法掩盖自己干的伤天害理的坏事（如果干过了的话），而且会一而再地干下去，根据他多年与重罪犯人、暴殄之徒的近距离打交道的感知经验，约翰虽然有点怪，却无暴殄之气，而只有善良之气。但律师却一一反驳，愤慨地将约翰比喻为他家养过的那只表面可爱、善良的小头狗。有一天它突然兽性大发，将他儿子的眼睛抓瞎，他说："这只'好'的杂种狗与那黑鬼很像，他表现得很爱你，如果你走运的话，你永远不会知道杂种狗与黑鬼爱不爱你，而我和内人却没有那么幸运。我毫不怀疑黑鬼干了坏事后一定会后悔，但两个小女孩也回天乏术。他也许以前从来没有干过类似的坏事，但我的狗以前也没有咬过人，我一枪把它轰得脑浆四射。约翰有罪吗？别怀疑这一点。你要小心，你逃过他一次，逃不过一百次。"

的痛苦之过程,有的则怀着歉疚之心,至少是不得已而为之之心。同样,作为同一部电影的观者,笔者看到的是废除死刑的必要性,但多数学生虽然也感动得涕泪满面,也认同笔者的废除死刑的慷慨陈词和各种理由,却在观念上仍然不想放弃保留死刑的朴素报应心理。同样都是没有"亲身办案",笔者却在虚拟的美国电影的感同身受中,对邓子滨博士的判断持"宁可信其有,不可信其无"之心[1],认同邓子滨博士对中国司法活动弊端与痛苦的感同身受,而比笔者离中国司法活动更近[2]的其他知名教授则会对邓子滨博士基于感同身受而得出的结论持保留态度,持有一份"宁可信其无,不可信其有"的美好、善良的心态,至少是乐观的态度。

或许正是基于对中国刑事司法现状与罪刑法定原则命运的感同身受,邓子滨博士在本章第三部分"罪刑法定原则在刑法理论中的瓦解"中,集中地、具体的围绕很多刑法问题,对亦师亦友的张明楷教授的实质解释观点展开了毫不客气地批判与问难。其中批判的具体理由很多,笔者认为最关键的,也是最有力的就是指出了张明楷教授的实质解释、客观解释等刑法立场在理论上不能说错,甚至非常的正确,但缺乏实践中的社会、文化制度条件的支撑。以至于实质刑法观出现了以"批判"出名的哲学家康德所说的那种悖论——"这在理论上可能是正确的,但在实践上是行不通的"。[3]

(七)第六章之关键词:形式理念反抗辩证艺术

第六章之名为"实质刑法之于中国法治"。在这一章中,笔者被邓子滨博士从中国观众看美国电影《特洛伊》的反应所引出的东西方文化特性的论述所吸引。人类英雄赫克托尔与半人半神阿基琉斯在特洛伊城前决斗,失败被杀,阿基琉斯要拖走赫克托尔的尸体。国王在城头上痛不欲生,中国观众则从内心中喊出"放箭啊,射死他"。邓子滨博士听到这样的声音,甚至是每一个中国人内心的声音时开始反思:为什么中国人本能的想到射箭,而西方人则肯定的回答,"这不可能"。原来"愚笨的"西方人对规则的尊重在远古的神话中就植入西方文化的骨髓,这就是为什么同样是大屠杀这种人类的悲剧,德国纳粹对犹太人的大屠杀也还是要"借法律形式之名"来进行、来掩盖,"纳粹刑法更为关注的,不是法律规定的明确性,而是实质的公正——英戈·穆勒"。[4] 而日本军国主义制造的南京大屠杀,却是赤裸的弱肉强食,无需借任何规则之名、法律之名。笔者突然明白了看完《南京!南京!》电影后一直隐藏在内心的一点令人疑惑但未及深思的问题:为什么是那个纳粹德国的外交官(真实的人物与事件)在尽力地从无规则的日军大屠杀中拯救、保护部分中国平民。原来一切都是文化的基因

---

[1] 在自然与社会科学中,不可能任何事实、数据、感知都是靠自己亲身试验、调查、观察、感受得来的,在他人给出了实验、调查与亲身感知之说时,我们都是假定他人之说为真,除非自己亲身去试验、调查、观察、感受,提出不同的事实、数据、感知以反驳其结论的真实性。

[2] 笔者在刑法学界是低职无名之辈,没有公检法司部门的工作经历。

[3] 参见[德]康德:《历史理性批判文集》,何兆武译,商务印书馆1990年版,第166页。

[4] 转引自邓子滨:《中国实质刑法观批判》,法律出版社2009年版,第86页。

密码决定着普通人与国家的行为倾向。梁漱溟先生总结说:"圆熟老道,此盖为中国民族品格之总括的特征",而邓子滨博士由此得出中国人的"圆熟老道,都与善于应付规则有关,换言之,都与善于'以实质化解形式'有关"[1]。这一结论笔者是认同的,认为是准确而精辟的。他进而对"以中国人的辩证艺术如何应付规则"的中国历史进行了梳理。阅读至此,笔者不得不对中国刑法学教育与学术的一个严重的缺陷发点批判性的感慨——历史感的缺少。无论是本科还是研究生教育还是学者学术研究,中国刑法史被人为地割裂,最严重的紧缩为"刑法30年",中间的缩短为"刑法60年",最多延长到"刑法90年"[2]。一个遗忘中国几千年历史的民族,以为已经摆脱了"封建历史",谈法治与民主言必称希腊、德国和日本,潜意识里却对自我身上涌动的中国历史之血,对骨子里的拒绝规则之治的圆滑老道毫无感知,言与行不一而不知反省历史,其未来是渺茫的。而《批判》一书让笔者看到了希望。在全书中都充满了中外历史典故、案例的对比。虽然笔者的古汉语水平的确不怎么样,他引用的很多中国历史的古典实例(不仅仅只是所谓的唐律之类的法律文献)笔者似懂非懂,显然他高估了青年人的古汉语水平[3],但他的这种强烈的历史意识,不仅仅对外国文化史,也对中国文化史紧扣主题信手拈来的功底值得钦佩。他实践着"一切历史都是当代史"[4]的铁律,如果他的这一学术实践能够引起中国刑法学术界的重视,将是幸事。

  稍微扯远了一点,我们还是回到"形式理念反抗辩证艺术"与"以实质化解形式"这一对立主题上来,按照这一思路做些天马行空的杂感阐发。《三国演义》故事被国人所熟知,其实《三国演义》中也有类似于《特洛伊》的故事摹本——"长坂坡之战"。只可惜国人被曹操是一个"奸雄"的小说定位所"反解"、"误导"。常山赵子龙被誉为常胜将军,其实他的"常胜将军"是因曹操讲规则而成就的,虽然"欺诈"、"无规则之游击战略"、"辩证法艺术"早就被《孙子兵法》所阐述,但曹操却是一个类似于站在特洛伊城头上的国王,一个尊重规则的人物。电影《见龙卸甲》(基本符合《三国演义》描述的赵子龙的故事情节)中,赵子龙之所以能够在长坂坡孤身救阿斗,在百万曹军中几进几出而"功成身退",一个基本的前提是曹操发出的"要活捉"的指令规则,并自始至终的遵循该"契约"或者法令。否则赵子龙纵有三头六臂,也会被乱箭穿心,死无葬身之地。

---

[1] 邓子滨:《中国实质刑法观批判》,法律出版社2009年版,第173页。
[2] 这并不是单纯从改革开放30年、国庆60周年的契机而突然爆发式产生的大量以法学、宪法、刑法、行政法"30年"、"60年"为题的文章所提出来的反思,据笔者对中国期刊全文数据库的精确检索,从2008年1月—2009年5月(现在可能更多)发表的仅仅以"三十年"或者"30年"为题的社科类文章高达6633篇,法学类文章有444篇,刑法学文章有21篇,2009年北京师范大学还专门召开了"改革开放30年刑事法治发展高层论坛"的学术研讨会。直接以"××30年"为题这只是表面现象。笔者的反思是基于中国法学界的确存在着对中国传统历史与文化的漠视或者不当的处理而进行的反思。
[3] 古汉语能力缺少,是当代中国青年人的一个普遍能力的缺失。当然了解古人,了解历史也不一定非要去读古文,也可以读翻译成白话文的古典。
[4] 参见〔意〕贝奈戴托·克罗齐:《历史学的理论和实际》,傅任敢译,商务印书馆1982年版,第2页。

看完《三国演义》，笔者总有一个疑问:有万夫不可挡的五虎将以及聪明绝顶的诸葛亮之助的刘备集团，为何最终被魏国所灭？历史学家的解释可能有很多种，笔者的解释是:以曹操为首的"乌合之众"，因为不够"聪明"，不够"辩证"，虽然一次次在战术上输掉大大小小的战役，却因曹操一贯或者至少是大体上遵守契约（哪怕是对自己明显不利的契约），最终取得治国之大战略正确的精髓——法治。长坂坡之战是一小例，而"曹操与关羽之事"则是贯穿整个三国故事的大例。早期，曹操生擒关羽，劝其投降，关羽誓死效忠大哥刘备，曹操顺势立盟约:若你有了刘备的消息，你去寻他便是。关羽因而从降，后来一打听到大哥刘备的消息，就策马去寻，"过五关、斩六将"。后人对此事的"聪明"解释是曹操之"诈"[1]的落空。其实六将擅作聪明地阻拦而丧命于青龙偃月刀下，又何尝不是聪明反被聪明误的表现？曹操若是真要阻拦关羽，也不过像灭只蚊子那样容易。能够在其他地盘上生擒关羽，在曹军大本营中反而不能了？其实不是曹操不能，他是不想失信失义，因为有契约在先，因此"放虎归山"。也正是曹操的这种讲究法治、尊重契约的治军治国的雄才大略，才会有后来的没有预料到的好处——赤壁一战，曹操败走华容道，关羽把守在最后一道关口，思量再三，还是放了曹操一马。聪明的中国人也许会非常惋惜关羽之"误"，只要战刀轻轻一挥，曹操人头落地，从此结束三国鼎立之势，蜀国不至于最后败落。但国人却不知道，既然我们后人将关羽供奉为神，视为"义"的化身，却不知"义"是要遵循"一以贯之"的形式要求的，是不能进行以条件为转移、以敌我对象之不同而进行实质解释的东西。中国现代人的这种聪明老道地解读又何曾不是"倾向于法的因地制宜而不注重一体守信"[2]的表现？可惜，讲究形式正义，尊重规则之治的关羽只是蜀国的大将，不是蜀国的国王。说实话，刘备才是真正"聪明老道"的中国人，我们从赵子龙救回阿斗的那一幕就可见一斑。赵子龙将阿斗交给刘备，刘备聪明地将阿斗一摔（明知道赵云会接住嘛），以表对大将的关切——不值得牺牲一个大将来救一个无用的阿斗。而后来阿斗之德行又何曾不是刘备以条件为转移的实质解释之实践或者娇惯教育埋下的祸根？[3]因此，如果要立中国法治之成功典范或者法治之神像，笔者倒觉得曹操可担当。邓子滨博士说，中国"四大名著，其中有两部是反'法治'的"[4]，笔者不知道他所说的反法治的名著是否包含《三国演义》，但笔者却将《三国演义》视为中国法治隐喻的经典。当代灵活的、以一时

---

[1] 不等关羽知道刘备的下落，刘备早已被曹军所灭杀。
[2] 邓子滨:《中国实质刑法观批判》，法律出版社2009年版，第178页。
[3] 三国演义中似乎没有提到刘备是如何培养阿斗的，这是笔者的推测。《三国演义》中倒是对曹操与其后辈之间的关系有些事例的描述，从中可看出曹操对后辈教育的严格形式。因此曹操死后，其儿孙挑起了魏国的大梁。而不是像阿斗那样"乐不思蜀"。
[4] 参见邓子滨:《中国实质刑法观批判》，法律出版社2009年版，第176页。

一利来考量的实质解释的艺术,"辩证法"[1]的艺术,又何尝不是"赢了每次战斗,却可能输了整个国家"的《三国演义》之翻版?

(八) 第七章之关键词:牛虻之刺

第七章名之为"实质刑法的方法"。该章取名如此,给人的印象是对实质解释的方法的归纳与分析,但笔者看到的或者重视的却是本章突出显示的批判方法的形式——牛虻之刺。

前些日子,笔者带两岁的女儿去动物园玩,看到铁栏之中的百兽之王——狮子。观察中突生奇想,"狮子最讨厌什么?"是人吗? 有一定道理,因为百兽之王从丛林中的霸主被迁移到铁栏之中,人是最大的敌人与罪魁祸首,现在百兽之王已经快绝种了,连仅有的生存之地也是人类的大规模驱逐与杀戮后的恩赐。但是对于铁栏外的人群的喧嚣与吓唬,躺在草丛中闭目养神的狮子置若罔闻,纹丝不动。对人,狮子仍然保留着王者的尊严,不放在眼里,毕竟没有人真敢跳进铁栏里与之对视、戏弄、相搏。真正让其烦躁不安的不是人,而是时不时飞来叮它几口的牛虻,在旧伤没有愈合之前,又添几道新伤。狮子的牙爪不可谓不尖利,尾鞭不可谓不强韧,这些强大的生存武器足以对付体型大体相当的动物,但在牛虻之刺面前不能说全然失效、一点都派不上用场,但多少有点陷入"高射炮打蚊子"、"英雄难有用武之地"的尴尬境地。机敏的牛虻用刺可以将这些"伟大"的动物一针针扎得体无完肤。因此,表面上大而全的东西,并非时时有效,在特定情形下也有可能陷入平庸。而类似于牛虻之刺那样小而利的武器却可能成为一种"片面的深刻"。[2] 笔者在本章中就看到了这场"牛虻与狮王"的较量。牛虻公开与狮王叫板,贴身实战。邓子滨博士选取了苏彩霞、刘艳红教授的"两篇著名的、备受瞩目的"实质解释的论文进行了一句对一句,一段对一段的批判性分析,指出了那表面上逻辑自洽的皮肤上的一个个或许肉眼看不见的漏洞、歧义,毫不留情用牛虻之刺扎了下去。看你还昏昏欲睡、不知警醒!

具体的批判,参读本章。笔者关心的是狮王的可能的反应:会不会也有"中国的狮子"与"西方的狮子"的区别? 在西方,当苏格拉底这只"牛虻"深深地刺痛了某些人的神经后,这些人很快就组织了反击,网罗了罪名,对苏格拉底这个不受欢迎的人进行了审判,一巴掌把"牛虻"拍死,继续沉睡。后来有越来越多的苏格拉底式的"牛虻"前仆后继地刺激"狮王",使得狮子"有时入睡,但不(在睡梦中)死亡"。[3] 于是产生了为中国学者所羡慕的西方文明、民主与法治的社会。龙勃罗梭被笔者视为典型的"牛

---

[1] 这里笔者对实质解释的"辩证法"艺术的反思,并不是反对辩证法的哲学方法与思维本身。例如笔者的"赢了每次战斗,却可能输了整个国家"反思结论本身就是一个辩证法性质的结论,也是运用了辩证法的哲学思维得出来的。

[2] 陈兴良教授在评价西方的刑法流派时,使用了"片面的深刻"一词[参见陈兴良:《缅怀片面(代跋)》,载陈兴良:《刑法的启蒙》,法律出版社1998年版]。

[3] 参见张明楷:《刑法格言的展开》,法律出版社1999年版,第6页。

虻",他在1876年出版《犯罪人论》时没有多少古典刑法学者关注,直到两年后第二版才引起了刑法学术界的注意,并组织了反击,于是产生了著名的学派之争,从此刑法理论在新派与旧派之间展开了旷日持久的拉锯战,刑法理论的发展方向发生了根本性的变局。笔者担心的是实质刑法观阵营这头中国雄狮会不会再次发挥其中国式的"以静制动"之智慧:明知道被刺痛了,还强忍着纹丝不动,你看,我一点都不痛。虽然实质刑法的领军人物张明楷教授早就提醒了,正常的学术批判不应当"自说自话人云亦云"、"重申自己陈旧的理由",而是应当针锋相对,直面他人的学术批评,给以直接的回应[1],但是,实质刑法观的阵营(实质解释论者)是否真的能实践该观点,组织有声有色的反击,尚待观察。

(九)第八章之关键词:雪山飞狐之尾

第八章名之为"再论形式与实质"。既然是"再论",显然前文对此已有部分的论述,同时本章也应该有新的论述或者升华。于是,笔者就看到了令笔者赞叹的,可堪称本书中最精彩之述——本章文末引入的《动物农场》的故事。[2] 笔者将其比之为金庸小说"《雪山飞狐》之尾"。[3] 在《动物农场》中,农场的动物们成功推翻人类的统治,建立了一个"动物平等"的社会,立了一个《七诫》之法:凡用两条腿走的都是敌人;凡用四条腿走或长翅膀的,都是朋友;凡动物都不可以穿衣服;凡动物都不可睡床铺;凡动物都不可饮酒;凡动物都不可杀任何别的动物;凡动物一律平等。为了便于动物们理解这些律法,动物在执行中对这些律法进行了实质解释,一一破解,最后墙上只剩下这样一条戒律:"凡动物一律平等,但是有些动物比别的动物更加平等"。[4] 看到这里,我们仅仅是开心地一笑吗?

当然,如果笔者是邓子滨博士,也能想到在章末引入该故事的话,或许笔者就不会再加上《动物农场》原作者对该故事的评价,此时"无声胜有声"。这一引评,虽有点题之功效,却在某种程度上弱化了想象空间,有点画蛇添足、狗尾续貂之嫌。

(十)第九章之关键词:回归古典

第九章名之为"回归古典学派"。这是最后一章,表达了邓子滨博士对西方刑法学中的以贝卡里亚为代表的古典学派的崇敬与重新解读的立场。笔者对此没有异议,但却在关键词中去掉了"学派",意在表明笔者的某些看法(这不见得就是和邓子滨博士的分歧,也许他也同意笔者的观点):古典不仅仅指的是西方刑法学的古典,也应该包

---

[1] 参见张明楷:《学术之盛需要学派之争》,载《环球法律评论》2005年第1期。
[2] 《批判》书中还有很多引人入胜的历史故事、小说故事、电影、案例。
[3] 在"飞雪连天射白鹿,笑书神侠倚碧鸳"的十四部金庸小说中,《雪山飞狐》的故事算不上最精彩的,但其结尾确实是唯一最精彩的。所有的其他小说,大侠们都有一个相对完满的归宿与确定的结局,唯有《雪山飞狐》中两大英雄(为父报仇的胡斐大侠与其女友之父苗人凤大侠)在雪山之巅决斗时,留下了"胡斐到底能不能平安归来和她相会,他这一刀到底劈下去还是不劈"的悬念结尾。
[4] 动物的完整的解释过程参见《批判》一书的描述。

含对中国历史、法律文化的古典的重视与重新解读。

虽然笔者对《批判》全书章节的评价极尽赞誉之词,但该书并非没有瑕疵与缺憾。因此下文中,笔者站在实质解释论的立场,鸡蛋里挑骨头,对《批判》一书进行反批判。

三、《批判》之批判

(一)戏解《批判》

"甫见《中国实质刑法观批判》这一书名,就令人眼前一亮,似乎嗅到了扑面而来的学术火药味,但笔者还是为之叫好。在笔者的印象中,除郭沫若的《十批判书》这一书名给笔者留下深刻的印象外,以'批判'一词而入书名的,不仅法学界没有,人文社会科学界也极为罕见",陈兴良教授在为《批判》一书所写序言的开篇如是说。《批判》之书名透着冷峻的杀气,而仔细阅读该书内容,更被其指名道姓的批判之锋芒震撼,处处昭显着"十步杀一人,千里不留行"的"侠客"之道。[1]

且看《批判》书中被指名道姓受批判的是刑法学术圈中的哪些风云人物:张明楷教授、刘艳红教授、吴学斌博士、苏彩霞教授。张明楷教授的大名自然不用笔者介绍,按照邓子滨博士自己的话说,"着眼于刑法学最近 10 年的大势,愚以为理论殊荣应当给予张明楷先生。"[2]张明楷教授与邓子滨博士在现实生活中是亦师亦友的关系,邓子滨博士对张明楷教授的为学为人为师之道颇为敬重,"张先生雅人深致,深藏若虚,为文条分缕析,涉笔成趣,虽无硬语盘空,自能如汤沃雪,发蒙振落。"[3]在《批判》一书中,张明楷先生却成为邓子滨博士批判之剑锋的首指。

若论邓子滨博士手中的批判之剑,还是张明楷教授亲手所造所赐,"2004 年秋,我再三敦请张明楷先生写一篇提倡学术批判的文章,张先生推却不过,两个月后惠赐一

---

[1] 李白曾经写过一首著名的诗歌《侠客行》:

赵客缦胡缨,吴钩霜雪明。银鞍照白马,飒沓如流星。十步杀一人,千里不留行。事了拂衣去,深藏身与名。闲过信陵饮,脱剑膝前横。将炙啖朱亥,持觞劝侯嬴。三杯吐然诺,五岳倒为轻。眼花耳热后,意气素霓生。救赵挥金锤,邯郸先震惊。千秋二壮士,烜赫大梁城。纵死侠骨香,不惭世上英。谁能书阁下,白首太玄经?

李白之《侠客行》中"行"并非动词,而是古诗歌的一种文体。金庸先生根据李白的《侠客行》诗歌,创作了同名武侠小说《侠客行》,本文对《批判》的戏解与反批判,得益于金庸小说的《侠客行》故事的启发。下文对中国刑法学术批判中的"江湖"、"侠客"、"门派"、"剑"、"杀"、"搏"之说乃戏说、比喻、夸张,虽有一定的现实基础或线索,但绝非刑法学术中的实物、实人、实事的摹写。下文中对《侠客行》小说中的引用均出自金庸:《侠客行》,广州出版社 2008 年版。

[2] 邓子滨:《〈法学研究〉三十年:刑法学》,载《法学研究》2008 年第 1 期。

[3] 邓子滨:《刑法学的〈法学研究〉之路》,载陈兴良主编《刑事法评论》(第 22 卷),中国政法大学出版社 2008 年版,第 20 页。

篇大作(《学术之盛需要学派之争》,《环球法律评论》2005年第1期)"[1]。经过邓子滨博士5年的打磨,将张明楷教授提倡的学术"批评"开锋为学术"批判",将宝剑磨砺得寒气逼人。万万出乎意料的是,开锋之剑首次出鞘,"见血封喉"指向的就是宝剑的打造者。不过这倒印证了圣经中的一句话:"凡动刀剑的必死于刀剑之下"[2]。笔者细查宝剑的铸造、开锋的全过程,颇感"请君入瓮"之意味。而被邓子滨博士批判之剑锋横扫的刘艳红教授[3]、吴学斌博士、苏彩霞教授则是集聚在张明楷教授撑起的实质解释大旗之下,近几年迅速崛起的中青年刑法豪俊,其剑锋间或也扫及因受不住实质解释的强大感染力之诱惑而偶尔站错了阵营,改变原本持有形式法治论的青年刑法豪俊,如劳东燕博士[4]。

《批判》一书,就犹如金庸武侠小说《侠客行》中的"赏善罚恶"令牌,每10年重现江湖一次。凡接到"赏善罚恶"令牌,被"霸王硬上弓"式地邀请到侠客岛去喝腊八粥的各大门派的领军人物,都去无回,消失无踪。而那些据说拒接、反抗"赏善罚恶"令牌的门派都遭"赏善罚恶"两使者张三李四的满门灭杀。吃敬酒是死,不吃敬酒也是死,一时间中原武林闻"赏善罚恶"令牌如闻瘟疫,唯恐避之不及。不过幸而神秘的侠客岛之谜在小说《侠客行》最后得以揭开。原来那些武林大师们被《侠客行》武功秘籍所吸引,自愿留在侠客岛几十载研究、解释该武功秘籍[5]。

《侠客行》小说中对无数大师们充分发挥各自的智慧、悟性,围绕《侠客行》古诗的一句、一个字眼、一个图解的意思而进行的"公说公有理、婆说婆有理"的辩驳有精彩的

---

[1] 邓子滨:《中国实质刑法观批判》,法律出版社2009年版,前言第1页。
[2] 现今美国人戏谓"不带枪就不会被打死"。
[3] 刘艳红作为邓子滨博士的最好的朋友,在《批判》一书中对她的批判是着笔最多、最严厉和最狠的。邓子滨博士因此在一个脚注中坦承该批判方式似乎有一种"背叛"友情的心虚感(邓子滨:《中国实质刑法观批判》,法律出版社2009年版,第135页)。
[4] 邓子滨:《中国实质刑法观批判》,法律出版社2009年版,第155页。
[5] 原来侠客岛的龙木两位岛主早年立志行侠仗义,赏善罚恶,偶然发现一通达南海之滨的侠客岛之密图,找到一位无名武功大师刻在石壁上的武功秘籍,即李白《侠客行》诗歌及其该诗歌的文解与图解。二人大喜之下便按图解修习武功,但研习数月之后,二人对图解中所示武功生了歧见,彼此争辩数日,始终难以说服对方,二人便立约各练各的,练成之后通过比试来印证谁对谁错,结果数月之后二人拆招发现原来二人都练错了。如此反复,虽武功日增,但彼此都觉得自己没有解开武功秘籍的真义。恐怕是自身的先入之见的武功见解遮蔽了对秘籍真义的理解,于是收了一些从来没有练过武的人为徒,让他们参悟秘籍,结果数名弟子的歧义百出,一人一个说法,似乎都有理,但又都是错的。于是两岛主将《侠客行》诗歌及其图解复制,去寻中原的少林、武当两大门派的顶尖武学大师参悟,两位大师初见此秘籍,也是颇为惊喜,一齐到侠客岛揣摩图解之真义,第一个月,两位大师想法尚是大同小异,第二个月时已是歧见丛生。第三个月,两位早已淡泊自甘的世外高人竟也因参悟不同而动手拆招,如此反反复复,始终是相同者少而相异者多,然而孰非、孰高孰低,却又难言。龙木二岛主觉得唯有集思广益,方能通解全图,所以派徒弟张三李四去中原,向各大门派的奇才异能之士发邀,顺便除掉那些为非作歹的武林败类。奇才异能之士来岛后各尽心思,共同参悟,但仍然无人能全解《侠客行》古诗隐含的真义。岛主是任由他们自归,来去自由,30年中竟然无人愿意离岛,足见石壁上的武学迷人极深

描写,辩驳中可谓充满了文理解释与论理解释、孤立解释与体系解释,主观解释与客观解释、历史解释与现实解释的争论。这让笔者想起了实质解释提倡者张明楷老师的一段话:"还有其他很多理由,使得我不赞成主观解释论。例如,刑法是成文法,成文法意味着要用文字来表达立法精神。文字制定出来之后,我们就要通过文字、用语的通常含义来理解其意思。大家都读过唐诗宋词,我也偶尔翻翻唐诗鉴赏辞典或宋词鉴赏辞典,我发现那些写《鉴赏辞典》的人真是会写,往往说这句话好或者某个字好,它表达了五六种意思,难道他们都问了李白、杜甫么?显然没有啊!他是根据用语表达、背景等等去分析而得来的。法律也是如此。法律一旦制定出来就是一个客观的存在,不以制定者的意思为转移。而且,听众、读者发生了变化,文本的意思也会发生变化。"[1]该段话说得甚为有理,充满了迷人的智慧之思,让人想不出有力的反驳理由。然而当这些武学大师对《侠客行》诗歌进行着迷人的实质解释时,唯有一个人格格不入,他就是《侠客行》中的主人公石破天,一个斗大的字不识一箩筐的愚笨之年轻人。[2]

笔者从《批判》一书中看到了类似于《侠客行》的故事结构,强烈地感知到邓子滨博士身上的那股"石破天"的气息。当邓子滨博士高举备受实质解释论贬斥的形式刑法(形式解释)的大旗,对"法律需要解释"这个目前多数学者公认的命题提出质疑,他坦言信奉贝卡里亚所说的"'法律的精神需要探询',再没有比这更为危险的公理了"[3],他最后的结论就是"回归古典学派"。[4] 是不是邓子滨博士也歪打正着地破解了贝卡里亚大师几百年前就书写在《论犯罪与刑罚》一书中的法治精神(罪刑法定)的真义?当他将"当下中国,罪刑法定原则不仅没有实现'法的安定性',反而有些神出鬼没了。看来,法律解释原则的命脉,不是解释的技巧,而是法无明文规定真就不为罪的勇气"[5]之说简化为"'无法无罪'太傻、'有法有罪'太笨"的命题,并坦承自己就是想做

---

[1] 张明楷:《刑法解释理念》,载《国家检察官学院学报》2008年第6期,第141页。
[2] 《侠客行》小说中描述了石破天在岛上的心境:"壁上文字的注解如此难法,刚才龙岛主说,他们邀请了无数高手,许多有学问的人来商量,几十年来,仍是不明白。我只字不识,何必去跟他们一同伤脑筋?"石破天对他们的辩论与演练全然不懂,石壁上的注释又一字不识,听了半天,全无趣味、颇感无聊,只想着早点离开此岛,却劝不动那些同来的武学高手们。无聊之极,按照那全不识的文字的一笔一画之蝌蚪外形想象、比划,却不料如此的南辕北辙之练法却歪打正着,无意中破解了武功秘笈的真义,练成了绝世武功。二岛主看在眼里,喜在心里,死也死得瞑目、不致抱憾终生。龙岛主轻叹道:"原来这许许多多注释文字,每一句都在故意导人误入歧途。可是参研图谱之人,又有哪一个肯不去钻研注解?"石破天对秘笈创始人何以故意写上这许多字,教人走上实质解释的错路甚为不解。龙木二岛主推测道:"到底是什么居心,那就难说得很了。这位武林前辈或许不愿后人得之太易,又或者这些注释是后来另外有人加上去的,这往昔之事,谁也不知道的了。或者这位武林前辈不喜欢读书人,故意布下圈套,好令像石帮主这样不识字的忠厚老实之人得益,这位前辈用心深刻,又有谁推想得出?"
[3] 邓子滨:《中国实质刑法观批判》,法律出版社2009年版,第14页。
[4] 邓子滨:《中国实质刑法观批判》,法律出版社2009年版,第288页。
[5] 邓子滨:《刑法学的〈法学研究〉之路》,载陈兴良主编《刑事法评论》(第22卷),中国政法大学出版社2008年版,第25页。

一回真诚的守夜人,打更瞭望而已〔1〕,指出"罪刑法定写入刑法12年来,司法解释与审判实践都证明了这个原则的彻底失败",认为我国刑法规定的罪刑法定原则在充满智慧与艺术的实质解释之中瓦解,将矛头直指实质解释时,连一向主张形式解释的陈兴良老师都不得不为他的这股类似于《皇帝的新衣》寓言中或者《侠客行》小说中〔2〕的那个小孩子般的幼稚气与傻笨劲担心。〔3〕 幸而当今刑法学术圈并非金庸笔下的险恶江湖、尔虞我诈,所以邓子滨博士才敢赤裸裸地将自己破解的法治"真义"亮出来,和实质解释论的群雄们短兵相接。"毕竟,时代进步了,过去,你批评一个人的方法,他不害怕,水平有高有低嘛,只要观点正确就行。现在,你批评一个人的观点,他不生气,一人一个看法嘛,只要方法正确就行"〔4〕。

然而武器是中性的,它既可以被人用来杀他人,也可以被他人拿来杀自己或者"自杀",我们就来看看邓子滨博士所使用的批判之剑是如何可能导致"自杀"的结果,同样也印证了"凡动刀剑的必死于刀剑之下"之圣语的。下文中,笔者将站在实质解释论的立场,采用"即以其人之道,还治其人之身"之策略,重点揭示《批判》一书存在的漏洞与缺陷,对《批判》进行反批判。

(二)《批判》一书的论证上的漏洞与内容上的缺陷

1. 游击战法对游击战法

在《批判》一书中,邓子滨博士对实质解释论方法论上的批判主要指向实质解释的高度灵活、琢磨不定的辩证法或者游击战策略。例如在批判实质解释论所赞同的犯罪的混合概念时,他指出:"混合概念高举辩证统一的大旗,这面大旗本身即有哲学话语的优势。但是法学毕竟不同于哲学,哲学命题不能无条件移植到法学中"。并认为实质解释论者标榜的所谓的形式与实质相统一的犯罪概念,实则是政治家们利用理论的浪漫,以图谋那些其实毫无浪漫可言的政治浪漫主义。〔5〕 实质解释论在对刑法目的的"既保障人权,又保护社会"的双重目的的解释以及对实质解释"既实现了形式正义

---

〔1〕 邓子滨:《中国实质刑法观批判》,法律出版社2009年版,第32页。
〔2〕 关于中国人的老道圆滑之民族品格的论述,参见邓子滨:《中国实质刑法观批判》,法律出版社2009年版,第172—173页。在金庸小说《侠客行》第三章中,对石破天这个小丐的傻笨劲有经典的描写。小丐石破天由于自小没有与陌生人交往的特殊的幼年成长经历,不懂人情世故,不具有中国人特有的圆滑老道的性格。在与魔头谢烟客的交往中,说出一些让谢烟客好笑又好气的话,这些话若是出自他人之口,谢烟客必定认定为是辱骂、讽刺他的话,想都不想,举掌将他劈死。
〔3〕 陈兴良教授对该论断的简评是过于愤慨、偏激、悲观(邓子滨:《中国实质刑法观批判》,法律出版社2009年版,序第6页)。陈兴良教授的这一简评实则是龙岛主对石破天破解了武功秘奥后的教诲:"小兄弟,适才石室中的事情,你千万不可向旁人说起。就算是你最亲近之人,也不能让他得知你已解石壁上的武功秘奥,否则你一生之中将有无穷祸患,无穷烦恼。常言道:慢藏海盗,你身负绝世神功,若是有人得悉,武林中不免有人因羡生妒,因羡生恨,求你传授指点,或迫你吐露秘密,倘若所求不遂,就会千方百计加害于你。你武功虽高,但忠厚老实,实是防不胜防。因此这件事说什么也不能泄露了。"
〔4〕 邓子滨:《中国实质刑法观批判》,法律出版社2009年版,第222页。
〔5〕 参见邓子滨:《中国实质刑法观批判》,法律出版社2009年版,第107—108页。

(形式合理性),又实现了实质正义(实质合理性)"的完美均衡的解释模式的宣称背后,实际上是为非规则的、突破形式限制的、以一时一例的政治权力抉择为转移的游击理论实践留足空间。[1] 当符合某些政治权力利益,需要对个案出罪时就祭出保障人权、实现形式正义(形式合理性)的旗帜,当需要入罪时就祭出保护社会、实现实质正义(实质合理性)的大旗,而且他通过很多实际案例的考证、比较,得出我国的实质解释在司法实践中更多的是导致入罪的结果。这种批判笔者不能不说非常有道理,但是笔者也看到邓子滨博士在《批判》一书中又何尝不是采用了这种游击理论或者辩证法的论证策略? 笔者鸡蛋里挑骨头地试举几例。

例一:邓子滨博士到底是主张"法律不需要解释"还是"法律需要解释"?《批判》中在此处一个说法:法律不需要解释;[2]在彼处又是另外一个说法:"杜绝不利于被告的扩大解释""不应当鼓励解释""尽量少解释",可见法律还是需要解释,哪怕是只做有利于被告的解释。[3] 我们该相信那一个说法? 不确定。也许当实质解释论反驳此说法时,他就会祭出彼说法应付,当实质解释论反驳彼说法时,他就会祭出此说法应付,"兵来将挡,水来土掩",这不也是一种他所批判的圆滑老道、善于应付规则的辩证法、游击理论的表现?

例二:在批判张明楷教授关于法律漏洞需要刑法解释予以填补的观点时,邓子滨博士自己的结论也是不确定的、模糊的。"我们承认法律的漏洞,并不意味着一定要去填补它,或者一定能够填补它,是否一定要去填补,这涉及刑法的特点"。[4] 如此看来,他实际上也主张对刑法漏洞是否需要填补也要做出以条件为转移的区别对待,而不是无任何例外的一刀切。若无误解,笔者可推知他主张对被告人有利的漏洞时一定要填补,对被告人不利的漏洞时则要杜绝弥补。

例三:对反对还是赞成当然解释的含糊其辞。他在批判张明楷教授主张的当然解释时,通过举例说明了实质解释论主张的当然解释与类推解释仅仅只有一步之遥,足以说明当然解释在适用中的含糊性以及主观性。因此对当然解释持"最深刻的检省"态度。然而检省哪怕再深刻,也还是含糊的态度。我们只需借用《批判》一书中常采用的反问句式,问他一句对《刑法》第 201 条中"因偷税被税务机关给以二次行政处罚又偷税的"构成偷税罪,该法律规定中的"两次"是否可以"当然"解释为三次、四次……? 如果他得出不能如此解释,笔者无话可说,如果他说可以采用这种当然解释,实质解释没有提出划分当然解释与类推解释的清晰界限,邓子滨博士的"深刻检省"同样没有给我们提供明确清晰的界限。

---

[1] 关于实质解释的辩证法理论、游击理论品质的描述与批判,参见邓子滨:《中国实质刑法观批判》,法律出版社 2009 年版,第 44—45 页。

[2] 参见邓子滨:《中国实质刑法观批判》,法律出版社 2009 年版,第 14、312 页。

[3] 邓子滨:《中国实质刑法观批判》,法律出版社 2009 年版,第 21、78—79 页。

[4] 邓子滨:《中国实质刑法观批判》,法律出版社 2009 年版,第 159—160 页。

例四:在批判方式上执行"宽严相济"的矛盾的、辩证的、灵活的批判态度,倾向于实践了他所批判的实质解释论"法的因地制宜而不注重一体守信"之缺陷。这体现在两个方面:(1)前言对"批判"的界定与其他章节之批判实践的差异。在导论中,他极其反感学术界"为了学术批评,甚至批判,人们往往要安抚一下被批判对象。不仅讲一番'被批判者的大度,有利于学术批判的展开'的大道理,而且告慰他们说'批判者是你著作的最忠实的读者,得到批判,就是得到承认与尊重'"。他认为:"这类说辞意在预防被批判者的过激反应,既说明了批判者的老练,也反应了以己度人的心态,透露出批判者内心的惶恐。人们怎样看待自己,就怎样看待他人。"[1]可是我们在书中看到他真的指名道姓地批判张明楷教授、刘艳红教授、苏彩霞教授时,恰恰看到有或长或短的安抚话语和大道理,搬出了"张明楷先生与笔者,亦师亦友,所以,向老师问难几句,谅不为过"之类的套话。[2](2)他对张明楷教授的批判用语显然比对同辈的刘艳红、苏彩霞等宽和得多。由此可见,邓子滨博士"只看见他人眼中有刺,看不见自己眼中的梁木"。或许他并不是具有真正的小孩般的愚钝、直率、真诚之性格,他只是一个戴着小孩子面具的成年人。中性地讲,他的批判策略是"大智若愚",尖刻地讲他是以小孩愚钝、直率的发问、问难之合法批判形式,掩盖一个成年中国人圆滑老道性格的实质之不法目的。恰如他在批判实质刑法观时所言:"想想那句充满正义感的语句——'以合法形式掩盖非法目的'……说这话的人总有一种胜利感,心里还伴随着一句注释:我抓到你了!戳穿、揭发、撕去,总是针对画皮、诡计、伪装尽情使用的合法暴力"[3]对不起了,邓子滨博士,笔者"生活中的朋友"[4],笔者这个实质解释论者还真用你的批判实质解释论的招式"抓住你了!……"总之,矛盾!游击!辩证!笔者在全书中都看到了它们的身影。

如此看来,笔者上文中对邓子滨博士的"石破天"的类比可能是不甚妥当的。在邓子滨博士身上我们也看到了那种病入膏肓、植入骨髓的圆滑老道之中国人的民族性格。笔者以为还是应当通过"透过现象看本质"的实质解释方法,恢复他的中国成年人的身份定位。将他的《批判》一书界定为成年人与成年人之间的关于法治真理、真义的辩论、质疑、发问的关系,而不是小孩与成年人之间的问难关系。于是我们就从方法论的反批判过渡到对本体论上关于法治真理、真义的反批判。

2."形式刑法"何以可能

"'形式刑法'何以可能?",当笔者作为一个实质解释论者从本体论上提出该问题时,其实隐含的答案就是:若"实质刑法"完全被其驳倒,证明是错误的理论,"形式刑法"在本体论上也将瞬间崩溃,丧失其存在的根基。理由如下:

---

[1] 邓子滨:《中国实质刑法观批判》,法律出版社2009年版,前言第3页。
[2] 邓子滨:《中国实质刑法观批判》,法律出版社2009年版,第160、222页。
[3] 邓子滨:《中国实质刑法观批判》,法律出版社2009年版,第43页。
[4] 笔者其实与邓子滨博士只是在酒桌上曾经有一面之缘,若再次偶遇,说不定彼此难以认出。

（1）和上文的方法论批判有关联的一个问题就是，形式刑法（形式解释论）在实践中无法真正一贯地坚持"法律不需要解释"的法治"真义"。虽然邓子滨博士推崇贝卡里亚的"法律不需要解释"的法治"真义"，但是该法治"真义"自贝卡里亚提出以后，就从来没有在西方法治史上真正实践过。[1] 如果在以法治标榜的西方法治史上都没有真正实践或者实现过，在中国这个实质主义思维占统治地位的国度，更加不可能实践。如果说资本主义社会是人类发展史上的一个"卡夫丁峡谷"，在特定的历史条件下，国家由前资本主义的生产方式直接进入以公有制为基础的社会主义生产方式阶段，可以不通过资本主义制度的卡夫丁峡谷，直接跨越资本主义生产发展的整个阶段。不需要法律解释的形式法治从来没有在现实历史阶段存在过，就根本谈不上一步到位的"跨越"问题。

（2）退一万步讲，如果说不能以西方法治史的成功与否的经验来断定我国法治发展中成功与失败，我们就必须从实体上考察我国刑法学是否能够实践刑法不需要解释的形式法治的"真义"。在笔者看来这也不可能。理由一，从犯罪论体系来看，形式刑法观主张者提出的"形式的犯罪论"并非在整个犯罪论体系中都排除实质解释，而只是坚持在犯罪构成符合性这个第一要件或者范畴中排斥实质解释，第二个、第三个要件（违法性、有责性范畴）中仍然是实质解释。换言之，如果要彻底坚持不需要法律解释的犯罪论体系，其犯罪论的体系就应当只有唯一的一个范畴或者要件——形式的构成要件符合性。笔者还没有看到有哪个学者提出这样的犯罪论体系。理由二，从形式刑法观持有者强调或者坚持的罪刑法定的本义（保障犯罪人的人权，限制国家权力的滥用）来看，如果要彻底坚持法律不需要解释，就必然违反了罪刑法定原则的真义，既要"坚持法无明文规定不为罪，法无明文规定不处罚"的出罪之本义以外，还需要坚持形式刑法观持有者所反对的"法有明文规定则必为罪必处罚"的入罪之义。如此，形式刑

---

[1] 关于法律不需要解释的形式法治是否在西方历史上真正实践过，尚可讨论。笔者愿意在此提供一段不知道算不算成功实践的一个历史瞬间。《国法大全》颁布后，罗马的查士丁尼皇帝立即禁止再行参阅其他任何法学家的著作，只能参考《国法大全》，也禁止对《国法大全》进行任何评注。从这个角度来看，《国法大全》似乎确立了禁止对该法律进行解释的原则（[美]梅里曼：《大陆法系》，顾培东、禄正平译，知识出版社1984年版，第7页）。但这个历史瞬间需要注意两个事实：(1)《国法大典》事实上并没有禁止一切法律解释，皇帝在《国法大全》的编撰中本身就收录了他认为权威的法学家对法律的解释；(2) 皇帝的这个命令本身收效甚微，即使是在查士丁尼当政期，该命令就遭到蔑视。因此，学者们实际上一直在对该法典进行解释（[美]梅里曼：《大陆法系》，顾培东、禄正平译，知识出版社1984年版，第7—8页）。"在西方，查士丁尼的罗马法被视为一种理想法，是理性的文字体现，即书面理想，他的原则应该支配任何地方的所有法"，但是该"罗马法也只有通过立法或者法学家解释而明确地融入实在法之中，罗马法的规则和概念才能成为西方帝国的实在法"（[美]伯尔曼：《法律与革命》，中国大百科全书出版社1993年版，第249页）。即使罗马法是一个已经完成了的，不可改变的东西，但却可以对其进行重新解释。应当说，即使法学者为了使法律具有一定的灵活性，也对国法大全进行着解释，虽然这种解释基本上还是受到立法至上观念的制约，"罗马法的解释家们谨慎地解释法律以适应变化"（[德]魏德士：《法理学》，吴越、丁晓春译，法律出版社2005年版，第18页）。

法观(形式解释论)就陷入了自我矛盾之中,用邓子滨博士批判实质解释论者的话来说,那就是"他挖自己的墙脚,不知不觉地瓦解了本拟建造的屋宇"。[1] 这正中实质解释论的下怀。实质解释论批判形式解释论的理由之一就是形式解释论提出的形式合理性优先的观点,仅仅适用于被刑法遗漏的"犯罪",即事实上存在实质上值得科处刑罚的社会危害性(实质违法性),但缺乏刑法的形式规定的行为,此时不应当通过实质解释入罪,只能通过将来的立法修改来入罪。而对于刑法条文可能包含的不值得科处刑罚的行为,即客观上存在符合刑法的文字表述(具有形式违法性)但实质上却不值得科处刑罚(不具有实质违法性、社会危害性)的现象,则应当根据罪刑法定原则的本义实行实质合理性优先于形式合理性的处理原则,通过实质解释出罪。[2] 理由三,如果坚持法律不需要解释的形式法治"真义",形式解释论者则必须有勇气删除世界各国刑法理论都涉及的某些刑法范畴。例如刑法解释的方法等内容完全可以删除,若有必要保留也唯有反对刑法解释的形式意义。笔者甚至一直怀疑所谓的文义解释或形式解释是不是一种有实质意义的解释方法。如果说文义解释或者形式解释是《登徒子好色赋》中所言的"增之一分则太长,减之一分则太短"意义上的不多不少的东西,甚至连我们日常生活中指向同一对象的"爸爸"与"父亲"之间的词语转换中的意义增减也没有的话[3],就难以称之为"解释",而是同语反复。或许文义解释或者形式解释只有相对于论理解释或者实质解释才有意义,如推至极端,可能整部刑法教科书都要改写,只需复制刑法典条文即可,连刑法典中的条文顺序也最好不要改变,因为顺序的改变或者归纳总结,很可能就包含了某种意义增减的论理解释的成分,如体系解释。如果不做这样极端的推断,至少刑法总论中的一罪与数罪,分则中的法条竞合的内容可能也就没有必要了。因为一罪与数罪以及法条竞合的内容,说白了就是讨论犯罪类型之间的交叉、重合、包容、转化的复杂的辩证关系,而如果按照某些形式解释论的观点,似乎刑法分则规定的犯罪类型是非此即彼、泾渭分明,无需解释与价值判断即可严格划分开此罪与彼罪的关系。理由四,笔者还需要针锋相对地"换一个不那么学术的角度"[4],谈点别的东西。邓子滨从一般文化教育的角度忧思"只要实质优于形式的哲学观念继续作为我们中学和大学课堂的真理在讲授,则越是受过高等教育的司法官员就越是倾向于根据犯罪的实质内容去追究犯罪"。[5] 很不幸地被他言中了,这恰恰是一个在中国难以更改的文化教育方面的事实,甚至也是世界各国的文化教育的趋势,"今后的大学不再培养容易落后的专家,而要培养能够适应变化情况的通才(联合国教科文组织:

---

[1] 邓子滨:《中国实质刑法观批判》,法律出版社2009年版,第154页。
[2] 参见张明楷:《刑法解释的基本立场》,中国法制出版社2002年版,第121页。
[3] 显然,"爸爸"与"父亲"虽然指向同一对象,但其感情色彩却有增减,有差异。
[4] 邓子滨:《中国实质刑法观批判》,法律出版社2009年版,第88页。
[5] 邓子滨:《中国实质刑法观批判》,法律出版社2009年版,第109页。

《学会生存》)"。[1]

如此看来,"法律不需要解释"意义上的形式法治在我国也是不可能一丝不苟得到实践的,所以形式解释论的领军人物陈兴良教授在出罪方面主张有利于被告的实质解释、论理解释(扩大解释或者缩小解释)。邓子滨博士也间或赞同该主张。

(3)形式解释论一旦承认实质解释的不可避免性,也就不可避免的染上形式解释论所批判的、实质解释所具备的一切缺点与缺陷。实质解释如果有缺陷,它并不因为出罪方向就天然具有免疫力。笔者承认形式解释论者对实质解释论的实践是"出罪少、入罪多",以"实质、本质、目的破坏形式"的批判很有道理,按照邓子滨博士的话说,"(实质)'解释'的威力太强大,只要找到一个切入点,擅长(实质)解释的人就能给出一个'有理'的结论。"[2]这一批判理由同样适用于形式解释论者主张的出罪方向的实质解释,正如张明楷教授对形式解释或者其他解释的批评所言,这些解释通过某些理由,某些切入点而人为地制造法律漏洞,有能力将谋杀、毒杀行为解释为不符合故意杀人罪,只能以无罪来处理的解释结论,这明显违反刑法的正义要求。[3]如果说形式解释反对实质解释入罪的理由是"欲加其罪何患无辞",实质解释论者同样也可以提出类似逻辑形式的反对形式解释出罪的理由:"欲出其罪何患无辞"。

(4)作为形式解释论所反对的实质刑法的实质——社会危害性概念。也许并没有形式解释论者所言那么"不济"。[4]理由一,作为形式解释论所主张的刑法规范概念——法益侵害性概念,完全可以从社会危害性概念发展过来。例如张明楷教授就指出了用法益侵害这条对社会危害性概念具体化、规范化之路。[5]理由二,凡是实体概念,就免不了模糊性、主观性、精神性。而灵活、智慧地运用法益侵害概念来解释刑法的专家当首推张明楷教授,他则恰恰被批判为罪刑法定原则的瓦解者。因此若要以维护罪刑法定为理由驱逐社会危害性概念,恐怕法益(侵害)概念也要驱逐,不能为了坚持自己的观点而厚此薄彼,任"词"唯亲。正如方鹏博士指出的那样:"纠缠于法益与社

---

[1] 转引自肖纪美:《梳理人、事、物的纠纷——问题分析方法》,暨南大学出版社、清华大学出版社2000年版,第38页。

[2] 邓子滨:《中国实质刑法观批判》,法律出版社2009年版,第179页。

[3] 实质解释论者有关不当的形式解释的诸多举例,参见张明楷:《刑法分则的解释原理》,中国人民大学出版社2004年版,第90—132页。

[4] "不济"是对维护罪刑法定原则而言,不是指的某概念的解释力大小。形式解释论者反对社会危害性概念的一个基本理由就是社会危害性的解释力实在是太强大了,可以任意地实质解释,从而以实质来破坏形式(邓子滨:《中国实质刑法观批判》,法律出版社2009年版,第99页)。

[5] 一个典型的例证就是陈兴良教授在《法学研究》2000年第1期上发表令刑法学界一愕的檄文《社会危害性理论——一个反思性检讨》,主张将社会危害性概念逐出规范刑法学,用法益侵害这个实体性、规范性概念代替社会危害性概念,张明楷则在同一期上发表文章,同样也是主张法益侵害,但主张不以驱逐社会危害性概念为前提。

会危害性之间,我最终倒向了社会危害性"[1],至少在笔者看来,二者的纠缠、比拼、拆招还会反反复复、继续下去。

如此看来,我们似乎又回到了《侠客行》小说中的那些武学大师之间对武学秘籍真义的不断争辩、不断拆招的循环之中。证明对方错了,不等于就证明自己对了;反之,自己觉得有理,也不见得对方就无理。例如笔者并不赞同张明楷老师为代表的某些实质解释的具体结论,比如张明楷老师将真军警抢劫解释为冒充军警抢劫的实质解释结论笔者就不赞同,但我们也不赞同以陈兴良教授为代表的形式解释的某些具体结论,例如将单位实施的盗窃解释为无罪的形式解释结论我们就不赞同。[2] 要笔者提供一个赞同此结论,不赞同彼结论的清楚界限,笔者也回答不上来,我只能借用张明楷教授常说的那句话——"解释者或许难以定义正义是什么,但必须懂得什么是正义"[3],将该话的两个分句调换位置来回答:"我或许懂得什么是正义,但却难以定义正义是什么"。

作为一个实质解释论者,笔者对邓子滨博士《批判》一书的反批判,其实并没有否定该著作的巨大的实质意义。当形式解释论尖锐地批判实质解释论,指出其解释在入罪方面隐含的巨大风险与危险时,形式解释论或者形式解释观的这一提醒具有积极意义的,它至少在观念上时刻提醒实质解释论者在运用实质解释时,在入罪的方向要谨慎。能不能在解释刑法时常常不忘扪心自问:当我寿终正寝之日,我在天堂反思自己的整个刑法解释过程,我的入罪解释结论与出罪解释结论之比,是大体均衡还是入罪偏多出罪偏少的畸形? 这或许是一个自古以来就被西方哲人镌刻在德尔菲神庙之门上的一个难解的自我本质之谜:"认识你自己"[4],抑或是《侠客行》小说最后一章之标题:"我是谁?"的问题。或许我们可将形式刑法观(形式解释论)与实质刑法观(实质解释论)之争视为生长于同一自我本质之树根上的分叉,实际上谁也离不开谁,彼此反对又相互定义,随着时间之流,在无限的历史长河中彼此牵制而又相互促生。

以金庸武侠小说《侠客行》的故事摹本来戏说、批判《批判》一书,不当之处就权当是笔者"三杯吐然诺,五岳倒为轻。眼花耳热后,一起素霓生"的酒话。至少这种戏说方式不会遭到邓子滨博士本人的反感,如他在《批判》书中所言,"我这个批判者,心里对他们充满敬畏,大有临深履薄之感。我还是更羡慕酒酣耳热之际'沸腾于餐桌上的

---

[1] 方鹏:《纠缠于法益与社会危害性之间》,载陈兴良主编:《刑事法评论》(第10卷),中国政法大学出版社2002年版,第150页。
[2] 单位实施的盗窃,依照罪刑法定原则,虽然不能按单位犯罪来处理,但单位中的决策者或其他直接责任人员则构成自然人的盗窃罪共犯,其行为完全符合自然人为主体的盗窃罪的犯罪构成,完全可以对这些自然人以盗窃罪论处,并不违反罪刑法定原则。
[3] 张明楷:《刑法分则的解释原理》,中国人民大学出版社2004年版,序说第2页。
[4] 苏格拉底对神庙上的"认识你自己"的解释是"认识你自己的无知"(〔英〕罗素:《西方哲学史》,何兆武、李约瑟译,商务印书馆2003年版,第121页)。笔者对此解甚为赞同。

批评'"。[1] 如果他将《批判》当作餐桌上的酒话,笔者也就以酒话对他,如果他将《批判》视为一场赤裸的肉搏、无限制格斗,向实质解释论发起自杀式"恐怖"袭击,别欺负偌大个实质解释论阵营中无人,笔者就出来接招,甘当一回"反恐怖分子"。

总之,笔者作为一个某种意义上的实质解释论坚持者,作为一个立场上对立的对手,对《批判》一书的评价,归纳起来只有八个字:精彩,精彩,痛快,痛快。《批判》一书通过对实质刑法观(实质解释论)的体系性的、尖锐的批判,标志着形式刑法观(形式解释论)学派的成立,同时确认了实质刑法观(实质解释论)学派的成立,同时标志着我国刑法学派的成立,结束了我国缺乏刑法流派与学派之争的历史。《批判》是一本融合趣味与学术、知识与反思、法律与文化为一体的著作,富有启发性,值得一读。

---

[1] 邓子滨:《中国实质刑法观批判》,法律出版社2009年版,前言第5页。

[理论前沿]

论刑法解释的刑事政策化

欧阳本祺[*]

中国刑法学的研究似乎正面临一些方向性的抉择,例如犯罪构成理论何去何从,实质解释与形式解释如何取舍,刑法教义学与刑事政策学的关系如何,刑事一体化如何可能等等。这些问题看似杂乱无章,实际上都是围绕着我国刑事法治困境——如何协调规则自治与自由裁量权的关系——而出现并展开的。本文提倡并阐述刑法解释的刑事政策化,诚望能够为解决我国刑法学研究的困境以及刑事法治的困境提供一点有益的尝试。

一、刑法解释刑事政策化的依据

刑法解释的刑事政策化不是对法治的反动,恰恰相反,是对我国刑事法治困境的回应,它有着深刻的哲学和刑事法学依据。

（一）实践依据:刑法解释刑事政策化是刑法理论回应社会现实,解决刑事法治困境的最佳途径

在中国进入法治社会的同时,不可避免地面临着法治的困境:如何协调法律的稳定必要性与变化必要性的冲突？正如庞德所言:"无论从哪个角度看,法律科学中的几乎所有争论不休的问题都可以被证明是上述协调问题的不同方面……更为具体地讲,有关稳定必要性与变化必要性之间的协调问题,从某个方面来看,变成了一个在规则与自由裁量权之间进行调适的问题,变成一个在根据确定的规则执行法律与根据多少

---

[*] 作者系东南大学法学院讲师。本文系江苏省教育厅社会科学基金项目"宽严相济政策的刑法解释功能研究"（09SJD820002）阶段性成果。

受过训练的有经验的司法人员凭直觉进行司法调适的问题。"[1] 哈特用"噩梦与高贵之梦"的冲突更为形象地说明了美国法治的困境:美国的司法一直游移于噩梦与高贵之梦两个极端之间。[2] 噩梦派认为,美国的法律解释实际上一直就是突破规则的法官造法。例如,法律现实主义者弗兰克认为,"法律规则并不是美国法官判决的基础,因为司法判决是由情绪、直觉的预感、偏见、脾气以及其他非理性因素决定的","在作出一项特定的判决以前,没有人会知道……所适用的法律"。卢埃林更是认为,"那个所谓的'规则审判案件'(rules decide cases),看来在整整一个世纪中,不但把学究给愚弄了,而且也把法官给愚弄了"。[3] 高贵之梦派则认为,美国的法官一向基于既有的法律来做判决,不存在法官造法。这一派中"最高贵的梦想者"当属德沃金,他认为即使对于没规则规范的 hard case,法官也能够从既存法律中找到唯一正解。[4]

"从法治这个命题中,可以合乎逻辑地引申出刑事法治的概念。刑事法治是刑事领域的法治状态"。[5] 同样,从法治的困境也可以合乎逻辑地引申出刑事法治的困境,刑事法治的困境就是刑法的稳定必要性与变化必要性的协调问题,更为具体地讲,就是刑法规则自治与自由裁量权的协调问题。近年来,我国学者多将这一问题置于"形式理性与实质理性的关系"这一语境下讨论,并进一步引申为"形式的犯罪论与实质的犯罪论"、"形式的解释与实质的解释"之间的关系。如何来解决"刑法规则自治与自由裁量权之间关系",或者"形式理性与实质理性之间关系"问题呢?概括起来,我国刑法学界主要有以下几种模式:

1. 排斥模式。这种模式认为中国缺乏形式理性的启蒙,人们的规范意识不强,因此,应该坚守刑法规则,排斥或者减少自由裁量权。例如陈兴良教授认为:"在罪刑法定原则下,应当倡导形式理性……对于刑法的实质解释应当保持足够的警惕","脱离规范判断、形式判断这一前提而奢谈价值判断、实质判断是极为危险的。我们必须建立起形式判断先于实质判断的理念,使实质判断只有出罪功能而无入罪功能"。[6]

2. 包容模式。这种模式试图将规则与自由裁量权或形式与实质融为一体。例如,张明楷教授认为,现代罪刑法定原则是形式侧面与实质侧面的统一:形式侧面体现了形式法治的要求,强调的是刑法的稳定必要性;实质侧面体现了实质法治的要求,强调

---

[1] [美]罗斯科·庞德:《法律史解释》,邓正来译,中国法制出版社2002年版,第2页。我国学者高鸿钧把法治的困境概况为"封闭与开放"、"内信与外迫"、"确定与无常"、"普适与特惠"、"规则与事实"五对冲突(高鸿钧:《现代法治的困境及其出路》,载《法学研究》2003年第2期)。实际上,这五对冲突都是法律"稳定必要性与变化必要性"冲突的不同表现。

[2] [英]H. L. A. 哈特:《法理学与哲学论文集》,支振锋译,法律出版社2005年版,第133页。

[3] [美]E. 博登海默:《法理学:法哲学与法律方法》,邓正来译,中国政法大学出版社1999年版,第153—154页。

[4] 林立:《法学方法与德沃金》,中国政法大学出版社2002年版,第14页。

[5] 陈兴良:《刑法理念导读》,中国检察出版社2008年版,第13页。

[6] 陈兴良:《形式与实质的关系:刑法学的反思性检讨》,载《法学研究》2008年第6期。

的是刑法的变化必要性。因此,形式与实质、稳定与变化完全可以统一于罪刑法定原则,"这是在解释刑法时必须铭记在心的"。[1] 刘艳红教授认为:"对于形式的与实质的刑事法治国的取舍问题,不可过于置重其一,而应采取形式法治国为主、实质法治国为辅的两者兼并吸收的包容性刑事法治国模式。"[2]

3. 并列模式。劳东燕副教授认为,刑法的稳定性是原则,刑法的变化性是例外,两者并行不悖:"刑事责任的基本原则构成现代刑法的根基,所以,有必要以此对当代刑事政策中日趋强烈的功利主义倾向予以抵制。但这绝不意味着我们有理由固守原则。无论如何,原则不是神明,更不是生活世界的边界,它只构成法律运作中的决策基点,任何原则都是可以突破的,都可以存在例外——只要需要、可行并且结果好"。[3]

本文认为,上述三种模式的共同点在于都承认规则自治或形式理性是第一位的,分歧在于如何处理刑法的自由裁量权或者实质理性:排斥模式对刑法适用中的自由裁量权保持足够的警惕,并认为它只具有出罪功能;包容模式和并列模式则重视刑法适用中的自由裁量权,并认为它既有出罪功能也有入罪功能。

1. 排斥模式过分固守刑法的规则自治,不利于刑法对社会的回应。美国学者诺内特和塞尔兹尼克提出压制型法、自治型法和回应型法三种理想类型,认为它们是对法律稳定性和变化性两难抉择的三种不同回答。压制型法的标志是法律向政治权力开放,随政治环境的变化而变化,缺少自己的独立性;自治型法是对压制型法的否定,强调法律与政治的分离,强调规则的自治,采纳形式正义而非实质正义,其代价可能会陷于盲目的形式主义;回应型法是对压制型法的否定之否定,试图通过目的这一范畴来调适法律稳定性与变化性的冲突。西方社会处于自治型法向回应型法的过渡。[4]

排斥模式实际上是主张自治型法,否定压制型法,是对新中国成立以后很长时间内政法不分、以政治取代法律的法律虚无主义的抵制。这种形式理性优先的主张有利于保障自由,正如耶林所说:"形式乃是反复无常之行为的不共戴天之敌——亦即自由的孪生姐妹。……确定的形式乃是有关纪律和秩序的基础,据此也是有关自由本身的基础。它们是抵御外部进攻的堡垒,因为它们只会断裂,而不会弯曲;而且在一个民族真正理解自由作用的情况下,他们也将从本能上发现形式的价值并且从直观上认识到,就其形式而言,他们所拥有的和所坚持的并不是某种纯粹外部性的东西,而是对其自由的保障。"[5] 排斥模式对我国法治现状的定位是:"我国目前正处于从以往不受规范限制的恣意司法到罪刑法定原则转变的过程之中,形式理性的司法理念在我国还没

---

[1] 张明楷:《刑法分则的解释原理》,中国人民大学出版社2004年版,第8—13页。
[2] 刘艳红:《包容性刑事法治国之建构与提倡》,载《现代法学》2009年第2期。
[3] 劳东燕:《刑法基础的理论展开》,北京大学出版社2008年版,第38页。
[4] 〔美〕诺内特、塞尔兹尼克:《转变中的法律与社会:迈向回应型法》,张志铭译,中国政法大学出版社2004年版,第85、86、33、60页。
[5] 转引自〔美〕罗斯科·庞德:《法理学》(第1卷),邓正来译,中国政法大学出版社2004年版,第400页。

有建立起来。在这种情况下,过于强调实质主义的罪刑法定原则,不能不令人担忧"。[1] 但是,在中国不可能再有一个单独的形式理性启蒙的时代,正如有的学者所说:"中国在现代化进程中,刚刚步入工业社会就被卷入了信息社会,物理高速公路尚未完成就被带入了信息高速公路。在市场经济领域,自由市场刚刚开放,就面临着国家必须干预的许多重大问题。同样,在法治方面,中国在发展形式法治的同时,必须注重实质法治的价值与机制,及时纠正和弥补形式法治的弊端和缺陷,而不应像西方国家那样,直到形式法治的弊端不可忍受甚至引起严重后果时,才诉诸实质法治予以救济。"[2]

2. 包容模式有意追求刑法回应社会,但是却没有找到刑法回应社会的有效路径。包容模式将形式法治要求与实质法治要求统一于罪刑法定原则,并将可能受犯罪行为侵害的法益与可能受国家刑罚权侵害的行为人自由统一于法益概念,于是在罪刑法定原则下,通过刑法目的解释(刑法的目的在于保护法益)来调和规则自治与自由裁量权的冲突,从而使刑法解释限制于刑法教义学范畴内。[3] 但是,把狭义的法益概念扩张为广义的法益概念后,将使法益的内容更加模糊,从而在法益概念内包含两对难以克服的矛盾:(1)法益概念试图将两个差异极大的概念——法和利益——加以协调,从而导致法益概念中实证主义与规范主义的对立;[4](2)对矛盾是法益概念中的保护功能与报障功能的对立。可见,法益概念的功能是如此的多且矛盾,它自身无法决定自身的倾向。这种决定因素只能是刑法教义学之外的刑事政策。

3. 并列模式敏锐地意识到公共政策在刑法解释乃至整个刑法理论中的重要意义,"风险社会的存在,决定了抽离公共政策的分析范式将无法真正认识现代刑法"。[5] 并列模式的基本方向是正确的,但是论者对于如何处理政策与刑法教义学的关系,如何协调规则自治与自由裁量之间的冲突尚缺乏深入的研究。

总之,只有承认刑法教义学之外刑事政策的重要功能,并探讨刑法教义学与刑事政策关系的"刑法解释刑事政策化",才是克服我国刑事法治困境的最佳途径。刑法解释刑事政策化不是回归以政代法的压制型法,而是立足自治型法,迈向回应型法;刑法解释刑事政策化承认并正视刑事政策与刑法教义学的区别,探索刑事政策对刑法教义学的意义;刑法解释刑事政策化不过分夸大自由裁量的作用,而是寻找规则自治与自由裁量之间的平衡的。

---

[1] 陈兴良:《形式与实质的关系:刑法学的反思性检讨》,载《法学研究》2008年第6期。
[2] 参见高鸿钧等:《法治:理念与制度》,中国政法大学出版社2002年版,第790页。
[3] 参见张明楷:《刑法目的论纲》,载《环球法律评论》2008年第1期。
[4] 参见〔美〕达博:《积极的一般预防与法益理论》,载陈兴良主编:《刑事法评论》(第21卷),北京大学出版社2007年版,第456页。
[5] 劳东燕:《刑法基础的理论展开》,北京大学出版社2008年版,第11页。

(二)哲学依据:刑法解释刑事政策化是新康德主义方法二元论与价值相对主义的必然要求

新康德主义方法二元论认为,直接存在的客体在经验上是一团混乱、毫无章法的东西,只有人的理论行动才能够将这一团混乱化作有体系的形式。所以,概念、规则、体系无法从物当中产生,只能从人的理性当中产生。也就是说,"规范体系和物的存在结构是两个无法互通的体系,规范只能够从规范当中形成,不能够从客观现实的存在结构中形成"。[1]

新康德主义者拉德布鲁赫从方法二元论推导出价值相对主义。既然应然只能从其他应然推出,"最初的那个应然原理是无法证明的,是公理式的,它并非是知识所能够解决,而应是由信仰来完成的"。[2] 所以,与最初的应然原理相联系的"价值判断在学理上仅具有相对的妥当性。虽然在学理上无法确定最后的目的,但目的一经选定后,学理上即可探讨达成该目的的有效方法"。[3] 例如,拉德布鲁赫认为法理念有三个要素是:(1)正义,即形式平等,但是形式平等可能会产生坏的结果;(2)用功利来评价,即合目的性,而合目的性会对法的确定性构成威胁;(3)法的安定性。但是正义、合目的性、安定性三者的位阶是相对的,"在不同的时代会有不同的倾向"[4]。再如,他还认为个体价值、集体价值和作品价值(它们各自的核心内容分别是个体自由、国家权力和文化)三者之间的"位阶不是明确的,且也无法证明……只能由良知决定",不同的人生观、法律观和国家观会选择不同的优先价值,从而"区分出个人主义的、超个人主义的以及完全超人格的观念"。[5] 美国学者庞德也承认价值是相对的:他把利益分为个人利益、公共利益和社会利益,却拒绝就上述利益的位阶问题进行表态,而是说,"在一个时期可能应该优先考虑一些利益,而在另一时期则应该优先考虑其他一些利益"。[6]

由方法二元论与价值相对主义必然得出刑法解释刑事政策化的结论。

1. 根据方法二元论,刑法规范只能够从其他规范中产生,而不能够从客观的犯罪事实中产生;这一产生刑法规范的更高规范就是刑事政策。客观存在的犯罪学意义的犯罪也许是一团乱麻,只有刑事政策才能赋予其不同的意义。例如,故意杀人、过失致人死亡、安乐死、正当行为的杀人、自杀等行为以及盗窃财物和故意毁坏财物的行为,只有通过刑事政策才能给予其不同意义;也只有从刑事政策中才能产生不同的杀人犯

---

[1] 许玉秀:《当代刑法思潮》,中国民主法制出版社2005年版,第129页。
[2] 〔德〕拉德布鲁赫:《法哲学》,王朴译,法律出版社2005年版,第10页。
[3] 林文雄:《法实证主义》,元照出版有限公司2003年版,第147页。
[4] 〔德〕拉德布鲁赫:《法哲学》,王朴译,法律出版社2005年版,第77页。
[5] 〔德〕拉德布鲁赫:《法哲学》,王朴译,法律出版社2005年版,第53—54页;〔德〕考夫曼:《法律哲学》,刘幸义等译,法律出版社2004年版,第249页。
[6] 〔美〕E. 博登海默:《法理学:法哲学与法律方法》,邓正来译,中国政法大学出版社1999年版,第148页。

罪和财产犯罪的刑罚规范。既然刑罚规范是从刑事政策中产生的,在解释刑法时就离不开刑事政策。

2. 刑法的解释必须以某些终极的理念或价值为指导。[1] 但是,法的理念与价值是多元且互相矛盾的,价值、理念的妥当性是不能被证明而只能被信仰的,不同的法官可能会有不同的价值信仰,不同的法官可能会基于不同的价值信仰而得出不同的解释结论。因此,多元且矛盾的价值、理念并不能够直接指导刑法解释;在个人价值、理念与刑法解释之间必须有一个中介——在相互矛盾的各种价值、理念中做出抉择。这个中介就是刑事政策,法官的个人信仰只能够屈从于政策选择。

3. 既然价值的位阶是相对的,统治者决定何种价值优先只是权威的运用,并不是真理的作用,统治者可能就会在不同时期和不同场合选择不同的价值。因此,价值相对主义在刑法上的体现就是刑事政策的相对主义与刑法解释的相对主义。就刑事政策而言,秩序和自由、形式正义和实质正义之间的位阶是相对的,在不同的时期与不同场合可能会有不同的侧重。例如,在"严打"时期可能侧重于秩序和形式正义,在和谐社会时期可能侧重于自由和实质正义;对有组织犯罪和累犯可能从严,对未成年人犯罪和初犯可能会从宽。而刑事政策的价值相对主义会直接影响刑法的解释方法和结论,导致刑法解释的相对主义。刑法解释的相对主义有两层含义:(1)纵向解释的相对主义,即同一规范用语在不同时期的含义可能不同。因为"概念就像挂衣钩,不同的时代挂上由时代精神所设计的'时装'。词语的表面含义(=挂衣钩)是持久的,但潮流(概念内容)在不断变化"。[2] 例如,刑法中的"猥亵"、"卖淫"、"凶器"的含义是随着社会发展而变化的。(2)横向解释的相对主义,即同一规范用语在同一法典不同条文中的含义也可能不同。例如,我国《刑法》第301条第1款(聚众淫乱罪)与第2款(引诱未成年人聚众淫乱罪)中的"聚众淫乱"具有不同的含义;《刑法》第237条(强制猥亵侮辱妇女罪)和第246条(侮辱罪)中的"侮辱"具有不同的含义。再如,刑法中的"暴力"在不同的犯罪中具有不同含义。

(三)刑事法学依据:刑法解释刑事政策化是刑事一体化思想的重要体现,是刑法刑事政策化的核心内容

刑事一体化的基本内涵是在"犯罪—刑事政策—刑法"三者的互动关系中研究刑法与刑法的运作;它包括两个向度的内容:刑法刑事政策化与刑事政策法治化。就刑法解释学而言,刑事一体化思想最大的贡献就在于提供了一种开放性的研究方法,也就是应当在刑法与刑事政策的相互开放中研究刑法解释。刑法解释刑事政策化正是刑法刑事政策化的核心内容。为此,首先需要把握刑事政策的价值目标及其与罪刑法定原则的关系,正是刑事政策的价值目标及其与罪刑法定原则的互动关系决定了刑法

---

[1] 参见张明楷:《刑法理念与刑法解释》,载《法学杂志》2004年第4期,第11页。
[2] 〔德〕魏德士:《法理学》,丁小春、吴越译,法律出版社2005年版,第77页。

解释刑事政策化的可能性与必要性。

1. 刑事政策的价值目标。刑事政策的价值目标是主体所期待的刑事政策价值的理想状态,它在理想层面上关照刑事政策现实,使刑事政策朝着合目的性方向发展。刑事政策的价值目标包括两层内容:(1) 要素的择定,即哪些要素能够纳入刑事政策价值目标体系;(2) 结构的设定,即刑事政策诸价值目标之间的协同与对抗关系。[1] 刑事政策的价值目标究竟是什么呢? 对此问题,学者之间存在不同看法。有的认为,刑事政策的价值目标是自由、秩序和正义,这些价值目标之间既有一致的地方也有矛盾与冲突的方面,因而需要执政党与国家机关的审慎选择与分配。[2] 有的认为,现代刑事政策的价值目标是"合理而有效地组织对犯罪的反应",其中"有效性是刑事政策的内在冲动和目的追求,合理性则构成对有效性的正当限制与价值判断"。[3] 这两种观点的内容实际上是一致的:有效性就是对秩序的追求;合理性则是对自由与公平的要求。只不过有效性与合理性是从刑事政策主体的角度来说的;自由、秩序和正义是从刑事政策对象的角度来说的。但是也有的认为,"刑事政策追求的是刑罚对于预防犯罪的有效性,它不可能具有自由、正义等价值"。[4]

本文认为,刑事政策的价值目标意味着一种选择:不同的社会治理模式——从人治国到法治国,从形式法治国到实质法治国——会选择不同的刑事政策价值目标。就我国社会治理模式而言,其定位应该是:已经走出人治国阶段,基本处于形式法治国状态,并走向实质法治国;借用诺内特和塞尔兹尼克的话来说,就是立足于自治型法,迈向回应型法。

因此,从惩办与宽大相结合政策到宽严相济政策的转变反应了我国治理模式与刑事政策价值目标的深刻变化。(1)"惩办与宽大相结合"是人治国(压制型法)模式下的刑事政策,它是对敌斗争策略的直接延伸,把犯罪当作斗争的对象,其唯一的价值目标就是维护秩序;宽大的目的也绝不是为了保障自由,而是为了分化瓦解,争取多数,打击少数。(2)"宽严相济"是法治国(从自治型法迈向回应型法)模式下的刑事政策,它对犯罪的策略不是斗争而是反映。"斗争"意味着消灭;"反映"意味着承认——一定量的犯罪是社会不可避免的宿命。"宽严相济"政策突出了自由的意义:"宽"是对自由的尊重,"严"是对秩序的保护,"相济"则要求自由与秩序协调,形式正义与实质正义兼顾。(3)我国多数学者并没有敏锐地察觉宽严相济政策的深刻变化。例如对宽严相济政策的含义,我国权威的解释是:"对刑事犯罪分清轻重,区别对待,做到该严则严,当宽则宽,宽中有严,严中有宽,处罚轻重适宜,符合罪责刑相适应的原则";[5] "既不

---

[1] 侯宏林:《刑事政策的价值分析》,中国政法大学出版社2005年版,第155页。
[2] 曲新久:《刑事政策的权力分析》,中国政法大学出版社2002年版,第72页。
[3] 梁根林:《刑事政策:立场与范畴》,法律出版社2005年版,第22页。
[4] 陈兴良:《刑法理念导读》,中国检察出版社2008年版,第388页。
[5] 马克昌:《"宽严相济"刑事政策与刑罚立法的完善》,载《法商研究》2007年第1期,第4页。

能宽大无边或严厉过苛,也不能时宽时严,宽严失当"[1]。这种解释当然没有错误,但是它没有意识到刑事政策语境和价值目标的深刻变化,因而对司法解释无多大的实际意义;而且还会引起人们的误解:难道是因为以前的刑事政策导致了该严不严,当宽不宽,或者是要么宽大无边,要么严厉过苛,才提出宽严相济政策取代之?

总之,本文认为,惩办与宽大相结合政策的价值目标仅限于秩序,而宽严相济政策的价值目标是合理地分配自由、秩序与正义。自由、秩序与正义的价值是相对的,在不同犯罪类型或不同时期的侧重点不同。刑法解释刑事政策化就是以宽严相济政策的价值目标来指导刑法解释,其重点与难点就是如何在具体解释中合理分配自由、秩序与正义。

2. 刑事政策与罪刑法定原则的关系。刑法解释的刑事政策化试图在规则自治与自由裁量权之间找到一个平衡点,它同时接受罪刑法定原则与刑事政策两方面的"阳光照射"。刑事政策与罪刑法定原则在功能上具有对立性,但是在价值目标上又具有一致性。因为它们是对立的,刑法解释刑事政策化必须在罪刑法定框架内进行,刑法解释的刑事政策化是以刑事政策来指导刑法解释,而不是以刑事政策取代刑法解释;因为它们是统一的,刑法解释刑事政策化才是可能的。

(1) 从功能上看,罪刑法定原则旨在限制国家国家权力,保障个人自由。形式的罪刑法定主义旨在限制国家司法权,实质的罪刑法定主义旨在限制国家立法权。现代意义的罪刑法定是形式侧面与实质侧面的统一,既反对恣意裁判,又反对恣意立法,更充分地体现了对个人自由的保障。而刑事政策的功能在于预防犯罪,预防犯罪的功能内在地要求扩张国家权力。甚至可以说"刑事政策是作为权力知识的公共政策"[2]。在权力系统中,国家权力居于主导地位。由于罪刑法定原则的功能在于保障自由,因此它侧重于稳定与可预测性;由于刑事政策的功能在于预防犯罪,因此它追求灵活与高效。可见,刑事政策与罪刑法定原则天生就存在冲突。

(2) "解决刑事政策与罪刑法定的张力或者紧张的关键在于现代刑事政策的价值目标的择定:是单纯地追求预防犯罪的功利目标,还是同时包含功利性和合理性的追求"[3]。如果认为刑事政策仅具有有效预防犯罪的功利目标,就很难协调刑事政策与罪刑法定原则的关系。因此,如果一方面认为"刑事政策追求的是刑罚对于预防犯罪的有效性,它不可能具有自由、正义等价值",另一方面又认为:"在论及罪刑法定原则对刑事政策限制的时候,涉及一个重大的问题,这就是刑法的刑事政策化"[4],就有一个问题值得商榷:既然刑事政策与罪刑法定原则具有根本不同的价值目标,这两者又如何能够统一于"刑法的刑事政策化"之中?罪刑法定原则对刑事政策的限制如何可

---

[1] 陈兴良:《宽严相济刑事政策研究》,载《法学杂志》2006年第1期,第22页。
[2] 曲新久:《刑事政策的权力分析》,中国政法大学出版社2002年版,第60页。
[3] 梁根林:《刑事政策:立场与范畴》,法律出版社2005年版,第105页。
[4] 陈兴良:《刑法理念导读》,中国检察出版社2008年版,第388—391页。

行？因为"从理论上说,不同质的东西是无法在一个平面上进行整合的"。[1]

本文认为,刑法的刑事政策化之所以可能,就在于罪刑法定原则与刑事政策之间具有一致性——两者的价值目标是一致的。如前所述,现代刑事政策的存在理由,除了其反对犯罪的有效性之外,更重要的在于合价值性;一味强调反犯罪斗争的有效性,而无视一般价值观念的刑事政策是不能够被接受的。自由、秩序、正义应该是刑事政策的根本价值目标,实际上它们也是罪刑法定原则的根本价值目标:形式的罪刑法定通过限制司法权来保障国民自由,通过成文法原则来维护社会秩序,通过机械式的司法实现形式主义;实质的罪刑法定通过限制立法权来保障国民自由,通过刑罚法规的明确性原则来维护社会秩序,通过机能主义的司法实现实质正义。正是通过自由、秩序、正义的中介,刑事政策与罪刑法定原则取得了一致性,从而促成了刑法刑事政策化与刑法解释刑事政策化的可能。

综上所述,刑法解释的刑事政策化具有实践与理论的依据:它是刑法理论回应社会现实,解决刑事法治困境的最佳途径;它是新康德主义方法二元论与价值相对主义的必然要求;它也是刑事一体化思想的重要体现,是刑法刑事政策化的核心内容。因此,在我国确有必要提倡刑法解释的刑事政策化。接下来的问题就是,刑法解释的刑事政策化如何可行？

二、刑法解释刑事政策化的路径

刑法解释的刑事政策化有两条路径,一是刑法解释方法的刑事政策化,二是刑法解释模式,即犯罪构成的刑事政策化。这两条路径同时存在,并行不悖,而且其可行性已经为德日刑法学所证实。

（一）刑法解释方法的刑事政策化

广义的刑法解释方法包括多方面的内容,如刑法解释的立场（形式解释或实质解释）、刑法解释的目标（主观解释或客观解释）、刑法解释的因素（即各种狭义的解释方法）、刑法漏洞补充的方法（即目的性限缩）。由于刑法解释立场与刑法漏洞补充分别在本文第一部分与最后一部分中有所论述,这里主要论述刑法解释目标与解释因素的刑事政策化。

1. 解释目标的刑事政策化。关于法律解释的目标,存在着主观说、客观说和折中说的分歧:主观说认为法律是立法者的创造物,因此,法律解释的目标在于探究"立法者的意志";客观说认为,解释的目标在于发现"法律的意志";折中说试图对主观说和客观说加以综合,又分为主观说基础上的折中说与客观说基础上的折中说。本文认为,主观说与客观说各有优缺点,应当采取客观说基础上的折中说;刑法解释刑事政策

---

[1] 陈晓明:《施行宽严相济刑事政策之隐忧》,载《法学研究》2007年第5期,第131页。

化的目标在于探求刑事政策与罪刑法定原则的最大公约数,它需要同时考虑法律的意志与立法者的意志。

(1) 主观说与主观说基础上的折中说执着于立法原意,"有利于坚持罪刑法定原则……其结果多半是出罪,符合宽严相济刑事政策的宽缓精神"[1]。这是它的优点,但是优点的背后就是缺点:一是立法原意难求——谁是立法者?立法者有无原意?获得立法原意的途径在哪里?立法原意能够解决现实问题吗?二是探求立法原意也不必然就"有利于坚持罪刑法定原则",正如有学者所指出的,主观说"存在的最大问题是隐藏着人治",即可能将某个立法参与人的意思当作立法原意;[2]三是主观说的解释结论不一定"多半是出罪",当刑法条文包含了不值得处罚的行为时,出罪的理由恰恰是客观解释。

(2) 客观说认为,罪刑法定原则是指罪刑由"刑法"确定,而是不由"立法者意图"确定;"解释者的根本标准,是解释时的人民意志"[3]。拉德布鲁赫甚至说:"法律可能比它的立法者聪明——而且应该比它的立法者更聪明"[4],"法律犹如航船,虽由领航者引导出港,但在海上则由船长指挥,循其航线而行驶,应不受领航者之支配"[5]。但是,德国学者魏德士认为,"法律并不比立法者聪明;它自己没有智力。倒是法官偶尔也必须比立法者聪明"。魏德士也批评了"人民意志"标准说,人民意志只是虚构的,如果法律解释的目标是人民意志,那就可能存在两个问题:"是否应当放弃定义法律内容,只去研究民意测验?或者授权法官去寻找'人民意志'?"[6]

并且,主观说与客观说的概念是模糊而有歧义的。主观解释试图探究的最初规范意旨正是一种客观事实;相反,所谓的客观解释却正是主观的法官造法。因此,主观解释是客观的;客观解释也是主观的。[7]

(3) 客观说基础上的折中说认为,客观解释是基本目标,但是客观解释不能够离开立法者原意。例如,拉伦茨认为,"法律解释的最终目标只能是:探求法律在今日法秩序的标准意义(其今日的规范性意义),而只有同时考虑历史上的立法者的规定意向及其具体的规范想法,而不是完全忽视它,才能够确立法律在法秩序上的标准意义"[8]。它不同于主观说基础上的折中说,后者认为,只有在"必要与个别"的情况或

---

[1] 储槐植:《刑事一体化论要》,北京大学出版社 2007 年版,第 24 页。
[2] 参见张明楷:《刑法解释理念》,载《国家检察官学院学报》2008 年第 6 期。
[3] 张明楷:《刑法分则的解释原理》,中国人民大学出版社 2004 年版,第 31 页。
[4] 转引自施启扬:《西德联邦宪法法院论》,台北商务印书馆 1971 年版,第 191 页。
[5] 转引自梁慧星:《民法解释学》,中国政法大学出版社 1995 年版,第 210 页。
[6] [德]魏德士:《法理学》,丁晓春、吴越译,中国政法大学出版社 2005 年版,第 337—340 页。
[7] 参见[德]魏德士:《法理学》,丁晓春、吴越译,中国政法大学出版社 2005 年版,第 346 页。
[8] [德]卡尔·拉伦茨:《法学方法论》,陈爱娥译,商务印书馆 2003 年版,第 199 页。

者"严重暴力犯罪"的情况下,才能进行客观解释。[1]

刑法解释刑事政策化采取的是客观说基础上的折中说,其目标是"探求法律在今日法秩序的标准意义",即探求刑事政策与罪刑法定原则的最大公约数,而这需要同时考虑法律的意志与立法者的意志。如前所述,罪刑法定与刑事政策既有对立之处,又有一致之处,刑法解释的目标就是寻找两者的最大公约数。一方面,当刑事政策与罪刑法定冲突时,应该毫不犹豫地坚持罪刑法定原则。罪刑法定原则是刑事政策不可逾越的藩篱,刑法解释的刑事政策化是以刑事政策解释刑法,而不是以刑事政策取代刑法。另一方面,罪刑法定原则的成文法主义导致自由、秩序、正义的分配存在两个方面的问题:一是刑法条文可能包含了不值得处罚的行为;二是值得处罚的行为却缺乏刑法的明文规定。因此,针对这两个问题,应该以刑事政策的价值目标来解释刑法条文。对于问题一,应当通过刑事政策对刑法作缩小解释或目的性限缩,将不值得处罚的行为出罪;对于问题二,应当在不违反国民预测可能性的前提下对刑法作扩大解释,将一部分值得处罚的行为入罪,但不应当通过类推解释将所有值得处罚的行为入罪。也就是说,刑法解释刑事政策化既具有出罪功能,又具有入罪功能。[2] 其出罪功能是完全的,而入罪功能是部分的——不得违反国民预测可能性,不得过分限制国民自由。而出罪或入罪"是一种思考过程的结果,在这一过程中,所有因素不论是'主观的'或是'客观的',均应列入考量,而且这个过程原则上没有终极的终点"。[3] 就像"淫秽"的范畴在不断地缩小,"凶器"的范畴在不断地扩张,而这些都是刑法解释刑事政策化的结果。

当明白了刑法解释刑事政策化的目标后,我们的问题便滑进"什么是法律解释上的相干观点或因素"中。[4]

2. 解释因素(方法)的刑事政策化

解释因素,通常又被称为狭义的解释方法,包括文理解释与论理解释两类,论理解释又有若干具体方法。文理解释中的"理"指的是法律条文用语之通常含义;论理解释中的"理"有多方面的表现,如体系之理、立法原意之理、法律目的之理、合宪性之理等。而贯穿文理解释与论理解释的一个核心要素就是刑事政策之理,可以说,文理解释之"理"与论理解释之"理"都是围绕着刑事政策之"理"展开的:各种解释方法的选择、顺序、解释结论的确定都被刑事政策之理引导——这种刑事政策之理就是刑事政策的价值目标。有时候刑事政策之理表现为文理解释,有时候表现为体系解释或立法原意解

---

[1] 参见梁根林:《合理地组织对犯罪的反应》,北京大学出版社2008年版,第68页;储槐植:《刑事一体化论要》,北京大学出版社2007年版,第24页。

[2] 储槐植先生认为"客观解释论的解释结果多半是入罪"(储槐植:《刑事一体化论要》,北京大学出版社2007年版,第24页),这种观点值得商榷。

[3] 〔德〕卡尔·拉伦茨:《法学方法论》,陈爱娥译,商务印书馆2003年版,第199页。

[4] 参见黄茂荣:《法学方法与现代民法》,中国政法大学出版社2001年版,第272页。

释,但更多的时候它表现为目的解释。例如,关于男男之间有偿性服务是否属于"卖淫"问题的争论,表面看来是对"卖淫"的文理解释,而实质是关于刑事政策的价值判断:处罚组织有偿性服务的社会成本与收益的考量。再如,关于许霆案是否构成犯罪,构成什么犯罪的争论,表面看来都是在"论理",实际上是在"论政策"。正如苏力教授所说,"教义分析中还有某种东西没有展示出来,却实际支配和引导了学者和法官的起始的和更改的教义分析;而这些教义分析已有意无意地遮蔽了某些考量……这是一个或一些政策性的甚至在功能上是政治性的判断,尽管有些学者可能为回避政治而愿意美其名曰'价值判断'"。[1]

通常认为,在各种解释方法中,目的解释意义重大。"任何解释都或多或少包含了目的解释;当不同解释方法得出多种结论或不能得出妥当结论时,最终由目的解释决定取舍。因为目的是全部法律的创造者,每个分则条文的产生都是源于一种目的"。[2]但是,目的如何确定,目的解释方法如何运用却不是刑法教义学本身所能够解决的问题,只有运用刑事一体化的方法,从刑事政策方面才能够获得答案。刑法的目的既要保护社会秩序,又要保障行为人的自由,既要符合形式正义又要符合实质正义,而如何分配秩序、自由和正义只能够依靠刑事政策。例如,在"严打"和"宽缓"两种不同刑事政策时期,对同一规范,目的解释可能会得出不同的结论。这些不同结论只要在文义解释的允许范围内,就是合理的。所以目的解释,实质上是刑事政策的价值灵光投射到刑法学屏幕而生的影像,是规范与事实相互开放的一种解释方法。正是通过目的解释,刑法解释的刑事政策化得以实现;目的解释是刑法解释刑事政策化的典型方法。

总之,刑法解释刑事政策化的目标是探求刑事政策与罪刑法定原则的最大公约数,这个目标需要综合各种刑法解释因素(方法)的运用才能够实现;而刑法解释因素(方法)运用的过程就是刑事政策引导刑法教义学的过程,就是刑法解释刑事政策化的过程。具体地讲,对于规范A,文理解释的结论有A^1、A^2、A^3、A^4、A^5,体系解释的结论有A^2、A^3、A^4、A^5、A^6,历史解释的结论有A^3、A^4、A^5、A^6、A^7,目的解释的结论有A^4、A^5、A^6、A^7、A^8,从刑法教义学来看,A规范的解释结论就是四种解释方法所得结论的"交集"A^4和A^5。但是,A^4和A^5不一定都合理。对于规范A,直接从刑事政策角度得出的判断结论是A^4和A^9。这样一来,结论A^5不符合刑事政策,但我们一般不会说A^5不符合刑事政策,而是会说它不合理;结论A^9不符合刑法教义学,即通常所说的违背了罪刑法定原则。因此,对于规范A,最终的"唯一正解"就是A^4。

(二)刑法解释模式(犯罪构成)刑事政策化

犯罪构成乃是近代民主法治背景下理论介入司法而产生的一种犯罪认知体

---

[1] 苏力:《法条主义、民意与难办案件》,载《中外法学》2009年第1期。
[2] 张明楷:《刑法分则的解释原理》,中国人民大学出版社2004年版,第34页。

系[1],它实际上是刑法理论对刑法文本的一种解释模式。德、日刑法三阶层体系、英美刑法双层模式以及我国四要件体系是几种典型的刑法解释模式。当前我国刑法学面临着犯罪构成何去何从的重大问题:重构论主张用域外模式取代我国现行模式;改良论认为我国现行模式并无推倒重建之必要,只需针对其弊端加以完善即可。本文认为,犯罪构成理论问题兹事体大,对其进行评价和取舍离不开刑事政策的考虑。而德、日刑法学的犯罪构成理论呈现明显的刑事政策化趋势,这一点对我国的犯罪构成刑事政策化研究有重要的借鉴意义。

  德国的三阶层体系经历了一个很长的发展演化过程,包括贝林-李斯特的古典体系、M. E. 迈耶的新古典体系、威尔泽尔的目的论体系,以及罗克辛的目的论与刑事政策体系等。这些犯罪构成理论发展的一个明显趋势就是:从存在论向规范论发展,从分析主义向功能主义发展。这正应和了庞德的断言:"在现代法律科学中,最重要的推进也许就是从以分析性态度转向以功能性态度对待法律"。[2]

  在各种犯罪论体系中,罗克辛的"目的论与刑事政策体系"独具特色,影响较大。"目的论与刑事政策体系"与以前各种体系的最大区别在于:"这种体系化不是根据本体的标准(因果性或者目的性),而是根据刑事政策的目标设定(刑法的和刑罚的目的)进行的"。这种刑事政策的考量在行为阶层、构成要件阶层和责任阶层都有体现。在行为阶层,罗克辛提出了人格行为概念——行为是人格的表现。从犯罪是一个人负面人格的表现,刑罚目的是对人格进行修正这样的观点来看,人格行为概念是一个刑事政策的行为概念。在构成要件符合性阶层,罗克辛从刑法的目的(刑法的目的是保护法益,而不是维护规范)出发引导出构成要件符合性以及为其奠定基础的客观归责:所谓构成要件符合性,就是制造并实现法所不容许的风险。而在判断是否制造并实现了法不容许的风险时,刑事政策上的刑法目的考量是一个重要标准。在责任阶层,罗克辛认为,责任应该从刑事政策的目的(刑罚的目的在于特殊预防和一般预防,而与报应无关)派生出来。从而,罗克辛将"罪责"概念扩大到"责任"概念:责任是"罪责和预防性刑事惩罚的需要性"的上位概念。[3]

  罗克辛的目的论与刑事政策体系之所以具有比较大的影响,并不在于其理论逻辑性较强,而在于其比较成功地将刑事政策的价值要求融入犯罪论体系的各个阶层,通过一个体系化的模式实现了刑事政策对刑法解释的指导。

  日本刑法学自20世纪60年代以来一个明显的趋势就是向刑事政策靠拢;不仅在刑罚论,而且"'向刑事政策靠拢'已经渗透到犯罪论的内部去了"。按照前田雅英的观点,构成要件的机能在于"甄别值得处罚的法益侵害行为",而是否值得处罚,不考虑能否实现刑事政策的效果——即防止犯罪,保护国民利益,并将犯罪人再社会化——是

---

[1] 参见冯亚东:《犯罪认识体系视野下之犯罪构成》,载《法学研究》2008年第1期。
[2] 转引自[美]本杰明·卡多佐:《司法过程的性质》,苏力译,商务印书馆1998年版,第44页。
[3] 参见罗克辛:《德国犯罪原理的发展与现代趋势》,王世洲译,载《法学家》2007年第1期,第158页。

没有办法讨论的;违法性的机能在于考虑符合构成要件的行为"是不是达到了应当用刑罚予以禁止的程度";责任论的机能在于考虑"对该人适用刑罚是否能够达到刑事政策上的效果"。[1]

可见,在德、日等刑法学发达的国家,刑法解释的刑事政策化不仅成为一种趋势,而且已经形成了一些比较成熟的模式。比较而言,我国的刑法解释模式,即犯罪构成的研究还处于一种茫然的状态。学界还没有自觉地将犯罪构成的研究与刑事政策的研究结合起来。本文认为,至少在以下两个方面,犯罪构成的研究应该考虑刑事政策的要求。

1. 宏观上我国的犯罪构成应否重构要考虑刑事政策的价值目标。为什么要产生犯罪构成理论,其任务是什么?三阶层犯罪论体系与四要件犯罪构成理论的任务是否一样?犯罪构成的任务与刑事政策的价值目标关系如何?这些是研究我国犯罪构成理论时必须首先回答的问题。我国四要件犯罪构成理论是建立在社会危害性基础上的,犯罪构成的四个要件就是为了说明行为的社会危害性是否严重;每一要件同时是形式要件与实质要件,每一要件都与其他要件互为存在的前提。按照西原春夫先生的看法,四要件犯罪构成理论的任务仅仅在于说明犯罪成立的条件,而三阶层犯罪论体系肩负着双重任务:不仅仅说明犯罪成立的条件,更具有限制国家刑罚权的任务。[2]

但是,仅凭四要件体系与三阶层体系任务的不同并不能够区分其优劣,其优劣的评价标准在于刑事政策的需要。在新中国成立初期,刑事政策的价值追求主要是为了打击犯罪、维护秩序,是为了积极地运用而不是消极限制国家权力。因此,四要件犯罪构成理论相对于三阶层犯罪论体系更有利于刑事政策价值的实现。可以说,选择四要件犯罪构成论是历史的必然,而非偶然。但是,在建设和谐社会时期,宽严相济成为基本刑事政策,这意味着自由、秩序、正义这些价值目标应该兼顾。在这种情况下,犯罪构成如果仅仅只是说明犯罪的成立条件显然不能够满足刑事政策的需要,犯罪构成的设计还需要能够合理地分配自由、秩序、正义。德、日的三阶层体系与英美双层模式都设计有保障自由的出罪要件,相对来说,我国四要件体系却缺乏单独的保障自由的要件。所以,在刑事政策价值目标发生重大变化的时候,犯罪构成也要发生重大变化。三阶层犯罪论体系取代现有四要件犯罪构成也许是时代的要求。

2. 微观上具体犯罪构成的设计应留有刑事政策考量的空间。刑事政策的价值目标不仅决定了重构我国犯罪构成的必要,而且也会影响我国犯罪构成重构的方案。当然,如何在犯罪构成体系中设置刑事政策的考量空间,而又使刑事政策的考量不违反法治原则,并非易事。罗克辛"目的论与刑事政策体系"可以为我国犯罪构成理论的重

---

[1] [日]前田雅英:《刑法学和刑事政策》,黎宏译,载谢望原等主编:《中国刑事政策报告》(第1辑),中国法制出版社2007年版。

[2] 参见[日]西原春夫:《构成要件的概念与构成要件的理论》,陈家林译,载《法律科学》2007年第5期,第67页。

构方案提供一些有益的启示。

三、刑法解释刑事政策化的贯彻

刑法解释的刑事政策化作为一种实用主义刑法理论,对于解决刑法中的疑难案件、合理划定犯罪圈具有重要的意义。近年来,我国刑法学研究出现了一些新的理论成果,如实质的犯罪论与实质的解释论、风险社会下的刑法理论、量刑反制定罪理论等。这些理论有一个共同点:都在某种程度上贯彻了刑法解释的刑事政策化。下文以我国《刑法》总则和分则中的两个具体例子来演绎刑法解释如何刑事政策化。

(一)相对刑事责任范围解释的刑事政策化

我国《刑法》第17条第2款规定:"已满十四周岁不满十六周岁的人,犯故意杀人、故意伤害致人重伤或者死亡、强奸、抢劫、贩卖毒品、放火、爆炸、投毒罪的,应当负刑事责任。"该款规定的"罪"是指犯罪行为,还是罪名?围绕此问题,刑法理论争论空前激烈,不同时期的立法解释和司法解释也前后矛盾。笔者认为,刑法教义学范围内的思考无法理解问题的真相,只有从刑事政策入手才能够理清罪行说和罪名说之争。把1979年《刑法》和1997年《刑法》的不同规定模式(前者是列举+概括模式,后者是列举模式)、2003年最高人民检察院和2006年最高人民法院的不同司法解释(前者采罪行说,后者采罪名说)与各个时期未成年人犯罪的形势结合起来可以看出,相对刑事责任年龄人责任范围的划定鲜明地反映了统治者对未成年人爱恨交错、教罚并施的矛盾心态:当未成年人犯罪形势严峻时,扩张相对刑事责任范围的政策便会通过立法(列举+概括模式)和司法(罪行说)体现出来;当未成年人犯罪形势缓和或者一味扩张法网的政策毫无效果时,限缩相对刑事责任范围的政策便会通过立法(列举模式)和司法(罪名说)体现出来。因此,刑法第17条第2款中的"罪"并不意味着要么是"罪行",要么是"罪名";而是意味着在"严打"政策时候是"罪行",在"宽严相济"政策时候是"罪名"。[1]

可见,"所谓的'解释',就其根本来看不是一个解释的问题,而是一个判断的问题。司法的根本目并不在于搞清楚文字的含义是什么,而在于判定什么样的决定是比较好的,是社会可以接受的"[2]。罪行说和罪名说不存在谁更合法的问题(两者都不违反罪刑法定原则),只存在谁更合政策的问题。不是罪行说和罪名说两种解释方法决定了相对刑事责任年龄人责任范围的扩张和限缩,而是扩张或限缩的政策决定了是采用罪行说还是罪名说两种不同的解释方法。

(二)真正非法定目的犯解释的刑事政策化

我国《刑法》第170条规定"伪造货币的,处……"但是刑法学通说认为构成伪造货

---

[1] 参见欧阳本祺:《对〈刑法〉第17条第2款的另一种解释》,载《法学》2009年第3期。
[2] 苏力:《解释的难题:对几种法律文本解释方法的追问》,载《中国社会科学》1997年第4期。

币罪，主观方面除了必须具有伪造货币的故意外，还应当具有"意图行使"目的。为什么以及怎么样将法律没有规定特定目的之伪造货币罪解释为目的犯呢？这里首先要注意，刑法对伪造货币罪的规定方式与对金融诈骗罪的规定方式不同：在8种金融诈骗罪中，除了集资诈骗罪和贷款诈骗罪刑法明文规定了"以非法占有为目的"外，其他6种金融诈骗罪都没有规定该目的。但是，对于金融诈骗罪，只要采用文义解释和体系解释就可以解决问题。从文义解释来看，对于"诈骗"一词，一般人都会将其与"骗得"、"骗取"、"非法占有"联系起来。也就是说，"诈骗"的字面含义包含了"非法占有"的意思。从体系解释来看，既然刑法对集资诈骗罪和贷款诈骗罪规定了"非法占有目的"，具有同样"意义脉络"的其他金融诈骗罪也应当具有非法占有的目的。而对于伪造货币罪，仅仅从文义解释或者体系解释无法得出其为目的犯之结论，而只能求助于刑法教义学之外的刑事政策。笔者将金融诈骗罪称为不真正的非法定目的犯，将伪造货币罪称为真正的非法定目的犯。

真正非法定目的犯的适用方法是"目的性限缩"。目的性限缩本质上就是一种典型的刑事政策化了的刑法解释方法，目标就是追求罪刑法定与刑事政策的"交集"，措施就是用"目的论据"取代"语意论据"。

对于《刑法》第170条的规定，根据语意论据可以得出规范一："对于任何一个行为 x 来说，若该行为是伪造货币的行为，则处……"依据规范一，则出于拍电影、教学或者其他任何目的之伪造货币行为都构成犯罪，这样做有利于维护金融秩序，但却过分限制了人民的行为自由。于是，人们认为规范一导致处罚范围过宽，违反了立法原意或目的，要求根据目的论据将规范一限缩为规范二："对于任何一个行为 x 来说，若该行为是伪造货币的行为，且该行为具有行使目的，则处……"规范二则兼顾了金融秩序与行为人自由。[1]可见，所谓的目的性论据完全就是刑事政策的论据，是刑法教义学之外的刑事政策的价值判断；目的性限缩已经不属于狭义的法律解释，它已经偏离了刑法的语义，而属于法官造法——法官依照对刑事政策的理解造出另一条相关的规范。之所以允许法官依照刑事政策造法，是因为这样做并没有违反罪刑法定原则，也就是说，法官只是在寻找罪刑法定与刑事政策的"公约数"。这种法律适用的过程正是刑法解释刑事政策化的过程。反之，与目的性限缩具有同样逻辑与原则的类推解释之所以被禁止，是因为类推解释只有刑事政策的依据而没有罪刑法定原则的依据，也就是说，类推解释所得出的结论已经落在罪刑法定与刑事政策"交集"之外。

四、结　语

刑法解释的刑事政策化不会导致退回前法治时代的压制型法，而是法治时代解决

---

[1]　参见欧阳本祺：《论真正非法定目的犯的解释适用》，载《法学论坛》2008年第1期。

刑事法治困境的最佳途径。中国的刑事法治建设一开始就交织着形式理性与实质理性、规则主义与自由裁量之间的难题,试图先进行形式理性启蒙培养国民规范意识,然后再引入实质理性倡导自由裁量的进路,也许不太现实。正如波斯纳所说,"最错误的开始就是这样一种信念,只要法官信奉法条主义——司法的角色就是尽一切可能适用制定法和宪法规定的规则或运用那些让法官只注意正统法律材料而不答理政策的分析方法——我们的制度就可以踏上改革之路"。[1] 司法过程中的刑法解释不可能只局限于刑法教义学的范围,它不可避免地会受到刑事政策的强烈影响;只有我们正视刑法解释中的刑事政策影响,并深入研究刑事政策影响刑法解释的机理,才可能是"突围"我国刑法学研究困境的一个可行之路。

---

[1]〔美〕理查德·波斯纳:《法官如何思考》,苏力译,北京大学出版社2009年版,第13页。

基于法治原则的民意正当性拷问与刑事理性策略

张开骏[*]

  世纪之交以来,刑事司法[1]领域的民意表达异常活跃,民意与司法的碰撞引人注目,个别重特大案件中的司法直接被卷入了民意大潮的漩涡,司法受到了不同程度的影响,甚至独立性被严重干预,影响了司法过程和结果的公正。由此提出了很多现实的法治问题,即民意应否被司法裁量考虑及实质根据何在,如果可以则能够允许到怎样的限度,如果不予考虑应如何回应及有无补救之术。本文通过对民意影响司法的现状梳理、民意的性质分析、民意表达与法治实现的关系,以及司法与刑事政策的民意策略等方面,展开条分缕析式的实证与理性论证,以期对此现实司法问题的妥当应对提供一些参考。

一、问题的提出:民意过度介入影响司法公正

  民意只要有所表达,司法被影响的可能性就已存在。不可否认,部分民意能起到提醒司法关注并促进司法的有益作用,但之所以民意对司法的影响成为必须浓墨重彩予以论证的问题,恰恰在于现实司法过程中民意已过度地介入其畋域,从而影响到了司法公正。

---

  [*] 作者系中国人民大学法学院2009级刑法学博士研究生。
[1] 司法有着多层含义,本文从与民意这种"民权力"相对应的刑事"公权力"的意义上使用司法这一概念,探讨司法系统之外的因素加功于法律规则争端解决机制可能对刑事法治造成的影响。因此"司法"范围虽然主要但不限于审判机关对案件的审理和判决,还包含其他实质上行使着国家司法裁断公权力的刑事诉讼活动,比如检察机关的批捕、审查起诉和法律监督,侦查机关的立案和侦查等。因为检察院"免予起诉"职权一定意义上具有成立犯罪的定性功能(特别是法定自诉案件),公安机关不移交审查起诉的职权也是阻却案件进入刑事诉讼程序的裁断权。同理,文中的"司法者"除特别说明外,也在上述广义上使用。

(一) 民意影响司法的现状

1. 民意影响司法的案例铺陈。民意影响司法成为当今中国司法现状的一个显著特征,影响案件之多、范围之广、程度之深,可以说在中国法制史上是前所未有的。民意广泛关注的刑事案件有湖北佘祥林杀妻案、云南孙万刚故意杀人强奸案、河南张金柱酒后驾车致人死伤案、云南杜培武故意杀人案、湖南滕兴善杀人案、河北聂树斌冤杀案、辽宁刘涌黑社会性质组织案、广东许霆盗窃案、湖北邓玉娇杀人案、陕西邱兴华杀人案、四川孙伟铭醉驾案、广东梁丽拾金案、浙江胡斌飙车案等。在这些案例中,民意已超越了一般意义上的影响,而是干预甚至"压迫"了司法。民意干预司法导致重判误判的案例,比如张金柱案[1]和刘涌案[2]。前者本是普通酒后驾车交通肇事逃逸致人死伤的案件,后者属于组织、领导黑社会性质组织致人死伤的案件,两案共同之处在于民愤极大,要求判处被告人死刑立即执行,而新闻媒体对民意的形成和表达产生了决定性作用。理性看待这两起案件,被告虽然罪行严重但不致死刑立即执行,张金柱临刑前哀叹"我死在你们记者手中",该案至今仍被众多学者当作"新闻审判"和"媒介杀人"的例证。民意干预司法导致冤假错案的也有,比如佘祥林案[3]。该案中,"被害

---

[1] 1997年8月24日张金柱酒后违章驾车肇事,致一小学生死亡。在逃逸过程中又将刮倒在车底盘下的死者父亲拖着狂奔一千五百米左右致重伤,造成严重残疾。后被武警军官和出租车司机等拦截抓获。案件尚未进入司法程序便受到了社会和媒体的高度关注。第二天河南《大河报》在头版显著位置报道了该案,立即引起强烈的社会反响和新闻媒体连锁反应,新华社也发出电讯。10月13日中央电视台《焦点访谈》节目对该案进行了披露,对张金柱的民愤就此达到沸点,当年被媒体评为"全国十大恶人"之首,引起最高领导层重视,中纪委、公安部派出调查组赴郑州进行调查。1998年1月12日郑州中院一审公开宣判,张金柱犯故意伤害罪和交通肇事罪,决定执行死刑。被告人不服上诉,被河南高院二审驳回。2月26日张金柱被执行死刑(参见马松建:《死刑司法控制研究》,法律出版社2006年版,第264页)。

[2] 2002年4月17日辽宁省铁岭中院一审以被告人刘涌犯故意伤害罪,判处死刑,与其所犯其他各罪并罚,决定执行死刑。2003年8月11日辽宁高院二审以"不能从根本上排除公安机关在侦查过程中存在刑讯逼供情况"和"鉴于其犯罪的事实、性质、情节和对于社会的危害程度以及本案的具体情况",对刘涌所犯故意伤害罪改判死缓;其他各罪维持一审判决。二审改判死缓引起极大民愤,声讨刘涌是十恶不赦"黑道霸主",质疑司法不公存在司法腐败,刘涌案变成全国性讨论的事件。最高人民法院依照审判监督程序提起再审,认为刘涌案不存在从轻情节,于12月22日以故意伤害罪判处死刑;维持二审其他各罪判处的刑罚;数罪并罚,决定执行死刑。宣判当日刘涌被执行死刑(参见马松建:《死刑司法控制研究》,法律出版社2006年版,第273—279页)。

[3] 1994年1月2日佘祥林之妻张某失踪,4月某日在京山县雁门口镇吕冲村水库发现一具无名女尸,经张某亲属辨认,认为死者即是张某。10月13日,原荆州地区中院一审判决佘祥林故意杀人罪,判处死刑。佘祥林以被刑讯逼供、指供、诱供为由提出上诉。湖北高院于1995年1月19日二审裁定,事实不清、证据不足发回重审。二审期间张某亲属书写《关于对杀人犯佘祥林从速判决的请求报告》,并组织220余名群众签名、按手印,并多次上访要求从速处决以平民愤。案件几经曲折,1998年7月10日京山县法院一审判决佘祥林故意杀人罪,判处有期徒刑15年。佘祥林上诉后,9月22日荆门市中院二审裁定维持原判。2005年3月28日,佘祥林之妻张某突然在家乡现身。至此,佘祥林冤假错案大白于天下(参见马松建:《死刑司法控制研究》,法律出版社2006年版,第270—271页)。

人"根本没有被杀,但其亲属通过组织群众签名上书、多次上访等形式,对司法机构施加压力,最后佘祥林被判长期徒刑,与民意干预有直接关系。因民意干预司法而致轻判的案件在实践中也存在,比如新疆生产建设兵团蒋爱珍案。[1] 被告人因被诬陷、申诉无果而激愤杀人多名,被判处有期徒刑,虽然该案存在被害人过错的情节,但从宽幅度之大是令人质疑的。现实生活中民意干预司法的案件呈现以下特征,要求被告人被重判的案件即所谓的民愤案件,更容易激起轩然大波并被记录下来,而导致轻判的案件引起相对较少的关注。这首先是由我们民族还不够文明轻缓的法律心态决定的,再则与具体案件特点有关,轻判案件的被告人多是普通社会群体,而民意本身就是"民权力"的象征,而像张金柱案和刘涌案这类被重判的案件,被告"官员"和"犯罪头目"等特殊身份起到了不少民愤"催化"作用。

2. 民意影响司法的样态分析。民意对司法的影响随着社会的发展呈现出不同的样态,并呈现出模式化的特征。在传统的乡土社会,社会物质生活条件限制了人们的社会交往和社会关系的范围,人们生活在一个狭小的"差序格局"中,依据自己的道德观念和朴素情感发表对周围事物的看法和态度,听命于自己,在多数情况下,民意就是审判的依据,"民众的声音就是神的声音"(西原春夫语)。那时的民意表现出单一性的样态,原生、直接、个人化、地区性,具有利益倾向,民意更多地指向具体的个案和个人。进入现代社会以后,社会的进步和科技的发达使得民意的形式与内容、传播途径与方法、作用的方式和结果都发生了深刻的变化。民意呈现出多样化的样态,有来自犯罪嫌疑人或者被害人的请愿书、有当事人或者司法机关聘请的专家论证意见书、有媒体的报道尤其是网络评论,还有"游行"、"示威"等宪法权利异化的静坐、上访、围攻国家机关、群体性聚集等样态。民意也有了不同的种类,如有原生的未经加工的民意,也有经过加工或被操纵的"民意";有基于自身利益的民意,也有基于对公共安全的期待或者依赖而发表的民意;有基于个人的同情怜悯主张宽宥的民意,也有基于义愤仇恨主张严惩的民意。民意作用的方式、时间、对象、结果等趋向复杂化,目前民意对司法的影响已经形成一个固定模式,即针对个别案件的一定的民意或专家意见,经过媒体的推动,成为具有相当影响力的社会舆论,引起某些领导或机构的关注,在司法程序启动

---

[1] 蒋爱珍是新疆生产建设兵团某医院护士,因受单位内部派系斗争牵连,而被诬陷有不正当男女关系("作风问题"在当时是极为重大的"帽子",足可压死心理脆弱者),身心受到严重伤害,竟还被称"装疯卖傻",在会议等多种场合侮辱责问,要求说明问题。蒋爱珍不堪其辱,写下申诉信和遗书后,于1978年3月29日晨使用打靶枪支杀死3名诬陷人,被判处死刑。1979年10月《人民日报》发表长篇报道《蒋爱珍为什么杀人》,引起全国轰动,人民日报5个月内收到各阶层人民来信1.5万多件,民意高度一致同情被告人。1985年新疆高院开庭公审,终审判处蒋爱珍有期徒刑15年(参见渭南日报社:《曾经轰动全国的蒋爱珍案始末》,载《渭南日报》2008年2月20日,第7版)。

之前或过程中"先定后审",或者引起司法监督程序干预司法。[1]

(二)民意影响司法的原因

1. 民意自身层面:合理性的片断。(1)民意本身不能完全排除合理性的成分,这是其萌生影响司法冲动的自足性理由。民意中包含了人们对犯罪行为的愤恨、对犯罪人的谴责和被害人的同情,进行报复的人类本性和救济正义的朴素观念,以及恢复被犯罪扰乱的社会生活秩序的愿望,这些社会心理具有正当性,是社会不断文明进步的必然要求。对于民意表现之一的民愤,法国刑法学者斯特法尼曾指出,"现代立法者既要追求道德的目的,又要追求实用的目的。……道德目的是与刑罚的'报应性质'相联系的。受到危害的社会迫使犯罪人承受某种痛苦,以作为对社会本身所受痛苦的补偿。人们对犯罪的愤恨也影响与引导着社会对犯罪所作的这种反应。这种愤恨对于社会的正义是不可缺少的。长期以来,社会始终在尽力维护这种健康的愤恨情感。"[2]法国学者涂尔干以社会学视角论述了集体意识之于犯罪成立的意义,他指出明确而强烈的共同意识是刑法的真正基础所在,如果一种行为触犯了强烈而又明确的集体意识,这种行为就是犯罪,犯罪在本质上是由对立于强烈而明确的共同意识的行为而构成的。[3](2)我国法律对司法监督的原则性规定和司法系统推行的一系列改革措施,一定程度上为民意影响司法提供了实证法依据。我国《宪法》第3条第3款规定,审判和检察机关受人民代表大会监督,第41条规定了我国公民对于任何国家机关和工作人员有批评和建议的权利,对其违法失职行为有申诉、控告和检举的权利。

2. 历史传统层面:大行其道与权宜之策。(1)我国自古以来有民意渗透司法的传统,天理人情成为与律法并行其道的裁判依据,"那些受到称道、传至后世以为楷模者往往正是这种参酌情理而非仅仅依据法律条文的司法判决"[4]。受占统治地位意识形态的儒家思想指导,"德主刑辅"是基本的治国策略。除了中央设立专门司法机构外,地方直至基层都是行政与司法合一的体制,没有职业法官,"经义决狱"大行其道,民意在很大程度上取代法律职业思考的传统,对现在不可能没有影响。[5](2)民意在新中国建立后相当长时间内作为量刑因素存在,并且取得了一定效果的实践,使得司法者面对民意很难理直气壮地表示拒绝。由于没有制定完备的法律,导致了很大程度上依靠党的政策精神办事,民意也不失为一种"公意",成为事实上影响量刑的因素而长期存在。加上人民群众受文化知识、法律意识的局限,短时间内尚不能认识到国家

---

[1] 参见卢建平:《死刑适用与"民意"》,载《郑州大学学报(哲学社会科学版)》2005年第5期,第107—108页。

[2] [法]卡斯东·斯特法尼:《法国刑法总论精义》,罗结珍译,中国政法大学出版社1998年版,第29页。

[3] 参见[法]涂尔干:《社会分工论》,渠东译,三联书店2000年版,第119页。

[4] 贺卫方:《司法的理念与制度》,中国政法大学出版社1998年版,第173页。

[5] 参见孙笑侠:《判决与民意——兼比较考察中美法官如何对待民意》,载《政法论坛》2005年第5期。

利益与人民利益在根本上的一致性,出于巩固政权,需要得到广大人民群众的支持,量刑考虑民意是必要的。[1]

3. 现实社会层面:社会发展和观念的推动。(1) 从深层次原因来说,当代中国社会的快速发展以及价值多样化,可能带来法律与某些民意脱节,政治经济发展不平衡的大国,或为保持国家法治统一,或为兼顾各地具体情况,也难免引发法律与民意的紧张。很多个案中的民意诉求实际是对转型社会时期不公正现象的"移情表达",比如张金柱案就是民众对公安队伍违法乱纪不满情绪的集中宣泄,孙伟铭案体现了民众对贫富差距的不满等。(2) 利益驱使和民众法治意识增强,必然使司法承受来自各方面包括民意压力。司法处理纷争影响到不同社会关系和利益,在一定程度上,司法裁决就是对社会资源的重新配置,因此必然处于各种社会矛盾和冲突的中心。各种利益团体、机关和个人都在'追求正义'的信念支持下对司法寄予期待,政府可能会把消解社会危机和进行社会整合的负担交由司法机关承受,新闻媒体通过张扬案件事实中的催人泪下的细节和判决理由的争点来介入对司法公正的解释和判断,普通民众则企望司法官员扮演"青天老爷"或"上帝"来拯救他们所遭受的社会冤苦,这些期待驱动了人们积极参与司法的热情。[2] (3) 科技、传媒和资讯的发达,为民意的形成和传播提供了便捷。除了传统的报纸、电台和电视台以外,新兴的传媒手段和传播渠道,比如网络和手机上网等,使得资讯无处不在、随处可见。民众对刑事案件发生和司法的过程实现了零距离接触,也加速了人们对案件、法律和司法的交流和发酵。比如张金柱案发第二天在司法尚未介入时就被媒体报道,基于不同立场的民众掺杂不同情感对案件进行评论,先行开展"媒体的道德审判",无疑会对司法产生巨大影响。

4. 司法现状层面:自觉回应与被迫承受。(1) 在构建社会主义和谐社会的背景下,司法被赋予更多的社会责任。"司法为民"、"服务大局"和"为人民群众排忧解难"等司法理念与20世纪末以来最高人民法院所推行的一系列司法改革实践,是刑事司法领域对待民意的主动回应,比如人大可以对司法进行个案监督,法院接受媒体与人民群众的监督,甚至试行庭审过程现场直播,法院系统开展"争创人民满意的好法院,争当人民满意的好法官"活动等,为司法中民意的介入提供了门径。学界关于"司法民主化"或"司法大众化"论证也起到了推波助澜的作用。司法职能已不仅仅是居中裁判,而且要保证平息纷争和社会稳定,因此司法不能不考虑民众对审判结果的接受程度,追求"法律效果"与"社会效果"的统一。(2) 现实中某些个案的司法不公成为诟病,引起了社会公众的不信任,是民意干预司法的诱因。比如杜培武案和佘祥林案是冤假错案的典型,真相披露后引起舆论一片哗然。邓玉娇案也是在社会各界的广泛关注和推动下,不断还原事实真相,案情朝着有利于被告人的方向发展,最后作出"免予

---

[1] 参见马克昌主编:《刑法通论》,武汉大学出版社1999年版,第366页。
[2] 参见舒国滢:《从司法的广场化到司法的剧场化——一个符号学的视角》,载《政法论坛》1999年第3期。

刑事处罚"的有利被告判决。当这些个案民意监督司法取得了较好效果时,民意自身就会得到一种确证,并把这种确信扩大到其他个案中,从而大量出现民意与司法相碰撞和交锋的现状。相反,普通民众对民意影响和干预并不排斥,甚至对这种"民权力"监督"公权力"和参与决策的形式欢欣鼓舞。

二、司法的态度:法治不允许盲动的民意

(一)民意自身妥当性的拷问

1. 民意的负价值特性。(1)民意在很多情况下是非理性的。民意的本质是民众对案件各种事由特别是行为后果和行为人主观恶性的综合反映,融合了民众的价值观、道德观、伦理观和法律观等多种意识,并不必然代表正义,只是案件发生地区或领域社会民众价值观的体现。当这种集体意识与社会文明进程相统一,并促进人类理性发展时,这种民意对判决的影响就是正面的,就能促进司法公正;反之,当集体意识代表狂热、报复、偏见和私利时,它对判决的效应就是负面的,会扭曲司法公正,而民意往往就是非理性和善变的。[1] 研究大众心理学的法国学者勒庞说过,当群体心理形成时,便造成了教条主义、偏执、人多势众不可战胜的感觉,以及责任意识的放弃。[2] 因此,民意很难保证理性,比如邱兴华案的舆论讨伐狂潮中,竟有网友主张对其施以古代最残酷刑罚"凌迟",也有不少跟帖响应,此时的民意已经完全是对文明的反动和历史的倒退了。(2)民意具有可变性。民意的有无及大小,往往随着发案率等治安形势、案件发生的时间地点与民众的社会背景、财产状况等自身情况等不同而发生变化,这在涉及死刑的案件中表现尤著。"民众的集体意识与正义情感不仅具有非理性、情绪性,而且往往变动不居、起伏不定,往往一个孤立的突发的恶性犯罪案件就能在很大程度上改变公众对待死刑的态度。在许多情况下,我们都会看到这样的现象:每当由于司法错误而错杀无辜的案件发生时,废止死刑的论调就高耸入云;相反,每当社会接二连三地发生惨不忍睹的重大刑案后,社会大众对于罪犯的厌恶程度大为增高,每个人主观上的报应需求也跟着大幅度上升,因此存置死刑的论调就大行其道。"[3] 媒体报道的角度不同会直接影响民众关注焦点,从而使民意的内容发生变化,孙伟铭案就是

---

[1] 参见卢建平:《死刑适用与"民意"》,载《郑州大学学报(哲学社会科学版)》2005年第5期。
[2] 参见[法]古斯塔夫·勒庞:《乌合之众:大众心理研究》,冯克利译,中央编译出版社2000年版,第10—12页。
[3] 林山田:《刑罚学》,商务印书馆1975年版,第172页。

民意"倒戈"的例证。[1] (3) 民意具有易误导性。民意是集体情感的表达和宣泄,带有浓厚的感情色彩,很容易被煽动和误导。在当今信息化社会,一种意见一旦被大众传媒所传播,就被赋予了公开性、显著性和权威性,即使传播的并不是多数人而是少数人的意见,人们也往往会把它当作多数人的意见来看待。[2] 人们的心理往往倾向于接受大多数人的意见,并由此形成"群体极化"(group polarization)现象,一旦某种意见被放大或"发酵",就失其本来面目了。(4) 民意有时具有虚假性。现实生活中案件双方为争取正当利益,有时是谋求不正当利益,会采取各种手段、动员一切可动用的力量,人为制造"民愤极大"等民意,向司法施加压力。民意表达的形式更多情况下是借助媒体(特别是网络媒体)这一载体,而媒体有着自身的能力限制和价值取向,不明真相的民众所接受的案件事实总是被媒体"编辑"过的,在此基础上发表的个人看法和观点,再经媒体"编辑"后汇聚到新的民意大潮中,由此展现出来的民意只能是片面的了,一定程度上是被垄断话语权的机构和人员"加工"甚至是被"强奸"了的民意。

2. 民意判断的复杂性导致其不具有操作性。民意无论从形式和内容都很难判断,或者说根本不能被判断,民意本身就是值得质疑的命题。(1) 民意的主体范围难以确定,即哪些人所表达的民意才应该被考虑。现实社会中,存在各种利益群体与阶层,案件双方肯定有自己的诉求,此外还有与案件双方关系密切的近亲属和其他人、法学专家和律师等职业群体、被称为"第四种权力"的媒体(媒体既是信息传播的媒介和载体,也是带有自身价值取向的机构和实体),以及更多的普通民众。案件双方有自身利益难免带有偏见,普通民众不了解案件和法律,只能依赖媒体和法律人士,而"专家意见"也常受质疑,媒体更是"百花齐放、百家争鸣"。(2) 民意的形式范围难以确定,即哪种方式所表达的民意才认为是合适的。民意的形式多种多样,有案件双方及其近亲属自己采取的,比如上访、静坐甚至自伤自残或自杀,有借助其他社会力量声援或参与的,比如专家论证意见书、媒体掀起的舆论(特别是网络民意)、纠集民众签名、围攻国家机关、群体性聚集等。其中有的缓和,有的激烈;有口头和书面表达的,有的付诸行动;有

---

[1] 2008年12月14日下午孙伟铭醉酒驾驶别克轿车,先撞上一辆轿车后又继续呈"S"形高速前行约2公里,并越过双实线与正在等红灯的四车相撞,致车上张某夫妇和金某夫妇四人当场死亡,另一人代某重伤。案发后大多数媒体上的孙伟铭形象是经常闯红灯、违章、长期无证驾驶,在小区内停车飞扬跋扈的"恶棍",媒体对"疯狂别克"、"惨绝人寰"结果等情节大肆渲染,以致"不杀不足以平民愤"。2009年7月23日成都中院一审"以危险方法危害公共安全"判处死刑。司法机关根据事实和性质认为罪不至死,与媒体"博弈"积极引导民意。民众关注焦点后来转向案发时孙伟铭的呼救行动,庭审时真诚悔过,积极赔偿被害人家属等,媒体开始对孙妹带孕之身奔走、孙父身患癌症、孙曾助困抗震救灾等情节大肆渲染,二审判决时民意已经倾向于"得饶人处且饶人",保住孙伟铭的命可以避免家破人亡的新惨剧发生,受害人也有了相应的赔偿还贷还债继续治疗,甚至于对个别受害人家属的"偿命"情形反过来进行责难。9月8日四川高院二审以该罪名改判无期徒刑(参见王子:《孙伟铭捡回一命》,载《新民周刊》2009年9月14日,第42—45版)。

[2] 参见郑兴东:《受众心理与传媒引导》,新华出版社1999年版,第183页。

的势单力孤,有的人多势众等。民意根据价值取向的不同(根据是否有利于被告),还可以分为民愤、民悯和相对中立。似乎谁造势的舆论压力大,就更容易影响司法。(3)民意的真实性标准难以确定。只要在诉讼过程中,民意判断的落脚点只能是司法者。即使上述形式意义上的民意主体和形式范围能够确定,真伪的判断也仍然是问题。个体的、缓和的、理性的表达,还原其本来面目是有章可循的,但舆论案件往往都是经过各种载体以"集体民意"形式出现,这种民意真实性的判断便存在极大困难。(4)民意的正确性或公正性标准难以确定。大多数或主流的民意并不能自证其公正,主流也隐含着专制主义的危险。在价值多元和社会分层的时代,民愤或民悯都是从各自角度所作的评判,相对中立可能是各打五十大板,未必就意味着公正。"体现时代发展方向"本身就是包含着价值取向的标准,以此来评判民意正确或公正性缺乏足够的说服力。总之,民意是客观存在的,但又是难以定义和把握的,真实、正确和公正的民意是无解之谜。无怪乎美国学者凯伊(V. O. Key)发出感慨,"要很精确地来谈民意,与了解圣灵工作没有两样。"[1]民意判断的复杂性,归根到底是由于民意本身不是一个严格的法律概念,不具有制度性和规范性特征。

3. 司法时的个案民意不能等同于立法时的民意和一般意义上的民众法感情。日本学者西原春夫探求处于刑法背后的提案和制定的原动力,认为刑法的根基在于人的欲求,同时不遗笔墨地阐述了"个人的欲求"和"国民的欲求"之间的差别,指出后者才是处在离制定刑法比较近的地位的原动力。西原先生在肯定了由被害者及其亲属、朋友等与被害者有密切关系的人所代表的"个人的欲求"含有直观上的正确成分因而不能无视的同时,也明确揭示了其片面性和情绪性的非正确成分,特别是在发生了特别悲惨结果的犯罪情况时所可能导致的滥用刑罚的可怕性。最终,只有被引入合理轨道的、综合平衡后的、缓和下来的、被修正了的"国民的欲求"才值得考虑。[2]在我们看来,这种所谓的真正的"国民的欲求"已经超出了"个案民意"的范畴,而是回归到提案和制定刑法原动力基础上所讨论的属于"立法民意"的范畴。相当多的肯定民意的观点,援引了日本学者大谷实的论述:刑罚正当化的理由虽然是实现抑制犯罪的目的,但其终极目的却在于维持社会秩序。因此,为满足社会秩序,满足社会的报复感情,维持国民对法律的信赖便显得极为重要。国民的一般法律信念中,只要对于一定的穷凶极恶的犯人应当科处死刑的观念还存在,在刑事政策上便必须对其予以重视。有关死刑存废的问题,应根据该社会中的国民的一般感觉或法律信念来论。[3]大谷先生是针对死刑刑事政策作以上阐述的,在刑事政策上必须考虑民众法感情来决定死刑的存废,这一真知灼见我们是完全赞同的,也与西原先生的上述原理相契合,但并不是针对个案司法而言的,并不能为民意干预司法提供佐证。立法要总结司法实践经验和保持

---

[1] 彭怀恩:《政治传播与沟通》,台北风云论坛出版社有限公司2002年版,第103页。
[2] 参见[日]西原春夫:《刑法的根基与哲学》,顾肖荣等译,法律出版社2004年版,第98—101页。
[3] 参见[日]大谷实:《形势政策学》,黎宏译,法律出版社2000年版,第113页。

适当的前瞻性,不同于司法中现时的、个案的被动回应来说,它是对以往大量同类型案件的主动总结和将来类似案件的能动展望。因此立法时的"民意"是广泛征求社会各界(包括专家学者、司法实务界和普通民众)的意见,并且遵循严格的立法程序,足以保证客观、理性和公正的"公意"。在立法提案和制定时,每一个人都是被假设的犯罪人或将来可能的被害人,他们为了最大限度的保障或保护自己的利益,必须理智的平衡该种利害关系。显然,司法中涉及的个案的民意,都是带有很大特殊性和不平衡性的"个人的欲求",特殊性表现在案件本身存在差异以及是否受到民众关注与关注程度的不同,不平衡性表现在案件双方力量对比不对等,往往强势的一方更能够发动媒体和专家的力量为我所用,从而主导民意的话语权。在这个意义上,可以说司法中的个案民意并不是真实的民意。

(二) 法治自身确证的要求

1. 从人类法制史来看,司法的产生本身是对民意的有益扬弃。"以眼还眼、以牙还牙"是朴素正义感和报应观念最直观的表达,植根于人的本性之中。报复的情绪伴随着犯罪而产生,同态复仇、血亲复仇等是解决争端的最原始、最直接的方式。任由被害人的意志发挥,很可能走向极端,导致无限循环的复仇,不利于社会秩序的稳定和人类自身的维持。决斗是人类发明的另一种方式,以牺牲双方实力的实质不平等来换取形式的平等,多少克服了以往方式的弊端,但本身有违公平正义也不可能广泛适用。文明的标志之一就是设计出合理程序降低情绪反应的作用,努力做到冷静和理性的处置。因此,作为中立人的国家以及法律及其配套的制度规范便应运而生,司法由此成为一项职业化的活动,由法律专业人员运用专门的知识与技术来定纷止争,以合法公正的形式排泄被害人和其他人心中的报复情绪,满足公正的愿望,并且更好的保障犯罪人和保护社会。从这样一个角度看,司法是对民意的一种有益的扬弃。如果完全顺应民意,则完全没有必要出现这么一套"繁琐而又复杂"的司法机构及司法程序,这样无异于引导我们整个社会走向人类的最极端、最野蛮的本性。

2. 个案民意即使在有的情况下代表了多数人的、公允的意愿,基于人权和法治的考量,司法也应该保持应有的克制。首先,民意某种程度上体现了民主的思想,但稳定是法治的美德,现代国家民主与法治均不可缺,民主不仅需要法治的保障,而且需要法治的约束,特别是涉及公民的基本权利问题,要防止流水的民意左右法律。[1]如果法官完全顺从民意,便可能出现对一个社会中少数派的不宽容,走向"多数人的暴政"。[2]民意常常打着揭露腐败、伸张正义、帮助弱势群体的旗号以"正义"化身显现,给人以不可抗拒的无形的压迫,"一旦受害人或社会团体在伸张正义的习俗指引下重新行使了司法的功能,他们就完全忽略了国家,有时也避开了法律框架以及司法机关

---

[1] 参见苏力:《法条主义、民意与难办案件》,载《中外法学》2009年第1期。
[2] 参见贺卫方:《运送正义的方式》,三联书店2002年版,第95—96页。

的一切监督制约"[1],从而造成法律的虚无主义。其实,正义感本身也未必可靠,德国思想大师马克斯·韦伯指出,"经验证明,除非'正义感'在客观或主观利益此类'实用因素'的坚定指引下发挥作用,否则,它是很不稳定的。我们现在还不难看到,正义感容易波动,并且,除了极少数一般性和纯形式的公理以外,很难表达。至少就我们目前所知而言,各国不同的法律制度不可能从'正义感'中推演而出。'正义感'具有明显的感情色彩,因而不足以保持规范的稳定性。可以说,它是导致非理性判决的诸因素之一。只有在这一基础上,我们才能够研究'民众'态度的范围。"[2] 普通民众在认定一个行为是否构成犯罪以及应当重判或轻判上,依据的是感性的道德判断标准,与司法裁判所应当依据的理性的法律标准,无疑存在冲突。相比于正式的犯罪抗制机制而言,民意既没有刑事实体法中保障人权的基本原则与机制(如罪刑法定原则、平等适用刑法原则、罪刑相适应原则及相关机制),也缺乏刑事程序法中保障程序公正的原则与相关机制(如疑罪从无原则、严格的证据规则、辩护原则及相关机制),没有约束的民意如同不受制约的权力是极其危险的,极易导致对人权的侵害和法治的破坏。

3. 即使个案司法可能有失公允,也应该拒绝民意、无条件依法而司。判决之前的司法必须严格依照罪刑法定原则(实体和程序法)进行,包括案件双方严格按照事实和法律合理表达诉求,司法者排除案外因素"有法必依",对争议裁决也严格按照法律规定上诉或再审等救济和法律监督程序。即使个案的生效判决当时看来有失公允或者事后被证明是误判错判,也必须被无条件遵守和执行。而绝不容许漠视事实和曲解法律,迁就民意非法裁决。这是因为"法律必须被信仰,否则它将形同虚设。"[3] 在此情况下,特定个案公正的牺牲是必要的,哪怕判决之后马上出台刑法修正案或司法解释,对以后的司法进行纠正指导,但在规范性法律文件生效之前,该案只能如此判决和执行。该案公正的牺牲正是为了保证今后类似案件的公正,以法律的理性克制民意的非理性,是一个国家走向成熟的法治社会的必经阶段,最终是顺应民意和造福民众的。反之,即使特定个案中司法迁就民意带来了民众可接受的"公正"结果,也无法保证此后的一系列个案能获得总体的、系统的良好效果,从而无法保证民众受到法律的同等对待。以一案之民意废法,带来的是对法律的消解,司法永远被民意所裹挟,整个法治的松弛和法治国大厦的崩塌。立足于中国法治实践的现状,相比于有法可依,有法必依更具严峻性。一方面是由立法进程明显加快,中国特色社会主义法律体系逐步完善,而法律执行的效果欠佳之现状决定的;另一方面,实践中推动司法比在纸面上完善立法,更具有法治积淀的现实意义,因为司法将"死"的法律变成了"活"的法律,司法的

---

[1] [法]米海依尔·戴尔玛斯-马蒂:《刑事政策的主要体系》,卢建平译,法律出版社2000年版,第201页。

[2] [德]马克斯·韦伯:《论经济与社会中的法律》,张乃根译,中国大百科全书出版社1998年版,第71页。

[3] [美]伯尔曼:《法律与宗教》,梁治平译,中国政法大学出版社2003年版,第3页。

价值不容低估。

4. 司法远离民意是司法独立的应有之意,是促进法治的必然抉择。我国《宪法》第 126 条和 131 条分别规定,人民法院和人民检察院依照法律规定独立行使审判权和检察权,不受行政机关、社会团体和个人的干涉。《人民法院组织法》第 4 条和《人民检察院组织法》第 9 条分别重审了上述规定。有的国际组织决议也体现了上述精神,1985 年第 7 届联合国预防犯罪和罪犯待遇大会通过并经联合国大会批准的《关于司法机关独立的基本原则》明确要求:"司法机关应不偏不倚、以事实为根据并依法律规定来裁决其所受理的案件,而不应有任何约束,也不应为任何直接或间接不当的影响、怂恿、压力、威胁或干涉所左右,不论其来自何方或出于何种理由。"司法的权力应当具有超脱性、普适性、中立性和一体性,它应放眼于全国范围内全部纠纷和全部当事人,而不是某一个地域、机构或人员。唯有如此,方能保证实现司法的公正性和统一性,才能赢得当事人对于司法的信赖和倚重。美国"辛普森案"中,民众倾向于辛普森杀了人,对司法的无罪判决尽管不理解,但最终还是表示了尊重。

三、解决的路径:司法应对与刑事政策之措施

运用司法的理性克制民意的非理性,在法治原则和规范层面回应民意的合理成分,维护司法公信力,乃至从根本上保障司法的独立公正,不仅需要刑事司法者的实践推动和立法者的努力,还需要决策者的政治智慧、学界的启蒙和媒体的联动。在刑事司法和刑事政策层面上,全社会共同努力,建构法治的宏伟蓝图。

(一) 刑事司法层面

1. "激活"《刑法》第 63 条第 2 款的适用。该条款规定,"犯罪分子虽然不具有本法规定的减轻处罚情节,但是根据案件的特殊情况,经最高人民法院核准,也可以在法定刑以下判处刑罚。"为司法实践中那些不具有法定减轻处罚情节,但确需酌情减轻处罚,才有利于实现刑罚公正的情况,提供了法律依据。遗憾的是,可能是嫌报最高人民法院核准操作不便,这一规定长期以来并没有受到关注。一旦无法定减轻处罚情节可依时,就不适当地改判轻罪或提不出任何适用依据的减轻处罚,给人随意裁判的印象,影响了司法的公信力,这种情况是必须得到纠正的。最近,该条款在司法实践中已有被适用的先例,轰动全国的许霆案就是援引该条文规定由无期改为 5 年有期徒刑的。可以说,《刑法》第 63 条第 2 款是司法在坚持罪刑法定原则的前提下,化解民意的法律"紧急安全阀"。鉴于"酌定情节"只是学理和实务上的概念,刑法并没有规定具体的内容,只有在类似于本文介绍的特殊民意案件中,才可慎重援引适用,并且严格报请最高人民法院核准。相应,如果特殊个案中反映出来刑事法律规范性文件有不适应社会发展的情形,在该案司法结束后,应立即启动刑法修正案或颁行司法解释,为以后类似案件能得到公正处理提供直接的规范依据。

2. 采取异地审理或者延期审理。民意具有很强的时间和地域特征,对于民意较大的案件,法院可以根据我国司法管辖和审判期限的相关规定,采取异地审理或者延期审理的办法,最大限度减少案外干预。美国相关做法可以提供一定的启示,根据美国州的法律规定,案件可以被转移到其他辖区审判。按照一些州的司法制度,在死刑案件中若存在地方偏见,变更审判地点应该被看作是一项权利。在其他一些地方,法官有权依据外部因素对于法庭的影响,加以裁量作出判断,决定是否变更审判地点。第五巡回法院主审法官 Brown 指出,时间能擦去记忆,这是新闻的特点,哪怕是那些有影响的事件。如此,有偏见的报道现也许能不利于陪审员以及备选陪审员的思考,但妨碍只是暂时的。因此,可以采取延期审理的办法。[1]

3. 掌握刑法解释原理,加强裁判说理。司法最大的困难在于事实(诉讼上表现为证据)的查证和性质的认定,定性准确才能保证量刑适当,但民意关注的重点是裁量的刑罚,对案件本身和法律规定不一定了解,这就导致了在思考方式上,司法定性优先与民意定量优先的差异。要解决这个矛盾,司法者就应掌握刑法解释原理,在准确定性的前提下,在罪名与刑罚之间架设桥梁,即加强裁判说理,向当事人和民众昭示裁量刑罚的合理性。显然,我国的司法裁判在这方面做得还很不够。在刑法解释方面,它的重要性近年来逐渐得到认同,但解释水平能力亟待提高。实际情况是,当民意对裁量的刑罚反映强烈时,司法者不能很好的在正义理念指导下,进行合规范的从轻或从重解释从而调节刑罚,而是违背事实和法律,以民意"呼唤"出来的"社会危害性"为实质考量,"量刑反制定罪",通过改变案件定性适用其他罪名的方式去迁就民意,此类处理问题的向度和做法与法治原则是格格不入的!在裁判说理方面,只有"说理透彻",才能收到当事人"胜败皆服"的效果。《人民法院五年改革纲要》曾提出要"增强判决的说理性,……使裁判文书成为向社会公众展示司法公正形象的载体",但几年下来,这方面仍然进展不快,如裁判文书不公开,或者语焉不详,或者套用固定的公务格式等,在认定有罪时不经推理就断言"本案事实清楚,证据确凿",对辩护意见简单地以"于法无据,本院不予采信"打发了事,在一些减轻刑事责任的判决中以一句"鉴于本案的具体情况"让人不得而知具体理由,这些都与法官业务素质水平不无重要关系。[2] 司法就是使刑法规范与生活事实相对应的过程,这便需要反复、合理地运用各种解释方法,准确抽象生活事实,正确理解规范与事实的本质,直至得出符合正义的结论。实践中很多法官在案件审判之初,会根据个人的理解和经验,特别是受到民意的影响时,容易形成先入之见,这是不可避免也是很正常的。"相对于裁判的字义,法官在案件中有着先前判断与先前理解。法官有这些判断或理解,并不必对其责难,因为所有的理解都是从一个先前理解开始,只是我们必须把它——这是法官们所未作的——开放、反思、

---

[1] 参见孙笑侠:《判决与民意——兼比较考察中美法官如何对待民意》,载《政法论坛》2005年第5期。
[2] 参见刘仁文:《裁判文书说理公开为何进展不快》,载《检察日报》2005年4月6日,第8版。

带进论证中,而且随时准备修正。"[1]作为法律的理性代言人身份的法官,所要做的就是克服民意的影响,不固守先前理解,将自己的先前理解置于正义理念之下、相关条文之间、生活事实之中进行检验,循环往复,从而得出符合正义理念、与刑法规范协调和能够公平处理案件的结论。然后,将这种正确的结论及其论证过程,在裁判文书中予以详细阐明,做到情、理、法的有机统一。应该相信,尽管成文的刑法规范是不变的,但运用各种刑法解释方法,在实质的客观解释论指导下,坚持存疑时有利于被告人的原则,司法者是能够因应不断变化的社会情势,在适当考虑民意的基础上,作出公平正义的拥有良好社会效果的裁判的。

4. 做好案前刑事和解和案后执行工作。刑事和解制度是最大限度的尊重和吸纳案件双方民意及司法者、亲友邻里等相关人员意见的模式,案后执行是顺应和平息民意之举。刑事和解,西方国家称为"恢复性司法"(Restorative Justice),越来越受到我国理论和实务界的关注,是当事人在司法者、志愿者等中立第三方的调解下,直接面对交流,被告人以真诚自愿的道歉、积极赔偿犯罪损失等方式表明悔罪心情,得到被害人和社会的谅解,从而终止司法程序的做法。它对犯罪、刑事责任和司法都存在有别于以往的新理解,比如强调犯罪对个人的侵害,尊重被害人解决争端的意愿,关注损害的赔偿,以及被破坏的人际关系的修复等。因而该制度在最大限度尊重当事人意愿、提高诉讼效率节约成本、利于被告人回归社会和实现社会和谐方面,被赋予了较高评价。[2]我国目前还没有正式的刑事和解制度和规范,实践中孙伟铭案取得良好效果,跟刑事和解精神的运用有很大关系。由于民意影响司法的热情在于影响判决结果,一旦生效判决确定后,民意一般也会渐归平息。但案后执行工作也很重要,是有法必依的体现,是司法权威的实际保障。在执行方式上要动员一切积极因素,将裁判中纸面上的说理延伸到执行中,争取乡镇社区和村(居)民委员会、人民调解委员会等各级司法行政组织和妇联等社会团体,还有案件双方的亲朋故旧等人缘关系,必要情况下强制执行,并努力做好善后的困难帮扶和社会安定工作。

5. 启动特赦。赦免是刑罚消灭的重要方式之一,是指国家元首或者最高权力机关宣告对犯罪人免除其罪,或者不能免除其罪,但免除或减轻其刑,进而消除刑事追诉权、刑罚裁量权或者刑罚执行权的法律制度。[3]无论在西方还是我国古代历史上,赦免制度均广泛存在,联合国《公民权利和政治权利国际公约》等国际人权法明确要求对一切判处死刑的案件给予大赦、特赦或减刑。在我国,1954年《宪法》曾规定了大赦,但没有实践。目前法律体系只有特赦的原则性规定,《宪法》第67条第17项规定全国人大常委会行使"决定特赦"的职权和第80条第4项规定国家主席发布"特赦令",实践中仅在1957年至1975年间,针对战争罪犯、反革命罪犯和普通刑事犯实施过七次特

---

[1] 〔德〕考夫曼:《刑法哲学》,刘幸义等译,法律出版社2004年版,第77页。
[2] 参见黎宏:《刑法总论问题》,中国人民大学出版社2007年版,第542页。
[3] 参见阴建峰:《现代赦免制度论衡》,中国人民公安大学出版社2006年版,第123页。

赦。实际上使得特赦这种重要法律制度流于湮没。我们认为,在当今社会转型和变革的重要时期,针对处刑较重同时民意较大的刑事案件,启动特赦进行个案罪刑调节,有利于实现保障人权和维护法治的统一。具体实施而言,可由被告人或其近亲属、监护人提出申请,最高人民法院进行审查,全国人大常委会作出赦免决定,最后由国家主席颁行特赦令予以赦免。

（二）刑事政策层面

1. 建立和完善有效的民众参与司法机制。中外都有吸收民众直接参与司法审判的制度建构,比如英美国家的陪审团制度历史悠久,构成了英美法系的重要特征。2009年5月21日,日本正式实施"裁判员制度",被认为是日本战后60年来最大规模的司法改革动作,是对国民参与司法机制的发展壮大,被寄予厚望。[1]反观我国的人民陪审员制度,无论从制度设计还是实际运作,情况都不容乐观。最高法某副院长曾列举了五种具体情况:人民陪审员的任职条件不明确,一些人民陪审员素质不高,无法胜任陪审工作;人民陪审员的产生不规范,缺乏必要的管理、监督;一些人民陪审员不依法正确履行职责,或"陪而不审",或"乱陪乱审";由于人民陪审员的补助无法落实或标准太低,影响一些人民陪审员参与陪审的积极性;还有一些法院固定指派少数人民陪审员长期参加陪审,形成"编外法官",致使这项制度的执行丧失了广泛的群众性。[2]我国于2005年5月1日起施行了《全国人民代表大会常务委员会关于完善人民陪审员制度的决定》,应该说立法完善人民陪审员制度,是落实宪法关于公民依法参与管理国家事务权利的重要保障;是弘扬司法民主、维护司法公正的现实需要;是增强司法活动透明度、强化人民群众对司法活动监督的现实需要;是解决实践中存在的吸收民意等问题的必要措施。我们认为,要从根本上发挥人民陪审员制度吸收和疏导民意的作用,还必须对我国宪法、法院组织法、三部诉讼法的有关条款进行修改和整合,比如在宪法中明确规定陪审制度、制定专门的《人民陪审员法》或《陪审法》等,进一步统一和规范人民陪审员制度的实施,让人民陪审员工作真正走上规范化、程序化、法治化的轨道。除此以外,探索其他民众参与司法机制,使得民意合理性的一面充分反映,既不干预司法又能"友好的"提醒司法裁判值得注意的问题,是需要研究的课题。存在于美国和一些大陆法系国家,并且被某些国际仲裁机构采纳或借鉴的"法庭之友"(Friends of the Court)制度,可以给我们启发,特别是对于我国规范专家意见有直接的指导意义。美国诉讼程序中的"法庭之友"源自拉丁文Amicus Curiae,意指法庭的朋友,不是案件的事实上的当事人,但基于对案件的浓厚兴趣和重大利益,以第三方身份向法庭呈送法律理由书(Brief),甚至参加口头辩论,表达对法院所面临法律问题的观点。"法庭之友"的目的是提请法庭注意一些案件当事人并未向法庭说明或尚未引起

---

[1] 参见张超:《日本法院"裁判员制度"正式实施》,载《法制日报》2009年6月23日,第9版。
[2] 参见新华网:《人民陪审员陪而不审 编外法官现象亟待规范》,载新华网http://news.xinhuanet.com/legal/2004-04/02/content_1398688.htm,2009年11月11日访问。

法庭重视但与案件有关的一些重要问题。[1]

2. 进一步规范媒体与司法的关系，特别是规范网络行为成为当务之急。在司法过程中，媒体很多时候扮演民意表达载体的角色，特别是民意反映强烈的重特大案件，媒体更是发挥了关键的作用。相比于纸质、电台和电视台等媒体来说，网络媒体因为其交互性、快捷性和易接触性，舆论威力无以复加。直接引导甚至决定了民意的走向，有的时候媒体本身几乎成了民意的代名词。现代传媒在深刻影响人们社会生活的同时，也深刻影响了司法。言论自由是宪法保障的基本权利，媒体报道作为舆论监督的一种形式应该受到保护和尊重。媒体对民意正确导向时会发挥积极的社会作用，"许多公正司法裁判的范例，经媒体报道后，深刻地影响了人民群众的法律意识，对司法产生更多的认同感"。但媒体在"特性、职责、规律"等方面与司法有质的差异，"不可避免地会表现出一些矛盾和冲突"，例如，"新闻采访讲自由，法庭审案讲秩序；新闻报道讲时效，司法诉讼讲程序；新闻评论讲有感而发，法官裁判重理性分析；新闻报道要对事实进行筛选，司法裁判依据事实必须全面；新闻报道追求轰动效应，司法裁判追求平息纷争等。"[2]媒体舆论监督权滥用就会干预司法独立，导致"媒体审判"，因此要平衡媒体"第四种权力"与司法公权力，关键在于保护媒体权力的同时给予合理的约束，作为司法要努力寻求妥当的媒体应对机制。司法部曾在1999年出台过《司法行政系统新闻单位采编案件的规定(试行)》，规定："对有关案件的新闻报道要坚持真实、客观、公正的原则"，"案件报道应与司法程序一致，对司法机关正在审理的案件，不得在法庭判决前作定罪、定性或偏袒报道，不准利用新闻报道干预公、检、法机关办案。"这样的规定有一定积极意义，但效力有限且不完善，期待将来制定《新闻法》时对媒体和新闻的权利与义务，特别是媒体报道司法时的权利与界限，作出系统明确的规范。我国目前建立的新闻发布制度，围绕大局和重要题材，准确发布信息，主动引导舆论，有利于增强法院审判工作的透明度，满足民众和媒体的心理诉求，是司法积极应对民意的有益探索。当今，网络成为民意表达的重要平台，网络舆论监督在揭露渎职腐败行为、谴责道德缺失现象等方面发挥了积极作用，必将在保障公权力正当行使、推进民主法制建设的进程中占据不可或缺的地位。然而，普通媒体民意所存在的缺陷，在网络民意中也被进一步放大，一些网民出于朴素的善恶意识、正义观念、疾恶如仇思想和同情弱者心理等人之常情，打抱不平、"行侠仗义"，枉顾事实与法律，随意进行"道德审判"，走向了法治的反面，因此，规范网络行为成为当务之急。一方面要依法加强网络管理，网络行业建立自律机制；另一方面要加强网络道德建设，强化网民法律意识。两方面结合"文明办网、文明上网"，才能有效地规制网络民意，有序参与社会监督。

3. 完善司法体制，从制度上保障司法独立。司法者尽管装备了更多的教义分析和

---

[1] 参见孙劲：《美国"法庭之友"制度中的外国和美国政府》，载《时代法学》2004年第3期。
[2] 参见新华网：《首席大法官肖扬"解读"司法与媒体关系》，载新华网 http://news.xinhuanet.com/legal/2006-09/12/content_5082620.htm，2009年11月11日访问。

法律论证的武器,但他们不仅是普通人并且受制于制度角色,当突然遭遇难办案件时也可能出错,理性的态度只能是"将错就错",把对这些案件中的正确判决的期待从个体法官和单一法院转到司法制度甚至民主立法的制度上来。[1] 比如完善司法人员选任和评价机制,纠正不适当的"错案追究"做法。再比如,现在的法院承担着案件审判和执行的混合职能,一定程度上为司法迁就民意植下了制度隐患。因为裁决难于执行,法院无疑是"自找麻烦",法官只好受制于民意进行裁决,以实现"案结事了"。将执行权从法院的职能结构中分离出去,使法院能够专注于解决审判问题,是解决问题的路径之一。[2] 我们认为,案件执行权本质上属于行政性权力而不属于裁断性权力,应该归属到司法行政部门之下。深入分析某些个案中民意对司法的干预,实质上是权力的干预,正如前文所述,民意影响司法的样态呈现出一个重要模式,就是舆论通过对权力部门施加压力,借助有权部门或个人基于社会稳定等政治性考虑,直接影响司法,从而达到自己的意图。在这种情况下,民意所要求干预的对象不是独立的司法,而是那些已经在干预司法独立的权力,而权力对司法独立的侵害要远远甚于来自民间的声音。[3] 要改善这一状况,在现有国情下,只能寄希望于循序渐进地政治体制改革与完善,比如在司法机构设置和人财物配置方面予以更多的保障等,权力一方应尽量自觉和自制等。

4. 加强立法和普法,拉近法律与民众和民意的距离。司法是正义的最后一道防线,但并不意味着它是最正义的一道防线。强调司法机关严格依法审判,要求立法机关更多承担起反映民意的责任,会引导民众把具体问题以及政策的争论引导到立法机构和立法渠道中,有利于法治的完善,也会减少司法在风口浪尖上冲锋陷阵所招致的巨大社会压力。在民意的层面上,立法最主要解决的就是,内容上倾听更多的民意,形式上更能让民众理解,从而拉近法律与民众和民意的距离。这就需要科学立法,不断提高立法技术。比如,1804年《法国民法典》在立法的风格和语言方面堪称杰作,其表述的生动明朗和浅显易懂,"农夫也能看懂",对法典在法国民众中的普及作出了实质性的贡献,还被誉为一部"出色的法国文学著作",以至于有的作家每天都要读几段法典条文,以获得其韵调上的语感。[4] 同时,加强民众法制宣传和教育,使民众深入了解和亲近法律,正确运用法律维权和伸张正义,从根本上有利于民意理性看待司法和实现有效互动。中央宣传部、司法部从1986年开始在公民中开展法制宣传教育的长期规划,目前已实施到第五个五年规划即"五五规划"。中共中央、国务院也决定将我国现行宪法实施日12月4日,作为每年的全国法制宣传日,每年都确定一个宣传主题。在某种程度上,严格司法本身就是最直观有效的、生动活泼的法制宣传教育。

---

[1] 参见苏力:《法条主义、民意与难办案件》,载《中外法学》2009年第1期,第110页。
[2] 参见汤维建:《司法公正的四个保障机制漫谈》,载《检察日报》2009年9月21日,第3版。
[3] 参见卢建平:《死刑适用与"民意"》,载《郑州大学学报》(哲学社会科学版)2005年第5期。
[4] 参见[德]茨威格特·克茨:《比较法总论》,潘汉典等译,法律出版社2003年版,第141页。

5. 政府在塑造民意和开启民智上负有不可推卸的时代责任。愚昧和冲动是法治的天敌,建设法治必然要开启民智。任何民主的政体不容许实施愚民政策、玩弄民意,或以民智未开为借口背离法治,有为的政治家也绝不能放任民意的冲动,而负有启蒙的历史重任,积极地引导和塑造民意,以法治的实践去开启民智。在这方面,美国的"布朗诉教育委员会案"和法国对死刑的废除,常被人们津津乐道。美国1954年"布朗诉教育委员会案",首席大法官沃伦推翻了此前"隔离但平等"的先例,认定学校的隔离教育违宪,裁决黑人孩子可以和白人孩子同校。尽管裁决受到了相当多的行政官员、警察和民众的抵制,但是政府派联邦军队驻扎到学校,以保护黑人学生免受威胁和骚扰,坚决捍卫了司法,该裁决被认为在美国历史上具有里程碑意义,对美国生活各方面产生深远的影响。法国废除死刑的实践,正如力推者司法部长巴丹黛尔所著的书名"为废除死刑而战",过程波澜壮阔。在废除死刑前夕进行的民意调查中,显示有62%的人反对废除死刑,只有33%持赞成态度,但政治家还是超越民意于1981年正式废除了死刑。[1] 这些无不显示了政府和政治家们在推进法治和社会进步中的政治智慧与魄力,我国在推行计划生育政策上的成功实践,使我们有理由相信政府在法治实践中也肯定能有所作为,只要愿意为之。

四、未必多余的余论:正确理解与协调好司法的法律效果与社会效果

(一)民意与罪刑法定原则冲突吗?

1. 民意实际上已融入我国的刑事立法和司法中,罪刑法定和严格司法就是民意的体现。"刑事政策是刑法的灵魂",刑事法律规范在起草时,已经在刑事政策上对民意有所考虑,对民众的法感情给予了充分的尊重与汲取;立法草案提交社会各界广泛讨论时,也是进一步吸收民意的过程;草案的表决,就是将民众意志正式确立为法律意志。因此,立法的全过程就是民意参与法律创制的过程,而且是最大限度的、理性的、公正的民意表达。刑事法律规范中尽管没有"民意"概念的具体规定,但是民意已内化其中。根据罪刑法定原则严格司法的过程,实际就是以法律规范与生活事实相对照的形式,将民意外在化的过程。因此,刑事司法本身也是民意的体现。"刑法是刑事政策不可逾越的藩篱",如果个案司法中再以其他的案外因素,影响甚至左右司法,无疑就是以特殊易变的部分民意代替普遍稳定的法律公意,是对罪刑法定原则的背离和对民意的放弃。有法必依是真正的尊重民意,而有法不依则是违背民意的,严格司法与尊重民意是统一的。总之,在刑事立法时唯独绝对服从民意,在刑事司法时唯独绝对服从事实和法律!

---

[1] 参见〔法〕罗贝尔·巴丹戴尔:《为废除死刑而战》,罗结珍等译,法律出版社2003年版,第194页。

2. 个案民意与司法的冲突所引发的"形式正义"与"实质正义"的思考。民意案件在某种程度上表明,普通民众在有的个案上不能同意大多数情况下所一贯坚持的"形式正义"或"程序正义",而追求所谓的"实质正义"或"结果公正"。他们对个案的"先前理解"由于专门法律技术的支持,往往就是最终的理解,根据这种理解对照裁决结果的可接受性来评价司法。这是社会现实对法治的拷问,在应然层面罪刑法定是形式法治与实质法治或者形式合理性与实质合理性的统一,实然层面上两者在个案中可能出现龃龉甚至背离,这种情况下该如何坚持罪刑法定原则便成为问题。有学者认为,形式理性是法治社会的公法文化的根本标志,法治以形式理性为载体,只有形式理性才能保障公民个人的自由。在刑事司法中,传统的以社会危害性为中心的刑法观念是以实质合理性为取舍标准的,而罪刑法定所确立的刑事法治原则,要求将刑事合理性置于优先地位。[1] 也有学者从刑法解释方法论角度提出,随着罪刑法定原则的确立,形式解释将居于首要的、主导的地位。[2] 张明楷教授指出了上述观点的片面性,认为罪刑法定原则同时包含了形式合理性和实质合理性,两者共同起作用保证着正义的实现。应该坚持实质的犯罪论解释,当行为不具有形式的违法性时,应以形式的违法性为根据将其排除在犯罪之外;当行为不具有实质的违法性时,应以实质的违法性为根据将其排除在犯罪之外。[3] 也就是说,当刑法没有将某一行为规定为犯罪的时候,即使民意再大也不能以犯罪论处;当刑法对某一行为有规定时,如果民意较大,在不违反正义的情况下,在可以法定刑内酌情考虑。

(二)民意在司法中应有怎样的地位?

1. 民意的实践影响与论理诘难的困境。在新中国建立后的相当长时间内,民意成为我国司法量刑中的重要因素。1979 年旧刑法典颁布之后的个别立法和司法性规范文件中,提到要考虑民意的影响,比如 1983 年全国人大常委会《关于迅速审判严重危害社会治安的犯罪分子的程序的决定》和 1984 年"两高"和公安部《关于当前办理集团犯罪案件中具体应用法律的若干问题的解答》,对规定的特定犯罪案件要考虑"民愤"适用死刑。有学者据此认为,一般而言,民愤作为一个以情感成分表现出来的公众舆论,其大小反映了人们对犯罪否定评价的严厉态度,蕴含着人们要求惩罚犯罪以求恢复价值秩序的心理平衡愿望的强度。从一定角度讲,民愤是否得到平息,既是社会公平实现程度的一个尺度,也是刑罚目的实现程度的一个标志,是衡量审判工作法律效果与社会效果是否统一的综合指标,因此对于那些动机恶劣、手段残忍、罪大恶极的犯罪分子予以严惩以正国法,既是顺乎民心、符合民意的正义之举,也是严肃执法、公正司法的逻辑结果。[4] 理性分析一下,我们可以发现上述立法和司法的民意立场是有

---

[1] 参见陈兴良主编:《刑事法评论》(第 4 卷),中国政法大学出版社 1999 年版,主编絮语第Ⅳ页。
[2] 参见阮齐林:《新刑法提出的新课题》,载《法学研究》1997 年第 5 期。
[3] 参见张明楷:《刑法的基本立场》,中国法制出版社 2002 年版,第 127 页。
[4] 参见马松建:《死刑司法控制研究》,法律出版社 2006 年版,第 114 页。

特定历史背景的,前者是新中国建立初期法制不健全,无法可依的状况;后者是改革开放初期社会变革加剧,启动了"严打"刑事政策的状况,都是法治不成熟时期不得已和非理性之举。反观我国1997年《刑法》第5条规定,"刑罚的轻重,应当与犯罪分子所犯罪行和承担的刑事责任相适应",只有那些影响犯罪本身的危害性大小和罪犯人身危险性程度的事实,才有资格成为影响量刑的因素。而个案中的民意表明的只是普通公众对于某个犯罪案件、犯罪人的看法和意见,仅仅是一种主观感受,并不能说明具体犯罪、犯罪人本身的相关属性,顶多是司法人员权衡某犯罪社会危害性大小的一个佐证。但是,正如日本学者指出的,在责任主义的观点来看,即使是表明了违法性程度的事实,如果与行为者的责任没有关联,也应当从量刑情节中排除去。而所谓社会影响的大小,虽然在广义上属于行为的后果,但由于这一因素本身不能归责于行为者,把它作为责任评价的对象是存在疑问的。[1]

2. 基于刑事法治的民意立场。民意存在部分妥当及实际影响了司法的事实,与论理上被根本的诘难,导致了司法中对待民意如此的纠结。民意是司法合法性的最终基础,司法当然应当回应,但更须有效回应,必须在现行制度下依据制度和程序来有效回应。司法首先要依据法律,否则就可能从根本上背离法治。吸纳民意不是对民意中判断性和情绪性因素的简单妥协和接纳,更重要的是对民意中包含的、与妥善决定相关的信息的有效吸纳。[2] 对待"剪不断理还乱"的民意,个案司法越远离民意的关注越好,在民意不大的情况下,司法应大义凛然、秉公裁断,只有在极少数民意极其强烈的重特大案件,其影响已突破了个案的意义,维系到社会秩序、安定团结和政权稳定,即超出了司法的范畴而演变成政治性事件时,才应给予酌情裁量,但仍然必须限定在法定刑幅度之内从轻或从重,而不能予以加重、减轻或免除,这是秉持司法品性的最低可接受限度。因此,民意只应存在于极少数反映极其强烈的重特大案件的司法中,有被当作从轻或从重的酌定量刑情节的余地。特殊情况下非此不足以时,只好采取前文所述的刑事司法对策,"激活"《刑法》第63条第2款或者启动特赦等法律和政治的"紧急安全阀"。

在中国特色社会主义法律体系基本建成,依法治国成为治国方略的当今,我国刑事立法已取得了长足进展,刑事司法也基本实现了法律效果与社会效果的统一。在社会转型的大背景下,民意对个案司法的关注还会在一定时期内存在。但随着法治实践的不断发展,民众法治意识的提升,两者必将形成良性的互动和共进。

---

[1] 参见〔日〕西原春夫主编:《日本刑事法的形成与特色》,中国法律出版社、日本成文堂联合出版1997年版,第147页。
[2] 参见苏力:《法条主义、民意与难办案件》,载《中外法学》2009年第1期。

论劳动权刑法保护的内容与范围
——中国劳动刑法建构的核心问题

肖 雄[*]

劳动者作为社会财富的创造者和社会进步的推动者,其生活状态体现了一个国家的经济发展水平,其社会地位表明了一个社会的文明程度,其权益内容意味着一个国家的立法质量与执法力度。随着社会经济的进步与人权意识的涌动,各国对劳动者的权益日益重视,世界公约也对劳动者权益及保障做出了细致而周详的规定。社会劳动关系本身就是维持一个社会正常运转的最基本、最普遍的社会经济关系,劳动问题相应成为世界各国最为普遍的社会经济问题。而在我国这个问题尤为突出,由于剧烈的社会转型以及社会改革的相对滞后,对劳动者权益的保障相当不完善,处于起步和发展阶段,在有些方面甚至存在着空白和严重不足,这一切都使得劳动问题的解决十分复杂与棘手。劳工问题是社会问题中最重要的一环,弱势劳工问题不能获得合理的解决,势必会影响整个社会的安宁。[1] 我国法律体系比较突出的一个缺陷是对劳动者权益的刑法保护不完备——也可以说是劳动刑法的建构比较简陋,相关刑法条文数量少且未形成体系,同时这个问题也没有引起我国学界的充分重视。在现今复杂的经济形势下,这样的现状无疑与我国充分保护劳动者权益、构建和谐社会的迫切要求背道而驰,与对劳动者倾斜保护的世界情势格格不入,有待深入研究。

一、导论:研究的缘起与必要性

(一)劳动关系[2]的变迁及发展潮流
人类社会自产生以来,劳动关系也随之不断发生变化。在原始社会中,劳动者的

---

[*] 作者系南京大学法学院刑法学硕士研究生。
[1] 参见陈国钧:《劳工政策与劳工行政》,台北三民书局1988年版,第11页。
[2] 为了厘清劳动关系的发展脉络,这里的劳动关系是从最为一般的意义上讲的,并非特指进入资本主义社会之后的现代劳动关系。

人身自由完全被剥夺，归属于奴隶主并被当作财产一样处置。在封建社会，劳动者的人身自由所受束缚甚重，依附于封建主生活。随着资本主义的出现，劳动者完全失去了对生产资料的所有权，为了生存，他们必须将自己的劳动力出让给资本家使用和支配。到了这一历史阶段，劳动力与生产资料分离，分别属于不同的主体——劳方与资方[1]，而二者在分离的基础上又通过劳动关系相互结合，在这种合作中完成了社会生产。[2] 在资本主义的发展过程中，劳动关系曾一度受近代民法基本理念的指导，贯彻所有权绝对、契约自由以及过失责任主义，其结果导致本来就只有劳动力可供出卖以维持生存的劳动者更加举步维艰，产生了诸多社会问题，引起了西方社会的反省。各国随之加强了劳动立法与对劳动者权益的保护，国际社会也对这一趋势予以回应与肯定，并以国际公约的形式推动这一潮流的发展，保护劳动者权益成为现代工业国家的共识。正如黄越钦先生所说，近世劳动法以人本立场出发，认为对劳动者人格之完成、社会地位之向上、经济地位之改善，才是劳动法其基本宗旨所在。[3] 也只有当劳动者的权利和利益在一个合理的水平被考虑时，一个社会、国家、公司以及国际市场才能享受对他们长期经济成功不可或缺的社会和政治稳定。[4]

（二）我国劳动者权益保护的现状——现实层面

如果缺少相匹配的劳工立法和劳工政策，而是以牺牲劳工利益来扶植资本，或者通过资本来打压劳工，不仅无法发展经济和建立完善的市场经济，还会激化劳资矛盾，引发社会不安和社会动乱。[5] 这一点已经获得了我国立法者和决策者的认同，并在立法实践中得以体现。

与国际潮流相适应，我国的劳动立法近年来也发生了突飞猛进的发展，2008年正式生效的《劳动合同法》鲜明地体现了立法者力图保护劳动者权益的指导观念。同时由于加入WTO，中国经济更为深刻地卷入世界经济体系之中，与国际经济循环息息相关，劳动关系调整的国际化趋势进一步加强，这种发展趋势无疑符合全球化下的共识：全球化几乎重塑了所有国家的经济，为了治理这种新的经济秩序，新的跨国法律体系也将形成，跨国劳动法律将赋予劳动者社会正义，以维持体面的生活。[6] 国际劳工标

---

[1] 由于在现代社会，劳动法的社会法性质已经获得了广泛认同，笔者将避免使用"无产阶级"、"资产阶级"等传递激烈对立情绪的词语，而是从劳动关系本身出发，从社会统筹角度着眼，使用淡化意识形态的价值中立研究概念。
[2] 参见贾俊玲主编：《劳动法与社会保障法学》，中国劳动社会保障出版社2008年版，第4—5页。
[3] 参见黄越钦：《劳动法新论》，中国政法大学出版社2003年版，第18页。
[4] Harry Arthurs, "Who's afraid of globalization? Reflections on the future of labor law", in John D. R. Craig & S. Michael Lynk ed., *Globalization and the Future of Labor Law*, Cambridge, 2006, p.66.
[5] 参见常凯：《劳权论——当代中国劳动关系的法律调整研究》，中国劳动社会保障出版社2005年版，第5页。
[6] Harry Arthurs, "Who's afraid of globalization? Reflections on the future of labor law", in John D. R. Craig & S. Michael Lynk ed., *Globalization and the Future of Labor Law*, Cambridge, 2006, p.51.

准（International Labor Standards）作为国际法，通过各种方式对我国的劳动法律制度产生了深远的影响。[1]

虽然立法对完善劳动者权益采取了积极的态度，制定了大量法律规范来推动其发展，然而在现实生活中，劳资纠纷以及劳动者权益遭受侵犯的情况并没有随着立法的逐步完善明显改观，一些长期存在的社会问题在新的社会形势下反而被激化：

1. 恶意欠薪问题：这个问题在我国一直受到中央政府至普通民众的关注，2003年，温家宝总理为农民工熊德明一家"讨"回了被拖欠一年的血汗钱，使全社会对企业恶意欠薪问题的关注达到顶峰，并掀起一阵讨薪风暴。然而时至今日，恶意欠薪问题不仅没有得到很好的解决，由于国际经济形势急剧变化，许多企业受到金融海啸波及，亏损、倒闭现象愈来愈多，企业主恶意欠薪、欠薪逃匿有愈演愈烈之势。如何解决这一问题在当前局势下显得更加迫切，有很多人大代表、政协委员提出：应当在刑法中增设"恶意欠薪罪"，动用刑法力量有力打击恶意欠薪。[2] 甚至已经有地方政府部门采取了刑事拘留的方式治理恶意欠薪问题。2006年1月12日，深圳警方对该市玛阑特公司法人代表何怒江等8人实施刑事拘留，警方说，何怒江等采取多种欺骗手段，恶意拖欠1200多名工人的工资共计700余万元。[3] 对于这种做法人们褒贬不一，有的击掌叫好，有的却认为缺乏法律依据因此并不恰当。

2. 童工以及非法用工问题：2007年，山西黑砖窑事件被披露，举国震惊。数百名河南民工被骗到山西黑砖窑，没有人身自由，每天工作时间长达15至16个小时，没有工资，处于监工和狼狗的包围中，沦落为文明社会角落里的现代"包身工"。时隔一年，2008年4月，东莞的"凉山童工"再次进入人们的视野，大量13—15岁的儿童被拐卖到珠三角一带从事繁重的体力活动，他们工作环境恶劣，几天才能吃顿饱饭，逃走则面临着死亡的威胁。[4]

3. 罢工罢运等劳动争议问题[5]：近年来，罢工罢运问题在我国的某些公共部门频频发生，对整个社会的正常运转造成了显著影响。其中影响较大的有：2008年11月3日重庆出租车司机罢运，该事件不仅影响了重庆市民的正常生活，而且出现有的营运

---

[1] 参见童保华主编：《劳动关系调整的社会化与国际化》，上海交通大学出版社2006年版，第57—58页。

[2] 参见周斌：《总工会官员：用刑法打击恶意欠薪》，载法制网，http://www.legaldaily.com.cn/zt2009/2009-03/12/content_1053200.htm；岳德亮、裘立华：《赵林中代表：增设'恶意欠薪罪'遏制欠薪违法成本转移》，载新华网，http://news.xinhuanet.com/misc/2009-03/13/content_11002350.htm。

[3] 参见胡谋：《热点解读：为何刑拘恶意欠薪者》，载农网快讯，http://www.ahnw.gov.cn/2006nwkx/html/200601/%7B56815B12-46AB-4E8F-ACA2-22E786193CF3%7D.shtml。

[4] 参见《拯救珠三角童工，让无良企业破产让人间地狱关门》，载凤凰网，http://news.ifeng.com/opinion/200804/0429_23_513891.shtml。

[5] 虽然我国法律没有赋予劳动者罢工权，然而下述案例中的罢运实际上就是罢工，从价值中立的研究角度，笔者在下文将使用"罢工"一词。

出租车被砸以及有的出租车乘客被强行从出租车中拉出来、不准出租车营运的情况。[1] 在网上搜索可以发现,这种罢工事件发生在我国并不少见,主要发生在出租车行业以及汽车客运部门等公共服务部门,例如湖南岳阳出租车司机集体罢运[2],云南武定县客运司机罢运[3]等等。

(三) 国内外刑法对劳动者权益保护状况的比较——立法层面

我国保护劳动者权益的刑法条文分散在《刑法》以及劳动法律法规的附属刑法中,没有形成一定的体系。附属刑法仅仅原则性地规定"造成严重后果的,追究刑事责任"或者"比照刑法××条追究刑事责任",具体的处罚规定全部规定在刑法典中。其中侵犯纯正劳动权的犯罪有:生产、作业重大安全事故罪;强令违章作业罪;生产设施、条件重大安全事故罪;工程重大安全事故罪;消防责任事故罪;不报、谎报安全事故罪;强迫劳动罪;雇佣童工从事危重劳动罪;打击报复统计会计人员罪。侵犯不纯正劳动权的犯罪有故意杀人罪、故意伤害罪、非法搜查罪、非法拘禁罪、侮辱罪、合同诈骗罪等等。而在劳资冲突中,劳动者个人或集体的某些行为有可能构成:破坏生产设备罪、泄露商业秘密、扰乱社会秩序罪、破坏生产经营罪等犯罪。

与我国粗疏的立法与尴尬的司法形成鲜明对比的是,国外发达国家在这方面的规定要详细完备得多[4]:《法国刑法典》明确规定了对侵犯平等权的犯罪的、保护童工权利的条款以及劳动安全卫生保护方面的犯罪,并且明确地规定了这些犯罪的刑罚。[5] 德国在保护企业的劳动力方面,除了一般的犯罪构成条款,例如:《德国刑法典》第212条故意杀人罪,第222条过失杀人罪,第223条伤害罪,第230条过失杀人罪等,保护劳动者的法律规定主要有《德国执业条例》、《德国企业机构法》、《德国青少年劳动保护法》、《德国母亲保护法》、《化学药品法》、《德国劳动保护法》、《劳动时间条例》、《德国商店营业时间法》,此外还有专业协会颁布的执业保护条例,例如执业合作协会颁布的《事故防止条例》。[6]《美国模范刑法典》第18篇第664节规定:任何贪污、盗窃或非法地故意抽取或转移他人的金钱、基金、债券、保险费、贷款、财产或雇员福利计划和雇

---

[1] 参见《重庆出租司机全城罢工,有营运出租被砸》,载四川在线,http://www.scol.com.cn/focus/zgsz/20081103/2008113123100.htm。
[2] 参见《湖南岳阳上千出租车集体罢运 11 人被拘》,载网易新闻,http://news.163.com/09/0413/04/56OL6DO90001124J.html。
[3] 参见《云南武定县客运司机罢运续:所有线路恢复运营》,载网易新闻,http://news.163.com/09/0212/00/51TNGIMT0001124J.html。
[4] 参见严励、刘志明:《我国劳动权刑法保护研究》,载《山西大学学报》(哲学社会科学版)2002年第3期。
[5] 例如:《法国刑法典》第L211-11、第L261-2条规定:"让未满13岁的儿童从事有危险的、需要强体力的杂耍表演,或进行肢体柔折练习,或交付对其生命、健康或有危险的工作,处6个月到2年监禁并处2000法郎到1.5万法郎罚金。"
[6] 参见王世洲:《德国经济犯罪与经济刑法研究》,北京大学出版社1999年版,第319—322页。

员养老金计划中的资产归自己或他人使用的行为,可处以1万美元以下的罚金,或处不超过5年的监禁,或两者并处。[1]《职业安全与健康法》(The Occupational Safety and Health Act)和《霍布斯法》也是保障劳动者安全与健康的代表性法律。

(四)建构劳动刑法是保护劳动者权益的当务之急

在以上社会影响比较大的典型案例中,我国刑法或者已经发生作用或者存在能够发挥作用的余地:对于难以治愈的欠薪逃薪难题,人们寄希望于刑法的触角能够进入这一领域并根治这一社会顽疾,以达到妥善解决恶意欠薪问题的目的;对于发生重大社会危害的黑砖窑事件,在司法实践中,一些罪行严重的人员已经受到刑法的制裁;而对于我国法律规定尚不明确的罢工问题,罢工的劳动者被公安机关拘留[2],这样的行为是否合法?罢工人员阻碍非罢工人员正常经营活动并砸车的行为是否构成破坏生产经营罪或故意毁坏财物罪?这些行为是否应当并应当怎样被刑法规制,无疑是我国刑法理论应当回答并值得研究的问题。尽管刑法已经或者有可能对这些劳动关系进行规制,然而实际上,刑法对很多类似行为并没有规定或者规定不明确,即便在最终追究当事人刑事责任的山西黑砖窑案件——典型的强迫劳动案件中,最后判定当事人成立故意伤害罪、非法拘禁罪,而不是在罪名上更为接近的强迫职工劳动罪。这些空白和不足说明了我国刑法在判断和处理有关劳动关系犯罪问题上的缺陷。法律的生命不在于逻辑,而在于经验。[3]社会现实既然存在对劳动刑法的强烈需求,劳动刑法理论的建构就应当被提上日程。刑法如何对违法犯罪类型的劳动用工进行规范,这是我国刑法亟需解决的命题。有学者将我国目前有关劳动用工的违法犯罪行为进行了类型化分析,区分为:违法犯罪类型、单纯违法类型以及模糊行为类型三种[4],这是对我国目前发生的众多劳动纠纷与用工问题的极好概括。

从当前的社会现实来看,虽然我国立法不断扩充与完善保护劳动者权益的范围,然而劳动问题却大有愈演愈烈之势,已经成为中国社会转型期间最为突出和普遍的社会经济问题。劳动问题的实质就是劳工权益问题[5],对于侵害劳动者权益的现象,我们不能依赖社会道德慢慢地制裁,也不能等待由工业进步以后人们观念的自然转变,更不能希望劳工在契约上会获得大大的改善。为维持人性的尊严,社会的正义,及经

---

〔1〕 参见周密:《美国经济犯罪和经济刑法研究》,北京大学出版社1999年版,第375—376页。

〔2〕 参见《山西朔州出租车罢运续:罢运司机遭打被拘留》,载网易新闻,http://news.163.com/08/1216/14/4T9RCIP40001124J.html。

〔3〕 参见〔美〕小奥利弗·温德尔·霍姆斯:《普通法》,冉昊、姚中秋译,中国政法大学出版社2006年版,第1页。

〔4〕 参见张勇:《劳动刑法视野下劳动用工违法犯罪的惩治与预防机制对策》,载《河北法学》2008年第4期。

〔5〕 参见常凯:《劳权论——当代中国劳动关系的法律调整研究》,中国劳动社会保障出版社2005年版,第6页。

济的发展,保护劳工的责任只有落在政府的肩上,制定必需的有关法律,加以硬性的保护。[1] 社会现实与理论研究两个层面反映,我国法律对劳动者权益的保护仍然存在着亟需弥补的缺陷,其中,劳动权的刑法保护——劳动刑法的建构就是其中不可或缺的一环。尽管社会现实对劳动刑法理论的要求十分迫切,但我国劳动刑法的理论研究与法律实践却相当薄弱,这与我国日益增长并渐趋复杂的劳动用工问题是极不相称的。

当前我国刑法在规制劳动关系问题上主要存在的弊病有:① 劳动法与刑法规范的衔接不顺畅;② 刑法对具有严重社会危害性的犯罪行为定罪不科学、罪名设置有缺陷,对某些行为的定性处于无法可依的状态;③ 劳动刑事处罚机制不均衡,制裁手段过于温和,不能起到有效威慑与遏制有关劳动关系的犯罪行为;④ 刑法对劳动者权益的保护不充分、保护的范围不全面等等。这些弊病从更深的层面上对我国的法律体系提出以下问题:我国刑法应当怎样回应劳动问题以及劳动争议事件、刑法应当怎样保护劳动者的权利以及刑法与劳动法应当建立怎样的关系等等,我国劳动刑法的建构问题因此进入法学研究的视野。[2]

二、劳动刑法与劳动关系、劳动权

(一) 劳动刑法的概念

劳动刑法的概念有狭义和广义之分,所谓狭义劳动刑法,是指对于违反劳动法规范所设定的、与劳动关系本身相关联的强行法基准的行为,根据刑法规定予以刑罚制裁。而广义劳动刑法是指通常的刑事法规而言,这些刑事法规的贯彻,并不是仅仅为了劳动法规范的实施而设定直接且排它的强行法规范。因此,广义的劳动刑法并不包括狭义的劳动刑法。[3] 劳动刑法的定义之所以存在着这样的划分,是因为劳动刑法涉及劳动法、民法、刑法等数个法律部门的相互联系,因而显得格外复杂。

尽管劳动刑法有广义与狭义之分,其调整对象存在着特异性,但劳动刑法并不因此成为"特别刑法"。因为虽然狭义劳动刑法对于普通刑法典而言属于特别刑法,但就广义劳动刑法来看,由于其内容仍然为普通刑法典所规范,因此不能将包括一部分普通刑法内容的劳动刑法,称之为特别刑法。[4] 劳动刑法的这一特殊性使其解释与适用牵涉到对劳动法和刑法两部法律不同主旨的把握,下文将对这个问题进行探讨。无论是广义或是狭义的劳动刑法,都与劳动关系密不可分,要探究刑法如何保护劳动者

---

[1] 参见陈国钧:《劳工政策与劳工行政》,台北三民书局1988年版,第29页。
[2] 劳动刑法在我国的建构问题已经引起了我国刑法学者的重视,参见《工人日报》2005年7月18日,陈兴良、常凯、黄京平、陈步雷、郑爱青五位法学家对劳动刑法的相关探讨。
[3] 参见〔日〕庄子邦雄:《劳动刑法(总论)》(新版),有斐阁1975年版,第1页。
[4] 参见黄越钦:《劳动法新论》,中国政法大学出版社2003年版,第39页。

的权益,首先应当厘清可能与犯罪有关的劳动关系、明确劳动刑法保护的对象——劳动权。劳动权的实现以劳动关系的存在为前提,只有随着劳动者与劳动力使用者[1]在劳动关系中不断互动,劳动者权益的保护才能由法律规定变成现实存在。

(二)劳动关系

1. 劳动关系的概念辨析

目前法学界研究的一般意义上的劳动关系在历史阶段上有着明确的限定,通常指涉的是社会形态进入资本主义时期以来的劳动关系,或者叫做现代劳动关系。因为只有在劳动力和生产资料分别归属不同的主体时,才会有劳动法赖以产生的前提[2],劳动法是在市场经济中的劳动关系的调整中产生和发展起来的。劳动法学界在这一点上取得了一致,但对劳动关系概念的界定与内容的划分却存在着极大争议。

一种观点认为,劳动法是规律劳动关系及其附随一切关系的法律制度的全体。劳动关系是以劳动给付为目的的受雇人与雇用人之间的关系。在劳动关系之外,还存在着"劳动关系之附随一切关系",这是指关联于受雇人职业上之地位而发生的一切关系[3]。有人主张从相对比较广阔的视角认识劳动关系的概念,认为劳动关系通常是指生产关系中直接与劳动有关的那部分社会关系,或者说是指整个社会关系系统中与劳动过程直接相关的社会关系系统。具体而言,劳动关系是指劳动者与劳动力使用者以及相关组织为实现劳动过程所构成的社会经济关系[4]。在这样的意义上,劳动关系被置于广阔的社会背景中来考察,被视为人们在社会劳动过程中所形成的社会经济关系的总称[5],劳动关系作为人们为实现劳动过程而形成的一种社会关系,是人类社会最基本的社会关系。

尽管在内容上没有悬殊的差异,但从学术研究的精确性出发,就劳动法的宗旨和发展趋向以及我国目前的劳动者权益保护现状来看,第二种观点较为可取:

(1)劳动法的诞生就是对公私法界限分明的一种强大冲击,劳动法从正面承认了雇主与劳动者之间在经济、社会方面的不平等,并企图纠正从那些不平等产生出的不正当结果[6]。劳动法"多具公法之形式渐侵入私法之区域"[7],是私法规范与公法规

---

[1] 我国学者多称"用人单位",然而"用人单位"不仅残存着计划经济的色彩,而且由于中国经济的发展,经营模式的多样化,"用人单位"也不足以概括目前我国所有的雇主形式,因而本文将在某些地方借鉴日本使用的"劳动力使用者"这一中性称谓。

[2] 参见王全兴:《劳动法》(第2版),法律出版社2004年版,第3页。

[3] 参见史尚宽:《劳动法原论》,政大印书馆1934年版,第2页。史尚宽先生的定义对我国劳动法学界影响很大,我国学者一般称之为劳动法律关系、附随劳动法律关系,但与史尚宽先生的定义没有实质的区别。

[4] 参见常凯主编:《劳动关系学》,中国劳动社会保障出版社2005年版,第9页。

[5] 参见袁方、姚裕群主编:《劳动社会学》,中国劳动社会保障出版社2004年版,第179页。

[6] 参见[日]星野英一:《私法中的人》,王闯译,中国法制出版社2004年版,第68页。

[7] 参见史尚宽:《劳动法原论》,政大印书馆1934年版,第3页。

范的融合,被认为是社会法的重要组成部分。"社会法权利本应该属于私法权利的范围,所谓公、私法交错,是指对这类权利的保护,单靠私法规范不能达到目的,必须应用强制性的公法规范予以支持,才能实现权利的完全保障。"[1] 劳动法的性质决定了调整劳动关系手段的复杂性,其中不仅仅包括民法,还包括行政法、刑法,公权力在这一过程中扮演了重要的作用。虽然在一般情形下,劳动关系似乎仅仅发生在劳动者与劳动力使用者之间,然而实际上,他们的行为也是根据行政法规、法律、政策等等做出的,公权力并没有缺席,相反,公权力发挥着比在私法中更为重大的作用,劳动者与劳动力使用者行为的自由限度与民法中的主体相比也有着很大的区别。

(2)在我国目前劳动者的权益得不到有效保护,同时面临许多威胁与损害的情形下,仅仅将劳动法律关系作为法律调整的核心,忽视了惩治侵害劳动者更为重要的切身利益之犯罪的重要性,弱化了在理论上建构劳动刑法的可能性。《劳动部关于贯彻执行〈中华人民共和国劳动法〉若干问题的意见》中规定,形成劳动关系是指"劳动者事实上已成为企业、个体经济组织的成员,并为其提供有偿劳动"。这样的定义无疑过于简单,在上文举出的很多案例中,刑法规制力的软弱或者空白凸显了我国劳动法立法观念的偏颇,表现了法律在调整劳动关系问题上的断层与失衡,因而从广义上考察劳动关系有利于对劳动者权益进行体系化的充分保护。

因此,劳动刑法的建立要求对劳动关系进行广义上的理解,强调公权力在调整劳动关系中的责任,公权力要同时完善立法并严格执法才能更为全面地调整劳动关系。

2. 劳动关系的三个层面

从广义的劳动关系概念出发,劳动关系可以分为三个层次,在不同的层次,各个主体的角色与作用存在差异。

(1)个别劳动关系,这是在具体的企业或劳动单位中劳动者个人与劳动力使用者(雇主)之间的关系。个别劳动关系是劳动关系最直接、最本质和最一般的构成形态,构成了劳动关系系统的基础。

(2)集体劳动关系,这是以工会为代表的劳动者与雇主或者雇主组织构成的社会关系。集体劳动关系最重要的特点是劳动者一方是以工会等劳工组织为代表来介入劳动关系的。集体劳动关系的形成,使得劳动关系能够获得某种平衡。主体独立、权利对等、工会代表,是集体劳动关系的主要特征。交涉、谈判和协商确定劳动条件和劳动标准,是集体劳动关系的主要功能。在市场经济条件下,集体劳动关系是劳动关系系统中的一种核心的劳动关系构成形态。

(3)社会劳动关系,即整个社会层面的劳动关系,又称为工业关系或产业关系(industrial relations)。这是一种以劳动力市场为基础的,包括劳动力提供方的劳方、劳动力需求方的资方,以及协调方的政府的三方关系,它不仅涉及劳资双方的具体利益,还

---

[1] 参见史探径:《社会法论》,中国劳动社会保障出版社2007年版,第5页。

涉及社会关系和社会利益。[1]

从劳动关系的不同层面来看,现代社会的劳动关系已经完全超出了劳动者和劳动力使用者的范围,成为宏观社会的重要组成部分,这决定了公权力在调整劳动关系时应当更为积极地参与,因为公权力本身也是劳动关系的主体之一。协调社会劳动关系属于一项社会工程,牵涉公共政策的实施,因而不被劳动刑法所包含和调整,劳动刑法主要关注个别劳动关系和集体劳动关系两个方面,一般来说,在个别劳动关系中主要考虑狭义的劳动刑法,而在集体劳动关系中则主要考虑广义的劳动刑法。[2]

3. 劳动关系本质特征在于劳动的从属性

劳动关系的本质在于从属性,这是劳动关系区别于其他社会关系的关键,也是劳动关系受到法律特殊对待的根本原因。从属劳动的理论,成为劳动法理论构建的基础理论和基础概念。劳动法被认为是关于劳动生活中处于从属地位者的雇佣关系的法律规则(从属地位劳动者的特别法)的总和。[3] 凡是被纳入他人劳动组织中,受指示而为劳动力之给付者概从属劳动者。因此劳动法除对独立劳动者(例如自由职业者、承揽人等等)不适用外,凡纳入他人劳动组织,受他人指示而劳动之人即具备"从属性"的要件。[4]

在劳动关系的不同阶段从属性有不同的表现:

(1) 在劳动者与劳动力使用者之间的劳动关系形成前。尽管在劳动力市场上,劳资双方都是自主的独立主体,劳动力的市场交换关系是一种平等经济关系。然而"在劳动契约双方当事人平等自由的表象下面,实际上没有任何东西有别于已被克服的制度中的劳动活动从属性"[5],在平等形式的掩盖下,劳动关系是一种实际的不平等关系——从属关系。由于资本具有稀缺性和独占性,在劳动力市场上占有绝对的优势,而劳动者出卖劳动力的行为,本质上是一种谋生的手段,如果劳动者不出卖自己的劳动力,就无法继续生存下去。同时,劳动力不能像商品一样被储存,而是随着劳动者年龄、健康程度的不同而变化,因此劳动者在挑选雇主时,就已然处于弱势地位。"劳动者从雇主那里获得的自我解放的自由,实际上几乎只是作为雇主解雇劳动者的自由而发挥作用的"[6],劳动者在寻找工作的过程中,由于劳动力的弱势地位而被拣选,其自由实际上是极其有限的,处于极不安定的状态。而即便是形式上的平等,也仅仅表现在个别劳动关系的建立过程中,即劳资双方都有权决定是否建立劳动关系。当合同双

---

[1] 参见常凯主编:《劳动关系学》,中国劳动社会保障出版社2005年版,第11—12页。
[2] 参见[日]庄子邦雄:《劳动刑法(总论)》(新版),有斐阁1975年版,第1页。
[3] 参见[德]W. 杜茨:《劳动法》,张国文译,法律出版社2005年版,第1页。
[4] 参见黄越钦:《劳动法新论》,中国政法大学出版社2003年版,第31页。
[5] [德]拉德布鲁赫:《法学导论》,米健、朱林译,中国大百科全书出版社2003年版,第81页。
[6] [日]星野英一:《私法中的人》,王闯译,中国法制出版社2004年版,第67页。

方实力不完全平衡时,契约自由在这方面被认为是无意义的[1],契约自由反而有可能导致处于从属地位的劳动者处境更为悲惨。

(2) 从属性的另一方面表现在劳动关系一经建立,作为劳动者个人与雇主之间的平等即告结束,劳动者必须服从雇主的支配或指挥,完成一定的工作任务。在劳动关系的实际运行中,劳动者都处于一种被支配和被管理的地位。这个阶段的从属性可以从两个角度来解读:一是人格上的从属性,即负有劳动给付义务之一方基于明示、默示或依劳动之本质,在相当期间内,对自己之习作时间不能自行支配。其重要特征在于指示命令权与惩戒权。二是经济上的从属性,指受雇人完全被纳入雇主经济组织与生产结构之内,受雇人不是为自己之营业劳动,而是从属于他人,为他人之目的而劳动。[2] 无论是工作的过程,还是工作的目的,劳动者都会丧失一定程度的自主性,而从属于劳动力使用者的计划与目的。

劳动关系的从属性揭示了劳动者在劳动关系中处于劣势地位的根源,正是由于劳动关系具有从属性的本质,决定了法律规范保护劳动者的必要性,也决定了劳动法的立法指导理念,劳动法产生后,它的首要目标就是保护劳动关系中的劳动者。[3]

(三) 劳动权

1. 劳动权概念的界定

在从属性劳动关系中,劳动权的内容是至关重要的问题,因为它不仅是劳动法的保护对象,也是劳动刑法建构的重要坐标,但对于劳动权概念的界定却至今未有定论。目前我国对劳动权概念的理解大致存在以下几种:

(1) 有的学者仅仅着眼于狭义的劳动权,认为劳动权就是劳动的权利。[4] 我国学术界对于劳动权的传统解释是:劳动权是指具有劳动能力的公民所享有的获得劳动就业机会并按劳动的数量和质量取得报酬的权利。[5] 狭义的劳动权虽然把握了这一权利的核心,然而其范围的狭隘性显然不足以概括劳动者的权利。

(2) 将劳动权分为广义和狭义的观点获得了很多人的赞同,然而对其解释却是一个颇有争议的问题。有的学者认为,广义上的劳动权概念与劳动权利是等值概念,狭义上的劳动权与人们通常使用的工作权同义,仅指获得和选择工作的权利,有时也可以包括获得劳动报酬的权利。[6] 有的学者将劳动权利与劳动权区分,认为前者即为广义的劳动权。[7]

---

[1] 参见〔德〕W. 杜茨:《劳动法》,张国文译,法律出版社 2005 年版,第 1 页。

[2] 参见黄越钦:《劳动法新论》,中国政法大学出版社 2003 年版,第 94—95 页。

[3] 参见〔德〕W. 杜茨:《劳动法》,张国文译,法律出版社 2005 年版,第 1 页。

[4] 参见董保华:《社会法原论》,中国政法大学出版社 2001 年版,第 312 页。

[5] 参见《中国大百科全书》(法学卷),中国大百科全书出版社,第 358 页。

[6] 参见冯彦君:《劳动法学》,吉林大学出版社 1999 年版,第 56 页。

[7] 参见沈同仙:《劳动权探析》,载《法学》1997 年第 8 期。

（3）有的学者从劳动过程出发，认为劳动权是指人们享有从事社会劳动及其劳动保障，以获得生存和发展的权利。[1]

（4）正是因为劳动权概念的暧昧不明，导致有学者决定放弃这个概念，创造了"劳权"（workers rights）这一概念，并极力将劳权与劳动权区分开来，强调劳权的独特性。劳权是指劳工权利或者劳动者权利，是指法律所规定或认可的处于现代劳动关系中的劳动者在履行劳动义务的同时所享有的与劳动有关的社会权利的总称。简单说，劳权即现代劳动关系中的劳动者所享有的权利。[2] 以上是在我国学界比较有影响的关于劳动权概念的定义。[3]

国外对劳动权研究比较有代表性的是挪威学者德泽维奇有关工作权的讨论，他区分了工作权（the right to work）与工作中的权利（right in work）。这里的工作权实际上就是我们所称的就业权，但他使用"与工作有关的权利"（work-related rights）来概括上述两个概念，并进行了分类：① 与就业有关的权利；② 由就业派生出来的权利；③ 平等待遇和非歧视权利；④ 辅助性权利。[4] 此外，马修·克拉文认为，工作权包括三个方面：就业渠道（含有平等就业、就业服务和就业培训）、自主择业和免予任意解雇。[5] 这些学者的讨论都是围绕着《经济、社会和文化权利公约》进行的，虽然公约说明了工作权包括的主要内容，但并没有给工作权下定义，也没有列明工作权的详尽范围。马修的观点较为狭义，而德泽维奇的观点却存在着权力体系过于庞杂的问题。

综合以上观点来看，陷入对概念的抽象争议会让劳动权概念变得更加复杂，而劳动权概念的模糊性以及宽泛性几乎是与生俱来的，由于社会经济条件的不断变化以及经济活动的多样化，使得劳动者的权利也处于不断变化之中；而劳动对于劳动者意义之重大、对劳动者的生活渗透之深入全面，也使得这一权利很难用确切的话语来表述其范围。然而舍弃这一概念另立门户的做法并不值得赞同，仅仅是字面上的变化并不足以解决问题，劳权与劳动权的差异也并不是泾渭分明的，其结果只可能导致讨论更加混乱。综合上述观点，笔者认为劳动权是指劳动者在现代劳动关系中享有的，以就业权和团结权为核心的与劳动有关的社会权利的总称。其中就业权是个人劳动关系的核心，而团结权是集体劳动关系的核心。从劳动关系的角度来把握劳动权，存在着以下优点：一是避免了使劳动权成为一个抽象的概念。对劳动权概念的界定仅从理念上的探讨出发，作出狭义或者广义的分类，尽管从表面上看存在清晰的理论体系，然而

---

[1] 参见李炳安：《劳动权论》，人民法院出版社2006年版，第13页。

[2] 参见常凯：《劳权论——当代中国劳动关系的法律调整研究》，中国劳动社会保障出版社2005年版，第7页。

[3] 此外还有的定义则与以上几种没有本质的差别，同时因为影响范围较小，因而不再赘述，可以参见许建宇：《劳动权的界定》，载《浙江社会科学》2005年第2期。

[4] 国际人权法教程项目组：《国际人权法教程》（第1卷），中国政法大学出版社2002年版，第293—310页。

[5] 参见徐显明主编：《国际人权法》，法律出版社2004年版，第300页。

在实际的应用中却存在着混乱。从个人劳动关系与集体劳动关系的角度来考察劳动权的概念,是从劳动关系的实际运作来看待劳动权的,因此更加具有针对性与现实意义。另一方面,从劳动关系的角度来把握劳动权也避免了使劳动权成为一个僵硬的概念,而是使其随着劳动关系的发展具有一定的动态平衡性。仅仅从抽象的概念讨论中把握劳动权概念,无疑会导致劳动权概念成为语词的堆砌而失去现实指导意义,而从不断发展与变化的劳动关系角度来解读劳动权概念,就使这一概念具有不断生长的生命力。由于现代社会经济形式的复杂化与多样化,劳动者的权利并不是一成不变的,而是在劳动关系的发展中不断变动,劳动权概念因为与劳动关系的密切联系而逐渐丰富,也更加符合社会发展的需要。

2. 劳动权的内容和本质特点

劳动权的本质在劳动关系之中,通过劳动权的内容表现出来。明确劳动权的本质不仅有利于厘清劳动权的真正面目,更为重要的是,劳动权的性质决定了劳动保护和劳动立法的方向,对于劳动刑法的建构起着重要的作用。

(1) 个别劳动权——劳动权是生存权,是一项基本人权。[1] 在传统意义上,劳动一直被视为谋生的手段,换言之,仅仅是谋取经济生存的手段。劳动法产生后,其目的在于劳动人格之完成,劳动人格指"劳动力完全人格化的状态",即权利客体之劳动力进至权利主体之地位,而劳动力与其所持者的人格完全合一的状态。[2] 正是这种观念的转变使得劳动权的本质是生存权这一观念深入人心。作为劳动者个人的权利或称个别劳动权,其本质是生存权。生存权是要求确保生活所必要之诸般条件之权利。[3] 生存权的直接主体是劳动者个人,在这一意义上,生存权是以个别劳动者为基础的权利。[4] 一般认为,人权的内容主要由三部分构成:生存的权利,经济、社会和文化权利,政治权利。劳动权是生存权,是人权的重要内容,与人权的其他内容密不可分。

生存权的目的,在于保障国民能过像人那样的生活,以在实际社会生活中确保人的尊严;保护帮助生活贫困者和社会的经济上的弱者,是要求国家有所"作为"的权利。[5] 生存权的产生是在不断展开的社会劳动和劳工运动的背景下,源于以个人主义为基础的自由主义为了适应社会的发展,导入了社会保障这一基本理念,也就是说,国家要保障国民最低限度的像人那样的生活。同时,生存权观念是对形式上的平等原

---

[1] 尽管对劳动权概念的争议不绝于耳,但对劳动权是生存权并属于人权一种的观点,我国学者几乎是众口一词的。参见李步云:《论中国公民的工作权》,载刘海年主编:《〈经济、社会和文化权利公约〉研究》,中国法制出版社 2000 年版,第 24 页;李炳安:《劳动权论》,人民法院出版社 2006 年版,第 20 页。

[2] 参见史尚宽:《劳动法原论》,政大印书馆 1934 年版,第 3 页。

[3] 参见黄越钦:《劳动法新论》,中国政法大学出版社 2003 年版,第 55 页。

[4] 参见常凯:《劳权论——当代中国劳动关系的法律调整研究》,中国劳动社会保障出版社 2005 年版,第 126 页。

[5] 参见[日]大须贺明:《生存权论》,林浩译,法律出版社 2001 年版,第 16 页。

则的修正,生存权不是着眼于对个人的一视同仁的对待,而是实行一定程度的差别待遇,从而实现社会的实质性平等。[1] 正是由于生存权是对实质性平等的保障,因而需要通过国家的积极干预才能实现。[2] 也就是说,生存权直接规定人们生存的各种生活关系,这种关系不能完全由劳资双方自行规范,而必须由国家介入其中并加以积极地干涉,国家在实现个体劳动权方面负有积极的作为义务。

这种立法理念在劳动立法与劳动保护上已经获得了充分体现:一方面,许多国家把劳动权作为一项宪法性权利规定在国家的根本法中。例如:《联邦德国基本法》第12条规定:"所有德国人都有自由选择职业、工作地点和培训场所的权利。不得强迫任何人从事特定的工作,但传统的、一般的、为所有人一律平等参加的强制性公共劳务不在此限。"该规定都是可以直接加以适用的法律规则,任何违反这些规定的协议、契约、甚至法律都是无效的。[3]《日本宪法》第27条规定:"所有国民均有劳动的权利和义务;工作、劳动时间、休息及其他劳动条件的标准,须用法律加以规定。"[4]这一规定,既确认了工人的权利,保障了雇佣条件,也为劳动保护立法奠定了基础,因为宪法要求以法律形式规定劳动条件标准。《中华人民共和国宪法》第42条第1款规定:"中华人民共和国公民有劳动的权利和义务。"国际公约也积极倡导国家履行这方面的责任,联合国《经济、社会和文化权利公约》第6条规定:"缔约各国承认工作权,包括人人应有机会凭其自由选择和接受的工作来谋生的权利,并将采取适当步骤来保障这一权利。"另一方面,在具体的雇佣关系中,由于对劳动权是人们生存来源的考量,各国立法充分考虑到劳动对劳动者与劳动力使用者的意义与重要性是绝对不成比例的,因而各国都倾向于对劳动者给予更为充分的保护,而不是将二者等同视之。

(2)集体劳动权——自由权。劳动权的实现不仅对国家有积极的要求——作为义务,它也有着消极层面的内涵——不作为义务,对于后者,在我国并没有受到充分的重视。作为消极意义上的权利,劳动权首先意味着公民有劳动的自由,也有不劳动的自由。[5] 联合国《公民权利和政治权利国际公约》第8条规定:"任何人不应被强迫役使","任何人不应被要求从事强迫劳动或强制劳动"。如果用人单位包括国家机关、社会团体和企业事业单位组织严重违背法律有关保障劳动者工作时间的合理限制权、最低工资标准权等规定,受损害的劳动者可以提起诉讼。[6] 因此,保障工作权不仅要求国家机关和社会组织有所作为,同时也要求它们不作为。

---

〔1〕〔日〕大须贺明:《生存权论》,林浩译,法律出版社2001年版,第31—34页。
〔2〕〔日〕大须贺明:《生存权论》,林浩译,法律出版社2001年版,第36页。
〔3〕参见王益英主编:《外国劳动法和社会保障法》,中国人民大学出版社2001年版,第75页。
〔4〕王益英主编:《外国劳动法和社会保障法》,中国人民大学出版社2001年版,第412页。
〔5〕参见吴玉章:《工作权的内容和实现》,载刘海年主编:《〈经济、社会和文化权利公约〉研究》,中国法制出版社2000年版,第39页。
〔6〕参见李步云:《论中国公民的工作权》,载刘海年主编:《〈经济、社会和文化权利公约〉研究》,中国法制出版社2000年版,第25页。

进一步来说,个体劳动权只是使劳动者在没有就业的情况下保障基本生活并尽快进入劳动关系,在进入劳动关系后能够享有最低的劳动标准。但是个体劳动权并不能使劳动关系双方力量达到平衡,也难以保证企业劳动关系和社会劳动关系的稳定。解决这一问题最主要的法律手段是劳动者的集体劳动权。从个别劳动关系到集体劳动关系,这是劳动关系法律调整的趋向。[1] 集体劳动权又称为劳动基本权,以团结权、集体谈判权和争议权为基本内容。[2] 集体劳动权是一种经济权利,然而该权利不仅要求在与劳动力使用者的劳动关系中实现,更要求国家对劳动者这一权利予以保障。作为自由权的集体劳动权,恰恰与作为生存权的个体劳动权相反,要求国家尽量少地进行干预与限制。[3] 团结权是指劳动者有权自由组成工会的权利,争议权是指劳动者有罢工自由,因此,集体劳动权的实质是自由权。之所以要强调集体劳动权作为自由权的意义,关键在于集体劳动权是保障劳动者个人的生存权实现的手段和必由之路,没有集体劳动权,个体劳动权实现的可能性微乎其微。

集体劳动权是由劳动者在劳动关系中的从属地位决定的,已然处于弱势的劳动者只有依靠联合才能获得与劳动力使用者平等对话的权利,分散的生存状态意味着劳动者的声音非常微弱而无法引起劳动力使用者的重视,导致劳动条件无法改善甚至更为严厉的雇佣条件。然而集体劳动权的实现并不一定会导致社会的混乱以及被劳动者滥用,在大部分产业发达国家,都留下相当大的空间让劳资双方发挥社会伙伴功能,劳动者与劳动力使用者在劳动关系中逐渐形成社会伙伴关系,从而促进整个社会的和谐有机发展。相反,对劳动者集体劳动权的回避则导致劳使之间的矛盾得不到有效的沟通与解决,劳动者的劳动条件日益恶劣却难以改善,往往对社会安定造成负面影响。

三、建构劳动刑法的理论依据——法益理论

在厘清劳动刑法的调整与保护对象之后,在劳动刑法的建构上值得探讨的一个问题是刑法为什么能够介入劳动法领域对劳动关系进行调整、对劳动权予以保障?虽然劳动法并不排斥公法对劳动关系的调整,甚至因其社会法的属性对公权力的介入持较为开放的态度,然而刑法作为公法领域中惩罚手段最为严酷、对行为人权利影响最为深重的法律形式,其作用的发挥要经过立法机关慎重的考虑、法律程序严格的保障,国

---

[1] 参见常凯:《论个别劳动关系的法律特征——兼及劳动关系法律调整的趋向》,载《中国劳动》2004年第4期。

[2] 日本法称之为团结权、团体交涉权和争议权,我国的常凯教授认为,集体劳权包括团结权、集体谈判权、集体争议权以及民主参与权(参见常凯:《劳权论——当代中国劳动关系的法律调整研究》,中国劳动社会保障出版社2005年版,第128页)。就理解的方便以及学理上的通说,笔者综合了二者的观点,但是民主参与权是可以被前三者所囊括并实现的,因而不将其另外单独列出。

[3] 参见[日]芦部信喜:《宪法》(第3版),林来梵等译,北京大学出版社2006年版,第241页。

家对刑法规制手段的使用是尤为谨慎的,刑法保护劳动权的正当性何在?

(一)法律的目的是利益

利益法学派的代表人物耶林认为:"目的是整个法的创造者"[1],立法是国家权力所为的有目的的行为。[2] 任何法律规范后面都隐藏着服从特定目的与目标的、立法者的、法政策学的形成意志。任何立法都以特定的目的为出发点,因为某一目的的需要同时又是作为实现该目的的手段被公诸于世的,立法目的意味着社会生活在发展过程中出现了难以用原有法律解决的问题,或者是立法者希望通过该法律实现社会秩序的优化,因此无目的的立法无异于国家立法机关放任社会问题的恶化而袖手旁观,也预示了作为法律规范的社会控制手段的失效。

法律的目的是利益,利益是法律的核心概念,"所有的法律,没有不为着社会上某种利益而生,离开利益,即不能有法的观念存在"。[3] 法律与利益有着密不可分的关系,法是权力行使和利益保护的工具。[4] "利益可以看作是人们——不管是单独地还是在群体或社团中或其关联中——寻求满足的需求、欲望或期望。"[5] "对于利益,法律的保护比个人的保护更有力"(Fortior est custodia legis quam hominis)。[6] 尽管人们在现实生活中有着各种利益诉求,但是某些利益被国家权力以法律条文的形式规定下来,以保障实现该利益的正当性与确定性,因为法律的实施以国家强制力为后盾。

(二)刑法的目的是保护法益

反映在刑法理论上,刑法之所以能够在保护劳动权方面发挥实际效用,同样也是由刑法的目的决定的。刑法的目的就是保护法益,法益是"目的的最简洁的形式"[7]。法益,用李斯特最简单的概括,就是法律所保护的利益。[8] 而违法的实质意义,"乃违反全部法律秩序之精神与目的,而对社会常轨之溢出与法益之攻击"[9]。不同的法律对其保护的法益有不同的侧重,总体上看,法益是根据宪法的基本原则,由法所保护的、客观上可能受到侵害或者威胁的人的生活利益。其中由刑法所保护的人的生活利益,就是刑法上的法益。[10] 对某种法益的刑法保护意味着,对以特别危险的方式侵害

---

[1] [德]魏德士:《法理学》,丁晓春、吴越译,法律出版社 2005 年版,第 234 页。
[2] 参见[德]鲁道夫·冯·耶林:《为权利而斗争》,胡宝海译,载梁慧星主编:《民商法论丛》(第 2 卷),法律出版社 1994 年版,第 15 页。
[3] [日]美浓部达吉:《法之本质》,林纪东译,中国政法大学出版社 2006 年版,第 176 页。
[4] 参见[德]魏德士:《法理学》,丁晓春、吴越译,法律出版社 2005 年版,第 234 页。
[5] [美]罗斯科·庞德:《法理学》(第 3 卷),廖德宇译,法律出版社 2007 年版,第 14 页。
[6] 张明楷:《刑法格言的展开》,法律出版社 1999 年版,第 1 页以下。
[7] [德]汉斯·海因里希·耶赛克、托马斯·魏根特:《德国刑法教科书》,徐久生译,中国法制出版社 2001 年版,第 315 页。
[8] 参见李海东:《刑法原理入门(犯罪论基础)》,法律出版社 1998 年版,第 14 页。
[9] 蔡敦铭:《刑法总则争议问题研究》,五南图书出版公司 1998 年版,第 68 页。
[10] 参见张明楷:《法益初论》,中国政法大学出版社 2000 年版,第 167 页。

这种利益的行为,通过法规范以刑罚的方式予以禁止,公民被课以服从刑法、尊重这种法益的绝对义务,这种义务不是可协商、可免除的,而是被要求确定无疑地遵守,否则就会遭受刑罚的处分。这种严厉的惩罚方式一方面说明了这种利益对个人与社会的重要性,另一方面也说明公权力对该利益的高度重视。正如日本刑法学家西田典之所言:刑法的首要任务是保护现实社会中重要的并且是最基本的价值与法益。刑法保护的法益是维持我们共同的社会生活安全所必要的,刑法通过保护法益来维护社会秩序。[1] 刑法以刑罚手段,以期保护得更彻底。[2] 社会生活中一些特别重要的法益需要靠严厉的刑罚来保障其不会轻易受到侵害,因为损害这些法益意味着对社会秩序的极大破坏、对社会安定的严重影响。

从另一个角度来说,刑法保护的法益必须达到要用刑罚这样的强力制裁以便在国家范围内予以保护的程度。也就是说,侵害法益达到犯罪的程度才能受到刑罚制裁,犯罪的本质是侵害法益,法益侵害说在今天已经成为犯罪本质的通说。[3] 也就是说,刑法并不是想尽可能大地扩张其法益保护范围,而是用法益概念尽可能地限缩处罚侵害法益行为的范围。法益侵害说立足于个人主义及自由主义的观点,认为世界是以人为基础而存在的,人的存在本身即是目的;为了个人的生存和发展,就必须尽可能少地限制个人自由,对国家权力必须尽可能多地进行限制。对法益的侵害与威胁具有程度差异,只有当行为对法益的侵害与威胁达到一定程度时才能作为犯罪处理。[4]

(三) 法益保护要求劳动刑法的建构

1. 现行刑法不能妥善保护劳动法益[5]

我国刑法在劳动权保护方面作用不力、效力低下说明:当前的刑法规范已经不能有效地应对社会需求,不能妥善地实现刑法法益目标,刑法规范与社会现实之间存在着脱节,这恰恰是我国刑法"陈旧化"的表现。法律是一个规则、原则和标准组成的体系,在它们面对新的复杂事件时,需要对它们进行梳理、筛选和重铸,并根据某种目的加以应用。[6] 社会现实的变化、立法价值的改变反映在刑法的适用上,不可避免地会

---

[1] 参见[日]西田典之:《日本刑法总论》,刘明祥、王昭武译,中国人民大学出版社2007年版,第22页。

[2] 参见[日]大塚仁:《刑法概说(总论)》,冯军译,中国人民大学出版社2003年版,第23页。

[3] [日]大塚仁:《刑法概说(总论)》,冯军译,中国人民大学出版社2003年版,第91页。

[4] 参见张明楷:《法益初论》,中国政法大学出版社2000年版,第274—275页。

[5] "劳动法益"是我国一些研究劳动刑法的学者提出的新概念,它是指劳动者利益、国家利益、社会利益等的组合体。其中劳动者利益是劳动法益的核心,是以劳动权的形式表现的,其他利益依附于劳动者利益,通过劳动者利益的保护间接反映出来(参见姜涛、刘秀:《劳动刑法若干问题研究》,载《河北法学》2007年第4期)。笔者并不认同对这个概念作这样宽泛的解释,在劳动刑法中,劳动法益仅仅是那些能够并且需要被刑法所调整的利益,与劳动者相关的很多利益并不需要刑法规范的调整,仅仅通过劳动法就能够达到社会控制的目的。因此在本文中,笔者仅从这种狭义的劳动法益概念对劳动刑法进行探讨。

[6] 参见[美]本杰明·内森·卡多佐:《法律的生长》,刘培峰、刘骁军译,贵州人民出版社2003年版,第28页。

暴露刑法规范面对社会发展表现出来的某种程度上的落后性,但从另一个角度来看,这种落后性不仅对刑法的发展提出了挑战,也对完善刑法结构与内容、推动刑法的修正与改进提供了明确的目标,为刑法的革新提供了动力。目前我国劳动刑法的建构就扮演了这样一个矛盾的角色。刑法规范的陈旧化一方面是因为社会、经济和技术的因素和结构,另一方面是因为社会价值观或者在法律秩序的其他领域中产生远程影响的立法价值标准发生了根本性变化。[1] 我国劳动刑法缺位的表现日益明显,一方面与我国经济迅速发展、企业大量兴起、生产处于产业链的末端因而尽量降低劳动力成本等社会现实密切相关,另一方面,也受到立法者力图构建和谐社会、世界上保护劳动者权益之潮流的深刻影响。

2. 现行刑法在调整劳使关系上的失衡

从法益的角度来看,我国刑法在劳动权保护领域内的角色错位也说明,刑法在劳动者利益与劳动力使用者利益的评价与平衡上存在着疏漏与失误。法律规范是立法对需要调整的生活关系和利益冲突所进行规范化的、具有约束力的利益评价。[2] 法律对法益的保护不仅仅体现为对某种利益的支持,也是通过微妙而复杂的利益评价、利益均衡表现出来的。因为社会生活的复杂性,各种个人的、团体的以及社会的利益融合、交织、彼此关联,虽然存在着大量的一致,但也不可避免矛盾与冲突。而之所以进行不同利益之间的比较、评价,是因为这个过程决定了在不同的场合对不同利益的取舍。尽管对某个特定的个体或者群体而言,他们强调与争取的某种利益诉求在同一历史时刻都是排在第一序列的,但对立法者而言,在具体的社会环境与生活情境下,不同的利益是有位阶的,因而法律对各种利益的评价、调整、分配就会更加鲜明地反映立法者对不同利益的态度,也会更为有力地影响整个社会对不同法益的尊重与保护程度,从而实现最优社会控制的目的。

刑法对劳动法益的保护亦然,从第一部分对我国目前劳动权刑法保护的现状与理论分析可以看到,当前的刑法规范没有公正有效地调整劳动者与劳动力使用者之间的利益,劳使之间的利益不均衡。在一个正常稳定运转的经济社会中,理想的劳动关系是劳动者与劳动力使用者之间相互协助、共赢互利的社会合作关系,然而在我国,劳动力使用者与劳动者的矛盾却异常突出与尖锐。增加企业利润、提高企业生产力本来既能使企业主获利,又能提高劳动者的生活水平,但我国很多劳动力使用者往往通过极力降低工人工资、维持恶劣的生产条件甚至拖欠工人工资的方法来营利。这无异于让劳动者阶层和整个社会为劳动力使用者一方获利支付高昂的成本,从而导致劳动者与劳动力使用者之间利益分配的悬殊。刑法没有给劳动者提供全面完善的保护,同时又没有给严重侵犯劳动者权益的行为予以有力的惩罚,因而劳动者在我国刑法上的权益

---

[1] 任何法律规范的陈旧化几乎都是由于这两个因素引起的(参见〔德〕魏德士:《法理学》,丁晓春、吴越译,法律出版社 2005 年版,第 311 页)。

[2] 参见〔德〕魏德士:《法理学》,丁晓春、吴越译,法律出版社 2005 年版,第 236 页。

诉求能力较低。劳动力使用者在正常的社会生产中已经占据优势地位，而处于弱势的劳动者的法益在刑法上却不能得到法律的补充保护，进一步削弱了劳动者权益的保护力量。从更为长远的眼光来看，对侵害劳动者权益的行为惩罚不力不仅不能遏制劳动者权益屡屡遭受侵害的社会现状，反而刺激了劳动力使用者对劳动者权益施以更为严重的损害。正是出于合理调整劳使关系的目的，劳动刑法的建构显得更为迫切，劳动刑法就是要对这种极不公正的利益分配方式进行平衡。

（四）法益决定了劳动刑法调整劳动关系的内容与范围

法益概念对建构劳动刑法的重要性在于，保护法益的要求决定了劳动刑法构建的必要性，法益也决定了劳动刑法调整劳动关系的内容以及作用范围。这是因为一项法律制度要达到维护法律秩序的目的，在确立法律系统的范围和对象时，必须考虑五点：① 必须制定一个利益列表，列出要求得到认可的利益，并且对它们进行归纳和分类。② 选择和决定哪些是法律将认可和予以保护的利益。③ 确定对选定的利益予以保护的界限。④ 当利益被认可和确定界限后，我们还必须权衡用以保护它们的法律手段。必须考虑对有效法律行为的限制，因为它们可能妨碍对利益的完全认可及全面保护，而这些利益是我们应该保护的。⑤ 为此，我们必须制定利益评价原则，它们最重要的作用是决定和选择认可哪些利益。但是我们也必须用它们确定对被认可的利益予以保护的界限。[1] 按照这一观点，在确定了劳动刑法保护劳动法益的目的之后，就应当对刑法保护的劳动法益的内容和范围进行梳理，只有这样才能使劳动刑法具有实践性与可操作性。

1. 法益的内容决定了劳动刑法调整劳动关系的内容

劳动法益的内容与劳动权的内容是相对应的，也就是说，劳动法益在法律规定中以劳动者权利的形式表现出来，劳动刑法保护的劳动法益的内容不仅包括劳动者的个别劳动权，同时也包括劳动者的集体劳动权，上文对劳动权内容的分析实际上已经说明了劳动刑法保护的劳动法益的内容。

庞德将利益分为个人利益、公共利益与社会利益，其中，个人利益就是那些直接涉及个人生活和从个人生活的立场看待的请求、需求和欲望——严格说，是指以个人生活的名义提出的；公共利益是作为法律实体的有组织的政治社会的请求；社会利益是指从社会生活的角度考虑，被归结为社会集团的请求的需求、要求。[2] 庞德关于利益分类的影响是深远的，在刑法理论中，庞德关于利益的分类分别对应于个人法益、国家法益和社会法益，刑法典的法典结构、犯罪构成分类、罪名的结构等实际上就是按照不同类别的法益来进行建构的，因为刑法具有法益保护的机能，不同的法益实际上指明了刑法不同的保护对象。

---

[1] 参见〔美〕罗斯科·庞德：《法理学》（第3卷），廖德宇译，法律出版社2007年版，第18页。

[2] 〔美〕罗斯科·庞德：《法理学》（第3卷），廖德宇译，法律出版社2007年版，第18—19页。

劳动法益是一种个人法益,它包含了劳动者人身的不可侵犯性——劳动者有在安全卫生的环境下工作、人身和财产不受侵害、获得劳动报酬等等权利。同时,劳动法益也是一种社会法益,社会法益包含在个人生活之中,"从现代法律的观点来看,个人自我主张的社会利益中,最重要的方面是可以被称作个人意志自由之社会利益的东西——是请求权或者说利益,或政策所认可的,是个人意志不应专断地受制于别人的意志"。[1] 对于规定了劳动者享有团结权、团体协商权和劳动争议权的国家而言,劳动者通过自身的联合表达一定的经济需求,这不仅是劳动者的权利、也是劳动者集合——工会的权利,更是维护意志自由这样一种社会法益。在矿难、"血汗工厂"事件频发的情形下,我国对劳动者生命健康安全的保障至今没有落到实处,在目前的阶段,保护劳动者切身的个人法益显然刻不容缓。同时,对于集体劳动权也应当引起充分的重视,因为只有保护劳动者的这一法益,才能保证劳动者与劳动力使用者平等交流的地位。

2. 法益决定了劳动刑法调整劳动关系的范围

"法益侵害说"将犯罪的本质解读为对法律所保护的重要生活利益的侵害,既说明了国家将特定行为犯罪化并赋予刑罚等不利法律后果的内在根据,又由于法益概念的规范属性而相对明确地界定了国家刑事立法干预公民行为并予以犯罪化的范围。[2] 虽然劳动刑法保护的劳动法益的内容可以归入个人法益、社会法益的范围之内,似乎与其他法律没有本质区别,然而考虑到刑法的特殊性,劳动刑法调整劳动关系的范围应当受到严格的限制。由于法律将某种行为规定为犯罪会导致刑罚的后果,而刑罚以剥夺人的利益为主要内容,会给遭受刑罚的人带来生命、身体、自由、名誉、财产等方面重大的痛苦。正是由于刑罚具有这种令人痛苦的特征,如果刑法的处罚范围不合理,只会造成无意义的利益损害,这种损害不能实现预防犯罪的目的,因此违背了刑法保护法益的目的而无效率。显然,刑罚的处罚范围绝不是越大越好。刑罚仅在公民的基本人权遭受重大侵害时,才能肯认其存在,并且必须在必要的最小限度范围内进行。[3] 另一个方面,犯罪之所以应当受到刑法的处罚,是因为犯罪行为侵犯了法益,如果刑法的处罚范围过窄,则意味着某些犯罪逃脱了刑法的制裁、法益得不到刑法的充分保护。因此,刑法调整社会关系的范围一定要具有合理性,否则就无法实现刑法的目的。劳动刑法在保护劳动权、调整劳动关系的过程中也应贯彻这一原理,否则就违背了刑法的处罚原则。

法益具有使刑法的处罚范围合理性的机能[4],法益对刑法作用范围的合理化作用集中表现为刑法的谦抑性。谦抑原则是指刑法不应将所有的违法行为都作为其对

---

[1] [美]罗斯科·庞德:《法理学》(第3卷),廖德宇译,法律出版社2007年版,第239—240页。
[2] 参见梁根林:《刑事法网:扩张与限缩》,法律出版社2005年版,第18页。
[3] 参见余振华:《刑法深思·深思刑法》,元照出版公司2005年版,第12页。
[4] 参见张明楷:《法益初论》,中国政法大学出版社2000年版,第199页。

象,而应将不得已才使用刑罚的场合作为其对象的原则,因为仅仅依靠刑法手段是不能抑制犯罪的。谦抑原则包括三方面的内容:① 刑法所具有的、保护法益的最后手段的特性被称为刑法的补充性;② 刑法不介入市民生活的各个角落,只应控制在维持社会秩序所必须的最小限度之内的特性被称为刑法的不完整性;③ 即使现实生活中已发生犯罪,但从维持社会秩序的角度来看,如果不是为了保护法益而迫不得已的话,就不进行处罚的特性被称为宽容性。[1] 在确定劳动刑法调整劳动关系的范围问题上,同样应当贯彻刑法的谦抑原则。

法益决定了刑法在调整劳动关系过程中的地位与角色,因为法益理论的根本含义是刑法的辅助保护原则。[2] 在对可罚性的界限发生争议的情况下,法益概念一方面可以将刑法限制在对危害社会的(不仅仅是不道德的)行为的处罚上,另一方面,从新产生的社会利益的证明中,常常可以推导出对之进行刑法保护的要求。[3] 劳动法益作为一种与现代劳动关系的发展息息相关的利益,对之进行刑法保护需要特别谨慎。调整劳动关系的手段是多种多样的,刑法只是诸多手段中的一种,刑法并不具备保护所有的劳动法益的功能,如果坚持刑法万能的观念,只会导致刑法对劳动关系造成伤害。从另一个方面来说,正是由于刑法是调整社会关系的手段中破坏性最强的一种,它可能导致对劳动法益产生危害,因而在使用刑法手段调整劳动关系时应当特别谨慎,只有在国家、社会和个人以其他手段无法有效地保护该利益而只能通过刑罚才能有效保护的情况下,才能加以使用。这意味着刑罚在整个劳动法益保护体系中的地位是次要的、辅助的。面对劳动关系的不法侵害,并不都需要刑罚的介入,只有在以其他方式无法对劳动法益进行有效保护时,刑罚的使用才是理智的和合理的。总的来说,法益本身是行为犯罪化或者非犯罪化的本质根据,决定了刑法调整劳动关系的作用范围与界限,因而在判断劳动关系中的某种行为是否应当受到刑罚处罚时,应当根据该行为是否侵犯了值得由刑法保护的生活利益来确定处罚范围。[4]

3. 法益理论下恶意欠薪的入罪问题

通过以上对法益理论的讨论,可以将恶意欠薪问题置于法益理论之下进行分析,探究恶意欠薪是否应当纳入刑法的制裁范围。就恶意欠薪侵害的利益来看,这种行为侵害了劳动者获得劳动报酬的权利,是对个人财产权的一种侵犯。劳动报酬是劳动者按照劳动的数量和质量取得的报酬,劳动者实现劳动权利的劳动不是无偿劳动而是有偿劳动。劳动报酬除了具有财产权的性质之外,对于以该劳动报酬为生的劳动者而言,更加具有生存权的性质,是生存权的基本内容之一。劳动者只有通过劳动取得必

---

[1] 参见[日]大谷实:《刑法总论》,黎宏译,法律出版社2003年版,第4页。
[2] 参见李海东:《刑法原理入门(犯罪论基础)》,法律出版社1998年版,第14页。
[3] 参见[德]汉斯·海因里希·耶赛克·托马斯·魏根特:《德国刑法教科书》,徐久生译,中国法制出版社2001年版,第316页。
[4] 参见张明楷:《法益初论》,中国政法大学出版社2000年版,第200页。

要的生活资料,才能满足其个人和家庭的消费需要,实现劳动力的再生产。工资作为劳动力的价格,其直接作用是维持劳动力的再生产,即保障劳动者的自然生存状态。由于劳动报酬对劳动者的重要意义,要保障劳动者的生存权,就必须对劳动者的劳动报酬权予以保障。恶意欠薪无疑已经构成了对法益的侵害,但是这种侵害行为是否应当受到刑法的规制、纳入刑法的处罚范围是值得讨论的。

按照帕克的观点,划定犯罪圈有六项具体标准:① 在大部分人看来,这种行为对于社会的危害是明显的,从社会的各个方面看,都是不能容忍的;② 对于这种行为科处刑罚,符合刑罚的目的;③ 对于这种行为的抑制,不会使社会所希望的行为受到限制;④ 能够通过公正的、无差别的执行而得到处理;⑤ 对于这种行为通过刑事程序予以取缔,在质和量的方面都不会加重诉讼程序的负担;⑥ 对于这种行为的处理,没有可以代替刑罚的其他适当的方法存在。[1]

如果说由法益理论决定的刑法谦抑性原则仍然显得抽象的话,帕克的这六项标准更加具有可操作性。恶意欠薪导致劳动者无法按时领取自己的劳动报酬,不仅仅影响了劳动者维持正常生活,更有严重者造成社会混乱以及流血冲突的可能[2],就其影响来看,恶意欠薪问题对社会机体的危害是显而易见的,这也是许多人呼吁将恶意欠薪问题入罪的直接原因,持这种观点的人希望通过强制程度最高的刑罚手段保护劳动者的法益。尽管从表面上看,将恶意欠薪行为入罪似乎符合刑法的目的,然而考虑帕克提出的另外几个标准,答案可能就不尽一致了。

一方面,打击恶意欠薪行为的目的不是仅仅为了制裁不按时支付劳动者报酬的企业主,更重要是为了使劳动者能够获得自己的劳动报酬,从而保障自己的生存权。恶意欠薪的表现形式有两种,一种是以欠薪为主要获利手段的恶意欠薪逃匿,表现为一些企业经营者通过恶意欠薪逃匿的方式来牟取非法利益,以开办企业之名行欺诈之实,一方面向各相关供应商大批量进货,在拖欠货款的同时低价销售所进货物牟取暴利;另一方面拖欠员工工资、厂租、水电费直至无法继续实施其欺诈行为便逃之夭夭。另一种表现为因为经营不善、资金周转困难导致的恶意欠薪逃匿。这类企业在生产经营过程中由于经营机制不灵活、管理不善、甚至决策失误,造成生产、销售不正常、资金周转困难,在某个时间段内发生工资支付障碍,短期内确实没有能力按时足额支付员工工资,从而导致欠薪发生。[3]

第一种恶意欠薪行为原本就在刑法的规制范围之内,因为该行为以非法占有为目的,虚构事实、隐瞒真相,实际上是为了骗取他人财物,数额较大的构成诈骗罪。但对

---

[1] 参见〔美〕哈伯特 L. 帕克:《刑事制裁的界限》,梁根林等译,法律出版社 2008 年版,第 293—294 页。
[2] 劳动者因为恶意欠薪导致生活没有经济来源,或者以跳楼引起社会关注,或者在久拖不决后与劳动力使用者发生暴力冲突,引起人身伤害与死亡事件,这样的情形屡屡见诸报端。
[3] 参见林友德、周小燕等:《恶意欠薪逃匿现状、原因及对策——以深圳市 L 区为例》,载《知识经济》2009年第 2 期,第 100—101 页。

于第二种行为则不能简单地归于刑法的作用范围，因为通过刑罚手段，对企业或者企业主处于高额的罚金，或者剥夺企业主的自由，这些对维护劳动者的财产权并不能起到实际的作用，使企业继续运转下去并赚取利润才能真正保障劳动者的利益。也就是说，对恶意欠薪行为予以刑罚制裁并不能对保障劳动者按时领取劳动报酬起到直接并且显著的作用，刑法保护劳动者法益的目的不能完全实现。另一个方面，保障劳动者按时领取薪酬的利益是整个劳动关系系统中的一环，而不是一个孤立的部分，因此对劳动者劳动报酬权的保障也是一项社会工程，是民法、行政法等法律法规整体发挥作用的结果。例如，我国台湾地区为了解决雇主欠薪问题，由劳动行政主管机关设立"积欠工资垫偿基金"，基金由雇主按其当月雇用劳工投保薪资总额规定之费率，缴纳一定数额的积欠工资垫偿基金，作为垫付前项积欠工资之用。雇主积欠之工资，经劳工请求未获清偿的，由积欠工资垫偿基金执偿；雇主应予规定期限内，将垫款偿还积欠工资垫偿基金。香港地区根据《破产欠薪保障条例》，设立由政府任命的雇员代表、雇主代表和公职人员三方组成的"破产欠薪保障委员会"。破产欠薪保障基金的资金，来自按每张商业登记证收取的每年250元征款。一旦在欠薪争议中由劳动争议处裁定雇主败诉，雇员则可凭借审裁书直接到有关部门领取被雇主所欠的薪金。[1] 我国目前通过两类机构代表国家权力介入以保障劳动报酬权，一是劳动行政部门的劳动监察机构，一是司法机构。可见，立法者的原意并不是将欠薪行为全部归属于刑法的作用范围，而是在法律规制欠薪行为之前，首先通过劳动监察机关来预防欠薪的发生、并对欠薪行为做出初步处理。可以想象的是，如果仅仅寄希望于将恶意欠薪行为入罪来遏制这种行为，而无视其他社会规制手段的作用，就会出现刑法僭越自身角色的后果。这会导致将原本不需要通过刑法规制的内容纳入刑法的作用范围，致使刑罚实施的成本大为提高，而刑法的成本在一定社会的历史时期是有一定限度的，刑法作用范围的扩大只会导致刑法效力的弱化。同时刑罚实施的效果也会大打折扣，即使仅仅依靠刑罚手段可能使得恶意欠薪行为在短期内得到遏制，但从长远来看，并不能解决保障劳动报酬权的问题，刑法的威严也会受到严重影响。

四、劳动权刑法保护对刑法理论的挑战

虽然社会现实对刑法保护劳动权提出了迫切的要求，然而当劳动刑法的建构面对刑法理论时，却有一个绕不过去的难题：劳动法与刑法的衔接问题。劳动法作为社会法，其产生就是针对经济强者，以保护经济弱者的角度思考经济关系，侧重于劳动者的利益。[2] 这样的立法思想对于劳动法而言是毋庸置疑的，然而刑法作为公法的重要

---

[1] 参见常凯：《劳权论——当代中国劳动关系的法律调整研究》，中国劳动社会保障出版社2005年版，第168—169页。

[2] 参见〔德〕拉德布鲁赫：《法学导论》，米健、朱林译，中国大百科全书出版社2003年版，第80页。

部门,保护劳动者的观念如何与刑法结合仍然存在着疑问:对劳动者的倾斜保护是否会导致对不同的行为人区别对待,违背刑法的平等原则,从而侵蚀刑法的犯罪论体系、破坏犯罪构成要件的统一性?这也是建构劳动刑法的核心问题。

(一)现代社会立法思潮的转变

传统民法推崇权利本位,权利之设定与义务之负担,必须基于独立自由的意思,各人处于平等的地位。传统民法以个人主义思想为核心,以契约自由和所有权绝对观念为基本原则。这样的立法思想虽然对社会的发展起到了巨大的推动作用,然而随着社会的进步以及社会关系的日益复杂,传统民法观念产生了种种弊端,导致劳资对立、贫富悬殊等严重的社会问题。在这种社会背景之下,权利本位的立法思想蜕变为社会本位的立法思想[1],劳动法应运而生。

这一立法本位的转变实际上反映了民法中"人"的概念的转变,即民法法律主体内涵的变更以及对其法律人格理解的差异。近代私法——权利本位的民法中的人之地位可以归纳为:"承认所有的人的法律人格完全平等",由此所肯认的法律人格虽是"可由自身意思自由地成为与自己有关的司法关系的立法者",但它是不考虑知识、社会及经济方面的力量之差异的抽象性的人;并且,在其背后的是"在理性、意思方面强而智的人像"[2]。出于完全平等的法律人格的考虑,任何人都享有相同的私法上的权利和义务,民法典不区分企业家与劳动者,私法中的人就是作为被抽象掉了各种能力和财力等的抽象的个人而存在。

而社会本位的立法观念对以上思想作了限制与改变,这种改变可以概括为:关于法律人格发生了"从自由的立法者向法律的保护对象"、"从法律人格的平等向不平等的人"、"从抽象的法律人格向具体的人"的转变,在其背后则是"从理性的、意思表示强而智的人向弱而愚的人"的转变[3]。社会本位的立法观念对世界各国的立法活动都产生了深远的影响,成为席卷整个世界的立法潮流。权利本位的立法观念尽管看上去最大可能地保证了社会中个人的平等地位,但它忽视了在现实社会中,每个人因为不同的地位、职业、财富、学识等具体条件造成的巨大差异,这种差异并不仅仅体现在社会活动的结果上,而是从一开始就影响了社会成员的行为方式与路径选择。如果坚持这种抽象的形式平等,不仅不会使一个社会达到最佳运转状态,反而会导致社会成员之间生活水平的悬殊。社会本位的立法观正是对这种机械的形式平等做出的纠正,它注意到了社会成员处于不同的起点,因而为那些天然处于劣势的群体提供了更多的保障,以期实现社会成员的实质平等以及社会的均衡发展。

立法观念转变的直接结果是法律主体享有权利的变化,法律从侧重保护公民的自由权向考虑保护公民的社会权转变,劳动法是保障公民社会权的主要法律。因为自由

---

[1] 参见梁慧星:《民法总论》(第2版),法律出版社2001年版,第38页。
[2] [日]星野英一:《私法中的人》,王闯译,中国法制出版社2004年版,第8页。
[3] [日]星野英一:《私法中的人》,王闯译,中国法制出版社2004年版,第50页。

权的权利主体,是作为普遍的、抽象的存在的市民,它和现实中存在着的具体的"人"不同,是等质地存在的"人"。而社会权的权利主体是一定限度上的、对自由权权利主体所具有的普遍性和抽象性的法律范围的修正,是现实生活中具体存在的个人[1]。劳动法鲜明地反映了现代社会立法观念的转变,它不同于抽象的民法,从前的契约自由制度只将劳动者当作物,不视其为人[2],而劳动法把人具体化为企业主、工人、雇员[3]。劳动法的出现就意味着立法者已经承认社会上、经济上的强者和弱者的存在,不再对劳动力使用者与劳动者一视同仁,并且希望通过法律手段来抑制强者、保护弱者。它标志着"从将人作为自由行动的立法者、平等的法律人格即权利能力者抽象地加以把握的时代,转变为坦率地承认人在各方面的不平等及其结果所产生的某种人享有富者的自由而另一种人遭受穷人、弱者的不自由、根据社会的经济的地位以及职业的差异把握更加具体的人、对弱者加以保护的时代"[4]。这样的立法观念在法律上的直接表现是赋予劳动者更多的权利,要求劳动力使用者承担相对较多的义务。例如:在20世纪初的美国社会,立法者认为劳动者要接受劳动过程中的所有风险。这样的立法理念在过去的一个多世纪发生了实质性的改变,法律规定为了提供一个安全的工作环境,劳动者使用者需要承担更多的责任[5]。这一立法的典型代表是《劳工赔偿法案》(Workers' Compensation Action)和《职业安全卫生法案》(Occupational Safety and Health Action)。

（二）劳动刑法的构建是新的立法思潮作用于刑法的结果

民法和刑法是市民社会法律体系的重要组成部分,二者之间有着密切的联系,因而民法典立法思想的上述转变必然影响到刑法规范的解释与适用,劳动刑法的产生也正是基于这种立法思潮而展开的:

1. 刑法理论上犯罪人概念的发展

古典学派理论中的犯罪人,如同康德的哲学和费尔巴哈的心理强制说把握的那样,是根据自己的理性完全能够规制其行动的作为抽象性、一般性存在的自由人[6]。这种刑法在报复思想主导之下,强调法治国家与个人主义—自由主义的法律思想,它包含的犯罪与人格的整体联系割裂开来,作为实际价值考虑,这里的犯罪人相应也不过是"行为人",要考虑的只是他们与他们具体行为之间的关系,而不是受体制、社会制约的个性,不是有血有肉的人[7]。市民法体系的整体下的刑法规范是:在个人同质性

---

[1] 参见[日]大须贺明:《生存权论》,林浩译,法律出版社2001年版,第16—17页。

[2] 参见[德]拉德布鲁赫:《法学导论》,米健、朱林译,中国大百科全书出版社2003年版,第82页。

[3] [德]拉德布鲁赫:《法学导论》,米健、朱林译,中国大百科全书出版社2003年版,第81页。

[4] [日]星野英一:《私法中的人》,王闯译,中国法制出版社2004年版,第71—72页。

[5] Katz Marsha, "Criminal Liability for Health and Safety: Executives at Risk", *Labor Law Journal* (1992, Oct.), p.679.

[6] 参见[日]大塚仁:《刑法概说(总论)》,冯军译,中国人民大学出版社2003年版,第54页。

[7] 参见[德]拉德布鲁赫:《法学导论》,米健、朱林译,中国大百科全书出版社2003年版,第86—87页。

的背景下,对抽象的人的法益设定一般化的规范,这样的刑法规范没有意识到劳使关系是具体的社会的关系,并不包含在一般化的规范中,因而没有对其法益和构成要件进行规定,如果简单地适用市民刑法的一般原理,就会导致否定劳动法规范的结果。[1] 而近代学派中的犯罪人,是具有相应具体性的人,被理解为在素质和环境的支配下必然地不得不陷入犯罪的宿命性、决定性存在。[2] 这一理论虽然看到了古典学派观点的问题,然而走入了另外一个极端,存在着使刑法陷入不确定性的危险,因而这两种理论所倡导的犯罪人实际上在现实社会中不可能存在的。现在主流的刑法理论采取较为温和的综合态度,认为虽然大多数犯罪人受到素质和环境的制约,但在一定的范围内自己也能对素质和环境发生作用,具有对其进行纠正、避免陷入犯罪的能力,即,在这种意义的相对自由的范围内,具有能够自律地决定自己的行动这种主体性人格的人才是现实社会中的一般人[3],从这样的角度来看待刑法上的犯罪人。因此,从刑法理论本身的发展过程来看,现代社会从抽象到具体的立法潮流对刑法的影响也是非常明显的,刑法在相当的范围内不再将所有的犯罪人一视同仁地机械看待,而是将犯罪人放在具体的社会历史情境中予以考虑,这样的发展趋势无疑与劳动刑法的产生相互呼应。

2. 劳动刑法的实质是犯罪化问题

传统刑法对于某种行为是否属于犯罪行为的判断,是以传统民法上的权利义务关系为基础考量保护的法益,因而刑法所作的法律判断与民法的变化密切相关。劳动法从民法中脱胎而来,在劳动刑法的视域内,其实质问题是行为人与劳动关系有关的行为是否构成刑法上的犯罪,即对与劳动关系有关的行为是否予以犯罪化的问题。民法的社会化与相对化的转变,使得传统的雇佣关系为新兴的劳动法规所取代。在赋予劳动者罢工权的国家,劳动者的争议活动常常会导致劳动力使用者的意思自由、行动自由、营业自由等利益受到一定程度的损害,这些行为完全符合大陆刑法中一些具体犯罪的构成要件该当的可罚性。然而考虑到现代立法对弱势群体保护的趋势,刑法应当对这些行为予以重新评价,或者在某种程度上对刑法理论进行修正。

随着时代与立法的发展以及劳动关系的变迁,劳使之间的权利义务关系已经得到了多方面的调整,因此在有关劳动行为是否具有刑法非难性的判断上,自然而然的,也无法固守传统的刑罚法规,而应该根据现有的民法以及劳动法进行综合判断。否则,一个社会法律体系的统一性就会受到破坏,在法律判断上就会失衡而丧失公平性。因此,在劳动行为的判断上,对于刑法所保护的法益的衡量,应予适度地调整,尤其是在考量对于资方法益的保护时,应同时衡量劳方法益之保护所具有的社会化意义,这是

---

[1] [日]庄子邦雄:《劳动刑法(总论)》(新版),有斐阁1975年版,第65页。
[2] [日]大塚仁:《刑法概说(总论)》,冯军译,中国人民大学出版社2003年版,第54页。
[3] [日]大塚仁:《刑法概说(总论)》,冯军译,中国人民大学出版社2003年版,第55页。

劳动刑法原理展开的原动力。[1] 这样的立场在刑法理论上是能够得到认同的。[2] 也许有人认为这种特殊化的考虑有破坏刑法的统一性、平等性之虞,然而这种弊端是可以得到克服的。正如作为社会法的劳动法是"将人按照雇主和劳动者这一具体的类型来处理"[3]一样,就劳动刑法的视角来看,刑法规范对犯罪行为的认定并不是根据单个具体的个人行为来判断,而是从保护弱势的劳动者权利出发,在处理与劳动关系有关的犯罪中,以法律形式将劳动者和劳动力使用者作为两种具有不同资质、能力的类型来把握,而不是将所有判断的权利都交给法官对具体情形裁断。这样的立法与司法方式正是刑法从形式平等向实质平等发展的表现,也是法律进步的标志。

3. 劳动法如何影响刑法——劳动刑法的核心

虽然明确了劳动刑法的实质,但在劳动刑法的具体适用上,更值得关注的是刑法在判断犯罪时应当如何并在多大的程度上考虑劳动法规范,正如庄子邦雄先生所说:"劳动刑法的中心课题在于劳动法规范对市民刑法规范影响程度的判断。"[4] 劳动法怎样以及在何种程度上影响刑法作为劳动刑法的核心问题,是处理与劳动关系有关的犯罪行为时操作性最强的部分,对于作为经验的法律而言尤为重要。由于劳动刑法分为广义的劳动刑法和狭义的劳动刑法,在不同意义上讨论劳动刑法,劳动法对刑法的影响以及影响方式与程度也不同,因此有必要从这两个方面来探讨劳动刑法领域中劳动法与刑法的关系。在上文第二部分已经对广义的劳动刑法与狭义的劳动刑法的概念作出了定义,同作为刑事惩罚法,狭义劳动刑法和广义劳动刑法的区别在于:是否直接且排他性地对劳动法加以强行贯彻。[5] 这一区别无疑决定了在法律解释适用过程中对二者的不同处理方式。

(1) 狭义的劳动刑法的解释与适用。狭义的劳动刑法,是对违反劳动法规范中强行法基准的行为予以刑罚处罚,因此在劳动关系上,虽然仍属民事法规范之领域,但为了贯彻劳动法规范的实现,由公权力以刑罚权直接介入以期保障法律规定的劳动关系的实现。也就是说,这种以刑罚作为强行贯彻劳动法规范的措施,就是狭义的劳动刑法的本质与特性。更为具体地说,对狭义的劳动刑法而言,劳动法规本身就设定了刑罚,用来处罚违反劳动法规范的行为人,从而对劳动者进行保护。因此,虽然狭义的劳动刑法和一般的刑罚规范不同,被规定在劳动法规之中,但仍然适用刑法通用的一般解释原理,没有理由修正和变更。[6]

---

[1] 参见黄越钦:《劳动法新论》,中国政法大学出版社2003年版,第40页。
[2] 我国已经有学者看到了这一点,认为在劳动刑法的建构中应当采取实质法治的视角(参见姜涛:《论劳动刑法的建构及其法理》,载《中国刑事法杂志》2007年第5期)。
[3] 参见〔日〕星野英一:《私法中的人》,王闯译,中国法制出版社2004年版,第68页。
[4] 〔日〕庄子邦雄:《劳动刑法(总论)》(新版),有斐阁1975年版,第30页。
[5] 〔日〕庄子邦雄:《劳动刑法(总论)》(新版),有斐阁1975年版,第2页。
[6] 〔日〕庄子邦雄:《劳动刑法(总论)》(新版),有斐阁1975年版,第30页。

狭义的劳动刑法在国外的刑法学界并不是一个需要详细讨论的问题,因为与我国劳动者保护的法律法规仅仅抽象地规定"构成犯罪的,依照刑法关于××罪的规定,依法追究刑事责任"不同,国外在保护劳动者的法律里已经明确规定了某些与劳动关系密切相关的行为应当受到什么样的刑罚处置。例如:《日本劳动安全卫生法》第119条规定,对于行为违反该法第24条的,"业主须采取必要措施,以防止工人作业中发生伤亡事故";违反该法第25条的,"当有发生伤亡事故的紧急危险时,业主须采取立即停止作业、令工人撤离作业场所等必要措施,要对行为人处以六个月以下徒刑或三十万日元以下罚款"。[1] 这一规定就是典型的狭义劳动刑法法条,它被规定在非刑法典的《劳动安全卫生法》中,为了强制业主履行保护劳动者工作安全的义务,以刑事处罚对违反该规定的业主进行制裁。《美国模范刑法典》第18篇第664节规定:"任何贪污、盗窃或非法地故意抽取或转移他人的金钱、基金、债券、保险费、贷款、财产或雇员福利计划和雇员养老金计划中的资产归自己或他人使用的行为,可处以1万美元以下的罚金,或处不超过5年的监禁,或两者并处。"[2]《法国劳动法典》第263-2-1条规定:"如法263-2条第一段包含的任何触犯导致刑事法典319和320两条所述那种情况的死亡或受伤,或者偶然性导致受伤,但伤势或病情未导致完全不能工作达3个月以上,并且事故是由雇主的代理负责人造成的,则法庭在考虑到具体的案情和有关人员的工作条件时可以判决所课罚金和所花手续费应全部或部分由雇主分担。"第264-4条则规定:"如反复触犯法263-2条所述的规定,触犯者应受到2个月至1年的监禁或者罚款2000—6000法郎。"[3]《加拿大劳工(标准)法》第42条规定凡符合该条第2款规定,即由于有人因有下列行为而将其解雇,或以解雇相威胁或加以歧视:第1项,由于该人根据本法进行诉讼、调查中作证或将要作证;第2项,由于该人向部长或监察员就某实业单位的职工的工资、工时、年休假或劳动条件等问题反映了情况。就可以立即予以处罚,其处罚为加币1000元以下之罚金或1年以下之监禁,或罚金与监禁一并执行。[4] 由于这些国家劳动法规中对于与劳动关系密切相关的犯罪行为规定细致,对其惩罚规定明确,在法律适用上存在的疑问较少。在一部劳动法规之内就将这些惩罚措施规定下来,不仅使劳动法规显得更为完整,也因其明确的刑罚措施而使得公众有了心理预期,增加了刑罚的威慑力。

(2) 广义的劳动刑法的解释与适用。对广义的劳动刑法而言,刑罚规范依附于普通刑法典之上,这种刑罚隐含的法规范属于民法规范,在设定这种法律规范时,并没有

---

[1] 劳动人事部劳动科学研究所编:《外国劳动法选》(第3辑),劳动人事出版社1987年版,第512页。
[2] 周密:《美国经济犯罪和经济刑法研究》,北京大学出版社1999年版,第375—376页。
[3] 劳动人事部劳动科学研究所编:《外国劳动法选》(第4辑),劳动人事出版社1987年版,第237—238页。
[4] 参见劳动人事部劳动科学研究所编:《外国劳动法选》(第1辑),劳动人事出版社1987年版,第165页。

预先设定劳动法的命令规范。[1] 对于广义的劳动刑法而言,就是指通常的刑事实体法规,而这些刑事实体法规的贯彻,并不是只为劳动法规范设定直接且排他的强行性法规范,因为这些刑法规范设定的强行法规范,是根据一般的社会生活规范为前提的,并不仅仅是为了贯彻劳动法。例如,《日本刑法典》第234条规定了威力妨害业务罪,对犯该罪的行为人处3年以下惩役或者50万日元以下的罚金。这个惩罚的规定并不是为了直接且排他性地贯彻劳动法规,而是为了贯彻市民法,即一般的有可能发生的妨害他人业务的行为都会受到这一条的规制,而不仅仅是在劳使双方发生争议的情况下才对这一条予以适用。国外学者更为关注的是广义的劳动刑法,这个问题由于涉及集体劳动关系以及集体劳动权,在法律的解释与适用上相较于狭义的劳动刑法更为复杂。在这个问题上,大陆法系和英美法系国家在各自特定的立法模式与司法程序内都得到了妥善的解决,笔者将分别对二者进行探讨。

① 英美刑法对集体劳动关系的刑法规制。在英美法系,劳动法的发展、劳动争议行为的成败、立法与司法的态度都与特定时期的国家经济政策以及主流经济学理论密切相关。[2] 结社是工业化的产物,随着社会生产力的提高与劳动关系的发展,劳动者逐渐联合起来反抗雇主的盘剥,以争取自己的权利。在英美资本主义发展早期,劳动力使用者认识到了劳动者结社的巨大威力,为了自己的利益,往往利用刑法来限制劳动者的结社活动,劳动者结社要承担共谋罪(conspiracy)的刑事责任,这反映了当时劳方和资方相互敌对的紧张关系。[3] 直到19世纪初,美国许多法院仍然认为诸如罢工、进行纠察以及拒绝与某些雇主合作等工人协同行动是普通法上的共谋罪。[4] 然而到了19世纪,传统的态度开始改变,由于大规模雇主联合导致垄断性竞争的消极作用,使人们逐渐认识到劳动者也应当有与之相当的结社的权利,从而平等分享经济进步带来的收益。[5] 政府开始逐渐以中立的态度介入劳动关系的调整,美国1935年《瓦格纳法》(Wagner Act,即《国家劳工关系法》)的通过标志着联邦政府开始对支持组织工会和集体谈判。该法第7条规定:"雇员有权自我组织、组成、加入或帮助劳工组织,通过自己选出的代表进行集体谈判,为集体谈判或其他形式的互助或相互保护进行协同行动。"[6] 美国的工会势力是非常强大的,虽然美国政府现在为了防止工会滥用其力量,由鼓励组织工会、大力支持劳动者转变为保持更为中立的立场[7],然而在美国,结社

---

〔1〕 参见黄越钦:《劳动法新论》,中国政法大学出版社2003年版,第39页。
〔2〕 Feldblum Philip F., "A Short History of Labor Law", *Labor Law Journal* (1993, Feb.), pp.67-79.
〔3〕 Benjamin J. Taylor & Fred Witney, *Labor Relations Law*, 6th ed. Prentice Hall 1992, p.2.
〔4〕 Douglas L. Leslie, *Labor Law*, West Publishing Co. 1979, p.1.
〔5〕 A. Howard Myers & David P. Twomey, *Labor Law and Legislation*, 5th ed. Southwestern, 1975, p.7.
〔6〕 Douglas L. Leslie, *Labor Law*, West Publishing Co., 1979, p.5.
〔7〕 Douglas L. Leslie, *Labor Law*, West Publishing Co., 1979, p.7.

与罢工无疑是劳动者的权利与自由,而且包含宪法保护的言论自由与结社自由的内容[1],因而法律并不追究劳动者合法结社与罢工的刑事责任。[2] 虽然通过非法的方式实现合法的目的一般被认为是犯罪,但与国家劳动政策的相区别的是这一法律原则在劳动法的情境中不被适用。在对劳动者争议行为是否予以豁免的判断中,"劳动者合法的目的"(legitimate labor objective)非常重要,对这个术语的理解决定了豁免的范围。对豁免范围的限制能够通过对"劳动者合法目的"的狭义定义以及对某些手段加以明确禁止的方式得到最佳效果。"劳动者合法的目的"这一定义包括的应当是劳资双方进行讨价还价的强制性内容,豁免的暴力行为仅仅限于偶然发生的或者个别的事例。[3]

按照现在美国司法实务见解,判断是否成立个别劳工之集体争议行为,依据以下四种标准:

A. 代表人标准(representation standard),即当个别劳工之行为,因为或代表其他劳工时,所有法院均认定它是集体争议行为。

B. 马修姆标准(Mushroom standard),即当个别劳工之行为为促成或准备为集体劳工之行为,以纠正申诉或告诉时,其为法院保障之个别劳工之集体正义行为,此个别劳工行为,须意欲或估计将促成集体劳工行为为始可。

C. 英特莫勒原理(Interboro Doctrine),即个别劳工行为,目的在强化既有之团体协约时,其被认定为集体争议行为。

D. 利益标准(benefit standard),如果认为个别劳工行为若对其他劳工有潜在之利益,则该行为被认为是受保障之个别劳工之集体争议行为。[4]

从以上判断标准来看,美国对劳动者的争议行为的范围不局限于工会或者劳动者集体,而是在特殊的情形下,承认劳动者个体的争议行为也具有合法性,这实际上是对劳动者争议权的一种扩张解释,以图更为广泛的保障劳动者的争议权。这意味着劳动者行使争议权在法律上免责的范围进一步扩大。

英国的法律条文明确规定了合法的劳动争议与罢工不属于共谋犯罪。《英国1992年工会与劳资关系(调整)法》第242条第(1)款规定了英格兰和威尔士对共谋犯罪的限制:按照《1977年刑事法》第1条第(1)款(规定了犯罪共谋)述及之协议,若将实施

---

[1] Julius G. Getman & John D. Blackburn, *Labor Relations—Law, Practice and Policy*, 2nd ed. The Foundation Press, Inc., 1983, pp.484-486.

[2] 在美国,这一历史发展过程是以案例的形式发展的,标志性的案例有1842年的Commonwealth V. Hunt,1940年的Thornhill V. State of Alabama;1954年的NLRV V. Thayer CO.;1973年的United States V. Enmons;1981年的United States V. Thordason。

[3] Minamyer & William Eric, "The Labor Activity Exemption to the Hobbs Act: An Analysis of the Appropriate Scope", *Labor Law Journal* (1983, Jan.), p.45.

[4] 参见魏千峰:《劳动刑法之特殊性》,载《劳动法裁判选辑》(2),元照出版公司1999年版,第375页。

与犯罪有关的行为来策划或推动劳资关系纠纷,而该行为属于不可处以监禁刑的即决犯罪,则不应当被认定为《1977年刑事法》第1条第(1)款规定之共谋犯罪。[1] 由于英国判例法的传统,对于罢工的刑事责任问题到底是属于刑事责任的豁免还是劳动者拥有罢工的自由,曾经引发了激烈的争议。Lord Wedderburn 主张其性质属于刑事责任的豁免,因其基于英国劳工阶层的运动史这一经验活动,而不是像其他欧洲国家一样产生于意识形态上的观念活动;其次,明文规定的"权利"并不是不成文的英国宪法的特征,同样也没有明文规定的"言论自由权利"。而主张罢工属于劳动者权利的学者则认为,豁免刑事责任仅仅保护了罢工的组织者,豁免似乎是一种特权,而不能为所有工会成员所利用;明确规定罢工权可以简化英国的法律体系。反对这种改变的学者指出,明确规定罢工权的做法无益于解决问题,即便是明文规定的"权利",仍然需要法律解释。这便产生了新的问题,例如,罢工权是否包括不罢工的权利,罢工权是否包括业主为了抵制工人的要求而停工等。最终结束这一争议的是2000年10月生效的《人权法案》(Human Rights Act),该法案将《欧洲人权公约》的内容整合进英国法,法案第11条赋予人们和平集会以及结社的自由,但并不仅仅是针对劳动者集体行动而言。[2] 可见,由于英美法系与大陆法系相互融合借鉴的趋势,英国法已经认同了劳动者的结社权与罢工权。

② 日本刑法关于广义劳动刑法的刑法解释与适用。日本刑法学者对广义劳动刑法的解释与适用进行了详尽的探讨,笔者以日本为例,分析在大陆法系刑法国家,广义的劳动刑法是如何调和经典刑法理论与劳动法之间的关系的。

《日本宪法》第28条规定:"保障劳动者有组织工会的权利、集体谈判的权利和其他集体行动的权利。"[3] 该条规定的权利被称为劳动基本权,被归纳为劳动者的团结权、团体协商权与争议权,其中争议权的行使与刑法关系最大,因为争议权包括了劳动者享有的罢工权和怠工权内容。虽然日本的法律规定了合法罢工的要件,但"纵然系属合法之罢工,但劳工在罢工过程中种种之行为,是否均属正当争议之手段而不受刑法之非难有待斟酌"。[4] 的确,在劳动者为争取自身权利的争议活动中,劳动者对雇主制造压力以使得雇主屈服,不可避免对雇主发生强迫以实现自己的目标,雇主的意志自由、营业自由、行动自由肯定会被侵害,劳动者的争议权与劳动力使用者的财产权都是受到宪法肯定的权利,广义劳动刑法如何对这样的行为进行判断难免会遇到很多困难。

---

[1] 参见谢望原主译:《英国刑事制定法精要》(1351—1997),中国人民公安大学出版社2003年版,第367—368页。

[2] Alison Bone & Marnah Suff, *Essential Employment Law*, 2nd ed., 武汉大学出版社2004年版,第215—217页。

[3] 王益英主编:《外国劳动法和社会保障法》,中国人民大学出版社2001年版,第412页。

[4] 黄越钦:《劳动法新论》,中国政法大学出版社2003年版,第310页。

在广义劳动刑法中,在刑罚法规中内含的是市民法规范,并不是对劳动法规范的强制贯彻,因此在考虑与集团性劳动关系相关的犯罪构成与否时,市民刑法规范和劳动法规范的关系成为刑法解释的关键问题,必须考虑作为特殊法规范的劳动法规范来进行综合判断。也就是说,广义劳动刑法的判断必须受到与刑法一般适用的原理和性质不同的劳动法原理的支配,进行违法判断时,必须特别考虑与市民刑法规范和性质不同的劳动法规范,只是在考虑其影响限度时存在差异[1]。日本之所以在广义的劳动刑法领域形成了这样的法律适用模式,与日本刑法的犯罪理论密不可分。

按照日本学界通说的定义,所谓犯罪,是指"该当于构成要件的违法且有责的行为",犯罪的成立要件为:A. 构成要件该当性、B. 违法性、C. 有责性或责任,并且按照A→B→C的顺序阶段性地进行判断[2]。正是由于日本刑法在判断犯罪问题上的三阶段论,在广义劳动刑法领域,通说肯定在劳动者行使争议权的过程中,不成立威力妨害业务罪、暴行罪、胁迫罪、逮捕监禁罪、损坏物品罪、侵入住居罪、毁损名誉罪等犯罪。以威力妨害业务罪为例分析,该罪是指使用足以压制人的意思的实力,妨害他人业务的行为。该罪的对象是他人的业务。所谓业务,是指自然人、法人及其他团体基于职业或其他社会生活上的地位而持续从事的事务(工作),事务既可以是文化活动,也可以是经济活动。这里的业务必须是反复、持续的事务(继续性)要件,持续展开的事务,只要是平稳进行的,就是在刑法上值得保护的业务,即便是违反行政法规的营业活动,也常常是本罪中所说的业务[3]。威力,除了使用暴行、胁迫之外,还包括利用社会地位或经济上的优势所形成的权势的场合[4]。从犯罪人的威势、人数及四周的情况来看,只要威力是足以压制被害人自由意思这种程度的势力就可以了,不需要被害人的自由意思实际受到了压制[5]。

然而关于劳动争议行为不成立刑法上犯罪的理由,在理论上存在着争议[6]:

第一种观点认为,劳动争议行为是构成要件阻却事由。持该观点的学者强调劳动法的特殊性,因为争议行为是劳动法上的适法行为,对争议行为的判断应当从劳动法原理出发,而不是站在市民刑法的立场上。如果认为争议行为是违法阻却事由,会导致劳动法本质的丢失,因为争议权来自生存权的理念,属于劳动者的基本权。从法律规定来看,没有余地接受违法阻却事由的判断。

第二种观点则认为,劳动争议行为是违法阻却事由。对构成要件的考虑不能仅仅从劳动法出发,而应当站在市民刑法的立场上。而构成要件该当性问题是刑法关于违

---

[1] 参见[日]庄子邦雄:《劳动刑法(总论)》(新版),有斐阁1975年版,第27页。
[2] 参见[日]西田典之:《日本刑法总论》,刘明祥、王昭武译,中国人民大学出版社2007年版,第44页。
[3] 参见[日]大谷实:《刑法各论》,黎宏译,法律出版社2003年版,第102页。
[4] [日]大谷实:《刑法各论》,黎宏译,法律出版社2003年版,第105页。
[5] 参见[日]大塚仁:《刑法概说(各论)》,冯军译,中国人民大学出版社2003年版,第164页。
[6] 参见[日]庄子邦雄:《劳动刑法(总论)》(新版),有斐阁1975年版,第69—75页。

法行为类型的规定。正当的争议行为是刚好能够获得劳动条件的劳动者的主动行为，不同于正当防卫和紧急避险是被动的。劳动争议行为也是为了制止一些"社会恶"而值得赞赏的行为，是实现社会正义的手段。刑法的构成要件是从市民社会的视角进行考虑的。例如，在市民社会中应当保护的是人的社会活动的安全、自由，这是市民生活必要的东西，这样的犯罪构成要件对劳动者和劳动力使用者平等适用，不存在侧重考虑劳动者利益的问题。广义的劳动刑法是刑法典的一部分，每一个构成要件是市民刑法规范预定的，劳动法规范修正违法行为类型会否定构成要件的存在意义。因此，应当首先判断构成要件该当性，在进行违法性判断时再强调劳动法的特异性，劳动法在违法性判断阶段介入刑法。也就是说，在违法性判断阶段劳动法和刑法的关联才展开，劳动法才会影响市民刑法的解释。

第二种观点逐渐成为日本刑法学界的主流观点，现在的通说认为，合法的劳动争议行为即使符合威力妨害业务罪的构成要件，也不受刑罚制裁，因为存在着排除违法性事由。[1] 由于《日本宪法》第28条保障劳动者的劳动基本权，只要劳动者行使这些权利实施了争议行为，即使该行为在构成要件上符合威力妨害业务罪、暴行罪、胁迫罪、逮捕监禁罪、损坏物品罪、侵入住居罪、毁损名誉罪等犯罪，也阻却违法性。这是因为，劳动争议行为，特别是同业罢工，由于是向雇佣方施加经济压力，影响其正常展开业务行为的手段，显然是符合以上各罪构成要件的行为，但是由于劳动争议权受宪法保障，合法罢工也为宪法所认可，因此，在劳动争议活动中停止提供劳动力的加害行为，属于正当行为。而且《日本工会法》第1条第2款规定，工会的团体交涉和其他行为，通过促进劳动者在和使用者的交涉中处于对等的立场来提高劳动者的地位、保护劳动者为了就劳动条件进行交涉而亲自选出代表和为了进行其他的团体行动而自主地组织、团结工会，为订立调整使用者和劳动者的关系的劳动协议而进行团体交涉，为了实现帮助其程序的各个目的而实施的正当活动，适用《日本刑法》第35条。按照第35条关于正当行为的规定："根据法令或者业务而实施的行为，不罚。"劳动工会为了提高劳动者地位的目的而实施的团体交涉以及其他正当行为，作为依照法令的行为而被正当化，对争议行为免除刑事责任。也就是说，即使形式上符合刑法上一些犯罪的构成要件，只要处于正当的劳动争议行为的范围内，就阻却违法性。

在判断正当的争议行为的问题上，日本最高裁判所的决定认为，在判断有无刑法上的违法性阻却事由时，必须考虑该行为的动机目的、形式、周围的客观状况及其他各种事情，从法秩序整体的角度判断其是否被允许。[2] 具体来说，正当的劳动争议行为仅仅以提高劳动者的经济地位为主要目的；团体交涉符合手段/方法的相当性；作为整体的争议行为与争议时实施的具体行为的合法性并不是完全一致的；最后，争议行为

---

[1] 参见〔日〕大谷实：《刑法各论》，黎宏译，法律出版社2003年版，第105页；〔日〕大塚仁：《刑法概说（各论）》，冯军译，中国人民大学出版社2003年版，第165页。

[2] 参见〔日〕大塚仁：《刑法概说（各论）》，冯军译，中国人民大学出版社2003年版，第166页。

受到法令的某些禁止与限制,例如公务员没有争议权。[1]

(3) 大陆法系广义劳动刑法适用问题的内涵。日本刑法关于劳动争议活动刑事责任的讨论实际上来源于刑法理论上实质的违法性理论的有关争议,"符合构成要件的行为之所以阻却其违法性,不外乎是因为其行为不具备实质的违法性"[2],因此广义的劳动刑法之适用才会发生劳动法如何影响刑法判断的问题。

在现代法治国家,法律体系一般是以宪法为顶点的阶层构造,宪法是一个国家的最高法律,其他的法律、法规有着不同的效力。将具有阶层构造而存在的法规范形成为一个体系的时候,被称为"法秩序"。[3] 法律在纵向关系上表现为以宪法为最高法的体系结构,而在同一阶层的横向关系上,法律形成领域构造。各个部门法因为各自不同的立法目标,即便是在对同一对象进行调整的场合,也有着不同的调整方式与作用,因而需要对它们进行多元的、相对的把握。一个国家的法秩序本来应当是一个统一的体系,在不同的法律部门之间,应当不存在矛盾,各个法律领域作为法秩序的整体具有统一性。例如,劳动法虽然与刑法有着不同的目的,然而它们都统一在一国的法律体系之内。

与法秩序统一性的问题相关的是,在刑法理论上存在着违法性的概念是要在所有的法领域或者犯罪中统一进行理解(违法的统一性),还是要根据各个法领域或者犯罪,个别地加以理解的问题。在这个问题上,"违法一元论"(违法统一论)认为违法性判断在法秩序整体上是一元性判断,基本主张违法的同一性;而"违法多元论"(违法相对性论)则认为刑法上的违法性以是否值得处罚的判断为前提,和民法等法律中的违法性不同。[4] 违法的相对性观念认为,各个法领域因其违法性量与质互有不同,其违法性的程度,即有高低强弱之别。也就是说,违法性不仅是有无的问题,也有程度的问题。[5] 从违法相对性论出发,考察刑法和其他法领域的关系时,议论的中心是可罚的违法性问题。可罚的违法性,是指具有作为犯罪而科处刑罚程度的质和量的违法性。可罚的违法性理论,是以探求刑法中违法性实质的实质违法性论(规范违反说、法益侵害说)和主张违法性具有程度之分的见解为基础,以刑法中的谦抑主义思想为背景,以防止国家滥用刑罚权为目的,就各个具体事件,意图获得具体的妥当性的理论。[6] 也就是说,实质的违法性理论认为,即使在别的法上被认为是违法的行为,刑法也并不一定认为该行为在刑法上是违法的。刑法所要求的违法性的程度,不论在质还是在量上,较民法或者行政法等要求都要高。因此,在日本关于广义劳动刑法的适用问题上,

---

[1] [日]大塚仁:《刑法概说(总论)》,冯军译,中国人民大学出版社2003年版,第352—354页。
[2] [日]大塚仁:《刑法概说(总论)》,冯军译,中国人民大学出版社2003年版,第320页。
[3] 参见[日]曾根威彦:《刑法学基础》,黎宏译,法律出版社2005年版,第212页。
[4] [日]曾根威彦:《刑法学基础》,黎宏译,法律出版社2005年版,第213—214页。
[5] 参见甘添贵:《刑法之重要理念》,瑞典图书出版社1996年版,第106页。
[6] 参见[日]曾根威彦:《刑法学基础》,黎宏译,法律出版社2005年版,第215页。

一个尤其值得注意的问题是:"虽然劳动法上合法的争议行为在刑法上也是合法的,但是,劳动法上认为是违法的争议行为并非在刑法上也当然是违法的,因为刑法和劳动法具有不同的目的。争议行为要在刑法上视为违法的,必须存在可罚的违法性"[1]劳资争议行为如果从民刑法等概念加以评价,并非不能对其进行非难,只是如果按照劳工法令特别规定加以评价,则具有违法性阻却事由,而适用民刑事免责规定。[2] 之所以会得出劳动争议行为被国家、社会的伦理规范所允许,是因为立足于一国整体的法秩序立场上,由于该行为是实现国家所承认的共同生活目的的适当手段,在不同的利益相互冲突时采取法益衡量的方法,将相互矛盾的利益进行调和,以实现法律社会控制的目的。实质违法性判断,首先看行为的结果对于法益是否造成侵害或危险,这是认定违法性的最外围;如果已经侵害或者威胁法益安全时,再看该行为的方法或者态样是否违反社会伦理规范或社会相当性,如果肯定,则可以确定该行为具有实质的违法性。[3] 在实务中,应当依全体法秩序的精神,本着社会相当性的原理,就目的的正当性、手段的相当性与法益的均衡性等要件,加以妥善判断。[4] 这是由于实质的违法性是对形式违法性在一定程度上的修正,不再完全机械地对刑法条文进行适用,而是在刑法范围内进行某种实质意义上的适用,以上日本最高裁判所的决定正是出于对实质违法性的考虑而作出的。

五、劳动刑法理论对我国在劳动权刑法保护方面的启示

通过对国外劳动刑法的比较与分析,可以获得我国构建劳动刑法、完善劳动权刑法保护的丰富启示:

(一)在狭义的劳动刑法方面

就狭义的劳动刑法方面而言,我国的劳动法规应当对某些严重损害劳动者权益的行为的刑罚予以明确规定,尤其在劳动者安全卫生保护方面。尽管劳动灾害的发生是不可避免的现象,但应该通过事前的防止和事后的规制将灾害责任抑制在一定的程度之内。[5] 对于在第一部分讨论的非法用工问题,我国的劳动法律法规应当积极借鉴国外的立法例,尽快完善我国狭义劳动刑法的内容。

一方面,我国的劳动法规中虽然规定了保障劳动者权益的刑法条文,以强制贯彻某些劳动法规的实施,然而正如前文所说,这些条文不仅分散,而且规定相当模糊。对于劳动法规中的附属刑法仅仅原则性规定"构成犯罪的,依法追究刑事责任"、"造成严

---

[1] [日]大塚仁:《刑法概说(总论)》,冯军译,中国人民大学出版社2003年版,第351页。
[2] 参见魏千峰:《劳动刑法之特殊性》,载《劳动法裁判选辑》(2),元照出版公司1999年版,第376页。
[3] 参见甘添贵:《刑法之重要理念》,瑞典图书出版社1996年版,第111—112页。
[4] 甘添贵:《刑法之重要理念》,瑞典图书出版社1996年版,第117页。
[5] 参见[日]大谷实:《刑事规制的界限》,有斐阁1978年版,第149页。

重后果的,追究刑事责任",或者"依照刑法××条追究刑事责任"的法条,例如《劳动合同法》第 88 条、93 条、95 条。罪刑法定原则的实质性侧面要求刑罚法规具有明确性,"明确性"意味着:规定犯罪的法律条文必须清楚明确,使人能确切了解违法行为的内容,准确地确定犯罪行为与非犯罪行为的范围,以保障该规范没有明文规定的行为不会成为该规范适用的对象。[1] 按照这一原则,刑法对什么行为是犯罪、应当处以何种刑罚的规定,必须是规定明确的,劳动法规中的相关刑罚法规显然没有很好地坚持明确性原则,法律的实施对劳动关系的调整造成了负面效果。

另一方面,刑法的明确性是限制国家权力、保障国民自由的基本要求,不明确的刑法不具有预测可能性的功能,按照张明楷先生的观点,如果国民在行为之前仍然不明白其行为的法律性质,于是造成国民行动萎缩的效果,因而限制了国民的自由。而且随着社会的复杂化,法定犯(行政犯)日益增多,不明确的刑罚法规对国民预测可能性的侵害便越来越严重。[2] 但从另一个角度来看,如果国民对自己行为的法律性质与法律后果不清楚,即不明了罪与刑之间相互关联的实在关系,会造成违法犯罪行为的增多。劳动法规中的相关刑罚法规没有直接明确规定相关罪行的惩罚,某些严重危害法益的行为是否构成犯罪、应受何种相对明确的处罚还需要经过法院的判断才能确定。这样的立法模式降低了行为人对自己行为的可预测性,削弱了这些刑罚法规立法时预备发挥的一般威慑功能,使得相关的劳动法规贯彻不力,弱化了法律的威严。

再一方面,仅仅规定"构成犯罪的"、"造成严重后果的"这样暧昧的条文,而没有明确规定哪些行为属于犯罪,导致刑罚处罚的对象失去了确定性。我国劳动者本来就力量分散、势力单薄,在与劳动力使用者的劳动关系中处于弱势地位,其劳动权常常遭受侵害,而劳动法规对严重损害劳动者权益的行为规定的刑罚处罚如此模糊,对于遏制损害劳动者权益、惩罚犯罪者没有起到刑罚应有的威慑与预防犯罪的作用,导致劳动者的工作环境与生活状况雪上加霜。

(二)在广义劳动刑法的适用方面

在我国目前的劳动用工形式之下,与借鉴大陆法系狭义的劳动刑法相比,借鉴广义的劳动刑法对我国劳动刑事司法而言要重要得多,也要复杂得多。在对与劳动者相关的争议活动中,对广义劳动刑法的借鉴尤其具有实践意义。

我国现行法律没有规定劳动者享有罢工权,但也没有禁止公民罢工的规定。2001年《工会法》第 27 条规定:"企业、事业单位发生停工、怠工事件,工会应当代表职工同企业、事业单位或者有关方面协商,反映职工的意见和要求并提出解决意见。对于职工的合理要求,企业、事业单位应当予以解决。工会协助企业、事业单位做好工作,尽快恢复生产、工作秩序。"在我国的现有劳动立法中,在一定的范围内,对于企业劳动者

---

[1] 参见[意]杜里奥·帕瓦多尼:《意大利刑法学原理》,陈忠林译,法律出版社 1998 年版,第 24 页。
[2] 参见张明楷:《刑法学》(第 3 版),法律出版社 2007 年版,第 52 页。

合理的罢工行为，是在一定的程度上加以保护的，但这种保护还不够明确完善。在现实生活中，我国集体争议行为的发生频率和人数不断上升，这些行为大都是劳动者自发行动的，绝大多数集体争议行为都是由于劳动者基本的劳动经济权益受到侵害而又长期得不到解决所致。[1] 发生劳动争议行为时，劳动者既没有法律明文规定的责任豁免作为保护，又没有法律明文赋予的罢工权，因此对于我国劳动法上没有规定的劳动争议行为在刑法上如何评价，这个问题比在国外要复杂得多。如果仅仅局限于我国刑法的字面含义，对刑法条文进行严格适用，甚至希望通过对这种集体争议行为处以刑事责任来抑制劳动争议行为的发生，这不仅是不明智的，更是对劳动法益的再次打击与伤害。因此，在对集体争议行为造成的危害后果进行考虑的时候，应当采用实质解释论的方法来决定是否对集体争议活动中的劳动者追究刑事责任、判处什么程度的刑事责任。

上文论述的日本广义劳动刑法的发展实际上反映了刑法的实质解释论潮流，刑法的发展要求法官在审理案件时，不再仅仅严格地对刑法法条进行适用，而是在某些特殊、复杂的场合，运用实质解释论的方法以实现刑法适用的最佳效果。刑法学者曾一度强调刑法解释的形式性，即坚持刑法的形式解释论，然而，形式解释不一定能保障国民的利益，因为形式解释不仅在消极方面有不处罚应受处罚者，造成未充分防止犯罪与令国民蒙受不利益之虞，亦在积极方面蕴藏着处罚不该处罚者之危险性。因此，纵然在形式上该当于构成要件，但在实质上系不值得处罚之情形，采不处罚该种行为比较妥当。然而形式解释论的观点已经发生了微妙的变化，最近的潮流，已经朝向实质解释论发展，也就是说，在谋求合理的处罚范围中，做出"值得处罚"的实质评价。[2] 刑法的实质解释理论是"法益侵害说"在刑事司法上的回应与践行，法益理论对于实质解释论具有指导意义。[3] "法益侵害说"满足了现代法治原则对刑事立法犯罪化作业的形式合理性与实质合理性的双重诉求，以法益侵害这一实质判断作为将特定行为犯罪化的内在根据，从而满足犯罪化的实质合理性要求。[4] 也就是说，实质解释论能够更好地实现刑法保护法益的目的，因为对于侵害法益的程度达不到刑法处罚标准的行为，或是惩罚某一行为对保护法益没有意义的行为，实质解释论都要求排除对该行为处以刑罚。因此，实质解释论能够在按照罪刑法定原则贯彻刑法规范的基础上对严格遵循刑法规范导致的不公正进行修正与微调，从而实现刑罚的最优效果与刑法的经济性。在另一方面，刑法的实质解释潮流与坚持刑法的谦抑原则是一脉相承的，谦抑原则本来只是刑事立法上的原则，但在实质的罪刑法定原则观念发达之后，刑法谦抑原则进一步提出刑事司法的谦抑即刑法适用解释谦抑的要求。在继续强调刑法使用

---

[1] 参见常凯：《罢工权立法问题的若干思考》，载《学海》2005年第4期。
[2] 参见余振华：《刑法深思·深思刑法》，元照出版公司2005年版，第8页。
[3] 参见蔡敦铭：《刑法总论》，三民书局1998年版，第77页。
[4] 参见梁根林：《刑事法网：扩张与限缩》，法律出版社2005年版，第19页。

解释必须坚持严格解释的同时,强调法官在适用解释刑法时应当运用实质合理性判断的阻却机制。[1] 从而使形式上触犯刑法规范、符合犯罪构成要件的行为在特定情况下也能够进行出罪处理,实质的违法性理论就是这一理论创新的产物,通过理论革新使得刑事责任的追究符合形式合理性和实质合理性的双重要求。如果没有实质解释论的适用,在刑事司法上会出现这样的危险:司法挡不住一种诱惑,司法原本应依据刑法条文做出有利于被告人的阐释,现在却走向刑法条文的极端,尽量利用不利于被告人的解释。[2] 刑法本来是为了保护法益、限制司法权的滥用而存在的,如果适用不当,则可能成为公权力的帮凶,损害刑法保护的法益。

对于劳动者在争议活动中对他人财产造成的损害、对公众生活造成的不便,刑法在判断时应当采取实质解释论的立场。从侧重保护劳动权、保护劳动法益的角度出发,在劳动者与劳动力使用者的法益衡量中,以及在劳动者的争议活动对社会造成损害的附随后果的考虑中,应当将保护劳动权的立法目标与刑法进行综合考虑,更为强调劳动者的权利,对劳动者争议行为的刑法评价不应当苛责严厉,而应该较为轻缓。对实质解释论的担忧与质疑在于,这种解释方法是否存在着扩大犯罪圈、扩张刑罚范围的弊端,答案是否定的。刑法的实质解释论的表现是"合宪性限定解释",所谓"合宪性限定解释"是指倘将法律条文依形式上解释,而扩张其处罚范围,则属违宪;而在实质上妥当之范围内,依其处罚范围而做限定性之解释,则具有合宪性。[3] 也就是说,刑法的实质解释论是对犯罪论的一种收缩,它不具有入罪的功能,而是注重出罪的作用。对劳动争议行为造成的损害予以实质解释,正是出于保护劳动权的考虑,避免将某些并不严重的争议行为纳入刑法的规制范围予以惩罚,或是对某些造成一定损害后果的争议行为予以严厉的惩罚,避免将一般的劳动争议行为纳入刑法的视野并处以刑罚。只有这样,在我国没有关于集体争议行为的明确规定的背景下,劳动法与刑法才能在我国法律体系之下合理地衔接起来,保护劳动权的目的才能实现,刑罚的效用才能优化。

六、结　语

在保护劳动者权益的世界潮流之下,虽然我国的相关法律规定在保护劳动权方面作出了令人鼓舞的改进,但仍然存在着一些亟需解决的问题,劳动刑法的缺位就是这一不足的典型表现,刑法应当为劳动关系提供更加有力的保障。

劳动刑法的建构是以法益为核心展开的,法益理论贯穿了劳动刑法的整个体系。法益决定了劳动刑法保护劳动权的内容与范围,劳动法益与劳动权的内容密切相关,

---

[1] 梁根林:《刑事政策:立场与范畴》,法律出版社 2005 年版,第 113 页。
[2] 参见〔德〕拉德布鲁赫:《法学导论》,米健、朱林译,中国大百科全书出版社 2003 年版,第 97 页。
[3] 参见余振华:《刑法深思・深思刑法》,元照出版公司 2005 年版,第 11 页。

在劳动关系的实际运行中表现出来,由于劳动刑法调整的劳动关系分为个别劳动关系与集体劳动关系,劳动权相应的分为个别劳动权与集体劳动权。因为劳动刑法对不同的劳动法益调整方式的不同,劳动刑法分为狭义的劳动刑法与广义的劳动刑法,狭义的劳动刑法主要对个别劳动关系进行调整,而广义的劳动刑法则主要调整集体劳动关系。劳动刑法作用于这两个不同的领域时,提出了劳动刑法的核心问题:即劳动法怎样以及在何种程度上影响刑法。这个课题的产生源自现代社会立法思潮的转变,即法律调整的对象从抽象的人向具体的人转变,在如何保护劳动权的前提下应用刑法是劳动刑法产生的最终推动力。就狭义的劳动刑法而言,我国劳动法中的附属刑法没有明确规定严重损害劳动者权益的行为的刑罚,导致行为人不能确切了解违法行为的内容、确定犯罪行为与非犯罪行为的范围,因此导致了行为人对自己行为的预测性降低、刑罚规范威慑力减弱,因此在狭义的劳动刑法方面,为了强行贯彻劳动法,我国应当尽量在附属刑法中对严重侵害劳动权的行为相对明确地规定处罚范围与方式。而在广义的劳动刑法方面,我国的刑法规范对于某些劳动争议案件在不经意中与雇主合谋使得劳动权受到进一步的损失,在刑法应当轻缓的方面却予以过分严厉的打击。我国劳动刑法的立法与解释应当坚持刑法实质的解释论,在对劳动争议导致的损害后果进行判断时,应当将刑法与劳动法进行综合考虑,鉴于现代社会对劳动者予以倾斜保护的立法思想,不能将劳动争议行为中的危害行为轻易入罪,而应当在满足形式合理性的基础上符合刑法的实质合理性,从而通过"合宪性限定解释",实现一定的出罪效果。

民事赔偿的刑法意义

朱铁军*

犯罪行为导致刑事责任,而刑事责任实现的方式主要是刑罚。民事不法行为导致民事责任,而民事责任实现的方式主要是赔偿。在刑民严格分立的情形下,民事赔偿属于传统民法领域所要加以探讨的问题,与定罪、量刑以及刑法目的的实现等没有关联。但在公法私法化、私法公法化,刑民之间出现一定程度融合的情形下,民事赔偿能否影响到量刑,乃至其能否由单纯的民事责任实现方式转化为刑事责任的实现方式,如刑罚、保安处分一样成为"刑法上的第三条道路",来实现刑法的目标等,都日益为理论上、司法实践亟需解决的问题。由此,从刑法视野探讨民事赔偿的意义凸显必要。

一、民事赔偿机能的历史流变

基于以民法为主的私法具有强烈的功利性,因而私法上的责任以补偿为核心目的。[1] 作为民事责任的实现方式,民事赔偿通过填补受害人的损失,使其受到侵害的权利与利益恢复到没有受到损害之前的同等状态。其主要目的也就在于使加害人或加害人和被害人之间公平分担个人之间的损害,具有弥补已经发生的损害这种向后看的机能。[2] 民事赔偿这种回顾性的——填补业已发生损害的机能,是对民法具有极强向后看特性的有力诠释,自不待言,存在疑惑的是,其是否具有惩戒和预防这样展望性或向前看的机能?追溯历史上的墨迹[3],其经历了从刑民不分时期的补偿与制裁并存机能→刑民严格分立时期的补偿机能→刑民部分融合时期的以补偿为主以制裁为辅的机能,这样不断演变的过程。

---

* 作者系上海市高级人民法院法官,法学博士。
[1] 参见孙笑侠:《公、私法责任分析——论功利性补偿与道义性惩罚》,载《法学研究》1994年第6期。
[2] 参见〔日〕曾根威彦:《刑法学基础》,黎宏译,法律出版社2005年版,第246页。
[3] 由于中国古代法长期呈现的是民刑合一、以刑为主的格局,直到晚清才出现民刑分立的立法,因此这里重点考察的是欧陆法民事赔偿机能的历史流变。

（一）刑民不分时期的补偿与制裁并存机能

在早期的人类社会，一旦利益受到侵害，通常被侵害的一方会要求侵害者赔偿，如果能够得到赔偿，争执自然得以消弭。但如果侵害者不愿意赔偿，或是双方不能达成协议时，被害者所在的氏族便会以群体力量，对侵害者加以报复，即采取血亲、同态复仇的方式来达到对侵害者惩罚的目的。以复仇或报复为形式的惩罚是一种最古老的保护利益和维护权利的方式。[1] 以伤害行为为例，依照公元前5世纪古罗马的《十二铜表法》中的规定，如果侵害者毁伤了被害者的肢体，必须要负起赔偿责任，如果双方无法达成和解时，则允许被害者依照同态去毁坏侵害者的肢体。英国学者梅因在考察了侵权和犯罪的早期历史后指出：我们在习惯上认为专属于犯罪的罪行被完全认为是不法行为，并且不仅是盗窃，甚至凌辱和强盗，也被法学专家把它们和扰害、文字诽谤及口头诽谤联系在一起。所有这一切都产生了"债"或法锁，并都可以用金钱支付以为补偿。如果一种侵权行为或者不法行为的标准是：被认为受到损害的是被损害的个人而不是"国家"，则可以断言，在法律学幼年时代，公民赖以保护使不受强暴或者诈欺的，不是"犯罪"法，而是"不法行为"法。[2] 在这种刑民不分，刑事责任与民事责任合而为一的情况下，基于当时的生产力水平，作为复仇替代物的民事赔偿实际上既能发挥补偿的机能，又能发挥制裁的机能，补偿与制裁两者是并存的。这正如法学家韩忠谟教授所指出的，"民事责任与刑事责任虽异，但溯其沿革，实同出一源，盖古代复仇及偿金之制，为损害赔偿之方法，同时又为制裁之手段，同一制度，兼有刑事与民事之二重作用"[3]。

（二）刑民严格分立时期的补偿机能

由于在报复结束之后，原来的侵害者变成了受害者，于是其所在的氏族又发动另一次的报复。如此一来，相互的报复行为就会变得循环不息，永无宁日。伴随着生产力的发展，国家的进步与成熟，为了维护良好的社会秩序，避免社会资源的无谓浪费，有必要消除这种私力的报复行为，于是国家便以统治权力的优势地位，介入纷争的处理。法律上，罗马法中的私犯概念由此产生。在罗马法中，所谓私犯是泛指侵害他人利益的行为。当行为人的行为是针对个人利益而为侵害时，则属私犯的范畴。产生于私犯的诉讼，被区分为罚金之诉、损害赔偿之诉以及混合之诉三种。就私犯的法律效果而言，罚金与损害赔偿的法律效果是并存的。有时可能只给予罚金的法律效果，有时可能只给予损害赔偿的法律效果，或有可能同时给予两种不同的法律效果，这最终取决于适用的诉讼程序的形式。由此可以看出，尽管对两者进行区分存在着一定程度

---

[1] 参见〔美〕庞德：《通过法律的社会控制：法律的任务》，沈宗灵等译，商务印书馆1984年版，第114页。
[2] 参见〔英〕梅因：《古代法》，沈景一译，商务印书馆1998年版，第208页。
[3] 韩忠谟：《刑法原理》，中国政法大学出版社2002年版，第10页。

的困难[1],但以惩罚性质为主的罚金与以填补损害为主的损害赔偿,开始逐渐被分离成为不同的概念以及法律效果。与私犯相对的则是公犯,由其产生的法律效果则是国家科以一定的刑罚。

晚近时期(约17—18世纪),犯罪被理解为是对神或上天所创造的和平秩序的破坏,一方面是对国家秩序的反抗,另一方面是对受害人私人权利的侵害。刑事责任与民事责任得以分门别类,赔偿与惩罚正式分离。在刑法的故乡与摇篮的意大利,中世纪的法学家已经能够明确地区分损害赔偿以及罚金在性质与功能上的差异,认为损害赔偿是侵害者为填补对他人所造成的利益损害(人身或财产上的损害),使得被害者所受的损害得以对冲或消弭,从而恢复到原先未受侵害状态所需支付的代价。侵权行为产生一个现金赔偿之债务,赔偿的目的不是赎罪而是赔偿造成的损害的观念取得了主导地位。[2] 至于罚金则是基于惩罚的目的,剥夺侵害者的财产,藉此满足被害者复仇心理,并且实现公平正义。随着法律的发达,公法与私法的区分,赔偿逐渐分化为属于民事责任的损害赔偿,属于刑事责任的罚金,以及属于行政责任的罚款。赔偿完全成为民法意义上的专用术语。

(三) 刑民部分融合时期的以补偿为主以制裁为辅的机能

在刑民严格分立时期,损害赔偿的机能在于弥补受害人的损害。但惩罚性损害赔偿的出现赋予了损害赔偿新的机能,出现了民事责任中具有惩罚要素的新动向。关于惩罚性损害赔偿的起源问题,学者们存在着不同的观点。[3] 它的机能不仅在于弥补受害人的损害,而且在于惩罚和制裁。作为一种重要的利益保护制度,尽管也遭受批判,认为混淆了民事、刑事的区别,但在英美国家仍被广泛接受和采用,甚至影响到大陆法国家,我国立法也同样受其影响。例如,《中华人民共和国消费者权益保护法》第49条规定:"经营者提供商品或者服务有欺诈行为的,应当按照消费者的要求增加赔偿其受到的损失,增加赔偿的金额为消费者购买商品的价款或接受服务的费用的一倍。"这一条款就是有关惩罚性赔偿的规定。[4] 应当指出的是,作为实现社会控制的一种手段,惩罚性损害赔偿的制裁性、抑制性机能并非是对古代刑民不分的恢复,而是注重对受害人利益的保护,通过加重对加害人处罚,达到防止不法行为,稳定社会秩序的目的。从惩罚性损害赔偿的制裁性、抑制性机能看,具有大幅度提高罚金最高限度的相似效果,特别是对大企业的违法行为来说效果更明显。[5]

---

[1] 以罚金之诉中的罚金为例,其是依据犯罪形态的不同,分别要求加害人支付被害人损失额一倍至四倍的金钱,其中的一部分是补偿被害人所受到的损失,另一部分则是对加害人额外的惩罚。
[2] 参见[德]克雷斯蒂安·冯·巴尔:《欧洲比较侵权行为法》(上册),张新宝译,法律出版社2001年版,第4—5页。
[3] 参见王利明:《惩罚性赔偿研究》,载《中国社会科学》2000年第4期。
[4] 在《合同法》以及相关司法解释中也存在惩罚性赔偿的规定。
[5] 参见[日]田中英夫、竹内昭夫:《私人在法实现中的作用》,李薇译,法律出版社2006年版,第162页。

民事赔偿中补偿与制裁并存的机能鲜明地体现着私法的公法化，有力地说明了民事责任和刑事责任在机能上的接近。其也走出了民法的藩篱，再次进入刑法人的视野。因此，我们应当避免教条地划分民事与刑事之区别，认识到两者通过其周边领域所形成的接近和跨越。公法的制裁依死刑、自由刑、罚金、科料、行政罚款这一顺序向民事制裁接近；而损害赔偿依一般实际损害的填补、两倍、三倍赔偿、惩罚性损害赔偿、无实际损害的损害赔偿这一顺序增强其制裁性色彩。[1] 完全将刑事责任与民事责任绝对加以区分，是不明智的，也是不现实的。最为妥当的做法是，重新考虑各自的控制范围，充分发挥两者在不同领域构造内控制社会的作用，并将两者联系起来加以考虑。在当前，考虑到刑罚消极的一面，以及其没有充分发挥对不法行为抑制、预防机能的现实，让渡一部分刑事领域，进一步考虑发挥赔偿的补偿与预防机能，将赔偿作为一种替刑措施，不失为一种思考的方向和选择。

二、民事赔偿刑法意义在域外理论和立法中的表现

（一）相关理论观点概览

从19世纪末以来，民事赔偿在刑法中的作用问题受到了刑法理论上的强烈关注。功利主义刑事法学派的代表人物边沁重视补偿的刑法作用，认为补偿是对遭受损害所作的补救，是一种有效的恢复方式。一旦涉及犯罪，补偿则是因对被害人的权益造成损害而给予的等价赔偿。如果为了消除恐惧的情绪，补偿应当和惩罚一样，与犯罪形影相随。如果对犯罪只适用惩罚，而不采用补偿措施，尽管许多犯罪受到惩罚，但很多证据证明，惩罚的效力甚微，且给社会增加了大量的令人吃惊的负担。补偿的形式包括金钱补偿、实物返还、宣誓补偿、名誉补偿、惩罚补偿和替代补偿等。[2] 刑事人类学派代表人物加罗法洛认为，强制赔偿是一种遏制犯罪的新方法，主张将强制赔偿作为替代短期自由刑的一种措施。他认为，"强制赔偿比短期监禁刑具有更为强大的预防作用。如果能使罪犯们确信：一旦被发现，他们不能逃避弥补因其犯罪所造成的损害，这对罪犯，特别是职业扒手和骗子产生阻力，这种阻力比当代剥夺自由的刑罚所产生的对于犯罪的阻力要大得多。"[3] 犯罪社会学派的代表人物菲利认为："赔偿犯罪被害人所遭受的损失，可以从作为国家为被害人利益同时也为社会防卫的间接但却更大的利益所实施的一种职能。没有人告诉我们民事赔偿不是刑事责任的一部分。在给付一定数额的金钱作为罚金和给付一定数额的金钱作为赔偿之间，笔者看不出有什么真正的区别。不仅如此，笔者认为将民事措施与刑事措施绝对分开是一种错误，因为它

---

[1] [日]田中英夫、竹内昭夫：《私人在法实现中的作用》，李薇译，法律出版社2006年版，第155—161页。
[2] 参见[英]吉米·边沁：《立法理论——刑法典原理》，李贵方、陈兴良等译，中国人民公安大学出版社1993年版，第33—35页。
[3] [意]加罗法洛：《犯罪学》，耿伟、王新译，中国大百科全书出版社1996年版，第204、376页。

们在预防某些反社会行为这一社会预防目的上是一致的。"[1]

第二次世界大战之后,伴随着西方国家民权和被害人权益保障运动的风起云涌,刑法中对被害人犯罪学研究的逐步兴起并深入。[2] 20世纪70年代发端于北美并席卷全球的恢复性司法运动,使得恢复性司法成为西方刑法学研究的"显学"。作为对被害人权利保护重要形式和"恢复性结果"的赔偿,当然成为理论上关注的焦点,其在刑法中的作用也备受推崇。理论上不仅认为赔偿在刑法量刑上具有十分重要的意义,而且还有观点认为其是重要的代替刑罚的措施,通过它能达到刑法的目的。如在德国,学者 Sessar 极力主张将损害再复原视为是刑罚,亦即在自由刑与罚金刑之外,还有损害再复原,皆是刑罚的一种,对某些犯罪可以宣告损害再复原的刑罚。除此之外,近年来,学界对将赔偿作为"刑法上的第三条道路"进行了热烈讨论,成为时髦的话题。德国著名的刑法学家克劳斯·罗克辛认为,赔偿已经不再是一个纯粹的民法问题,因为它在本质上是有利于实现刑罚的目的。它具有重新社会化的功能。[3] 在意大利,实证主义法学派曾主张,补偿不仅对刑事被害人来说是不可或缺的起码措施,同时也是一种进行特殊预防的基本手段。因此,适用这种措施不仅是法官的职责,并且还可以作为制裁某些犯罪的刑罚措施。现行刑法典中有关适用缓刑可附加履行民事义务的规定(如《意大利刑法典》第165条第1款),实际上就是这种观念的遗迹。现代刑事政策认为在决定补偿时,不仅要考虑损害的大小,还要考虑犯罪人罪过的程度。因此,对于补偿具有作为替代性刑罚措施的价值,有持肯定态度的倾向。如果是这样的话,补偿就将逐步演化为私法性刑罚。[4] 在日本,理论上有观点认为,在刑法领域,对过失犯罪,限定其处罚范围,将预防过失犯的机能委诸民事制裁以及其他措施,这是完全合理的。[5] 在我国台湾地区,有学者也认为,对于以财产利益作为保护对象的财产犯罪,在现行的刑事制裁手段中,另外引进赔偿方式作为选择,似乎值得加以采纳。[6] 在美国,理论上也大多认为,包括赔偿在内的民事补救方法能实现刑法的目标。[7] 所有这些都说明,源于对实践的反思,理论上也越来越重视民事赔偿机能在刑法中的发挥,而这

---

[1] [意]恩里科·菲利:《犯罪社会学》,郭建安译,中国人民公安大学出版社1990年版,第147—148页。
[2] 由此,在"二战"后诞生了犯罪学的一个新的分支——被害人犯罪学。它研究的内容包括被害人的地位及保障、被害过程、被害预防、被害政策等。以德国学者汉斯·冯·亨梯所著《犯罪人及其被害人》及以色列律师本杰明·门德尔松所著《被害人学——生物、心理、社会学的一门新科学》为重要标志。
[3] 参见[德]克劳斯·罗克辛:《德国刑法学 总论》,王世洲译,法律出版社2005年版,第54—55页。
[4] 参见[意]杜里奥·帕多瓦尼:《意大利刑法学原理》,陈忠林译,法律出版社1998年版,第402—403页。
[5] 参见[日]曾根威彦:《刑法学基础》,黎宏译,法律出版社2005年版,第252页。
[6] 参见张天一:《财产犯罪在欧陆法制史上之发展轨迹——从罗马法时代至现代德国法》,载《玄奘法律学报》第8期(2007年12月)。
[7] Mary M. Cheh, "Constitution Limits on Using Civil Remedies to Achieve Criminal Law Objectives: Understanding and Transcending the Criminal—Civil Law Distinction", 42 Hastings L. J. (1991), 1325.

反过来又进一步指导着实践。

（二）立法上的表现

在域外的一些国家和地区，民事赔偿的刑法意义主要表现在量刑、替代刑以及行刑等方面。

1. 将赔偿作为一种量刑情节。这种做法在很多国家和地区的刑事立法中体现的尤为明显，大多都将赔偿作为量刑的一项重要情节加以规定。如现行《德国刑法典》第46条（量刑的基本原则）第2项规定："法院在量刑时，应权衡对行为人有利与不利的情况，特别应注意下列各项：犯罪人之动机与目的……以及其犯罪后的态度，尤其是行为人为了补救损害所作的努力和实现与被害人和解的努力。"[1]《意大利刑法典》第62条规定："在审判前，通过赔偿，或者在可能的情况下，通过恢复原状，完全弥补了损害；或者除第56条最后一款规定的情况外，在审判前，主动并有效地消除或者减轻了犯罪的损害或者危险结果是普通的减轻情节。"[2] 2002年出台的《新西兰量刑法》要求法官在量刑时必须考虑恢复性司法会议的成果。而最常见的恢复式司法会议的成果是加害人向被害人口头或书面道歉、达成赔偿协议等。

2. 将赔偿作为代替刑罚的一项措施。由于赔偿是恢复加害人和被害人关系的一种重要手段，在推行恢复性司法的国家，大多注重将赔偿作为恢复性司法的实践，以其代替刑罚。这在各国立法中主要体现在刑法、刑事诉讼法、少年法、被害人保护法、被害人赔偿法中。如德国在1990年《青少年程序法》中规定，如果青少年犯罪有与被害人达成协商结果，或是已尽了最大努力尝试达成协商，则检察官可以放弃针对14岁至18岁的青少年犯罪者、例外情况下针对18岁至21岁的青少年犯罪之刑事追诉，在稍后的程序中，少年法院也可以停止程序。即使到了审判程序有所判决时，法官也可以命其对损害加以恢复以代替刑罚，或是指定犯罪者积极努力去达成与被害人的协商。《俄罗斯联邦刑法典》第75条（因积极悔过而免除刑事责任）第1款规定："初次实施轻罪的人，如果在犯罪之后主动自首，赔偿所造成的损失或者以其他方式弥补犯罪所造成的损害，则可以被免除刑事责任。"第76条则规定了犯罪人与受害人和解而免除刑事责任的情形。[3] 美国法学会于1962年通过的《模范刑法典》第701条规定："被告就其犯罪所生的损害已经赔偿被害人的，法院得以交付保护管束替代徒刑。"在美国的司法实践中，运用民事补救的方式如禁令、罚款、归还和民事罚金等去惩罚反社会行为的倾向日益明显。有时，当某一行为被非刑事化时，民事的方法完全能代替刑事控诉，或者罪犯被视为有病而非有罪。正如毒品案件中罚款的广泛使用所显示的，非常频繁的是，民事补救方式或与刑事制裁共同被使用，或代替刑事制裁。许多州正运用民法

---

[1] 《德国刑法典》，徐久生、庄敬华译，中国方正出版社2004年版，第17页。

[2] 转引自〔意〕杜里奥·帕多瓦尼：《意大利刑法学原理》，陈忠林译，法律出版社1998年版，第290页。

[3] 参见《俄罗斯联邦刑法》，黄道秀译，北京大学出版社2008年版，第30页。

的方法制止家庭暴力、毒品运输、拥有武器、种族歧视等。[1]

3. 将赔偿作为适用缓刑、假释的重要条件或行为人必须履行的义务。如《美国模范刑法典》第 301 条规定:"作为适用暂缓宣告刑罚或者缓刑的要求,法庭可以命令被告人遵守下列事项:……(h)返还犯罪所得利益,或者在其经济负担能力之内,赔偿犯罪行为造成的损失或者损毁;……"《法国刑法典》第 132-45 条规定:"作出判决的法院或者执行法官得特别规定为判刑人遵守下列一项或者几项义务:……(5)根据其承担义务之能力,赔偿全部或部分因其犯罪造成的损害;……"[2]《德国刑法典》第 56 条、第 56 条 b 规定:"当犯罪人被处以 1 年以下有期徒刑,或在特殊情形时可在 2 年以下有期徒刑,法院得给予缓刑,并且加上下述指示之一:再复原、支付金钱予公益机构、履行公益工作。根据第 57 条第 3 项第 1 款、第 57 条 a 第 3 项第 2 款,法院对于有期徒刑或无期徒刑之受刑人给予假释时,得给予负担,即受刑人应尽其能力就犯罪造成的损害加以再复原。"[3]

(三)原因之分析

域外刑法理论和立法中之所以重视民事赔偿的刑法意义,主要基于以下方面的原因:

1. 被害人地位的复归

被害人在刑事法中的地位经历了一系列的变迁。从古代至中世纪,因国家司法不发达,被害人及其家族常常扮演惩罚者或起诉者的角色,享有直接惩罚或者起诉加害人的权利,这一时期所展现的是被害人的"黄金时期"。从中世纪至近代,国家独占刑罚权,被害人只享有对少数轻微刑事案件的起诉权。论及犯罪的本质,无论是马克思主义经典作家"孤立的个人蔑视社会秩序的最极端表现形式"的论述,抑或是法益侵害,都是围绕国家与犯罪人相互对立的两极展开的,而不是说私人之间冲突与纠纷。由此,无论是实体法上作为刑事法治基石的罪刑法定原则,还是程序法上的证据规则等一系列刑事法律制度的设计,都是以犯罪人的权利保护为导向的。在美国广为流传的谚语"Criminal justice is justice for criminal"(刑事司法就是对罪犯的公正)似乎也能说明。从刑法学派之争来看,无论是旧派的行为刑法学,还是新派的行为人刑法学,实质上都是以犯罪人以及犯罪人与社会的关系为中心的刑法学。在这一时期,被害人的地位逐渐降低,对抽象国家社会利益的维护逐渐代替了对被害人具体利益的保护,被害人逐渐成为刑事法体系内"被遗忘的人"。这一时期可以称之为被害人的"衰退时期"。第二次世界大战以后,被害人的问题成为理论上研究的热点问题,在立法和司法实践中备受重视。被害人权利恢复及其受重视程度无论是在各国刑事实体法中还是

---

[1] Mary M. Cheh, "Constitution Limits on Using Civil Remedies to Achieve Criminal Law Objectives: Understanding and Transcending the Criminal—Civil Law Distinction", 42 *Hastings L. J.* (1991), 1326.

[2] 参见《法国刑法典》,罗结珍译,中国人民公安大学出版社 1995 年版,第 36 页。

[3] 参见《德国刑法典》,徐久生、庄敬华译,中国方正出版社 2004 年版,第 21 页。

在程序法中都得到凸显。一些国家还制定了专门性的法律对被害人权益加以保护。例如,新西兰于1964年在世界上率先通过了《犯罪被害人补偿法》,英国随后也制定了《犯罪被害人补偿纲要》,此后,美国、加拿大、澳大利亚、奥地利、芬兰、德国、日本、韩国等国家也相继建立了该制度。我国台湾地区于1998年通过了《犯罪被害人保护法》。这一阶段堪称是迈入了被害人的"复活时期"[1],被害人再次被纳入刑事法律关系中的重要一极,被害人的意愿对量刑,乃至定罪都能产生影响。

由于被害人是受犯罪行为的直接侵害,如何恢复受损的权益就成为在被害人"复活时期"对被害人权利保护的重要内容。如前所述,民事赔偿具有通过填补受害人的损失,使受侵害的权利与利益恢复到和没有受到损害之前同等状态的回顾性机能。被害人在获得赔偿后,物质损失能够得到弥补,精神创伤得以抚慰。并且犯罪人主动进行赔偿也是悔悟信号的一种预示,犯罪人与被害人之间的紧张关系能够得到缓和。因此,重视民事赔偿在刑法中的作用就不难理解了。

2. 刑罚目的观的变化

刑罚目的理论,可分为报应刑理论、目的刑理论和并合主义刑罚目的论。刑事古典学派的报应刑论主张罪刑相报,有罪必罚,罚当其罪,只追求正义的恢复和人类报复情感的满足,忽视刑罚预防再犯的必要性。在报应刑论的视野中,加害者与被害者分离,赔偿属于民法领域中的制度,其刑法上的意义体现得并不明显。尽管功利主义法学大师边沁主张补偿对制止轻微的罪恶更为必要,仅仅惩罚不足以实现这一目的。补偿与惩罚一样,与犯罪形影相随。但这只是将补偿依附于刑罚,从功利主义角度去预防犯罪。应该看到的是,就报应刑论而言,其积极性方面表现在对犯罪人处以刑罚,用刑罚报应犯罪人,从道义、法律上对犯罪人的动机和行为作出否定性的评价,不仅能使犯罪人产生畏惧、痛苦、悔罪等心理,迫使其不敢也不能再犯罪,而且能使社会上潜在的犯罪人受到刑罚的威慑,从而收敛犯罪意图,终止犯罪。但如果只重视报应,由于刑罚是社会控制的最后手段,其功能具有有限性,本身存在天然不可克服的副作用,单纯追求有罪必罚,往往不会达到长久控制犯罪的预期。以短期监禁刑为例,虽然其对初犯、偶犯具有威慑效果,但由于监狱亚文化的存在,罪犯入狱后不仅可能相互交叉感染,强化了犯罪意志,学到了新的犯罪技巧,还会给其家庭带来极大的负面影响,总体效果并不理想。另外,犯罪是一种社会冲突,在许多情况下,刑罚在表面上虽排除了冲突所引起的社会障碍,但并未能消除冲突主体的对立情绪,在有罪必罚观念指导下,被害人、犯罪人及社会间可能会产生新的冲突。基于这样的反思,目的刑论就应运而生,有了用武之地。刑事实证学派的目的刑论主张,刑罚的目的不是对已然之罪的事后报应,而是教育挽救犯罪人,使犯罪人复归社会。要倡导犯罪人与被害人之间和解以及

---

[1] 关于被害人的"黄金时期"、"衰退时期"、"复活时期"是美国学者Stephan Schafer的看法。具体阐述可参见许福生:《刑事政策学》,台北三民书局2005年版,第550页。

犯罪人的社会化,缓和三者关系,使社会关系恢复到犯罪之前的状态。基于前述民事赔偿的补偿与制裁并存的机能,其受到了目的刑论者的关注。在目的刑论的视野中,民事赔偿不仅对犯罪人具有个别预防的功能,而且还可以作为刑罚的替代措施,其在刑法上的意义因此得以确立。当然,由于目的刑论只强调感化和教育,没有看到犯罪率尤其是累犯、常习犯日益增长的态势,忽视报应,削弱了刑罚的预防功能,同样也是行不通的。并合主义刑罚目的论在这种情况下得以产生。并合主义主张,刑罚的正当化根据既在于报应的正义性,也在于预防犯罪目的的正当性,刑罚既要与罪行本身的轻重相适应,又要考虑预防犯罪的目的。在并合论的视野中,民事赔偿仍然具有独立的刑法意义。

3. 刑事政策的调整

刑事政策作为重要的公共政策,是国家和社会据以与犯罪作斗争的原则的总和。[1] 被害人地位的复归和刑罚观念的变化,必然导致刑事政策的调整。从国外的实践看,自20世纪中期开始,在西方国家,掀起了一场以非犯罪化和非刑罚化为主题的刑法改革运动。这场运动以"新社会防卫论"为基础,提出"合理地组织对犯罪的反应"口号。但是,这种轻缓的刑事政策思潮在20世纪70年代遭到全球范围内日益高涨的犯罪浪潮的强有力挑战。特别是近20年来,累犯率上升,刑事犯罪恐怖化、经济犯罪严重化,以及犯罪的有组织化和国际化,严重影响到社会的安宁。西方国家只好对原有的刑事政策作出调整,即将轻缓的刑事政策调整为"轻轻重重"的复合型刑事政策。其宽松的刑事政策在法律制度上表现为:实体上,限制和废除死刑、广泛适用罚金刑和缓刑、非犯罪化的采取。程序上,转处、刑事和解、辩诉交易、恢复性司法的提倡。执行上,非监禁化和广泛适用假释。其严格的刑事政策在法律制度上表现为:加重对累犯、再犯的处罚。如美国于1994年通过《暴力犯罪控制与执法条例》这一"三振出局法案",严厉惩治有组织犯罪。"9·11"事件后,美、英两国分别通过《美国2001年爱国者法案》和《公共安全紧急安全法》,在立法与司法方面出现许多重大转变,甚至突破法学界一直奉行的"无罪推定"原则。在处理宽松与严厉的偏好上,各国有所侧重,有的以宽松为主,有的则以严厉为主。两极化的刑事政策采取区别对待的方法,回答了防控犯罪模式究竟是采取国家本位的模式,还是采取国家与社会双本位模式的问题。在国家本位的模式下,对犯罪的防控,是以国家权力特别是国家刑罚权的运作为核心。而国家与社会双本位的模式,则强调由国家和社会共同预防和控制犯罪,对犯罪除了采取刑罚方法外,还辅之以行政、民事和调解等手段和措施。无疑后者是其当然的选择。由于这一政策对轻微犯罪实行宽松的刑事政策(即"轻轻"),采取非犯罪化、非监禁化等措施,因此借助民事赔偿的力量来处理也就成为一项重要的选择。

---

[1] 参见杨春洗主编:《刑事政策论》,北京大学出版社1993年版,第4页。

4. 恢复性司法的勃兴

自 20 世纪 70 年代以来,随着理论上对传统报复性刑事司法模式及其在实践中运作功效的反思,域外刑法理论界和实务界开始探索新的刑事法治模式,恢复性司法出现并得以迅猛发展,成为在全世界范围内流行的现象。不仅刑法理论上对此展开了热烈的讨论,而且许多国家结合自己的国情将之付诸实践[1],形成了具有本国特色的恢复性司法模式。各国采用的恢复性方式主要包括:被害人与加害人的和解、会议模式、圆桌模式、社区服务模式等等。1999 年 7 月 28 日,联合国经济及社会理事会作出了《制定和实施刑事司法调解和恢复性司法措施》的第 1999/26 号决议;2000 年 7 月 27 日,又作出了《关于刑事事项中采用恢复性司法基本原则宣言要素草案初稿》的第 2000/14 号决议。2002 年 4 月 16 日至 25 日在奥地利首都维也纳举行的联合国预防犯罪和刑事司法委员会第十一届会议,通过了《关于在刑事事项中采用恢复性司法方案的基本原则》的法案。国际刑事法院 2005 年解决北卢旺达反政府军事武装头目的反人类罪行时使用恢复性司法,以为叛乱中的受害者赔偿作为维护卢旺达国内持续和平的犯罪解决方式,并于 2005 年 6 月修订了前述 2002 年的原则。

作为一种强调修复犯罪行为所造成损害的司法理论,恢复性司法将犯罪当作是一个私人与私人之间的问题来处理,主张通过所有利害关系人的合作过程来达到目标。尽管其受到非常多的讨论与实践,但基于各国不同的实践模式和不同的理论依据,对何谓恢复性司法的认知未必相同,存在多种表述。主要分为纯粹模式与最大化模式。纯粹模式着重自愿的对话程序,协助犯罪事件的被害人、加害人以及可给予他们支持的社区成员(包括他们的亲人、朋友或者其他支持团体的成员等)共同参与对话的过程。透过对话,来增加对于彼此及犯罪之前因后果的了解,并且尝试寻求最佳方法修复被害人的伤害,以及协助加害人避免再犯。最大化模式着重的则是结果,并不以当事人的参与为必要条件,只要某个措施或制度可以修复损害,就可以称为修复式司法,所修复的损害可能是具体被害人所受的损害,也可能是指违背法律所造成的抽象的损害。从最大化模式的观点来说,不论命令的内容是要求加害人为损害赔偿、向被害人道歉或为社区服务,都属于修复的方式。[2] 尽管两者之间存在差别,但都具有恢复性程序和恢复性结果这两个共同要素。目的都是通过一定的程序恢复加害人所破坏的社会关系、弥补被害人所受到的物质和精神上的伤害以及恢复加害人与被害人之间的关系,促使加害人改过自新、复归社会以及避免或减轻加害人本应承担的刑罚后果。在这一目的驱使下,赔偿就成为达到恢复性结果而广泛采用的方式。

---

[1] 恢复性司法在非洲、亚洲、欧洲、拉丁美洲、中东、北美和加勒比海地区以及环太平洋地区的具体实践,可参见"Restorative Justice around the World", http://www.restorativejustice.org/,访问时间:2008 年 4 月 6 日。

[2] 参见谢如媛:《修复式司法的现状与未来》,载《月旦法学杂志》2005 年总第 118 期。

三、民事赔偿在我国刑法中的意义

与域外刑法相类似,民事赔偿在我国刑法中的意义主要体现在对量刑、定罪的影响上。

(一)民事赔偿对量刑的影响:民事赔偿的履行情况影响到刑罚的轻重、有无

1. 司法机关的立场及其受到的质疑

在司法实践中,司法机关一直将行为人犯罪后是否积极赔偿被害人经济损失、是否退赃作为量刑时考虑的重要情节。民事责任的履行情况影响到刑事责任的大小,具体而言,民事赔偿的履行情况影响到刑罚的轻重、有无。1987年8月26日最高人民法院《关于被告人亲属主动为被告人退缴赃款应如何处理的批复》规定:"已作了退赔的,均可视为被告人退赃较好,可以依法适用从宽处罚。"1999年10月27日《全国法院维护农村稳定刑事审判工作座谈会纪要》规定:"无法退赃的,在决定刑罚时,应作为酌定从重处罚的情节予以考虑。"2000年11月10日通过的最高人民法院《关于审理交通肇事刑事案件具体应用法律若干问题的解释》规定:"交通肇事造成公共财产或者他人财产直接损失,负事故全部或者主要责任,无能力赔偿数额在三十万元以上的,处三年以下有期徒刑或者拘役;无能力赔偿数额在六十万元以上的,处三年以上七年以下有期徒刑。"2000年12月19日起施行的最高人民法院《关于刑事附带民事诉讼范围问题的规定》中明确规定:"被告人已经赔偿被害人物质损失的,人民法院可以作为量刑情节予以考虑。"2001年1月21日《全国法院审理金融犯罪案件工作座谈会纪要》规定:"对于犯罪数额特别巨大的金融诈骗犯罪,追缴、退赔后,挽回了损失或者损失不大的,一般不应当判处死刑立即执行。"2006年1月23日起施行的最高人民法院《关于审理未成年人刑事案件具体应用法律若干问题的解释》规定:"对未成年罪犯符合《刑法》第七十二条第一款规定的,同时积极退赃或赔偿被害人经济损失,对其适用缓刑确实不致再危害社会的,应当宣告缓刑。"在其后召开的一系列刑事审判工作会议上,最高人民法院始终都秉承着的这一立场。

尽管这一立场在司法实践中始终得以贯彻,但当广东省东莞市中级人民法院在审理一起抢劫致人死亡案件[1]中将经济损失赔偿情况作为量刑参考时,却引发了社会

---

[1] 基本情况是:2005年11月1日晚9时左右,被告人王某、赖某、周某抢劫并致被害人蔡某死亡。在公诉机关提起刑事诉讼的同时,蔡某的家属也依法提起了附带民事诉讼。蔡某是家里唯一的劳动力,因为该案的发生,一家的生活陷入困顿,女儿面临失学。得悉此情况后,东莞市中级人民法院的办案法官多次组织案件的双方当事人进行细致的调解。被告人王某的家属同意先行赔偿5万元,蔡某的家属对此结果表示满意。被告人也表示要痛改前非,并将积极对被害方作出赔偿,以获得对方一定程度上的谅解。最后,法官根据双方真实意思表达,并依照法律,对被告人王某作出一定程度的从轻处罚,一审判决死缓。据了解,类似此案通过补偿被害人经济损失获得刑事减刑的判例,在东莞两级法院已超过30宗(参见贺林平:《赔钱就可"减刑"?》,载《人民日报》2007年2月6日,第10版)。

公众的热议。具体体现在对"赔钱减刑"合法、合理、合情的争议上。反对论者认为,其导致同罪不同罚,有违法律的平等适用原则和罪刑相适应原则,是对法律公平、正义原则的严重践踏和公开挑衅;有损法律权威,影响人们对法律的敬畏和信仰;有损公平正义,法律正义因"赔钱减刑"而丢失;有纵容犯罪,助长拜金主义之嫌,等等。肯定论者则认为,"赔钱减刑"这一说法是对法院以调解方式解决刑事附带民事纠纷的做法的一种误读。[1] 并不是所有的案件都可以赔偿了就减轻甚至免除刑罚,也并不是所有的案件只要赔偿了就一定能减轻甚至免除刑罚。[2] 这种做法无碍于司法公正,符合法律精神和当前的刑事政策,与"法律面前人人平等"的原则并不冲突,符合司法终极目标要求,等等。反对论者的观点,代表了部分社会公众对这一立场的隐忧。任何事物都具有两面性,对反对论者的观点,需要加以正视,而不是一味否定。

2. 民事赔偿为何能影响量刑

(1) 民事赔偿影响量刑的现实必要性。作为具有严重危害社会性的犯罪,其不仅对良好社会秩序造成了破坏,也对被害人合法权益造成了损害。我国刑法注重对被害人受损权益的恢复,在1950年7月25日中央人民政府法制委员会印发的《中华人民共和国刑法大纲》(草案)中,曾经将赔偿损失作为刑罚的一种。[3] 无论是在1979年《刑法》中,还是在1997年《刑法》中,都有判处赔偿经济损失、责令赔偿损失、追缴或责令退赔的规定。1997年《刑法》第36条第1款规定:"由于犯罪行为而使被害人遭受经济损失的,对犯罪分子除依法给予刑事处罚外,并应根据情况判处赔偿经济损失。"第37条规定:"对于犯罪情节轻微不需要判处刑罚的,可以免予刑事处罚,但是可以根据案件的不同情况,予以训诫或者责令具结悔过、赔礼道歉、赔偿损失,或者由主管部门予以行政处罚或者行政处分。"第64条规定:"犯罪分子违法所得的一切财物,应当予以追缴或者责令退赔;对被害人的合法财产,应当及时返还;违禁品和供犯罪所用的本人财物,应当予以没收。"[4] 相关的司法解释从程序上对被害人如何实现自身的权益保护问题进一步加以细化。2000年12月19日起施行的最高人民法院《关于刑事附带民事诉讼范围问题的规定》区分了两种情况,第一种情况是:"因人身权利受到犯罪侵犯而遭受物质损失或者财物被犯罪分子毁坏而遭受物质损失的,可以提起附带民事诉讼"。第二种情况是:"犯罪分子非法占有、处置被害人财产而使其遭受物质损失的,人民法院应当依法予以追缴或者责令退赔。经过追缴或者退赔仍不能弥补损失,被害人向人民法院民事审判庭另行提起民事诉讼的,人民法院可以受理"。根据以上规定,判处赔偿经济损失是在适用刑罚的同时依附适用;责令赔偿损失是在有罪宣告免予刑事处罚时单独适用;追缴或责令退赔也是司法机关在追诉犯罪时主动适用。作为民事责

---

[1] 参见赵刚等:《赔钱减刑:误读及其本真》,载《人民法院报》2007年2月16日,第6版。
[2] 参见刘仁文:《正视"赔钱减刑"中的价值冲突与协调》,载《法制日报》2007年2月2日,第3版。
[3] 参见高铭暄主编:《刑法学原理》(第3卷),中国人民大学出版社1994年版,第103页。
[4] 此三条内容在1979年《刑法》中分别规定在第31条、第32条、第60条。

任实现方式的判处赔偿经济损失、责令赔偿损失、责令退赔[1],其与刑事责任得以并存。这也是由犯罪本质特征所决定的。作为严重社会危害性的行为,从刑法角度看,具有刑事违法性,导致刑事责任。从民法角度看,有可能是一种严重的侵权行为,导致民事责任。

既然被告人赔偿被害人经济损失是其应尽的法律义务,刑事责任与民事责任在追诉犯罪时能够并存,如果坚持刑民绝对地分立,基于刑事责任与民事责任不同的功能定位,它们应该各司其职,不应出现谁影响谁的问题。那么,为何司法实践中仍然坚守民事赔偿的履行情况影响到刑罚的轻重、有无呢?最直接的动因在于被害人的赔偿并没有得到有效兑现。司法机关坚守这一立场是为了弥补制度在实践中运行时所留下的缺陷。考察当下刑事附带民事案件中赔偿履行的情况,自动履行率低是众所周知的事实。以前述东莞市中级人民法院为例,其在2006年曾经作了《关于刑事附带民事案件执行情况的调研报告》。报告显示,2003年刑事附带民事案件23件,申请执行总标的254.7万元,实际执行数额3.53万元,执行率为1.4%;2004年案件数61件,总标的额603.7万元,实际执行数额为0;2005年案件数66件,总标的额832.9万元,实际执行数额24.7万元。[2] 以北京市第一中级法院为例,2004年申请执行额666万元,实际执行数额为89万元,执行率为13.4%;2005年申请执行额1918万元,实际执行数额为123万元,执行率为6.4%。[3] 这一状况延续至今仍未得到根本改善。在这种民事赔偿自动履行率低的情况下,由于被害人得不到及时全面的赔偿,不仅会引发被害人大量上访、聚访、申诉、缠讼甚至自杀等新的冲突,还会加剧被害方因不相信、不理解法律而采用私力救济的行为,而这直接影响到法律的权威以及社会的安定。

赔偿自动履行率低有多方面的原因,诸如观念方面的、犯罪人方面的、执行方面,等等。从观念方面来看,传统法律文化中的判了不罚、罚了不判长期影响人们的脑海,"要钱没有,要命有一条"就是典型的例证。从犯罪人方面看,主要体现为或确实经济困难缺乏赔偿的能力,或确有财产但故意转移隐匿财产。作为一种制度上的引导,在量刑时考虑被告人是否赔偿被害人经济损失、是否退赃,是走出现实困境的需要,或者

---

[1] 理论上对判处赔偿经济损失、责令赔偿损失、责令退赔的法律属性存在争议,有的认为是刑事责任实现的一种方式,有的则认为是实现民事责任的一种方式(相关观点可参见刘志德、刘树德:《"判处赔偿经济损失"、"责令赔偿损失"及"责令退赔"辨析》,载《法律适用》2005年第4期)。但从与之相配套的程序法规定看,似乎后一种观点为妥。在损害赔偿制度较为成熟的美国,对于其性质也存在争议,大多数巡回法院都认为损害赔偿是一种刑罚。而理论上则有论者坚持认为,为伤害寻求赔偿是一种纯粹私人的制度,不应当属于刑法(参见〔美〕乔治·P. 弗莱彻:《刑法的基本概念》,王世洲主译,中国政法大学出版社2004年版,第44—51页)。
[2] 参见陈善哲:《东莞中院:从"赔钱减刑"到"刑事和解"》,载《21世纪经济报道》2007年2月7日,第5版。
[3] 参见北京市第一中级人民法院刑一庭:《关于刑事附带民事诉讼面临的司法困境及其解决对策的调研报告》,载《法律适用》2007年第7期。

说是当前一种无奈的路径选择。如果坚持认为不管被告人是否进行民事赔偿,其刑事责任大小都不受影响,赔偿与不赔偿的结果都一样,试想一下,出于趋利避害,有多少被告人会良心发现主动赔偿?实践中更多看到的则是故意转移或者隐瞒财产。肯定民事赔偿的情况影响到量刑,则会调动被告人及其亲属的积极性,主动加以履行,有利于被害人受损权益的恢复。或许有论者会指出,为何不将对被害人受损权益的恢复寄托于刑事案件被害人国家救助制度。的确,探索建立刑事被害人国家救助制度是一个努力的方向,最高司法机关也注意到这点,在2006年11月召开的第五次全国刑事审判工作会议上,就正式提出了要在我国建立刑事被害人救助制度的要求,各地也在积极探索实践,并取得了较好的社会效果。但需要思考的是如果将所有犯罪的被害人损失弥补完全都寄托于国家救助制度,国家能否负担得起这样庞大的财政开支?况且,即使在能够负担得起的情况下,完全由国家为犯罪人的犯罪行为"买单"是否合理?毕竟犯罪行为具有双重性,对被害人损失的弥补也是犯罪人应尽的法律义务之一。

(2) 民事赔偿影响量刑的法理依据。量刑是指依法对犯罪人裁量刑罚。根据1997年《刑法》第61条的规定,对于犯罪分子决定刑罚的时候,应当根据犯罪的事实、犯罪的性质、情节和对社会的危害程度。其中情节最主要的特征是它能决定并形象生动地反映行为人的人身危险性和行为的社会危害性大小。刑法理论常依据情节在定罪与量刑中的作用将之区分为定罪情节和量刑情节。就量刑情节而言,其是指人民法院对犯罪人裁量刑罚时必须考虑的、决定量刑轻重或者免予处罚以及暂缓执行刑罚,表明行为的社会危害程度和行为人的人身危险程度的主客观事实情况。不仅包括罪中情节,也包括罪前、罪后情节。司法实践中,在量刑时通常会考虑犯罪的动机、手段、结果、对象、时间、地点、犯罪后的态度以及犯罪人的个人情况与一贯表现等情节。被告人对其犯罪所造成的损害进行赔偿,一方面由于犯罪给被害人造成的损害大小是衡量罪行的社会危害程度的重要标志,客观上减少或者减轻了对社会的危害程度;另一方面作为对犯罪后果的事后补救,是行为人犯罪后悔罪态度的一种表现,显示了其人身危险性的减小和降低。基于此,赔偿的履行情况就应当作为量刑情节加以考虑。

(3) 民事赔偿影响量刑的积极价值。民事赔偿影响量刑的积极价值是多方面的:对被害人而言,犯罪行为给被害人造成了物质上的损失和精神上的痛苦。在追究行为人刑事责任的同时,通过赔偿被害人损失,有助于恢复被害人受损的权益,一定程度上能减轻痛苦、安抚或平息被害人受伤的心灵。对于被告人而言,当犯罪人赔偿被害人损失后,能获得刑事上的从宽处理。赔偿与不赔偿在量刑上导致的结果上不一样,这也是轻刑化和刑罚个别化的重要体现。对社会关系的恢复而言,在报应性司法向恢复性司法转变的背景下,通过对被害人的赔偿,有利于取得被害人的谅解,使犯罪人与被害人之间的紧张关系得以缓和。实践中,由于被告人及其家属尽最大努力赔偿了被害人的损失,其行为取得了被害人的谅解,甚至出现被害人主动要求司法机关从宽处理被告人的现象。就刑罚目的的实现而言,通过对被害人的赔偿,由于赔偿既具有弥补损失的功能,又具有一定的制裁功能[1],其能更深刻、更直接地感受到自己的犯罪行为对被害人造成的损害结果,以及对自己的家庭和社会所造成的不利影响,从而能真心悔罪,接受处罚。尤其是对于初犯、偶犯及过失犯罪更是如此。就诉讼成本而言,被告人因赔偿而获得量刑上的从宽处理,适用免刑、缓刑或较轻的刑罚机会增加,从而减少关押数量或关押时间,节省了诉讼成本,体现了刑罚效益原则。此外,被告人及其家属积极主动的赔偿,省却了判决后的执行环节,使被害人方的损失能得以有效、及时的弥补,有利于节约司法资源,有效避免了"空判"现象。

(4) 民事赔偿影响量刑的消极作用之克服。虽然民事赔偿对于量刑具有多方面的积极价值,但如若适用不当,其也存在如反对论者所述的缺陷,诸如滥用会造成处刑上的贫富差距,甚至出现"以钱买刑"的现象,违背法律面前人人平等原则,从而降低刑法功能发挥,损害社会公众对刑法的认同等方面的消极作用。因此,在考虑赔偿因素对量刑的影响时,应尽可能发挥其积极价值,避免其消极作用的发挥。为此,① 把握区分原则。对这种影响不能绝对化,不能认为只要赔偿就可从宽处理,而应当限定范围、掌握底线。一般而言,对因婚姻家庭、邻里纠纷等民间矛盾激化引发的、事出有因且被害人存在过错、侵害对象特定的案件,以及轻微犯罪、未成年人犯罪、过失犯罪、初犯、偶犯等,如果被告人积极履行赔偿义务,取得被害方的谅解,应当依法从轻处理。而对于那些危害不特定公众、挑战社会、严重危害社会秩序的犯罪,因其罪行极其严重,犯罪手段极其恶劣,犯罪后果极其严重,则不应适用。不能仅仅因为作了赔偿,或者得到了被害人的谅解而不从严处理,既要坚持刑事部分依法从严惩处,又要坚持民事部分依法赔偿,必要时实行被害人国家救助。② 尊重被害人方的意愿。被害人在遭受犯罪侵害后存有希望严惩罪犯、要求赔偿等心理。[2] 应该看到并不是所有的被害人方都具有要求赔偿损失的心理。如在强奸案件、故意杀人等一些案件中,被害人方首先所希望的可能仅仅是用严厉的刑罚严惩罪犯,很少首先要求赔偿。因此在适用时应当充分尊重和听取被害人的意见,在量刑上尽可能考虑被害人的想法,如果被害人不同意,则不宜采取此种措施。当然应该指出的是,被害人的意愿,必须是在没有受到任何外来压力情况下的自愿表示。③ 依法进行。须在刑法规定的量刑幅度之内进行,不能违反法定的量刑标准和幅度。

(二) 民事赔偿对定罪的影响:民事赔偿的履行情况影响到刑事责任的有无

1. 民事责任可否转换为刑事责任之争及简要评述

民事赔偿对定罪的影响,主要探讨能否依据行为人犯罪后积极赔偿被害人的损

---

[1] 在刑民不断融合的现在,制裁虽然不能成为赔偿的主要机能,但不能否认的是赔偿在现实中确实在发挥着制裁性的作用。

[2] 实际生活中,许多被害人只对那种相当严重或是特别值得非难的犯罪行为,才会强烈希望用刑罚惩治加害人。而对那些中度严重或轻微的犯罪,则特别强调通过损害赔偿以及抚慰金的方式使损害得以恢复。除此之外,被害人经常想要了解,为什么是他(她)而不是别人碰上这种事情。

失,而不再追究行为人的刑事责任。对此问题,1998 年 3 月 17 日最高人民法院《关于审理盗窃案件具体应用法律若干问题的解释》第 6 条第 2 款规定:"盗窃公私财物虽已达到数额较大的起点,但情节轻微全部退赃、退赔的可不作犯罪处理。"这是针对上述问题所作的肯定性回答。在最高人民法院 2000 年 11 月 10 日通过的《关于审理交通肇事刑事案件具体应用法律若干问题的解释》中,有关赔偿与交通肇事案件定罪量刑关系的规定也作出了肯定的回答。该解释明确,交通肇事造成公共财产或者他人财产直接损失,负事故全部或者主要责任,无能力赔偿数额在 30 万元以上的,处 3 年以下有期徒刑或者拘役。如此,有无能力赔偿将直接影响到刑事责任的有无。此解释一经出台,即引发了理论上的争议。反对论者认为,刑事责任与民事责任不可转换。以行为人有无赔偿能力作为定罪的标准之一,混淆了刑事责任和民事责任,缺乏法理上和立法上的支持,且有可能造成对法律面前人人平等原则的破坏。[1] 无能力赔偿而导致的由民事侵权向刑事犯罪的转化,即由非罪向罪的转化,是一种必须加以遏制的逆向转化。[2] 肯定论者认为,解释规定了损害赔偿在一定条件下影响交通肇事罪的定罪量刑。此规定的积极意义在于符合以被害人利益为导向的刑事政策;符合现代刑法的谦抑原则;符合对交通肇事罪刑事政策的发展趋势;符合过失损毁财物不负刑事责任的刑法基本原理;暗合了恢复性司法的精神。[3]

民事责任和刑事责任在目的和性质上的确存在很大的不同,在刑民严格分立的情形下,民事责任和刑事责任当然不能转化,因此反对论者的观点存在一定的合理性。但在刑民出现融合、刑罚与赔偿在机能上逐步接近、域外恢复性司法如火如荼、赔偿逐步成为"刑法上的第三条道路"的情形下,对轻微犯罪是否也绝对地坚持民事责任和刑事责任不能转化,则值得反思。反对论者实际上没有看到赔偿机能上的优势,也没有正视在我国对轻微犯罪实行非犯罪化的需求和刑事案件中"私了"现象的存在。

2. 民事赔偿履行情况影响到刑事责任有无契合了对轻微犯罪实行非犯罪化的潮流

"二战"后,世界各国的刑事政策出现了两极化倾向,借鉴域外"轻轻重重"刑事政策的合理内核,在构建和谐社会的视域中,宽严相济是当前我国刑事政策的必然选择。其不仅成为我国刑事立法的基本依据,也是我国刑事司法的重要指针。最高司法机关也已明确将其作为刑事司法中重要的刑事政策,要认真加以贯彻,做到该严则严,当宽则宽,宽严适时,宽严适度。从结构上而言,该政策主要由"宽"、"严"以及两者之间的关系"济"构成。"宽",即为宽容、宽松之意,要求对轻微犯罪、无被害人犯罪、偶犯、初

---

[1] 参见杨忠民:《刑事责任与民事责任不可转换——对一项司法解释的质疑》,载《法学研究》2002 年第 4 期。
[2] 参见于志刚:《关于民事责任能否转换为刑事责任的研讨》,载《云南大学学报法学版》2006 年第 11 期。
[3] 参见刘东根:《论刑事责任与民事责任的转换——兼对法释[2000]33 号相关规定的评述》,载《中国刑事法杂志》2004 年第 6 期。

犯、过失犯等,采取非犯罪化、非刑罚化、程序简易化、非机构化、非监禁化等非刑事化的策略。"严",即严厉、严格之意。要求对重大犯罪、有组织犯罪、恐怖主义犯罪、累犯等,采取入罪化、从重量刑、特别程序和证据规则以及隔离与长期监禁等严厉的策略。"济",即协调、配合之意,要求对犯罪应当有宽有严,而且在宽与严之间还应当具有一定的平衡,互相衔接,形成良性互动,以避免宽严皆误结果的发生。[1] 总体而言,宽严相济的刑事政策要求对刑事犯罪和犯罪人采取区别对待的策略。就宽的方面的非犯罪化而言,尽管中外学者对其概念有不同的看法,但一般是指立法机关或者司法机关通过立法或者司法活动,将一直以来作为犯罪处理的行为不再作为犯罪规定或者处理。就其实现途径而言,主要通过立法层面上的非犯罪化和司法层面上的非犯罪化。非犯罪化体现了刑法谦抑性、不完整性、经济性等理念,旨趣在于压缩刑法的调整范围,紧缩犯罪网,使刑法不要过多地干涉社会生活。

由于轻微犯罪所对应的刑罚一般是短期自由刑,而短期自由刑存在弊端已成为理论上和实践中的共识。根据案件的具体情况,对轻微犯罪实行非犯罪化、非监禁化政策,避免将惩罚意义不大的轻微犯罪纳入正式的刑事诉讼程序,而选择行政的或民事的法律解决这些违法事实,已成为一种潮流,[2] 也体现了刑法的宽容性。在当前各类纠纷频繁复杂,司法力量已捉襟见肘的情况下,有利于节约司法资源,便于集中有限资源去应对严重犯罪。基于赔偿的前述机能,倡导民事赔偿履行情况影响到轻微犯罪刑事责任的有无,无疑是契合了非犯罪化的潮流。最高司法机关也已注意到这一点,在2007年1月15日颁布的《最高人民检察院关于在检察工作中贯彻宽严相济刑事司法政策的若干意见》第8条中明确规定:"对于初犯、从犯、预备犯、中止犯、防卫过当、避险过当、未成年人犯罪、老年人犯罪以及亲友、邻里、同学同事等纠纷引发的案件,符合不起诉条件的,可以依法适用不起诉,并可以根据案件的不同情况,对被不起诉人予以训诫或者责令具结悔过、赔礼道歉、赔偿损失。"

3. 民事赔偿履行情况影响到刑事责任有无为规制刑事案件"私了"提供了一种思路

在我国古代,受儒家思想中"和为贵"为核心的和合文化的长期浸淫、厌讼传统已经根深蒂固。[3] 在乡土社会中,基于"熟人社会"的特点,解决纠纷的主要途径是调解或和解,而非诉讼。"私了"作为一种非正规的纠纷解决机制,广泛存在于乡土社会中。大部分犯罪都是在家族长老或民间权威人士的主持下,由加害人和被害人双方主动协商而得以解决。在解决纠纷中起主导作用的规则是乡规民约等普遍被认同的习惯法规则,而非官方规则。在当代,体现民间自行解决纠纷传统和习惯的"私了"通常颇受

---

〔1〕 参见朱铁军:《论和谐社会视域中的宽严相济刑事政策——兼及在刑事审判中的实践》,载谢望原、张小虎主编:《中国刑事政策报告》(第1辑),中国法制出版社2007年版,第113页。

〔2〕 域外的转向处分也是这种思路。

〔3〕 当时的法律工作者,如讼师、笔吏,并没有社会地位,后人对他们的评价也多为"挑拨是非"的"讼棍"。

诟病,被认为是一种愚昧的、落后的纠纷解决机制,是大众法制意识薄弱的表现,是违反现行国家法律的。在刑事法律中是不允许存在的。尽管"私了"不受国家法的欢迎,但深受儒家思想等传统文化影响[1],独特的"熟人社会"结构,加之正式的纠纷解决机制效能的低下,当今对刑事案件采取"私了"现象仍然广泛存在。在我国的藏族地区,千百年来藏族人在解决杀人案件的社会实践中逐步形成的"赔命价"制度一直延续至今,仍然发挥重要作用。在当今,被害人为何不选择正式的纠纷解决机制,而选择非正式的途径,不经国家专门机关干预,自行协商解决呢?该如何对待在刑事案件中的"私了"现象?是强制限缩其存在的空间,还是进行合理的规制,就成为不可回避的重要问题。

分析"私了"的案件,既有很多尚未构成犯罪的违法事件,也有不少已然构成犯罪的案件。对一般的违法事件采取民间"私了"的方法加以解决,无可厚非,并不会违背现有制定法的规定。对于构成犯罪案件采取民间"私了"的方法加以解决,尽管其有规避法律之嫌,但这种体现民间自行解决纠纷的传统和习惯是否都一无是处呢?答案是否定的。以在刑事案件中占有相当大比例的故意伤害致人轻伤案件为例,此类案件的特点是:事实比较简单,证据比较容易查实;大多发生于熟人之间,双方多为邻里、同事或亲友;事先无预谋,偶发性较强,往往由于一时的感情冲动而发生;手段不恶劣,后果不严重,被害人的创伤能在较短时间内治愈;易和解,案发后被告人有懊悔心理,且双方有互殴行为,被害人亦有一定过错。对此类案件,实践中"私了"现象较多。在这类案件中,如果加害人主动赔礼道歉、承认错误,予以经济赔偿并取得被害人的谅解,对被害人与被告人两方而言,达成和解使两者获得了"双赢",被害人获得了物质上的补偿和精神上的抚慰,被告人获得了免予被追究刑事责任,双方关系得以恢复。社会公众对此种处理也易于接受。面对这种轻微犯罪中的"私了",司法机关没有必要越俎代庖、包揽一切,主动追诉,而应该肯定其合理性,积极为加害人和被害人搭建一个彼此和解的平台。经审查,或作出撤案处理,或适用酌定不起诉的处理方式,或按无罪处理。对司法机关而言,也有利于节约司法资源,实现诉讼经济。当然,如果被害人强烈要求追究加害人刑事责任,愿意将犯罪的处理权交由国家行使,则应另当别论。因此,与其让"私了"毫无节制、不受公权力监督、不具备严格程序限制,不如将其以适当的方式纳入正式刑事法的轨道。也正如有学者在论及如何对待诸如"赔命价"等少数民族刑事习惯法所指出的:"从国家刑事制定法的立场出发,少数民族刑事习惯法确实存在着诸多不尽如人意之处,但在补偿被害人、限制死刑和贯彻刑法的谦抑性等方面却发挥着国家刑事制定法难以发挥的作用。通过强制适用国家刑事制定法革除或破除少数民族刑事习惯法的做法是不合适的,也是危险的;只有建立刑事和解制度,将少数民族犯罪纳入刑事和解的范围,才能为国家刑事制定法渗透与整合少数民族刑事习惯法

---

[1] 在我国,刑事案件中采取"私了"现象仍然有其存在的传统文化土壤。

提供有效途径。"[1]值得欣喜的是，司法机关已经注意到对故意伤害致人轻伤等轻微刑事案件推行刑事和解的必要性，开始将刑事案件中的部分"私了"纳入正式刑事法的轨道。对于这种性质的案件如此处理的报道也时常见诸报端。当然，这些大多仅是从地方司法机关层面展开的。

4. 民事赔偿履行情况影响到刑事责任有无的限定

出于刑法、民法不同的领域构造和功能价值，完全由民代刑或者由刑代民都是不可能的，毕竟刑、民还是有分别，因此，对于民事赔偿履行情况影响刑事责任有无的程度应加以限定。进行这种限定，主要从充分发挥赔偿积极方面的优势并从消除其不利影响方面出发。

赔偿与刑罚相比，其优势在于：(1)除了能对被害人提供物质上的救济和精神上的抚慰，有助于被害人合法权益的恢复之外，还可以使那些不可能再犯的轻微犯罪人远离监狱这一大染缸的浸染，避免交叉传染，这相对于短期自由刑来说，优势体现的尤为明显。(2)全面及时的赔偿能使行为人和被害人之间达成和解，从而使本来应受刑罚处罚的人重新回归社会，减少了犯罪这一污名对行为人自己和家人所带来的一系列不利影响。(3)赔偿有助于犯罪人认识到自己行为的后果，对初犯、偶犯更具有威慑效果，能达到阻吓的效果。此外，赔偿的适用也有助于减轻监狱的压力，节约司法成本，让国家可以将有限的司法资源更多地应对严重的犯罪。当然其也存在缺陷：它对犯罪人悔罪心理的反映很有限，惩罚性不够强，在严重的犯罪中，被害人并不一定会因为赔偿而善罢甘休的。此外，如反对论者所述，这种做法有可能造成对法律面前人人平等原则的破坏。基于此，对民事赔偿的履行情况影响到刑事责任的有无，在适用的对象和范围上应该有所限定。由于轻微刑事案件中的犯罪行为主要侵犯了被害人的个人利益，对公共利益的损害较小，在加害人与被害人达成和解的情况下，运用赔偿代替刑事责任的追究，不至于造成对被害人、犯罪人利益保护和公共利益保护的失衡。社会公众对此也会认同。因此，在案件性质上，应该限定为轻微刑事案件。

由于对未成年犯罪人采取特殊的保护政策以及过失犯、初犯、偶犯的主观恶性不深，从恢复的角度，运用赔偿代替刑事责任的追究达到的效果会更佳。因此在对象上考量民事赔偿的履行情况影响到刑事责任的有无，应限定为未成年犯罪人、过失犯、初犯、偶犯。当然，民事赔偿的履行情况影响到刑事责任的有无，应当适用于被害人可以和犯罪人能达成和解的情形，并且这种和解也是社会公众所能认同的。

---

[1] 参见苏永生：《国家刑事制定法对少数民族刑事习惯法的渗透与整合——以藏族"赔命价"习惯法为视角》，载《法学研究》2007年第6期。

[刑法方法论]

"类型"作为刑法上之独立思维形式
——兼及概念思维的反思与定位

杜 宇*

一、"类型"作为独立的讨论客体

在今日的科学研究中,类型方法得到了相当的重视。从最初的生物学与医学(特别是精神病学),到当今之心理学(特别是人格心理学)与模型论,"类型"几乎在所有自然科学的领域,都获得了渗透式的发展。不仅如此,在人文社会科学的领域,如历史学、语言学、政治学、社会学等,也不约而同地表现出对类型思维的极度倚重。这其中,最可注意者,乃是 Max Weber 首倡的"理想类型"之方法。[1]

在法学研究上,"类型"也得到了高频率地运用。Radbruch 可谓是法学上类型论的先驱。早在 1938 年,Radbruch 就率直地提出:"分类概念与次序概念的问题,可能是我们方法论上最重要的问题。"[2] 这其中,次序概念指的正是"类型"。其后,Wolff 率先承袭了 Radbruch 的思想,开始广泛地探索"类型"在法学中的不同运用方式。根据他的梳理,"类型"在一般法学上至少有四种运用方式:一般国家学上的类型、法学逻辑上的类型、刑法上之行为与行为人类型、税法上之类型。[3] 正是看到了"类型"在法学领域的壮阔前景,Wolff 豪迈地宣称,"类型法学"的时代已经来临。

在这样的知识背景下,刑法学不可能不受影响。事实上,"类型"在刑法学上的运

---

* 作者系复旦大学法学院副教授,法学博士,博士后。
[1] 关于韦伯的"理想类型"思想,具体可参见〔德〕马克斯·韦伯:《社会科学方法论》,杨富斌译,华夏出版社 1992 年版;〔德〕马克斯·韦伯:《社会学的基本概念》,胡景北译,上海人民出版社 2000 年版。
[2] 1938 年,Radbruch 发表了大作《法学思维中的分类概念与次序概念》。在该文中,Radbruch 对逻辑学学者 Carl. G. Hempel 和 Paul Oppenheim 的合著《现代逻辑观点下的类型概念》提出回应,可谓是在法学领域首先继受此种思想的第一人。
[3] Hans J Wolff, Typen im Recht und in der Rechtswissenschaft, in: Studium Generale V,1952, S. 195,参见〔德〕卡尔·拉伦兹:《法学方法论》,陈爱娥译,台北五南图书出版公司 1996 年版,第 377 页。

用可谓历时久远,甚至与刑法学的发展如影随形。在构成要件理论的萌芽期,"类型"就作为一种重要辅助观念,启发和推动着这一理论的发展。无论是将构成要件作为"行为的类型化",或是将其作为"违法的类型化"、"责任的类型化",类型化的思考始终贯穿其间。在后续的发展中,类型思维更是从行为论的疆域中脱离出来,深入到行为人论的核心。犯罪人的类型化研究从此风靡一时。从龙勃罗梭到加罗法洛,从菲利到李斯特,几乎每一位在刑法学史上留下印痕的人物,都必须在犯罪人的类型问题上发言。可以毫不夸张地讲,正是类型思维,将犯罪人从古典学派那僵硬、混沌的历史存在中唤醒,还以其生动、可感的具体形象。犯罪行为的类型化,与犯罪人的类型化,乃是类型思维提供给刑法学的最大贡献。

然而,尽管"类型"一词被广泛使用,其范畴意义却并不清晰明了。事实上,正是在此种"通货膨胀式"的使用状态中,我们可以明显感觉到"类型"概念的误用与滥用。长此以往,此种误用或滥用所引起的视听混淆,必然会削弱这一范畴的生命力。基于这样的考虑,就极有必要对这一范畴的意义、内涵及其可能的发展变化,予以仔细端详。

进一步地,对类型词义的澄清尽管重要,但更重要的却是:对类型的思维特性与逻辑结构详加观察。Engisch 指出,"现代关于类型的所有见解,均是建立在将类型与一般概念对立以观的基础上。"可以清晰地看到,从 Radbruch 以降直至 Kaufmann 的学术传统,一直是将类型思维的说明,建立在与概念思维相比较的基础之上。正是基于概念思维这一重要参照,也正是基于对概念思维的深刻反省,类型思维的启发价值才得以日益凸显。本文试沿着这一比较性的思路予以展开,对类型思维的基本特性与逻辑结构进行全面梳理。

另一方面,概念思维与类型思维的关系,也不应过分对立。我们不能在事物的两极中反复摇摆:忽而彻底遗忘类型思维,以概念思维为专美;忽而太过强调类型思维,以类型思维取代概念思维。必须看到,这两种思维并非出于相互排斥的境地,毋宁说,两者处在某种相互配合、相互补充的关系之中。因此,在本文的最后,笔者更试图对概念思维与类型思维的关系予以理性定位。

二、"类型"的语义发展

任何对"类型"思维的系统讨论,都无法回避诸如此类的问题:"什么是类型"?"类型"的意涵究竟为何?这不但构成了研究的基本前提,而且为学术对话提供了可能。为了解其语义,我们不妨顺着时间的脉络作一番历史性的考察,先追溯其原始的、固有的意义内涵,然后观察其在后续的使用过程中,所不断衍生和积淀的新意义。

根据德国学者 Heyde 的考察,类型一词的最早源头出自希腊语。随着时间的发展,它开始以"Typus"的字形被吸收入拉丁文。最初,这个词在拉丁文中主要在两个领域中使用,一是医学,二是神学。尔后,在整个中世纪中,这个词变得无足轻重,没有获得人们的青睐。直至中世纪末,特别是公元1327年左右,这个词以tipe/type的形式进入法语以后,很快被人们加以重视。在自然科学上,特别是动物学与植物学中,类型成为人们经常使用的专业术语。而在18世纪前后,这个词又由法语转换为德语,开始在德语世界中风靡一时。几乎所有学科中,都不约而同地频繁出现类型一词。除了在自然科学上,特别是人格心理学、生物学、模型论上被广泛使用之外,在人文社会科学尤其是逻辑学、社会学、法学中亦被普遍运用。[1]

在希腊语中,类型原本是指单纯的"击打、锤击",后来也泛指因击打而造成的结果,如痕迹、标记、铸造的印章。到后来,干脆扩张到由锤击金属或雕刻石头而形成的所有艺术品,如雕像、塑像、图像等。更为值得注意的是,希腊文中,这个字还经常在下述转借意义上被使用:(1)形式或形体。指一种有特征的形体或风格;(2)概略、草图、梗概。指对一事物的大概的、不详尽的描述;(3)模型、典范、范例。据以做成某些东西,成为其他事物的模范;(4)内容、主题等。[2] 不难看到,上述多种多样的意义变化绝非杂乱无章,而是紧紧围绕在类型的原始意义周围而展开。从其原始含义而论,乃指击打、雕琢。由于此种击打与雕琢的制作,乃是一种容许不同强度的操作,亦是一种过程性的操作,因而在不同的加工环节、不同的时间阶段,其成果也会有形态上的细微差别。从形式到概略,再从模型到主题,这实际上正反映了不同进度阶段上的不同成型成果。从这样的线索来理解上述意义变化,会显得格外清晰明确。

在其后的人文社会科学中,在柏拉图与亚里士多德哲学的影响下,类型开始跟某些思想框架结合起来。由于类型本来就具有"典型"与"形式"这两种意义,所以,这个范畴就自然地与柏拉图理念论中的"理念",及亚里士多德本质论中的"形象"取得沟通,并承担起这两个范畴的意义角色。基于这样的影响,类型不仅开始含有"多数个别对象的典范"的意义,而且同时表达"多数个别对象所共同的基本形式"这一意义。[3] 可以说,这两种意义一直延续到今天,始终支配着人们关于"类型"的基本理解。翻开大百科全书或词典,最常见的解释仍然是,类型指典范与基本形式。

另一方面,在自然科学中,类型还开始生发出其他的意义。这里,尤其值得关注的是生物学与模型论。在生物学特别是动物学、植物学上,类型成为了一种专业术语,它代表着"种"、"类"、"种类"、"分类"这样的意思。此外,在现代科学认识上,"模型"作为媒介主体与客观对象之间的"中间手段",开始风靡一时。在这一科学思潮的影响下,类型与模型之间出现了观念上的彼此呼应,类型也开始承载"模型"这一意义内涵。

---

[1] *A. Koller*, Grundfragen einer Typuslehre im Gesellschaftsrecht, Freiburg (schweiz), 1967, S. 11f. Anm. 2, 转引自吴从周:《类型思维与法学方法》,台湾大学法律研究所1993年硕士论文,第19页。

[2] *A. Koller*, Grundfragen einer Typuslehre im Gesellschaftsrecht, Freiburg (schweiz), 1967, S. 12, 转引自吴从周:《类型思维与法学方法》,台湾大学法律研究所1993年硕士论文,第20页。

[3] *A. Koller*, Grundfragen einer Typuslehre im Gesellschaftsrecht, Freiburg (schweiz), 1967, S. 13, 参引自吴从周:《类型思维与法学方法》,台湾大学法律研究所1993年硕士论文,第21页。

在这个层面上,它意指认知主体基于抽象和想象而对现实世界中某个事物的简化映象。

总结上述的发展历程,可以看到,类型乃是源自希腊语的外来词。在最为本初的意义上,它是指击打、锤击、铸造、雕刻以及由此所形成的结果。在其后来的发展中,特别是当它与各种专门科学相结合,并成为特定术语之后,类型开始衍生出以下意义:(1)它意指基本形式。通过多数个体在生活世界中的活动形式,可以抽象和提炼出某种普遍的、共通的存在论特征。(2)在上述意义的延伸线上,它还意指类、种类、分类等范畴。正是基于某些共同的特征,或普遍的存在形式,一些个别事物得以在观念上聚合成"类"与"型"。(3)从更为具象的层面看,它还意指"典型"。在上述得以聚合成"类"的个别事物中,还可进一步识别出某些可作为"模范"的特殊个体。这是一些所谓完全形态或标准形态,它们与那些普遍特征不明显甚至局部缺乏的形态相区别。这时,类型不再是居于特殊个体之上的普遍形式,而是诸多特殊个体之中的特别完美的形态,与那些所谓的过渡形态、不足形态或中间形态相对应。(4)在认识论的意义上,类型还意指模型。任何一种认识活动,都可看作是由认识主体、认识工具和认识客体所组成的特殊形式的社会实践系统。由于客体常常处于众多因素交错的纷杂状态,主体往往无法直接获得对客体的理解,因此,主体只能通过对模型的研究来获得关于原型(客体)的认知。这一过程可以被把握为,认识主体通过一定的认识工具,以之为媒介来认识特定对象的过程。在此种范围内,类型可被视为是某种认识论意义上的中介或是手段。

三、"类型"的思维特征

从上述的语义考察中,我们可能得出某种印象,即相对于具体的、特殊的个体而言,类型乃是某种具有一般性、普遍性意义的事物。的确,只出现一次的事物,绝非类型,类型乃是特殊中之普遍者。[1] 然而,在我们早已熟悉的思维定势中,抽象概念也可谓是这样的思维产物。它同样以对象物上反复出现的特征为前提而加以归纳形成。如此一来,一个根本性的问题便马上浮现:类型与抽象概念之间是何关系?两者有无本质性的差异?在抽象概念之外,还有无必要特别地引入类型这一范畴?

对这一问题的不同回答,不但影响着类型作为某种思维方法的地位高低,而且更进一步决定了其前途命运。如果承认两种思维的差异,类型的独立性则得以存立,如果否认此种差别,则类型就可能被吞噬在概念的洪潮之中,而根本性地丧失其意义与价值。在学说史上,对这一问题的不同回答,也成为区分不同类型论者的"试金石"。

---

[1] 〔德〕亚图·考夫曼:《类推与事物本质——兼论类型理论》,吴从周译,台北学林文化事业公司1999年版,第113页。

任何坚持上述区别论的学者，都被归入"传统类型论"的脉络，而所有试图消解上述对立、否认此种区分的学者，都被归入所谓的"批判类型论"的阵营。当然，在上述两种理解之间，也有不少折中性的意见游弋其中，企图调和此种紧张与对立。这样的理论可称之为"修正类型论"。

可以清晰地看到，从 Radbruch 以降直至 Kaufmann 的学术主流，都是立基于"传统类型论"。也即，将类型思维定位为全然不同于传统概念思维的一种新的思考方式，并着力突出两者的不同特质。尽管在不同学者之间，观察角度、学术兴趣及强调的具体区别点可能有所差异，但是作为某种共识，坚守类型思维的独特性则是统一的底线。下面，笔者试图沿着这一脉络，以比较观察为基本方法，对抽象概念与类型在思维上的不同特征加以梳理。至于可能的批判性见解及修正性意见，则拟在第六部分中加以讨论。

（一）综合性思维

1. 双向度思考

概念式思考的特点表现为：使用语言或文字，将所欲描述对象的特征，予以穷尽地提炼和罗列。[1] 在这个意义上，概念式的思维构成一种归纳式的思维。研究者必须在考察了所有的研究对象之后，将这些对象共同的普遍特征归纳出来。然而，此种归纳式的概念思考，却可能产生一体两面的作用：一方面，归纳式的思维，使其能够通过共通性的描述，把握其所意欲描述的所有对象，从而形成外延上的周延性及安定性；但另一方面，要使概念能够涵摄其所有对象，换言之，要使所有的概念外延均落入该概念的射程范围之内，则必须在概念的描述上，尽量使用具有包容性和概括性的语言，由此概念便不可避免地陷入抽象化境地。因此，概念在功能上的"归纳性"和"周延性"，是以"抽象性"为代价的。正是在这个意义上，概念式的思维不仅是一种"归纳式"的思维，而且是一种"抽象式"的思维。

与概念式的思考不同，"类型化"方法在思考维度上呈现出明显的双向性。一方面，它是对抽象概念等"元叙事"的进一步区分和演绎，表现为一种具体化的精致思考；另一方面，它更是对具体事物及其重要要素的提炼与归纳，体现为一种抽象化的概括思维。

（1）类型化的思考是一种对抽象概念的演绎和细化。正如上述，概念式的思考是一种单向度的归纳式的思考，明显欠缺演绎式的思维。而此种单纯的归纳的代价，便是不可避免的抽象性。进而，过分的抽象化和概括化，就完全可能失掉描述对象的具体特征和彼此联系，形成"空洞化"的效果。因此，为了避免这样的恶果，我们应当引入一种更为具体化的思维，对抽象概念予以区分和细化。此种区分和细化的过程，就是一种演绎的过程，亦是一种抽象概念的"类型化"过程。诚如 Engisch 所言："虽然在细

---

[1] 关于概念式思维的具体讨论，参见金岳霖：《形式逻辑》，人民出版社1979年版，第23页以下。

节上彼此有极大差异,但现代关于类型的所有见解以及所有将类型与一般概念对立以观的想法,均以下述想法为基础:类型或者以此种方式,或者以彼种方式,或者同时以此种及彼种方式,较概念为具体。"[1]

在这一点上,刑法学提供了最可注意的例证。对犯罪现象的概念描述,始终是刑法学的一个关键任务。学者们绞尽脑汁,基于各种学术立场与知识背景,提出了纷繁芜杂、形态各异的结论。法益侵害说、规范违反说、权利侵害权、社会危害性说等各种犯罪的实质概念林林总总、层出不穷。[2] 然而,无论是法益侵害,还是规范违反,也不论是权利侵害还是社会危害,无一不是相当抽象和模糊的概念,这样的表述只会使犯罪的实质陷入剪不断、理还乱的困境。明智而务实的做法,是摆脱此种"观念形象"的一味纠缠,转而进行一种分析化、演绎化的具体努力,通过犯罪的各个具体类型的描述和把握,去充实、丰富和还原人们的犯罪想象。刑法上也正是通过各种构成要件的设定和描述,去框定和说明具体的犯罪类型,以使犯罪的实质概念达到具体化、细致化和可感知化的效果。其义理诚如苏俊雄先生所言:"法律不但要求应将各种法益的侵害行为及其处罚,在立法上明文规定,而且将这些规定排出纲目,作为法律推理上判断不法行为类型的分析基础。从而,刑法各论所规定的各种犯罪构成事实,在法律认识上,同时含有表示犯罪类型的意义。"[3]

(2) 类型化的思考不但是一种对抽象概念的演绎和细化,而且同时构成了一种对具体事物的归纳和概括。自然无型的生活事实,在未经人类认识的加工之前,经常是断裂和缺乏意义联系的。它们只是一些孤零零散落的原子和碎片,需要逻辑线索和意义脉络的贯连。此时,通过对具体个案的观察,抽取和提炼出案件事实之间的共通特征,便能够初步形成事实类型的基本轮廓。在此基础上,再以法理念及法目的为导向,对事实类型予以价值性和规范性的加工,并在要素之间建立起结构上的联系,便形成了法律上的类型。此种类型之形成与建构过程,一方面固然是法理念、法目的甚至是抽象概念的具体化、演绎化,但一方面更是生活事实、具体案件的提炼化和归纳化。让我们同样回到刑法上的实例:在未经立法者的认识加工之前,进入立法者视野的,首先是诸如"张三杀人"、"李四杀人"、"用刀杀人"、"用毒药杀人"等碎片化的事实。立法者经过认识上的处理,从中抽象出诸如"行为主体"、"行为手段"……等特征,然后根据刑法之目的与价值,在其中撷选出刑法上具有重要意义的要素,经过要素改造及要素之间的结构性构建,从而形成"杀人罪"的类型。可以毫不夸张地说,刑法上的其他各罪之设定,莫不要经历上述之过程。

---

[1] K. Engisch, Die Idee der Konkretisierung im Recht und Rechtwissenschaft unserer Zeit, S.262,参引自〔德〕卡尔·拉伦兹:《法学方法论》,陈爱娥译,台北五南图书出版公司1996年版,第378页。

[2] 关于犯罪概念的更为详尽的讨论,可参见李居全:《犯罪概念论》,中国社会科学出版社2000年版,第11页以下。

[3] 苏俊雄:《刑事法学的方法与理论》,台北环宇出版公司1974年版,第169页。

2. 中等抽象程度

从上面的分析可以发现,如果我们的思维仅仅局限于概念性的思考,会显得过于抽象、概括,就会失掉描述对象的具体化特征,从而必定形成空洞化和玄虚化的效果。这样的事例在刑法上不胜枚举:刑法上的"行为"概念历来聚讼纷纭,但无论是因果行为论、社会行为论,还是目的行为论、人格行为论,都只能流于抽象思辨的层次,而且其意义空洞化的现象极为严重。[1] 刑法上的犯罪客体概念则更是如此。[2] 这些抽象概念仅仅囿于对生活事实的高度提炼和归纳,在一定意义上奠定了刑法的基本框架,但却并不能为刑法提供任何实在的内容,仔细深究下去,只能是一个比一个更为巨大的黑洞。

反向观之,如果借用历史学家青睐的传统方式,采取个案化的视野,将现象完全孤立化、特殊化,就根本无法把握个案与个案、现象与现象之间的联系,更勿论构建整个现象的体系,并形成关于现象的普遍观念和整体轮廓。那样,进入我们眼帘的,就只能是"张三杀人"、"李四伤人"等碎片化的事实。

因此,类型化的建构就是要避免落入此种进退两难的窘境。亦即,一方面,类型的具体化、演绎化的思考,是对抽象概念的进一步区分和瓦解,是对抽象概念提供实在的内容支撑。这在相当意义上回避了仅使用抽象概念来解构社会生活的"不着边际",也同时舒缓了抽象概念的"空洞化"效果,世界从此不再是灰蒙蒙的混沌一片;另一方面,类型化的努力,更是对个别现象的抽象和归纳,是在个别现象之间建立起共通形式和意义联系,从而避免了仅就个别现象进行把握,而丧失了对整体形象、普遍观念的洞察。这在实质意义上化解了个别方法论所带来的"碎片化"效果,世界从此不再是孤零零地天各一方。

由此看来,类型化的思考是对抽象概念的进一步演绎,同时还是对具体事实的进一步抽象。此种双向度的思考形式,使得类型不仅在思维上表现出综合化的特点,而且亦使类型成为一种介于抽象概念与具体事实之间的桥梁,成为抽象与具象、普遍与特殊之间的中点。作为这样一种"中间安排",类型不但巧妙地将"抽象概念"与"具体案件"联系到一起,而且类型由于其自身固有的"中等抽象程度",也成为整个层阶体系中的一环。由此,体系呈现出层次清晰的三层结构:抽象概念、类型、具体事实。类型不但是整个体系中一个极为重要的实体层次,而且构成整个体系得以沟通和成立的"过渡安排"与"连接要素"。如果说,概念化的视野是一种宏观意义的、抽象意义的视野,个案化的视野是一种微观意义的、具象意义的视野,类型化的视野则是一种中观意义的视野,是一种普遍中之特殊,特殊中之普遍,抽象中之具体,具体中之抽象。类型

---

[1] 关于刑法上"行为"概念的讨论,可参见马克昌主编:《犯罪通论》,武汉大学出版社1999年版,第148—190页;熊选国:《刑法中行为论》,人民法院出版社1992年版,第3页以下。

[2] 犯罪客体由于其抽象性及不确定性等因素,素来为我国刑法学界所诟病。相关分析可参见张明楷:《法益初论》,中国政法大学出版社2000年版,导言部分。

的此种中间地位,亦即"中等抽象程度",尤其值得我们重视。

(二) 层级性思维

1. 流动过渡

在逻辑学学者 *Hempel* 与 *Oppenheim* 看来,抽象概念在逻辑指涉上存在重大的缺陷。因为,"当经验所呈现给我们的对象特征,系经由可能的中间形态,不断连续排列且毫无明确界限地相互连接着时,科学的概念(两位作者也称之为分类概念)却欲依其功能去描绘呆板固定的形式,而在流动过度的地带划分明确的界限,因而导致根本无法适当地描述那些含有各种连续性的经验。"[1]受上述学者所影响,*Radbruch* 也明确表示了类似看法:"生活现象的认识只是一种流动的过渡,但概念却强硬地欲在这些过渡中划分出一条明确的界限。在生活现象仅仅显得'或多或少'的模糊地带,概念却要求必须做出'非此即彼'的判断。"也因此,"概念的主要成就并不在于'包含':包含某种特定的思维内涵;而在于'界定':作为一道防护墙,使概念得借以向外隔绝其他的思维内涵。简言之,传统的概念式思维是一种分离式思维,足以瓦解并败坏生活现象的整体性。"[2]

另一方面,在 *Larenz* 看来,此种因为流动过度而显现出来的层级性特征,却是类型最为重要的特性。*Larenz* 指出:"一种类型相对于其他可比较的类型,并非是界限固定的;相反,它仿佛是流动的:经由不同的强调重点的移动及特征的变化,它便转向另一类型。"[3]的确,与概念的分离式思维不同,类型式的思维承认,事物与事物之间有时是相互交融的,其过渡是流动而混沌的,就如同色谱中各种颜色的过渡一样。

导致上述差异的根源在于,概念思维只承认"非此即彼"的判断,而类型思维则认可"或多或少"的判断。如前所述,概念也是由多数特征组合而成。在对象能否归属于特定概念的问题上,要么是全部要素均具备,从而完全符合该概念的要求,要么则是任一要素的不具备,都将导致对象被排除出该概念。换言之,概念只有符合与不符合两种可能,不存在任何中间状态。相反,类型则并不认同此点。在这一世界中,在类型与类型之间的边缘地带,过渡是和缓而渐进的,绝非那种瞬间的、决绝式的跳跃。我们难以在类型之间划分出固定的、清晰的界限,无法做出"非此即彼"的判断,相反,"既如此亦如此"的中间类型和混合类型倒是一种真实的存在。

2. 比较级陈述

也因此,*Radbruch* 才正确地强调,概念思维在语言上是以"原级"的形式表示出来,

---

[1] *Hempel/Oppenheim*, Der Typusbegriff im Lichte der neuen Logik, S1,参引自吴从周:《类型思维与法学方法》,台湾大学法律研究所 1993 年硕士论文,第 26 页。

[2] *G. Radbruch*, Klassenbegriffe und Ordnungsbegriffe im Rechtsdenken, S46,参引自吴从周:《类型思维与法学方法》,台湾大学法律研究所 1993 年硕士论文,第 27 页。

[3] *Larenz*, Typologisches Rechtsdenkens, in: ARSP 34, 1940/1941, S.20-21,参引自吴从周:《类型思维与法学方法》,台湾大学法律研究所 1993 年硕士论文,第 29 页。

而类型思维则是以"比较级"的方式加以呈现。在这个意义上,Radbruch 将类型思维喻为是"对科学方法论的一种比较级的发现。"[1]例如,日常用语中的"富人"、"博学之士"、"暖和"等范畴,便属于某种类型性的范畴。在此,我们可依财富、学问或温度之高低,作出某种次序性的排列,可以想象,有很多的上下层级与中间层级。也因此,我们只能以比较级的方式说,李某相比王某是富人,赵博士相比张司机是博学之士,屋里相比室外暖和。与此不同,概念式的表达则只能是,李某是富人/李某不是富人;赵博士是博学之士/赵博士不是博学之士;屋里暖和/屋里不暖和。可以看到,在上述例证中,比较式的表达显然是更为合适的。相反,在有些情况下,概念式的表达则可能更为准确。比如"男人"、"女人"、"公务员"这样的范畴。我们只能说,"李某是女人或李某不是女人",而无法说,"李某比王某女人"。因为,在上述的情形下,只能要求某种"非此即彼式"的存在,而不能构成"或多或少式的"或"一定程度式"的存在。反之,"女人味"、"男子气"倒是一种类型性的表达,我们可以依强度不同而发现一种层级序列式的排列。我们完全可以说,"李某比王某更有女人味","张某比王某更有男子气"。

3. 序列性状态

正是由于类型之间的连续性特征,使得相邻类型之间呈现出一种次序性的排列状态,一种夹杂着各种中间类型与混合类型的类型序列。类型的此种流动过渡性,以及由此所呈现出的序列性的排列状态,在刑法上有许多适例。通常认为,如果犯罪的类型化还相对容易设定,刑罚的类型化则相对难以实现。"因为,在责任原则的精神下,刑罚的宣告必须依据行为人个别的具体情节而断,本质上甚至难以一致性的类型化。"[2]的确,在法官面对个案进行刑罚裁量时,必须考虑到当下案件的具体情节,而个案与个案之间的情节很难在完全意义上一致。因而,从彻底的刑罚个别化立场来考虑,当然很难实现统一的类型化。这根源于彻底的个别化与类型性之间的紧张——类型乃个别中之一般者、特殊中之普遍者。然而,尽管存在个别化的要求,却难以将此种特殊化的立场贯彻到极端。因为,那样一来,就只剩下司法者的绝对自由裁量,将彻底陷入无法捉摸的境地。必须承认的是,尽管个案之间总存在微妙的差异,但是从一些关键的法律指标看,完全可能存在共性。由此,立法者也能够在此种法律指标的指引下,从生活世界中复杂多样的个案中抽取典型个案,以之为模本建构刑罚的"理想类型"。顺着这样的思路,我们可以将立法上的"刑罚幅度",视为由两个"理想类型"构建而成。这个幅度的底点,是立法者根据所能预想到的该罪的最轻微案型,所设定的相应刑罚;而这个幅度的顶点,则是根据所能预想到的该罪的最严重案型,所设定的相应刑罚。而在量刑实践上,法官的任务就是在这两个极端的类型之间,根据当下个案距离此两类型的远近程度,来确定相应的处罚。这是一种运用类型间的比较,来精确

---

[1] 参见吴从周:《类型思维与法学方法》,台湾大学法律研究所1993年硕士论文,第30页。
[2] 苏俊雄:《刑法总论》,台北大地印刷出版公司1998年版,第217页。

化法律效果的操作方式。如此一来,随着在重要量刑指标上的程度变化,如在行为人之主观恶性程度、行为所引起之实害与危险、生活共同体利益保护之必要、行为人之事后态度等要素上的程度不断加强或减弱,所有案件就会在最严重案型与最轻微案型这两个极端之间,呈现出依罪责程度由高到低的次序性的排列状态。在这一类型序列当中,案型与案型之间的过渡是渐进而流动的,实在难以在其中找到僵硬的界限。

(三) 开放性思维

1. 类型与要素间的开放

类型的开放式思维,首先表现为类型与要素之间的相互开放。此种开放,一方面显现为类型向着要素的开放,另一方面则呈现为要素向着类型的开放。这两种开放的过程,并非分开进行、彼此割裂的进程,而是类型向着要素、要素向着类型的"双向对流"的过程,是一种循环进行的相互澄清和阐明的过程。

(1) 类型必须向着要素开放。类型从某种意义上讲,就是一个系统、一个模型。类型是由要素结合而成的,类型与要素的关系是整体与部分的关系。当然,应当注意的是,类型并不是要素的简单堆积和拼凑,而是由若干要素有机结合后所达成的、具有新的质的规定性的系统。因此,要对一个类型进行完整的说明,便必须对组成该类型的要素进行逐一分析,并在此基础上妥当地把握各要素之间的有机联系,以便最后将各要素合并以观,以形成该类型的"整体形象"。从这个意义上讲,对任何一个类型的说明,永远具体地依赖于对其组成要素的说明。类型的结构、功能,必须始终以各要素的有机结合为基础;对类型意义的追寻,也必须始终围绕各组成要素的内涵而展开。类型必须向着要素开放。

(2) 要素必须向着类型开放。要素是类型的组成部分,要素一旦脱离了类型,就不再成为该类型的构成要素,就具有了新的相对独立的性格。因此,要素必须在类型中方能显示其价值和意义,要素与类型须臾不可分离。类型中的每一要素,只有从与其他要素的联系中,并且与其他要素合并以观时,才能被真正掌握。类型本身得之于要素的有意义的相互结合,但类型却又能反过来帮助我们,去更加真切地理解这些构成要素的特质、适用范围及其对类型归属的意义。从这个意义上讲,要素必须向类型开放。

从上面的分析可知,在类型与其构成要素之间,存在着无法割裂的意义交织。在判断类型的内涵时,必须一再地回溯到组成该类型的构成要素,而在探寻构成要素的意义时,又必须一再地回溯到作为要素之"整体形象"的类型。这是一个类型向着要素、要素向着类型的"交互开放"的过程,是一个目光不断往返于类型与要素之间的"诠释学循环"的过程,更是一个类型与构成要素之间相互澄清与阐明的过程。

类型与要素之间的相互开放和说明,是以要素的完整无缺和类型的周延圆满为前提。但问题在于,法律上的类型经常是"残缺不全"的。换言之,法律上的类型要素很可能在立法中得不到完整而清晰地显现。此时,要追寻类型的真实意蕴,便必须使类型向着要素开放,在类型观念的"整体形象"下,去寻找和补充该类型应该具备、但在立法上却有欠规范的要素。正是在这一点上,刑法的"开放性构成要件理论"提供了最可注意的素材支撑。

开放性构成要件理论由德国学者 Welzel 首倡,并在刑法学界得到了普遍的肯定。在 Welzel 看来,构成要件可分为封闭的构成要件(也称为完结的构成要件)与开放的构成要件(也称为需要补充的构成要件)。前者是指刑罚法规在构成要件的规定上,已经将犯罪的所有要素完全地表示出来;后者则指刑罚法规只记录了犯罪要素的一部分,其他部分需要法官在适用时进行补充。[1] 例如,在过失犯的判断中,必须补充确定注意义务的内容;在不真正不作为犯的判断中,必须补充确定作为义务的内容;在目的犯的判断中,必须补充确定主观目的的内容。[2]

开放性构成要件的确定,是以承认构成要件的相对性和不完整性为前提的。在一般情况下,立法者当然会尽量将禁止行为的所有要素予以详细而圆满的规定。但是,这完全不能否认,有时立法者基于经济性的考虑,不需要将这些要素完整无遗地规定,或者是基于社会情势的复杂多样及构成要素的变动不居,根本无法将构成要素周延无缺地规定。在此情势下,明智而务实的态度是承认构成要件的开放特征,并谋求刑事司法过程中的要素填补。启动"类型化"的思考,我们完全可以在"类型向着要素的开放"这一视域下,重新阐释和解说开放性构成要件要素的体系回归:构成要件的残缺,其实质是一种类型要素的残缺,而构成要件要素的填补,也无非是一种类型轮廓的还原。这一还原的过程,亦即类型要素的探寻和回归过程,就是一种在"类型观念"或曰"整体形象"的指导下,在类型要素彼此之间的意义关联下,去拾回该类型应该具备、但却在立法上无从规定的残缺要素的过程。只有完成了这一开放过程,要素才会回到其在类型体系中的恰当位置,类型也才会因此而再度圆满和周延。

由此可见,只有在类型与要素之间保持适度的开放观念,并在司法适用中谋求要素对类型的充实,才能真正理解所谓的"开放性构成要件理论",才会真正使诸如作为义务、注意义务之类的理论范畴,结束其四处游荡的命运,找到自己在体系上安身立命的处所。

2. 类型与素材间的开放

类型的开放性思维不仅体现在类型与其构成要素的相互开放,而且更显现为类型与其素材之间的相互开放:

(1) 素材必须向着类型开放。类型的构建与形成是以纷繁复杂的生活事实为素材的。在进行类型的规整之前,生活事实犹如一团乱麻,杂乱无章。因此,只有以类型的轮廓为指导,才可以从自然无型的生活事实中分辨出有价值意义的关键要素,并在

---

[1] 参见张明楷:《外国刑法纲要》,清华大学出版社1999年版,第80—81页。
[2] 关于开放的犯罪构成要件的外延问题,可参见刘艳红:《开放的犯罪构成要件理论研究》,中国政法大学出版社2002年版,第159—241页。

这些要素之间整理出具有结构意义的脉络联系。从这个意义上讲，生活事实只有通过类型，方能得到清晰、整体和分析性地把握，只有以类型为观照，才能显现出其规范性的意义与价值。唯其如此，我们可以毫不夸张地认为，生活事实显示在其"类型关联性"之中，生活事实具有某种"类型规定性"。

（2）类型必须向着素材开放。类型是经由对素材的分析而确定的，因而类型显示在其素材之中，显示在其与生活事实的关联之中。类型的意义绝非仅仅存在于类型自身，类型自己并无法完全"说出"其真实意蕴，它必须加入素材，参照具体生活事实，才能真正凸现自己的意义与内涵。也正是在这个意义上，类型具有不可摆脱的"素材规定性"。类型必须始终向素材开放，类型的意义显示在其"素材关联性"之中。

由此看来，类型与素材之间保持着相互开放的姿态。素材的价值显示在其类型的关联性之中，而类型的意蕴亦锁定在其素材的关联性之中。对彼此意义的探寻，必须始终回顾两者之间无法解开的结构交织和意义关联。这是一种素材向着类型探索、类型向着素材推进的过程，亦是一种目光不断顾盼于类型与素材之间的"交互澄明"的过程。

类型与素材间的相互开放，最为典型地显现在刑事司法的过程之中。例如，在故意毁坏财物罪中，当法官面临的案件是，某人将他人的电扇扔到水里，这当然容易得出判断。人们可能会认为，毁坏意味着"通过对财物的一部分或全部进行物质性的破坏或毁损，使其不能遵循本来的用途加以利用"，并进而肯定甲的行为构成故意毁坏财物罪。然而，如果我们面临的案件是，某人将他人的传家玉玺扔入河中，上述关于"毁坏"的界定就会马上失灵，无法解决当下的案件。此时，关于"毁坏"的理解可能会再度开放："对财物行使有形力，使财物的价值或效用丧失的行为"。但是，如果我们面临的案件转变为，某人故意将他人的马棚打开，使一匹价值不菲的骏马跑掉，上述"对财物行使有形力"的解释，就会再度被挑战，因为行为人没有对财物本身行使有形力。于是，我们不得不放弃这一限定，转而认为毁坏是"导致财物效用减少或丧失的一切行为。"对"毁坏"的认识，到此还并未完结。如果我们面临的案件是，某人在他人的饭盒中大便，所谓"效用减少或丧失"的含义，又会重新成为问题。所谓"效用"，是仅指财物的客观效用，还是也包含权利人立场上的主观效用？如果是指客观效用，方便饭盒的此种效用并未丧失，消消毒完全能够使用；而如果亦指主观效用，从权利人主观的心理、情感角度而言，这个饭盒可能再也不会使用。由此，"毁坏"可能被再度阐释为"导致财物主观或客观效用减少或丧失的一切行为。"

这里所描述的解释过程，便是一种"类型向着素材开放"的过程。这一过程会在司法实务中不断地循环展开，难有尽头。它使我们再次明了，类型的意义绝非仅仅存在于其自身，它必须面向素材，参照具体的生活事实，才能不断展现自己的意义与内涵。

3. 类型与类型间的开放

概念式思维是人们用以分析问题的重要工具，但却显得极为呆板和僵化。正如上述,在抽象概念的思考中,只有"非此即彼"可言。换言之,概念试图在事物的过渡中划分出一条明确的界限,要么落入此界限之内,要么排除在此界限之外。由此,概念式思维的重要特征在于"隔绝"和"封闭"。

然而,概念式思维幻想将各种重要的生活事件,逐一分配到一个个被精致思考所得的抽屉中,只要将该当的抽屉抽出,就可以发现该当的事件,此种构想是不可能实现的。暂且不论生活本身经常会产生新的创设,其并非当然符合既定的界限,就是在已存生活事件之间,也并不具有概念体系所要求的僵硬隔栅。[1] 事实上,生活现实之间毋宁是一种流动的过渡。每一事物类型或许在其核心部分是意义清晰的,但在核心部分之外的边缘地带,在事物与事物之间的过渡地带,则常常是含混模糊的。在这里,"或多或少"才是真实的特征概括,而"非此即彼"则显得武断、幼稚而又不切实际。

相较概念的隔绝式、封闭式思维而言,类型是一种更为开放的思维。类型式的思维承认,类型无法被精确地定义,而只能以接近的方式加以描述。类型虽然有一个固定的核心,但却没有固定的边界。在类型与类型之间的边缘地带,过渡是和缓、渐进而流动的。在这里,很难去绝对区分类型之间的界限,无法做出"非此即彼"的判断。相反,"既如此亦如此"的中间类型和混合类型倒是一种真实的存在。我们无法将具体事实,如同涵摄于概念之下一般地涵摄于类型之下,相反,我们只能以一种或多或少的程度,将具体事实归类于类型之下,使两者彼此对应。也因此,类型不再是一种精确的形式逻辑的思维。[2] 类型与类型之间经常保持相对的开放。

因此,概念的封闭式思维带来了断裂性的效果,存有无法弥合的暗伤。概念式的"非此即彼"的思考意味着排中的效果,意味着两个概念之间完全不容"第三者"插足。[3] 然而,经验世界告诉我们,现实生活中的"第三者"绝非稀有,过渡阶段或是混合类型亦是广泛存在。单纯的概念思维根本不足以配合既有的现实情势,也根本不足以把握这些复杂的类型。唯有在开放性的类型思维之下,我们才能真正理解所谓的中间形态与混合形态。

刑法上"持有"犯罪的性质一直处于激烈的争辩之中。[4] 传统刑法理论将行为区分为"作为"与"不作为"两种形式。相当多的学者基于固有的思维模式,总是试图将

---

[1] 参见〔德〕卡尔·拉伦兹:《法学方法论》,陈爱娥译,台北五南图书出版公司1996年版,第370页。
[2] 参见〔德〕亚图·考夫曼:《类推与事物本质——兼论类型理论》,吴从周译,台北学林文化事业公司1999年版,第111—113页。
[3] 此乃形式逻辑之"排中律"。关于形式逻辑之具体讨论,可参见金岳霖:《形式逻辑》,人民出版社1979年版,第3页以下。
[4] 关于"持有"之性质问题,刑法学界有三种意见:一种意见认为,"持有"可归入"作为",第二种意见认为,"持有"可归入"不作为",第三种意见认为,"持有"乃介于"作为"与"不作为"之间的第三种行为方式。关于此点,可参见熊选国:《刑法中行为论》,人民法院出版社1992年版,第125页;张智辉:《刑事责任通论》,警官教育出版社1995年版,第124页;储槐植:《刑事一体化与关系刑法论》,北京大学出版社1997年版,第411页以下。

"持有"要么解释为"作为",要么解释为"不作为"。的确,从传统的概念式思维出发,"作为"与"不作为"是处于对极地位的两大概念,两者之间根本不可能存在中间道路。然而,当我们转换思维,不再将"作为"与"不作为"看成是两个对立的、彼此隔绝的概念,而看作是两种行为的类型,我们就很容易理解,它们之间完全可能存在"中间类型"。事实上,持有便正是这样一种中间类型。"持有"的先导是一种"作为",但"持有"的状态本身不是积极的作为,而是更多地类似于"不作为"。仔细追究起来,此种状态又与"不作为"存有区别:不作为以特定义务为前提,而状态本身的存在则与作为义务并无关系。由此看来,"持有"既似作为又似不作为,但既非作为又非不作为,其在实质上是处于作为与不作为之间的"中间状态",属于两大类型的边缘结合地带,是一种典型的"中间类型"。从物质的存在形态出发,完全可能有三种类型:动、静、动静相融。如果说"作为"是一种动,"不作为"是一种静,"持有"就是一种动静相融。[1]

还必须指出的是,刑法中不但有许多中间类型的存在,而且有相当多混合类型的存在。如果说,中间类型是一种处于两种类型之中间地带并具有"过渡性质"的类型,混合类型则是一种"兼而有之"的、两种不同类型结合而成的"统合性质"的类型。例如,传统刑法理论认为主观罪过应区分故意与过失,但司法实践中出现的"复合罪过",便是一种故意与过失兼而有之的心态。[2] 再比如,前述的行为类型的区分,刑法学将行为区分为作为与不作为。但是,翻开《刑法典》,我们会发现不少犯罪的实行行为,是由作为与不作为两种形态结合而成,这便是所谓的"混合行为犯"。[3] 不管是"混合罪过"还是"混合行为犯",都是相当典型的"混合类型。"

(四)意义性思维

1. 有弹性的要素组合

概念乃经由语言或文字,将所欲描述对象的特征予以穷尽地归纳而形成。在一个事物是否可涵摄于该概念时,要判断的是,该对象是否逐一具备概念系统所内含的所有特征。如果所有特征均具备,这一事物便可径直地与概念对接,并被该概念所描述;反之,只要任意一个要素不具备,事物便无法被该概念所涵摄,而不得不被排斥于该概念之外。这样的思维方式,可被视为是一种"集合填充式"的操作。

类型同样是要素的集合体。但是,在事物能否归属于类型的判断中,重要的却并非是个别特征的逐一吻合。在不同的个案中,个别事物可能在某一要素上显现出程度上的减弱,甚至是完全欠缺某一要素,却不至影响其类型的归属性。

Wilburg 在他关于德国和奥地利的损害赔偿法研究中最早触及了此点。他认为,"损害赔偿责任可以归结到多个要素上,它们以不同的方式及强度相互结合而构成赔偿义务的根据"。因此,在损害赔偿问题上,Wilburg 彻底放弃了提出确定的要素目录的

---

[1] 参见储槐植:《刑事一体化与关系刑法论》,北京大学出版社1997年版,第412页。
[2] 参见储槐植:《刑事一体化》,法律出版社2004年版,第393—407页。
[3] 参见熊选国:《刑法中行为论》,人民法院出版社1992年版,第121页。

努力,而以下述设想代替之——以其各种不同变化形态而显现出来的"诸要素的协作"。如此一来,在能否引起损害赔偿责任的问题上,并不存在某种固定的、缺一不可的要素衡量框架,相反,实际上是某种"可变的体系"——一种以不同方式及强度相结合的要素体系——在起着支配性的作用。[1]

Wilburg 的此种"可变体系"的思想,受到了 Larenz 言辞至极的称赞。在 Larenz 看来,这种可变体系与传统注释法学或概念法学所强调的固定体系有着极大的不同。在固定体系中,强调的是某些不可动摇的固定观点,这些观点被概念视为是千真万确的"真理"。在这一固定的体系内,只有非此即彼的可能性,不像可变的体系,基于构成要素的共同作用,有各种不同的组合可能性,有着或多或少的可能性。再进一步,Larenz 还明确指出,可变体系的思维形式,与类型思维具有内在的相似性。因为,类型所代表的,正是其特征的可变性,中间层级的可能性,以及不同的"特征组合"的可能性。一个类型并非由多个特征的总和来加以确定,相反,它是一种有机的组合,一种具有弹性的特征之有机组合,一种有意义的结构性整体。[2]

与上述学者类似,Leenen 也将类型解为一种"有弹性的复数要素之组织",Engisch 则强调,类型中多数因素的可变性及其在程度上的差别性等特质。[3] 如果我们将上述论述中的"有弹性"换作"可变的","要素"通称为"因素",就会发现,就思维形式而言,他们的论述具有基本的一致性。

由此看来,虽然概念式思维与类型思维同样关注要素,但是,在对待要素的态度上并非一致。对于概念而言,不但要素的数量是固定的,而且要素的组合方式也是固定的,此种组合关系就是"总和"或"相加"。经由一个个要素的累积,每一个要素的逐一具备,概念的形象得以形成。从这种简单相加的模式中,也可看到,要素与要素之间缺乏某种整体性的联系,要素与要素是彼此孤立的存在,相互之间缺乏意义性的关联。与之不同的是,在类型的思维当中,要素的数量并非总是固定的,在特定情况下可以缺乏个别要素,也并不至于影响类型的整体形象。同时,要素与要素之间乃是一种弹性的组合关系,存在或多或少的变化可能。这种变化乃是基于,在不同的个案中,部分要素可以在程度上减弱甚至整个欠缺,而其他要素则可能在程度上不断加强,如此一来,就可能演化出要素间的不同组合方式。再进一步,类型虽然由要素组成,但是类型并不等于要素的简单相加,并非由"特征的堆砌"所形成,而是一种基于"要素间的相互协作"所形成的结构性整体。要素与要素之间,并非孤立或零散的关系,而是处于一种紧密的相互作用之中,一种有机的结合之中。由此,必须特别留意要素之间的意义关联。

---

[1] *Wilburg*, Die Elemente des Schadensrechts, S. 26, 28, 参见〔德〕卡尔·拉伦兹:《法学方法论》,陈爱娥译,台北五南图书出版公司 1996 年版,第 385—386 页。

[2] *K. Larenz*, Methodenlehre der Rechtswissenschaft, 5. Aufl., Berlin, 1969, S. 20, 转引自吴从周:《类型思维与法学方法》,台湾大学法律研究所 1993 年硕士论文,第 42 页。

[3] 参见〔德〕卡尔·拉伦兹:《法学方法论》,陈爱娥译,台北五南图书出版公司 1996 年版,第 385 页。

2. 整体图像

然而,如果认为类型并非是要素的固定组合,同时,在事物能否归属于类型的问题上,当重要的并非是个别特征的逐一吻合时,下面的两个问题便不可回避:(1)当类型呈现出不同要素的弹性组合状态,因而并不存在绝对必要的、不可舍弃的要素时,"类型"仍然得以维持的关键是什么?换言之,为什么不同的要素组合形态仍然能够在观念上收归到"同一个类型"之下?某个特定要素欠缺时的组合形态,是在什么意义上仍然可以与完全的要素组合形态相等置?(2)与上一问题相连的是,在对象能否归属于特定类型的判断中,是何种终局性的标准决定了类型的归属?特别是,当现象之间经由流动的过渡而相互连接,在现象之间并不能提供区分的固定界限时,是什么使得"对象是否归属于类型"的判断仍然得以可能?

不难看到,上述两个问题实则一体两面,都可归结到对类型得以维持的基础的追问。只不过,在问题意识上略有不同。前一问题,乃是着眼于类型要素的组合关系,后一问题,则立足于对象与类型的归属关系。对于上述问题,传统类型论者的回答是,类型乃是某种弹性的要素组合结构。特定类型性的维持,其基础在于,由要素以不同数目或强度相结合所呈现出来的"整体图像"。同时,也正是此种"整体图像",在要素能否归属到特定类型的判断中,起着决定性的作用。关于此点,*Larenz* 的论述可谓精准:"某一对象是否应归列于某一类型中,并非根据该对象是否包含了所有被视为无法放弃的特征来加以决定,而是取决于:是否被视为典型的重要特征以某种数目与强度存在,使得该对象在'整体上'符合类型的外表图像。"在评述特定契约是否归属于特定契约类型时,他进一步指出,重要的倒不是个别特征的逐一吻合,具决定性的毋宁是"整体形象"。[1]

然而,"整体图像"仍然是某种暂时的回答。我们完全可以再次追问,到底是什么建构了此种整体图像?当要素呈现出不同数目与强度的组合时,当对象缺乏某种要素而仍然得以归属到特定类型时,是什么决定了,它们之间仍具有基本的"家族类似"?此种"家族类似"得以成立的根基何在?

3. 评价观点

对于上述的追问,可能的回答只能是——某种主导类型构建的"评价性观点"。这不但是类型得以维持其"整体形象"的基础,而且是不同对象之间(特别是典型对象与欠缺部分特征的对象之间)具备家族类似性的关键。对此,*Strache* 早就指出,没有重要性观点或评价观点,类型根本无法被想象。[2] 而 *Leenen* 则更进一步指出,*Strache* 将重要性观点或评价性观点并列,指出了法学上类型建构的要素。在此,经验的现象系在规范性标准的角度下被"联结看待";现实被理解为有关当为要求的对象范围,因而在

---

[1] 参见〔德〕卡尔·拉伦兹:《法学方法论》,陈爱娥译,台北五南图书出版公司1996年版,第384页。
[2] *Karl-Heinz Strache*, Das Denken in Standards. Zugleich ein Beitrag zur Typologik, Berlin, 1968, S.46,转引自吴从周:《类型思维与法学方法》,台湾大学法律研究所1993年硕士论文,第36页。

评价观点下被理解。法律类型系由总结法律上"有同等意义"的现象建构而成。[1]

的确,在事物存在多面意义的前提下,评价性的观点至关重要。我们总是站在某一角度,或是基于某种目的把握社会生活中的生动事实。对同一现象,不可否认地存在从不同径路予以观察和抽象的可能,由此,对同一现象也可以在不同的考虑下被类型化地加以掌握。一个简单的买卖行为,在社会学、经济学和法律学上,就可能会被提炼为不同的类型。这完全是基于相异的考察视角、学术兴趣与目标定位使然。由此可见,评价观点在一个类型的建构中,实在是有着关键性的意义,正是在一定的评价观点之下,不同对象才得以结合为一个可以统一把握的整体,并在价值上开始被同等对待。不同对象才得以摆脱其形式上的束缚和差异,并谋求某种意义上的连接。由此,在"整体形象"的基础这一问题上,在对象能否归属于类型的终局标准这一问题上,就只能回溯至"类型建构的价值观点"这一本源。

在上述意义上,类型显示出某种非同寻常的思维特性。亦即,在判断某些类型要素的缺乏是否足以导致类型性的丧失时,在判断一定对象能否归属于类型时,必须不断回溯至主导类型构建的评价观点,并在此种观点下评定它们之间是否具有类似性。正是在此种价值观点下,不同的要素组合、相异的存在对象,才得以在意义上连接起来。我们可以把类型思维的这一特质,称之为"意义性"。

然而,当我们肯定类型思维的意义性时,一个问题随之产生——概念思维是否同样具有意义性?特别是,当概念的建构同样着眼于特定的目的,并负载着评价而形成时,我们应如何看待它与类型思维的关系?应当承认的是,在概念建构的过程中,的确存在着特定的价值指导。我们是在一定的价值目标下,来抽象和提炼概念的组成要素。换言之,概念形成的过程,就是在某种特定的评价观点下,去挑选那些对评价而言特别重要的、最具代表性的、并足以详尽掌握被评价之对象范围的要素特征。但是,一旦这些特征被固定、被组合完毕并被明确表达,也即,一旦概念已经被建构起来,在概念的适用过程中,就原则上不再考虑概念形成中的价值观点。此时,最为重要的是每个要素是否逐一具备。因为,要素被认为蕴含着特定的评价观点,要素的吻合与否,便代表着评价观点的满足与否。由此,在概念适用的过程中,主导其构建的价值观点开始隐而不显,它被挑选出的形式要素所取代。在概念判断中,不允许无节制地回溯至其构建观点,它已经在要素特征的限度内伴随性地、附带性地被考虑。也正是基于对要素的固守,在概念的适用中,关注的焦点便自然落在"用以界定特征或要素的语言及其含义",落在所谓"可能的文义范围",并以"可能的文义"取代了对评价观点的重视。然而,必须看到的是,在特征、要素与其内含的意义观点之间,并不一定呈现出价值上的对应关系,而是完全可能出现紧张与断裂:一方面,基于词与物的分离,在特征的界

---

[1] *Leenen*, Typus und Rechtsfindung, Berlin, 1971, S.43, 转引自吴从周:《类型思维与法学方法》,台湾大学法律研究所 1993 年硕士论文,第 36—37 页。

定中,语言含义完全存在偏离、疏漏或溢出评价观点的可能,由此造成词不达意(价值);另一方面,即使在概念的塑造中,特征忠实地传递了价值,但生活经常会产生新的创设或淘汰,由此使得过分僵化的语言表达不能适用社会的变化,无法包容或祛除特定的对象。一旦出现上述紧张与断裂,概念式思维立即倾向于放弃价值思考,而退回到形式语言的立场,坚守那些被固定的要素特征及其所表达的语言含义。

与之不同,在类型式思维之中,评价观点始终处于主导地位。这不仅在类型建构的过程中得以体现,而且在类型运用、对象的归属性判断中亦充分展现。正如前述,在对象能否归属于特定类型的问题上,并非取决于每个要素是否逐一具备。相反,重要的倒是,对象是否符合类型的整体图像。而整体图像得以维持的基础,则在于主导类型构建的价值观点。因此,在类型适用的过程中,对于价值观点而言,要素仅具有指示性的意义,要素仅仅是作为评价观点形式的、暂时的固化。每一个特征并非都是不可舍弃的,只要根据其他特征的显示程度,对象在评价因素之下仍保持其价值的一致性即可。既然具体特征都是可以放弃的,用以描述这些特征的语言含义,并不构成决定性的界限。类型归属性的判断,既可能遵循语言的文义,也完全可能脱离语言的文义。在作为类型基础的价值观点面前,要素、要素的语义范围都不构成有约束力的标准,相反仅处于次要性的地位。

在刑事法上,刑事责任年龄的规定,显示了一种典型的概念式思维。一般认为,人只有在达到一定年龄之后,才具备对行为的辨认与控制能力,而只有具备这两种能力,方有追究犯罪、承担责任之必要与可能。正是基于这样的规范目的,同时,也考虑到我国儿童的发育状况、教育水平、社会化程度等具体因素,刑法将刑事责任年龄区分为三个段落:未满14周岁、已满14周岁未满16周岁及16周岁以上,并分别确定为完全无刑事责任时期、相对负刑事责任时期、完全负刑事责任时期。尽管在这几个时间节点的确定上,必然渗透着一定的价值指导,但一旦它们在立法上被规定下来,就会得到绝对的定义式操作。哪怕相差一天、一个小时,也必须被严格地区别对待。尽管在未满14周岁的人群中,个别人因为早熟等因素早已获得了辨认与控制能力,但是,概念式的规定必须被毫无疑义地执行。换言之,一旦概念得以形成,概念的特征及表达此种特征的语义,就成为判断概念归属的终局性标准。任凭一个对象如何地贴近其价值核心,只要其不在文义范围之内,就必须加以排除;而不管一个对象如何偏离其评价观点,只要其仍在文义范围之内,就必须加以涵摄。此时,绝不允许司法者流连顾盼于那处于概念之后的价值观点,更不允许以价值为名超越既定的语言形式。

相映成趣的是,当我们在民法上考虑一个"没有能力完全自我负责地参与法律行为"的人的范围时,出现的则是一种类型式的图像。这其中,在交易上尚无经验、容易不经考虑便擅作决定的少年人,构成了它最为重要的一群;也可能是,尽管已经成年,但发育迟缓、智力不足因而仍需加以保护的那个群体。相反,那些虽尚未成年,但特别聪明、交易上机智敏捷的早熟青年,却并不需要法律加以保护。在此,我们无法找到某种单独的、完全能代表客观评价的构成要件特征,因此,并非某一个特定的概念式特征,而是"保护需要性"这个评价观点决定了类型的归属。此时,尽管不同对象在形式上有着纷繁复杂的差异,但还是可以扬弃这些形式上的差别,进而获得一个关于人的范围的一致性。所有的对象,都在"保护需要性"这一意义脉络上得以连接。

四、"类型"的逻辑结构

(一) 概念的涵摄模式

早在1936年,逻辑学家 Carl. G. Hempel 与 Paul Oppenheim 就合作发表了《现代逻辑观点下的类型概念》一书。在该书中,不仅对传统的概念思维(分类概念)在逻辑上的缺陷与困难提出了尖锐批评,而且更基于此种自觉,进一步提出了类型思维(次序概念、层级概念)的理论设想与逻辑架构。可以说,直到今天,在概念与类型的逻辑结构这一问题上,这一著作仍然无法以任何方式被绕过,给人以深刻启迪。

在该书的一开篇,Hempel 与 Oppenheim 就开门见山地提出了两种不同逻辑形式的范畴:一种是传统逻辑所广泛运用的分类概念(Klassenbegriffe);另一种则是所谓的次序概念(Ordnungsbegiffe),或称层级概念(Abstufbarebegriffe)、类型概念(Typusbegriffe)。在他们看来,这两种概念对于把握生活现象而言,乃各有胜算。然而,传统逻辑学却完全忽视了后者的存在,而以前者为专宠。如此一来,"当经验所呈现给我们的对象特征,系经由可能的中间形态,不断连续排列且毫无明确界限地相互连接着时,科学的概念(即两位作者称为分类概念)却欲依其功能描绘呆板固定的形式,而在流动过度的地带划分明确的界限,因而导致根本无法适当地描述那些含有各种连续性的经验。"[1] 这主要是因为,分类概念只能肯定或否认某一现象是否具备概念特征,由此得出非此即彼的结论。而其实,"在这两种极端的可能性之间,存在着许多的中间层级。亦即,通常一种特征系以或多或少的程度归于某一现象。因此,以分类性概念来描述科学研究的经验现象,必然会对经验对象之层级性特征施加暴力。"[2]

的确,概念(分类概念)乃是透过穷尽地列举所有特征来加以严格的定义。在对象与概念的关系上,只有两种可能性:要么,对象充分地、逐一地满足所有特征,因而可以将对象涵摄于特定概念之下;要么,对象在任意一个特征无法满足时,就无法被涵摄于该概念之下,便整个地、绝对地被排除在该概念之外。换言之,对象**不是**具备规定特征而得以适用该概念,**就是**不具备规定特征而不能适用该概念,绝无第三种中间可能。在对象与概念的关系上,如果对象能够被概念涵摄,两者即被视为"同一",如果对象不

---

[1] Hempel/Oppenheim, Der Typusbegriff im Lichte der neuen Logik, S1,转引自吴从周:《类型思维与法学方法》,台湾大学法律研究所1993年硕士论文,第26页。

[2] Hempel/Oppenheim, Der Typusbegriff im Lichte der neuen Logik, S2,转引自吴从周:《类型思维与法学方法》,台湾大学法律研究所1993年硕士论文,第57页。

能被概念涵摄,两者即被视为"相异"。在此对象与彼对象的关系上,如果都能涵摄于特定概念之下,就被完全等同;如果此对象能够涵摄而彼对象不能涵摄,则被完全区别对待。质言之,在概念的世界中,只有"同"与"不同",没有"类似性"可言。对此种逻辑形式,我们可称之为"非此即彼"的涵摄模式。

在逻辑学上,这是一种典型的"单值逻辑"。要么"是",要么"不是",要么"符合",要么"不符合",要么"白",要么"黑"。也就是说,在"谓语"表达上,它具有"一元性"或"单值性"的特征。因此,我们可以将此种传统的概念逻辑,称为是"一元的谓语理论"、"一元的命题函数理论"。从逻辑形式上讲,这种分类概念意味着,"一个客体 X 若且唯若在下述情形下,才能被称之为 ϕ 之对象:即在它具备 F 之特征时。详言之,对每个可能值 X 而言,若且唯若 F(X) 为真时,X $\varepsilon \phi$"。[1] 从中可以看到,对于一个概念的适用而言,F 特征乃充分且必要的条件,当且仅当 F 具备之时,对象才能涵摄于特定概念。对于该特定概念而言,F 构成了强制性的最低或最高要求,也可谓唯一要求。

(二) 类型的归列模式

在 Hempel 与 Oppenheim 看来,传统逻辑无法超出分类性概念的形成模式。它尝试着把每一种科学的概念形成,都挤进分类性的形成模式中,或者至少也经由与分类性的标准相比较并加以描述。尤其是,它将"无固定界限的类型"(其容许与相邻类型间有流动过度)理解为退化的、不明确的分类概念。因此,区分类型的整个程序,就变得仿佛是偏离了唯一正确的分类概念这条正路的学术概念似的,毫无价值可言![2]

而事实上,这种试图在事物之间划分出明确界限的传统逻辑思维,却可能忽略了生活现象之间的流动过渡,忽略了每一个中间地带迷人的隐约之处。因此,此种思维并不足以帮助我们把握所有的事实经验。相反,一种类型式的思维,却有助于我们去真正进入事物之间复杂的连接状态。类型思维所强调的不同强度的层级性特征,正可以弥补概念思维留下的罅隙。透过此种层级性,我们看到的是,对象不仅可以具备或者不具备某种要素,而且在逻辑上还存在"或多或少"地具备某种要素之可能,或者说,还存在要素以"或多或少"之程度来归给某一对象的可能。同时,根据此种特征在不同对象之内显现程度的强弱,可进一步发现在对象之间所形成的某种次序性的排列状态。对象彼此之间并无僵硬的格栅,而是某种渐进性的过渡。如此一来,在对象能否归属于特定类型的问题上,我们无法依照传统的概念式思维,仅视对象是否具备所有的固定要素而定。相反,需要考察的是,该对象是在何种程度上具备某特定要素,由此在"整体形象"的指导下,能以何种程度归入某一类型。质言之,这里所涉及的,乃是一种比较意义上的程度关系,一种比较意义上的判断操作,而绝非简单的"是"与"非"、

---

[1] *Hempel/Oppenheim*, Der Typusbegriff im Lichte der neuen Logik, S13,转引自吴从周:《类型思维与法学方法》,台湾大学法律研究所 1993 年硕士论文,第 58 页。

[2] *Hempel/Oppenheim*, Der Typusbegriff im Lichte der neuen Logik, S15,转引自吴从周:《类型思维与法学方法》,台湾大学法律研究所 1993 年硕士论文,第 59 页。

"黑"与"白"。在"是"与"非"之间,还存在无数的中间可能性;在"黑"与"白"之外,亦存在大片的程度不同的灰色空间。类型的此种逻辑形式,可称之为"或多或少"的归列模式。

同时,在对象与类型、对象与对象之间的关系上,类型思维亦与概念思考不同。在"完全相同"与"完全不同"这两种逻辑可能之外,类型更多地是在"类似"的意义上来理解上述关系。一个对象之所以被归入类型,是因为其与类型具有"整体图像"上的类似性;而之所以不被归入类型,则是因为它与这一"整体图像"偏离太远。归入类型的对象与对象之间,并不被视为是完全相同,而只是在"评价观点"的框架内大致相似;归入的对象与不被归入之间,也并非完全相异,而只是在某一重要的价值观点下无法等置。

在现代逻辑学上,类型的此种"或多或少"的思考模式,正是一种"多值逻辑"。也即,在"是"与"非"、"白"与"黑"、"符合"与"不符合"等二元对立的逻辑选项之间,还承认广阔的中间情形,我们可称之为"二元或多元的谓语理论"、"二元或多元的命题函数理论"。在 Hempel 与 Oppenheim 的研究中,对这样的逻辑结构进行了补充说明。在他们看来,在次序概念(类型)中,层级性的特征使考察对象呈现出一种序列性的排列状态。这种排列秩序的形成,必须至少采用两个基本函数(G 与 V)方能描述。他们用 G(X,Y) 表示在满足某种条件的前提下,X 与 Y 在该序列中的位置是相同的。他们将此种位置关系称为是可移转的、对称的关系;同时,他们又用 V(X,Y) 表示在满足某种条件下,X 与 Y 在该序列中的位置是前后的,此种位置关系被称为是不可移转的、非对称的关系。在此,Hempel 与 Oppenheim 采用二元函数理论,强调了对象 X 与 X 在位置关系上至少具有二元性,甚至是多元性。同时,他们进一步提出,G 与 V 是互相连接的,这样的一组{G,V}关系,就形成了一种排列的顺序。"这种排列顺序是一组关系,……例如,'同等重量的,较轻的'这组概念,就是一种排列顺序。"[1] 由此,"一个分类性特征的概念是一个一元的谓语,而一个层级性特征的概念则是一种次序排列。"[2]

五、"类型"的类型化

从类型本身的不同意义出发,可以对类型再进行类型学的分析。显然,由于事物的意义是多元的、再生的,甚至是难以穷尽的。因此,观察角度、学术兴趣、目的诉求等往往是决定如何区分的关键,因此,对类型的区分不可能是穷尽的,随着强调重点的不同,会有很多的变体。下面的分析仅仅是基于与法、刑法的密切相关性而展开的。另

---

[1] *Hempel/Oppenheim*, Der Typusbegriff im Lichte der neuen Logik, S31, 参引自吴从周:《类型思维与法学方法》,台湾大学法律研究所 1993 年硕士论文,第 61 页。

[2] *Hempel/Oppenheim*, Der Typusbegriff im Lichte der neuen Logik, S32, 参引自吴从周:《类型思维与法学方法》,台湾大学法律研究所 1993 年硕士论文,第 61 页。

一方面,必须强调的是,这里的区分仍然是某种类型意义上的区分,而非概念意义上的区分,即我们并不认为下述的类型之间,有着固定的、刚性的界限,只能进行非此即彼的选择。相反,它们之间的区分只是在大致的或一般的意义上成立,彼此之间也完全存在相互转化的可能。这里的描绘,仅仅是针对其整体图像而展开。

(一)经验类型与理念类型

首先可以提出的是,类型可被区分为"经验类型"与"理念类型"。这是在法学上最为重要的区分之一。

所谓的"经验类型",也可称之为"实际类型"、"生活类型",系指在经验的意义上被把握,而且以尽可能符合现实的方式来描述生活现象为目标而建立的类型。而所谓的"理念类型",虽然也是以掌握现实为目标,但却更是在这一目标之上附着了想象,附着了思想的创造,附着了一定的价值观点而建构形成的类型。必须看到的是,这两种类型都是从现实出发,以事实和经验为基础。即使是理念类型也不可能完全摆脱现实。但是,在现实与理念、存在与当为、实然与应然、经验与价值的关系上,两者有着迥然不同的权衡:在"经验类型"的建立中,始终是以现实为基点,以存在为根据,以经验为依托。其最高诉求定位于"忠实还原"。尽量只做事实描述,而不作价值判断,追求价值无涉;而在"理念类型"的建构中,则是以理念为诉求、以当为为主导、以价值为旨归。在这种类型的世界中,现实仅仅是思想的一种参照,供作对比之用。对现实的把握,对生活原型的发现,只是此种类型构建的第一步。在此基础上,还必须加入主体的评价、目标与诉求,由直观的类型进展到由思想掌握的类型。由此,此种类型并非实在的经验,而是一个主体所追求的导像,并非是完全的实存之物,而是应存在之物。主体通过类型之建构,试图在一定程度上引导事实之形成,而不是跟在现实之后亦步亦趋。也因此,在此种类型之中,渗透着强烈的、毫不掩饰的价值追求。甚至可以说,没有主导性的价值观点,就不可能有真正的"理念类型",那只是一个"没有灵魂的躯壳"。

在法的领域里,经验类型与理念类型都构成重要的思考工具。Larenz 富有教益地指出:"由立法者所发现的评价,主要是与立法者所想象的生活类型相关联。这便是为什么在法律发现时,必须一再地回溯到存在于制定法类型背后的生活类型。"[1]这里,Larenz 显然注意到了生活类型与制定法类型的差异。一种是经验意义上的、从生活中还原出的类型;而另一种则是渗入了评价观点和规范目的的理念类型。Larenz 关于契约类型的论述,也再次印证了上述看法:"契约类型在制定法中出现时,它所内含的与现实的关系,大体上就被松开了,它仿佛经过制定法的过滤而被纯化。一般而言,社会学的类型与法学的类型两者并非彼此相同,它们只是彼此对应而已。"[2]当然,强调差

---

[1] K. Larenz, Erganzende Vertragsauslegung und dispositives Recht. In: NJW, 1963, S.740,转引自吴从周:《类型思维与法学方法》,台湾大学法律研究所1993年硕士论文,第49页。

[2] K. Larenz, Methodenlehre der Rechtswissenschaft, 2. Aufl., Berlin, 1969, S.437, 439,转引自吴从周:《类型思维与法学方法》,台湾大学法律研究所1993年硕士论文,第49页。

异并不是为了否认联系,相反,是为了更加清晰地理解此种联系。事实上,法类型绝不能脱离经验类型而存在,它乃是在后者的基础上进一步规范性地加工而成。正因为如此,larenz才强调,在法官的司法适用中,必须不断回溯至作为制定法基础的生活类型,以之为法律发现的界限。

(二) 经常类型与形态类型

在经验类型之内,又有两种极为重要的亚型:"经常类型"与"形态类型"。其中,"经常类型"也被称为是"平均类型",是根据概率性的经验,通过观察大多数个别案件所呈现出来的共同特征而获得。当我们提及某人或某一群人在特定情境下的典型反应时,或者当我们说,对某地域或季节而言,这种气候状态是典型的,我们指的正是经常类型。在此,"典型"的含义,与"依通常的发展可以期待"及"通常"并无不同。[1]另一方面,当我们说图林根的森林是典型的中型山脉,国家音乐厅是典型的中国式建筑时,或者如 Heyde 的例子——典型的荷兰农舍等,我们指的则是或多或少,以其整体足以表现此等山脉(建筑或农舍)特色的情况。然而,这些特征并不是在任何情况下都必须同时存在。在可以归属于此种类型的个别山脉上,这些特征可以不同的强度、以不同的变化或混合形态出现;这些特征彼此紧密相关,而且是以彼此之相互结合,才建构出被理解为类型的特定形态。按照 Kretschmer 的说法,这种意义的类型是"一种比较生动明白的一般形象"。Heyde 则说得更清楚:于此涉及的是"要素整体,质言之,以整体来掌握的一般性。"此种类型既是所谓的"形态类型",或曰"整体类型"。[2]

在刑法领域内,上述两种类型都有极为广泛的运用。在开放的构成要件当中,像过失犯中的注意义务这样的内容,需要法官在司法场域中进行填补。由于没有明确的法律参照,法官必须根据"典型的社会行止",来想象一个"尽必要的谨慎注意义务的人"的形象。在所谓"注意能力"的判断中,也通常需要建立一个"平均人"的参照标准,来帮助法官判断。不难看到,这些"辅助性的思考工具"的构建,不能脱离社会生活中的经验事实,如普遍的社会道德、交易习惯、行为伦理或条理等。质言之,它乃是按照"在社会实践中被接受为正当社会行止的通常标准"及"在社会实践中个体通常具备的注意能力"构建。从这个意义上讲,它们都属于所谓的经常类型或平均类型。在这种类型的适用中,单纯的三段论涵摄程序常常会出现失灵,因为,这些类型并非是以概念形式所界定的规则。毋宁说,它们都只是一些相对模糊的、从典型的社会行止中解得的标准,需要在适用于个案时一再重新的具体化。

在刑事法上的推定制度上,经常性类型也扮演着极为重要的角色。所谓推定,发生在"若有事实 A 的成立,则存在事实 B"的场合。其中 A 被称为基础事实,而 B 被称为推出事实。推定具有极为重要的举证责任分配机能。对此,铃木茂嗣教授作了简洁

---

[1] 参见〔德〕卡尔·拉伦兹:《法学方法论》,陈爱娥译,台北五南图书出版公司1996年版,第378页。
[2] 参见〔德〕卡尔·拉伦兹:《法学方法论》,陈爱娥译,台北五南图书出版公司1996年版,第378页。

明了的说明:"法律的规定包含'若有事实 A 的证明,则存在事实 B'的推定。在这种场合,作为犯罪要件的事实 B 的证明责任就转换给被告,被告负有证明事实 B 不存在的证明责任。……如果被告没有积极的举证,裁判官就必须认定事实 B 的存在。"[1]之所以如此,是因为,推定是以经验法则为基础,推定实际上是经验法则在诉讼证明中的运用,也即,根据经验常识,当基础事实存在时,在绝大多数情况下,推定事实也同时存在。基础事实与推定事实之间,尽管不具有必然性联系,但却存在高概率的共生共存关系。从盖然性角度考察,主张基础事实不能推出推定事实,乃是以异常瓦解通常,以例外否定原则,因而必须提供证据加以证立。由此可以看出,假使某个因果历程符合"典型的事件发展",就可能成为刑事法上推定形成的契机。立法者从生活经验中抽象出这些"典型的事件发展",通过加工整理形成某种推定的类型。也必须看到,这些经验法则也只能作为程度不等的盖然性根据,因为在抽象经验法则时,不可能将所有在个案中会产生影响的特殊情形都考虑进来。因此,在具体案件中以反证推翻"典型的事件发展"的机会,必须始终开放。如果在具体案件中,并无任何情事显示有非同寻常的发展时,就必须肯定,在该个案中的事件发展就恰如"典型的事件发展"。相似的类型运用,在刑事法上的相当因果关系、表面证据等领域中,也常常可见。

此外,在"刑事和解"这样的观念形象中,我们还可以清晰地发现"形态类型"或"整体类型"的运用。对"刑事和解"的理解,主要有两种:一种见解认为,刑事和解就是"将和该犯罪有关的当事人会聚一堂,集体处理该犯罪的影响和将来的过程"。这被称为"纯粹模式"(Purist Model)。另一种见解则认为,刑事和解乃是"通过修复犯罪所造成的损害,从而实现司法的一切活动"。这被称为"最高模式"(Maximalist Model)。[2]在"纯粹模式"的理解中,将"相关当事人会聚一堂"是至关重要的环节。换言之,"会商"与"面谈",乃是和解的核心,不容舍弃。相反,最高模式则并不认为会面商谈不可或缺。在它的理解中,任何措施只要是以恢复被害为目标,并且能够达成修复损害之效果,就应当被视为具备"和解"之内核。可以看到,相比"纯粹模式"而言,"最高模式"可能是一种更为开放的解释。特别是,从世界范围内的现实情况观察,此种理解的张力必定会强于纯粹模式。因为,"刑事和解"内部蕴涵着极为复杂且不断发展变动的结构,世界范围内从未出现、也不可能出现具有普适性的、整齐划一的刑事和解模式。事实上,会面、协商完全可能以不同面目、不同强度的变化形态出现:除了最为直接的当事人直接会面商谈,还存在着"影像和解"、"穿梭外交"等许多变形。[3]"影像和

---

[1] [日]铃木茂嗣:《刑事证据法的若干问题》,载[日]西原春夫主编:《日本刑事法的形成与特色》,李海东等译,中国法律出版社、日本成文堂1992年版,第181页。

[2] 参见黎宏:《刑事和解:一种对传统刑法理念的挑战》,载《和谐社会语境下的刑事和解研讨会文集》,中国人民大学、北京检察官协会2006年主办,第203页。

[3] 参见温景雄:《恢复性司法比较研究》,载狄小华、李志刚主编:《刑事司法前沿问题——恢复性司法研究》,群众出版社2005年版,第132页以下。

解"是双方不直接会面,而通过录音或录像,来传递信息、表达情感与诉求;而"穿梭外交",则是由一个犯罪人和被害人愿意信任的第三人,来开启双方的沟通。此时,双方当事人也不直接会面,而是透过第三人的协助,往返传递各自的意见、需求与愿望,促成当事人的和解。由此,从直接会面到影像和解再到穿梭外交,会面的强度与形式不断变化。但是,我们还是可以清晰地感受到一种以恢复损害为目标、以双方当事人自主协商为手段和解的"整体形象"。

(三)逻辑的理念类型与规范的理念类型

在理念类型之内,也有两种极为重要的亚型:"逻辑的理念类型"与"规范的理念类型"。其中,"逻辑的理念类型"乃是某种纯粹的思维上建构的类型,尤其以韦伯的"理想类型"为代表。韦伯指出:"一种理想类型是通过片面突出一个或更多的观点,通过综合许多弥漫的、无联系的、或多或少存在和偶尔又不存在的个别具体现象而形成。这些现象根据那些被片面强调的观点而被整理到统一的分析结构中。"[1]对这样一种"理念类型"而言,必须把握以下几点:(1)理想类型并非试图全面地反映存在物,而是某种"片面的深刻"。它通过撷取某些刻意强调的个别特征,来型塑对事物的分析框架。因此,"理想类型"不是对社会存在的完整概括,它只是理论家为了分析现象、理解现实而构建的理论模式。(2)与此相连的是,"理想类型"虽然也是从经验中得来,但以其纯粹的形态而言,经验现象中未必有其适例。此种类型更多地是涉及某种"模型"的观念,作为某种"思想的作品"而存在;(3)虽然是某种思考性的创作,"理想类型"也绝非向壁虚构。它的构建仍然源于对经验的观察,只是,它并不一定要与现实世界毫厘不爽,而是在糅合了主体的创造性成分之后,对社会现实的一种抽象的、近似的概括。也唯其如此,才必然会出现"经验类型"与"理想类型"之间的偏离。(4)从功能上而言,"理想类型"主要是提供了一种把握和理解现实的参照,从而构成了某种方法论上的分析框架。通过这一分析框架,我们可以将经验实在与其相比较,"以便确定它的差异或同一性,用最清楚明白的概念对它们进行描述,并且从因果性上对它们进行理解和说明。"[2]换言之,"理想类型"为我们理解、分析和言说现实,提供了一把标尺。它提供了某种理解的中介、比较的框架和言说的方法。诸如"自由的市场经济"、"彻底的计划经济"等理念类型,其构建的根本目的在于,通过这些模型,使得各典型特征的呈现更为清晰,并借助与这些纯粹类型相比较,更能理解现实生活中所遭遇的混合形式。

另一方面,"规范的理念类型"则是法学上更为重要的一种亚型,Larenz 尤其对这一类型情有独钟。而在其他一些学者的研究中,这一类型则常被简略为"规范类型"。通常,在立法者试图对某些特定对象进行规范时,他必须首先对欲规范之对象有所了

---

[1] 〔德〕马克斯·韦伯:《社会科学方法论》,杨富斌译,华夏出版社 1999 年版,第 186 页。
[2] 〔德〕马克斯·韦伯:《社会科学方法论》,杨富斌译,华夏出版社 1999 年版,第 140—141 页。

解,他必须先形成一个拟规范之生活现实的图像。在此,经验类型(特别是经常类型、形态类型)提供了某种必要的、取向上的帮助。这一图像的形成,不仅使得立法者对素材有了更为清晰明确的认识,而且进一步为规整的方向提出了指引。然而,这种经验类型并不能直接进入法律。通常,它还必须在某种特定的法律观点下,亦即立法者的某种评价标准之下,经历适当的改造与锤炼。因为,法律的任务主要不在于详尽地描述现实、忠实地反映经验,而在于正确地去规范、去形成这些事实。Jellinek 曾率直地指出:"它(指规范类型——引者注)不是存在物,而是应存在物。它是一个个体所追求的导像,也是一种据以评价个体之评价标准。换言之,它在本质上具有目的论的意义。"[1]因此,在经验类型的基础上,进一步予以规范评价上的目的论改造,方能形成"规范的理念类型"。此种规范的理念类型,并非现实世界的原型,也并非现实世界的反映型,而是一种"模范型"。在立法者有意强调和刻意的放弃之间,它饱含着行动主体自己的创造、意念与欲求。正是在这一意义上,我们才能领会 Engisch 的箴言:"并非以典型的方式出现过的现象,而是被假定并且期待为典型地将出现的现象,才是规范内容的内在标准。"[2]

在刑法上,像"累犯"这样的范畴,就属于典型的规范类型。现实世界中,一个人再次犯罪或重新犯罪,是我们可以普遍感受到的状况。然而,从经验上考虑,这里面还有相当复杂的变形:重新犯罪可以是犯同样的罪行,也可以是犯不同的罪行;重新犯罪可以是严重罪行,也可以是轻微罪行;重新犯罪可以仅仅是犯两次罪行,也可以是"三进宫"、"四进宫"、"N进宫";重新犯罪可以是在较短时间内连续犯罪,也可以是在一个极为漫长的人生内重复犯罪,由此形成一种犯罪的"职业生涯";重新犯罪可以是以犯罪为谋生的基本手段,从而构成所谓的"常业犯",也可以是养成了某种犯罪的习性,但并非以之为谋生手段,即所谓的"常习犯"。在这些纷繁复杂的变形中,可以提炼出诸如犯罪性质、犯罪严重程度、犯罪次数、犯罪间隔时间、犯罪驱动因素等许多特质,随着观察角度的变化,这些特征甚至可以不断举出、无法穷尽。然而,立法者规制累犯并特别地加重其刑罚的基础却在于,累犯乃具有高度人身危险性的犯罪人类型,因此,在同样的行为表现下,其责任程度更高,犯罪预防的必要性也更高。[3] 如果摆脱"人身危险性"这一核心,就无法对累犯的本质做出恰当的说明。因此,立法者在上述特征中,根据这种规范性的评价观点,挑选出最能表征人身危险性的特征,如犯罪严重程度、犯罪

---

[1] 吴从周:《类型思维与法学方法》,台湾大学法律研究所 1993 年硕士论文,第 49 页。
[2] K. Engisch, Die Idee der Konkretisierung im Recht und Rechtwissenschaft unserer Zeit, S. 283,参引自吴从周:《类型思维与法学方法》,台湾大学法律研究所 1993 年硕士论文,第 50 页。
[3] 关于责任主义的含义与定位,更为详尽的分析可参见张明楷:《外国刑法纲要》,清华大学出版社 1999 年版,第 37—39 页。

间隔时间等要素,构筑起关于累犯的规范类型。[1] 从中可以看出,累犯的表现形式系得之于经验,因而以经验性类型为其基础。然而,在选择标准的"表现形象"及详细地界分类型时,规范背后的法律思想有着决定性的作用。质言之,其正是基于规范性的观点来从事选择与界分。

逻辑的理念类型与规范的理念类型之间具有共性,即它们都与经验类型保持适度的距离。在两者的构建中,都融入了主体的评价、目标与诉求,渗透着强烈的、毫不掩饰的价值追求。但是,两者的区别也是明显的:逻辑的理念类型是一种"思维的创作",更多地是作为某种方法论上的分析模型而存在,并不具备任何规范的、实证法的形态;而规范的理念类型则经由经验类型的必要改造,完全进入了制定法的框架,具备制度上可以辨识的、实证性的表达形式。

六、类型与概念的基本关系

在上面的分析中,通过与概念之间的比较,我们对类型的特质获得了一定的认知。于是,一个问题马上变得不可回避:类型与概念之间的关系应如何定位?类型与概念是两种相互独立的思维,抑或事实上无从区分?进一步地,如果两者之间具有相对的独立性,它们是处于某种紧张与对立的状态,还是应谋求密切的合作与互补?

诚如上述,从 Radbruch 以降直至 Kaufmann 的学术主流,都是立基于"传统类型论"。也即,将类型思维定位为全然不同于传统概念思维的一种新的思考方式,并着力突出两者的不同特质。但事实上,在传统类型论的确立过程中,却始终遭遇到概念思维的强烈阻击。Bydlinski、Zippelius、Kuhlen 等学者站在某种统合性的概念思维的立场上,试图全面消解概念与类型之间的对立,由此显现出"传统类型论"与"批判类型论"、独立论与统合论的激烈对抗。基于这样的知识背景,深入到这一交错绵延的学术脉络之中,对正反观点予以仔细梳理与评析,还是极为必要的。

进一步说,在对学说观点进行清理之后,更为核心的工作仍在于,如何摆正概念与类型之间的关系。笔者的基本看法是,这两种思维之间虽存在明显差异,但绝非简单地相互排斥或相互统合,而是处在一种彼此配合、交互补充的关系之中。如果我们稍微变化一下康德的名言,就将明了:概念没有类型是空洞的,类型没有概念则是盲目的。[2]

---

[1] 在各国刑法上,关于累犯的构成条件有着极为不同的规定。可以认为,犯罪的重复多次(3次以上),或是犯罪驱动原因这样的要素,已经溢出了累犯的基本要求。因而,各国累犯成立的共通性条件,基本集中在犯罪行为的严重性及前后间隔时间两点。更为详细的介绍,可参见张明楷:《外国刑法纲要》,清华大学出版社1999年版,第413—414页。

[2] 参见〔德〕亚图·考夫曼:《类推与事物本质——兼论类型理论》,吴从周译,台北学林文化事业公司1999年版,第119页。

(一) 类型与概念的差异

作为某种后起的思维形式,欲在概念思维一统天下的格局中占有一席之地,类型必须具有独特的性格。这也是传统类型论者所着力强调的。虽然,相较于个别事物而言,概念与类型都是抽象而普遍的思维形式,都是在反复出现的事物中提炼出重要特征而形成,但是,两者的差异还是较为明显的。我们可以简单总结如下:

1. 概念的特征在数目上是僵化固定的,容不得随意增减。同时,特征与特征之间的组合方式也是固定的,此种组合关系就是"总和"或"累积",由此,要素与要素之间缺乏明显的逻辑关联或意义联系。与之不同,类型的特征在数目上只是相对固定的,在特定情况下可以缺乏个别要素,也并不至于影响类型的整体形象。同时,要素与要素之间乃是一种弹性的组合关系,存在或多或少的变化可能。要素与要素之间并非孤立零散的关系,而是处于紧密的相互协作之中,构成某种结构性的整体。

2. 基于上述特性,在对象与概念的关系上,体现出"非此即彼"的择一判断。要么,对象逐一符合概念的全部特征,从而可涵摄概念之中,与概念同一;要么,对象只要不符合概念中的任一特征,便被完全排斥在概念之外,与概念殊异。在这两种情形之外,绝不存在第三种可能。而在对象与类型的关系上,则可能呈现出"或多或少"的程度性判断。对象不仅可以具备或者不具备某种要素,而且在逻辑上还存在"或多或少"地具备某种要素之可能。或者说,还存在要素以"或多或少"之程度来归给某一对象的可能。此时,需要考察的是,该对象是在何种程度上具备某特定要素,由此能否在"整体形象"的指导下归入某一类型。质言之,这里所涉及的,乃是一种比较意义上的判断操作。

3. 在对象与概念的关系判断之中,价值观点隐而不显,它被挑选出的形式要素所取代。在概念判断中,不允许无节制地回溯至其构建观点,它已经在要素特征的限度内伴随性地、附带性地被考虑。与之不同,在类型式思维之中,评价观点始终处于主导地位。类型整体形象得以维持的基础,正在于主导类型构建的价值观点。因此,在类型适用的过程中,必须不断回溯至类型背后的价值观点。对于价值观点而言,要素仅具有指示性的意义,要素仅仅是作为评价观点形式的、暂时的固化。每一个特征都并非是不可舍弃的,只要根据其他特征的显示程度,对象在评价因素之下仍保持其价值的一致性即可。

4. 概念的价值在于界定,而界定必然导致分离与隔绝。不但概念与概念之间泾渭分明,而且对象与概念之间亦"非此即彼"。由此,概念呈现出明显的封闭性。相反,类型虽然有一个固定的核心,但却没有固定的边界。在类型与类型之间的边缘地带,过渡是和缓、渐进式流动的,因此,必须承认类型的开放特征。同时,在对象与类型的关系上,也时刻保持着相互开放的可能。此种开放的根源在于类型的层级性特征,以及在意义评价相似的前提下所可能带来的形式扩张。

5. 虽然概念与类型都是某种抽象的思维形式,但是,相比概念而言,类型更为接近个别事物,因而更具有直观性与具体性。在概念化的思考当中,抽象是唯一的向度。但是,概念在功能上的"归纳性",却是以远离具体事物为前提,换言之,是以"抽象性"为代价。然而,类型思维却呈现出明显的双向性:一方面,它是对抽象概念等"元叙事"的进一步区分和演绎,表现为一种具体化的精致思考;另一方面,它更是对个别事物的提炼与归纳,体现为一种抽象化的概括思维。由此,类型成为一种"抽象概念与具体事实"之间的中介,成为抽象与具象、普遍与特殊之中点。

6. 在逻辑意义上,概念是一种讲究精确性的思维,而类型则不可能达致精确的逻辑判断。抽象概念是可以加以定义的。通过穷尽地列举所欲描述的对象特征,概念可以被相对精确的界定。反之,类型则无法加以定义,只能通过一连串具有不同强度之特征组合来加以描述;当概念适用于事实时,要求在概念特征上具有"同一性"。相反,在将事实归属于类型时,则并不是在"同一性"的意义上被把握,而只是在一定的价值观点上,可以获得"类似性"的处置;在对象能否涵摄于概念的问题上,只有"Yes"或"No"的肯定回答,而在对象归属于类型的判断中,则可能只是得到"或多或少"、"某种程度"的模糊结论。也因此,概念是一种单值逻辑的思考形式,而类型则必须被归入多值逻辑的范畴。

在上述的意义上,如果说概念是断裂性的思维,类型就是结构性的思维;概念是择一性的思维,类型就是层级性的思维;概念是形式性的思维,类型就是意义性的思维;概念是封闭性的思维,类型就是开放性的思维;概念是抽象性的思维,类型就是具象性的思维;概念是精确性的思维,类型就是模糊性的思维。

(二)类型与概念的合一

然而,也不是没有学者反对上述的区分。这其中,代表性地可举出三位学者:Bydlinski、Zippelius 与 Kuhlen。尽管观察的角度不同,但他们统一的理论意图均在于,瓦解概念与类型之间的思维对立,将类型消融在传统的概念思维之下。

奥地利学者 Franz Bydlinski 在其大作《法学方法论与法律概念》一书中,率先对"传统类型论"发起挑战。他坦率地指出,类型论者所强调的法律概念与类型对立以观的这种想法,实在大可质疑。在法律概念之外,根本没有必要再多此一举地提出类型理论。Bydlinski 以 Larenz 为主要攻击目标来展开自己的论述。Larenz 在《法学方法论》中,曾经以《德国民法典》第 833 条"动物占有人"为例来说明规范类型的运用。然而,在 Bydlinski 看来,"动物占有人"根本不是一个必须与狭义的概念相区别的类型。它涉及的恰好是一个概念,就其定义而言,"利益"乃是一个绝对必要的特征,而与其他特征之间存有可分离的关联。由此可证:在法学上,根本没有比较级或关系式的类型概念,相反,它只是某种具有特殊性质的狭义概念、开放概念。此种概念的特性在于:(1)其特征至少有一部分是并非相连的;(2)它们的定义是根据个体之间的家族类似性,亦即根据类型归属性来加以确定。进而,Bydlinski 指出,从法学方法论而言,传统类型观虽然致力于提供方法论上有用的规则,却只在极小的范围内有所贡献:实际上所得出的效果,似乎基本是一个目的论的法律适用的重复而已。当类型没有"主导的评价观点"便不足以思考时,对法律适用而言,区别概念与类型几乎没有太多的帮助。也就是说,如果在个案中能够探求立法意旨,而且对系争案件有所助益时,一个起初是模糊的、但经由目的论解释之后便可以被精确化的概念,就已经足够了。反之,如果该评价性的观点无法确定或根本与待解释的观点无关时,即使假定一个与概念相区别的类型,亦无所裨益。[1]

如果说,Bydlinski 是将类型论等同于概念的目的论操作,从而消解类型的独立意义,Zippelius 则是从类型与概念的适用方式出发,颠覆两者对立的意义与价值。Zippelius 直接关心的,并不是类型与概念原则上对立的问题,而是一个法律规定到底是以何种方式来适用的问题。也即,一个法律规定是应该以严格证明为同一的方法来运用,还是以衡量比较式的方法来运用?是以概念式的逻辑涵摄来适用,还是以类型式的归类方法来适用?易言之,对 Zippelius 而言,区分类型与概念的主要理由,并不在于类型与概念之间的对立,而在于一个法律规定的适用方式上的区分。按照他的想法,一个法律概念在适用上,不仅仅与"严格证明为同一的方法"有关,而且与"比较的——归类的思维方法"密切相关。质言之,比较的——归类的思维方法对概念亦有适用。此种方法明显地出现在具有不确定外延的概念——亦即,概念外缘——的适用上。概念外缘之范围如何,须透过特殊案件的归类或筛除,进一步加以精确化。经由此种比较的程序,某些个别的概念特征被认为对于概念适用并不重要,而加以筛除;其他的,则认为对于适用具有重要性而加以强调。另一方面,在 Zippelius 看来,类型也可以严格地证明为同一的思维作为其适用方法。他引述了 Larenz 的话来表明,开放的类型也可能因为固定某些特征而变成一个封闭的类型:"如果我们确定,一个法律规定永远且只能在具备了类型中所详列的特征,才能适用,开放的类型表面上就变成了一个封闭的类型;对此,Larenz 曾说:案例可以如同涵摄在抽象概念之下般地涵摄在封闭的类型之下。"因此,类型也可以严格地证明为同一的思维作为其适用方法,类型并不必然要比概念不确定。也因此,真正重要的是类型与概念之"适用方式",至于概念与类型本身之原则对立,其意义与实益值得怀疑。[2]

Lother Kuhlen 是对传统类型论最为彻底的宣战者。在其 1977 年出版的博士论文《法学理论上之类型观念》中,从语言分析哲学的角度,全面检讨了自 Hempel 与 Oppenheim 提出所谓次序概念(类型概念)以来,经过 Radbruch 的继受,再到 Larenz 的发扬光大,这一整个学术脉络中所犯的语言哲学上的错误。在 Kuhlen 看来,遵循 Hempel 与

---

[1] Bydlinski, Juristische Methtodenlehre und Rechtsbegriff, Wien, 1982, S.545-546, 转引自吴从周,《类型思维与法学方法》,台湾大学法律研究所 1993 年硕士论文,第 84—85 页。

[2] R. Zippelius, Die Verwendung von Typen in Normen und Prognosen, in P. Bokelmann, A. Kaufmann, U. Klug (Hrsg.), Festschrift Fur Karl Engisch zum 70. Geburtstag, Frankfurt am Main, 1969, S.226-232, 参引自吴从周,《类型思维与法学方法》,台湾大学法律研究所 1993 年硕士论文,第 86—87 页。

Oppenheim 关于分类概念与次序概念的区分,而在法学上划分出抽象概念与类型概念,在根本上是法学理论上的一个错误继受。而其中,Radbruch 又是这一错误继受的始作俑者。Kuhlen 指出,Radbruch 曾顾虑到,将次序概念运用到法学上的主要难题在于,可能会引发法律安定性的疑问。而根据 Kuhlen 的分析,Radbruch 的这一顾虑,实际上根源于其一贯的前提:次序或类型概念不如分类概念明确,也即,Radbruch 是以"明确"或"不明确"来区别分类概念与类型概念,将明确的概念称为分类概念,将不明确概念称为类型概念。而在语义学上,概念的模糊性乃是某种不可否认的普遍事实。不仅在次序形式的概念中会遭遇模糊性的问题,就是在分类概念上也同样要面临。"分类概念并非绝对可以划出'明确的界限',这不仅是语言哲学上众所周知之事,也是法学研究上有名的难题。"因此,Radbruch 认为,次序概念必然会特别地不明确,就有待商榷。传统类型论之所以将概念形式论与语义学上的问题相混淆,无疑是由于其未能充分掌握这种语义学上的现象所致。[1]

(三) 类型与概念的关系重整

在上述批评中,既有一矢中的之论,也有不着边际之言。针对这些批评,类型论需要在其自身的学理建构与方法实践中,不断展开反思,或回应或修正或平衡。对于新生事物而言,一个恰当的批评,比起那些盲目的附庸,无疑更有建设性的意义。它使得类型论在其开展中,能不断审视自身、修正方向;而有时,即使是一个不恰当的批评,也并非毫无价值。它至少提醒我们,对于类型,人们容易产生什么样的误解与怀疑,以至于需要在知识建构和阐释中妥善澄清。

Bydlinski 的批评意见首先是针对 Larenz 而来。Larenz 在《法学方法论》中,特别以《德国民法典》第 833 条"动物占有人"为例,说明了法学上的规范类型的运用。而在 Bydlinski 看来,"动物占有人"根本就不是一个"类型",而是一个"开放的概念"、"特殊性质的狭义概念"。但在何谓"开放概念"、"特殊性质的狭义概念"的解释上,Bydlinski 却提出了"其特征至少有一部分是并非相连的"、"它们的定义是根据个体之间的家族类似性,亦即根据类型归属性来加以确定"等标准。如果以这种标准来衡量,此种所谓的"开放概念"、"特殊性质的狭义概念"实际上已完全偏离了传统逻辑学上的概念含义,而趋近于传统类型论所强调的类型特征。由此看来,Bydlinski 只不过跟我们玩了一个不算高明的"概念偷换"的游戏,将"类型"代之以所谓的"开放概念"、"特殊性质的狭义概念",而在实质上他早已退回到了类型论的立场。

Bydlinski 的另一批评,倒是值得高度注意。在他看来,类型建构之评价观点与概念形成之立法意旨,实无从区别,类型论的操作基本只是一个目的论的法律适用的重复而已。这一想法的确值得认真对待,因为它提出了一个极为关键的问题:依评价观点

---

[1] Kuhlen, Die Denkform des Typus und die Juristische Methodenlehre, In: Hans-Joachim Koch (Hrsg.), Juristische Methodenlehre und analytische Philosophie, 1976, S. 62-63, 转引自吴从周:《类型思维与法学方法》,台湾大学法律研究所 1993 年硕士论文,第 88—90 页。

所作的类型归属性判断与概念的目的论操作之间有何区别？关于此点，Bydlinski似乎忽略了，概念形成虽然是以立法目的或立法意旨为基础，但是，一旦根据该立法意旨形成法律概念之后，在概念的适用过程中，原则上不再考虑概念形成中的价值观点，因为它已经在概念特征的意义上伴随性地被考虑。当然，这并不是说，在概念适用中，就绝对地禁止回溯价值观点，在概念需要具体化或明确化时，也可以借助这一指引。只是，必须注意的是，在概念判断中绝不允许无节制地回溯至其立法意旨，绝不允许以突破概念特征的限定为代价而无条件地退回到价值判断的立场，因此，在概念适用的过程中，关注的焦点落在概念的特征，落在用以界定这些特征的语言及其含义，落在"可能的文义范围"。一旦在个案的适用上，立法意旨与"可能的文义范围"发生冲突，就必须坚守"可能的文义范围"这一底线，这构成了目的论操作的内在约束。然而，在类型判断的过程中，特征并非是不可舍弃的。因此，用以界定这些特征的语言的文义范围，也并不构成有约束意义的界限。只要根据其他特征的显示程度，对象在评价因素之下仍保持其价值的一致性即可。在此意义上，类型归属性的判断，既可能遵循语言的文义，也完全可能突破语言的文义。在价值评判面前，特征或是语言形式都成为相对次要的标准。

Zippelius则试图从类型与概念的适用方式出发，颠覆两者的对立。按照他的想法，一个法律概念不仅仅可以"严格证明为同一的方法"加以适用，而且可以"比较的——归类的方法"加以适用。反过来，类型不但可以"比较的——归类的方法"加以适用，也可以"严格地证明为同一的方法"加以适用。由此，对Zippelius而言，之所以应区别概念与类型，并不在于"概念与类型本身的对立"，而在于一个法律规定的适用方式上，应区分"概念涵摄式的适用"与"类型归类式的适用"。应区别者系适用方式，而非思维本身。然而，Zippelius忘记了，思维与其适用方式之间并非是某种断裂的关系，而是不可分割地联系在一起。如果它是一个概念，就必须以"严格证明为同一的方式"适用之；如果它是一个类型，就只能以"比较的——归类的方式"加以运用。反过来，如果一个法律规定是以"严格证明为同一的方式"加以适用，它就是一个概念；如果是以"比较的——归类的方式"加以适用，它就是一个类型。质言之，思维内涵在本质上决定了自己的适用方式，而适用方式则排他性地表征着思维的内核，两者无法分拆。

按照Zippelius的说法，"如果我们确定，一个法律规定永远且只能在具备了类型中所详列的特征，才能适用的话，开放的类型表面上就变成了一个封闭的类型"。然而，"封闭的类型"还是真正的类型吗？抑或，它根本就是一个概念？！对此，Larenz在新版的《法学方法论》中已经有所修正："通过一个定义，开放的类型变成了封闭的类型，也就是说，最后变成一个（抽象）概念！"[1]正由于它是一个概念，才能以涵摄的方法加以适用；另一方面，如果一个范畴"须透过特殊案件的归类或筛除，进一步加以精确化"的

---

[1] 参见吴从周：《类型思维与法学方法》，台湾大学法律研究所1993年硕士论文，第105页。

话,它就已经不是概念,而是一个类型。在概念的世界中,所谓"比较性的确定方法"是不可想象的。

　　Zippelius 为什么会在思维形式与适用方式的问题上产生混淆?为什么他会错认为,同一法律规定一会儿以"严格证明为同一的方式"适用之,一会儿又以"比较的——归类的方法"适用之?此种追问将带给我们一个新的思索。在笔者看来,导致上述疑惑的根源乃在于,概念与类型只是两种思维方法的区别,它们在法律规范上完全可能**有着相同的表达形式**。同一个用语,既可能意味着某个概念,又可能意味着一个类型。这种用语的双重意义性,或者说,概念与类型在语言符号上的一致性,容易使人认为,同一规定既是概念亦是类型,既可以"涵摄式的方法"加以适用,也可以"比较的——归类的方法"加以适用。于是,就可能产生 Kaufmann 所批评的"辩证的吊诡":类型是概念,却又不是概念;类型是类型,却又不是类型![1] 事实上,用语的同一性并不能将我们引导到隐藏在其背后的思维方法也是同一的,更不能跳跃到适用方式上亦是可以混用的。对同一种语言形式,完全可以做不同的解读,也应该做出理性的定位——它是概念,还是类型?由此,应当以涵摄式的方法加以适用,还是以比较的、归类的方法加以适用?

　　相比 Bydlinski 和 Zippelius 而言,Kuhlen 的批评更是直指问题的核心。它提醒我们注意,概念是否也具有一定程度的不明确性?类型与不明确之概念之间有何区别?这一点,的确被传统类型论者所忽略。在他们的理论构建中,总是不遗余力地强调概念的明确性、单义性与可靠性,由此拉开概念与类型之间的距离。这可从 Radbruch、Larenz、Koller 等人的论述中窥得一斑:Radbruch 说,概念系在生活现象的流动过渡之处作明确的分割,分类概念之间因界限明确而相互分离;Larenz 说,概念系可以明确定义的、界限固定的;Koller 说,概念系以明确地切割事物为目标,是专为毫无疑义的涵摄而设计。然而,必须留意的是,此种逻辑上对概念的精确性与单一性要求,并不能立刻便适用到法律概念之上。这不仅是因为,法律概念主要系由生活语言来表达,而语言不可避免地具有多义性、模糊性与变易性;而且是因为,法律概念具有紧密的现实关联性,但现实并非是僵化固定的,毋宁说总是处于不断的流动变化之中,此种变化必然在一定程度上带动概念内涵与外延的不确定;再加上,法律概念乃是根据一定的目的考量与规范评价而形成,此种价值衡量尽管不能突破所谓的文义范围,但仍然会在一定程度上加剧概念的伸缩性与灵活性,因此,法律概念绝非如同逻辑上所期待的那样,能够绝对精确地被定义和运用。相反,概念必然会在一定程度上具有不明确性、多义性与模糊性。由此,疑问便随之产生:既然不仅在类型中会遭遇不明确的问题,就是在概念上也同样具有不明确性,那么,它们之间到底有何区别?

---

[1] 参见〔德〕亚图·考夫曼:《类推与事物本质——兼论类型理论》,吴从周译,台北学林文化事业公司1999年版,第179页。

在 Leenen 看来,既然类型与概念同样有其不明确之处,就必须放弃类型与概念在明确性上的区别,转而在类型的开放性与概念的封闭性上寻求突破。然而,在笔者看来,这一思路并不可行。因为,是否明确与是否开放,实则一体两面。明确便意味着边界的清晰与封闭,不明确则必然导致边界的模糊与开放。承认概念(特别是其边缘)的不明确,也就是承认了概念的开放性。因此,笔者倾向于从另一角度澄清上述疑问。虽然概念与类型均有其不明确之处,但以其程度而言还是有所差别。也就是说,一个概念即使再不明确,仍然必须受到固定特征的约束,受到表达这些特征的语言的文义范围的约束,不能突破这一底线。但是,类型的个别特征则是可以放弃的,类型也根本不受"可能的文义范围"之约束,而是直接诉诸主导类型建构的价值观点。尽管"可能的文义范围"本身也没有绝对清晰的界限,但毕竟还是构成了某种形式上的拘束。至少,太过偏离文义的对象就可以被排除。从这个意义上讲,概念的明确性依然要高于类型。

在对批判论者予以必要的回应之后,在下面的文字中,笔者试图根据自己的理解,进一步对概念与类型的关系予以整理:

1. 类型式的区别而非概念式的区别

必须肯定的是,概念与类型间的区分,应在相对意义上被维持。在传统的法律思维上,我们习惯且擅长的是概念思维。即试图以"穷尽列举其特征"的定义方式来操作法律,并竭力在法律现象之间划分出明确的界限。然而,这样的努力常常力有不逮,也往往归于失败。这在根本上是源于,此种思维对生活现象之间的层级变化与流动过渡无法洞察,造成概念缺乏必要的张力,无法把握事物过渡之处的精彩,也无力随着时代的变迁而开放性地处理生活的创设。基于这样的知识背景,以 Radbruch、Larenz、Kaufmann 等学者为代表,试图在法学方法上引入某种全新的思维方式——类型,以弥补概念思维的上述缺陷。应当说,这样的理论努力无论受到怎样的称赞,也不为过。然而,如果说在理论确立之初,突出强调两种思维的差异、以谋求类型论的独立地位仍是可以理解的,而在遭遇到传统概念论的阻击时,却有必要汲取其中的合理成分,对类型与概念间"过于夸张的对立"予以反思。以往,在传统类型论那里,概念与类型被认为是"截然对立的思维形式",有着"原则上的差异"。然而,这正是一种概念式的思维,而非传统类型论者所力挺的类型思维! 事实上,概念与类型的区别,从逻辑的意义上看,正是某种类型式的区别,而非概念式的区别! 换言之,两者的区别仅仅是某种程度上的差异,而非截然明确的差异。

比如,通常认为,特征是在概念的形成中强制性的最低要求,亦是最高要求(必要充分条件)。任何一个特征均不可舍弃,同时,特征的逐一吻合即足以使概念成立。与之不同,类型的特征则并非不可舍弃,某些要素的丧失可能并不会影响其整体形象。但是,在类型中如果某一要素越是显得重要,因而越是不可舍弃,它就会越趋于固定;相反,如果某一要素越是显得轻微,因而越是可以放弃,它就会越趋于丧失要素的资格。如此一来,伴随着某些要素逐渐凸显与固定,而其他要素逐渐耗弱与隐退,类型就会不断接近于概念。这正是 Larenz 所谓的,开放的类型也可能因为固定某些特征而变成一个封闭的类型,变成一个概念。相反的趋向也完全可以想象。又比如,类型具有层级性,被描述为某种次序性的、连续排列的状态。但是,当某一现象的层级数目越少时,我们就越不会认为它具有层级性,它就越显现为一种概念逻辑式的划分。甚至可以说,用来说明类型特性的"层级性",其本身就是某种层级性的概念。从合二为一到一分为二,再从一分为二到层次的无限递增,层级数目乃处于不断的变化可能之中。再比如,概念具有抽象性,而类型则被认为更加直观和具体。显然,这也只能在相对意义上被承认。因为,我们也完全可以想象"或多或少"直观的思维形体,以至于精确地区分所谓具体的事物与非具体的事物,本身就是一种痴妄,因此,Engisch 才极具弹性地指出,"类型或者以此种方式,或者以彼种方式,或者同时以此种及彼种方式,较概念为具体。"[1] 此外,前面所讨论的明确性问题,也再一次地显示,概念与类型间只存在着某种程度性的区别。

当然,强调概念与类型间只是一种"类型式"的区别,并不是要否认区别,正如同,虽然是层级性的排列,也可以无疑地区分白与黑、善与恶;尽管是流动性的过渡,也可以清楚地确定其核心或端点的差异。概念与类型依其重心仍能区别。

2. 相互补充、相互支持

概念与类型并非相互排斥的关系,而是处于相互补充、相互支持之中。正如 Kaufmann 睿智地提醒:"如下问题:概念还是类型?并不能以牺牲二者之一的方式来决定。因为,如果稍微变化一下康德的名言:概念没有类型是空洞的,类型没有概念是盲目的。"[2] 的确,我们不应当以某种择一式的思维来看待概念与类型。事实上,无论是概念还是类型,都不可能彻底取代对方。问题提出的方式,完全可以转换为:类型如何帮助概念克服其失灵?而概念又怎样帮助类型弥补其不足?两者如何在功能上实现相互的支持与配合,从而帮助我们更好地认识与处理生活事实。

一方面,概念不能脱离类型。概念一旦脱离类型,就会陷入抽象与空洞的境地。Larenz 将概念性思考中的此种危险,称之为"内含于抽象化思考中的意义空洞化趋势"。因为,依照逻辑规则,概念的外延愈宽,即适用范围愈宽,则其陈述的内涵便愈少。如是,概念的抽象化程度愈高,则其由法规范所产生的规整、法制度所能采纳的意义内涵愈少。被抽象掉的、被略而不顾的,不仅是该当生活现象中的诸多个别特征及与此等特征相关的规整部分,而且更包括用以结合当下个别特征者,而这正是该生活事实的法律重要性及规整的意义脉络之所在。[3] 质言之,过分的抽象化和概括化,就

---

[1] K. Engisch, Die Idee der Konkretisierung im Recht und Rechtwissenschaft unserer Zeit, S. 262. 转引自〔德〕卡尔·拉伦兹:《法学方法论》,陈爱娥译,台北五南图书出版公司1996年版,第378页。

[2] 〔德〕亚图·考夫曼:《类推与事物本质——兼论类型理论》,吴从周译,台北学林文化事业公司1999年版,第119页。

[3] 参见〔德〕卡尔·拉伦兹:《法学方法论》,陈爱娥译,台北五南图书出版公司1996年版,第371页。

完全可能失掉描述对象的具体特征和彼此联系,形成"空洞化"的效果。在上述的意义上,概念必须以类型加以补充。这不仅是因为,类型是对抽象概念等"元叙事"的进一步区分和演绎,表现为一种具体化的精致思考;而且是因为,类型使我们得以注意生活现象中的诸多具体要素与特征,并深入其中、逻辑地把握各种特征之间的结合关系。类型的具体化机能,为抽象概念提供了实在的内容支撑。作为普遍与特殊之中点,作为一个比较意义上的具体者,类型在它的接近现实性、直观性、具体性中,可有效降低概念的抽象性;而类型对意义脉络的洞察,则弥补了抽象概念在意义线索上的缺失,从而舒缓了抽象概念的"空洞化"效果,避免了仅使用抽象概念来把握社会生活的"不着边际"。可以设想,一个刑法上的"行为"概念,如果脱离了作为、不作为与持有,脱离了故意行为与过失行为,脱离了《刑法》分则中 413 种各罪行为的填补,那将是一个怎样的无所不包、却又是怎样空洞的行为概念。

另一方面,类型也不能脱离概念。类型如果失去概念,就将失去统领,失去目的与方向。诚如上述,类型不但是对抽象概念的演绎和细化,而且是对具体事物的归纳和概括。但是,如果只是形成了一个个具体的类型,却没有更加抽象的上位概念予以统领,就只能是众多极为散乱的集合,而无由形成体系化的契机。我们不仅需要中间层级的类型帮助我们把握具体事实,更需要高层级的概念凝聚具体类型。事实上,类型在某种意义上构成了抽象概念形成的先前阶段,在逻辑操作的意义上,类型形成恰恰是导向概念建构的起点。先前在类型形成中所摄取的特征,其中一部分不断被证明其重要性,而逐渐凝固成不可舍弃的要素;而另外一些特征,则可能不断被实践所抛弃,逐渐消退无痕。于是,类型创建成为概念形成的某种中介,某种实验性的发展阶段,成为迈向更高的概念形态的道路上的一个桥梁。在上述意义上,类型构建者的心中乃始终抱持概念,在概念的指引下创建类型。

3. 概念与类型间的循环运动

具体到法律场域,特别是立法与司法的场域上,概念与类型亦处于某种紧密的辩证运动之中。这是某种从类型到概念,又从概念到类型的不断演进的过程,不断循环展开的过程。

在立法的过程中,类型的掌握极为关键。因为,立法者如果试图以立法来规制和调整社会生活,就必须以生活世界中形成的经验类型为依托,方能切中现实。否则,立法就是无源之水、无本之木。从这样的意义上看,类型乃是制定法之基础。在立法的过程中,立法者的任务便是必须描述类型,并在规范意旨的型塑下,使其成文化。但是,由于类型并不要求"穷尽列举所有特征",而且在判断上只能求得"或多或少"的相似性,因而,其逻辑形式上难以符合精确性、清晰性的要求。而规范的明确性与可预测性,又正是立法的重要追求,难以舍弃。所以,在立法外在的、形式的结构上,不得不借助于具有更大明确性与封闭性的概念形式达成。诚如 Kaufmann 所言,在制定法的建构上,抽象概念具有较大的重要性,因为它给予制定法建构之形式,并且担保了法律之安定性。[1]因此,在立法的过程中,我们可以看到一个由"类型不断迈向概念"的努力过程,一种将"类型完全概念化"的内在冲动。正是在这样的意义上,*Radbruch*恰切地指出,"类型只是一种被追求的分类概念的先前形态,是一种从类型概念导向分类概念之逻辑操作的起点"[2];*Engisch*也以类似的方式提出:"在时间上,而且可能在客观上……具体的——直观的、以类型操作的思维……一再地发生在抽象的、概念的思维之前。"[3]

可以设想的是,如果在立法过程中已完全达致上述目标,已使得"类型完全概念化",在司法适用的过程中,法官的任务便是将当下案件涵摄至该当的概念之下。这正是传统的三段论逻辑带给我们的想象。然而,它显然低估了问题的复杂性。在司法过程中,在法律规定遭遇到当下个案时,那些被过分界定的概念可能不得不再度松开。司法者在具体的法律发现中,须不断地去探求隐藏在制定法背后的模型观念,去回溯作为概念形成之基础的类型,而不是固守于抽象概念的形式特征。这样的一个过程,实际上就是"概念不断迈向类型"的过程,是"概念开放为类型"的运动。

在此,我们看到了在立法与司法的场域中,从类型到概念,再从概念到类型这样一种交互作用的辩证过程。这是一种在法律实现的过程中,由类型不断封闭为概念,以及由概念不断开放为类型的循环运动。*Wolff*将这一过程理解为:"类型法学——特别系在社会发生根本变化之时,但不限于此——一再地沸腾法律的僵硬冷漠;却又一再地固定类型成为分类概念。"[4]*Kaufmann*则从诠释学的角度,来把握此种运动:"立法者尝试尽可能精确地在概念中掌握典型的生活事实,但判决则必须重新去开放这些显得过分被界定(被定义)的概念,以便能正确评价生活现实;然而,透过系争概念被给予——例如经由法律注释者——一个新的'修正过'的定义,这个定义本身又因为生活现象的复杂多样,也只能多多少少满足一段时间,而又立刻开始一个重新循环的过程——一个永无止境的过程。"[5]

在上述的辩证过程中,实际上凸显了法律上两种相互对立的倾向:一方面,基于法律安定性的考虑,立法者一再地透过定义的方式,将类型予以概念化;另一方面,基于实质正义的考量,司法者在遭遇具体个案时,又会基于妥善调整社会生活的目的,而一

---

[1] 参见〔德〕亚图·考夫曼:《类推与事物本质——兼论类型理论》,吴从周译,台北学林文化事业公司1999年版,第117页。

[2] G. Radbruch, Klassenbegriffe und Ordnungsbegriffe im Rechtsdenken, S53,参引自吴从周:《类型思维与法学方法》,台湾大学法律研究所1993年硕士论文,第52页。

[3] K. Engisch, Die Idee der Konkretisierung im Recht und Rechtswissenschaft unserer Zeit, S.247,参引自吴从周:《类型思维与法学方法》,台湾大学法律研究所1993年硕士论文,第52页。

[4] Hans J Wolff, Typen im Recht und in der Rechtswissenschaft, in Studium Generale V(1952), S. 202,参引自吴从周:《类型思维与法学方法》,台湾大学法律研究所1993年硕士论文,第53页。

[5] 〔德〕亚图·考夫曼:《类推与事物本质——兼论类型理论》,吴从周译,台北学林文化事业公司1999年版,第121页。

再地放松那些被不恰当界定的概念,使之不断开放成为类型。某种意义上讲,这种在法律实现上类型与概念间的交互运动,这种一再地固定与放松、封闭与开放,正体现了法的安定性与妥当性、法的形式正义与实质正义间永恒不断的紧张关系。一方面,形式正义需要目的思想与实质正义填充其内容,而目的思想或是实质正义,也需要法的实证性与安定性维持其形式外观,保障其秩序。这显现出两者相互需要、相互补充的一面;但另一方面,两者的矛盾也始终无法消解。正义本身就是一个充满张力、对立和紧张关系的矛盾体。尽管形式正义与实质正义之间蕴含着深刻的矛盾,它们仍然共同地支配着法的全部。在这样的意义上,概念与类型绝非舍此求彼的关系。它们共同成为法学上不可或缺的思维工具。在不同的价值追求下,它们各自具有妥当性的一面,也都存在自己的失灵。类型完全可以成为概念的辅助性的改良工具,并在其具象性、层级性、开放性和意义性中证明自己。

[域外传译]

刑事政策与刑法体系[*]

[德]克劳斯·罗克辛[**] 文 蔡桂生[***] 译
(1970年5月13日)

一

"刑法是刑事政策不可逾越的屏障"——弗朗茨·冯·李斯特的这句名言[1]道出了刑法与刑事政策二者之间的紧张关系,这种紧张关系在我们当下的学术研究中依然

---

[*] 作者注:该文是在1970年5月13日我于柏林的讲演稿的基础上扩充而成的,当时由于时间的关系没能完全展开。该文是要首次尝试,将我的刑法论著中发展起来的方法论和教义学上的基本结论——当然还是粗略和零碎的——总结成为体系性的整体性方案。除了出于这个想法以外,在该文中,由于我在论述时仅仅是对我先前的论述进行了提示,出于将这样先前的论述进行进一步论述的必要,我不断地引用我先前的著作,这是我需要请求读者理解的。而且,我的注释中对于其他作者的提示和与他们之间的辩论,也主要是为了通过例示使得我的主题更为清晰。在众多的主题中,将文献全面地列示出来,自然就不是本文追求的目标。

译者按:该讲演在德国刑法学的发展和罗克辛教授本人的学术生涯中均占据着极重要的学术位置。自20世纪70年代至今,一共被译为西、英、日、韩、意、葡六种外国文字出版,在世界范围内产生了相当大的影响力。作者在肯定刑法体系性思考的意义,维护法安全性的实益的同时,主张融入刑事政策的视角,不仅对大陆法系传统刑法学具有突破性意义,而且对于体系性思考刚刚起步的我国刑法学具有独到的学术参考价值。本文的翻译和发表取得了作者的授权。同时,本文的翻译受到了国家留学基金委"国家建设高水平大学公派研究生项目"的资助(项目号:2009601050)。对于作者和资助者,译者表示衷心感谢。

[**] 作者克劳斯·罗克辛(Prof. Dr. Dr. h. c. mult. Claus Roxin)系德国著名刑法学家,"以刑事政策为基础的刑法体系"的主倡者。

[***] 译者系北京大学法学院2008级博士研究生,目前留学于德国波恩大学刑事法研究所。

[1] 参见《刑法学论文和讲演》(Strafrechtl. Aufsätze und Vorträge)(第2卷),1905年版,第80页。这两卷本汇编了李斯特1904年之前的小论文,对于每个研究李斯特的人来说,这里面包含了那些最基本的资料。在1970年的时候,通过影印的方式,柏林的Walter de Gruyter出版社让该两卷本又再版面世。关于李斯特,现今可参见《纪念李斯特》(Franz von Liszt zum Gedächtnis),1969年版[同时载《整体刑法学杂志》(ZstW)(第81卷),第3册]。

无处不在。这句名言使得:人们在按照符合实证原理之规则对社会失范行为(Verhalten)[1]进行目的性处理的同时,也受到更为严格意义上的司法方法的限制,这种司法方法便是对犯罪前提进行成体系的、概念化的加工和安排。或者,我们可以更简练地说:这句名言一方面将刑法视为社会科学,另一方面又视为法律科学。在李斯特亲自创建的"整体刑法学"的双重特性里,体现着互相疏离的两股趋势:具体而言,一方面,他将体现整体社会意义之目的的、与犯罪作斗争的方法,按照他的话,也就是刑法的社会任务,归之于刑事政策;另一方面,按照刑法的司法意义,法治国—自由的机能,亦即法律的平等适用和保障个体自由免受"利维坦"[2]的干涉的机能,则应归之于刑法。在这里,还要再谈谈李斯特带来的另两个说法(而这如今已为刑法学者频繁引用)。这两个说法便是:第一,李斯特的划时代的马堡项目(Marburger Programm)贯彻了"刑法的目的性思想(Zweckgedanke)"[3],这个目的性的思想可以指导刑事政策;第二,按照李斯特的话说,刑法典是作为"犯罪人的大宪章"[4],不是对"整体,而是对叛逆的个人"提供保护,同时,它赋予犯罪人"仅仅在法定的前提下、且仅仅是在法定的界限内才受处罚"的权利。当时,目的性思想方案中充斥着的做法是:不考虑"'古典犯罪学家'所设定的形式上的种种束缚(Formel-Krimskrams)……而针对单个个体来做出裁决","而却(希望)这些裁决会有助于社会整体";对此,李斯特是持反对意见的。他的真实想法是[5]:"只要我们在努力追求,对孤立的公民对抗国家权力恣意独裁的自由提供保护,只要我们还恪守罪刑法定原则,按照科学的基本原则进行法律解释(Gesetzeauslegung)的严谨方法,也就同时贯彻了其高度的政策意义。"

从这个原理出发,相对于刑事政策所有的目标设定而言,刑法体系性论著[6]则具

---

[1] 本处"sozial abweichendes Verhalten"译为"社会失范行为",乃是考虑到"失范行为"一词已在犯罪学领域基本通行。而在通常情况下,我一般是将"Verhalten"译为"举止",这主要是涉及它与 Handlung 的区分,Verhalten 是指一种朴素的、裸的举止,不附带有人的主观因素在里面,而 Handlung 是一种人的(有主观支配的)行为,已经不再是 Verhalten,故而在没有特别标明的情况下,本文将 Verhalten 译为"举止",Handlung 译为"行为"。——译者注
[2] 参见《刑法学论文和讲演》(Strafrechtl. Aufsätze und Vorträge)(第2卷),1905年版,第80页。
[3] 首见于《整体刑法学杂志》(第3卷),1882年,第1页以下几页;然后见于《刑法学论文和讲演》(第1卷),1905年版,第126页及以下几页。
[4] 参见《刑法学论文和讲演》(Strafrechtl. Aufsätze und Vorträge)(第2卷),1905年版,第80页。
[5] 参见《刑法学论文和讲演》(第2卷),1905年版,第434页。
[6] 在该论著的框架下,法律体系构造的法理上的基本认识是必须有前提的,也就是说,不可以成为一个单独的东西。恩吉斯(Engsich)有个出色的介绍和总结,还列出了进一步的文献,参见恩吉斯:《法体系构造的意义和范围》(Sinn und Tragweite juristischer Systematik),载《大学》(Studium Generale),1957年版,第173—190页。早期的文献,可参见拉德布鲁赫(Radbruch):《刑法体系性意义中的行为概念》(Der Handlungsbegriff in seiner Bedeutung für das Strafrechtssystem),1903年版,同作者:《犯罪论体系研究》(Zur Systematik der Verbrechenslehre),弗兰克一专辑(Frank-Festausgabe)(第1卷),1930年版,第158页以下几页;齐默耳(Zimmerl):《刑法体系的构造》(Der Aufbau des Strafrechtssystems),1930年版。

有不同的、乃至相反的任务。李斯特本人在他教科书的最后一版[1]中还这样说道,目前[2]仍然流行的犯罪论构造的基本特征"在刑法学上的下一步任务是:从法技术的角度考虑将犯罪和刑罚理解成为可普遍化的概念,将法律的个别规定提升成为最后的基本概念和基本原则,乃至发展成为封闭的体系"。按照他的观点[3],法律科学必须"成为并且保持其作为一种真正的体系性科学;因为只有体系性的认识秩序才能够保证对所有的细节进行安全和完备的掌控,从而不再流于偶然和专断,否则,法律适用就总是停留在业余水平之上"。

他在进行这一提示的同时,还陈述了些很重要的话。这些话在我们今天论述刑法体系性构造的意义的时候还屡屡地在教科书中提及。相应的,韦尔策尔[4]在论述刑法科学时是这样写的:"作为体系性的科学,刑法学需要为平等而正义的法律判决提供理由,因为只有深入观察法律之间的内在联系,才可以法律适用摆脱偶然和专断。"耶赛克[5]也在他最初的教科书大作中写道,如果没有对犯罪概念进行体系性的阶段区分(Gliederung),案件的结论就是"不可靠的,也是完全向感觉投降的"。"而在犯罪论中总结出来的犯罪概念一般特征,则使得理性和平等的司法判决成为可能,这样,就在本质上保证了法的安全性(Rechtssicherheit)"。不管体系如何演变和变化,即便针对这些变化至今还在激烈的争论,都不会改变这一点。

对法律素材的体系性加工,确实具有明显的优点,严格来讲,这是没有任何争议的。但是,令人不舒服的是,总是不断存在这样的疑问[6],也就是,我们运用精致的概念精心构建了教义学,而教义学中这种体系化的精工细作是否会导致在深奥的学理研究与实际收益之间产生脱节。若只是涉及顺序、均衡和对材料的掌握,对于什么是"正确的"体系的讨论,也许只有很少的实益。赫尔穆特·迈尔(Hellmuth Mayer)[7]甚至说:"就像教义学史所展示的那样,人们只是对素材在不同的关系体系(Bezugssystemen)中进行把握。仅当这些体系的结果是正确的时候,所有这些体系才是需

---

[1] 李斯特:《刑法教科书》(第21/22版),1919年版,第1、2页。参见《刑法学论文和讲演》(第1卷),1905年版,第212页及以下几页。

[2] 指罗克辛教授发表该演讲的时候,即20世纪六七十年代。下文提到的现今、当下、今天等,都指的是该时代,不再赘注。——译者注

[3] 参见李斯特:《刑法教科书》(第21/22版),1919年版,第2页。

[4] 参见《德国刑法》(Das deutsche Strafrecht)(第11版),1969年版,第1页。

[5] 参见《刑法教科书,总论》(Lehrbuch des Strafrechts, Allgemeiner Teil),1969年版,第136页。

[6] 这也便是和下文第二个问题相对应的第一个问题。——译者注

[7] 参见《刑法总论》(Strafrecht, Allgemeiner Teil),科哈默尔研究用书(Kohlhammer Studienbuch),1967年版,第58页。

要的。"这就是要将研究和学说的重心转向犯罪学和刑事政策上的问题的原因之一。[1]

针对"李斯特鸿沟"[2]（Lisztsche Trennung）所延伸出来的刑法教义学方法，还会导致另一个问题，即：若刑事政策的课题不能够或不允许进入教义学的方法中，从体系中得出的正确结论虽然是明确和稳定的，但是却无法保证合乎事实的结果。这些具有充分的明确性和稳定性的法律问题，却是在刑事政策上有所欠缺的，有什么法子可以帮助解决这些问题呢？为解决这些问题，真的必须脱离体系，并专门针对个案上的判决吗？显然，不能这么做，不过，我们也必须从刑事政策上主动放弃那些过于僵硬的规则。[3] 这样，体系性的一般概念和教义学上抽象化的意义自然就被进一步相对化了。比如，耶赛克等人在为体系性思维辩护（参见前面的引用[4]）之后，又这样说道："然而，人们也不能忽视按照抽象规则建立起来的刑法教义学所带来的危险，这种危险存在于：法官机械地依赖于理论上的概念，从而忽视了具体个案的特殊性。这时，决定性的首要任务总是解决案件问题（Sachfrage），而对体系的需要则必须退居第二位。[5]"我的哥廷根同事沙夫斯泰因（Schaffstein）是令人尊敬的，他在他那篇关于刑法上的错误问题的论著[6]中提出了"这两种视角谁更为优先"的问题，但却没有给予回答。但是，他也说道，如果考虑"是否合乎刑事政策上的目的的话，首先，以刑事政策的目的为导

---

[1] 比如理查德·施密特（Richard Schmid）就在《批判刑法改革》（Kritik der Strafrechtsreform）论丛[苏尔坎普版（edition suhrkamp）第264号，1968年版，第9页]的序言中也这样写道，"用刑法保护法治国的效用""在这里并不是（讨论）重点，因为它是理所当然的。"如果他不这样写，这个论丛就不会这么成功。关于这个问题，还可以参见金贝尔纳特·奥代格（Gimbernat Ordeig）:《刑法教义学还有未来吗？》（Hat die Strafrechtsdogmatik eine Zukuft?），载《整体刑法学杂志》（第82卷），1970年版，第379页及以下几页。

[2] Lisztsche Trennung一词，是指李斯特区分刑法与刑事政策的做法，这里简译为"李斯特鸿沟"一词，是为了表达罗克辛教授对于这种区分的批判性倾向，即这种区分是有割裂刑法与刑事政策之间联系的倾向。——译者注

[3] 这种僵硬的规则，指的是教义学上设定的规则，在导致个案不正义的结果时，需要适度打破这种规则。——译者注

[4] 参见《刑法教科书，总论》，1969年版，第136页。

[5] 该句话的原文是"Entscheidend hat immer die Lösung der Sachfrage zu sein, während Erfordernisse der Systematik als zweitrangig zurücktreten müssen"，徐久生教授译为："重要的总是要解决实际问题。如果专业问题（Sachfrage）以迄今为止的体系不能适当地加以解决，那么，进一步发展该体系就是十分必要的。"（参见[德]汉斯·海因里希·耶赛克、托马斯·魏根特：《德国刑法教科书》，徐久生译，中国法制出版社2001年版，第242—243页）译者认为，徐教授的翻译显然是非常流畅的，但译者和徐教授的区别在于对Erfordernisse的理解上，译者认为，该词没有进一步发展体系的意思，为了准确起见，译者将该词译为"需要"。——译者注

[6] 参见《构成要件错误和禁止错误》（Tatbestandsirrtum und Verbotsirrtum），载《策勒州高等法院的哥廷根祝贺文集》（Göttinger Festschrift für das Oberlandesgericht Celle），1961年版，第175页及以后数页、第178页。

向的评价问题(Wertungsproblem)并不取决于任何概念的建构",它可以被单独地解决,同时,它还可以对"逻辑的、教义学的演绎"起到"补充性的控制作用"。就像耶赛克说的一样,要起到这种补充性的控制作用,就必须要有对教义学上概念性方案进行修正的可能性,修正的手段便是那种不轻易使用的刑事政策评价。

倘若人们允许进行这种修正,体系性概念建构的功能就是令人质疑的了。因为若允许通过刑事政策上的评价来打破教义学上的基本原则的话,这就要么会导致不平等或者专横地适用法律——这样体系所具有的优点就立马荡然无存,要么就找不到既不依赖于任何体系的、可以直接进行评价的,又具有法安全性和可以对法律素材进行控制支配的案件问题的解决答案了——这就产生了疑问:究竟为什么要有体系性思维?

二

在这样的困境中,隐藏着一个危机。在过去的那些年里,我们普遍的体系性思维和具体的刑事犯罪论都深陷于这个危机之中。对此,具有征兆的是,在50年代达致巅峰的围绕着目的行为论及其影响的争论,在今天已经不再那么令人感兴趣了。人们不再那么相信从上位概念体系性地推导出的那些结论了,相应的,也不再指望这些东西的实际效益了。[1] 另一方面,人们只要想象一下,如果我们的刑法删除掉总论部分,我们就可以认识到:放弃这种既一般化又各有分殊的犯罪论,肯定会使我们的(刑法)科学倒退几百年;准确地说,就是倒退到"偶然"和"专断"的那种状态,而这种状态是李斯特以来的所有捍卫(犯罪论)体系的学者有力地证明了的。因此,主张放弃体系的想法

---

[1] 尤其见于那些围绕着行为概念逐渐展开的观点交锋。请参见,加拉斯(Gallas):《犯罪论的目前状况研究》(Zum gegenwärtigen Stand der Lehre vom Verbrechen),载《整体刑法学杂志》(第67卷),1955年版,第1页及以后数页,各处可见;又载《犯罪论文章选辑》(Beiträge zur Verbrechenslehre),1968年版,第19页及以后数页;其后可见我的论文:《批判目的行为论》(Zur Kritik der finalen Handlungslehre),载《整体刑法学杂志》(第74卷),1962年版,第515页及以下;舍恩克、施罗德(Schönke-Schröder):《刑法典评论》(Strafgesetzbuch, Kommentar)(第15版),1970年版,前言,边码36(Vorbem. Nr.36):"此外,人们渐渐认识到,在教义学上,行为概念最终是没有多大意义的";鲍曼(Baumann)在其《刑法总论》(第5版),1969年版,第131页中写道:"在今日的刑法教义学中,围绕着可罚行为之结构的争论过于引人注目,以致其他领域为此付出了代价。"今天,施米德豪伊泽尔(Schmidhäuser)在其《刑法总论》,1970年版,第145页中也强调:"现在看来,反对早期的行为概念的声音,或者不赞同对行为概念作出过高评价的声音,(这些异议)是更应重视的。"阿图尔·考夫曼(Authur Kaufman)也确认[《赫尔穆特·迈尔祝贺文集》(Festschrift für Hellmuth Mayer),1966年版,第80页],行为概念是,"盛名之下,其实难副"。这所有的评价,如果做必要的修正后,也同样能适用于用另外一个体系所引申出来的结论。要解决复杂的法律问题(比如,如何处理禁止错误或者对非故意行为的参与),绝对不能再像以前反复做过的那样,只是将故意简单归入构成要件或者划入罪责就完事了。显然,我们需要从传统的那种体系性思维中撤退了,比如,鲍曼就在他教科书(自从1960年的第1版以来都是如此)的序言中写道:"给犯罪论体系的理论构造留下的空间已经所剩无几了……"

是不严肃的[1]，然而，自从前以来针对体系的那些批判，这样我们就容易知道，其实批判的对象乃是体系性思维在教义学上有缺陷的那些发展变化，而不是体系性思维本身。其实，我的意思是，在我们今日的犯罪论中，仍然弥漫着实证主义的云雾，就像用李斯特的大脑思考出来的那样[2]；我认为，我们遇到的难题，根源就出在这里。

法律理论中的实证主义主张将社会和政治的思维从法领域中排除出去，并以此凸显其特性。这个前提被李斯特奉为理所当然的原则，同时，这个原则从根本上导致了刑法学和刑事政策的对立：在法律科学本来的意义上，刑法仅仅需要在实在法律规则的前提下进行概念的分析和得出体系上的结论。刑事政策则包括刑法的社会内涵及目的，就不属于法律人探讨的事情。支持这种对立的人，只关心立法者的意思以及行刑程序中一定程度上没有法律约束的领域。对于后面的这个领域，李斯特却想运用他那著名的犯罪人[3]的类型学说来影响，同时产生改变社会

---

[1] 确切地说，更重要的原因在于：在刑法中，由于罪刑法定原则的原因，较之于其他原则，法安全性是尤其重要的。由此可以得出结论，民法中对局部性的法律思维的热烈讨论，对刑法也没有什么影响。参见维腾贝格尔（*Würtenberger*）：《德国刑法学的人文状况》（Die geistige Situation der Deutschen Strafrechtswissenschaft）（第 2 版），1959 年版；罗克辛：《正犯与犯罪事实支配》（Täterschaft und Tatherrschaft），（第 1 版/第 2 版），1963 年版/1967 年版，第 587 页及以后数页；安德罗拉基斯（*Androulakis*）：《不真正不作为犯之问题研究》（Studien zur Problematik der unechten Unterlassungsdelikte），1963 年版；吕德森（*Lüderssen*）：《参与的刑法理由》（Zum Strafgrund der Teilnahme），1967 年版，第 30 页及以后数页；对此的严厉批判，参见韦尔策尔：《德国刑法》（第 11 版），1969 年版，第 116 页；针对韦尔策尔，可以见我的评述，载《整体刑法学杂志》（第 80 卷），1968 年版，第 712 页以后数页。

[2] 相似的说法，参见施米德豪伊泽尔：《刑法总论》，1970 年版，第 145 页，他说，作为刑法体系性思维的源头，李斯特的这个头开得就不好。在施米德豪伊泽尔的论述中，他并没有将对李斯特的批评建立在实证自由主义之上，而我对李斯特的批判在若干方面则是出于对实证的自由主义的批判。

[3] 该处"犯罪嫌疑人"是对 Täter 的翻译。国内文献多将该词译为"行为人"，虽然不能说错，但是因为 Täter 乃由 Tat 演化而来，若将 Tat 译为行为，Handlung 将作何译？王世洲教授曾提到，Tat 是指符合法律规定的行为，例如，刑法规定的故意杀人罪中的行为，盗窃罪中的行为，等等。[［德］罗克辛：《德国刑法学 总论》（第 1 卷），王世洲译，法律出版社 2005 年版，第 3 页译者注]Täter 一词，其实在德国的日常生活中是常常能听到的，可见应用之广泛。在刑法文献中，一般是在涉及犯罪（Straftat）的意义上使用 Tat，故似应将之根据情况译为行为或状态、犯罪、犯罪事实，而将 Handlung 单译为行为。支持这一译法的理由，还有：当下德国刑法中，对"犯罪乃是一种行为"这一教义渐渐破除，危险（状态）也被作为犯罪的一种，可代表性地参见金德豪伊泽尔（*Kindhäuser*）：《危险犯罪论》（Gefährdung als Straftat），1989 年版，全书。同样，Tatbestand 若直译应为"犯罪（事实）存在"，那便是对于犯罪整体的典型形象（当然，在构成要件史上，它是从诉讼法上一般纠问发展而来的，也更为侧重客观、证据化构建的事实），是在立法上容易固定下来的东西，译为"构成要件"，算是意译，而译为"行为构成"，似为直译，但也许有所出入。但是，还应该指出的是，如果将 Täter 全部译为犯罪人，会导致不精确的后果，这是因为 Täter 侧重于指称对构成要件（Tatbestand）的实现，并不代表必定已经最终定罪，而且，尤其在参与理论和被害人同意理论中，不甚合适。具体而言，在参与理论中，可以按照通例译为"正犯"。关于 Täterschaft 一词，王世洲教授译为"行为人"，冯军教授译为"行为人共同体"，许玉秀教授、徐久生教授和何庆仁博士认为应当译为正犯。何庆仁博士在与陈志辉博士的译法"正犯性"做区分时，认为正犯暗合了"正犯性"

(sozialgestaltend)[1]的作用。可是,关于犯罪嫌疑人和犯罪人的法律,当然也包括刑法,则"并不是改变社会的工具,而仅仅是帮助人们形成互相共处的自由空间的方式,同时使得这种自由空间具有秩序"[2];至少,自由法治国的学者们是这样主张的,同样,李斯特也了解这些学者的主张。

三

然而,我们今天的法律,已经不再只是为了实现这种法治国的机能了。比如,在行政法领域,人们在已有百余年历史的干涉性行政(Eingriffsverwaltung)之外,又发展出了效率性行政(Leistungsverwaltung)的法律形式,这种效率性行政还取得了主导地位。在行政法里的这种变迁,我们每个法学者也是熟知的。在这个变迁过程中,行政法理论也参与了其中的建构。相应的,在刑法领域,也可以认识到这样的趋势,亦即在不危及法治国这一绝对原则的前提下,刑事政策的问题不仅影响到了其本身的具体内容,而且也影响到了犯罪论一般理论。[3]这样,在既有的自由的保障机能之外,罪刑法定原则也有了指导人们举止的目标;该原则就成为了变革社会的工具,而且是具有重要意

[专门的译法讨论,参见何庆仁:《德国刑法学中的义务犯理论》,载陈兴良主编:《刑事法评论》(第24卷),北京大学出版社2009年版,第237页,并请按图索骥]。根据我的研究,将Täterschaft译为"正犯性",乃是将后缀-schaft理解成是状态和功能,将其译为"行为人共同体"乃是将后缀理解为集合和整体,因为Täterschaft的德文含义,其实是正犯的集合[类似的例子在德文中还有Arbeiterschaft(工人的集合,即工会)、Wissenschaft(认知的集合,即科学),等等],因此,冯军教授的理解是准确的,何庆仁博士同意冯军教授的理解,也是合理正确的,但是何庆仁博士在解释陈志辉博士的译法的时候,认为"正犯性"暗含于其中,也许并不准确。我虽然也最终接受了"正犯"的译法,但中文不区分单复数,因此在不会产生误解的场合,译者将之译为正犯,但在必要时,并不主张放弃直接将Täterschaft译为"诸种正犯"、"各种类的正犯"乃至朴素直译"正犯的集合"的做法。至于是否将"正犯"改用"实行犯"加以替代,译者并不赞同,较之于"正犯","实行犯"的刑法色彩已经淡化,但这并不是主要原因,主要原因乃是"实行犯"一词过于侧重支配犯,在义务犯领域,由于物理性、支配性强的行动已经不重要,重要的是规范性的义务,所以用"实行犯"来涵括支配犯、义务犯,显得并不合适。而在被害人同意理论中,即便是存在被害人同意的场合,被告人仍然可以被称为Täter,出于阻却构成要件的考虑,这时用满足了构成要件的"正犯"一词来翻译,也变得不合适了。再加上,人们之所以讨论Täter,乃是因为其举止已经惹起了犯罪嫌疑,所以学者将之列入讨论、法官将之列入庭审。同时,定罪之后,也仍然称为"Täter"。出于以上诸种考虑,译者主张在该词译法上,借用我国已有词汇,将Täter在一般情况下,均译为犯罪嫌疑人。但在关涉参与理论的时候,依情况保留正犯的译法。在指涉定罪之后的人时,译为犯罪人。——译者注。

[1] 在犯罪学理论上,李斯特很重视犯罪人的反社会性。——译者注。

[2] 就如巴杜拉(Badura)在他的《自由法治国的行政法》(Das Verwaltungsrecht des liberalen Rechtsstaates)(1967年版,第25页)中所清楚地表述的那样。

[3] 就该论题,还可以参见维腾贝格尔:《刑法教义学和社会学》(Strafrechtsdogmatik und Soziologie),载《社会法治国中的刑事政策》(Kriminalpolitik im sozialen Rechtsstaat),1970年版,第27页及以后数页。

的工具。这种趋势还蔓延到犯罪论的所有领域：比如,我们的法庭总是再三地面对这样的问题,即遭受违法侵犯的人是否可以使用武力进行防卫,还是他是否应实施避让。在这里所涉及的仅仅可能人们进行自由地行为的范围到底有多大的问题——就此而言,正义是决不能向不法退让的,这个刚毅的(rigoristisch)命题肯定提供了最清晰的答案——;而在现实中,为了解决争端,则要找到社会伦理上最正确、同时又最灵活的方案。当某人在实施被禁止的作为时发生了认识错误,或者已经放弃了犯罪意图(Deliktsversuch)的情况下,我们这时就要回答,该当事人应当如何处理？这是纯粹刑事政策性质的问题,若只是"机械地运用理论概念"(这么说,是为了与耶赛克商讨),该问题就无法妥当地解决。

四

倘若我们毫无成见地观察我们的现实生活情状,这种发现就是理所当然的了,当然,这也并非什么新观点。不过,应该说,这种观点至今尚没有得到方法论和体系上的加工与发展。犯罪论,是人们对所有刑事政策立场进行提取和归纳,并以描述性、实证化(positivistisch)的方式进行形式上的归类,才设计出来的。对于犯罪论来说,就只有前所提及的进行"评价上的修正"才是出路了。[1] 如果允许我使用前面提到那个例子的话,在这个涉及防卫的场合,人们就可以对儿童的攻击行为实施正当防卫了,因为儿童也可以实施违法行为,在必要时就会使得针对他们的每个防卫都是容许的;然而,由于儿童们非出于自卫所需的严重攻击,会使得我们目前的结论变得无法让人接受[2],因此,在这种场合,人们须要回避这个攻击。或者,人们也可以像1962年草案中规定的那样,在正当化前提事实错误的情况下,人们从教义学—体系性的角度看认可故意犯(Vorsatztat)的存在,而从刑事政策的角度,却仅仅是对其施加过失犯的刑罚。[3] 就此而言,这种处理方式在刑法总则中为刑事政策评价打开了口子,从而克服了刑法与刑事政策之间的"李斯特鸿沟";由于这两个领域仍然互相独立的,因此,这种处理方式也就仍然维护这二者的区分。通过这种方式,产生了两个评价标准,亦即在教义学上是正确的东西,在刑事政策上却是错误的;或者在刑事政策上正确的东西,在教义学上却是错误的。[4] 对于这种情况,就如我在本文开始的时候说过的那样,体系的意义的重

---

〔1〕 这里"前所提及"的、对犯罪论进行评价上的修正,是针对第一部分末尾的论述而言的,这些修正便是融入刑事政策用以解决问题。——译者注。

〔2〕 比如,耶赛克(《刑法总论》,1969年版,第231页)这样说道:"当行使自卫权可能会最严重地伤及法感情(Rechtsgefühl)时,自卫的权利就应仅及于此。"在这个意义上,也就是说:"要求人们避开……儿童的攻击,是合理的。"

〔3〕 这种方法,我已经在我的论文中进行了深入的批判性研究,参见《1962年草案对错误的处理》(Die Behandlung des Irrtums im Entwurf 1962),载《整体刑法学杂志》(第76卷),1964年,第582页以后几页。

〔4〕 参见罗克辛:《1962年草案对错误的处理》,第585页及以下。

要性就降低了。然而,这种处理方式,在刑事政策上也没有多大意义。原因是:当评价的理由仅仅是出于法感情或者选择性的目标设定,而是不在法条的评价关系(Wertungszusammenhang)中找寻可论证的支撑的话,这种评价的理由就是模糊和任意的,而且也缺乏学术上的说服力。[1] 这在我们讨论刑法参与理论(Teilnahmelehre)[2]的时候表现得是非常明显的。在参与理论中,最近的司法判决已达到这样的地步,即不考虑诸体系性类型(systematische Kategorien)的各个指导性方案,而直接按照法官的自由评判来界分正犯与参与。[3] 这里面的原因可能是:人们用"正犯意志"这个概念作为区分正犯与参与的标准,但是,在真实世界里,这个概念却并不存在于物理现实之中,在实践中,人们是基于直接的评判确定谁应该按正犯处罚,谁应该按照更轻缓的帮助犯刑罚来进行处罚;再分别按照这一价值选择的结果肯定是否存在"正犯意志"。这种做法显然会导致判决之间严重的不一致,而且使得"(共犯)参与理论作为'刑法学中最黑暗和最混乱的一章'"[4],这句经典名言,一直风靡了60余年。

五

尽管如此,清楚的是,只有允许刑事政策的价值选择进入刑法体系中去,才是正确之道,因为只有这样,该价值选择的法律基础、明确性和可预见性、与体系之间的和谐、对细节的影响,才不会倒退到肇始于李斯特的形式——实证主义体系的结论那里。法律上的限制和合乎刑事政策的目的,这二者之间不应该互相冲突,而应该结合到一起,也就是说,法治国和社会福利国(Rechts- und Sozialstaat)之间其实也并不存在不可调和的对立性,反而应当辩证地统一起来:没有社会福利正义的国家秩序,实际上就也不是法治国;同样,计划和供给的国家,若没有法治国的自由保障,也不能称为社会福利国。这一点,就体现在刑事制裁体系和刑事执行程序的改革中:再社会化并不意味着要引入不确定的刑罚评判,或者采用国家强制处遇的方式对犯人进行任意支配。更确切地说,只有在如下条件下,刑事改革在宪法程序上才是正义的,即:在这种改革的同时,通过引入现代社会矫正(sozialtherapeutisch)的方法,提高受刑人的法律地位,并合法地构

---

[1] 参见罗克辛:《1962年草案对错误的处理》,第587页及以后几页。

[2] 关于Teilnahmelehre的翻译,国内通常多译为"共犯论",而本文译为"参与论",主要为了体现Teilnahme作为正犯的扩张的意思,乃是正犯的从属,而"共犯"则突出该意思不够。因此,译者虽然不赞同统一正犯体系,但仍一律将Teilnahme译为"参与"。除特别说明,不再使用"共犯"一词。——译者注。

[3] 关于(司法判决的)发展,可详细参见我的著作《正犯与犯罪事实支配》(第2版),1967年版,第612页及以下几页;同样可见麦赛克:《刑法总论》,1969年版,第433页:"在实际的法律适用中,正犯与参与的区分则是听任刑事法官的任意决定"。

[4] 这句名言始自于坎托诺维茨(Kantorowicz),载《犯罪学与刑法改革月刊》(Monatsschrift für Kriminologie und Strafrechtsreform),1910年,第306页;之后,这句名言就为宾丁(Binding):《刑法和刑事诉讼法文集》(第1卷),1915年版,第253页所认可,自那以后直到今天,大量的学者都在引用这个名言。

建起那种迄今尚不怎么能进行司法审查的特殊权力关系。[1]之所以会有这种要求，是因为：在法治国的自由状态里，教育受刑人并使之融入合法生活中，可能并不需要对普遍的自由进行限制。[2]同样，在战后作为一个独立学科兴起的量刑法（Strafzumessungsrecht）发展起来了，它的发展并非建立在法官个人价值上的司法裁量之上，相反，而是建立在体系性秩序和以刑事政策为指导的量刑基准的理性的可控制性之上的。[3]

实现刑事政策和刑法之间的体系性统一，在我看来，是犯罪论的任务，也同样是我们今天的法律体系在各个领域所共同面对的任务。但是，在刑法教义学总论部分，至今尚未有针对该任务的全面尝试。准确说来，我们今天所看到的、总体上在实践和学说中起着指导模型作用的犯罪论，是由不同个体的作者对其不断进行各式各样的种种修改而形成的，于是，犯罪论的大厦迥然成了不同风格、不同阶段思想的古怪混杂体。

1. 对于我们来说，自实证主义的开端以后，阶层体系就如一个概念金字塔（Begriffspyramide），有着林奈[4]式的（Linnéschen）植物分类体系那样的形状[5]：通过阶层化的步步推进的抽象[6]（阶层）直到内含广泛的上位概念——行为，人们从大量的犯罪特征中归纳出了这种构造。为什么这种封闭的体系妨碍了我们对问题的解决呢？这个问题，我已经试图作出解释了：一方面，这种体系阻塞了教义学与刑事政策价值选择之间的联系；另一方面，也阻塞了它与社会现实的联系，而它们之间的通道本应是畅通的。

---

[1] 在基本原理上，针对"特殊权力关系"主要批判性观点，参见许勒-施普林戈鲁（Schüler-Springorum）：《变动中的刑事执行》（Strafvollzug im Übergang），1969年版。对于制裁体系中的法治国——社会福利国性质的综述，亦见于我的论文：《弗朗茨·冯·李斯特和选择性草案中的刑事政策概念》（Franz von Liszt und die kriminalpolitische Konzeption des Alternativentwurfs），载《整体刑法学杂志》（第81卷），1969年版，第613及以下几页（第637也及以下几页）。

[2] 因为不需要对普遍的自由进行限制，所以只是"特殊权力关系"，而不是针对一切公民的权力关系。——译者注。

[3] 基础性的论述，参见汉斯·于尔根·布伦斯（H.-J. Bruns）：《刑事量刑法总论》（Strafzumessungsrecht, Allgemeiner Teil），1967年版。

[4] 林奈（Linné, Linnaeus, Carolu），瑞典植物学家、冒险家，首先构想出定义生物属种的原则，并创造出统一的生物命名系统。——译者注。

[5] 最先将阶层体系与林奈的植物分类体系进行生动的比照的，是拉德布鲁赫。参见拉德布鲁赫：《弗兰克专辑》，第1卷，1930年版，第158页；现今，这种比照，也已为施米德豪伊泽尔所接受，参见《犯罪论体系研究》（Zur Systematik der Verbrechenslehre），载《古斯塔夫·拉德布鲁赫纪念文集》（Gedächtnisschrift für Gustav Radbruch），1968年版，第269页。

[6] 在李斯特那里，这便是"体系性秩序"，参见《刑法学论文和讲演》（第1卷），1905年版，第80页，第215页："从特殊个别到普遍性概念的抽象性程度越高，也就越有体系性秩序。"

2. 与价值相关的新康德主义[1]方法论，在20年代占据着主导的地位。那时，假若人们把刑事政策作为指导性的决策，并将这种刑事政策的选择作为标准，应用到所有的教义学选择上面去，这种新康德主义的方法论，本来是可以从规范层面开发出一个"刑法体系新面相"的。但是，在事实上，按照这个原理却根本没有发展出一个与原先犯罪论的、形式逻辑的构造相对立的体系。[2]新康德主义的发展，虽然也带来了变化，但却仅仅是：第一，在构成要件理论中，按照被保护的法益进行的解释占据了中心地位[3]；第二，在正当化事由和罪责上，规范性层面的理论分别是——所谓的实质违法性理论[4]和罪责的"可责难性"[5]特征，而在这一层面上，发展出了超法规紧急避

---

[1] 对于新康德主义的这种发展，需要明确指出的是，这是受到了所谓"西南德意志学派"[温德尔班德（Windelband）、拉斯克（Lask）]的哲学著作渗入刑法学[尤其是通过拉德布鲁赫、梅茨格尔（Mezger）、埃里克·沃尔夫（Erik Wolf）、格林胡特（Grünhut）、施温格（Schwinge）]的影响。总结性的论述，见米塔施（Mittasch）：《价值性思维对刑法体系构造的影响》（Die Auswirkungen des wertbeziehenden Denkens in der Strafrechtssystematik），1939年版。

[2] 恩吉施（《大学》，1957年版，第184页）曾中肯地说道，李斯特的阶层体系"仍然时时影响着我们的犯罪论"。同样，要指出的是，虽然恩吉斯详细论述了目的论体系（teleologisches System，参见《大学》，1957年版，第178页及以下几页），但是，就李斯特体系而言，他并没有举出犯罪一般理论上的任何例子来辅助他的论述。

[3] 对此的专门论述，参见施温格：《刑法中目的的概念构建》（Teleologische Begriffsbildung im Strafrecht），1930年版。

[4] 对此的深入论述，见海尼茨（Heinitz）：《实质违法性的问题》（Das Problem der materiellen Rechtwidrigkeit），1926年版，和《实质违法性理论的发展》（Zur Entwicklung der Lehre von der materiellen Rechtswidrigkeit），载《埃伯哈特·施密特祝贺文集》（Festschrift für Eb. Schmidt），1961年版，第266页及以下几页。

[5] 这种所谓的"规范的罪责概念"，在目前仍然占据着绝对的主导地位。关于规范的罪责概念，著名的文献可追溯到弗兰克：《论罪责概念的构造》（Über den Aufbau des Schuldbegriff），载《吉森法律系祝贺文集》（Festschrift für die Juristische Fakultät in Gießen），1907年版，第521页及以下几页。

弗兰克的这篇文章，已经由冯军教授译为中文，题为《论责任概念的构造》，载冯军主编：《比较刑法研究》，中国人民大学出版社2007年版。关于Schuld的中文译法，笔者曾试图将之译为"责任"而非"罪责"，原因是考虑到苏俄的四要件犯罪构成理论中，在没有进行违法性、责任阶层判断就已经成立犯罪，采用"责任"一词，乃是为了区别于四要件论，并且说明仅仅进行了构成要件的判断，还不能称作"罪"，只有进行完责任阶层的判断后，犯罪才成立。我国台湾学者许玉秀教授认为，罪责可以表明因犯罪而生的责任，表达效果比"有责性"清楚，而且她援引刘幸义区分罪责和刑事责任的说法，最后倾向于认为罪责亦可以等同于刑事责任（参见许玉秀：《当代刑法思潮》，中国民主法制出版社2005年版，第64页）。此后，笔者以为，罪责和刑事责任二者的区分还是必要的，而附加"刑事"二字的"刑事责任"一词，可以被理解为刑法的法律效果，它处于定罪阶段之后，因此可以与"责任"区分开来。但是，考虑到"责任"一词，最初起源于主观的罪过，只是后来才逐渐客观化、规范化，若径直译为"责任"，又容易造成其在发展史上的断裂的印象，而相比于区别于四要件理论的目的，断裂于发展史在译者看来反而是个重要的缺陷，再加上另外两个原因：（1）"责任"一词仍然可能因其与"刑事责任"形似而使人混淆。（2）许玉秀教授所说的"因犯罪而生的责任"，似乎不如理解为"定罪阶段内进行考察的责任"。基于这种意义，笔者最终放弃了"责任"，而采"罪责"一词。——译者注

险[1]的正当化事由以及罪责理论里的期待可能性思想。[2] 在实证主义概念的犯罪阶层占主导的时代,这种带有刑事政策价值因素的构造在体系上具有二重性(Doppelbödigkeit),亦即同时具有形式和实质的双重观察视角。在实证主义—自由的方案之后,紧接着对构成要件便是作出价值无涉的,以及几乎是机械地进行涵摄的解释,当这种解释无法提供清晰、可接受的答案时,这时候我们就可以找出以保护法益为目的的解决方案。在审查形式的违法性的时候,若在法条中无法找到正当化事由的相应规定,这时,却又在刑事政策上由于缺乏社会损害性(Sozialschädlichkeit)而似乎无法进行不法评价,人们就可以通过法益和利益衡量来否定实质违法性;同时,在罪责理论上,实在—法定的规则,也因为个案上的期待可能性的衡量而减弱了刚性。尽管这些试图把刑事政策上的目标设定引入教义学的工作中的努力是非常有益的,但是,这每个对体系从个体上和价值上进行的瓦解,却是不无疑问的。这种疑问我们前已提到,也就是它们也许并没有将目的理论之类的理论,作为超法规紧急避险或罪责阻却事由的期待不可能有在背后加以普遍认可的论证理由。

3. 通过考察本体论的构造和社会现实,目的行为论试图重新建立刑法教义学与现实之间的联系,从根本上看,这种努力也并非毫无结果。由于目的行为论的努力,特别是在行为论和构成要件理论上,又重新恢复了对真实事实进行描述的活力。不过,目的主义也借助于他们从存在事实中推导出法律结论(尤其是从先于法的行为概念中进行推导)的那种公理式的演绎方法[3],从而创造了一种体系;虽然,这种体系一方面在本质上不同于实证主义—因果式的、古典的三阶体系,但是,它在另一方面也没有在教义学中给刑事政策的目标设定留出独立的空间。对目的行为论有所倾心的沙夫施泰因合理地指出[4],在目的行为论上,"强调从逻辑—概念构建的彻底地进行推导"。同样,我们前面提到的体系推导和直接价值评判之间的紧张关系,在目的主义那里,也还是没有得到消除。

---

[1] 对此的深入论述,参见伦克纳(Lenckner):《正当化的紧急避险》(Der rechtfertigende Notstand),1965年版。

[2] 对此,总结性且向前推进的工作,参见亨克尔(Henkel):《作为调节性法律规则的期待可能性和期待不可能》(Zumutbarkeit und Unzumutbarkeit),载《埃德蒙·梅茨格尔祝贺文集》(Festschrift für Edmund Metzger),1954年版,第249页及以下几页。

[3] 参见韦尔策尔:《目的行为论框架下的刑法学现实问题》(Aktuelle Strafrechtsprobleme im Rahmen der finalen Handlungslehre),1953年版,第3页:"目的行为论是在……的前提下得出结论的,而且使用了与主流的法学活动相悖的诸方法。"

[4]《构成要件错误和禁止错误》,载《策勒州高等法院的哥廷根祝贺文集》,1961年版,第176页,以及韦尔策尔(《目的行为论框架下的刑法学现实问题》,1953年版,第178页)"把逻辑—教义学的演绎推到了宾丁以来的一个未知高度"。

六

与当下经过反复修正的"主流理论"不同的是,我们认为,在方法论前提的构建和设置上,一个有效益的体系需要满足的三个要求,即(1)概念性的秩序及明确性(begriffliche Ordnung und Klarheit)、(2)与现实相联系和(3)以刑事政策上的目标设定为指导。通过前面对刑法学思路脉络史[1]的快速梳理,我们可以得知,这三个要求要么只是刚刚要被实现,就戛然而止了,要么就只是单方面实现了其中某个要求,而忽视了其他方面。因此,在我看来,相比于以前,我们今天讨论的主题内容更应成为学术反思的题材,我们在构建体系的时候也更应该考虑它。如果允许我引用歌德的原话[2],我想引用的是这句:"人们尊重前人打下的基础,但不放弃于任何地方从头重建的权利"。

对于这样的尝试,在这里,我想大致勾勒一下。这种尝试,也就是要把个别的犯罪类型——构成要件符合性、违法性、罪责——从一开始就用它们的[3]刑事政策之机能的视角加以观察、加以展开、加以体系化。这些机能的表现方式各不相同:构成要件受的是法的明确性的指导(Leitmotiv),这一明确性经常是教义学之所以正当存在(Legitimation)的唯一理由;为了实现罪刑法定原则,需要各个构成要件(Tatbestände)。从罪刑法定原则出发,也就有了教义学上的阶层划分。[4] 相反,在违法性层面,人们探讨的是相对抗的个体利益或社会整体利益与个体需求之间产生冲突时,应该如何进行社会纠纷的处理。也就是在一般人格权(allgemeines Persönlichkeitsrecht)与公民行为自由之间有矛盾时,是否有必要进行公权力的干预,以求得矛盾的消除,以及在现实的、难以预见的紧急状态的情况下,是否要求作出进行干预的决定:在这里,人们经久不衰地讨论的是,社会如何才能对利益以及与之相对立的利益实现正确的管理。这当然不是什么新的观点。然而,从这个观点出发,能得出哪些教义学上的、体系性的、且完全不同于构成要件之解释(Tatbestandsinterpretation)的结论,却仍然并不明了。最后,在我们

---

[1] 关于刑法教义学发展的出色概述,参见耶赛克:《总论》,1969年版,第22节:近代犯罪论的发展阶段,第138页及以下几页,施米德豪伊泽尔:《总论》,1970年版,"第7章:近代德国刑法教义学中犯罪体系的发展",第128页及以下几页。

[2] 引自《威廉·麦斯特的漫游年代》(Wilhelm Meisters wanderjahre);现在多收录在《格言与省察》(Maximen und Reflexionen)中加以印行。版本众多,在《阿耳忒弥斯—纪念版》(Artemis-Gedenkausgabe)中是在第548号(歌德的著作《威廉·麦斯特的漫游年代》已由董问樵先生译为中文,上海译文出版社1995年版——译者注)。

[3] 指的是构成要件符合性、违法性、罪责。——译者注

[4] 当然,人们也把社会纠纷处理的方式写在各个构成要件里。这些构成要件是由立法者经过衡量后制定的,亦即某些举止究竟是否应当受到刑罚的干预。但是,这是一种成文化之前的立法的、刑事政策的决定。在教义学的加工展开之前,各个构成要件就预先确定了。而在体系化的过程中,这各个构成要件则主要涉及的便不是刑事可罚性的内容了,而是考虑如何贯彻罪刑法定的基本原则:超越字词的可能含义的类推是禁止的,即便在立法论上存在支持这种类推并科以刑罚的理由。

通常称为"罪责"的这一犯罪阶层,其实更多地讨论的是规范的问题,亦即在非常的人格或特定的情势状态下,原则上应科以刑罚的举止是否和多大程度上仍然还需予以处罚,而并非是去用经验的方式来勉强地确定它的行为的能力(Andershandelnkönnen)。为了回答上述的原则上应予以处罚的举止是否以及在多大程度上仍需予以处罚的问题,罪责原则限制刑罚的功能、特殊预防的权衡就都在教义学著作中粉墨登场了。比如,在危难的场合,较之于其他人而言,负有防御危险任务的职业人员(像警察或消防人员)就更难被免责,显然,这是因为保护法益,亦即保护公共利益要求在这种情况下实施制裁。反之,若当事人在这类似的情况下并没有特定的社会角色义务,他就不可罚,因为人们并不需要对他实施再社会化,而且在这种非常情势下,他并不是个恶的榜样。

如果人们这样来看待问题,罪刑法定原则的前提、利益对立场合时社会进行调节的利益衡量和对于刑法之目的的探求,就是我们所常见的各个犯罪类型的刑事政策之基础。这其中有两个部分,亦即构成要件理论和罪责理论,被解释成是刑法中特有的规则,而违法性领域,人们则要贯彻和履行整体法秩序的任务。按照这一原则,正当化事由可以产生于任何法律的领域,这样,刑法才和其他的法律领域相衔接,并形成统一的法秩序。

七

紧接下来,我们就要全面讨论第二个问题,亦即如何才可以以这个出发点[1]发展出体系来。我们从构成要件理论开始。在构成要件层面,人们当然能够区分那些最为迥异的要素和犯罪类型,然而,人们在这个层面上使用这些要素、类型时,却也常常是有几分随意和囫囵的。而在我们看来,体系性的区分标准,必须使得罪刑法定基本原则的要求在立法论上得到实现。如果我们暂不考虑不典型的构成要件构造,就可以知道,在构成要件的构造上有两种不同的基本方法,而这两种方法,立法者也是常常变着花样使用。第一种方法是对行为进行尽可能精确地描述:"意图不法占有他人财物,用暴力或以身体或生命受到现实危险相威胁劫取他人动产的"——这一描述包括了外在和内在两部分事实,借此我们得到了对抢劫行为的认识。人们将之称为行为犯。第二种方法,在立法中,主要出现在当事人违背了他所扮演的社会角色的功能性要求,从而需要加以制裁的时候,在这时候,起决定性作用的并不是犯罪嫌疑人举止的外部特征。我们举例加以说明:在《德国刑法典》第266条中,对于那些"违反其管理他人财产利益的义务"的人,人们利用刑罚加以威胁。这样,只要犯罪嫌疑人对财产的损害在根本上违反了他的义务就可以了,至于他到底具体是怎么做的,则显然并不重要。在这里,人

---

[1] 这个出发点,也就是前面谈到的以刑事政策作为各个犯罪类型的基础。——译者注

们在刑法之外的领域确定了相关参与者之间的义务,通过将这种义务写进法律,从而维持了罪刑法定原则。因此,按照法治国的思想,第266条中存在的问题并非因为它没有对行为进行描述,而在于与此相关的义务不够明确。相反,怎么样的义务才是明确的呢?仅当这种可以由行为描述替代的参照(Verweis)完全满足罪刑法定原则的要求的时候,才是明确的。[1] 例如,人们可以考虑一下私放犯人或对当事人的背信这两个罪的构成要件,在这些构成要件中,犯罪嫌疑人的外部举止根本就不重要;由于在业务和职业伦理法(diest- und standesrechtlich)上,监狱看管人和律师的社会角色所要求的义务已经是足够清晰地确定了,这样,在确定性这个层面上,这些称之为义务犯(Pflichtdelikt)[2]的构成要件,就与行为犯完全等价了。

论述至此,并没有什么问题。于我而言,在构成要件理论上体系性地划分出行为犯和义务犯这两部分,具有如下实益:首先要提出的是,所有教义学上的区分都是建立在社会现实之上的,行为犯和义务犯的划分作为规范性的初步努力,显然可以给人带来令人耳目一新的明晰感。在义务犯中,构成要件所保护的是那些生活领域的功效(Funktionsfähigkeit),而这些生活领域是在人们在法律上精心构建过(durchgeformt)的,具体而言,如财产维护人和委托人之间、看守人员和犯人之间、律师和委托人之间的关系;而在行为犯上,犯罪嫌疑人则是通过破坏和平的方式(如故意杀人、抢劫、开拆他人信件、秘密窃听等),从外部侵入了为法律所保护的不容侵犯的领域。这二者之间事实上存在的区别,现在对教义学的发展产生了持续的影响,而在以前,人们却没有足够清晰地认识到该区别。当然,针对这个框架,我的演讲无法就该论题做出总论上的完整解释,不过,我可以在下面概括地谈几点我的看法。

1. 在过去几年里,出现了大量专著针对不作为犯罪等领域的那个著名的同等地位问题[3]进行了讨论。在义务犯领域,同等地位的问题从一开始就迥异于行为犯。这也就是说,若当事人违反基于其接受的社会角色而产生的义务,而这个义务又能使得构成要件得以确定,从罪刑法定原则的角度来讲,这个对义务的违反是通过作为的方式来实现的,还是通过不作为的方式来实现,就变得并不重要了。对于《德国刑法典》第346条[4]的构成要件而言,只要试图帮助犯人逃脱的看守人员违反了义务就可以,至于他是采取积极的作为的方式(比如打开羁押场所的大门)还是不作为(比如对大门开

---

[1] 这里罗克辛教授的论述中所谓的"行为描述",可以参照我国刑法中讲的叙明罪状来理解,区别点在于构成要件与罪状。而由义务决定的犯罪,则并不等于空白罪状。——译者注。

[2] 首先就此详尽论述的是:《正犯与犯罪事实支配》(第1版/第2版),1963年版/1967年版,第352页及以后数页。

[3] 该词涉及的是 Gleichstellungsproblematik 的翻译,之所以将其直译为同等地位问题,乃是考虑 Gleichwertigkeit 一词应对应等价性。同等地位者具有等价性。在我国学界,等价性一词已经得到了普遍使用。——译者注。

[4] 应该说明,1969—1975年是《德国刑法典》的改革、变动时期,部分沿用1871年《德国刑法典》,所以该处第346条相当于现今《德国刑法典》第120条。——译者注。

着的情况违反规定地听之任之)方式,都没有区别。同样,在律师背信于当事人的场合,律师是积极地作为抑或是对必要措施采取放任不作为的态度,也都是不重要的。反过来说,如果人们想通过行为的描述来满足罪刑法定原则的要求,就会产生一个无法解决的自相矛盾的问题:人们要怎样才能够用精确的行为描述(Tatbeschreibung)处理没有的行为(Nichthandeln)? 针对该问题,司法官们在其自由的找法过程中,对此处缺乏构成要件之原理的情况是睁一只眼、闭一只眼的。他们的这种态度都已经成为了公开的秘密。正确的做法本该是:在行为犯的场合,只有在该行为犯之构成要件包含义务犯的情况下,才可以允许不作为取得与积极作为同等的地位。比如,母亲将她的小孩饿死,或者医生在面对托付给自己的病人的时候,违反职责地拒不给予病人可挽救生命的药物,从而导致病人死亡的情况,就属于我们这里所讨论的案例。在这些地方,我们可以明显地看到发生了义务的违反,而这些义务违反是建立在当事人事先形成的社会关系(soziales Beziehungsverhältnis)之上的,而且,由于杀人罪的行为之构成要件(Handlungstatbestand)中亦包含了义务的违反,故而这种义务违反也并非仅在各种身份犯中才能成立。在这种伪装起来的各种义务犯或者"不纯正的行为犯"(unechte Handlungsdelikte)[1]中,医生是通过过量的针剂注射,还是通过彻底的不作为来实施杀害,对于构成要件的满足来讲,自然都是不重要的;同样,负责扳道岔的铁路职员在引发列车相撞时,是将道岔扳到错误的方向上,还是根本就不扳道岔,也是不重要的。在人们履行不依赖于刑法的那些社会角色的职责时,比如喂养孩子、司职门户的关闭、扳道岔、提起上诉(Rechtsmitteleinlegen),作为和不作为的意义将完全取决于它们在社会关系中的价值,并在这种价值中关涉构成要件,而该构成要件就体现了这些作为和不作为的意义。相反,对于造成事故、作伪证、房客醉酒这些事情而言,假若它们离开了社会的规则流程(Regelablauf),那么,对它们负有救助义务或者阻止义务的人,具体而言,也就是引发事故者、诉讼当事人、旅馆的服务人员等等,就不负有能与构成要件所描述的行为相提并论的救助、阻止义务,这样,将他们不履行这些义务涵摄到构成要件的描述之下,就是有悖于罪刑法定原则的。如果在具体案件中缺乏行为,而这时立法者针对这些案件所设计的构成要件中却又要求需有行为,就需要有结果避免义务才填补这一因为缺乏行为造成的空缺,而这一填补工作其实是通过法官自由造法(Rechtsschöpfung)实现的。[2] 在如何确定不作为犯之责任范围这个问题上,《德国刑法典》第 330 条 d[3],加上那些资格(比如先行行为人、亲属等),再加上为一些极具体的特定案件设定的少数纯正不作为犯,本该在这里可以用于满足罪刑法定这一抽象原

---

[1] 就像人们或许也可以将这种犯罪形态称为"不纯正的行为犯"一样。
[2] 详细地论述所有教义学史上有关不作为的较新的众多文献中的争议,本演讲是无法展开了。对我而言,重要的是要证实本文所提出的体系性原则。
[3] 该条也可能是改革时期的条文,在现今和 1871 年《德国刑法典》中译者未找到对应条文。——译者注。

则之要求的,同样,在面对那种难以避免的令人疑惑的混乱状况时,这些立法也本应能够捍卫我们的同等地位理论的,但是法学家和法官们并不买账,而是按照他们自己的观点[1],以准自由造法的方式(in quasi gesetzesschöpferischer Weise)确定不作为犯的责任范围。论述至此,倘若人们相信,在构成要件理论上,刑事政策这一指导原则能够带来教义学上的积极成果的话,对于不作为犯的责任范围问题,应该说,至少在应然法(lege ferenda)的层面,是需要人们重新进行定位(Umorientierung)的,而且人们也早就应该进行重新定位了。如果彻底变革了立法上的问题,将会带来教义学上的诸多实益。

2. 我们所论述的体系化工作的第二个具有崭新成果的领域是参与理论。从教义学上讲,参与理论讨论的是构成要件的问题,也就是讨论一个举止在多大范围上可以被归到犯罪描述(Deliktsbeschreibung)之下,从而产生诸种正犯(Täterschaft)。不过,假若仅止于此的话,则尚未涉及教唆、帮助之类的刑罚扩张事由。可惜的是,司法实务界从一开始就将参与理论不当地归类到构成要件这上面来了,因此,在起点上就没有符合罪刑法定原则的要求。[2] 这样,只要对预备行为有最低程度的参加,即便这个参加仅仅是个建议抑或是带有赞同意思的点头,当事人就已经可以成为法庭上的正犯(Täter)了,相反,百分之百满足构成要件的典型的正犯却有机会只被处以帮助犯的刑罚。这些做法不仅歪曲了法律的规定,而且搅乱了参与理论,不管愿意不愿意,这也是一条司法实务必须与之决裂的歧途。这样说的理由在于:第二部《刑法改革法》(StrRG)明确表明,不再采用所谓的"主观"说。[3] 由此亦可看出,在该处也存在行为犯和义务犯的基本区别,这是由于:依照参与理论,它们不同的构成要件结构,必定表现出不同的形态。具体地说,在行为犯领域,犯罪嫌疑人支配着各个构成要件行为,因此,

---

[1] 在最近关于不作为犯的同等地位问题的专著[鲁道菲(Rudolphi),1966年版;普弗莱德雷尔(Pfleiderer)、贝尔温克尔(Bärwinkel)、韦尔普(Welp),均出版于1968年]中,都得出了完全不同的结论:在不作为犯的责任范围这个问题上,变得不再是个解释的问题,反而作者们在无意识的情况下,都走上了造法的道路。

[2] 对此,我的著作:《正犯与犯罪事实支配》,第2版,1967年版,第615页及以后数页有深入的讨论。萨克斯(Sax),《法学家报》(JZ),第332页及以下几页;此外,耶赛克:《总论》,1969年版,第428页作了尤其清晰的论述。

[3] 第25条第1款规定:"自己或者通过他人实施了犯罪的正犯将受到惩罚"。在这里,亲自实施犯罪(Tat)的任何人,人们将其明确地称为"正犯"(Täter),此后他不会再因为缺乏"正犯意志"(Täterwillens)就被完全作为帮助犯加以处罚了。人们删除了1962年《刑法典草案》原第32条[即,在对于正犯故意发生认识错误的情况下,正犯和参与者的刑罚取决于认识错误者的意志导向(Willensrichtung)],同时,第二部《刑法改革法》第26、27条的教唆、帮助,是以存在故意的主要犯罪(Haupttat,这不同于我国的"主犯"——译者注)为前提的,这个规定得到了保留,这样就产生了与删除1962年草案原第32条相同的效果:如果A错误地认为B要故意地实施犯罪行为,人们就既不能将A作为正犯,也不能将之作为参与者来加以处罚,即便按照主观说,A无疑有着"参与的意志",从而可将之解释为教唆。

这种支配就决定了犯罪事实支配(Tatherrschaft)。相应的,在义务犯领域,符合构成要件的仅仅是(同时也总是)违背了刑法之外的义务,这种义务违反基本上不取决于对外部事实发生的支配。对于财产管理者而言,如果他隐匿了别人委托他保管的财物,即便他几乎没有亲自参加行动,也一定成为背信罪的正犯。而若这里又出现了(不负有相应义务的)第三个人,不管他如何尽可能地操纵外部事实,即便取得了犯罪事实支配,也只能成为帮助犯。基于该原理,我们可以按照支配犯和义务犯的区分发展出一个正犯理论的体系,并使这个体系在各个细节上精致化。对此,我已经在其他场合详尽地论述过了[1],因此不再赘言。不过,我需要充分说明的是,从支配犯、义务犯这一我推崇的角度进行的体系性思考是卓有成效的。[2]

这一体系性思考,在构成要件论上也是富有启发的。这样,为满足法治国的明确性原则的要求(对于行为和义务违反的描述,并不是纯粹因果性的),譬如说,人们就需要把故意放到构成要件中去,这点已经实现了。故意对事实的描述具有规制的机能。[3] 如果人们像受自然主义影响下的所谓"古典"体系论者那样,将故意排除在构成要件之外,就必然会导致刑罚的过度扩张(Strafbarkeitsüberdehnungen),从而威胁到法治国的原则。这已经在参与理论中发生了:在参与论中,人们常常将各种"因果关系"视为客观的,并认为对于正犯而言,这种客观的"因果关系"就够了。这种观点导致的后果是,即便是离既遂最远的预备行为,只要已经有足够的恶意,就可以按照构成要件相应的刑罚(Tatbestandsstrafe)进行处罚了;正如对司法判解的各种分析所证实的那样[4],这显然是思想刑法(Gesinnungsstrafrecht)的表现。另一方面,按照我们这里所概述的体系性概念,在过失犯的教义学上,该领域面对的也是义务犯而并非行为犯的问题。[5] 因此,为了满足明确性这一基本原则之要求而进行的构成要件的结构化改造

---

[1] 参见我的著作:《正犯与犯罪事实支配》(第1版/第2版),1963年版/1967年版。
[2] 在参与理论中,我所提出的支配犯和义务犯的区分,得到了越来越多文献的承认;详细论述的,参见舍恩克·施罗德:《刑法典评论》(第15版),1970年版,第47条前言,边码7;第266节,边码51;韦塞尔斯(Wessels):《刑法总论》(Strafrecht, Allg. Teil),第1970年版,第11节II,2,第87、88页。在结论上同意我的观点的是,施米德豪伊泽尔:《总论》,1970年版,第425页,出于对负有义务人之保证人地位的考虑,他无疑是将义务犯当作不作为犯对待了,通过保证人地位这一环节的转换,他在结果上也回到正犯上来了。
[3] 进一步参见我的论述,参见《整体刑法学杂志》(第80卷),1968年版,第716页。
[4] 参见《正犯与犯罪事实支配》(第2版),1967年版,第597页及以下页,第615页及以下几页。
[5] 不过,这里有个问题,亦即:针对过失犯罪中义务违反是否类似于我们在故意义务犯中所指出的义务违反,应该说,有的过失犯罪中,似乎并不存在这种先于构成要件的(vortatbestandlich)的义务违反。然而,这种现象并不是因为过失构造没有这种义务违反,而是因为对过失犯的教义学整理还做得不充分。如果我们有意继续深入研究过失犯的话,就会发现,我们有必要在引发结果这一法律后果之外,于过失犯的诸领域再普遍地构建出特定的举止义务,同时,没有对这种举止义务的违反,就没有结果归属。交通刑法的最新发展已经足够清晰地表明了这一点。对于我们这里清晰指出的概念,我们将另择机论述。

(Tatbestandsstrukturierung),就只能通过交通义务的类型学(Typologie)或者体系化才能得以实现。借助于这种在义务犯领域中常见的类型学或体系化,人们才得以填充规范中留出的空白空间。当时,这方面的教义学方向的努力还只是刚刚起步。这是因为:人们普遍将构成要件裁剪为基于相当理论的因果关系,这种做法从一开始就使得责任(Haftung)的范围变得没有边际,同时,即便通过可预见性和可避免性的特征,也无法使得构成要件可以被限制在法治国的意义框架内。其实,抽象的可预见性和可避免性几乎意味着毫无限制。而在现实中,人们慑于刑罚,从而有义务要预见、避免的责任范围是小得多的,所以必须通过固定的举止义务来确定责任的范围。像可允许的风险或者信赖原则这些在体系性范畴之外发展起来的法律机制,就为义务的类型化指出了一条不可或缺的道路。只要人们对这条道路进行体系性的加工,就可以在过失构成要件中创设出确定的构造。而在故意犯中,这种构造对我们来说已经司空见惯了。

到此,针对由罪刑法定原则引发的构成要件体系化工作的教义学影响,我们已经讨论得不少了。我们要继续进行的工作是,对同时兼受法政策之原则指引的方法论问题,再做些解释。在涉及狭义的构成要件特征(就像"建筑物"、"他人的"、"物"等等这样的概念)的时候,人们往往求助于定义和精确的涵摄性结论(Subsumtionsschluss)。而且,人们总是将这些定义和涵摄性结论视为刑法中可以使用的找法(Rechtsfindung)的唯一方法。其实,这是基本不符合实情的,这里再做进一步澄清:由于前提、涵摄、结论这一顺序可以最大程度地保证法的明确性原则,故而当人们对固定的构成要件特征进行解释的时候,这个流程或方法是合适的。但是,进一步的问题是,构成要件概念之内容本身要如何确定呢?人们对这个问题的回答往往是非常含糊的,只是说,对于这些个别的构成要件特征,要从所保护的法益出发目的性地(teleologisch)进行解释。这种空洞、笼统的理由,其作用是成问题的。如果对司法实务发展史作个广泛的研究,也许会发现,为维护一个受法明确性原则指导的、尽可能广泛的、无漏洞的(法网)保障,我们已进行的对构成要件的宽泛解释,在某些犯罪领域,不能说没有导致犯罪率的升高。从罪刑法定原则的角度来看,其相反的做法反而是正确的:也就是说,落实刑法之"大宪章"机能和刑法之"不完整性"(fragmentarische Natur)的限制性解释,基于保护法益的思想,只能抽象地限制在不可放弃的可罚性领域。为了达到这个目的,就需要一些调节性(regulativ)的规则,比如韦尔策尔所引入的社会相当性[1],这个社会相当性并不是构成要件特征,而可能是在限制各种字词的含义时(bei der Restriktion von Wortfassungen)为了解释的方便而得出来的,该社会相当性同样也会遮蔽一些社会容忍的举

---

[1] 此见解有着诸多文献,仅请参见韦尔策尔:《德国刑法》(第11版),1969年版,第55页及以下几页,他正确地指出,这是一种"一般性的解释原则"(第58页)。

止方式,从而使之不当地进入刑罚领域,再进一步,还有所谓的"轻微性原则"(Geringfügigkeitsprinzip)[1],亦即在大多数构成要件中,是可以在一开始就排除那些轻微的损害的,而被排除的这些轻微损害也属于社会容忍的内容。具体而言,并非所有对身体健康的损害都属于虐待,而只有那些明显的损害才算得上;相应的,只有较为严重的[2]、以犯罪的方式严重侵害社会的尊重请求权(Achtungsanspruch)的有关性的行为,才是刑法典意义上的猥亵。所谓"暴力",只有持续的妨碍才称得上,轻微的妨碍则不算;而胁迫则必须是以犯罪相逼,才是严重的。如果从我们今天开始,将我们的构成要件的解释机制做一个前后一致的重新整理归类,这种重新归类,除了可以使我们在解释上有所收获之外,还会有力地促进我们国家犯罪率的减少。

八

让我们把目光转投向正当化事由。我们以前是将正当化事由在刑事政策上的机能理解为解决社会冲突。对于正当化事由,我们首先应该认识到,这些犯罪类型是建立在经验意义上的现实的基础之上的,而构成要件是只是对现实的提取,其只是现实的横截面,与现实有着本质的不同。也就是说,通过正当化事由,社会中的动态变化才得以反映到犯罪论中来。如果不考虑社会相当或轻微的方面的边界变化(Randverschiebung)的话,像剥夺他人自由、非法入侵他人住宅或损害身体的完整性这些举止,其内容总是保持恒定的。[3] 就目前而言,人们对于构成要件之任务所设计的一般条

---

[1] 我最初提出将该原则作为确定不法时普遍通用的原则是在《法学学习》(Jus),1964年,第373页及以下几页,第376、377页。有学者接受并进一步发展了这一思想,比如,布瑟(Busse):《道路交通中的强制》(Nötigung im Straßenverkehr),1968年版;贝尔茨(Berz),《高登刑法档案》(GA),1969年,第145也及以下几页;《法学学习》,1969年,第367页及以下几页;蒂德曼(Tiedemann),《法学学习》,1970年,第112页[轻微原则(Bagatellprinzip)]以及《法学分析》(Juristische Analysen),1970年,第261页。进一步参见《刑法典的选择性草案:分则,针对个人的犯罪》(Alternativentwurf eines Strafgesetzbuches, Besonderer Teil, Straftaten gegen die Person)(第1分册),1970年版,第63、64页。
[2] 详细的叙述,参见上一注释中所提到的《选择性草案》第125、127、128条,参见《刑法典的选择性草案:分则,针对个人的犯罪》(第1分册),1970年版,第84、86页。
[3] 虽然语言本身也会演变,但是,其本身内容的变化要比社会的发展慢很多。

款(Generalklauseln)[1]并没有导致构成要件本身内容的异化(entfremden)[2],因此,各个构成要件也就仍然接受固定的各个概念的限制,这种限制是从语义的角度实现的。然而,人们为何允许拘禁他人、侵入他人住宅或者损害他人身体,理由总是多种多样的。对刑事或民事法秩序的每一次更改、对警察法的每一次修订,都使得关于惩罚权、强制疫苗接种权、私人空间权或示威权等权利(力)的观点发生变化,或者否定了正当化事由。这一过程不仅体现在实在法规的变更上,也体现在习惯性的和司法的造法(Rechtsschöpfungen)过程中,这类明显的例子分别有老师的惩罚权、超法规的紧急避险。这些类别的干涉权,在整体的法秩序中是受到支持的[3],而且它们也促进了社会必要性和个体自由的平衡。

基于这种刑事政策上的功能,人们就必须将违法性体系化。很明显的是,迄今也没有大量地出现极正式的抽象化或者粗疏的梳理工作。[4] 如果我们分析一下立法者到底都用什么方法来解决社会冲突的问题,就会发现,这些方法只是数量有限的实质

---

[1] 应该解释的是,这里的一般条款(Generalklauseln),又译为概括条款,指的是对于构成要件的抽象的概括出来的法律规范,缺乏具体内涵的一般抽象法律规定,是要由法官在具体的法律适用中对其再加以价值填充的抽象的构成要件。——译者注

[2] 一般条款以及规范—评价性的(构成要件之)属性已经让自我占有(Eigenheit)、干涉权(Eingriffsrechte)(所谓干涉权,又译为侵入权,是指干涉他人的权利、限制他人权利的权利。——译者注),发挥出了阻却构成要件的作用。由此可以得出,在分则的有些犯罪描述中(比如盗窃和诈骗),正当化事由几乎是不可能存在的:对于某物或财产利益享有权利的人,是不具备主观构成要件的,因为他缺乏非法占有和牟利的意图。如果有人乃是出于正当防卫的原因,用石头击伤他人,他甚至连粗野的不法行为等的客观构成要件也没有符合[进一步参见我的论文,《犯罪学和刑法改革月报》(MSchrKrim),1961年,第211页及以下几页]。同样,《德国刑法典》第240条第2款中规定的"可谴责性"也对所有不法阻却事由关上了大门:谁如果正当地实施强制,其行为就根本不是这条中所说的"可谴责"的(进一步参见我的论文,《法学学习》,1964年,第373页及以下几页)。在这些以及其他的一些场合,由于规范(该处的"规范"和下文说的"规范的结构",主要是侧重于构成要件方面,可以作为与"容许规范"或"容许规范的结果"相对应的词来理解——译者注)和容许规范并不是清晰干净地刚好分布在构成要件和违法性上面,将这犬牙交错般地相互嵌入的两个部分(构成要件和违法性)组合成为一个概念——不法构成要件,就是合适的了[我是赞同朗-欣里希森(Lang-Hinrichsen),《法学评论》(JR),1952年,第306、307页,《法学家报》,1953年,第363页的观点的,就像我在我的著作《开放的构成要件和法义务特征》(Offene Tatbestände und Rechtspflichtmerkmale),1959年版中所提出的那样]。然而,这并不会改变本文所谈及的容许规范的结构与规范的结构之间存在的区别。故而,对于在处理正当化前提事实错误上面有独特优势的"消极的构成要件理论"而言,人们不能理解为,在"消极的构成要件"理论下,在剔除了容许规范作为不法前提条件的"消极性"之后,容许规范的结构就和规范的结构没有区别了。

[3] 很清楚,按照我们这里的理解,承诺(Einwilligung,狭义的同意)就不再是正当化事由,而是排除构成要件的事由了。这一观点在目的主义论者和非目的主义论者那里均得到了承认。比如,在目的主义论者那里,请参见希尔施(Hirsch),《整体刑法学杂志》(第74卷),1962年,第104页;而非目的主义论者的例子,请参见施米德豪伊泽尔:《刑法总论》,1970年版,第215页。

[4] 但是斯特拉腾韦特(Stratenwerth)却是做了这方面的工作,参见斯特拉腾韦特:《正当化的原则》(Prinzipien der Rechtfertigung),载《整体刑法学杂志》(第68卷),1956年,第41—70页。

性的一些秩序原则（Ordnungsprizipien）。经过一番变换之后，这些原则就决定了正当化事由的具体内容。在具体案件中，通过这些原则的相互作用，就可以让人判断出：（案件中当事人的）举止是于社会有益的还是有害的？以及是成立正当化还是成立不法？[1]

比如，在正当防卫这里，自我保护（Selbstschutz）原则和维护法律效力（Rechtsbewährung）之原则乃是相关法律规则的根据。[2] 这意味着：若遇到受禁止的侵犯，每个人都有权利进行抵抗，以免受到伤害。即便他可以采取逃避的方式免受攻击，仍然可以使用正当防卫的手段。在这种情况下，维护法律效力之原则（即法律不需向不法退让）就高于自我保护原则，同时，维护法律效力之原则也排斥利益衡量原则（Güterabwägungsprinzip），具体而言，在正当化事由时，人们若使用利益衡量原则来衡量，会使得具有重要利益的一方胜出。自我保护和维护法律效力这两个原则的共同界限在于，它们不可以违反比例原则，这个比例原则是贯彻在整个法秩序当中的。如果在相冲突的法益之间出现严重的失调（典型的例子有，为避免遭受轻微的伤害，从而严重侵害到他人身体等等），比例原则就会否定正当防卫。这样说，在社会治理上，我们就有了三个原则[3]，这三个原则互相结合，就能够为我们正当防卫相关法规的教义学提供相应的指导；我们还需要进一步展示的是，这种指导将如何影响我们的解释。

在其他正当化事由那里，也可以找到相似的并互相结合在一起的各个原则：比如，在（防卫性）紧急避险（defensiver Notstand）（《德国民法典》第228条）的场合，就可以找到相互结合的自我保护和利益衡量两个原则；这里之所以不谈维护法律效力之原则，乃是因为这里并不存在个人实施的攻击，所以讨论前者没有意义。所谓超法规的紧急避险则包含利益衡量原则和自主原则（Autonomieprinzip）。这意味着：从本质上讲，这里的内在理由是，在具体的场合，必须维护更为宝贵的、遭受更大危险的法益。但是，这一基本原则也要受到人格自主（Persönlichkeitsautonomie）保障机制的限制，出于人格自主的考虑，必须禁止的是：为公共利益对某个个人强行实施阉割、为器官移植而违背当事人的意愿地利用手术取其肾脏，等等。

依照这些规则要点，结合所有的正当化事由进行全面地分析，此处不能再继续下去了。在此处，关键的是，要明确在违法性领域也有体系性的任务。具体来说，社会

---

[1] 按照《德国刑法典》第240条第2款的字面表述，是可以直接追溯到实质违法性原则的。对于该款规定的情况，我曾试图将我们这里所提到的秩序原则进行体系化，参见《法学学习》，1964年，第373页及以下几页；《选择性草案》第116条所规定的紧急避险构成要件的立法建议，也是建立在这种秩序原则之上的[《刑法典的选择性草案：分则，针对个人的犯罪》（第1分册），1970年版，第62—70页]。由于我们这里篇幅有限，就只能零碎地举些例子来论证主题，故而，在这里，我援引了我载于《法学学习》的论文，乃是出于这篇论文中还有生动的例子，可以弥补我们此处的缺憾。

[2] 对于这一观点，我曾根据充足的判例进行了深入的方法论意义上的论证，这也使得该观点更为清晰化，请见我的论文：《防卫挑拨》，载《整体刑法学杂志》（第75卷），1963年，第541页及以下几页。

[3] 自我保护原则、维护法律效力原则和比例原则。——译者注

(交往)中形成了无数的原则,其间只有极少数原则是需要我们在正当化事由的框架范围内提炼出来的,体系性的任务就是,尽可能完整地提炼、列举出这部分原则,并且清晰地梳理清楚这些原则[某种意义上说是"原则网"(Prinzipiengeflecht)]之间的相互关系。在这里我们明确地提出了一些指导性要点(Leitgesichtspunkte)[1],这些指导性要点之间的内在联系,也许可以帮助我们搞清楚各种不同的正当化事由之间的一些问题。以前,我们由于没有通行的指导性观点,对这些问题的处理是并不统一的。

因此,拿《德国刑事诉讼法》第81条和《接种疫苗法》(Impfgesetz)来说,从这两部法律中人们可以得到普遍的认识,即为了保护极其重要的法益,是可以进行无危险、无持续作用的人体侵犯的,这时,自主原则并不发生作用。这样,我们就不可以认为,在超法规紧急避险的场合,为拯救一个直接遭受生命危险的人,强制抽取他人的血液是应该彻底禁止的,而主流观点却是认为应完全禁止这种抽血。[2]或者,我们可以再举《德国民法典》第229条的例子,该条规定人们可以在将案件提交法院处理之前,采取暴力的私力自助行动。这一条款规定了以国家认可的强制手段进行优先处理的原则,为了解决社会冲突,该原则成为了人们需要容忍的原则,并且排除了其他众多法律规定的适用;而在道路交通中,即便交通费用出现畸高的情况,道路交通也不得擅自停止,若停止了,也不能援引超法规的紧急避险这一理由为自己辩护。[3]

然而,我所勾勒的正当化原则的体系化工作,并不是建立在目前占支配性的观点之上,相反,我的体系化工作是帮助它们,即在它们重建各个不法阻却事由之时,为其提供些本质的东西。拿正当防卫来说吧,在过去几十年的教义学史中,人们越来越承认,在面对儿童、精神病人的攻击,或者在对自己负有责任的攻击进行防卫时,当事人应当有回避的义务(Ausweichpflicht),这点已经由我们这里建议的方案中正确地证实了。这是因为,在面对侵犯的时候,如果不需要伤害对方,就能实现自我保护,能将这种伤害对方的防卫正当化的,就只有维护法律效力之原则了。然而,从这一原则的刑事政策基础来看,该原则并不适用于儿童和精神病人,原因是,对于并非有意识地触犯

---

[1] 这些指导性要点指的是前面体系性任务中的那些提炼出来的原则。——译者注。
[2] 加拉斯:《埃德蒙·梅茨格尔祝贺文集》,1954年版,第325页;舍恩克、施罗德:《刑法典评论》(第15版),1970年版,第51条前言,边码58;耶赛克:《刑法教科书总论》,1969年版,第242页;施米德豪伊泽尔:《刑法总论》,1970年版,第259页;这些论著也成为1962年草案(第160页)的论据。对这一观点有所修正,但却原则地排斥这一观点的文献有:鲍曼:《刑法总论》(第5版),1968年版,第336页;韦塞尔斯:《刑法总论》,1970年版,第47、48页。
[3] 针对该原则的原理性讨论,参见罗克辛:《法学学习》,1964年,第377、378页。在其中所提到的场合,主张超法规紧急避险的游行示威者,其实他们本该就存在"滥用垄断地位"(Monopolmißbrauch)先进入诉讼程序才可以。相近的,这也适用于他们在(示威)行动中所采取的违反紧急避险法规的侵犯他人的行为。也许紧急避险法规有最终违宪的可能,但是这要由联邦宪法法院来审查。而只要有这个审查的可能,他们所援用的超法规紧急避险的正当化事由就不成立。

法律从而不可罚的人来说,法秩序并不需要在他们那里"维护"自己的效力。[1] 就像我在以前的一篇文章(这里就不进一步展开了)[2]的分析中曾想证实的一样,这一观点[3]也适用于面对自己负有责任的攻击的场合,因为在这种情况下,被攻击者虽然是在排除损害,但是由于他自己也要对该攻击的发生进行共同答责(Mitverantwortung),故而,就不能再允许援引整体法秩序这一理由来开脱了。[4]

同时,这里的论述还让我们认识到:在教义学理论上,正当化事由和构成要件这两者在刑事政策上的目标是不同的,这使得它们在方法论上也有着完全不同的操作步骤。对于正当化事由来说,它并不以描述行为(或者纯粹就是描述义务违反)为目标:因为不管怎样,正当化事由都是共同地适用在诸多构成要件之下的,而且人们所容许

---

[1] 就此,持相同观点的最新文献,参见博克儿曼(*Bockelmann*):《针对有罪责之侵犯的正当防卫》(Notwehr gegen verschuldete Angriffe),载《理查德·M. 霍尼希祝贺文集》(Festschrift für Richard M. Honig),1970 年版,第19—33 页,尤其是第 30 页;施米德豪伊泽尔:《论正当防卫的价值结构》(Über die Wertstruktur der Notwehr),载《理查德·M. 霍尼希祝贺文集》,1970 年版,第 185—199 页,尤其是第 194 页。对于施米德豪伊泽尔来说,"当法律秩序之效力受到攻击时",正当防卫"捍卫了法律秩序的效力";其实,这里探讨的相应原则正是维护法律效力之原则。克拉奇(*Kratzsch*)则持相反的观点,参见其《正当防卫之可罚性的边界》(Grenze der Strafbarkeit im Notwehrrecht),1968 年版。他认为,对正当防卫的限制,只有第 53 条(这是指 1871 年《德国刑法典》第 53 条,即"如果行为属于正当防卫,该行为是不可罚的。正当防卫必须是为了使自己或他人免受正在进行的、违法攻击而采取的防卫。如果当事人由于恐慌、惊惧或惊吓而进行了过分的正当防卫,是不可罚的"——译者注);任何超越第 53 条的字词含义的限制,包括对儿童、精神病人的攻击必须履行回避义务在内(见克拉奇:《正当防卫之可罚性的边界》,1968 年版,第 49 页),都是违反《基本法》第 103 条第 2 款(罪刑法定)的刑罚扩张事由,因而是要禁止的。参见克拉奇:《正当防卫之可罚性的边界》,1968 年版,第 29—53 页。这种观点的基础前提是有问题的,需要人们进一步的审查,这个前提就是认为,在存在干涉权的场合,罪刑法定原则的功能和狭义构成要件的功能是完全一样的。而反方观点则试图主张,在存在干涉权的场合,罪刑法定原则并非通过字词含义来限制我们的解释,而仅仅是通过罪刑法定原则背后的社会秩序原则来限制我们的解释,从而实现罪刑法定的功能(参见本文第八部分末段)。

[2] 载《整体刑法学杂志》(第 75 卷),1963 年,第 541 页及以下几页。

[3] 指前面所述:"对于并非有意识地触犯法律从而不可罚的人来说,法秩序并不需要在他们那里'维护'自己的效力"。——译者注。

[4] 论述至此,博克尔曼提出了不同意见,在最近的新文献中,他是支持在故意挑衅(Absichtsprovokation)的场合成立正当防卫的唯一作者(这里所说的"故意挑衅",应该近似我国的"防卫挑拨"。——译者注),这点参见前述《针对有罪责之侵犯的正当防卫》一文。然而,博克尔曼是将其方法论建立在我们当前论述的基础前提上的,也就是说,他明确地承认,自我保护原则和维护法律效力之原则在正当防卫法中起着决定性的作用:"在人们可以回避他人的攻击的时候,对法益的保护就是不必要的了。除此以外,当对法秩序的维护也成为多余的东西的时候,就没有正当防卫的空间了"(博克尔曼:《针对有罪责之侵犯的正当防卫》,载《理查德·M. 霍尼希祝贺文集》,1970 年版,第 30 页)。其不同意见仅仅是:他认为即便是挑衅者也可以为了"维护"法律的效力,来进行正当防卫。施米德豪伊泽尔在其《刑法总论》,1970 年版,第 278—281 页中也表达了这种不同意见。对我而言,本文的目的是要阐述该类的方法论,所以,对于这种方法论在具体案件中的应用,还请容待我在其他场合深入探讨。这里由于篇幅所限,已经不能再深入下去了。

的具体的侵犯方法又取决于各种无法复制的危急和胁迫情势的诸多细节,这样,正当化事由就不能以描述行为或义务违反为目标了。在这种情况下,人们在正当化事由方面所要做的工作,就不再是向概念性的、固定化的各种描述进行涵摄了。[1] 更确切地说,成文法只是架构出了规范人们举止的框架(这种框架,也就是我所勾画出来的这些原则),而这个框架,是需要借助于法律素材(Rechtsstoff)才能够实现具体化的。这种对秩序框架的详细阐明,其任务是完全不同于人们对构成要件的解释的。具体而言,对于个别性的正当化事由来说,这种阐明秩序框架的任务就是通过对于典型的事实举止的状况的研究,得出该领域的现象学[比如在正当防卫领域,就可以区分出诸多种类的正当防卫:针对儿童实施的攻击的正当防卫、针对青少年实施的攻击的正当防卫、针对无责任能力者实施的攻击的正当防卫、针对限制责任能力者实施的攻击的正当防卫、针对有意图(absichtlich)实施攻击的正当防卫、针对故意攻击的正当防卫、针对过失挑起的正当防卫;因家庭成员矛盾引起的正当防卫、非家庭成员之间因矛盾引起的正当防卫;为维护尊严而实施的正当防卫、为维护身体不受侵害而实施的正当防卫,等等]。按照这种方式,社会中各种生活现象就棱次分明了,几乎像是一幅正当防卫的地图。如果还允许我继续谈论一下正当防卫这一正当化事由的话,我要说,我们紧接着的下一个任务,便是将自我保护原则、维护法律效力原则和比例原则作为规范性的指导原则,就像一个路标一样,画进描述正当防卫的地图的各个不同的分区里。通过法律素材和举止规范之间的相互作用,按照案件的类别(Fallgruppe)就可以得出不同的解决方案,而这些具有高度确定性的方案在刑事政策上也是正确的。[2] 在这里,显然,我们取得了进步,倘若我们与迄今为止的实务领域做比较的话。在过去的20年中,面对必须就正当防卫问题进行表态的无数案件,司法者在他们判决中,正确地考察了我们这里所勾勒的诸多主张;但是,由于缺乏教义学上的道路指导,他们必须艰辛地在困难中进行摸索,才能取得一个满意的结果。而这种结果又没办法稳定住,因此,导致了诸多互不一致的判决。这里所说的充当指导作用的教义学,可以普遍地简化思维过程、可以提供可填充内容的期待可能性之模式(Zumutbarkeitsformal)、或者可以提供必要的和必须的几乎没解释弹性的诸多概念(kaum auslegungsfähige Begriffe)。在出现了诸多互不协调的判决之后,我们可以得出这样的一个印象,正当防卫法规没有被一致地贯彻;而我们这里提出的或许要以相应方式普遍地适用的方案,则有可能给各种各样的正当化事由提供坚实的轮廓架构(Konturen)。

罪刑法定原则的意义也是赞同干涉权的存在的,通过这一前提,我们可以推导出

---

[1] 也就是说,这时,人们不再需要像在构成要件阶层那样做了。在构成要件阶层,人们需要把具体发生的事实,和构成要件中固定的、概念性的那些描述进行对应,来确认是不是符合构成要件,这便是涵摄。——译者注

[2] 我曾以"因挑衅而实施的正当防卫情状"为例,试图详细论述这一过程具体应用的各种细节,参见《整体刑法学杂志》(第75卷),1963年,第583页及以下几页,各处可见。

正当化事由方面在刑事政策、教义学以及方法论这些领域里的独特特征。因为干涉权的存在与否同时会决定举止的犯罪特性,所以,《德国基本法》第103条第2款当然也是适用于此的。然而,法明确性的这一要求并不是像所说的那样是这些犯罪类型的构造原则,而是仅仅具备一种限制性作用,即限制社会治理原则,以避免这些社会治理原则过分地变化。这意味着:由于干涉权是源自于整个法的领域的,而且正如超法规紧急避险的例子所表现的那样,可以从实在法的一般原则推导出来,也并不需要用刑法法条来固定化,因此,不受罪刑法定原则影响的其他法领域的发展变化可以在正当化事由方面直接影响到案件是否可罚,而并不需要刑法典作出同步修改。故而,《德国基本法》第103条第2款之"法"(lex)指的是整体法秩序,而这,是不同于刑法典之构成要件的。就此而言,基于事物之本质的正当化事由的动态发展是会使得罪刑法定原则发生松动的。但是,法律上的秩序规则的变化要服从明确性要求的限制,这是因为,以刑事政策方面的理由来解释法定的规范原则的同时,进一步将该规范原则架空,或者在没有法定理由的情况下,对该规范原则进行限制,都是必须禁止的。[1] 因此,按照现行法律,如下做法就是不允许的:即人们将利益衡量原则普遍地应用到正当防卫这一正当化事由当中,或者人们否定维护法律效力之原则,并认为在一切人们能够避免外来侵害的时候,都负有回避义务,从而扩张了正当防卫领域的可罚范围。[2] 不过,在刑事政策上,这两个方案却可能是值得考虑的,或者甚至是合理的。但是,刑事政策原则的发展不可以脱离立法者的那些规定。如果其真地脱离了现行规定,它就只属于应然

---

[1] 因此,我是反对新近由施米德豪伊泽尔(《理查德·M. 霍尼希祝贺文集》,1970年版,第184页及以下几页)提出来的理论的,他认为正当防卫的成立范围要仅限于(本文的用语意义上的)维护法律效力之原则,这样就把自我保护原则和比例原则排除出去了。这种结论会导致:人们面对杀人成性的精神病人,(按照施米德豪伊泽尔的话说)由于这些精神病人不能够侵犯法秩序的"效力",因此,人们甚至出于保护自己的生命都不允许实施正当防卫,相反,在另一方面,如果面对一个"窃"了水果的流浪汉,这时若再加上正当防卫的其他条件都已经符合,此时甚至可以用"有致命危险的攻击"(《理查德·M. 霍尼希祝贺文集》,1970年版,第198页)来对其实施防卫。我怀疑,这些主张是否能够与正当防卫法规的法定原理相协调。

[2] 这里最后提到的将正当防卫局限在自我保护原则的解决方案,就正好走向了施米德豪伊泽尔之主张的反面。这一解决方案,在我的刑法研讨班中不断有人表示赞成,他们的理由是,人们私自使用暴力在原则上是受到禁止的,除非这种暴力仅出于自卫;至于求助于"维护法律效力",那仅仅是国家干的事,而不是个人干的事。在我看来,其实值得考虑的是"应然法"(de lege ferenda):维护法律效力这一原则,是否有助于限制社会内部矛盾中暴力? 或者相反,这个原则是否会导致"嗜好暴力者"不受限制地自由横行? 这是个社会心理学上的问题,如果我们要回答这个问题,可能必须进行实证调查。我们根据实证调查的结果,也许就可以设计出应然法上正当防卫的规定了。从这个上佳的例子中,我们就可以看到,心理学和社会学研究对刑事政策和刑法教义学可以发生直接的影响,并且推动刑事学术成果的产生。然而,这同时也表明,我们这里所选择的体系性方案在多大程度上能够解决清楚正当防卫法规(及其他正当化事由之相应法规)相关的案件问题。在如何确定各种正当化事由原则的范围上,各个作者仍观点互异,之所以会如此,其原因主要在于,我们这里针对正当化类型所提出的教义学—体系性处理方案,还有待细的完善,其尚处于萌芽阶段。

法,从而就丢掉法律解释的基础了。从这个意义上讲,罪刑法定原则在正当化事由领域一定是有其功能的。另一方面,在针对诸构成要件的解释中,语词含义作为解释的界限起着决定性的作用,与之不同的是,在各个正当化事由中,语义解释就不再有决定性作用了[1];再拿前面提到的例子来说,在面对儿童的攻击时,人们并不能从《德国刑法典》第53条[2]所规定词句的语言含义中直接得出应当实施回避的方案,而仅仅可以从源于这种语言含义的正当化原则的内容中得出该方案,但是即便如此,人们仍然必须选择回避。这一切,我只是在这里进行了简单的、短暂性的勾勒:不过,这也许可以提醒人们,在正当化教义学方面,还可以有哪些领域可以研究。

九

我们体系性基础范畴的第三部分是罪责。基于刑罚目的理论,这一部分刻上了刑事政策的烙印。也就是说,首先要从社会冲突规则的角度来确认犯罪嫌疑人的行为是错误的之后,才可以从教义学的角度来进一步回答且只回答这样的举止是否配得上动用刑罚。在罪责这一角度通常所讨论的全部问题,都是为了回答这个问题。[3] 我们从最简单的开始:如果某个人出于某种原因总是没办法避免构成要件的实现,随便按照哪个只要讲得通的刑罚理论,对他都是不要处罚的,否则该惩罚就是毫无目的的:人们不想在没有罪责的情况下对当事人实施报应[4];若当事人对于结果的引发(Herbeiführung)是无法避免的,为了防止这种"引发"普遍化,而试图对当事人实施的威吓是没有任何意义的。如果人们不能谴责当事人的举止,要么没有必要在该当事人身上实现特殊预防的作用,要么就像精神病人一样,即便采用刑罚的手段,也无法实现特殊预防的作用。这些观点都是顺理成章的,即便它们是经历了漫长的法律发展史后才被确定。但是,罪责理论之教义学并不仅仅就是如此。原因是,在这个领域还存在一些结果本来可能被避免的情况,就是在这些情况下,通过刑罚目的理论之间的矛盾和冲突,产生了丰硕的教义学成果。在此,我仅举三个例子来说明:

---

[1] 如果我们只看这一点的话,我认为,克拉奇在其《正当防卫之可罚性的边界》,1968年版中的相应论述是缺乏基础的,但若撇开这点不谈,他的其余部分的论述则是前后一致的,并没有什么问题。
[2] 参见1871年《德国刑法典》第53条。——译者注
[3] 在这个问题上,我是有意与所有的其他观点划清距离的,同样,在我所提出的构成要件体系化的观点上,我也是采取这种态度。特别要指出的是,我并不认同主流观点中所说的,罪责的本质仅仅在于犯罪嫌疑人的"有错误的思想"(fehlerhafte Gesinnung)。我认为,这种观点只是抓住了一部分的问题。这点在本文中还将进一步论述。
[4] 在刑罚目的理论中,单纯的报应并不被认为是合适的,这点我在这里就不再论述了,进一步参见我的论文:《国家认可的刑罚的意义与界限》(Sinn und Grenzen staatlicher Strafe),载《法学学习》,1966年,第377页及以下几页;以及《弗朗茨·冯·李斯特和选择性草案中的刑事政策概念》,载《整体刑法学杂志》(第81卷),1969年版,第613页及以下几页。

1. 很明显,在法律规定为罪责阻却事由的强迫场合(尤其是《德国刑法典》第52、54、53 III 条[1]),并不是完全没有行为(Andershandeln)的可能。每一场战争都表明,人类可以在危难的情况下经受得住生命危险的考验。尽管如此,对于严重生命危险之高压下的采取的行为,立法者还是放弃了制裁,这样,由于这类(危急)情况有着非常规的不可重复性,也使得一般预防和特殊预防在该种情况下变得多余了,这种轻微的罪责也就不足以使人们动用国家的刑罚了。从这里的情况可以看出,更为正确的用词可能是"答责性"(Verantwortlichkeit)而不是罪责,因为罪责仅仅是决定刑事答责性的因素之一。正如我们在本文前面所提到的那些负有防御危险任务的职业人员要适用不同的免责标准这一事实所证明的那样,在具有相同罪责程度的情况下,有关预防的观点也决定着需罚性(Sanktionsbedürftigkeit)。

2. 这种思考视角给教义学带来的实益主要体现在立法者没有具体规定法律后果的时候。这方面最为著名的例子是错误论。例如,50年代学术界开始热烈讨论的一个问题,即如何判断正当化前提事由认识错误?这个问题,既不能从行为理论来回答,也不能从主观臆想的预先拟定的故意之构造来回答,也不能通过其他概念逻辑的推导来回答。[2] 更确切地说,是否动用故意的刑罚,仅仅取决于如下问题的回答:当事人的行为目标与立法者在法律上的设计完全一致,但是由于不注意,当事人误认了外在的事态,这时,**按照刑法的任务**,是否要将当事人作为故意犯罪人处理?至于完全没有发生这种误认(含对超法规紧急避险之前提事实认识错误)的情况,以及在该类犯罪中甚至连过失刑罚都显得多余和不合适的主张,我已经在其他场合详细加以论证了。[3] 在这个问题中,我看重的是这个提示,即所谓的各种错误论应该单独建立在刑罚目的理论的基础之上。倘若人们想将刑事政策之评价和体系性极强的教义学构造二者割裂开来,也许从一开始就是不可能的。

3. 这种观点也同样适用于未遂中的中止,这种中止一般是作为个人的刑罚免除事由(Strafaufhebungsgründe)来对待的。但是对于不法来说:刑法上进行评价的对象并非

---

[1] 参见1871年《德国刑法典》。——译者注
[2] 对此展开深入论述的我的论文是《批判目的行为论》,载《整体刑法学杂志》(第74卷),1962年版,第515页及以下几页(尤其是第550页及以下几页)。
[3] 参见《1962年草案对错误的处理》,载《整体刑法学杂志》(第76卷),1964年,第582页以下几页。

部分要素，而是整个事实发生的所有相关情况，亦即包含中止的未遂行为。[1]

对于法官而言，该问题涉及的并不是刑罚免除；他们需决定的是，在中止的场合下，到底还要不要施加刑罚。而实施了回撤的犯罪嫌疑人的举止，到底需不需要加以制裁，则是一个纯正的刑罚问题，因此，必须在罪责领域才可以得到正确的处理。而像可罚性、个人意义上的刑罚阻却事由、刑罚免除事由之类的范畴，其内容并非来自于**刑事政策**上的考虑，相反，而是来自于一般的**法政策**的考虑，而这种一般的法政策是独立于刑事政策的。至于因为（议会）代表的豁免权或者在针对外国的犯罪中由于缺乏刑事方面足够的司法（协助）互惠，而导致的无法惩罚，则并不是刑法的任务的问题，而是出于我们议会的职能利益的考虑，或者有着国家外交之间的政治关系方面的原因。同样，发生在配偶之间的盗窃行为，也是不处罚的，这仅仅是个人的刑罚阻却事由，该规定的理由是为了维护家庭内的和平。相反，基于配偶关系的特殊性，若人们已经认为该种关系下不具备应罚性，这里所涉及的问题就是个罪责问题了，这就产生了一系列的效果，比如，在可以作出其他的评判的时候，就根本不存在各种认识错误问题（Irrtumsfragen）了。[2]

由此无疑就可以得知：未遂中的中止，并不是一个一般的法政策问题，而是一个特定的刑事政策的问题。这种中止之中有个"自愿"的概念，这个概念决定着这种中止是

---

[1] 这点符合朗-欣里希森所提出来的"扩张的犯罪概念"（erweiterter Tatbegriff）；他对此做了概括性总结，参见朗-欣里希森：《评刑法中的"犯罪"概念》（Bemerkungen zum Begriff der „Tat" im Strafrecht），载《卡尔·恩吉施七十寿辰祝贺文集》（Festschrift für Karl Engisch zum 70. Geburtstag），1969年版，第353页及以下几页、第366也及以下几页，特别是第371页："这整个评价基础是个自愿意志转换的动态过程，这个动态过程是这样的：当事人的意志首先是反对法益的，然后又确认其意志是对法律保持忠诚，而这种法忠诚的意志是反对实施法益侵害的。这个整体过程就成为了一个全新的统一的评价基础，由于这个新的统一的价值结构，使得在立法上可以作出应罚性（Strafwürdigkeit）方面其他别的评价。"朗-欣里希森不想将自愿的中止放"在罪责层面"讨论，而是"出于统一评价的考虑"将之在"整体犯罪的意义上"归入"'犯罪'的应罚性层面"，他之所以这样做的原因主要在于他采用了另类的罪责概念，这种罪责概念不允许考虑刑罚目的理论的观点。施米德豪伊泽尔也接续了朗-欣里希森的工作，参见其《刑法总论》，1970年版，第498、499页；他还从刑罚目的理论中得出了优先考虑中止（Rücktrittsprivileg）的结论，不过，他接受了"个人意义上的刑罚免除事由"（persönlicher Strafaufhebungsgrund），这是因为他并没有区分本文所提出的关于免除刑罚的刑事政策和一般的法政策的观点。

在文献中，将中止问题仅仅作为罪责问题加以讨论的是，舍恩克、施罗德：《刑法典评论》（第15版），1970年版，第46节，边码2、38[附合此种方案，并认为其"有意义"的观点，参见鲍曼：《刑法总论》（第5版），1968年版，第516页上部]。然而，施罗德将之作为一种"刑罚消灭事由"（Schuldtilgungsgrund），却没有对之做进一步的论述，同时，他保留了对于未遂和中止的独立的评价。反对主流观点的，还有赖因哈德·冯·希佩尔（Reinhard v. Hippel）：《未遂中的中止问题研究》（Untersuchungen über den Rücktritt vom Versuch），1966年版，值得注意的是，他是从刑法体系的目的论（teleologisch）导向方面来思考的，但是，他将未遂中的中止作为消极的构成要件特点来处理了；对此的评论，参见朗-欣里希森，载《法学评论》，1968年，第278、279页。

[2] 此处原文是"daß bespielsweise die Irrtumsfragen völlig anderer Beurteilung unterliegen"，直译为"比如，认识错误问题就完全让步于其他评判了"。——译者注

否具有免除刑罚的效果,"自愿"概念是规范性的,准确地说,是要从刑罚目的理论的角度解释的。如果当事人在对受害者实施致命攻击的过程中自己罢手了,原因是他在最后一刹那不忍心杀害被害人,这时,当事人的中止是否是自愿的?当事人在心灵上是否还有可能在回撤之后继续实施其杀人行为?在这两个问题中,前者并不取决于后者,后者作为一个经验性的问题,常常总是无法回答的。[1]更切地说,决定性的是从犯罪行动的范围中回撤(自己的举止)是不合常理的,这样,从法律的立场上看,当事人是退回到了合法状态。如果在我举的例子中真是这样的话,无论如何,我们就要承认这种情况下是成立"自愿"的。[2]由于犯罪嫌疑人在引发结果之前又改邪归正了,所以人们就不需要再报复他了。一般威慑也变成多余的了,同样,刑罚的保安和改善的目的也就不再需要考虑了。在这里,关键的地方不是犯罪嫌疑人在心灵上对动机实施了多大压制,而是犯罪嫌疑人在综合考虑了他的犯罪举止后,最终回到法律的立场上来的这种状态。在未遂中发生中止的这种案件,阻碍犯罪嫌疑人完成犯罪的良知感越强,法官就越难理解为什么犯罪嫌疑人的中止是自愿的[3],但是,换成我们这里所提倡的思考视角[4],折磨了法官们很久了的这个心理上的悖论,就不再成为问题了。

相应的,这也适用于相反的场合:如果犯罪嫌疑人撤回他的行动,仅仅是因为他被别人发现了,或者是因为他害怕被告发,就像最冷血的犯罪者会以最快的速度卷土重来一样,他也许会极其轻易地再次完成其犯罪。而这,几乎是肯定的。理由是:在我们看来,放弃实施犯罪只是表明,我们面对的并不是个笨拙的家伙,而是面对着一个有犯罪理性的聪明的犯罪者。因此,在这里,就有必要重视特别预防之效用;同时,犯罪嫌疑人所立下的坏的榜样,也使得按照一般预防的原则必须对其施加刑罚。所以,这种中止就不是自愿的。

在过去很长一段时间里,《德国刑法典》第46条[5]所使用的不太成功的措辞和弗

---

[1] 对此,本质性的观点出现在司法实务中,参见《联邦最高法院刑事判例集》(第9卷),第48页及以下几页,尤其是第50页[BGHSt. 9, 48 ff. (50)],在该处首次出现了刑事政策的思维,并从刑罚目的理论方面实现了突破,《联邦最高法院刑事判例集》(第9卷),第52页这样写道:"原因是:为了防止犯罪人将来再实施犯罪,为了威慑他人,为了重建受到否定的法秩序,而设置的刑罚……在这里不再是必要的了。"

[2] 这个观点,我已经(结合具体例子)在我的文献综述进一步发展了,载《整体刑法学杂志》,第77卷,1965年,第96页及以下几页。

[3] 按照译者的理解,法官应该是这样认为的,既然有这么强的良知感,那本该根本就不会去实施犯罪,而既然实施了犯罪,就意味着没有这么强的良知感,没有这么强的良知感,为什么会中途回撤了,这不会是什么外力迫使他放弃犯罪吧?怎么还会有自愿呢?——译者注。

[4] 即前述"关键的地方不是犯罪嫌疑人在心灵上对动机实施了多大压制,而是犯罪嫌疑人在综合考虑了他的犯罪举止后,最终回到法律的立场上来的这种状态"。——译者注。

[5] 1871年《德国刑法典》第46条规定:"如果犯罪嫌疑人,(1)在没有意志以外的力量的影响下,放弃了其试图实行的行为;或者(2)在其行为尚未被发现之前,以他自己的行动(Thätigkeit)阻止了犯罪或不法完成之相关结果的发生,这种未遂就是不可罚的。"——译者注。

兰克公式(能达目的而不欲,欲达目的而不能)这样具有误导性的简单规则,主导了我们的思维,以至于当事人优先考虑中止这一举止的规范性内容几乎为模糊不清的心理学构造所遮蔽。这种情况展示出了这样一种有缺陷的教义学,即这种教义学没有把足够的精力用于归纳出法定之刑事自由(Straffreistellung)[1]的指导性评判观点,更没有将这种观点作为其体系的基本原理。人们区分招致刑罚的未遂和免除刑罚的中止的二分法,是纯粹概念性地建构出来的,他们还从这种二分法出发,构建了一个特殊的"犯罪阶段"(Verbrechensstufe)。而这种二分法,在教义学上是完全没有意义的,而且这还导致了中止理论不断地碎片化,各种学说的结论之间缺乏有意义的联系。因此,我们只需拿前面讨论的"自愿"之标准作为例子,这种标准的刑事政策含义,就已经可以为增强司法判决的可信力服务了,即如果犯罪嫌疑人要想获得刑事自由的话,他必须终局地放弃其计划。这样,从我们的观点来看,设置这种要求当然是合理的,因为如果当事人仅是为了求得一个更有利的机会,而将其对犯罪的实行在时间上往后面推的话,那他就算不上合乎法律的回撤(中止)。反过来说,按照心理学学说而提出的需要对动机实施多大的压制的那个设问,在解决这类问题上就没有什么帮助了,这样,和司法实务紧密相连的那种被视为理所当然的观点,在教义学上就成为空中楼阁了。[2]

于是,我就要搁下这些个案例了。这些案例互不一致,但它们也是没有办法。人们从这些案例中得出这样的印象,即基于刑罚目的理论的刑事答责性的体系化工作,可以为一些长期争论的问题提供一种更为别样和更有前途的方案。在这里,这种说法目前尚只是一个方案:该方案的完整展开,就必须对从刑法基础原理到过失犯教义学的诸多细节进行全面的研究,而这种研究,在我们这里狭小的篇幅里是无法实现的。

---

[1] 刑事自由,即指刑事法犯罪不归属到当事人身上,当事人从而享有免受刑罚处置的自由。——译者注。
[2] 在区分中止和失败的未遂这上面,情况也是相似的。在司法实务中[见《联邦最高法院刑事判例集》(第10卷),第129页及以下几页;(第14卷),第75页及以下几页],法官仍按照心理学学说来处理要区分二者,即犯罪嫌疑人是想通过第一部分的(失败的)行为,还是想通过若干次单独的举动来导致结果的发生。只有在后者那里,即在前面的失败的那部分行为之后,自愿的中止才是可能的。然而,比如A以杀人意图拿着斧子朝B砍去,在砍了第一下之后,A就停止了其行为,虽然他是可以零风险地将B完全杀死的,但他没有继续砍B。在这里,其中止就肯定是自愿的,因为从(正常)杀人行为的角度来看,A在理性上是不正常的。在该种情况下,充当法官们断案依据的那个问题,亦即犯罪嫌疑人是想一次性杀死被害人(然后才有失败的未遂),还是想用多次砍杀致被害人于死地(然后才有自愿中止),从一开始就显得没什么意义了。理由是,这个问题会根据人们设想的不同结果导致得出不同的心理构造模式。这里谈的结果,参见奥托(Otto):《失败的未遂和中止》(Felgeschlagener Versuch und Rücktritt),载《高登刑法档案》,1967年,第144—153页;奥托摒弃了大量司法判决材料,而且明确地点到了与我的构想在本质上相一致的观点(奥托:《失败的未遂和中止》,载《高登刑法档案》,1967年,第152页,注释34)。在这里,极切合实际的观点,还有施米德豪伊泽尔:《刑法总论》,1970年版,第502页:"如果犯罪嫌疑人在杀害被害人时在手枪弹仓中装了好几发子弹,只要他的尝试还没有失败,由于预见到结果的犯罪嫌疑人也是知道可以继续射击的,这时犯罪嫌疑人是否是只想用一枪杀死对方,就完全不重要了。"

除此之外,还要提一下罪刑法定原则:这是个同时也适用于罪责特征和被用于确定可罚的范围的原则,同样,该原则也必须适用于我们所提的这个方案。但是,在罪责这里,罪刑法定原则扮演的角色是和它在违法性领域的角色相似的,它并不具有构建体系的能力,也不强制立法者去解决那些罪责阻却(Schuldausschluss)方面的模糊问题。这也同样适用于现行和将来法律中大量认识错误问题的处理上,就像期待不可能性在不作为犯和过失犯中扮演的角色一样,按照举动犯(Begehungsdelikte)设计裁剪的免责事由,并不足以完全满足罪责原则的要求。这是教义学领域中的一块空白,需要人们将犯罪学上刻画出的标准引入体系性的工作中,才能得以填补,而这,是一个紧迫的任务。对此,罪刑法定原则并不是个障碍,因为该原则甚至也不会妨碍人们总结出新的正当化事由。另一方面,立法者也说过,也不能让他们的规则通过类推(Analogie)变得更不利于犯罪嫌疑人了,否则,按照罪责理论规范性的指导思想,这些规则就必定是不合理的。这种观点也反映在(1871年)《德国刑法典》第46条第2款等条款中,按照该条款,即便当事人不是出于自愿,在一些场合也可获得刑事自由(即免予受罚)。[1] 在这里,教义学的任务就是要将这些不一致的矛盾场合挑出来,以引导立法者消除这些相矛盾的情况。[2] 相反,不言而喻的是,依照有利于犯罪嫌疑人的原则对案件进行更好的解释(die bessere Sacheinsicht)[3],这在现行法上已经获得承认。

十

前面我对迄今为止的内容进行了体系性梳理,基于此,我做了一些概括性的讨论。但到这里,我应该作结了。如果人们顺着我的思路来理解的话,刑法和刑事政策并不是互相对立的,而我们学术中广泛流传的观点却将这二者对立化。更确切地说,刑法是这样一种形式:在这种形式中,人们将刑事政策的目的设定转化到法律效力的框架之内。如果人们目的性地(teleologisch)将犯罪论建立在这种意义上,针对自实证主义时代一直流传下来的抽象—概念性教义学的反对声音,就可以彻底消弭了。割裂教义学构造和刑事政策之正确性的做法,自始就是不可能成功的,而且人们倾向于将犯罪学和刑法教义学工作分割开来分别研究的做法,也失去了意义:因为刑事政策是要求犯罪学思维的,将这种(犯罪学思维)转化到实然或应然的法律规则中乃是这样一个程序——对于重新树立社会的是非观(sozial Rechtig)而言,该程序的各阶段都是同样必

---

[1] 我们这里所说的按照现行法律(de lege lata)不允许作出不利于犯罪嫌疑人的"评价修正"(Wertungskorrektur),是符合主流观点的,虽然也有人反对这种主流观点。

[2] 就像在第二部《刑法改革法》第24条第1款的新条文中所规定的那样。

[3] Sacheinsicht一词,是指对案件中专业内容的深入看法,由于该词在具体语境中可以对应不同的中文词,所以译者也就分别根据语境采取不同的译法,但加注原词。在本处,是按照有利于犯罪嫌疑人的原则,对案件中的问题得出更有利于其的看法,因此译者转译为"更好的解释"。——译者注。

要和重要的。

让刑事政策这样入侵刑法教义学的法学领土,并不导致对体系性思维的放弃,也不会导致体系性思维的相对化,因为体系性思维给我们带来了法明确性和法安全性的实益,而这,是不可放弃的。相反,(我们要)将一个按我们方案设计的目的性(teleologisch)的体系,放在法领域的内部联系之中,而这种内部联系仅仅是规范之间的联系,更明显的是,(这后者)表现为一个按照抽象或前提性的东西(Abstraktionen oder Axiome)进行演绎的体系。

尽管有着规范的基础原理,但是,这样的一种教义学与现实的联系,也许在本质上,终究还是比较有限的。这种教义学明显更像一种体系化的概念金字塔。由于出现越来越多的抽象的东西,它们也越来越远离了现实,这时,为了全面地检查(法律)规则的素材(Regelungsstoff),就有必要研究那些每每指导我们的刑事政策上的观点;只有千变万化的生活现实的广阔内容,才可以使得我们每次将规则具体适用于案件的时候,得到在个案上正确的(亦即符合案件特殊性的)结果。为人们频频引用的物本逻辑,其实也就是说,规则的根基不同,就会使得在适用指导性的评价观点的时候,会得到本质上不同的结果。[1]

正因为如此,不作为和过失教义学显示出来的相对独立性或倾向,使得包含所有法律素材的案件分类的体系化(Fallgruppensystematik)了,就像我以正当防卫为例已经论述过的那样。[2] 当然,这也和刑法的具体化或个人化趋势有较大的关系,[3] 就像新

---

〔1〕 对此,方向性的论述,请代表性地参见斯特拉腾韦特:《"物本逻辑"的法理学问题》(Das rechtstheoretische Problem der "Natur der Sache"),1957 年版,以及阿图尔·考夫曼:《类推与"物本逻辑"——兼论类型理论》(Analogie und "Natur der Sache". Zugleich ein Beitrag zur Lehre vom Typus),1965 年版(该书已经由我国台湾学者吴从周译为中文,题为:《类推与事物本质——兼论类型理论》,学林文化事业有限公司 1999 年版。至于此处"物本逻辑"的翻译,我采取刑法学界约定俗成的译法,而不译为哲学色彩浓厚的"事物本质"。——译者注)。此外,还可以参见由阿图尔·考夫曼主编的文集:《法的存在论根基》(Die ontologische Begründung des Rechts),1965 年版,这个文集不仅收集了与论题相关的诸多重要论文,而且还有一个涵盖面广泛的相关文献的参考书目。

〔2〕 顺便提一下,这种方法论程序不仅适用于刑法总则,而且适用于刑法分则。因此,在我的论文中,比如《金钱作为财产犯罪的行为客体》(Geld als Objekt von Eigentums- und Vermögensdelikten),载《赫尔穆特·迈尔祝贺文集》,1966 年版,第 467 页及以下几页,曾试图通过考察作为总价值的具体化(Wertsummenverkörperung)的金钱的特定社会功能,说明为什么财产犯罪之基础的立法理由(ratio legis)不是所谓针对"物"(Sache)而产生的犯罪,而是其他答案。现在,赞成者又有了格里博姆(Gribbohm):《对动产的违法占有》(Die rechtswidrige Zueignung vertretbaren Sachen),载《新法学周刊》(NJW),1968 年,第 240 页(在该文中,论述扩张到了所有动产),以及迪特尔·梅尔(Dieter Meyer):《销赃中金钱相关问题研究》(Zum Problem der Ersatzhehlerei an Geld),载《德国法月报》(MDR),1970 年,第 377 页。

〔3〕 基础性的论述,参见恩吉施:《当代法和法学中的具体化设想》(Die Idee der Konkretisierung in Recht und Rechtswissenschaft unserer Zeit)(第 1 版),1953 年版;(第 2 版),1968 年版;亨克尔:《法和个人性》(Recht und Individualität),1958 年版。

近出版的方法论著作中深刻地描述的那样。抽象体系的弱点是,它不仅抑制了刑事政策,而且更为普遍的是,它还忽视了个案的特殊性,因此,在许多案件中,为了维持法安全性,却牺牲了正义。这些关键性提示,仅仅是表明,我们必须如何将无数分散投入在各个点上的方法论研究,吸纳到一个体系性方案的框架中来。

    对此,我们不再多说了。最后,我还想提示一些重要的体系性结论。迄今为止,几乎所有的犯罪理论都是要素体系(Elementensysteme),这意味着,他们将犯罪性的举止拆解成为许多个别的要素特征(客观的、主观的、规范性的、描述性的,等等),这些特征被归类到了犯罪构造的不同阶层上,通过这种办法,就像马赛克那样,形成了犯罪的法定图像。这种方式使得人们把大量的注意力集中在这个问题上:即犯罪论体系的那个位置应当配置这个要素特征或者那个要素特征;人们可以将过去几十年里的犯罪论发展史描绘成为:犯罪要素在体系的不同阶层里旅行。[1] 相反,如果人们接受我们这里发展出来的观点,问题从一开始就不一样了:我们所观察到的总是,每个犯罪类型下面的整体事实的发生(Geschehen)。[2] 这样,我们可以得出如下看法:虽然并非行为情状的所有要素,对于构成要件、不法和罪责都有着同等重要的意义;比如,把一个正当化的作为拿到个人可答责性的角度下再做考察,就是多余的,但是,具有本质性区别的是,并非任何一个对于构成要件重要的事态,对于罪责就不再有任何意义。因此,那个引发著名争论的问题,即故意到底是"属于"构成要件还是"属于"罪责,就是个肤浅的问题了。[3] 对于构成要件而言,故意是具有本质性的,因为没有故意,就无法按照法治国所要求的方式来刻画出法定的犯罪形象;然而,故意和罪责也是有关的,因为故意可以界分出严重的罪责形态和较轻的(过失)罪责形态,故而,按照该犯罪类型的评价原则,故意也必须在内容上被反映出来。此外,还有其他的具备双重相关性的特征:在描述犯罪时,还可以有许多其他的思想特征,这样,这些思想特征也就是与构成要件相关了,然而,另一方面,这些特征还可以服务于可答责性的特定化,因此,它们也在罪责中发挥作用。与不法减轻事由相比,免责的紧急避险也是同等重要的,因为它在损害法益之外,也起到了保护法益的作用,尽管我们不能说它后面的这个作用更为重要。这一切对于参与和错误的问题来说,同样,也是具有本质性意义的,因此,教义学的论著就不仅可以减轻体系性归位方面的多余的负担,而且可以更多地得出符合事理的案件结果了。

    到这里,我要收住了。就犯罪总论的体系性基本问题而言,如果允许我对你们的

---

[1] 切乎实际的批评,参见诺尔(Noll),载《整体刑法学杂志》(第77卷),1965年,第1—4页。

[2] 这个观察过程,在我的论文《我们刑法学体系中法律思想和法律素材之关系的若干评论》(Einige Bemerkungen zum Verhältnis von Rechtsidee und Rechtsstoff in der Systematik unseres Strafrechts),载《古斯塔夫·拉德布鲁赫纪念文集》,1968年版,第260页及以下页中有方法论和体系性角度的阐述。

[3] 在1957年,恩吉施(载《大学》,第187页)就已经充满预感地写道:"无法置信,但这事已经无法改变了,今天,这个体系性问题竟然占据了犯罪论学者讨论的核心。"

研究方向提个要求的话,我也意识到,我们今天所讨论的问题,是根本无法在一个讲座里就做完的。然而,在我看来,至少我们开了个头,并指出了,有的人认为已经没有发展可能性的刑法教义学,也可以在它的基本原理上不断地重新进行全新的彻底思考。过去几十年里刑事政策和我们的方法论意识的变化,使得我们必须改变总论的体系以适应它们的变化,如果总论之体系的功效还值得维护的话。只有这样,我们才能在这个领域中不断地走到全新的起点上。

十一、后　　记

这篇呈现在读者前面的讲演,引起了我的国内外朋友们的广泛兴趣。[1] 因此,我就想在作为一个后记所允许的范围内,继续我们的讨论,并且进行一些我觉得特别重要的反驳。

1. 对我的"根本性命题"表示反对意见的是斯特拉腾韦特。[2] 虽然,他和我一样地认为,刑法教义学探讨的是依特定的秩序原则而进行的"价值选择",但是,他认为,刑法教义学并非是要探讨刑事政策的选择。"刑事政策探讨的仅仅是:为了和犯罪作斗争,人们需要采取哪些必要的和合目的性的刑事上的反应。在该处,罪刑法定原则并**没有**特定的刑事政策上的功能,而可能只会阻碍人们对那种用于司法审判的、在真实犯罪现象中依照经验构建出来的举止方式的追究。"斯特拉腾韦特在这里的观点,其实就是李斯特的二元性构想,我就从此处开始讨论。[3] 按照目前刑事政策的见解,不考虑各种构成要件和罪责原则,就出于某种预防性的考虑,主张对所有可能"进入司法审判"的举止方式均处以刑罚,则是难以站得住脚的。毋宁说,追究还是不追究,这二者之间的紧张关系就已经是刑事政策的概念了;为了协调这种紧张关系,就需要一种辩证的综合体(Synthese),对此,我已经在前面(原讲演第 10 页以下,本译本第五部分第 1 段以下)大体上予以说明了,就像在所有理性的政策中那样能够,这种综合体也正好是刑事政策所需要的。[4] 而且,也正因为如此,自费尔巴哈时代以来,通过罪刑法定

---

[1] 对本讲演作了详细评论的文章,有海尼茨,《整体刑法学杂志》(第 83 卷),1971 年,第 756 页及以下几页;德雷埃尔,《高登刑法档案》,1971 年,第 217 页以下;斯特拉腾韦特,《犯罪学与刑法改革月刊》,1972 年,第 196、197 页;布莱(Blei),《法学工作杂志》(JA)1971 年,刑法(StR)第 103 页。外国的文献,主要可以参考姆罗兹·孔德在西班牙文版译本中写的导言,参见其第 5—14 页和日本齐藤诚二的评论[载《成蹊法学》(Seikei Hōgaku)1972 年第 3 期,第 146 页及以下几页];我还在日文译本特地增写了个序。
[2] 斯特拉腾韦特:《犯罪学与刑法改革月刊》,1972 年,第 196、197 页。
[3] 相反,"完全"和我这里的思考"起点"一样的,是海尼茨,参见《整体刑法学杂志》(第 83 卷),1971 年,第 759 页:"教义学和刑事政策之间的古老界分不应该再维持了。"
[4] 对此从刑罚理论角度的考察,可以参见我的《刑法基本问题》(Strafrechtliche Gundprobleme),1973 年版,第 27 页以下。

原则来实现的威吓性预防就是刑事政策的基础原则;构成要件的激励机能[1]和保障机能(die Motivations- und die Garantiefunktion)则是同一刑事政策之目标构想(Zielvorstellung)的两个方面。

2. 针对违法性的范畴,斯特拉腾韦特是这样认为的:"在违法性阶层进行价值冲突的选择,是完全正确的;但是这种冲突并不是刑事政策性质的冲突。"针对正当化事由理论上的社会治理诸原则的体系化工作,在我看来,我已经整理出本质上的要点了。我已强调过,这些原则来自于"整个法的领域"(原讲演第 31 页,本译本第八部分末段)而且要贯彻和履行"整体法秩序的任务"(原讲演第 16 页,本译本第六部分末段)。这涉及刑事不法的边界问题,但是,当我们在法定的价值选择范围内对这些边界进行解释时,就需要结合刑事政策的尺度,这点,我认为无疑是正确的。依此观点,维护法律效力之原则(参见原讲演第 32 页,本译本第八部分末段)在什么界限内是合法的以及在多大的范围内适用(该问题总是我们现代在正当防卫相关争论中的前沿问题[2]),其实就是法律对于生命和健康到底可以保护到什么程度的问题。也就是说,正当防卫应当终止于何处,以及(多半甚至是严重的)犯罪应该从何处开始成立。就像我不久前[3]说过的一样,这"并不像是一个概念—教义学性推导和'构造'的问题,而更是一个头等的社会政策问题。"同时,它也是个刑事政策问题,前提是只要人们同意,法律效果的设置和是否进行处罚的选择都属于刑事政策的内容;而刑事政策又是普遍的社会政策中的一个部分,而且,基于整体机制(gesamtes Instrumentarium)的视角,人们必须将刑事政策解释成为社会政策的规则机制。相应的,人们就可以更有成效地研究剩下的其他正当化事由(特别是超法规的紧急避险[4])了。

3. 针对"罪责",斯特拉腾韦特最后这样评论,为了解答该体系类型之领域[5]中的问题,也许"直接求助于预防上的衡量会过于艰难",因为这些问题"多半太复杂了",通过这种预防衡量可能解决不了问题。但是,我要说:在刑事答责性之前提条件的学说

---

[1] 这是姆罗兹·孔德的术语,参见《整体刑法学杂志》(第 84 卷),1972 年,第 768 页。

[2] 而且也是司法实务中的问题。联邦最高法院在其新近的判决中,曾就该问题[《联邦最高法院刑事判例集》(第 24 卷),第 396 页及以下几页]详细地援引了伦克纳和我的有关学术成果[《联邦最高法院刑事判例集》(第 24 卷),第 359 页],奥地利联邦最高法院在其 1972 年 11 月 23 日的一个判决(AZ: 13 Os 83/72-8)中,也基于我们前面的阐述[原讲演第 32 页(原文如此——译者注),注释68,本译本第八部分末段,相应注释],对于个人援用"法律效力保护"在原则上提出了质疑。

[3] 针对《联邦最高法院刑事判例集》(第 24 卷),第 356 页及以下几页的注解,载《新法学周刊》,1972 年,第 1821 页以下,同时见《给青年法学家的案例集——刑法总论》(ESJ Strafrecht, Allgemeiner Teil),1973 年版,案例 14,第 34 页及以下几页。

[4] 目前,可以比较我针对《联邦最高法院刑事判例集》(第 12 卷),第 299 页及以下几页;(第 13 卷),第 297 页及以下几页的注解,见《给青年法学家的案例集——刑法总论》,1973 年版,第 40 页及以下几页、第 33 页以下;进一步参见我针对构建不法的"社会违反性"(unrechtskonstituierende "Sozialwidrigkeit")的分析,参见《刑法基础问题》(Strafrechtliche Gundprobleme),1973 年版,第 184 页及以下几页。

[5] 该体系类型之领域指罪责阶层。——译者注

(亦即普通语言中表述的罪责学说)的背后,需要指明的是,刑罚目的理论乃是说明立法者的(指导解释的)刑事政策动机的理论,这一刑罚目的理论的要求肯定是"复杂"的,然而,当我们揭开纯"罪责"论断这种刑法专业问题的面纱后,我们也肯定能够看到,特殊预防和一般预防的立法衡量就反映着这种(刑罚目的理论的)要求。[1] 除此之外,正如斯特拉腾韦特针对我的观点提出的那样[2],是否还有其他视角也在发挥作用,也许还要逐个加以研究。但我相信是没有了[3];若人们执意要将刑罚目的理论以外的免予处罚的情况(strafbefreiende Umstände)划分到另一个范畴(比如个人性的刑罚阻却事由、客观处罚条件等)中去,将罪责理论从一个不同主题(Topoi)的大杂烩(Konglomerat)整理成一个体系性思路并不统一的大框架(Auffangrubrik),就没有任何必要了。

4. 按照刑罚目的理论,来重建答责性这一范畴,这是我的建议。但是,这并非是像德雷埃尔[4]所理解的那样,是要"撤退到一般条款这上面来,就如弗洛伊登塔尔[5]式的期待可能性条款一样,该种一般条款仍然是模糊不定的,人们可以随意用这种条款来探讨任何东西,或者什么也探讨不了"。自然,如果法官在具体案件中想否定应罚性(Strafwürdigkeit),就不该肯定罪责阻却事由的成立。在我看来,不如直接从最根基的原理来解释这些阻却罪责的法定规则和习惯法规则。我们就用这一观点分析一下期待可能性。在该(期待可能性的)领域,由于立法者已经将排除答责的情况个别地规范

---

[1] 海尼茨:《整体刑法学杂志》(第83卷,1971年,第760页)认为,"罪责学说"的这种"思路","特别有说服力、特别有成效"。
[2] 针对斯特拉腾韦特自己的罪责概念,请参见我针对他的《总论》所作的书评,载《整体刑法学杂志》(第84卷),1972年,第993页及以下几页,尤其是第1004—1006页。
[3] 通过赞同诺尔的观点,在诸多案件中,斯特拉腾韦特将不法减轻事由(Unrechtsminderung)明显地视为排除责任事由(Exkulpation)了,参见《总论》,第174页;这种不法减轻事由只是进一步证实了我的基本思路:由于"罪责"在不法减轻事由的场合(比如《德国刑法典》第54条)(该条是指1871年《德国刑法典》第54条:"若某个行为是在不属于正当防卫的范围的无罪责的情况中实行的,同时他为了挽救他或他的亲属的人身安全于当下的危险之中,而这种情形又是不可避免的紧急避险,这个行为是不可罚的。"——译者注),就像斯特拉腾韦特说的那样,还"够不上刑事惩罚的严重程度",(尽管存在这种"罪责"!)立法者就不想对其加以制裁,这同时也是因为,在这种情况下施加惩罚,在特殊预防和一般预防上也显得没有意义(这在本讲演前面第15—16页、第33—34页已经论述过了,即本译本第六部分第2段、第九部分第1段及以下)。
[4] 德雷埃尔,《高登刑法档案》,1971年,第228页。
[5] 弗洛伊登塔尔(Freudenthal)于1922年在《当前刑法中的罪责与非难》(Schuld und Vorwurf im geltenden Strafrecht)中"发展出了不可过分要求性的一种一般的超法规的排除罪责根据:在'一部分抵抗力本来属于犯罪行为的不实施的时候,就像人们通常不能过分要求任何人一样,借助这种能力就缺乏了一种谴责,并且对于这种谴责就缺乏了罪责'"(引自〔德〕克劳斯·罗克辛:《德国刑法学 总论》,王世洲译,法律出版社2005年版,第560—561页,感谢北京大学法学院文姬博士在该处给予译者的帮助)。引文中,弗氏发展出的"不可过分要求性",其实就是期待不可能(Unzumutbarkeit),由于期待不可能,就无法对当事人进行非难。——译者注

化了,而且(按照他们对刑罚目的的理解)作出了不允许法官进行修正的决定,所以,在故意犯中,期待可能性不可以作为一般的罪责阻却事由。在由实定法预留出来的空间(比如,在过失犯、不作为犯理论领域,或者在所谓"超法规紧急避险的阻却罪责"的情况下)里,在具体应用法律规范或小心翼翼地发展罪责之教义学的时候,解释者的任务仅仅是:将法定的刑罚目的的考虑和衡量来作为找法的准绳。我已经在前文(原讲演第34页及以下几页,本译本第九部分第1段及以下几段)用一些例子表明了我的看法,[1]而且我相信,我建议的方案是明晰而确定的。

5. 最后,还有人问到,我提出的奠基在刑事政策之上的体系性概念和刑法学领域中自新康德主义以来传统的目的性(teleologisch)概念理论之间,到底是什么关系。[2] 我根本不反对,"把刑事政策上的目标设定引入教义学的工作中的努力",并认为这种方法论上的新尝试是"非常有益的"(原讲演第13页,本译本第五部分第4段)。然而,在我看来,也就是:(1)要将价值评价性各种分散的观点,放到其刑事政策的合法性上来考察——具体举例来讲,也就是,对构成要件进行法益上的、宽泛的目的性(teleologisch)上的解释(原讲演第23—24页,本译本第七部分末段),**不可以盖过罪刑法定原则的保障功能——**;(2)要将这些分散的观点之间的区别性以及关联性体系性地整理出来,而且(3)要将犯罪构造的各个不同阶层上占支配地位的不同的目的设定也揭示出来。诸构成要件的威吓性预防、违法性范畴上广泛延伸到一般的社会政策领域的诸秩序原则,以及在罪责教义学上的、与犯罪人有关的相应刑罚目的之具体化,它们都各有着特定的机能,这些机能,通过我朴素地呼吁将目的性(teleologisch)思路引入刑法教义学,也许已经在我的主张中谈到一些了。当然,推崇刑事政策性质的努力(kriminalpolitische Strebungen)的错综复杂,以及给各个体系性范畴都分配特定的任务,可能蕴藏着这样的危险,即导致人们需要适用的各种价值观点都具备很强的刚性[3]。这大概并不是我希望看到的。因此,我也绝对不会反对:在构成要件中,(在谨守罪刑法定原则界限之前提下)按照所保护的法益来进行解释,是有意义的,而且,通常属于违法

---

[1] 早些时候,我已经依照刑罚目的的具体化的观点,将我的思路具体地贯彻到了错误理论的处理上[《整体刑法学杂志》(第76卷),1964年,第582页及以下几页],在此之后,我现在又将这种思路详细地应用到了未遂中的中止(参见前面原文第35—38页,本译本第1段第3点至第5段)这个问题上了(《海尼茨祝贺文集》,1972年版,第251—276页)。

[2] 例如,德雷埃尔:《高登刑法档案》,1971年,第218页;韦尔策尔,载《毛拉赫祝贺文集》(Festschrift für Maurach),1972年版,第6页,注释16。

[3] 耶赛克就批判"这种出发点,单方面地(对其他内容)进行了规定"[《刑法总论》(第2版),1972年版,第163页,注释71];德雷埃尔的批判也大致如此,参见《高登刑法档案》,1971年。

性领域利益冲突可能在构成要件上就已经表现出来了[1]。我所主张的刑事政策性的各种体系化的和解释性的方案,只是提供一些"指导"(Leitmotive,原讲演第15页,本译本第六部分第2段),它们不过是一些梳理性的、在高层次的主题上尤为重要的原则,而并不是专断地排除异见的定论。在这里,人们也许可以从刑事政策性的诸种表象中追踪到一些图型(Schematismus),利用这些图型,便可以合理地挑出各个概念逻辑性的体系的毛病来。这在我的这篇概要性的文字中没有足够清楚地加以呈现,这也是这篇简要的文章难以避免的缺陷:要在一个旨在勾勒出大意的袖珍本中创作出色彩缤纷、精细入微的工笔画来,也许是强人所难了。从这个提纲中精心建造起在所有细节上都进行充实论证的(理论)大厦——尚仍是个未能完成的任务。

慕尼黑,1973年4月

克劳斯·罗克辛

---

[1] 参见原讲演第23页,本译本第七部分末段,那里我谈到"基于保护法益的思想""不可放弃的可罚性领域",这就很可能取决于目的性(teleologisch)上的解释了。同时在(原讲演)第25页,注释56(本译本第八部分第1段,相应注释),那里我强调的,"干涉权"有时"已经发挥出了阻却构成要件的作用",而德雷埃尔表达的(《高登刑法档案》,1971年,第218页)反对我的观点,其实和我的结论并不冲突。同时,按照目前教义学领域的观点,并非所有的过失犯,就像我以前所以为的那样,都可以被理解为义务犯(这点德雷埃尔,参见《高登刑法档案》,1971年已经正确指出了),这在本讲演中也已经澄清了(参见原讲演第22页,注释51,本译本第七部分倒数第3段,相应注释)。

纳粹主义对刑法的影响[*]

〔德〕约阿希姆·福格尔[**] 文 喻海松[***] 译

译者按：纳粹刑法是中国刑法学界相对陌生的课题。在中国刑法学者的传统印象中，纳粹时期的德国《刑法》极其糟糕，当代刑法应该完全断绝与其所存有的关联。然而，在德国现行的刑法立法、司法和刑法学中，众多刑法条文、判决和学说肇始于纳粹时期或者在纳粹时候得到了重要发展。因此，如何认识纳粹刑法及其对后续的影响，是德国刑法学界颇具争议的问题。本文以20世纪刑法的发展路线这一独特视角，将纳粹刑法视为这一进程中的一个极端化阶段：虽然偏离了当时的发展路线，造成了发展路线的极端化，但仍然没有背离发展路线。故而，纳粹时期刑法对战后的后续影响是必然的，战后德国刑法不可能也不必完全舍弃纳粹时期的刑法，而只须清除其中纳粹主义的特有成分。结合本文，译者想在此表达对政治与刑法之间关系的一点拙见。

---

[*] 本文系作者于2003年6月1日在德国拜罗伊特（Bayreuth）举办的刑法学者大会（Strafrechtslehrertagung）所作报告的文稿基础之上略微扩充而成，并增加了注释。作者在此感谢 Frommel、Hirsch、Marxen、Naucke、Rueping、Vormbaum、U. Weber、Werle、G. Wolf 等为准备工作提供支持的所有同仁。建立在报告基础之上且更为深入的研究于2004年以同名专著的形式在 Vormbaum 主编的《法学现代史丛书》（Schriftenreihe Juristische Zeitgeschichte）中出版，对该主题有进一步兴趣的读者可以参阅。本文发表于《整体刑法学杂志》（Zeitschrift fuer die gesamte Strafrechtswissenschaft，简写为 ZStW）2003年第3期（总第153卷），德语标题为"Einfluesse des Nationalsozialismus auf das Strafrecht"。本文的翻译和发表取得了作者 Joachim Vogel 教授的授权。

[**] 作者约阿希姆·福格尔（Joachim Vogel）系德国图宾根大学（Eberhard Karls Universitaet Tuebingen）教授。Vogel 于1963年出生于德国吉森（Giessen），1983—1988年在弗赖堡（Freiburg）接受法学教育，1988年通过第一次国家司法考试，1990—1993年见习，1994年通过第二次国家司法考试，并于1992年取得博士学位。1999年在弗莱堡大学获得刑法、刑事诉讼法、法比较和法学理论方面的授课资格。1999年在慕尼黑大学（Universitaet Muenchen）接替 Lothar Philipps 教授担任刑法、法哲学及法信息学教席教授。从2000年开始，在图宾根大学接替 Ulrich Weber 教授担任刑法和刑事诉讼法教席教授，并于2005—2008年担任法学院院长，自2001年起担任巴符州高等法院（Oberlandesgericht）法官。研究重点为刑法总论（特别是不作为犯）、刑法分论（特别是诈骗和经济犯罪）、刑事诉讼法（特别是刑事司法国际协作）、欧洲和国际刑法、法比较学、法学理论（特别是法学方法论）。

[***] 译者系最高人民法院研究室工作人员，法学博士。

正如本文所提及的,刑法遵从当时的政治,这是一个基本原理。在德国纳粹时期,刑法立法与司法被急剧地极端化,完全为纳粹统治服务;众多颇具学术造诣的刑法学者也无法抗拒纳粹主义的侵蚀,其学说进一步纳粹化。因此,在法治不正常时期,刑法立法、刑事司法和刑法理论均难以抗拒政治的干扰,甚至会迎合政治的需求,大多沦陷为专制独裁的附属,甚至是帮凶。刑事法治发达的关键是政治环境的优良,同样的刑法制度在专制独裁国家与民主法治国家的效果截然不同。对此,德国纳粹时期和战后的情形即为明证。一言以蔽之,刑事法治能且仅能在政治昌明之下得以实现。今天,历经磨难的中国欣逢盛世,提出了依法治国,社会政治环境有了较大改善,这为中国刑事法治建设奠定了必要前提。惟愿中国刑事法治不断健全完善!

一、引　　言

1. 对于"纳粹主义对刑法的影响"这一主题,刑法学者选取了一个不同于在2000年莱比锡大会上研讨"纳粹时期的德国国家法学"这一主题的国家法学者的方向。[1] 国家法学者的主题措辞旨在回顾学术、职业体和个别人物的历史不当。这样的回顾对于刑法学也是可能的且仍可望有所收获,因为早些时候骇人听闻的事件就会公之于众。Munnoz Conde 按这样的方式查明,从1942年开始主张"剔除人口中民族和种族有害部分"的 Mezger(梅茨格)[2] 于1944年春天在达绍集中营(Konzentrationslager Dachau)实地考察"特定人类型(gewisse Menschentypen)"。[3] 然而,正如这里的题目所表达的,及所选取的专题报告人——不是刑法史学者,而是并非针对过去的刑法教

---

[1] 讨论了 H. Dreier 和 Pauly 所作报告,刊登在《德国国家法学者联合会出版物》(VVDStL),2001年卷,第10页及第74页(相关讨论,参见第106页);批判性的评论见 Schlink:《往昔的过错与当今的法律》(Vergangenheitsschuld und gegenwaertiges Recht),2002年版,第124页及以下几页(对此也可见后文五第3部分)。

[2] 《刑事政策》(Kriminalpolitik)(第2版),1942年版,第240页;(第3版),1944年版,第247页。关于 Mezger 在纳粹时期所扮演的角色,参见 Munnoz Conde:《Edmund Mezger 及其时代的刑法》(Edmund Mezger y el Derecho Penal de su Tiempo)(第3版),2002年;同一作者的观点,载《刑事法杂志》(Revista Penal),2002年第10期,第3页[以德语发表在:《法学当代史年鉴》(Jahrbuch der juristischen Zeitgeschichte)2001—2002年第3卷,第237页];Rehbein 的观点,载《犯罪学和刑法改革月刊》(MSchkrim)1987年第70卷,第193页[《纳粹时期的权威犯罪学家》(der nationalsozialistische Chefideologe der Kriminologie),同刊第207页;对此的批判参见 Kaiser:《犯罪学》(Kriminologie)(第3版),1996年版,§18边码7及脚注26];Telp:《消灭与背叛》(Ausmerzung und Verrat),1999年版,第161页及以下几页;Thulfaut:《Edmund Mezger 1883—1962年的刑事政策和刑法学体系》[Kriminalpolitik und Strafrechtslehre bei Edmund Mezger(1883-1962)],2000年版。

[3] Munnoz Conde 的观点,载《刑事法杂志》(Revista Penal)2003年第1期,第81页[以德语预计发表在《法学当代史年鉴》(Jahrbuch der juristischen Zeitgeschichte),2002—2003年第4卷]。

义学研究者,他可以也必须建立在关于这一主题影响深远的刑法史研究的基础之上[1]

---

[1] 关于"刑法与纳粹主义"这一主题的大量文献资料在此无法逐一介绍。与报告主题特别相关的是: Frommel 的观点,载《法律工作者报》(JZ)1980 年,第 559 页;同一作者的观点,载《第九届世界法哲学大会论文集》(Memoria del X Congreso Mundial Ordinario de Filosofia del Derecho),1981 年,第 207 页;同一作者的观点,载《法哲学与社会学哲学档案·副刊》(ARSP Beiheft)1983 年第 18 卷,第 45 页;同一作者的观点,载 Reifner/Sonnen 主编:《第三帝国的刑事司法机关和警察》(Strafjustiz und Polizei im Dritten Reich),1984 年版,第 86 页;同一作者的观点,载《Gagner 纪念文集》(Festschrift fuer Gagner),1991 年,第 47 页;同一作者的观点,载 Saecker 主编:《纳粹时期的法律与法学》(Recht und Rechtslehre im Nationalsozialismus),1992 年版,第 185 页;Gruchmann:《第三帝国 1933—1940 年期间的司法》(Justiz im Dritten Reich 1933—1940)(第 3 版),2001 年版,特别是第 746 页及以下几页;Hartl:《纳粹主义的意志刑法》(Das nationalsozialistische Willensstrafrecht),2000 年版;Lueken:《纳粹主义与实体刑法》(Der Nationalsozialismus und das materielle Strafrecht),Goettingen 大学 1987 年博士论文;Marxen:《反自由主义刑法的努力》(Der Kampf gegen das liberale Strafrecht),1975 年版;同一作者的观点,载《法哲学与社会学哲学档案·副刊》(ARSP Beiheft)1983 年第 18 卷,第 55 页;同一作者的观点,载 Reifner/Sonnen 主编:《第三帝国的刑事司法机关和警察》,1984 年版,第 77 页;同一作者的观点,载 Diestelkamp/Stolleis 主编:《第三帝国的司法活动》(Justizalltag im Dritten Reich),1988 年版,第 101 页;同一作者的观点,载《立法和法学评论季刊》(KritV)1990 年第 73 卷,第 287 页;同一作者的观点,载 Saecker 主编:《纳粹时期的法律与法学》,1992 年版,第 203 页;Naucke 的观点,载当代史研究所主编:《历史视角下的纳粹法》(NS—Recht in historischer Perspektive),1981 年版,第 71 页;同一作者的观点,载《Coing 祝贺文集》(Festschrift fuer Coing),1982 年版,第 225 页;同一作者的观点,载 Saecker 主编:《纳粹时期的法律与法学》,1992 年版,第 233 页;同一作者的观点,载《Hattenhauer 祝贺文集》(Festschrift fuer Hattenhauer),2003 年版,第 353 页;也可参见 Naucke:《论法治国家刑法的脆弱性》(1963—1993 年论文集)(Ueber die Zerbrechlichkeit des rechtsstaatlichen Strafrechts)(1963—1993),2000 年版,特别是第 301 页及以下几页、第 337 页及以下几页、第 361 页及以下几页;Ostendorf/Danker 主编:《纳粹刑事司法及其后续影响》(Die NS—Strafjustiz und ihre Nachwirkungen),2003 年版;Pauli:《1933—1945 年帝国法院刑事判决及其对联邦法院判决的后续影响》(Die Rechtsprechung des Reichsgerichts in Strafsachen zwischen 1933 und 1945 und ihre Fortwirkung in der Rechtsprechung des Bundesgerichtshof),1992 年版;Rueping 的观点,载《法哲学与社会学哲学档案·副刊》(ARSP Beiheft)1983 年第 18 卷,第 65 页;同一作者的观点,载《新刑法杂志》(NStZ)1983 年,第 112 页;同一作者的观点,载《Goltdammer 刑法档案》(GA)1984 年,第 297 页;同一作者的观点,载《纳粹时期的刑法目录》(Bibliographie zum Strafrecht im Nationalsozialismus),1985 年版;同一作者的观点,载《Oehler 祝贺文集》(Festschrift fuer Oehler),1985 年版,第 27 页;同一作者的观点,载 Dreier/Sellert 主编:《"第三帝国"的法律与司法》(Recht und Justiz im "Dritten Reich"),1989 年版,第 180 页;同一作者的观点,载《Kroeschell 祝贺文集》(Festschrift fuer Kroeschell),1997 年版,第 953 页;同一作者的观点,载《Gruenwald 祝贺文集》(Festschrift fuer Gruenwald),1999 年版,第 563 页;同一作者的观点,载 Jerouschek/Rueping 主编:《"缘于对正义的热爱且为了共同的利益"》("Auss liebe der gerechtigkeit vnd umb gemeines nutz willen"),2000 年版,第 231 页;Rueping/Jerouschek:《刑法史概论》(Grundriss der Strafgeschichte),2002 年第 4 版,边码第 273 及以下几处;Schreibe 的观点,载 Dreier/Sellert 主编:《"第三帝国"的法律与司法》,1989 年,第 151 页;Schroeder 的观点,载《法制史杂志》(Rechtshistorisches Journal)1988 年第 7 期,第 389 页、399 页及下页;Telp:《消灭与背叛》,1999 年版;Vormbaum:《法学当代史论文》(1990—1998 年论文集)(Beitraege zur juristischen Zeitgeschichte),1999 年版,特别是第 29 页及以下几页、第 193 页及以下几页、第 251 页及以下几页;A. Wagner 的观点,载 Weinkauff 主编:《德国司法与纳粹主义》(Deutsche Justiz und Nationalsozialismus),1968 年版,第 189 页;同一作者的观点,

——主办方所关注的恰恰是刑法,即不仅是 1933 年至 1945 年的历史,也是且主要是今天还在适用的东西。因此,所研究的是"纳粹主义在当今刑法中的'残余'"[1]、纳粹主义刑法"在当今犹存的后续影响"[2]的问题和 G. Wolf 作出否定回答的问题,即是否已成功"清除刑法中纳粹主义观念"[3]。对此,处于兴趣中心点的是纳粹主义刑法和当今刑法之间可能的连续性。[4]

2. 关于要研讨的主题,有一个无可争论的发现和三个备受争议的阐释。这一发现是,众多今天仍然继续适用的刑法条文、刑法判决及学说中的重要部分、刑法方法和概念肇始于纳粹时期或者在这一时期有了重大发展。[5]第一种阐述是,传统阐释认为刑法在战后被"消除"了纳粹主义特有的思想。纳粹时期以来继续产生影响的**并非**[6]是这样一些思想的表达,更确切地说,是起源于魏玛时期或者更早时候预先创设的制度、外国刑法中的范例或者其他不受纳粹主义发展影响的东西。[7]据此,可以回答针对这一主题所提出来的问题,并不存在**纳粹主义**的继续影响,充其量是**纳粹时期**对刑法的影响。与之相比,第二种相反的阐释认为,迄今仍然能够发现纳粹主义特有的野蛮精神在刑法中的实质影响。纳粹主义刑法的典型特征,如集体主义(Kollektivismus)、对力能论(Dynamismus)、目的论(Teleologie)和敌视法治国家的态度(Rechtsstaatsfeindlichkeit),也存在于当今的刑法之中,这仍旧是刑法遵从当时的政治这一原理的适用情形。[8]

载 Saecker 主编:《纳粹时期的法律与法学》,1992 年版,第 141 页;K. Wagner:《当今刑法中的纳粹主义观念》(NS-Ideologie im heutigen Strafrecht),2002 年版;Weidenthaler:《1933—1945 年帝国法院刑事审判庭——正义的维护者抑或暴政的帮凶?》(Die Strafsenate des Reichsgerichts von 1933 bis 1955—Hueter der Gerechtigkeit oder Handlanger des Terrors?),Wuerzburg 大学 1999 年博士论文;Werle:《第三帝国的司法刑法和警察的犯罪打击》(Justizstrafrecht und polizeiliche Verbrechensbekaempfung im Dritten Reich),1989 年版;同一作者的观点,载《法学教育》(JuS)1989 年,第 952 页;同一作者的观点,载《法学》(Jura)1991 年,第 10 页;同一作者的观点,载《法律工作者报》(JZ)1992 年,第 221 页;Werner:《纳粹时期的经济法与经济刑法》(Wirtschaftsordnung und Wirtschaftsstrafrecht im Nationalsozialismus),1991 年版;G. Wolf 的观点,载《法学教育》(JuS)1996 年,第 189 页[对此的批判见 Spendel 文章,载《法学教育》(JuS)1986 年,第 871 页]。

[1] Maxen 于 2003 年 3 月 26 日发给作者的电子邮件。
[2] Hirsch 于 2003 年 3 月 27 日写给作者的书信。
[3] G. Wolf 的观点,载《法学教育》(JuS)1996 年,第 189 页。
[4] 这既不意味着彻底的决裂已经实现或者相对实现了(见下文五第一部分),也不意味着纳粹主义对刑法的消极影响——正如 Hoepfel 在补充报告(预计晚些时候会出版)中所正确强调的——似乎未断绝,如同 1945 年后国际刑法和——一般的——人道的国际法的后续影响能够被视为是对纳粹主义的反应一样。
[5] 详情参见下文三。
[6] 黑体字均为原文作者所特别使用,以示强调。——译者注
[7] 具体情况见 Jescheck 的观点,载《莱比锡刑法注释》(LK)(第 11 版),1992 年版,引论部分边码51。也可参见下文脚注 14(此脚注码系原文脚注码,下文同——译者注)。
[8] 该观点见 G. Wolf 的观点,载《法学教育》(JuS)1996 年,第 189 页;类似观点见 Naucke:《论法治国家刑法的脆弱性》(1963—1993 年论文集),2000 年版,第 361 页(特别是第 371 页及以下几页)。

进而存在第三种折中的阐释。20世纪的刑法发展拥有支配性的发展路线,这为1933年以前、纳粹时期和1945年之后的发展所证实。然而,在纳粹专制统治,它在极权独裁的条件下偏离了当时的发展路线,其法律后果极端严酷。[1]

我的报告将以第三种阐释为基础且对此[2]不再进一步论证,而只是指明其中的两层含义。

(1)刑法立法、裁判观点或学说、概念或者方法究竟是不是建立在纳粹主义特有观念的基础之上,以及程度如何,这一传统问题是有其背景的。[3]该问题建立在"(仍然是)纳粹主义特有的对不(再)是纳粹主义特有的"这一成问题的二分法思维基础之上[4],这导致难以判定和最终徒劳。一方面是规范的行为人类型,另一方面是1941年引入的谋杀罪构成要件,关于二者之间的联系这一经常讨论的问题就可以说明。[5]

---

[1] 该观点见 Hartl:《纳粹主义的意志刑法》,2000年版,第377页; Marxen 的观点,载《立法和法学评论季刊》(KritV)1990年第73卷,第287页、第288页及以下几页; Pauli:《1933—1945年帝国法院刑事判决及其对联邦法院判决的后续影响》,1992年版,第241页及以下几页; Vormbaum:《法学当代史论文》(1990—1998年论文集),1999年版,第29页、第43页及以下几页。

[2] 同前注。

[3] 这一问题在战后是重要的,因为1944年9月18日军事政府对于最高统帅的管制区的第1号法律第4条第3款[军事政府法律第1号,刊登在 Hemken 主编:《盟国管制委员会和美国军事政府颁布的声明、法律、规定、命令及指示汇编》(Sammlung der vom Alliierten Kontrollrat und der Amerikanischen Militaerregierung erlassenen Proklamationen, Gesetz, Verordnung, Befehle, Direktiven)(1946年及以后几年)(第2卷),军事政府法律第1号]将德国法律中根据纳粹主义学说的解释和适用予以禁止,此外还宣布建立在纳粹主义特有观念之上的法律终止适用——但非自始无效;对此可参见《联邦最高法院刑事判决》(OGHSt.)(第1集),第63—64页;《联邦法院刑事判决》(BGHSt)(第1集),第59—60页及下页。毫无疑问,面向实务的判决和学说通过适用同盟国立法所废除的具有纳粹主义渊源的刑法潜在表明,它不是纳粹主义所特有的,而是此外也部分地用以满足重要的法制史需求或者类似的需求[值得阅读的文献有 Celle 州高等法院,《汉诺威司法》(HannRPfl.),1947年版,第14页,在此纳粹主义表述的《帝国刑法典》第175条、第175条 a 通过参考圣经观点的法律和中世纪法律被证明是正确的]。该判决甚至更过火地继续适用同盟国明确废止的规定,理由是其背后所存在的法律观念并非纳粹主义所特有的[如选择确定(Wahlfeststellung);参见下文三、2及脚注86]。在刑法中寻找纳粹主义特有的规定也就大多会落空。结论不禁产生,它是关于辩解的法律形象。对此,也可以参见 Hirsch、Burgstaller、Fuchs 和 Vogel 的讨论, Julius 所写,载《整体刑法学杂志》(ZStW)2003年第115卷,第671页以下。

[4] 对此参见 Vormbaum:《法学当代史论文》(1990—1998年论文集),1999年版,第29页、第31页及以下几页。"纳粹主义世界观的描述"这一问题的通常观点见 Broszat:《纳粹主义》(Nationalsozialismus),1960年版,第16页及以下几页;但也可见 G. Wolf,载《法学教育》(JuS)1996年,第190页及下页。

[5] 批判的观点见 Frommel 的观点,载《法律工作者报》(JZ)1980年,第559页,而新近的论述见 G. Wolf 的观点,载《Schreiber祝贺文集》(Festschrift fuer Schreiber),2003年版,第519页、第532页。他建议恢复《帝国刑法典》第211条最原始的表述——也就是将"通过考虑"作为谋杀的特征;与之相比,支配性的观点见 Maurach/Schroeder/Maiwald:《刑法分论》(Strafrecht BT)(第1部)(第9版),2003年版,§2边码22有论证。

在传统思维中,首先考虑如何评价纳粹时期的刑事法工作者对由 Dahm 和 Freisler[1] 推动的行为人类型理论的根据和界限存有激烈论争。[2] 谁将该理论完全归入纳粹主义刑法,则应该考虑它是否包含纳粹主义"特有的"观念,除了纳粹主义是否还存有对以行为人为导向的刑法的强烈要求。[3] 且最终应该问,《刑法典》第 211 条在何种程度上已经和正在受到行为人类型理论的影响,尽管存在瑞士的范例[4],帝国法院的法官仍不赞成以行为人类型为导向的解释[5],且它对当今的规范适用不再有明显的具体作用。[6] 说到底,对此的回答会是与供述相似的批判或辩解。

(2)该极端命题包含了对纳粹时期以来继续影响的必然性变化了的视角。在传统的两分法视角中,从刑事政策的角度看它涉及源于纳粹时期的刑法改革要求,从宪法的角度看则涉及其合宪性和合宪的适用,而从刑法学的角度看涉及起源于纳粹时期的观点、概念和方法是否应该被保留这一问题。答案的标准是纳粹主义影响的程度:程度越高,则疑虑越大。从而出现了毁誉的逻辑:对纳粹主义的无价值的历史评价应该延伸到每一个对象。这种毁誉的争辩是有问题的,如同 Bruns 和 Tiedemann 之间关于

---

[1] 参见 Dahm:《刑法中的行为人类型》(Taetertyp im Strafrecht),1940 年版;Freisler 的观点,载《整体刑法学杂志》(ZStW),1936 年第 55 卷,第 503 页(特别是第 516 页及下页)。在口头报告中,我在此还提及了 Bockelmann 的著述[《行为人刑法研究》(Studien zum Taeterstrafrecht)(第 1 册),1939 年版;(第 2 册),1940 年版],这一著述在讨论中遭受了异议;对此参见 Hirsch 和 Vogel 的观点表述,Julius 所写,载《整体刑法学杂志》(ZStW) 2003 年第 115 卷,第 671 页以下。

[2] 参见 Nagler 的评论,载《莱比锡刑法注释》(Lk)(第 6 版),1944 年版,引论部分 I.III.1.b(第 14 页及以下几页)有论证。

[3] 详细的论述参见 Roxin:《刑法总论》(Strafrecht, AT)(第 1 卷)(第 3 版),1997 年版,§6 边码 4 及以下几部分。

[4] 参见(针对个案的)1918 年《草案》第 99 条[及之前的 Stooss《草案》第 50 条,《瑞士刑法典》(Schweizerisches Strafgesetzbuch),1894]:"出于杀人、贪婪、为了掩盖其他犯罪的实施或者创造便利条件的目的,恶意地通过放火、爆炸或者其他特别残忍地威胁到众多人的健康和生命的方法"和(一般化的) 1937 年《瑞士刑法典》第 112 条:"在紧急状态下或者经过深思熟虑……他……显示出特定的信念或者……危险";详细的论述见 Schultz 的观点,载 Goeppinger/Brenner 主编:《杀人罪》(Toetungsdelikte),1980 年卷,第 13 页及以下几页。Frommel 的观点,载《法律工作者报》(JZ)1980 年,第 559 页、第 562 页及脚注 43,然而,历史上的立法者是向瑞士的范例看齐这一说法值得怀疑。

[5] 参见《帝国法院刑事判决》(RGSt.)(第 76 集),第 297 页;(第 77 集),第 43 页;但也可以见 Werle:《第三帝国的司法刑法和警察的犯罪打击》,1989 年版,第 343 页以下几页进一步分析的帝国法院判决。

[6] 支配性的观点见 Maurach/Schroeder/Maiwald:《刑法分论》(第 1 部),2003 年第 9 版,§2 边码 22;但也可见 Frommel 的观点,载《法律工作者报》(JZ)1980 年,第 599 页(现行《刑法》第 211 条构成要件表述的发展史被无偏袒地——而按照 Frommel 的看法是成问题的——论证,受到了批判)。

事实考察方式[1]或者近来 Jakobs 和 Eser 就所谓敌人刑法的争论[2]所展现出来的。与之相比,谁奉行这一极端命题,就会继续逾越界限和对所有的在纳粹主义时期被证明是极端的和容易滥用的发展保持批评性的距离。因此,不光是源于纳粹时期的刑法,而是根据历史经验考察所有可能极端化发展而容易被滥用的刑法。在批判中应该引入历史,而不要做出历史上值得怀疑的证明。[3]

在这一前提之下,我想首先指出 20 世纪刑法的五条综合发展路线(本文第二部分)。然后,我想概括这一路线在 1933 年之前呈现出何种状况,在纳粹时期如何被极端化,以及迄今如何继续产生影响(本文第三部分)。最后,我将从刑事政策的教训、合宪的教训和刑法教义学的教训角度来探讨这一问题(本文第四部分)。在附属的结语部分,三个可能的异议会被探讨(本文第五部分)。

二、20 世纪刑法的发展路线

1. 刑法在 20 世纪的发展通常从法哲学、刑法教义学和刑事政策的视角予以描述。从法哲学视角来看,19 世纪晚期的"实证主义(Positivismus)"和"自然主义(Naturalismus)"首先为西南德的新康德主义(Neukantianismus)且其后为价值哲学(Wertphiloso-

---

[1] 一方面参见 Bruns 的观点,载《法律工作者报》(JZ)1984 年,第 133 页(特别是第 140 页及下页),而另一方面参见 Tiedmann:《附属刑法中的构成要件机能》(Tatbestandsfunktionen im Nebenstrafrecht),1969 年版,第 58 页及下页;关于争论也可参见 Pauli:《1933—1945 年帝国法院刑事判决及其对联邦法院判决的后续影响》,1992 年版,第 115 页及下页。

[2] 一方面参见 Jakobs 的观点,载 Eser/Hassemer/Burkhardt 主编:《千年之交的德国刑法学》(Die deutsche Strafrechtswissenschaft vor der Jahrtausendwende),2000 年版,第 47 页及以下几页(特别是第 53 页);另一方面参见 Eser,出处同上,其第 445 页明确暗示"糟糕人物"的设想在过去已经造就了非法治的国家。

[3] 当时关于安全监管(Sicherungsverwahrung)的讨论[参见根据 2002 年 8 月 21 日的《保留安全监管实施法》所表述的现行《刑法典》第 66 条 a,载《联邦法律公报》(BGBl.)(第 1 部),第 3344 页],是同对待"习惯犯(Gewohnheitsverbrechern)"和"风俗犯(Sittlichkeitsverbrechern)"的"无害化处理(Unschaedlichmachung)"或者甚至是"消灭(Ausmerzung)"的纳粹主义概念联系的,该主张在历史上是不可理解的。而历史上的疑虑参见 Weichert 的观点,载《刑事辩护人》(StV)1989 年,第 265、266 页及下页,且通常的批判见 Hanack 的观点,载《Riess 祝贺文集》(Festschrift fuer Riess),2002 年版,第 709 页;Kinzig 的观点,载《新法学周刊》(NJW)2001 年,第 1455 页;同一作者的观点,载《新法学周刊》(NJW)2002 年,第 3204 页;Peglau 的观点,载《法律政策杂志》(ZRP)2000 年,第 147 页;同一作者的观点,载《法律工作者报》(JZ)2002 年,第 449 页;Ullenbruch 的观点,载《新刑法杂志》(NStZ)2002 年,第 466 页。然而,在当时建议的背景中存有刑法的社会机能化,而这在纳粹主义时期被极端化造成难以忍受的后果,这种认识是正确的。

phie)和本体论研究方式(ontologische Betrachtungsweise)所取代[1],直至德意志联邦共和国时期的"目的理性论(Zweckrationalismus)"居于支配地位。[2] 从刑法教义学的角度来看,"古典的"刑法体系在魏玛时期为"新古典的"刑法体系所取代,主观因素、规范因素和目的因素被纳入其中;进一步的发展受到了目的主义(Finalismus)的强烈影响,延绵成今天盛行的目的论体系和机能主义体系。[3] 刑事政策发展的起点是19世纪晚期"古典"报应刑(Vergeltungsstrafe)的支持者和"现代"目的刑(Zweckstrafe)的支持者之间的"学派之争(Schulenstreit)",后者在魏玛时期的刑法论战中超越了对手,而在此背景之下联邦德国刑法改革仍然由观点完全对立的支持1962年《政府草案》(Regierungsentwurf 1962)的一方和支持《草案》(Alternativentwurf)的另一方予以演绎[4]。在这一描述之中,纳粹刑法只是意外出现了不了了之的歧途:法哲学视角表现为非理性的和决定论的"整体思考(Ganzheitsbetrachtung)"[5],刑法教义学视角为政治动机引发的如所谓基尔刑法学派(Kieler Strafrechtsschule)的迷途[6],而刑事政策视角为刑事司法的崩溃、解体、没落和反常[7]。此后那段时间里存在成问题的断裂说,主张将1933年至1945年从20世纪德国法律和刑法发展中剥离出去[8]。由于报告的目的(也缘于其他因素),将20世纪刑法的发展视为这一时期法学发展的一部分并尝试连接起已有的相关知识,将会是富有成果的。

2. 在法制史中,20世纪法律和刑法的发展被确认主要存有五条路线
(1)最具根本性的是国家、经济和社会中越来越多的领域日益理性化、官僚化和

---

[1] 主要参见 Welzel:《刑法中的自然主义和价值哲学》(Naturalismus und Wertphilosophie im Strafrecht),1935年版,第1页及以下几页、第22页及以下几页、第41页及以下几页;对在纳粹时期使用"实证主义"和"自然主义"的概念很少予以区分的批评见 Frommel:《对 Karl Larenz 和 Josef Esser 的诠释学的继受》(Die Rezeption der Hermeneutik bei Karl Larenz und Josef Esser),1981年版,第184页及下页。
[2] 持这种观点的有 Schuenemann,载其主编:《现代刑法体系的基本问题》(Grundfragen des modernen Strafrechtssystem),1984年版,第1页、第45页及以下几页。
[3] 具体情况见 Jescheck/Weigend:《刑法教科书·总论》(Lehrbuch des Strafrechts, AT)(第5版),1996年版,第201页及以下几页。
[4] 具体情况见 Roxin:《刑法总论》(第1卷),§4 边码17及以下几部分。
[5] 持这种观点的有 Schuenemann,载其主编:《现代刑法体系的基本问题》(Grundfragen des modernen Strafrechtssystem)1984年版,第33页及以下几页。
[6] 参见 Jescheck/Weigend:《刑法教科书·总论》(第5版),1996年版,第208页及下页。
[7] 参见——长期作为基准的——Eb. Schmidt 的阐述[《德国刑事司法史导论》(Einfuehrung in die Geschichte der deutschen Strafrechtspflege)(第3版),1965年版,第425页及以下几页]。
[8] 关于连续性主要参见 Marxen 的观点,载《立法和法学评论季刊》(KritV)1990年卷第73卷,第287页有进一步的论证。

法治化。[1] 这一发展导致——采用当前刑事政策争论的流行语[2]——法律扩张(*Expansion des Rechts*)，规制日益稠密，最终形成规范潮(Normenflut)。刑法也在扩张，对内通过刑事司法(最终是刑罚执行)日益严厉，对外通过在国家、经济和社会中越来越新的领域实现刑法规制；立法只有例外情形下才是非犯罪化的(entkriminalisierend)立法，解释则是通过"填补漏洞的(lueckenschliessend)"判决和学说；在构成要件方面，可罚行为的范围膨胀，在法律后果方面，刑事后果不断被创设且同责任相剥离开来。

(2) 为了限制规范潮，法律日益被实质化(*materialisieren*)。[3] 取代形式理性、法定的条件程序、法律的安定性和排除恣意，实质理性、法定的及超法规的目的性程序、公正和结果正确性出现。在立法中存在着日益不确定的法律概念和一般条款。在法律适用中，法律约束被放宽。通过自由权利学说、利益法学和评价法学，这些在理论上得以合法化。原本形式化的刑法并非未受到实质化的影响。概念形式化的法律约束和法律适用面临着压力；不确定的刑法概念、目的论的刑法思维和实质化的刑罚公正大行其道。

(3) 实质化使得公正和结论正确的标准超越了法律的界限。法律之前和之外的标准不禁重新启用，特别是伦理标准。启蒙时期法学理论中尖锐化的法律和道德的分离被相对化，且"诚实信用(Treu und Glauben)"、"善良风俗(gute Sitten)"或者"卑劣(Verwerflichkeit)"等条款被移植到立法中(立法的伦理化)和指导法律应用(解释的伦理化)，从而导致了法律的伦理化(*Ethisierung*)。[4] 它在刑法中较少针对于责任，责任反正明确含有伦理成分。更确切地说，伦理化主要是在不法中发挥作用：一方面是在纯粹不合乎伦理的行为领域膨胀；另一方面是法益侵害也被理解为与伦理相关的价值损害，而不法被"人格化"且同与道德相关的"行为无价值"相连。

(4) 特别是在以思想品质为导向的伦理的外部条件下，与法律伦理化伴随而来的

---

[1] 主要参见 *Max Weber* 的观点，载 *Winckelmann* 编：《法社会学》(Rechtssoziologie)(第 2 版)，1967 年版，第 330 页的概括性论述；基于当今视角的观点见 *Rehinder*：《法社会学》(Rechtssoziologie)(第 2 版)，2000 年版，边码 89、90、91。

[2] *Silva Sanchez*：《刑法的扩张》(Die Expansion des Strafrecht)，2003 年版。

[3] 参见 *Wieacker*：《现代私法史》(Privatrechtsgeschichte der Neuzeit)(第 2 版)，1967 年版，第 543 页及以下几页；对此参见 *Pauli*：《1933—1945 年帝国法院刑事判决及其对联邦法院判决的后续影响》，1992 年版，第 37 页及以下几页。关于法的形式理性和实质理性之间的紧张关系主要参见 *Max Weber*：《经济与社会》(Wirtschaft und Gesellschaft)(第 5 版)，1972 年版，第 130、664 页多次提及。

[4] 参见 *Wieacker*：《现代私法史》(第 2 版)，1967 年版，第 540 页及以下几页；此外参见 *Gramm* 的观点，载《*Hollerbach* 祝贺文集》(Festschrift fuer Hollerbach)，2001 年版，第 611 页。

是其主观化(Subjektivierung)。[1] 由启蒙时期的法学理论归入道德领域的意图、动机、信念被再次引入了立法的范围。此时,现代刑法从本质上而言是责任刑法,且在此意义上无可避免是主观的。而它导致加快向以行为为导向和以行为人为导向发展。一方面,行为的主观方面,即行为人的意识和意志、动机和意图,居于中心地位,而按照纳粹时期的说法,刑法成为了意志刑法(Willensstrafrecht)。另一方面,行为人自身,即其人格、危险和信念,被重视,且刑法朝着行为人刑法(Taeterstrafrecht)甚至是观念刑法(Gesinnungsstrafrecht)发展。

法律新的发展最终由社会问题决定。这在法制史中被称作"法的社会化趋势"[2];我更愿意再次提及社会机能化(soziale Funktionalisierung)这一新近关于刑事政策讨论中的流行语。[3] 法律不再只是用来协调和保障主观权利形式的自由,而是成为社会平衡、社会整合、社会调控和社会控制的工具。这在刑法中导致了同建立在形而上学基础上的报应刑法的分离,转而求助于作为犯罪控制、社会整合和社会调控手段的目的刑法。刑事反应根据目的设定且不仅仅同违反法律相连,而是也主要是同危害社会的行为相连。

这一切自然存有众多差异,且所谓的发展主线必然会彼此融合。例如,不作为犯可罚根据的保证地位和义务既可以视为刑法扩张,也可以视为刑法实质化和伦理化。无论如何,所描述的路线为解决上文(一、2)所述及的那种阐释意义上的论题所最终提出的连续性难题提供了方法。具体而言:

三、纳粹时期对刑法的继续影响是综合发展路线的体现

1. 刑法的扩张在第一次世界大战期间得到了有力推动,当时总计超过 4 万条主要用来保障战时经济管理的刑法规定被颁布。[4] 其中的一部分被作为所谓的哄抬物价刑法(Preistreibereistrafrecht),在魏玛时期仍然存在。[5] 此外,以所谓的保障联邦刑法

---

[1] 对此参见 Hartl:《纳粹主义的意志刑法》,2000 年版,第 377 页及以下几页;Pauli:《1933—1945 年帝国法院刑事判决及其对联邦法院判决的后续影响》,1992 年版,第 123 页及以下几页;Werle:《第三帝国的司法刑法和警察的犯罪打击》,1989 年版,第 708 页及以下几页;也可参见 Wuertenberger:《德国刑法学的精神处境》(Die geistige Situation der deutschen Strafrechtswissenschaft),1957 年版,第 48 页及以下几页。

[2] 参见 Wieacker:《现代私法史》(第 2 版),1967 年版,第 545 页及以下几页;对此也可见 Pauli:《1933—1945 年帝国法院刑事判决及其对联邦法院判决的后续影响》,1992 年版,第 179 页及以下页。

[3] 参见 1995 年罗斯托克(Rostock)刑法学者大会上 Jakobs 和 Luederssen 的报告,载《整体刑法学杂志》(ZStW)1995 年第 107 卷,第 843 页、第 877 页。

[4] Tiedemann:《经济刑法与经济犯罪》(Wirtschaftsstrafrecht und Wirtschaftskriminalitaet)(第 1 卷),1976 年版,第 43 页。

[5] Tiedemann:《经济刑法与经济犯罪》(第 1 卷),1976 年版,第 43 页。

(Republikschutzstrafrecht)形式出现的政治刑法(politische Strafrecht)得以膨胀。[1] 在魏玛刑法改革中,《草案》也倾向于填补可罚性漏洞[2]和概括出"结果正确的一般过程,论证可罚性根据的基本观念"[3]的意义上的构成要件且如此扩张。那就是说,如同 Binding[4]一样,刑法的"残缺性(fragmentarische Natur)"被视为缺陷(Mangel),而不是要求(Postulat)。

在此与纳粹时期的刑法立法衔接上。关于政治刑法和国家保障刑法的所谓保障立法(Schutzgesetzgebung)、背叛立法(Verratsgesetzgebung)和恶意立法(Heimtueckegesetzgebung)——如同 Schroeder 所指出的[5]——从结构到规范文本都有魏玛时期的范例。纳粹经济刑法也相类似[6],但首要的是核心刑法中的纳粹刑法立法,如杀人犯、财产犯、证件犯和陈述犯。[7] 极端化一方面在于,任何不符合纳粹政治活动的行为都被设定为可罚的,且刑法规制行为中重要的意识形态领域及同犹太人和"其他民族的人"发生性行为。另一方面,法律后果严酷得难以忍受,而死刑也习以为常。对此的代表是——如果可以这样说的话——最为堕落的刑法,如所谓的 1938 年 8 月 17 日的战时

[1] 详细的论述参见 Schroeder:《刑法中对国家和宪法的保障》(Der Schutz von Staat und Verfassung im Strafrecht),1970 年版,第 119 页及以下几页。
[2] 所以,1919 年《草案》之后的所有草案在盗窃罪和抢劫罪中规定第三方占有意图(Drittzueignungsabsicht)即为已足,且在贪污中放弃了对贪污物品(自己)支配的要求。
[3] 关于背信(Untreue)的众所周知的 1925 年《德国刑法典正式草案》(1925 年草案),第 166 页,就是如此,载 Schubert/Regge 主编:《刑法和刑事诉讼法改革的渊源》(Quellen zur Reform des Straf— und Strafprozessrecht)(第 1 部)(第 1 卷),1995 年版,第 406 页。
[4] 参见《通用德国刑法教科书·分论》(Lehrbuch des gemeinen deutschen Strafrechts, BT)(第 2 卷)(第 2 版),1902 年版,第 20 页及下页。
[5] Schroeder:《刑法中对国家和宪法的保障》,1970 年版,第 150 页及以下几页。
[6] "……迹象,能够与后来的纳粹立法衔接起来。"(参见 Werner:《纳粹时期的经济法与经济刑法》,1991 年版,第 51 页。)
[7] 经常被指出的是,与之相关的 1933 年至 1945 年的改革在相当程度上同魏玛时期的范例有关联[参见 Jescheck 的观点,载《莱比锡刑法注释》(Lk),引论部分边码 51]。这一结论完全被这样阐释,这是在法治国家可以主张的,结论上没有任何疑虑的改革。当然,也可以这样考虑,特定的魏玛刑法改革主张对于集权独裁也是可接受的,从而推断出这些主张对于法治国家是存有疑虑的——将魏玛时期视为危害民主和法治国家的时期,绝非怪癖的主张。

特别刑法令[1],所谓的 1939 年 9 月 5 日惩治民族有害分子令[2],所谓的 1941 年 12 月 4 日的波兰刑法令[3],以及在对犹太人进行种族灭绝阴影之下的 1943 年 7 月 1 日的《帝国公民法》第 13 号令。[4] 总而言之,纳粹政权显然在一定程度上将刑法作为迫害和恐怖的工具——有别于完全依赖武力、半武力、情报部门和警察的超法律的迫害和超法律的恐怖的其他集权独裁。

1945 年之后,极端化被清除。[5] 一般的扩张趋势却未中断。盟国废除的《帝国刑法典》的警察刑法和国家保障刑法被通过 1951 年的《刑法改革法》以新的方式予以规定,——如同 Schroeder 一再指出的[6]——从结构到规范文本同 1945 年之前生效的法

---

[1]《帝国法律公报》(RGBl.) 1939 年第 1 卷,第 1455 页。同时代的文献有:Freisler 的观点,载 Freisler/Grau/Krug/Rietzsch:《德国刑法》(Deutsches Strafrecht),1941 年版,第 159 页及以下几页;Schwinge:《军事刑法典》(Militaerstrafgesetzbuch)(第 6 版),1944 年版,第 476 页及以下几页。当今的文献有:Messerschmidt/Wuellner:《纳粹机构的军事司法》(Die Wehrmachtjustiz im Dienste des Nationalsozialismus),1987 年版,第 132 页及以下几页;Schorn:《作为强权政治工具的纳粹立法》(Gesetzgebung des Nationalsozialismus als Mittel der Machtpolitik),1963 年版,第 119 页;Werle:《第三帝国的司法刑法和警察的犯罪打击》,1989 年版,第 210 页及以下几页。

[2] 参见《帝国法律公报》(RGBl.)(第 1 卷),第 1679 页。同时代的文献有:Freisler 的观点,载 Freisler/Grau/Krug/Rietzsch,《德国刑法》,1941 年版,第 1 页及以下几页。当今的文献有:Werle,《第三帝国的司法刑法和警察的犯罪打击》,1989 年版,第 233 页及以下几页;同一作者的观点,载《法学教育》(JuS) 1989 年,第 952 页。

[3] 参见《帝国法律公报》(RGBl.)(第 1 卷),第 372 页。同时代的文献有:Freisler 的观点,载《德国司法》(DJ)1941 年,第 1129 页;《德国司法》(DJ) 1942 年,第 25、41 页。当今的文献有:Majer:《第三帝国的"其他民族人士"》("Fremdvoelkische" im Dritten Reich),1981 年版,第 593 页及以下几页,第 734 页及以下几页;Werle:《第三帝国的司法刑法和警察的犯罪打击》,1989 年版,第 351 页及以下几页。

[4] 参见《帝国法律公报》(RGBl.)(第 1 卷),第 372 页。对此也可见 Werle:《第三帝国的司法刑法和警察的犯罪打击》,1989 年版,第 449 页及以下几页。

[5] 主要通过管制委员会法令(KRG),即 1945 年 9 月 20 日第 1 号令、1946 年 1 月 30 日第 11 号令和 1947 年 6 月 20 日第 55 号令(管制委员会公报第 6 页以下,第 55 页以下及第 284 页以下);对此深入的探讨参见 Etzel:《盟国管制委员会对纳粹法律的废除(1945—1948 年)》[Die Aufhebung von nationalsozialistischen Gesetz durch den Alliierten Kontrollrat(1945—1948)],1992 年版,第 80 页及以下几页。按照 Etzel 的看法(出处同前,第 199 页及以下几页),所废除的实质上自然是由于纳粹政权的垮台和战争的结束反正是已没有对象的刑法。完全修订(帝国)《刑法典》以去除纳粹规定或者军事化渊源的雄心勃勃的计划也是 1946 年威斯巴登法学工作者大会(Wiesbadener Juristentagung 1947)的议题[参见《德国法律工作者报》(DJZ) 1947 年第 2 期,第 27 页及以下几页的报道],最终却落空;进一步的论述见 Entzel,出处同前,第 223 页及以下几页。

[6] Schroder:《刑法中对国家和宪法的保障》,1970 年版,第 179 页及以下几页。

律相衔接。[1] 甚至一些声名狼藉的构成要件，如通过交通事故实施道路抢劫，也实质上再次生效。[2] 这导致纳粹时期的扩展推力至今仍然对众多刑法规定继续发挥作用。光是从《刑法》分则中就可以例举出第132条a、第138条、第142条、第145条d、第153条、第164条、第170条、第171条、第189条、第211条、第239条a、第240条、第253条、第265条a、第266条、第267条、第281条、第306条f、第315条、第316条a、第323条a、第323条b、第323条c和第353条b。应当把握的是，纳粹时期以来的许多扩展，根据今天的刑事政策绝非是有失体统的——证实了Silva Sanchez的结论，扩张是当今刑事政策居于支配性的趋势。[3]

2. 1885年，Binging掀开了谋求刑法实质化的序幕："（谁）认识到严重的恶行仅仅由于缺乏法律规定必然会无罪，则他必定不仅允许而且要求法官基于类推作出判决。"[4] 尽管类推禁止直至1935年仍然存在。然而，不利于被告的实质化已经被证实以广泛的目的解释形式存在于魏玛时期及之前。[5] 有利于被告的实质化显得更加没有问题。判决在魏玛时期同立法远距离分离开来，并且存在于高度政治化的领域，如

---

[1] 就此而言，迄今为止很少变动的章节是对《联邦宪法法院判决》（BVerfGE）第5集第58页所禁止的德国共产党（KPD）成员的刑事追捕，该禁止基于同联邦宪法法院法（BVerfGG）当时的第42条、第47条相连的1951年《刑法修正案》修订的《刑法典》第90条a。对此参见 von Bruenneck:《联邦德国针对共产主义者的警察司法》(Politische Justiz gegen Kommunisten in der Bundesrepublik Deutschland)，1978年版，第71页及以下几页；Pauli 的观点，载北莱因-威斯特法伦（Nordrhein-Westfalen）司法部长主编：《警察刑事司法（1951—1968年）——工伤事故还是病状？》[Poltische Strafjustiz（1951—1968）——Betriebunfall oder Sysptom？]，1998年版，第97页。

[2] 管制委员会法令（KRG）第11号令第1条已经将臭名昭著的所谓1938年6月22日的交通事故法[《帝国法律公报》（RGBl.）第1期，第651页；对此可参见 Werle:《第三帝国的司法刑法和警察的犯罪打击》，1989年版，第200页及以下几页]无可替代地予以废除。通过1952年12月19日的保障道路交通法再次引入刑法规定，《帝国法律公报》（RGBl.）第1期，第832页，通过"许多对于出租车司机的侵袭事件，行为人首先是以出租车乘客的身份出现"（Dreher/Maassen:《刑法典》（StGB），1954年版，第316条a，脚注1）予以论证。它是关于"受拘束的、法治的表述"（Dreher/Maassen，出处同前），必须履行的死刑通过不低于5年的重刑监禁予以替代，且《刑法典》第316条a不得回溯性地生效，就此而言是正确的。此外，存在着事实上的连续性，参见 Grosse 的观点，载《新刑法杂志》（NStZ），1993年第525、526页及下页；Meurer-Meichsner:《刑法中的限时法研究》（Untersuchungen zum Gelegenheitsgesetz im Strafrecht），1974年版，第66页及下页。

[3] Silva Sanchez:《刑法的扩张》，2003年版。

[4] Binding:《刑法手册》（Handbuch des Strafrechts）（第1册），1885年版，第28页。

[5] 例如，自《帝国法院刑事判决》（RGSt）第44集，第230页以下，在总是不断出现的经济损害的概念中或者在所谓的刑法上的公务员的概念中[参见《帝国法院刑事判决》（RGSt）第60集，第139、140页及下页]。

堕胎或者秘密谋杀等超法规的正当化事由。[1] 这些大多附属在魏玛刑法理论之上，且目的论的概念构造和体系构建成为支配性的主题。[2] 全部的学术范畴被实质化，特别是违法性不再是形式的规范违反，而是实质性地被视为与立法无关的对财物、利益和价值损害的权衡。[3]

纳粹刑法同"实质主义而非形式主义"，"合法性（Rechtmassigkeit）而不是合法律性（Gesetzmaessigkeit）"等流行语衔接得天衣无缝。[4] 过去将 Dahm 和 Schaffstein 反对 1933 年前所谓"形式主义"的论战视为非历史的（unhistorisch，即类似动物般地忘记历史——译者注），在今天就不能让当代人信服了。[5] 更确切地说，纳粹主义使得实质化极端化——顺便提一下，因为虽然一方面使之有利于产生政治上"正确的"结论，另一方面却开启必须通过预先设定的服从和消除司法独立予以弥补的司法自由空间，故这在专制独裁中是自相矛盾的。[6] 具体而言，众所周知的是，如果"健全的公民感受（gesunde Volksempfinden）"要求的话，则惩罚允许基于刑法的"基本思想（Grundgedan-

---

[1] 参见《帝国法院刑事判决》（RGSt）第 61 集，第 242 页以下；第 62 集，第 137 页以下（堕胎和超法规的紧急状态）；第 62 集，第 35 页以下（鲁尔占领区经济危难时超法规的紧急状态）；第 63 集，第 215 页以下[（秘密）谋杀和国家紧急救助或者国家紧急状态]。基于当时的视角富有启发性的观点见 Wachinger 的观点，载《Frank 祝贺文集》（Festschrift fuer Frank）（第 1 卷），1930 年版，第 469 页。

[2] 代表性的观点参见 Gruenhut:《刑法中的概念构建和法律适用》（Begriffsbildung und Rechtsanwendung im Strafrecht），1926 年版，特别是第 15 页及以下几页；同一作者的观点，载《Frank 纪念文集》（Festgabe fuer Frank）（第 1 卷），1930 年版，第 1 页、第 7 页及以下几页，第 19 页及以下几页；Schwinge:《刑法中的目的论概念构建》（Teleologische Begriff im Strafrecht），1930 年版，特别是第 33 页及以下几页。基于今天视角的综合论述见 Jescheck/Weigend:《刑法教科书·总论》（第 5 版），1996 年 5 版，第 204 页及以下几页，有进一步的论证。

[3] 代表性的观点参见 Graf zu Dohna:《可罚行为构成要件中作为普遍适用特征的违法性》（Die Rechtwidrigkeit als allgemeingueltiges im Tatbestande strafbarer Handlung），1905 年版，第 27 页及以下几页；Hegler 的观点，载《整体刑法学杂志》（ZStW）1915 年第 36 卷，第 19 页、第 35 页以下；Mezger 的观点，载《Traeg 祝贺文集》（Festschrift fuer Traeger），1926 年版，第 187 页；基于当今视角的综合论述参见 Jescheck/Weigend:《刑法教科书·总论》（第 5 版），1996 年版，第 206 页及下页，有进一步的证实。

[4] 代表性的观点见 Nagel 的观点，载《莱比锡刑法注释》（LK）（第 6 版），1944 年版，引论部分 I. II. A. 2（第 4 页）、B. 1.（第 8 页）有论证。

[5] 一方面参见 Damm/Schaffstein:《自由刑法还是威权刑法？》（Liberales oder autoritaeres Strafrecht?），1993 年版，特别是第 7 页及以下几页，第 28 页及以下几页，另一方面参见 Eb. Schmidt:《讨论文章》（Diskussionsbeitrag），载《国际刑法协会公报》（Mitteilung der IKV.）（新版）1933 年第 6 卷，第 175 页及以下几页。基于当今视角的论述参见 Marxen:《反自由主义刑法的努力》，1975 年版，第 111 页及以下几页。

[6] 关于纳粹时期的司法控制可参见 Rueping:《Gruenwald 祝贺文集》（Festschrift fuer Gruenwald），1999 年版。

ken)"[1]。在相反的方向,(政权)犯罪能够根据健全公民的感受被宣布为不受刑罚处罚[2]。规避法律的行为再三被明确规定为可罚[3]。不确定的法律概念和一般条款习以为常,特别严重的情形流行配置最为宽泛的刑罚幅度。在犹太人刑法、外民族人刑法和战争刑法中,不确定性达到了极致,以求立法的最大化。审判法院和特别法庭的判决肆无忌惮地利用自由空间。帝国法院让自制(Zurueckhaltung)来主宰[4],逐渐被证明是成问题的[5]。在刑法学中,"去除自由主义的刑事司法合法性"[6]意外获得了大多数的支持,且不少还要求进一步同法律剥离开来。所以,Dahm 和 Schaffstein 想超出目的论刑法思考的范围——Nagler、Schwinge 和 Zimmerl 为其对纳粹主义的目的适合

---

[1] 通过所谓的 1935 年 6 月 28 日的《类推修正法案》[《帝国法律公报》(RGBl.)第 1 期,第 839 页]形成的《帝国刑法典》第 2 条。当时的文献有:Kohlrausch/Lange,《刑法典》(StGB),1944 年第 38 版,第 2 条注释(第 36 页及以下几页);Mezger:《德国刑法》(Deutsches Strafrecht)(第 3 版),1943 年版,第 27 页及以下几页;Schoenke:《刑法典》(StGB)(第 2 版),1943 年版,第 2 条注释(第 21 页及以下几页);Zimmerl 的观点,载《Gleispach 祝贺文集》(Festschrift fuer Gleispach),1936 年版,第 173 页。基于当今立场的文献有:Krey:《罪刑法定》(Keine Strafe ohne Gesetz),1983 年版,第 27 页及以下几页;Naucke:《论法治国家刑法的脆弱性》(1963—1993 年论文集),2000 年版,第 301 页及以下几页;Schreiber:《法律与法官》(Gesetz und Richter),1976 年版,第 191 页及以下几页;Werber:《第三帝国的类推禁止与追溯禁止》(Analogie- und Rueckwirkungsverbot im Dritten Reich),1998 年版,第 77 页及以下几页;Werle:《第三帝国的司法刑法和警察的犯罪打击》,1989 年版,第 141 页及以下几页。

[2] 参见 Mezger:《德国刑法》(Deutsches Strafrecht)(第 3 版),1943 年版,第 35 页(尽管"表面上同《帝国刑法典》第 2 条的字面含义相悖"!)。

[3] 举例综合论述见 Nagler 的观点,载《莱比锡刑法注释》(LK)(第 6 版),1944 年版,第 2 条注解部分 Ⅲ.4.b(第 90 页)。

[4] Jescheck/Weigend:《刑法教科书·总论》(第 5 版),1996 年版,第 132 页脚注 22 就是这种观点;Rueping 的观点,载《Oehler 祝贺文集》(Festschrift fuer Oehler),1985 年版,第 27、40 页;Troendle 的观点,载《莱比锡刑法注释》(LK)(第 10 版),1985 年版,第 1 条边码 6。

[5] 1935 年之前就作出了广泛被注意的不利于被告的类推;参见《帝国法院刑事判决》(RGSt)第 67 集,第 360 页以下,有关主管部门的阐释。Dahm 的观点,载《法学周刊》(JW)1934 年,第 1176 页指出,法院现在已经在放弃类推禁止了;详细的论述参见 Pauli:《1933—1945 年帝国法院刑事判决及其对联邦法院判决的后续影响》,1992 年版,第 43 页及以下几页。1935 年之后,法院虽然在一系列判决中拒绝了不利于被告的类推;参见《帝国法院刑事判决》(RGSt)第 71 集,第 193、306 页;第 72 集,第 326 页;第 73 集,第 268、347、385 页。然而,从 1942 年开始,在判决中对所谓种族亵渎和行业恶行在很大范围内允许进行不利于被告的类推;参见《帝国法院刑事判决》(RGSt)第 70 集,第 375 页;第 76 集,第 31、108、165、242、305 页;第 77 集,第 53、77、379 页;深入的论述参见 Weidenthaler:《1933—1945 年帝国法院刑事审判庭——正义的维护者抑或暴政的帮凶?》,Wuerzburg 大学 1999 年博士论文,第 186 页及以下几页有根据时间段、专业领域和审判庭进行区分的评论性总结。与法律无关的和意识形态也被在正当化事由和关于错误的教义学中运用,对于政权支持者采取有利于被告,对于政权反对者和犹太人采取不利于被告;详细的论述参见《1933—1945 年帝国法院刑事判决及其对联邦法院判决的后续影响》,1992 年版,第 65 页及下页、第 70 页及以下几页有证明。

[6] Nagel 的观点,载《莱比锡刑法注释》(LK)(第 6 版),1944 年版,第 2 条评注部分 Ⅰ.2(第 80 页)就是这种观点。

性而辩护[1]——且在此确立了"本质直观(Wesensschau)"与"规则具体思考(konkretes Ordnungsdenken)"[2]。Bruns——Pauli 恰当地称其为纳粹时期实质化的理论家[3]——想要刑法摆脱民事思维并通过促进实质思考方式实现全方位突破[4]。

1945 年之后法治原则的重建[5]并未包括同实质化的断绝。联邦法院采纳了 1944/1945 帝国法院判决的大部分,支持帝国法院基于广泛的目的论解释且仍然通过类推构建的结论[6],并不介意于刑罚根据的类推[7],而在超法规的法律构造方面,即便有利于被告人,也认为是有权的,甚至是处于与禁止错误一样的极端政治化的问题之中。[8] 纳粹时期实质化的动力至今仍然在《刑法典》第 228 条[9]、第 240 条第 2 款

---

[1] Nagel 的观点,载《莱比锡刑法注释》(LK)(第 6 版),1944 年版,引论部分 I.II.B.I(第 8 页及下页);Schwinge/Zimmerl:《刑法中的本质直观与具体规则思考》(Wesensschau und konkretes Ordnungsdenken im Strafrecht),1937 年版,第 27 页及以下几页。

[2] Dahm 的观点,参见《新法学的基本问题》(Grundfragen der neuen Rechtswissenschaft),1935 年版,第 69、101 页;同一作者的观点,载《整体刑法学杂志》(ZStW)1938 年第 57 卷,第 225 页(特别是第 285 页及以下几页);Schaffstein 的观点,参见《新法学的基本问题》,1935 年版,第 108、120 页;同一作者的观点,参见《论刑法中目的论概念构建的难题》(Zur Problem der teleologischen Begriffsbildung im Strafrecht),1934 年版。

[3] Pauli:《1933—1945 年帝国法院刑事判决及其对联邦法院判决的后续影响》,1992 年版,第 112 页。

[4] Bruns:《刑法对民事思维的摆脱》(Die Befreiung des Strafrechts vom zivilistischen Denken),1938 年版,第 309 页及下页;对此的争议见上文一、2,注释 23 及 Pauli:《1933—1945 年帝国法院刑事判决及其对联邦法院判决的后续影响》,1992 年版,第 112 页及以下几页。

[5] 军事政府法律第 1 号(注释14)第Ⅳ条第 7 项和 1945 年 10 月 20 日占领委员会关于法律实务改革原则的第 3 号公告(占领委员会公报第 55 页)第Ⅱ条第 2、3 项已经禁止了基于类推处刑之后,通过所谓的 1935 年 6 月 28 日的《类推修正法案》[《帝国法律公报》(RGBl.)第 1 期,第 839 页]形成的《帝国刑法典》第 2 条、第 2 条 b 被通过军事政府法律第 11 号(注释54)第 1 条废除。尽管《帝国刑法典》第 2 条的原始表述没有据此重生(军事政府法律第 11 号第Ⅳ条),支配性的观点仍然认为法治原则(再度)生效[参见 Schoenke 的观点,载《刑法典》(第 3 版),1947 年版,第 2 条注释 I]。法治原则通过《基本法》第 103 条第 2 款到达了宪法位阶,且通过 1953 年 8 月 4 日的第 3 部《刑法改革法》[《联邦法律公报》(BGBl.),第 1 部,第 735 页]再次回到《刑法典》中。详细的论述参见 Schreiber:《法律与法官》,1976 年版,第 201 页及以下几页有论证。

[6] 明显的例子是事故逃逸的判决[自《帝国刑法典》第 139 条以来,当时是《幼儿园专业人员培训法》(KFG)第 22 条]。

[7] 《联邦法院刑事判决》(BGHSt)第 10 集,第 375 页;对此的批判参见 Roxin:《刑法总论》(第 1 卷)(第 3 版),1997 年版,§5 边码 34。

[8] 参见《联邦法院刑事判决》(BGHSt)第 2 集,第 194 页。对此也可参见 Hirsch 和 Vogel 的讨论论文,Julius 所写,载《整体刑法学杂志》(ZStW),2003 年第 115 卷,第 671 页以下。

[9] 通过 1933 年 5 月 26 日的法律第 1 条第 16 项[《帝国法律公报》(RGBl.)第 1 期,第 295 页]引入作为《帝国刑法典》第 226 条 a。批判性的观点(也针对于发展史)参见 Schmitt 所写,载《Schroeder 纪念文集》(Gedaechtnisschrift fuer Schroeder),1978 年版,第 263 页。

和第253条第2款[1]等一般性条款和无数特别严重的情形中继续发挥影响。[2] 此外,尽管选择确定(Wahlfeststellung)通过管制委员会立法承认的法律被明确否定,[3] 目的解释至今是解释方法的"冠冕"[4],且总是存在支持在恶行方面进行有限类推的观点。[5] 此外,联邦宪法法院开始修剪"无界限的"解释,如暴力概念[6];确切说来,对此强烈的反对[7]就像迄今的实质化趋势一样活跃。

3. 刑法不法的伦理化理论业已存在于 *M. E. Mayer* 著名的文化规范说之中。[8] 它

---

[1] 通过1943年5月29日的所谓的刑法调整法令的第10条a)和为此颁布的执行令第3条引入[《帝国法律公报》(RGBl.)第1期,第339页,第341页];进一步的论述见 *Werle*:《第三帝国的司法刑法和警察的犯罪打击》,1989年版,第441页及以下几页。最初的表述提到"健全的公民感受";也可参见后文三、3和脚注97。这一"可恶的转变"[*Lange* 的观点,载《新法学周刊》(NJW)1953年,第1161页、第1164页]被1953年8月4日的所谓《刑法清理法》(第3部)[刑法修改法》)[《联邦法律公报》》(BGBl.),第1部,第735页]第2条第38项b、第39项替换成今天的卑鄙这一术语(Verwerflichkeitsformel)。批判(也针对发展史)参见 *Amelung* 的观点,载《新法学周刊》(NJW),1995年卷,第2584—2585页;*Gallies*的观点,载《新法学周刊》(NJW)1985年,第1506页。

[2] 对此基本的批判见 *Hirsch* 的观点,载《Goessel祝贺文集》(Festschrift fuer Goessel),2002年版,第287页(关于成问题的历史渊源的第288页脚注7;第302页的总结)。

[3] 在联合刑事审判庭于1934年5月2日将选择确定限制在盗窃和销赃之后[《帝国法院刑事判决》(RGSt)第68集,第257页;关于背景,即对 *Zeiler* 所论述的作用的批判参见 *Pauli*:《1933—1945年帝国法院刑事判决及其联邦法院判决的后续影响》,1992年版,第51页及以下几页有证明;也可参见 *Heinitz* 富有启发性的说明,载《法律工作者报》(JZ),1952年卷,第100页有证明],按照1935年6月28日的所谓《类推修正法案》[《帝国法律公报》(RGBl.)第1期,第339、839页]第2条的表述《帝国刑法典》第2条b通常是允许的。该规定通过管制委员会法令第11号令第Ⅰ条(上文脚注第57)予以取消,因为它在同盟国看来是同法治国家不相符的。与之相对,《联邦法院刑事判决(BGHSt)》,第1集,第127、128页——也可以参见《帝国法院刑事判决》(RGSt)第68集,第257页——认为选择确定的基本观念并非纳粹主义所特有的(对此也可见上文脚注14),当然它限制在法伦理上和心理上类似的构成要件[综合性的论述参见《联邦法院刑事判决》(BGHSt)第9集,第390页、第392页及以下几页;该学说可以追溯到 *Kohlrausch*,载《刑法典》(StGB)(第34版),1938年版,第2条b注释Ⅱ)。

[4] 参见 *Jescheck/Weigend*:《刑法教科书·总论》(第5版),1996年版,第156页。

[5] 例如,*Jakobs*:《刑法总论》(Strafrecht, AT)(第2版),1991年版,4/45;此外,所有的法律应用都显示了类推因素,且应该在允许的类推和不再允许的类推之间提取出界限的学说:*Hasemmer*:《构成要件和类型》(Tatbestand und Typus),1968年版,第162页及以下几页;*Arthur Kaufmann*:《类推与"事物的本性"》(Analogie und "Natur der Sache"),1965年版,第3页及以下几页,第31页、第47页;*Sax*:《刑法的类推禁止》(Das strafrechtliche Analogieverbot),1953年版,第147页及以下几页,第152页及以下几页。

[6] 参见《联邦宪法法院判决》(BVerfGE)第92集,第1、16页及下页。

[7] 参见 *Maurach/Schroeder/Maiwald*:《刑法分论》(第1部)(第9版),2003年版,§13边码17:"不清晰的和违反了同等待遇原则的判决";在此也有针对《联邦宪法法院判决》(BVerfGE)第92集,第1页,所广泛存在的批判性反应的进一步例证。

[8] *M. E. Mayer*:《法规范与文化规范》(Rechtsnormen und Kulturnormen),1903年版;同一作者,《德国刑法总论》(Der Allgemeine Teil des deutschen Strafrecht)(第2版),1923年版,第45页及以下几页;同时代的批判参见 *Kelsen*:《国家法理论中的主要问题》(Hauptprobleme der Staatsrechtslehre),1911年版,第392页及以下几页;基于当代视角的批判参见 *Jakobs*:《刑法总论》,2/13。

使得重新启用文化、社会规范成为可能,"只要应该填补漏洞或者确定法律未予规定的法,而在法律有多种含义的场合也允许"[1]。在价值论的外衣之下,法益"精神化"或者"非物质化"的观念出现,在西南德的新康德主义影响之下,法益在与价值相联系的思维中被社会伦理化地加载且被解释为共同价值。[2] 所以,如同 Amelung 所表述的,在 1933 年之前很久就出现了"以独立于立法者支配的价值设定所定位的……形式的'伦理化'——也可以说是'道德化',以使这一过程中的难题明确显现出来。"[3] 该问题可以解释清 1930 年 E. Wolf 所提出的问题,战争中敌人的死亡不是"法律效果(Rechtserfolg)",因为它欠缺"刑法上相关的意志倾向",且战士"在共同的感情、意志、行为所汇集成的明亮洪流中"活动。[4]

在纳粹时期,伦理化被极端化和激进地重组。理所当然,纳粹统治国家不容许在法律和道德之间存有区分,而这意味着:纳粹主义的价值观。[5] 在这一法律概念之上,使用着"健全的公民感受"。对此应当如何理解,在理论中并不清晰。[6] Nager 相当明确地解释了实践情形:"只要领袖和其所确定的纳粹党机构真实地解释概念,就会创设出明确的法律情形。"[7] 在专制独裁的条件下,伦理化意味着完全的意识形态化和完全的政治化。反犹太主义和种族主义之外是集体主义(Kollektivismus)的纳粹主义出发点:个人只有作为公民共同体的部分才具有价值。这导致集体法益的优先和膨胀[8],导致义务观念的提升,直至 Schaffstein 的犯罪不是法益侵害(Rechtsgutsverlet-

---

[1] M. E. Mayer:《德国刑法总论》(Der Allgemeine Teil des deutschen Strafrecht)(第 2 版),1923 年版,第 174 页,也可参见第 296 页,有一重大的推断:医学上(这是指医学伦理上)正确的,在法律上就不是错误的。

[2] 基本分析参见 Amelung:《法益保护和保护社会》(Rechtsgueterschutz und Schutz der Gesellschaft),1972 年版,第 156 页及以下几页有证明。

[3] Amelung:《法益保护和保护社会》,1972 年版,第 158 页。

[4] E. Wolf:《构成要件符合性的类型》(Die Typen der Tatbestandsmaessigkeit),1931 年版,第 35 页及下页。

[5] 代表性的观点参见 Nagel 的观点,载《莱比锡刑法注释》(LK)(第 6 版),1944 年版,引论部分Ⅰ.Ⅱ.A.2(第 4 页),参阅了希特勒在 1933 年"法律护卫者日(Rechtswahrertag)"的演讲;"法和人民道德一致性理论"的基本分析参见 Anderbruegge:《公民的法律思维》(Voelkisches Rechtsdenken),1978 年版,第 136 页及以下几页。

[6] 极其简洁的描述参见 Nagel 的观点,载《莱比锡刑法注释》(LK)(第 6 版),1944 年版,引论部分Ⅰ.Ⅱ.A.2(第 5 页)。

[7] Nagel 的观点,载《莱比锡刑法注释》(LK)(第 6 版),1944 年版,引论部分Ⅰ.Ⅱ.A.2(第 5 页)。

[8] 关于纳粹主义超个人的保护价值(公民、家庭、公民道德、公民宗教、公民存续、种族、遗传特征、公民力、公民健康、德国国有资产、德国国民经济、国家荣誉、帝国政府的声誉等)的代表性观点,参见 Nagel 的观点,载《莱比锡刑法注释》(LK)(第 6 版),1944 年版,引论部分Ⅰ.Ⅱ.A.3(第 6 页及下页)有论证。在纳粹时期,个体法益也被在与社会相关的"放弃个体化思考"之下被解释,这至今仍回响在宪法法院判决中;参见《联邦宪法法院判决》(BVerfGE)第 12 集,第 45、51 页;第 28 集,第 175、189 页;第 90 集,第 145、174 页;Vogel 的观点,载《刑事辩护人》(StV)1996 年,第 110、111 页及下页。

zung),而是义务违反(Pflichtverletzung)的理论[1],导致 Dahm 将犯罪视为对公民共同体背叛和不忠诚的构思[2]和 Welzel 以"背弃""社会伦理行为价值"为形式的"举动无价值(Handlungsunwert)"或"行为无价值(Aktunwert)"的理论。[3] 在总论部分,保证人义务(Garantenpflicht)被伦理化地构建。[4] 在分论部分,在团体名誉保护[5]或者各种"污点理论(Markeltheorie)"[6]中存在着伦理化趋势。伦理化的立法例是救助不作为

---

[1] *Schaffstein*:《作为义务违反的犯罪》(Verbrechen als Pflichtverletzung),1935 年版;此外,*Gallas* 的观点,参见《*Gleispach* 祝贺文集》(Festschrift fuer Gleispach),1936 年版,第 50 页(特别是第 54 页及以下几页); *Klee* 的观点,参见《德国刑法》(DStr),1936 年版,第 1 页(特别是第 15 页及下页)。基于当今视角的批判如 *Roxin*:《刑法总论》(第 1 卷)(第 3 版),1997 年版,§2 边码 46。

[2] *Dahm*:《国家法学杂志》(ZStaatsW),1935 年第 95 卷,第 283 页。基于当今视角的论述参见 *Marxen*:《反自由主义刑法的努力》,1975 年版,第 186 页及以下几页;*Telp*:《消灭与背叛》,1999 年版,第 75 页及以下几页,均有论证。

[3] 深入的论述参见 *Welzel* 的观点,载《整体刑法学杂志》(ZStW)1939 年第 58 卷,第 491、505 页及以下几页;最终的表述参见同一作者,《德国刑法》(Das deutsche Strafrecht),1969 年第 11 版,第 2 页。背后是广泛讨论的社会相当性(Sozialadaequanz)理论,即在历史形成的公民共同生活秩序内正常活动的行为不符合构成要件;基本论述参见 Welzel,《整体刑法学杂志》(ZStW)1939 年第 58 卷,第 516 页及以下几页,也可参见第 527 页(这里对"与战争相当的"不符合构成要件性、在战争中的正常死亡或者战斗中的伤害和死亡进行了富有启发的考虑)。

[4] 特别明显的是《帝国法院刑事判决》(RGSt)第 69 集,第 321、323 页及下页;对此参见 *Pauli*:《1933—1945 年帝国法院刑事判决及其对联邦法院判决的后续影响》,1992 年版,第 192 页及以下几页。

[5] 《帝国法院刑事判决》(RGSt)第 70 集,第 140 页;第 74 集,第 268 页;也可参见 *Dahm* 的观点,载《*Gelispach* 祝贺文集》(Festschrift fuer Gleispach),1936 年版,第 1 页;*Welzel* 的观点,载《整体刑法学杂志》(ZStW)1939 年第 58 卷,第 28 页 [对此见 *Sticht*:《事理逻辑是自然法?》(Sachlogik als Naturrecht?),2000 年版,第 20 页及以下几页,"短时期急剧尖锐的变化"同 *Welzel* 即将被任命为公职教授相关]。关于纳粹时期荣誉保护的详细论述参见 *Pauli*:《1933—1945 年帝国法院刑事判决及其对联邦法院判决的后续影响》,1992 年版,第 178 页及以下几页。

[6] 在诈骗中,纯粹的善意取得(gutglaeubiger Erwerb)有"道德污点"且能够被论证为财产损害 [《帝国法院刑事判决》(RGSt)第 73 集,第 61、63 页;与之相衔接的也可见《联邦法院刑事判决》(BGSt)第 1 集,第 92、94 页;此后见《联邦法院刑事判决》(BGSt)第 15 集,第 83、87 页,及之后的《法学观察》(JR)1990 年,第 517、518 页所载联邦法院判决;关于当今的立场见 *Tiedemann* 观点,载《莱比锡刑法注释》(LK)(第 11 版),1999 年版,第 263 条边码 209];在替代销赃(Ersatzhehlerei,即某人明知某件物品间接来源于犯罪,而予以接收的行为。例如,A 盗窃了一笔现金,然后用这笔现金购买了一块手表送给了知情的朋友 B,B 仍然接受了该手表。对于该行为是否符合销赃罪的构成要件,存有争议——译者注)替代对象(Ersatzgegenstand)仍然具有"污点" [《帝国法院刑事判决》(RGSt)第 72 集,第 146—147 页];在行贿(Bestechung)或受贿(Bestechlichkeit)中,所谓斟酌过程中的公职人员具有"无可消除的污点",它同实际上可辩解的根据利益收取或馈赠的裁量决定相连(也可参见下文和注释 113)。

(unterlassene Hilfeleistung)被提升为轻罪(Vergehen)。[1]

1945年之后,纳粹主义的价值观自然不再被主张。在此出现了公民的法感情(das Rechtsempfinden des Volks)[2]和自然法的恢复与复兴[3],这实质上是保守的—公民的社会伦理的复兴。[4] 立法的继续影响就是取代"健全的公民感受"而出现的《刑法典》第240条第2款、第253条第2款的"卑鄙(Verwerflichkeit)"和《刑法典》第228条的"善良风俗(guten Sitten)"。[5] 伦理化在解释方面的继续影响存在于紧急防卫权(Notwehrrecht)的社会伦理限制[6],部分保证人义务[7]或者其间法律所形成的所谓公职人

---

[1] 通过1935年6月28日的所谓《类推修正法案》[《帝国法律公报》(RGBl.)第1期,第339、839页]第9条;关于立法史的深入分析参见 Spendel 的观点,载《莱比锡刑法注释》(LK)(第11版),1995年版,第323条c边码1及以下几部分有论证,特别是边码11对当时作为"不忠诚"的《帝国刑法典》第330条c的纳粹主义的解释;也可参见 K. Wagner:《当今刑法中的纳粹主义观念》,2002年版,第68页及以下几页。

[2] 参见《联邦法院刑事判决》(BGHSt)第1集,第13、19、84、86页及下页。

[3] 参见 Weinkauff 的观点,载《新法学周刊》(NJW)1960年,第1689页;Welzel 的观点,载《Gallas 祝贺文集》(Festschrift fuer Gallas),第1、5页;同一作者的观点,参见《自然法与实质正义》(Naturrecht und materiale Gerechtigkeit)(第4版),1962年版,第219页及以下几页,特别是第225页及下页。

[4] 参见——从今天的观点来看几乎是荒谬可笑的——关于同已订婚者通奸的《联邦法院刑事判决》(BGHSt)第6集,第46页,1954年2月17日大刑事审判庭的裁定。当时就有批判性反应;参见 Bockelmann 的观点,载《法学观察》(JR)1954年,第361页、第363页:"淫乱(Unzucht)"这一法律概念规定的任务不能通过简单地重新采用伦理规范予以解决;Sax 的观点,载《法律工作者报》(JZ)1954年,第474、475页:在取决于认识的场合,而基于这一认识应该就人的行为实施做出法律裁定,信仰并不够用。

[5] 参见上文三、2和注释83及以下几个注释。

[6] 关于其在纳粹时期[参见《帝国法院刑事判决》(RGSt)第71集,第133、134页;第72集,第57、58页]及此后[参见《联邦法院刑事判决》(BGHSt)第5集,第245、248页及下页]的发展见 Pauli:《1933—1945年帝国法院刑事判决及其对联邦法院判决的后续影响》,1992年版,第63页及以下几页;Schroeder 的观点,参见《Maurach 祝贺文集》(Festschrift fuer Maurach),1972年版,第127、131页及下页,有进一步的论证。处于相反方向的是,"侮辱逃跑(schimpfliche Flucht)"是不适当的,这一原则被纳粹时期判决根本性地促成;参见《帝国法院刑事判决》(RGSt.)第69集,第179、183页及下页;第72集,第383—384页。

[7] 参见上文和注释103。富有启发性的论述参见《联邦法院刑事判决》(BGHSt)第4集,第20、22页的评论,先行行为责任建立在"1933年之前就已经发展的法律原则"之上;而《联邦法院刑事判决》(BGHSt)第6集,第198、199页明显同《帝国法院刑事判决》(RGSt)第70集,第151、155页及以下几页有关联。综合性的论述参见 Pauli:《1933—1945年帝国法院刑事判决及其对联邦法院判决的后续影响》,1992年版,第196页及下页,第203、207页及下页;K. Wagner:《当今刑法中的纳粹主义观念》,2002年版,第88页及以下几页有论证。

员斟酌过程中的行贿(Bestechung)或受贿(Bestechlichkeit)[1]。此外,刑法立法者自身需要"社会伦理指导"[2]。

4. 1933年之前,刑法以行为为导向的主观性[3]理论上就在主观构成要件特征和正当化特征的发现中[4],帝国法院关于共犯(Beteiligung)和未遂(Verscuh)的主观性判决中,在实践中表现出来[5]。惩处的并非行为,而是行为人,以及对社会有害的行为或者与行为人危险性相连的行为的法律后果必须是同责任相分离的,现代学派以行为

---

[1] 通过1974年3月2日的《刑法典施行法》(EGStGB)[《联邦法律公报》(BGBl.)第1部,第469页]第19条第187项引入的《刑法典》第332条第3款第2项、第334条第3款第2项。参见上文注释105。《联邦法院刑事判决(BGHSt)》第3集,第143、146页;第11集,第125、129页及下页;《新法学周刊》(NJW)1960年,第830页,所载联邦法院判决同《帝国法院刑事判决》(RGSt.)第74集,第251页;第77集,第75页衔接紧密;但《联邦法院刑事判决》(BGHSt)第15集,第239页却衔接有限。文献中的激烈讨论参见 H. Fuhrmann 所写,载《Goltdammer 刑法档案》(GA)1960年,第105页;同一作者的观点,载《整体刑法学杂志》(ZStW)1960年第72卷,第534页;Herkel 的观点,载《法律工作者报》(JZ)1960年,第507页;Eb. Schmidt:《1879年至1959年之间最高法院判决中的贿赂犯罪构成要件》(Die Bestechung-statbestaende in der hoechstrichterlichen Rechtsprechung von 1879 bis 1959),1960年版,第56页及以下几页;Schroeder 的观点,载《Goltdammer 刑法档案》(GA)1961年,第289页;Stein 的观点,载《新法学周刊》(NJW)1961年,第433页。

[2] 该术语(社会伦理指导)可以追溯到 Wimmer,载《新法学周刊》(NJW)1957年,第1169—1170页;进一步可参见 Tiedemann:《卡特尔法的违反与刑法》(Kartellrechtsverstoesse und Strafrecht),1976年版,第96页及以下几页;同一作者的观点,载《Duennebier 贺文集》(Festschrift fuer Duennebier),1982年版,第519、540页;批判见 F. Herzog:《社会的不安与刑法的生存防备——关于危险领域刑法保护前置的研究》(Gesellschaftliche Unsicherheit und strafrechtliche Daseinsvorsorge: Studien zur Vorverlegung des Strafrechtsschutzes in den Gefaehrdungsbereich),1991年版,第109页及下页,第138页及以下几页。

[3] Roxin:《刑法总论》(第2卷),2003年版,§29边码23,中肯地指出:"20世纪关于不法日益主观化的趋势"决非限制停留在目的行为论。Hirsch 的观点,参见《Roxin 祝贺文集》(Festschrift fuer Roxin),2001年版,第711、713页,也相类似地认识到,"应该承认直至主观不法因素产生之前存在的一般发展,不法中的主观因素……"

[4] 对此综合性的论述参见 Jescheck/Weigend:《刑法教科书·总论》(第5版),1996年版,第317页及下页,对 H. A. Fischer、Graf zu Dohna、Hegler、Mezger 和 Nagler 的基础性工作有广泛论述。作为相对应的趋势,当然是确定德国刑法学在20世纪的前20至30年大多数主张客观的(以危险为定位的)未遂理论;对此参见 Roxin,《刑法总论》(第2卷),2003年版,§29边码23、25及以下几部分有广泛论证;也可见 Hirsch 的观点,载《Roxin 祝贺文集》,2001年版,第712页关于纳粹时期主观化转变的脚注7。

[5] 关于共犯理论的综合性论述见 Roxin:《正犯与行为支配》(Taeterschaft und Tatherrschaft)(第7版),2000年版,第51页及以下几页;关于未遂理论的综合性论述见同一作者,《刑法总论》(第2卷),2003年版,§29边码32及以下几处。与之相比,Hirsch 的观点,参见《Roxin 祝贺文集》,2001年版,第711页脚注2指出,尽管偶尔误导性的评论和过分的批判,帝国法院基本上对未遂的开始坚持了客观的评价标准。

人为导向的这一争论呼声在魏玛时期不再被认真地反驳。[1]

通过纳粹主义刑法对以行为为导向的主观化的极端化与"意志刑法（Willenstrafrecht）"这一标语相连。[2] 其中，责任刑法和危险刑法的因素交融在一起，且同 Klee 和 Freisler 的军事语言一样，它将刑法的"防线""提前到"犯罪意志形成之时。[3] 在分则中，实行犯（Unternehmensdelikt）[4]和独立设置刑罚的预备行为（Vorbereitungshandlung）[5]凸显。在总论中，未遂和既遂在理论上是等价的。[6] 特别个性化的特征导致了对从属性的放宽。[7] 共犯理论被如此主观化，使得能够进行——视所希望的有利于被告还是不利于被告的结果而定——正犯（Taeter）和共犯（Teilnehmer）之间的

[1] 众所周知，"古典"和"现代"学派的主要代表人物已经在1902年德国法律工作者大会上搁置争议，就一起制定关于处分（Massregeln）的共同草案达成一致；详情参见 Eser 所写，载《Mueller-Dietz 祝贺文集》（Festschrift fuer Mueller-Dietz），2001年版，第213、227页及下页（及关于自 Carolina 以来历史发展的第216页及以下几页）。

[2] 由 Schroeder 指导的 Hartl 的博士论文有专题性整理，参见 Hartl：《纳粹主义的意志刑法》，2000年版。

[3] Freisler 的观点，载 Frank 主编：《德国刑法总论精要：德国法学会中央委员会报告》（Grundzuege eines Allgemeinen Deutschen Strafrechts. Denkschrift des Zentralausschuss der Akademie fuer Deutsches Recht），1934年版，第7、13页；Klee 的观点，见《德国刑法》（DStr）1936年，第1、4页。

[4] 特别是在通过1934年4月24日的所谓《背叛修正法案》（Verratsnovelle）[《帝国法律公报》（RGBl.）第1部，第341页]所基本形成的政治刑法之中。该法案第1条引入了实行的法定定义[既遂（Vollendung）和未遂，《帝国刑法典》当时的第87条，现行《刑法典》的第11条第6款]和众多实行犯（《帝国刑法典》当时的第80条、81条、88—90条、90条d、90条h、91条b）。详细情况参见 Hartl：《纳粹主义的意志刑法》，2000年版，第282页及以下几页。

[5] 明显的是在敲诈性绑架儿童[通过1936年6月22日的反敲诈性绑架儿童法（Gesetz gegen den erpresserischen Kinderraub）][《帝国法律公报》（RGBl.）第1部，第493页]第1条所形成的《帝国刑法典》第239条a)和所谓交通事故[1938年6月28日的反交通事故道路抢劫法（Gesetz gegen den Strassenraub mittels Autofallen）][《帝国法律公报》（RGBl.）第1部，第651页]，但也包括如（既遂的或者未遂的）制造不真实的文书或者变造真实的文书的可罚性[1943年5月29日的所谓刑法调整法令[《帝国法律公报》（RGBl.）第1部，第339页]第11条所形成的《刑法典》第267条第1款]。关于意志刑法背景的详细情况参见 Hartl：《纳粹主义的意志刑法》，2000年版，第266页及以下几页。

[6] 深入的论述参见 Hartl：《纳粹主义的意志刑法》，2000年版，第197页及以下几页，对"意志刑法的"未遂理论有广泛的论证。法律后果——未遂的原则可罚性；对未遂不减轻刑罚；对中止（Ruecktritt）无优待或者同等对待中止与有实际行动的懊悔——当然既不能在理论中也不能在立法中找到。确切地说，只是强制性减轻处罚在1871年根据《帝国刑法典》第44条被修改为非强制性的；由1943年5月29日的所谓刑法调整法令的执行法令[《帝国法律公报》（RGBl.）第1部，第341页]第1条形成的《帝国刑法典》第44条和1939年5月12日的所谓暴力犯罪法令[《帝国法律公报》（RGBl.）第1部，第2378页]形成的《帝国刑法典》第4条。参见现行《刑法典》第23条第2款。

[7] 参见由1943年5月29日的所谓《刑法调整法令》[《帝国法律公报》（RGBl.）第1部，第339页]第2条形成的《帝国刑法典》第50条（现行《刑法典》第28条第2款、第29条）。关于纳粹时期的讨论见 Hartl：《纳粹主义的意志刑法》，2000年版，第187页及以下几页，及第321页。

角色调换。[1] 伴随着"规范的正犯类型"、"行为人刑法"、"意志刑法"及"生活经验责任"或"生活决定责任",极端的行为人导向化得以出现。[2] 立法上体现为关于"危险的习惯犯(gefaehrliche Gewohnheitsverbrecher)"和"风俗犯(Sittlichkeitsverbrecher)"的规定,后来是关于"暴力犯(Gewaltverbrecher)"和"民族有害分子(Volksschaedlinge)"的规定。[3] 规定触犯刑法的"社会异己(Gemeinschaftsfremde)"——在1944年《草案》中有"不称职者"、"畏惧工作者和轻浮者"以及"敌对社会的犯罪人和倾向犯罪人"——应该被适用特别"无害化处理(Unschaedlichmachung)"的"刑法措施"的社会异己法未生效。[4] 在种族主义的逻辑中,对于犹太人、波兰人和其他"外民族者"设有特别刑法制度。[5]

---

[1] 一方面参见著名的《帝国法院刑事判决》(RGSt)第74集,第84页的"浴盆"案[有利于被告,则将亲手实施的行为人视为帮助犯;如果他就舍弃密谋而言,对此富有启发性的见 Hartung 所写,载《法律工作者报》(JZ)1954年,第430页];另一方面参见《帝国法院刑事判决》(RGSt)第77集,第286页(不利于被告,则将教唆犯视为共同正犯;对此参见 Pauli:《1933—1945年帝国法院刑事判决及其对联邦法院判决的后续影响》,1992年版,第129页及下页)。众所周知,联邦法院与此相衔接且在著名的《联邦法院刑事判决》(BGHSt)第18集,第87页的 staschynskij 案中进行有利于被告的角色调换(亲手实现构成要件者被作为帮助犯)。根据 Roxin:《正犯与行为支配》(第7版),2000年版,第563页的评论,对纳粹主义的暴力犯罪者在诉讼中存在"规则的典型案例和例外相反的司法实务"。

[2] 参见上文一、2和注释17及以下几处;还可参见 Mezger 所写,载《整体刑法学杂志》(ZStW),1938年第57卷,第688页及以下几页;Erik Wolf:《论正犯的本质》(Vom Wesen des Taeter),1932年版。基于当今的视角对这些学说的论述参见 Hartl:《纳粹主义的意志刑法》,2000年版,第116页及以下几页;Roxin:《刑法总论》(第1卷)(第3版),1997年版,§6边码6及以下几部分;Werle:《第三帝国的司法刑法和警察的犯罪打击》,1989年版,第708页及以下几页,每处均有进一步的论证。

[3] 关于"危险的习惯犯"和"风俗犯",参见1933年11月24日的《习惯犯法》[《帝国法律公报》(RGBl.)第1部,第995页]和1941年9月4日的《帝国刑法典修正法》[《帝国法律公报》(RGBl.)第1部,第549页]形成的《帝国刑法典》第20条a、42条e;当时行为人刑法的阐释参见 Gallas 所写,载《整体刑法学杂志》(ZStW)1941年第60卷,第374、375、406页;Mezger 所写,载《整体刑法学杂志》(ZStW)1938年第57卷,第675、688页。关于"暴力犯",参见1939年9月5日的《反暴力犯法令》[《帝国法律公报》(RGBl.)第1部,第2378页];当时行为人刑法的阐释见 Mezger 所写,载《整体刑法学杂志》(ZStW)1941年第60卷,第353、365页、第368页,而另一方面——关于"行为类型(Tatypus)",参见 Gallas 所写,载《整体刑法学杂志》(ZStW)1941年第60卷,第410页。关于"危害民族犯",参见1939年9月5日的所谓危害民族法令[《帝国法律公报》(RGBl.)第1部,第1679页];当时行为人刑法的阐释见 Mezger 所写,载《整体刑法学杂志》(ZStW)1941年第60卷,第365页,而另一方面——关于"行为类型(Tatypus)",参见 Gallas 所写,载《整体刑法学杂志》(ZStW)1941年第60卷,第406页;帝国法院明显的行为人刑法的判决参见《帝国法院刑事判决》(RGSt.)第74集,第199、202页及下页、239、240("或者基于行为人的人格"部分)、321、322页及下页。

[4] 对此参见 Werle:《第三帝国的司法刑法和警察的犯罪打击》,1989年版,第619页及以下几页;同一作者的观点,载《法学》(Jura)1991年,第10页。关于 Mezger 在《社会异己法草案》中的参与参见 Munnoz Conde,《Edmund Mezger 及其时代的刑法》(第3版),2002年版,第171页及以下几页。

[5] 对此参见 Majer:《第三帝国的"其他民族人士"》,1981年版,第593页及以下几页;Werle:《第三帝国的司法刑法和警察的犯罪打击》,1989年版,第355页及以下几页、第698页及以下几页。

1945年后，以行为人为导向的主观化的极端形式被中断，特别引人注目的是废除《帝国刑法典》第20条a对危险习惯犯加重处罚（Strafschaerfung）的"恶劣规定"[1][2]。在今天的刑法中，行为人刑法的因素实质上更多只是存在于犯罪行为的法律后果中。[3] 这一中断是否会持久，还不能肯定。作为有组织犯罪的危险习惯犯、作为再犯的性犯罪人的习俗犯、作为恐怖分子的社会敌人的犯罪人和作为敌人的社会异己是否重新恢复，尚需等待。[4]

与之相比，以行为人为导向的主观化，至今被作为责任刑法和人格不法理论，未被中断还在继续发挥影响。它似乎可以接受，因为它能够实现刑罚节制[5]，当然不是必然的：可罚性在主观针对法益的预备阶段（Vorfeld）或者客观对法益具有危险的意志确定阶段就已必然存在，这一教训必须再一次被吸取。[6] 此外，立法的继续影响存在于《刑法典》第11条第1款第6项的实行犯、根据《刑法典》第28条第2款、第29条放宽的从属性和《刑法典》第239条a、第316条a的预备阶段构成要件。[7] 解释的继续作用也就是通过Welzel的目的行为论和人格不法论被实现的，Frommel将其阐释为对纳粹主义意志刑法的保守对策。[8]

5. 刑法的社会机能化的现代趋势同冯·李斯特（von Liszt）的名字及其主张目的刑的演讲不可分离地联系起来，其认为通过改善（Besserung）、威慑（Abschreckung）和无害化处理（Unschaedlichmachung）会促进社会保障。[9] 冯·李斯特将犯罪理解为社会现

---

[1] Baumann：《刑法总论》（Strafrecht, AT）（第6版），1974年版，第667页。

[2] 通过1933年11月24日的所谓《习惯犯法》[《帝国法律公报》（RGBl.）第1部，第995页]引入。战后，《帝国刑法典》第20条a的继续生效，特别是大大超越了《魏玛草案》的第2款，不无争议；然而，支配性的观点认为，这一规定并非纳粹主义所特有的（中肯的观点见Dreher/Maassen的观点，载《刑法典》，1954年版，第20条a，注释1；也可参见上文注释14）。盛行的批评[综合性的论述参见Maurach/Schroeder/Maiwald：《德国刑法总论》（Deutsches Strafrecht, AT）第1部，1965年第3版，第726页及以下几页："异体（Fremdkoerper）"、"体系和法伦理不当（systematisch und rechtethisch verfehlt）"]导致1962年《政府草案》删除了这一规定；紧接着通过1969年6月25日的第一部刑法改革法[《联邦法律公报》（BGBl.）第1部，第645页]第1条第6项予以废除。

[3] Roxin：《刑法总论》（第1卷）（第3版），1997年版，§6边码13及以下几部分。

[4] 参见上文一、2和注释24。

[5] 例如承认禁止错误（Verbotsirrtum）；对此参见上文三、2和脚注82。

[6] 关于危险"预备保护（Vorfeldschutz）"的持久讨论，参见F. Herzog：《社会的不安与刑法的生存防备——关于危险领域刑法保护前置的研究》，1991年版，全书均可参见；Kinderhaeuser：《作为犯罪的危险》（Gefaehrung als Straftat），1989年版；Prittwitz：《刑法和危险》（Strafrecht und Risiko），1993年版；综合性论述见Roxin：《刑法总论》（第1卷）（第3版），1997年版，§2边码25及以下几部分有进一步的论证。

[7] 参见上文及注释121及以下几处。

[8] Frommel的观点，参见Reifner/Sonnen主编：《第三帝国的刑事司法机关和警察》（Strafjustiz und Polizei im Dritten Reich），1984年版，第86页。

[9] 迄今的彻底分析可参见Kubink：《时代变迁中的刑罚及其替代措施》（Strafe und Alternativen im zeitlichen Wandel），2002年版，第89页及以下几页。

象和对社会有害的现象,同时——他在此提及了社会达尔文主义(Sozialdarwinismus)创设的比喻——理解为社会病态现象(soziale Krankheitserscheinung),理解为对社会机体的瘤害。刑事司法如同社会医学工具和社会精选手段。由此可以引出冯·李斯特早些提出的为人熟知的激进法律后果[1]:在可罚性前提方面,目的刑虽然没有舍弃法治原则和行为原则,但是明确强调针对个体自由利益的社会利益和舍弃精致。在法律后果方面,不能改善的习惯犯,即第三次实施犯罪的行为人,被根据习性进行处理,如盗窃犯被不定期地监禁,且适用最严厉劳动强迫之下的"劳役刑"尽可能地利用劳动力;规定了身体刑、黑屋子拘禁和最严格的斋戒作为惩戒刑;只有在完全例外的情形下才允许免除且继续呆在改善机构。马堡计划是非自由的和非人道的文件。[2]

在专制独裁之下,导致了基于社会政治目的的刑法极端机能化。社会政治旨在消灭敌人,故刑法和刑事司法成为了消灭的工具。同时,它同根据效率标准的其他手段发生竞合,因为通过军事、半军事、情报部门和警察,谋杀敌人,强行置于集中营、拷打、强制阉割或者绝育,能够更迅速地消灭敌人。[3] 如果刑法和刑事司法不想被旁置,则它必须进入警察司法和战争司法的轨道。这出现在纳粹时期。从1933年起,刑法在理论上被视为"斗争法",且在实务中被如此应用。Freisler将敌人定义为在生活中已经实现了有害社会、无政府、不法、恶且必须被消灭的"破坏和平者"。[4] 为此,一方面有所谓习惯犯法引入的安全羁押和强制阉割。[5] 另一方面是刑罚目的的变更,刑罚成为了"防御刑"。[6] 对于习惯犯和风俗犯的防御机制是驱逐、筛选、开除和最终的淘汰——即死刑。防御之余的"赎罪"很少被理解为犯罪责任的报应。特殊预防成了"公民体清洁",一般预防成了恐怖的威慑。如同Werle所指出的[7],"防御刑法"有了很强

---

[1] Liszt:《论文集》(Aufsaetze)(第1卷),1905年版(1970年再版),第126页、第127页及下页[著名的"马堡计划"(Marburger Programm)];同一作者的观点,参见《论文集》(Aufsaetze)(第2卷),1905年版(1970年再版),第25、62页。

[2] 关于冯·李斯特理论彼此矛盾解释的事实,在此要么是自由的、对特殊预防有帮助的方面占主导地位,要么是专制的相反面占主导地位,详细情形参见Frommel:《德国刑罚目的讨论中的预防模式》(Praeventions—Modelle in der deutschen Strafzweck—Diskussion),1987年版,第83页及以下几页有证实。进一步可参见Frisch所写,载《整体刑法学杂志》(ZStW)1982年第94卷,第565、591页:在"马堡计划"中发现了令人困惑的词汇、内容尖锐的东西和莫名其妙的提炼,因为人们今天无法理解当时的情况。

[3] 所公开的时任帝国司法部长的Thierack于1942年10月13日写给Bormann的信令人震惊的,刑事司法只能在小范围内对根除犹太人起到作用;《Koblenz联邦档案·德意志帝国时期》(BA R),22/5013,第49页,转引自Werle:《第三帝国的司法刑法和警察的犯罪打击》,1989年版,第455页。

[4] Freisler:《即将到来的德国刑法·总论》(Das kommende deutsche Strafrecht, AT),1934年版,第9页、第12页。

[5] 1933年11月24日的所谓《习惯犯法》的第42条e及以下条,第42条k[《帝国法律公报》(RGBI),第1部,第995页]。

[6] 深入的分析参见Werle:《第三帝国的司法刑法和警察的犯罪打击》,1989年版,第314页及以下几页。

[7] Werle:《第三帝国的司法刑法和警察的犯罪打击》,1989年版,第481页及以下几页,概括的论述见第724页及以下几页。

的警察色彩，且刑事司法和警察的预防性犯罪打击彼此接近。最终，刑事司法和警察采取相似的权力对付"害虫"，而犯罪仅具有更大地引起刑事司法管辖的性能。

回归刑事责任报应刑法，如同1962年《政府草案》所特别标明的[1]，必须被认为是同纳粹主义机能化动力完全的断绝。不过，作为冯·李斯特的遗产保留的是矫正和保安处分的"第二轨"。新的刑事政策倾向于"机能主义"[2]和刑法及刑事诉讼即将成为"警察化"[3]，已是众所周知的且进行了许多讨论。Naucke更加根本性地指出，1945年之后刑法在结构上依旧保持不变且仍旧是"现代刑事政策的应用情形"[4]。Werner尝试以经济刑法举例说明[5]：它在1945年之后仍然被确定为经济调节的手段，还被作为保障现代经济交往特定形式的"平和的日常刑法"，如1935年被引入《帝国刑法典》的第265条a。

四、纳粹时期继续影响的刑事政策的、宪法的和刑法教义学的教训

哪些是教训？我们应该断绝扩张，即非犯罪化吗？刑法应该根据其字母严格形式化地适用吗？刑法应当尽可能削弱伦理成分且客观化吗？我们应当废弃建立在社会机能基础之上的目的刑法而恢复到建立在形而上基础之上的报应刑法吗？事实上，这类要求被提出了，且它们实际是建立在对纳粹主义刑法的经验的基础之上[6]。自然，刑事政策、宪法和刑法学中过去的主张应当区别评价。

1. 在刑事政策的论述中，过去的主张是允许的且具有分量。由此，历史的经验被提出。然而，历史并不会简单重复。一个同样的刑事政策项目在专制独裁之下产生不同于民主法治国之下的结果，且应当作出不同的评价。因此，由于纳粹主义的历史经验而根本摒弃所有的扩张等，在我看来似乎是过分的。特别过分的是对以目的和预防

---

[1] 对此详细论述见Kubink：《时代变迁中的刑罚及其替代措施》，2002年版，第424页及以下几页。

[2] 参见上文注释40，且进一步参见Hassemer所写，载《法律政策杂志》(ZRP) 1992年，第378页；F. Herzog所写，载《刑事辩护人》(StV) 1998年，第130页；Prittwitz所写，载《刑事辩护人》(StV) 1991年，第435页。

[3] 对此参见Peter-Alexis Albrecht所写，载《刑事辩护人》(StV) 2001年，第416页；同一作者：《忘却的自由》(Die vergessene Freiheit)，2003年版，第95页及以下几页；Paeffgen的观点，见Wolter主编：《论刑事诉讼法的理论与体系》(Zur Theorie und Systematik des Strafprozessrechts)，1995年版，第13页。

[4] Naucke：《论法治国家刑法的脆弱性》(1963—1993年论文集)，2000年版，第361页（特别是374页及下页）。

[5] Werner：《纳粹时期的经济法与经济刑法》，1991年版，第223页及以下几页(《帝国刑法典》第265条a)，第571页及以下几页(总结)。

[6] 参见Naucke：《论法治国家刑法的脆弱性》(1963—1993年论文集)，2000年版，第411页（特别是427页及以下几页）；Vormbaum：《法学当代史论文》(1990—1998年论文集)，1999年版，第29页（特别是第54页及下页）；G. Wolf文章，载《法学教育》(JuS) 1996年，特别是第195页。

为导向的刑事政策的根本性批评。[1] 在后形而上学时代,刑法不能再独立于目的而构建,且——如同 Frommel 所指出的[2]——绝对存在自由法治国家的预防模式。可以接受一点的是非常宽泛的刑事政策推论少一点,如 Hirsch 要求将纳粹时期滥用的特别严重情形的立法形式予以压缩。[3] 这些要求仅仅在纳粹主义的否定面上予以论证,却还不够。相反,它也需要积极的理由说明其为什么有利于政治自由主义理论。[4] 当1933 至 1945 年的历史经验褪去了,权利和利益必须主要是用来防御国家权力的,应当更加急切地予以修正。当今位于中心的经验是,实质危险来自于私权利——从现代犯罪斗争政策的主张中可以阐明。

2. 此外,宪政国家中刑事政策的界限不是刑法,而是宪法。然而,联邦宪法法院几乎未对纳粹时期流传下来的所有刑法予以指责。[5] 宪法法院的这一抑制忽视了基本法对纳粹主义的历史突破趋向。[6] 虽然历史解释在宪法中也只起次要作用。然而,它在"回顾性地表述"[7]的基本法规定中具有决定性的意义。对此,刑法的基本法保障能够列入其中。[8] 合宪的教训并未远离。在不确定的刑法条文中,如《刑法典》第 211

---

[1] 在这一方向上的是 Naucke,例如载 Deimling 主编:《切萨雷·贝卡利亚》(cesare Beccaria),1989 年版,第 37 页、第 51 页及以下几页;进一步的论证参见 Frommel 所写,载《Gagner 祝贺文集》(Festschrift fuer Gagner)》,1991 年版,第 47、49 页,脚注 3。

[2] 概括性的论述参见 Frommel 所写,载《Gagner 祝贺文集》,1991 年版,第 47、49 页及以下几页。

[3] Hirsch 的观点,参见《Goessel 祝贺文集》(Festschrift fuer Goessel),2002 年版,第 287 页。

[4] Rawls:《关于公正的一个理论》(Eine Theorie der Gerechtigkeit)(第 7 版),1993 年版;同一作者:《政治自由主义》(Politischer Liberalismus),1998 年版;详细的论述参见 Hoeffe 主编:《经典解释:Rawls,关于公正的一个理论》(Klassiker auslegen: Rawls, Eine Theorie der Gerechtigkeit),1998 年版。

[5] 代表性的是《联邦宪法法院判决》(BVerfGE)第 6 集,第 389 页以下(尤其是关于当时版本的《刑法典》第 175 条、175 条 a 的第 413 页及以下几页,第 433 页以下几页)和《联邦宪法法院判决》(BVerfGE)第 28 集,第 191 页以下(尤其是关于当时版本的《刑法典》第 353 条 b 的第 197 页及下页)。后来,对于纳粹时期的影响只是被记录[参见《联邦宪法法院判决》(BVerfGE)第 16 集,关于《刑法典》第 211 条的第 191、192 页;第 45 集,关于《刑法典》第 211 条的第 187、189 页及下页、第 269 页及下页;关于《刑法典》第 240 条的第 73 集,第 206、237 页,第 92 集,第 1、13 页及下页]或者略过[参见《联邦宪法法院判决》(BVerfGE)第 45 集,关于当时版本的《刑法典》第 94 条第 2 款特别严重情形的第 363 页;第 50 集,关于当时版本的《刑法典》第 170 条 b 的第 142 页]。

[6] 参见 Menger:《近代德国宪法史》(Deutsche Verfassungsgeschichte der Neuzeit),1993 年第 8 版,边码 415:"对自己历史的否定"。

[7] 正确的论述参见 Starck 的观点,载 Isensee/Kirchhof 主编:《国家法手册》(Handbuch des Staatsrechts),1992 年版,第Ⅶ卷,第 164 条边码 57(关于《基本法》权限范围的规定)。

[8] 特别明确的是《基本法》第 101 条第 1 款(禁止成立特别法庭)、第 102 条(废除死刑)、第 103 条第 2 款、第 3 款(法治原则,禁止重复评价)、第 104 条(剥夺自由的保障),它们至今还是在纳粹时期刑法被滥用的背景之下进行解释;参见 Gusy 所写,载 Mangoldt/Klein/Starck 主编:《波恩基本法》(Das Bonner Grundgesetz)(第 4 版),1999—2001 年版,第 102 条边码 5 及以下几处、第 104 条边码 5 及以下几处。也可参见《基本法》第 26 条第 1 款第 2 句对发动禁止的侵略战争的可罚性,对此参见 Fink 所写,载 Mangoldt/Klein/Starck 主编:《波恩基本法》(第 4 版),1999—2001 年版,第 26 条边码 1 及以下。

条、第240条、第266条的这样一些具有纳粹主义渊源的条文也恰恰列于其中,对于《基本法》第103条第2款必须进行限制解释。1933年至1945年之间伦理化和主观化的刑法必须根据法益保护原则予以衡量。比例原则限制了处分法。此外,纳粹时期通过"温和的日常刑法"的刑法扩张等也必须根据责刑均衡原则予以考量。

3. 就刑法教义学而言,教训在于:应当受到批判的是扩张的—实质化的教义学,它预先设定"改变"因袭的刑法概念和代之以高度不确定、高度规范化和同一化的概念。教义学不应该建立在如社会、忠诚、背叛、义务或者行为无价值等高度伦理化、意识形态化的概念基础之上。例如,在正当化学说、共犯学说或者未遂学说中,主观化趋势应当抑制,正如像意志或者生活经验责任的以行为人为导向的概念无论如何应当在刑罚根据层面予以避免。最后,应要求注意重机能主义的刑法学。所有的这些要求事实上已经被提出。[1] 他们是理性的,至少是可以讨论的,它建立在激进和非形式的、反人性和反自由的纳粹主义概念的消极面之前,也是合法的。但是,与在刑事政策论述中不同,我在刑法学中必然要进一步论证。解释难题方面的其他问题[2]能直观说明。在纳粹主义中,立法约束也是且恰恰在"无限解释"[3]路径中被去除了,这一滥用的经验已导致要求严格遵守字面含义,主观历史的解释和体系化解释优先,目的论解释总是日益被拒绝且根据公正性和符合目的性的标准进行的结论控制不被允许。[4] 但它在法治国家也是且恰恰是过分的。刑法应用者一定必须保持字面界限。而同样必须谋求刑法的刑事政策目的,对此刑法适用者负有义务在个案中实施。在事实和规范之间对此必要的来回观察,导致了历史上的立法者不可能出现的规范具体化,这必须成为诠释学无可后退的认知。且在宪政国家,解释结论绝对必须被控制,也就是根据同等性、

---

[1] 对广泛的规范主义精辟的反对,参见 Kueper:《刑法学的规范化界限》(Grenzen der normativierenden Strafrechtsdogmatik),1990年版,第196页的总结;Schuenemann 的观点,参见《Goltdammer 刑法档案》(GA),1995,第201、220页及下页(针对 Jakobs)。对主观化教义学精辟的反对见 Spendel 所写,载《整体刑法学杂志》(ZStW)1953年第65卷,第519页及以下几页(也在许多其他的出版物中)。关于机能主义的争议见上文注释40、147。

[2] 下面将述及关于法益概念的争论。纳粹主义刑法学同所谓"自由的"法益概念的内容以及强烈否定的作为义务违反、忠诚中断或者背叛(见上文三、3 和注释100 及下一处)的争论已经引起,法益概念今天再三被理解为自由刑法的保障[代表性的观点参见 Hassemer 所写,载《Nomos 刑法评注》(NK),1995年版,第1条前言部分边码255 及以下几处,特别是边码258:"犯罪纯粹是义务违反的这一主张天生的反对者"]。确切地说,正如 Amelung:《法益保护和保护社会》,1972年版,第246页及以下几页所指出的,法益理论的自由成分历史上并未超越所有的疑惑,且法益概念所遭致的越来越多关于其功效能力的理论上和实务中的疑惑[参见 Appel:《宪法和刑罚》(Verfassung und Strafe),1998年版,第336页及以下几页;Jakobs:《刑法总论》,2/22;Vogel 所写,载《Goltdammer 刑法档案》(GA)2002年,第517页、第529页及下页]不能仅仅基于一个主张对付,即纳粹主义表明如果逾越了法益的教义学,刑法就会不着边际。

[3] Ruethers:《无限解释》(Die unbegrenzte Auslegung)(第5版),1998年版。

[4] Naucke:《论可罚的诈骗的理论》(Zur Lehre vom strafbaren Betrug),1964年版,第182页及以下几页;G. Wolf 所写,载《法学教育》(JuS)1996年,第195页。

恣意禁止和比例原则的标准。

五、结　语

像这里所探讨的棘手问题中，异议可能会少不了。在讨论中，我预先强调其中的三个异议：

谁将纳粹刑法置于之前影响和后续影响的连续性之中，首先要解决相对论(Relativierung)的异议[1]：所否定的不是纳粹刑法的独特性，而是其独特的无可忍受性？对显而易见的断裂性避而不谈？现在，纳粹主义的前提和后续影响的主张在逻辑上和事实上同单一性的主张和采纳断裂性的主张是不一致的。[2] 纳粹刑法是单一性的论题，可能至少基于以下三个理由：(1) 纳粹政权在异常的范围内将刑法和刑事司法作为镇压和恐怖的工具[3]，且同时代的刑法学以极端异常的规模参与使其合法化的工作。(2) 纳粹主义时期所有上述的发展路线同时被极端化及其极端化程度，都是异常的。(3) 由于单一地混合了极端集权和极端反犹太主义或种族主义因素，纳粹主义的价值观自身为纳粹主义刑法打上了单一性的烙印。据此，两个实质性的断裂被同时提及[4]：1945年后，一方面立法约束绝非轻而易举地掩饰的政治领导优先，另一方面，反犹太主义或者种族主义，被作为刑法的宪法原则被绝对去除。此外，基本法规范地和在紧急状态下坚定地保障法治国家的刑法，特别是形式意义和实质意义的法治原则，而在德意志联邦共和国关于刑事政策的所有争论中无可争议的是，其必须在国际比较中是适度的和人道的。[5]

第二个异议是，这里提出的概念没有回答关键的问题：为什么在纳粹主义时期会出现前述发展路线的极端化？不同时考虑为什么会出现纳粹主义的权力控制这一历

---

[1] 恰当的论述见 G. Wolf，载《法学教育》(JuS)1996年，第190页及下页。对于背景中所存在的所谓的纳粹主义的唯一性的争论参见如下文献：Augstein 主编：《"历史学家的争议"》("Historikerstreit")（第7版），1987年版，及 Donat 主编：《奥斯威仅仅是可能的吗？》(Auschweiz erst moeglich gemacht?),1991年版，第150页及以下几页的文献目录；此外参见 Evans：《在希特勒的阴影中？》(Im Schatten Hitlers?),1991年版。

[2] 恰当的论述参见 Vormbaum 所写，载 Ostendorf 主编：《刑事追究和刑罚免除》(Strafverfolgung und Strafverzicht),1992年版，第71、85页及下页。

[3] 参见上文三、1。

[4] 深入的论述见 Werle：《第三帝国的司法刑法和警察的犯罪打击》，1989年版，第733页及以下几页。

[5] 关于人道原则见 Jescheck/Weigend：《刑法教科书·总论》（第5版），1996年版，第27页及下页，及 Jescheck 关于大刑法委员会工作的深入讨论文章，参见 Julius 所写，载《整体刑法学杂志》(ZStW)2003年第115卷，第671页以下。

史学的基本问题,该问题就无法回答。对此抽象的"宏观理论"是所谓的法西斯主义理论。[1] 它们和这里所讨论问题之间的落差自然是巨大的——将 Fraenkel 关于规范国和措施国的著名理论[2]转用至司法的刑事诉讼和警察的犯罪打击中[3],或者把 Dahrendorf 的纳粹主义"推动了现代化"[4]这一具有煽动性的论题同刑法相联系起来,可能也是诱人的。关于这一主题存在的更加具体的历史结论,如魏玛共和国的精英,其中有刑法理论工作者和实务工作者,是按照反民主、反自由且同样反犹太主义的趋势予以调节的。[5] 毫无疑问,只有这些安排,还不能解释消极化的性质和程度。

第三个异议涉及个人(Personen)。在开头所提及的国家法学者大会的探讨中,Schlink[6]已提出,那里的报告忽视了对1933年至1945年之间的时间内许多德国国家法学者所负下的罪责进行研究。该论述范围并非个别主张,而是被强烈注意,且论述灵巧地在内容的判决和个人的爱护之间的狭小山脊活动。悲哀的时机已经过去。对于可能反驳本文的异议,我想不仅仅指出在开始时对这一主题所阐释的表述。相反,我相信 Schlink 所提醒的悲哀中肯看来——即基于在纳粹时期起特殊作用的刑法学者的出版物的证据[7]——是必然的。特别相关的是,众多被控告者中几乎没有人在1945年之后公开表明不赞成、惋惜、歉意或者悔恨。[8]

---

[1] 对此的概况见 Nolte 主编:《关于法西斯主义的学说》(Theorie ueber den Faschisus)(第6版),1984年版;Saage:《法西斯主义学说》(Faschismustheorien)(第4版),1997年版;Wippermann:《法西斯主义学说》(Faschismustheorien)(第7版),1997年版。

[2] Fraenkel:《两元性国家》(Der Doppelstaat),1974年版[原版为《两元性国家》(The dual State),1941年版,1969年重印]。

[3] 这一迹象参见 Mueller-Dietz 所写,载《法学》(Jura)1991年,第505、508页及下页。

[4] Dahrendorf:《德国的社会与民主》(Gesellschaft und Demokratie in Deutschland),1965年版,第431页及以下几页;对此也可参见 Prinz/Zitelmann 主编:《纳粹主义和现代化》(Nationalsozialismus und Modernisierung)(第2版),1994年版。

[5] 对于1933年之前德国刑法学中反自由主义的思潮见 Marxen:《反自由主义刑法的努力》,1975年版,第76页及以下几页。

[6] 参见《德国国家法学者联合会出版物》(VVDStL)2001年第60卷,第124页及以下几页(特别是第128页及以下几页)。

[7] 对此参见 Rueping:《纳粹时期的刑法目录》,1985年版。按照他自己的说法,这是不完整的(第21页);补充的参见 Werle:《第三帝国的司法刑法和警察的犯罪打击》,1989年版,第737页及以下几页),却可以判断出"全部……拼命地歌颂新的精神的狂热论文,直至经常对细微问题的细致研究"和"广泛的中间地带……通过大量从适应到投机的工作"(Rueping:《纳粹时期的刑法目录》,1985年版,第19页)。

[8] 作为例外的是 Schaffstein,他就在出版物中悔恨地称"倒向纳粹主义"为"歧途";Hirsch 和 Vogel 对此的观点,参见 Julius 所写的文章,载《整体刑法学杂志》(ZStW)2003年第115卷,第671页以下。

[域外视野]

西方刑事诉讼传统的形成
——以中世纪"非理性"证据、审判制度为中心

侣化强[*]

传统观点认为,西欧从6世纪至13世纪之所以盛行"非理性"证据、审判制度,包括神明裁判、司法决斗、宣誓制度在内,其原因是中世纪人们的认识能力存有缺陷或者被征服的蛮族未开化。

这种观点值得商榷。(1)如果仔细审视所谓"非理性"证据、审判制度所适用的范围,将发现它们主要适用于刑事死刑、流血刑的重罪案件,同时,同时期根本没有死刑的教、俗民事案件以及刑事轻罪案件中,这些所谓的"非理性证据"根本没有用武之地,相反,所谓的理性证据制度——证人证言、情况证据倒是占据着主导地位。(2)对于法官已通过其他渠道——例如法官在法庭之外亲眼目睹犯罪——而私下知悉的案件,法官从来都未省略法庭审判;更甚的是,即使法官知道呈堂证据是伪证,或者当证据与个人私下知悉发生严重冲突时,法官也从不动用个人知悉而是根据证据裁判。(3)非

---

[*] 作者系中国人民大学法学院博士研究生。作者感谢中国国家留学生基金委提供赞助,感谢对本文初稿提出修改意见的北京大学法学院傅郁林老师;还要感谢耶鲁大学 James Q. Whitman 教授,他的新作 *The Origins of Reasonable Doubt* 成功地挖掘出神学"血罪"观念对刑事诉讼程序的影响,没有他的指导及其著作的启发,本文不可能完成。本文第一至第二部分仅仅是对 Whitman 教授一书遗漏部分所做的补充,或者权当他观点的一个注脚;在美期间,作者就本文第四、第五部分的主体内容("证明标准的数字化、客观化"部分,因当时未考虑成熟故除外)向他请教,得到他的指导和肯定。笔者从 Whitman 教授这部新作中受益匪浅,决定将其译成中文,回国后承蒙张志铭先生推荐,该书已经被列入"中美法律文库"。

Whitman 教授的这本著作问世后,引起学界轰动;目前就笔者所知,Gallanis 教授给予高度评价的同时提出了四个问题,其中第一个就是:英国"神明裁判"究竟是"事实发现程序"抑或推卸血罪责任的"慰藉程序",或二者兼有?参见 Thomas P. Gallanis, "Reasonable Doubt and the History of the Criminal Trial", 76 *University of Chicago Law Review*, Spring, 941, 964. (2009). 因此,本文权当是对这个问题做一个初步尝试的回应。

理性证据、审判中一个明显的特点就是"判决先于证据"的倒置司法模式。[1] 这些匪夷所思的特点，绝非认识能力之说所能够解释清楚的。

本文指出，探讨西方"非理性"证据审判制度、13 世纪以后欧洲大陆所谓"理性证据"，乃至整个西方司法传统——"司法消极性"——的特点及其形成根源，必须一头扎进西方独特的基督教、乃至更早的犹太教文化中探求深层的根源。由于篇幅所限，本文主要探讨"非理性"的神明裁判、司法决斗、宣誓制度特点及其形成原因；当然，为了说明问题，与此有关联的法律现象，如 13 世纪以后出现的"法定证据制度"等，本文将偶有涉及。就西方刑事诉讼、证据制度的形成原因，笔者将从西方著名的基督教——"血罪观念"——开始。

一、基督教文化中的刑事司法观：
法官＝谋杀犯，刑事司法＝谋杀

依据中世纪世俗法，"整个中世纪的西欧，那些犯了重罪如谋杀、纵火、叛国、强奸等罪行的人，要被处以不同种类的死刑；种类繁多的死刑执行方式十分残酷，并且经常是血腥的，有时是在大庭广众下进行的。刽子手将罪犯的身体肢解得残缺不全，粉碎其心脏、挖出其眼睛，或者用烧红的火棍刺穿其身体"。[2] 这就是中世纪著名的"血腥制裁（blood sanction）"或"血腥判决（blood judgment）"。[3] 在中世纪，这种死刑或者残害肢体（mutilation）的刑罚适用于所有的重罪。但是，这种流血的行为，在基督教的教义中都是严格禁止的，因此，中世纪从事刑事审判的法官与战场上的士兵，都被视为杀人者。理解这一点，是解开西方刑事诉讼文化之谜的钥匙。

正是对血、流血的禁忌，形成了基督教文化独特的刑事审判观：即"审判＝谋杀，法官＝谋杀者"。也正是这种独特的审判观念，在不同的历史发展过程中，西方刑事诉讼、证据制度的传统才得以形成。

（一）基督教对血、流血、杀人的禁忌与惩罚

1. 犹太教、基督教对血的禁忌

犹太教中有一个古老的传统，即禁忌血，禁止沾染血、吃血。一方面是出于一种宗教仪式纯洁性的考虑，因为他们认为血是不干净的、污染的。从《旧约》中，我们可以找

---

[1] 详见后文。

[2] Trisha Olson, "The Medieval Blood Sanction and the Divine Beneficence Of Pain: 1100-1450", 22 *Journal of Law & Religion*, 63, 129, (2006/2007); also see Lionello Puppi, *Torment in Art: Pain, Violence and Martyrdom*, Rizzoli, 1991, pp. 1-50; Susan L'Engle, "Justice in the Margins: Punishments in Medieval Toulouse", 33 *Viator* 133, 165 (2002).

[3] John H. Langbein, *Torture and the Law Of Proof, Europe and English in the Ancien Regime*, 1977, pp. 27-28; Mirjan Damaška, "The Death of Legal Torture", 87 *The Yale Law Journal*, 860, 884, (1978).

到类似的禁忌:在女人生育以后,或者经期或者患血漏期间,被视为是不洁净的,如果男人和她接触,也被视为不洁净;这些被污秽的人,在一定期限以后,都需要在祭祀上赎罪。[1] 另一方面是从珍惜生命考虑:因为生命存在于血中。[2] 直到今天,犹太教、基督教的信徒都拒绝食用一切动物的血。

作为继承犹太教衣钵的基督教,保留了对血禁忌的传统。然而她不再仅仅是将沾染血作为一种玷污,更是将沾染血、使人流血、杀人看作是一种"血罪(guilt of blood)"。这种观点,尤其在西方的基督教世界尤为明显,其原因是对于《新约·使徒行传》——"禁戒祭偶像的物和血,并勒死的牲畜和奸淫"[3]——的理解;对此,东方教会和西方教会存在着不同的解读:东方教会秉持了《旧约》中的传统,即血就是禁止吃血;而西方教会则沿循了拉丁教父德尔图良(Tertullian)(160—225年)、奥古斯丁等人的解读,禁止偶像崇拜物、通奸、禁止血,在西方教会的语境中,血即流血。究竟哪一种解释是正确的?许多学者认为,西方的解读较为可取,并较早成为通说。[4] 正是在这种对《使徒行传》进行阐释的基础上,德尔图良构建了基督徒三种不可饶恕之罪(sin),即偶像崇拜、通奸和杀人。[5] 奥古斯丁证实,许多人将这三者视为"死罪(crimina mortifera)"。[6] 所以,在西方基督教世界里,对血存有禁忌,不仅禁止沾染血、吃血,更重要的是禁止流血、杀人,并且将其列为最严重的"道德犯罪(moral sin)"之一。

2. 早期基督教禁止一切杀人、流血的教义

早期基督教所禁止的流血、杀人,没有正义与不正义的区分。Lactantius 在304—305年间说道:"上帝禁止杀人,不仅禁止强盗这种违反人类法的行为,也禁止那种被视为合法的杀人。"[7] 现代的学者评论道:"教会这种远古的戒律好像对即使是正义的杀

---

[1] 参见《利未记》,十二:2—8;十五:19—33。

[2] "在你们一切的住处,无论是鸟雀的血,是野兽的血,你们都不可吃。无论是谁吃血,那人必从民中剪除",《利未记》,七:26—27;"凡以色列家中的人,或是寄居在他们之间的外人,如吃什么血,我必向那吃血的人变脸,把他从民中剪除。因为活物的生命是在血中,我把这血赐给你们,可以在坛上为你们的生命赎罪。因血里有生命,所以能赎罪。因此我对以色列人说:你们都不可吃血,寄居在你们中间的外人,也不可吃血。凡以色列人,或是寄居在他们中间的外人,若打猎得了可吃的禽兽,必放出它的血来,用土掩盖。论到一切活物的生命,就在血中。所以我对以色列人说:无论什么活物的血,你们都不可吃,因为一切活物的血就是它的生命。凡吃了血的,必被剪除"(《利未记》,十七:10—14)。

[3] 参见《使徒行传》,十五:29。

[4] Roland H. Bainton, "The Early Church and War", 39 The Harvard Theological Review, (Jul., 1946).

[5] De Pudicitia XII. quoted by Roland H. Bainton, "The Early Church and War", 39 The Harvard Theological Review, (Jul., 1946); see also http://www.intratext.com/IXT/LAT0655/_PC.HTM.

[6] This and many other citations in Gotthold Resch, "Das Aposteldekret nach ausserkanonischen Textgestalt", Texte und Untersuchungen XXVIII. N. F. XIII, 3 (1905), p. 12, no. 21, cf. p. 43., quoted by Roland H. Bainton, "The Early Church and War", 39 The Harvard Theological Review, (Jul., 1946).

[7] Naudet, "La Police chez les Romains", Mem. De l'Acad. Des Sciences morales et pol. De l'Institut de France VI (1850), pp. 763-870., quoted by Roland H. Bainton, "The early church and war", 39 The Harvard Theological Review, (Jul., 1946).

人也给予严重的惩罚,很明显是出于一种担心,有时燃起的激情可能失控并导致杀人者的情绪背离其正义、合理的目的。"[1]所以,西方基督教传统中对血、流血的禁忌,"同样适用于谋杀、死刑判决以及战场上杀人"[2]。这种不加区分、禁止一切导致流血、残害肢体、杀人的传统,一直延续到整个中世纪,涉及的职业有战场上的士兵、刑事司法中的法官、从事外科手术的医生[3];涉及的活动有刑事诉讼中的作证行为、审判行为、战争中的杀敌、作战行为、外科手术,以及体力竞技比赛、格斗与司法决斗行为[4];即使"正当防卫",在13世纪之前也被教会所禁止:基督徒宁可自己被杀,亦不能流暴徒的血。[5]

3. 基督教神学、教会对杀人、流血的惩罚

根据基督教义,严重的sin则构成了guilt;其神学意义上的后果就是"这是神所不喜欢的,它意味着犯了罪的人将失去天堂,并且要受到永世的惩罚"[6]。由于杀人、流血、残害肢体是和通奸、偶像崇拜并列为最为严重的死罪,所以,违反者的厄运就是在末日审判中被投入地狱。在《创世纪》中,血成为一种报复、恐惧的象征——该隐杀死兄弟后,亚伯的血成为复仇的讯号。"耶和华问该隐:'你兄弟亚伯在哪里?'他说:'我不知道!难道我是我兄弟的看守人吗?'耶和华说:'你做了什么事情?你兄弟的血从地下向我哀告。大地张开了口,吸入了从你手中流出来的你兄弟的血。现在你必从这个地方受诅咒'"[7],"凡流人血的,他的血也必被人所流,因为神造人,是照自己的形象造的"[8]。在《新约》中,我们可以看到杀人者的下场。"不可像该隐,他是属那恶者,杀了他的兄弟……你们晓得凡杀人的,没有永生存在他里面。"[9]在《启示录》描述的最后审判中,杀人者被投入地狱火海:

> 死了的人都凭着这些案卷所记载的,照他们所行的受审判。于是海交出其中的死人;死亡和阴间也交出其中的死人;他们都照各人所行的受审判……唯有

---

[1] Robert E. Rodes, jr., *Ecclesiastical Administration in Medieval England*, The University of Notre Dame Press, 1977, p.37.

[2] Roland H. Bainton, "The Early Church and War", 39 *The Harvard Theological Review*, (Jul., 1946).

[3] Robert E. Rodes, Jr., *Ecclesiastical Administration in Medieval England*, The University Of Notre Dame Press, 1977, p.38; also see Philip Hughes, *The Church in Crisis: A History of the General Councils 325-1870*, Hanover House, 1961, p.216.

[4] 由于作战、外科手术等与本文的主题无关,故不再专门涉及。

[5] 只有在12—13世纪以后,神学上"正当防卫"原则才得以形成,并成为当今刑法"正当防卫"理论的前身。See Albert R. Jonsen, Stephen Toulmin, *The Abuse of Casuistry: A History of Moral Reasoning*, University of California Press, 1988, pp.216-222.

[6] Thomas N. Tentler, *Sin and Confession on the Eve of the Reformation*, Princeton University Press, 1977, p.23.

[7] 参见《创世纪》,四:9—11。

[8] 参见《创世纪》,九:6。

[9] 参见《约翰一书》,三:12,3:15。

……杀人的……拜偶像的和一切说谎的,他们的分就在烧着硫磺的火湖里。[1]

正是出于对血的忌讳、对杀人流血的恐惧,根据《圣经》的记载,巡抚彼多拉为了将杀死耶稣的罪责推脱干净,"就拿水在众人(那些坚持处死耶稣的人)面前洗手,说:'流这义人的血,罪不在我,你们承当吧。'"[2]

不仅是《圣经》中描述的末日审判,教会也发展了自己的一套惩罚制度。犹太教将沾染血视为一种玷污,需要清洗或者净化[3],不能参加宗教仪式活动。基督教继承了犹太教的惩罚措施;同时,为了使道德犯罪的人取得上帝的谅解,教会在2世纪中叶创立了原谅、赎罪、忏悔制度,并将之演变成为"教会赎罪制度(canonical penance)"。罗马天主教是一种典型、严格的惩罚制度:"如果一个神职人员犯了谋杀罪,他要接受惩罚10年,其中3年以面包、水维持生命;如果是非神职人员犯了这种罪,要7年,其中3年以面包、水为食。"[4]一旦被神所接受,忏悔者必须执行严格的戒律,例如他们不能成为神职人员、不能结婚;如果是已婚的,则不能享有夫妻间的权利;他也不能过于积极地从事世俗的事务。另外忏悔者还要自我惩罚,例如通过施舍、做善事、受苦、炼狱、禁欲以赎罪。

(二)基督教的刑事审判观与对死刑、流血判决的排斥

1.《圣经》中的剑与法官

法官在《圣经》中被描述为佩剑之人:"做官的原不是叫行善的惧怕,乃是叫作恶的惧怕……你若作恶,却当惧怕,因为他不是空空的佩剑。他是神的佣人,是申冤的,刑罚那作恶的。"[5]据学者考察,在罗马时代,"剑之权力,是指罗马官员处死罪犯的权利;在公元3世纪,法学家乌尔比安(Ulpian)将'剑之权'从'其他种类的强制权'中区分出来;此后,剑,从法学意义上,与(世俗)官员刑罚权联系在一起"[6] 12世纪"西欧最有成就的"[7]、对罗马教会法学家有重要影响[8]的索尔兹伯里的约翰(John of

---

[1] 参见《启示录》,二十:12—14,二十一:8。
[2] 参见《马太福音》,二十七:24—25。
[3] See Mary Douglas, *Purity and Danger: An Analysis of Concepts of Pollution and Taboo*, London: Routledge and Kegan Paul,1976, p.32; James Q. Whitman, *The Origins of Reasonable Doubt*, Yale University Press, 2007, p.32.
[4] Thomas N. Tentler, *Sin and Confession on the Eve of the Reformation*, Princeton University Press,1977, p.11.
[5] 参见《罗马书》,十三:3—4。
[6] Leser l. Field, *Liberty, Dominion, and the Two Swords: On the Origins of Western Political Theology (180-398)*, University of Notre Dame Press, 1988, p.45.
[7] Charle Howard Mcilwain, *The Growth of Political Thought in the West, from the Greeks to the End of the Middle Ages*, The Macmillan Company, 1932, p.229.
[8] See W. Ullmann, "The Influence of John of Salisbury on Medieval Italian Jurists", 59 *The English Historical Review*, 384,392 (Sep., 1944).

Salisbury,1120—1180 年),在谈到世俗之剑时,就是指"惩罚犯罪的权力"。[1]无论格兰西、还是博洛尼亚学派注释法学鲁菲努斯(Rufinus)[2]、巴黎学派著名法学家史蒂芬(1128—1203 年)[3],将世俗"国家之血剑"视为是惩罚犯罪、处以死刑、流血刑的权力,以区别于宗教处分的精神之剑。根据 1997 年出版的《圣经》研究解释,"佩剑象征着世俗政府对做坏事的人施以惩罚的权力——特别是死刑。"[4]但是,上帝的真理、箴言必然让握剑之人如履薄冰、胆战心惊。因为"凡流人血的,他的血也必被人所流,因为神造人,是照自己的形象造的"[5],"凡动剑的,必死于剑下"[6],"掳掠人的,必被掳掠;用剑杀人的,必被剑杀。"[7]如前所述,中世纪世俗法律对所有的重罪都适用死刑,所以,法官,尤其是从事刑事审判的法官,在重罪案件中,面临一种道德上的犯罪(moral sin or moral crime)。他所担心的并非是无辜的人被错杀,而是对即使有罪的人判处死刑,自己也难免遭到上帝的报复而"死于剑下"。

2. 词源意义上的考察:"法庭(curia)"与"血(cruor)"

从词源上,我们也同样体会到早期、中世纪基督教中刑事审判与杀人、流血的关联。拉丁文中"法庭(curia)"源于"血(cruor)"。我们先看"法庭(curia)"。在早期罗马时代"Curia"指代人的分支或者一个部落,后来转喻指代部落商讨氏族事务的地点。它源于古拉丁词"Co-viria",其字面含义是人的联盟。在古罗马,它是指元老院,即元老院成员经常聚集的大厅。在罗马帝国时代,"Curia"指地方政府办公的地方,例如进行司法裁判、召开政府官方会议的场所,等等。[8] 在中世纪与后来的拉丁语中,"Curia"意指皇室法院(Royal Court),所以"Roman Curia"是英国化称谓的"罗马法庭(Court of Roma)"。这种用法可以从 1534 年英国议会法案中体现出来。该法禁止臣民对英国本国法院作出的司法判决向"罗马法庭"上诉[9];在该法中,"Roman Curia"就是指代"罗

---

[1] John of Salisbury, *Policraticus*, Bk. IV, chap. Ii, Edited and translated by Cary J. Nederman, Cambridge University Press, 1990; This chapter can be available at http://www.fordham.edu/halsall/source/salisbury-poli4.html.

[2] 参见彭小瑜:《教会法研究》,商务印书馆 2003 年版,第 206—220 页。

[3] 史蒂芬区分了教、俗刑事犯罪与处罚。"之所以称为世俗犯罪,是因为由世俗的法官审判并讯问,例如通奸、杀人罪,等等;教会法上的犯罪是由教会法官审判,例如买卖圣职罪、异端罪。通常教会法官也必须审判世俗犯罪并施以处罚,但是从来不能流血,相反只能剥夺其教籍。"正如学者指出,这"凸显了教会处分的性质与国家血剑之鲜明区别"。See Ronald Gordon Gustav Knox, *Rufinus and Stephan on Church Judgment*, PH. D Dissertation, Yale University, 1976, pp. 18-19.

[4] John Macarthur, *The Macarthur Study Bible*, Thomas Nelson Bibles, 1997, p. 1718.

[5] 参见《创世纪》,九:6。

[6] 参见《马太福音》,二十六:52。

[7] 参见《启示录》,十三:10。

[8] *See* http://en.wikipedia.org/wiki/Curia.

[9] *See* http://en.wikipedia.org/wiki/Roman_Curia; http://members.shaw.ca/reformation/1534submissionclergy.htm; http://www.newadvent.org/cathen/13147a.htm.

马法庭";至今,"Roman Curia"、"Papal Curia"[1]是指教皇、教会法庭。这种对罗马法庭的称谓,在许多英文书籍中屡见不鲜。

我们再考察"血(cruor)"。"cruor"是古典拉丁语的一个词汇,在后古典或者罗曼语系中与其对应的词是"sanguis",而在英语中是"血(blood)"。[2] 这种从词源到词义上的联系,一直保留到中世纪的基督世界。据 Whitman 教授考察,"在9世纪的基督教中,法庭被认为是和血联系在一起的;因此神职人员不能出现在世俗的法庭;毕竟,从词源上来讲,法庭(court、curia)源于血(blood)"。[3] 直到12世纪,著名的教会法学家、主教伊沃(Saint Ivo of chartres,1040—1115年),还经常引用词源意义上的民间习惯用法,"法庭来源于血"。[4] 几个世纪以来,欧洲大陆法所指的刑事司法是"血腥司法(jurisdiction of blood)"或"剑之法(law of the sword)",德国的刑事法庭经常被称为"绞刑法庭(noose courts)",俄国对刑法的表述是"死刑法(capital law)",即使在现代,俄国也这样表述刑法。[5] 学者指出,"国家之血剑"、"法庭即血",这是"教父的词源学"。[6]

在这里,我们可以看到,拭去历史的灰尘,除却语言的障碍而回溯西方文化、语言的演变史,曾经一度被时空积尘掩盖、遮蔽的关联得以重现:《圣经》中的剑(sword)、死刑、血(cruor、blood)、法庭(court、curia),四者密切关联。

3. 教会、教父、教会法对宣判死刑的禁止与惩罚

作为"杀手"的刑事审判的法官,只要判处死刑或刑讯逼供导致人流血,就被教会禁止参与宗教仪式,并且不得担任神职人员。"早在3世纪中叶,圣西普里安(St. Cyprian d.258)就禁止其教区的神职人员、执事在法庭尤其世俗法庭中担任控辩士。"[7] 更为甚者,那些可能间接导致死刑、流血判决产生的提供证据的行为,也为早期教会法严格禁止。318年的第一次尼西亚宗教会议规定:"神职人员不得担当保证人或在刑事诉

---

[1] R. Howard Bloch, *Medieval French Literature and Law*, University of California Press, 1977, p.119.

[2] See http://en.wikipedia.org/wiki/Vulgar_Latin;http://www.yourdictionary.com/cruor;http://cancerweb.ncl.ac.uk/cgi-bin/omd? Cruor; http://en.wiktionary.org/wiki/sanguis#Noun; http://en.wikipedia.org/wiki/Vulgar_Latin#History.

[3] James Q. Whitman, *The Origins of Reasonable Doubt*, Yale University Press, 2007, p.42.

[4] See http://project.knowledgeforge.net/ivo/decretum/ivodec_6_1p0.pdf; http://project.knowledgeforge.net/ivo/decretum.html; also see James Q. Whitman, *The Origins of Reasonable Doubt*, Yale University Press, 2007, p.6.

[5] Mirjan Damaška, "The Death of Legal Torture", 87 *The Yale Law Journal*, 860,884,(1978). 译文参照了〔美〕米尔吉安·R. 达马斯卡:《比较法视野中的证据制度》,吴宏耀,魏晓娜等译,中国人民公安大学出版社2006年版,第314页。

[6] Ronald Gordon Gustav Knox, *Rufinus and Stephan on Church Judgment*, PH. D Dissertation, Yale University, 1976, p.19.

[7] Cyprian, *Epist.* 1.9 (249), quoted by Gratian C. 21 q. 3 c. 4-7, See James A. Brundage, *The Medieval Origins of the Legal Profession Canonists, Civilians, and Courts*, The University of Chicago Press, 2008, p.67.

讼中充当提供证据之证人。"[1] 由于牧师是神明裁判的主持者，374年的瓦朗斯（Valence）宗教会议宣布："任何一个牧师如犯道德之罪而被污染，必须被清除出教。"[2] 在374年，教皇达玛苏一世（Saint Damasus，366—384年在位）在给高卢主教的一封信中规定了一个严格的教规："任何人，只要在世俗权力中供职，均不得参与教会活动。因为这些人'使用了剑，作出了不公正的判决，并且动用了刑讯手段'，他们不能作为上帝的仆人伺服上帝。"[3] 佩鲁西亚的圣伊西多尔（Saint Isidore of Pelusium）在5世纪宣布："任何人，只要使别人流血，就已经被污染，必须经过净化。"451年卡尔西顿宗教会议（Council of Chalcedon）通过的教规第7条规定："一旦成为神职人员或僧侣，则不能背弃（教义）而从事军事服役或担任世俗官职。如有胆敢违反并拒绝悔改者，必须被开除教籍。"[4] 在633年的第4次托莱多（Toledo）宗教会议和675年的第11次宗教会议中，教会均禁止神职人员担任可能导致死刑、残害肢体等流血发生的法官职业。[5] 由于神职人员主持可能导致死刑、残害肢体等流血的神明裁判，所以教会的传统观点是严格禁止神职人员参与、主持上述仪式。在查理曼大帝时代，神学家就注意到牧师参与神明裁判可能导致道德犯的问题。例如里昂主教（Fiery Agobard d. 840）对各种传统的证据方式给予严厉谴责。[6] 在12世纪，教会借助以巴黎为中心的神学研究复兴的契机，重提禁止神职人员主持神明裁判的话题，其中的代表人物就是彼得（Peter the Chanterd. 1197）；他支持教会法禁止神职人员参与任何导致流血的事务，"很明显，由于流血不可避免，故牧师被禁止参与神明裁判"。[7] 他不断警告神职人员"必须注意到流血与神明裁判休戚相关"。[8] "在实践层面，牧师不可能在整个神明裁判过程中保持中立，相反会趋于卷入判决之中，因此对定罪脱不了干系"，正如给通奸提供机会

---

[1] See http://www.fordham.edu/halsall/basis/nicea1.txt.
[2] Vanderpol, Droit de Guerre, 116, quoted by James Q. Whitman, *The Origins of Reasonable Doubt*, Yale University Press, 2007, p.34.
[3] Damasus, "Ad Gallos Episocopos", in PL, 13:1190-1191, quote from James Q. Whitman, *The Origins of Reasonable Doubt*, Yale University Press, 2007, p.6.
[4] Canon 7, "Council of Chalcedon", in *Dectees Of The Ecumenical Councils*, volume I on Nicaea I to Lateran V, Edited by Norman P. Tanner S. J., Sheed & Ward and Georgetown University Press, 1990, p.42.
[5] Eleventh Council of Toledo (675), C6, in Mansi, 11:41; cf. Fourth Council of Toledo (633), c.45, in Mansi, 10:630, quoted by James Q. Whitman, *The Origins of Reasonable Doubt*, Yale University Press, 2007, p.42.
[6] John W. Baldwin, "The Intellectual Preparation for the Canon of 1215 against Ordeals", 36 *Speculum*, 613, 636 (1961).
[7] John W. Baldwin, "The Intellectual Preparation for the Canon of 1215 against Ordeals", 36 *Speculum*, 613, 636 (1961).
[8] John W. Baldwin, "The Intellectual Preparation for the Canon of 1215 against Ordeals", 36 *Speculum*, 613, 636 (1961).

而犯罪(sin)一样,那些出席导致流血的神明裁判的牧师均有罪。[1] 兰斯的大主教萨姆森(Archbishop Samson of Reims)尽管允许一种水审,但是,他禁止任何神职人员参与,除非世俗当局作出承诺"将不作出残害肢体或者流血的判决"。[2] 在1179年的第3次拉特兰宗教会议上,教会就引用了《圣经》中"上帝的战士不能卷入世俗事务"[3]的表述,作为禁止神职人员在世俗法庭上从事法律事务的理由之一[4];12世纪教会法之父格兰西的《教会法汇要》(Gratian's Decretum),一直重复强调道:"一个谋杀犯不能成为神职人员,因为后者绝对不能沾染任何血"[5]。最终,1215年的第4次拉特兰宗教会议禁止神职人员参与神明裁判,使世俗法院的刑事司法面临一种审判主体缺失的危机。即使对异端审判中,"教会法的一个基本原则就是教会不能让他人流血,并因此之故,他们不能判处死刑。每当教会管辖的案件需要判处死刑时,他们便将罪犯移交世俗法院,由世俗法院宣布判决并执行死刑。"[6]

4. 对刑事审判行为的恐惧与拒绝

中世纪刑事法官经常笼罩在"死于剑下"、"血罪报复"的精神恐惧之中。"在4世纪后期的意大利,许多基督徒——他们的祖上几个世纪之前曾经担任过政府的公职——都认为,裁判需要消耗精力才能得以净化。"[7]一个在意大利担任法官的基督徒Studius向教皇安布罗斯写信表示自己作出死刑判决后,内心十分焦虑并担心自己能否参与教会活动。约在同一时期还有另外一个人写信询问相同的问题。安布罗斯在386年的回复中称,许多基督徒的法官都有类似的心理经历。[8]可以说,悬在每个基督徒头上的上帝报复之剑、血腥报复的厄运,使刑事审判的法官职业成为危言耸听、避之唯恐不及的职业,这也是中世纪早期西欧长时期缺乏世俗职业法官的原因之一。

---

[1] John W. Baldwin,"The Intellectual Preparation for the Canon of 1215 against Ordeals", 36 *Speculum*, 613, 636 (1961).

[2] John W. Baldwin,"The Intellectual Preparation for the Canon of 1215 against Ordeals", 36 *Speculum*, 613, 636 (1961).

[3] 2Tm 2,4, *see* Noman P. Tanner S. J., *Dectees Of The Ecumenical Councils*, volume I on Nicaea I to Lateran V, Edited by Norman P. Tanner S. J., Sheed&Ward and Georgetown University Press,1990, p.218.

[4] Canon 12, "Third Lateran Council 1179", Noman P. Tanner S. J., *Dectees Of The Ecumenical Councils*, volume I on Nicaea I to Lateran V, Edited by Norman P. Tanner S. J., Sheed&Ward and Georgetown University Press,1990, p.218.

[5] Dist. 50 c.5, translated by R. H. Helmholz, "The Canon Law and Ecclesiastical Jurisdiction from 597 to the 1640", *The Oxford History of the Laws of England*, Volume I, Oxford University Press, 2004, p.76.

[6] A. Esmein, *A History of Continental Criminal Procedure: With Special Reference to France*, translated by John Simpson Boston, Little, Brown, and Co.,1913, p.50; *see also* Colin R Chapman, *Ecclesiastical Courts, Their Officials and Their Records*, Lochin publishing, 1992, p.53; Bernard Hamilton, *The Medieval Inquisition*, Holmes&Meier Publishers, Inc 1981, pp.54-55; Charles T. Gorham, *The Medieval Inquisition A Study in Religious Persecution*, London: Watts&Co., 1918, p.47.

[7] James Q. Whitman, *The Origins of Reasonable Doubt*, Yale University Press, 2007, p.36.

[8] *See* James Q. Whitman, *The Origins of Reasonable Doubt*, Yale University Press, 2007, p.34.

基督教早期形成的刑事审判观念一直持续到中世纪末、前现代时期。在英国,我们可以发现诸多证据。在1664年印刷的一本书的封面上赫然写着:"……判决任何人有罪的陪审员,他自己就构成伪证罪,无论今世还是来世,他的家人、身体和灵魂将受到上帝的报复。"[1]在一本17世纪广为流传的关于陪审团审判的手册中写道:"血罪(指判决死刑)或者使无辜毁灭(的责任)被推来推去,从陪审团推到法官又从法官推到陪审团;但是实际上紧紧地绑在了这两者身上,尤其是落到了陪审员头上。"[2]英国另一位著名的学者评论道:"毋庸多言,陪审团审判对于法官来讲是至为重要的——将法官从判决职责中解放出来——对于许多人来讲,这种仅凭自己个人意见决定被告人有罪无罪的责任,都是不能承受之重、不堪忍受之苦。"[3]而处于危机之中的陪审团,则不堪重负。一方面,当判决作出时,他们推脱道:"这是法律作出的,不是我们。"[4]另一方面,当拒绝作出判决时,则被法庭"关在屋里",没有食物、没有水;有的则被关进监狱。[5]

在教会法院,我们也能看到中世纪教会法学家为了给法官推脱判决责任的努力。在12—13世纪,教会法规定,如果犯罪同时满足犯罪事实为人所共知、有充分间接证据证明和引起众怒这三个条件,案件就是臭名昭著的(notorious);在这种情况下,法律授权法官可以按照简易程序径行作出有罪判决。但是教会法学家主张,只要被告人否认指控,犯罪就不属于臭名昭著的,从而使得这一立法在实际上变成一纸空文。[6]我们以格兰西与史蒂芬为例。在C.2 q1. d. p. c.17中,格兰西说道:"'明显的犯罪'也可能是为法官知道但是其他人不知道,或法官不知道而其他人却知道,但是有的犯罪是法官和其他人都知道的,在上述明显的犯罪类型中,只有最后一种无需审判。"[7]在C.2 q.1, d. a. c.18中格兰西重复道:

> 众所周知,有些罪行是公开的,另一些只有法官自己知道,其他人并不知道;还有些罪行,法官毫无所知,但是另一些人却一清二楚;还有些罪行,法官和众人

---

[1] H. E., The Jury-Man Charged;Or, A Letter To a Citizen of London, London:[s. n.] 1664, quoted by James Q. Whitman, *The Origins of Reasonable Doubt*, Yale University Press, 2007, p.159.

[2] Hawles, *The English-mans Right. A Dialogue between a Barrister at Law, and a Jury-man*, London:1680, quoted by James Q. Whitman, *The Origins of Reasonable Doubt*, Yale University Press, 2007, p.17.

[3] James Fitzjames Stephen, *A History of the Criminal Law of England*, 1883, p.537.

[4] Richard Baxter, *A Christian Directory or a Summ of Practical Theologie and Cases of Conscienc*, London:1673, p.149., quoted by James Q. Whitman, *The Origins of Reasonable Doubt*, Yale University Press, 2007, pp.16-17.

[5] John P. Dawson, *A History of Lay Judges*, Harvard University Press, 1960, p.125, at footnote 21.

[6] Richard M. Fraher, "Conviction According to Conscience:The Medieval Jurists' Debate concerning Judicial Discretion and the Law of Proof", 7 *Law and History Review*, 23,88, (Spring, 1989).

[7] See Ronald Gordon Gustav Knox, *Rufinus and Stephan on Church Judgment*, PH. D Dissertation, Yale University, 1976, p.167.

都知道。只有法官自己知道的罪行,法官不可未经调查就作出判决。[1]

在这里,我们看到格兰西明确地强调"只有法官知道的罪行",必须经过正当司法程序。在 C.2 q.1, d. p. c. 20 中,格兰西进一步详述:

> 然而,一个犯罪为法官和其他人都知道,但有时罪犯否认罪行,正如某些人否认自己为法官看到、当着众人的面所犯的罪行一样。在这里,由于他否认自己有罪,因此,未经司法程序审判就不能判决他有罪。当他的行为本身充分显示其罪行的时候,这时候事物本身的明显性证实了他有罪……那么无需审判他就可以被判决有罪。[2]

我们看到,在这里,曾被列为无需审判之列的"为法官和其他人都知道"的案件,只要"被告人否认犯罪",司法程序则不可或缺。诚如 Richard M. Fraher 教授所言,格兰西的用意十分明显:以"被告人否认"限缩"无需审判"的案件范围。[3]

更为典型是史蒂芬。他完全将死刑案件中诉讼程序必要与否的决定权从法官、法院转移到被告人之手:

> 任何人,即使在众目睽睽之下杀了人,但是,如果他想隐瞒谋杀的事实,并且只要作出否认,未经指控、审判,法官决不能判决他有罪。[4]

并且,他将格兰西众所周知、无需指控、无需审判案件的三分法转为四分法,几乎杜绝了无需审判的可能性:

> 有些犯罪为法官知道但是其他人不知道;有些是法官和其他人均知道;有些是法官不知道而其他人知道;还有些犯罪十分公开,以至于所有人均知道——不仅法官,而且其他所有人都知道。上述这些都是众所周知的犯罪。前三种情况,严格的司法程序(ordo judiciarius)不可或缺,除非被告公开地或在法庭上作出供认(vel publice vel in judicio)。只有第四种情况无需审判。[5]

---

[1] 彭小瑜:《教会法研究》,商务印书馆 2003 年版,第 327 页。

[2] C.2 q.1, d. p. c. 20, quoted and translated by Ronald Gordon Gustav Knox, *Rufinus and Stephan on Church Judgment*, PH. D Dissertation, Yale University, 1976, p. 167.

[3] Richard M. Fraher, "Ut nullus describatur reus prius quam convincatur: Presumption of Innocence in Medieval Canon Law?", in *Proceeding of the Sixth International Congress of Medieval Canon Law*, Berkeley, California, 28 july-2 August 1980, pp. 493-506.

[4] Stephen ad C.2 q.1 c.15, quoted and translated by Ronald Gordon Gustav Knox, *Rufinus and Stephan on Church Judgment*, PH. D Dissertation, Yale University, 1976, p. 168.

[5] Stephen ad C.2 q.1 c.15, quoted and translated by Ronald Gordon Gustav Knox, *Rufinus and Stephan on Church Judgment*, PH. D Dissertation, Yale University, 1976, p. 168.

二、早期审判正义化原则的形成及其对刑事审判的影响

随着世俗当局对神职人员参与公共事务管理的需求增加,加之因公共秩序对惩罚犯罪、维护社会秩序的需要,早期的神学家和教父,不得不试图将刑事审判正义化并为基督徒所接受,从而维持刑事审判制度的正常运行。

(一)《约翰福音》5:30 与安布罗斯[1]

西方正义审判观源于《约翰福音书》描述的审判模式。在《约翰福音》5:30 中,耶稣说道:

> 我凭着自己不能做什么(不能独立地按照自己的意愿,而只能按照上帝的吩咐、遵守他的命令)。我怎么听到的就怎么审判(我按照上帝吩咐的作出判决。上帝的吩咐怎么传给我,我就给出怎么样的判决),我的判决是公正的(公平、正义的),因为我不求、也不考虑自己的意愿(我不求那些取悦于自己、成就自己目的、实现自己意愿之事)而只求差我来的父的意愿和喜悦。[2]

显然,为了将自己的判决正当化、体现上帝的意志并"等同于上帝判决",耶稣作为上帝在尘世的化身、以圣子之名,他所强调的是"自己所做的一切均遵从父的话和意愿"[3],从未掺加任何自己的意愿、好恶成分。因此,可以说一个正义的判决是圣父通过人子凡体肉身之口给出的。在这里,我们看到了西方司法消极性传统的始源。

以《约翰福音》5:30 为基础,米兰主教、著名早期拉丁神父安布罗斯在其注释《圣经》诗篇"赞美神法"时,勾画出栩栩如生的"良好法官"的形象:

> 好的法官既不恣意裁判,也不根据自己的意愿判决,而是遵守 leges and iura 宣布判决。他尊重法律条文,不迁就个人意向。他从来不将任何预断之道(premeditated course of action)带到案件之中,而是针对自己所听审的作出判断,并根据案件的性质作出判决。他尊重法律,不作出和法律相矛盾的判决;他审视案件是

---

[1] Whitman 教授也将安布罗斯作为正当化刑事审判的一个重要人物(参见 James Q. Whitman, *The Origins of Reasonable Doubt*, Yale University Press, 2007, pp. 35-39.)。但不知为什么,他却遗漏了笔者认为极其重要的《约翰福音》5:30 以及安布罗斯所提出的"程序杀人"之道。

[2] 为了更精确的理解,笔者在这里引用扩展版的圣经原文:John 5:30, Amplified Bible version, "I am able to do nothing from Myself [independently, of My own accord—but only as I am taught by God and as I get His orders]. Even as I hear, I judge [I decide as I am bidden to decide. As the voice comes to Me, so I give a decision], and My judgment is right (just, righteous), because I do not seek or consult My own will [I have no desire to do what is pleasing to Myself, My own aim, My own purpose] but only the will and pleasure of the Father Who sent Me." Available at http://www.biblegateway.com/passage/? Search = John% 205:30; &version = 45.

[3] John Macarthur, *The Macarthur Study Bible*, Thomas nelson bibles, 1997, p 1588.

非曲直,从不篡改案情。[1]

在这里,安布罗斯以耶稣形象为标准为西方世界塑造了一个"理想化的基督司法者"模板。罗马帝国后期的大法官法庭几乎完全复制了其模板:强调"无偏私的判决"、"尊重法律和司法"、"尊重帝国法律的权威"[2],这都成为后期罗马法的惯用术语。可以说,普遍、标准的理想司法者形象和品质就这样成型了。需要注意的是,在这里,安布罗斯将《约翰福音书》5:30中耶稣强调的仅仅尊重上帝法律,演变成尊重世俗法律、尊重案件事实,但是其核心即为排斥"个人意愿",将此渗入判决之中。

但是,涉及刑事案件时,安布罗斯给出的刑事法官模板则发生了重大变化:

> 一个有罪的被告人,他不准备为自己辩护,而是求助于祷告并跪在法官面前。法官要这样回答他:'我自己不能做什么,是正义而非权力被置于裁判中。我不能代替对你的审判,你自己的行为才是——指控你的是你自己的行为,是它们判决你有罪。是法律作出了对你的判决;我不能改变它们,只能维护它们。什么都不是出自我本身。案件的本性源于你自己,也是它们对你做出了不利裁判。我审判所根据的是我所听到的,而不是按照我自己所想的;只要公平而不是我的意愿主宰我,那么我的判决是公正的。'"[3]"……不是我个人对你不利,而是根据法庭规则我才作出对你不利的判决。[4]

十分明显,在皈依基督教之前有着丰富世俗司法经历[5]的安布罗斯极力为刑事审判法官推却作出有罪判决的罪责。(1)控告者乃被告人所为之犯罪行为;(2)判决作出者是法律而非法官本人;(3)法律、法庭审判规则代替了法官,成为有罪判决的"肇事者、元凶";(4)他所给出的刑事法官形象,并没有强调案件的事实部分,而是回溯到耶稣在《约翰福音书》中的方案:刻板地尊重法律,排斥个人主观因素;法官的主观因素——"所想的"——被排除在判决形成过程之外。结果,在安布罗斯给出的刑事法官的模板中,耶稣强调的上帝法律、他自己曾经强调的罗马帝国法律,被法庭规则、程序法所代替,即不是"我"——法官本人——而是法庭规则、审判程序规则,给出了有罪判决。

(二)奥古斯丁"公共身份"之道与《布道篇》351

由安布罗斯引领皈依基督教的奥古斯丁,显然继承了前者发展的"程序规则主义"。奥古斯丁强调道:"对一个公正的判决来讲,正当程序不可或缺",必须遵守适当程序,在法官面前提供证据:

---

[1] Ambrose, *Ex. Ps.* 118, *Littera "Res"* 36(*CSEL* 62,462)
[2] Caroline Humfress, *Orthodoxy and the Courts in Late Antiquity*, Oxford University Press, 2007, p.56.
[3] Ambrose, *EP.* 20(*ex 77*), 11-12, (*CSEL* 82.151-2).
[4] Ambrose, *EP.* 20(*ex 77*), 11-12, (*CSEL* 82.151-2), quoted by BD Shaw, "Judicial nightmares and Christian memory", 11 *Journal of Early Christian Studies*, 553, 563(winter 2003).
[5] Polybius and John, *Life of Epiphanius*, PG 41, col. 93 A.

教会中除掉罪恶(evils)，不能轻率、也不能以其他任何方式仅能以审判来完成。因此如果不能以审判解决，就只能容忍（罪恶）……因为（使徒保罗）并不希望人对人的审判是建立在可疑观点基础之上，也不希望在程序之外得到判决，相反，要以上帝法为基础，根据教会程序，或者被告人已经自愿作出供认或者被指控并判决有罪。

他还告诫教会法官不能以法庭职权以外的有罪迹象（extrajudicial indications of their guilt）为基础而对一个人开除教籍，无论有罪迹象多么真实（quamvis enim vera sint）：

"因为无论某些事情如何真实（公众成员知道这些事实真相但是却没有在法庭上予以证明），除非它们由确定的证据证明，法官不能轻易信以为真。"[1]

凭借著名的《布道篇》351，奥古斯丁成为整个西方基督教世界提出"正当程序"原则的第一人。

更重要的是，奥氏在论述战争、死刑审判的正当性时，把他一贯反对的谋杀与战场上杀敌、法官判决死刑区分了开来：

奥古斯丁："……可能还有不属于罪的杀人形式。"Evodius："如果杀人意味着剥夺一个人的生命，有时候杀人可能没有任何罪。当士兵杀敌，当法官或者他的助手处死一个罪犯，或者出于偶然，一个人因为无意致使致命武器落入他人之手，我认为这些人对于杀人没有罪孽。"奥古斯丁："我同意你的观点，通常这些人不能被称为谋杀者。"[2]

需要注意的是，奥古斯丁紧接着通过 Evodius 之口进行了分析："当一个士兵杀死敌人时，他是在执行法律，因此不夹带自己的激情就能很好地履行其职责。"[3]在一封信中，奥古斯丁强调了这样的理由："在这种情况下，他不是为了自己的利益而杀人，而是为了别人或者为了他的国家，得到合法的授权，符合他的公共身份"[4]。尤为重要的是，他将"公共身份"之道在著名的《上帝之城》中正式阐释："……以这种公共身份

---

[1] St. Augustine, Sermon 351 c.10, translated and quoted by Frank R. Herrmann, S.J., "The Establishment of a Rule Against Hearsay in Romano-Canonical Procedure", 361 *Virginia Journal of International Law* (1995-1996).

[2] Saint Augustine, *The Teacher*, *The Free Choice of The Will*, *Grace and Free Will*, Translated by Robert P. Russell, O.S.A., The Catholic University Of America Press,1968, p.79; Whitman 教授对奥氏拉丁文原著的翻译，见 James Q. Whitman, *The Origins of Reasonable Doubt*, Yale University Press,2007, p.39.

[3] Saint Augustine, *The Teacher*, *The Free Choice of The Will*, *Grace and Free Will*, Translated by Robert P. Russell, O.S.A., The Catholic University Of America Press, 1968, p.79.

[4] *EPISTLE* 47 (To Publicola), St. Augustine: Letters, trans. by Sister Wilfrid Parsons, S.N.D.,New York, 1951; *see also* Richard Shelly Hartigan, "Saint Augustine on War and Killing: The Problem of the Innocent", 27 *Journal of the History of Ideas*, 195, 204 (Apr.-Jun., 1966); Louis J. Swif, "Augustine on War and Killing: Another View", 66 *The Harvard Theological Review*, 369, 383(Jul.,1973).

处死罪犯,无论如何都不违反'不能杀人'之戒律。"[1]正如学者指出,这里至为关键的乃是"公共身份"。[2]

至此,我们看到,从《约翰福音书》5:30到安布罗斯,再到奥古斯丁,其演变和发展是一脉相承的,但是在涉及刑事案件中,添加了不同的内容。显而易见,无论是否涉及刑事司法,正义审判的共同之处乃"排除个人因素、个人意志"。但是涉及教会惩罚、世俗的刑罚时,安布罗斯强调的是"程序规则、审判规则主义",而到了奥古斯丁那里,则提出了"正当程序"概念,并且针对教会绝罚,奥氏提出了"确定的证据"、"唯程序论";在涉及死刑案件时,奥氏又专门提出了"公共身份"的区分之道。因此无论是教会的教规处罚还是世俗刑罚中的死刑,基督教世界的司法者,(1)须"遵循司法程序、审判规则";(2)以"公共身份"而非"个人身份"裁判;(3)"排除个人意愿"、"个人意志"、"个人利益"。上述三点,加之基督教血腥审判观念、基督教道德神学中的良心原则,决定了西方整个刑事诉讼传统的形成和演变。在这里,仅仅讨论"排除个人意愿、意志和利益"对刑事诉讼的影响。

(三)"排除司法者个人意志"对于西方刑事诉讼传统之影响

1. 提升司法道德和司法品质

司法过程中法官掺入个人的激情、情感,或者夹带个人利益、目的,无异于"自杀"。以格兰西为例。对于不公正判决的种类,格兰西进行了细致的划分。[3] 在 C. 11 q. 3 d. p. c. 65 中,格兰西根据不同原因将不公正的判决划为三类:(1) 程序不正义(unjust ex ordine),指未经司法程序或程序有瑕疵的判决;(2) 实体不正义(unjust ex causa),指没有犯罪或者被判决其他未被指控之罪行;(3) 被其称为"主观污染"的"情感判决"(unjust ex animo),指法官作出判决不是出于对正义之爱,而是基于憎恨、受贿或者偏见。在 C. 11 d. p. c. 78 中,他对主观污染判决进一步分类:即因恐惧、贪婪、憎恨以及偏爱;在 C. 11 d. p. c. 84 格兰西说道:"每当我们屈服于堕落和罪时,我们都拒绝了上帝。"[4]需要注意的是,这些不公正判决的后果,在格兰西(C. 11 d. p. c 86)看来,"其伤害的不是被判决之人而是法官",这种观念也体现在 C. 11 d. p. c. 56-64 中,他认为,"这些不

---

[1] De Civ. Dei, I, 21, P.27, translated and quoted by Richard Shelly Hartigan, "Saint Augustine on War and Killing: The Problem of the Innocent", 27 *Journal of the History of Ideas*, 195, 204 (Apr.-Jun., 1966).

[2] Louis J. Swif, "Augustine on War and Killing: Another View", 66 *The Harvard Theological Review*, 369, 383(Jul., 1973); Richard Shelly Hartigan, "Saint Augustine on War and Killing: The Problem of the Innocent", 27 *Journal of the History of Ideas*, 195, 204 (Apr.-Jun., 1966).

Whitman 教授在其著作中也提到《上帝之城》,显然他遗漏了"公共身份"之道。然而,正是"公共身份"与"私人身份"区分之道,催生了西方著名的"对质权"与"传闻规则"。笔者将完成的《传闻规则的起源、发展与功能演进》一文简译成英文,向 Whitman 教授请教,2009 年 11 月,他对笔者的论证、推理颇为赞赏,同时也指出了存在的缺陷。

[3] Anders Winroth, *The Making of Gratian's Decretum*, Cambridge University Press, 2000, pp. 105-107.

[4] Anders Winroth, *The Making of Gratian's Decretum*, Cambridge University Press, 2000, p. 109.

公正的判决没有任何效力"。(C.11d. p. c. 89)[1]其实格兰西的观点在安布罗斯那里也得到了体现：在"论神职人员的职责"中，安布罗斯认为，司法活动至为重要的要素乃"无偏私、仁慈、清洁无污"。[2]

这种观念，一方面为司法活动提供了最好的"防腐剂"——我们今天据以申请法官回避的理由，在信仰时代却是他们赖以凭借的避难所。另一方面，司法者主观上必须摈除自己的激情、冲动，这种要求，在基督时代显然并非防止可能出现的事实误断，因为正如后文指出，司法事实判断根本不存在。

2. 证据与事实、法官与证人的严格分离[3]

需要指出的是，奥古斯丁给出的解决之道，并没有作出司法过程中不可或缺的正当个人主观因素与非正当因素之分，其不可避免的后果就是：在"血罪"观念、"地狱之灾"恐怖的笼罩下，为安布罗斯、奥古斯丁所禁止的"个人因素"——尤其是难以把握、拿捏的主观因素——不可避免地越过了合理界限被无限制地放大，最终就是所有的主观、客观因素都成为司法过程中的大忌。需知，司法过程中的事实判断、法律判断、法律适用，离不开人的主观因素，否则，司法就不可能完成。但是，对信仰时代的法官来讲，动用个人主观因素，无异于"自杀"；为避免"地狱之灾"，必然的逻辑就是采取一种安全之道，即"任何个人因素都不能被应用、被投入到司法判决的产生过程之中"。这种"禁止个人意愿、个人判断"导致的后果，对中世纪基督教世界的刑事裁判者来讲——如果以非基督教文化的眼光来看——就是禁忌对案件事实裁判、拒绝考量证据间的矛盾。从公元5世纪一直到18世纪，西方两大法系的刑事诉讼、证据法嬗变史，在很大程度上其实就是为法官寻求脱罪、代替司法事实判断的历史。[4]

须知，中世纪的格言："法官的窗户是开着的"，形象地表明，在中世纪的小规模、熟人社会里，大多情况下法官私下知悉案件事实。但是，这种私下的知情，从来不能作为判决的基础；相反必须依靠证据——即使证据和知悉的案情相反。在司法者知情的语境中，证据与事实出现了分离，但是，不可避免选择就出现了：是严格根据证据裁判而冤枉无辜，使自己灵魂"救赎"，还是根据良心和私人知悉、违背证据而作出无罪判决？这种神学道德的尴尬与两难选择，始终困扰着中世纪西方基督世界的职业法官。12世纪神学家阿伯拉尔(Peter Abelard, d. 1142)主张：

在某些案件中，无辜的人也应该受到惩罚。例如，当敌视他的人用伪证来诬

---

[1] Anders Winroth, *The Making of Gratian's Decretum*, Cambridge University Press, 2000, p. 110.

[2] Ambrose, *On the Duties of the Clergy* 2.24. 124-125.

[3] 更精彩、深入的研究和论述，参见 James Q. Whitman, *The Origins of Reasonable Doubt*, Yale University Press, 2007.

[4] 这一点笔者在美国期间向 Whitman 教授请教的时候，以一个东方人的理解和视角向他提了出来：西方的程序设置、证据法，主要用于自动完成事实判断；在考察西方传闻规则、法定证据制度嬗变史时，笔者的结论再次得到证实。

陷他时,如果法官不能以"明显的原因"反驳这些证人时,法官没有其他的选择只能接受证据而作出有罪判决。[1]

著名的神学家阿奎那也持相同的观点:

> 如果法官知道一个无辜的人被以伪证入罪,法官必须像丹尼尔(Daniel)那样,仔细讯问证人,找到将这个无辜的人释放的理由;但是如果他没能找到,他必须将被告人呈送更高一级的审判。纵使用这种方法也不可能(将被告人无罪开释),法官如果根据证据作出有罪判决,他没有罪(sin)。在这种情况下,将无辜的人处死的不是法官,而是那些宣称其有罪的人。[2]

我们看到,中世纪教会法、大陆法系的法定证据制度中的消极证据原则[3],和上述神学原则并无二致。在取消神明裁判以后,法官个人私下知悉从来都不能成为判决的基础,这成为刑事司法的不二法门。同样,中世纪的格言"法官不是根据自己的良心[4],而是根据(在法庭上)所主张的来裁判"(Judex secundum allegata non secundum

---

[1] D. E. Luscombe ed., *Peter Abelard's Ethics*, Oxford, 1971, pp. 38-41.

[2] Saint Thomas Aquinas, *Summa Theologica*, see http://www.newadvent.org/summa/3064.htm#article2.

[3] "积极的法定证据原则意味着不达到类似于上述《卡洛林纳法典》所示的证据要件,则法官即使确信被告有罪也不得认定罪责并科刑;反过来看,如果达到了法定的要件,即使法官对被告的罪责还存在疑问,也不得不依法宣告其有罪并科以所定的刑罚。"王亚新:《刑事诉讼中发现案件真相与抑制主观随意性的问题——关于自由心证原则的历史和现状的比较法》,载《比较法研究》,1993年第2期。

但是,王亚新教授认为,法定证据制度是"限制法官恣意裁量"的产物。大部分英美法学者也持此见解,参见 John H. Langbein, *Torture and the Law Of Proof*, *Europe and English in the Ancien Regime*, 1977, p. 6.; Charles Donahue, Jr., "Proof by Witness in the Church Courts of Medieval England: an Imperfect Reception of the Learned law", in *On the Laws and Coustoms of England Essays in Honor of Samuel E. Thorne*, Edited by Morris S. Arnold, Thomas A. Green, Sally A. Scully, and Stephen D. White. The university of north Carolina press, 1981, p. 132.

正如本文所论证的那样,法定证据制度是职业法官审判重罪时推却死刑判决责任的一个装置。在基督教"血罪"审判观念下,法官主动地排斥、拒绝自由裁量权,才是不争的事实,更遑论恣意裁判了。

[4] 在古希腊,指代"良心"(conscience)的词是"syneidesis"(名词形式)、"syneidos"(名词形式),"synoida"(动词形式)。据学者考察,古希腊文"oida"与拉丁文"scio"都表示"我知道",因此"sunoida"与"conscio"表示"我也知道,我和(某人)都知道"(See C. S. Lewis, *Studies in Words*, Cambridge university press 1960, p. 181.)。拉丁文的"良心"是"conscientia",其用法也是知悉与道德双重意义上的:"I: 共同知悉,和他人共知 II: 意识到,知悉,感觉;特别是道德意义上的'conscience',即意识到对错"(See Eric D'Arcy, *Conscience and Its Right to Freedom*, Heed and Ward London, 1979, pp. 6-7.)。因此,"良心"(conscience)这个概念,在西方有不同的含义:"其最初的一个含义就是用来表示知悉,这种知悉可能为许多人所共享;第二个含义就是"对自己行为、态度、状况的一个自我充分、清晰的感知";第三个含义就是"道德意义上的是非判断"(See Philippe Delhaye, *The Christian Conscience*, translated from French by Charles Underhill Quinn, Desclee Company, New York, 1968, p. 24.)。

因此,在上述语境中,良心指"对事实、真理的知悉、判断";"根据良心裁判",是指"根据知悉裁判"、"根据内心确认的事实裁判",与"根据证据裁判、根据法庭上的主张裁判"是相对的(See James Q. Whitman, *The Origins of Reasonable Doubt*, Yale University Press, 2007, pp. 105-106.)。

conscientiam judicat)[1]，被奉为刑事司法的圭臬。[2]

至于证人与法官的分离，也是这种自然逻辑的结果。早在公元376年，罗马法就规定："任何人不得成为自己案件的法官"[3]；12世纪，四大博士之一的布尔加鲁斯（Bulgarus）强调了法官与证人分离："法官在自己审判的案件中不能作为证人"[4]；为避免法官个人主观因素融入判决、免受上帝惩罚，从12世纪到17世纪，罗马教会法学家均主张"法官个人对案件的知悉不能作为判决的基础"，这成为欧洲普通法、英美普通法司法的基本原则。[5] 中世纪的法学家也知道，"在众多认知资源中，事实裁判者的直接感知经历被赋予至尊地位。拥有直接感知的知觉信息，法官无需其他证据（用修辞学的术语来讲）"。[6] 然而，绝大多数情况下，"法官只能借助于中间者（即证人）所传递的信息"。[7] 其深层的原因，正如耶鲁大学教授Whitman所言："只要你（法官）不动用自己的私下所知，不是你，而是法律杀死了他"，"只要法官不作为证人，他就安然无恙。"[8]

3. 神明裁判、宣誓制度的盛行：司法者避免对事实、法律判断

禁止个人主观因素介入，势必积压、缩小事实判断、法律适用的空间。事实裁判权、司法自由裁判权，被复杂的程序规定、严格的证据法所代替；法官要么成为法律、证据、程序的奴隶（13—18世纪大陆法系的职业法官），要么在一套精心设计的程序中，保持一个程序主持者的消极角色，使自己的个人因素不介入判决的产生过程（神明裁判中的牧师、普通法系的法官）。涉及主观判断这种复杂智力活动的司法审判，沦为机械的程序流程；法官，仅仅是国家、或者法律的"自动机器"，机械地从事"自动化"作业，并不能有任何"个人因素"掺入判决之中。司法者不对事实、法律作出判断。这种风格一

---

[1] Charles Donahue, Jr., Charles Donahue, Jr., "Proof by Witness in the Church Courts of Medieval England: an Imperfect Reception of the Learned law", in *On the Laws and Coustoms of England Essays in Honor of Samuel E. Thorne*, Edited by Morris S. Arnold, Thomas A. Green, Sally A. Scully, and Stephen D. White. The university of north Carolina press, 1981, pp. 132-133.

[2] 简单来讲，英国的陪审团审判是以知悉与道德双重标准良心来判决；而19世纪以前的大陆法系的职业法官与英国（不采用陪审团）的职业法官，在重罪案件中形式上以证据、证据规则来裁判，但是实质上则坚持证据裁判与知悉、内心确认的合一标准。

[3] C. 3.5.1.

[4] See Mike Macnir, "Vicinage and the Antecedents of the Jury", 17 *Law and History Review*, 537, 590 (Autumn, 1999).

[5] See James A. Brundage, *The Medieval Origins of the Legal Profession Canonists, Civilians, and Courts*, The University of Chicago Press, 2008, p. 382.

[6] "Quaerere rationem ubi habemus sensum", says Baldus referring to Averroes, "est infirmitas intellectus", See Baldus, Consilia, vol. III, Consilium 364, no. 3. I used the 5 volumes of Consilia as published by Dominico Nicolino (Venetiis 1630) quoted by Mirjan Damaška, "Hearsay in Cinquecento Italy", 1 *Studi in onore di Vittorio Denti*, 59, 89(1994).

[7] Mirjan Damaška, "Hearsay in Cinquecento Italy", 1 *Studi in onore di Vittorio Denti*, 59,89(1994).

[8] See James Q. Whitman, *The Origins of Reasonable Doubt*, Yale University Press, 2007, pp. 105-114.

直保留到取消神明裁判以后。在证据上,(1)最为明显的就是中世纪大陆法系证据法中间证据、情况证据不能作为死刑、流血判决的基础。[1] (2)在纠问制程序、法定证据制度下,不会说话的(但也不会说谎的)但需要司法者动用主观判断、考量、推理的"物证",从来都不是法庭证据,物证作为证据概念出现仅仅是17世纪的事情[2],我们今天都熟知的孟德斯鸠对"自动售货机"式的法官的批评,但是,在他以前的时代,法官确实是如此;并且唯有如此,法官才能免予基督教中的道德犯罪。

但是,在不采用证人证言、间接证据的前提下,通过何种方式,案件事实、是非曲直才能"自动"被"展现"、"外化"出来?判决结果如何才能被"程序"魔术般地给出?这就是西方中世纪"非理性"证据制度的精妙之处,也是后文论述的重点。也正是凭借这种凝聚基督教法学家、神学家智慧的程序和证据制度,西方司法消极、司法中立的原则得以充分的体现。就整个中世纪的审判制度、证据法而言,美国著名教会法教授Kenneth Pennington曾经一针见血地指出:"神明裁判并非像起初看上去那么不理性,而取而代之的司法程序也并非完全理性"。[3]

三、前基督教时代与基督教时代的证据、审判模式比较

在论述基督教时代刑事诉讼、证据制度的特点之前,比较一下前基督教的西塞罗时代刑事诉讼证据模式与基督教征服以后的罗马帝国后期法定证据制度的发端,以及所谓的野蛮时代的非理性证据制度,可以为我们更好地理解证据法、非理性审判模式的发展、起源提供一个大体的轮廓。

(一)共和时代的罗马诉讼制度

1. 理性的证据制度、证据可信性的自由判断。在古罗马时代,不采用神明裁判、宣誓制度。"神判法是一种习惯的延续,是传统,不是罗马法的实践。"[4]法律对证据资格鲜有限制,证据种类繁多,证据提供的信息都是关于案件事实本身的。据庞德(Ros-

---

[1] John H. Langbein, *Torture and the Law of Proof: Europe and English in the Ancien Regime*, 1977, pp. 58-59.
[2] See I. Hacking, *The Emergence of Probability*, Cambridge University Press, 1984, pp. 33-36.
  米尔吉安·R. 达马斯卡曾经明确地对I. Hacking观点进行批判,"而实物证据没有被列为其中的证据手段证据种类这一事实,曾经误导了许多现代的评论者,(使他们)错误地认为,罗马教会证据没有将物的证据发展为一个(证据)概念。实际上,从实物证据中所得出的痕迹与推论起到了至关重要的作用,尤其是在刑事案件中的'inquisitio genefralis'"[Mirjan Damaška, "Hearsay in Cinquecento Italy", 1 *Studi in onore di Vittorio Denti*, 59,89 (1994), p. 63, at footnote 6.]。
  其实,这种批评是偏颇的。由于对中世纪纠问制背后的基督教诉讼文化缺少研究,达马斯卡教授和许多英美学者一样,并没有意识到中世纪纠问制中著名的"inquisitio generalis"与"inquisitio specialis"的区分对于纠问制程序的法官来讲是多么的重要。
[3] Kenneth Pennington, *The Prince and The Law, 1200-1600*, University of California Press, 1993, p. 132.
[4] John W. Baldwin, "The Intellectual Preparation for the Canon of 1215 against Ordeals", 36 *Speculum*, 613, 636 (1961).

coe Pound)考证："知道案件事实的任何人,都可以说出他认为有价值的东西。"[1] 品格证据(laudationes)和其他证据种类并列,是强化可信度的一种方式。它可以由个人给出,也可以由国家、团体给出;既可以书面形式,也可以到庭陈述。由于政治方面的原因,这种品格证据的证明价值十分小。一个人出庭,如果没有10个人证明其品格良好,将会被视为是不体面的事情。[2] 但是,品格证据是否有价值、在多大程度上有价值,完全取决于事实裁判者的自由判断。"一个品格证据也没有,也许是(主张)有力的迹象;少于通常的数量,也可能显示(当事人)底气不足。"[3] 据学者考察,"基本上,罗马法官在普通程序中要根据其内心确认程度作出判决"[4]。在经典时代的罗马程序法中,"是自由评价证据理论……法官可以并且必须根据自己的自由意愿来形成对证据证明力的判断"[5]。在回答一个地方官员关于如何决定证人可信性的问题中,罗马皇帝哈德良(Hadrian)强调道:

> 不可能对每个待证明事项严格界定所需要证据的种类和数量。案件事实通常可以——但并非总是——无须借助官方记录来确定。有时是证人的数量,有时是证人的社会地位与权威。在其他场合,一个共知的流言就能确定争议事项的真实性。简而言之,我只能明确地答复您,绝不能仅仅依据一种证据就马上作出判决,而应该以自己的判断,决定哪些是可信的,哪些在你看来是未能充分地证明,然后最终得出结论来的。[6]

从乌尔比安所引哈德良皇帝的立法中,可以看出,间接证据与直接证据都可以作为判决的基础:"关于证据评价、讯问的模式,无论是情况证据还是证人亲身经历(即直接证据与间接证据),一审法官必须对此进行评价。不能制定任何规则来规定可信性;法官必须自主权衡事实"。[7]

2. 证据调查、"交叉讯问"制度的确立。对于审前搜查到的书面证据、书面记录,例如账簿等,一旦查获,在证人在场的情况下立即密封以免有伪造嫌疑;在证据搜集期限结束的3天之内,须交由法庭负责人保管,负责人马上交由陪审团密封以防出现此

---

[1] Roscoe Pound, *The Lawyer From Antiquity To Modern Times*, West Publishing Co. 1953, p. 47.

[2] See A. H. J. Greenidge, *The Legal Procedure of Cicero's Time*, Oxford, 1901, p. 491; Roscoe Pound, *The Lawyer From Antiquity To Modern Times*, West Publishing Co. 1953, p. 48.

[3] A. H. J. Greenidge, *The Legal Procedure of Cicero's Time*, Oxford, 1901, p. 491.

[4] Leopold Wenger, *Institutes of the Roman Law of Civil Procedure* (revised edition), translated by Otis Harrison Fisk, 1986, p. 195.

[5] Leopold Wenger, *Institutes of the Roman Law of Civil Procedure* (revised edition), translated by Otis Harrison Fisk, 1986, p. 201.

[6] D. 22.5.3.6.

[7] P. E. Corbett, "The Legislation of Hardrian", 74 *University of Pennsylvania Law Review and American Law Register*, 753-766 (Jun., 1926); Tony Honore, *Emperors and Lawyers*, 1994, pp. 12-13.

后任何作假的可能性。在法庭审判时,这些文件的原件由陪审团相互传递,进行审查。[1] 最令人惊讶的是,在法庭上:"当事人进行讯问。主讯问由提供证人的一方进行,接着证人由另一方进行交叉讯问。"[2]

(二)帝国时代:从自由评价证据到初见端倪的法定证据

基督教经历罗马政府镇压、接着在公元311年被罗马帝国承认为合法宗教,最终在392年被尊为国教;也正是这一时期,基督教随着罗马帝国的武力扩张,征服了整个欧洲。根据大陆罗马法学家文格尔(wenger)的观点[3],罗马经典时代的自由评价证据制度在罗马帝国时期转变为成文法证据理论,它"规定特定的事项需要特定的证据,要求法官无视自己的主观确信而依据该证据作出判决。在罗马帝国后期,这种成文的法定证据理论占据了上风"。[4] 这种证据评价的分水岭发生在康斯坦丁大帝时代。317年他在罗马颁布的"edictum ad popolum"中规定口头证据与文书证据具有同样的价值[5],但是在334年,他规定了一个规则[6],这个规则就是不能听取一个证人的证人证言。[7] 13世纪取消神明裁判后法定证据制度在教会、大陆法系得以死灰复燃并加以完善,被大陆法系职业法官在作出死刑、流血判决时奉为圭臬。

(三)非理性证据制度的盛行、程序僵化的确立

在罗马帝国倒塌以后,西方世俗刑事诉讼便抛弃了共和时代的理性传统,渐渐为非理性的、以形式主义、僵化、复杂证据规则著称的古日耳曼法所代替。[8] 不能否认,古日耳曼法中的这种特点,应该受到基督教"血罪"观念的影响。古日耳曼法在5至6世纪为萨利克法(Salic law)所继承。而在萨利克法后期,《佛朗克法典》(codes of ripuarian franks)简直就是萨利克法"一章接着一章"[9] 的翻版。同时,古日耳曼法也是勃艮第法、西哥特法、伦巴第法和AEthelberht of kent——大约公元600年前后完成的最早

---

[1] A. H. J. Greenidge, *The Legal Procedure of Cicero's Time*, Oxford, 1901, p.494.

[2] A. H. J. Greenidge, *The Legal Procedure of Cicero's Time*, Oxford, 1901, p.487; Roscoe Pound, *The Lawyer From Antiquity To Modern Times*, West Publishing Co. 1953, p.48.

[3] Leopold Wenger, *Institutes of the Roman Law of Civil Procedure* (Revised edition), translated by Otis Harrison Fisk, 1986, pp.195, 293.

[4] Leopold Wenger, *Institutes of the Roman Law of Civil Procedure* (Revised edition), translated by Otis Harrison Fisk, 1986, p.201.

[5] Cod. Iust., IV, 21, 15.

[6] C. 4. 20. 9.

[7] Leopold Wenger, *Institutes of the Roman Law of Civil Procedure* (Revised edition), translated by Otis Harrison Fisk, 1986, pp.294-295; see also C. A. Morrison, "Some Features of the Roman and the English law of evidence", XXXIII *Tulane Law Review* (1958).

[8] See Robert Bartlett, *Trial By Fire And Water*, 1986, pp.6-12, 24-26; Eugene J. Moriarty, *Oaths in Ecclesiastical Courts*, Catholic University of America Canon Law Studies No. 110, 1937, p.15.

[9] J. Laurence Laughlin, "The Anglo-Saxon Legal Procedure", in *Essays in Anglo-Saxon Law*, Little, Brown, and Company, 1876, p.184.

的盎格鲁撒克逊法律——的渊源。[1] 因此,有学者发出这样的惊叹:"实际上,在研究盎格鲁撒克逊法律时,人们会感到震惊——远古法律中特有的形式竟然顽强地持续保留在盎格鲁撒克逊法律的整个时期!"[2] 可以说,继承了早期基督时代古日耳曼法、萨利克法传统的中世纪日耳曼法、盎格鲁撒克逊法、法兰克法,其适用地域囊括了整个欧洲大陆和英伦三岛。尽管细节上、实践上存在差异,但是上述地区、民族的程序法、诉讼制度、证据制度在纵向上是继承、连续的,在横向上是统一的。它就是被后世学者称为"非理性"证据制度的神明裁判、司法决斗、宣誓制度。

四、中世纪刑事审判、证据制度的特点与解析之一——为司法者提供免受"血罪"惩罚的程序设计

任何诉讼程序的设计,要想维系其合法性、公众的公信力,都必须重视事实发现功能,神明裁判、宣誓审判也不例外。在基督教"血罪"观念影响下,中世纪的非理性证据、审判模式的设计,必须承担双重职能:一方面,为了法官免受上帝惩罚,程序必须保障司法者在司法过程中不动用主观判断,省却司法者事实认定、法律适用职能,压缩自由裁量空间;另一方面,程序的结果必须最大限度地获致真实。尽管具体的程序设计,例如宣誓的格式化、宣誓帮助人的数量、严格僵化的程序要求等,可能同时承担着上述双重职能,但是为了论述的方便,本文根据这两种不同的目的、职能,在第四、第五章分别论述。

(一) 事实、法律、判决结果的一体性:避免事实裁判、法律适用的概括性司法设计

审判是一个适用三段论的过程,其中不可避免地涉及事实认定以及将相关的实体法应用到认定案件事实之中,这是两个独立的、互为基础的阶段。然而,在神明裁判、司法决斗、宣誓审判中,是不存在如当今审判中的法律、事实的两分法的。相反,法律问题和事实认定问题是"打包"、"一揽子"由"上帝"或者"程序法"给出的。实体法、事实认定、判决结果三者"混合"、"浓缩"为一体并归结于一个现象或者数字:有无烫伤、是否沉水、规定的宣誓人数量是否达到。一位德国学者曾经很好地展示了德国现代与古代诉讼之间的区别。"他将前者比作三段论,法律规则、司法规则是大前提,事实认定是小前提;而后者,则没有这样的结构,仅仅简单作出要求被告做出赔偿的命令。"[3] 密松尔评价道:"对于证据,没有多少裁量权,更不用说如我们现在对证据的评

---

[1] J. Laurence Laughlin, "The Anglo-Saxon Legal Procedure", in *Essays in Anglo-Saxon Law*, Little, Brown, and Company,1876, pp.183-185.

[2] J. Laurence Laughlin, "The Anglo-Saxon Legal Procedure", in *Essays in Anglo-Saxon Law*, Little, Brown, and Company,1876, p.188.

[3] J. Laurence Laughlin, "The Anglo-Saxon Legal Procedure", in *Essays in Anglo-Saxon Law*, Little, Brown, and Company,1876, p.183.

价了:举证的结果是概括性的;判决中也不陈述法律,仅仅说哪一方正确"。[1] 不仅和现代的司法过程不同,也和其前的罗马法不同:

> 在罗马法中,判决是在听取证据以后,以主张是否成立为基础而决定当事人之间的争议;相反,日耳曼法的判决不是结束司法程序,而是在听取证据之前给出的。"前者决定原告的主张是否在实质上成立;而后者则从程序视角出发,决定己方主张与对方主张是否相关。它判决那些承认犯罪的被告支付罚金,而否认犯罪的被告则被要求提供证据。"[2]

这种判决的得出没有经过现代法律程序所必需的"事实认定"与"实体法律适用"的过程;法律问题、事实问题的区分也不见踪影。而正是法律、事实问题的分离[3],才使事实问题成为司法过程中一个具体的重要方面,才能使承载、解决案件事实问题的实体法律发展成为一种可能。正如密尔松所言:"法学的发展取决于对事实问题进行日益精细的考量⋯⋯在任何时代,法律发展都受制于法律程序将事实问题交由法律予以解决的程度。"[4]这种远离事实问题、实践问题的司法实践,不可能使反映、解决事实问题的实体法得到长足、精致的发展;相反,实体法要么被程序设计者、程序实施者"束之高阁",要么依附于程序法,夹杂在程序法之内,呈现出程序法、实体法合一的特点。[5]产生这种现象的原因十分简单,那就是司法者不敢对事实问题、法律问题进行判断,所以导致了事实判断、法律判断的合一与法律适用过程的简陋。仔细分析就会发现,这种司法程序匪夷所思的特点:尽量避免对案件事实的裁判,尤其在涉及导致死刑、流血刑罚的重罪案件。

(二)对案件事实裁判的故意规避:流血案件中"非理性证据制度"的绝对使用 V. 轻罪、民事案件中理性证据的使用

从中世纪程序、证据法所规定的证据方式中,我们可以看到本来信手拈来的更有证明价值的证据如证人证言、情况证据等,被人为限制:要么仅仅起到证明程序事项的作用,要么被立法、司法者置之高阁。相反,宣誓、神明裁判、司法决斗则具有优先适用

---

[1] S.F.C. Milsom, *Historical Foundations of the Common Law* (Second edition), Butterworths, 1981, p.39.

[2] J. Laurence Laughlin, "The Anglo-Saxon Legal Procedure", in *Essays in Anglo-Saxon Law*, Little, Brown, and Company, 1876, p.288.

[3] 法律、事实问题的区分,在当代英美司法中是一个基本问题,它是法官与陪审团、初审法院与上诉法院职能划分的基础。从源头上考察,可以发现,它是二元审判中法官与陪审团相互推却责任的一种装置。但是,在16至19世纪,它成为法官应对行政权不当干预、逃避政治压力的避难所,也成为陪审团发挥nullification 职能的一个必要条件。二者的区分,其实就是一部宪政史的缩影。

[4] S.F.C. Milsom, "Law and Fact in Legal Devolopment", 27 U. Toronto L. J. I. I. (1967).

[5] 这就是为什么中国刑法发展得极为精致,以至于到唐律时出现令我们惊异的"罪数形态"的条文。而西方最早论述这个问题的,是14世纪著名意大利法学家 Cynus(Cino da Pistoia,1270-1336/37)在研究程序法时首先论述的。继而 Bartolus de Saxoferrato(Bartolo da Sassoferrato;1313—1357)最终完成。参见 W. Ullmann, "Some Medieval Principles of Criminal Procedure", *The Judicial Review* (1947).

的法律效力。这种奇异的做法,尤其是在死刑、流血刑罚案件中尤为突出。

1. 非理性证据、审判制度的使用范围

(1) 宣誓代替证人证言、情况证据。最能体现中世纪这种司法风格的就是威尔士的法律。在威尔士法律中,"宣誓是其法律制度的基石;它适用于几乎所有的刑事案件、民事案件。如果被告拒绝通过宣誓否认犯罪,双方的证人证言应当使用,并且案件应当以提交的证据为基础解决。"[1]但是,对于重罪案件,《Cynog 书》庄重宣布:"证据不能在下列案件中提交:谋杀、侮辱、流血案件、伤害案件、残暴行为、抢劫、焚烧建筑物、盗窃、担保、公开的攻击、通奸、暴力等。因为证据不能摧毁宣誓。"[2]质言之,在其他案件中可以使用的证人证言,当涉及死刑、流血判决的刑事案件时,不得使用。这种做法并非仅仅限于威尔士。

> 在所有的中世纪的法律中,最少受到《罗马法》影响的是《撒克逊法》,其承认宣誓的效力——无论(犯罪)事实多么明显,被告仍然可以在某些案件中证明自己的清白,并且不允许反驳的证据出现 …… 苏萨的红衣主教亨利(Cardinal Henry of susa)对撒克逊、达契亚(Dacia)的做法进行谴责:即使手中拿着被盗的物品,并且失主有许多目击证人在场,被告人还是能够证明自己无辜。这种不理性的滥用盛行了好长时间,并且在 15 世纪巴莱宗教会议(Council of Bale)上备受指责。[3]

据现代著名学者 Dawson 教授对 13 世纪德国的业余法官(schöffen)进行考察发现,其"通常使用的一个证据形式就是'证人',但是他们只不过是宣誓帮助者,并不对他们进行交叉讯问,也不指望他们就其看到的具体案件事实给出证言"。[4]

最让学者不解的还是宣誓内容的格式化以及将目击证人转换成宣誓帮助人、将证人证言强制转换成宣誓的做法。在主宣誓人(受害方或者指控犯罪的目击证人)陈述完自己的主张以后,有可能是目击证人的宣誓帮助人不能陈述自己的耳闻目睹,仅能就自己对主宣誓人宣誓内容所持有的一种确信作出宣誓:

> 如果任何人指控他人盗窃,并且被告人是自由人,拥有他的证人,让他用宣誓来证明自己的清白。在这种涤罪宣誓中,证人对被告人的陈述内容,也就是证人"通过自己的眼睛看到了什么,凭自己的耳朵听到了什么"进行宣誓;但是如果他

---

[1] Anomalous Laws, book IX. Chap. Ii. §9., quoted by Henry Charles Lea, *Superstition And Force:Essay On The Wager of Law-The Wager of Battle-The Ordeal—Torture* (Fourth edition revised), Philadelphia:Lea Brothers&Co. 1892, p.55.

[2] Anomalous Laws, book VIII. Chap. Xi. §31., quoted by Henry Charles Lea, *Superstition And Force:Essay On The Wager of Law-The Wager of Battle-The Ordeal—Torture* (Fourth edition revised), Philadelphia:Lea Brothers&Co. 1892, p.55.

[3] Henry Charles Lea, *Superstition And Force:Essay On The Wager of Law-The Wager of Battle-The Ordeal—Torture* (Fourth edition revised), Philadelphia:Lea Brothers&Co. 1892, p.22, footnote 5.

[4] John P. Dawson, *A History of Lay Judges*, Harvard University Press, 1960, p.97.

们成为宣誓帮助人,他们就不再是证人,而仅能对被告人主张的真实性宣誓[1]。这些宣誓帮助人不是证人[2],不对案件的事实宣誓、证明,他们"仅仅是对自己要帮助的人的可信性、对其誓言的纯洁性进行宣誓[3],仅仅对他人宣誓的真实性进行宣誓[4]"。

在教会法中也是如此,"宣誓帮助者不是对被告人所宣誓中所包含潜在事实(underlying facts)的真实性宣誓,而是针对自己相信被告宣誓内容的真实性宣誓。"[5]这种证据继承了罗马共和时代品格证据的衣钵,演变成当今英美证据法品格证据的前身。它虽然具有部分证明价值,但是在中世纪的基督时代,这种证据制度,以宣誓人的数量代替事实判断,最终决定当事人的命运。

而宣誓帮助人宣誓的内容,也仅仅是一种格式化公式。和早期古日耳曼宣誓帮助人的格式一样,约公元900年的盎格鲁撒克逊式宣誓格式是:

"以主的名义,某某人所作的宣誓是真实、没有伪证的。"一个世纪以后,伦巴第(lombard)法律规定的宣誓为:"被告所作的宣誓是真实的,上帝,帮助我吧。"后来,Bearn规定的形式是:"以圣徒的名义,他说的是实话。"直到16世纪还一直使用的诺曼底法所规定的宣誓格式是:"威廉姆所做的宣誓是真实的,上帝、圣徒帮助我吧。"[6]

[1] J. Laurence Laughlin, "The Anglo-Saxon Legal Procedure", in *Essays in Anglo-Saxon Law*, Little, Brown, and Company, 1876, p. 218.

[2] Dorothy Whitelock, *English Historical Documents: 500-1042*, David C. Douglas gen. ed., Oxford University. Press, 1955, p. 335; Henry C. Lea, *Superstition And Force: Essay On The Wager of Law-The Wager of Battle-The Ordeal-Torture* (fourth edition revised), Philadelphia: Lea Brothers&Co. 1892, p. 55.

[3] J. Laurence Laughlin, "The Anglo-Saxon Legal Procedure", in *Essays in Anglo-Saxon Law*, Little, Brown, and Company, 1876, p. 297; William Forsyth, *History of Trial By Jury*, 1875, p. 62.
"它不是有关案件事实的陈述,而是宣誓帮助人对自己所支持的主宣誓人所表达的一种道德意义上的忠实性(fidelity)、忠诚性(loyalty)、信任度(faithfulness)……当事人总体上的品格、社会名誉,与法庭上对其指控事实的真实性等量齐观。" See Richard Firth Green, *A Crisis of Truth: Literature and Law in Ricardian England*, U. Pa. Press, 1999, pp. 101-102, 110.

[4] James Bradley Thayer, *A Preliminary Treatise on Evidence at the Common Law*, 1898, p. 25.

[5] See the decretals Quotiens Trdentinus, X 5. 34. 5 in Corpus Iuris Canonici ii, 870, and De testibus (X 5. 34. 13) in Corpus Iuris Canonici ii, 875, quoted by R. H. Helmholz, "Crime, Compurgation and the Courts of the Medieval Church", *law and History Review*, Vol. 1, No. 1, (Spring, 1983), pp. 1-26.

[6] Henry Charles Lea, *Superstition And Force: Essay On The Wager of Law-The Wager of Battle-The Ordeal—Torture* (Fourth edition revised), Philadelphia: Lea Brothers&Co. 1892, p. 58; J. Laurence Laughlin, "The Anglo-Saxon Legal Procedure", in *Essays in Anglo-Saxon Law*, Little, Brown, and Company, 1876, pp. 296-297; Richard Firth Green, *A Crisis of Truth: Literature and Law in Ricardian England*, U. Pa. Press, 1999, p. 121; Melville Mandison Bigelow, *History of Procedure in England from the Norman Conquest*, Macmillan and CO. 1880, pp. 303-304.

从古日耳曼和盎格鲁撒克逊法律中,我们可以明显地看到,作为宣誓帮助人的知情证人从来都不缺乏,宣誓帮助人有两个来源即交易证人与社区证人。我们首先看交易证人。交易证人被用来佐证买卖、赠予、交换等商业交易。[1]十分明显,他们是目击证人。我们再看社区证人。社区证人从当事人的亲戚、朋友中挑选出来,对案件事实很有可能十分了解,它构成了以后英国知情陪审团的源泉。从13世纪挪威法律中我们可以看到,宣誓帮助人对于案件事实的知悉,"当需要11名宣誓帮助人时,其中的7名必须是智力正常的成年人,并且绝不能与被告人有关系,但必须是当地的居民,且熟悉案件事实"。[2]所以,从法律规定的宣誓帮助人宣誓资格来看,所有的交易证人以及部分社区证人,应该是现代意义上的目击证人。但是,法律却"武断"地禁止他们提供能够直接、全面反映案件事实的信息。后世的学者评论道:"这些法律简单地将某些可能成为目击证人的人区分开来……但是那些被称为法庭证人的证人却从来不为早期的法律所认可,并且好像在盎格鲁撒克逊法律中也难觅其踪。"[3]一旦他们在法庭作证的时候,交易证人作为宣誓帮助人,其宣誓是一种避免对案件事实陈述的格式化语言。[4]梅特兰也指出:

> 除了当事人宣誓、宣誓帮助人宣誓以外,法律也知道、分辨目击证人的誓言;但是很明显,在古代很少求助于这种证据模式……当证人来法庭作证时,其唯一目的就是保证一套格式化的东西(指当事人的宣誓)是真实的;他没有义务如实回答任何问题。他的宣誓只是一个支持性(assertory)的宣誓。[5]

将目击证人强制转化为宣誓帮助人、将案件事实陈述转化为对主宣誓人的道德与事实陈述持有的信任度的做法在我们看来是十分荒唐的,但是对于规避事实判断的基督时代司法者而言却是不可或缺的,也是一种无奈的选择。因为一旦涉及证人证言,不同证据之间的相互矛盾可能出现,并因此不可避免地需要司法者运用自己的主观判断来考量证据、判明真伪;而这恰恰是导致"个人因素"介入死刑判决结果的表现。

由于避免在审判中使用证人证言,所以,罗马法早已实行的"交叉讯问制度"无论

---

[1] "(4)每个乡镇,都要挑选出33个人作为证人。(5)小的乡镇,每百户要12名,或者更多。(6)所有动产买卖,都要有证人,每个证人都要对他们所看到、听到的进行宣誓;在每一项买卖中,都要有两个或者3个证人在场。"AETHELST, V. 1, § 5; Cf. H. &E. 16; Ine, 25; Alfr, 34; Edw, I; Aethelst, II. 10, 12; Edm. III. 5; Will. I. 45, III, 10. ; EDG. IV. 4.

[2] Henry Charles Lea, *Superstition And Force: Essay On The Wager of Law-The Wager of Battle-The Ordeal—Torture* (Fourth edition revised), Philadelphia: Lea Brothers&Co. 1892, pp. 47-48.

[3] J. Laurence Laughlin, "The Anglo-Saxon Legal Procedure", in *Essays in Anglo-Saxon Law*, Little, Brown, and Company, 1876, p 187.

[4] J. Laurence Laughlin, "The Anglo-Saxon Legal Procedure", in *Essays in Anglo-Saxon Law*, Little, Brown, and Company, 1876, p. 195.

[5] Frederick Pollock and Frederic William Maitland, 2 *The History of English Law before the Time of Edward I*, (2nd.), Cambridge U. Press, 1905, p. 601.

是在意大利的世俗法院还是在各地的教会法院都不见踪影;正如 Thayer 说道:"没有交叉询问,允许使用的是宣誓本身;证言内容的证明价值、其对法官的说服力根本没有立足之地。"[1]

(2) 司法决斗代替证人证言、情况证据。和宣誓制度一样,司法决斗专门适用于重罪案件。据学者考察:

> 所有的严重犯罪案件——对其惩罚是剥夺生命或者损坏肢体——原告成功的告诉意味着即他自动、立即向被告提出司法决斗[2];但是在轻微案件中,这种直接产生司法决斗的效果是不存在的;相反,利用证人证据则是必须的。[3]

只要被告否认指控的犯罪并且涉案的当事人不同意调解,几乎所有的可能判处死刑或者损坏肢体的案件都是以司法决斗作为最主要的证明方式;同样,根据 Grand coutumier de Normandie,涉及生命或者伤害的那些死刑或者身体刑的案件,如果原告拒绝接受伤害赔偿,将自动适用司法决斗。[4]

> 如果被告不作有罪答辩,所能做的就是司法决斗或者使用宣誓帮助人。在司法决斗的情况下,决斗的胜败将一切问题都解决了;在有证人的情况下,证言最初有一系列的格式构成,法官不对任何证据进行判断权衡。什么证据证明手段都没有比这种更简单。[5]

即使引入纠问制以后的所谓理性证据时代,在中央司法集权还没有建立起来、世俗王室还没有掌握足够强权的法国,由人取代上帝审判重罪死刑案件的进程举步维艰。因此,在废除神明裁判以后的 1306 年,腓力四世(Philip the Good)不得不重新允许在死刑案件中使用司法决斗。[6]

需要注意的是,适用司法决斗的另一个前提是目击证人提供案件事实,并且相当可信。"司法决斗所要证明的,是证人所作的肯定性宣誓。如果没有人宣誓说他看到

---

[1] James Bradley Thayer, *A Preliminary Treatise on Evidence at the Common Law*, 1898, p. 17.

[2] Beaumanoir, LXI, 2(Salmon, NO, 1710), quoted by A. Esmein, *A History of Continental Criminal Procedure: With Special Reference to France*, translated by John Simpson Boston, Little, Brown, and Co., 1913, p. 59.

[3] Cf. Beaumanoir, XXXIX, 4 (Salmon, NO, 1148); "Livre de J, et p." II, 18, § 1, quoted by Esmein, *A History of Continental Criminal Procedure: With Special Reference to France*, translated by John Simpson Boston, Little, Brown, and Co., 1913, p. 59.

[4] R. Howard Bloch, *Medieval French Literature and Law*, University of California Press, 1977, p. 16.

[5] A. Esmein, *A History of Continental Criminal Procedure: With Special Reference to France*, translated by John Simpson Boston, Little, Brown, and Co., 1913, p. 252.

[6] See A. Esmein, *A History of Continental Criminal Procedure: With Special Reference to France*, translated by John Simpson Boston, Little, Brown, and Co., 1913, p. 107.

了什么,决斗就不能进行"。[1] 我们看到,对证明案件事实极其重要的,并且信手拈来的目击证人的证言,仅仅被作为开启司法决斗的条件,仅仅被赋予决定采取何种证明、审判方式的程序意义。所以曾有学者作出以下评价:"司法决斗的结果,独立于认识论上的真实。"[2]

(3) 神明裁判代替证人证言、情况证据。在民事案件中,使用神明裁判的前提条件是"缺乏证人证言或双方当事人同意"[3],而在刑事案件中的,可以说立法旨趣大相径庭。据学者考察,"神明裁判是一个最后的权宜手段,不仅当被告人是年老人或者是残疾人而不适宜参与决斗,还适用于没有宣誓帮助人或者证人,或者(他们的说法)不一致的情况,以及基于任何原因无法形成判决之时"[4]。付诸于神明裁判的案件有时是"公开的暴力犯罪,或者在现场人赃俱获的犯罪,或其他有罪证据存在的情况下"[5]。在这种情况下,法律规定使用神明裁判,不能不说故意避免事实审查。从8世纪英国主教 Ecgbehrt 的主张中,我们可以看到求助于神明裁判的理由:"证明被告人无罪,使用宣誓就可以了。但是如果判决有罪,则必须由上帝来裁判。"[6]而在神明裁判中,"严格地讲,判决几乎是来自天堂,接受水审或者热铁审的人被认为是消极的,这种消极性特征同样适用于法庭,因为证据方式——神明裁判——自动给出了答案,并不需要任何解释。"[7]

2. 理性证据制度与自由心证的适用:民事案件与非死刑、非流血刑事轻罪案件

在中世纪存在着理性的审判、证据制度。据近代学者考察,和神明裁判、司法决斗、宣誓审判、证据制度并列存于欧洲大陆的,是始于9世纪加洛林王朝的对案件事实进行知情人调查的"Denumciation"。其做法是在涉及皇室财产的案件中召集当地的居民调查事实,这就是陪审团的前身。但是,需要注意的是,它仅仅适用于民事案件。"既然国王的利益和犯罪有关,为什么不适用刑事案件?"对此,有学者仅引用了一个古老的格言——"任何人都不能在失去生命或者肢体残害的案件中被(理性)调查"——加以说明。类似的方式于10世纪在教会法院也开始使用,即召集知情的证人来证实

---

[1] S. F. C. Milsom, *Historical Foundations of the Common Law* (Second edition), Butterworths, 1981, p. 39.

[2] R. Howard Bloch, *Medieval French Literature and Law*, University of California Press, 1977, p. 46.

[3] Henry Charles Lea, *Superstition And Force:Essay On The Wager of Law-The Wager of Battle-The Ordeal—Torture* (Fourth edition revised), Philadelphia:Lea Brothers&Co. 1892, p. 39.

[4] James Bradley Thayer, *A Preliminary Treatise on Evidence at the Common Law*, 1898, p. 36.

[5] William Forsyth, *History of Trial by Jury*, 1875, p. 66.

[6] Dialog. Ecbert. Ebor. Interrog. III. (Thorpe, II. 88) quoted by Henry Charles Lea, *Superstition And Force:Essay On The Wager of Law-The Wager of Battle-The Ordeal—Torture* (Fourth edition revised), Philadelphia:Lea Brothers&Co. 1892, p. 414.

[7] Virpi Makinen and Heikki Pihlajamaki, "The Individualization of Crime in Medieval Canon law", 65 *Journal of the History of Ideas*, p. 525, 542 (October 2004).

犯罪。[1] 在14世纪的法国也有类似的制度,其实是沿循了加洛林王朝的做法。"被告人同意是适用国家调查的条件;但如不同意则被强迫表态愿意接受国家的调查。"[2] 当大陆法系世俗的刑事司法在13至14世纪演变成纠问式诉讼的时候,有学者猜想:"在一个具体的程序中,当嫌疑人接受国家的讯问时,法官无疑应该拥有更广的判断自由,同时应该有一个更加复杂的任务",然而经过个案研究,他却发现相反的现象,即"我们几乎看不到任何关于这种判断形式的信息资料,"于是他推论到"这种判断的形式一定是在早期就从我们的法律中消失了。"[3] 他的推论是正确的。如前所述,这种自由判断、理性证据早在公元4至6世纪基督教征服欧洲之时就消失了。相反,整个中世纪延续的就是古老日耳曼法的极端形式主义。

(三) 程序模式、证据方法与犯罪类型对应化——减少、杜绝司法者对程序法、实体法适用的主观介入与司法裁量

中世纪西方基督教世界的刑事法律,实体与程序合一。在规定不同的犯罪类型时,同时也对犯罪所需要适用的证据手段、审判方式做出了详细规定。可以说,有多少重罪种类,就有多少与之相对应的证明、审判方法。通常,法律考虑的因素是被告人身份、性别、犯罪类型性质、严重程度等。

例如,对于热铁审的适用范围,查理曼大帝规定其适用于杀害尊亲的案件[4];799年的Risbach宗教会议规定适用于巫术案件中[5];在图林根人的法律中,则规定适用于指控妇女毒死或者谋杀丈夫的案件[6];848年的美因茨(Mainz)宗教会议规定专门

---

[1] A. Esmein, *A History of Continental Criminal Procedure*: *With Special Reference to France*, translated by John Simpson Boston, Little, Brown, and Co. ,1913, pp. 83-84,97-98; Frederick Pollock and Frederic William Maitland, 2 *The History of English Law before the Time of Edward I*, (2nd.), Cambridge U. Press,1905, p. 601.

[2] A. Esmein, *A History of Continental Criminal Procedure*: *With Special Reference to France*, translated by John Simpson Boston, Little, Brown, and Co. ,1913, p. 104; R. Howard Bloch, *Medieval French Literature and Law*, University of California Press, 1977, pp. 122-123.

[3] A. Esmein, *A History of Continental Criminal Procedure*: *With Special Reference to France*, translated by John Simpson Boston, Little, Brown, and Co. , 1913, p. 253.

[4] Capit. Carol. Mag. II. ann. 803, cap. 5. , quoted by Henry Charles Lea, *Superstition And Force*:*Essay On The Wager of Law-The Wager of Battle-The Ordeal—Torture* (Fourth edition revised), Philadelphia:Lea Brothers&Co. 1892, p. 291.

[5] Concil. Risbach. Can. ix. , quoted by Henry Charles Lea, *Superstition And Force*:*Essay On The Wager of Law-The Wager of Battle-The Ordeal—Torture* (Fourth edition revised), Philadelphia:Lea Brothers&Co. 1892, p. 291.

[6] L. Anglior. Et Werinor, Tit, xiv. , quoted by Henry Charles Lea, *Superstition And Force*:*Essay On The Wager of Law-The Wager of Battle-The Ordeal—Torture* (Fourth edition revised), Philadelphia:Lea Brothers&Co. 1892, p. 291.

适用于奴隶[1]；而895年的特里伯（Tribur）宗教会议则规定适用于对指控所有自由人的案件。[2] 至于程序选择权，盎格鲁撒克逊法规定原告可以选择神明裁判的方式[3]；而后来的日耳曼法规定在盗窃案件或规定其他的案件中由被告来选择[4]；征服者威廉颁布的法律明确规定：如果一名法国人指控一名英国人犯了伪证罪或者谋杀罪、盗窃罪，被告可以选择热铁审或司法决斗来为自己辩护；但是如果他体弱多病，可以寻找其他人代替。如果一个英国人指控一个法国人，但是原告并不希望通过神明裁判或者司法决斗来证明自己的指控，被告就要通过一个有效的宣誓来证明自己无罪[5]；"如果一个名声良好的人被指控盗窃罪，他可以凭自己的宣誓来洗清自己，但是，如果以前曾经被判决有罪或者被指控犯罪，他要提供12名宣誓人……如果宣誓帮助人拒绝宣誓，他只能接受神明裁判"。[6] 12世纪的冰岛法律规定男人使用热铁审，而女人使用水审[7]；根据1201年的英国法律，男人使用水审而女人使用热铁审。[8] 是否经历一种或者三种神明裁判，取决于被指控犯罪的严重程度。[9]

可以说，大量的刑事法条文，都是关于在什么情况下适用什么样的审判方式或者证据手段。马克斯·韦伯赞叹道：

---

[1] C. Mogunt, ann. 848 c. Xxiv., quoted by Henry Charles Lea, *Superstition And Force：Essay On The Wager of Law-The Wager of Battle-The Ordeal—Torture*（Fourth edition revised），Philadelphia：Lea Brothers&Co. 1892，p. 291.

[2] Concil. Triburiens. Ann. 895 c. 22, quoted by Henry Charles Lea, *Superstition And Force：Essay On The Wager of Law-The Wager of Battle-The Ordeal—Torture*（Fourth edition revised），Philadelphia：Lea Brothers&Co. 1892，p. 291.

[3] Laws of Ethelred, iv. §6, quoted by Henry Charles Lea, *Superstition And Force：Essay On The Wager of Law-The Wager of Battle-The Ordeal—Torture*（Fourth edition revised），Philadelphia：Lea Brothers&Co. 1892，p. 291.

[4] The Jus Provin. Alaman,（cap. xxxvii. §§15, 16；cap. Clxxxvi. §§4, 6, 7；cap. Ccclxxxiv., quoted by Henry Charles Lea, *Superstition And Force：Essay On The Wager of Law-The Wager of Battle-The Ordeal—Torture*（Fourth edition revised），Philadelphia：Lea Brothers&Co. 1892，p. 292.

[5] Laws of William the Conqueror, see http://www.fordham.edu/halsall/source/will1-lawsb.html.

[6] Leg. Gul. Conq. 14；15, quoted by Henry Charles Lea, *Superstition And Force：Essay On The Wager of Law-The Wager of Battle-The Ordeal—Torture*（Fourth edition revised），Philadelphia：Lea Brothers&Co. 1892，p. 291.

[7] Gragas, Sect. VI. c. Lv., quoted by Henry Charles Lea, quoted by Henry Charles Lea, *Superstition And Force：Essay On The Wager of Law-The Wager of Battle-The Ordeal—Torture*（Fourth edition revised），Philadelphia：Lea Brothers&Co. 1892，p. 292.

[8] Maitland, pleas, etc., I. 5. quoted by Henry Charles Lea, quoted by Henry Charles Lea, *Superstition And Force：Essay On The Wager of Law-The Wager of Battle-The Ordeal—Torture*（Fourth edition revised），Philadelphia：Lea Brothers&Co. 1892，p. 292.

[9] J. Laurence Laughlin, "The Anglo-Saxon Legal Procedure", in Essays in Anglo-Saxon Law, Little, Brown, and Company, 1876, p. 303.

每一个法律问题都有和它相对应的魔术、技术……没有任何证据是用来显示所主张的特定事实是真还是假。它要解决的问题却是：哪一方应该被允许、或者被要求将关于自己是否正确的问题交付魔法解决？他可以或者应该使用何种魔法？如果对魔术方式的选择是随意的或者是不仔细加以区分的，关于是非对错的问题也不能解决。[1]

我们看到，这种证明对象、所要解决的法律事实问题与适用的证明手段、解决方法之间的对应关系，被法律强制性规定并被赋予一种实体责任的效果。同样，密松尔也有类似评价："他所要提供的证据种类本身，被习惯所规定好了，并且还具有规定好了的后果。"[2]需要注意的是，决定使用何种证据，在审判方式的诸因素中，例如性别的差异等，无论是在证明案件事实上还是在其他方面，都不具有任何法律意义。但是，中世纪所有能够构成谋杀罪案多样性的因素，都会成为程序法律考量的一部分，并以此为基础决定了程序、证据的差异。我们必须这样理解法律对没有法律意义的诸因素考量的初衷——正是依据这些法律，现实中所发生的多种多样的案件才尽可能地与相应的程序、证据方式"对号入座"，案件也才能够顺利的、自动地进行，法官的消极地位才能最大程度地维持。[3] 而也正是依据这些详细的法律规定，主持审判的法官才能作出一种关于使用何种证明方式、审判模式的中间判决。

（四）不确定的中间判决与"判决先于证据"的倒置司法模式——减轻司法者罪感的特殊程序设计

在神明裁判、宣誓、司法决斗中，我们看到初步裁判（initial decision）与最终裁判（final judgment）的区分。初步判决，也被学者称为中间判决、证据判决（medial or proof judgment），它是关于争点的裁判，"仅仅决定在相关事项上如何去做，以及在什么时候、由谁来做。"[4]例如适用何种审判方式的问题，是采用神明裁判还是其他方式，以及预

---

[1] *Max Weber on Law in Economy and Society*, translated by Edward shills and Max Rheinstein, 1954, pp. 77-78.

[2] S. F. C. Milsom, *Historical Foundations of the Common Law* (Second edition), Butterworths, 1981, p. 39.

[3] 需要指出的是，即使在引入纠问制程序以后，这种程序设计志趣一直保留在法国王室法官于1283年完成的著名《博韦地区刑事习惯法》(Coutumes des Beauvaisis)中，即"证明手段一旦选中即不能更换"。
"我们上述的所有8种证据方式具有以下效力：如果负有证明责任的人仅仅通过其中的一种证明手段证明（了案件事实），他就在这个被（对方）否认的事项上胜诉了。并且当其中的一个证据已经充分时，他就不能（再）通过提供两种或者三种证据的方式证明。如果他真的这样做的话，法官是不会接受的。因此，如果一个人说：'法官大人，我想通过证人来证明。如果证人方式还不充分的话，我再用决斗的方式来证明。'他的提议绝对不会被接受。正确的方式是，他必须固定使用其中的一种证据。如果他选择的证据方式未能证明成功，他就不能再使用其他任何一种证据方式。结果，在履行证明上他一败涂地……" See Philippe De Beaumanoir, *The Coutumes De Beauvaisis Of Philippe De Beaumanoir*, translated by F. R. P. Akehurst, University of Pennsylvania Press, 1992, chapter 39, p. 1163 ff.

[4] Melville Mandison Bigelow, *History of Procedure in England from the Norman Conquest*, Macmillan and CO., 1880, p. 288.

设审判以后将出现什么样的结果等问题。[1] 在日耳曼法中,判决"是决定如何解决证据问题,并且解决法律问题的方式是宣布在证据完成以后恰好要发生什么。判决不仅决定证据如何给出,而且决定由谁给出"。[2] 尤其需要注意的是,判决不是对罪否问题的回答,而是对有罪、无罪的结果设定了具体的前提条件、事先的标准,即有无烫伤、是否沉水。如果判决使用宣誓证明则规定所需要的宣誓帮助人的数量。法庭在作出中间判决以后,便悄然退场,留下当事人举证。所谓举证就是司法决斗、神明裁判,或者召集宣誓帮助人进行格式化的宣誓。最终裁判从来都不是法官或者主持神明裁判的神职人员来作出的,尤其是死刑。"即使到了15世纪,主持的法官不能作出(最终)判决,这在任何地方仍然是一个普遍的规则。"[3]

在这里,我们还看到了判决先于证据的倒置司法模式。在12至13世纪的日耳曼民众法庭中,司法决斗、神明裁判仍然流行,William Forsyth证实:

> 主持审判的业余法官(schöffen),从来不被要求作出一个正式的判决,并且法律已经清楚地规定了案件事实被证明或者被认可以后将出现什么样的后果,他们的角色是多余的。案件事实是由证人来决定的,并且他们的证据等于一个司法判决。[4]

据Laughlin考察:

> 在日耳曼法的程序中,最关键的地方在于法律允许的证据手段。证据不是经过法官考量给出的,而是通过解决证据问题,一劳永逸地解决了一个前提条件——根据这个前提条件,案件的判决才能被给出、被完成……古老的日耳曼法程序与当今的程序不同之处尤其在于,证据在判决之后,而不是在判决之前。[5]

同样,梅特兰评论道:

> 对于这种证据模式,我们必须这样理解:证据是试图得出一个判决,并且判决先于证据。当事人在法庭上对诉因进行辩论,程式化的主张与程式化的否认交互

---

[1] Melville Mandison Bigelow, *History of Procedure in England from the Norman Conquest*, Macmillan and CO., 1880, pp. 289-290; James Bradley Thayer, *A Preliminary Treatise on Evidence at the Common Law*, 1898, p. 9.

[2] J. Laurence Laughlin, "The Anglo-Saxon Legal Procedure", in *Essays in Anglo-Saxon Law*, Little, Brown, and Company, 1876, p. 188.

[3] A. Esmein, *A History of Continental Criminal Procedure: With Special Reference to France*, translated by John Simpson Boston, Little, Brown, and Co., 1913, pp. 33-34.

[4] William Forsyth, *History of Trial by Jury*, 1875, p. 51.

[5] J. Laurence Laughlin, "The Anglo-Saxon Legal Procedure", in *Essays in Anglo-Saxon Law*, Little, Brown, and Company, 1876, p. 188.

交锋……诉讼取决于辩论……法庭从来不期望听取、考量相互矛盾的证言[1]

实体判决的阙如、"判决先于证据"的颠倒顺序,无疑是被设计为充当法官与具体死刑判决之间的"隔离带"、"防火墙"。(1)从内容上,中间判决被设计成一个"不确定的"、"缺乏针对性"的判决,它不针对具体一方当事人,仅仅规定了罪否结果的前提条件。但有罪的结果——例如宣誓人数量是否达到中间判决所列举、要求的数量,决斗的胜败,神谕的现象——出现以后,法官、牧师可以因此主张"我的判决并没有说你败诉,也不是针对你作出的;我仅仅是规定了胜败的条件"。(2)中间判决所规定的条件,也仅仅是对已有法律条文的简单复制、重述,而不是法官、牧师自己裁量的结果;因此,法官可以说"杀死你的,是法律、是上帝"。(3)在顺序上,这种判决是在证据给出之前而预先作出的。法官、神职人员可以借此来推卸血罪责任。"死刑是举证的结果,而不是我的司法判决"。这种颠倒的顺序,不仅授之法官一种"与死刑判决无关"的借口,而且在心理上,将法官与死刑判决之间的距离无形中拉大了。颠倒的顺序是一个人工精心设计的结果,它转移了事实认定、法律适用的责任[2]。可以说整个程序制度、证据制度还有其他的制度,都是为了将判决结果尤其是死刑判决产生的责任从司法者身上转移而作的努力。难怪马克斯·韦伯在考察了中世纪法律、诉讼证据模式以后,深深感叹它"是一个人造虚拟的程序(artificial process)"[3]

五、中世纪刑事审判、证据制度的特点与解析之二:
获致案件真实、实现实体正义的方式
——以形式理性、数字理性实现实质理性

"非理性"证据制度真的非理性吗?因语言的限制,笔者仅就英文的资料进行了考察。尽管有学者试图论证中世纪非理性证据制度并非"非理性"[4]但是对关键的环

---

[1] Frederick Polloock and Frederic William Maitland, 2 *The History of English Law before the Time of Edward I*, (2nd.), Cambridge U. Press, 1905, p.603.

[2] "判决先于证据"的倒置模式,并没有随着所谓"理性证据"时代的来临而消逝。相反,在13世纪至17世纪的法国以及12世纪的犹太教的死刑审判程序中,一直采用"判决先于证言给出"、"对证人证言的反对先于证人证言听取"这种倒置模式。笔者在完成的《西方传闻规则的起源、发展与功能演进》一文中对此进行了详细的考证和分析。

[3] *Max Weber on Law in Economy and Society*, translated by Edward shills and Max Rheinstein, 1954, p.77.

[4] See H.L. Ho, "The Legitimacy of Medieval Proof", 19 *Journal of Law and Religion*, p.259, 298 (2003-2004); Rebecca V. Colman, "Reason and Unreason in Early Medieval Law", 4 *J. Interdisciplinary His.* 576, 577; Bryce Lyon, *A Constitutional And Legal History of Medieval England* (2nd ed.), W.W. Norton&Co., 1980, p.101; Paul R. Hyams, "Trial by Ordeal: The Key to Proof in the Early Common Law", in *On the Laws and Coustoms of England: Essays in Honor of Samuel E. Thorne*, Edited by Morris S. Arnold, Thomas A. Green, Sally A. Scully, and Stephen D. White, The university of north Carolina press, 1981, pp.132-133.

节，例如决定案件胜败的被用来分配"举证权利"的推定制度，程序严格、宣誓格式化与程序违法制裁机制的功能以及充当证明标准的数字与司法倒置模式的搭配功效等却缺乏研究，因此，无法得出令人信服的结论。并且，西方学界至今还在为这个问题进行争论，即神明裁判是"事实证据"还是"道德慰藉"程序？[1]

（一）推定制度的特殊功能：上帝的审判还是人的审判？

1. 举证权利（特权）：胜诉的保障

马克斯·韦伯曾说："在古代，提出证据可以被视为是一种权利，和当今的举证责任相对应。"[2] 同样，Dawson 教授证实，在 13 世纪的德国：

> 审判法庭将决定允许哪一方当事人使用宣誓方式支持其案件的主张，并规定他需要找出多少证人作为宣誓帮助人。如果达到既定的数目，该当事人即胜诉。因此，这种方式对诉讼当事人来讲并非一个负担，而是一个特权。[3]

既然是一种权利（特权），它必然要给权利主体带来一定的利益而非一种负担或者不利后果。

我们看到，神明裁判中无罪判决率居高不下。据梅特兰考证，"根据我们现有的证据显示，热铁审被设计成一个为被告人提供逃脱良机的程序"。[4] 13 世纪早期的一个司法记录显示，1208 年至 1235 年期间在匈牙利的瑙吉瓦劳德庇护所（Hungarian sanctuary of nagyvarad）接受热铁审的被告人中，130 名被证明无罪，仅仅 79 名被判决有罪。[5] 梅特兰发现，在 1201 年至 1219 年期间举行的神明裁判中，有罪判决仅为一例。[6] 当看到神明裁判中有 50 名被告人——据他估计，这些被告人都应被判决有罪——被无罪开释时，威廉·鲁弗斯（William Rufus）公开对神明裁判进行嘲弄。[7]

宣誓也是如此。被赋予举证权——通过召集宣誓帮助人来证明己方主张的原告或者被告——意味着胜券在握。美国著名历史学家亨利·查尔斯·李评价道，

> 被告人、法官相当清楚宣誓能够为被告人提供的一种好处，这可以从兰斯大主教马纳塞斯（Manasses）案件中看出来。马纳塞斯被指控犯有买卖圣职罪和其他罪行，虽作出百般狡辩，但是他最终于 1080 年被传唤到里昂宗教会议上接受审判。

---

[1] See Thomas P. Gallanis, "Reasonable Doubt and the History of the Criminal Trial", 76 *University of Chicago Law Review*（Spring, 2009），p. 941, 964.

[2] *Max Weber on Law in Economy and Society*, translated by Edward shills and Max Rheinstein, 1954, p. 78.

[3] John P. Dawson, *A History of Lay Judges*, Harvard University Press, 1960, p. 98.

[4] Frederick Pollock and Frederic William Maitland, 2 *The History of English Law before the Time of Edward I*,（2nd.），Cambridge U. Press, 1905, p. 599.

[5] See R. C. Van Caenegem, "Methods of Proof in Western Medieval Law", in *Legal History: A European Perspective*, Hambledon Press, 1991, pp. 75-76.

[6] Select pleas of the Grown (S. S.) 75.

[7] William Holdsworth, 1 *A History Of English Law*, p. 311.

为了避免即将来临的厄运，他进行了最后一搏——为了获得召集六名副主教进行宣誓的特权，他偷偷地给当时的教皇特使、主教休（Hugh）送去了200盎司的黄金与其他的礼物，还许诺在事成之后将奉送不菲的酬金。[1]

另外，通过当时对宣誓制度滥用的批评及法律规定宣誓制度适用的条件[2]，可以看出，宣誓也是原告或者被告证明自己主张的一种十分便利、容易的方式。

至此，我们的结论应该是：无论原告还是被告，只要被赋予举证权利——进行神明裁判或者召集宣誓人——则意味着他已经取得了胜诉的潜在优势。

2. 举证权利分配原则：有罪推定与无罪推定——"非理性"证据制度的"理性"之维

明确了在中世纪神明裁判中，宣誓是一种权利、特权以后，我们必须考察决定这种权利分配原则的基础是什么。在古日耳曼法和盎格鲁撒克逊法中，举证权利分配的原则是：

> 在证据分配上，通常被告（享有）举证（权利），召集宣誓帮助人。但是每当被告有罪被认为明显时，原告就被赋予证明权利……[3]当现行犯被众人大喊大叫着追赶、抓获，被送交法庭并且有明显的关于他犯罪的痕迹时，举证权利赋予控告人，而不是被告人。控告人必须在宣誓帮助人的帮助下宣誓并证明被告人有罪……这是一种推定有罪的原则的适用。但是，如果被告人立即、主动来到法庭，从他的行为可以推定他是无辜的，因此他享有证明权利。[4]

需要注意的是，这些推定所包含的基础事实，例如当场抓获或被告人手中拿着被盗物品等，都没有在审判程序、举证过程中作为认定案件事实的证据使用，相反仅仅催生了大量的有罪、无罪的推定。而这些推定，决定了哪一方享有举证权利。另外，就证明手段的难度而言，一个清晰可鉴的规律是，宣誓、一重、二重以及三重神明裁判，其难度顺序递增。也正是基于这样的规律，我们看到法律根据犯罪嫌疑轻重的程度来决定授予何方当事人"举证权利"，该当事人使用何种证据或证明手段。以1166年《克拉伦登宪章》第12、13款为例：

---

[1] Henry Charles Lea, *Superstition And Force: Essay On The Wager of Law-The Wager of Battle-The Ordeal—Torture* (Fourth edition revised), Philadelphia: Lea Brothers&Co. 1892, p.62.

[2] Henry Charles Lea, *Superstition And Force: Essay On The Wager of Law-The Wager of Battle-The Ordeal—Torture* (Fourth edition revised), Philadelphia: Lea Brothers&Co. 1892, p.131; A. Esmein, *A History of Continental Criminal Procedure: With Special Reference to France*, translated by John Simpson Boston, Little, Brown, and Co., 1913, p.36.

[3] J. Laurence Laughlin, "The Anglo-Saxon Legal Procedure", in *Essays in Anglo-Saxon Law*, Little, Brown, and Company, 1876, p.305.

[4] J. Laurence Laughlin, "The Anglo-Saxon Legal Procedure", in *Essays in Anglo-Saxon Law*, Little, Brown, and Company, 1876, p.295.

12. 被抓获之人如被发现持有被抢劫或者失窃财物,如其犯罪臭名昭著,坊间存在对其不利的证言,且他无任何保证,他不能被授予举证权利。如果他仅仅臭名昭著但并未持有上述物品,让他经受水审。

13. 如任何人在守法居民面前或在百户法庭供认抢劫、谋杀、盗窃之罪或承认包庇上述罪犯,但是后来却否认所做供认,则不得授予其作证的权利。[1]

在这里,"犯罪名声臭名昭著"与"被发现持有犯罪物品"、"供认后再否认"等理性因素,被视为考量授予何方当事人"举证权利"的两个关键因素。

所以,在神明裁判、宣誓审判中,推定大部分是关于决定举证权利分配的。有趣的是,在解决有罪无罪的概率、可能性大小、形成推定制度的时候,现代意义上的认识论、理性判断起到了决定性的作用。在审判中被抛弃的那些证人证言、情况证据,成为判断有罪推定、无罪推定——直接决定举证权利分配原则、继而决定案件胜负——成立的基础。难怪梅特兰在考察了这些推定之后会说:

> 相当多的法学理论旨在解决证据的分配。这些法学的智慧就是回答这样的问题:针对当事人提出的这些主张,哪一方必须举证?他要采用何种证据方式?……正是在对这些问题的回答中,理性主义的萌芽得以萌发……正是在这里,也仅仅是在这里,我们才可能看到理性在发展推定与概率方面开始发挥作用。一旦举证权利被赋予(一方当事人)、一旦一个规则确定,形式主义便立刻成为帝王之尊。[2]

在这里,我们看到了一种迂回辗转,通过精巧的制度设计来实现实质正义的特殊方式。从表面上来看,证人证言、情况证据在正式审判阶段被忽略,罪否的实质性问题仅仅取决于何方获得举证权利或者举证机会。仅仅凭借于此,被告就能轻易地证明自己的清白或者原告可以轻易地证明对方有罪。但是,这种权利、优势的取得基础,其实是立法者、司法者根据成文或者习惯的推定制度在程序的开启阶段,运用理性对证人证言、情况证据直接考量的结果。有罪时举证权利赋予控告方,无罪时赋予原告方。其过程是一种间接实现实质正义的方式,即证人证言、情况证据→有罪推定、无罪推定成立与否→举证权利分配→上帝审判或者召集宣誓人宣誓→案件结果(见图表一)。所以,不是上帝在审判,而是人——运用理性在审查情况证据、证人证言基础上——偷偷地、事先地审判;上帝审判、召集宣誓人宣誓,只不过是一种掩饰人审判、推却死刑责任的"障眼法",正式的审判只不过是"走形式";案件的结果,早在审判开始之前——分配举证权利之时——就决定了。从这个意义上来讲,特有的举证权利分配原则将那些

---

[1] Available at http://avalon.law.yale.edu/medieval/assizecl.asp.;http://www.fordham.edu/halsall/source/aclarendon.html.

[2] Frederick Pollock and Frederic William Maitland, 2 *The History of English Law before the Time of Edward I*, (2nd.), Cambridge U. Press,1905, p.603.

表面上仅仅解决程序问题、举证权利分配的推定制度，转化为实现实体正义、决定有罪与否的另一种形式理性机制。因此，在信仰时代，"举证权利"凝聚了行为意义上的程序权利和实质意义上胜诉优势。认识到这一点，是我们否定"非理性"审判之说的关键。

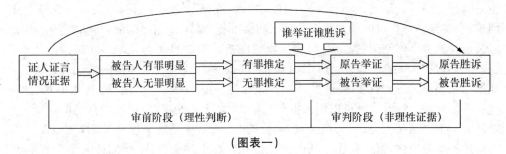

（图表一）

可以说，证据法中的推定制度，是基督教刑事审判观下的产物。为了更好地说明这一点，我们顺便考察一下推定制度功能在 13 世纪至 18 世纪的变化。13 世纪以后，当职业法官作为事实裁判主体时，我们看到了推定制度在大陆法系刑事司法中的新功能，即从基础事实推出推定事实，或者代替法官作出判决。在这里，事实推定制度与法定证据制度一样，充当了法官的避难所并被用来推脱审判责任。担任法国地方法官的 Philippe de Beaumanoir 于 1283 年完成了《博韦地区刑事习惯法》一书，在证据一章中，他列举了 8 类证据类型，其中就有推定，它分为"确凿无疑之推定"和"有疑问的推定"两种，前者可以据此直接判决。确定清楚的推定又分为 4 种，我们看其中的一种：

> Pierre 到法官面前指控 Jehan 谋杀了他的一个亲戚，且有一群最诚实的人们看到、并且知道 Jehan 杀了人。Pierre 说杀人事实众所周知——"众人皆知"本身就足以证明案件事实。因此，他要求法官伸张正义。而 Jehan 却明确地予以否认，并说如果有人正式地指控他，自己将申辩。法官主动展开了讯问，并且以下列经过宣誓的证人证言作出了判决：证人说看到 Jehan 用一把长刀攻击被害人，并且一大群人马上围在 Jehan 和被害人周围，因此他们没有亲眼看到 Jehan 用刀将这个人杀死，但是却看到 Jehan 从人群中出来、离开时手中拿着"赤裸裸"、"正流着血"的刀，并且他们还听到那个被害人说"他杀我"。在这种证据调查的情况下，除非通过推定，否则你绝对看不到清楚无误的事实，因为没有人确实地看到杀人的一幕。但是，Jehan 被这种推定判决有罪并被处罚。[1]

在这里，我们看到事实推理"如临深渊，如履薄冰"。从功能上来讲，在所谓的理性证据制度中，推定充当了间接证据、情况证据的转化装置。

---

[1] Philippe De Beaumanoir, *The Coutumes De Beauvaisis Of Philippe De Beaumanoir*, translated by F. R. P. Akehurst, University of Pennsylvania Press, 1992, p. 1157 ff.

其实，在非基督教文化的司法中，连接基础事实与推定事实，并从大量的间接证据、情况证据得出最终的、综合的事实判断，均为普通常识作用的结果，是每个理性人都具有的能力。正是人的常识和人所固有的思维能力，使基础事实到推论事实的过渡变得十分自然；从情况证据、间接证据到得出事实结论也十分容易，且该过程在时间上也是瞬间完成的。但是，在避免"法官个人判断、推理"的基督时代，事实判断变得十分困难、事实判断过程也同样被复杂化了。间接证据、情况证据之间的勾连、整合与加工以及最终案件事实结论的得出，将变得坎坷曲折。基础事实与推论事实之间的距离，也被无形地扩大了。所以，为了实现两者之间的过渡、跳跃，从大量的情况证据、间接证据推出事实结论，都必须借助于人工创制的中介——法律化、规范化的推定制度——来完成。没有这种可以用来推却"血罪"责任的推定，法官动用自己的推理、判断能力是不可能从容完成的，判决也不会作出。所以大量的证据法被制定出来，事实判断过程尽量地格式化、程序化从而被立法化。在上述案件中，假如证人所看到的不是"赤裸裸的"刀而是"覆盖有遮蔽物的、类似长刀状的物品"的话，可以肯定的是，要么有罪判决不成立，要么是更详细的——连接刀和被覆盖的刀状物之间的媒介——新的推定被创造出来。在我们看来无法描述的隐形常识，在中世纪的法律中被冠以"事实推定"，并被细致地研究、制定出来，推陈出新。

考察推定制度的发展历史，就会发现推定制度、法定证据制度的产生、发展、复兴、消亡，是和基督教在两大法系的命运完全同步的。在基督教成为罗马国教的时候，承担举证责任分配功能的推定制度和僵化的形式主义程序相伴而生。当1215年教会取消神明裁判，裁判权从上帝转移到职业法官时，"法定证据制度"与"事实推定制度"在教会法以及意大利的博罗尼亚大学全面兴起，成为"欧洲普通法"(ius commune)的重要部分。

我们只有了解12至13世纪法学家构筑的理论体系，才能清楚地认识到法定证据制度、推定制度、程序之于刑事法官的重要性。正是中世纪的教会法学家将早期教父的"程序杀人、法律杀人之道"加以阐释，形成了程序、证据法基础。格兰西说道：

> 如果谋杀意味着将一个人杀死，有时候杀人并没有罪。毕竟，士兵可以杀敌，法官或其助手也可以处决一个罪犯……在我看来，上述杀人都不是罪，他们也不能被称为通常意义上的杀人犯。当一个人被以正义的方式杀死时，不是你，而是法律杀死了他。[1]

13世纪早期著名教会法学家Raymond de Penafort明确指出，世俗法官在审判可能判处死刑的案件时，只要"遵守法律程序"，就免予死罪：

---

[1] C. 23, q. 5, c. 41, translated and quoted by James Q. Whitman, *The Origins of Reasonable Doubt*, Yale University Press, 2007, p. 47.

杀人有四种方式：凭正义杀人、随意杀人、出于必要杀人以及意外杀人。凭正义杀人，即法官或其助手杀死一个已经被公正判决有罪的罪犯。如果处于恶意或以流人类的血为嗜好而杀人，即使罪犯被以正义方式处死，法官也由于其污染的主观目的而触犯了死罪。然而，如果法官出于对正义之爱而杀人，他宣布死刑判决、命令其助手处死罪犯时，法官并没有罪，其助手遵守命令处死罪犯时也没有罪。但是，如果法官或其助手没有遵循法律程序（iuris ordine non serbato），他们就犯了死罪。[1]

Whitman教授对此评论道："判处死刑时法官必须遵守法律程序，这为法官提供了一个安全之道，无论是英国还是欧洲大陆，法官之所以得以救赎，就在于遵守法律程序。"[2] 需要指出的是，在中世纪，"不是你，而是法律杀死了他"这句话中的"法律"并非指刑法，而是专指"程序法、证据法"。

法定证据制度就是在这种语境下为专门处理死刑案件而被创造出来。如果我们比较中世纪以及近代同一时期的刑事诉讼与民事诉讼的区别，比较重罪与轻罪的程序差异，就会发现，不是认识能力，而是基督教的文化，导致了独特证据法制度和程序制度。法定证据制度不是作为认识手段而得以确立，而是成为一种新形式的法官"避难所"。这一结论在笔者近期研究的欧洲大陆的传闻规则中已得到证实。笔者仅挑选出有关学者对法定证据制度的使用范围的论述就可见一斑了。

早在1897年，Lawrence Lowell就指出：

显而易见，证据理论（指中世纪的法定证据制度）仅仅适用于刑事案件。规范证人证言可采性的证据理论虽然适用于所有案件，但是"如日中天"的证据原则，如同普通法中的"排除合理怀疑"原则，仅仅适用于刑事案件。在民事案件中，如不是根据案件是非曲直作出裁判，这是不正义的。质言之，判决必须建立在全面权衡证据的基础之上，因此并不要求任何一方提交的证据确属绝对确凿无疑。证据理论及其刑讯，仅限于刑事案件，并且，事实上，它也仅仅适用于可能处以死刑或流血刑（death or mutilation）犯罪。[3]

1882年Esmein教授也指出："严格的证据规则对不是那么严重的案件并不适用。

---

[1] X. Ochoa and A. Diez, ds., S. Raimundus de Pennaforte Summa d Paenitentia, in Universa Bibliotheca Iuris, 1:443, translated and quoted by James Q. Whitman, *The Origins of Reasonable Doubt*, Yale University Press, 2007, p. 48.

[2] James Q. Whitman, *The Origins of Reasonable Doubt*, Yale University Press, 2007, p. 48.

[3] A. Lawrence Lowell, "The Judicial Use of Torture", *Harvard Law Review*, (1897-1898), 220, 233.

在非死刑的指控中,并不要求存在哪种充分的证据。"[1]著名的美国教授Langbein曾言:"罗马教会的证据法,所规范的是那些严重犯罪的审判程序,即可能被判处流血刑(death or severe physical maiming)。"[2]同样,达玛斯卡教授的结论是:

> 罗马教会法制度的本质是,没有被告的当庭供述或者两个目击证人的证言,不能对重罪定罪。换句话说,严重犯罪的充分证据是和罗马—教会法的法定证据制度相连的。而对一些轻罪来说,则可以根据情况证据作出判决。在此时,证据制度是自由评价的证据制度。[3]

根据法定证据要求,只有获取相互一致的两个目击证人证言或被告人供述,法官才能以此为基础在作出有罪的死刑判决的同时,将死罪(mortal sin)归结于"证据法"。但是,舍弃情况证据、物证不用,任何诉讼制度都不可能幸存下来。因此,其他替代制度必须被创造出来。质言之,当证人证言、被告人供述无法获得时,需要动用人的思维判断、归纳、推理才得出结论的情况证据,只能分别通过两个转换器转化为符合法律要求的证据形式。(1)情况证据、物证等以经验主义为基础转换为"确凿无疑之推定"的法律形式,前述的《博韦地区刑事习惯法》便是其例。(2)通过"司法刑讯"手段转化为符合"法定证据"要求的"被告人供述"形式,从而,将判决死刑的责任转移到"法律"上。法律史上的一段公案,即刑讯与法定证据之间的深层因果关系也得以明晰。即,在非死刑案件中,绝无刑讯现象;在死刑案件中,当法律——如1670年法国法案——许可法官在达不到"法定证据"要求时,可以判处非死刑的其他刑罚,刑讯也不存在;当死刑的替代刑罚如劳役、监禁出现时,刑讯也不存在。[4]因此,从一定程度上来讲,Langbein教授的判断是对的:"刑讯现象之所以消逝,既非公众舆论也非政治、而是法律上的结果。"[5]但是,只要"血罪"、"血腥审判"观念还在,且死刑存在或其他替代刑并未普遍,欧洲大陆的法定证据制度则苟延残喘,例如芬兰的法定证据制度于19世纪中后期才最终消逝。[6]

当然,极为重要的深层文化因素,即新教革命所主张的"良心至上"、"凭良心、知悉

---

[1] Poullain du Parc, vol. XI, P. 116. Quoted by A. Esmein, *A History of Continental Criminal Procedure: With Special Reference to France*, translated by John Simpson Boston, Little, Brown, and Co., 1913, p. 256; See also Mirjan Damaška, "Hearsay in Cinquecento Italy", 1 *Studi in onore di Vittorio Denti* (1994), 59, 89.

[2] John H. Langbein, *Torture and the Law of Proof, Europe and English in the Ancien Regime*, 1977, p. 4.

[3] Mirjan Damaška, "The Death of Legal Torture", 87 *The Yale Law Journal* (1978), 860, 884,; Mirjan Damaška, "Hearsay in Cinquecento Italy", 1 *Studi in onore di Vittorio Denti* (1994), 59, 89.

[4] See John H. Langbein, *Torture and the Law of Proof, Europe and English in the Ancien Regime*, 1977, pp. 45-60.

[5] John H. Langbein, *Torture and the Law of Proof, Europe and English in the Ancien Regime*, 1977, p. 4.

[6] See Heikki Pihlajamäki, *Evidence, Crime, And The Legal Profession, The Emergence of Free Evaluation of Evidence in the Finnish Nineteenth-Century Criminal Procedure*, Lund, 1997.

判断"的神学原则,从另一个角度将单纯"以证据裁判"的原则演化为法学上对证据自由评价的"自由心证"制度。

(二)数字理性与形式理性:实体判决、证明标准的客观化、数字化——从质到量的转换,实体判决的预先设定

在非理性证据制度下,既然司法不对罪否作出裁判,势必需要将司法判断交给立法者。将事实判断——需要动用司法者主观思维进行的一种动态、质的判断——推却给法律,其难度是相当大的。将复杂的质的判断转化为可以"一目了然"、"无须动用人的思维判断"的量化形式,将司法者应当承担的对证据质的判断,转化为避免主观权衡的、无需阐释的外化形式,是早期法学家、程序制定者殚精竭虑的努力目标。为达此目标,中世纪早期程序设计者所采取的方式就是迂回、辗转的转化,这就是一直令后世西方学者马克斯·韦伯、梅特兰等人对西方早期法律形式理性特点深感迷惑的地方。

1. 数字理性的表现:证明标准的数字化、客观化。

(1)神明裁判。立法对被告人罪否的事项——如何解读上帝的意志、判决——作出了详细的规定。例如,在热水审中:"如果被指控的是非重罪,被告人手臂伸到水中的深度为手腕关节,并将以绳索悬挂的石头从水中捞出;如果是重罪,石头沉入水中会更深,他需要将手臂深入水中到肘关节的深度"[1]。在热铁审中,最通常的方式是:"让被告人拿着烧红的热铁走一定的距离,通常是 9 英尺。而热铁的重量是法律事先规定好的,并且因指控犯罪的严重程度而异"。同样,盎格鲁撒克逊法规定:"在单一的神明裁判中,铁的重量是 1 磅;而三重的神明裁判中,其重量是 3 磅"[2]。在亨利二世司法改革时期著名的 1166 年《克拉伦敦法案》第 2 款中,这种证明有罪与否的数字化标准体现得更为明显:

> 2. 经上述陪审团宣誓,那些被指控为抢劫、谋杀、或者盗窃罪的人,以及窝藏上述罪犯的人,如证明自己无罪,必须被羁押交付水审,且须达到五先令的程度……[3]

(2)宣誓。宣誓裁判中,集案件事实、证明标准为一体的实体判决,被浓缩在法律事前规定的、最为直观的宣誓帮助人数量上。"如果当事人不能提供足够数量的宣誓帮助人,其宣誓将被视为是虚假的;如果是民事案件,他将败诉;如果是刑事案件,他将被判有罪。"在对抗性的宣誓中,案件的结果取决于哪一方宣誓帮助人数量较多。"即

---

[1] Melville Mandison Bigelow, *History of Procedure in England from the Norman Conquest*, Macmillan and CO. 1880, p.326.

[2] Henry Charles Lea, *Superstition and Force:Essay On The Wager of Law-The Wager of Battle-The Ordeal—Torture*(Fourth edition revised), Philadelphia:Lea Brothers&Co. 1892, p.287; The Laws of King Edgar, 959-975 A. D., see http://www.fordham.edu/halsall/source/560-975dooms.html#Laws%20of%20King%20Edgar.

[3] 参见耶鲁大学图书馆提供的翻译:http://avalon.law.yale.edu/medieval/assizecl.asp.

使他确实提供了要求的数量,他的对手也许通过召集那些享有法律分值高的宣誓帮助人获取优势地位。被告人也同样如法炮制。如此反复下去,直到其中一方的宣誓帮助人在法定分值上胜出为止。"[1]

在决定宣誓人数量的各种因素中,我们可以从中体会到所需要的宣誓帮助人数量与案件真实之间存在着某种模糊的比例关系。

① 宣誓帮助人数量,因名声的好坏而异。

> 如果一个名声良好的人被指控盗窃罪,他可以凭自己的宣誓来洗清自己。但是如果以前曾经被宣告有罪或者被指控犯罪,他就要提供12名宣誓人。为此,要指定14人,他从中要挑选出11名,加上自己共12名。但是,如果宣誓帮助人拒绝宣誓,他只能接受神明裁判。[2]

根据威尔士的法律:

> 被指控通奸的妇女,在第一次指控中可以由7名妇女推翻指控;如果是第二次指控,她需要提供14名;而第三次审判,须有50名妇女宣誓才能保证她推翻犯罪指控。[3]

在这里,我们看到了名声好坏、被指控的次数与犯罪可能性之间的一种正比关系。法律上的这种考量充分地体现了模糊理性之维。

② 犯罪的性质、严重程度决定帮助人的数量。根据威尔士格温特法律(Gwentian code),在伤害罪案中,如果外伤痕迹持续到第9天,被告人可以使用两名与其地位相同的宣誓人来否认;如果持续到第18天,需要3名宣誓人;如果到第27天,则需要4名宣誓人。[4] 在盎格鲁撒克逊法律中,"宣誓帮助人的数量因指控的犯罪的严重性……犯罪的性质……赔偿金数额……而异"。[5] 即使同一种犯罪,因犯罪严重性程度不同,法律也规定了不同的宣誓人数量要求,根据威尔士法律:

> 谋杀罪按照不同的等级被分成九类。其中,前三类需要100名宣誓帮助人推翻指控;中间的三类,需要200名;最后的三类,则需要300名……然而,要推翻一

---

[1] William Forsyth, *History of Trial By Jury*, 1875, pp.68-69.

[2] Leg. Gul. Conq. 14;15, quoted by William Forsyth, *History of Trial By Jury*, 1875, pp.68-69.

[3] Leges wallice, Lib. II. Cap. xxiii. §17(Owen II. 848), quoted by Henry Charles Lea, *Superstition And Force:Essay On The Wager of Law-The Wager of Battle-The Ordeal—Torture* (Fourth edition revised), Philadelphia:Lea Brothers&Co. 1892, p.45.

[4] Gwentian Code, Bk. II. Chap. Vii. §10, quoted by Henry Charles Lea, *Superstition And Force:Essay On The Wager of Law-The Wager of Battle-The Ordeal—Torture* (Fourth edition revised), Philadelphia:Lea Brothers&Co. 1892, p.44.

[5] J. Laurence Laughlin, "The Anglo-Saxon Legal Procedure", in *Essays in Anglo-Saxon Law*, Little, Brown, and Company, 1876, p.298.

个使用野蛮暴力杀人或者投毒杀人的指控,必须有600名宣誓帮助者。[1]

由此,我们看到宣誓人数量和犯罪严重程度之间的比例关系。

③ 当事人地位也影响了宣誓人的数量。12世纪的苏格兰法规定,在刑事诉讼中,被告人可以用11名具有良好品行之士反驳领主的指控;如果国王指控他,则需要24人。[2] 根据《大卫一世市民法》(burgher laws of david I),发生在公民之间的案件可以用10个宣誓人;但是如果国王是一方当事人,或者案件涉及生命、身体伤害,或者争议的是土地,必须有11个宣誓人。如果案件发生在一个市民与一个农民之间,每一方都必须提供与其地位相同的宣誓人。[3] 同样的特点也存在于弗里斯兰人法律中。在该法律中,宣誓帮助人必须和主宣誓人的社会地位相同,主宣誓人的社会地位越低,所需要的宣誓帮助人的数量越少;社会地位越高,数量越多。[4] 在教会法体系中,也采取了类似的原则,即被告人的社会地位越高,他需要找出社会地位相同之士作为宣誓人的数目就越大。因此,"主教需要11名主教,牧师则需要5名牧师,执事需要两名执事"。[5]

④ 指定方式的差异也决定了不同的数目。日耳曼部落中的阿勒曼尼人法规定,在谋杀罪的审判中,如采用指定方式,被告必须有20名宣誓人;如果被告自行选择的话,宣誓人的数目将提高到80名。在803年的一个法令集中,查理曼大帝规定7名挑选的宣誓人;但如果随机挑选,数目是12名。在922年的Coblentz宗教会议规定,对亵渎圣物罪的否认,需经由特定程序挑选出24名宣誓帮助人;如果不是这种方式挑选的,则为72人。[6] 盎格鲁撒克逊法律中规定了双方当事人必须从对方提供的候选宣誓帮助人中挑选若干作为自己的帮助人。这些帮助人的宣誓被称为"挑选的宣誓"(chosen oath、cyre-ath),以区别于"未经挑选宣誓"(unchosen oath、rim-ath、ungecorene-ath),即朋

---

[1] Venedotian Code, Book III. Chap. I §18, quoted by Henry Charles Lea, *Superstition And Force*:*Essay On The Wager of Law-The Wager of Battle-The Ordeal—Torture* (Fourth edition revised), Philadelphia:Lea Brothers&Co. 1892, pp. 36-37.

[2] Henry Charles Lea, *Superstition And Force*:*Essay On The Wager of Law-The Wager of Battle-The Ordeal—Torture* (Fourth edition revised), Philadelphia:Lea Brothers&Co. 1892, p. 44.

[3] Leg. Burgorum cap. Xxiv. § §I,3. quoted by Henry Charles Lea, *Superstition And Force*:*Essay On The Wager of Law-The Wager of Battle-The Ordeal—Torture* (Fourth edition revised), Philadelphia:Lea Brothers&Co. 1892, p. 44.

[4] Henry Charles Lea, *Superstition And Force*:*Essay On The Wager of Law-The Wager of Battle-The Ordeal—Torture* (Fourth edition revised), Philadelphia:Lea Brothers&Co. 1892, p. 47.

[5] Henry Charles Lea, *Superstition And Force*:*Essay On The Wager of Law-The Wager of Battle-The Ordeal—Torture* (Fourth edition revised), Philadelphia:Lea Brothers&Co. 1892, p. 43.

[6] Henry Charles Lea, *Superstition And Force*:*Essay On The Wager of Law-The Wager of Battle-The Ordeal—Torture* (Fourth edition revised), Philadelphia:Lea Brothers&Co. 1892, p. 43.

友、亲戚作为宣誓人。[1] 可以说,区分不同的挑选方式并给予不同的可信度,并将这种可信度转化为数量的形式,充分体现了现代理性的成分和当时立法者的良苦用心。

我们必须洞悉宣誓帮助人数量以及神明裁判中精确数字的双重意义。

一方面,直观、无需解读的数字,使判决先于证据的倒置司法模式可以被顺序地回溯;也只有将案件事实、证明标准数量化,中间判决——设定有罪无罪前提条件并将其浓缩为精确的数字形式——才能在举证以后无障碍、直白地被解读为实体判决,而无需神职人员、法官再重新作出一个实体的判决,从而保障了司法者免受地狱之灾。

更重要的是,在省却司法者裁判的同时,数字,集案件真实性诸因素为一体,成为事实真实的指数、参数,最终起到了证明标准并直接代替实体判决(或曰将中间判决直接换算成实体判决)之功效。需知,在中世纪小规模的熟人社会中,当事人能否找到足够的宣誓帮助人,充分体现了其主张的真实性。而社会等级制度的划分,也可以体现信用度差别。社会地位高的人,其宣誓的可信度也高——面临伪证罪没收财产、入狱惩罚的威胁,拥有大量财产的人较一无所有的佃农更不可能作虚假宣誓。仔细审视宣誓制度,我们发现,多数规则都是在避免对案件事实直接判断的前提下,尽可能将质外化为量、将实质理性转换成形式理性或者数字理性。在顺序解读司法倒置模式时,中间判决其实是一种附生效条件的实体判决。但是,其所附的生效条件则蕴含了事实真实、证明标准。所以,中世纪的程序法,以顺序来看,复杂的证据规则、不一的数字是实现实体正义、得出判决结果必须的过程、程序。但是,从倒序来看,这种包括数字、证据规则在内的程序本身就等于判决结果。(见文末图表二)

2. 换算机制的建立:实现数字化的保障

在具体的案件中,当法律规定的宣誓人种类不能获得,但是主宣誓人却拥有其他种类的宣誓帮助人,或者地位不同的宣誓帮助人共同支持一个主宣誓人时,如何计算宣誓人的数量?证明标准如何确立?西欧的社会等级制度无疑提供了一种可以自由换算的原理和机制,弥补了立法不能穷尽所有事项的缺憾。

我们以盎格鲁撒克逊法律为例。"无论哪一方有权宣誓,所规定的宣誓帮助人的数量因指控而异。它是法律规定好了的,通常和某一特定犯罪所处刑罚的量有关。"因此,"被告要证明自己的清白,所需要的宣誓人的数量就等于表明其本人社会身份、价值的生命赔偿金(wergild)[2]数值。在《伊根法》(Ine law)中,宣誓人的数目通常是根

---

[1] William Forsyth, *History of Trial By Jury*, 1875, pp.65-66;J. Laurence Laughlin, "The Anglo-Saxon Legal Procedure", in *Essays in Anglo-Saxon Law*, Little, Brown, and Company,1876, p.299.

[2] "Weregeld",也叫"weregild/weregeld",在早期的日耳曼法中,它是用金钱方式表现一个人的价值的尺度,在侵权诉讼、或者杀人案件中,通常也是获取的赔偿金的数额。参见 Lloyd e. Moore, *The Jury: Tool of Kings Palladium of Liberty* (second edition), Anderson Publishing Co., 1988, pp.21-22; also *see* William Forsyth, *History of Trial By Jury*, 1875, p.61; *see* http://en.wikipedia.org/wiki/Wergild.

据土地计量单位 hide[1] 的数目计算的;在阿尔弗雷德也是如此。并且十分明显,每当出现这种情况,hide 的宣誓数目和对这种犯罪应处罚的先令的数目都是一致的。一个人所做的宣誓的价值,对其评判的标准,是和他的生命赔偿金的比率一致的"。我们可以看到,"在莫西亚人的法律(Mercian law)中,一个 wergild 数值为 1200 人所作的宣誓值,相当于六个佃农(ceorl)的宣誓值"。[2] 早期的诺森伯兰人的法律(Northumbrian law)规定宣誓人的数量也以"hide"计算。在这里,刑罚所规定的赔偿金数值被等置为宣誓帮助人数量,最终被作为数字化了的证明标准。

不仅世俗的法律,教会法体系也有类似的换算体系。例如约克的大主教(archbishop of York 732-766)宣布,教会神职人员宣誓值如下:"一个牧师为 120 tributarii(tributarii = 20 hides[3]),执事为 60 manentes(manentes = 4 hides[4]),僧侣为 30 tributarii"。[5]

凭借上述换算、转换原理和公式,现有的立法得以适用到千差万别的个案,并最终计算出所需要的宣誓人数量。(见文末图表二)

（三）形式理性、数字理性实现实质理性的保障基础与特殊机制

1. 对伪证罪的严格处罚:数字理性、形式理性的基础

中世纪作出虚假宣誓的帮助人要受到世俗、教会、末日审判的三重处罚。(1)就教会法而言,"如果故意作伪证,对其赦免需要 7 年的忏悔;如果并非故意,则需要 16 个月"。(2)在世俗法中,我们看到了一种荒唐、残酷的"连带惩罚"制度,即如果主宣誓人败诉或者被判决有罪,其宣誓帮助人也相应地被视为伪证并予以严惩:

> 如果宣誓帮助人不幸站错了队,他们将被判决伪证罪,并受到惩罚……根据萨利克法,那些不幸的宣誓帮助人将受到重罚;在弗里斯兰族,他们必须通过支付一定的金钱才能避免受罚;根据加洛林王朝的立法,他们将失去一只手臂,这是对伪证罪通常的惩罚,除非他们能够通过神明裁判证明自己对案件事实不知情而做

---

[1] "Hide" 是中世纪英国使用的、一个非固定的土地计量单位,约相当于 60—120 英亩,See http://en.wikipedia.org/wiki/Hide_%28unit%29.

[2] Dorothy Whitelock, *English Historical Documents*: *500-1042*, David C. Douglas gen. ed., Oxford University. Press,1955, p. 355; William Forsyth, *History of Trial By Jury*, 1875, pp. 61-62, 65-66; Henry Charles Lea, *Superstition And Force*: *Essay On The Wager of Law-The Wager of Battle-The Ordeal—Torture* (Fourth edition revised), Philadelphia:Lea Brothers&Co. 1892, p.46; Anh, VIII, 1,2; Henr. 64. § §2, 3. ;see J. Laurence Laughlin, "The Anglo-Saxon Legal Procedure", in *Essays in Anglo-Saxon Law*, Little, Brown, and Company,1876, p. 299.

[3] http://www.anglo-saxons.net/hwaet/? Do = seek&query = S + 43

[4] http://www.anglo-saxons.net/hwaet/? Do = seek&query = S + 1173

[5] Haddan and Stubbs, III, p. 404., quoted by Dorothy Whitelock, *English Historical Documents*: *500-1042*, David C. Douglas gen. ed., Oxford University. Press, 1955, pp. 355-356.

出宣誓。[1]

然而,对一个基督信徒来讲,对伪证罪最具威慑力的还是来自上帝的惩罚——末日审判中不可避免的地狱之灾。[2]

可以说,对伪证罪严格的三重处罚,最大程度上阻却了那些要作伪证的宣誓帮助人迈向法庭的步伐。所以,从这种意义上来讲,"宣誓证据制度并非是一种非理性的探知事实的方法"。[3] 相反,它是在基督教教义之下所唯一能够发明出来的最精致的一种间接证明方式。神明裁判也是如此。其准备仪式的神秘性"强化了宗教尊严或者迷信的恐惧",但同时不失为恐吓伪证的一种有效手段。[4] 只有在最大限度减少伪证的情况下,宣誓帮助人的数量才对案件真实有实质性意义。也只有在中世纪宗教文化沐浴中,宣誓证明方式也才能彰显其理性之光。

2. 程序性制裁机制的建立:形式理性与实质理性之间的桥梁

无论是神明裁判、司法决斗还是宣誓,诸多仪式、场景是在教堂进行的。其仪式复杂、僵化,控告、答辩、宣誓均使用格式化的语言。尤为重要的是对程序的疏忽、违反将导致实体性败诉。据学者考察,早在公元6世纪之前,程序性制裁制度就在古日耳曼法、萨利克法中确立:

> (法律)被设计成执行性(指没有自由考量的僵化的证据法)的程序,完全不同于后世所熟知的证据法;其显著特点是强制性程序;严格的精确性表现在法律与程序之间的关系上——当被告逐字逐句重复原告的权利主张并否认该主张时,如果他在重复的时候口吃,就被判决败诉;这种严格的形式主义赋予一种程序性强制力,它通过对违反程序的行为进行法律制裁而得以强化。[5]

在后世的法国封建法庭,"原告口头起诉,不能忽略任何一个必要的词语,也不能

---

[1] Henry Charles Lea, *Superstition And Force: Essay On The Wager of Law-The Wager of Battle-The Ordeal—Torture* (Fourth edition revised), Philadelphia: Lea Brothers&Co. 1892, pp. 31, 63-64.

[2] 《摩西十诫》中规定:"不可作假见证陷害人。""你们不可偷盗,不可欺骗,也不可彼此说谎。不可指着我的名起假誓,亵渎你神的名。"(参见《利末记》,十九:11.12);"耶和华所恨恶的有六样,连他所憎恶的共有七样:……撒谎的舌、流无辜人血的手……吐谎言的假见证……""作假见证的,必不免受罚,吐出谎言的,终不能逃脱。""说谎言的,你必灭绝。"(参见《诗篇》五:6);在《圣经》记载的末日审判中,"一切说谎话的,他们的分就在烧着硫磺的火湖里;这是第二次的死"。(参见《启示录》,二十:12—14,二十一:8);"凡不洁净的,并那行可憎与虚谎之事的,总不得进那城。"(参见《启示录》,二十一:27)。

[3] Rebecca V. Colman, "Reason and Unreason in Early Medieval Law", 4 J. Interdisciplinary His. 576, 577; Bryce Lyon, *A Constitutional and Legal History of Medieval England* (2d ed.), W. W. Norton& Co., 1980, p. 188.

[4] William Robertson, 1 *The History of the Reign of the Emperor Charles V*, Phillips, Sampson. &Co., 1859. p. 56.

[5] J. Laurence Laughlin, "The Anglo-Saxon Legal Procedure", in *Essays in Anglo-Saxon Law*, Little, Brown, and Company, 1876, pp. 183-184.

犯任何错误,否则对方将以此为理由而主张起诉无效。被告必须当场应对……辩护仅仅是精确地针对起诉的每一点,逐字逐句进行反驳'de berbo ad verbum'"。[1]在宣誓中,"如果错用了一个字,则宣誓失败,对方胜诉"。[2] 根据盎格鲁撒克逊法律"他们(宣誓帮助人)应该使用无比准确的形式宣誓。任何犹豫、疏漏或错误将导致他们所支持的人败诉"。13世纪一个英国的论文集列举了败诉的情况:

> 主宣誓人在他宣誓的时候将自己的手从《福音书》上拿开,或者没有亲吻之;没有完整说出对方对其指控的话语;没有获得应有的宣誓帮助人数量;或者其中的任何一个人缺席……甚至宣誓人一丝的犹豫也将被视为有罪的征兆。[3]

在早期,宣誓帮助人宣誓时"使用统一语调,并且他们的手彼此相连"。在英格兰时代,则是分别宣誓,"一个接着一个,每个人都将手放在《福音书》上,重复着相同的格式。无论当事人或是任何一个宣誓帮助人,在宣誓中所犯的任何一个错误,对当事人的案件来讲都是致命的。"[4]这种严格的形式主义、程序至上原则,浓缩成一句话就是"行为必须按照正确的方式。说话必须使用正确的词语。"[5]马克斯·韦伯很好地总结了这种程序与实体结果之间的关联。他说:"如果相关的问题没有以规定的准确形式表达,魔术(指非理性的审判、证据方式)就不能提供正确答案。"[6]

与解读宣誓帮助人数量的含义一样,我们必须懂得程序僵化、形式化以及宣誓内容格式化在信仰时代所起到的特殊功能:一方面,它杜绝了使用证人证言、情况证据时可能会产生的证据间的矛盾,排除了事实裁判者需动用个人主观因素判断证据真伪的可能性和必要性,从而为司法者提供一种程序意义上的安全屏障。另一方面,更重要的是,它作为识别伪证、检验案件真实的一种特殊装置。世俗、教会、上帝对伪证的三重处罚——尤其是无所不知、全能的上帝——使说谎的人面临严重的心理、精神压力。而这种说谎者所面临的心理恐惧、精神压力,在不动用人主观判断的前提下,只有在宗教仪式神秘的氛围中通过无比精确的格式、僵化严格的程序要求才能彰显、检验、外化出来。如果说前文所涉及的神明裁判、宣誓中推定制度、决定宣誓帮助人数量的诸因

---

[1] A. Esmein, *A History of Continental Criminal Procedure*: *With Special Reference to France*, translated by John Simpson Boston, Little, Brown, and Co., 1913, pp. 56-57.

[2] Frederick Pollock and Frederic William Maitland, 2 *The History of English Law before the Time of Edward I*, (2nd.), Cambridge U. Press,1905, p. 601.

[3] Richard Firth Green, *A Crisis of Truth*: *Literature and Law in Ricardian England*, U. Pa. Press, 1999, pp. 100-101.

[4] Melville Mandison Bigelow, *History of Procedure in England from the Norman Conquest*, Macmillan and Co., 1880, p. 304.

[5] Wendy Davies, "Local Participation and Legal Ritual in Early Medieval Law Courts", in *The Moral World of The Law*, Peter Coss ed., Cambridge U. Press, 2000, p. 48, 54.

[6] *Max Weber on Law in Economy and Society*, translated by Edward shills and Max Rheinstein, 1954, pp. 77-78.

素、对伪证罪的处罚等,是从积极的正面来最大限度地保障真实的话,那么这种僵化的、严格的格式和程序,则是从消极地的反面充当了试图鉴别伪证、识错的试金石——对格式、程序的违反、疏忽、错误等表象,被解读为说谎。所以,中世纪法律的形式理性,不仅表现在将实质理性直接转化为数字理性,还表现为将直观、僵化的程序、格式,转化为识别谎言的试金石。当然,个人心理素质的差别有时可能使这种识错装置失灵,但是笔者认为,这已经是那个信仰时代在不动用人的个人判断的前提下,立法者所能发明的、用以识别谎言的最好方式。也只有在信仰时代,程序性违法与刑事实体责任这两个风马牛不相及的事物,以实体真实为媒介联系在一起。而在现代,程序性违法制裁则是更多地出于其他利益考量,成为英美法系一个显著特点。

总之,为了正确解读"非理性"司法中的理性成分,揭示其获致实体正义的奥秘,必须从整体、体系上对程序的所有环节进行系统的研究,(见文末图表二)也必须基于那个信仰时代的氛围和社会生活条件。否则,单纯以现代的世俗眼光,或者仅仅对单个的制度进行表面、孤立的考察,势必犯了"蝉不知雪"之错误,无法还原、洞悉基督时代神明裁判、司法决斗、宣誓制度的理性之维,也无法解读出在道德高压下,为保障获致真实基督时代程序所采取的一种迂回辗转、将实体理性转化为直观的形式理性、数字理性的特殊设计旨趣。

六、结论:司法消极性的确立

总之,基督教"血罪"观念以及"避免事实裁判"的安全之道,决定了"非理性"证据制度的设计原理:一方面,现代的理性充分显示在分配"举证权利"的有罪无罪推定上。另一方面则将实体判决交给了上帝、数字;一方面否定证人证言、间接证据的证明作用,并力图使司法者避免对案件事实进行直接裁量。另一方面,立法、程序迂回辗转地将案件事实、影响证据可信性的因素通过精致的立法技术最大限度地外化、量化出来,并保障真实获致;一方面,事实判断、法律判断、法律适用三位一体,体现了司法过程的简陋。另一方面,精心设计的倒置司法模式、中间判决与实体判决之区分,凸显了程序法的无比精致。可以说,程序所体现出来的这种表面上的悖论,都是为了保障司法者在避免主观上对案件事实裁判、法律适用的前提下,如何最大限度地确保判决结果获致案件事实所作出的努力。这种矛盾所导致特殊旨趣和风格,隐含并贯穿着基督时代的所有刑事程序、证据制度中,在当今的英美法系尤其如此。

所以,一个自动运转推进,最后自动得出实体判决的程序就被精心的设计出来了。详细的规则为不同案件规定了审判方式和证据类型;习惯或立法化的有罪推定、无罪推定决定何方当事人享有举证权利;事无巨细的证据法、程序法事先规定了不同证据类型、不同审判方式下有罪无罪的条件;通用的公式和永不出错的数学原理为千变万化的个案提供了据以换算出数字化的证明标准;对伪证罪严格的三重处罚、特殊的识错装置和程序性制裁,使形式理性、数字理性与实质理性之间、形式正义、程序正义与实质正义之间,得以合理地勾连、转换;而举证权利所提供的胜诉机会、不确定性的中间判决、倒置的司法模式,使躲在幕后暗中裁判的法官,在上帝裁判、当事人举证的道具掩饰下,得以瞒天过海、暗度陈仓。可以说,即使没有法官主持,只要双方当事人、宣誓帮助人自觉配合并默契地遵守既定程序、证据规则,中世纪的非理性诉讼程序如同现代的计算机一样,基本上能够自动得出实体性判决。其中唯一可能产生障碍的环节,就是在"举证权利"未实行立法化的场合,需要司法者运用主观思维对证人证言、情况证据加以判断,确定有罪推定成立与否;一旦推定被做出、举证权利被分配,其余所有程序则是自动、有序进行,而司法者的消极性得以充分保障。

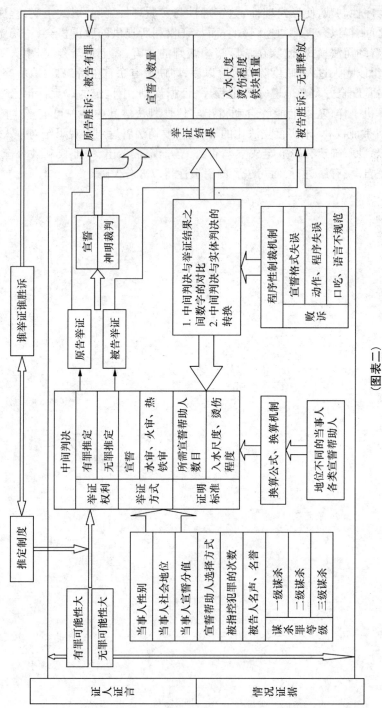

(图表二)

美国刑法理论视野下正当事由与宽宥事由的宏观探析
——区分之理、存在之据与影响之果

蔡曦蕾[*]

一、前　　言

辩护事由在我国被视作刑事程序法上的研究主题。实际上,辩护事由不仅涉及程序法,还与实体法息息相关。在美国刑法学界,长期以来就存在着实体辩护事由(Substantive Defense)的概念,并对其作出了卓越的研究成果。

受到判例法的影响,美国刑法中存在的辩护事由不一,以至于学者提出要对这些种类繁多的辩护事由进行系统化的观点,美国刑法学教授鲍尔·罗宾逊(Paul H. Robinson)的研究无疑是其中的佼佼者。根据罗宾逊教授的研究,刑法辩护事由可以分为以下五个大类,从而各种具体的辩护事由被逐一归类,它们是:(1)证据不足的辩护事由(Failure of proof "defenses");(2)修正行为的辩护事由(Offense Modification);(3)正当事由,亦称合法化辩护事由(Justification);(4)宽宥事由(Excuse);(5)非辩解性的公共政策辩护事由(Nonexculpatory Public Policy Defense)。[1] 在上述五大类辩护事由中,正当事由和宽宥事由应用最广,因而也最值得加以深入探讨。

二、正当事由与宽宥事由的区分之理

同样作为刑法中的实体辩护事由,为何要将正当事由与宽宥事由加以区分?要准确回答这个问题,就不得不对区分两者的理论根源加以探究。

---

[*] 作者系北京大学法学院2008级刑法专业博士研究生。
[1] 对属于上述五大类辩护事由的具体辩护事由的例举,请参见 Paul H. Robinson, "Criminal Law Defenses: A Systematic Analysis", *Columbia Law Review* 82 (1982), 242-243.

在普通法历史上,"正当事由与宽宥事由是两个非常古老的概念。事实上,这两个术语长期以来也是日常生活语言;盎格鲁—美国普通法使用这两个术语已有数世纪之久。并且,自从培根(Bacon)1630年发表针对普通法的文章以来,这两个术语又有了长足的发展。"[1]尽管如此,美国学者也清楚地看到,在传统的盎格鲁—美国刑法理论中,正当事由和宽宥事由在理论上的区分是不明显的,比如,在许多刑法教材中,正当事由和宽宥事由的区分并未被提及[2],因此,"当法院经常将'正当事由'与'宽宥事由'交互使用的情形出现时,就不足为奇了。"[3]

作为大陆法系的代表国家,德国在对正当事由与宽宥事由区分问题上表现出与美国截然不同的态度。对此种差异的一种解释认为,这是由于两者不同的犯罪论体系造成的。在德国"阶层式"(structured)犯罪论体系中,违法性阶段对应着正当事由,符合该当性的行为之所以无法通过违法性阶段的评价,是因为该行为是一种正当事由;而有责性阶段对应着宽宥事由,符合该当性且违法的行为之所以无法通过有责性阶段的评价而最终成立犯罪或者最终承担完全的刑事责任,是因为该行为是一种宽宥事由。正当事由与宽宥事由是完全不同的两个概念。在美国刑法理论中,由于不存在从该当到违法再到有责的"阶层式"犯罪论体系,因而,正当事由与宽宥事由之间的区分就是不明显的。尽管从犯罪论体系差异出发的解释在美国刑法学界得到了认可,但是,另一种更基础的研究同样不容忽视,该研究认为:受康德哲学的影响,权利(right)法则在德国刑法中根深蒂固,而受实证法学的影响,合理性(reasonable)原则在美国刑法中运用广泛,这两个原则的各自应用分别造就了两种法律论证模式(styles of legal reasoning),从而演化出对正当事由与宽宥事由区分所持的两种态度,即在权利法则影响下的德国刑法理论明确区分正当事由与宽宥事由,而受合理性原则影响下的美国传统刑法理论则不注重对正当事由与宽宥事由的区分。[4]

(一)德国:权利法则影响下正当事由与宽宥事由的二分

在德国刑法理论中,权利法则起着非常重要的作用,美国刑法教授乔治·弗莱彻(George P. Fletcher)将其比作德国刑法"阶层式"法律论证模式的支点。德国刑法中的权利法则深受康德的影响,在《法的形而上学原理——权利的科学》一书中,康德认为,"权利的普遍法则可以表达为:外在地要求这样去行动,你的意志的自由行使,根据一条普遍法则,能够和所有其他人的自由并存。"[5]权利法则的要求与道德要求是不同

---

[1] Jerome Hall, "Comment on Justification And Excuse", *The American Journal of Comparative Law* 24 (1976), 639.

[2] 比如,在J. Smith & B. Hogan 的《刑法》(1978年第4版)中,其在探讨"一般辩护事由"(general defenses)时并没有涉及正当事由与宽宥事由两者之间的区分。同样,在W. Lafave &A. Scott 的《刑法手册》(1972年版)中,正当事由与宽宥事由是可互换的。

[3] Joshua Dressler, "Justification And Excuse: A Brief Review of the Concepts and the Literature", *The Wayne Law Review* 33 (1987), 1158.

[4] George P. Fletcher, "The Right and the Reasonable", *Harvard Law Review* 98 (1985), 950.

[5] [德]康德:《法的形而上学原理——权利的科学》,沈叔平译,商务印书馆2002年版,第41页。

的,在《道德形而上学原理》一书中,康德澄清了两者的差别,权利法则规划了各持己见的人们可以互洽生活在市民社会中的自由框架,道德要求却苛求我们承担尊重我们自己以及他人人性的责任。[1] 不仅如此,权利法则上的权利与法定权利也不是一回事,"权利法则上的权利是先在的,它优于实定法上的法律权利,后者只是在当前者被违反时,才被用来得出相应的处置措施与后果。"[2] 可以说,实定法之所以作出这样或那样的规定,这在一定程度上源于权利法则的要求。但是,我们不能说实定法所规定的就是权利法则所要求的,两者不是一回事,实定法仅仅是作为达至权利法则所要求状态的"联结条件"(a vinculum iuris)。

权利法则认为,"任何人的权利受到非法侵犯时,都拥有绝对的特权使用任何必要的暴力以防范侵犯"。[3] 因此,德国法院在审理被告人枪击并伤害正在偷水果的小偷的案件中,认为被告人无罪,最高法院最终确认了该无罪判决,认为权利在抗击"反权利"的过程中占有绝对的优势地位。[4] 在权利原则的应用下,德国刑法中的法律论证模式呈现出"阶层式"特征,在第一个阶层中,对是否拥有权利(权利原则上的权利)进行分析;一旦第一个阶层的结论是拥有权利,就进入第二个阶层,对这种权利运用得当与否进行人道主义的考量[5](humanitarian considerations)[6]。

在这种阶层式法律论证模式下,正当事由与宽宥事由必须区分不再成为问题。正当事由行为人拥有绝对权利去抵抗任何侵犯自己权利的行为。在第一个阶层中,这种权利是绝对的,不受比例性原则的限制,只有到了第二个阶层中,才对运用此种绝对权利的适当性与否进行实质审查,而通过两个阶层的评价后,最终得出行为人犯罪与否的结论;而在宽宥事由的情形下,行为人实施宽宥行为,恰恰侵犯了他人的绝对权利,假设宽宥事由行为人拥有宽宥行为权,这种所谓宽宥行为权在一方面侵犯他人绝对权利的同时,如何在另一方面与他人的绝对权利相调和,以符合权利法则的要求?既然这种矛盾无法调和,只能推翻存在宽宥行为权的假设,认为宽宥行为人不存在实施宽宥行为的权利,而根据阶层式法律论证模式,由于宽宥行为人不存在绝对权利,因此,在第一个阶层的评价中,就将得出宽宥行为人有罪的结论,而这与宽宥事由无罪的前提是相违背的。在宽宥事由的情形下,不需要借助阶层式法律论证模式将行为人开释,对宽宥事由非罪化的论证模式另有其他。而在这种差异下,虽然两者的刑事后果均无罪,但对两者的区分是有必要的。

---

[1] 转引自 George P. Fletcher, "The Right and the Reasonable", *Harvard Law Review* 98 (1985), 965-966.
[2] George Mousourakis, "Justification and Excuse", *Tilburg Foreign Law Review* 7 (1998), 51.
[3] George P. Fletcher, "The Right and the Reasonable", *Harvard Law Review* 98 (1985), 952.
[4] 参见德国最高法院 1920 年 9 月 20 日的判决。转引自 George P. Fletcher, "The Right and the Reasonable", *Harvard Law Review* 98 (1985), 952. note18.
[5] 笔者将此处的"人道主义的考量"理解为实质性评价,或者社会相对性评价。
[6] George P. Fletcher, "The Right and the Reasonable", *Harvard Law Review* 98 (1985), 971.

（二）美国：合理性原则影响下正当事由与宽宥事由的一体

美国刑法理论中的合理性原则，是德国刑法理论中权利法则的"系统等价物"。弗莱彻教授形象地指出，在美国刑法理论中，合理性原则被不断地提及，比如像合理的刺激（reasonable provocation）、合理的错误、合理的暴力、合理的风险，都是美国刑法理论中耳熟能详的概念。在没有分析假定的理性人（hypothetical reasonable person）在相同状况下将会做出何种行为时，刑事责任问题根本无从谈起。

在合理性原则的影响下，美国不存在德国"阶层式"法律论证模式，转而以"平面式"法律论证模式替代。弗莱彻教授通过私人财产权的例子，清晰揭示出两种法律论证模式的区别。在德国"阶层式"法律论证模式中，在第一个阶层中，私人财产权被视作一种绝对的权利；在第二个阶层中，只有当私人财产权的拥有者在行使这项权利时过分影响到其他人的权利时，才认为私人财产权被滥用，从而必须承担相应的法律后果。然而，在美国"平面式"法律论证模式下，私人财产权被定义为"任何人有权利合理的使用他的财产"[1]。这就是说，自始至终，任何人都不拥有对自己财产的绝对权利。总之，在传统美国刑法理论中，权利一开始就不是绝对的，而是受到了各种限制。在布莱克斯通看来，如果我们不能对实施轻微盗窃者执行死刑，我们就不能同意对实施轻微盗窃者实施致命的防卫性暴力攻击。针对同样的非法行为，财物所有人的自卫反抗行为的程度不能比量刑官员依法宣判的结果更严重。[2]

"平面式"法律论证模式颠覆了"阶层式"二维论证模式，从而，所有属于正当事由的事项，比如像正当防卫中的正当防卫权，从一开始就不被视作一种绝对权利，它在起始阶段就被合理性原则牢牢地控制住，如果一个假定的理智第三人在相同的情况下从事与行为人相同的正当行为，对行为人的刑事归责失败，行为人不承担刑事责任，无罪。同样，在宽宥事由的情形下，如果一个假定的理智第三人在相同的情况下从事与行为人相同的宽宥行为，比如理智第三人在与行为人相同的情况下，同样会发生事实或法律的认识错误，从而实施了侵害行为，对行为人的刑事归责将归于失败，行为人亦不承担刑事责任。在合理性原则主导下的"平面式"法律论证模式中，正当事由与宽宥事由的评价过程完全相同，在这个过程中，正当事由并未表现出独特于宽宥事由的特性，因此，在美国传统刑法理论的视野下，两者的区分是完全没有必要的。

三、正当事由与宽宥事由的存在之据

（一）正当事由的存在依据

为什么在大多数情况下都是违法的行为，在某一情况下又成为不违法的正当事由

---

[1] George P. Fletcher, "The Right and the Reasonable", *Harvard Law Review* 98 (1985), 953.
[2] George P. Fletcher, "The Right and the Reasonable", *Harvard Law Review* 98 (1985), 969.

呢？美国刑法理论认为，正当事由的存在有以下依据：

1. 更少损害理论（lesser harm theory），也可以称为优越利益理论（superior interest theory）。该理论在行为人实施该假定犯罪行为所带来的利与害以及不实施该假定犯罪行为所带来的利与害之间权衡，在综合进行质与量的考察后得出受益更大或者受损更小的行为为正当行为，属于正当事由。"侵入领地或侵犯私人财产，这种本来是非法的行为，如果是为了保护人的生命免受自然灾害，如火灾或龙卷风的威胁时，就是一种正当事由"[1]。至于利益衡量主体是谁，该理论认为，"由立法者根据客观规则（objective norms）在不同的价值评价中予以取舍"[2]。

2. 公共利益理论（public benefit theory）。如果某行为实施的结果是使公众受益时，这种行为就属于正当事由。死刑执行官将一个重罪死刑犯执行死刑的行为属于正当事由，因为正是由于他的执行行为，死刑犯得到了惩罚，社会的公共利益得到了维护，如果是其他人按照他自己的意志代替死刑执行官执行了死刑，这种行为将构成谋杀。

3. 道德剥夺理论（moral forfeiture theory）。该说立足于道德评价的立场，以解决正当事由的评价问题。当某人试图非法杀害他人时，该谋杀者（在道德评价上）"就丧失了生命的权利"[3]，丧失了被我们尊重其为人的权利，换句话说，"谋杀者的生命在此时就不会比昆虫或石头的生命更值得我们关注"[4]。

4. 权利理论（right theory）[5]。该理论的核心内涵是考察行为人是否有一种被肯定的（affirmative）法律权利以保护一种特定的道德利益，而不注重实施这种行为是否使社会受益（公共利益理论），也不关注行为相对方是否被剥夺了人的权利（道德剥夺理论）。权利理论与道德剥夺理论不同。（1）两者的对象主体正好相反，前者是针对正当事由的实施者，后者针对正当事由的承受者。（2）前者关注实施者的利益，后者关注承受者之前的错误举动。（3）前者以肯定态度确认实施者有权利实施这种在其他情况下就是被社会否定的行为，后者以否定态度排斥正当事由存在社会危害性[6]。

---

[1] Joshua Dressler, "Justification And Excuse: A Brief Review of the Concepts and the Literature", *The Wayne Law Review* 33 (1987), 1164.

[2] Eugene R. Milhizer, "Justification and Excuse: What They Were, What They Are, and What They Ought To Be", *St. John's Law Review* 78 (2004), 846.

[3] Ashworth, "Self-Defence and the Right to Life", *Cambridge Law Journal* (1975), 282-283.

[4] 转引自 Joshua Dressler, "Justification And Excuse: A Brief Review of the Concepts and the Literature", *The Wayne Law Review* 33 (1987), 1164.

[5] 权利理论并不排斥将运用公权力实施的行为纳入正当事由的范围。因此，笔者认为更恰当的称法应为权利/权力理论，但由于美国刑法学界对权利理论的英文表达均为"right theory"，而"right"仅具有"权利"之意，因此，下文中的权利理论的内涵，虽字面意思不包括权力，但实质上却是包括权力的。

[6] Joshua Dressler, "Justification And Excuse: A Brief Review of the Concepts and the Literature", *The Wayne Law Review* 33 (1987), 1164.

(4)前者的评价标准是双层的,属于正当事由的行为,不仅是一种在道德感上值得被肯定的利益,而且还必须由法律设定权利以保护这种道德利益,缺少其中任何一方面的行为,都不属于正当事由。而后者的评价标准是单层的,只考虑道德评价。

上述四种理论在美国刑法理论界都不乏支持者,根据不同的理论去解释正当事由,正当事由的范围亦会随之变化,而行为实施者也会面临不同的法律后果。因此,如何找到最合适的理论,解释正当事由的存在,成为摆在美国学者面前的问题。

针对更少损害理论的争议如下:(1)反对者认为运用更少损害理论处理某些案件的结论是不可接受的,比如,行为人夺取穷人的雨伞以保护自己的昂贵西服免遭雨淋,行为人的昂贵西服与穷人的破旧衣服相比,前者在形式上属于优越利益,因而,更少损害理论会赞同对夺取雨伞行为的正当化。但是,这种观点很快受到支持者的驳斥。其认为,在上案中,衡量的利益并不是富人衣服与穷人衣服,而是富人的财产利益与穷人人格利益,后者是大于前者的,因此,富人抢雨伞的行为不能被正当化。(2)反对者认为更少损害理论的根源是功利主义,因此,按照该理论的逻辑,为了挽救更多生命,可以牺牲一个无辜者的生命,"就我所知的,目前还没有哪个西方国家的法院作出甚或建议作出这样的判决:直接的杀害行为可以由于其带来的更大利处而被正当化。"[1]因此,将根源于功利主义的更少损害理论运用到极致,则无法避免"人是目的,绝对不能作为手段"的戒令遭到践踏。但是,支持者立即对这种反对予以回应,认为"(更少损害理论)拒绝模范刑法典蕴含的较少无辜者的生命可以被牺牲以挽救较多生命的结论,因为生命与生命之间的衡量忽视了这样一个事实,即无辜者的生命是无法量化的价值(unquantifiable value),不管在何种情况下,它都值得法律保护。"[2]但是,当更少损害理论被推导到生命与生命之间无法衡量这一步时,就将陷入自相矛盾的境地。在正当防卫的场合下,为何为了保护正当行为人的生命而可以牺牲侵害方的生命,两者的生命之间是否存在权衡呢?如果答案是肯定的,上述生命之间不可衡量的命题就是错误的,最终又将回到运用更少损害理论将践踏"人是目的,绝对不能作为手段"的戒令的老问题上;而如果答案是否定的,更少损害理论将无法为正当防卫的正当化辩护,这将是不可接受的,因此,必须寻求其他理论解释正当事由之存在。

公共利益理论遭到这样的批评,如果按照公共利益理论,"正当事由将基本局限在涉及某些公共官员(比如警察、看守或者代替公共官员实行行为的普通人)的案件中,在这些案件中,行为人实施这些本来是犯罪的行为以实现正当的公共目的"[3]。如果

---

[1] Fletcher, "Should Intolerable Prison Conditions Generate a Justification or an Excuse for Escape?" *UCLA Law Review* 26 (1979), 1366.

[2] Eugene R. Milhizer, "Justification and Excuse: What They Were, What They Are, and What They Ought To Be", *St. John's Law Review* 78 (2004), 845.

[3] Eugene R. Milhizer, "Justification and Excuse: What They Were, What They Are, and What They Ought To Be", *St. John's Law Review* 78 (2004), 841.

按照公共利益理论,就意味着如果不是为了公共目的,行为就很难被正当化,针对此种质疑,支持者将公共利益理论修正为,公共利益理论不意味着普通人不能通过杀害的方式以阻止严重犯罪,该理论要求,如果这样的杀害行为要被正当化,它必须提供给社会切实与重大的受益,比如,阻止了危险的犯罪人在今后再实施犯罪。[1] 尽管被修正后的公共利益理论对正当事由有了更大的解释力,但是,(1)当危害行为是由某些不具谴责性的人(比如未成年人或精神病人)实施时,"将行为人实施一种近乎本能的自我防卫行为视作是在执行公共利益,这是不切实际的。"[2] (2)假设同样当危害行为是由某些不具谴责性的人实施时,并且,行为人明知自己在当时的情况有很好的机会躲避这种侵害,并且事实上也确实如此,在这样的情况下,行为人仍然实施了对侵害者的防卫行为,并造成侵害者伤亡,当完全有可能躲避不可谴责的侵害时,实施这种躲避行为,而不实施侵害不可谴责者的防卫行为,才是更符合公共利益的。(3)公共利益并非一个明确的概念,由于不具有规范化的特征,如何界定何时符合公共利益,何时违反公共利益,将令法院倍感困惑。

道德剥夺理论也面临如下质疑:(1)该理论仅注重行为人由于危害行为而被剥夺道德上的存在资格,但是,却并未解释为何该行为人在其实施危害行为时被剥夺了生存的权利,但是,在之后却又可以重获这种权利。[3] (2)与公共利益理论面临的质疑一样,当危害行为是由某些不具谴责性的行为人实施时,基于危害行为而被剥夺了道德存在资格的说法将面临崩溃,由于其并不具有道德上与法律上的被谴责性,因此,很难说他们此时就被剥夺了道德存在。[4] (3)不管所实施的行为是多么的骇人听闻,刑法也无法剥夺行为人之为人的权利。行为人可能因其的行为而应受严重的惩罚,甚至死刑,但是,国家刑罚权的合法运用,必须是在尊重被惩罚者之为人的前提下进行。[5] (4)将正当事由的判断完全委以道德标准,将过分扩张正当事由的范围,而且,完全将法律问题交由纯粹道德标准评价,由于不存在统一实行的道德规范,因此,道德标准不能保证彻底的一元化,一旦出现道德标准二元化或多元化时,如何判定行为是否属于正当事由?实际上,道德剥夺理论产生的时间最早,但由于其与后来盛行的对被告人权保障理念相悖,因此,在美国对正当事由的诸多解释原理中,其更多是作为被批判的

---

[1] 转引自 Eugene R. Milhizer, "Justification and Excuse: What They Were, What They Are, and What They Ought To Be", *St. John's Law Review* 78 (2004), 841.

[2] Joshua Dressler, "Justification And Excuse: A Brief Review of the Concepts and the Literature", The Wayne Law Review 33 (1987), 1165.

[3] Sanford H. Kadish, "Respect for Life and Regard for Rights in the Criminal Law", *California Law Review* 64 (1976), 884.

[4] Sanford H. Kadish, "Respect for Life and Regard for Rights in the Criminal Law", *California Law Review* 64 (1976), 884.

[5] Eugene R. Milhizer, "Justification and Excuse: What They Were, What They Are, and What They Ought To Be", *St. John's Law Review* 78 (2004), 842.

对象被罗列。

正当事由是一种合法的行为,但在一般场合下,实施这样的行为又明显是违反刑法规范的,能够抵消这种违法性的唯一原因就如弗莱彻所坚持的,正当事由应当是一种有权利的正确行为,而不仅仅是可以被容忍(tolerable)的行为。[1] 而在上述所有理论中,只有权利理论才最准确的把握了正当事由的这一特点。权利理论将正当化的基点归结于正当行为的实施者,而非正当行为的承受者,从而,不像道德剥夺理论,当危害行为实施者不具有谴责性而被法律宽宥时,由于危害行为被害人的实施防卫行为是基于被害人自我维持的权利,而并非来源于危害行为实施者,因此,这种情况下仍然存在被正当化的空间。[2] 同时,由于权利理论将权利进行道德与法律的双层规制,只有在拥有法律所确认的道德权利的前提下,实施的行为才有被正当化的余地,这样,就同时避免了公共利益理论中公共利益标准的非确定性以及道德剥夺理论道德标准的非规范化的弊端。

根据权利理论,(1)正当事由既是一项权利,也是一项权力。作为权利,行为人在特定情况下,可以选择运用该权利,实施正当事由,或者选择放弃该权利,前者为法律所提倡并加以鼓励,后者并未被法律禁止,不实施正当行为并不会带来任何法律后果,属于此类最典型的正当事由就是正当防卫。作为权力,法律要求该权力的拥有者在特定情况下必须运用这种权力,实施相应正当行为,如果不实施,将承担相应的法律后果,属于此类最典型的正当事由就是法令行为。(2)权利理论中的权利并不仅仅是客观正确的,也是主观正确的。推定正当防卫[3]由于不具有客观正确性,因此,行为人是无权防卫的,其不属于正当事由;偶然防卫由于不具有主观正确性,因此,亦不属于正当事由。[4]

(二)宽宥事由的存在依据

为何刑法对那些实施了违法行为的人不予惩罚或减轻惩罚?回答这个问题,就必

---

[1] Fletcher,"Should Intolerable Prison Conditions Generate a Justification or an Excuse for Escape?"*UCLA Law Review* 26 (1979), 1364-1365.

[2] Sanford H. Kadish,"Respect for Life and Regard for Rights in the Criminal Law", *California Law Review* 64 (1976), 885.

[3] 《美国模范刑法典》将行为人合理相信的假想防卫视为推定正当防卫,认为其属于正当事由,对于此问题后文中将会详述。

[4] 对于偶然防卫是否属于正当事由,美国学者罗宾逊与弗莱彻曾有过争论,前者认为社会损害(societal harm)是承担刑事责任的前提条件,而偶然防卫行为的相对方的伤亡不是一种社会损害,因此,刑法在不存在社会损害的情况下不应当干预,从而,偶然防卫属于正当事由(Paul Robinson,"A Theory of Justification: Societal Harm as a prerequisite for Criminal Liability", *UCLA Law Review* (1975).)。后者提出了两个概念,"正当行为"(justified acts)与"公正事件"(just events),而偶然防卫行为的相对方的伤亡仅仅是公正的事件,而这不能使得偶然防卫的行为人的攻击行为正当化(Fletcher,"The Right Deed for the Wrong Reason: A Reply to Mr. Robinson", *UCLA Law Review* (1975).)。对于偶然防卫的问题,实际上,弗莱彻区分了两者,即偶然防卫的行为是非正当的,但是,偶然防卫的结果则是公正的。

须运用宽宥事由的理论。该理论认为,刑法应当仅仅将那些值得惩罚的人贴上犯罪人的标签并施加刑罚,而在符合宽宥事由的情形下,对行为人贴上犯罪标签与施罚均是不值当的。至于这种不值当的根据有哪些,美国刑法学界有如下观点:

1. 不受威慑理论(undeterrable theory)。功利主义将威慑作为刑罚的目的,因此,如果刑罚对一些人(比如精神病人、受暴力胁迫之人)无法起到威慑的作用,刑罚的运用就是无目的的,因而就不应当对属于这些人之中的任何一员施加刑罚。

2. 原因理论(causation theory)。如果一个行为人实施某行为是由于其无法控制的原因,而该原因又无法责难于行为人,该行为人的行为可以被宽宥,他是不应当被惩罚的。举例说,如果行为人在精神疾病的状况下实施了某"犯罪"行为,我们无法责难行为人的疾病状态,因而,也不应当惩罚行为人。[1]

3. 品质理论(character theory)。该理论主张,除非某人是坏人,拥有坏的品质,否则,该人不应当为自己实施的危害行为负责。通常来说,实施了危害行为,就意味着该行为人具有坏的品质。但是,当一个人的危害行为无法推出该人拥有坏的品质时,宽宥事由就应当起作用。如果行为人是严重精神疾病或暴力胁迫的受害人时,我们无法推出坏的品质,在这种情况下,我们假定该行为人的道德天性与我们自己的完全相似。[2]

4. 人格理论(personhood theory)。该理论主张,如果某人完全缺乏能力或机会以"人"的独特行为方式行事时,我们就不应该因为该人实施的某种行为而对之予以谴责或惩罚。[3] 因此,如果行为不是被告人人格的表现时,他就不应该对其实施的危害行为担责,从而在刑法上应当被宽宥。至于怎样判定人格健全与否?有学者认为人的关键特征是实践理性能力(practical reasoning skills)的存在,因此,应该以实践理性能力作为判断的标准。[4]

5. 自愿或自由意志理论(voluntariness or free will)。该理论认为,法律只应施罚于自愿的违法行为。在生成宽宥事由的情境中,行为人的选择自由是受到限制的,更确切地说,行为人实施该违法行为并非出于自愿。弗莱彻将自愿分为两类:身体的不自愿与道义的不自愿(又称规范的不自愿)。前者是一种物理上的强制,比如甲抓住乙握刀的手并推向丙,致丙死亡,刑法之所以不惩罚乙,是因为乙在此案件中处于身体不自愿的境况下,其根本未实施刑法意义上的危害行为,宽宥事由在此没有运用余地;后者是一种心理上的强制,比如乙因害怕被甲杀害,而为甲提供了犯罪工具,该行为属于刑

---

[1] Moore, "Causation and the Excuses", *California Law Review* 73 (1985), 1137.

[2] Joshua Dressler, "Justification And Excuse: A Brief Review of the Concepts and the Literature", *The Wayne Law Review* 33 (1987), 1166.

[3] Joshua Dressler, "Justification And Excuse: A Brief Review of the Concepts and the Literature", *The Wayne Law Review* 33 (1987), 1166.

[4] Moore, "Causation and the Excuses", *California Law Review* 73 (1985), 1137.

法意义上的危害行为,但刑法之所以对乙不惩罚(或减轻惩罚),是因为虽然乙在身体上是自愿的,但在心理上是不自愿的。[1]

在上述五种理论中,不受威慑理论从一开始就备受质疑,正如哈特所说的,该理论是一种令人"叹为观止的无根据论"(spectacular non—sequitur)[2],将威慑作为刑罚的唯一目的的观点是有失偏颇的。即使在承认威慑作为刑罚目的的前提下,不受威慑理论也是讲不通的。弗莱彻就曾指出,"根本没有理由假定(刑罚)潜在的威慑作用只限于具有在审被告人之突出特征的那些人。如果刑罚确实是有威慑力的,这种力量就会溢出,从而影响相近的案件,就像影响那些与被告人极为相似的人一样。"[3]举例说,"以疏忽驾驶致人死亡为例,我们认为,潜在的可威慑人群是那些被定义为对他人的危险漫不经心的驾驶者。这一人群从定义上说是不可威慑的,因为他们漠视危险,所以不受影响。但是,还有这样一些相近的人群却是可以通过惩罚疏忽大意的驾驶者而受到威慑的:(1) 意识到危险,仍然轻率驾驶,但却相信自己能够欺骗陪审团,让陪审团相信他们对于已经现实化的特定危险是疏忽大意的;(2) 明知自己不时出现精神恍惚的状态依然驾车上路者,会因先前的刑罚适用而约束自己的行为倾向;(3) 从不疏忽大意,先前的刑罚适用可以刺激他们在驾车时更加警醒;(4) 从事其他活动,比如打猎或配药,先前的刑罚适用可以促使他们保持谨慎。"[4]因此,按照不受威慑理论承继的功利主义逻辑,如果对疏忽大意者施加刑罚可以影响到与疏忽大意者相近似的群体受"前车之鉴"的影响而做出正确行为时,则不能因为刑罚对疏忽大意者无威慑作用,就不对其施加刑罚。

原因理论难尽如人意。美国刑法学家约书亚·爵斯勒(Joshua. Dressler)认为,原因理论将扩张刑法宽宥事由的范围。"毕竟,许多我们无法控制的原因存在引发犯罪的基因。比如,我们的生活状况,特别是贫困的经济状况,相较于精神疾病而言,更能引发犯罪的发生。同时,原因理论也可能支持将'堕落的社会背景'(rotten social background)[5]作为一种宽宥事由。"[6]而一旦社会背景可以作为一种宽宥事由的原因,那现实中的很多犯罪都将因属于宽宥事由而被非犯罪化。应用该理论更大的弊端在于,如果说行为人由于无法控制的劣势社会地位(比如贫穷)而实施犯罪被宽宥还能博得一部分同情的话,那么,如果由于同样无法控制的优势社会地位而实施犯罪,是否也应该予以宽宥呢?"如果认真地相信社会弱势会引起犯罪,也要承认,过度的优势也会诱

---

[1] [美]乔治·弗莱彻:《反思刑法》,邓子滨译,华夏出版社2008年版,第582页。
[2] H. L. A Hart, *Punishment and Responsibility*, New York and Oxford: Oxford University Press, 1968, p.19.
[3] [美]乔治·弗莱彻:《反思刑法》,邓子滨译,华夏出版社2008年版,第592页。
[4] [美]乔治·弗莱彻:《反思刑法》,邓子滨译,华夏出版社2008年版,第592页。
[5] 与"堕落的社会背景"相关的论述,可以参见Delgado, "Rotten Social Background: Should the Criminal law Recognize a Defense of Severe Environment Deprivation?" *Law&Inequality*, 1985。
[6] Joshua Dressler, "Justification And Excuse: A Brief Review of the Concepts and the Literature", *The Wayne Law Review* 33 (1987), 1167.

发犯罪行为——看一看罗伯和利奥波德[1]以及水门事件中的米切尔和厄里奇曼就足够了。这种论点将我们引向了环境决定论的死胡同。所有人的行为都受制于环境,这样说是不错的,但果真如此,就应当放弃整个的责难和惩罚过程,转而寻求其他形式的社会保护。"[2]

品质理论的缺陷显而易见。(1)将品质这种非规范化的概念引入刑法领域,作为宽宥理论的基石,将带来这样的质疑:法院是否愿意或能够足够精确的决定一个人品质是好还是坏;(2)将品质与行为相关联的做法,本身就存在致命缺陷。我们无法否认这样的事实,拥有好品质的人由于无法宽宥的原因而做了坏事,比如一个品质高尚的人由于嫉妒而盗窃,相反,拥有坏品质的人实施危害社会行为后,却可以被宽宥,比如一个常习性盗窃犯为了挽救自己快要饿死的儿子而盗窃。[3]

随着心理学对人格的研究日渐发展,法学界也尝试借鉴人格这个概念来诠释法律问题,人格理论就是在这样的背景下产生的。人格理论的预设前提是:(1)一个人的人格是可以被揭示的;(2)人格对于个人而言,是相对稳定的,"一个人不会每时每刻都改变人格,在人生重要时刻他都会保有那些人格,除非他极其反复无常,何况后者本身也是某类人格的表现"。[4]

在这样的理论预设下,人格理论将人格与责任相关联,当行为人偏离自己的人格实施了危害行为时,对行为人追究责任就是不必要的,此时,"不是因为他没有能力成为能够承担责任的行为人。而是因为行为时他不是真正的自己,所以不应要求他承担责任。"[5]在人格理论的逻辑框架内,在确定刑事责任的有无时将人格作为评价的核心要素,的确令人期待,而人格理论用来解释宽宥事由的存在依据,也是极其具有诱惑力的。但是,一旦脱离人格理论的预设框架,人格理论的正确性就值得怀疑:(1)人格真的可以揭示吗?即使答案是肯定的,被揭示出来的所谓"人格",究竟是人格理论所指的人格,还是掺杂了道德评价的"伪人格"?[6]同时,在刑事责任的认定时考虑被告人的人格,这将给法院过分增添诉累。(2)人格理论的运用,将颠覆刑法的规定。非

---

[1] 罗伯和利奥波德都是富豪之子,他们绑架并杀害了罗伯特·弗兰克斯。著名律师克拉伦斯·达罗让法官相信,这两个被告人心智不正常,最终把他们从电椅上解救了出来([美]乔治·弗莱彻:《反思刑法》,邓子滨译,华夏出版社2008年版,第581页)。

[2] [美]乔治·弗莱彻:《反思刑法》,邓子滨译,华夏出版社2008年版,第581页。

[3] Eugene R. Milhizer, "Justification and Excuse: What They Were, What They Are, and What They Ought To Be", *St. John's Law Review* 78 (2004), 848.

[4] [英]维克托·塔德洛斯:《刑事责任论》,谭淦译,冯军校,中国人民大学出版社2009年版,第332页。

[5] [英]维克托·塔德洛斯:《刑事责任论》,谭淦译,冯军校,中国人民大学出版社2009年版,第335页。

[6] 克莱尔·芬克尔斯坦认为,人格理论所揭示出来的人格,可能是道德评价的结果,但通过道德评价得出的所谓人格,已经不是刑事责任的恰当目标[C. Finkelstein, "Excuses and Dispositions in Criminal Law", *Buffalo Criminal Law Review* (2002), 326-327]。

自愿醉酒作为一项宽宥事由,在英美法系中是得到普遍认同的,一旦行为人由于无责任而陷入醉酒状态下,并实施了危害行为,行为人可以根据非自愿醉酒的辩护事由而被宽宥,假设在非自愿醉酒的情形下,行为人实施了危害行为,但是,恰好该行为人又具有实施危害行为的人格,根据人格理论,尽管是在非自愿醉酒状态下,但行为人实施危害行为与其人格一致,该危害行为正是行为人人格的表现,因此,非自愿醉酒的宽宥事由在此时不予适用。依次推广下去,在类似的情况下,其他宽宥事由也无法成立,而这与设定宽宥事由的初衷是背道而驰的。(3)人格理论的运用将有损公正。"如果盗窃行为暗示了一种贪婪的人格特征,我们就有了责难和处罚这个贼的根据。这个论点是不可信的,除非我们假定,像亚里士多德那样假定,人们选择了发展怎样的人格。"[1]但是,人是无法完全选择发展一种怎样的人格的。一种贪婪人格的形成,不仅与行为人自我选择的生活方式相关,还与其所遗传的基因、所无法逃避的社会环境、所被动接受的教化等无法为其自我选择的因素相关,而完全忽视这些无法控制的因素对贪婪人格形成的催化作用,就走到了与前面原因理论相对的另一个极端,而这将严重损害社会公正。

尽管对于人是否存在自由意志的争论在理论的层面上一直未停息,但从人的经验感知上,自由意志至少在较大程度上是存在的。哈特的可宥理论就是立足于自由意志的存否,他认为,刑罚应当分配给那些自愿违法者,哈特论证该结论的证据是,(1)如果政府将其公民视为自发的、有选择的行为人,这在意识形态上是受欢迎的;(2)就公民自己的角度,在一个社会里,如果有最大化的机会来选择是否成为刑事责任的对象,生活在这样的社会里就是相当愉快的。[2] 总之,如果行为人实施危害行为并非基于自己的自由意志,而是由于心理上被强制,而这种强制又是行为人所无法抗拒的,而"惩罚无可避免的违法是非正义的",这就是宽宥事由之所以存在的原因。因此,自愿或自由意志理论是解释宽宥事由存在依据最恰当的理论。

四、正当事由与宽宥事由的影响之果

正当事由与宽宥事由的影响之果,是针对正当事由与宽宥事由各自所蕴含的社会效果与法律后果的讨论。美国传统刑法理论一贯以来对正当事由与宽宥事由的区分不以为然,因为两者的区分不会产生不同的法律后果[3],从而,无论行为属于正当事由,还是宽宥事由,案件最终都是以法院作出被告人不构成犯罪,无罪释放的判决为结

---

[1] [美]乔治·弗莱彻著:《反思刑法》,邓子滨译,华夏出版社2008年版,第584页。
[2] 参见 H. L. A Hart, *Punishment and Responsibility*, New York and Oxford: Oxford University Press, 1968, pp. 22-24.
[3] Jerome Hall, "Comment on Justification And Excuse", *The American Journal of Comparative Law* 24 (1976), 638.

果。这种观点泛滥于美国司法实践中,以致造成了法官将正当事由与宽宥事由在判决书中交互替代使用的状况。但是,由于不同存在机理而生成的正当事由与宽宥事由,其带来社会效果与法律后果肯定是有区别的,围绕着这些区别所展开的争辩,成为美国刑法学界的一大亮点。

(一) 公众角度:积极鼓励与消极容忍

"刑法的功能不仅在于惩罚罪错,也在于倡导社会价值与期许,因此,它应当能够对同样被免除了刑事责任与惩罚的人的行为的道德特性与道德基础进行区分。"[1]

对于宽宥事由,美国刑法学界并未产生偏差认识,一致的观点认为其是一种违法行为,虽然刑法不予以惩罚,但刑法绝不提倡这种行为被刻意复制,因此,刑法是在容忍这种行为,刑事立法者也希望社会公众容忍不惩罚这种行为的结果。问题的关键在于对正当事由的描述,在美国刑法理论上,正当事由被贴上了各种标签,比如被鼓励的(encouraged)、正确的(right)、理想的(desirable)、同意的(permissible)、有特权的(privileged)以及可容忍的(tolerable)[2],其中被鼓励的、正确的以及理想的表述,均是从一种积极的角度描述正当事由,认为不仅正当行为人值得褒扬,而且,社会公众也应仿效这种行为,从而正当事由在价值评价上高于宽宥事由。而同意的、有特权的以及可容忍的表述,则将正当事由置于与宽宥事由同样的层次,按照这种观点,正当事由在价值评价上并不高于宽宥事由,从而实施了正当事由的行为人相较于实施了宽宥事由的行为人,并不处于道德上的优越地位。

然而,根据权利理论建立起来的正当事由理论认为,正当事由是一种权利(权力)行为,从立法者的角度评价,对正当事由贴上"被鼓励的、正确的或者理想的"标签显然更合适。因此,当法院在判决书中以正当事由为行为人的行为进行解释时,就向行为人以及公众传达了一个讯息:行为人的行为是值得肯定与鼓励的,在与行为人相类似的场合下实施类似行为是为法律所鼓励的。同时,宽宥事由是一种违反了行为人自由意志的非自愿行为,宽宥事由是"刑事过程中的同情表达"机制。因此,当法院在判决书中以宽宥事由标定行为人的行为时,就是在传达这样的信息:虽然行为人被免除处罚,但是,他的行为存在社会危害,并且是违法的,法律鼓励在类似的情况下,应当尽量避免实施这种行为。这样,虽然两者带来的刑事法律后果基本相同,但所蕴含的内在价值却大相径庭。

而通过构建并推广正当事由与宽宥事由区分理论以及所蕴含的不同价值观,其社会意义是显而易见的。在相反的方面,由于忽视了这一点,美国司法实践受到了教训。1992 年,洛杉矶市警察在逮捕一名叫罗德里·金(Rodney King)的黑人青年时遭到激烈反抗,最后好不容易将他制服后对其一顿痛打。这一幕恰好被一名过路者用摄像机

---

[1] George Mousourakis, "Justification and Excuse", *Tilburg Foreign Law Review* 7 (1998), 44.

[2] 参见 Joshua Dressler, "Justification And Excuse: A Brief Review of the Concepts and the Literature", *The Wayne Law Review* 33 (1987), 1161.

拍下来,并提供给电视台,这段视频被播出后引起轩然大波,民众特别是黑人强烈要求严惩肇事警察。但是,法庭判决包括鲍威尔(Powell)在内的数名殴打罗德里·金的警察全部无罪。此举引起黑人大骚乱,导致五十多人在十多天的骚乱中身亡,整个洛杉矶市中心许多商店被砸抢烧毁,损失极为惨重,直到政府动用国民警卫队,骚乱才得以平息。

对于警察为何实施对被害人过激的殴打行为,作为被告人之一的鲍威尔的解释具有代表性:"他的胳膊非常有力,这是一个巨人……我完全处于对我的生命的恐惧之中,怕得要死,如果他再站起来就会抢了我的枪,就会开枪,我所能做的就是把他打倒在地。"[1]听取了审判中的证据后,一名陪审员这样解释了裁定:"一瞬间,金冲向并挨到了警察鲍威尔,警察们只是做了他们曾被指导要做的事,他们怕他会跑掉,甚至攻击他们。他还没有被搜身,所以他们不知道他是不是带了武器。他在摸他的裤子,所以他们认为他可能要掏抢……我对此裁定毫无遗憾。今晚我会睡个好觉。"[2]最终,陪审团认定,警察们的暴力超过必要限度,但是他们认为警察们对此不负刑事责任,因为当时他们没有认识到他们的暴力是超过必要限度的。陪审团考虑了警察们感觉到的危险、从警察们的角度看到情况的混乱和不确定性、由于高速追赶所引发的情绪,以及警察们对处理这种情况可能没有受到过充分的训练。[3]

由于警察所感觉到的危险、看到的混乱情况、引发的情绪以及没有受到过充分的训练这些因素造就了警察们合理的相信自己所实施的事实上超过必要限度的暴力是合理的,据此,法院就做出了警察过激殴打行为是正当的结论,从而被认定为属于正当事由。对于这样的基于主观说而得出的结论,在学术界仅仅只会演变为一场客观说与主观说的争论,但是,对于普通民众,则传达了另一种信息——司法系统对黑人的不公正[4],面对这种不公正,骚扰也许是最极端,但也是最自然的反应。

问题是,"如果这些警察的行为因为是超过必要限度被描述为'不正当的',而无罪宣告的根据是众所周知的对认识错误行为的免责理由,这个裁定就不会激起这些不同

---

[1] 转引自〔美〕保罗·H.罗宾逊:《刑法的结构与功能》,何秉松、王桂萍译,张绍宗校,中国民主法制出版社2005年版,第135页。

[2] 转引自〔美〕保罗·H.罗宾逊:《刑法的结构与功能》,何秉松、王桂萍译,张绍宗校,中国民主法制出版社2005年版,第135—136页。

[3] 转引自〔美〕保罗·H.罗宾逊:《刑法的结构与功能》,何秉松、王桂萍译,张绍宗校,中国民主法制出版社2005年版,第135页。

[4] 对于这样的判决结论与理由,美国民众做出了这样的反应:洛杉矶地区副检察长特里·怀特说:"(这个裁定)发出这样的信息,不论你在录像带上看到了什么都是合理的行为。"华盛顿东北部的一个建筑工人说:"(这个裁定)告诉我,警察可以为所欲为,世界上每一个人都看到那个人遭暴打,我不知道陪审员看到了什么。"芝加哥的营养师希尔达·惠亭顿说:"拿什么来证明他们有罪?他们正在说:'你对我摄像又怎样?我照样可以揍你!'"(〔美〕保罗·H.罗宾逊:《刑法的结构与功能》,何秉松、王桂萍译,张绍宗校,中国民主法制出版社2005年版,第136页)。

的反响。为避免引起暴行,判决其行为是'不正当的',可能有助于使公民确信他们在录像带上看到的行为确实是不受赞同的,也可以使警察更明白,将来在同样的情况下,他们无权实施同样的行为。"[1]

因此,在明确正当事由与宽宥事由的区分之后,一方面,几名警察的过激殴打行为,被法院确认为是非正当的,从而对警察起到警醒作用,以后在类似情况下,不能实施此种行为;另一方面,尽管判决结论是无罪的,但是,无罪的理由并非认可警察的过激殴打行为,而是基于合理认识错误的宽宥事由,因此,在普通公民看来,虽然此案中的被告人无罪,但被告人的行为已经被法院否定,以后在类似情况下,警察在实施过激行为之前将会慎之又慎,普通公民对自己未来有可能受到与本案被害人同样暴行的预期将大大减小。

(二)相对方角度:抵抗权理论的争议

相对方即指正当行为与宽宥行为的承受方,对于相对方,要点在于其是否有权抵抗实施者的正当行为或宽宥行为。美国刑法理论认为,在一般情况下,正当事由的相对方不具有抵抗权(resist right),因此,正当事由的相对方在面对正当行为时,只能承受正当行为带给自己的"侵害",其不能通过实施抵抗行为,而"保护"自己免遭"侵害"。相反,宽宥事由的相对方具有抵抗权,因此,宽宥事由的相对方在面对宽宥行为时,没有必要承受宽宥行为带给自己的侵害,其可以通过实施抵抗行为,而保护自己的权利免遭侵害。

上述这种结论,也是运用权利理论的必然结果,既然正当事由的实施者有权利从事这一正当行为,相应的,相对方就有义务(duty)承受这种行为;相反,在宽宥事由的场合,宽宥事由的实施者并不具有实施该宽宥行为的权利,相应地,相对方也没有义务去承受这种对自己的侵害,而可以实施必要的行为抵抗对自己的侵害,从而保护自己的利益免受损失。

在一般情况下,上述正当事由的相对方无抵抗权,宽宥事由相对方有抵抗权的结论是毋庸置疑的,但是,在推定正当防卫(putative justification defence)的情况下,断言正当事由相对方无抵抗权的说法遭到了质疑。

英美普通法在正当防卫问题上,长久以来形成了一种主观而非客观的传统。一种更为久远的观点认为,当行为人由于其针对他人的攻击行为而被指控,在该行为人提出自我防卫或防卫他人(defence of another)的抗辩时,该行为人将根据他所相信的(而非事实上的)情况而被评判,所需要满足的条件是:行为人的相信必须不仅是真诚的,还应当是合理的。这种主观论在 R. v. Williams 以及 Beckford v. R. 案中被推到了极致,认为只要行为人的相信是真诚的,即使并不合理,也成立正当防卫。[2]

---

[1] 〔美〕保罗·H. 罗宾逊:《刑法的结构与功能》,何秉松、王桂萍译,张绍宗校,中国民主法制出版社2005年版,第137页。
[2] 转引自 George Mousourakis,"Justification and Excuse",*Tilburg Foreign Law Review* 7 (1998),57.

《模范刑法典》显然继承了这种传统。《模范刑法典》在第3.04条的"自我防卫"、第3.05条的"他人防卫"、第3.06条的"财产防卫"和第3.07条的"执法防卫"中,均未规定行为人所防卫的对象行为在客观上必须是不法侵害,比如第3.04(1)条中对"自我防卫"作了如下规定:"为保护自身而使用武力时的正当性。依照本条和第3.09条的规定,行为人相信对(upon)他人或者向(toward)他人使用武力,是为防止他人在当时的情况下针对自己使用非法武力所即时必要时,对他人使用该武力具有正当性。"[1]因此,只要该"相信"是有根据的,不存在轻率或疏忽,即使客观上并不存在此种侵害行为,也成立"自我防卫"。受《模范刑法典》的影响,美国各州刑法典也采取了此种做法,罗宾逊教授总结道:"在模范刑法典的影响下,许多现代法典都将正当防卫作如下定义'当行为人相信自己所使用的暴力是……时,使用暴力对(upon)他人或者向(toward)他人的行为就是正当的'。"[2]当推定正当防卫属于正当事由时,就为冲突正当事由(incompatible justification)的出现埋下了注脚。

冲突正当事由理论,又称为权利冲突理论,认为在推定正当防卫的情况下,当事人之间都有权利对他方实施"侵害"行为,并且这种"侵害"行为都属于正当事由,从而出现了当事人之间的权利冲突。

冲突正当事由的赞同者认为,"冲突正当事由理论的存在,不是因为我们的困惑,而是因为人类作为一个社会群体,对道德极度敏感,并且不需要遵循一些所谓的哲学教条,同时也因为我们关心人类的生活多过于关心伦理的一贯性。"[3]举例说明,如果A真诚、合理,但是却错误地相信B立即要(或正在)对自己进行暴力攻击,从而,A采取暴力的防卫措施致B伤亡,根据《模范刑法典》,此时A的行为成立推定自我防卫,属于正当事由。转换一个角度,同样是在上例中,如果B意识到A的攻击行为,并且也真诚、合理,但是却错误地把A认定为正在实施非法暴力侵害行为的犯罪人,继而采取暴力措施抵抗A,此时对B的行为在刑法上如何定性?赞同冲突正当事由理论者做出了回答,既然我们能够凭借A对客观事实的合理误解而将其的危害行为予以正当化,同理,我们也应该对B的行为予以正当化,唯一的要求就是——只要B实施该行为亦是因为合理的误解。最终,A和B的相互攻击行为均得以被正当化,从而冲突正当事由理论得到证明。[4]

反对者质疑上述结论,认为《模范刑法典》将推定自我防卫作为正当防卫的一种从

---

[1] 《美国模范刑法典及其评注》,刘仁文、王炜等译,法律出版社2005年版,第46—47页。

[2] Paul H. Robinson, "Criminal Law Defenses: A Systematic Analysis", *Columbia Law Review* 82 (1982), 239.

[3] Joshua. Dressler, "New Thoughts about the Concept of Justification in the Criminal Law: A Critique of Fletcher's Thinking and Rethinking", *UCLA Law Review* 32 (1984), 91.

[4] Joshua. Dressler, "New Thoughts about the Concept of Justification in the Criminal Law: A Critique of Fletcher's Thinking and Rethinking", *UCLA Law Review* 32 (1984), 92-93.

而归属于正当事由的做法是错误的。"德国和苏联的刑法理论都区分假想防卫和真实防卫。前者是一个关于认识错误的问题,必须依照前面章节里讨论的思路看待。只有真实的武力才能使防卫反应正当化。"[1]而对这种"在事实上既未避免更大的损害,也未增进更优的利益;这种不仅没有产生净利益,反倒造成净损害"[2]的推定正当防卫的定性,正确的做法是按照德国法的逻辑,将正当防卫与假想防卫相区分,当存在有过错的事实认识错误时,属于假想防卫,按照事实认识错误的过失犯罪论处;当这种事实认识错误是合理的、无过错的,则不构成犯罪。

比较来看,反对者的观点更准确,无论根据哪种正当事由理论,都难以得出对冲突正当事由的赞同结论。[3] 冲突正当事由理论造成了正当事由理论的混乱,应加以摒弃。属于正当事由的行为不仅必须具有主观上的正确性,更需要具备客观上的正确性,在所谓冲突正当事由的情况下,与其根据冲突正当事由理论说两者是正当事由的冲突,不如说是宽宥事由的冲突。在上例中,A 在主观上不存在过错,属于意外事件,是宽宥事由的一种;而 B 在主观上亦不存在过错,也属于意外事件,亦属于宽宥事由,从而,即使双方在合理错误下实施了相互攻击行为,但由于都属于宽宥事由,从而均不构成犯罪。总之,在界清美国刑法理论中推定正当防卫、冲突正当事由这两个术语的性质后,正当事由的相对方有抵抗权,宽宥事由的相对方无抵抗权的抵抗权理论的结论是正确的。

(三)第三方角度:加入行为的不同命运

第三方指正当事由与宽宥事由的直接实施者与直接承受者之外的其他卷入正当事由与宽宥事由之中的行为人。正当事由与宽宥事由不仅在行为人、相对方角度上体现了不同的法律后果,还影响对第三方加入行为(即教唆与帮助行为)的定性。

"正当事由的本质是这种主张根基于它是禁止性规范的一个固有的例外。自卫的'权利'划出了一组案件,在这些案件中,对规范的违反是允许的。正当事由的各项原则在特定案件中被具体化,从而形成了一个先例,使其他人在相似案件中可以援引这个先例。"[4]因此,正当事由的影响是普遍化的(universalized);与此相反,宽宥事由的影响是个别化的(personalized)。"可宥理由与禁止规范的关系全然不同,它们不构成规范的例外或者修正,而是一种特定案件中的判断:让某人为其违反规范的行为承担责任是不公平的。这一基本差别意味着,承认特定情境下的行为是可宥的,这样的情

---

[1] 〔美〕乔治·弗莱彻:《反思刑法》,邓子滨译,华夏出版社 2008 年版,第 556 页。
[2] Paul H. Robinson,"Criminal Law Defenses: A Systematic Analysis", *Columbia Law Review* 82 (1982), 239.
[3] 将冲突双方的行为均正当化,既未带来更大利益,也未造成更小损害,这也与公共利益毫不相干;同时,由于推定正当防卫的承受方并非实际上的侵犯者,其并未被剥夺道德主体的存在资格,道德剥夺理论在此也行不通;而根据权利理论,如果双方行为都属于正当事由,则双方都有权利,则双方也都有义务承受对方的侵害,这将造成矛盾的结论。
[4] 〔美〕乔治·弗莱彻:《反思刑法》,邓子滨译,华夏出版社 2008 年版,第 588 页。

形并不生成他人日后可以援用的先例。这在法律认识错误的场合尤为明显,因为法院的判决就是告诫公众注意有关规则,因而未来的不知法者得到宽宥的机会更少了。"[1]正是由于正当事由与宽宥事由分别被普遍化与个别化,从而造成了两者在对第三方教唆与帮助行为的定性问题上的差异,即:行为人所具备的正当事由影响第三方刑事责任的承担;而行为人所具备的宽宥事由对第三方刑事责任的承担不产生影响。举例说,正当防卫是公认的正当事由,因此,"如果A在自我防卫的状况下杀死B属于正当事由,C协助A杀死或直接杀死B的行为也将属于正当事由;而一旦假设自我防卫对于A而言属于宽宥事由而不是正当事由,C协助A杀死或直接杀死B的行为就不属于正当事由,第三方的帮助行为在此时被法律禁止。"[2]

然而,正当事由影响的普遍性这一结论,遭到了学者的反对。(1)在某些正当事由过程中,行为实施者的行为被正当化,但第三方的加入行为却无法正当化。比如,死刑的法定执行者执行死刑属于正当事由,但普通公民以同样的行为方式,在同一时间内代替死刑的法定执行者将死刑犯杀死的行为就不属于正当事由,这就说明了,正当事由并非普遍化的。[3](2)在另一些正当事由过程中,第三方的加入行为被正当化,行为实施者的行为反倒无法正当化。比如,如果行为人A在不知道B正在攻击自己的情况下杀害B,A的行为不属于正当事由。但是,如果第三人C知道B的攻击行为,并帮助A将B杀死,则C是成立正当事由的。[4]

上述两种反对观点,实际上是难以成立的。(1)普通公民加入法定执行者的执行行为之中,前者的行为无法被正当化,但这并不能否认正当事由具有普遍性影响这一原理,因为,普遍性影响是针对与正当事由实施者相同特征的群体而言,如果对正当事由的成立附加了特定条件,比如法令行为作为正当事由,执行法令行为的主体必须有法律的授权,则没有法律授权的普通公民即使实施同样行为也是无法被正当化的。因此,在法令行为的场合下,其普遍性影响是针对与行为实施者具有同类特征的所有主体。因此,在法令行为中,如果预定的死刑执行者A由于临时有事,而由其同事B代替执行死刑,则B的行为构成法令行为,属于正当事由。(2)在反对意见第二点中,第三人C的攻击行为之所以被正当化,并非基于行为人A,而是基于C自身所拥有的"他人防卫"的权利,即C在明知他人A面临B的不法侵害时,可以基于自己所拥有的"他人防卫"的权利,对B实施攻击行为,以保护A的权利免受侵害。因此,反对意见中的第

---

[1] [美]乔治·弗莱彻:《反思刑法》,邓子滨译,华夏出版社2008年版,第588页。

[2] Joshua. Dressler, "New Thoughts about the Concept of Justification in the Criminal Law: A Critique of Fletcher's Thinking and Rethinking", *UCLA Law Review* 32 (1984), 95.

[3] 参见Joshua. Dressler, "New Thoughts about the Concept of Justification in the Criminal Law: A Critique of Fletcher's Thinking and Rethinking", *UCLA Law Review* 32 (1984), 97.

[4] Joshua. Dressler, "New Thoughts about the Concept of Justification in the Criminal Law: A Critique of Fletcher's Thinking and Rethinking", *UCLA Law Review* 32 (1984), 95-96.

二种观点无法推翻正当事由普遍性影响的特征。

(四) 发展:民事赔偿与刑事程序上的不同后果

正当事由与宽宥事由各自所承载的不同社会效果与法律后果主要但不限于上述三种,两者还在民事赔偿问题上、刑事程序中存在诸多差异,美国刑法学界对此亦津津乐道。就前者而言,美国传统观点认为,正当事由行为人无须对相对方进行补偿,而宽宥事由行为人则需要对相对方进行补偿[1];

就后者而言,探讨正当事由与宽宥事由在刑事程序过程中各自的"待遇",也有其现实意义。美国学者丹·柯赫(Dan-Cohe)教授认为:"法律规则可以根据其是针对(address to)普通公众还是针对官方的标准进行区分是一个久已有之但却被过分忽视的观点",据此,柯赫教授将法律规范分为两类,一类是行为规范(conduct rules),其针对的对象是普通公众,其设立的目的是为了指导普通公众的行为;一类是决定规范(decision rules),其针对的对象是官方,由他们根据决定规范来运用行为规范。[2] 将此种对法律规范的划分与刑法中正当事由与宽宥事由的区分相对接,我们会发现,对正当事由的判断仅在行为规范的范围内进行,行为规范赋予行为人实施该行为的权利,在正当事由的场合,行为人的行为违反了某一行为规范,比如,实施正当防卫的行为人违反了"不得杀人"的行为规范,但是,规定正当防卫的行为规范却赋予了行为人"在防卫自己、他人、社会的合法利益时可以实施必要的杀害行为"的权利,从而,前一"不得杀人"的行为规范就被修正为"除了为了防卫自己、他人、社会的合法利益而实施必要的杀害行为,否则不得杀人"。最终,只要经过事实评价符合正当事由的要求,则行为人就有权实施该正当行为,根本不需要司法机关的介入,因此,实施正当事由的行为人根本就不应被卷入刑事程序之中(或者在刑事程序的早期阶段,比如在侦查阶段中就终结案件)。或者,即使由于对是否属于正当事由的事实判断不清而必须进入刑事程序,也应当尽量不被施加刑事强制措施;决定规范赋予官方评价行为规范的权力,在宽宥事由的场合,行为人的行为违反了某一行为规范,并且,没有其他的行为规范将被违反的前一行为规范修正为对行为人有利的情况,因此,行为必须由官方根据决定规范加以评价才能最终确定犯罪与否。比如,实施了杀人行为的精神病人的行为当然违反了故意杀人罪"不得杀人"的行为规范,并且,与正当防卫中法律赞同行为人在正当防卫过程中杀人不同,法律即不赞同行为人在精神病的状态下杀人,也未授权精神病人拥有杀人权,最终决定行为人在宽宥事由场合下无罪是官方对决定规范运用的结果,因此,实施宽宥事由的行为人应当在经历全部刑事程序后,最终到审判阶段才终结

---

[1] 弗莱彻教授通过对侵权理论的分析,反对这种观点,认为"支付赔偿金与否并不与正当事由以及宽宥事由的区分——对应"[George P. Fletcher, "The Right to Life", *Georgia Law Review* 13 (1979), 1388.; George P. Fletcher, "Fairness and Utility in Tort Theory", *Harvard Law Review* 85 (1972).]。

[2] Meir Dan-Cohen, "Decision Rules and Conduct Rules: On Acoustic Separation in Criminal Law", *Harvard Law Revie* 97 (1984), 625.

案件,从而得以体现法律对宽宥事由行为者的不赞成态度。

五、展望:中国刑事实体辩护事由的二维区分

中国刑法典未就正当事由与宽宥事由作出规定,理论上仅有正当事由这一术语,与之对应的宽宥事由,未能自成一体,其中的各类具体辩护事由被分散在犯罪主体与犯罪主观方面,在目前的状况下,似乎缺乏将正当事由与宽宥事由作二维区分的法律与理论上的支撑,但是,随着刑法理论的进一步发展,特别是一旦目前这种向德、日三阶层犯罪论体系转型成功之后,实体辩护事由分立成正当与宽宥两派的驱动力将加强。或者,即使仍然坚持目前耦合式的四要件犯罪论体系,也并非说对实体辩护事由的二元区分没有意义,美国的犯罪论体系并未发展出如德国的三阶层犯罪论体系。相反,正如弗莱彻教授所承认的,美国刑法理论中犯罪论体系也是"平面式"的,其通过法律规则的应用从而在一个单一的阶段得出所有解决争端的评判标准,"所有的要件都是同等重要的。不管是肯定的,还是否定的要件,只要它们之间的任何一个缺失,被告人就是无罪的。"[1]但是,正是在这种"平面式"的犯罪论体系下,美国刑法学界近年来开始注重对正当事由与宽宥事由的研究,由此可见,对两者的研究与否与犯罪论体系的阶层与否没有必然关联。总之,在中国当下如何系统的对刑法、司法解释以及刑事理论中存在的诸多零散的实体辩护事由进行系统归类,是本文未能涉及的,但却是亟待中国刑法学者解决的一大问题。

---

[1] George P. Fletcher, "The Right and the Reasonable", *Harvard Law Review* 98 (1985), 962.

[专题研究]

入罪的理由：论刑法生成的标准[*]
——基于指标分析的理路

张 训[**]

涉关当下中国定罪与量刑如何运作，不光是一些学者从法理层面献策献力[1]，在司法界，更多体现在人民法院，对如何裁判，尤其是刑罚裁量的量化、细化、精准化进行了一系列的实践或称试验。[2] 这些司法改革凝聚了法律工作者尤其是司法工作者的无畏的探索精神，体现了人们对中国司法何处去的关切，无疑让人眼前一亮。不过和人们对量刑的热切关注相比较，一项新罪名进入刑法视域的过程（简称"入罪"）似乎越来越受到冷落。当然这个"冷落"仅是从技术层面上的关注度而言的。事实上，对于"入罪"，人们不仅没有忘记，还时不时提起，君不见今天有人提出应新增"超生罪"，明天又有人提出再添"人肉搜索罪"[3]，而且立法界也表现出一定的呼应，除了1997年刑法将罪名扩增至400余项之外，接连出台的刑法修正案中的新罪名也接踵而至。具

---

[*] 本文的写作得益并借鉴于汪明亮博士关于"严打"指标分析体系建构的设想（参见汪明亮：《"严打"的理性评价》，北京大学出版社2004年版，第45—49页）。特此致谢。

[**] 作者系南京师范大学法学院刑法学博士生，讲师。

[1] 学者的具体意见可参见苏惠渔等：《量刑与电脑》，百家出版社1989版；周光权：《基准刑研究》，载《中国法学》1999年第5期；赵廷光：《论量刑精确制导》，载《现代法学》2008年第4期；杨志斌：《英美量刑模式的借鉴与我国量刑制度的完善》，载《法律适用》2006年第11期（13）；白建军：《罪刑均衡实证研究》，法律出版社2004年版；郑伟：《法定刑的基准点与量刑的精雕细琢——美国量刑指南给我们的启示》，载《人民司法》2003年第7期；白建军：《刑事学体系的一个侧面：定量分析》，载《中外法学》1999年第5期。

[2] 山东淄博市淄川区人民法院规范量刑和电脑辅助量刑的改革和江苏省姜堰市人民法院量刑规范指导意见的出台都是对量刑进一步细化、精准化、定量化的试验。

[3] 广东省委党校郑志国教授提出《刑法》应该增设"超生罪"，笔者曾在《南方都市报》撰文对此表示异议（分别参见《南方都市报》2006年8月26日版和2006年8月28日版）。《刑法修正案（七）》（草案）提交审议之际，有委员提出增设"人肉搜索罪"（参见人民网 http://npc.people.com.cn/GB/14841/53042/7861514.html）。另外，不同阶层包括法律界人士提出的形态各异的罪名层出不穷，在此不再罗列。

体表现为,直接增加犯罪行为,扩大犯罪构成要件,通过立法解释扩大犯罪的适用范围。[1] 以至有学者称,"入罪"已经成为一种习惯。[2]

当然,笔者在此绝不是对刑法的制定与修正说三道四,也没有对其中任一新罪名拿出来加以批判的意思。只是笔者隐约感到,一定意义上,"量刑"和"入罪"应该是保护人权的车之两轮、鸟之双翼。量刑的精准固然重要,它可能关涉一个人的一天、一月、一年的自由甚至生命的存在与否。但是,在笔者看来,"入罪"的精准更加重要,因为它关乎的是整个人类的安危。具体而言,量刑规范、细化、量化是站在犯罪者个人的立场或思维角度考虑的,而这种立场和思维主要是一种个案主义的立场和思维,它要求的是在个案中实现公平正义。而对一项新罪名入刑的审慎,尤其是做到入罪依据科学、合理、精准,是要站在社会整体的角度上考虑的,这种立场和思维主要是一种整体主义[3]的立场和思维,它主要是基于对整个社会负责的角度。因为,一项新的罪名不再是仅仅针对某一个人,而是针对整个社会,可能是你,亦可能是笔者。在这一点上,就某种意义而言,它与罪刑法定的旨趣和要义是一脉相承的。

鉴于此,笔者试图从"入罪"的精准化角度着手,力求做一番有意义的探索,更期望以此抛砖引玉,引起大家共鸣。

一、几点必要的说明

(一)"入罪"与"出罪"的简单说明

早在唐代,就有关于"出罪"、"入罪"的提法,《唐律·断狱》:"即断罪,失于入者,各减三等;失于出者,各减五等。"可以简单地解释为,法庭裁判错误,把有罪的人认为无罪,把无罪的人认为有罪。

晚近以来,"入罪"、"出罪"成为刑法学人使用频率较高的词语之一,但正如夏勇教授所归结的那样,什么是"出罪"、应该怎样理解和使用这一概念、"出罪"与相关概念的关系如何等问题,却鲜有学者作深入、系统的探讨。[4] 关于"入罪",也面临同样的窘境。不光是学界对"入罪"概念的关注度不够,就是在理解和使用上也面临和"出罪"大致相同甚至更为困难的境况。何出此言呢?夏勇教授总结,人们通常在两种意义上使用"出罪"概念:(1)不构成犯罪;(2)把有罪归为无罪。在他看来,在理解第一种意义时有一种模糊之感,本来就不在"犯罪圈"内,不在其内,何以出之?只不过是"不归罪"

---

[1] 一般理解,入罪不仅仅指新罪名的设立,还应包括对原有罪名的扩展,即通过扩大犯罪构成要件、立法解释等手段扩充原罪名的内涵。

[2] 参见张国轩:《漫谈立法的"入罪"习惯》,载《人民检察》2006年第5期(上)。

[3] 关于个案主义和整体主义的表述借鉴自刘远教授文章。参见刘远:《论刑事政治与刑事政策——兼论"宽严相济"》,载《甘肃政法学院学报》2008年第6期。

[4] 参见夏勇:《试论"出罪"》,载《法商研究》2007年第6期,第45页。

罢了。[1] 夏勇教授的困惑,我们每个人似乎都曾有过,不过,如果换个视角,"出罪"可能在两种意义上都能理解。一般而言,非犯罪化可以理解为立法意义上的非犯罪化和司法意义上的非犯罪化。前者主要是针对某种一直以来对社会危害不大的犯罪行为进行除罪化处理,具体的操作发生在立法层面上。而后者,则主要针对犯罪者个体,进行除罪化处置,可以广义地理解为采用非刑罚化、非监禁化等处遇方式。然而,从多年来的实践来看,无论是立法层面上的"出罪"运动,还是司法层面上的"出罪"行为,都是很少出现的,所谓上山容易下山难,这或许与中国历来重刑轻民,一定程度上迷信重刑主义的传统观念分不开。

至于"出罪",因为不是本文的关注重心,不作过多阐释,只是借助对"出罪"的简单透析以及其与"入罪"之间的关系简单梳理以便更好地理解"入罪"。从上述来看,给"出罪"所找的理解路径对于"入罪"的理解也具有一定的借鉴意义。换句话说,理解"入罪"也需要在两种意义上展开,即从立法层面和司法层面两个角度透视它,才能做到完整、透彻。

(二)立法层面上的"入罪"与司法层面上的"入罪"

如上所言,与表征"出罪"的非犯罪化诸多模式相一致的是"入罪"的非犯罪化模式。表现为两个层面:(1)人类社会行为之中的某一类行为因为社会危害当量[2]的由量至质的变化,必须通过立法层面上的技术处理使其步入刑事法调整领域,成为刑法规制的对象,从而完成"入罪"的"成年礼"。"入罪"仪式也正因为拥有了法治的外衣,所以才显得公平,实际上,社会正义实现的路径之一就是法治化,而法治的特征之一就是对于相同的恶予以同样的处置、相同的善给予同样的褒奖;(2)某一独立个体因实施了已然为刑事法网列为规制对象的某一行为,从而触碰了刑法的底线,被"请入"犯罪圈。很显然,"入罪"第一种含义是站在立法层面上的,可以理解为从犯罪圈外走入圈内,在进入圈内的一刹那之前,"入罪"的主体只能理解为全体公民。而第二种意义主要是立足于司法层面上理解的,在这里,"入罪"的主体具化到某一个个人身上。当然,随着法治化的降临,在刑事司法当中,受罪刑法定原则的约束和司法领域自身的规范与净化,"出入人罪"的情况绝少甚至不再发生了,因而严格意义上来讲,司法层面上的"入罪"已经没有过多探讨的余地。[3] 所以,本文仅从立法层面上来探讨"入罪"的理由。而且,从实际上来看,"出罪"往往象征着光明,"入罪"则往往代表黑暗。特别是,对当下"入罪"似乎已经成为一种思维习惯的情形来说,认真地梳理一下历来"入罪"事由,并以此推导出一套相对科学理性的"入罪"依据,虽说是困难重重,但也一定是有意义的。

---

[1] 参见夏勇:《试论"出罪"》,载《法商研究》2007年第6期,第45页。
[2] 关于社会危害当量的提出借助于有学者提出的犯罪当量的概念。
[3] 当然,在此并不是说,司法层面上"入罪"的探讨就没有一定的实践意义,也不是没有研究的空间,主要笔者认为,更应该引起关注的还是立法层面上的"入罪"问题。

二、一般理解的"入罪"标准

几乎可以断言,首先进入刑事法视域的一定是传统意义上的犯罪,即所谓的自然犯或刑事犯。因为,人类早期社会,并非没有现代意义上破坏社会的行为,而且,在野蛮、蒙昧状态下,那种赤裸裸的侵害、杀戮行为,在程度、后果、范围和方式上一定会让现代社会的文明人心虚胆寒、目瞪口呆。只是那时没有阶级、国家及其意志表现的法律,因而也就没有谁或什么东西把它们规定为犯罪。[1] 正如经典作家所指出,在氏族内部,权利和义务之间还没有任何差别;参加公共事物,实行血族复仇或为此接受赎罪,究竟是权利还是义务问题,对印第安人来说是不存在的;在印第安人看来,这种问题正如吃饭、睡觉、打猎究竟是权利还是义务问题一样荒谬。[2] 由此看来,什么是犯罪是在国家成立之后才成为有实际意义的话题。而且,随着人类社会国家样态的迭进,"入罪"的标准也定然有所不同,但归纳来看,逃脱不了道德、政治、文化等因素,当然不否认在某个特定的时代或国家可能会出现统治者的金口玉言成为一类行为或者一类人的"入罪"事由。

(一)"入罪"的道德标准——侧重于自然犯

犯罪行为大体源自违法行为和失德行为,所以可以说绝大部分的犯罪行为又是违反道德的行为,也有很大一部分是违法行为质变而成。笔者为什么不完全赞同"法律是最低限度的道德"的决然之论?这是因为,无论何时,都存在为当下道德所容许或者最少持暧昧态度的犯罪行为,比如"安乐死"是我国刑法的规制对象,然而并非为道德决然排斥;"基于义愤的杀人"在现实道德中似乎也能找到庇护所。当然,反过来,也存在违背当下道德情操、触及伦理底限的"通奸"、"包二奶"等行为不为刑法所规制。当然,不能就此否认犯罪与社会道德之间在事实上所存在的千丝万缕的多种关联。任何社会的法律都必然或多或少地反映该社会占主导地位的道德观念,法律所包含的评价标准与大多数公民最基本的道德信念通常是一致的或接近的。历史地考察,古代法的一个重要特征就是与占主导地位的道德在内容上高度重合,而在现代,就犯罪行为的圈界来说,道德标准事关犯罪标定的实质标准问题。[3]

笔者认为,道德对犯罪行为的圈界主要还是以自发的形式完成的,这一点特别体

---

[1] 参见张绍彦:《犯罪与刑罚研究的基础及其方法》,载《法学研究》1999年第5期,第92—93页。
[2] 参见《马克思恩格斯全集》(第4卷),第155页。
[3] 参见张远煌:《现代犯罪学的基本问题》,中国检察出版社1998年版,第221—233页。

现在自然犯（刑事犯）身上。[1] 正如许发民教授所言，自然犯具有"自体恶"（malainse），这种自体恶是指某些不法行为本身即具恶性，其恶性系与生俱来，不待法律所规定，早已存在于行为之本质中；而法定恶具有"禁止恶"，这种恶与法律规定存在很大的关系。[2] 而且，道德的自发性往往体现出一种自在的或称朴素的正义感，也正是这种正义感凝结成为多数人所认可的价值认同体系，犯罪行为一般表现为失德行为的根基就在于它违反了上述的价值共同体系，道德对犯罪的评价标准亦由此形成。

从上述分析可以得出结论，道德对犯罪行为的界定范式主要侧重于对自然犯的自发评价，一种失德行为真正步入犯罪圈，尚需体现统治阶级意志的法律的体认，正如习惯法、民间法需要国家认可才能成为成文法一样。

（二）"入罪"的政治标准——侧重于法定犯

虽然无论是自然犯还是法定犯都要通过刑法规范的最终圈界，但是，相对于自然犯而言，法定犯的"入罪"标准则复杂曲折得多，而且体现出更多的政治色彩。然而，就像自然犯与法定犯纯属学理的划分一样，界定犯罪的政治标准又能离道德的源头有多远呢？

实际而言，政治的源头一定是道德。关于这一点，早在古希腊的亚里士多德那里就得以阐释："我们看到，所有的城邦都是某种共同体，所有共同体都是围着某种善而建立的（因为人的一切行为都是为着他们所认为的善）。很显然，由于所有的共同体旨在追求某种善，因而，所有共同体中最崇高、最权威，并且包含了一切共同体的共同体，所追求的一定是至善。这种共同体就是所谓的城邦或政治共同体。"[3] 以亚氏之见，是道德最终选择了政治。所以与其说是对"入罪"政治标准的剖析不如说是对"入罪"道德标准的进一步探讨。

不过，并不是说对"入罪"的政治标准的探析就此失去了意义。恰恰相反，随着政治与国家的诞生，恩格斯在《家庭、私有制和国家的起源》[4] 中所描述的原始社会没有犯罪的"美妙"图景也就此消失了。因而，政治才是犯罪得以圈界的正式标准或称形式标准。连日本刑法学家大塚仁也指出："刑法上规定的行为有政治色彩，国家把某些行为定为犯罪的行为原本就具有政治色彩。"[5] 这也就是人们所看到的一个现象，为什么不同的阶级社会，对于什么是犯罪、如何确认犯罪行为，基于不同的阶级立场和阶级地位会得出截然相反的结论。不过，有一点几乎可以肯定，总是掌握政治权力的阶级

---

[1] 自然犯（刑事犯）和法定犯（行政犯）的划分早在罗马法中就得以体现，但准确提出自然犯概念的却是意大利刑法学者加罗法洛。他指出："在一个行为被公众认为是犯罪前所必须的不道德因素是对道德的伤害，而这种伤害又绝对表现为对怜悯和正直这两种利他情感的伤害。……我们可以确切地把伤害以上两种情感之一的行为称为'自然犯罪'"（参见〔意〕加罗法洛：《犯罪学》，中国大百科全书出版社1996年版，第44页）。

[2] 参见许发民：《刑法的社会学分析》，法律出版社2003年版，第146页。

[3] 参见苗立田：《亚里士多德全集》(9)，中国人民大学出版社1994年版，第4页。

[4] 参见《马克思恩格斯全集》（第4卷），第92页。

[5] 参见〔日〕大塚仁：《犯罪论的基本问题》，冯军译，中国政法大学出版社1993年版，第3页。

说了算。这样一来,圈界犯罪的标准可能不仅仅是看一项行为的社会危害量了。换句话说,刑法的阶级本质决定了立法者在决定是否以及如何将一定行为规定为犯罪时,不可能只从该行为对社会的客观危害角度去考虑,而必须同时充分顾及维护统治者现行统治关系的需要,即必须对行为的社会危害性从阶级利益出发进行评价。因此,刑法上的社会危害性,并非本来意义上的社会危害性,而只是客观分割性与统治意志不相容性的统一。这样说来,以刑法为研究对象的刑法学,也就只能戴着这层面纱去理解表征犯罪社会危害性的各种法律要素。[1]

如果说,在不同的阶级社会会因为不同的阶级地位和阶级立场,所制定的"入罪"标准理应不同,在没有阶级对立的国家(比如社会主义中国),"入罪"的标准依据是什么,会随着什么的变化而变化呢?笔者以为,主要是刑事政策。我国著名刑法学者储槐植教授就将刑事政策分为定罪政策、刑法政策和处遇政策。[2] 所谓定罪政策,就是指刑法设置定罪规范的政策,其要解决的问题是如何编织刑事法网:刑事法网伸展到何处,即犯罪圈(打击面)划到多大?以及刑事法网的疏密程度怎样,即从不轨行为中筛选出何等行为进入犯罪圈?而定罪政策的法律化就是刑法中的定罪规范。定罪规范的每一个环节无不体现一定的刑事政策。[3]

当然,一个国家可能在不同的时期采用不同的定罪政策,就基本刑事政策而言,大致可以划分为两种模式:一种是严密的刑事政策即刑事法网相对宽泛,犯罪圈比较大,可以称之为犯罪化趋势;另一种是紧凑的刑事政策即刑事法网开得不是很大,犯罪圈比较小,可以称之为非犯罪化趋势。在二者之间,还会有过渡阶段、调整阶段。总而言之,任何一个国家刑事法典所呈现的或长或短的犯罪名录即这些作为犯罪对象化的行为之设定并非是任意而为的,其中贯注、隐含着国家刑事政策的立法选择权问题,这种选择表明国家将不同类别的行为在立法上规定为犯罪,并确定轻重不同的刑罚所意图达到的消除、减弱或抑制一定行为的社会危害性的期望值。立法上的这种犯罪化过程中的优先权,正是刑事政策于犯罪圈划定所发挥的主要作用。[4]

不过,正如自然犯和法定犯的区分具有相对性一样[5],犯罪的圈定标准也不可能心无旁骛地依赖于唯一的依据,道德、政治、文化、刑事政策、统治者个人的金口玉言会以非常奇妙的方式错综复杂地融合到令人难以疏解的程度,以至于一项新罪名的标准真正成为一个加工过的盘根错节的整体,往往通过《刑法》或《刑法修正案》表现出来。

---

[1] 参见张远煌:《犯罪理念之确立——犯罪概念的刑法学与犯罪学比较分析》,载《中国法学》1999年第3期,第130页。

[2] 参见储槐植:《刑事政策的概念、结构和功能》,载《法学研究》1993年第3期。

[3] 参见许发民:《刑法的社会学分析》,法律出版社2003年版,第120页。

[4] 参见张远煌:《现代犯罪学的基本问题》,中国检察出版社1998年版,第233—240页。

[5] 台湾学者高仰止认为:"因自然犯和法定犯之间,乃系流动而非固定不移。盖法定犯罪并非不可成为自然犯,而自然犯亦非不可成为法定犯故也"(参见高仰止:《刑法总则理论与实用》,台北五南图书出版公司1986年版,第140页)。

这也是法治社会与以往社会最大的区别,即无论如何都要给这些"入罪"理由披上法治的外衣。

三、"入罪"的科学当量——指标分析体系

上述探讨的几种"入罪"标准是一般意义上的或者说是传统的理解模式。可以肯定,几乎所有的人都能认识到犯罪圈界的重要意义,哪怕是荒淫无度的封建君主也知道漠视自由和生命的后果。但是,对于犯罪圈界的道德关切和政治标榜似乎都不能解决,最少是无法圆满解答一个问题,即什么样的行为可规定为犯罪?当然,正如上文述及,有不少人对"入罪"的依据和标准作过探索,也进行了些许[1]定量分析等方面的研究。然而在我们看来,这些研究工作大多还只是驻足于圈内,换句话说,他们提取的定量分析数据主要来自犯罪者,然后在总结汲取犯罪者的特征数据之后进行实证研究。笔者在此并没有讥笑任何人所作努力的意思,只是怀揣一个善良的愿望,希望能借用科学的指标分析体系对犯罪的圈定从准犯罪行为的角度作一番探索,也就是说,是对诸多的社会行为中的某类将要入刑或者人们认为需要入刑的行为进行剖析,以期夯实给予大家认同的基础。至于探索方法本身是否科学、研究是否能够展开、实证意义究竟有多大,说实话,笔者自己的心里也没有底[2],但凭方家斧正。

其实,判断一项准犯罪行为[3]是否达到"入罪"的临界点,也就是该行为的社会危害当量是否由量到质屈临发生质变的最后一道防线,应该是一套科学理性的指标分析体系,换言之,社会危害当量的评判必须借助于科学的手段,不可寄托于估计、大约摸、差不离的估堆策略,更不应该以领袖的拍案而起作为行动指南,如果以此作为判断"入罪"标准的话,从微观而言,"入罪"的科学体系永远无法构建,从宏观来看,法治的春天永远不会降临。

---

[1] 用了"些许"一词,旨在表明一个基本看法:人们研究刑事法问题时,对定量分析的方式重视不够。在这一点上,白建军教授也有类似的感慨:"犯罪问题有许多侧面,其中,质的规定性和量的规定性,就共同构成了诸多侧面中的一个。而长期以来,在这个剖面中,比较容易被人忽视的就是其量的一面。"(参见白建军:《刑事学体系的一个侧面:定量分析》,载《中外法学》1999年第5期。)

[2] 因为本文的写作涉及数学公式等定量分析方式,可以说笔者对此几乎一无所知,加之自身理论积淀和思维拘谨的限制,很难有高质量的或者更加开阔并且精准的思路来完成"入罪"指标体系的构建设想,但令笔者略感安慰的是,它毕竟只是一个设想,即便错端百出,也没有太多遗憾,只求引起大方之家的注意,并投入精力为达成"入罪"这一关系民生、关乎国运的庞大复杂系统工程的建构贡献才智。

[3] 笔者认为,这里的一项行为不应该理解成一个人的单一行为,而是抽象意义上的一类社会行为。当然,如何界定首先还需要提炼,而提炼行为的本身就需要借助科学的指标,所以可以说,提炼某类社会行为的过程就是给该行为"入罪"寻找理由的过程。另外,还须说明的是,笔者不将之称为不轨行为或其他,而是称之为准犯罪行为,原因在于本文的主旨主要是考察"入罪"理由,考察的对象集中在潜在犯罪行为上,称这些潜在犯罪行为为准犯罪行为,比较符合理解和研究的脉络。准犯罪行为主要包含失德行为和违法行为,关于这一点会在文中体现,在此不作过多的说明。

当然,关于"入罪"的科学指标体系的建构可能会和学界关于犯罪定量与定性之争[1]混为一谈,在笔者看来,这种理论之争可能还是过多地拘囿于刑法已然规制的对象,实乃是圈内之争,而对还没有踏入行和将踏入犯罪圈的准犯罪行为是否需要定量、如何定量好像没有给予太多关切或者即便提及也只是浮皮潦草、隔靴搔痒。事实上,如上文所言,对若干准犯罪行为已经到了非要定量不可的地步,当然关涉犯罪圈内的对象是否"出罪"以及如何"出罪"的定量问题则是另外一回事。

(一)"入罪"指标分析体系的机理分析

1. "入罪"指标分析体系建立的可行性

在作出"入罪"框架设定之前有必要作些许说明,因为"入罪"的分析对象集中在准犯罪行为的危害当量上,言下之意,准犯罪行为作为社会行为之一种,能否适用自然科学中惯常的方法进行分析?答案是肯定的。(1)事实上,刑法学作为一门社会科学,虽然跟自然科学有着显著差异,研究方法与范式亦有所不同,但并非意味着刑法学的研究就不能引入自然科学最一般的研究方法即定量分析方法。其实,任何一门社会科学(不仅包括经济学还包括政治学)都能够运用实证分析的方法进行研究。马克思在写作《资本论》过程中,十分注意搜集资本主义国家的政治经济社会的实际材料,甚至在他生病期间"吞下了大批统计学方面和其他方面的材料,对那些肠胃不习惯于这类食物并且不能把它们迅速消化的人来说,这些材料本身就足以致病"。[2] 马克思的天才巨著《资本论》问世,与他注意运用统计数据进行分析不无关系。恩格斯也很注意使用"数量概念"来阐述其理论。《英国工人阶级状况》一书的很多部分就是用反映客观事物的统计资料写成。英国的政治算术学派创始人、政治学家威廉·配第甚至天才地写出《政治算术》,此书列举大量数字论证了英法荷三国的政治经济实力,从而探讨

---

[1] 有学者以犯罪构成中是否含有定量因素为标准,将我国刑法分则中的具体犯罪分为三类:第一类是没有直接的定量限制。诸如杀人罪、强奸罪、抢劫罪、放火罪和投毒罪等,约占刑法分则有罪刑规定的条文1/3。第二类直接规定了数量限制。诸如盗窃、诈骗和抢夺罪等。第三类是实质上内含了定量限制的载有"情节严重"、"情节特别恶劣"、"造成严重后果"的才追究责任的犯罪。后两者加起来约占2/3(参见许发民:《刑法的社会学分析》,法律出版社2003年版,第134页)。关于立法上能否设置犯罪的定量因素,学者们意见不一。有学者认为,通过立法一次性地将犯罪概念的定性因素和定量因素明确起来,事实上这是不可能的,以这种期望来进行刑法立法是思维误区,这种情形必然导致立法者的负担太重(参见宗建文:《刑法机制研究》,中国方正出版社2000年版,第66—67页)。而另有学者则认为不能一概而论,对于刑法第三章中的绝大多数犯罪可采用既定性又定量的立法模式,引入"定量犯罪概念"是进行"从严"掌握最简便的工具。对于上述经济犯罪以外的其他犯罪,则可采用"立法定性、司法定量"的模式(参见储槐植:《再论我国刑法中犯罪概念的定量因素》,载《法学研究》2000年第2期,第34—43页)。可见,学者们还是过多地聚焦于已经步入犯罪圈的犯罪,对准犯罪很少关注,而且对立法不宜采用定量模式还是出于对立法者的体恤之情,殊不知,立法者所要承载的是整个国家公民的自由或生命,当然他们自身也包括在内,就是殚精竭虑又何足惜。

[2] 参见《马克思恩格斯全集》(第32卷),第525页。

了当时这三个国家的社会政治经济现象中的共同规律。[1] 这些例证为笔者科学探险指出一条路径,不致自感太过唐突。(2)实证学科的发展为构建"入罪"指标体系夯实了理论根基。汪明亮博士在分析严打的指标体系时非常欣喜地指出三种支持力量,分别为:理论基础、技术基础、法律基础。诚如汪博士所言,社会指标运动(Social Indicators Movement)与现代社会统计学的建立为构建指标分析奠定了理论基础。1966年美国雷蒙德·A.鲍尔等人编辑出版了《社会指标》(Social Indicators)一书,它立足于"大社会"角度,试图建立一套社会指标体系,以定量形式来探测社会的各种变化,并试图建立一种全面的社会系统的核算模型,来评估整个国情。可以说,《社会指标》一书掀起了一场被称之为"社会指标运动"的热潮。受该运动影响,现代统计学应运而生,并由此派生出运筹学、决策学等新兴科学。可见,利用非经济社会指标来研究犯罪现象,是有其理论基础的。现代计算机信息处理技术的高速发展和广泛应用,为科学高效的处理各项复杂数据提供了技术上的支持。《中华人民共和国统计法》第5条规定:"国家加强对统计指标的科学研究,不断改进统计调查方法,提高统计的科学性、真实性。"为指标分析体系的构建提供了法律依据。[2]

2. "入罪"指标分析体系的含义及意义

所谓"入罪"的指标分析体系,是指通过对相关严重失德或违法行为亦即准犯罪行为的指标分析来确定该行为是否达到社会危害当量以至进行刑法规制之必要的系列参数集合。我们认为,指标分析体系想要成为一个逐步成熟的理论体系必须满足以下两点要求:(1)这一定量测量准犯罪行为的理论,在内容上不应与前人研究成果中的正确思想相去太远,而且必须具有抓住社会行为的本质的深刻性,具有适用于一切社会行为的概括性,具有能够被重复运用于不同社会条件的操作性,并具有广泛的应用价值;(2)在形式上,这一理论还应构成一个标准化的逻辑系统,具有稳定的内涵,以便可以接受千百次的准确操作,才不致辜负艰辛的前期准备。

在这样的理论涵摄下,"入罪"的指标分析体系主要是以准犯罪行为平均指标为分析手段,而准犯罪行为平均指标,指的是用以反映社会危害当量总体的各社会失德行为、违法行为某一数量标志在一定的时空下所达到的一般水平。[3] 在社会危害性同质总体中,每个单位都有许多数量标志来表明它们的特征。虽然,这些数量的取值大

---

[1] 关于社会科学包括刑法学、犯罪学的实证研究,古往今来尝试者大有人在,除列举了经典作家之外,恕不一一列举。

[2] 参见汪明亮:《"严打"的理性评价》,北京大学出版社2004年版,第46—47页。

[3] 我们知道,准犯罪行为统计的数量描绘,并不纯粹是一堆杂乱的数字,而是社会失德、违法行为实际过程在量上的表现,是准犯罪行为发展规律性变化的结果。因而,用统计方法反映和研究这种社会现象,就能科学地测定前犯罪状况,较准确地用数学语言表述失德、违法现象在一定时间、地点和条件下的规模、程度、结构、速度、特点、各种数量比例关系以及发展变化规律,从而对这些准犯罪情况有一个综合的、全盘的、宏观的总体认识。笔者所称的准犯罪和前犯罪行为都是刑法潜在的规制行为,但是只要没有纳入刑事法网就不能称作犯罪行为。

小差异很大，但在同质总体内的各个具体的失德、违法行为又分别具有共同的质的规定性，由此把数量上的差异制约在一定的范围内，这样就有可能利用一定的量来代表总体单位数量标志的一般水平。例如，准犯罪行为主要是严重违法行为[1]的社会危害当量的质界点[2]的突破与否取决于违法频率、受害率、违法处置率、公众的道德喜恶度、公众对准犯罪行为的容忍度等多种因素，由此，我们可以通过准犯罪行为平均指标计算出一定时空内的平均准犯罪行为的社会危害当量。

依据准犯罪平均指标确立的"入罪"指标分析体系是决定一项准犯罪行为是否需要刑法规制的重要参数，只有当准犯罪平均指标达到社会危害当量的质界点时，才可启动刑事法网。过早或者过迟都是不科学的。当准犯罪平均指标尚未达到临界点时，发动刑法不仅会造成司法资源的紧张甚至浪费，还可能无端发动刑罚，引发正义的失却；当准犯罪指标超过临界点，刑事法网尚未有所反应，造成难以弥补的社会损失也就在所难免了。由此看来，早先的"入罪"标准之所以大多成为流弊，其实质就在于缺乏科学的分析指标体系。

3. "入罪"指标分析体系对犯罪概念的照应

一般而言，犯罪概念是对犯罪行为的自然圈界，也可以说，凡为犯罪概念所涵摄的行为就一定是犯罪行为。当然关于犯罪概念本身的界定问题，学者们见仁见智[3]，因非本文关注重点，只就其一般接受的几个要件，谈谈"入罪"指标分析体系对其的照应，

---

[1] 因为作为准犯罪行为之一的失德行为大都为传统犯罪圈界完毕，只有少量的失德行为会随着社会道德标准的嬗变而有所调整从而进出犯罪圈。所以，在一定程度上，"入罪"的绝大多数考察对象还是违法行为。
[2] 就是失德行为、违法行为等准犯罪行为的社会危害量渐次完成量的积累正要突破质的界定，从而跨入犯罪圈的临界点。
[3] 关于犯罪概念的界定可分为形式界定和实质界定。其中形式界定又分为不同的流派。其中，刑事违法说认为犯罪是违反刑事法律的行为（参见〔意〕杜里奥·帕多瓦尼：《意大利刑法学原理》，陈忠林译，法律出版社1998年版，第69页）；刑罚惩罚说认为，犯罪是具有刑罚惩罚特征的行为（参见〔日〕木村龟二：《刑法学词典》，顾肖荣等译，上海翻译出版公司1991年版，第98页）；刑事违法与刑罚惩罚说认为犯罪是违反刑事法律并且具有刑罚惩罚特征的行为[参见〔日〕大塚仁：《刑法概说（总论）》，冯军译，中国人民大学出版社2003年版，第90页]；刑事违法、刑罚惩罚与刑事起诉说认为，犯罪是具有违反刑事法律、受到刑罚惩罚以及受到刑事起诉的特征的行为（参见〔英〕鲁珀特·克罗斯、菲利普·A. 琼斯：《英国刑法导论》，赵秉志等译，中国人民大学出版社1991年版，第1页）。实质界定也有不少学说。其中，权利侵害说认为，刑法之所以将某种行为规定为犯罪，就在于该行为侵害了权利[参见高铭暄：《刑法学原理》（第1卷），中国人民大学出版社1993年版，第375页]；法益侵害说认为，刑法之所以将某种行为规定为犯罪，就在于该行为侵害了法益（参见〔德〕李斯特：《德国刑法教科书》，徐久生译，法律出版社2000年版，第170页）；义务违反说认为，刑法之所以将某种行为规定为犯罪，就在于该行为违反了义务（参见〔日〕大塚仁：《犯罪论的基本问题》，冯军译，中国政法大学出版社1993年版，第6页）；规范违反说认为，法定犯罪实质就在于行为违反了文化规范或社会伦理规范（参见〔日〕小野清一郎：《犯罪构成要件理论》，王泰译，中国人民公安大学出版社1991年版，第14页）；社会危害说认为，法定犯罪实质就在于行为具有严重的社会危害性（参见马克昌：《犯罪通论》，武汉大学出版社1999年版，第19—20页）。

这样也能从侧面检测该体系的科学性与完整性。

总体而言,犯罪概念回答两个不同层次的问题:(1)应当将哪些行为作为犯罪(刑法应当将什么行为规定为犯罪);(2)为什么这些行为是犯罪(刑法为什么将这些行为规定为犯罪)。对这两个犯罪概念的基本问题解答是否妥当恰是检验"入罪"指标体系的是否完整与科学的试金石。

首先来看对第一个问题即哪些行为是犯罪的解答。"入罪"犯罪指标分析体系的立足点就是准犯罪行为的社会危害当量,唯富有社会危害当量的失德、违法行为才有资格成为准犯罪行为,刑事法网不是漫无目的胡撒乱扔,准犯罪行为正是它将要网罗的对象。对第二个问题即刑法为什么将这些行为规定为犯罪进行解答之前,首先要明白,其实第二个问题和第一个问题是同一事物的两个方面,是"表与里"的关系,因而解答了第一个问题,也同时解答了第二个问题,区别在于第二个问题是对"入罪"理由的深层次追问。为什么要将严重失德、违法行为等准犯罪行为规定为犯罪呢?究其原因,就在于这些准犯罪行为已经来到社会危害当量的临界点并随时考虑是否进入围城,踏入了就触雷了。由此可见,"入罪"的指标分析体系还是能够给予界定犯罪概念的两个最基本问题应有的关照。

(二)"入罪"指标分析体系的理论预设

在操作层面上,"入罪"的指标分析体系的构建包括准犯罪行为的指标选定、数学计算模型和平均指标示意图三部分内容。

1. 准犯罪指标[1]

在"入罪"指标分析体系中,准犯罪指标至少包括下列内容:

(1)一般违法行为发生率(每一百人中一般违法行为的案件数):案发数/人口总数·100%;

(2)严重违法行为发生率(每一百人中严重违法案件的案发数):严重违法行为案发数/人口总数·100%;

(3)一般违法行为处置率(每一百起一般违法案件的处罚数):处罚案件/一般违法行为的备案数·100%;

(4)严重违法行为处置率(每一百起严重违法案件的处罚数):处罚案件/严重违法行为的备案数·100%;

(5)一般违法行为公众容忍率(每一百人中对一般违法行为的容忍数):容忍人口/人口总数·100%;

(6)严重违法行为公众容忍率(每一百人中对严重违法行为的容忍数):容忍人口/人口总数·100%;

---

[1] 正如上文所述,因为失德行为(包括一般失德行为和严重失德行为)因为其零星性使得对其建立指标分析体系太过浪费司法资源,所以在此,准犯罪行为主要指的是违法行为(包括一般违法行为和严重违法行为,只是更倾向于关注严重违法行为)。

(7) 受害率(每一百人中受到准犯罪行为侵害的人数):受害人数/人口总数·100%。

2. 计算方法

由于不同指标在总体平均指标中所占的比例(系数)不一样,准犯罪平均指标数学计算方法可以是加权算数计算法。[1] 在计算之前,先假定上述 7 项指标的权数(系数)分别为 $\sqrt{1}、\sqrt{2}、\sqrt{3}、\sqrt{4}、\sqrt{5}、\sqrt{6}、\sqrt{7}$。具体计算参照"入罪指标统计表":

入罪指标统计表[2]

指标	单位	数量(x)	系数(f)
一般违法行为发生率	%(百分比)	$x1$	$f1$
严重违法行为发生率	%(百分比)	$x2$	$f2$
一般违法行为处置率	%(百分比)	$x3$	$f3$
严重违法行为处置率	%(百分比)	$x4$	$f4$
一般违法行为公众容忍率	%(百分比)	$x5$	$f5$
严重违法行为公众容忍率	%(百分比)	$x6$	$f6$
受害率	%(百分比)	$x7$	$f7$

根据上列统计表,我们可以得出平均准犯罪指标的计算公式:

$$\text{平均准犯罪指标}(x) = x1 \cdot \frac{f1}{\sum f} + x2 \cdot \frac{f1}{\sum f} + \cdots x7 \cdot \frac{f1}{\sum f} = \sum x \cdot \frac{f}{\sum f}$$

在平均准犯罪指标的基础上,可以进一步计算某类准犯罪行为的行为当量。

3. 准犯罪行为平均指标示意图

在计算出某类准犯罪行为平均指标和行为当量的基础上,我们可以绘制出该类犯罪平均指标示意图。在该示意图上我们要找到该行为的两个关键点:警戒点和入罪临界点;并注意两条线:正常区线和刑法启动线。该行为在正常区线以下活动视作一般违法行为,基本上不用进行刑事关注。处于正常区线与刑法启动线之间,视为严重违法行为,特别是达到警戒点时,则要进行必要的观察,但只有该类准犯罪行为突破入罪临界点时,才能对其进行刑法规制。

从准犯罪指标示意图中一类行为的曲线运行趋势来看,任何一项行为(主要指违法行为)都有可能表现为两个运行方向即"入罪"和"出罪"。这一方面为我们对一类行为进行刑法规制寻找到了数据上的支撑,从另一个方面来看,也是一项犯罪行为"出罪"的正当理由。

---

[1] 平均指标有多种计算方法,如算数平均数、调和平均数、众数和中位数等,它们都用来反映现象的一般水平。其中算数平均数是统计研究中最常用的指标计算方法,它又包括简单算数平均数和加权算数平均数两种计算方法(参见汪明亮:《"严打"的理性评价》,北京大学出版社 2004 年版,第 48 页)。

[2] 本统计表以项(即某一类,比如"人肉搜索"这类行为)为单位,以全国领域为分析范围。

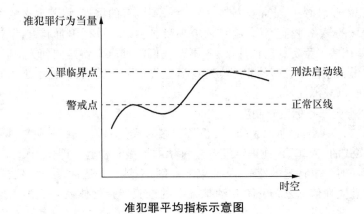

准犯罪平均指标示意图

（三）"入罪"指标分析体系的配套设施

笔者在研究"入罪"指标分析体系构建的过程中首先为研究方法本身的拘囿性所困扰,主要归咎于没有经过定量分析范式的专门培训因而没有形成定量分析的思维模式,所以很难以己之短克敌之长。另外,面临一个最大的问题是公开的数据资料的匮乏,而指标分析的特征恰恰是一切从数据出发,一切拿数据说话。但也正是各方的困境反而拓展了研究"入罪"指标分析体系建构的思路,激发了建立起相应的配套措施的迫切愿望。

1. 严格准犯罪指标统计制度

严格准犯罪行为指标统计制度是对一项准犯罪行为发动刑法的信息保障和数据支持。(1) 设立相应的统计机构。鉴于准犯罪行为指标统计的特殊性,建议准犯罪指标统计机构设置在司法部、厅、局三级部门,由其负责全国范围的各行政部门备案、处置的准犯罪行为的采集、梳理、整合,并以此形成立法与否的建言。(2) 要严格按照《中华人民共和国统计法》的规定对准犯罪指标进行科学统计,对那些违反法律规定的虚报、瞒报、拒报、迟报,甚至伪造、篡改准犯罪指标的直接责任人员追究相应的法律责任。

2. 建立法律信息公开资源共享制度

白建军教授指出,就我国实际情况来看,有关政府信息的公开范围缺乏明确的法律规定,哪些属于保密范围,哪些应当向学术界公开,尚无完善的法律可依。加上对数据资源在学术研究中的重要性缺乏应有的认识,掌握大量数据资源的实际部门在提供有关信息时的确心存疑虑。这就造成了我国丰富的法律信息和数据资源的巨大浪费。[1]可见,信息公开资源共享不仅制约了学术界的研究思路和兴致,还客观上掣肘了研究技术上的开发。正如白教授所感慨,由于技术手段和应用能力的不足,在我们

---

[1] 参见白建军:《刑事学体系的一个侧面:定量分析》,载《中外法学》1999年第5期,第64页。

的刑法学、犯罪学教育中,定量分析方法没有得到应有的重视,培养出来的学生很难和国外相同领域的学者进行交流。有些研究项目虽然计划进行田野调查,但受财力人力的限制,只好用些二手资料。如此下去,不知我们的刑事学将走向何方。[1] 建立法律信息公开资源共享体系无疑给犯罪学理论研究提供了研究素材,也增添了研究者的信心,拓宽了研究路径。

3. 建立准犯罪指标发布制度

客观而言,有些准犯罪行为的"入罪",很多时候是起因于民愤或者领导的拍案而起,这种个案式的"入罪"模式很难经得起科学的推敲和检验。即便"入罪"了,也可能因为完成了一时一事特定的使命,从此束之高阁,不具有普适性,是对司法资源的极大浪费。只有建立在信息公开资源互动基础上的准犯罪指标体系才是国家发动刑法的直接依据。也就是说,当一项准犯罪行为达到了"入罪"临界点,国家才能(也必须)发动刑法。另外,通过准犯罪指标体系的发布至少可以做到三方共赢:安抚民意(定期发布的信息让普通民众一目了然,有了一个明白的"说法")、学术界的理论构建(以前打不开研究局面是苦于资源的短缺和技术支持,通过指标的公开和资源的共享,这一问题基本解决[2])、司法界的操作便利(一方面拥有更多的理论界提供的理论资源的引领,另外也得益于自在资源的充裕)。

总之,"入罪"依据的指标分析体系的构建不可能一朝一夕就能完成,它的形成将是一项长期的系统工程。一方面需要广大学者给予其应有的理论上的关切,另一方面需要司法界给予其更多的应用。或许一种崭新事物的试错之苦远远大于此理论的诞生之痛,但是浴火后的重生注定会塑造一种令人炫目的美。

---

[1] 参见白建军:《刑事学体系的一个侧面:定量分析》,载《中外法学》1999年第5期,第64页。

[2] 正如有学者所说,国家刑事政策的制定离不开犯罪学理论的支撑,而犯罪学又必须建立在实证的基础上。如果缺乏客观、权威的犯罪数据,犯罪学研究只能是"纸上谈兵"。美国的犯罪学之所以高度发达,与其犯罪数据发布制度是密不可分的(参见汪明亮:《"严打"的理性评价》,北京大学出版社2004年版,第50页)。

客观归责的体系性定位

张亚军[*]

客观归责论是德国学者 Roxin 教授于19世纪70年代提出的一整套较完整的归责判断体系。该理论主张,刑法上重要的是客观上归责可能的结果,作为归责可能的是行为使发生不被容许的风险,这个风险只能发生在符合构成要件的结果中实现了的场合。[1] 简而言之,客观归责论的内容就是:只有当(1)行为人的行为对于行为客体制造了不被容许的风险;(2)这个风险在具体的结果中实现了;(3)这个结果存在于构成要件的效力范围内时,由这个行为所引起的结果,才可以算作行为人的"成果",而被归责于行为人。

如今在德国、日本、韩国正掀起研究客观归责问题的热潮,近年来,我国刑法学者对客观归责的概念、起源、客观归责与因果理论联系、客观归责在犯罪论体系中的定位等诸多问题也进行了论证,其中不乏使人受益匪浅之作,不过在客观归责的本质界定及体系归位方面犹有令人费解及疑惑之处,遂提笔写下该文,以探讨之。

一、客观归责的本质界定

虽然,客观归责论在体系上的射程范围还未必明确,很多论断却多是与因果关系论相联系进行论述。特别是最近,在日本对于相当因果关系的问题性不断提出指责并主张以客观归责论代替的看法不断涌现[2],使人们更多地将客观归责和因果关系联系在一起理解。具体而言,客观归责的实质是什么? 在客观构成要件的判断上,它与因果关系彼此之间的关系又是如何架构? 这个疑问自客观归责论被提出以来,在刑法学界即引起了一番不小的纷争,也是学者对客观归责理论最感迷惑之处。

---

[*] 作者系河北经贸大学法学院副教授,法学博士。
[1] 参见马克昌:《比较刑法原理——外国刑法学总论》,武汉大学出版社2002年版,第212页。
[2] 参见〔日〕山中敬一:《日本刑法学中相当因果关系的危机与客观归责论的抬头》,载《罪与刑——林山田教授六十岁生日祝贺论文集》,台北五南图书出版公司1987年版,第25—59页。

（一）狭义的客观归责：归因与归责分离

现今一般认为，客观归责与因果理论之间关系的争论，归纳起来主要有三种见解：(1) 客观归责与因果理论并列；(2) 因果关系是客观归责的下位概念；(3) 客观归责理论取代因果关系理论。[1] 引发客观归责与因果关系如此难舍难分、若隐若现的缘由在于，客观归责论最初发端于因果关系领域，是学者为了解决行为人造成结果后的客观责任归责问题而倡导的，这与传统的因果关系领域所解决的问题确实有几分相似之处。客观归责论是不是一种因果理论？或者相反，因果关系问题是不是归责的问题？在客观归责论发展的半个多世纪以来，引起学者如此纷争的创新理论，是否就仅仅是一种因果理论，抑或是因果理论以外的一种评价理论？

刑法因果关系的解决是以近代自然科学的发展为知识背景的。日本学者曾经指出：19 世纪的刑法对行为——其他方面也是如此——的认识是自然科学的、实证主义的、自然主义的。[2] 这里的"其他方面"，就包括了因果关系问题。尤其是自然主义的行为概念与因果关系的理解之间存在内在联系。当时盛行的因果行为论，就是用因果联系阐述行为内容的产物。因果行为论，也是一种自然行为论，是主张行为是基于意思的身体动静的学说。认为只要具有和某种意思之间有因果关系的身体活动或者外界变动的话，就可以说有行为。[3] 因果行为论中的因是指意思活动，果是指身体动静。借助于因果概念，因果行为论将主观意思与客观活动加以联系，以此界定刑法中的行为，并将非出于意思的身体活动从刑法的评价对象中予以排除。"进一步讲，在客观上行为与结果之间又呈现出第二层的因果关系。从这个意义上说，行为一方面是意思活动的结果，另一方面又是客观结果的原因。在这种情况下，因果关系就成为客观上将结果归责于行为的一种证明方式。"[4]

如所周知，在因果关系理论史上，条件说为刑事责任确定了一个客观范围，但这一范围过大是其难以克服的弊端。因为条件说将产生于结果之前的一切必要条件都看作是刑法上的原因，主张一定的前行事实（行为）与一定的后行事实（结果）之间，如有所谓"如无前者，即无后者"的论理的条件关系时，则其行为即为对于结果的原因，两者之间有因果关系。出于对条件范围的限制，原因说应运而生。原因说又称"限制条件说"，曾经盛行一时，大有取代条件说之势。此说主张，具体地考察该案件，认为在先行的诸事实之中，存在原因与条件的区别，前者即原因对后行事实的发生有原因力，从而对后行事实立于因果的关系；反之，后者即条件没有原因力，从而对后行事实不是立于因果的关系。虽然关于区分原因与条件的标准有必要条件说、优势条件说、最后条件说、合法则的条件说、最先原因说、决定的条件说等诸多观点的竞争，但是原因说对于

---

[1] 参见张亚军：《刑法中的客观归属论》，中国人民公安大学出版社 2008 年版，第 143 页以下。
[2] 参见〔日〕小野清一郎：《犯罪构成要件理论》，王泰译，中国人民公安大学出版社 2004 年版，第 75 页。
[3] 参见〔日〕大谷实：《刑法总论》，黎宏译，法律出版社 2003 年版，第 75 页。
[4] 陈兴良：《从归因到归责：客观归责理论研究》，载《法学研究》2006 年第 2 期。

何者条件为原因,均不能给出一个正确的标准,而且现实所发生的结果,由于特定的一个条件而发生的情况很少,由于其他各种条件的复合而发生的情况居多,而在各个条件之间,虽有价值上轻重的区别,但可认为是形成结果的共同原因的情况,也是很多的,所以,不能舍弃不论,而只选择其一成为所谓的原因,而将其余的条件只认定为"单纯条件",所以,原因说也似昙花一现。

其实,无论是条件说还是原因说,都是一种存在论上的因果关系理论,也就是将因果关系作为一个事实问题来把握的理论。因此,主张上述学说者,都坚持原因与责任的二元区分的观点。例如德国学者李斯特指出,我们应当绝对坚持这种观点,"因果律"只涉及事件前的时空,不涉及概念的逻辑关系或对行为的社会伦理评价。此外,我们还应当特别引起注意的是,因果关系涉及一个思维方式问题,借助这个思维方式,我们将实际存在的情况联系在一起,而不对导致事件过程的力量作出任何评价。李斯特特别指出,从因果关系的这一观点,首先可以得出如下结论,即原因问题与责任问题应当作出严格的区分。因此,不应当过分强调刑法中的因果问题的重要性。因果关系无异于这样一种思维方式,借助这种思维方式,从外部世界的某种改变为出发点,我们发现人的意志活动,而对于这种意志活动可作刑法上的评价,借助于因果关系范畴,我们只是为刑法研究寻找材料或对象。人的意志活动对一个结果具有因果关系的论断,并没有对该意志活动作出刑法上的评价。只有对意志活动是否具有犯罪的概念特征,也即它是否是符合构成要件的、违法的,且行为人是否应当负刑事责任进行研究之后,才能对意志活动作出刑法上的评价。[1] 李斯特的这段话是耐人寻味、值得琢磨的。"就因果判断与是否应负刑事责任加以区隔,这显然是正确的。因为因果关系只是犯罪成立的必要而非充分条件,是否构成犯罪是对犯罪全部条件的判断结果。但是,因果判断是否只是一种事实上的归因性判断而不涉及客观上的归责问题,这就是一个值得推敲的问题。"[2]

这里涉及事实上的归因与规范上的客观归责的关系,随着相当因果关系说的出现,两者的关系进一步以凸显。有的学者认为,Kries 在论述相当因果关系说时所提出的"一般的因果关系和具体引起结果发生是两回事",表明 Kries 对因果关系与归责关系之间的区别,已经有所领悟。[3] 但在当时只有一般归责概念的情况下,因果关系和归责问题并没有被区分出来,因此区分条件和原因的看法,一开始并没有有意识地被当作是区分因果关系和归责的看法,正因为如此,条件理论和相当理论之争,从 19 世纪下半叶延续至 20 世纪初期,始终只是属于因果关系问题的争执。直到 20 世纪 20 年代,仍有许多学者将因果关系和归责画等号,例如 Frank 即认为具备因果关系即符合客观归责,而行为人的主观过错是用以确定主观归责。因果关系与归责问题被清楚地

---

[1] 参见[德]弗兰茨·冯·李斯特:《德国刑法教科书》,徐久生译,法律出版社 2000 年版,第 185 页。
[2] 陈兴良:《从归因到归责:客观归责理论研究》,载《法学研究》2006 年第 2 期。
[3] 参见许玉秀:《主观与客观之间》,春风旭日论坛 1997 年版,第 234 页。

区分开来,大约自20世纪30年代才开始,主要由于学说上开始对相当理论的看法有所改变。[1]

德国学者 Sauer 曾经认为,相当理论所面对的问题,不是因果关系的问题,而是一个目的论的、法学的、规范论的问题。这种看法被客观归责论的早期倡导者 Honig 认为是将归责问题和因果关系分开来的先河。[2] 以此为契机,从客观归责论的发展过程来看,区分"结果原因"和"结果归责"一直是客观归责论者建立理论框架的基础。

"客观归责"概念最先由 Larenz 提出来。Larenz 认为,归责的问题是一个对于客观关系的判断,这个判断即称为"客观归责"。[3] 19世纪的归责思想将归责问题分为行为归责与责任归责,并且以因果关系代表行为归责,但是因果关系的判断和行为归责决不是同一回事。"归责"意味着尝试区分自己的行为和意外的事实。并且,Larenz 认为,预见可能性中的可能性,是一种能区分意外事实和必然事实的"纯正的可能性",当然也是相当理论的"相当性"。这种可能性是一种"思虑周到之人"的认识可能性,而不是特定主体的认识可能性。[4] 因此,这种可能性的判断是一种客观的判断,也是客观归责之所以为客观归责的原因。由此,他认为相当理论不是因果关系的理论,而是归责理论。

在此基础上,Honig 在20世纪30年代开始,在刑法领域特别鼓吹 Larenz 的客观归责理论,使得因果关系问题与客观归责问题进一步明确地被区分。Honig 认为,行为与结果之间的关系,不仅是因果关系,更重要的是有无法秩序所要求的特殊关系,亦即因果关系对法秩序而言是否具有重要性。由此可以看出,Honig 将是否具有法秩序所要求的重要性作为判断客观归责的基础,并且认为,对于造成结果的条件能否进行归责,不是存在论上的因果关系问题,而是符合目的的法秩序要求的客观归责问题。[5]

至此,"结果归责"与"结果原因"的概念,在客观归责论中已经获得初步的区分,此后随着客观归责学说的发展,"结果原因"与"结果归责"的概念区分界线也越来越完整。如今,"结果原因"与"结果归责"的概念分离,成为客观归责论的重要基本原则和典型特色。

如果说,以往对于结果犯的既遂判断,只要行为人的行为与结果间依因果理论判断具有因果关系,即符合客观构成要件,并进一步检验主观构成要件。自客观归责理论在德国刑法中占据通说地位之后,对于结果犯而言,必须在客观构成要件要素中严

---

[1] 许玉秀:《主观与客观之间》,春风旭日论坛1997年版,第235页。

[2] 参见〔德〕Honig, Kausalität und objective Zurechnung, Frank—FS 1930, S. 174. 转引自许玉秀:《主观与客观之间》,春风旭日论坛1997年版,第236页。

[3] 〔德〕Karl Larenz, Hegels Zurechnungslehre und der Begriff der objektiven Zurechnung, 1927. S.60. 转引自〔日〕山中敬一:《刑法中的客观归属理论》,成文堂1997年版,第293页。

[4] 参见〔日〕山中敬一:《刑法中的客观归属理论》,成文堂1997年版,第294—295页。

[5] 参见〔日〕饭岛畅:《关于 Roxin 的客观归属论的生成过程(一)》,载日本《法学研究》(第70卷第7号),第34页。

格区分"结果原因"与"结果归责",在结果原因的概念阐释中,主要是陈述犯罪行为的因果历程,这是一种事实的、经验的判断,是一个在行为与结果间不加入价值分析的本体论判断。在这一阶段,只需要判断因果关系的"有"或"无",或者"是"或"否"。至于进一步检验结果是否可视为行为人的杰作而归责于行为人,则是归责判断的问题。换言之,结果归责以结果原因的存在为先决条件,对结果原因作价值评判,它是一种法的、规范的判断,即结果原因在现行刑法的目的期待下是否可以加以归责。

"在刑法中,可以不加任何改变地使用自然科学领域的因果关系概念,因为效果的原因是条件的总和,在具备这些条件时,结果才能发生,因此,共同构成效果的原因的所有条件,都是同样必须和同样重要的,以至于可能割裂开来考察具体的案件。"[1]即因果概念应该从自然的意义来理解。至于所谓"刑法意义的因果关系",实际是归责的判断。对刑法的目的而言,取决于找出和审查某种完全确定的条件,即人类的行为,看一看行为与结果之间是否存在可将该事件作为行为人行为结果而归责于行为人的联系。虽然行为人造成的结果应当归责于行为人,尽管如此,客观归责与因果关系范畴还是截然不同的。[2]

(二) 广义的客观归责:实质的客观构成要件

如上可知,Roxin 教授提出客观归责论的初衷,即是利用对因果理论与归责理论的区分以及相当理论对因果关系的说明,找到将构成要件结果归责于行为人的根本原理。而他将这种构成要件结果归责的原理界定为:行为人制造了法所不容许的风险,并且该风险在构成要件结果中实现了。这正是客观归责理论的实质内涵。

根据这种客观归责的概念,Roxin 将构成要件行为定义为:制造法所不容许的风险。如果所制造的风险没有在构成要件结果中实现,行为人就要对他所制造的法所不容许的风险负责,这就是未遂犯;如果所制造的法所不容许的风险在构成要件的结果中实现了,则行为人对这种构成要件结果就要承担既遂犯的责任。

1. 客观归责理论的本质是定义构成要件行为。在此之前,何谓构成要件行为,必须回到每个犯罪类型作具体的描述。"构成要件行为"只是一个形式的统称,客观归责理论则以"制造法所不容许的风险"提供构成要件行为一个实质而共通的内涵。用"风险"描述对法益的危害特质,用"不被容许"限制刑法过度干预人民的行动自由,以制造风险形容构成要件行为,表达行为不法的实质内涵。[3] Honig 即主张,客观上可以归责的行为,才可能是构成要件的行为,亦即,结果的客观可归责性是架构构成要件的要

---

[1] 〔德〕汉斯·海因里希·耶赛克、托马斯·魏根特:《德国刑法教科书》,徐久生译,中国法制出版社2001年版,第337页。
[2] 参见〔德〕汉斯·海因里希·耶赛克、托马斯·魏根特:《德国刑法教科书》,徐久生译,中国法制出版社2001年版,第337—338页。
[3] 参见许玉秀:《主观与客观之间》,春风旭日论坛1997年版,第16、31页。

素,具有客观归责性的行为,才可能成为评价的客体。[1] 换句话说,"有关特殊的客观的归责联系的理论不过是在更准确地说明行为概念。客观的归责联系的理论所使用的规范化涉及的不是与行为并列的某种东西,而是行为本身。"[2]

2. 客观归责论用"制造风险"和"实现风险"表述构成要件符合性的内涵,其重要的意义就在于客观界定行为不法。目的行为论用行为的目的性支配和人的意志支配定义行为不法,客观归责论用行为的客观目的性诠释行为不法,为行为不法创造了丰富的发展空间。客观归责论者认为,"法秩序在客观上设定了一定的不法领域,属于这个一定不法领域内的实害或危险才是法所不容许的,而只有一定的行为才可能制造这种法所不容许的危险和实现法所不容许的危险,并且实现危险也有一定的途径。""行为人的行为客观上能符合这个定则,才有受归责的可能;反之,目的行为论者认为,行为之所以不法,是行为人依不法的意思设定行为、操纵因果流程而实现不法,不法存在于依其目的设定行为的过程之中,不法是人制造的,不是客观存在的,客观不法是主观不法制造出来的,因此行为人对于客观事实没有认识或意欲,却无不法可言。"[3]

总而言之,结合客观归责论的实质以及在 Roxin 教授所倡导的目的理性阶层体系的定位,Roxin 提出客观归责理论,是借着实质的构成要件概念,说明归责的基础。因为对法益而言,构成要件行为才是开启归责的关键,而各种构成要件类型所描述的行为,之所以成为归责的基础,因为它们足以导致构成要件实现,即导致法益受侵害的行为,它们的可归责性即表现在"有导致法益受侵害的可能性"上面,这种导致法益受侵害的可能性,Roxin 称之为"不被容许的风险"或"法律上重要的风险"。实施构成要件行为并使构成要件实现,其实质意义即是制造并实现法不容许的风险。因此,客观归责论的本质是实质的构成要件理论。

也就是说,如果从比较宽广的不法理论角度观察客观归责论,则它具有界定不法和行为归责的功能;如果仅在客观归责的源头或狭义上理解,则它是一种结果归责理论。其实,将客观归责论进行广义和狭义的理解,也是为了体现客观归责论在不同时期、不同阶层体系中所具有的不同价值,本来,究竟客观归责论是诠释行为不法抑或结果不法或归责,有时并不能严格进行区分。

二、客观归责与因果理论的关系厘清

一言以蔽之,客观归责的概念,以因果关系的存在为前提,且独立于因果关系判断之外评价行为人所造成的结果是否可以被当作行为人的"行为杰作",并加以归责的客

---

[1] 参见〔德〕Bernd Schünemann:《关于客观归责》,陈志辉译,载《刑事法杂志》1998年总第42卷第6期。
[2] 〔德〕格吕恩特·雅科布斯:《行为 责任 刑法——机能性描述》,冯军译,中国政法大学出版社1997年版,第66—67页。
[3] 许玉秀:《当代刑法思潮》,中国民主法制出版社2005年版,第367—368页。

观构成要件要素。从一方面来看,它是以结果犯为对象,在犯罪判断体系的客观构成要件的检验阶层,对于犯罪行为给予价值评判,探究其对于构成要件结果的发生是否具有客观归责要素。

在清晰划定客观归责的本质是区分归因与归责之后,如何具体分析客观归责理论与条件说、相当说及重要性说之间内部的具体联系,客观归责理论对传统的因果理论进行了怎样的消解与融合,是我们面临的又一个问题。

(一)客观归责论与条件说

我们知道,条件说主张一定的前行事实(行为)与一定的后行事实(结果)之间,如有所谓"如无前者,即无后者"的论理的条件关系时,则其行为即为对于结果的原因,两者之间有因果关系。

此说以论理的观念,推求行为的因果关系,其方法虽甚明快;但其推求因果关系的范围则失之过广,有违刑法的精神。且以论理的必然条件关系,作为论断行为人的责任关系,亦属不当地扩大刑事责任的范围,而常能发生反常的苛刻的结果。但是,条件说也有它的优点,其优点在于依据思维方式,而比较明确地将前后相继发生的现象的关系,予以结合,以明示行为人对于其行为是否应负责任;所以可谓是判断有无因果关系的正确理论,亦即以有论理的条件关系之存在,作为判断有因果关系之存在一事,在理论上属正确之举。[1]

一般认为,客观归责论产生的理由,正是为了限定条件理论造成过于广泛的归责效果。如果从限制因果关系的范围这个目的来看,客观归责是依附条件关系而产生的,没有条件理论的不合理性,也就不需要客观归责理论来修正归责范围。因此一般认为,客观归责理论依然以条件说为基础,考虑行为人的行为是否为引起结果的原因;在此基础上再进一步考察行为人的行为是否具有客观可归责性。

对于将条件理论作为客观归责论的第一个检验阶层的观点,德国学者 Gössel 认为是"错误而不足采的",应该放弃等价理论,直接接纳客观归责理论。因为尽管因果关系不外是对两个时间上依序发生的事件的关系所作的一种判断,但却会因而被理解成两个存在的客体之间事实上的联系,甚至往往被认为是一种感官上的可观察的联系。而因为条件理论无法对时间上依序发生的事件之间的关系作出判断,所以条件理论应该从客观归责中加以排除。[2]

之所以会有这种看法,是由于对因果关系在不同的领域进行理解的缘故。正如 Gössel 所说,因果关系不外是对两个时间上依序发生的事件之间关系的一种判断。但是归责判断是就这种因果联系再进行规范的价值判断,例如 A 开枪打中 B,造成 B 死亡的案例中,客观归责论需要判断开枪射击与被害人死亡之间的因果关联是否是一种

---

[1] 参见洪福增:《刑法理论之基础》,台北三民书局 1977 年版,第 100 页。
[2] 参见许玉秀:《刑法问题与对策》,春风旭日论坛 1999 年版,第 133—134 页。

可以被归责的关联,因此,因果关联的认定只是提供归责判断的判断对象,也就是判断的基础,它只是一种自然的判断。在此,是将条件理论作为自然的因果关系而与客观归责相区别的,因此也可以认为刑法上的因果关系判断实际是一种现代的客观归责判断,Gössel 主张"放弃等价理论,直接接纳客观归责理论"的观点,是站在刑法意义上的因果关系角度,因此,Gössel 的说法是成立的,但正好是在肯定因果关系是自然的因果关系这个前提下进行的。

因此,在客观归责中的合法则条件说就不再具有规范评价的功能,而只是判断行为是否是惹起具体结果的因素之一,"因为一种因果性的理论不仅不能承担现代归责理论中极其复杂的规则,而且还会阻碍这个理论的展开。因果性和归责的分离是一种信条学的成就,不应当……放弃。就像 Jakobs 在这里指出的那样:这种把责任问题作为因果问题的表达方式具有什么优点,并不是很清楚。"[1]因而,在客观归责论提出之后的犯罪论体系中,作为客观归责基础的因果关系(即合法则条件说)被简化为只具有单纯的存在论判断的功能,是一种本体论性质的判断。

总之,如果要清晰界定条件理论与客观归责论的关系,需要把握客观归责论者所强调的"归因"与"归责"分离的观念,在此基础上,才能明确客观归责论的归责层次以及特色所在,实际上,在这里所谓的"条件理论"也已经不是我们通常认为的条件理论,是纯粹自然因果关系上的合乎自然法则的条件公式。质言之,客观归责论者认为,经验上的因果关系与归责应有先后区别,事实先确定后,才需要进一步考量规范和价值的必要性。客观归责理论把因果关系定位为经验上的因果,是价值中立的判断,故以合法则的条件说即可解决;至于结果要不要归责于行为人的行为,则需要作价值的判断,以各个归责标准检验。

(二)客观归责论与相当因果关系说

相当因果关系说,是以条件说所发现的因果关系为前提,而欲对因果关系的范围加以限定而产生的学说,此说自 19 世纪 70 年代起至本世纪为止,由 Bar 所创而由 Kries 确立其基础,并且由 Rümelin 及 Träger 等予以光大。此说认为刑法上的因果关系虽是论理上的因果关系,但并非所有的论理上的因果关系皆可视为刑法上的因果关系,而必须在社会经验法则上具有相当性的因果关系,才是刑法上的因果关系;故此说并不像条件说所论述的那样,将所有在论理上可以发生结果的条件行为,均视为原因,也不是像原因说依据个别的观察方法,以选出"原因",而是依据一般化的以及普遍的观察方法而选出"原因"。

简言之,相当因果关系说是自条件说认定为有因果关系的条件中,依据人类全体经验所获得的智识,认为某一条件对于结果的发生为相当者,即为原因,而将偶然的、非类型的因果经过予以排除,以限定刑法上因果关系的范围。例如,甲以杀人故意枪

---

[1] 〔德〕克劳斯·罗克辛:《德国刑法学 总论》(第 1 卷),王世洲译,法律出版社 2005 年版,第 239 页。

伤乙,乙于被送往医院途中,因偶然的翻车而致身亡,或者在住院时,因该医院偶然发生火灾而被烧死的情形,则甲的行为与乙的死亡结果之间,不能认为具有因果关系,因此,甲仅负杀人未遂的责任,不负杀人既遂的责任。

相当因果关系说与条件说区别的重点在于,相当因果关系说是自因果关系的系列中,排除偶然的情节。换言之,即将偶然发生的情形,认为无因果关系的存在。反之,条件说则将偶然的情节包含在内,以决定因果关系的有无。详而言之,条件说是认为,"行为不以在一般上对于结果的发生是属于适当为必要,纵令偶然的仅在具体的事实上使发生结果时,该种行为也是结果的原因",这里是与相当因果关系完全相当的地方。但条件说与相当因果关系说立于互相补充而发挥因果关系理论的机能,并非立于互相排斥的立场。因为,条件说是判断有无因果关系的理论,而相当因果关系说是决定其因果关系的重要性范围学说之一,同时,相当因果关系说以条件说的所谓论理的必然关系(条件关系)为基础,并自刑法的立场对之予以限定,以决定刑法上的因果关系的范围。

实际上,我们仔细分析相当理论就会发现,它已经不是纯粹的因果关系理论。按照纯粹的因果关系理论所探讨的问题,是检验行为是否具体的引起了结果的发生,这是一种事实上的判断,如果答案是肯定的,则可以认定行为与结果之间存在因果关系。而在相当理论看来,还要检验结果的发生以及从行为到结果的因果流程是否符合相当性的条件,也即是否符合人们的一般经验,然后才能认定该结果是由行为人所造成的。实际上,在后一部分,已经在探讨行为人的行为是否符合刑法的客观构成要件问题了。相当理论已经不像其早期代表人物所认为的那样,是一种因果理论,而是一种归责理论。诚如 Honig 曾经说过,相当因果关系理论依经验法则判断相当关系的原则,是一种解释原则,是存在论上因果关系概念之外的一种评价概念,而对这一点,相当因果论者自己都不曾注意到。[1] 它并不是说,一个情节在什么时候对于一个结果是原因,而是试图回答这个问题:哪一些原因情节在法律上是有意义的和能够向实施该行为的人归责的。[2] 因此,可以说,Kries 在提出相当理论时,虽未明白阐明因果关系与归责间的区别,但却隐含有客观归责的思想在其中。

正如大谷实教授所说:"构成要件是按照一般社会观念将应当处罚的行为进行类型化的东西,因此,在认可条件关系的结果内,挑选出在一般社会通念上能够归责于行为人的结果,并将这种结果归于行为人自身,然后再追究其责任,这是妥当的。"[3]

也就是说,相当说中的因果关系被分为两个层次进行考察:第一个层次是根据条件说确定事实因果关系;第二个层次是根据相当说确定法律因果关系。这样的相当说妥当性的论述实际与客观归责思想异曲同工。只不过相当说是从一般经验角度判断

---

[1] 参见许玉秀:《主观与客观之间》,春风煦日论坛1997年版,第235页。
[2] 参见〔德〕克劳斯·罗克辛:《德国刑法学 总论》(第1卷),王世洲译,法律出版社2005年版,第244页。
[3] 〔日〕大谷实:《刑法总论》,黎宏译,法律出版社2003年版,第162页。

实行行为与结果之间是否具有刑法上的因果关系,而客观归责是结合规范的、价值的判断,采用各个具体排除规则,清晰地决定刑法上的结果可否归于行为人的行为。因此,现代客观归责论者考虑到,相当说实际上与客观归责性的性质相同,而将相当说纳入其中,在判断是否制造风险以及风险是否实现时作为重要的准则。

实质上,在运用各种判断标准和衍生规则时,客观归责论者一直没有放弃相当规则,而是把这一规则融入各个不同的领域。例如,在判断制造风险的原则时,是以相当理论和客观目的性为原则。也就是说,危害行为造成危害结果的发生,必须是以相当的方式造成的,易言之,必须是合规律的造成对法益的侵害,否则只能视为意外事件,而非可归责的行为。在判断风险是否被提高时,也是在事后客观地根据相当理论加以判断。因此,客观归责理论是将相当原则融入自己的每一步骤之中,进行恰当的吸收。

总而言之,客观归责理论是以合法则条件说为基础,而且接纳相当理论,并以相当理论作为判断前提或依据,尝试从实质角度进行排除总结,以达到更好的效果。如果对客观归责论与因果关系之间的关系进行梳理,可以粗略的归纳为:在作为犯,因果关系是客观归责的第一个要件,也就是说,对于作为犯的归责,首先要以因果关系的存在为前提;确定了因果关系之后,接着对客观构成要件作进一步归责,即审查不被容许的风险是否在构成要件的效力范围内被实现。在整个判断过程中,当然不可避免要适用相当理论。相反,在不作为犯的场合,则有所不同,这主要取决于不作为犯因果关系认定的复杂性以及自身的特殊性。但是,不可否认,无论在作为犯还是不作为犯的判断上,均不抛弃因果关系。因此,客观归责理论与因果理论并非冲突关系或非此即彼的关系,而是以合法则条件关系为基础,吸纳相当理论,取长补短,以规范、价值标准进行合理修正,从而更精确地解决结果归责问题。

三、结语:客观归责的体系归位

理论是为解决问题而产生的。究竟客观归责论所要解决的问题是属于哪个领域,在精致化的犯罪论体系中,刑法学者对此确实展开了激烈的争论。[1] 我国学者在论证客观归责在大陆法系三阶层犯罪论体系中的地位时,"大胆地提出,若将归责理论贯彻到底,就应当将客观归责纳入有责性加以研究。""在有责性中,分别考察客观归责与主观归责。客观归责是对客观的构成要件所进行的实质判断,主要讨论客观归责阻却事由。主观归责是对主观的构成要件所进行的实质判断,主要讨论主观归责阻却事

---

[1] 如有的学者将 Roxin 的客观归责论中的各个判断规则分别予以分解,纳入实行行为论、因果关系论、违法论及过失论中进行具体分析和体系定位。受篇幅所限,本文对此观点不作具体分析(参见〔日〕曾根威彦:《客观归属论的体系论的考察——以 Roxin 的见解为中心》,载《西原春夫先生古稀祝贺论文集》(第1卷),成文堂1998年版,第68—69页)。

由,例如责任无能力和期待不可能等情形。"[1]

对于这一"大胆"看法,本文持谨慎态度。客观归责论作为产生于因果关系论的一个崭新理论,在犯罪论体系中处于何种地位,应该结合该理论的创始与机能同时结合大陆法系犯罪论体系的特征进行恰当的界定,如果仅仅从"客观归责"的表面名称而认为应该将其与所谓的"主观归责"并列而为"有责性"阶层的要素,似有不妥。

1. 从根源上而言,Roxin 于 1970 年提出目的理性阶层体系,并且在构成要件阶段,Roxin 将客观归责论作为判断客观构成要件符合性与否的实质依据。Roxin 认为,在判断举动犯的客观构成要件符合性时,检验行为是否具备刑法分则所描述的各种构成要件要素即可;在判断结果犯的客观构成要件符合性时,则需要第一步检验因果关系理论,第二步检验是否存在其他阻碍客观归责的条件存在。[2] Roxin 教授提出客观归责论的初衷,即是利用对因果理论与归责理论的区分以及相当理论对因果关系的说明,找到将构成要件结果归责于行为人的根本原理。而他将这种构成要件结果归责的原理界定为:行为人制造了法所不容许的风险,并且该风险在构成要件结果中实现了。这正是客观归责理论的实质内涵。

2. 仅从大陆法系犯罪论体系的构造本身,也可发现将客观归责论放在"有责性"阶层的矛盾之处。大陆法系犯罪阶层体系的成立需要有三个要件:构成要件符合性、违法性和有责性。其中,构成要件符合性的判断,是一种客观的、事实的、中性而无价值色彩的判断,亦即此时只能认为由符合某种犯罪类型的事实存在,但并非表示该事实已经构成犯罪,或已具有不法色彩,必须进行第二阶段违法性的判断,方能确定行为是否具有违法性。违法性判断阶层一般是实质的、规范的判断,主要从反面认定是否存在违法阻却事由。在确定行为符合构成要件并且违法之后,进入第三个阶层——有责性的判断,这一阶段检验的是行为人的主观犯罪成立要件,包括行为人的故意、过失和责任能力、期待可能性等诸多主观方面的要素。在大陆法系学者看来,"不法是客观的,责任是主观的",这是始终坚持的主张,如果在"有责性"阶层加入"客观归责"的思想,是否与大陆法系本来的观念不相符合,是值得推敲的。

同时,如果说客观归责论中由于加入了社会相当性的判断,而使构成要件向实质化发展,解除了构成要件形式化的桎梏,从而破除了构成要件是中性而无价值的论断尚可理解,将客观归责放入"有责性"阶层进行"主观"的划定,似乎与客观归责论的初衷背道而驰。因为客观归责论的另一个重要意义在于,通过"制造风险"和"实现风险"表述构成要件符合性的内涵,客观界定行为不法。目的行为论用行为的目的性支配和人的意志支配定义行为不法,客观归责论者所作的工作就是用行为的客观目的性诠释行为不法,为行为不法创造了丰富的发展空间。如果将客观归责论划定到"有责性"阶

---

[1] 陈兴良:《客观归责的体系性地位》,载《法学研究》2009 年第 6 期。
[2] 参见[德]克劳斯·罗克辛:《德国刑法学 总论》(第 1 卷),王世洲译,法律出版社 2005 年版,第 230—231 页。

层,似乎违背了客观归责论者努力的初衷。

总之,从客观归责论的根源及本质而言,客观归责概念,就是以因果关系存在为前提,且独立于因果关系判断之外,来评价行为人所造成的结果是否可以被当作行为人的"行为杰作",并加以归责的客观构成要件要素。因而,客观归责的体系定位应该回归它的实质,即它属于大陆法系三阶层的构成要件符合性阶层,并且属于客观的犯罪构成。

论故意概念的相对性

周铭川*

一、引 言

近现代刑法以处罚故意犯为原则,以处罚过失犯为例外,如果对于危害结果没有故意或过失,则不能处罚。[1] 并且,对于造成同样危害结果的犯罪而言,刑法对故意犯的惩罚要远重于对过失犯的惩罚[2],如故意杀人罪的法定刑远重于过失致人死亡罪的法定刑,甚至可能只处罚故意犯而不处罚过失犯,如各国刑法普遍只处罚故意毁坏财物行为而不处罚过失毁坏财物行为。因此,区分故意和过失,有时会失之毫厘、谬以千里,也由此引发了学界对间接故意(未必故意)和过于自信的过失(有认识的过失)的区分标准的激烈争论。然而,本文认为,问题的根本并不在于故意和过失在认识和意志方面的区别,而在于故意和过失在本质上,到底是一种心理事实上的主观要素,还是一种规范评价意义上的"主观"要素?如果是前者,则故意和过失植根于行为人对行为事实的认识和意志,如果是后者,则故意和过失不一定与行为人实际上的认识和意志相一致,而是取决于对行为人心理实际的规范评价,从而体现出一定的相对性。本文的目的,即在于探讨故意概念的相对性问题。

二、故意并非心理学要素的实例

对于故意,学界一般认为,它是一种主观的构成要件要素,是行为人对行为事实的

---

* 作者系上海交通大学法学院讲师,法学博士。
[1] 但是,在英美法系刑法中有所谓严格责任,在个别情况下,即使无法证明行为人对危害结果有故意或者过失,也可以处罚。
[2] 当然也有例外,如我国《刑法》第398条规定的故意泄露国家秘密罪和过失泄露国家秘密罪,法定刑幅度一样。

认识和意志，是行为人对实现构成要件的事实的知和欲。[1] 尽管在大陆法系的阶层式犯罪论体系中，对于故意的地位有责任要素说、构成要件要素说、构成要件要素及责任要素说、视为责任类型之主观构成要件要素说之争论[2]，但是，这种争论对于具体行为是构成故意犯还是构成过失犯并无影响，因为无论所否认的要素是故意的内容还是责任的要素，结果无非都是认为具体行为不构成故意犯，并且，在采取齐合填充式犯罪构成理论的我国也不存在这种争论。从而，对于故意是行为人主观方面的要素，学界并无争议，立法中也往往规定故意的心理事实内容。例如，日本《刑法》第 38 条规定："没有犯罪的意思的行为，不处罚，但法律有特别规定者，不在此限。"我国 1979 年《刑法》第 11 条和 1997 年《刑法》第 14 条均规定："明知自己的行为会发生危害社会的结果，并且希望或者放任这种结果发生，因而构成犯罪的，是故意犯罪。"我国台湾地区"刑法"第 13 条规定："行为人对于构成犯罪之事实，明知并有意使其发生者，为故意。行为人对于构成犯罪之事实，预见其发生而其发生并不违背其本意者，以故意论"。然而，种种实例表明，在有些情况下，故意非但不只是一种心理事实上的认识和意志，甚至与行为人的认识和意志无关，而是完全取决于对行为人行为事实的规范评价。

实例一，我国《刑法》分则第 2 章规定了许多责任事故型犯罪，如第 134 条规定的重大责任事故罪和强令违章冒险作业罪、第 135 条规定的重大劳动安全事故罪和大型群众性活动重大安全事故罪、第 137 条规定的工程重大安全事故罪、第 138 条规定的教育设施重大安全事故罪、第 139 条规定的消防责任事故罪和不报、谎报安全事故罪，对于这些犯罪，理论上几乎毫无争议地认为，它们都属于过失犯罪。但是，如果根据通常对故意和过失的定义，则不免对这种结论产生怀疑。

例如，在工程重大安全事故罪中，对故意违反国家规定降低工程质量标准所可能导致的严重后果，建设单位、设计单位、施工单位和工程监理单位不可能不知道，因为不合格的工程发生事故几乎是必然的，只是时间早晚的问题，对此，相关专业人员，如实施偷工减料的施工人员肯定心知肚明，他们之所以仍敢降低工程质量标准，无非是认为惩罚后果不会降临到自己身上，例如，估计大楼不可能在设计使用寿命内倒塌、即使很快倒塌也轮不到自己负责等，甚至不排除有人会由于种种原因而希望大楼尽快倒塌（如倒得越多、建得越多、赚得也越多等）。[3] 如果根据通常对故意和过失的理解，则除了过失以外，完全可以认为本罪还可以由故意构成，即行为人已经认识到降低工

---

[1] 参见大谷实：《刑法讲义总论（新版第 2 版）》，黎宏译，中国人民大学出版社 2008 年版，第 148—149 页。
[2] 参见余振华：《刑法违法性理论》，元照出版公司 2001 年版，第 255—268 页。
[3] 工程质量问题令人触目惊心，如南京某民间验房师说："从 2005 年初到现在，我验过的每套房子几乎都有质量问题。"显然，如此严重的工程质量问题，绝大多数都是人为的，是为了追求某种利益而故意降低工程质量标准，至于其后果，很难说行为人都没有预见到（参见邓华宁：《民间验房师："我验过的每套房几乎都有质量问题"》，http://news.xinhuanet.com/house/2006-12/15/content_5491303.htm）。

程质量标准必然迟早发生重大安全事故,仍旧希望或者放任这种后果发生。[1]

但是,为了维持本罪只能是过失犯的结论,学界通常对本罪的罪过进行不符合客观实际的"限制"解释。例如,有学者认为:"本罪的责任形式为过失,即应当预见违反国家规定、降低工程质量标准的行为,可能发生重大安全事故,因为疏忽大意而没有预见,或者已经预见而轻信能够避免。"[2]这种解释至少存在以下问题:(1)如果行为人明知其降低工程质量标准的行为必然或可能发生重大安全事故,仍希望或者放任这种结果发生,则其应构成本罪还是构成以危险方法危害公共安全罪、故意杀人罪?[3]因为该学者同时认为:"按照责任主义原理以及刑法的基本原则,将某种犯罪确定为过失犯罪时,以存在对应的故意犯罪为前提。"[4](2)在本罪中,即使对于后果已经预见而轻信能够避免,也由于这种"轻信"没有任何实际根据、只是对危害结果的不发生抱着侥幸、碰运气的心理,而仍然属于间接故意。[5]因为对于不合格的工程而言,发生事故是迟早的事,在工程建设之时,行为人没有任何可供凭借的东西作为不会发生事故的依据,在工程建成之后,行为人也不太可能采取措施预防这种事故。[6]故即便存在过于自信的过失,也不多见。(3)质量不合格的工程迟早会发生事故已是人们的常识,专业人员对此没有预见的情形也不多见,故疏忽大意过失的情形也不多。(4)如果要将本罪罪过限制为过失,则主要是一种情形,即由于疏忽大意或者过于自信而过失地违反了国家规定、降低工程质量标准,继而引发了重大事故。显然,这与行为人故意违反国家规定降低工程质量标准并希望或者放任重大事故的发生是两回事。可见,将本罪的罪过解释为过失,可能严重违背行为人的心理实际。

而为了使解释结论与行为人的心理实际相符,有学者提出,对出于间接故意而实施的本罪行为,应排除在本罪的适用范围之外,而以以危险方法危害公共安全罪论处,并且,即使尚未造成严重后果,也应适用《刑法》第114条的规定。[7]但是,这种解释同样值得商榷。(1)这种观点将导致以危险方法危害公共安全罪的成立范围过于宽

---

[1] 相似分析见刘超捷:《论安全事故不报、谎报罪》,载《法学杂志》2007年5期;孙宝民、李怀宇:《不报、谎报安全事故罪疑难问题探析》,载《人民检察》2008年第21期。两文均认为,行为人对于不报、谎报安全事故的后果,完全可能是没有预见、过于自信、放任或者希望,因而,行为人的罪过既包括疏忽大意的过失和过于自信的过失,也包括直接故意和间接故意。

[2] 张明楷:《刑法学》(第3版),法律出版社2007年版,第547页。

[3] 有观点认为,对于故意贻误事故抢救,导致众多人员伤亡的不报、谎报安全事故的行为,不能以不报、谎报安全事故罪论处,而应以其他故意犯罪如故意杀人罪、故意伤害罪等论处[参见彭辅顺:《关于不报、谎报安全事故罪的几点思考》,载《东北大学学报(社会科学版)》2008年5期]。

[4] 张明楷:《刑法学》(第3版),法律出版社2007年版,第234页。

[5] 参见高铭暄主编:《刑法专论》(上编),高等教育出版社2002年版,第276页。

[6] 想想震惊中外的汶川大地震中数量惊人的危楼就知道,要求开发商、建筑商对工程质量负责到底多么不切实际。相似分析参见刘雪梅:《不报、谎报安全事故罪研究》,载《中南林业科技大学学报(社会科学版)》2008年6期。

[7] 参见刘志伟、王晶:《工程重大安全事故罪构成要件中的疑难问题》,载《中国刑事法杂志》2001年6期。

泛，使之成为一种新型口袋罪，凡是自己解释不好或者由于立法本身的矛盾而不好解释的情形，如各种安全产生责任事故犯罪、各种生产、销售伪劣商品犯罪、各种滥用职权、玩忽职守型犯罪，甚至走私犯罪、贪污贿赂犯、侵犯人身权利犯罪，都可被认为成立该罪，因为这些犯罪行为除了发生其本身的构成要件结果之外，都可能直接或间接地造成其他严重后果，对于这些严重后果，是否也应当以该罪论处呢？（暂且不论本罪只能由单位构成，而以危险方法危害公共安全罪只能由自然人构成）。（2）在《刑法》同时规定了（故意）以危险方法危害公共安全罪与过失以危险方法危害公共安全罪的情况下，如果认为出于故意而实施的本罪行为应按以危险方法危害公共安全罪论处，是否也应该认为出于过失而实施的本罪行为属于过失以危险方法危害公共安全罪的一种特别情形呢？如果认为应该，则无疑是认为过失以危险方法危害公共安全罪是一种口袋罪，这也不妥当（同样，仅从犯罪行为类型考虑，暂不考虑单位犯罪之立法杰作）。（3）根据体系解释规则，故意或过失以危险方法危害公共安全罪中的"危险方法"，应只限于与放火、决水、爆炸、投放危险物质的危险性相当的方法，而不是泛指任何可能危害公共安全的方法，故降低工程质量标准不应属于一种"危险方法"[1]并且，从社会通常观念来看，也不会有人认为降低工程质量标准是一种危害公共安全的"危险方法"。（4）对于故意降低工程质量标准并希望发生重大事故的情形应当如何处理，该学者语焉不详，似乎是认为应当与间接故意情形同样论处，但是，认为有人会以降低工程质量标准的方法危害公共安全，让人觉得不可思议，也就是说，在希望所建的工程尽快倒塌与希望以降低工程质量标准的方法来危害公共安全之间，不一定能直接画等号。可见，忽略《刑法》所规定的行为类型，仅考虑行为人的罪刑是否相当，可能并不妥当。

　　当然，完全着眼于心理上的希望与放任，认为本罪既可以由故意构成也可以由过失构成的观点也可能出现。例如，有学者认为，"本罪的主观方面主要表现为过失，在少数情况下也可以由间接故意构成"[2]；或者认为"行为人大多数情况下对造成的重大后果是过失，少数情况下也可以是故意的心理"[3]但是，这样理解也存在问题。（1）如果认为本罪可以由故意构成，则对基于故意而实施的本罪行为，反而不一定能以本罪论处。因为本罪中的重大安全事故，无疑可包括因工程倒塌所导致的重大人身伤亡等后果，如果行为人对这种后果心存故意，必然同时触犯故意杀人罪、故意伤害罪等罪名，构成想象竞合犯，自应以重罪即故意杀人罪、故意伤害罪等罪论处，反而不能以本罪论处。（2）认为故意犯本罪与过失犯本罪的法定刑一样，可能严重违背罪刑相适应原则，既与认为责任事故型犯罪都是过失犯罪的通常观念不符，也与其他严重危害公共安全的故意犯罪的法定刑不协调。（3）如果认为行为人对严重后果持放任态

---

[1] 参见张明楷：《刑法分则的解释原理》，中国人民大学出版社2004年版，第28—30页。
[2] 赵秉志主编：《新刑法教程》，中国人民大学出版社1997年版，第464页。
[3] 黄京平主编：《以案说法：刑法篇》，中国人民大学出版社1998年版，第122页。

度属于间接故意,则同样应承认行为人对严重后果持希望态度属于直接故意,承认间接故意而否认直接故意并不妥当,尤其是在只有一种行为的情况下。(4)认为降低工程质量标准可以构成故意杀人罪,无异于认为降低工程质量标准可以作为一种杀人手段,这显然与人们的通常观念不符,因为人们通常所想的都是用刀、用枪、用拳用脚等来杀人,不会想到盖一栋大楼或承包一个工程来杀人;但是要否认它属于一种杀人手段,又与通常的犯罪故意概念不符,因为行为人明知自己的行为会导致死人的结果,并希望或者放任这种结果发生,在《刑法》本身对故意杀人罪的手段未作任何限制的情况下,否认这种行为构成故意杀人罪,似乎没有什么理由。这种两难境地表明,要么论者对犯罪故意的理解不正确,要么心理学上的希望与放任确实不等于《刑法》中的希望与放任。

综上所述,如果根据传统的故意过失概念,则无论认为本罪罪过为故意还是过失,或者认为对行为是故意(或过失)、对结果是过失(或故意),都不妥当。

推而广之,在几乎所有的责任事故型犯罪中,都存在与工程重大安全事故罪同样的问题。在这些犯罪中,行为人对实施具有危险性的行为本身,都可能持故意,如明知随时可能发生事故仍强令他人违章冒险作业、明知教育设施有重大危险仍不采取有效防范措施、明知消防设施不合格仍拒不按要求改正、明知不及时如实汇报可能贻误事故抢救等,但是对于行为所导致的严重后果,则既可能确实没有预见,也可能已经预见但轻信能够避免,甚至希望或者放任其发生,因而同样存在一个难解的罪过问题。[1]

或许有人认为,你上文所说的"希望"与"放任",只是日常生活用语中的"希望"与"放任",不属于故意中的希望与放任,但问题是,为什么这里的希望与放任不属于故意中的希望与放任?毕竟其与点燃火柴燃烧香烟的行为毫无可比之处,后者并不侵害法益,而这里的希望与放任仍是与造成重大安全事故之法益侵害相联系的,是刑法评价必须关注的事实,不能以其仅属于日常用语中的故意来搪塞。

实例二,我国《刑法》分则第3章第1节规定了9种生产、销售伪劣商品犯罪,第九章规定了30余种滥用职权或玩忽职守型犯罪,其中,许多犯罪都可能导致人身伤亡后果,并且行为人对这种后果都可能持希望或者放任态度,从而可能同时触犯故意杀人罪或故意伤害罪罪名,构成想象竞合犯,但是,很少有人将这些犯罪行为与故意杀人罪或故意伤害罪联系起来。这说明在人们的观念中,生产、销售伪劣商品犯罪,以及滥用职权或玩忽职守型犯罪,即使可能导致人身伤亡后果,并且行为人对此后果确实持希

---

[1] 对于类似的"对行为是故意,对结果有故意有过失"的犯罪,有学者提出了"客观的超过要素概念",认为在"双重危害结果"的犯罪中,应只根据行为人对轻的危害结果的认识和意志来认定行为的罪过性质,而不要求行为人对较重的危害结果具有认识和意志(但需要具有预见可能性),也不对之进行罪过判断,这种重的危害结果就是客观的超过要素(参见张明楷:《刑法分则的解释原理》,中国人民大学出版社2004年版,第207—222页)。但是,且不说该概念可商榷之处太多,即使认同这一概念,也无法解释像责任事故型犯罪一样只有一个危害结果的犯罪的罪过问题。

望或者放任态度,也不属于杀人或者伤害行为,很自然,行为人的故意也不是杀人或者伤害故意。尽管如此,学界还是认为,生产、销售伪劣商品犯罪和滥用职权型犯罪都属于故意犯罪,只有玩忽职守型犯罪才属于过失犯罪,这与通常认为责任事故型犯罪均属于过失犯罪的看法不同。

但是,如果根据通常的故意定义,则不得不认为,在这些犯罪中,行为人的故意也是一种杀人或者伤害故意,其行为也是一种杀人或者伤害行为,未想到想象竞合问题反而是错误的。例如,林山田教授认为,摊贩A知道饮用工业酒精会导致眼睛失明,但为了图利而用工业酒精制作假酒出售,使他人饮酒致盲;化工厂厂长A明知往水源区长期倾倒有毒溶剂会导致他人伤亡,仍故意长期倾倒,终致他人因体内毒素累积而亡,两人均具有杀人或者伤害的间接故意。[1] 黄荣坚教授认为,为了赚钱而贩卖留有残毒的农作物或者以工业酒精制酒,只要行为人对致人于死的事实有或然性认知,就已经符合杀人罪的故意要件。[2] 到底谁的看法正确,要看站在什么立场。如果根据对犯罪故意的通常理解,则后者的看法无疑是正确的,但是,这种理解又明显违背社会通常观念,因为在社会观念上,几乎无人会将贩卖假药假酒、滥用职权或玩忽职守与杀人或伤害联系到一起,进而认为这些犯罪行为也是一种杀人或伤害手段,毕竟,这些犯罪所导致的人身伤亡,与用真刀真枪将人杀死砍伤不可同日而语。也就是说,在社会通常观念中,行为导致被害人死亡,与行为人亲自动手杀死被害人,是完全不同的两个概念,即使承认行为人对其行为所导致的人身伤亡结果可以持希望或者放任态度,也不会认为行为人应当构成故意杀人罪或故意伤害罪判处较重刑罚,而是认为以生产、销售伪劣商品犯罪、滥用职权或玩忽职守型犯罪判处较轻的刑罚即可。影响这种社会观念的,不仅有两者在致人伤亡时的暴力程度、血腥程度方面的差异,而且有犯罪行为类型、行为人主观恶性、行为人与被害人的关系、行为影响人们心理的强烈程度等诸多可知或不可知因素。

实例三,对于一些因行为的危险性极低而否定行为的犯罪性的例子,例如,行为人希望被害人死亡,便:(1)于雷雨交加之际胁迫被害人外出,致被害人被雷劈死;(2)怂恿被害人外出旅游,致被害人因飞机失事摔死;(3)以为喝山茶花水会中毒,便端山茶花水给被害人喝,被害人喝茶时被呛死。对于这些例子,不同学者的解释不尽相同。持客观归责论者认为,行为人所制造或实现的风险不过是法律上不重要的风险、法能容忍的风险,因而这种行为并非刑法所禁止的行为。例如,Larenz在1927年提出客观归责理论时认为,在这里不应该问结果是否是行为人所造成(Verursachen),而应该问是一切纯属意外,还是出于行为人自己的行为而应受客观归责。[3];Roxin认为,在上述雷击一例中,客观构成要件根本不可能实现,因为统计学上显示被雷劈死的概率极低,

---

[1] 参见林山田:《刑法通论》(增订10版)(上册),著者发行2008年版,第292—294页。
[2] 参见黄荣坚:《基础刑法学》(第3版)(上),元照出版公司2006年版,第438页。
[3] Larenz, Hegels Zurechnungslehre und der Begriff der objektiven Zurechnung, 1927, S.62.

怂恿他人于雷雨交加之际外出,并不会引起具有法律重要性的风险,虽然仍造成了死亡结果,但并非法律意义上的"致人死亡"。[1] 持相当因果关系说者认为,这些行为与结果之间均不存在相当因果关系。持条件说者由于实在无法否认条件关系,只好推说这些例子不属于因果关系领域的问题,而是属于故意领域的问题,认为故意的行为人对于结果不应该仅仅是希望和祈愿,更必须有所预见,如果只是预期促成一个无法事先预见的事况,只是期待结果依所希望的方式发生,并不表示他对结果有预见,既然欠缺对结果的预见,当然欠缺故意。目的行为论者也赞同这种观点。例如,Welzel 认为,故意是一种实现意思(Verwirklichungswille),是以行为人有可能促成一个实际现象发生(Einwirkungsmoglichkeit auf das reale Geschehen)为前提的,如果行为人自己不可能促成结果,而只希望他的行为与意外的结果相结合,则因欠缺实现的意思而无故意。[2] Hirsch 认为,故意必须具有支配意志,必须对具体的实害现象有认识,如果行为人只是认识习惯上的、一般的社会生活风险,还不具有支配作用的意志,则只是一个希望而非故意,但如果行为人明知飞机有故障,仍怂恿被害人乘坐飞机,则表明他对结果具有支配意志和具体认识,其行为即制造了危险,这表明法的不容许决定于行为人的主观面,而非客观面[3];Armin Kaufmann 也认为,行为之所以危险,是因为行为是行为人为了实现结果而明白选定的方法,因此故意不是一种随意的可能性的认知,而是在心理上作成一个客观上相当的判断(ein objectives Adaquanzurteil psychologisch realisiert sein),例如甲怂恿其妻搭车出游,如果甲事先获知汽车煞车失灵,则有故意,如果只是期待一般的交通风险,则欠缺故意。[4] 不过,对于上述主观说,客观归责论者 Roxin 反驳认为,Welzel 所谓"故意,以行为人有可能促成一个实际现象发生为前提",以及 Armin Kaufmann 所谓"故意,是在心理上作成一个客观上相当的判断",都正好表示必须"客观上有实现的可能"或者具有"客观相当性",才有成立故意的可能,即行为人是否具备故意,应取决于客观构成要件在客观上有无实现可能,如果实现的可能性太低,则应否认故意。[5]

可见,在上述例子中,由于行为导致结果发生的危险性太低,因而即使行为人主观上确实希望被害人死亡,并且其行为与被害人的死亡之间的确存在条件关系,这种希望也不被认为是故意中的希望,行为人非但不构成故意犯罪,甚至连过失犯罪都被否定。这说明,创造条件让他人死亡,与亲自用刀用枪将他人杀死,可能是完全不同的概念,在刑法上的意义竟有天壤之别。这是否意味着,对于"明知自己的行为会导致他人死亡,并希望或者放任这种结果发生"的故意概念,不能仅从形式上去理解,而必须联

---

[1] Roxin, Arm. Kaufmann—GS, S. 237.
[2] Welzel, Das Deutsche Strafrecht, 11. Aufl., 1969, S. 66.
[3] A. a. O. S. 405f.
[4] A. a. O. S. 266f.
[5] Roxin, Arm. Kaufmann—GS, S. 237, 240 f.

系刑法的目的,从价值上规范上进行把握? 是否意味着简单地把心理上的希望与放任等同于故意中的希望与放任,并不妥当?

三、形式的故意概念与实质的故意概念

一切刑法理论所要解决的问题,都是应否及如何归责的问题,故意理论也不例外。心理上的希望和放任,是不是故意中的希望与放任,也要考虑刑法的目的,考虑对行为人进行归责是否妥当而定。在上文所举实例中,行为人对其行为会导致他人死亡,可能都有预见,甚至希望或者放任这种结果发生,但是,无一例外地均不构成故意杀人罪,甚至连过失致人死亡都被否定,这是一种有趣的现象。为了解释这种非但故意、连过失都要被否定的现象,德国学者作了有益的尝试,或者否定法所不容的风险,或者否定构成要件行为,或者试图对故意概念进行新的诠释,已如上述。然而,这些尝试并非尽如人意。

持条件说者认为,故意不仅是希望和祈愿,更必须有所预见,而上述例子中行为人对结果并没有预见。但是,什么是预见? 为什么上述例子中的预见不是一种预见? 雷雨交加之际外出散步可能被雷劈死,乘坐飞机可能因飞机失事摔死,体弱者可能因喝东西而呛死,这些都是生活中经常发生的事例,况且行为人的本意即是要利用这些可预见的风险置被害人于死地,为什么这种预见就不是一种预见? 说这些例子中的行为人只是预期促成一个无法预见的情况,明显不符合行为人的心理实际,除非认为故意中的预见必须是指预见到被害人必然会死,但是,这种必然性预见即使在开枪杀人、持刀砍人等直接的面对面的暴力攻击中也是不必要的,因为还可能存在杀人未遂。任何预见,既然存在于结果发生之前,都只是一种对可能性预见,不可能是一种对结果一定会发生的预见,只是可能性程度有高有低而已。

Hirsch 认为故意必须具有支配意志,必须对具体的实害现象有认识,如果只是认识习惯上的、一般的社会生活风险,则只是一个希望而非故意。但是,故意的内容通常只是指对实现构成要件的认识和意欲[1],并不包括具有有支配作用的意志的内容,否则间接故意、教唆故意、帮助故意等均没有存在的余地了,因为这些故意形态通常都不具有支配意志,为什么唯独在上述例子中要求行为人必须具有有支配作用的意志呢? 并且,为什么对于习惯上的、一般的社会生活风险的支配意志就不是一种支配意志?

Hirsch 还认为,如果行为人明知飞机有故障,仍怂恿被害人乘坐飞机,则表明他对结果具有支配意志和具体认识,其行为即为制造了危险。这也大可商榷,因为同样是心怀杀意怂恿被害人乘坐飞机,却能根据是否明知飞机有故障来决定是否具有支配作用和具体认识,从而决定有无故意,其理由何在,不得而知。飞机有故障,也仅仅是增

---

[1] 参见耶赛克、魏根特:《德国刑法教科书(总论)》,徐久生译,中国法制出版社 2001 年版,第 354 页。

加了飞机失事的可能性,但这种增加的量到底有多少,是否达到显著的程度,是否正是因为这种增大了的可能性才导致飞机失事,还是即使不增加也难免要失事?恐怕很难查证。况且行为人完全可能知道,故障有可能在飞机起飞前或者飞行过程中因被发现而排除,被排除了当然就没有故障了,这种情况下行为人应成立什么形态的故意呢?

Welzel 认为故意是一种实现意思,以行为人有可能促成一个实际现象发生为前提,这比持条件说者和 Hirsch 的解释要好一些,但 Welzel 又认为在上述例子中,行为人自己不可能促成结果,只是希望他的行为与意外的结果相结合,因而仍欠缺实现的意思而无故意。在这里,Welzel 其实是根据论证的需要而对"促成"作了限制解释,把所谓"促成"限于风险概率相当高,并非"意外的结果"的场合。但是,对于为什么这里的"促成"不是一种有效的促成,以及为什么这里的结果不是行为人的行为导致的结果,而是一种"意外的结果",Welzel 未作论证。并且,为什么对于风险概率极低的结果,即便它已经如行为人所愿而发生,也要否认行为人的实现意思?

Armin Kaufmann 也认为,故意不是一种随意的可能性的认知,而是在心理上作成一个客观上相当的判断。这其实已如 Roxin 所反驳的那样,"正好表示'必须客观上有实现的可能'或者具有'客观相当性',才有成立故意的可能"。也即故意是与结果在客观上实现的可能性及其程度有关的一个概念,如果风险概率极低,以致通常认为行为导致结果发生是不相当的、意外的,则不是一个有效的故意,其行为也就不是一个符合构成要件的行为。但问题同样是,为什么对于风险概率极低的结果的判断不是一种"相当"的判断,对其认知不是故意中的认知?是否对故意过失的判断要依赖于对相当因果关系的判断?

而对于为什么行为人连过失都被否定,上述学者未作论述,似乎是认为心理上的希望和放任要么构成故意,要么不构成故意,不涉及过失问题,但这也是不符合实际的,假想防卫即是行为人对实现构成要件的事实有认识和意欲,但因行为动机错误而被否认故意但肯定过失的例子。

持客观归责论者认为,由于行为发生结果的危险性太低,因而并不是一种有效的构成要件行为,这种风险也是法所容许的风险,即使造成了被害人死亡结果,也不是法律意义上的致人死亡。这种解释也是可疑的。为什么行为发生结果的危险性太低,就不是一种有效的构成要件行为,行为的风险就是法所容许的风险,即使造成了人死亡,也不是法律意义上的死亡?所谓"法律意义",应当如何界定?论者显然无法回答。其实,任何所谓符合构成要件的行为,都不可能是行为本身就能导致构成要件实现,必然是行为人利用了现存的因缘关系,使行为与现存的事物或现象相互配合,才导致发生构成要件结果,行为本身反而不可能有什么定型性,只要能导致构成要件实现即可。[1]至于是亲自动刀杀人、教唆别人杀人,还是利用狼狗咬人、利用雷电劈死人,只要

---

[1] 参见黄荣坚:《刑罚的极限》,元照出版公司 1999 年版,第 264—265 页。

导致了他人死亡，都是对他人生命权的侵害，要说何种行为才属于构成要件行为，仅从行为方式或者行为导致结果发生的危险性大小，难以作出令人信服的解释。

而上述学者之所以要竭力否认行为人的杀人故意，并不是因为他们心中先对通常的故意概念有所突破，而是因为心中先有了一个对行为人不能归责、特别是不能按故意杀人罪归责的观念，再为这种观念寻找理由。因为，通常的故意概念认为，故意是指实现构成要件的知和欲，"欲"包括希望和放任，并且知和欲都是心理上的事项，既如此，对于有"知"并有"欲"的心理事实，就无法否认行为人的故意。正如黄荣坚教授所言："行为人于行为时所想象的事实情况也可能并不合于常人所认知的因果律，例如行为人误以为喝菊花茶可以堕胎，虽然自然界并无喝菊花茶可以堕胎这样的因果律，但是行为人所想象的事实情况在解释上依然该当于堕胎罪的不法构成要件，所以也是有故意"。[1] 但是，对于那种利用天打雷劈之类的导致结果发生的危险性极低的行为，让行为人承担罪责，尤其是承担故意杀人罪的罪责，显然极不合适。于是，在无法否定行为与结果之间存在条件关系的情况下，或者对"知"进行限制，认为故意是心理上的希望加对结果的具体预见、故意是在心理上作成一个客观相当的判断；或者对"欲"进行限制，认为故意等于心理上的希望加实现意思、故意等于心理上的希望加支配意志；或者否认行为的构成要件行为性，认为构成要件行为必须是导致结果发生的危险性较大的行为。尽管这些学者都对故意概念的实质化运动有所贡献，但都未明确指出通常的故意概念的问题所在，仅是为了解决特定问题而提出了一些看法。尽管如此，上述学者的论述还是给我们一个启发，即对于所谓"实现构成要件的知和欲"，无论其是立法上还是学说上的定义，都不能仅作形式的理解，而是必须进行某种规范的、实质的限定，对于那些形式上符合故意定义的行为，还不能直接认定为故意犯，还必须考虑刑法的目的及行为的法益侵害性等因素，只有对于那些实质上值得作为故意犯进行处罚的行为，才能认定为故意。

因此，故意不仅仅是心理上对实现构成要件事实的认识和意欲，还必须有其规范的、价值的实质内涵。[2] 如同刑法理论上先后发展起了形式的构成要件论和实质的构成要件论、形式的违法性和实质的违法性、形式的罪刑法定主义和实质的罪刑法定主义、形式的作为义务来源和实质的作为义务根据一样，对于故意，也应当有形式的故

---

[1] 黄荣坚：《基础刑法学》（第3版）（上），元照出版公司2006年版，第444页。

[2] 德国已有学者提出了规范的故意概念，认为故意不单纯是一种自然的心理事实，而是包含目的论思考和评价性要素。然而，本文所谓实质的故意概念，与规范的故意概念仍有差异。规范的故意概念所强调的是，故意必须是行为人出于反对规范的态度而行为、法益受害结果必须是行为人的意志创作，其目的是主张意欲要素无用论，其效果是将对意欲要素有无必要的争论引向自然主义与规范主义、也即存在论与规范论的争执（参见许玉秀：《主观与客观之间》，春风煦日论坛1997年版，第166—168页）。而本文则认为，即使行为人对规范持反对态度、即使法益受害结果是行为人的"意志创作"，仍可能否定归责，其目的是为了解决我国刑法理论中的一系列罪过难题。因此在本文看来，规范的故意概念仍属于形式的故意概念。

意概念和实质的故意概念,只有对于既符合形式的故意概念又符合实质的故意概念的行为,才能认定为故意犯,否则,或者应排除故意,或者应排除归责。通常的故意概念,仅仅是一种形式的故意概念,自然无法解决诸如利用天打雷劈之类的被认为不应归责的行为的罪过问题,甚至也无法解决诸如假想防卫之类的应当否定故意而肯定过失的行为的罪过问题;而上述德国学者对于上述问题的解释之所以仍不尽如人意,也是因为没有明确提出实质的故意概念。在日益强调法的价值性、规范性的今天,或许我们应当像扬弃心理责任论而采规范责任论、扬弃自然主义的行为概念而取社会的、人格的行为概念、扬弃古典的犯罪论体系而采纳新古典暨目的论综合体系一样,正视现实,积极扬弃自然主义的心理上的故意概念,而注意故意概念的规范性、评价性的一面。

四、故意概念的相对性的具体论证

如上所述,德国学者对于实质的故意概念提出了一些看法,但是,这些看法都未涉及问题的根本,都无法解释为什么危险性极低的行为不是一种构成要件行为、对这种行为的认识和意志不是故意中的认识和意志等根本问题。并且,这些看法对于诸如利用天打雷劈之类的明显不应归责的行为,可以作出较好的解释,但是对于那些如同实例一那样应当否定故意而肯定过失的行为,还是难以说明。因此,我们必须更深入地探索故意和过失罪责的本质问题。而既然是一种探索、一种尝试,当然应允许一些新的角度和新的方法。我们注意到,演绎法对解决问题已无能为力,因为根据通常的故意概念,不得不认为,实例三的行为也是一种故意行为;并且对于实例一、二的行为也根本无法解释:行为人明知自己的行为会导致他人死亡,并希望或者放任这种结果发生,为什么在实例一中要构成过失犯罪,而实例二中要构成另一种法定刑相对较轻的故意犯罪呢?因此,我们必须看看归纳法是否有用,这就开始涉及实质的故意概念的内容和标准问题。

我们注意到,就实例一、二、三而言,即使是不研习刑法的人,也知道不能让行为人承担故意杀人罪的罪责;尤其是实例三,通常人都会认为雷电劈死人或飞机摔死人纯属意外,与杀人罪无关;反而,如果法院认定实例一、二、三的行为人构成故意杀人罪,一般人肯定会觉得不可思议,"他不过是为了赚点钱而盖了一栋大楼、卖了一些假酒,怎么变成故意杀人了?"行为人肯定也想不通,"我当然知道楼倒了人会死、酒发作了人会死,但我不过是为了赚点钱,并没有想去杀死他。""我当然希望他死,可他是被雷劈死的、是从飞机上掉下摔死的,并不是我杀死的呀"。即使水平深如德国大儒,对于实例三,也绝不是根据通常的故意概念去探讨行为人的罪责问题,而是一开始即有行为人不构成犯罪,尤其是不构成故意杀人罪的观念,再去为否定行为人的故意寻找理由,而开始对故意的内容设限。这说明,对于行为人的罪过,或许不能根据通常的故意、过失概念去分析,而必须先认定行为人承担哪种罪责合适,再去检验这种认定是否正确。

为了检验这个设想,我们不妨找找更多的"先有结论之妥适再有理由"的例子。

例一,对于假想防卫,即行为人误认为存在不法侵害而予以反击的情形,无论是持三阶层犯罪论体系还是二阶层犯罪论体系者,无论是认为故意是责任要素还是认为故意是构成要件要素,也无论是从事实错误立论还是从独立错误立论,等等,均认为行为人的罪过为过失。其最重要的理由,莫过于应将假想防卫视为事实错误以阻却故意之"共通感觉"(余振华语),因此,即使是主张故意是责任要素者,也认为对于假想防卫应类推适用事实错误的原理。[1] 不过,暂时撇开所谓体系性思考,而从常识上去考虑,答案竟出奇地简单。(1)甲骂乙一句,乙愤而杀甲;(2)甲欠乙1000元不还,乙愤而杀甲;(3)甲痛打乙一顿,乙愤而杀甲;(4)甲持刀追砍乙,乙愤而杀甲;(5)乙误以为甲要杀他而先下手为强,抬手一枪将甲击毙。在这些例子中,尽管乙事实上都希望杀死甲并杀死了甲,在心理学上,乙对于杀死甲无疑是故意的,但由于事情起因不一样,人们对甲应否及如何承担刑事责任的看法也不一样。在(1)、(2)、(3)中,人们均会认为乙要构成故意杀人罪,因为挨骂、欠钱、挨打均不足以成为杀人的理由,乙的行为不值得原谅,但是在量刑上要有区别;在(4)中,乙不应构成犯罪,因为如果乙不杀死甲,就可能被甲砍死了,让乙承担故意杀人罪的责任是不公平的;介于两者之间的是(5),乙把无辜的甲杀了,不让其承担责任对甲极不公平,但让其承担故意杀人罪的责任也不公平,毕竟其并非无缘无故地杀人而是基于重大误解。其实,在这些设例中,乙的杀人故意和后果是一样的,只是在杀人动机,即"为什么要杀死甲"方面存在区别,但是,并非杀人动机本身能够影响罪责,而是因为行为是否可以原谅影响罪责。这一点,对比客体的错误就比较清楚了:甲误认为丙是乙而一枪将丙击毙,由于乙和丙作为故意杀人罪的对象,在构成要件上是等价的,故甲的这种"为什么要杀死丙"的动机错误不影响其故意。[2] 对这一结论,无论是持具体符合说还是法定符合说者均不持异议。也就是说,尽管甲在"为什么要杀丙"方面存在重大误解,但无论是杀乙还是杀丙,其行为都不值得原谅,因此不影响其故意。可见,对于假想防卫应成立过失致人死亡罪而非故意杀人罪的根本理由,在于社会通常观念认为行为人承担何种责任合适,不在于采取何种刑法理论,刑法理论所能做的,不过是为这种结论进行论证而已。

例二,对于原因自由行为,即行为人实施基本构成要件行为时无责任能力,但这种无责任能力是由行为人过失造成或者为了实施犯罪而故意造成的情形,(这里暂不考虑行为人自陷限制责任能力状态的情形),普遍认为可罚。但是,既然实施行为时无责任能力,根据实行行为与责任能力同时存在的责任主义,根本不应处罚,却又不能不处罚。例如,陈子平教授认为,原因自由行为的法理,面临着两个尚待解决的问题:(1)实行行为与责任能力同时存在原则的维持——责任主义的要求;(2)实行行为概

---

[1] 参见余振华:《刑法违法性理论》,元照出版公司2001年版,第268—281页。
[2] 参见耶赛克、魏根特:《德国刑法教科书(总论)》,徐久生译,中国法制出版社2001年版,第373页。

念的严格性的维持——罪刑法定主义的要求。"若否定原因自由行为之犯罪性,则将忽略社会要求处罚之必要性",若肯定其犯罪性,则又有违反责任主义的行为与责任能力同时存在原则之嫌,且将责任能力存在阶段的原因设定行为理解为犯罪行为,也有违反罪刑法定主义之嫌。[1] 于是,主张可罚者就得为可罚寻找理由,认为原因自由行为是责任主义的例外者有之,认为"责任能力与行为同在"应被修正成"责任能力与预备行为同在"者有之,认为应将原因行为视为实行行为者有之,认为应将原因行为与结果行为视为导致危害结果发生的一个不应区分的整体行为者有之,认为原因自由行为是间接正犯的特殊形态者有之,种种学说令人应接不暇。其实,如果要维持客观主义的罪刑法定原则和责任主义,必然要否定所谓原因自由行为的犯罪性,因为行为人在实施基本构成要件行为时(如果还有能力实施的话),对其行为的性质、社会意义及后果等犯罪事实既无辨认能力又无控制能力、对于行为乃至结果不可能由所谓认识和意志,这种完全无意识的行为,正如睡梦中的行为或者条件反射下的举动一样,根本不属于刑法意义上的行为,行为人此时对法规范的命令和期待也根本无从理解,故根据责任主义根本不应当被处罚,至于之前的预备行为,如果能够构成预备犯,自可按预备犯处罚,但却不应让行为人对其无意识状态下的行为及结果承担罪责,否则无异于放弃责任主义而实行结果责任。并且,如果能够对原因自由行为进行处罚,则对因过失而使自己患上精神病的人的行为也可以处罚,因为尽管他实施行为时并无责任能力,但是他在患精神病之前是有责任能力的,因而其应当竭力避免自己患精神病以避免侵害法益,应避免而未避免自然可构成过失,这样,所有的故意犯罪都可由过失构成,这显然不妥。只有采取主观主义,放弃责任主义和罪刑法定主义,从社会防卫的角度,才能认为原因自由行为具有犯罪性。[2] 可见,之所以认为原因自由行为可罚,并不是通说所采客观主义刑法理论认为它可罚,而是因为社会观念要求处罚。

例三,在日本及中国台湾地区,有一种争议激烈的共谋共同正犯理论。"所谓共谋共同正犯,是指两个以上的人共谋实现一定的犯罪,在共谋者的一部分实行了该犯罪的时候,包括没有参与实行行为的人在内,所有的共谋人都成立共同犯罪的情况。"[3] 由于日本关于正犯与共犯的区分,通说采取形式客观说,认为直接实施符合构成要件的定型性实行行为者是正犯,除此之外的加担者是共犯[4],并且均要具备相应的主观要件,即正犯要有实行的意思,教唆犯、帮助犯要有教唆、帮助的意思[5],这也是限制的正犯概念以及罪刑法定主义的必然要求。因而,对于未分担实行行为的共谋者,能否及因何能够认定为正犯,难免发生激烈争议。肯定说认为,对于仅参与共谋者也可认

---

[1] 参见陈子平:《刑法总论(上)》,元照出版公司2005年版,第312页。
[2] 参见周铭川、黄丽勤:《论实行行为的存在范围与归责原则的修正》,载《中国刑事法杂志》2005年5期。
[3] 大谷实:《刑法讲义总论》(新版第2版),黎宏译,中国人民大学出版社2008年版,第387页。
[4] 参见西原春夫:《犯罪实行行为论》,戴波、江溯译,北京大学出版社2006年版,第257页。
[5] 参见大塚仁:《刑法概说总论》(第3版),冯军译,中国人民大学出版社2003年版,第240页。

定为共同正犯,具体又有共同意思主体说、间接正犯类似说、行为支配说、优越支配共同正犯说、实质的正犯说、包括的正犯说等。[1] 否定说则认为,仅参与共谋而未实行者不成立共同正犯,理由如认为对共谋者可视情形按教唆犯或帮助犯处理,没有必要承认共谋共同正犯观念等。[2] 其实,如果对共犯人采取教唆犯、帮助犯和正犯的分工分类法,则对仅参与共谋而未参与实行的人,不能认定为共同正犯,并且,如果其仅参与了共谋而未实施教唆或帮助行为,也不能认定为教唆犯或者帮助犯[3],否则都是违背罪刑法定原则的。但是,对于在共同犯罪中起重要作用,尤其是犯罪集团的组织者、领导者、指挥者,一概以教唆犯或者帮助犯论处,也明显违背社会观念,因为这些人在共同犯罪中所起的作用通常比共同正犯更大,反而只能以教唆犯、帮助犯等比共同正犯责任更轻的形态论处,显然不合适。故通说及判例要承认共谋共同正犯,并发展起各种学说,其最终原因,并不是先有了各种学说,再有了对共谋者的定性看法,而是先有了对共谋者应认定为共同正犯而非教唆犯或者帮助犯的观念,才开始为这种观念寻找理由,这也是一种典型的"先有结论之妥适再有理由"的例子。

综合上述实例及举例可见,在某些情况下,人们对于行为的可罚与否,并不是先检验行为人有无故意过失,而是先有了应否处罚及如何处罚的结论,再确定行为人的罪责形态。从而,故意和过失,实际上充当了罪责阶梯的功能,直接故意、间接故意、过于自信的过失与疏忽大意的过失,分别为罪责的四个梯级,而同一梯级内的不同罪责,则以不同的犯罪类型相区别,罪责阶梯的零点则为意外事件。仍以行为人明知自己的行为会导致他人死亡,并希望或者放任结果发生的情形为例:对于枪杀刀砍与下毒放火之类的、直接针对人的身体实施的暴力行为,由于其血腥性、暴力性、恐怖性及高度危险性,人们最直接的反应就是"杀人偿命",行为人的罪过当然属于直接故意,甚至可能被评价为比故意杀人罪更重的危害公共安全罪;对于危险程度相对较轻、对人们的心理影响较次的行为,例如,为了防盗而安装电网、为了打猎而在他人麦地里设置陷阱、为了换妻而放任妻子被水淹死等,行为的可谴责性相对较轻,行为人的罪过将被评价为间接故意;对于诸如生产、销售假冒伪劣产品和滥用职权等行为,行为人的罪过仍将被评价为故意,但不是杀人罪的故意而是其他法定刑较轻的犯罪的故意;对于各种安全生产责任事故,由于导致结果发生的危险性很低,只有发生了结果才属于"事故",因而行为人的可谴责性更弱,至多只能被评价为过失[4];而对于诸如利用天打雷劈、飞

---

[1] 参见陈家林:《共同正犯研究》,武汉大学出版社2004年版,第113—136页;马克昌:《比较刑法原理》,武汉大学出版社2002年版,第685—691页。

[2] 参见张明楷:《外国刑法纲要》(第2版),清华大学出版社2007年版,第318页。

[3] 当然,这一观点会因为学界广泛承认"心理上的帮助"而遭否认,因为只要参与了共谋,即至少可认为是一种心理上的帮助,进而这种心理上的帮助与危害结果之间的因果关系,也得被肯定,否则,因果共犯说将无法圆满解释帮助犯的处罚根据问题。

[4] 相同观点李海东:《刑法原理入门》,法律出版社1998年版,第61页。

机失事之类的极其偶然的事件致人于死的,由于结果发生的危险性极低,即使发生了结果也属于"意外",因而行为人无任何罪责。在此阶梯中,从直接故意到意外事件,实质的故意概念的重要性一步一步地凸显出来:在故意犯,几乎不用考虑实质的故意概念,符合了形式的故意概念即基本上符合实质的故意概念,只是有可能影响犯罪类型;在一些过失犯,则要根据实质的故意概念来限定故意的成立;在意外事件,则完全是根据实质的故意概念来否定罪责。因此,至少在这些情况下,故意是一种规范的、评价的概念,与行为人的实际心理态度无关,这种综合了形式的故意概念与实质的故意概念之后的评价,充分体现出故意概念的相对性。

为了检验故意概念的相对性理论是否正确,这里不妨再举几例。

例一,甲对准乙的头部开枪,结果将甲旁边的丙打死。考察甲对丙的死亡有罪过,丙与乙之间的距离是个很重要的因素。如果丙与乙并肩而行,则毫无疑问,甲会被认为是间接故意,但如果丙距乙3米,则可能被认为是过于自信的过失,如果丙距乙7米,则可能被认为是疏忽大意的过失,而如果丙距乙50米,则打中丙就纯属意外了,不仅甲预见不到,通常人也预见不到,因而不会认为甲对丙的死亡具有过失。此例中,丙死亡的风险概率,从极可能到很可能到有可能到几乎不可能,一步步地影响着对行为人罪过的认定,从间接故意到两种过失甚至意外事件,足以说明罪过概念的评价性。

例二,甲为蓄水在自家门前挖一深坑,某日目睹一小孩朝坑边跑来掉进坑里摔死。主观上,甲完全可能希望或者放任小孩掉坑里摔死,比如正好是仇人的儿子等原因,但不管甲是希望还是放任还是心存侥幸或者确实没有想到,恐怕至多只能追究甲过失致人死亡的罪责而不可能让甲负故意杀人罪罪责,无论将甲的主观内容解释为疏忽大意过失或过于自信过失多么不符合实际。

例三,对于所谓"迷信犯",如相信诅咒可以杀人而进行所谓丑刻参拜、相信白糖水可以杀人而往他人食物中投入白糖等,由于其毫无致人死亡的危险,因而从一开始即被否认故意、过失,无需进行形式的罪过概念的检测,正如睡梦中的举动自始即被视为并非刑法意义上的行为、而被排除在构成要件的检测范围之外一样。

例四,对于夜晚在森林中偷树而将睡在树下的流浪汉压死的例子,如果认为行为人应当构成犯罪,则会将行为人的罪过解释为应注意能注意而不注意的过失,但如果认为行为人不应构成犯罪,则会将行为人的罪过解释为无法预见的意外事件,故尽管行为人的实际心理完全一样,都是对于砍树会压死人没有认识和意志,但是应构成过失还是意外事件,完全取决于客观评价而非其心理实际。

例五,一位在足球场上踢球的学生不小心将球踢到场外,击中一位3岁小儿头部致其当场死亡。无论其对此事件是否有预见、是否希望、放任或者轻信能够避免,只要他不是有意识地要将球踢到幼儿头上而仍是在正常地踢球,我们就不能说他构成故意杀人罪,至多只能认定其构成过失致人死亡罪。

对于故意概念的相对性,德国学者在提倡意欲要素无用论时曾有过相同观点。例如，Puppe 认为，区分故意和过失，不在于行为人对行为事实有无认识和意欲，而在于行为是否依通例足以导致构成要件被实现，危险程度高者，为故意，反之则为过失；甚至行为人对行为事实的认识也不重要，只要行为的危险程度足以引起行为人的注意即可。故对于危险程度高的行为，只要行为人的认识能力正常，即使其没有认识到行为具有"适格的危险"，仍属于故意，而过失责任只可能存在于危险程度低、竟偏离常轨造成实害的情形。例如，艾滋病毒携带者未采取任何防范措施（例如未使用安全套）而和他人为性行为，纵然行为人认识到传染的可能性，但由于在统计上传染的可能性不及2%，仍不构成故意伤害；同样地，想要以一根丢弃的香烟头烧毁一片森林，以便将土地高价卖给某旅馆集团，也因为一根香烟不足以造成整片林地付诸一炬而不会构成故意放火罪。[1] Puppe 明确认为，尽管其无法提出一个具体标准，因为这在统计学上无从得知，但故意危险、过失风险和法所容许的风险，的确是依风险的大小，即行为在客观上导致结果发生的概率来判断的。[2] 这说明，Puppe 认为，故意和过失主要取决于对行为人行为危险程度的评价，基本上与行为人的认识和意欲无关。

综上所述，尽管罪过是对行为人心理事实的一种评价，但由于这种评价必须符合刑法追究犯罪、惩罚犯罪的目的，故有可能偏离行为人的心理实际，而完全取决于对行为人应当如何定罪量刑的社会通常观念。因此，在判定行为人有无故意时，除了考虑形式的故意概念之外，还必须考虑实质的故意概念，二者的统一即充分体现出故意概念的相对性。至于影响社会观念的因素，既有行为导致结果发生的概率高低，又有人们对犯罪类型的看法等诸多可知或不可知的因素，有时甚至完全取决于无理性的直觉。而由于社会观念本身是一个极其空洞、抽象的概念，其标准或者内容并非本文有能力探讨。不过，同样空洞、抽象的概念在许多理论领域都存在，比如各种理论的客观说中所谓平均人标准、一般人标准、一般经验法则、相当性等，这也可以说是社会科学的共有特征。承认故意概念的相对性，并不意味着认为故意不是一种主观要素，而是认为故意作为一种评价性概念，应有其实质的、规范的内涵，不能简单地将其等同于心理上的希望或者放任，否则将无法解决一系列罪过难题。

五、对实例一、二中行为人罪过的解读

如上所述，故意概念的相对性要求在进行罪过判断时，既要考虑形式的故意概念，看行为人对行为事实有无认识和意志，又要考虑实质的故意概念，看让行为人承担何种罪责合适，故对行为人罪过的判断是一种价值评价过程，而对这种评价起决定作用的，其实已经不是一种很明确的标准，而是通常的社会观念。尽管每个社会成员的世

---

[1] 参见许玉秀：《主观与客观之间》，春风煦日论坛1997年版，第169—171页。
[2] Ingeborg Puppe：《"对于故意实现构成要件的归责的演讲"的"问题研讨"》，许玉秀译，载《政大法学评论》，1996年总第55期，第279页。

界观、人生观、价值观都不一样,但是,对于生活在同一社会形态下的人们而言,人们的基本社会观念却是一致的,也因此才有了"社会通常观念"、"一般经验常识"、"一般人标准"、"平均人标准"、"相当性"等几乎同样抽象、空洞的概念。因此,尽管我们无法明确提出影响社会观念的各种因素,至多只能有一个大致的很不精确的看法,但这无碍于我们根据社会通常观念来考虑诸多社会科学问题。

在实例一中,各种责任事故所造成的后果无疑令人触目惊心,必然要求有关责任人员承担责任,决无考虑意外事件的可能。但是,由于行为导致结果发生的概率极低,(否则也不叫"事故"),并且犯罪行为类型、行为人的主观恶性、对人们的心理影响等因素也不一样,故即使行为人对于可能发生的重大事故,在心理上持希望或者放任态度,这种希望或放任也不属于故意中的希望或放任,不能让行为人承担故意杀人罪罪责,而只能构成相应的过失犯罪。因此,我们既不能将行为人的心理态度解释为"应当预见而没有预见"或者"已经预见而轻信能够避免",因为这可能严重违背行为人的心理实际,也不能将行为人对后果持希望或者放任的情形解释为故意,因为这明显违背社会通常观念,是过于形式化的思考。实际上,在各种责任事故中,只要行为人的行为造成了重大安全事故,不管其心理态度如何,都要承担并且只能承担过失罪责,行为人的心理态度如何无关紧要。此外,也没有必要根据形式的过失概念去区分行为人属于何种过失,在量刑中体现即可。

同理,在实例二中,行为人对于生产、销售伪劣产品的行为,一般都是故意的,而刑法所禁止和惩罚的,也是这种故意行为,故无论行为人对生产、销售伪劣产品所造成的致人伤亡等后果持何种态度,都依然属于相应类型的故意犯罪而非故意伤害或杀人罪,其对伤亡等后果的实际心理对其罪过认定并无影响。滥用职权型或玩忽职守型犯罪的罪过认定同样如此。

此外,根据故意概念的相对性,所谓"对行为是故意的,但对结果是过失"之类的说法都是错误的,因为行为与结果作为刑法的评价对象,作为犯罪构成要件要素,是一个有机联系的整体,不可能区分对行为的罪过与对结果的罪过,对行为和结果的实际心理并不等于作为罪过的故意或过失。例如,行为人因疏忽大意而导致工程质量标准大幅降低,工程建成之后发现了这一事实,明知必然或者可能发生坍塌事故,但仍不采取有效防范措施,最后果然发生了重大安全事故,行为人并不因此而构成不作为的故意犯罪,而仍然构成工程重大安全事故罪。

论持有的实质

——以巨额财产来源不明罪为例的分析

张曙光*

一、导　　言

长期以来,国内学界关于刑法中持有的理论叙事,主要沿着这样一条问题理路:从"持有属于行为"的基本命题出发,在"持有的性质"、"持有的归宿"等名义下[1],在行为方式的意义上对持有进行把握,即论述持有属于作为、不作为抑或一种独立的行为形式(即第三种犯罪行为形式)。其结果,学界陷入迄今仍无法取得统一的"作为说"、"不作为说"和"独立的行为形式说"等三种主要观点之中。原因被归于持有"独特的存在论特征"[2]。

笔者认为,首先,在本体(或存在论)上,持有不同于传统的行为是明显的。"持有属于行为"只是在"无行为即无犯罪"的刑法理念下的一个抽象逻辑命题判断,更重要的是应在"行为"的概念下对持有本体进行具体说明,即"持有实质上是怎样的一种行为"。这种具体说明依赖于对持有本体进行考察(主要是其本质和本体属性)。其次,"持有属于行为",并不意味着"持有属于危害行为"。仅依据"持有属于行为"的命题,把问题归结为"持有是怎样的一种行为形式",即作为、不作为抑或"第三种犯罪形式"——它们都是危害行为意义上的,不仅存在着逻辑上的断裂,也会因为对持有本体(如持有的存在论特征)认识不足而陷入脱离实际的争论。所以,我们对刑法中持有的理论叙事,与其主要基于"持有属于行为"的抽象命题,在危害行为意义上讨论持有是某种行为方式,毋宁立足于持有本体,对其进行深入、全面的本体考察(包括持有本质

---

* 作者系北京大学法学院2007级博士研究生。感谢导师梁根林教授及储槐植先生在本文写作过程中的鼓励、指导;感谢王世洲教授与作者在北大农园餐厅的午间讨论。当然,文责自负。

[1] 参见张明楷:《刑法学》(第3版),法律出版社2007年版,第148页;李立众:《持有型犯罪研究》,载陈兴良主编:《刑事法评论》(第11卷),中国政法大学出版社2002年版,第393页。

[2] 参见高铭暄、马克昌主编:《刑法学》(第3版),北京大学出版社、高等教育出版社2007年版,第80页。

和本体属性),来说明"持有实质上是怎样的一种行为",至于持有在规范论上是否属于作为、不作为抑或第三种犯罪形式的问题,自然会迎刃而解。

二、持有的本体:人对物事实上的控制、支配

美国学者拉费韦(LaFave)认为:"持有一词经常在刑法中未下定义而使用,这可能反映一种事实,它是不需要任何人为设定定义而在日常生活中使用的一个普通用语。"[1]国内多数著述、学者关于刑法中持有的定义印证了这一说法。

国内有权威教材指出,持有是"对某种物品的实际控制状态"[2];张明楷教授认为:"持有是以行为人对物的实力支配关系为内容的行为,换言之,人对物的实力支配"[3];还有:"持有是一种事实上的支配,行为人与物之间存在着一种事实上的支配与被支配关系,表现为对特定物品的占有、收藏、控制、保管等方式"[4],"持有是指事实上的支配或控制,包含占有、拥有、携带、私藏等词之义"[5],等等。我国台湾地区有学者也认为:"刑法上的持有,指对物之事实上支配而言。"[6]

抛开这些定义中各种无关紧要的用语,如那些从刑法理论的视角用"状态"、"行为"等"属"概念对其进行的标定,可以肯定学界多数意见认为刑法中持有的内涵是"人对物事实上的控制、支配"。[7] 如张明楷教授的定义,他先是指出"持有是以行为人对物的实力支配关系为内容的行为",但随后认为:"简言之,就是人对物的实力支配"。而这种"人对物事实上的控制、支配"不能不说就是日常生活中普通意义上的持有。上述立场,本文称之为"一元说"。所谓的"一元说",就是认为刑法中的持有与普通意义上的持有没有什么不同,都是指"人对物事实上的控制、支配",它与价值是无涉的。[8]

但是,另一些学者认为,与普通意义上的持有不同,"刑法中的持有"有其特定的内涵,它本身就具有"危害性"或"违法性"内涵[9]。"一般而言,持有是指主体对财物的

---

[1] Wayne R. LaFave & Austin. W. Scott, *Criminal Law*, Weatpublishing Co, 1986, p. 202.
[2] 高铭暄、马克昌主编:《刑法学》(上篇),中国法制出版社1999年版,第134页。
[3] 张明楷:《刑法学》(第2版),法律出版社2003年版,第157页。
[4] 陈正云、李泽龙:《持有行为——一种新型的犯罪行为态样》,载《法学》1995年第5期。
[5] 唐世月、谢家友:《论持有型犯罪》,载《法律科学》1995年第4期。
[6] 吴正顺:《论刑法上物之持有》,载《刑法分则论文选辑》(下),台北五南图书出版公司1984年版,第787页。
[7] 参见张明楷:《刑法学》(第2版),法律出版社2003年版,第157页;陈正云、李泽龙:《持有行为——一种新型的犯罪行为态样》,载《法学》1995年第5期,第17页。
[8] 参见李立众:《持有型犯罪研究》,载陈兴良主编《刑事法评论》(第11卷),中国政法大学出版社2002年版,第401页。
[9] 参见储槐植:《刑事一体化》,北京大学出版社2004年版,第299页;参见李立众:《持有型犯罪研究》,载陈兴良主编《刑事法评论》(第11卷),中国政法大学出版社2002年版,第387页。

控制。'持有'这一行为在形式上之所以具有犯罪性在于主体对非法财物的控制状态。"[1] 根据这种观点，持有在普通意义上或者说在日常生活意义上，"是指主体对财物的控制"，但作为刑法中的一种"行为形式"，本身就是危害行为，其"犯罪性"来源于"主体对非法财物的控制状态。"这种立场，本文称之为"二元说"。有学者对"二元说"进行了具体的阐述和丰富：(1) 从性质上看，与普通意义上的持有即"一种中性的行为"不同，刑法中的持有本身是一种违法行为；(2) 刑法中的持有对象具有特定性，即法定违禁品；(3) 刑法中的持有形态，不仅包括事实上的支配，还包括法律上的支配；(4) 刑法中的持有应具有心态等。[2]

此外，更值得注意的是，如导言所述，目前学界对持有的主要理论叙事，是在行为方式的意义上进行的，即论述持有是一种作为、不作为或第三种犯罪行为方式，实际也是把刑法中的持有本体看作为一种危害行为。这与"二元说"是统一的。

所以，我们看到，学界不仅在对刑法关于持有的理解上存在"一元说"与"二元说"的分歧，而且学界多数意见在对刑法中持有的定义上持"一元说"的立场，与学界在关于持有的主要讨论中实际持"二元说"立场之间，也存在着矛盾。但其问题只有一个：本体上，刑法中的持有是否就是普通意义上的持有，抑或是一种特别的具有"违法性或危害性"内涵的持有。

前文已述多数学者持"一元说"立场，这里主要对"二元说"进行分析。笔者认为，"二元说"以及学界实际在危害行为意义上对刑法中的持有进行把握，都是没有根据的。

1. 我国刑法关于持有型犯罪的典型规定是"非法持有××，处……"据此，仅仅确证行为人持有枪支、弹药、毒品、国家秘密等特定物品的事实，不能说明它们就是一种具有社会危害性或违法性的行为，而只有行为人"非法持有"上述物品，才成为某种危害行为，成立相应犯罪。在这里，持有是非法持有的本体性要素，本身明显表现出价值无涉的立场，而不是如"二元说"认为刑法中的持有本体就具有"危害性或违法性"内涵。

举例说明，一个警察持有枪支与一位普通公民持有枪支，就持有枪支行为本身而言，二者并无不同，但前者是"合法"持有，不成立非法持有枪支罪，后者是"非法"持有，成立本罪，其区别在于二者的持有主体的身份资格不同，即警察之所以是"合法"地持有，来源于他具有持有枪支的资格或法律许可，普通公民之所以是"非法"地持有，是因为他不具有这种资格或法律许可。因此，合法持有还是非法持有与持有行为本身无关，持有枪支行为本身是与价值无涉的，只有根据持有人的身份或是否具有某种资格或许可，才能评价一种持有行为是合法持有还是非法持有。同样道理，其他持有型犯

---

[1] 储槐植：《刑事一体化》，北京大学出版社2004年版，第299页。
[2] 参见李立众：《持有型犯罪研究》，载陈兴良主编《刑事法评论》（第11卷），中国政法大学出版社，第387—393页。

罪如非法持有毒品罪、非法持有国家秘密罪等也是如此，如果只是单纯的持有毒品、国家秘密、假币等，我们不能因此就认为它是一种具有危害行为，而只有不具有持有资格或许可而"非法持有"的情况下，才可以成立相应危害行为及犯罪，持有本身并不具有"违法性或危害性"的内涵。可见，"二元说"实际是把非法持有型犯罪中的"非法持有"与这种危害行为的本体侧面"持有"混同了。

2. 持有对象的特定性不影响持有行为的本体性质。借助对象的特定性来说明持有的"危害性或违法性"，是"二元说"的主要理论支撑点。如"刑法上的持有是一种特殊的行为，其特殊就特殊在持有对象的特定性上。持有对象皆取决于刑法的特别规定，没有刑法的特别规定，持有本身也就失去了意义。"[1]"'持有'这一行为形式之所以具有犯罪性在于主体对非法财物的控制状态，非法财物例如毒品、不义之财以及色情物品、犯罪工具……显然犯罪对象的性质对主体行为的评价至关重要。"[2] 简言之，"二元说"认为持有的对象是法定的违禁品或非法财物，导致刑法中的持有具有"危害性或违法性"的内涵。

然而，一个明显的事实是："精神病患者或其他病患者，通过正常的医疗途径持有和使用一定数量的精神药品和麻醉药品；依法运输、管理、使用毒品的人们在工作范围内持有毒品等"[3]，都不可能成立非法持有毒品罪。在这里，人们虽然持有的是法定的违禁品，但他们的持有行为没有因持有对象特定而变成了"非法持有。"而在前文讨论的例子中，一个警察持有枪支就是一种合法行为，并不会因为枪支是一种违禁品而成立非法持有枪支，而一个普通公民持有枪支，之所以成立非法持有枪支罪，也不在于持有的枪支是一种特定物，而在于其无权拥有枪支。这就说明，持有行为本身不会因为其持有对象的特定性而改变其自身性质。

而且，存在本质上就是"非法的"或"有害的"财物吗？法定的违禁品，如枪支、国家秘密、毒品，不也同时是有益处的吗？前者可以保护社会、人民和国家安全；后者可以作医用药品、化学原料等。在这里，"违禁"是相对于那些不具有持有、使用、运输、管理等资格或许可的人而言的，而不是枪支、国家秘密、毒品等这些物的内在属性。而所谓的"非法财物"，也只有与一定的"非法占有"或"非法控制"的人相联系，才存在"非法财物"的概念。所以，一种物品无论是多么特殊，它本身并不具有规范性的内涵，更遑论影响持有行为的属性了。

3. 持有的事实上控制、支配的内涵可以涵盖持有型犯罪关注的所有情况，"二元说"在此提出的"法律上的控制、支配"，是一个伪命题。"二元说"关于刑法中持有的内涵，既可以包括事实上的控制、支配，也可以是法律上的控制、支配的说法，确实令人

---

[1] 李立众：《持有型犯罪研究》，载陈兴良主编《刑事法评论》（第11卷），中国政法大学出版社2002年版，第387页。

[2] 储槐植：《刑事一体化》，北京大学出版社2004年版，第299页。

[3] 李希慧：《浅论非法持有毒品罪的两个问题》，载《河北法学》1991年第3期，第11页。

"目眩",以致有权威教材采纳这样的理解来给出持有的定义:"行为人对特定物品进行事实上和法律上的支配、控制。"[1]然而,这也经不起仔细推敲。

事实上的控制、支配当然应予肯定,但"法律上的控制、支配"是什么意思呢?"二元说"语焉不详。当然,不能把"法律上的控制、支配"解释为非法的控制、支配,而且非法的控制、支配首先是一种"事实上的控制、支配"。但如果把"法律上的控制、支配"解释为合法的控制、支配,它怎么能成立非法持有呢?

前述"二元说"论者举例一说,如果甲寄钱邮购毒品,毒品在邮寄途中,包裹单在甲手中,甲对毒品无事实上的控制,但具有法律上的支配力。[2] 其实,这种情况已经构成了买卖、运输毒品罪,已经不属于持有毒品罪的考虑范围,而且,如果毒品能到甲手中,这也不正说明甲对毒品存在一种事实上的控制、支配吗?甲不过是利用邮政部门的"无意识",把它当作工具,事实上来控制、支配着毒品罢了;论者举例二说,甲如果将某种非法持有的违禁品借给乙,丧失了对违禁品的占有,但甲具有法律上的控制支配,同样属于持有。[3] 笔者认为,这里甲虽然丧失了对违禁品的占有,但不能说其就丧失了对违禁品的事实上的控制、支配,就像我们将自己的车辆借给别人使用一段时间,不能说我们就丧失了事实上对车辆的控制、支配,在这里不能对事实上的控制、支配作过于片面、机械的理解。而且,既然首先肯定甲是"非法持有"违禁品,把一种非法持有的物品借给了别人,怎么就成为"法律上的控制、支配"?这里的"法律上的控制、支配"到底是什么意思呢,是法律所保护的吗?这显然是荒谬的。可见,"二元说"自己也无法说明什么是"法律上的控制、支配"。

所以,这里的"法律上的控制、支配"是一个令人摸不着头脑的说法,或者干脆说就是一个伪命题。

4. "二元说"认为,刑法中的持有具有心态,而对普通意义上的持有,只是含糊地称"并非任何客观上对法定违禁品存在支配、控制力的行为都构成刑法上的持有"。[4] 这好像是说,普通意义上的持有只需现实上的控制、支配,可以无心态,这显然不符合实际。很明显,当我们称持有是人对物的控制、支配时,持有同样具有有意性,如果"人"不知道物的存在或是没有支配、控制的意志,怎能算是支配、控制呢?即使最一般、普通意义上的持有,也具有有意性或意志性。

由此可见,"二元说"的立场的主要理由,要么在立法上是没有根据的,要么在理论上也是站不住脚的,因而是错误的。我们应当坚持刑法中的持有就是一种普通意义上

---

[1] 高铭暄、马克昌主编:《刑法学》(第3版),北京大学出版社、高等教育出版社2007年版,第709页。
[2] 参见李立众:《持有型犯罪研究》,载陈兴良主编《刑事法评论》(第11卷),中国政法大学出版社,第388—389页。
[3] 参见李立众:《持有型犯罪研究》,载陈兴良主编《刑事法评论》(第11卷),中国政法大学出版社,第388—389页。
[4] 李立众:《持有型犯罪研究》,载陈兴良主编《刑事法评论》(第11卷),中国政法大学出版社,第390页。

持有的"一元说"立场,即刑法中的持有是"人对物事实上的控制、支配",是价值无涉的。应当把它贯彻到底。

这就意味着,刑法中的持有不可能成为一种危害行为。学界在行为方式的意义上讨论持有属于作为、不作为抑或第三种犯罪行为形式,也就失去了基本前提和基础。

三、持有的本质:一种"事实关系"

"认识事物,说到底就是认识事物的质。"[1]在认识论上,概念是"一种思维形式,反映客观事物的一般的、本质的特征"[2]。但由于概念本身具有概括抽象的特点,在概念层面对刑法中持有本体的厘定,还不能直接、清楚地回答"持有实质是怎样的一种行为",我们有必要进一步通过概念分析来认识持有(持有的本质和本体属性)。

(一) 持有的本质及其本体属性

1. 在本质上,持有是一种事实关系,这种事实关系以人对物的控制与被控制、支配与被支配为内容。在哲学上,事物的质就是事物内在的、固有的特殊矛盾(关系),"是一事物区别于他事物的一种内在的特殊规定性"[3]。根据持有的概念即"人对物事实上的控制、支配"中,不难发现持有内部仅存在一种矛盾关系:(1)一种人与物之间的矛盾关系;(2)这种矛盾关系是现实的、客观的,而不是规范意义上的或是虚拟的;(3)这种矛盾关系以人对物的支配与被支配、控制与被控制为内容。简言之,持有内部存在一种唯一的人对物事实上的支配与被支配、控制与被控制关系。笔者认为,这就是持有的"质",它是持有区别于他事物的内在特殊规定性,离开了这个"质",就不是持有。进而言之,刑法中的持有"行为",其实质是一种"事实关系",立法者是将一种"事实关系"塑造为刑法中的一种行为——即"事实关系"型行为! 这就意味着,只要我们发现行为人与特定物之间存在一种控制与被控制、支配与被支配的关系,持有就成立,而不需要查明行为人持有物品的"来龙去脉"。

马上会有人质疑[4]:"无行为即无犯罪"是刑法的基本原则理念,这种行为通常是人的某种积极或消极的身体活动,一种人对物的"事实关系"实在与行为概念相去甚远,怎能成为一种刑法中的行为? 而且,刑法中的多数犯罪其实也包含了某种关系,如杀人罪,行为人对受害人之间就存在一种事实关系,一些不作为犯罪中,如国外刑法中的见死不救罪,关系人对受害人之间也存在一种关系,如何区分持有型犯罪与它们呢?

---

[1] 刘延勃、张弓长、马乾乐、张念丰主编:《哲学辞典》,吉林人民出版社1983年版,第417页。
[2] 中国社会科学院语言研究所词典编辑室:《现代汉语词典》(汉英双语版),外语教学与研究出版社2002年版,第624页。
[3] 刘延勃、张弓长、马乾乐、张念丰主编:《哲学辞典》,吉林人民出版社1983年版,第416—417页。
[4] 这种质疑是笔者在与同窗好友黑静洁、常磊博士等人就这一命题的讨论过程中,由他们提出的,具有一定代表性,这里顺便向他们表示感谢。

笔者认为,(1)"无行为即无犯罪"固然是刑法的基本原则理念,但这里的"行为"从来就是一个抽象的、建构的概念。刑法中典型的行为表现为那些具有有意性、有体性的身体活动,但这并不能排除像不作为这样缺乏有体性的行为,也没有排除无意识的过失也作为一种行为存在。事实上,刑法理论上一直努力地重建行为的概念,以包容一些特殊的、例外情况,刑法中的行为内涵与外延从来就不是确定不变的,也从来没有找到一个确定的、能包摄刑法中各种"行为"的行为概念。这就不能排除,在特殊的情况下,立法者出于某种特殊的刑事政策目的,将一种特殊的"事实关系"作为一种行为。

(2)至于如何将(非法)持有型犯罪同一些包含了某种关系的作为、不作为犯罪区分问题,这里分别加以说明。在许多具有犯罪对象的作为犯罪中,行为人与犯罪对象之间,确实存在某种作用与被作用的事实关系,这种事实关系也确实是该罪成立的题中应有之义,但是,这些犯罪中的"作为",尽管是以这种事实关系存在为前提的,但其自身并非是一个关系存在,而仅是行为人单方向的行为举止,即类型化的身体活动,比如故意杀人罪中的杀人行为,立法者关注的不是行为人与受害人之间存在事实上的关系,而是关注行为人具有杀人的这种类型化的动作举止。同样,在不作为犯罪中,行为人与犯罪对象(如果有的话)也可能存在某种关系,但是,一方面,这种关系应当是一种法律关系,比如遗弃罪,行为人与被抚养人之间要求存在抚养与被抚养的关系,与持有是一种特定的事实上的控制、支配关系不同;另一方面,不作为构成也要求存在某种类型化的消极的身体活动(即对某种特定的作为义务的违反),这也是持有型犯罪构成所不存在的。而持有型犯罪仅把一种事实关系(持有)作为自己的行为,它不要求存在某种类型化的身体动作(作为的事实侧面),也不内含着需要做出某种类型化的身体活动(不作为)。这就是它们之间的一个重要区别。这种持有型犯罪与作为犯罪、不作为犯罪的区别,也向我们展现出在存在论(或本体论)层面,持有与作为、不作为之间的区别,前者是把一种事实关系作为本体,而后者都需要某种特定的类型化内容。

还有人会质疑:在许多情况下,携带、保管、私藏等身体活动被视为持有,如最高人民法院有关司法解释(1994年12月20日)就把非法持有毒品罪中的"持有"解释为"占有、携有、藏有或者其他方式持有毒品的行为",它们明显显示出身体活动内容,如何用持有是一种"事实关系"来解释?笔者认为,这就涉及持有的本体属性(即存在论特征)问题。

2. 持有是一种"事实关系",是就其本质而言的,这种"事实关系"同时也有其表现形式,它既可以多种"动"的形式表现出来,也可以有"静"的表现形式表现出来。这就是持有独特的本体属性(或者说存在论特征)。

具体来说,"持有"作为一种"事实关系",并不排斥且通常会以积极的身体活动如"动"的形式表现出来,如提、拿、背、携带、保管、私藏等,当出现这些身体活动时,就可以肯定一种"持有"的存在;"持有"也可以表现为消极的"静"的形式,如禁止拥有枪支的法律生效后,行为人知道原来合法购买的猎枪,却不去管它,就是一种"静"的持有;也可以表现为"动静"结合,如把毒品私藏后长期不去管它,等等。这些情况都可以是持有的表现形式。所以,司法解释可以把一些持有的通常表现如携带、私藏、运输等准类型化并加以规定,但实际还是追究的这些身体活动背后所代表的一种控制、支配关系。"持有"具有各种表现形式的属性,是其在存在论层面与作为、不作为区别的另一个重要特征,也使其在实务上具有了可以把握的可行性。

但是,应注意的是,这些"动"的身体动作或"静"的身体动作,抑或二者结合,虽然都是一种行为人对物的控制、支配关系的表现形式,表明持有的存在,但它们每一种本身都不是持有。在这里,这些活动并不具有直接的规范意义,而只具有一种"线索"的意义。因为立法者只关心这些现象背后是否存在一种事实上的控制、支配关系。如某甲收到朋友赠送的一包"毒品",朋友直接放置于客厅的桌子上,但某甲"保留"下来,后被人发现举报案发。这里的"保留",既可能是留在桌上"未动",也可能是行为人费尽心机地"私藏",还可能是"携带",但这对"持有"的成立来说,都无关紧要,因为立法者此时只是关注行为人对毒品存在事实上的控制、支配关系,并不是关心其如何去身体动作。

所以,我们应当把这些持有的表现形式与持有本体区分开来,不能把持有的表现形式等同于持有。把持有的表现形式与持有本体区别开来,就能把持有型犯罪与一些相似犯罪区别开来,如持有型犯罪与私藏赃款赃物罪、非法携带枪支、弹药、管制刀具等、危险物品危及公共安全罪等的区别。对前者而言,携带、私藏仅是持有的一种表现形式,除此之外,持有还有其他表现,而对后两种犯罪,携带、私藏是各自唯一的类型化形式,不再有其他表现类型,因而只能是作为犯罪。

(二)在刑事政策层面,对持有实质是一种"事实关系"的检验

学界认为,立法者设立持有型犯罪的政策目的,主要体现在两个方面:一是堵截犯罪构成、严密刑事法网;二是减少证明内容、提高司法效率。[1] 其关键是设立堵截性的、基础性的犯罪构成。[2] 一种"事实关系"型行为,最符合立法者上述政策目的或功能要求。

1. 这种"事实关系"型行为使持有型犯罪构成与其关联犯罪构成相比,具有基础性的特点,从而具有堵截性的功能。

持有型犯罪无一例外地都有若干种关联犯罪存在,比如非法持有枪支、弹药罪的关联犯罪,可以是盗窃、运输、买卖、抢劫枪支、弹药罪,(非法)持有假币罪的关联犯罪可以是制造、买卖、运输假币罪、使用假币罪,非法持有毒品原植物种子、幼苗罪的关联犯罪可以是非法种植毒品原植物罪等。持有型犯罪与其关联犯罪之间的"关联"之处

---

[1] 参见梁根林:《刑事法网:扩张与限缩》,法律出版社2005年版,第88—90页。
[2] 参见梁根林:《刑事法网:扩张与限缩》,法律出版社2005年版,第88—90页。

在于：在构成要件内容方面他们之间存在着一种"递进"关系，即持有型犯罪的客观方面，要求行为人（非法）持有或拥有某种物品，即只要求存在一种事实上的控制、支配关系，而其关联犯罪的客观方面，在要求行为人（非法）持有或拥有上述物品的事实的同时，还要求行为人具有相应的类型化身体运动，如盗窃、买卖、抢劫、制造、运输、使用等，也就是说，持有型犯罪的行为内容不过是其关联犯罪实体构成不可缺少的前提性基础。这就使持有型犯罪具有堵截性、补漏性的功能，即如果不能证明关联性犯罪的某种类型化身体运动存在时，就可以诉诸于这种"事实关系型"行为追究刑事责任。所以，一种"事实关系"型行为的塑造，从根本上满足了设立持有型犯罪堵截犯罪构成、严密刑事法网的政策目的或功能要求。

2. 从证据学的视角看，一种"事实关系"型行为大大减少了证明内容，提高了司法效率。它意味着只要司法机关能够证明行为人对物之间事实上存在着一种控制、支配的关系，即持有就成立，无须像作为、不作为那样还需要在这种关系基础上进一步查明某种类型化的身体活动或"某种作为义务"及其"不为"。这就大大降低和减少了司法机关的证明难度和内容。储槐植先生认为："持有是现在事实状态，现状是容易证明的。由作为或不作为行为形式构成的种种罪名，公诉机关要证明的现在事实的来源或去向，当然比证明现在事实要困难得多。"[1]这里的"现状"、"现在事实"，其实就是"事实关系"。当然，这种"事实关系"的存在依赖于某种"动"的身体运动或"静"的身体运动加以展现，但是由于它在客观上有多种"动"或"静"的表现形式，而不是依赖于某种特定的类型存在，是很容易确定的这种"事实关系"的。

可见，通过持有型犯罪的立法政策来检验，一种"事实关系"型行为的结论也是完全合理的。

四、持有的实质：不是状态，也不是作为和不作为

一种价值无涉的刑法中持有本体厘定，对学界关于持有属于某种行为方式的理论叙事无疑是"釜底抽薪"；而持有的实质是一种事实关系，自然在存在论（或本体）意义上就把持有同危害行为两种基本方式（作为、不作为）区别开来。但是，长期以来，国内学者主要在行为方式意义上对持有进行理论叙事，形成"持有是一种状态"（独立的行为形式说）、"持有属于作为"（作为说）和"持有属于不作为"（不作为说）三种主要立场，各自都在学界有着不容忽视的影响。这里有必要在对持有认识的基础上，对这些论点作全面的廓清，也借此验证本文立场的正确性：

（一）持有不是一种状态

储槐植先生首倡"持有是一种状态"，目的是为了说明持有是与作为、不作为并列

---

[1] 储槐植：《刑事一体化》，北京大学出版社2004年版，第298页。

的"第三种犯罪行为形式"(即"独立的行为形式说")。[1] 目前,这个命题在一种含混的现象学意义上为学界所普遍接受。如前述权威教材和不少学者把持有定义为"持有是……的状态","不作为说"、"作为说"等在论证过程,也时常提到"持有状态"、"持有这种状态"云云。但是,"不作为说"、"作为说"仅在这种含混的现象学意义上肯定这一命题,借助"持有状态"这一术语来指称持有本体,但在对持有实质的理解上却分别认为持有属于作为、不作为。"独立的行为形式说"则是在实质意义上贯彻这一命题,在事实侧面认为持有状态具有动静结合的特征(与"作为"具有"动"的行为特征和"不作为"具有"静"的行为特征相区别),在规范侧面具有犯罪性,是"第三种犯罪行为形式"。[2]

笔者认为,学界在一种含混的现象学意义上接受"持有是一种状态"的命题,反映了学界一致认识到刑法中的持有在本体论(或存在论)上不同于传统的行为,这是值得肯定的。但是,用"状态"或"持有状态"来指代持有本体,乃至"独立的行为形式说"通过"状态"来说明持有是"第三种犯罪形式",都是不恰当的。

(1)在哲学上,"状态"是指"事物表现出来的形态"[3],是事物普遍具有的一般属性。持有当然有其"状态",这种"状态"实际就是持有的表现形式,因此不能把持有与"状态"相等同,正像作为、不作为都有其"状态",不能说它们本身就是"状态"一样。状态作为一切事物的共有属性,是一个极其空泛、抽象的范畴,除了表明其与事物的本质相对这一点外,本身没有具体的意义,无法对持有进行具体的说明。说持有是一种"状态",与说作为、不作为是一种"状态"一样,并无实际意义。问题的关键在于持有具有怎样的"状态"。"持有是一种状态",实际是用一个抽象空泛的概念(状态)取代另一个内涵含糊的概念(持有),等于"什么也没说",不具有实际的意义。

(2)"独立的行为形式说"在提出"持有是一种状态"的基础上,同时提出"状态"是与作为、不作为不同的第三种犯罪行为形式。但是,没有说明"状态"的内涵,相反,又借助"持有",称"持有状态"在事实侧面具有动静结合的特征和在规范侧面的犯罪性,然而这些关于"持有状态"的实质性内容也都是不正确的。①"独立的行为形式说"不能说明"状态"本身为何物,不得不又回归"持有"来说明"持有状态",再次说明"状态"一词在此毫无意义,所谓的"持有状态"无非就是持有。②该说认为,"持有状态"即"持有"本身就具有犯罪性是错误的,持有本体是价值无涉的,状态又无实际意义,何来犯罪性?这一点前文已经厘定,这里已无需着墨。最后,在存在论层面上,该说认为作为具有"动"的特征,不作为具有"静"的特征,而持有具有"动静结合"的特征,也是不准确的。作为在事实侧面上表现为积极的身体活动,固然具有"动"的特征,但是认为不作为的事实侧面仅表现为一种"静",持有则表现为一种"动静结合"的特

---

[1] 参见储槐植:《刑事一体化》,法律出版社2004年版,第184、248、298页。
[2] 参见储槐植:《刑事一体化》,法律出版社2004年版,第298页。
[3] 罗竹风主编:《汉语大词典》,汉语大词典出版社2006年版,第937页。

征,就不符合事实了。"不作为"有时也表现为"动"或"动静结合",如通过销毁账簿、涂改账簿来偷税,就是一种"动静"结合,而持有未必都是"动静结合",如前文所述,它还可以通过各种"动"或"静"的形式表现出来,不局限于某一类的表现形式。可见,在存在论层面,"独立的行为形式说"也未能准确地把握持有的本体特征。

总之,虽然"独立的行为形式说"意识到持有的独特性,提出"状态"这一术语以示持有与传统的行为(包括作为、不作为)存在不同,在这一点上具有意义,也使该说因此具有理论价值,但是用"状态"这一术语来界定持有是不妥当的,无论在现象学意义上,还是在实质意义上,都不能真正说明持有的实质,相反,就目前来看,"状态"这一术语很大程度上已"沦为"学界忽略对持有本体进行考察的遁词。

(二) 持有不是作为

"作为说"把持有在行为方式意义上归属为作为,主要从两个层面进行牵强的论证:① 在存在论上,把持有的一些表现与作为、不作为的事实侧面进行比较,如认为"携带"、"窝藏"都是持有的一种客观表现,而它们不可能是不作为,属于作为,因此,持有属于作为就不难理解了。[1] ② 从价值的角度,认为持有型犯罪是立法禁止持有某种物品,因而持有违反的是禁止性规范[2],或者认为立法禁止持有某种物品实质是禁止行为人取得该物品,这都是作为的特征。[3]

1. 如前文所论,在存在论上,持有作为一种事实上的控制、支配关系,不仅可以表现为持、提、拿、携带、窝藏等积极的身体活动形式,也可以表现为消极的无身体活动。上述论者,① 片面地把握了持有的表现形式,即限于一些积极的身体活动,而忽视了"持有"可能表现为"无"身体活动,犯了"以偏概全"的错误;② 不应当把这些持有的表现形式与持有等同起来。私藏、携带等身体动作本身固然可以成为作为犯罪的行为要素,同时也可以成为持有型犯罪中持有的表现形式,但此时它们并不具有直接的规范意义,不能取代持有本体成为持有型犯罪的行为要件,并不为立法者所关心。这一点也不再赘述。

2. "作为说"第二个理由的错误在于:① 前文已论,持有型犯罪立法禁止的不是"持有"行为,而是"非法持有",论者误把"非法持有"当作"持有",持有本身是价值无涉的,不具有规范违反性。② 即使从持有型犯罪的立法价值来看,不能说禁止非法持有的实质是禁止非法取得。从事理来看,非法持有的存在与行为人是否非法取得没有必然联系,如某人在路上捡拾到一个塑料袋,回家打开后,发现是海洛因,遂予以收藏,这种取得无论如何不是非法取得,但非法持有仍然成立。

从法律上看,持有型犯罪的确立应具有以下意义:① 对因证据不足而不得不放弃

---

[1] 参见张明楷:《刑法学》(第3版),法律出版社2007年版,第148页。
[2] 参见张明楷:《刑法学》(第3版),法律出版社2007年版,第148页。
[3] 参见熊选国:《刑法中行为论》,人民法院出版社1992年版,第125页;高铭暄、马克昌主编:《刑法学》(第3版),北京大学出版社、高等教育出版社2007年版,第80页。

追究非法取得的犯罪时,进行堵截。② 对那些并非源于非法取得而非法持有的行为进行打击,因为这种非法持有行为本身就有某种社会危险性,比如行为人虽并非源于非法取得毒品而非法持有,对本人、他人的生活有潜在的危险性。③ 预防行为人进一步犯罪。可见把本罪的立法意义限于禁止非法取得是一种过于偏狭的理解。从政策的角度分析,立法者确立此类犯罪的立法目的恰恰是放弃对非法取得犯罪行为的追究,退而求其次追究一种非法持有行为,同时提高司法效率。所以,这个说法本身就不合理。

总之,"作为说"在存在论侧面对持有的认识仅是零碎的、片面的、直观的,同时把持有型犯罪中的"非法持有"与"持有"混同,在一种危害行为的错觉中认为持有侵犯的是禁止性规范,或者等同于非法取得,最终把持有归属于作为,这种结论当然是错误的。

(三)"持有"不是一种不作为

1. 在存在论上,持有作为一种人对物事实上的控制、支配关系,是客观存在的,除此之外,这种事实关系既可以表现为积极的身体活动,也可以表现为"无"身体活动,还可以表现为二者的结合。而不作为不要求事实关系,但要求一种"消极的身体活动",即应当存在某种作为的积极身体活动但却没有这种积极的身体活动,具有类型性,二者在存在论层面上的要求明显不同。

2. "不作为说"的理由主要在规范层面展开,"法律将持有本身规定为犯罪意味着法律禁止这种状态的存在,而这种禁止暗含着当这种状态出现的时候,法律命令持有人将特定物品上缴给有权管理的部门以消灭这种持有状态。持有者既然没有履行上交义务,就成立不作为的形式。"[1]

这里,"不作为说"实际是在一种立法意图的猜测中把持有重构为一种不作为,即认为禁止持有状态暗含着某种上缴义务,而持有者没有履行就成立不作为。但是,且不说,也如前文所论,立法禁止的是"非法持有"而不是"持有",该说实际上用来说事的是"非法持有",已经脱离了持有本体。而在该说认为禁止持有(实际应是"非法持有"——引者注)暗含着某种义务性规范或命令性规范这点上,也是完全没有道理的。学界对此早已有精彩的批判:"持这种观点的人将'刑法禁止持有法定违禁品'这一命题转换成了'行为人负有上缴法定违禁品的义务'这一命题。换言之,'从法律禁止推出法律命令——作为义务,得出持有是不作为的结论'。"[2]然而,"禁止性规范与命令规范性规范之间是不能互相推导的,否则作为与不作为的划分就失去了意义。假定如果可以由'刑法禁止强奸'推出'行为人负有尊重妇女性自主权之义务',则强奸行为就应属于不作为。"[3]也就是说,持有型犯罪中并未蕴含什么上缴义务的等,持有是不作

---

[1] 高铭暄、马克昌主编:《刑法学》(第3版),北京大学出版社、高等教育出版社2007年版,第80页。
[2] 李立众:《持有型犯罪研究》,载陈兴良主编《刑事法评论》(第11卷),中国政法大学出版社,第399页。
[3] 李立众:《持有型犯罪研究》,载陈兴良主编《刑事法评论》(第11卷),中国政法大学出版社,第399页。

为的说法更是无从谈起。显然,"不作为说"离题更远。

通过对上述立场的批判性分析,不难看出,由于是缺乏甚至忽略对持有本体的认识和考察(定义、本质和本体属性),一方面,学界误把持有型犯罪中的"非法持有"与"持有"混同,把持有本身作为一种危害行为,在危害行为的意义上对持有进行把握,即论述持有属于作为、不作为抑或一种独立的行为方式,从而走向了一条错误的认识路径;另一方面,学界脱离持有本体而主要在规范层面追寻持有的"实质",却不受拘束。如"独立的行为形式说"把持有诉诸于"状态"这种"第三种犯罪行为形式";"作为说"虚构了持有是对禁止规范的违反,等同于非法取得;"不作为说"虚构了持有是对作为义务的违反等。造成"怎么说都可以",结果都离题越来越远,出现了一批似是而非的结论,在危害行为的错误视野中也出现最为悬殊的分歧,根本没有达成一致的希望。所以,只有立足于对持有本体进行考察,才是一条通往认识持有实质的正途。

五、一个成功的解释示例:巨额财产来源不明罪的危害行为

最后,我们要分析我国刑法分则中的一个疑难罪名——巨额财产来源不明罪的危害行为,来例证本文对持有认识的正确性、妥当性。

巨额财产来源不明罪(以下简称本罪)从其被确立那一天起(1988年),就成为困扰学界的一个难题,问题的核心是本罪危害行为内容的厘定。学者发现很难通过传统刑法理论中作为、不作为两种行为方式对该罪危害行为进行厘定和解释:

"不作为说"试图在行为人违背了某种"说明来源义务"或"说明来源是合法的义务"的"行为"上,确定本罪的违法性。认为本罪的关键是"本人不能说明其来源是合法的","国家工作人员的财产、支出明显超过合法收入,差额巨大的"是本罪成立的前提客观条件,引起"说明来源义务"或"说明来源是合法的义务"。[1] 其问题是:① 本罪违法性实质是国家工作人员拥有差额巨大的不能说明的非法财产,而不是对某种说明义务违反。[2] ② 本罪的客体是国家工作人员职务活动的廉洁性,而不是某种义务或申报制度,这只能由推定意义上的"国家工作人员拥有差额巨大的非法所得"的行为来侵犯,而不能由本人不履行"说明来源义务"或"说明来源合法义务"来侵犯。③ 不能从该罪罪状规定中把握出一种完整的、有机的"不作为"基本结构,如难以根据本罪罪

---

[1] 王作富主编:《刑法分则实务研究》(第1版)(下),中国方正出版社2007年,第1857—1858页;周光权:《刑法各论讲义》,清华大学出版社2003年版,第525页。

[2] 参见陈兴良:《规范刑法学》,中国政法大学出版社2003年版,第688页。

状确定一种"特定作为义务"[1],而"不作为"所需要的"能为"重要环节也无从可考等。这些问题足以说明用不作为来厘定和解释本罪的危害行为内容是困难的。同时,"从立法上又看不出积极的作为"。[2]

这导致"持有说"立场的出台。储槐植先生在我国《刑法》尚未"明文"规定持有型犯罪的情况下,首倡通过"持有"来厘定和解释本罪的危害行为,指出持有是一种与作为、不作为并列的"第三犯罪行为形式",本罪的本质特征是"国家工作人员的财产或者支出明显超过合法收入,差额巨大",就是一种"持有";本罪条文中"本人不能说明其来源是合法的,差额部分以非法所得论","仅具有诉讼法和方法论的意义,不是犯罪构成要件的内容。"[3]

"持有说"目前在学界日渐有力,巨额财产来源不明罪是一种持有型犯罪的结论,也早已获得权威教材的认可[4]。但是,"持有说"明显在两个方面备受学界批评:①"持有说"认为,国家工作人员持有(或拥有)明显超过其合法收入、差额巨大的财产本身就具有社会危害性[5],国家工作人员"应当为政清廉,公众对拥有超过合法收入的巨额财产的国家工作人员持否定态度是无疑的,这一事实本身就有损政权声誉,具有危害性。"[6]在这点上,一种严厉的批评说"一个人拥有巨额财产本身并不对社会构成任何威胁,不具有社会危害性。"[7]认为国家工作人员拥有明显超出合法收入、差额巨大财产的事实本身就具有社会危害性,不能不说是一种道德"偏见",是一种典型的有罪推定。[8]②国家工作人员拥有明显超过合法收入、差额巨大的财产,固然是成立本罪的重要基础,但是只有结合"本人不能说明"的情况出现,推定持有对象的非法性,才能构成本罪。也就是说,"如果本人不能说明其来源,差额部分以非法所得论",尤其是"差额部分以非法所得论",无论如何是对本罪成立不可缺少的实体"材料",而不是仅具有诉讼法和方法论的意义。

虽然"持有说"学者对上述批评进行辩解,但都不能将这两点做出令人信服的说明[9],这使该说也未能为学界普遍接受,而与"不作为说"一起成为当前学界关于本罪

---

[1] 储槐植:《刑事一体化》,法律出版社 2004 年版,第 184 页;向朝阳、肖怡:《对巨额财产来源不明罪的实然性分析》,载《人民检察》2002 年第 4 期,第 6 页;参见陈兴良:《规范刑法学》,中国政法大学出版社 2003 年版,第 69 页。

[2] 储槐植:《刑事一体化》,法律出版社 2004 年版,第 184 页。

[3] 储槐植:《刑事一体化》,法律出版社 2004 年版,第 185 页。

[4] 参见高铭暄、马克昌主编:《刑法学》(第 3 版),北京大学出版社、高等教育出版社 2007 年版,第 80 页。

[5] 参见储槐植:《刑事一体化》,法律出版社 2004 年版,第 184—185 页;李立众:《持有型犯罪研究》,载陈兴良主编《刑事法评论》(第 11 卷),中国政法大学出版社 2002 年版,第 406—408 页。

[6] 储槐植:《刑事一体化》,法律出版社 2004 年版,第 301 页。

[7] 李立众:《持有型犯罪研究》,载陈兴良主编《刑事法评论》(第 11 卷),中国政法大学出版社 2002 年版,第 406 页。

[8] 参见时延安:《巨额财产来源不明罪的法理研析》,载《法学》2002 年第 3 期,第 41 页。

[9] 参见向朝阳、肖怡:《对巨额财产来源不明罪的实然性分析》,载《人民检察》2002 年第 4 期,第 7 页。

危害行为的两种主要解释。

笔者认为,"持有"是一种行为形态,这一点已为目前我国刑事立法所证实。该说通过其"持有"肯定"国家工作人员的财产、支出明显超过合法收入,差额巨大"对本罪成立的关键意义,符合本罪的立法主旨,特别是权威教材承认本罪是一种持有型犯罪,至少肯定了"持有说"的解释方向。对此,笔者也持肯定的态度。但是该说在上述问题的处理上确实不当,这种"不当"不在于"该说"运用"持有"来厘定和解释本罪的危害行为,而在于该说错误地把握了持有的内涵,认为"持有"本身具有"危害性",从而导致对本罪的危害行为出现了一定错误的解读。具体而言,在"持有说"看来,持有本身是一种危害行为,国家工作人员拥有差额巨大的财产是一种持有,也就成为一种危害行为,已经满足了本罪的成立要求,因此"本人不能说明来源是合法的,差额部分以违法所得论",就是"多余的",应被排除在实体构成之外。[1] 如果根据本文厘定的持有概念,我们就能对本罪危害行为进行恰如其分、无可辩驳的说明。

概而言之,持有本身是价值无涉的,不能单独成为一种危害行为,因此国家工作人员拥有差额巨大财产的行为,是持有行为,也不能单独成为本罪危害行为。本罪危害行为应当是一种"非法持有",这种"非法持有"中的"持有"和"非法"要素,分别蕴含在"国家工作人员的财产、支出明显超过合法收入、差额巨大"和"本人不能说明其来源合法,差额部分以非法所得论"之中:① "国家工作人员的财产、支出明显超过合法收入,差额巨大的"财产,表明了国家工作人员对差额巨大财产的控制、支配关系,就是一种价值无涉的持有行为。这种价值无涉的"持有"或者说"国家工作人员的财产、支出明显超过合法收入、差额巨大"的"行为"本身,不能独立成为本罪的危害行为,但是,它构成了本罪成立的客观基础和行为基础。本罪及其危害行为的成立还需其他规范性要素。② "本人不能说明其来源是合法的,差额部分以非法所得论"为本罪及其危害行为的成立提供了规范性内容——"非法性"。与前述规定结合,就产生了本罪危害行为——"非法持有"。

立法者规定"本人不能说明来源是合法的"的目的,不是将其本身作为谴责对象,而是根据这一事实进行"差额部分以非法所得论"的推定,其直接效果是赋予"差额巨大财产"的非法性,最终是赋予持有行为的非法性,因为财产本身无所谓非法与合法,与一定的持有人相关联才产生这一问题,持有非法的差额巨大所得,其实就是"非法持有"差额巨大所得。所以,立法者通过上述规定所要达到的本罪真实含义是:国家工作人员"非法持有"差额巨大财产。可见,本罪真正的危害行为应当是"非法持有"。

所以,本罪的危害行为,不能仅从条文规定层面进行厘定,既不是仅指"国家工作人员的财产、支出明显超过合法收入,差额巨大的"的"事实"(如"持有说"),也并非主要是指"本人不能说明其来源是合法的,差额部分以非法所得论"(如"不作为说"),而

---

[1] 参见储槐植:《刑事一体化》,法律出版社2004年版,第301页。

是针对隐藏在二者背后的一种法律拟制的"非法持有"行为。立法者通过"国家工作人员的财产、支出明显超过合法收入,差额巨大的"表达了一种价值无涉的持有行为,而"本人不能说明其来源是合法的,差额部分以非法所得论",提供了本罪危害行为的规范性侧面——"非法性",其中"本人不能说明其来源是合法的"的事实,不过是"非法性"的现实表征。

为什么立法者不直接规定这种"非法持有"行为呢?笔者认为:① 一般认为,本罪的立法动机在于实务上难以查明某些国家工作人员的差额巨大财产来源,特别是难以查明这些财产来源的"非法性"。为了严密刑事法网、防止放纵犯罪,以可证明国家工作人员拥有差额巨大财产的事实为基础,立法者运用立法推定的技术,创立本罪这种堵截性的罪名。在这里,"非法"只能是一种抽象的、推定的结论,因为其本来就是不可查证的,否则,就可以直接按照贪污、贿赂等相关犯罪处理。② 要通过"推定"得到"非法",立法者不能凭空而为,也不能仅基于国家工作人员持有明显超过合法收入、差额巨大的财产,就推定为"非法",还需要另行寻找事实或理由,这就是"本人不能说明其来源是合法的"。而"本人不能说明其来源是合法的"的事实出现,必须存在两个前提,一是事实前提,即已经提到的国家工作人员持有明显超过合法收入、差额巨大的财产;二是制度前提,即立法者为此例外地在刑法典中确立一种行政规范,"可以责令其说明来源",赋予有权机关责令"本人"说明来源的权力。在这两个前提下,"如果本人不能说明其来源是合法的",就推定其非法持有差额巨大财产,从而构成本罪。这就是本罪条文规定形成的内在机理。

把本罪的危害行为厘定为"非法持有",能够使本罪罪状内容得到充分合理的解释,能够揭示本罪的本质即"非法持有明显超出合法收入、差额巨大的财产",也使本罪符合我国刑法中持有型犯罪的典型体征,即"非法持有××",所以应当是该问题的唯一正解,而这种正解离不开一种价值无涉的关系持有概念。

南京国民政府时期刑事审判制度述论

谢冬慧[*]

南京国民政府自1927年4月成立到1949年4月整整22年,在这20余年的统治过程中,刑事审判立法及司法成为国民政府政治生活当中的重要内容。今天,它虽已被载入史册,但留给后人许多评鉴和研究的空间。例如,有学者认为,国民政府的前10年在建设近代国民国家的过程中取得了相当的成果,得到了一些正面的评价。从政治角度来讲,则表现为以法治为中心,整理整顿国家对人民的统治体制的一种形式。[1] 还有学者认为,20世纪20年代末到30年代,在政治、经济、社会等许多领域制定了相关的法规,为进一步确立中央集权的国家统治体制进行了整备。[2] 对国民政府统治的前10年法制,学界基本达成共识。但是,对南京国民政府时期的刑事审判制度该如何评价,则是摆在我们面前的新课题。不过,评价的基本立场是历史唯物主义的,不要因为国民党曾与共产党对立过,就一味批判,历史学家黄仁宇曾说,在中国的现代化进程中,国民党和共产党各做了半份功夫。[3] 的确,在审判制度现代化方面,国民党也做过一定的努力,取得了一定的成就。在这里,不妨对南京国民政府时期的刑事审判制度做一点基本的探讨和评述。

一、南京国民政府时期刑事审判制度的特点

有学者曾对国民政府刑事审判特点进行了归纳,认为:(1)标榜虚伪的"司法独立",实际上行党、军、警、特混合参与的司法审判;(2)表面上鼓吹所谓公开审判,实际上却大肆进行秘密审判;(3)限制被害人的自诉权;(4)剥夺重要案犯,特别是所谓

---

[*] 作者系南京审计学院法学院教授,法学博士,中国人民大学法学院博士后研究人员。
[1] 参见〔韩〕裴京汉:《从韩国看的中华民国史》,社会科学文献出版社2004年版,第201页。
[2] 参见何一民:《简论民国时期城市行政民主化与法制化的发展趋势》,载《西南民族学院学报(社科版)》2003年第1期。
[3] 参见付春杨:《民国时期政体研究(1925—1947)》,法律出版社2007年版,第236页。

"政治犯"的诉讼权利和上诉权。[1] 这种归纳不够客观和全面,南京国民政府的刑事审判制度是特定历史时期的产物,具有自己的特色。

(一) 刑事审判立法频繁,可操作性较强

关于南京国民党政府的刑事立法,有学者做过评价,认为它"是我国历史进入新民主主义革命之后,由旧中国最后的一个反动政府制定和颁行的反动刑律。出于此时国际环境和国内的经济、政治形势的变化,这个刑事立法也出现了新的情况和新的特点"。[2] 对于这样的结论,笔者不敢苟同,至少它不失片面。纵观南京国民党政府在各个不同阶段的刑事立法,仔细阅读其基本法、实施法、刑事特别法及配套规定,可以发现:南京国民党政府的刑事审判立法完备,可操作性较强。

1. 在南京国民政府时期,随着社会形势的变化,《刑事诉讼法》经历了多次修正。国民政府自1927年即开始了《刑法》、《刑事诉讼法》及施行法的制定及修改历程。从初始暂用北洋政府的刑事法律,到1928年的刑事法律草案和法典、1935修正案和法典的制颁,以及1945年抗战结束后的再次微调。期间,国民政府还临时制定了相当多的单行刑事法规、特别法律等。可以说,整个国民政府刑事立法非常频繁。通过频繁的刑事立法,使得刑事规范越来越细密,针对性和应用性很强,具有较强的可操作性。并且刑事诉讼法与当时的其他基本法律的修改是同步的,尤其与刑法典同步。而关于为何频繁修改刑法典,当时的刑法学家蔡枢衡先生曾经专门做过考证,在他看来:

> 具备近代刑法体系中的中国刑法法典,自清律以来,二十余年间,数经修订,迄去年十二月立法院又有刑法修正案初稿之草成。自法律之安定性言,修正频繁,良非所宜。然法律之命脉,在于适合社会之要求。社会下层基础既经发展,其法律关系自亦不能不随之变化,尤其在企图脱出封建社会,用训政过程省略并防止资本主义之阶段,以进入大同社会之中国革命过程中,其法律之使命,于适应时代要求之外,并须具有促进社会,使向理想目标进展之精神。故修改之频繁,正所以证明社会进化及革命过程进展之急剧。[3]

毫无疑问,国民党政府的《刑法》及《刑事诉讼法》在继承北洋军阀政府的刑法及刑事诉讼律的基础上,根据国内外形势的变化而及时进行调整,从1928年的《刑法》及《刑事诉讼法》到1934年的《刑法》及《刑事诉讼法》,尤其是从抗日战争前的《危害民国紧急治罪法》、《维持治安紧急办法》,到40年代后期的《战乱时期危害国家紧急治罪条例》以及《特种刑事法庭审判条例》等的公布。只有法条规定具体明确,才能给审判人员的审判工作带来便利,减少错案的几率。

当然,频繁的刑事立法,与国民政府时期的形势和司法界主要领导人的主张也是

---

[1] 参见刘方:《检察制度史纲要》,法律出版社2007年版,第186页。
[2] 李光灿:《中国刑法通史》(第8分册),辽宁大学出版社1987年版,第320页。
[3] 蔡枢衡:《刑法文化之展望》,载《法律评论》1934年总第559期。

分不开的。南京国民政府建立后,王宠惠出任司法院长,他极力主张法律应"适时和宜民",坚持立法在形式和内容上的不断更新,他曾亲自主持了北洋政府和南京国民政府时期的《刑法》修订。早在北洋政府时期,他就认为,第一次《刑法修正案》有违"近代民主精神"之处甚多,现因"时势变迁,刑事政策亦有变动之必要",故"参酌各邦立法,斟酌本国情势",于1919年拟成《刑法第二次修正案》。1928年,王宠惠主持制定《中华民国刑法》及《中华民国刑事诉讼法》,既考察了西方现代刑事立法的趋向,又考虑了中国的现实国情,贯穿了刑法修订不仅要"适时",而且要"宜民"的思想。

王宠惠曾于1948年7月25日关于"法学之功用"的讲话中再次强调法律变动的必要性,他认为,"故法律的功用,在维持社会的安定,就此点而言,法律应求固定。但是思想风习以及生活方式,常随形势之变移,不断在演变之中,故法律亦应顺应潮流,以求适合社会之需要。就此点言,法律亦不能一成不易。"[1]并主张"欲使法律之能适应社会需要有两条途径,可资遵循:一是以立法方式,订定新的法律,或修改旧的法律;一是以解释方法,保持固有的法律,而予以新的解释,使条文依旧而意义更新。"[2]就这样,在王宠惠的极力主张和倡导之下,刑事审判制度得以及时调整,适应了不断变化的国内外形势的需要,保持了较强的可操作性特色。

(二) 吸收西方刑事法制,兼顾中国的固有传统

从内容上看,南京国民政府时期的刑事审判制度总体上是效仿西方的,主要是吸收了大陆法系的规范。例1935年新《刑法》,仿欧陆刑法,据刑法起草委员会报告称新《刑法》"侧重于防卫社会主义",广泛参酌了时新的外国立法例,如1932年的《波兰刑法》,1931年的《日本刑法修正案》,1930年的《意大利刑法》,1928年的《西班牙刑法》,1927年的《德国刑法草案》,1926年的《苏俄刑法》等,以资借镜。[3] 大陆法系国家普遍采取纠问式或审问式的审判模式,强调法官的积极主动性,要求法官主动地调查证据,控辩双方的权利是被压制和消极的。还有大陆法系国家传统上强调对犯罪嫌疑人、被告人权利的限制,注重国家机关在发现犯罪、制裁犯罪中的主要作用。这些内容和风格在国民政府的刑事法律中依稀可见。正如学者所认为的那样,国民党政府的《刑法》基本上是采用近代的刑法体系与刑事立法原理原则的,但从体例和条文形式看,则包含了不少近代资产阶级刑事立法的原理原则。如罪刑法定、刑事责任年龄,刑法的效力、时效,犯罪的各种分类,刑罚的适用,以及程序法中的不告不理,一事不再理,辩护制度等。[4]

但是,国民政府时期并没有一味地照搬西方法制,而是在考虑本国条件的基础上,结合本国传统进行法制创新。就刑事审判制度而言,南京国民政府"刑法的制定吸收

---

[1] 王宠惠著、张仁善编:《王宠惠法学文集》,法律出版社2008年版,第310页。
[2] 王宠惠著、张仁善编:《王宠惠法学文集》,法律出版社2008年版,第310页。
[3] 参见谢振民:《中华民国立法史》,中国政法大学2000年版,第1131页。
[4] 参见李光灿:《中国刑法通史》(第8分册),辽宁大学出版社1987年版,第322—323页。

了当时国际上已经出现的保安处分、教育感化处分较先进的制度,又适度保留了对直系尊亲属犯罪加重处罚的传统内容"。[1] 充分说明了国民政府时期的刑事审判制度具有吸收西方刑事法制精神、兼顾中国的固有传统的特点。

的确,在南京国民政府时期,对于传统制度持一定的认可态度。六法的制定,资产阶级法制的移植与封建法制的继承性交织,是国民党政府立法的显著特色之一。[2] 这也是符合一个民族法律发展的脉络和精神的。诚如学者黄宗智所言:"国民党法律不是其德国范本的副本,它是以晚清草案为蓝本、经连续两次修订的产物。这些修订在某些重要方面使法律更切合中国的既存习俗与现实,在其他方面它们则引入了更进一步的根本性改变。"[3] 刑事审判制度的不断修正和发展,实际上就是外来刑事法制本土化、本国传统刑事法制变革的过程,国民政府立法、司法等相关机构在承继固有与继受外来之间扮演着协调者的角色。

鉴于此,有学者认为,"南京国民政府时期,普通法律体系的构建走的是大陆法系道路,宪政体现则是欧美体系与中国特色的结合。司法体制上,大陆法系的印记更为深刻"。[4] 因此,吸收西方刑事法制,兼顾中国的固有传统是南京国民政府刑事审判制度的特点之一。

（三）特别刑事审判制度及司法实践凸显国民政府统治的专制性

专制,依据《辞海》的解释,原指奴隶制或封建制国家中,由君主实行专横统治的政治体制。由前文我们知道,南京国民政府时期制定了很多刑事审判方面的特殊规范,具体数量无法统计,但它们无一不体现国民政府统治的专制性。例如,国民政府建立前后所制定的《国民政府反革命罪条例》及《暂行反革命治罪法》是专门针对"反革命罪"的法律规范,但是它们定罪模糊,凡是反对政府和反对当权者就是"反革命",其矛头直指共产党。其实,政府及当权者并非"完人",应该允许别人提意见或批评。但是一个"反革命"的罪名及严厉的处罚将政府及当权者推到独裁者的位置上,凸显国民政府统治的专制性。因此,有学者评价:"这些刑事特别法规,是国民党刑事立法的重要组成部分,也是国民党维护党治和军治特权,镇压共产党及其他人民团体的最凶恶武器。"[5] 这也是导致国民党政权走向覆灭的重要原因之一。

在司法审判方面,国民政府经常适用刑事特别法,设立特别刑事法庭,用以处理所谓特别的刑事案件。并且,经过特别刑事法庭审判的案件"不准上诉",表现出极端的专制色彩。尤其是对涉及共产党人"犯罪"案件,特种审判更是专制主义占上风,不考虑审判主体、审判程序。根据记载,1929 年 12 月,中央执行委员会组织部要求国民政

---

[1] 蒋立山:《法律现代化——中国法治道路问题研究》,中国法制出版社 2006 年版,第 162 页。
[2] 参见周少元:《二十世纪中国法制变革与法律移植》,载《中外法学》1999 年第 2 期,第 14 页。
[3] 黄宗智:《法典、习俗与司法实践:清代与民国的比较》,上海书店出版社 2003 年版,第 3 页。
[4] 林明、马建红:《中国历史上的法律制度变迁与社会进步》,山东大学出版社 2004 年版,第 404 页。
[5] 王敏:《规范与价值:近代中国刑事法制的转型》,法律出版社 2008 年版,第 254 页。

府"严令司法机关对共产党案件不得稍事姑息",必须"严密侦查,尽法惩治"、"捕后惩办",尤不得"失之过宽"。1930年8月,国民政府密令:对捕获之共党,"其情节重大者,应即以军法从事,其首要案犯,如有已送法院者,亦应迅即交回军事机关办理。"[1]由此可见,国民政府为了政治利益考虑所使用的刑事特别程序无一不体现国民政府统治的专制性。这也是国民政府最终失掉民众拥护的主要因素,使其过去在刑事审判制度方面所建立的功劳被这一专制做法所抵消。

(四)注重便利于民,保障被追诉人及第三人的权利

从1938年国民政府司法院的工作报告里可以发现,国民政府的审判注重便民。

> 值兹非常时期,如仍办理迟滞,不独在押之刑事被告有发生意外危险之虞,即民事两造,所感受拖累之痛苦,亦较平时为深切。爰于上年九月间,通令各级法院,在法令所许范围内,对于诉讼程序,务求敏捷,裁判及其他书类之制作,务求简单。……又以刑事告诉告发或自首,均得以言词为之,爰令各第一审法院设置申告铃,将使用规则张贴于门外,人民有所申告,即可按铃,值日检察官一闻铃声,应立刻出庭传讯。有如最高法院,自上年十月起,对于刑事案件,除原判宣告刑为死刑或无期徒刑者外,一律厉行法律审,自诉人为被告不利益而上诉者亦同,其审判并得以三人合议行之。……凡此皆所以求程序之简捷,以便利人民为主也。[2]

在国民政府时期,因各地条件不同,难以统一,给民众求诉维权带来障碍。对此,各级法院尽量克服自身困难,积极探索,围绕便利于民的中心,不断完善审判工作。如设立缮状处,设置改进具体的办事机构,以便利诉讼当事人。

另一方面,国民政府的《刑事诉讼法》尤其是1935年《刑事诉讼法》,在一定程度上加强了对犯罪嫌疑人的权利保障。(1)该法规定"于查获犯罪嫌疑人后,除有必要情形外,应于3日内移送该管检察官侦察"。以及在侦查过程中可以准许被告的委托代理人到场,以保障被告人免予受到司法机关的非法刑讯。并明确规定了羁押期限,一般情形下,侦查羁押期限为两个月,审判羁押期限为3个月。如嫌疑人被羁押的时间已经超过原判决的刑期,司法机关应将被羁押人立即释放。对于判处6个月以下有期徒刑及孕妇、产妇、重病人须停止羁押者,其申请停止羁押的,司法机关对其申请不得驳回。同时,给予被羁押人相应的救济途径,即"对于违法之羁押,不问在侦查或审判中,被羁押人或其法定代理人、保佐人或亲属得向实施羁押之公务员所属之法院请求撤销。"(2)规定讯问被告人的方式方法,"应出以恳切之态度,不得强暴、胁迫、利诱、诈欺及其他不正当方法";如果以这些方法或超期羁押期间获得的证据,不得作为认定事实的依据。检察官应随时视察羁押处所,以保证被告人的人身权利不被任意侵害。

---

[1] 王敏:《规范与价值:近代中国刑事法制的转型》,法律出版社2008年版,第280页。
[2] 参见中国第二历史档案馆藏:《司法院第二次工作报告》,全宗号七(2),案卷号172。

（3）对住宅的搜查和相关物品的扣押，应在日出后、日落前进行，且有可成立的理由。只有在被告逃匿的情况下，才可以没收被告提交的保证金，对司法机关无故没收被告保证金予以严格限制。尤其是对当事人，其地位不同于被告人，应严格保护其权利。所以刑事诉讼法规定对于第三人之身体、物件采取搜查、勘验等侦查手段时，应符合法定条件、遵守法定方式。此外，执行拘提或逮捕嫌疑人时要保护他们的身体和名声。无疑，这些规定有益于被追诉人权利的保障。

（五）有法而不行也是国民政府刑事审判活动的特点之一

国民政府刑事法律比较健全已是不争的事实，但是，由于审判机构的不统一和不完善，致使刑事审判活动存在不规范之处较多，有法而不行的现象也是常有的事，正如有学者指出的那样，"南京政府时期立法多于牛毛，但所立之法并没有得到认真执行"。[1] 因而将它作为国民政府刑事审判活动的特点之一。

从表面上看，国民政府《惩治贪污条例》对贪污罪的处刑似乎相当重，但是，该条例从来就未被认真执行过。除了偶尔打几只小苍蝇搪塞一下舆论，平平民愤之外，大饱私囊的国民党政府要员从不受惩罚。[2] 当时的《法令周刊》曾发表评论指出："法治的进化决不是单纯地需要优良的法律，而且要使优良的法律能见诸实施，所以立法的进步，是促进法治的原动力，司法的努力，才是实现促进法治的唯一途径。"[3]

例如公设辩护人制度，"此次国民政府公布之新刑事诉讼法，能采用此优良而合于时代制度之要求之制度，吾人固表十二分的满意，不过吾人更有希望者，即此种设施之得早日具体实现是。裁判上之机会均等原则，诉讼之迟延，无产者不利益之等等弊端，将因公设辩护人制度之实现而消灭。"[4] "公立辩护人之地位，纯系公共机关，故其保护被告之利益，一以公正为归，决不致徒费程序，迁延岁月，亦不致为虚构之辩护，使被告得受不当利益之判决。要之，公立辩护人之参与，有阐明事实真相之利益，无论何人，不能否认者也。"[5] 但是，作为公设辩护人的律师素质参差不齐，素质较差的律师往往不将精力放在案件的法律问题上，而是从司法当局到社会势力方面寻求案件的解决，这也是国民政府有法不行的突出现象。

---

[1] 赵金康：《南京国民政府法制理论设计及其运作》，人民出版社2006年版，第359页。
[2] 参见李光灿：《中国刑法通史》（第8分册），辽宁大学出版社1987年版，第295页。
[3] 《论丛：民国二十四年法治论坛展望》，载《法令周刊》1935年总第236期。
[4] 朱显祯：《刑事裁判上之公共辩护人制度》，载《社会科学论丛》（第1卷第8号），1929年6月。转引自何勤华、李秀清主编：《民国法学论文精萃》（第4卷），法律出版社2004年版，第334页。
[5] 谢光第：《论公立辩护人制度》，《法律评论》第99期，1925年5月。转引自何勤华、李秀清：《民国法学论文精萃》（第四卷），法律出版社2004年版，第323页。

二、南京国民政府时期刑事审判制度的价值

我国社会科学界一般认为,价值具有两种含义,一是指体现在商品中的社会必要劳动;二是指客观事物的有用性或具体的积极作用。[1] 刑事审判价值当属第二种,被学者界定为"是刑事审判满足社会有序性发展并为刑事审判本身所固有的性状,标志着刑事审判与社会主体对之的愿望和要求相互联系、相互作用的法律关系范畴"。[2] 因此,在一定程度上,南京国民政府刑事审判制度是特定历史的产物,既顺应了世界近代刑事法律发展的趋势,也契合了本国社会政治经济文化的实际,具有一定的价值。

(一) 处理刑事案件,维护社会秩序

解决矛盾纠纷和维护社会秩序是一切审判制度设计的终极价值追求,正如日本法学家棚濑孝雄所说:"审判制度的首要任务就是纠纷的解决。"[3] 并且"依据法律规范来裁定具体的个别纠纷,从而维护作为权利义务体系的法秩序,正是依法审判为根本原则的近代司法的一个根本属性。"[4] 美国的彼得·斯坦等人也认为,"与法律永相伴随的基本价值,便是社会秩序","维持社会和平是实现其他价值的先决条件。"[5] 刑事审判也不例外,处理刑事案件也是社会纠纷解决的一大类型,其最终目的是追究罪犯的刑事责任,通过适用刑罚以恢复被扭曲的社会秩序,实现社会的正义。国民政府统治期间,力求在刑事审判的立法及司法的过程中维护司法公正,藉以稳定社会秩序。因此,南京国民政府时期的刑事审判制度,具有很重要的社会价值和历史意义。

从南京国民政府的《司法院组织法》《法院组织法》《刑事诉讼法》等基本法律来观察,平等地保护诉讼权利、追求司法公正、维护社会秩序是它们的共同价值目标。当然,有学者指出,南京国民政府在对其司法制度进行总体价值定位时,过于片面追求司法秩序和司法效率,忽略了对司法公正的维护和对诉讼主体的权利保护,实际上没有建立起一个公正的、均衡的司法价值体系。[6] 这种观点有失偏颇,至少从刑事审判的角度看它是不全面的。在现实生活当中,如一个人因犯了罪而接受法院的审判,从而使其受到应有的惩罚,这一刑事审判制度设计本身就是一种公正。因为审判权在本质上是一种判断权,它是对罪与非罪、此罪与彼罪、罪轻与罪重的判断。[7] 这种判断,让人们从实体及程序等方面体验到司法公正的内涵,南京国民政府时期的刑事审判制度

---

[1] 参见卓泽渊:《法的价值论》,法律出版社1999年版,第2页。
[2] 杜宝庆:《刑事审判价值论》,法律出版社2008年版,第15页。
[3] 〔日〕棚濑孝雄:《纠纷的解决与审判制度》,王亚新等译,中国政法大学出版社1994年版,第1页。
[4] 〔日〕棚濑孝雄:《纠纷的解决与审判制度》,王亚新等译,中国政法大学出版社1994年版,第30页。
[5] 〔美〕彼得·斯坦、约翰·香德:《西方社会的法律价值》,中国人民大学出版社1989年,第38页。
[6] 参见张晋藩:《中国司法制度史》,人民法院出版社2004年版,第557页。
[7] 参见王少南:《审判学》,人民法院出版社2003年版,第27页。

自然没有偏离这一内涵价值。

虽然国民政府时期的特别审判矛头主指共产党及进步人士,但是,通过刑事审判,追究犯罪,维护社会的秩序和安全则是整个国民政府刑事审判制度设计的宗旨,也是一个国家社会普遍的价值诉求。正如英国著名的法官丹宁勋爵所言:"倘若一个正直的人可以受到杀人犯或盗贼的侵害,他的人身自由就分文不值了。"[1]所以,查明案件的事实真相,公正地定罪量刑,恢复被犯罪所破坏的社会秩序是国民政府刑事审判不可忽视的义务和责任,更是刑事审判作为一项重要的维护国家和人民的制度的崇高价值追求。从国民政府司法院的工作报告中常见到这样的表述:"刑事诉讼,贵在蒐集证据,发见真实,以资定谳。"[2]也就是说,刑事审判,关键在于证据的收集,发现案件事实,作为定罪量刑的依据。只有收集到证据,发现了案件事实,再结合法律规定作出比较公正的裁判。

为了确保裁判的公正性,国民政府法律又设定了法庭审理过程中的公设辩护人制度,规定了第一次裁判后的救济措施,如上诉、抗告等,并且建立了多层次多渠道的监督机制。司法行政部要求:"各级法院关于刑事事件,发生疑问,呈请核实到部。如非属于解释法令范围,均随时解答,以利进行。若本部发现其不合者,亦随时指示改进。有一般性质者,并以通令行之。"[3]力争做到实体真实与正当法律程序的相互配合,做到惩罚犯罪与保护人权的有机统一。也只有确保裁判的公正性,才能维护社会秩序。可以说,适用刑罚来惩治和预防犯罪,维护社会秩序是刑事审判制度赖以存在的基础。

(二)治理犯罪,保障经济发展

治理犯罪,保障经济发展也是国民政府刑事法制的主要任务和宗旨。正如英国法学家边沁所言,刑事审判程序的价值标准必须与刑罚的一般理论结合起来分析。刑法的首要目的在于惩罚和抑制犯罪这一危害社会的行为,减少人类的痛苦,最大限度的增加大多数社会成员的幸福。[4]前文已述,尽管当时的财政经济比较困难,但是司法机关仍积极工作,与破坏经济秩序的犯罪分子进行斗争,严厉制裁经济犯罪,惩治贪污腐败。根据研究,国民政府时期,犯罪比较严重,就影响经济发展的犯罪而言:

> 关于刑事者,经济犯罪案件比率特大,观于一国经济犯罪案件之多寡,可知其国民经济之荣枯,三五年度(1946年),经济犯罪案件竟占42%以上,此实吾国国民经济情况严重之象征。由于社会经济不景气,窃盗案件向居一切案件之首位,就三五年度而言,占全部刑事案件的17%;上海多方杂处,向为吾国内藏

---

[1] [英]丹宁勋爵:《法律的正当程序》,李克强等译,法律出版社1999年版,第109页。
[2] 中国第二历史档案馆藏:《司法院第二次工作报告》,全宗号七(2),案卷号172。
[3] 中国第二历史档案馆藏:《刑事司小组历次工作报告》,全宗号七,案卷号9788。
[4] Gerald. Postema, "The Principle of Utility and Law of Procedure: Bentham's Theory of Adjudication", 11 *Georgia Law Review*(1977), 1393.

污纳垢之所,故掳人勒卖之风甚炽。三五年度,上海发生窃盗案件占全国的27.41%……[1]

一个国家或地区刑事犯罪的增长率与其经济发展之间的关系历来是犯罪学理论界研究、争论的课题。从国民政府1946年全国犯罪案件类型的统计分析史料里,我们不难判断,除了战争,南京国民政府严重的经济犯罪是阻滞当时经济发展的重要根源。人类物质资料的生产方式,是整个社会最根本的基础和社会发展的决定力量。犯罪行为和规定犯罪行为的法律及由此而派生的法律关系,都产生于相同的条件即一定历史阶段的社会生产关系。一般情况下,作为社会法律现象的犯罪属于社会上层建筑范畴,无疑要受到经济及经济发展的影响和制约。尽管有学者认为,"犯罪是一种复杂的社会现象,它是各种社会矛盾激化的综合反映,由各国的政治、经济、法律、道德、文化、传统等多方面的因素所决定,绝不可能表现为单一与经济发展水平相对应的线性关系。"[2]

"司法审判首先要考虑的事,就是要消灭犯罪和不法行为。"[3]因为犯罪必然引起破坏和危害。为了治理国民政府危害社会的经济犯罪,必须建立和完善刑事审判制度,严厉打击和惩治经济犯罪行为。正因为如此,才唤起政府对刑事法律的重新修订,"几年以来,国难的严重,农村的破产,城市的不景气。无论在罪责上、刑度上,现行刑事法律实不足尽他社会防范的目的!急切需要对原有刑事法律进行必要调整。"[4]为适应更好地打击犯罪、促进经济发展的需要,国民政府一方面尽快完善刑事立法,一方面加强刑事司法,力争快速、公正地处理一些与经济犯罪有关的案件。

而且在治理犯罪的方法上,南京国民政府也较北洋政府有所进步,引进了"保安处分制度",相当于今天的"社区矫正制度",对那些处在犯罪边缘的特殊人群进行有效治理,即对于未满14岁而不罚者或减刑及赦免的少年犯施以感化教育;对于心神丧失而不罚或因精神耗弱、喑哑而减刑者施以监护;对于吸毒或酗酒而犯罪者,施以禁戒;对于有犯罪习惯或以犯罪为常业或游荡懒惰成习而犯罪者,责令入劳动场所强制工作;对犯传播性病罪者施以强制治疗;对判处缓刑、假释的犯罪人实行保护管束等,通过教育、监护、禁戒、强制工作、强制治疗、保护管束等措施,预防高危人群中犯罪行为的发生,实现保护社会安全的目的。[5]将犯罪行为控制在萌芽状态,这也是减少治理犯罪成本的最佳措施和方法,在一定程度上保障了经济的发展。

简言之,治理犯罪是国民政府刑事审判的重要功能,只有有效地惩治犯罪,才能维

---

[1] 中国第二历史档案馆藏:《三五年度司法现象分析》,全宗号七,案卷号2030,载《司法统计年刊》(1946年),第21页。

[2] 夏健祥:《我国毒品犯罪与经济发展关系初探》(上),载《犯罪研究》1998年第5期,第22页。

[3] [美]小查尔斯·F.亨普希尔:《美国刑事诉讼》,北京政法学院1984年印制,第6页。

[4] 俞承修:《刑法修正案的时代背景》,载《法令周刊》1935年总第235期。

[5] 参见付春阳:《民国时期政体研究(1925—1947)》,法律出版社2007年版,第171—172页。

护社会安定,保护国民的合法权益不受侵犯,否则将导致犯罪猖獗,人民无法安居,社会难以安宁,国家经济难以为继。

(三) 刑事审判制度变革,为司法的现代化提供了前提

司法现代化是法制现代化的有机组成,或者说法律制度现代化是司法现代化的前提。南京国民政府时期,作为法律制度重要组成部分的刑事审判制度随着西学的深入而不断完善,刑事审判规范越来越细密,越来越具备现代化的特征,为司法的现代化提供了前提。而司法的现代化是审判制度的更高价值追求。

刑事审判是司法活动的重要组成部分,国民政府刑事审判制度的变革实际上是司法现代化的冰山一角,凸显了国民政府在司法改革及司法现代化方面的贡献。诚如张晋藩教授所言,"南京国民政府在1928年至1935年短短的7年时间,就基本确立了法律形式意义上的司法制度现代化。其实现司法制度现代化的方式主要是以理性建构为主,即通过立法来推进司法制度的现代化。"并且,"与清末、北洋政府时期相比较,南京国民政府实施的司法制度现代化具有整体性发展的特点。"[1]从清末到南京国民政府时期,中国诉讼法制不断地吸收、融合西方诉讼法律文化,推动了近现代中国诉讼法制的成长和发展,刑事审判制度正是在这一现代化过程中发展起来的。

同时,这种司法的现代化进程与司法改革是相伴随的。客观来看,"抗战以前,南京国民政府的司法改革力度大,起色快,按此趋势发展下去,司法改革循序渐进,成果定会更加丰硕。殊料抗战烽火燃起,政府疲于应付内忧外患,不少司法改革计划不得不因此停顿或迟缓,打乱了司法改革步伐。"[2]尽管如此,它的影响仍是深远的,使得西方先进的司法理念和制度开始在中国植根,为我国司法的现代化奠定了坚实的基础。

具体到刑事审判制度内部,刑事诉讼的立法与司法充分保障涉讼公民的个人权利,严格限制司法权的运用。一定程度上,国民政府的《刑事诉讼法》,尤其是1935年《刑事诉讼法》代表了南京国民政府刑事审判程序规范发展的最高水平。它贯彻了司法独立、审判公开等比较先进的司法原则,同时加强对犯罪嫌疑人的权利保障,强调审判公正与审判效率的统一,增加了预防犯罪的保安处分规定。这些制度的设计标准充分表明,南京国民政府在刑事审判制度方面的现代化水平,为刑事司法的现代化奠定了基础。

具体到刑事司法设施及司法队伍而言,南京国民政府设有专门的司法院统领中央各司法机关,不同性质的刑事案件由不同层级的司法机关进行处理,其建制也较为合理。在司法人员的培养方面,已基本走上正轨,司法官的考试已经完全正规化,律师的制度也更加严格,而且涌现了一批在国际上享有很高声誉的刑事法官和辩护律师。尽

---

[1] 张晋藩:《中国司法制度史》,人民法院出版社2004年版,第558—559页。
[2] 张仁善:《国民政府时期司法独立的理论创意、制度构建与实践障碍》,载《法律史学研究》2004年第1期。

管在国民政府时期,财政经济比较困难,但是,司法院及司法行政部一直没有放松对司法设施的投入及司法队伍的培养。1941年,国民政府将司法投入由地方财政改为中央财政拨付,以期推进司法改革及现代化,提高司法的地位和国际形象。

刑事诉讼是国家利益与公民个人利益冲突和协调的集中体现,标志着一国民主和人权保障的程度,同时刑事诉讼也是国家权力在诉讼中运行的典型代表,标志着一国诉讼法治化的程度。[1] 在职权主义模式下,刑事审判是刑事诉讼最为核心的内容,一国诉讼法治化的程度是司法现代化的集中体现。

南京国民政府统治时期是"中国法律文化真正迈出具有现代意义的步伐,开始与世界法律文化逐渐交融的重要时期"[2]。还有学者认为,"从纵向比较来看,自清末所开启的中国法制现代化,经北洋政府,到南京国民政府,客观地说,在中国法制史上,树立了法制现代化的里程碑"[3] 的确,南京国民政府为达到其政治统治目的及适应形势发展的需要,广泛吸取西方的优秀法律成果,制定并实施了一整套完整的法律体系,将中国法律的近代化推到了旧中国所能达到的最高水平,刑事审判制度的现代化只是其缩影而已。这种法制现代化的思路,值得后人参考。

三、南京国民政府时期刑事审判制度的局限

我们考察一个事物,绝对不能割断它的基本历史联系。南京国民政府时期的刑事审判制度,作为特定历史的产物,必然带有历史的局限性,在此作一简要分析。

(一)法律实施显露审判实践与审判理论的差距

南京国民政府的时期的法律较完备,但真正实施的不多,这也是不争的史实。当时的"中国社会与法律之间存在着甚为遥远的距离",尤其"在乡村及带有地方性质之都会中,新法律远不如旧道德之深入人心,为一般人所重视,为大众所服从"[4] 因此,国民政府刑事审判制度的这些条款,并不意味着一定实行。例如,1935年国民政府《刑法》第125条规定:"有追诉或处罚犯罪职务之公务员,为下列行为之一者,处一年以上十年以下有期徒刑。"其中第2项规定:"意图取供而施强暴胁迫者",即属此范围,可以说,暴力取证属普遍现象。而同时期的《刑事诉讼法》第98条规定:"讯问被告,应以恳切之态度,不得用强暴、胁迫、利诱、诈欺、违法羁押或其他不正之方法,且与事实相符者,得为证据。"对此,有学者指出,虽然从表面上看,南京国民政府反对刑讯的态度非常坚决,但由于当时军阀混战,大量案件都以所谓"军法从事",中统、军统等特别组织在现实生活中大行刑讯逼供之道,尤其对广大共产党人、进步人士更是用刑残酷

---

[1] 参见卞建林:《刑事诉讼的现代化》,中国法制出版社2003年版,第23页。
[2] 武树臣:《中国传统法律文化》,北京大学出版社1994年版,第598页。
[3] 赵金康:《南京国民政府法制理论设计及其运作》,人民出版社2006年版,第356—357页。
[4] 赵金康:《南京国民政府法制理论设计及其运作》,人民出版社2006年版,第360页。

到了极点,可以说集中外古今封建法西斯手段之大成。[1] 的确,国民政府刑事审判实践与司法理论相差甚巨。

另一方面,国民党政府可以用刑事特别法来否定原有的刑事法律规定,也可以用判例司法解释来否定它。如在罪刑法定原则方面,"从立法上看,一面在宪法、刑法上规定罪刑法定原则,另一面又用刑事特别法否定罪刑法定原则;从司法上看,一面对普通刑事案件适用罪刑法定原则,另一面对特别的刑事案件则不适用罪刑法定原则。"[2] 国民党政府的法庭、宪兵、特务,在对待政治犯、迫害共产党人与爱国民主人士时,从来就是按罪刑擅断、法外用刑、滥施重刑等封建法西斯的野蛮残酷的刑罚办事的。[3] 检察官公诉制度,往往坐误时机,难于发现真实,"中国警察,近年来甚多进步,但法律之理论与实务,终不若检察官训练有素,令其协助侦查犯罪自有其必要,惟若委以提起公诉之重责,尚非其时也。"[4]

当然,实际运行中,国民政府的司法制度存在着较多的缺陷。如司法系统不完善,很多县并没有设立地方法院,县长亲自兼理地方司法,司法权与行政权合二为一,这必然干扰了司法公正。[5] "尽管实现法治是国民党的基本政治目标,国民政府的各项法律制度也较为完善,但实际上却难以依法而治。"[6] 所以,在分析国民党政府刑事诉讼原则时,我们要看到它虽采取了一些资产阶级的刑事诉讼的立法原则,如果只就其立法原则来看,有其合理之处;但是这些立法原则在国民党政府的审判实务中运用极为有限,尤其是在所谓特种刑事案件的领域,则完全抛弃了这些原则。[7] 究其深层次原因,国民政府时期的学者梅汝璈指出:

> 我们中国是一个政治落后,经济落后,教育落后的国家,这是毋庸讳言的。但是在法律方面,我们却又顶喜欢采纳世界上最时髦最进步的制度和条文。所以结果是那些制度和条文在实际上形同虚设,等于具文。即拿现行刑法而论,它有缓刑制度,它有假释制度,它有感化教育,它有监护制度。可是,在实际上,这些制度几乎等于虚设!这是稍微关心中国司法实况的人们都知道的。……我们虽不愿责备立法当局只务高远,不顾国情,但是我们却不能不希望司法和行政当局加倍努力。以期立法和司法行政能够渐渐地走到一根水平线上去。换句话说,我们希

---

[1] 参见陈卫东:《中欧遏制酷刑比较研究》,北京大学出版社2008年版,第38页。
[2] 彭凤莲:《中国罪刑法定原则的百年变迁研究》,载韩玉胜主编:《刑法学博士论文精萃(2006届)》,中国检察出版社2007年版,第12页。
[3] 参见李光灿:《中国刑法通史》(第8分册),辽宁大学出版社1987年版,第251页。
[4] 何勤华、姚建龙主编:《赵琛法学论著选》,中国政法大学出版社2006年版,第64页。
[5] 参见张宪文等:《中华民国史》(第2卷),南京大学出版社2006年版,第95页。
[6] 黄小彤:《从军法到司法:20世纪三四十年代国民政府贪污案审理权的转移》,载《云南民族大学学报》(哲学社会科学版)2007年第2期。
[7] 参见李光灿:《中国刑法通史》(第8分册),辽宁大学出版社1987年版,第309页。

望条文上的法律制度和实际上的法律制度能够渐渐地趋于一致,不要彼此的距离相差太远。[1]

今天的学者认为,在一定意义上讲,中国现代法律制度从技术上是借鉴西方而来的,是仿造西方法律"硬件"的产品。然而,由于中国传统历史文化背景、政治、哲学等观念与这些法律的宗主国之间的异质,决定了中国人在操作这台"进口机器"过程中要经历着诸多痛苦的折磨并付出代价。其中最为突出的是,这种写在纸上的法律制度与人们实际的价值判断之间存在着很大的差距。[2]

(二) 审判的人力资源不充足,影响了审判质量

南京国民政府虽然规定了严格的司法官任职资格和考试选用程序,但是由于地方司法人才缺乏,在地方法院任职的推事、检察官、书记官,往往是不具备法律专业知识的人员。[3] 虽然1935年法院组织法对推事等司法人员有严格的专业要求,但还是有很多法官没有进过法律院校学习,只是参加过短期培训就匆匆上岗。更有甚者,在"司法党化"的形势下,有些原无法官资格的人,因系国民党党员,有国民党要人援引,一跃而成为高等法院院长。[4] 从而给专业知识要求严格的刑事审判带来巨大的障碍。另一方面,法官人力缺乏,而刑事案件却有增无减,积案严重,法官工作量加大,使其没有充分的时间仔细处理所办案件,也在一定程度上影响了案件的审判质量。

提高审判效率,必须拥有足够的训练有素的法官、检察官和警察。国民政府的司法队伍状况使审判效率的提高永远成为理想。因为审判、检察等司法人员数量有限,不能保证所有的刑事案件都有司法人员过问;而即使有司法人员过问,但囿于专业知识的限制,不能迅速准确地处理其所经手的刑事案件,因为刑事案件大多比较复杂,要经过严格的侦查取证、逻辑推理等过程。作为审判官和检察官,必须要熟练地运用专业知识,具有丰富的办案经验方能胜任。否则,则容易办错案或冤案。据记载,1946年南京国民政府监察院于右任院长曾收到一封控告皋兰县地方法院推事、书记官的检举信,经复查,所控告的案件确属推事错判。且该案件的错判不是因为推事、书记官徇私受贿,而是因为对法律知识的缺乏。经查证,整个皋兰县地方法院竟然没有一部《六法全书》,对任何案件的裁判都出自推事个人对法律的理解。司法官是专业人才,并且依法执行司法职务,为国民政府法院组织法所明文规定,但是在地方司法机关的实际运作过程中,由于司法人员缺乏、业务素质低下,加上经费紧张、设施简陋,致使立法院颁行的法律、司法院发布的司法解释难以被遵照执行。[5]

---

[1] 梅汝璈:《刑法修正案的八大要点述评》,载何勤华、李秀清主编:《民国法学论文精萃》(第5卷),法律出版社2004年版,第40页。

[2] 参见左卫民、王凌:《中国刑事诉讼法制现代化历程纲要》,载《法律科学》1995年第1期。

[3] 参见张晋藩:《中国司法制度史》,人民法院出版社2004年版,第562页。

[4] 参见林明、马建红:《中国历史上的法律制度变迁与社会进步》,山东大学出版社2004年版,第406页。

[5] 参照张晋藩:《中国司法制度史》,人民法院出版社2004年版,第562—563页。

就检察官和警察力量而言,也是令人叹为观止。除了没有独立的机构以外,南京国民政府的检察官和警察力量也很薄弱。有资料反映,"检察官办案迟缓,绩效不彰,则因负额有限,经费不充,案件繁多,检警虽有联系,而因隶属不同,指挥不如理想,故检察效能,未能发挥尽致,故不能即谓检察官公诉制度之不合理也。"[1]其中主要原因是检警人手不够——司法资源有限,没有竞争机制,无法获得较大的收益,尽管制度合理,但是,没有人去执行,其效果肯定无法断定。

还有,"公设辩护人制度,其目的在扶助无资历之刑事被告,为一种公共辩护机关,我国刑事诉讼法,已采用此制,惟迄未贯行,虽依同法施行法规定,在未有公设辩护人以前,法院应指定律师或学习推事辩护,然自法院组织法施行后,学习推事早经停派,担任指定辩护者通常一律师充之。而律师因职业关系,对于指定案件,往往勉为出庭,未能尽辩护之职责,且未设律师公会之地,无资为之被告,更无从享有公设辩护人之利益,稽法衡情。"[2]这里,同样因为从事司法辩护的律师人数很有限,他们的一般业务都忙不过来,更何况那种没有收益的公设辩护人业务,虽然政府有补贴,也没有几个律师愿意去做,除非那些思想觉悟很高的律师。总之,国民政府时期人力资源的有限性,在客观上制约了刑事案件的审理质量。

(三)审判程序的过于繁琐,严重影响审判效率

通过诉讼渠道解决纠纷意味着司法资源的投入,如何以较少的投入取得最大的收益,是立法、司法机关和诉讼当事人乃至普通民众所共同关心的问题。南京国民政府时期,刑事审判同民事审判一样启用了多级程序。这种程序设定在解决刑事案件的同时,也与司法资源的不足、案件数量加大等形成了较大的反差和矛盾。有学者指出:"案件的增多需要更便捷的诉讼制度,以有效率地恢复被破坏的社会秩序。人权的维护却需要更能体现司法公正与民主的诉讼制度,而这样的制度必然是司法成本高昂、耗时费力的。结果,臃肿的诉讼程序面对数量巨大的案件不堪重负。司法人员为实现解决纠纷的制度功能,不得不冲破制度所设定的藩篱"[3]对于当事人来说,他们也常常对法院审判望而却步。最高法院收结案件,前后一般只相差半年,但当事人一经上诉,至少得等上一年多,才能拿到判决书。每一件案子,仅审理就得花费6个月时间。

可以说,国民政府时期,无论是司法人员或是当事人都深感审判程序的过于繁琐。从刑事审判程序可知,国民政府的刑事审判需要遵循《刑事诉讼法》的一系列程序规定。如上诉未叙明理由的,应在上诉后10日内,补充提交理由书于原审法院;对方当事人接受载有上诉理由之上诉状,或补交理由书送达后,得于7日内提出答辩书于原审法院,如果是检察官作为对方当事人的,还应就上诉理由提出答辩书;答辩书应提出

---

[1] 何勤华、姚建龙:《赵琛法学论著选》,中国政法大学出版社2006年版,第64页。
[2] 中国第二历史档案馆藏:《司法院第二次工作报告》,全宗号七(2),案卷号172。
[3] 马明亮:《协商性司法——一种新程序主义理念》,法律出版社2007年版,第5页。

缮本,由原审法院的书记官送达于上诉人;原审法院在接受答辩书或提出答辩书之期间已满,将该案送交第三审法院之检察官;检察官接受卷证后,除无意见外,应于7日内添具意见书送交第三审法院。如此辗转递送,颇费周折,再加上交通不便等因素,往往第三审法院接受案卷,已在上诉1年或几个月之后,1个案子的审结,动辄延迟许久,大多为中间程序所耽误。[1] 因此,南京国民政府时期,人们对审判过程提出意见:

> 办案粗疏,上诉过多。今日民习读张,一纸入官,辄至数番审级而犹晓晓为己,司法官办案之疏密,固不能以上诉件数多寡为标准,然要不可不以最终判决撤消或维持原判之多寡为考绩准绳。因实际上办事精细于听断者,所判之案,论事引律准确;不但提起上诉者较少,且纵令上诉,而经上级审撤销原判之件,亦必不多见,或十仅一二焉;若办案粗疏并欠缺听断之技术者,则反是。[2]

人类社会的任何制度设计都是有成本的,诉讼也不例外,作为一项以解决社会纠纷为宗旨的制度装置,国家为推动司法活动的进行需要投入大量的人力、物力和财力。由于资源本身的稀缺性,国家在一定时期内投入司法领域的社会资源总是有限的,这就要求任何理性化的司法程序在设计和运作上都必须具备一定的经济合理性,必须遵循成本最少而产出最大的效益规律。[3] 诉讼效益是指在刑事诉讼程序中投入最小的司法资源,以最短的时间最有效地解决最多的刑事案件。审判效率集中体现在简易程序上。简易程序的确立,对于情节较轻或者被告人自愿供述有罪的案件采取相对于普通程序简洁明快的程序,以减少司法资源的不必要的流失。

由于审判程序的过于繁琐,再加上国民政府时期司法资源的不足,严重影响审判效率。国民政府的一份《司法制度改革方案》里曾提到"改进法官之任用待遇及办案效率",具体内容是:

> 办案效率之改进,首当慎重法官之人选,如果员额较少,官俸较厚,固易遴选贤能,但因才任用人得当尤为紧要,现制法官之下所配置之书记官员额既少又多滥竽,以致法官办案往往无人辅助,动必躬亲,实为极不经济,兹宜多置书记官,并概由法官自行推荐,俾能实得辅助,以期法官节省无谓之劳力而增进办案之效率。[4]

(四)一度放弃刑事司法管辖权,伤害了民众的感情

1943年10月,国民政府针对美国军人在华刑事犯罪的现象,特别制定了《处理在

---

[1] 参见焦易堂:《最高法院刑事收案激增之探讨及其补救方案》,载《新编法律评论》1936年9月1日,第1卷第1号。
[2] 参见翁赞年:《培养司法元气论》,载《法律评论》1932年总第434期。
[3] 参见谢佑平、万毅:《刑事诉讼法原则:程序正义的基石》,法律出版社2002年版,第396页。
[4] 中国第二历史档案馆藏:《司法制度改革方案》,全宗号七,案卷号9322。

华美军人员刑事案件条例》,其中第 2 条规定:"美军人员在中国所犯刑事之案件,经美国政府军事当局声明愿归中国政府管辖,由中国法院裁判之。"也即中国司法机关对美国军事人员没有强制性的管辖权,因此在中国犯罪的美国军人一般都由美国军方审理,他们有机会在美国军事当局获得从轻处理,这种司法上的放纵,使得在华美国军人无视中国的法律,据史料记载,1945 年 8 月至 1946 年 11 月期间,美国在华军人制造了 3800 余起刑事案件,对中国人民的利益造成了极大的伤害。[1] 表面上,如本条例第 2 条所规定的:"中华民国政府,为便利共同作战,并依互惠精神对于美军人员在中国境内所犯之刑事案件,归美军军事法庭及军事当局裁判,其处理依本条例之规定。"实际上,是南京国民政府想利用美国的力量和援助,对付自己的政治对手共产党,为此,不惜牺牲国家的司法管辖权和广大民众的切身利益。

(五)司法腐败问题严重,败坏了国民政府的形象

尽管南京国民政府时期,刑事审判制度设计很完美,但仍有腐败现象发生,并且刑事审判是司法腐败的"重灾区"。对此,南京大学张仁善教授做过比较详细的研究,在他看来,"南京国民政府时期,司法界不良社会关系滋生出一系列司法腐败,旧时的'衙门八字朝南开,有理没钱莫进来'等谚语,仍适用于国民政府时期。"[2] 就刑事案件而言,"表面看来,审、控、辩诸方都各自按照法律程序,处理案件,其实,私下交易从未停止过。法官想从案件中获得好处,又不便张口直接向当事人索贿时,最好的办法就是由律师出面办理,他们的要求可以经过律师之口向当事人转达,律师为了今后办案时增加胜数,多乐意配合。"[3] 律师与法官勾结,使刑事审判腐败日渐凸显。

张仁善教授通过研究还发现:"南京国民政府时期,由于缺少实现司法公正的社会大环境,一系列司法改革提案未能尽付实施,整个国家政治生活中,司法腐败是受社会指责最多的对象之一,也是导致南京国民政府失去民心、社会失控的主要原因之一。""司法腐败与政治腐败如影随形,司法腐败源于政治腐败,加剧了政治腐败。"[4]

并且,南京国民政府后期,司法腐败的加深,使得民众对追求秩序、公平、正义的法律价值产生了怀疑,本该是社会公正象征的司法威信,在民众心目中一落千丈,悲观失望情绪在国民政府朝野弥漫,人们对当局宣传的各种消息惘然难信,国民政府后期,这种现象日渐严重。进入 1948 年下半年及 1949 年后,这种悲观情绪越来越浓。政府官员并没有因为国家困难,腐败行为就有所收敛,反而变本加厉地贪污受贿。[5] 由此可见,南京国民政府时期的刑事审判实践中,腐败现象如影随形,严重干扰了正常的司法

---

[1] 参见张晋藩:《中国司法制度史》,人民法院出版社 2004 年版,第 556 页。
[2] 张仁善:《法律社会史的视野》,法律出版社 2007 年版,第 158 页。
[3] 张仁善:《法律社会史的视野》,法律出版社 2007 年版,第 151 页。
[4] 张仁善:《司法腐败与社会失控》(1928—1949),社会科学文献出版社 2005 年版,第 6、419 页。
[5] 张仁善:《司法腐败与社会失控——以南京国民政府后期为个案的分析》,载《江苏社会科学》2003 年第 3 期。

秩序,成为社会公害,造成了恶劣的社会影响,也严重破坏了国民政府的形象。

综上,审判评价不仅贯穿于审判活动过程,更多地发生在审判活动之后。南京国民政府时期,刑事审判立法及司法作为当时政府工作及社会生活的重要内容,无时无刻不引起人们的关注。由于特定历史条件的驱使,南京国民政府的刑事审判制度具有自己的特色。在某种程度上,它既顺应了世界近代刑事法律发展的趋势,也契合了本国社会政治经济文化的实际,具有一定的价值。当然,它也带有某些历史的局限性。

侦查辩护的诉讼救济与宪法救济

朱桐辉[*]

一、意义与界定

"无救济则无权利"是来自英国的古老法谚,其产生与其令状制有很大关系。在令状制下,如果权利受损者无法获得加盖国王敕印的令状,其案件将被司法拒绝受理。而这一法谚蕴含的道理,也适用于诸多司法与法律体系。[1] 因为,法律规范的构成要素包括"行为模式"与"法律后果",缺乏"法律后果"就不是一个完整并具有执行力的法律规范。而法律后果包括制裁违法、激励守法及救济受损等。同时,仅在实体法上规定侵权责任也不够,如果救济方式与程序不完善,也无法实现违法制裁与权利救济。因此,权利救济体系与程序问题值得研究。

我国刑事诉讼法赋予侦查阶段的犯罪嫌疑人以获得律师帮助、会见律师、由律师代为申诉控告、代为申请取保候审与代为申请变更强制措施等权利。但不可否认,嫌疑人欲行使和救济上述侦查辩护权时非常困难,那些侵权者受到的制裁也较为乏力。因此,我国的侦查辩护的救济体系还需完善。

在侦查阶段,需要权利救济的除了有嫌疑人外,还有他们的辩护律师本身。辩护律师参与侦查后,也可能遭遇人身权与财产权损害。还有不少律师被公检法人员以触犯《刑法》第306条规定的伪证罪为名拘留、逮捕。[2] 因此,其完善还关乎刑事辩护事

---

[*] 作者系南开大学法学院讲师,法学博士。本文得到导师陈瑞华教授从选题到结构的全面指导,在此表示深切感谢。

[1] 卡夫卡的小说《审判》第九章有一个乡下人在"法律的门前"徘徊几十年但始终被拒于法律门外的寓言,生动地说明了法律救济的重要性。而小说《审判》本身用与作者的名著《城堡》一样的怪诞离奇的叙事方法与直逼魂魄的反讽手法,警示了缺乏可接近性与可使用性的司法给人们带来的绝望与恐怖。主人公K最终还是在郊外采石场被杀死了,"像条狗一样"(参见卡夫卡:《审判》,译林出版社2000年版,以及据原著拍摄的同名电影)。就刑事侦查而言,只有嫌疑人获得律师辩护权、获得司法救济权得到了充分保障,只有那些救济渠道是畅通的,才能使其各项权利得以实现。

[2] 陈兴良:《为辩护权辩护——刑事法治视野中的辩护权》,载《法学》2004年第1期。

业的发展。

需说明的是,在本文中,侦查辩护权指的是嫌疑人在侦查阶段为防止自身权益受到侦查机关与司法机关的不法侵害而享有的辩解性与保护性权利。[1] 它既包括我国《刑事诉讼法》已规定的,侦查阶段的嫌疑人享有的获得律师帮助权、会见律师权、律师代为申诉控告权、律师代为申请取保候审、律师代为申请变更强制措施权,也包括不少法治国家嫌疑人在侦查阶段享有的讯问时的律师在场权、羁押决定与变更时的律师在场权、其他"关键阶段"(例如,辨认、搜查、扣押、检查、强制采样及破坏性鉴定等程序)的律师在场权、律师调查取证权以及申请司法审查与司法救济等权利。

二、现有救济体系的问题

《刑事诉讼法》第96条第1款规定,犯罪嫌疑人在被侦查机关第一次讯问后或者采取强制措施之日起,可以聘请律师为其提供法律咨询、代理申诉、控告。第14条第3款规定,诉讼参与人对于审判人员、检察人员和侦查人员侵犯公民诉讼权利和人身侮辱的行为,有权提出控告。但是,一旦有了违法侵权,嫌疑人及律师可以向谁申诉控告,又由谁来裁判呢?

同样,《宪法》第41条规定,公民对于任何国家机关和国家工作人员,有提出批评和建议、申诉、控告、检举以及获得赔偿的权利。对于公民的申诉、控告或者检举,有关国家机关必须查清事实,负责处理。任何人不得压制和打击报复。公民可向谁申诉、控告、检举而获得赔偿与救济,又由谁来制裁可能出现的"压制和打击报复"呢?

(一)内部救济及缺陷

现阶段,侦查辩护的主要救济方式其实是内部救济。嫌疑人及律师可通过向侦查机关及侦查机关、检察机关的上级部门申诉、投诉获得救济。对这种内部救济,公安、检察、法院等的司法解释只作了简单规定。1996年公安部《关于律师在侦查阶段参与

---

[1] 据1996年《刑事诉讼法》的用语选择,在侦查阶段,嫌疑人享有的只是"律师帮助权",到了审查起诉阶段,才被称为"辩护权"。但本文认为,应强化这一权利,将其提升到"辩护权"的高度,并进行理念深化与制度保障。因此,这里使用"侦查辩护权",并贯彻始终。其实,在德国、日本和我国台湾地区,嫌疑人在侦查阶段享有的就是"辩护权"。学者也将其嫌疑人的获得律师帮助置于刑事"辩护权"之下:在侦查、起诉、审判三阶段,该权利均被称为"获得辩护权"(参见[日]田口守一:《刑事诉讼法》,刘迪、张凌、穆津译,法律出版社2000年版,第89—97页;[日]松尾浩也:《日本刑事诉讼法》,丁相顺译,中国人民大学出版社2005年版,第132—137页;林钰雄:《刑事诉讼法—总论篇》,中国人民大学出版社2005年版,第157—174页)。美国亦然,联邦最高法院通过1959年斯班诺诉纽约州、1964年莫萨亚诉美国、1966年米兰达案、1977年布鲁尔案,将《宪法第六修正案》规定的"获得辩护权",逐渐地扩展到起诉前,直至被捕前(可见李义冠:《美国刑事审判制度》,法律出版社1999年版,第59—61页)。而1990年联合国《律师作用原则》第1条更是明确规定:"所有的人都有权请求由其选择的一名律师协助保护和确立其权利,并在刑事诉讼的各个阶段为其辩护。"

刑事诉讼活动的规定》第20条规定,律师会见或申请取保候审没有被批准的,可以再次向公安机关提出申请。公安机关应当在接到申请后7日内作出批准或不批准的决定。2004年最高人民检察院印发的《关于人民检察院保障律师在刑事诉讼中依法执业的规定》中也有部分"律师投诉处理"的简单规定,律师可向本级及上级人民检察院投诉,也有部分接受投诉部门职责的规定。而2008年5月,最高人民法院和司法部联合发布的《关于充分保障律师依法履行辩护职责、确保死刑案件办案质量的若干规定》,对辩护权救济更是只字未提。[1]

对侦查监督,虽然法律规定了立案监督、批捕监督及审查起诉监督等方式,但实际上唯一能对侦查形成实质约束的是批捕。但由于侦查机关与检察机关关系紧密,效果并不显著。实践中,不少检察院为照顾侦查机关对不批捕率的控制,也严格限制不批捕决定的作出,进一步弱化了批捕监督。更重要的是,由于检察监督并不是以宪法权利保障为出发点的,公民既无法于事前向检察机关申请司法令状,获得审查的机会,也无法于事后向中立机关提出"侵权之诉",导致这种检察机关主导下的内部救济方式收效甚微。[2] 虽然现在的改革将自侦案件批捕权上提了一级,但因为批捕主体的中立性依然不足,对其效果也不能寄望过高。

实践中,更是发生了不少辩护律师维护了嫌疑人、被告人权益,自己却遭遇权利侵犯的事件,甚至还有不少律师为被告人洗脱了罪责,自己却被公安检察人员拘留、逮捕,甚至被送上被告席。1996年《刑事诉讼法》引进控辩式庭审后,检察机关与辩护律师间的职业利益对立更加严重,导致此类所谓的刑辩律师"涉案"事件在很长一段时间内频频发生,引起了全国律协与全国人大的关注。虽然最近一段时间有所缓解,但因为职业对立还存在,《刑法》第306条还未得到修改,律师在介入侦查时并不安全。因此,如果法定的救济机关、监督机关就是追诉机关,难免导致嫌疑人及律师的权利救济均难以实现。

---

[1] 最高人民法院刑事审判庭:《刑事审判参考》(第63集),法律出版社2008年版,第60—63页。
[2] 胥敬祥、杜培武、佘祥林等案件充分反映了上述问题。胥敬祥在旧货市场买了件绿毛衣,但没想到这件绿毛衣是赃物。他成为了侦查人员的怀疑对象,进而被逮捕与被起诉。尽管胥坚持自己能找到证人证明绿毛衣是从旧货市场买来的,但侦查人员并未详细调查这些证人。幸运的是,胥的申诉引起了省检院检察官的注意,提起了抗诉。后胥被不起诉。但如胥敬祥那样幸运的嫌疑人可能并不多。杜培武向驻所检察官提出遭受了刑讯逼供的申诉,尽管一度引起了驻所检察官的注意,并对杜培武进行了拍照存证。但后来,该检察官却对上述取证行为不置可否。佘祥林案更为典型,佘在看守所不停申诉,但一直没有结果。甚至佘母杨五香因为替儿子不断申诉,被关进了看守所。而两名证人因为说曾看见所谓"被害人"——张在玉还活着,而被拘留。在缺乏中立主体监督侦查,救济公民权利的机制下,不仅冤案会频频发生,而且普通公民的权利保障也困难。案情可见杨维汉:《迟到的正义——河南胥敬祥13年冤案纠错记》,新华网2005年7月28日电;王达人、曾粤兴:《正义的诉求——美国辛普森案和中国杜培武案的比较》,法律出版社2003年版;陈光中:《法学专家剖析佘祥林案:错案折射传统思维之弊》,载《新京报》2005年4月11日。

（二）国家赔偿及效果

国家赔偿是由国家对公检法职务侵权承担赔偿责任的救济方式。它由传统理论支持并得到立法认可。既然公检法人员是代表国家进行侦查、起诉和审判的,他们履行公职时侵犯了嫌疑人、被告人及律师的权益,国家自然有义务赔偿。

理论上,国家赔偿是非常有效的侦查辩护救济方式,能让嫌疑人得到一定的赔偿与补偿。但问题是,国家赔偿需要申请人有一定的证据证明自己受到损害及这一损害是违法的公职行为造成的。这就给嫌疑人、被告人及律师造成了很大困难,尤其对被剥夺或限制自由的嫌疑人而言。在侦查阶段,嫌疑人及律师受侦查封闭性、取证能力与取证时限的限制,不可能在短期内搜集到充分的证据。而且,国家赔偿是事隔较远的救济,只有法定文书证实确实发生了错拘、错捕与错判,嫌疑人、被告人及律师才有可能以这些文书启动赔偿程序。因此,其事后性与迟缓性明显。[1]

国家赔偿实质是由国家财政承担了赔偿费用,即使可对具体办案人员追偿,但实践中他们实际承担的费用与责罚并不高。公检法人员即使考虑到可能会出现错拘、错捕或超期羁押,即使估计到刑讯逼供可能造成嫌疑人伤害而"事发",但权衡破案所得与国家赔偿的代价后,还是可能甘愿付出国家赔偿而采侵权手段破案。[2] 这就涉及下一层次的问题,即我们的国家赔偿数额太少,而且只赔偿直接损失。其实,即使将来增加对于间接损失的赔付,但和侦查人员破案后的能完成考核、立功、嘉奖等各种收益相比,可能还是算少的。这导致其抑制性较差。

更重要的是,我国的国家赔偿救济对诸多侵犯侦查辩护的行为还不能适用。据《国家赔偿法》,其赔偿范围有限。第15、16条规定的范围是:错误拘留;错误逮捕;被审督程序改为无罪且刑罚已执行完毕的错误判决;刑讯逼供或暴力行为造成伤害或死亡的;违法使用武器与警械造成伤害或死亡的;违法查封、扣押、冻结、追缴;被审监程序改判无罪且原判罚金、没收财产已执行的。同时,第17条规定了不负赔偿责任的消

---

[1] 前述的屈打成招的胥敬祥的国家赔偿就很曲折。胥是再审时,被省检责令不起诉而获自由,所以,法院赔偿时较抵触。2005年6月,蒙冤服刑13年的胥以错捕错判为由,向周口市中级人民法院递交申请书,请求周口市中级人民法院、鹿邑县人民法院与人民检察院共同赔偿。周口市中级人民法院逾期未作决定。后胥向河南省高级人民法院赔偿委员会申请,请求赔偿被羁押赔偿金301915.90元(按2004年的标准)、精神抚慰金13万元、被羁押造成疾病需治疗费13万元。直到4年半后的2009年11月23日该委员会才决定,基于胥被羁押4732天的事实,按2008年全国在岗职工日平均工资(111.99元)标准,赔偿529936.68元,由三赔偿义务机关共同赔偿。决定书还称,胥提出身体疾病是因羁押造成的,但未能提供有效证据,治疗费不支持,精神抚慰金不属赔偿范围,也不支持(可见朱瑞峰、李新德:《胥敬祥冤狱案申请国家赔偿遭拒》,http://www.rmjdw.com/article/html/185.html;杜萌:《胥敬祥:多少钱能换回我的人生幸福》,http://www.legaldaily.com.cn/index_article/content/2009-12/18/content_2007408.htm?node=6848,最后访问时间:2009年12月18日)。这就显示了,现行国家赔偿启动难、时限长,无法对当年的侦查侵权人员形成惩戒与抑制的问题。

[2] 笔者在华南某基层检察院参与实践时,分管"反贪反渎"的副检察长就坦言:取证难度越来越大,案件数也越来越多,我们有时不得不采取一点强制行为,出了问题也就那么一点点国家赔偿,我们付得起。

极范围:因公民故意作虚假供述或伪造其他有罪证据被羁押或被判处刑罚的;依照《刑法》第 14 条、第 15 条规定不负刑事责任的人被羁押的,依《刑事诉讼法》第 15 条规定不追究刑事责任的人被羁押的;与行使职权无关的个人行为;因公民自伤、自残等行为致使损害发生的。如此,公检法人员侵犯嫌疑人的获得辩护权、会见权及辩护律师执业权利的行为,并未列入国家赔偿范围。这也造成公检法人员忽视嫌疑人及律师权利以及对违法侦查的纵容。因此,我国还未建立起针对违法侦查的程序性国家赔偿体系。

(三) 个人责任及效果

我国《国家赔偿法》也基本遵循了侵权责任确定上的个人责任原则。在相应机关进行国家赔偿后,可继续追究具体侵权的公职人员,甚至向其提出追偿,最终将责任落实到个人。侦查机关内部也可进行纪律惩戒。这也很重要。如果嫌疑人遭受了侦查人员的刑讯逼供,但事后由国家赔偿结案,如何体现法律对违法者的惩罚?因此,让违法侦查人员受到内部惩戒也是必要的。而且这种方式还有便捷、迅速的特点。一旦发现违法侵权,即可依据内部管理规范施以警告、处分、开除等制裁。

但这种方式同样有弊端。在中国侦查实践中有"命案必破"、"限期破案"、"重特大案件侦破奖励"、"专案专办"等各种面目的,或正向或反向、或明显或隐蔽的激励与压力机制。这些给侦查人员形成了巨大刺激,以至于某些侦查人员为破案即使侵犯嫌疑人及律师的权利也在所不惜。这样,就在长期的司法实践中形成了一些"怪现象":(1)破案后,因刑讯逼供而"事发"的可能性很小,只要"打的有技巧"。(2)即使"事发"往往也不是嫌疑人和律师申诉的结果,而是"真凶"或"被害人"显现导致。但往往也因为时隔数年,当年的侵权者可能或已高升或已死亡,或者不知所踪,而无法追究责任。(3)"事发"后被追究的可能性也较小,侦查机关领导被追究的可能性更小,往往是办案人员集体承担责任,最终结局是谁都不承担责任;即便不能通过"集体责任"化解责任,那也能找到"替罪羊"承担大部分责任。(4)刑讯逼供获得的证据被排除的可能性也较小。因此,只要能对嫌疑人、被告人定罪判刑,即使个人受到一定惩处,也有不少司法人员甘冒可能被追究个人责任的"风险"而通过侵权手段去破案。

因此,追究个人责任的方式存在相当严重的问题:(1)只针对非常严重的侦查侵权。实践中,严重到可能构成"刑讯逼供罪"的程度,才会启动个人责任追究程序。(2)程序迟缓。刑讯逼供的责任追究即使进入刑事诉讼,在无罪推定原则、复杂的刑事程序及相对较高的证明标准的限制下,最终成功、有效的也较少见。(3)惩罚力度轻。即使侦查人员最终因刑讯逼供而被定罪,也多被处以缓刑。

"举重以明轻",即使对刑讯逼供、变相刑讯这样的严重侵权行为,通过国家赔偿与追究个人责任方式加以惩戒都如此困难、如此乏力,更莫谈对遭受侵犯的会见权、在场权及阅卷权等权利通过这些方式进行及时、充分的救济。

（四）非法证据排除的效果

1998 年两高发布司法解释，确立了非法言辞证据排除规则。最高人民法院《关于执行〈中华人民共和国刑事诉讼法〉若干问题的解释》（以下简称《法院解释》）第 61 条规定，凡经查证确实属于采用刑讯逼供或者威胁、引诱、欺骗等非法的方法取得的证人证言、被害人陈述、被告人供述不能作为定案的根据。最高人民检察院《人民检察院刑事诉讼规则》（以下简称《检察院规则》）第 265 条第 1 款规定，以刑讯逼供或者威胁、引诱、欺骗等非法的方法收集的犯罪嫌疑人供述、被害人陈述、证人证言不能作为指控犯罪的根据。但其救济效果并不理想。辩护律师与嫌疑人、被告人提出的非法证据排除动议往往被检察院甚至法院置之不理、敷衍了事或责令辩方承担证明责任而"化解"掉。而检察院或法院依职权主动排除证据的情形也较为少见。因此，现阶段，我国的嫌疑人及律师还不能将救济希望寄托于这两个规则。其原因在于，它们缺乏法治化侦查程序及必要的证明规则的支持。

1. 我国的封闭式讯问使得对非法证据的取证非常困难。我国侦查讯问以封闭方式进行；没有律师在场，即使业已展开的同步录音录像资料也不对律师开放；也不受中立司法机关的审查。[1] 现阶段，主要依靠笔录记载和保全审讯过程。但众所周知，笔录制作有相当大的选择性，侦查人员不仅不会将刑讯逼供记录在案，而且对威胁、引诱、欺骗等行为也会采用省略、转述等方法予以处理。嫌疑人签名时，明知有非法取证行为，但往往迫于压力或缺乏辨别力而签字认可。至于嫌疑人亲笔书写的供述，一方面，嫌疑人一般不敢写上非法取证，另一方面，即使写了，经侦查人员选择后，也不会进入案卷。总之，以上这种种导致"在警察局发生的事实究竟如何，只有犯罪嫌疑人与警察知道"。[2] 这种证据收集与保全程序严重抑制了嫌疑人及律师对非法证据的发现能力，也阻碍了法院对非法证据的调查。

2. 《检察院规则》中的非法证据排除规则属自我纠正，缺乏推动力。《检察院规则》第 265 条第 1 款规定，检察机关"发现"非法证据后，有职责予以排除。但问题是，让检察院去排除非法证据，与"自然正义"相悖。而且，检察机关与侦查机关在打击犯罪上具有一致性，更缺少排除非法言辞证据的内在动力。仅从该条第 2 款允许侦查机关采用嗣后合法行为转化前一阶段非法行为的规定就可看出端倪。第 2 款规定："人民检察院审查起诉部门在审查中发现侦查人员以非法的方法收集犯罪嫌疑人供述、被害人陈述、证人证言的应当提出纠正意见，同时应当要求侦查机关另行指派侦查人员重新调查取证，必要时人民检察院也可以自行调查取证。"而实践中，检察机关也很少对侦查机关的非法取证行为予以纠正或立案审查。另外，在自侦案件中，让检察机关起诉部门排除其自侦部门的非法证据，其可能性与效果更是可想而知。

---

[1] 参见汪建成：《理想与现实——刑事证据理论的新探索》，北京大学出版社 2006 年版，第 130—131 页。
[2] 李心鉴：《刑事诉讼构造论》，中国政法大学出版社 1992 年版，第 101 页。

3. 《法院解释》中的非法证据排除缺乏相关的证明责任和证明标准规则的支持。《法院解释》第 61 条规定，法院对非法供证"查证属实"后，不能将其用作定案根据。但问题是，对其未规定明确的证明责任与证明标准，导致排除率很低。以刑讯逼供得来的非法口供为例，在庭审中，如果被告人提出口供乃刑讯逼供所得，检察官通常以"谁主张谁举证"为依据，要求其提供证据。而法官们面对这一法无规定的棘手问题态度不一：有的支持检察官，有的宣称其不属审理范围。而大多数情况下，会因嫌疑人、被告人举不出有力证据而无法实现排除意愿。[1]

另外，就诉讼行为无效的救济方式而言，虽然我国 1996 年《刑事诉讼法》增加的第 191 条规定了若一审程序违法则发回重审的规定，但该条并不是针对侦查违法而是针对一审程序违法的规定。因此，我国还未建立起裁判机关审查侦查行为效力的机制。我国还没有因侦查违法而撤销案件、撤销起诉、撤销定罪判决的规定。这也影响着我国侦查辩护救济的效果。

（五）行政诉讼的探索

有不少律师曾独辟蹊径，通过行政诉讼有效实现了侦查辩护救济。他们在会见权被剥夺，无法自看守所、侦查机关及检察机关获得救济的情况下，向与案件结局无利害关系的法院提出了救济之诉，一度取得良好效果。1999 年 2 月 25 日，廖建华律师在两次会见嫌疑人未果后，以行政诉讼方式将湖南省娄底市公安局告上了市中级人民法院的行政庭，要求后者确认前者违法，并赔偿损失。该律师的思路非常符合侵权与救济一般原理：由中立法院来审查律师权益受侵犯问题，可克服检察机关审查的弊端，实现权利救济的客观有效性。事实也证明了这一点，该年 5 月 13 日，娄底市中级人民法院作出判决，确认被告不允许会见行为违法，并判令被告赔偿交通费用及其他损失。更值得注意的是，尽管娄底市公安局上诉后，给二审法院出示了公安部"是否允许律师会见是公安机关的权力，不属于行政诉讼受案范围"的批复意见，但湖南省高级人民法院依然驳回上诉，维持原判。其实，在此前的 1998 年，陈苏仪就采此救济途径，向湖南省涟源市人民法院起诉该市公安局剥夺其会见权的行为，并获得胜诉。[2]

为何这些律师能获得有效救济？该案反映出的司法对侦查的裁判性审查的优势以及裁判者中立的重要性不可忽视。但遗憾的是，1999 年最高人民法院发布的《关于执行〈中华人民共和国行政诉讼法〉若干问题的解释》，明确将公安机关、国家安全机关的"刑事侦查行为"排除于行政诉讼受案范围外。这一救济途径被堵死。[3]

---

[1] 其实，前述的胥敬祥的国家赔偿中，河南省高级人民法院赔偿委员会决定书所称的，胥提出身体疾病是羁押造成，但未能提供有效证据，治疗费不支持，其举证责任分配也存在问题。

[2] 参见陈瑞华：《刑事诉讼的中国模式》，法律出版社 2008 年版，第 257—259 页。

[3] 虽然该途径被封堵了，但其强大的有效性却充分表明了科学、合理的救济体系以及引入中立审查者进行侦查辩护救济的重要性。

三、法治国家的有效救济方式

法治国家因为侦查侵权的易发性和严重性,尤其重视对侦查辩护的救济。英美法系国家主要采用非法证据排除救济。对此,不仅意大利、日本予以借鉴,即使最典型的大陆法系国家——德国也引入该规则以完善其救济体系。当然,在法国、德国等国,宣告诉讼行为无效依然发挥着显著救济功效。

(一)宣告无效

法国采用独特的宣告诉讼行为无效的方式救济嫌疑人,也产生了很大影响。例如,《澳门刑事诉讼法》对诉讼无效的采用就达到了空前程度,该法第2卷"诉讼行为"之第5篇"无效"中,规定了两大类10种无效的诉讼行为,并详细规定了它的原则、启动程序及后果。[1]

这种救济方式与大陆法的成文法体例及一贯重视逻辑推理,侧重法律规范抽象有很大关系。对法律行为构成及相应评价的理解是分析大陆法各部门成文法的关键点与关联点之一。例如,在其民事法中,有关于民事行为成立、生效、变更、撤销及无效的一系列评价标准:满足必备条件,民事行为才能成立;符合法律规范与法律价值要求,民事行为才能生效;符合法定条件,民事行为才能被变更、撤销;同样,满足法定条件,民事行为才可能被认定为无效,例如,合同无效、婚姻无效、遗嘱无效等。这种无效评价很常见,也能有效保护相关主体的民事权益。

这种方法也在其刑事诉讼法规范中得到了一贯适用。立法者对侦查与诉讼行为也设定了主体、对象、行为特点、合法性的评价条件。只有符合法定条件的行为才是有效的,违反法定要求会被判定无效,以解决法律适用上的犯罪打击与人权保护的"两难"困境。例如,刑讯逼供行为一旦被发现,就要认定讯问行为无效,相应的,讯问获得的证据也不具有证据资格。另外,侵犯嫌疑人获得律师辩护权、会见权、在场权的侦查行为,也可被认定为无效,并不惜采取撤销起诉、宣告无效等方式救济嫌疑人及律师权益。

法国上诉法院审查起诉庭可宣布某种程序行为无效。因此,在预审阶段,不仅是嫌疑人及律师、民事当事人,而且预审法官与检察官也可提出宣告无效申请。而且,宣告无效可针对所有侵害嫌疑人利益的侦查行为,无论该无效制裁是否规定于刑事诉讼法典。审查起诉庭还可宣布其产生的证据也无效,而无效证据必须从案卷中撤出,否则援引者会被惩戒。对重罪案件则规定,预审法官必须将违法侦查行为送到该庭启动第二级预审。第二级预审是"诉讼形态"的。当然,该庭也可依职权宣布某些侦查行为及证据无效。[2]

---

[1] 参见赵秉志编:《澳门刑事诉讼法典》,中国政法大学出版社1999年版,第174—177页。
[2] 参见陈瑞华:《刑事诉讼的前沿问题》,中国人民大学出版社2000年版,第306—308页。

理论上,宣告无效比证据排除对违法侦查的制裁更彻底。因为它不仅排除了违法侦查获得的证据,而且从整体上对侦查行为作了无效评价,甚至将后续阶段的起诉与审判都认定为无效。当然,这种方式的弊端也在此——法律后果过于极端,可能导致放纵犯罪。但在大陆法系国家的实践中,因侦查违法而宣告无效的情形并不常见。这主要因为宣告无效的条件较为严格,只有非常严重的程序违法才可能导致诉讼行为无效。这导致大陆法的职业法官对其适用率并不高。

但值得注意的是,美国与英国却引进了诉讼行为无效的思路,确立了独具特色的辩护无效制度,以保障辩护权。20世纪30年代后,美国联邦最高法院开始通过系列判例扩大、强化获得律师辩护权,并建立了辩护评价机制。1970年,联邦最高法院在理查森案中,将获得律师辩护权解释为获得有效律师辩护的权利。自此至80年代中期,最高法院逐步确立了无效辩护的救济方式。在其初始阶段,"只有当律师的表现震撼法官的良心时",无效辩护申请才可能得到上诉法官认可。直至1984年,最高法院通过斯特里克兰案确立了确认无效辩护的双重标准:(1)辩护行为存在缺陷。其行为低于"合理的"客观标准。(2)缺陷行为给被告带来不利后果。这要求被告必须证明,如果没有律师的错误,诉讼结果将不同。对此,证明到"合理可信"程度即可。

当然,不是任何情形下都进行双重检验。(1)如果证据足以显示被告人犯罪,法院无需"不利后果"检验,即可驳回申请;(2)在某些情形下,"不利后果"具有可推定性,无需被告人证明,包括:① 律师直接或间接地没有或拒绝提供帮助,例如,无故缺席审判,在醉酒、吸毒、精神病状态下出席审判,在审判阶段一言不发,站在控方立场作出被告人有罪或罪重陈述;② 同时担任两个有利害关系被告的辩护人;③ 审判法官或政府对律师帮助不当干预。如审判法官剥夺律师的交叉询问权,阻止律师与委托人通信;警察或公诉人侵犯律师与委托人关系、偷听律师与委托人谈话等。[1]

其实,这里的第③种辩护不力并非律师失职造成,实际是审判或追诉者造成的。对此,被告人可直接上诉,不用做无效辩护申请。这就进一步扩展了美国诉讼行为无效对侦查辩护的救济范围与功效。

英国早在设立刑事上诉法院时,总检察长就指出,辩护律师的误算和失职将构成有效的上诉理由。其无效辩护申请理由通常包括:没有从律师处获得充分保护;律师诉讼准备不充分,没有给予适当意见,没有传唤证人出庭作证;律师能力缺陷等。1998年前,英格兰和威尔士判断无效辩护的权威判例是克林顿案。在该案中,刑事上诉法院认为,辩护律师的错误必须是"对正确的辩护规则的蔑视或者没有依据正确的辩护规则",或未给予"理智和机智的提示",从而对判决结果产生影响。1998年,英国颁布《人权法案》并批准了《欧洲人权公约》。相应的,法院对无效辩护标准进行了修正,开

---

[1] 参见林劲松:《对抗制国家的无效辩护制度》,载《环球法律评论》2008年第6期;林劲松:《美国无效辩护制度及其借鉴意义》,载《华东政法大学学报》2006年第4期。

始更有利于被告人。例如,在艾伦案中,刑事上诉法院指出,如果律师行为导致被告人没有获得公平审判,法院有强制干预义务,而且法院以无效辩护为由取消定罪,不应限于辩护律师明显不称职。[1]

(二)非法证据排除

非法口供不具有证据资格已基本成为通行做法。联合国《禁止酷刑和其他残忍、不人道或有辱人格的待遇或处罚公约》第15条规定:"每一缔约国应确保在任何诉讼程序中,不得援引任何业经确定系以酷刑取得的口供为证据。"在不少法治国家,侵犯公民不被强迫自证其罪权、获得律师辩护权、在场权及其他宪法权利而进行的讯问、搜查、扣押、辨认等行为而获得的证据,也被排除于法庭,给了嫌疑人及律师以有效救济。

英国1984年《警察与刑事证据法》第78条规定:"在任何程序中,法庭可以拒绝采纳起诉方赖以起诉并向法庭出示的证据。法庭应当考虑全部情况,包括取得证据的情况。证据的采用将会对程序公正产生不利影响的,法庭不得采用。"1987年女王诉梅森案初步确定,欺骗嫌疑人及律师而获得口供是应受到指责的行为。1988年赛缪尔案明确,律师在场是最重要的权利,拒绝律师介入应有合理根据。该案最终排除了被告于律师未在场时的供述。[2] 在英国庭审中,法官如果发现控方所依赖口供系强迫所得,无论真实与否,都予以排除;对其他非法证据,可裁量排除。另外,嫌疑人及律师在审前和庭审中均可提出排除申请。当然,法院也可依职权排除。

美国联邦最高法院在1914年维克斯诉美国案中首次明确排除规则。法院认定,该案警察未持搜查证而搜查扣押所得证据,侵犯了被告宪法权利,不得作为证据使用,否则就是司法认可违宪法行为。在1961年马普诉俄亥俄案中,据《宪法第四修正案》关于"禁止不合理的搜查与扣押"及《第十四修正案》关于"正当程序"的规定,将该规则适用到州法院系统。通过1964年埃斯皮杜诉伊利诺州案确立了,律师不在场时的认罪供述,侵犯被告人获得律师辩护的宪法权利,不得采用。在1966年米兰达案件中确立,在讯问前,没有告之沉默权、获得律师辩护权及讯问时律师在场权而作出的供述不得采用,因为这侵犯了《宪法第五修正案》和《宪法第六修正案》。在1986年美国诉亨利案中进一步明确,使用政府方面的代理人暗地从被告那里得到陈述,并在审判中使用,是对《宪法第六修正案》规定的被告人获得律师辩护权的违反。[3] 这些导致美国的排除规则非常发达,排除范围更为广泛:非法讯问、搜查、扣押、逮捕及不合理羁押所得证据都可能被排除;不仅违反口供自愿性证据会被排除,而且违反米兰达警告、司法令状、律师在场及期限要求而获得的口供也可能被排除;而且,不同于英国,根据供述所得的其他证据——"毒树之果"也可能被排除。

而且,即使德国也引进了排除规则以强化侦查辩护救济。在《刑事诉讼法》中规定

---

[1] 参见林劲松:《对抗制国家的无效辩护制度》,载《环球法律评论》2008年第6期。
[2] 参见熊秋红:《刑事辩护论》,法律出版社1998年版,第223页。
[3] 熊秋红:《刑事辩护论》,法律出版社1998年版,第222页。

了非法口供排除规则;在判例中确立了,未告知诉讼权利获得口供被排除规则及非法搜查与窃听获得资料被排除规则。当然,德国法院并不禁食"毒树之果"。[1]

因此,非法证据排除规则虽然还存在不少问题,但在权利救济方面,它与国家赔偿、个人责任甚至宣告无效方式相比,还是存在相当大的优势:(1)它是对违法侦查获得利益的直接剥夺,符合侵权与救济的一般原理,能有效制裁不法,实现救济。(2)相较国家赔偿方式,它更具及时性,只要检察院和法院能认定侵犯辩护权的存在,就能将证据排除,直接实现遏制和救济的双重目的。(3)相较宣告无效方式,它可避免宣告无效带来的对侦查和审判的整体损害。毕竟,它只排除侵犯获得律师辩护权、会见权、在场权而获得的证据,不损害其他合法证据对事实的证明作用。

正反对比可见,公职侵权损害救济的一般原理是:(1)需给公职侵权者以及时、有力的制裁,如此才能抑制侵权行为。(2)需剥夺公职侵权者的侵权所得,尤其是证据方面的所得,使其失去侵权动力,如此才能达到"釜底抽薪"之效。仅对其施以纪律惩戒,令其承担行政责任、国家赔偿责任与刑事责任也许并不能有效抑制侵权。(3)侵权者或与侵权者利益相关主体不得作为权利救济的裁判者。(4)需增强权利救济者的防御能力。(5)从程序上,最好能建立与侦查阶段同步的具有"诉讼形态"的司法审查,以救济嫌疑人及律师权利。

四、需要增加的救济

通过前文分析,可发现,我国侦查辩护救济体系完善有两个重要方面:(1)扩展非法证据排除规则的适用范围,明确"非法证据"的证明责任和证明标准。(2)增加程序性国家赔偿。

(一)非法证据排除规则的扩展

为实现侦查辩护的有效救济,需斩断侦查人员与办案结果间的巨大利益关联,需要剥夺违法侦查所得证据的证据能力,如此才能彻底打消和改变他们通过侵权破案的图谋和"习惯":(1)逐步推进证据收集及保全方式改革,建立律师在可能判处死刑、无期徒刑的重大案件中的讯问、辨认、搜查、检查、强制采样中的在场权及笔录签字权,尝试讯问时的全程同步录音录像,以提高对非法证据的发现与证实能力。(2)用列举式立法方法明确规定禁止采用的证据收集方式。可借鉴德国与日本立法规定,明确禁止非法折磨、夜间调查、疲劳战术、妨害身体、服用药品、拷问、催眠、欺诈、威胁、许诺及其他损害记忆力和理解力的方法获取证据。(3)增加侦查人员侵犯嫌疑人获得律师辩护权、知情权、会见权、上述律师在场权及超期羁押而获得的口供,不能作为指控与定案根据的规定。(4)尝试规定相应的"程序性救济"。如果侦查机关、检察机关侵犯嫌

---

[1] 陈瑞华:《刑事诉讼的前沿问题》,中国人民大学出版社2000年版,第298页。

疑人侦查辩护权,嫌疑人及律师在侦查阶段即可诉请法院或"审前法官"排除相应口供。

而最迫切、最重要的是,明确"非法证据"的证明标准和证明责任。综合法治国家对此问题的规定[1],可发现,这一证明责任分配和证明标准确立的出发点,在于嫌疑人权利救济与国家追诉间的平衡,平衡双方的举证能力与机会,并向劣势一方倾斜。因此,实践中,在"非法证据"证明责任上出现的"谁主张、谁举证"的主张是不合理的。因为"谁主张、谁举证"的前提是双方有近似的举证能力。而在双方能力悬殊巨大的情况下,证明责任分配应当"倒置",如行政诉讼与特殊民事侵权行为诉讼一样。因此,需赋予辩方质疑证据合法的权利,但由控方承担证据合法的证明责任。[2] 至于证明标准,法院若要肯定控方证据的合法性,应达到"排除合理怀疑"的标准;而若要肯定辩方的质疑时,只需有"有合理怀疑"或"有较大可能性"即可,因为在侦查封闭与秘密的"约束条件"下,这一较低标准才与辩方对"非法证据"的发现与保全能力相适应。

值得注意的是,《刑事诉讼法》第158条第1款规定,法庭审理过程中,合议庭对证据有疑问的,可以宣布休庭,对证据进行调查核实。这一证据调查核实权虽然是1979年《刑事诉讼法》职权主义的遗留,但它却契合了当代诉讼原理,值得据此给非法证据排除的适用打开"程序空间",让其在侦查辩护救济中发挥更大作用,以过滤"非法证据",避免其成为定案根据。当然,即使是到庭外行使这一权力,调查非法证据,也应吸收控辩参与。

(二)程序性国家赔偿的增加

虽然现行国家赔偿存在启动困难、适用范围狭窄及赔偿数额有限等问题。但基于程序性国家赔偿在侦查辩护救济上的大有可为的潜力,可将其予以创造性改革,引入

---

[1] 在英美法中,当事人双方有责任证明己方提供的证据具有可采性,但因为刑事诉讼中的"非法口供"是权力机关取证造成的,因而其可采性的证明责任就由控方承担。在英国,被告方有权质疑控方证据的可采性,一旦被告人提出异议或法庭依职权提出其证据不可采,控方就要承担其证据可采的责任,而且,其证明标准要达到"排除合理怀疑"的程度。但辩方对控方证据可采性质疑成立的证明标准,据1984年《警察与刑事证据法》第76条及第82条第3款的规定,只需让法官形成"可能"的心证即可。在美国也一样,"控辩双方对于口供是否自愿发生争议时,证明责任由控方承担","肯定辩护意见只要有优势证据,但要推翻它则必须超出合理怀疑的证据"(见华尔兹:《刑事证据大全》,何家弘等译,中国人民公安大学出版社1993年版,第313页)。

在大陆法中,法官享有证据调查权,使得非法证据的证明机制不甚明确。德国《刑事诉讼法》第136条列举了禁止获取供证的手段,第244条规定"法院为探究真实,应依职权就判决基础之一切事实与证据方法予以调查",均未涉及证明责任分配。但在德国实践中,刑讯逼供并不突出。实践中,对控方提出的证据,一般先推定其合法。但辩方提出质疑并证明到了"具有较大可能性"时,法官就可推定其不合法。当然,法官也可依职权调查,其最终认定证据不合法的标准也是"具有较大可能性"。因为这一证明属于"自由证明",而不是证明犯罪构成要件事实的"严格证明",所以,只要达到了"具有较大可能性",就可推定证据不合法(见罗科信:《德国刑事诉讼法》,吴丽琪译,法律出版社2003年版,第236—238页)。

[2] 非法证据证明责任分担的具体论述,参见汪建成:《理想与现实——刑事证据理论的新探索》,北京大学出版社2006年版,第148—149页。

救济体系内。

1. 扩大赔偿范围,将严重违反侦查程序的事项纳入赔偿范围。否则,会造成公检法人员更加忽视嫌疑人及律师权利,纵容了他们的侦查违法。因此,(1)需将侵犯嫌疑人的获得律师辩护权、会见权的行为及对嫌疑人的超期羁押纳入国家赔偿。(2)在增加嫌疑人及律师的侦查辩护权(死刑案件讯问时律师在场权、其他"关键环节"律师在场权、强制措施决定与变更时的律师参与权、调查取证权等)的基础上,将对这些权利的侵犯纳入国家赔偿。(3)取消《国家赔偿法》第15条对刑讯逼供、暴力行为、违法使用武器与警械赔付时附加的"造成伤害或死亡的"实体条件。凡在侦查中有刑讯逼供、暴力执法行为的,无论是否造成伤害或死亡,都应承担国家赔偿责任。

2. 降低程序启动条件,以便利于嫌疑人及律师使用。在侦查阶段,嫌疑人及律师受取证能力、取证时限的限制,不可能在短期内搜集到充分的侦查违法证据。因此,需要降低赔偿程序启动条件:(1)只要嫌疑人及律师"有证据证明"有侵犯嫌疑人获得律师辩护权、会见律师权、律师在场权、强制措施决定与变更时的律师参与权等权利的行为发生,就可以申请国家赔偿。审理机关接到申请后,应当予以立案。(2)只要嫌疑人及律师"有证据证明"有刑讯逼供、变相刑讯、暴力执法及超期羁押的发生即可申请国家赔偿,审理机关接到申请即应立案。

3. 将侦查侵权造成的间接损失也纳入赔偿范围,并严格执行国家赔偿后的个人责任追究制度。如果赔偿数额较少,或者基本由国家财政承担赔偿费用而疏于对侦查人员的追究,也会影响救济效果。

4. 提高国家赔偿裁断组织的中立性。原有的附属于各中级人民法院的国家赔偿委员会的功能发挥存在一定不足。可考虑建立专门的直属于市级以上人民代表大会的国家赔偿委员会,以提高其中立性,增加国家赔偿的公正性与权威性,强化其救济效果。

五、从诉讼救济到宪法救济

其实,对侦查辩护救济方式的比较及对未来"新增长点"的分析,触及一个根本的问题——对嫌疑人权利宪法性的再认识及宪法权利救济的制度化问题。质言之,还需一个"从诉讼救济到宪法救济"的再认识与再改革。

(一)嫌疑人权利的宪法性

在美国刑事诉讼中,救济嫌疑人权利是站在维护公民宪法权利的高度进行的。举凡不被强迫自证其罪权、获得律师辩护权、保释权、不受非法搜查扣押等权利均为宪法修正案所保护。因此,侦查机关的非法搜查扣押,强迫自证其罪,侵犯公民获得律师辩护权、律师在场权、保释权及其他正当程序权利的行为就是对宪法权利的侵犯,对宪法的践踏,会受到法院系统严格的事前、事中以及事后审查。而美国宪政历程中的诸多大案,就是针对侦查违法而作出的经典判例,例如,吉迪恩诉温赖特案、米兰达诉亚利桑那案、辛普森案及迪克森诉美国案。[1] 这些判例，一方面，因为援引宪法而更有力地保护了身陷侦查的嫌疑人的权利，另一方面，也因为援引宪法对嫌疑人权利的直接保护而成就了美国宪政。德国《基本法》同样以维护"人的尊严"为出发点，规定了一系列公民应当享有的宪法权利。在德国宪法法院的判决中，更是屡次直接适用《基本法》中的基本权利保护条款制裁侦查违法，救济嫌疑人权利。[2]

其实，我国《宪法》第二章第 37 条到第 41 条同样规定了公民宪法权利及救济方式。第 37 条规定了公民人身自由不受侵犯，不受非法逮捕、拘禁和搜查；第 38 条规定人格尊严不受侵犯；第 39 条规定住宅不受非法侵入和搜查；第 40 条规定了通信自由与通信秘密受法律保护；第 41 条规定了公民对国家机关和国家工作人员的批评、建议、申诉、控告、检举及获得赔偿权利。而第 33 条还特别规定："凡具有中华人民共和国国籍的人都是中华人民共和国公民。中华人民共和国公民在法律面前一律平等。国家尊重和保障人权，任何公民享有宪法和法律规定的权利，同时必须履行宪法和法律规定的义务。"

如果这些《宪法》中的良好条款被"激活"，将大大提高我国侦查辩护力度，推动侦查辩护救济走向完善化、实效化。因此，(1) 需将已有的嫌疑人权利保障提高到宪法权利保护高度。究其实质，我国嫌疑人在侦查阶段已享有的获得律师帮助权、会见律师权，由律师代为申诉控告权，代为申请取保候审权及其人身权与财产权，就是他们的宪法权利。所以，需要从宪法救济高度认识制裁侦查违法与救济权利受损的重要性。(2) 增加嫌疑人权利。从应然角度，需站在宪法权利保护高度，赋予嫌疑人以不被强迫自证其罪权、讯问与其他"关键阶段"的律师参与权，也需要落实《法律援助条例》的规定，将免费法律援助与指定辩护扩展至侦查阶段。(3) 需要从宪法权利维护角度看待国家赔偿、个人责任追究及非法证据排除等救济方式。正因为国家赔偿救济的是公民宪法权利，所以应当严格适用。正因为让侦查人员承担纪律惩戒与刑事责任之目的在于救济宪法权利，所以应增强惩戒与追究力度。

值得一提的是，如果认识到了嫌疑人及律师权利的宪法性，非法证据排除规则遭遇的质疑与及其面临的两难也就有了解决的可能性。非法证据排除曾遭到不少社会公众乃至学者的质疑。或许其观点有一定道理，诚如卡多佐所言，不能因为警察违法而放纵犯罪。[3] 但如果认识到，警察侦查违法侵害的是嫌疑人的宪法权利，非法证据排除可能带来的犯罪打击受削弱可能就是值得付出的代价。其实，在美国刑事司法史

---

[1] 参见任东来、陈伟、白雪峰：《美国宪政历程：影响美国的 25 个司法大案》，中国法制出版社 2005 年版，第 231—247、266—283、401—429 页。

[2] 参见陈永生：《侦查程序原理论》，中国人民公安大学出版社 2003 年版，第 376—378 页。

[3] 早在 19 世纪，边沁就强调证据是正义的基石，排除证据就等于排除正义。到 20 世纪，卡多佐也说证据不得任意排除，否则会因警察一时过失而让罪犯逍遥法外（可见王兆鹏：《美国刑事诉讼法》，北京大学出版社 2005 年版，第 30 页）。

上,米兰达判例、非法证据排除遭遇的挑战一直未曾间断,一度时期甚至非常严重。但为何屡遭挑战而不被撼动呢?原因或许就在此。即使大多数挑战者和质疑者也认可,不能因为打击犯罪而践踏宪法。[1]

当前,我国侦查辩护救济面临同样的质疑与障碍。或许其根本出路也在于,走出"从诉讼救济到宪法救济"的关键步伐,将我国《宪法》第37条到第41条规定的基本权利,援引至程序性国家赔偿、非法证据排除及程序性裁判中[2],使它们得到"激活",并通过这些系列化的具体案件将那些"纸面宪法"中的权利落实为"行动宪法"中的权利。

(二)中立司法的合宪审查

侦查辩护救济的实现程度,很大程度上还取决于司法结构是否合理,上文所提到的我国一度出现的行政诉讼救济方式,因为其救济主体的中立性而功效甚佳,就例证了这一点。法治国家侦查辩护能得到充分救济,相当部分原因就在于,其合理的侦查结构、司法制度以及成熟的合宪审查机制的作用。他们除了赋予公民广泛、坚实的宪法权利以制约侦查权外,还通过司法审查这一"权力对权力"的制约,维护宪法权救济。

"行政是国家利益的代表,司法则是权利的庇护者。"[3]诸多法治国家正是积累、设计了诸多司法审查规则,让中立法官对逮捕、羁押、搜查、扣押与监听进行审查,保障了嫌疑人宪法权利的救济。例如,美国法官的侦查监督权特别大,搜查、扣押、逮捕、窃听等令状均由法官签发。侦查人员抓获嫌疑人后必须在法定的24或48小时内送交法官决定是否羁押。在这一羁押决定程序中,律师也可提出保释或释放申请,并参与听证。这就从源头上,建立了与侦查同步的司法保护与宪法保护。而且,嫌疑人及律师还能通过上诉和申诉程序,将对侦查合法与否审查请求一直递送到联邦最高法院,以获得救济。而最高法院会选择那些关乎宪法权利的典型案件复审,以推动宪法权救济。如前所言,从美国宪政历程看,他们非常重视对侦查权的司法与宪法控制。在英国,还有人身保护令制度,嫌疑人在羁押期间,可依据宪法性的《人身保护法》向高等法院王座法庭申请人身保护令。[4]

---

[1] 2000年的迪克森诉美国案将屡遭争议的米兰达规则带进了21世纪,原因也许就在此。该案是伦奎斯特任内的判例。伦奎斯特是在里根总统任内就升任首席大法官的。在该案前他曾多次在有关判例中批评"米兰达规则"。人们预测,通过该案,可能推翻"米兰达规则"。但最终伦奎斯特法院以7比2的绝对优势支持了迪克森的上诉,重申警察对嫌疑人审问前,必须宣读"米兰达警告"。伦奎斯特主持撰写了判决书,他还特别强调,尽管他本人并不完全认同"米兰达警告",但"'米兰达警告'已经深深地铭刻在警察的日常工作之中,它已成为美国文化的一部分"。

[2] 程序性裁判与非法证据排除的关系,可见汪建成:《冲突与平衡——刑事程序理论的新视角》,北京大学出版社2006年版,第126页。

[3] 参见拉德布鲁赫:《法学导论》,米健、朱林译,中国大百科全书出版社1997年版,第100页。

[4] 参见陈瑞华:《问题与主义之间——刑事诉讼基本问题研究》,中国人民大学出版社2003年版,第187—189页;陈瑞华:《刑事诉讼的前沿问题》,中国人民大学出版社2000年版,第289—290页;宋英辉、吴宏耀:《刑事审判前程序研究》,中国政法大学出版社2002年版,第204页。

大陆法系国家也建立了即时性的司法授权、司法审查与司法救济制度,将救济嫌疑人之路一直铺到自己的宪法法院或最高法院。在德国,对于扣押、监视电信通讯、搜查等侦查措施只允许由法官决定;而逮捕嫌疑人后,应不迟延的,至迟是在逮捕后的第二日向逮捕地地方法院法官解交,法官认为,逮捕无正当理由或逮捕理由已消灭的,会命令释放嫌疑人;嫌疑人及律师对羁押审查和复审不服的,还可向州高等法院再申请复审,甚至继续向德国宪法法院乃至欧洲人权法院提出申诉,以获得救济。在法国,则由宪法委员会审查合宪性案件,为侦查辩护救济提供路径。在意大利,嫌疑人及律师可针对预审法官的强制措施裁决,向该法官所在地的省府驻地法院申请复查;还可向决定羁押法院的上一级法院提出"普通上诉";最后,还可就羁押裁决中的法律适用,向最高法院提出"特别上诉"[1],而意大利宪法法院更曾于1991年强化了1988年《刑事诉讼法》第350条第7款的规定,不仅将保证律师在场作为侦查机关的义务,而且几乎完全排除了缺乏律师在场讯问所得证据的证据能力,只能作弹劾证据。[2]

值得注意的是,在上述欧洲国家,如果公民认为自己的宪法权利遭受了侵犯,且已穷尽了国内救济手段,还可向欧洲人权委员会与欧洲人权法院提起申诉。而后者的裁决对不少欧洲国家的刑事侦查产生了深刻影响。法国法院的许多裁决就多次因窃听与听证程序不合法,羁押条件恶劣而被宣布无效。它也推动了比利时和荷兰的刑事诉讼改革。[3]

在我国,虽然宪法中有公民权利的全面、翔实规定。但司法审查的空缺导致侦查阶段的宪法权保护的缺少诉讼化的"法的空间"。中国还没有专门的宪法裁判机构审查违宪案件、积累宪法判例、制定新的宪法诉讼规则。这使得非法证据排除、撤销起诉、推翻有罪裁判等"程序性制裁"缺乏发展空间。这是非常致命的。如此,会放任侦查权膨胀,使公民宪法权救济更加举步维艰。

为解决这一问题,可考虑借鉴法治国家合宪审查的思路。诚如学者所言,对宪法规定的公民权利在刑事诉讼领域的屡遭侵犯,可通过"宪法司法化"的方法予以解决,不必坐等到《刑事诉讼法》完备。[4] 因此,可考虑对现阶段封闭排外的、"两方组合"的侦查构造进行"诉讼化"改造,并将宪法救济作为侦查辩护救济的核心与主要推动力,推动其从"诉讼救济走向宪法救济",使救济功效能有质的提高:(1)赋予法院的审前法官对侦查的司法审查权,并将其提高到宪法权利救济高度予以保障。(2)避免审前

---

[1] 参见陈瑞华:《问题与主义之间——刑事诉讼基本问题研究》,中国人民大学出版社2003年版,第190页。

[2] 参见孙长永:《侦查程序与人权》,中国方正出版社2000年版,第342—344页。另外,在日本,嫌疑人对羁押裁判也可提出"准抗告"。日本最高法院也多次在判例中确立,违反令状的搜查、扣押及以犯罪手段搜集的证据被排除的规则(可见宋英辉译:《日本刑事诉讼法》,中国政法大学出版社2000年版,第30—31页)。

[3] 参见陈永生:《侦查程序原理论》,中国人民公安大学出版社2003年版,第376—378页。

[4] 参见汪建成:《刑事诉讼法再修订过程中面临的几个选择》,载《中国法学》2006年第6期。

法官与审判法官来自同一法院系统,最少不能与审判法官是同一人。(3)建立审前法官主导的侦查审查机制,取消检察院的批捕权,对强制侦查行为与强制侦查措施实行令状主义,搜查、监听、拘留及羁押等均交审前法官批准,嫌疑人和律师可参加"羁押审"并发表辩护意见。(4)嫌疑人及律师可依据实体性宪法权利及程序上的宪法性的"诉讼权"[1],就侦查辩护权和宪法权利受损,向法院提出"司法救济之诉"及"违宪审查之诉",也有权进行后续上诉。(5)在这一过程中,始终注意保障嫌疑人及律师的程序参与和程序性辩护。

不可否认,由"审前法官"主导的司法令状、司法审查、司法救济以及后续的宪法救济的实现,受宪政体制、公检法关系、刑事政策及物质技术条件的制约,将是一个长期过程。但在我国走向法治化的既定前提下,它们会随着上述条件的逐步成熟而逐步具备实现条件。而且,司法审查的建立也能推动这些制约条件的转变。它们间也是互动的。同样不可否认的是,司法审查与"宪法救济"并不是侦查辩护救济的唯一途径,只要能实现救济,不一定采以英美德法日为师的"诉讼化"改革方式。但在没有找到更好办法前,还不能忽视侦查"诉讼化"所具有的、如前所示的显著功效,有必要对其进行探索与试验。

---

[1] 参见左卫民、朱桐辉:《公民诉讼权:宪法与司法保障制度研究》,载《法学》2001年第4期。

量刑义务:检察官客观义务之核心

汪贻飞[*]

一、问题的提出

检察官的客观义务是指"检察官为了发现真实情况,不应站在当事人的立场上,而应站在客观的立场上进行活动"[1]。也就是说,检察官在刑事诉讼中应当保持客观公正的立场,要以客观事实为根据,既要注意不利于犯罪嫌疑人、被告人的证据、事实和法律,又要注意有利于犯罪嫌疑人、被告人的证据、事实和法律,要不偏不倚。检察官的客观义务最早确立于19世纪中后期的德国,其后广泛地传播于各主要大陆法系国家,然而即便是在德国,"这种'客观义务'到底包括哪些内涵也不是十分清楚"[2],这便为日后的学术争论留下了广阔的空间。

关于检察官是否具有客观义务,学术界和司法实务界曾产生过激烈的争论。赞成检察官具有客观义务的一方认为,"检察官应当具有客观义务,坚持客观立场、忠实于事实真相、实现司法公正"[3];"客观义务既是对检察官积极履行职责的合法限制,也是对检察官独立行使职权的合理保障。所谓限制,体现在检察官不能片面地追求打击犯罪的效果,不能不惜一切代价地追求有罪判决的结果,而必须充分发现和尊重案件的客观事实,最大限度地寻求法律的公正适用"[4];"检察官的客观义务与对抗制具有兼容性"[5];"检察机关作为我国法律监督机关,其身份不仅是承担控诉职能的一方当事人,同时也应承担维护诉讼公平正义的客观义务"[6]。还有学者从创设检察官的目

---

[*] 作者系北京大学法学院2007级博士研究生,主要研究方向为刑事诉讼法学、证据法学、刑事司法制度。本文在写作的过程中,有幸得到了导师陈瑞华教授的大力指导,在此致谢!
[1] 〔日〕松本一郎:《检察官的客观义务》,郭布、罗润麒译,载《法学译丛》1980年第2期。
[2] 程雷:《检察官的客观义务比较研究》,载《检察官学院学报》,2005年第4期。
[3] 朱孝清:《检察官客观公正义务及其在中国的发展完善》,载《中国法学》2009年第2期。
[4] 孙长永:《检察官客观义务与中国刑事诉讼制度改革》,载《人民检察》2007年第17期。
[5] 程雷:《检察官的客观义务比较研究》,载《检察官学院学报》2005年第4期。
[6] 陈永生:《论检察官的客观义务》,载《人民检察》2001年第9期。

的角度,论证了检察官具有客观义务,如台湾学者林钰雄认为:"创设检察官制度,一可透过诉讼分权模式,以法官与检察官彼此节制的方法,保障刑事司法权限的客观性和正确性;二可以严格法律训练及法律拘束之公正客观的官署,控制警察活动的合法性,摆脱警察国家的梦魇;三可守护法律,使客观的法意旨贯通整个刑事诉讼程序,既追究犯罪,又保障人权"[1]。

而反对检察官具有客观义务的一方则主要从以下三个角度提出质疑:(1)从心理学的角度讲,同时令检察官承担追诉职能与辩护职能,甚至有时还要承担维护公正的司法职能,与心理学规律、诉讼职能区分规律相悖。如有学者认为,"赋予检察官客观义务,从心理学的角度看,与其控诉职能是冲突的"[2];"在刑事诉讼中,法官、检察官和辩护人的角色集中到一个人身上,这是和心理学的全部规律相矛盾的"[3]。(2)从检察官自身利害关系的角度看,胜诉的欲望与利益令检察官经常无视毫无任何违反后果的"客观义务"。比如有学者认为,"公诉机关的控诉职能和权力属性决定了公诉人必然带有强烈的'追诉倾向',从而具有'追求有利于国家的裁判结果的心理基础和利害动机'"[4];"现行的业绩考核却迫使任何一个检察官都不可避免地与案件的结局发生利害关系,这必然使检察官都有强烈的获得胜诉欲望,很显然,检察官理论上本应具有的客观义务和中立立场,实际被检察官的'当事人化'所规避和架空了"[5]。(3)从实践对理论的背反角度看,即便是理论上赞成检察官应当具有客观义务的国家,其检察官在司法实践中也往往无法秉承客观义务。比如有学者认为:"在实践中,检察官的作用非常类似于更明确的当事人制度下的指控官员,比如检察官为了被告人的利益而提起上诉的情况就很少发生。……一旦作出起诉决定,德国的检察官将抛开他们的中立姿态,尽力去赢得诉讼,甚至不亚于美国的检察官"[6];"在诉讼程序中主张或者强调检察官保护被告之客观义务,其结果被告反须付出比受检察官保护所得利益更高的代价,因为检察官为早日发现真实,必须对被告有利、不利证据一并彻底侦查,稗使无辜被告早日从刑事程序中解放,如此便会造成侦查长期化、侵犯被告隐私权等不合理情事。为保障被告人权,及维护正当法律程序原则,实不宜采行赋予检察官保护被告之客观义务方式,应该采赋予刑事被告诉讼防御权的方式。"[7]

以上梳理表明,支持检察官具有客观义务的一方主要是从学理、思辨和应然的角

---

[1] 林钰雄:《检察官论》,台北学林文化事业有限公司1999年版,第16—17页。
[2] 陈卫东、刘计划、程雷:《德国刑事司法制度的现在与未来》,载《人民检察》2004年第11期。
[3] 陈瑞华:《问题与主义之间——刑事诉讼基本问题研究》(第2版),中国人民大学出版社2008年版,第31页。
[4] 陈瑞华:《刑事审判原理论》,北京大学出版社1997年版,第238页。
[5] 陈瑞华:《刑事诉讼的中国模式》,法律出版社2008年版,第292页。
[6] 〔德〕托马斯·魏根特:《德国刑事诉讼程序》,岳礼玲、温小洁译,中国政法大学出版社2004年版,第40页。
[7] 朱朝亮:《检察官在刑事诉讼之定位》,载《东海大学法学研究》第15期。

度论证检察官具有客观义务;而反对方则主要是从心理学、实际可操作性以及司法的实然状态这几个方面,分析论证检察官实际上无法达到客观中立。实际上,社会生活的一般经验表明,站在两种不同的角度观看同一问题,很容易"横看成岭侧成峰","公说公有理,婆说婆有理",不仅难以达成一致意见,而且容易"管中窥豹,只见一斑"。同时,由于检察机关几乎参与了刑事诉讼的全过程,包括侦查、起诉、审判(包括定罪和量刑)、定罪之后的上诉和抗诉等,如果我们的研究不区分阶段,不考虑检察官在不同诉讼阶段所负有的不同职能和义务,而"眉毛胡子一把抓"地将检察机关在刑事诉讼的所有活动作为研究对象,不论得出何种结论都将是草率的。因此,对检察官参与的整个刑事诉讼活动进行分解,通过这种"解剖麻雀式"的研究,分别研究各阶段检察官是否具有客观义务,然后通过总结,才能得出关于检察官是否具有客观义务、检察官在哪些阶段负有客观义务、检察官对于何种诉讼行为负有客观义务等问题的客观结论。

二、侦查阶段:"客观义务"抑或"法治原则"

大陆法系国家,基于检、警一体化,检察官在侦查阶段即可介入,并在收集犯罪证据问题上保持一定的中立性。比如,《德国刑事诉讼法典》第160条第2款规定,检察院不仅要侦查证明有罪的,而且还要侦查证明无罪的情况,并且负责提取有丧失之虞的证据。同法第163条a第2款也规定:"被指控人请求收集对他有利的证据时,如果它们具有重要性,应当收集。"从上述规定可以看出,德国检察官在侦查阶段不仅有义务依职权调查收集有利于犯罪嫌疑人的事实和证据,而且有义务根据犯罪嫌疑人的申请,保全有利于犯罪嫌疑人的证据。《意大利刑事诉讼法》第327条和第358条也规定,检察官领导侦查工作并且直接调动司法警察;检察官出于侦查犯罪的目的有权开展一切必要的活动,"并且也核实对被调查人有利的事实和情节"。从以上材料可以看出,大陆法系国家一般要求检察官既要收集不利于被告人的证据,也要收集有利于被告人的证据。

与大陆法系国家不同的是,英美国家检、警分离,在体制上互不隶属,所以,检察机关一般无法参与和指挥侦查。因此,在侦查阶段,就证据的收集问题,美国的警察机构则承担了大陆法系国家检察官所承担的所有职能。比如,美国1945年通过的《联邦刑事诉讼规则》第16条规定,控诉方不仅有义务展示不利于被追诉者的证据,而且有义务展示有利于被追诉者的证据。根据美国学者的判断,一般而言,对抗制并不要求一方帮助另一方进行审判准备工作,检察官不负有为辩护方收集无证据的宪法义务。[1]但由于检察官负有宪法义务开示对辩护方有利的证据,如果检察官知悉了对辩护方有

---

[1] Fred C Zacharias, "Structuring the Ethics of Prosecutorial Trial Practices: Can Prosecutors Do Justice?", 44 *Vanderbilt Law Review*. 45(1991), pp.58-59.

利的证据,根据宪法判例负有义务开示给辩方,同时检察官不得采取积极行为妨碍辩方收集证据,在许多情形下,检察官还应当为辩护方收集证据提供便利。[1] 英国1996年通过的《刑事诉讼与调查法》规定,负责调查犯罪案件的警察有义务将其在调查过程中收集和制作的全部材料进行记录和保存,检察机关在其后的"初次展示"和"第二次展示"中不仅有义务展示其准备在法庭上使用的有利于控方的相关材料,而且有义务展示其不准备使用而可能有利于辩方的相关材料。[2] 由此可见,美国和英国的警察机构在犯罪侦查过程中也同样承担了收集证明犯罪嫌疑人无罪和有罪的证据。

我国公检法三机关秉承"分工合作、互相配合、互相制约"的基本模式,除检察机关自侦的案件以外,检察机关在侦查阶段无法参与和指挥侦查。我国《刑事诉讼法》第43条规定:"审判人员、检察人员、侦查人员必须依照法定程序,收集能够证实犯罪嫌疑人、被告人有罪或者无罪,犯罪情节轻重的各种证据。……必须保证一切与案件有关或者了解案情的公民,有客观地充分地提供证据的条件,除特殊情况外,并且可以吸收他们协助调查。"根据《刑事诉讼法》第37条的规定,辩护律师"可以申请人民检察院、人民法院收集、调取证据",检察官有根据律师请求收集调取证据的义务。从这些规定可以看出,从法律义务上讲,我国公安机关和检察机关在犯罪侦查的过程中有义务和职责收集证明犯罪嫌疑人有罪、无罪、罪轻和罪重的所有证据。

以上对大陆法系、英美法系以及我国检察机关在侦查阶段的职责和义务的分析可以看出:不论是在大陆法系国家、还是英美法系国家,甚或我国,侦查机关在侦查犯罪的过程中都需要既收集不利于犯罪嫌疑人的证据,同时也需要收集有利犯罪嫌疑人的证据。然而,由于各国检、警体制的不同,导致检察机关在各国犯罪侦查程序中的角色和职能表现有所不同。大陆法系国家检察官一般指挥或指导侦查,因而在侦查过程中,警察的角色往往被忽略,检察机关往往被突出和强调,因此让人误以为检察官在犯罪侦查过程中因负有"客观义务"而一并收集不利犯罪嫌疑人和有利于犯罪嫌疑人的证据。英美法系国家检警在体制上互不隶属,检察官的侦查职能非常有限,指控犯罪才是其基本职能,然而在这种情况下,警察开始承担了大陆法系检察官所承担的"客观义务",即既要收集不利证据也要收集有利证据。而我国检、警之间秉承"分工负责、互相配合、互相制约"原则,因此,对于那些公安机关负责侦查的刑事案件,警察在侦查过程中有义务既要收集有利于犯罪嫌疑人的证据,同时也要收集不利于犯罪嫌疑人的证据;而对于那些由检察机关负责侦查的案件,检察官同样也负有上述全面收集的义务。

实际上,不论是大陆法系检警一体模式,还是英美法系检警分离模式,甚或我国检警"配合制约"模式,也不论是由警察还是由检察官来承担侦查职能,法律都要求犯罪

---

[1] Bennett L Gershman, "The Prosecutor's Duty to Truth", *Georgetown Journal of Legal Ethics*, Vol. 14, No. 2, Winter 2001, pp. 309-354.

[2] 参见中国政法大学刑事法律研究中心:《英国刑事诉讼制度的新发展》,载陈光中、江伟主编:《诉讼法论丛》(第2卷),法律出版社1998年版,第374—377页。

侦查主体在犯罪侦查过程中保持一定的客观性,既要收集不利于犯罪嫌疑人的证据,同时也要注意收集有利于犯罪嫌疑人的证据。从这个意义上讲,如果说检察机关在犯罪侦查过程中负有客观义务的话,我们同样可以得出警察机关在犯罪侦查过程中也负有"客观义务",而这是十分荒谬的。实际上,任何公权力机关在调查个人违法的过程中,都有义务调查案件的所有情况,这是国家公权力正确行使的保障。比如,国家行政机关在准备对个人或者单位进行行政处罚之前,必须进行必要的证据调查,在调查的过程中,不可能只收集不利于行政处罚当事人的证据,因为一方面他们有义务确保未来的行政处罚决定是正确的;另一方面,他们需要全面掌握各个方面的信息,以应对行政处罚相对人可能提出的辩解理由。然而,我们不能因此认为行政机关在行政处罚程序中负有"客观义务"。所以说,尽管在犯罪侦查过程中,公安、检察机关有义务既要收集不利于被告人的证据,同时也要收集有利于被告人的证据,但是这种义务并不是来自于所谓的"客观义务",而是源于国家机关所应秉持的法治原则。

三、审查起诉阶段:"客观义务"VS"功利主义"

大陆法系的多数国家传统上对刑事案件的起诉实行法定原则,即"只要有足够的证据证明犯罪嫌疑人已经构成犯罪,检察官原则上就有义务对所有的犯罪行为进行调查;而只要调查显示有足够的事实依据,则检察机关需要提起公诉"[1]。然而,与起诉法定主义同时存在的还有起诉便宜主义,该原则授权检察官在犯罪事实不足时,有权在提起公诉与终止程序之间自行作出决定,自由裁量是否提起告诉或作出不起诉决定。[2] 德国起诉裁量原则要求,在刑事追究利益不大、优先考虑程序的经济性或者有其他法律政治利益与刑事追究相抵触的情况下,尽管存在着犯罪嫌疑,检察机关仍可以对此不立案侦查或不提起公诉。[3] 在法国,检察机关决定是否追诉时,应当审查追诉是否具有合法性和适当性。[4] 日本《刑事诉讼法》第248条规定:检察官根据犯罪嫌疑人的性格、年龄及境遇,犯罪的轻重情况与犯罪后的表现,认为没有必要追诉的可以不起诉。此外,对于证据不足的案件,如果在不起诉后发现新的重要证据,检察官可以就同一案件再提起公诉。

英美法系国家实行当事人主义,在起诉问题上检察官对案件享有广泛的不起诉裁量权,并殊少受到限制。[5] 英国《刑事诉讼法》规定:"有犯罪嫌疑必须起诉,这从来就不是我们国家的方针",只有"该案件符合公共利益,他才应该被起诉"。根据这一规

---

[1] [德]克劳斯·罗克辛:《刑事诉讼法》,吴丽琪译,法律出版社2003年版,第103页。
[2] 参见宋英辉、孙长永、刘星魁等:《外国刑事诉讼法》,法律出版社2006年版,第394页。
[3] 参见汪建成、黄伟明:《欧盟成员国刑事诉讼概论》,中国人民大学出版社2003年版,第191页。
[4] 参见宋英辉、孙长永、刘星魁等:《外国刑事诉讼法》,法律出版社2006年版,第276页。
[5] 参见宋英辉:《刑事诉讼原理导读》,法律出版社2003年版,第342页。

定,公众利益是检察官考虑起诉或不起诉的首要问题,只要检察官认为不符合公众利益,就可以裁量不予起诉。此外,检察官在审查是否需要起诉时,主要考虑证明案件事实的证据是否充分,如果觉得证据不足,案件就会被退回警察部门或作不起诉处理。但是检察官没有自行侦查权,但拥有根据公共利益标准而决定是否提起公诉的自由裁量权。在美国,检察官在决定是否起诉时,不仅要考虑犯罪的轻重,还需要考虑犯罪嫌疑人的个人情况和是否有利于其改造等其他因素;即使是重罪案件,如果检察官对案件进行综合考虑后,认为起诉不利于犯罪行为人改造、不体现公众利益、无助于遏制犯罪或耗费司法资源太大时,都可以不起诉。[1]

我国《刑事诉讼法》规定的不起诉类型主要有三类,即法定不起诉,酌定不起诉和疑罪不起诉。"法定不起诉"本身便是法律的规定,检察机关作出法定不起诉是法律的硬性要求。对于"疑罪不起诉"而言,由于检察官收集到的证据并没有达到相应的起诉标准,因此,作出不起诉决定,主要是基于对胜诉的焦虑,以及害怕败诉所带来的消极后果,这实际上是检察机关"两害相较取其轻"的理性选择。而对于检察机关作出的酌定不起诉,检察官主要是基于犯罪行为轻微、特定的刑事诉讼政策、诉讼效率以及是否具有起诉利益等方面的考虑。实际上如果完全按照"客观主义"立场,一旦发现犯罪,就应当提起公诉,而不应当"不客观地"视"犯罪"而不见,不予公诉。因此,检察官作出酌定不起诉并不是基于什么"客观义务"。

从上面的分析可以看出,英美法系国家,检察官与民事当事人并没有多少区别,在决定是否需要提起公诉问题上享有广泛的自由裁量权。而大陆法系国家基于起诉法定主义的限制,检察机关在决定是否提起公诉的过程中,享有的自由裁量权相对较小,一般主要局限在对轻微犯罪的处理问题上。然而,不论是英美法系国家,还是大陆法系国家,检察官在决定是否需要提起公诉的过程中,他们主要考虑的因素却具有一定的趋同性,主要包括:(1)侦查机关收集的证据是否充分,是否能够达到起诉需要的证明标准。比如德国起诉法定原则要求只要调查显示有足够的事实依据,则检察机关需要提起公诉,当然,如果没有足够的证据起诉犯罪,检察机关也无法提起公诉。在英国,检察官在审查是否需要起诉时,主要考虑证明案件事实的证据是否充分,如果觉得证据不足,案件就会被退回警察部门或作不起诉处理。(2)犯罪行为是否轻微,是否符合起诉之利益、起诉的经济性、适当性等。比如,德国起诉裁量原则要求,在刑事追究利益不大、优先考虑程序的经济性或者有其他法律政治利益与刑事追究相抵触的情况下,尽管存在着行为嫌疑,检察机关仍可以对此不立案侦查或不提起公诉。在美国,检察官的不起诉裁量权受国家起诉政策的指导,虽然检察官在决定是否起诉时要考虑犯罪的轻重,但还需要考虑犯罪嫌疑人的个人情况和是否有利于其改造等其他因素。(3)其他方面的因素。比如,美国检察官为了与从犯进行交易的方式获得能够证明其

---

[1] 参见张穹:《公诉问题研究》,中国人民公安大学出版社2000年版,第105页。

他更为严重罪行的证据,可能会对那些已有足够证据证明犯罪的嫌疑人不予起诉。而在德国,在较轻微的案件中,如果其将受到的刑罚或者处分对行为人而言,其因已受其他犯行之判决,确定了刑罚或处分,故已无关轻重时,则无需加以追诉。[1] 上述三个方面的因素,主要都是来源于"功利主义"的考虑和理性人的选择。

由是观之,不论是大陆法系国家、英美法系国家,还是我国,检察机关因证据不足而作出的不起诉,本质上是一种法定义务,是检察官衡量各种风险基础上而进行的理性人选择,与检察官的客观义务没有任何关系。至于检察官在做出是否起诉的过程中,对犯罪行为是否轻微、是否符合追诉利益、是否符合诉讼经济等方面的考虑,实际上主要是基于功利主义的考虑,以及理性人的选择,本质上与检察官是否具有客观义务并没有什么关系。从逻辑上讲,如果检察机关在审查起诉阶段负有客观义务的话,对于那些实施了犯罪(即便是轻罪)的犯罪嫌疑人,检察机关应当提起公诉,而不是不起诉。因此,将检察机关的酌定不起诉归结为检察官承担的客观义务,未免本末倒置。

四、定罪阶段:客观义务的乌托邦

英美法系国家,受当事人主义诉讼模式和司法竞技主义理念的影响,检察官一旦起诉,他们就会像民事诉讼的当事人一样,尽力地赢得起诉。比如司法实践中,检察官经常对是否有罪存在强烈怀疑的被追诉者提起控诉,在研究完卷宗之后,在说服了原本不愿作证的证人出庭作证后,在设计好庭审策略之后,检察官往往认为自己已经对这一案件付出了很多,从而必须将该案起诉到法院并竭力争取有罪判决。而且,检察官的案件胜负率是衡量检察官工作业绩的重要标志,对于选举产生的检察官来说,胜诉率更是作为选举的重要因素受到关注。[2] 同时由于美国的刑事诉讼程序明显地被划分为定罪和量刑两个程序,就定罪问题而言,英美法系检察官不可能在支持起诉的过程中,复要求法官宣告无罪,否则便自相矛盾。如果检察官确实认为被告人无罪,基于法律赋予的起诉裁量权,他们完全可以在决定是否起诉时,直接作出不起诉的决定。从美国司法实践来看,检察官实际上根本也无法保持所谓的客观中立性,比如,哈佛大学法学院教授、著名辩护律师德肖维茨便批评道:"美国检察官的不当行为十分猖獗,甚至为了提高自己的声望或服务其他政治利益,把无辜的人定罪也在所不惜。"[3]

大陆法系国家学理上支持检察官负有客观义务的理由主要是根据下述案例:1996年1月,德国吕北克外国难民居住地发生纵火案,包括6名儿童在内的10位难民葬身火海。……检察官查明此人系出于报复他人而纵火,起诉证据是犯罪嫌疑人供述以及

---

[1] 参见〔德〕克劳斯·罗克辛:《刑事诉讼法》,吴丽琪译,法律出版社2003年版,第103—104页。
[2] 参见 Gordon Van Kessel, "Adversary Excesses in the American Criminal Trial", *Notre Dame Law Review* 67 (1992), pp. 403-551.
[3] 参见黄瑞明:《谈检察官的个案伦理》,载《检察新论》2007年第2期。

消防鉴定报告,该报告认定起火点系被告人的住室。辩护律师提供的消防鉴定报告指出,起火点并非是二楼,而是一楼楼梯间,纵火物系外界掷入。庭审中,控辩双方调兵遣将,双方证人次第出庭作证,辩方有效地使法官对被告人的有罪供述及消防鉴定的证明力形成合理怀疑。检察官感到庭审结果既无法排除被告人的犯罪嫌疑,但也没有确实、充分的证据证实犯罪系被告人所为。在这种情况下,检察官做出了令人惊诧的大胆行为和辩护律师一起为被告人请求无罪判决。[1] 不少学者据此认为,"在法庭审理中,如果检察官发现控诉证据不足以支撑有罪判决,检察官应当明确表示放弃追诉或者要求法庭宣告被告人无罪"[2],是审判阶段检察官客观义务的生动体现。但是,从本案叙述可以看出,检察官起诉之后,在法庭审理阶段为了论证被告人有罪,已经通过充分的"调兵遣将"并传唤了相应的证人出庭,但不幸的是,辩护律师抓住了问题的关键,并"使法官对被告人的有罪供述及消防鉴定的证明力形成合理怀疑"。其后,检察官在感觉"没有确实、充分的证据证实犯罪系被告人所为"时,才高姿态地要求法官作出无罪判决。实际上,即便本案检察官没有提出上述要求,由于案件中关键证据的证明力存疑,法官难以形成内心确信,法官仍然会判处被告人无罪。检察官只是在预料到裁判结果前,表现了其"大度"和"坦然"而已,当然,检察官表现的这种"大度"和"坦然"确实也值得我们学习和称道。此外,从大陆法系的司法实践来看,在定罪审理阶段,检察官是不可能保持实质上的中立性。比如,有学者认为,"在实践中,检察官的作用非常类似于更明确的当事人制度下的指控官员,比如检察官为了被告人利益而提起上诉的情况就很少发生。……一旦作出起诉决定,德国检察官将抛开他们的中立姿态,尽力去赢得诉讼,甚至不亚于美国的检察官。"[3] 我国台湾地区情况也颇为类似,比如有学者便认为"'全世界最公正客观的公署'云云,在辞藻的堆砌上是有可能的,然犹如晋惠帝不解'何不食肉糜',是完全脱离刑事诉讼的现实世界的"[4]。

我国《检察院刑事诉讼规则》第332条规定,"在法庭审理中,公诉人应当客观、全面、公正地向法庭提供证明被告人有罪、罪重或者罪轻的证据"。从规范法学层面来看,公诉人在法庭上的义务主要是客观、全面、公正地提供证明被告人有罪的证据,而没有义务提供证明被告人无罪的证据;至于客观地提供证明被告人罪重、罪轻的义务,这本质上属于检察官在量刑问题上所负的义务。因此,从法律文本本身,我国检察官在定罪阶段并不负有客观义务。此外,从逻辑的角度,有罪、无罪问题是一个全有或者全无的问题,在这个问题上任何一方当事人都有且仅有一个立场,即便是法官在犯罪问题没有查清楚的情况下,也只能根据无罪推定、证明责任等原则或制度,达至一个

---

[1] 关于该案案情,参见林钰雄:《检察官论》,学林文化事业有限公司1999年版,第36、37页。

[2] 孙长永:《检察官客观义务与中国刑事诉讼制度改革》,载《人民检察》2007年第17期。

[3] [德]托马斯·魏根特:《德国刑事诉讼程序》,岳礼玲、温小洁译,中国政法大学出版社2004年版,第41页。

[4] 王兆鹏:《当事人进行主义之刑事诉讼》,元照出版公司2002年版,序言,第2页。

最终结论。所以,在"定罪"这一问题上,检察官不可能要摆在有罪和无罪之间,他们一旦起诉,只能够朝着有罪的方向努力,而不可能持客观义务。最后,从司法实践的角度来看,我国检察官的主要职责是追诉犯罪,这与客观义务中考量被追诉人的利益在心理学上存在角色冲突[1],而且,现行的业绩考核迫使任何一个检察官都不可避免地与案件的结局发生利害关系,这些都使得检察官在定罪问题不可能负有客观义务。

总之,不论是大陆法系、英美法系,抑或我国,定罪问题都是一个"全有或全无"的问题,在这个问题上任何一方当事人都有且仅有一个立场:检察机关一旦选择了起诉,它们必然站在追求被告人有罪的立场上,而此时,再要求检察机关保持客观立场,提出那些证明被告人无罪的证据,实属想象的"制度乌托邦"。所以,在"定罪"这一问题上,检察官不可能要摆在有罪和无罪之间,他们一旦起诉,只能够朝着有罪的方向努力,而不可能持客观义务。

五、量刑阶段:客观义务作用的核心阶段

在美国,定罪和量刑程序完全分离,相关法律文件对量刑阶段检察官的作用作出了明确的规定,比如《美国律师协会刑事司法准则》在其3—6.1中也就检察官量刑阶段的客观义务作出了明确规定:(a)检察官不应当将加重量刑作为其工作成效的标准。在量刑程序中,检察官追求的是确保量刑的公正,并且防止不公正的量刑偏差;(b)在由法官决定量刑的场合下,检察官的职责是出庭,并提出公正的量刑建议;(c)在由陪审团决定量刑的场合下,检察官应当在法律的允许范围内,提供证明某些量刑事项的证据,但是检察官不应提交那些可能导致陪审团量刑偏见的量刑证据和信息。[2] 英国法律也有类似的规定,其现行的《律师行为守则》规定:"控方律师应当公正无偏地向法庭展现构成控诉案件的全部事实,并应当在本案可能出现的所有法律问题上协助法庭。"[3] 也就是说,尽管在定罪阶段,由于当事人主义、对抗式诉讼构造以及民众对打击犯罪的要求等方面的原因,英美检察官会不惜一切地打击犯罪,但是,一旦犯罪人被定罪,上述压力也将会逐渐消减。在量刑阶段,检察官应当保持一定的客观中立性,以实现司法正义和正确量刑为目标。

客观义务起源于大陆法系的德国,但是在法庭审理阶段,由于定罪问题是一个全有或全无的问题,是一个完全对立的两个矛盾,检察官在定罪问题上是无法保持客观

---

[1] 参见吴健雄:《关注客观义务深化检察改革—检察官客观义务学术研讨会综述》,载《人民检察》2007年第17期。
[2] Nicholas N. Kittrie, Elyce H. Zenoff, Vincent A. Eng, *Sentencing, Sanction, And Corrections*, 2nd ed., Foundation Press, 2002, p.95.
[3] 〔英〕迈克·麦康威尔:《英国刑事诉讼导言》,载中国政法大学刑事法律中心编:《英国刑事诉讼法(选编)》,中国政法大学出版社2001年版,第70页。

义务的,否则在逻辑上便是自相矛盾,因此大陆法系国家的所谓的客观义务实际上指的是一种量刑义务。比如,德国刑事诉讼法学者德迈尔就认为,检察官应该力求真实与正义,因为他知道,显露他片面打击被告的狂热将减损他的效用和威信,他也知晓,只有公正合宜的刑罚才符合国家利益。[1]《意大利刑事诉讼法典》规定:"公诉人为实现本条列举的目的而开展一切必要的活动,并且也核实对被调查人有利的事实和情节"。[2] 实际上,不论是德国还是意大利的规定,检察官在法庭审理阶段的客观义务主要表现在了向法庭提供证明犯罪嫌疑人罪重、罪轻等法定情节的证据,在定罪问题解决之后,追求公正合宜的刑罚。

在我国,根据《检察院刑事诉讼规则》第332条的规定:"在法庭审理中,公诉人应当客观、全面、公正地向法庭提供证明被告人罪重或者罪轻的证据",这实际上表达的也同样是检察官在量刑问题上所负有的客观义务。另外,从我国的司法实践来看,检察官在对被告人的量刑问题上确实能够保持一定的客观义务:(1)在量刑阶段,检察官如果掌握了被告人自首、立功、从轻、减轻的情节,一般会在法庭上提供相应的证据。(2)某些检察官在量刑建议中可能会秉承客观的立场,建议对被告人从轻处理,比如,广东省检察院统计,在2006年提出量刑建议的案件中,建议法院从轻处理的占53.9%。[3]

总之,不论是大陆法系国家、英美法系国家,还是我国,检察官在量刑问题上都负有一定的客观义务,即既需要提出那些加重被告人罪责的量刑证据,也有义务提出本方掌握的那些减轻被告人罪责的量刑证据。需要注意的是,量刑问题并不是一个"全有或全无"的问题,而是一个"多和少"的问题,因此,在这个问题上,检察机关保持客观立场,并不会产生任何的逻辑悖论。

六、判后阶段:检察官客观义务在量刑问题上的延伸

在英美法系国家,检察官的上诉权受到了一定的限制,检察官对于无罪判决一般无权提起上诉,但是在量刑问题上,检察官却享有一定的上诉权,比如检察官认为法官的量刑畸轻时,检察官便可以提起上诉。但是基于对抗制的限制,检察官对于法官的量刑畸重问题,一般不太可能提出上诉。从这个意义上讲,英美检察官即便是在判决后的量刑上诉问题上,也并不负有客观义务。

而大陆法系则有所不同,比如,《德国刑事诉讼法》第296条第2款明确规定:"检察院也可以为了被指控人的利益而提起法律救济诉讼活动。"《法国刑事诉讼法》规定,

---

[1] 参见林钰雄:《检察官在刑事诉讼中的任务和义务》,载《法令月刊》1998年第10期,第47—54页。
[2] Elisabetta Grande, "Italian Criminal Justice: Borrowing and Resistance", *American Journal of Comparative Law* 48(2000), pp.227-259.
[3] 参见朱孝清:《检察官客观公正义务及其在中国的发展完善》,载《中国法学》2009年第2期。

共和国检察官(检察院、检察长)对各类法院的判决无论是否生效,均可提出上诉,该上诉既可以不利于被告人,也可以为了被告人利益。[1]《日本刑事诉讼法典》第351条规定,检察官是原告官,是公益的代表人,应该要求法院正当适用法律,在有必要保护被告人的正当利益时,也可以为被告人的利益提出上诉。实际上,在上诉问题上,大陆法系国家的检察官确实具有了客观义务。但是,这种客观义务主要是一种量刑义务。这是因为:(1)在法官认定检察官的起诉成立,判决被告人有罪的场合下,检察官不可能再对该有罪判决提起上诉,而要求判处被告人无罪,否则便是自相矛盾。(2)"上诉既可以不利于被告人,也可以有利于被告人利益",表达的意思是,检察官既可能基于量刑畸轻提出上诉,也可能基于量刑畸重提出上诉。(3)当然,检察官的上诉,不仅可能针对定罪、量刑问题,也可能会针对一审中的程序问题,但是这种上诉的主要目的是为了维护法律的正确实施,而不是基于检察官的客观义务。

在我国,根据《刑事诉讼法》第181条、第205条第3款规定,人民检察院对于人民法院确有错误的判决、裁定,无论是否发生法律效力,都有权向人民法院提出抗诉。从理论上讲,这里的"确有错误的判决、裁定",既包括有罪判无罪或重罪轻判,也包括无罪判有罪或轻罪重判。但是实际上,与大陆法系国家一样,对于"犯罪嫌疑人构成犯罪问题",检察官是不可能提出抗诉的,否则便是有违自己起诉的初衷;一般情况下,检察官的抗诉主要针对的是"量刑畸轻问题";只有在极端例外的场合下,检察官才可能会就法官的量刑畸重问题提出抗诉。当然,从逻辑的角度来看,我国检察官确实可以提出有利或者不利被告人的抗诉,从这个角度也反映了检察官在抗诉问题上确实具有一定的客观义务。尽管在抗诉问题上,检察官负有一定的客观义务,但是这种客观义务针对的主要是量刑畸轻或者畸重的问题,因此这种义务实际上也是一种量刑义务。

七、结 论

通过以上分析可以看出,由于检察官参与刑事诉讼的始终,而在不同的阶段,检察官行使不同的诉讼职能,承担不同的诉讼任务,也发挥着不同的诉讼功能,因此,那种不区分阶段,而笼统地肯定或者否定检察官客观义务的观点都将是片面的。实际上,如果将检察官参与的整个刑事诉讼活动进行分解,通过这种"解剖麻雀式"的研究,分别研究各阶段检察官是否具有客观义务,我们就会发现:在某些诉讼阶段,检察官是不负有客观义务的,而在另外一些场合,他们又负有客观义务。详言之,在侦查阶段,不论是大陆法系检警一体模式、还是英美法系检警分离模式,甚或我国检警"配合制约"模式,也不论是由警察还是由检察官来承担侦查职能,法律都要求犯罪侦查主体在犯罪侦查过程中保持一定的客观性,即既要收集不利于犯罪嫌疑人的证据,同时也要注

---

[1] 参见《法国刑事诉讼法典》,余叔通、谢朝华译,中国政法大学出版社1997年版,第193、206页。

意收集有利于犯罪嫌疑人的证据,但是这其实是由检察官的国家公务机关属性决定的,而非所谓的客观中立义务;而在审查起诉阶段,检察官在对犯罪行为是否轻微、是否符合追诉利益、是否符合诉讼经济等方面进行综合考虑的基础上,决定是否应当起诉,这主要是基于功利主义的考虑,以及理性人的选择,本质上与检察官是否具有客观义务并没有什么关系;而在定罪审理阶段,有罪、无罪问题是一个全有或者全无的问题,在这个问题上任何一方当事人都有且仅有一个立场,即便是法官在犯罪问题没有查清楚的情况下,也只能通过无罪推定、疑罪从无、证明责任、证明标准等方面最终达至一个确定的结论。所以,在"定罪"这一问题上,检察官不可能摇摆在有罪和无罪之间,他们一旦起诉,只能够朝着有罪的方向努力,而不可能持客观义务。

由此看来,检察官的客观义务主要是一种量刑义务:(1)在量刑阶段,检察官必须坚持客观中立的立场,既提出罪重证据,也要提出罪轻的证据,当然这里罪轻的证据主要是一种法定从轻或减轻情节证据,检察官一般也无法收集酌定从轻情节方面的证据。(2)检察官在量刑阶段的主要目的是实现"罪责刑相适应"和"量刑的均衡",而不是为了一味地追求从重量刑,从这个意义上讲,检察官在量刑建议中也可能会秉承客观立场,建议对被告人从轻量刑。(3)除基于程序性违法而提出抗诉的例外情形外,检察官的大部分抗诉案件主要针对的是量刑问题,包括量刑畸重和量刑畸轻问题,可以说,检察官抗诉阶段所负有的客观义务主要也是一项量刑义务。

社区矫正应向何处去
——以重庆市试点情况为切入点

王利荣[*]

一、讨论的缘起

自 2002 年社区矫正由试点地区向全国推广始,时经六年,我国的刑事司法格局并没有因此发生明显变化。相反,过渡体制致使职责不明,执行和诉讼程序过于粗糙简陋,一些刑种存在缺陷,管理经费匮乏,社区自治能力极弱,政府整合能力不足等问题已令相关管理部门陷入困境,问题的纠结程度也远远超过了制度改革者的预计。这就不能不促使我们全面观察和细致分析当下的制度实践,找到问题及成因,深入论证和合理调整相关对策。

选择一个地方样本研究社区矫正,不止是基于社区本义,将制度运行放在具体地区考察,更能发现症结和困难所在,更重要的是,它的实质推进最终取决于地方政府的重视和支持程度,取决于区域性协调机制的建立和完善。比如社区矫正在地方财政支持下得以有效维系;矫正对象得以纳入地方的社会保障范围;现有的政策杠杆足以发挥协调作用;甚至相关地方性立法能够及时定型相关经验成果。重庆市地处西部且有大城市、大农村的特点,社会管理和经济发展水平处于中等程度,推进社区矫正遇到的问题具有代表性,何况作为城乡统筹试点地区之一,结合其治安防控一体化和社会保障机制整合化背景,探索有效落实特殊人群的控制和扶助的途径和方式,亦具示范性。

重庆市司法行政系统接手社区矫正分两个阶段:2004 年 6 月选择了涪陵、北碚、渝北区的 7 个乡镇、街道先期开展试点。2005 年 7 月该市被确定为第二批试点后,在 40 个区县分别选择 1—2 个乡镇、街道开展工作。截至 2007 年 12 月底,该部门在 59 个乡镇、街道接收矫正对象 1068 名。该地推行该制的具体做法与其他省市基本相同,在管理体制上,由政法委协调,司法行政部门与公安机关具体负责对五种人的行为约束和日

---

[*] 作者系重庆市毒品犯罪与对策研究基地中心研究员,西南政法大学教授,法学博士。

常管理;检法两家予以协作。制定规范上,2006年7月公、检、法、司等12家成员单位以现行法律为基础联合出台《重庆市社区矫正工作实施暂行办法》,就社区矫正组织与职责,矫正对象的接收,管理执行,矫正对象的行为考核、奖惩及奖惩程序,社区矫正的解除等做了相应规定。市司法局配套制订相关工作规则细化管理流程。

该市社区矫正的实施情况也与其他省市相似,目前仍有超过85%的被判处管制、缓刑、剥夺政治权利、假释和被决定监外执行的人员(下文简称五种人)由公安机关负责管理,而且据抽样调查,司法行政部门接管的矫正对象以职务犯和在校学生居多,试点一般选择在交通发达、社区管理基础好的地方,并仅占全市乡镇总数的5.3%。因此这类人员极低的再犯罪率不具统计意义,接管率数值却能说明司法行政部门的管理能力和法律缺位的情况。至于全国范围接管率也明显低于改制者的期望值,2006年全国监外执行罪犯约30万人,司法行政系统在242个区县的2447个街道、乡镇接管社区矫正人员3.8万余人,仅占监外执行罪犯总数的12.6%。[1] 接管率如此之低,重庆实务部门归咎为:推行社区矫正时缺乏必要的法律支持;社区矫正工作主体与执法主体相分离,导致管理低效;社区矫正队伍职业化和专业化程度不高;经费短缺人手不足;社区矫正点多线长,对象极易脱管。[2] 事实上,这些问题已为近年相关著述文章谈得烂熟。这能说明两点:(1)问题具有普遍性;(2)制度构建之初,每一步骤和举措都要克服新问题且都考验着自身的能力,因而问题最容易被看到。

也正是如此,继2003年最高人民法院、最高人民检察院、公安部、司法部公布《关于开展社区矫正试点工作的通知》,司法部2004年《关于社区矫正工作的暂行办法》颁行以后,解决以上问题的理论建议已为数不少。比如:制定有关法律,争取财政支持[3];调整假释权及转型行刑管理体制[4],改善刑种[5],放宽缓刑假释条件;抽调监狱干警支持矫正工作;建立专业人员、准专业人员与志愿人员相结合的管理力量[6];健全管理制度;等等。目前这些建议对司法行政部门接管工作有着相当的影响力。因为在缺乏经验支持的情形下,相当数量的决策者和高层管理者会将目光转向发达国家的制度经验或相关政策研究的成果,加之后者通常既以发达国家制度为经典又背靠现有行刑法律与制度资源,作为学者与政策研究部门的混合成果,它们多半已是政策方案的基础内容,即便不是这样,它们对社区矫正实践的影响作用也形同现代版的"春秋决狱"。据笔者所知,重庆市司法行政部门正循着以上思路展开相关地方立法的论证,

---

[1] 参见李锐:《社区矫正在中国》,载《法制日报》2006年9月15日第1版。

[2] 以上及下文有关重庆市社区矫正的数据资料,均来自笔者与重庆市人民检察院联合完成的2006年重庆软科学项目《社区矫正法律监督研究》时所做的问卷调查、实地访谈和该市检法两家近年公开的统计报告。

[3] 参见王珏:《关于社区矫正试点工作的几点思考》,载《中国司法》2004年第1期。

[4] 参见李恩慈:《论社区矫正的几个问题》,载《中国法学》2004年第4期。

[5] 参见翟中东、孙霞:《关于社区矫正的推进》,载《中国司法》2005年第4期。

[6] 参见郭建安、郑霞泽:《略论改革和完善我国的社区矫正制度》,载《法治论丛》2003年第3期。

并据此争取地方政府支持和建立行刑管理制度。其实,看到问题并不意味着就找到了对策,制度更新的难点在于我们不能预设这样的前提——以上对策都具有合理性、可操作性和普适性;也不能准确预知对策实施中出现的新问题。相反:(1)以上框架性方案仍须澄清方向和充实内容,比如纳税人的钱应当用在何处、法律定型哪些经验性成果、如何细化制度及做法,都取决于强化管控还是促使犯罪人的再社会化;(2)一些对策建议的合理根据尚须甄别,对五种人实施行为考核制度、扩大管制缓刑适用、改变减刑假释权属等建议,有无针对性和操作性,都须拂去泡沫;(3)策划赶不上变化,以关键性制度建设为重点适时调适机制运行,只能在制度实践中完成对策。

以上,构成了本文将这些问题与对策放到具体制度环境下分析考察的动因,也希望由此提出的对策建议能够得到理论质证与实践检验。

二、转制难结及解困方案

(一)现制的缺陷

现行管理体制的缺陷是老生常谈的问题。原体制之所以要改,是由于将"五种人"普遍脱管归咎于公安机关的无暇顾及。但在试点地区,公安与司法两家联手开展社区矫正情况好不了多少,笔者在调查中听到的抱怨多半是体制不顺、职权不明。尤其是基层司法所人员普遍反映由于有责无权,自己只能利用私人关系落实对"五种人"的管理和扶助。事实上,这类人的确对身着警服的公安、监狱干警甚至检察官都有所顾忌,对前者管束通常不那么理睬。为此,重庆司法局不得不抽调监狱干警参与矫正,表面理由是让其关注刑罚预后的需要,实是对矫正对象形成心理强制。也正是共管效果不明显,有人甚至断言"司法行政机关不比公安机关具有更多的优势。"[1] 与检法部门人员交流中笔者也听过类似说法,即"对于社区矫正,公安机关是不愿管,愿管能管好,司法行政机关是不能管和不会管,想管管不了"。体制如何调整才是合理的?

(二)影响体制构建的两个倾向

强调转制必要性时,新体制的不足一般不会被论及。目前,社区矫正由共管向司法行政机关管理过渡既是理论共识也是制度尝试,但如果此时求变心态令其弱化对转型方案的系统论证,共管暴露的问题就会被不加区别地归咎为转制的不彻底,对社区矫正前景的向往如果令其不愿听到杂音,视听被有意过滤,隐忧意识就会更加淡薄。况且在抽象层面,转制的好处尽可以被罗列:(1)合理分配刑事司法权力,公安、检察、法院及司法各负其责,有利于分工合理和权力制衡[2];(2)司法行政部门具有丰富的自由刑执行经验,转制有利于自由刑执行的一体化;(3)遍及全国城乡的十余万名司

---

[1] 杨明、林宇虹:《对我国社区矫正机构设置的思考》,载《河南司法职业警官学院学报》2007年第1期。
[2] 参见刘守芬等:《社区矫正立法化研究》,载《吉林大学社会科学学报》2005年第2期。

法所人员可以接手社区矫正[1];(4)司法行政机关长期从事安置帮教、人民调解、法律援助工作,有面向群众、贴近社区的优势。

但亲历社区矫正诸多困难以后,转制可能被从根本上怀疑。因为在实践层面,以上优势变得模糊。重庆市的情况是:(1)虽同处于一个系统,基层司法所与监狱的联系远不如它与基层政府的关联密切,跨省市和地区的司法行政部门更是没有常规的管理通道,由于其职能磨合、资源共享和管理联动都须有过程,即使法律对其授权,行刑管理也不见得就能到位。(2)司法行政系统虽有业务关系,人财物权却分属市、区县或乡镇政府,与公安、监狱准军事特性和快速反应能力相比,该系统的指挥调动和应急能力明显较弱。(3)基层司法所与派出所担负着多项职能,行刑与治安管理归入一个机构还说得过去,行刑、法律援助、人民调解归属一个机构就很难说是合理分配刑罚权了。[2](4)基层司法所没有行刑经验且建制不全,少数乡镇甚至有岗无人,试点乡镇司法所仅一人兼管此项事务,很难胜任行刑与管理要求。(5)无强制处置权及其他职能资源是制约新体制的瓶颈。即使得到法律授权,司法行政部门仍不能像公安部门那样借治安处罚、移送强戒和劳教的权力形成对"五种人"的有效威慑;不能直接掌握人口分布、流动等信息和及时启动追逃机制。

目前,重庆相关体制调整是进退两难。该市财政人事部门虽已给予经费和编制支持,但进一步投入确须系统周密的转制方案。而制定和实施方案又非执行机关所能胜任,政法部门联手也解决不了问题,地方政府的作用显得至为重要,于是问题进一步显现出来,就后者而言,一方面国家基本法律未予修改,新机制运行缺乏法律支持,政策支持确须细加论证;另一方面,自身工作头绪多,发展城乡经济,应对通胀、扩大就业、医保和建立城乡最低生活保障等,都令其很难持续关注一个牵涉极少数群体管理的问题,在这一很难表现政绩的地方,"等等再说"的心理很容易搁置改制。这显然不只是重庆现象。因为经验表明,花钱建立一个成效不明显的行刑机制一向不为执政者所热衷,全国范围内社区矫正至今未见关键步骤,体制仍在"试行"且刑诉法对授权的修改意向不明,都已显示如此这般的历史轮回。这种转制前景的不确定,尤其考验着那些执法处境尴尬的一线管理者的耐性。笔者在调查中就发现,相当部分一线人员缺乏成就感,有些检法部门人员甚至坦言"共管还不如原制"。

(三) 社区行刑体制的应然选择

如前所述,管理体制是否调整取决于决策者想要什么和能做什么。如果最初的转制表达了其顺应现代行刑制度发展的意向,选择应很明确。笔者的意思是:司法行政

---

[1] 参见张亚锋等:《我国社区矫正机构的设置》,载《中国监狱学刊》2006年第1期。
[2] 正是社区矫正体制转型效果不明显,近期出台的《禁毒法》没有将社区戒毒的任务交给司法行政部门。强制隔离戒毒仍由公安机关负责移送,由城市街道办事处、乡镇人民政府负责社区戒毒工作。司法行政部门只是协助部门之一。

系统接手社区矫正已经起步,退回原制不可取,只是它的作用方向不能停留于传统管控。因为据此考量,公安机关和监狱系统的确更具优势。

继续转制的理由很多。关键原因是:(1)"五种人"中假释是最可能被扩大适用且再犯率最高的类型,因此通过行刑一体化平台和监狱收监职能对其形成威慑,能重点解决社区行刑难的问题,松动"一关到底"的状况。(2)基层司法所及人员经常涉足政府管理事务,与周边企事业单位、民间自治组织的联系紧密,重庆一些乡镇司法所办公地点就在政府大院,他们有条件利用管理资源承担对"五种人"的行为指导,为其提供就业信息和落实最低生活保障。而且就促使其再社会化而言,没有封闭行刑经验并非他们的弱点,其法律援助、调解经验和惯于指导说服方法的运用都让其更能适应新的工作。相反,那些将新体制解读为移交监狱系统管理的主张[1],或者依赖封闭管控经验的实践做法,都不可取。

至于新体制的不足可以通过建全部门管理网络,假以时日落实具体制度,用政府管理信息系统延长自己的管理手段和功能,逐步克服。并且只要不强求矫正对象高度服从,确认司法行政部门提请撤销假释、缓刑和监外执行的权力,其管控力就有保障。具体做法是:(1)涉及人身强制的职权须予转移;(2)刑务执行部门设在区县一级,能谨慎行使强制权,抽调监狱干警充实力量的难度也相对较小。(3)基层人员与矫正对象直接打交道,着装和配备警用装备都无必要。基层人员分工过细效率未必就高,相反岗位精简和压缩更符合管理原理,为此有必要保持现有隶属关系和工作方式。这里,将基层人员的个案管理理解为社会工作性质而不附会刑罚权配置的教条,更能打破神秘色彩。

此外,"社工辅助行刑"模式目前须慎重论证,政府购买服务虽是很好的构想,但如果制度设计不周密,结果只会徒增一个依赖国家财政的准政府组织。关键举措是利用地方政府管理资源,并将体制重点放在区县级建立快速反应机制和充实基层工作人员队伍上。

三、准确把握"五种人"结构性变化规律

目前为提高非监禁率,扩大适用管制、缓刑、假释的主张受到普遍支持,超法规研究的眼光就更长远,比如通过修改《刑法》:放宽相应刑种和刑罚附随性处分的对象条件,放宽缓刑条件的有期徒刑上限标准,缩短假释条件中已实际执行刑罚的期限,删去"不致再危害社会"的假释条件;将精神病犯与老残犯等纳入暂予监外执行范围,等等,

---

[1] 参见杨明、林宇虹:《对我国社区矫正机构设置的思考》,载《河南司法职业警官学院学报》2007年第1期。

均见于相关文章。[1] 但笔者通过制度实证研究认为,以上思路及具体建议多有不妥。[2]

(一) 缓刑、管制已无扩展空间

1. 事实根据。目前在一些地区缓刑适用虽不平衡,但并非"缓刑适用率一直非常低"。[3] 在重庆,缓刑人的比例一向是"五种人"中最高的,据抽样调查,缓刑人的比率占总数的 73.55%,原因是缓刑作为监禁刑的"前门转向"策略,要比管制执行更有预后性,由于刑种缺陷,被管制人不履行服刑义务没有跟进强制措施,法院一般适用缓刑处置轻罪,因此调查中管制比例仅为 2.5%。另一组数据也说明同样问题,2003 年全国法院判处缓刑总数是 134927 人,2004 年是 154429 人,同年最高人民法院的统计资料只有判处五年以下有期徒刑的数据,与之对应虽不能直接得知具体比值,但 1998 年的数据统计表明这一比值超过 30%,[4] 同年山东省淄博市和重庆市等地的统计数据表明,两地缓刑率也超过了 30%。[5] 从常见罪名的处罚看,重庆市法院系统对交通肇事罪的缓刑适用远远大于该罪实刑判决的总和,占给予刑事处分总数的 70%。故意伤害罪的缓刑率也超过了 3 年以下徒刑的判决率,抢劫罪、盗窃罪的缓刑率的比值要低一些,却分别达到了判处 3 年以下有期徒刑总数的 38% 和 22%。至于各地对职务犯罪的高缓刑率更是招致各方质疑。

2. 理性根据。缓刑的合理适用符合非刑罚化的国际潮流和宽严相济的刑事政策,但过度适用会动摇责任刑法的根基。缓刑是有条件的不执行刑罚,而我国刑法的缓刑条件不具实质性,尤其缓刑与犯罪人赔偿不大相干,因此单纯强调提高缓刑率可能损及被害人利益。放宽缓刑条件中有期徒刑的上限就更不适宜。我国缓刑对象范围已宽于多数大陆法系的国家,如根据德国《刑法》的规定,缓刑的适用仅限于判处 1 年以下自由刑的情形,奥地利和意大利《刑法》也仅限于判处 2 年以下自由刑的情形,而我国《刑法》规定的缓刑适用对象是应判 3 年徒刑以下的犯罪人。3 年既是重罪法定刑等级基础幅度的下限,也是相当数量轻罪的最高刑,界于 2 至 3 年有期徒刑的犯罪有着相当的危害程度,如此之大的虚实空间须予审慎对应,再予扩大显得随意。

(二) 设置中间场所扩大假释适用

在我国,假释的法律根据一向明确且扩大适用的主张从未招致异议,"不致危害社

---

[1] 参见郭建安、郑霞泽:《社区矫正通论》,法律出版社 2003 年版,第 104 页。
[2] 我国《刑法》规定的对精神病人的强制治疗目前缺乏制度跟进,将已患精神病的服刑人放到社区环境或有社会危险或自身处境更加艰难。而在监狱分工逐步明确的情形下,监狱医院应能承担对这类人的治疗。
[3] 参见李文燕、左坚卫:《论我国缓刑适用制度的完善》,载刘家琛主编:《当代刑罚价值研究》,法律出版社 2003 年版,第 615 页。
[4] 参见孙婉锺:《2005 年中国法律年鉴》,中国法律年鉴出版社 2005 年版,第 2054 页。
[5] 参见《山东省淄博市中级人民法院关于量刑规范化问题的调研报告》,载《最高人民法院刑事审判第一庭刑事审判要览》,法律出版社 2003 年版,第 166—167 页。

会"的法定条件经过合理解释以后,扩大适用亦有依据。但目前条件下假释率低的状况却难以很快改变。据调查,重庆市目前假释人员比例仅占五种人的7.1%,每年假释占监禁人口的比例不足5‰。上海情况略好于全国,2005年上海监狱假释人数为584名,却仅占在押总数的2.5%[1],仍有超过97%的服刑人缺乏向自由生活的过渡期。假释难原因很复杂,主要包括:(1) 与管制、缓刑人不曾或短暂离开社会不同,这类人重返社会不仅需要应对歧视的心理准备,还必须有维系生计的能力,而且不要说修改《刑法》扩大假释面,现阶段5%的在押人员能获假释就已是重大突破。(2) 假释人的再犯罪风险大,在基层部门和社区管理能力不足之时,这些人的脱管、漏管是最大的心腹之患。重庆市有关部门在适用假释时,一般将其限定于具有当地户籍或本地有居所的人员,但即使如此,近年高速城市化进程使得近郊农民离开土地,相当部分加入无业人员行列,加上社会就业的整体压力,城市人口流动量极大,外来劳动力呈候鸟迁移[2],农村空穴现象严重,有关部门在有效落实对其行为监控方面,已经感到管理难度很大。

但提高假释率不能待后解决,假释作为缓解监狱拥挤的后门策略[3],在于服刑人重返社会是回避不了的事实。目前稳步提升假释率的唯一可行的实质步骤是地方政府设置类似国外的中途住所,为那些确有困难的假释人提供1至3个月的栖身之地和必要衣食,以帮助其渡过出狱后最难熬的阶段。这看上去又得花钱,其实对中间场所的投入不过是财政支持的转向而非增加负担。在重庆,按常规年份判处3年有期徒刑以上的人数计算,为其中部分假释人提供中间场所的年度支出要明显少于对一个3000人关押量的中型监狱的年财政保障,它的回报却非后一投入形式可予并论。而且政府每年拨付监禁人的生活费用如果随假释转入中间场所,也不过是在合理改变财政投向。

何况,设置中间场所不受转制和立法方案不清晰的牵制,早做早收益。

四、合理诠释"矫正"的制度内涵

在我国实践中,管与矫正同义,改造、惩罚、安置、帮教都被囊括其中。但尽管人们高度认同根据不同对象实行个案管理,差异还是发生在管理方式的理解上。笔者在调查中听到频率最高的也是管或者矫正,言者听者却各有各的理解。

(一)宜将"矫正"理解为观护

矫正与强制、惩罚相通,行为引导和生活扶助又是附属部分,这是笔者在调查中得

---

[1] 参见上海监狱年鉴编纂委员会:《上海监狱年鉴》,上海辞书出版社2006年版,第251页。
[2] 参见姚先国等:《城乡劳动力流动模式的影响因素分析——基于杭州市外来务工人员的调查》,载《重庆大学学报(社会科学版)》2009年第1期。
[3] 参见杨士隆、林建阳:《犯罪矫正——问题与对策》,台北五南图书出版公司2007年版,第416页。

知的实务部门的普遍看法。的确,管制是刑种,缓刑、假释人同样负有刑事义务,将矫正理解为强制管束加引导扶助,甚至主张"把在社区的刑罚执行的矫正功能、回归功能与报应功能、威慑功能以及伸张正义的功能有机结合起来,建立起一套与美英相近或更严格的惩罚机制"[1],都无太大问题。何况,抽调监狱干警参与矫正,沿用场所考核奖惩做法,仍不必然排斥引导与扶助的内容。

但本文坚持强调社区的行刑规律应是行为指导、生活扶助,行为干预以必要为前提。其中行为指导向其"传授具有责任感的社会所必需的能力和意愿,使其学会在一个自由社会制度下毋需通过犯罪而生存,利用社会所提供的机会,同时经受其风险的考验。"[2]扶助指提供心理辅导和就业培训,做好安置帮教。所谓必要的行为干预指矫正对象确有现实违法犯罪危险时,有关部门才予干预,干预无效才采取强制措施。或许把管理者首先定位为观察者,其次是指导者和扶助者,必要时才行使惩罚权,会招致丧失立场的批评,其实不然。

1. 在社区环境沿用监禁经验会放大罪犯标签,导致刑罚的弥散化,事事苛求其行为既不能落实也无实效。何况这一做法已引起相对人的抵制。据统计,2004年以来重庆市单处或附加剥夺政治权利的罪犯累计1582人,不服管束的就有776人,占49%。据知这一现象在其他地区也较普遍。

2. 目前社区矫正比行刑的强制程度更甚,反而不合理。行刑管理只是禁止对象的特定行为,前者却在此基础上进一步干预日常行为,比如剥夺政治权利的人必须参加公益劳动和定期参与学习,实际是为管理而管理,这反而会背离改制的初衷;至于假释和并处剥权的人员都已受到监禁报应,其中假释适用是让其顺利过渡到自由生活并非在社区服刑;至于监外执行人既无受刑能力,救治休养是当务之急。所以观护是这一阶段所谓矫正的核心意思。

(二)根据对象特点确定管理方式

1. 笔者坚持认为在《刑法》修改之前,除非矫正对象自愿,不宜一律要求从事公益劳动,毕竟刑之法定是基本原则。尤其不宜增加资格刑内容,在重庆市,剥夺政治权利的服刑人居五种人总数的第二位,其中68.3%是主刑执行完毕的服刑人,禁止这类人行使《刑法》规定的四项权利就行了,因此这类人的监管难是个假问题。矫正对象如果愿意或积极要求从事公益劳动的,也不宜在其居住社区安排项目,匿名化才有益于其重返没有敌意的社会。

2. 社区行刑与管理的重点是根据对象明确禁足范围,要求涉毒人员定期接受检测,联通各地部门管理信息,减少异地移送交接漏洞,落实最低生活保障等具体做法上。目前这些工作都处于起步阶段,其中掌控人员的行踪和给予必要的生活扶助是最

---

[1] 刘强:《论适合我国国情的社区矫正惩罚机制》,载《河南司法警官职业学院学报》2007年第1期。
[2] [日]大谷实:《刑事政策学》,黎宏译,法律出版社2001年版,第123页。

基本的要求。而重庆的情况是:(1)截至2007年6月底的近3年间,异地接受监管(包括跨区县和跨省)的五种人约占总数的44%;全市脱漏管人员中因异地移送脱漏管的占63.7%。缓刑和管制人员的移送同样容易脱节,两类人漏管率超过了漏管总数的60%,原因大都是其未经先行羁押,一审法院将判决书抄送矫正部门之后,缓刑管制对象或因住址不详或已离开当地而失控,加之是轻罪,有关部门对其追查不大关注。(2)由于目前该市最低生活保障范围是具有当地户籍的城镇居民,这一保障机制可以解决一部分人员的生活扶助问题,但当地农村户籍又须救济的"五种人"数量更大。

3. 监外执行的服刑人除定期报告自己的行踪外,不宜与其他人员套用同一管理方式。除怀孕及哺乳期妇女,监外执行人要么身患严重疾病,要么年老伤残,令其从事社区服务明显不当,行为考核和等级管理也只会流于形式。有关部门管理重点应是:(1)对患有严重疾病确有死亡危险的,及时了解病情和准时结案。据重庆检察部门清查,由于管理不到位,至今仍有一些生死不知的悬案。(2)对患有其他疾病的服刑人定期鉴定伤病,目前疾病鉴定的费用由谁承担不存异议,但服刑人及家属无力支付鉴定费,或者对监狱内工伤或其他原因致伤的治愈程度须予鉴定时,一些地方的监狱、公安机关与矫正部门之间有推诿现象。重庆市的做法是由监狱负责例行检查,并承担相应费用,只是这还不能涵括判决后直接被裁定监外执行的人员。(3)因工伤出狱就医的服刑人的医疗和生活费均应由监狱负担,这是监狱系统讳莫如深的问题。此外,重庆试行城乡医保一体化情况下,保外人甚至在押服刑人如何纳入医保还须具体政策的支持。(4)落实对怀孕和哺乳期、伤病治疗期的特殊刑期管理。伤病痊愈不归者停止计算刑期,必要时通报公安机关启动追逃机制。

4. 假释是重点管理的类型。除违法犯罪的处罚不同外,缓刑、管制与假释的日常管理方式基本相同。一般情况下,只要做好交接工作,观察视线不受遮蔽,责令缓刑人定期报告行踪,落实管理较为容易。至于日常管理上,由于有实刑保障,缓刑人的再犯罪成本很高,这类人一般不愿招惹麻烦。据同一统计来源,重庆市缓刑人的脱管率仅为7%,为"五种人"脱管率之最低。管制适用轻罪,再犯率也明显低于假释,由此社区矫正管理重点突显出来。

(三)细化假释和缓刑人违规的处置和撤销程序

调查中笔者发现,对于轻微违法和不履行特定义务的人员不必非得撤销假释或缓刑,采取惩戒措施能够应对大多数情形。《刑法》第77条规定,缓刑人"违反法律、行政法规或者国务院公安部门有关缓刑的监督管理规定,情节严重的,应当撤销缓刑,执行原判刑罚"。第86条规定,假释人"有违反法律、行政法规或者国务院公安部门有关假释的监督管理规定的行为,尚未构成新的犯罪的,应当依照法定程度撤销假释,收监执行未执行完毕的刑罚"。分别规定明显是考虑两类人的犯罪危害程度存在差别。而公安部《对被管制、剥夺政治权利、缓刑、假释、保外就医罪犯的监督管理规定》将其标准合一,并作了以下限制解释:"对被宣告缓刑、假释的罪犯违反对本规定尚未构成犯罪的,由公安机关依法给予治安管理处罚,构成犯罪的,公安机关应当依法报请人民法院撤销缓刑、假释,追究其刑事责任。"如此解释是因为两类人的处境改变与行为违法性质之间的反差过大,恢复实刑和执行余刑都意味着这些人即时失去自由,因而具有合理性。这一点国外学者持类似看法,"撤销假释具有让现已出狱的人再度被收监的效果,对当事人来说,其重要程度同允许假释不可同日而语,决不能贸然行事"。〔1〕

不过这样一来,法律漏洞随之明显:(1) 多数情况下,违反服刑义务的行为不一定违反《治安管理处罚法》,比如不及时报告自己的行踪,不经同意迁居等,因而仍然无法有效利用其规制两类人的行为。(2) 撤销的标准限于犯罪,导致行刑机制反应过于迟缓,进而放纵两类人恶意规避义务,而且义务的违反没有跟进责任,法律公信度必然受损。目前,重庆地区的假释缓刑撤销率高于两类人的再犯罪率,低于违法率,即那些被认为有必要移送劳教、强制戒毒的对象也在撤销之列。但对于行为人经屡次劝诫仍违反禁足要求并存在再犯罪现实危险时,是否启动撤销程序,有关政策部门的态度还不明朗,事实上既然建立相关规则可以"避免违法行为没给行为人任何可感知的结果"。〔2〕 由此启动撤销程序应无不当。

在我国,明确缓刑和假释人员义务范围及完善处置和撤销程序是相为表里的。因此,(1) 应借鉴国外经验在刑法中增加两类处分的义务。在德意等国,缓刑假释人须履行返还赔偿义务,参与公益劳动和遵守禁足规定,比如德国《刑法》第56条C(2)规定,缓刑人"不得与可能提供再犯机会或诱惑其再犯的特定人或团体交往,受其雇用、教导和留宿,不得持有、携带或保管可能为提供再犯机会或诱惑其再犯的特定物"。缓刑人得赔偿被害人损失。这些要求明显比我国刑法规定更具体。(2) 违反义务的法律后果不应限于收监执行,与禁闭为监狱纪律处分一样,采取警告、拘留、延长考察期等措施,更能调控两类人的行为。(3) 在刑事诉讼法中增设行刑程序。有些情况靠现有法律手段可以应对,如矫正对象涉嫌再犯罪、违反治安处罚和复吸毒品的,司法行政部门可在公安机关对其收容或制裁期间,考虑是否启动提请撤销程序。有些情况则须法律支持,如行为人纯粹不遵守假释缓刑规定而须有所反映时,有关部门监视居住、限制活动范围、留置审查等职权须予确认,移交入监也须有授权。〔3〕

五、以修改刑诉法为先导,地方立法跟进

由于以上管理体制及方法程序的调整都已局部突破现有法律框架,本文对立法步

---

〔1〕 〔日〕大谷实:《刑事政策学》,黎宏译,法律出版社2001年版,第271页。

〔2〕 〔德〕汉斯·海因里希·耶赛克、托马斯·魏根特:《德国刑法教科书》,徐久生译,中国法制出版社2001年版,第1007页。

〔3〕 由于假释率低和缓刑撤销率低,加之公安机关拥有诸多强制手段,这一执行程序的空白不太引人关注,转制以诸类问题将很快出现。在我国,其权属与程序的合理细化,都须斟酌。

骤提出以下意见:

1. 建议借《刑事诉讼法》酝酿修改之际,争取改变现行管理体制并完成具体授权。经长期磨合的现有行刑结构及运行机制,不仅具有观念与制度活动惯性融合的特点,《刑法》、《刑事诉讼法》和相关行政法规也有深度结合。因此既要保证制度处于运行状态,又得打破旧的平衡,立法者只能逐一解决问题。即先确认权属再考虑修改其他法律的需要。

2. 只要不涉及定罪量刑的实质内容,地方立法落实相对人行为指导和基本权益保护、经费人员编制、接轨医保和最低生活保障、设置中间住所等,不失为有效选择。尽管参与重庆社区矫正立法论证中,笔者感到《刑事诉讼法》未予修改致使地方立法受到了极大牵制,但它的作为还是有的。关键在于重庆城乡统筹规划中是否给予社会治安综合治理一个位置,是否愿意在应对犯罪问题上将被动"救火"改为主动"防火"。老实说,与其他省市一样,重庆的地方立法虽是人大的事情,决定权却在政府要员手中,而目前要为一个作用对象不到2000人的矫正机制落实经费和人员,为解决历史遗留问题而花钱转制,能否排上地方立法的议事日程已是问题。况且决策者非常清楚,法规一经问世,政府就得买单,由此扩大社区矫正,加之财政管理的应变能力不足,都会在短期内带来滚雪球式的财政负担。他们同时担心,授权不明之时,盲目立法和投入都只是扩张一个行政机构。看来,立法的应然步骤是以《刑事诉讼法》为先导,地方立法跟进。

司法说理的国际境界

——兼论国际犯罪论体系*

宋健强**

一、旧题新议:"司法说理"的国际境界

"司法裁决应否说理"(定性)已是学术与实务的老话题,通说答案也是肯定性的,剩下的问题便是:"司法应当如何**充分**说理"(定量)以及究竟怎样"说"才算"充分"(方法论)。学界喜欢追逐新话题而淡忘老话题:新话题似乎更具"吸引力",而旧话题太具"竞争性"。重拾老话题需要勇气和功力;不论是定性、定量还是方法论分析,重拾"司法说理"议题正是如此。转型社会的法治老话题多具有根本性,其实多数老话题远未澄清。司法裁决应当展示公开、公平、透明、理性、自治等优良品格,行动是最主要的。

谈论"司法说理",我国学界的考证视阈多限于国内法与比较法,国际化视阈严重短缺。所谓"国际化视阈",就是对国际(不是"涉外"或"国外")司法(仲裁)全真文书"说理"程度与方法的考证。一般而言,不论是刑事领域还是民商事领域,抑或其他国际公、私法领域,都会遵循"最高法治原则",展示"司法说理"的最高境界。这也是一般性假定。因为国际司法官(法官、检察官、辩护律师、被害人法律代理人、仲裁员、法律专家、法庭之友代理律师等等)多是"国际司法精英",遴选与测评机制十分严格。加之国际案件不是很多,司法负荷不是很重,也有时间和精力"充分说理"。司法官的待遇普遍高于国内,"充分说理"也是一种"待遇回报"。国际司法文书(特别是"独任法官裁决")虽然奉行个人签名、负责制,毕竟是个人司法精神的国际展示,"说理"质量自然会有最高要求。因此,谈论"司法说理",不考证"国际司法说理"的真实境界,显然具有视阈缺失性,也是十分遗憾。笔者以对"国际刑事法院诉讼文书全样本实证研究"(目前已有数千份、数万页)问鼎刑法学、国际法学、国际刑法学界,并就"国际刑事法律文

---

* 本文的写作得到教育部人文社会科学研究项目资金助(课题编号:08JA820008)。
** 作者系哈尔滨工业大学法学院副教授、硕士生导师,法学博士。

书的写作特征及其价值诉求"有过专论[1]，为此推动中国法律文书研究考察视阈的稳定拓展和考证层次的持续深化。

这里可能需要预设一种辩论。或许有同仁质疑：国际社会、国际法与国际司法机构等，国际特色太过鲜明，与国内法、特别是中国法距离过远，拓展这种视阈并进行深度研讨究竟存在多大意义？这是笔者经常遭遇的问题，也是好问题，等待好的回答。这里可能存在误解。误解在于，国际司法官都没有国籍，也都没有法系归属和国内司法规训；他/她们只了解和适用国际法，不了解和适用国内法与比较法。事实究竟怎样呢？答案刚好相反。国际司法官多是国际司法机构缔约国推选的，并且最终选任需要具有"法系、职业背景和性别的均衡性"。换言之，国际司法官不是凭空产生的，而是国家（法系）的精英代表。如此，他/她们不可能只了解国际法；相反，多数情况下，他/她们首先是国内法和比较法的专家和精英。只懂国际政治与外交、甚至只懂一般国际法的"法盲"或"准法盲"国际司法官，历史上有过，但这早已被"国际法治"和"国际刑事法治"[2]的时代定势所淘汰。这种国际司法官也不可能在国际司法舞台上留下太像样的判例遗产——为什么这样说呢？原因十分简单：法律素养与技能的锤炼主要倚重国内法和比较法规训，国际法更多的是作为一种特定法律知识存在，而国际政治与外交涵养与国际司法自治原则不是毫不相关、就是紧张对立。"说理充分"的国际司法文书（特别是在刑事、民商、人权等领域），除了要说透"国际法"的相关规范与法理而外（文义解释外加功能/目的论），更多的内容是展示"说理"者固有的国内法和比较法演绎功力（一般权重都在50%以上，最高的可以达到80%以上）。正如此，笔者才坚定地认为：国际司法主要就是国际司法官的国内法与比较法功力在国际司法舞台上所进行的法系"说理"特技的国际竞存（淘汰或张扬）。这是世界先进法系司法精英们的国际"拳击大赛"，如何依靠充分说理而获致法系荣耀并流芳千古，正是国际司法官们在有限、高薪、独立任期内的绝对冲动。对这种殚精竭虑而产生的司法硕果进行认真考

---

[1] 参见宋健强：《国际刑事法院诉讼详情实证研究》，哈尔滨工业大学出版社2008年版，第90—101页；宋健强：《国际刑事司法文书的写作特征——以国际刑事法院情势和案件文件为例》，载《中国法学会法律文书研究会2007年学术年会论文集》；等等。笔者还在本会2008年年会以及其他各种国、内外重要学术会议上多次推动这种国际法律文书实证研究并引999同仁广泛兴趣。

[2] 笔者创制，指国际刑事领域的法治状态，系受陈兴良教授"刑事法治"理念启发而作的国际展开，也是笔者考察国际司法文书的理念基础[参见宋健强：《和谐世界的"国际刑事法治"——对国际刑法的价值思考》，载《中国刑事法杂志》2007年第2期；宋健强：《国际刑事法治：人类和平与正义的真正希望》，载陈兴良主编：《刑事法评论》（第17卷），中国政法大学出版社2006年版，第516—549页；宋健强：《国际刑事法治：和谐世界的底线保障》，载赵秉志主编：《和谐世界的刑事法治》（中国刑法学会2006年年会文集）（上卷），中国人民公安大学出版社2006年版，第116—124页；宋健强：《国际刑事司法制度通论》，哈尔滨工业大学出版社2006年版，第313页以下；等等]。"国际刑事法治"也是"国际刑法哲学"的核心命题。"国际刑法哲学"本身也是本文作者的创造[参见宋健强：《国际刑法哲学：形态、命题与立场》，载陈兴良主编：《刑事法评论》（第20卷），北京大学出版社2007年版，第566—609页]。

察,真的与国内司法进化与学术成长关系不大吗?

笔者不以为然。探寻"司法说理的国际境界",十分必要,十分重要。笔者研究方向所限(这也是深化研究所必须的),本文无力将国际司法文书的全景式说理境界一网打尽。国际刑事法院是世界上唯一常设的刑事法院,其国际法主体地位首次与联合国平起平坐。自1998年设立、2002年生效以来,已经运行多年,实践理性与判例法则接近成熟,考证价值显然具有常规性和经典性。目前法院共有4个犯罪情势(民主刚果、乌干达、中非共和国、苏丹达尔富尔)、8个案件(检察官诉卢班加,检察官诉卡坦加和崔,检察官诉纳甘达;检察官诉考尼、奥蒂、鲁克维亚、奥德海姆博和昂文;检察官诉贡博;检察官诉哈伦和库西德,检察官诉巴舍尔,检察官诉阿布·加达),涉案疑犯/被告14人,死亡1人(鲁克维亚,被乌干达政府军击毙),到案5人(卢班加、卡坦加、崔、贡博、加达),在逃8人(保密除外);政府官员3人(哈伦、库西德、巴舍尔),且仅限于苏丹达尔富尔情势。到案5人中,民主刚果情势3人(卢班加、卡坦加、崔)(1人在逃),中非共和国情势1人(贡博),苏丹达尔富尔情势1人(加达)(3人在逃);乌干达情势无人到案(4人在逃)。到案5人中,3人系国内逮捕转国际逮捕(卢班加、卡坦加、崔),1人系国际逮捕(贡博,由比利时政府逮捕),1人自愿到案(加达)。到案5人中,几乎都是反叛武装首领,唯有贡博系当时中非总统帕塔西的"域外帮凶",但犯罪部队及其首领仍旧是民主刚果地方反叛武装。

法院情势不多、案件不多、到案疑犯不多,但是国际司法看重"表面正义"[1],法官凡事必以裁决说话,诉讼异常繁冗,文书浩如烟海。特别是一旦人犯到案,法庭立即陷入争议泥潭,经常是文山会海、多头并进,诉讼支离破碎、难以整合,分庭也被迫不断任命"独任法官",疲于应对。以第一案为例,光是正式开庭审判本身就可能耗时半年甚至一年,就连主审法官自己也无法预知终结日,庭审笔录的份数与长度难以想象。这就是国际司法:为了表面公平,"效率"必须让步。[2] 或可曰:迟来的正义也是正义,早

---

[1] "Appearance of justice",也可译为"表面正义"[参见宋健强:《国际刑事法院检察官:为"表面正义"而战——兼论"表面正义"概念和理念的引进与提倡》,载陈兴良主编:《刑事法评论》(第22卷),北京大学出版社2008年版,第578—618页]。

[2] 国际刑事法院上诉分庭法官认为:"效率也是公平的组成部分"。但是从诉讼详情考察,"公平乃国际司法的核心价值"。所以"公平"不保时,"效率"必须让路,诉讼遂可无限"拖延"、文书漫天飞舞,这为一般国内司法所"无可想象或容忍"。之所以如此,原因也不难探佚:(1)法治社会的"司法活动"必须以"裁决"说话,有"活动"必有"裁决",没有"裁决"的活动不能被视为正式的"司法活动"。国际司法官多来自法治社会,习惯不可能改,《罗马规约》法规群也是这样要求的。(2)国际刑事司法历史不长、"前科"及其争议很多,"法治"刚刚起步,需要谨慎建构。如此"法治初级阶段"(不是"法治启蒙阶段"),"公平"的"罗尔斯"信条务必先行,大谈"效率"的"波斯纳"阶段尚未到来,且很遥远。不能"大跃进",政治、经济如此,法治也如此;国内法治如此,国际法治更无例外。(3)"国际司法"一般是司法的最高舞台,"公平"的境界究竟如何,一般是法治社会与人治社会的共同关注与核心关注。正如某国际法官演讲所言:"对于国际刑事司法而言,公平就是一切,其他都可以慢慢'摸索'。""国际司法"如此,"国际刑事司法"更应如此,因为刑事司法非同一般。

来的非正义不可容忍。如此,司法文书之繁多与冗长,也就可想而知。迟来的正义也是正义,对于审前羁押和审中羁押只是例外(刑事法治之无罪推定的基本程序原则,也是国际刑事法治之无罪推定的基本程序原则)而言,显得意义特别重大。审前羁押和审中羁押相当于准刑罚,在我国是原则而非例外,如果正义来得太迟(特别是无罪释放),会带来灾难性后果。因此,就中国的特殊语境而言,迟来的正义也是正义就属于残酷、非人道教义。这是恶性循环,因为残酷、非人道教义之定性的逻辑前提正是早应接受彻底解构的审前羁押和审中羁押之所谓原则。存在即合理不是什么新鲜玩意儿,我们对此始终高度警惕;把存在视为不可撼动的国情和改革前提,进而松懈、淡化、异化甚至排斥先进理念与经典原则,也至少有几千年的历史。就此而言,迟来的正义也是正义,正是颠覆审前羁押和审中羁押之所谓"原则"的学理之矛——法治国家的刑事诉讼为何可以无限繁琐和冗长?就是因为人犯多没有提前身陷囹圄,所以人犯等得起——我们只接受"正义",不论等多久;我们不接受非正义,不论来得多快。

不论司法过程的最终结果如何,我们怎样才能断定最终迎接的是正义而不是非正义呢?这就是司法必须"充分说理"的根本原因。司法不但要在最终裁决中"充分说理",而且要把司法过程说全、说透。由此可见,司法不说理或司法不充分说理,深层原因还是有罪推定,终极原因是"人治"理念。

笔者已对"国际刑事法律文书的写作特征及其价值诉求"有过专论,涵盖甚广,本文无意重述。为使研究持续深化,本文仅仅选定一个样本并进行细致解析。

二、国际刑事司法裁判文书经典样本剖析
——"充分说理"的表面印象

国际刑事法院目前尚无终审判决,但是已有三个案件(检察官诉卢班加、检察官诉卡坦加和崔、检察官诉贡博)完成"确认起诉",涉案4人,签发3项确认起诉裁决。确认起诉是"预审机制"的最后和关键环节。预审机制、预审法庭、预审法官是《国际刑事法院罗马规约》的突出国际创制,借鉴的是法国模式,但是国际预审法官更加中立,专心致志地履行法官中心主义之下的审前司法监督职能。按照法官的说法,确认起诉范围和使命有限,不是小审判或准审判,履行的案件过滤功能——相当于我国公安机关的移送审查起诉、特别是检察机关的审查起诉,只不过后者没有预审法官的全面监督。在我们看来,这样的确认起诉裁决基本没有终局性,似乎无需过分说理或充分说理。果真如此吗?如果答案是否定的,终局性裁决(最后的一审判决)的说理性又会怎样呢?举轻以明重,答案自在其中。三份类似裁决均十分冗长[1],究竟哪一份更为经典

---

[1] ICC-01/04-01/06-803-tEN, 14-05-2007(民主刚果情势,检察官诉卢班加;裁决长达157页);ICC-01/04-01/07-717, 01-10-2008(民主刚果情势,检察官诉卡坦加和崔;裁决长达226页);ICC-01/05-01/08-424, 15-06-2009(中非共和国情势,检察官诉贡博;裁决长达186页)。

呢？经过简单比对，发现说理程度、结构与方法大同小异。篇幅所限，本文决定选取最后一份裁决作为分析样本，并结合其他法律文书特征进行分析。本案只涉及案犯一人（贡博）、罪名两个（危害人类罪和战争罪）、具体犯罪指控8项，但是分析要点之全面、细致，着实令人震惊。

（一）纲举目张：拥有六级标题的裁决目录

法庭的最后裁决事项[1]没有列入"目录"，颇为奇怪。一般认为，具体裁决事项（结论）是裁决的灵魂，也是各方当事人和参与人急于过目的段落，因此在目录中本应以醒目方式列出。或许有人回应笔者：裁决结论都在文书最后，不用列出自能轻易找到。笔者不以为然，原因是：国际刑事法院的大量裁决，例如预审分庭、审判分庭、上诉分庭的"中间上诉"裁决等，总结论（并附核心意见）经常是出现在文书开篇，具体裁决事项（如果有）落在最后。因此说，裁决结论并非都在文书最后，并非一律可以轻易找到。如此重要的裁决却隐去结论目录，值得深思。或许在法官看来，结论究竟如何固然重要，但是最重要的还是首先看看法官究竟是如何得出结论的。也就是说：过程比结果重要、推理比结论重要。"推理过程"究竟是怎样的呢？什么是"推理过程"必须陈列的事项？裁决"目录"[2]本身已具有绝对的视觉震撼力。为避空泛论事，不妨首先引证如下，解析稍候展开：

一、被控诉人 ··· 5
二、程序历史 ··· 5
三、管辖权与可受理性 ··· 9
四、程序问题 ·· 11
　（一）《规约》第61条第7款规定的证明标准 ························· 11
　（二）法庭采用的证据判断方法 ······································· 12
　　1. 已披露证据的相关性和证明力 ································· 15
　　2. 已披露证据的可采性 ·· 16
　　3. 已披露的直接和间接证据判断方法 ···························· 17
　　4. 其他证据事项 ·· 19
　　5. 对已披露证据的逐案分析方法 ································· 21
　　6. 法庭的自由裁量权及其限制 ···································· 22
　（三）辩方针对控方补充证据提出的形式异议问题 ················ 22
五、检察官指控的犯罪 ·· 25
　（一）危害人类罪 ··· 25
　　1. 危害人类罪的语境要素 ·· 25

---

[1] ICC-01/05-01/08-424，15-06-2009，pp.184-186.具体裁决事项一共8项。
[2] ICC-01/05-01/08-424，15-06-2009，pp.3-4.

(1) 法律及其解释 ………………………………………… 25
   a. 存在"攻击任何平民人口"事件 …………………… 26
   b. 存在"广泛或有系统的攻击" …………………… 28
   c. 作恶者的行为与"攻击任何平民人口"存在必要联系 …… 29
   d. "明知这种攻击"而实施危害人类罪 ……………… 29
(2) 法庭的立场 ……………………………………………… 30
   a. MLC 部队在 2002 年 10 月 26 日至 2003 年 3 月 15 日之间实施了针对民主刚果平民人口的攻击 ……………………………………… 30
   b. 这种"攻击"是"广泛的" ………………………… 40
   c. MLC 部队"明知"这种攻击系针对民主刚果平民人口的 …… 45
2. 构成危害人类罪的特定要素 ………………………………… 45
  a. 谋杀的特定要素（第 7 项指控）…………………………… 45
    （a）法律及其解释 ……………………………………… 46
    （b）法庭的立场 ………………………………………… 49
  b. 作为危害人类罪的强奸行为的特定要素（第 1 项指控）…… 56
    （a）法律及其解释 ……………………………………… 57
    （b）法庭的立场 ………………………………………… 58
  c. 作为危害人类罪的酷刑行为的特定要素（第 3 项指控）…… 67
    （a）法律及其解释 ……………………………………… 67
    （b）法庭的立场 ………………………………………… 69

（二）战争罪 ………………………………………………………… 75
 1. 战争罪的语境要素 ……………………………………………… 75
  （1）法律及其解释 ……………………………………………… 75
    a. 存在非国际性武装冲突 ……………………………… 75
    b. 意识到存在武装冲突 ………………………………… 82
  （2）法庭的立场 ………………………………………………… 83
    a. 存在非国际性武装冲突 ……………………………… 83
    b. 作恶者意识到存在非国际性武装冲突 ……………… 91
 2. 构成战争罪的特定要素 ……………………………………… 92
  a. 作为战争罪的谋杀的特定要素（第 6 项指控）…………… 93
    （a）法律及其解释 ……………………………………… 94
    （b）法庭的立场 ………………………………………… 95
  b. 作为战争罪的强奸行为的特定要素（第 2 项指控）……… 96
    （a）法律及其解释 ……………………………………… 96
    （b）法庭的立场 ………………………………………… 97

c. 作为战争罪的酷刑行为的特定要素(第4项指控) ………… 98
　　　(a) 法律及其解释 …………………………………………… 99
　　　(b) 法庭的立场 ……………………………………………… 100
　　d. 作为战争罪的损害个人尊严的特定要素(第5项指控) …… 101
　　　(a) 法律及其解释 …………………………………………… 101
　　　(b) 法庭的立场 ……………………………………………… 102
　　e. 作为战争罪的洗劫的特定要素(第8项指控) ……………… 105
　　　(a) 法律及其解释 …………………………………………… 105
　　　(b) 法庭的立场 ……………………………………………… 107
六、个人刑事责任 ………………………………………………………… 114
　(一)《规约》第25条第3款第1项 ………………………………… 115
　　1. 法律及其解释 …………………………………………………… 116
　　　(1)《规约》第30条规定的作恶者的故意和明知概念 ………… 118
　　　(2) 共同正犯对实施将会导致完成犯罪物质要件的共同计划的明知
　　　　 和接受 …………………………………………………………… 126
　　　(3) 疑犯对能够使其与其他共同正犯协力控制犯罪之实际情况的明
　　　　 知 ………………………………………………………………… 126
　　2. 法庭的立场 ……………………………………………………… 127
　　　(1) MLC部队在2002年干涉中非共和国之前在2001年进驻中非共和
　　　　 国和在2002年驻扎民主刚果(马姆巴沙)的早期行为 ……… 129
　　　(2) 在2002年干涉中非共和国期间拥有和分配洗劫车辆问题 …… 132
　　　(3) 在贡博先生于2002年派遣部队进驻中非共和国时MLC部队被置
　　　　 于"全权代理的容许环境"问题 ………………………………… 133
　　　(4) MLC部队指挥官2002年在部队跨越奥邦归界河进入中非共和国
　　　　 时的演说问题 …………………………………………………… 134
　　　(5) MLC部队士兵在2002至2003年干涉中非共和国期间对被害人的
　　　　 说辞问题 ………………………………………………………… 135
　　　(6) 贡博先生与帕塔西先生的直接和常规联络问题 …………… 137
　　　(7) 在通过不同渠道已经知道并承认犯罪实施的情况下仍然继续实
　　　　 施共同计划问题 ………………………………………………… 138
　(二)《规约》第28条 ………………………………………………… 139
　　1. 法律及其解释 …………………………………………………… 140
　　　(1) 疑犯必须是军事指挥官或地位相当者 ……………………… 142
　　　(2) 疑犯必须有效指挥和控制军队(部属),或者有效管辖和控制部
　　　　 下 ………………………………………………………………… 143

(3) 犯罪的发生是因为疑犯未能妥善控制军队(部下) ………… 148
(4) 疑犯知道或理应知道 ……………………………………… 151
(5) 疑犯未能采取一切必要和合理措施,防止、制止犯罪或报请主管当局就此事进行调查和起诉 …………………………… 155
  a. 防止义务 …………………………………………………… 156
  b. 制止义务 …………………………………………………… 156
  c. 报请主管当局就此事进行调查和起诉义务 …………… 158
  d. 必要和合理措施 ………………………………………… 158
2. 法庭的立场 ……………………………………………………… 159
  a. 贡博先生作为军事指挥官有效行事并对犯罪部队进行有效管辖和控制 …………………………………………………… 160
   (a) 贡博先生在 MLC 部队结构中的官方地位 …………… 161
   (b) 贡博先生有权下达必须服从的命令 ………………… 164
   (c) 贡博先生有权任命、提升、降低、解除、逮捕、拘留、释放指挥官 ……………………………………………………… 165
   (d) 贡博先生有权防止、制止犯罪的实施 ………………… 166
   (e) 贡博先生在 2002 至 2003 年干涉中非共和国期间对 MLC 部队拥有有效管辖和控制权力 ………………………… 167
  b. 贡博先生知道 MLC 部队正在或将要实施犯罪 …………… 172
  c. 贡博先生没有在其职权范围内采取一切必要合理措施防止或制止 MLC 部队实施犯罪 ……………………………………… 178

  关于"目录"层级,众所周知,法学研究生学位论文、个人专著或其他学术论文的"目录",一般只需要三级标题。作为严谨的司法文书,本裁决"目录"标题达到六级,令人震惊。每级目录标题之后都有具体页码标示,文书冗长却阅读便利。关于"目录"事项,裁决把疑犯的自然状况、程序历史、管辖权与可受理性、证明标准(含证据分类、判断标准与方法)、指控犯罪(含一般法理与法庭认定)、个人责任(含一般法理与法庭认定)等一网打尽。以上就是"第一印象":详密、细致、完整。

（二）写作规范类似顶级学术论文

  本裁决 186 页,501 段,731 个脚注,平均每页 4 个脚注,引证频率与数量可谓惊人,相当于一篇文风异常严谨、厚重的博士论文。裁判文书是否需要加注?（定性）如果需要,引注方式、文献、格式、频率、篇幅等又如何?（定量）显然值得探究。

  学术需要引证,主要是为避免抄袭之嫌并证明言之有据,目前最重要的功能是澄清学术线索、凸现创新之处。司法裁决也有类似需要吗?肯定性的答案在西方司法史上已经不短,"二战"后,美国最高法院出具的"山下奉文审判"终审裁决[1]就是如此,只不过当时采用的还是"文内引注式",使得本已冗长的裁决(44页)更显得鸡零狗碎。半个世纪以来,学术引证规范日臻完善,详密的脚注已成通例。司法引证或许正是学术引证规范持续完善的内在要求。没有详密引证的论文不可能是严肃的"学术"作品,没有详密引证的司法文书断无以理服人、言之凿凿的征表。司法推理过程主要是对法事实(证据、判例等)与法规范的循序推演,虽然格式殊异,方法与路径与严谨学术并无本质差异。何况,学术论文一般不会危及他人基本人权(生命权、身体自由权和财产权),而刑事司法裁决则是"达摩克利斯剑",是真正极度危险的"双刃剑"。如此,对"信而有证"的要求只会更高而不是更低。正如此,详密引证已成为法治国家成熟司法裁决(不限于刑事)的通例。或许有人质疑:司法不是学术,司法的严肃性与学术的严谨性不可同日而语。言外之意:司法引证是把司法裁决写作混同于学术游戏,只能淡化司法的严肃性,而不是相反。其实这本身就真的需要严肃研讨、充分说理。至于司法官们能与不能、愿与不愿,并非同一话题。本文的讨论平台是:国际司法引证的有与没有,以及国内司法引证的应与不应。事实、规范与价值系不同的知识形态,实证、解释与思辨更是不同的方法论[2],(人文社会科学领域的"牛顿定律")我们容易混杂论事,导致讨论总是自说自话、不了了之。这本身就是最大的不严谨。

　　如果对"定性"问题取得积极成果,接下来就是对定量问题的讨论。由于我们对前者尚无定论,因此如果继续对后者进行详密讨论,似有超前之嫌。这里只好粗放论事:

　　关于引注方式,法规没有明确要求,基本遵循通行的学术规范。目前通行的是脚注式,这会免去尾注式的核对烦恼。西文的注码是单纯的阿拉伯数字、连续编号,中文的可以再套上圆圈并按每页独立编号排列,以切合国情。值得注意的是:当事人(控辩双方、原被告双方、申请人与被申请人等)和参与人(被害人、法庭之友、专家、国家等)的法律文书,一般还有"参考文献"或"附件"要求,裁判文书则不需要。引注、参考文献和附件,是性质不同的事物,划分标准、篇幅计算与基本格式也有不同要求。

　　关于"引注格式",法规没有明确要求,基本遵循通行的学术规范。就"脚注"而言,总的特征如下:第一是细致入微。例如引证开庭笔录,不仅需要注明案名、法庭、文头、案号、页码,还须注明行码。国际法庭开庭笔录每页25行,顺序标码。重要的法律文书一般还都有断码,引证序位就是页码、断码、行码(例如:……p.25, para. 64, lines 1-3/……第25页,第64段,第1—3行)。法庭论辩性或说理性文件都应当有每段编号和连续编号,这主要是为了方便进行精确的引证。此外,如果只需要引证文件带段号的内容,可以不再引注文件页码。段号的起始没有硬性要求,但是一般而言,进入主文就应

---

[1] 参见宋健强:《国际刑事司法制度通论》,哈尔滨工业大学出版社2006年版,第85—190页。这是国内学界对本案首次展开的系统和原始性研究。

[2] 参见宋健强:《刑法知识形态的整合考察》,载陈兴良主编:《刑法知识形态》,清华大学出版社2009年版,第29—57页。

当开始编号,例如从程序历史或诉讼背景开始;至于结束编号,法官一般是在最后决定之前,当事人可能编到最后一段。第二是不避繁琐。凡是涉及被引证对象的原话、原意,都需要进行独立、反复引证,不能合并同类项后进行概括性引证。如果被引证对象与前引相同,就采用简化处理方式(例如" Ibid. "/同上);如果只有最后一项不同,就采用" Ibid. , lines 4—5. "(同上,第4—5行)。这样就既避免了概括引证,又简化了字数。当然,被引证对象性质各异、具体引证语境相当复杂、引证格式千变万化,此处不赘。可以肯定的是:法律文书的引证格式竟致自然统一,因此必须遵循。值得注意的是:尽管引证格式没有法定限制,但是却有一般性文书格式限制(format limits)。《法院条例》第36条第4款规定:所有文件应使用A4格式提交。四边的空白部分至少2.5公分。呈交的所有文件均应编有页号,包括封页在内。所有文件的字样应为12号字,文本行距1.5行,脚注字号10号,单行行距。以上只是一般格式要求,目的在于避免文书提交发生纸面、空白、页号、字号、行距等混乱状况。具体到各种法律文书,并无具体规范要求,但也能自然统一。

关于"引证文献",法规也基本没有明确要求,同样遵循通行的学术规范。所谓基本没有,就是法规没有就引证文献本身作出任何规定。基本没有的另一面就是"还是有点",这就是《罗马规约》第21条有关可适用的法律的规定。适用就需要引证。但是法律并没有说"除了'可适用的法律'以外,其他文献无需引证"——这就给可引证文献开了个大口子。可适用的法律是裁决的法律依据,没有指称其他依据。其他依据可以是参考依据,范围极广。关于被引证文献的阶位,法规也没有硬性规定。一般理解,《规约》第21条规定的可适用的法律,总体上应当处于优先引证地位。该条用三款依次规定了三类"可适用的法律":① 本院核心法规群、国际法原则和规则、世界一般法律原则;② 本院判例法原则和规则;③ 国际承认的人权准则。三类法律只有立法次序上的差异,并无适用阶位的严格区分。立法者只是在第一类法律陈列中使用了"依次"(failing that)术语,证明三项法律(本院核心法规群、国际法原则和规则、世界一般法律原则)存在严格的法定适用阶位,而且唯有在不能适用前项法律时才能适用后项法律,体现立法者对"本院核心法规群"(《罗马规约》、《犯罪要件》、《程序和证据规则》)的格外珍惜和器重。实战中,国际司法文件旁征博引,性质与序位几乎没有限制。但是,从说服力来看,还是可以进行大体的(不严格的)位阶划分的:(1) 诉讼事实(包括各方书面文件、本案证据事实等);(2) 各方、特别是对方书面立场(主要争点);(3) 本院规范文件相关规定(一一陈列);(4) 本庭前期裁决的既有立场(本庭判例法及或司法裁决详情);(5) 本院其他法庭(预审、上诉、审判)的既定立场(本院判例法);(6)《维也纳条约法公约》等(主要是条约解释方法);(7) 规范解释(文义与功能解释);(8) 欧洲人权法院、美洲人权法院等判例;(9) 国际特设刑事法庭判例(前南法庭、卢旺达法庭、塞拉利昂法庭);(10) 世界主要法系共同实践(国内法与比较法探讨);(11) 权威论理解释;等等。可以这样说,写作上述性质的法律文书,并不比写作世界顶级学术论文更容易,这就是为什么国际司法官待遇极高的主要原因之一。

关于"引证频次":法规没有明确要求,基本遵循通行的学术规范。法庭文件有长有短,脚注有多有少、有长有短,引证频次和长短并不是唯一判断标准,关键在于引注质量如何。而引注规范和质量问题,已经远远不是法律文书本身的问题了。

关于"篇幅",法规倒是做了严格限制,也就是页数限制(page limits,或称篇幅限制),但是限制的是当事人和参与人。法官书写裁判文书没有任何限制,想写多长就写多长。法官的裁决通常都是"说理充分",篇幅由法官的需要和兴致决定,没有上限限制。对不同性质的司法文书进行精确的篇幅等级划分和限制,是司法行为先进和成熟的标志。《法院条例》不惜动用3条(第36—38条)对此加以详细规定。篇幅限制不包括最低限制,因为言简意赅向来不受限制,放弃进行合法的长篇大论也是写作人的权利。国际刑事律师们都是世界顶级大师,容易长篇大论,后果不堪设想。所以,在国际司法中,文件篇幅限制相当重要。一般而言,没有法庭特命授权命令,相关文件及其回复都不能超过法定限制。如果一定要突破法定限制,必须事先向法庭申请并取得许可,尽管先斩后奏的事例时有发生。否则,仅仅因为篇幅问题,就足以使自己落入诉讼尴尬境地。[1]《法院条例》设立了三个篇幅限制等级。不能超过100页的文件有6种(第38条第1款):(1)检察官书面申请预审分庭授权在有关缔约国境内采取某些措施,以及该缔约国对预审分庭的回复意见;(2)检察官根据《规约》第18条第2款提出授权调查申请(核查国内所谓"并行"诉讼问题);(3)可受理性和法院审判权质疑;(4)缔约国和安理会要求预审分庭复议检察官不起诉决定;(5)检察官请求预审分庭授权进行正常调查;(6)被害人请求赔偿的陈述。

不能超过50页的文件也有6个(第38条第2款):(1)被害人就检察官申请预审分庭授权调查作出陈述;(2)检察官请求对管辖权或可受理性问题进行裁决;(3)检察官申请预审分庭授权保全证据;(4)检察官有关独特调查机会的申请;(5)参与人向预审分庭提出采取具体措施、发布命令和授权书、寻求国家合作等;(6)被逮捕人或被定罪人的赔偿请求。除上述两种情况外,其他文件都不得超过20页。遇有特殊情况需要放宽页数限制,必须取得法庭批准(第37条)。此外,第36条第1款还规定:"计算页数限制时,标题、脚注和引用应计算在内"。其中,脚注和引用计算在内,使得繁琐引注无处藏身。第4款规定:"平均每页不得超过300字",这就使得密集性、小字号行文无机可乘。第2款还放宽了计算要求:"含有逐字引用《规约》、《规则》或本条例的任何附件",以及"含有参照资料、法律依据、笔录、物证和其他相关非争论材料的任何附录。附录不得含有意见陈述",都不应计算在内。第3款对"索引"作出了特别规定:参与人应及时提交一份索引,供书记官长批准,索引应当包括相关的互联网链接以及附录的拟议长度。如果有必要,参与人可请求分庭就附录的内容作出裁决。书记官

---

[1] 从说理充分的要求角度考察,我们的要求似乎应当相反:最少多少页,尤其是说理部分。

长批准索引或在分庭裁定以后应当立即呈交附录。

三、国际刑事司法裁判文书经典样本剖析
——"充分说理"的实质印象

（一）怎样介绍人犯？——"充分说理"的理念与人性基础

裁决开篇仅仅用了一段、不到五行英文[1]介绍了本案人犯自然状况，涉及人犯的姓名、国籍、出生日和出生地、父亲与配偶姓名、现职业等。法官以"简-皮埃瑞·班巴·贡博先生"称呼人犯，没有使用"人犯"、"疑犯"等术语；"先生"也是西方的尊称，相当于汉语中的"同志"或其他什么，总之不含有任何贬义。这里也没有任何"前科"或"不良品行"介绍，尽管该人"前科"的确很多很重，"品行"也谈不上优良。如此称谓在法院全部司法文件中一以贯之、没有例外。在记录翔实的法院全部庭讯笔录中，我们也从未发现其他口头称谓。国际人犯一般乃"罪恶之尤"，不但"震撼人类良知"并且抓捕不易，更有无数被害人瞪着血红的双眼凝视法官。国际法官却能如此儒雅地对待人犯，值得深思的地方实在太多太多。

对人犯保持基本的尊重展示出无罪推定和人文关怀的真立场，淡化无关问题（前科、品性）展示出司法理性与自治的真素养。立场与素养如何是能否充分说理的理念与人性前提。说理的必要性来自对被说服者的尊重，这无须赘论。无条件接受揭老底和人格训斥并如实回答问题，是被藐视者、被蔑视者和被歧视者的必然待遇。

（二）怎样介绍"程序历史"？——"充分说理"的程序前提

裁决用了5页、20段、33个脚注详细介绍了本案程序法事实[2]，这对于我们而言是不可想象的。这几乎正是法院所有正式法律文书的一致要求，不仅仅限于司法裁决。

程序正义是"司法正义"的客观性要求，不是主观性要求。具体而言，首先要求法官尽量以"裁决"方式从事并记录司法活动，展现司法行为的严肃、规范和威仪，并供当事各方正式监督与严肃回应，尽量避免口说无凭或暗箱操作。不论诉讼模式如何，举报、立案、调查、逮捕、起诉、审判、上诉、执行等等都是诉讼必经环节，每个阶段还有众多司法活动与争议。再简单的程序和案件也会生成十份或数十份以上法律/司法文书，司法官有义务及时、全面生成文书并整理成卷。其次就是要求司法官完整、及时地公开、送达法律/司法文书。要么不生成，要么不公开，要么不送达，当事人与参与人如何知晓和引证？如果多数文件并未依法生成或属于单方"秘密"，司法官又如何能够进行裁判性引证？

---

[1] ICC-01/05-01/08-424, 15-06-2009, p.5, para. 1.
[2] ICC-01/05-01/08-424, 15-06-2009, pp. 5-9, paras. 2-21.

"公平"是国际司法的核心价值,"表面正义"更是客观要求。法律文书残缺不全、司法过程记载缺失、"保密"事项信手拈来、案情进展飘忽不定,司法的"表面不公"跃然纸上。法律文书/司法裁决详密交待和引证"程序历史",就是宣告"本案究竟是如何打造出来的"——其中蕴含了多少司法故事或变故以及各方回应机会究竟如何,是司法规范、民主、理性、自治、自信、公开、透明的重要标志,也是充分说理的程序前提。裁决说理,首先要程序合理。程序不合理,裁决"说理"就缺乏基本前提。"程序不合理但裁决'合理'"的情况或许存在,但这是以主观合理代替客观合理,评价标准飘忽不定。司法活动既已发生,为何不能生成和公开法律文书呢?是的,严格保密除外,国际刑事司法中也存在法定的保密要求,但是"保密"不能漫天要价,一般只会涉及被害人与证人"保密"问题,"保密"只是例外措施、同样需要"充分说理";就是法定的"保密"措施也不是无边无尽,通常的措施就是临时删除需要保密的文字(一般是文件中的"身份信息"),但并不是只要"涉及保密事项",就要拒绝成文或把整个文件甚至整个卷宗藏匿起来。

（三）本案应否受理?——并非仅仅是国际司法的第一道门槛

由于法院存在属物、属时、属人等管辖局限,管辖权与可受理性就成为诉讼惯常争议。其实国际司法向来如此,只不过以往的质疑焦点往往是"法庭与审判的合法性",例如"二战"审判、冷战后审判等都是如此。国际刑事法院的管辖争议依旧火爆(特别是苏丹达尔富尔情势与三个具体案件,苏丹不是《罗马规约》当事国,其犯罪情势由安理会移交),但是不再有人质疑法院本身的合法性了(咒骂是另外一个问题,是非司法问题),这是一种进步。总之,在国际司法中,管辖争议屡见不鲜,也是一种特色。因此,裁决总是要费一番心机说上几段。[1] 法庭的推论结果是肯定性的,"说理"方可继续。管辖的道理不说透,国际司法无法展开。

但是,这并不等于说国内司法的管辖争议就十分罕见。问题仅仅在于:应否对管辖争议认真交待并对裁决充分说理。在我国,民事属地管辖属于典型争议,但一般在最终裁决中基本不提;民事级别管辖属于非典型争议,属于法院自由裁量的内部事务,更是不屑一提;当然还有司法与仲裁分工争议等,裁决"说理"情况大同小异。

与管辖争议性质类似的,还有回避争议。针对特定人的回避,法有明文,但是最终裁决一般不会提及;针对司法、仲裁机构本身的回避,由于法无明文,不但最终裁决只字不提,甚至连阶段性裁决都很难正式生成。本人曾代理债权人(供应公司)向第一债务人(建筑公司,承包人)和第二债务人(区法院,办公楼和家属楼发包人)追讨巨额料款,由于两被告所在地、合同履行地等都在同一市区,原告被迫越级告诉至市中院(回避该区法院),却被上级法院口头拒绝,只好诉至该区法院。何时开庭、何时胜诉、何时执行?起诉之时就成了悬案。

---

[1] ICC-01/05-01/08-424, 15-06-2009, pp.9-10, paras. 22-26.

管辖异议也好，申请回避也好，都是对法院、法官本身的失信。如果被质疑者不能认真对待、充分说理、恢复信心，就认罪服法或自动履行的关键意义而言，其他裁决事项及其"说理"是否还有实际意义？拒绝详细交待和论证管辖或回避争议，就当事人的"上诉权"或"申诉权"而言，也是一种严重的司法抽条——上级司法机构有权继续充分了解这类诉讼详情以供全面审议。

（四）"打官司就是打证据"——说透"证明标准"，也是法官的使命

证明标准（evidentiary threshold）问题虽然依旧是"程序话题"，但是进入了"充分说理"的实质阶段。不论立法上的"证明标准"多么动听，任何法律本身都不可能把标准说透。一般而言，说透主要是学者的使命，如果是法官的使命，岂不是让法官累死？

国际司法官的回答是消极性的：说透"证明标准"也是法官的使命。裁决用独立的"第四部分"耗费15页、57段[1]，对证明标准、证明原则、判断方法等进行了长篇大论、充分说理，唯恐当事人不明白法官对证据的理性剪裁思路。

裁决指出：诉讼阶段不同，法定证明标准各异。从下达《逮捕令》到确认起诉再到终审判决，诉讼越前进，证明标准越高。本阶段（确认起诉）的证明标准是："是否有充足证据证明有实质理由相信该人实施了所指控的犯罪"[2]。这里出现的"充足"（sufficient）和"实质"（substantial）两个形容词务必澄清，法官的麻烦也就随之而来。法官进而考证：根据《牛津词典》，实质就是重要、坚固、物质、打造良好、真的之意，不是虚构、想象（imaginary）；用预审一庭的话说，就是"检察官必须提供具体的和有形的证明，表明其特定主张的推理思路清晰无误"；根据法律规定，法官需要作出确认或不确认裁决；法官为此必须坚持"存疑时有利于被告原则"（*in dubio pro reo*，"无罪推定"的法律渊源）[3]。在此，为了充分说理、澄清证明标准，法官采用了词源学、判例法、规范解释和法律箴言四种方法，这与耐心细致的学术方法几乎没有任何差异。

证明标准清楚了，还需附之以证明原则（evidentiary principles），法官进而指出：根据《罗马规约》各条、本院判例和国际公认的人权标准，本庭将根据下列"证明原则"裁断已披露证据。

1. 相关性（relevance）与证明力（证明价值）（probative value）

相关性就是特定证据与待证事实之间的关系（nexus/relationship）；这种证据的存在可能会（tends to）增加或减少待证事实存在的可能性；法庭必须就该证据与待证事实之间合理的连结关系作出裁决；唯有具有证明力的证据才具有相关性。证明力就是证据的分量（weight）；分量是对证据的定性评估；证据若想发挥建设性和决定性作用，必须具有一定程度的证明力。法庭拥有法定的自由裁量权力，并在评估证据的相关性时广泛动用这种权力；法庭在认为适当时就会赋予特定证据"分量"；法庭不受当事人对

---

[1] ICC-01/05-01/08-424, 15-06-2009, pp.11-24, paras. 27-70.
[2] See ICC-01/05-01/08-424, 15-06-2009, p.11, paras. 27-28.
[3] See ICC-01/05-01/08-424, 15-06-2009, pp.11-12, paras. 29-31.

证据的定性约束,法庭自行评估特定证据;法庭牢记本阶段的证明标准低于审判证明标准;不论证据形式(type)如何(直接或间接)、也不论披露当事人来自何方,法庭都同时评估其相关性和证明力;法庭最终确定证据在何种程度上会对法庭的立场发挥作用。

2. 可采性(admissibility)

法官指出:根据法律规定,相关性和证明力与可采性属于不同概念;本院没有任何法律规定某种特定形式的证据本身就不具有可采性;法庭依法可以或应当依当事人申请或依职权就可采性问题作出裁断;本案当事人均未提出可采性异议,法官也没有发现排除部分证据的任何理由。

3. 直接或间接证据判断方法

本案证据既有直接的,也有间接的;后者包括传来证据(hearsay evidence)、联合国与非政府组织报告和媒体报道。本院法律提到的证据形式多种多样,但是本案目前没有当事人依靠到庭证人(live witnesses)。尽管如此,当事人举出了来自己知和匿名证人或证人陈述摘要的目击证词(eye-witness testimonies;直接证据)。直接证据提供第一手信息,影响法庭使用;经过认真审查,如果直接证据(例如目击证人的书面陈述)既相关又可靠,不论来自何方当事人,足以使法庭赋予其高证明力;法庭可能会依法依靠这种单一的直接证据作出决断。预审阶段可以使用匿名证词和证词摘要,但是证明力较低,因为它剥夺了辩方的质证机会。间接证据的证明力较直接证据为低,这是一项基本原则。法庭虽然不拒绝间接证据(判例法通则),但是务必谨慎使用;法庭不能主要依据间接证据作出裁决。法庭区分直接与间接证据,而且有必要设定判断间接证据的方法。法庭采纳两步走法(two-step approach):第一步是评估间接证据的相关性、证明力和可采性,因为它可能与直接证据有关;第二步是判断其是否存在呼应性证据(corroborating evidence),而不考虑其形式或来源。法庭因此就能确认:结合其他证据,有关证据是否会整体上获得高证明力。法庭运用这种方法就可以确信:间接证据中的信息可以得到其他证明力或高或低的证据佐证。尽管本院《规则》不允许设置呼应性的法定要求(性暴力犯罪尤其如此),但是本庭认为:若想证成一项主张,仅仅依靠一项证明力较低的间接证据并不可行。因此,尽管针对一项指控的全部证据都缺乏直接性、仅有间接证据群支撑,其证明力也足以满足证明标准、让法官作出裁决。

4. 其他证据问题

证据的不一致性(inconsistencies)不会导致法官对该证据的自动拒绝,也不会妨碍法官对它的使用;法官为了界定其证明力,会评估这种不一致性是否会对该证据的整个可信度和可靠性产生疑问。法庭会审查每份证据的内在协调性(intrinsic coherence);每份证据可能会证明多个问题,不一致性可能只与特定问题有关;不能证明此问题,却可以证明彼问题,因此不会妨碍法庭使用。法庭不会自动拒绝主要是基于政治或其他动机而来的证人作证,而是针对其就对待每个待定问题的可靠性并结合整个证据群作出评估。

5. 逐案分析法(case-by-case approach)

法庭认为:每份证据属性殊异,不同指控、构成要素、案件事实及其不同关系特性各异,因此才需要因案制宜。

6. 法庭的自由裁量权及其限制

法庭指出:法庭享有广泛的自由裁量权自由评估证据,但并非可以武断或无限制行事,法定的相关性、证明力与可采性要求就是不可逾越的雷池。[1]

法庭最后还对辩方提出的相关异议作了回应:辩方责怪控方使用包括但不限于用语概括指控、侵犯辩方权利,法庭认为不能成立,因为本阶段只要求控方提供充足而不是全部证据。辩方还指责控方界定犯罪时区跨度过大、粗疏而混乱,法庭认为控方具体指控都有精确时间。等等。[2]

通观裁决下文,上述证明标准、证明原则、判断方法等果真成为个案(具体指控)分析的指导原则。在我们看来,这种"说理"似应属于学术说理,只应作为"裁决说理"的学理指导而不应成为裁决本身。殊不知,真正经典的判例都属于这种性质。此裁决下发之后,注定受到学界与司法界关注,原因十分简单:该裁决确立了确认起诉的证明标准、证明原则和判断方法。我们由此也可印证:国内法与比较法的基本功力在"国际司法推理"中显得多么重要。然而细观下文才知:这仅仅是冰山一角。

(五)如何进行实体性说理?——犯罪论体系的国际化辩正

整整24页、70段过去,"刑诉法学者"过足了瘾,裁决终于进入实体说理阶段。刑法学者的大餐拉开序幕……

四、"国际犯罪论体系"新说
——"犯罪论体系"的国际化辩正

(一)"国际犯罪论体系":老话题与新视阈

"国际犯罪论体系"——一个十分诱人的旧说新解。本文创制这一术语,并非异想天开,更不会天马行空。拓展犯罪论体系新视阈,创制国际犯罪论体系,是笔者持续考察司法说理的国际境界中的重大发现。确证犯罪之所以需要体系性思维,要么是出于逻辑考虑,要么是出于经济考虑,其实最重要的,就是出于价值(主要是方便入罪抑或方便出罪)考虑,当然还有统一司法说理、规范文书写作的考虑。由判例到规范再及法

---

[1] See ICC-01/05-01/08-424, 15-06-2009, pp.14-22, paras. 38-62.
[2] See ICC-01/05-01/08-424, 15-06-2009, pp.22-24, paras. 63-70.

理并不断往返三者之间,本节将给出国际犯罪论体系的初步考察结论。

犯罪论体系来自大陆法系,讨论的是犯罪构成要素的设置与组合逻辑。本文在此借用这一特定术语,隐去法系背景,专指一般意义上的犯罪构成分析体系,因此涵盖一切法系,包括"国际法系"。

在国际法系(国际刑法)中研究犯罪构成分析体系,可以称为国际犯罪论体系。国际刑法规范已有数百份,远不限于《罗马规约》;"国际犯罪"也有数十种,远不限于《罗马规约》设定的"四尤"(灭种、危害人类、战争、侵略);国际刑法著作、论文种类繁多、体系各异,但是专门讨论"国际犯罪论体系"或类似问题的还未见过。国际刑法学中的体系,目前主要是指国际刑法学的体系;学科体系尚无定论或通说,更为核心、更为细致、更为深入的"国际犯罪论体系"研究自然荒芜。

上述法与法学的存活现状有其根源,最重要的大概有三:(1)国际刑法规范的立法者(谈判者)多是政治家、外交家及或国际法、人权法、人道法专家,不是刑法专家,不太精通和器重刑事实体法问题,导致国际刑法实体规范长期处于概括、粗疏状态。(2)国际刑法学者的老本行多是国际法学,这在国外尤其如此,国际刑法学遂为国际法学的分支学科。把国际刑法学纳入刑法学科体系,是中国刑法学者的创制、特色和贡献;但是国际法学者从未放弃分割。知识背景与学科分工决定,国际法学者不可能深入探讨国际犯罪论体系问题,甚至完全不懂议题的含义。然而由于犯罪论体系问题易致纷争,并可能导致利益再分割、特别是如何"切合国情"问题,中国刑法学者也未能就国际犯罪论体系问题展开讨论[1],甚为遗憾。(3)国际刑法乃综合法(程序、实体、组织、人事、执行),"实体问题"可能不是最紧迫的问题,有人甚至认为罪名界分都属意义有限。这是国际刑法和国际刑法学者的悲哀,笔者绝不认同。

就上述现状与问题而论,研究国际犯罪论体系,离不开国内法与比较法成果和现状的有力指导;换言之,国际法学和国际刑法学本身难以完成这种研讨。然而本节无意再次卷入犯罪论体系的国内法与比较法沼泽,而是仅仅借鉴其中的"通识"(三法系"犯罪论体系"的大致特征),着力研讨《罗马规约》法规群及其判例法则并发现"规则"或问题。这是本节的特殊使命和贡献。

或许有人担忧:研究样本是否过于狭窄?不论"结论"如何,"普适性"怎样?其实这是多虑了。(1)《罗马规约》是迄今为止就国际刑法实体问题规定得最详密、最晚近、最常规的法规,也最具有继承性和创新性。详细的《犯罪要件》更具有经典性。(2)如前文(第一节)所述,"国际司法主要就是国际司法官的国内法与比较法功力在国际司法舞台上所进行的法系'说理'特技的国际竞存(淘汰或张扬)"。国际刑事法院的法官遴选更为严格、法系代表性更强、实践理性也最前卫、判例法则已相对成熟。

---

[1] 参见赵秉志、周露露编著:《国际刑法总论问题专题整理》,中国人民公安大学出版社2007年版。

(3) 国际犯罪"四尤"、特别是危害人类罪和战争罪（所谓"反人权与反人道类犯罪"），相当于我国的传统、经典、普通刑事类罪名；类罪名下，具体罪名（counts）都是谋杀、强奸、洗劫、毁财、酷刑、损害个人尊严等。因此，"罪名"样本同样具有"国际犯罪"的标志性、经典性和代表性。相比之下，灭种、侵略、海盗等"罪名"特色过于鲜明、构成过于特殊，经典性反而逊色不少。此外，《罗马规约》之缔约国（目前已有109个）有义务修订刑事法律，其中就可能会（许多国家已经这样做了）将"危害人类罪"等直接列入法典，那时的"类罪名"才变成了国内法或外国法上的具体罪名，相应的分析体系也应遵照国际分析惯例，这就是在国内法与比较法上的直接意义所在。

因此，创制并研究"国际犯罪论体系"，既有国内法和比较法理论基础，更有国际刑法规范基础与判例基础。本文不对既存的任何法系"犯罪论体系"抱有偏见，也无意在此鼓吹其中的任何教义，只是客观考证论事。如果最后的考察结论与某既存体系近似或冲突，纯属巧合。

（二）法官如何进行"体系性思维"？——"国际犯罪论体系"活法实证

我们不妨先看一下最终裁决结论，以免坠入谜团：本案属于本院管辖并具有可接受性；拒绝确认根据第25条第3款第1项[1]和第28条第2款[2]规定提起的危害人类罪与战争罪指控；确认根据第28条第1款[3]规定提起的危害人类罪（谋杀、强奸）与战争罪（谋杀、强奸、洗劫）指控，拒绝确认根据第28条第1款规定提起的危害人类罪（酷刑）与战争罪（酷刑、损害个人尊严）指控；将贡博依照确认的指控送交审判；等等。[4] 本案从此结束"预审"、进入审判。国际刑事诉讼越过一道关键门槛，法庭与法官随即"大换血"。本案裁决不存在法官独立意见（separate opinion，一般是"赞同结论、全部或部分反对推理过程"），更不存在少数法官"反对意见"（dissents，主要是反对结论、也反对推理过程）；如果存在两者，都需一并与多数意见连体公开。本案法官们的推理过程与结论具有一致性。国际犯罪要素存在固有的复杂性与复合性，如果没有体系性思维，很难进行要素整合与确证。那么，预审法庭的法官们究竟是怎样"系统地"推动诉讼前进的呢？法庭对犯罪构成要素的分析体系究竟是怎样的呢？

1. 关于"类罪名"的"体系性思维"

关于"类罪名"，上文略有交代，也就是《罗马规约》的四大罪名，也可以称为集合性罪名，相当于我国的类罪名，也就是法益相同或近似的罪名群。对它的分析属于类构成分析。而特定要素分析针对的则是具体指控，相当于我国的"具体罪名"，也就是法

---

[1] 单独/共同（间接）正犯。
[2] 上级责任。
[3] 指挥官责任。
[4] ICC-01/05-01/08-424, 15-06-2009, pp. 184-186.

定起诉和审判罪名。对它的分析属于具体犯罪构成分析。类构成分析制约和指导具体犯罪构成分析,但又不能取代后者。就"犯罪论体系"思维特征考察而论,两者的意义是一样的,只不过从国内法视阈出发,似乎后者的意义更为经典。

作为"充分说理"的重头戏,法官不惜耗费154页解决本案的实体问题。本案中,检察官指控的犯罪有两个:危害人类罪和战争罪。类罪名不同,显然需要分别进行独立分析,具体分析思路如下:罪名一:危害人类罪。(1)语境要素(contextual elements):①存在"针对任何平民的攻击";②存在"广泛或系统性攻击";③作恶者的行为与"针对任何平民的攻击"之间的关系(nexus)。(2)特定要素(specific elements):①谋杀;②强奸;③酷刑。罪名二:战争罪:(1)语境要素(contextual elements):①存在非国际性武装冲突;②对存在武装冲突的明知(awareness)。(2)特定要素(specific elements):①谋杀;②强奸;③酷刑;④损害个人尊严。

法官对"个人刑事责任"的分析独立进行,紧随"检察官指控的犯罪"之后:责任一:第25条第3款第1项(共同正犯责任)。(1)第30条规定的故意和明知概念;(2)共同正犯对实施共同计划将导致完成犯罪的物质要件的明知和接受;(3)疑犯对能使其与其他同伙控制犯罪实际情况的明知。责任二:第28条(指挥官或上级责任)。疑犯(1)必须是军事指挥官或地位相当者。(2)必须有效指挥和控制军队(部属),或者有效管辖和控制部下。(3)犯罪的发生是因为疑犯未能妥善控制军队(部下)。(4)疑犯知道或理应知道。(5)疑犯未能采取一切必要和合理措施,防止、制止犯罪或报请主管当局就此事进行调查和起诉。[1]

我们从中不难发现法官分析思路的"体系"特征:(1)"罪名"先行,"责任"殿后。"罪名"是犯罪性质,"责任(形式)"是"犯罪形态"。"犯罪形态"在国际刑法中统称"参与模式"(participating model)。因此这里所谓"个人刑事责任"中的"责任",不是大陆法系"犯罪论体系"中的"有责性"。(共同)正犯与共犯,在《罗马规约》中都属于同一类"犯罪形态"或"参与模式",法律与实务还作了更为具体的分类。[2]"指挥官或上级责任"则属于另一类独立的犯罪形态或参与模式,归责原则与构成要素与前者区别

---

[1] See ICC-01/05-01/08-424, 15-06-2009, pp.25-178.

[2] 《罗马规约》第25条是"个人刑事责任"专条,涉及的"犯罪形态"如下:(1)自然犯(第1款;没有规定"法人"或"单位"犯罪);(2)正犯,包括单独正犯、共同正犯、间接正犯(第3款第1项);(3)共犯,包括教唆犯(第3款第2、3项;"从属说",以正犯既遂或未遂为成立条件)、帮助犯/支助犯(第3款第3、4项;"从属说",以正犯既遂或未遂为成立条件);(4)言论犯/煽动犯(第3款第5项;直接公然煽动他人灭种);(5)未遂中止(第3款第6项;不按未遂处罚)。如此,法人犯罪、犯罪预备、预备中止、未遂中止,以及预备教唆、预备帮助等,都不是犯罪。这比我国法定"犯罪形态圈"要窄得多。以上法定犯罪形态中的罪过形态都是故意(包括目的犯),行为形式主要是作为。

很大。[1] 在预审法官看来,责任形式搞错,也属于定性错误,需要暂停诉讼、修订起诉、重新听讯。[2] 本裁决最终否定了"责任一",确认了"责任二",原理正在于此。罪名与责任形式,属于不同层次议题,这里却有分析序位先后之分。隐含的道理大概是:如果"罪名"本身不能成立,探讨责任形式并无意义。这种推理思路显然暗含一种逻辑递进关系。然而,类罪名与责任形式本身都包含主客观要素,因此此处还不能得出先客观、后主观的结论。(2)"语境要素"先行、"特定要素"殿后。构成两罪依法都需要特定的和不同的犯罪语境。犯罪语境相当于客观处罚条件:同样是谋杀,缺失上述法定犯罪语境,只可能构成其他犯罪(灭种、侵略甚至普通刑事犯罪);具备上述不同的法定犯罪

---

[1] 《罗马规约》第28条是"指挥官和其他上级的责任"专条,尽管在实务中的运用可能更为频繁、体现国际追诉特色,但与第25条规定的"个人刑事责任"经典模式迥然不同。正如此,法官对后者(责任二)的分析设定了更多的主体、管辖、权能、状态等"客观要素",这也是规范意义上的法定要求。此外,在这种特殊的"犯罪形态"中,罪过形态既有故意(一般是知道、特别是"理应知道"和"故意不理会")也有过失(即不防止、不制止、不提交,也就是玩忽职守或懈怠职责),"行为形式"也主要是"不作为";特定的身份和状态要素与特定的故意和不作为结合在一起,就形成此类犯罪形态或参与模式的突出特征。这是立法者独辟专条、区别论事的根本原因,也是法官认定"责任形式不同、犯罪也不同"的法定理由。

[2] 根据《罗马规约》第61条(审判前确认指控)第7款的规定,预审法庭最终可以依法作出"确认"或"拒绝确认"指控和"暂停听讯"这三项不同的裁决。"暂停听讯"的理由和要求又分两种:责令补充举证或调查;"修改一项指控,因为所提出的证据显然构成另一项本法院管辖内的犯罪"。就后者而言,学理上(笔者此前亦然)一般认为立法者是指"罪名搞错了"的情况,例如把"危害人类罪"作为"灭种罪"指控——这也正是安理会与科塞斯和本法院对苏丹犯罪情势的定性分歧,只不过争议在诉前就解决了。但是本案的诉讼详情证明:也包括"责任模式搞错了"的情况。因为法庭此前所谓"因检察官指控定性错误而暂停本案确认起诉听讯",就是基于"责任模式搞错了"。法庭认为:根据该款第1—2项和第3项要求所作出的决定,在性质上完全不同;本规定的主要目的在于停止听讯,以便解决证据或事实的法律定性缺陷,进而避免法庭在本阶段就实质问题下达最终裁决;法庭在此阶段不必证明"不同犯罪"的要求绝对获得满足,法庭只需进行一种"表面"(prima facie)判断:指控文件对有关事实的法律定性存在疑问。关于"不同犯罪"的概念,它不但涉及法定罪名,还涉及责任模式;参与犯罪的模式不同,犯罪的实质(客观)要件就会完全不同,"犯罪"的结构不同,作为主犯、从犯或上级的个人责任也会不同;作为诉讼的司法保障人(judicial guarantor of the proceedings),法庭必须确信:指控文件事关本案诉讼主题,遇有重大变更必须告知双方当事人,根据《规约》第67条第1款第1项(被告人的权利)的规定,如果法庭不考虑责任模式,就会产生公平问题,因为被告会被剥夺"以被告人通晓和使用的语文,迅速被详细告知指控的性质、原因和内容"的法定权利,以及获得提交意见机会的权利;关于"考虑修订指控":该条目的用语具有宽松性,检察官决定是否修订相关指控,法庭无意侵犯检察官的职能,拟定妥当的指控或建议,检察官如何最好地起草指控文件不是本庭该干的活儿,如何依据法定职责打造与确定(build and shape)起诉案件是检察官的职责,法庭的职责是在预审诉讼中行使司法监督职能并依法下达裁决;根据"显然"标准,作为程序性裁决,法庭不对证据进行深入分析,这里只需提及特定证据或各方立场,也不会裁决实质问题,唯有如此,法庭才可以避免就有关问题进行预决或预断;法庭认为:第28条设定的责任模式(不同的犯罪参与模式)并未得到充分解决,现有证据显示,人犯构成不同的犯罪(责任模式),也就是第28条规定的责任模式;法庭最后裁决:暂停听讯;要求检察官限期考虑修订指控文件(可能的责任模式)并深入分析已提交证据;请辩方、被害方限期回应新指控;60日的确认起诉裁决签发期限自最后意见收到之日起重新计算(See ICC-01/05-01/08-388, 04-03-2009.)。

语境,同一行为(例如"谋杀"平民)只能成立不同的犯罪(危害人类罪或战争罪)。[1]特定要素实际是指具体罪名,实务中就是指具体指控。没有人实施具体犯罪,类罪名就不可能成立;成立类罪名需要具体犯罪,尽管还需要犯罪语境支撑;犯罪语境与特定要素(具体罪名)共同支撑类罪名。语境要素的属性如何?是主观的还是客观的?法

---

[1]《犯罪要件》"一般性导言"第9款规定:"**一项行为可构成一罪或数罪**"。这是"罪数"问题的法定原则,究竟如何理解,国际刑法的学理尚未细致展开。根据"**严格的语义解释**"(法定的条约解释规则之一),这里最可能存在的理解层面就是:**立法者吸纳了普通法系"罪数"原则,同时也照顾了大陆法系的罪数原则,"可"与"或"表明:这里完全没有"国际融合",而是"简单相加",除非我们认为简单相加也属于国际融合**。我们更熟悉大陆法系的规则,因此需要对普通法系的规则及其国际化应用略作说明。关于吸纳普通法系"罪数"原则,用中国学者的话说,就是"没有想象竞合和牵连犯概念","过于严格,甚至有违常理";"并合罪""主要是吸收犯",而且"基本上只存在于罪质相同,仅仅程度有差异的数罪之间"(参见储槐植:《美国刑法》,北京大学出版社1996年版,第152—153页)。这里的"一项行为"应当是指一项具体犯罪或一项特定要素,不可能是一类行为或多个罪质相同的行为,更不可能是多个罪质不同的行为;按照我们的说法,就是一行为。一行为可构成一罪,我们容易理解;"或""可构成""数罪",则绝对超出我们的理论射程。照此理解,**如果"一项行为"(例如"谋杀"平民)同时是在"危害人类罪"和"战争罪"的"语境要素"下实施的,就可能同时成立两罪**——中国首届"国际刑事法院模拟法庭大赛"的多数"诉状"都是这样写的,笔者当即关注并质问这一问题,而其他评审法官当时要么未注意、要么语焉不详、要么事后分歧严重,的确值得深入探讨。就本案而言,控方的确以不同"罪名"指控了"相同行为"(谋杀、强奸、酷刑等)。这里仅以谋杀为例。"谋杀"在形式上属于不同指控:不但"类罪名"不同,而且"具体指控"编号也不同(指控7和指控6)。不同"罪名"项下的"相同行为"是否属于同时符合两种不同"语境要素"的一项行为/一行为呢?**不同"类罪名"项下的"具体指控"是否属于一项行为?这才是根本问题,需要认真考证**。作为"危害人类罪"的"谋杀",控方是指MLC部队在2002年10月26日至2003年3月15日之间杀害两个中非平民,主要证据是第22号证人(被害人的表兄弟,传来证据,证明被害人系在中非巴桑格被枪杀,原因是被害人反抗部队在洗劫其父亲的农场时抢劫船只)和第87号证人(被害人的兄弟,直接证据,证明被害人系在中非鲍拉比被枪杀,原因是被害人反抗部队抢劫其父亲的摩托车),也涉及第47号匿名证人(证明力较低)、第6号和第9号证人("呼应性证据",证明力较高),还涉及第44号、第80号证人(消极证人,但不足以证否);法庭还因证据不足否定了其他"谋杀"指控;法庭还认为:"谋杀"符合"危害人类罪"的"语境要素",但具体"谋杀"可以是相对孤立行为、不必具有多重性(multiplicity),只要属于"广泛/系统攻击的一部分"就行(See ICC-01/05-01/08-424, 15-06-2009, pp.45-56, paras. 128-158.)。作为"战争罪"的"谋杀",指的是否是同一行为吗?**答案是肯定的**,笔者的判断根据是:(1)检察官对两罪项下"谋杀"的"罪行概述"完全一样(第128段与第270段)。(2)检察官称:"构成危害人类罪的谋杀行为也会发生在非国际性武装冲突语境下"(第271段)。法官认为指控成立(第272段)。我们可以称之为"语境竞合"。(3)"具体行为"完全一样。"谋杀"还是指杀害两位平民,依靠的证据仍然是第22号证人(被害人的表兄弟)和第87号证人(被害人的兄弟),其他背景与推理过程也完全相同(第277页under)(See ICC-01/05-01/08-424, 15-06-2009, pp.93-95, paras. 270-279.)。至于两罪是否"并罚",法官没有说明,只能等待"最终判决"确证。可以想象:成立两罪却不并罚,岂不是浪费司法资源?初步结论是:**在"罪数"原则问题上,《罗马规约》及其法官采纳了普通法的立场**。

律没有规定,只能通过实务观察,结论是客观的。[1] 特定要素的属性又如何?就"类罪名"而言,显然属于具体的客观行为;就其本身的具体构成而言,客观、主观要素都必须具备。语境要素是客观的,特定要素则包含客观、主观要素。因此,此处不能同样得出"先客观、后主观"的结论,只是先客观的立场初露端倪。然而,上述两罪的语境要素展现了国际犯罪构成要素的突出特征;在法定罪状中,语境要素遂必须先行。如此,先客观的做法无非是回应了国际犯罪与立法特征,并无太多的"体系"辩正价值。(3) 关

---

[1] "语境要素"也类似"案情大背景"。在国际司法文书中,"案件背景"都要先作交待,而且篇幅很长。究竟属于客观要素抑或主观要素?应当专门给出学理结论。"案件背景"一般有两种含义:(1) "程序历史/背景"(procedural history/background),详细交待"本案诉讼详情"并进行详密引证,展示国际司法本身的规范、细致,尤其是公开透明。"本案诉讼历史/背景"交待的是诉讼历程,几乎没有主观评价、也不包含具体想法与实质性评价(considering and merits),因此属于"案件程序历程客观要素"陈述,与实体问题基本无关。(2) "武装冲突/其他犯罪背景",也就是"犯罪语境"(contextual background)。这是说清复杂的国际犯罪所必需的,也是国际司法惯例。法庭有时还会专门邀请犯罪语境的国际专家提供法庭之友的意见以供审议。否则,直接进入犯罪要素分析,就会使人坠入迷宫。这是国际刑事司法的显著特征,因此需要专门分析其属性。犯罪语境本来是客观的,但是法官、当事人(控辩双方)和参与人(被害人、法庭之友、国家法律代理人等)都是"人"。历史都是人写的,犯罪语境概无例外。凡是人写的东西都不可能避免主观性。"犯罪语境"分析究竟属于客观要素还是主观要素?如果属于"主观要素分析",本文的核心结论之一(先客观、后主观)就被证否。因此,必须解决这一问题。我们首先进行"规范"回顾。《犯罪要件》"一般性导言"第7款在遵循"先客观、后主观"的原则下,把**相关的背景情况列在最后**;第七条 危害人类罪,导论第2款第1句规定:"每项危害人类罪的**最后**二项要件描述行为发生时的**必要背景情况**",第八条 战争罪,导论第3款规定类似。如此看来,"犯罪语境"分析的法定逻辑顺序是"最后"。如果"犯罪语境"真的不属于主观或客观要素,按照大陆法系理论,就应当属于"客观的处罚条件"。从立法论上讲,如此排序的大陆法系思维特征较为明显。然而,国际刑事法院的诉讼文书与诉讼程序则刚好颠倒了"规范"次序:"犯罪语境分析"先行。笔者认为,这种分析思路是合理的,因为它更符合较好地说明国际犯罪与立法的特殊要求,并且这与法系思维特征基本无关,而与人的一般理性有关。此外,笔者还认为,客观要素与对客观要素的陈述是两个不同的事物。因此,剩下的问题仅仅是:"犯罪语境"本身究竟是客观的还是主观的? 至于谁在陈述及其怎样陈述,与本文论题无涉。笔者认为,犯罪语境本身是客观的,不是主观的;"对犯罪语境的陈述"也应当尽量客观、避免主观。事实上,在国际刑事法院,不论是检察官还是法官也都是这样认为的:2008年6月20日,控方对"卡坦加的代理人就检察官的披露义务发表看法,同时提出停止诉讼的相关申请"予以回应,在谈到检察官为了调查**整个犯罪情势**而需要信息源广泛提供资料时,检察官说:"所获取的信息可以使控方调**查奠定在客观基础上**(on an objective basis),完全符合控方依法确立事实的职责"(ICC-01/04-01/07-619, 20-06-2008, pp. 4-5, para. 5, lines 7-9.)。2008年12月2日,审判一庭下达"关于视听辅助(visual aids)的裁决",其中提到控方曾经主张,为了便于法庭理解所指控犯罪的**语境客观要素**(the contextual, objective elements of the crimes alleged),应当允许使用"视听辅助"(ICC-01/04-01/06-1371, para. 11.),这种说法得到法庭认可(See ICC-01/04-01/06-1528, 02-12-2008, p. 5, para. 9.)。我们可以不赞同他人"陈述犯罪语境"的方式方法,但是我们绝对不能因此否定"犯罪语境本身是(也应当是)客观的"。剩下的问题仅仅是:客观的"犯罪语境"都是"客观要素"吗?根据国际刑事法院法律文书具体描述内容考察,笔者的答案是:多数都是,尽管不一定全是。所谓"多数都是",就是指主要是陈述法定的和客观的"相关/必要背景情况";所谓"不全是",就是指为了连贯、妥善地陈述法定的"相关/必要背景情况",个别的不典型细节也不能省略,目的还是为了说清前者。

于责任形式的要素分析,"责任一"偏重主观要素分析,关注的是(共同正犯)"故意和明知"的含义与具体内容,旨在重点解决立法粗疏问题,其实其全面构成远远不止主观要素。"责任二"则偏重客观要素分析(4/5),唯一的主观要素就是"知道或理应知道"。因此,责任形式分析本身的体系考察价值同样不大。

此段考察的初步结论是:法官对"类罪名"的分析体系具有一定的逻辑递进关系(类罪名先行、个人责任形式殿后;语境要素先行、特定要素殿后),先抽象、后具体(从语境要素到特定要素)、先客观、后主观(从客观语境到个人责任)的思维特征初露端倪;对"责任形式"的分析体系特点鲜明,其中"责任形式不同、犯罪亦不同"的判例法则值得特别关注;这种分析体系都是由国际犯罪与立法特征决定的,体现的是"国际犯罪论体系"的固有特征。

2. 关于具体罪名(特定要素)的体系性思维

"特定要素"也就是"类罪名"项下的"具体犯罪",是类罪名的物质要件,列类罪名的语境要素之后、责任形式之前。国内法中尽管"罪名立法模式"各不相同,一般只有"类罪名"的理论、没有"类罪名"的实践,司法定罪仅取"具体罪名"。正如前文所述,《罗马规约》之缔约国(目前已有109个)有义务修订刑事法律,其中就可能会(许多国家已经这样做了)将"危害人类罪"等直接列入法典,那时的类罪名才变成了具体罪名,相应的分析体系也应遵照上述国际判例,这也是上段分析及其结论在国内法与比较法上的直接意义所在。在此之前,国际"类罪名"项下的"具体罪名"分析体系,具有国内法与比较法上的经典意义,也是本段的突出价值所在。

这里我们以危害人类罪(类罪名)中的谋杀(killing)(具体罪名)为例。检察官指控:2002年10月26日至2003年3月15日,班巴伙同帕塔西,通过在中非杀戮(谋杀)平民男人、妇女和儿童,犯下了反人类罪。法庭的分析思路是:(1)犯罪行为(actus reus);(2)犯罪意图(mens rea);(3)关系(nexus)[1]。当然,这也是规范意义上的"一般性法定要求"[2],事实与规范在此得到统一。

对犯罪要件的分析序位作出如此明确规定并得到法官严格遵循,不能不说是国际刑事法院的杰出法理贡献。当然,遗憾之处也有两个:(1)《犯罪要件》没有区分类罪名与具体罪名,因此,此处的犯罪要件究竟何指,并不明了。法官只是在对特定要素的分析中采用上述体系模式,看来法官的解读结果是"指向具体犯罪"。(2)《犯罪要件》

---

[1] 注意:这里的"关系"(nexus)不属于"犯罪行为"本体要素,而是指具体的谋杀行为与"类罪名"所要求的语境要素(广泛或系统地攻击平民)之间的关系,因此与因果关系(causal link)不是同义。不存在这种"语境"关系,可能成立普通杀人罪或其他犯罪,但不会成立"危害人类罪"的"谋杀"。似乎也可以这样理解:"语境"是"类罪名"("危害人类罪")的"类"客观要素,而"语境关系"(contextual nexus)就是"具体罪名"犯罪构成中的"客观处罚条件"或者其他客观要素。

[2] 《犯罪要件》"一般性导言"第7款规定:"犯罪要件一般按照下列原则组织:(1)犯罪要件强调与每种犯罪相关的行为、后果和情况,因此一般按此顺序开列;(2)必要的心理要件,放在受其影响的行为、后果或情况之后;(3)相关的背景情况放在最后。"这就是"一般性法定要求"。

对同类具体犯罪构成要素的陈列体系也不尽一致,甚至与一般性法定要求相左。以"谋杀"为例:危害人类罪的谋杀要件是:杀害行为——杀害语境——杀害心态;战争罪的谋杀/故意杀害要件是:杀害行为——杀害对象——知道杀害对象——杀害语境——知道杀害语境。尽管如此,还是可以维系先客观、后主观的整体结论的,原因是:危害人类罪的谋杀前两项要件(行为、语境)都属于客观要素;战争罪的谋杀/故意杀害要件具有分化性——客观行为在先,然后化为两线:一线是客观对象及其主观知道,一线是客观语境及其主观知道。可见,就对具体犯罪的分析思路而论,法官是严格遵循规范序位要求的:先客观(行为、结果和情况)、后主观(从犯罪行为到犯罪心态)。前两项要件在英美法系中属于犯罪本体要件(罪体和罪责),但是缺失责任充足条件,属于半个英美法系;第三项要件类似大陆法系的客观处罚条件,属于1/3大陆法系。因此结论只能是:思维体系更接近英美法系但并不完整,也未排除吸纳大陆法系的个别因素。然而,先客观、后主观的基本思路则符合两大法系共同的思维特征。

在我们看来,司法裁决不易进行太多的立法论或解释论的一般性延展,否则就属于法官推理过分或过分炫耀。然而,至少国际法官(包括检察官)并不这样认为。他/她们显得儒雅、耐心而又自信:犯罪行为要素是物质(material)或客观(objective)要素,犯罪意图要素是精神/心理(mental)或主观(subjective)要素,是成立犯罪(for a crime to be committed)所必需的两个关键(essential)和截然不同/独立/清晰(distinct)的要素。通过分析,法庭的审查结论是肯定性的。关于"犯罪行为",法庭认为,《规约》没有界定谋杀定义,《犯罪要件》提供了有限指导:谋杀就是行为人(作恶者,perpetrator)杀害[killed,法定解释为:与致死(caused death)一词通用]一人或多人。根据本院判例法,成立谋杀要求被害人必须死亡、死亡必须来自谋杀行为。谋杀行为可以是作为或不作为。被害人的死亡能够从实际情形中推导出来,检察官必须证明谋杀行为与被害人死亡之间的因果关系(the causal link)[1]。为了证明行为人杀害了特定个人,检察官有义务提供所指控的细节(particulars),但是不必找到或辨明尸体,只需尽可能精确地确定谋杀地点、可靠日期和行为方式,以及事件的情形和行为人与犯罪的联系(link)。根据预审阶段的证明标准(实质理由标准,"substantial grounds" threshold)以及大规模犯罪(mass crime)案件的实际,坚持高确定性标准(high degree of specificity)不切实际。为此,检察官不必针对每项杀害说明被害人和直接行为人的身份。也不必知道被害人的确切数量。正如此,法庭才会考虑"许多"(many)或"数百人/次"(没有说明特定数量)

---

[1] 注意:这里的"关系"属于"犯罪行为"的本体要素,是一种经典的因果关系,既与"语境关系"不属于同一事物,也不是确立"指挥官或上级责任"所要求的特殊因果关系(犯罪危险增加)。是否可以说:在许多情况下,国际犯罪的因果关系具有复合性,"因果律"及其证明标准并不一致。这种复杂性是由行为人的不同"参与模式"(participating mode)决定的。因此,不能把国际刑法中的因果关系问题简单化:在同一案件中,对因果关系的证明或说明具有差异性。当然还须注意,关系也不都是因果关系,不能与语境关系混同。

的杀害证据。关于"犯罪心态",法庭认为:《规约》第30条的规定包含两种"犯意"(dolus),也就是"第一种程度的直接犯意"(dolus directus in the first degree)和"第二种程度的直接犯意"(dolus directus in the second degree)。这种要求适用于危害人类罪和战争罪的一切特定行为。"除非另有规定",这是一项一切法定犯罪的归咎原则(a default rule)。也就是说,除非《规约》或《犯罪要件》要求适用不同的罪过标准(a different standard of fault),必须确立:有关犯罪的物质要素是在故意和明知(with "intent and knowledge")的犯意支配下实施的。这也是《犯罪要件一般指导原则》第2款的规定,第3款还规定"故意和明知可以从有关事实和情节推断"。为此,法庭必须确信:行为人意图致人死亡(meant to cause death)或者意识到(was aware)事态的一般发展会导致该结果。就本案危害人类罪中的谋杀而言,可以从对非武装人员使用武力推导出故意。关于"关系",法庭认为,检察官必须证明在谋杀与攻击行为之间存在关系(nexus),也就是证明:MLC部队实施的谋杀行为是广泛或系统地攻击刚果平民的组成部分。[1]法庭随后继续分析"危害人类罪"的"强奸"指控,思维体系没有改变。[2] 对"战争罪"(不同犯罪)中的"谋杀"的分析体系会有什么不同吗?结论是否定的,此处不赘。

3. 关于个人刑事责任的体系性思维

关于"个人刑事责任",法庭的分析思路如下:法庭在《停止诉讼裁决》中指出检察官的定性似乎存在问题:指控事实可能构成另一种刑事责任。检察官随后修订指控并进行选择性指控:或者构成共同正犯责任(第25条第3款第1项),或者构成指挥官或上级责任(第28条)。因此,唯有前者不成立时,法庭才须继续审查后者。[3]

——关于"共同正犯责任"。这本是检察官第一次指控的责任形式,后被法庭认为可能定性有误并暂停听讯。检察官的再次指控保留了这种指控,同时增加了"指挥官和上级责任"指控选项,以求双保险。法官此次的最终审查结论是:增加的新指控成立,保留的老指控还是不成立。依照常理,由于检察官(部分)不听劝阻(暂停听讯裁决长达20页,道理已经说得很清楚)、两次犯错,法官可以完全不再理会老指控,或者最多是简化处理后直接驳回,然后直奔成立的新指控。但是法官显然没有这样做。驳回当事人(检察官既是司法大臣、更是当事人)重要诉讼请求,国际法官不可能不充分说理;与此同时,法官确立了共同正犯主观归责的一般思维体系,并对本案九大问题进行了异常细致、透彻的分析。为了不致扰乱"体系",以下不拟拆分评论。

法庭指出:检察官借助犯罪控制力原理(control over the crime)及其共同正犯理论指出:为了保卫帕塔西,两人拟定共同计划,最终导致犯罪;疑犯在MLC中的地位以及对实施共同计划的核心意义决定,他控制了根据该计划所实施的犯罪。疑犯也符合法

---

[1] See ICC-01/05-01/08-424, 15-06-2009, pp. 45-56.
[2] See ICC-01/05-01/08-424, 15-06-2009, pp. 56-67. 这就说明:对相同罪名下的不同具体犯罪的分析体系保持严格一致。
[3] 这表明:两种责任形式不能并存,成立一个,则另一个就不可能成立。

定的犯罪心态要求:他故意参与行动、意识到与同伙共同实施一般会导致犯罪的共同计划,接受实施共同计划的风险。[1] 但是法庭不以为然:2009年4月24日,辩方指责补充指控的不精确性及其缺陷,其中就包括疑犯的参与形式(form of participation),也就是作为共同正犯(co-perpetrator),究竟是间接正犯(indirect perpetrator)还是直接正犯(direct perpetrator)。由于检察官已经根据犯罪控制力原理提出共同正犯的精确主张,辩方的指责遂不重要,法庭只需审查这种参与模式(mode of participation)的根据。关于共同正犯的概念,卢班加案件曾有裁决:"伙同他人(实施)"必须与"控制犯罪"的概念结合理解。本庭没有理由偏离预审分庭的推理方法与思路。共同正犯或伙同实施(joint commission)的概念必须以联合控制犯罪(joint control over the crime)为根据,必须满足客观和(as well as)主观要素要求。两个客观要素是:疑犯必须是与一人或多人达成的共同计划或协议的一部分;疑犯与同伙必须协力导致犯罪物质要件的完成并起关键作用。法庭认为:由于下列犯罪心态要素不能满足,遂无必要详细审查客观要素。满足客观要素并不足够,《规约》并不允许依据严格责任(strict liability)进行归责(attribution of criminal responsibility),而是要求存在特定犯罪意图(a certain state of guilty mind/actus non facit reum nisi mens rea:没有犯罪意图的行为不构成犯罪),也就是通常所说的犯罪心态,也就是主观要素。[2] 如此,与客观要素一道(alongside),以下三个主观要素必须获得累积性(cumulative)满足。

1. 满足主观要素要求,就是第30条规定的故意和明知

故意、明知或故意明知,是一般归责原则,具有普适性。"理应知道"(第28条第1款)标准略有偏离。特定犯罪还需要特定目的或意图(specific purpose or intent),这就不仅要满足(一般)主观要素要求,还要满足额外要求——也就是特定意图(specific intent/dolus specialis)。法庭认为:《规约》第30条第2、3款是以"要素分析法"(an element analysis approach)为根据的,这与"犯罪分析法"(a crime analysis approach)刚好相反——不同程度的心态要素配置给每个特定犯罪的物质要素以供审议。在下列情况下,犯罪的一般主观要素获得满足:(1)疑犯有意(means to)参与特定行为,希望/意图(with the will//intent)引起犯罪结果的发生或者至少是意识到本不希望发生的(undesired)结果"会正常发生";(2)疑犯意识到"一种情形或结果将会正常发生"。故意和明知反映的都是犯意/罪过(dolus),要求存在意志(volitional)和(as well as)认识(cog-

---

[1] 这表明:就"责任形式"的分析而言,检察官也是严格遵循"先客观、后主观"的思维逻辑的。
[2] 这表明:就"责任形式"的分析而言,法官一般也是严格遵循"先客观、后主观"的思维逻辑的。法官经过"案情浏览",发现主观要素存在明显的疑问,遂在正式裁决中绕开客观要素、直奔主观要素。这并能说明法官在"案情浏览、审查"过程中也同样是"绕开客观要素、直奔主观要素"——这实际上也不可能,因为检察官的指控书并不是这样排序的,法官也不可能"绕开"。如何浏览、审查是一回事,如何裁决是另一回事。裁决的书面逻辑不等于浏览、审查的实际逻辑,尽管两者经常一致。裁决是思考结果的书面表达,特点是"直奔要害",而浏览、审查过程就不可能这样,特别是浏览、审查复杂的国际犯罪案件。**本文讨论的"国际犯罪论体系",主要目的是要弄清"应当如何思考"(浏览、审查)。**

nitive)因素。一般而言,根据意志因素对(vis-a-vis)认识因素的影响(strength),犯意/罪过可有三种形态(forms):(1)"第一种程度的直接犯意"(dolus directus in the first degree)或"直接故意"(direct intent);(2)"第二种程度的直接犯意"(dolus directus in the second degree),也就是"间接故意"(oblique intention);(3)"间接欺诈行为"/可能犯意(dolus eventualis),通常是指主观鲁莽或/有意疏忽/过于自信(subjective or advertent recklessness)。本庭认为:《规约》第30条第2、3款包含两种程度的犯意/罪过:"第一种程度的直接犯意"或"直接故意"要求:疑犯知道(know)其作为或不作为会(will)产生(bring about)犯罪的物质要素并(and)带着产生(bring about)该犯罪的诸多物质要素的既定愿望/意图(purposeful will/intent)实施这些作为或不作为。在这种犯意中,通常存在(prevalent)意志要素,因为疑犯特别希望或愿意获得(purposefully wills or desires to attain)被法律禁止的结果。"第二种程度的直接犯意"并不要求疑犯实际拥有产生犯罪物质要素的意图或愿望,只是要求:疑犯意识到(aware)这些(物质)要素几乎是(almost)其作为或不作为的必然(inevitable)结果,例如,疑犯"意识到一般会发生结果"。在这种情况下,意志要素大大降低并被认识要素超越(overridden),例如,只需意识到其作为或不作为"会"(will)导致(cause)"不想发生的"(undesired)禁止结果。至于第三种犯意形态或者任何一种更为轻微的罪过形态(form of culpability),法庭认为第30条中并不存在,因为"根据事态的一般发展发生"(will occur in the ordinary course of events)的用语就等于排除了其他犯意形态。根据文义(文本)解释,"(结果)会发生"(will occur)就是用于表达一种"不可避免地/必然地"(inevitably)被期待(expected)的事物。会发生与根据事态的一般发展的组合清楚地说明:所要求的发生标准接近当然/确定(certainty)。就此而论,法庭愿意把这种标准界定为"实际确定"(virtual/practical certainty)标准,也就是说:结果会发生——排除阻止犯罪实质要素发生的未设想、未期待的干扰。毫无疑问,这种标准高于"间接欺诈行为"的通说标准——预见不愿发生的结果(仅仅是一种可能,likelihood/possibility)的竟至发生。因此,如果立法者试图涵盖间接欺诈行为,就会使用可能发生(may occur)或根据事态的一般发展可能发生(might occur in the ordinary course of events),这样就可以包含单纯的不可测性或可能性(mere eventuality or possibility),而不是仅限于"接近当然或实际确定"(near inevitability or virtual certainty)。考察《罗马规约》立法历史,dolus eventualis(普通法用语)和"advertent recklessness"先出现在草案中、后又被删除,而且还申明前者与"根据事态的一般发展会发生"标准不同,也清楚地表明立法者无意涵盖这种罪过程度(degrees of culpability)。因此法庭认为:除非证明疑犯至少是意识到根据事态的一般发展、发生此类犯罪属于实施共同计划的实际特定结果(virtually certain consequence),否则就不能说疑犯有意(have intended to)实施任何指控犯罪。本庭无意用"de lege ferenda"取代"实在法"(de lege lata),为了扩大解释第30条而扩张追诉法网。

2. 共同正犯对实施共同计划将导致完成犯罪的物质要件的明知和接受

根据共同正犯理论（theory of co-perpetration），需要满足的第二个主观要素是：（1）共同正犯相互意识（mutual awareness）到，实施共同计划会导致犯罪物质要件的完成；以及（2）他们刻意（with the purposeful will/intent to）采取行动、引发犯罪物质要素，或者意识到根据事物的正常发展，完成物质要件就会是其行动的实际特定（virtually certain）结果。

3. 对能使其与其他同伙控制犯罪实际情况的明知

根据控制犯罪的共同正犯理论，最后一个需要满足的主观要件是：疑犯对能使其与其他同伙控制犯罪实际情况的明知。这一标准要求：（1）疑犯意识到自己在实施犯罪过程中的核心作用；（2）根据这种核心作用，疑犯能够阻止（frustrate）犯罪的实施（implementation），因此也就能够阻止犯罪的完成（commission）。根据上述标准，法庭的考察结论是：疑犯缺乏实施犯罪的必要意图（the requisite intent），因此也就没有必要继续考虑是否符合共同正犯概念中的其余两个主观要素。检察官提到9个要素借以证明疑犯的犯罪心态。法庭认为，即便存在"共同计划"（共同正犯的第一客观要素），疑犯的犯罪意图也未能确立。① 检察官称：在本案属时管辖区间之前（2001年、2002年），疑犯曾经派遣"无偿"（unpaid）的MLC部队，导致发生针对平民的强奸、洗劫犯罪；而且所犯罪行从未遭到惩罚，其中有个军事法庭量刑轻微、随后又赦免罪犯。本庭认为，疑犯的犯罪意图不能从其过去的行为作出一般性推演。在早期事件中发生了特定犯罪，并不必然意味着会当然地再次发生同类犯罪。此外，在类似情况下派遣"无偿"的MLC部队的说法，不足为信、也得不到案件卷宗支持。法庭看不出派遣无偿部队与谋杀和强奸有何联系；即使可能与洗劫有关，也得不到本案证据支持。尽管部队没有现金，但是生活费用还是由行动指挥官负担，这就无法推定疑犯意识到根据事物的一般发展，洗劫会是一种派遣部队的实际特定结果。检察官也没有解释：除了无偿以外，还存在什么类似情况。MLC第28旅即使参与了民主刚果的前后事件，但是该旅的指挥官并不相同。实际上，说该旅参与过前后事件，有关证人证言与其他证人证言、联合国报告、特别调查报告等也相互冲突。此次犯罪的旅与彼次犯罪的旅并不相同，甚至其他部队也不相同。② 在前期事件中持有和分发洗劫汽车问题。检察官称，疑犯拥有前期洗劫汽车，不仅如此，他还把洗劫车辆作为"个人财产"储存，还分配给MLC成员，因此他知道洗劫罪行并意图再次发生。本庭认为：这又是根据过去事件进行推断。如前所述，过去的行为并不是证明现在意图的充分因素。至于疑犯还拥有此次洗劫车辆，控方证据不够充分；有关证人甚至没有说有关车辆就是洗劫或分配而来的，有的关键证词明显缺乏精确性。③ 派遣"全权代理"（carte blanche）部队问题。检察官称：疑犯完全了解部队在2001年的犯罪，2002年再次派遣，就等于把这种部队置于"全权代理"的允诺环境下，允许实施强奸、酷刑和洗劫而有罪不罚。控方在此仅仅依靠一个证人(第15号),该证人也提到"全权代理"一词,但是该证人的说话语境不能支持控方推论;证人言辞只是表达对部队职能的性质和程度的自我评估,不能反映疑犯本人的任何清楚或不清楚的授权;证人的评估仅仅是"猜想"(suppositions,这是证人自己的用语)——派遣部队赴国外拯救危难总统(主要使命)就等于获得任意行动的授权,部队"可能只受其良知极限和边界的控制"。法庭认为,部队的主要使命是赴外国拯救危难总统,并不意味着就自动获得犯罪授权;派遣救援部队也不能说就是对犯罪的明知达到实际特定程度。

4. 部队越过界河时指挥官的演讲问题。检察官称:部队越过界河时,MLC指挥官明确指示部队杀戮中非平民,并以第47号证人证言摘要(summary statements)为证:"在中非的班归,你们没有父母、妻子和孩子。你们是去打仗。你们杀戮并摧毁一切……班巴·贡博派你们去杀戮,不是去玩的。"法庭认为,证言摘要的证明力已经很低,还与其他证据无法协调一致;此外,证词也没有归咎于班巴,并没有显示班巴在场或如此指示。更重要的是,上述证词也与控方第40号证人证词矛盾:部队的主要任务是(1)"瓦解全部敌人"、(2)"保卫民选总统";第6号证人也证明,攻击平民违背"保卫总统权力"的实际使命。因此,控方不能证明疑犯意图让部队在中非"摧毁一切"、屠杀平民。

5. MLC士兵对被害人的陈述问题。控方依据第22、23号证人陈述指称:"在平民遭遇残害时,MLC士兵对被害人说:既然你们是由前反叛武装控制的平民,你们就属于反叛武装,因此才会遭到攻击。"其实,证人只是说帕塔西先生(原中非总统)命令屠杀2—10岁之间的儿童,因此,说是班巴如此命令,就是错误推导,辩方也提出抗辩:MLC士兵声明与班巴之间没有关系。控方还援引第47号证人证词摘要:被害人被告知,"感谢班巴,我们有幸与中非妇女性交"。辩方援引诸多证词予以反击。法庭认为,第47号证人证词摘要本身证明力有限,如果不能与其他证据相互印证,不足为信;MLC士兵声明本身并不能清楚或含糊地表明班巴有过强奸授权;不能证明班巴有此犯意。

6. 班巴与帕塔西的直接和经常性联络问题。控方认为,班巴与帕塔西经常联络,知道并意图犯罪发生。但是控方显然证据不足。全部相关证据显示:(1)通过实地评估使团及帕塔西部下的报告,帕塔西获知发生了洗劫和强奸犯罪;(2)在班巴和帕塔西之间至少发生过两次电话交谈;(3)证人们不知道电话交谈的具体内容,只有第37号证人说帕塔西呼吁班巴派遣部队增援。因此,法庭不能确信帕塔西告知了班巴有关犯罪事实,控方主张没有依据。

7. 尽管从各种渠道获悉犯罪事实并予以承认、却仍然继续实施共同犯罪计划问题。由于前六项主张均不成立,所以其余3个主张不攻自破。控方似乎最多可以证明:班巴可能已经预见到了发生犯罪的风险(仅仅是一种可能性),但是为了实现保卫帕塔西权力的终极目却接受了(accepted)这种风险。这并不能满足"第二种程度的直接犯意"要求。[1]

——关于"指挥官或上级责任"。这是法官最终认可的新指控,由于系经法官"提醒"而打造出来的指控,对疑犯消极意义巨大,法官更不可能轻描淡写、简化处置。这种"责任形式"、特别是其中的因果关系以及知道或理应知道问题,在国际刑法、国际刑事司法、国际刑法学中具有经典性和标志性,是众多学者[2]倾力追捧的焦点话题。《罗马规约》既有继承、更有创新,规范的详密程度史无前例。然而,尽管某些法官把"责任形式"视为犯罪定性问题,但是看来《犯罪要件》的制定者不以为然——《犯罪要件》中没有规定不同责任形式的构成要件。正如此,如何确切理解与解释有限的规范,就成为学者和司法官的任务。本裁决的"充分说理"无疑具有经典意义。为了不致扰乱"体系",以下不拟拆分评论。

法庭指出:共同正犯责任与指挥官或上级责任不同。为了更好地理解后者,有一条原则就是:惟有在存在法定作为义务时,才可以推导出不作为的刑事责任。第28条又区分出两类上级及其关系,也就是军事或类似军事指挥官(也就是"以军事指挥官身份有效行事的人")与拥有法律上或事实上职权的平民。本案疑犯属于前者。为了成立这种责任,必须齐备以下5个条件。

1. 疑犯是军事或类似军事指挥官

"军事指挥官"是指被正式或依法任命为执行军事指挥职能的人。不论军级或军衔(level or rank)如何,武装部队中一切拥有军事指挥责任的人都包括在内;指挥官可以是在指挥链中拥有最高军级(level)的人,也可以是仅仅指挥几个士兵的人。这种概念还包括那些不仅仅履行军事指挥职能的人。[3] 关于"以军事指挥官身份有效行事的人",立法者意图涵盖一种不同的和更为宽泛的指挥官。这种人不是被依法选举执行军事指挥作用的,但是通过指挥链条事实上有效控制着团体。国际特设法庭(前南法庭、卢旺达法庭)都有判例在先:只要事实上或法律上成为负有指挥责任的上级,没有"正式法律授权"(formal legal authority)不能成为排除刑事责任的理由。因此,这种类似指挥官的人一般而言就包括下列"上级":对正规的政府武装(例如武装警察)或都拥有军事等级或指挥链条的非正规军武装(非政府武装,例如反叛团体、武装抵抗力量和民兵等准军事组织)拥有控制权力。[4]

---

[1] ICC-01/05-01/08-424, 15-06-2009, pp.114-139.

[2] 国内学者如刘大群、贾冰冰、卢有学等,国外更多,恕不详细引证。

[3] ICC-01/05-01/08-424, 15-06-2009, p.142, para. 408. 学者曾在某重要国际论坛上提出和讨论"国际起诉和审判是否仅仅针对'大人物'?是否会形成一项国际惯例?"的问题,本裁决已经给出明确答案。

[4] ICC-01/05-01/08-424, 15-06-2009, pp.142-143, paras. 409-410.

2. 疑犯必须有效指挥和控制部队(部下)或对部队(部下)享有有效管辖和控制权力

这里的核心就是有效控制(effective control)。有效指挥和控制(effective command and control)与有效管辖和控制(effective authority and control)是两个选项,同样适用严格意义上的军事指挥官和类似指挥官。"指挥"与"管辖"是两种表达中唯一不同的术语,对于认定必要的控制程度和标准而言,这并不发生实质性影响。立法术语十分清晰:有效控制是两种选项中的共同要求。立法论的解释结论也是佐证:有些代表当初就认为,追加有效管辖和控制并无必要并可能造成混乱,这就表明,增加或提供这样一种选项并没为文本输送不同含义。就此而论,"有效指挥"当然显露或反映了有效管辖。英语中的指挥是指管辖(authority/权力),特别是控制武装部队的权力;而管辖就是指下达命令和强制执行的权力(power)或权利。然而,既然文本使用"或"将两者隔开,为了解决文本表面冗赘问题,法庭只能认为两者存在一种近似而又不同的含义。尽管两者对"控制"程度的要求是一样的,但是,"有效管辖"可能是指指挥官的"控制"模式、方法和性质。需要指出,有效控制一般是一种上下级关系的表现;前南法庭上诉法庭认为:除非存在部属关系,否则就很难证明进行有效控制的能力。有效控制的主要含义是防止和惩罚犯罪的实质能力或权力,《罗马规约》则是指防止、制止和提交犯罪的实质能力。这就不包括更低一级的控制标准,例如仅仅是影响部队或部下——即使这种影响事后变成了实质性的,这是前南法庭审判法庭的判例原则。本庭认为,判断存在上级管辖地位和有效控制的要素是:(1)疑犯的官方地位;(2)疑犯签署或下达命令的权力;(3)疑犯确保已签发命令的执行能力;(4)疑犯在军事结构中的地位和实际履行任务;(5)疑犯命令麾下(不论是直属还是更低一级)部队或单位从事敌对行动的能力;(6)疑犯把单位降级或改变指挥结构的能力;(7)疑犯提升、撤换、撤职或惩罚任何部队成员的权力;(8)疑犯在发生敌对行动时派遣部队和随时撤回部队的权力。法庭指出,证明疑犯有效控制,必须证明是在特定的时间段(time frame),否则就不充分。这就是有效控制与犯罪行为之间的临时巧合(temporary coincidence)问题。特设法庭的成例是,必须在犯罪行为发生时存在有效控制。本庭认为,至少在犯罪即将发生时,疑犯存在有效控制。所谓未进行适当控制表明:在犯罪发生之前,上级已经控制部队。[1]

3. 犯罪的发生是因为疑犯未能妥善控制军队(部下)[2]

法庭指出,第28条第1款确定了一种"关系"(link):"作为……的结果"(as a result of)就是指这种关系(relationship)。所以,这就是在上级的疏忽责任(the superior's dereliction of duty)与有关犯罪之间包含一种因果关系(causality)。这与严格的文义解

---

[1] ICC-01/05-01/08-424, 15-06-2009, pp. 143-148, paras. 411-419.
[2] ICC-01/05-01/08-424, 15-06-2009, pp. 148-151, paras. 420-426.

释和罪刑法定原则相一致。[1]尽管如此,法庭需要进一步澄清这种因果关系的实际范围。第28条第1款第2项规定了三种义务:防止、制止和提交犯罪,后两项义务存在于犯罪之中或犯罪之后。合乎逻辑的结论便是,不尽后两项义务,就会成为发生犯罪的回溯性原因(retroactively cause)。因此法庭认为,因果关系要素(the element of causality)只与指挥官防止未来犯罪发生的义务有关。然而,上级在犯罪之中或犯罪之后拒不履行制止、提交义务与发生未来犯罪之间存在因果影响(causal impact)。因为刑罚具有防止未来犯罪的固有机能,所以指挥官拒不惩罚过去的犯罪就可能(likely)增加发生未来犯罪的危险(risk)。[2]鉴于第28条第1款没有详细规定因果度(the level of causality),就可能适用"but for test"[3]标准进行判断:如果没有上级拒不履行采取一切必要和合理措施防止犯罪发生的事实,军队的犯罪就不会发生。但是,与积极作为(positive act)的可见的和物质效果不同,不作为(omission)的效果不能得到确定性实证。换言之,我们无法精确预测,如果指挥官履行了防止犯罪义务,又会发生什么。无需确立两者之间的直接因果关系(direct causal link)。检察官只需证明:指挥官的不作为增加了实施被指控犯罪的危险。[4]

4. 疑犯知道或理应知道

本庭重申:《规约》没有规定严格责任(strict liability)。任何刑事责任都必须基于相关的精神状态(state of mind)或罪过程度(degree of fault)。本案的责任认定也是如

---

[1] ICC-01/05-01/08-424,15-06-2009, p.149, para. 423. 但是这与本案"法庭之友"大赦国际和检察官的立场并不一致。大赦国际认为:因果关系不是指挥官责任要素。根据习惯国际法,上级责任要求:(1)存在上下级关系;(2)上级明知部下实施犯罪;(3)上级未能制止、防止或惩罚犯罪。在上述"三要件"判断标准中,没有要求上级的不作为直接导致部下犯罪。相反,上级不作为与有关犯罪之间的关系只是受有效控制要求的制约——上级具有影响部下行为的实际能力——而不是一种独立的因果关系要素(ICC-01/05-01/08-406, 20-04-2009, pp.19-20, para. 30.)。大赦国际还指出,不少学者误读《规约》,认为法律设定了一种新的因果关系。实际上,法律没有要求"上级不作为导致部下犯罪",《规约》没有偏离习惯国际法。即使需要进行因果确证,正确的解释是,上级的不作为增加了部下犯罪的风险(ICC-01/05-01/08-406, 20-04-2009, p.20, para. 31.)。2009年4月27日,检察官回复了大赦国际"法庭之友"的意见,并表示赞同:第28条没有规定额外的因果关系要素。上级之所以负刑事责任,就是因为没有进行控制。也就是说:上级知道或应当知道犯罪正在发生或者已经实施,却拒不采取措施予以阻止或惩罚。这就是所谓"作为拒不进行妥善控制的结果"的主要含义(ICC-01/05-01/08-412, 27-04-2009, p.3, para. 4.)。检察官还认为,如果非要证明因果关系,检察官只需证明上级的拒不作为行为增加了部下实施特定犯罪的风险;如果适用更高的标准,就会超越法定因果关系要求(ICC-01/05-01/08-412, 27-04-2009, p.4, para. 5.)。

[2] ICC-01/05-01/08-424, 15-06-2009, p.150, para. 424.

[3] 美国因果关系理论"双层次原因"中的"事实原因"表达公式:"如果没有A(B,C……)就没有Z,则A(B,C……)就是Z发生的事实原因"。这个公式是因果关系理论的客观基础,并不是刑法因果关系的定义。该公式不能解决复杂因果关系,例如"共同原因"或"原因覆盖面过大"(相当于"条件说")问题(参见储槐植:《美国刑法》,北京大学出版社1996年版,第64—65页)。

[4] ICC-01/05-01/08-424, 15-06-2009, pp.150-151, para. 425. 这与大赦国际和检察官的立场一致。

此。这就要求:疑犯必须知道(have knowledge)或理应知道(should have known)其部队即将实施、正在实施或已经实施了有关犯罪行为。第28条第1款规定了两个标准的罪过要素:第一种系由"知道"(knew)表达,要求存在实际明知(actual knowledge);第二种系由"理应知道"表达,实际上是一种过失形态(form of negligence)。第一种知道不可推定(presumed),相反,必须有直接的或间接推测的(circumstantial,非直接推测的)证据。国际特设法庭的经验值得借鉴,它们的考断要素是,不法行为的数量和范围、是否广泛发生、被禁止行为发生的时间、卷入部队的类型和数量、可供使用的通讯方式、类似行为的作案手法(modus operandi)、上级在等级结构中的地位和责任之范围和性质、指挥官在案发时的地点以及犯罪行为的地理位置。"如果军事指挥官是组织良好的、拥有报告和监督制度的一部分,就可以证明实际知道"。第二种理应知道,要求上级在未能获知部下不法行为中仅仅存在过失(ICC-01/05-01/08-406, paras. 3 and 6)。前南法庭审判分庭在 Blaskic 案中借鉴二战审判判例法和《日内瓦公约第一附加议定书》,支持"理应知道"标准,如果指挥官恪尽职守履行职责但仍不知道犯罪即将或已经发生,就不能对这种"不知道"(lack of knowledge)负责;然而,鉴于其特殊的指挥地位和当时的关键情节,不知道正是疏忽地履行职责的结果,因此,这种疏忽(negligence)不能成为辩护理由。本庭认为,"理应知道"标准要求上级承担一种更为积极的义务(a more active duty),体现出立法者更为严格的立场(a more stringent approach)。[1] 需要指出:特设法庭和塞拉利昂法庭设定的是"有理由知道"(had reason to know),这与《罗马规约》的"理应知道"属于不同标准。然而本庭在此不必详细论证适用"理应知道"标准时参照"有理由知道"经验如何有益。根据以下要素判断,结合具体案情,就可以认定疑犯"已经知道"(have know):(1)疑犯拥有一般性信息足以了解到部下实施了犯罪或不法行为发生的可能性;(2)现有信息足以要求疑犯应当进行进一步询问或调查;(3)本庭还认为:对相同属下团体的过去犯罪行为不予惩罚,也可以表明存在再犯风险。[2]

5. 疑犯拒不采取一切必要合理措施

一旦主观要素成立,下一步就需证明疑犯没有履行法定三项义务之一:防止、制止或提交。三项义务发生在犯罪实施的不同阶段:之前、之中和之后。

因此,不履行其中任何一项义务,本身就依法构成独立犯罪。针对同一犯罪,由于疑犯违反一项或多项义务,都可能承担刑事责任。因此,履行了制止或提交义务,并不

---

[1] 这与大赦国际立场一致,后者认为:《规约》强化了指挥官责任,超越了习惯国际法。如果不是"实际知道"(actual knowledge),唯有在被告知(on notice)部下犯罪时,习惯国际法才承认指挥官责任。但是,《规约》增加了"应当/理应知道"(should have known),这样就把习惯国际法中的"消极通告标准"(the passive notice standard)变成需要采取措施了解部下犯罪的更为积极的义务(a more active duty)。ICC-01/05-01/08-406, 20-04-2009, p.3, para. 3.

[2] See ICC-01/05-01/08-424, 15-06-2009, pp.151-155, paras. 427-434.

能免除未能防止犯罪的刑事责任。(1) 防止义务。这种义务产生于犯罪正在实施或即将实施阶段。因此,在犯罪实施之前和上级的部队实际实施完毕犯罪之前的任何阶段,就会产生这种义务。法律没有规定履行防止义务的具体措施,法庭提供指导意见如下:① 确保所属部队接受国际人道法的适当培训;② 确保根据国际法执行军事行动;③ 签发旨在使相关行动符合战争法的命令;④ 采取惩戒措施防止部队实施暴行。(2) 制止义务。这项义务在犯罪实施的不同阶段又包含两项独立义务:① 制止正在进行的犯罪继续进行,阻止可能的连锁效应、避免引发其他类似事件;② 在犯罪完成后惩罚部队。关于后者,途经有二:要么自己亲自惩罚部队,要么提交有关当局。因此,当上级本人无权惩罚时,惩罚义务(duty to punish,系制止义务的有机构成)就构成第三项义务(提交有关当局)的一项选择。(3) 提交义务:该义务产生于犯罪完成之后,要求指挥官采取积极措施将罪犯绳之以法。当指挥官没有惩罚能力或惩罚措施并不妥当时,这就是救济措施。(4) 必要合理措施:需要根据指挥官的法定权力和实际能力具体判断。[1] 此后,法官又用了35页、57段详尽分析了疑犯全部责任要素,并得出肯定性结论。[2]

---

[1] See ICC-01/05-01/08-424, 15-06-2009, pp. 155-159, paras. 435-443.
[2] See ICC-01/05-01/08-424, 15-06-2009, pp. 159-184, paras. 444-501.

论社会团结、社会失范与犯罪控制

李 强[*]

一、社会团结:类型与过程

任何社会能够存在本身就蕴涵着某种团结(solidarity)形式。甚至可以说,团结是社会得以存在的基本前提之一。因为,作为共同体的社会归根结底是由个体构成的,但是它又并非个体的简单总和,而是个体的聚合、结晶以及行为互动,从而形成外在于个体并对个体形成强制、约束的普遍存在的客观的"社会事实"。[1]这才是社会的真实所在。社会团结正是这样一种聚合状态,一种固体化、结晶化的过程(solidarization)。[2]

(一)机械团结与有机团结

"社会如何可能"——从某种意义上说,也就是"社会团结如何可能"——作为社会学最基本的问题,可谓源远流长,其历史更是早在社会学作为一门独立学科出现之前就已经展开了。例如,霍布斯、卢梭等代表的社会契约论传统,以假设的"自然状态"为前提,从人类本性出发,通过自愿性约束建构了政治共同体。有论者指出:

> 从自然状态到公民社会或者政治状态的过渡并非是一个出自事物本性的有机的自然演进的发展过程,而是一个人为的建构过程,即处于自然状态中的、偶在的自然人凭借契约自愿组成一个政治联合体,从而从自然状态一下子进入公民社会状态或政治状态的建构性过程,即所谓"无中生有"的建构过程。在此种政治联合体的达成过程中,偶在个体即自然人的意志亦即其自愿性的同意乃是这一政治联合体或国家的唯一合法性标准和基点。[3]

---

[*] 作者系清华大学法学院2007级博士研究生。
[1] 〔法〕迪尔凯姆:《社会学方法的准则》,狄玉明译,商务印书馆1995年版,第23—34页。
[2] 参见李汉林、渠敬东等:《组织变迁的社会过程》,东方出版中心2006年版,第12—13页。
[3] 林国基:《神义论语境中的社会契约论传统》,上海三联书店2005年版,第111页。

也就是说，社会契约论认为社会的发生是心理的、人为的。就方法论而言，社会契约论是先验的、观念的，从而是哲学的。

同样身处社会团结问题传统中的涂尔干显然采取了不同的理论方法路线。他从自己立意达成的社会学方法准则，即非哲学的、客观的、社会的，对社会契约论进行了批判[1]，并基于实证性的历史考察，提出了自己的社会团结学说。

1. 社会团结分为两种类型，即来源于个人之间相似性的机械团结（mechanical solidarity）与来源于社会劳动分工的有机团结（organic solidarity）。在第一种团结里，个人无须中介直接系属于社会，社会在某种程度上由所有群体成员的共同感情和共同信仰来体现。"所有社会成员的共同观念和共同倾向在数量和强度上都超过了成员自身的观念和倾向"，"集体人格完全吸纳了个人人格"。在第二种团结里，个人通过构成社会的各个部分依赖于社会。与个体发生连带关系的社会是由一些特别而又不同的职能通过相互间的确定关系结合成的组织体、系统，"每个人都拥有自己的行动范围，都能够自臻其境，都有自己的人格。"[2]

2. 机械团结与有机团结各有与其相应的法律规范类型体现。涂尔干认为，"任何一种法律戒规都可以定义为能够进行制裁的行为规范。"根据制裁类型的不同，法律分为两种：压制法与恢复法，刑法与民法分别是其适例；前者意在施与犯人痛苦、损失，后者则未必带给犯人痛苦，而是"把已经变得混乱不堪的关系重新恢复到正常状态"[3]。压制法相应于机械团结，恢复法则与有机团结相适。

在机械团结的社会里，个体的相似性导致集体意识（collective consciousness）[4]非常明确与根深蒂固，后者成为社会团结的基本表现。这导致：（1）作为触犯强烈而又明确的集体意识的行为的犯罪大量存在；（2）犯罪从根本上危及社会团结，必须进行抗制，从而带来广泛的压制性制裁。反之，在有机团结的社会里，社会团结的根本要素是基于个体差异性的劳动分工，集体意识已经大大退化。这导致：① 每个社会成员共同谴责的行为大大减少，犯罪不再那么广泛了；② 社会团结的基本表现不再是集体意识，而是个体间的交换、协作、契约以及相互依赖，从而使得调整互惠关系的恢复法成为法律规范的主流。[5]

---

[1] 参见〔法〕迪尔凯姆：《社会学方法的准则》，狄玉明译，商务印书馆1995年版，第134页以下、第152页以下。迪尔凯姆与涂尔干是 Durkheim 的不同译名，本文除引注外统用涂尔干。——笔者注

[2] 〔法〕涂尔干：《社会分工论》，渠东译，三联书店2000年版，第89页以下、第183页。

[3] 〔法〕涂尔干：《社会分工论》，渠东译，三联书店2000年版，第32页。

[4] 集体意识是同一社会的成员的共同信念和情感的总体。collective consciousness 是对法文 conscience collective 的英译。但在法语中，conscience 大致包括了英文 conscience（良知）和 consciousness（意识）的含义。因此，也有学者主张译为 collective conscience，以体现这一概念对伦理学含义的侧重。参见〔美〕T. 帕森斯：《社会行动的结构》，张明德等译，译林出版社2003年版，第345页及该页注9。

[5] 参见〔法〕涂尔干：《社会分工论》，渠东译，三联书店2000年版，第33—107页。

这两种类型的社会团结的差别可列表如下[1]:

	以相似性为基础的机械团结 （在低级社会最显著）	以劳动分工为基础的有机团结 （在高级社会最显著）
形态学（结构）基础	环节类型 （起初以氏族为基础，后来则是地域性的）	有组织的类型 （市场的聚合与城市的成长）
	极少相互依赖 （社会纽带比较薄弱）	更多相互依赖 （社会纽带比较强固）
	人口较少	人口较多
	物质与道德密度较低	物质与道德密度较高
规范的类型 （以法律为标志）	压制性制裁规则	恢复性制裁规则
	刑法是主流	协作性法律是主流（民法、商法、程序法、行政法和宪法）
集体意识的形式特征	数量多	数量少
	高强度（intensity）	低强度
	确定性高	确定性低
	绝对的集体权威	为个人主动性和审思留有更多空间
	高度的宗教性	不断增长的世俗性
集体意识的内容	超验的[2] （高于人的利益、不容讨论）	以人为导向 （关涉人的利益、向讨论开放）
	认为社会以及社会作为一个整体的利益是最高的价值	认为个人尊严、机会平等、工作伦理和社会公正是最高的价值
	具体、特定	抽象、普泛

在此,对于集体意识在不同团结类型中的地位,还需稍加补充说明。在《社会分工论》一书中,涂尔干强调集体意识是与未分化的低级社会、机械团结等联系在一起的,而在分化的高级社会、有机团结中,集体意识已经大大退化,其角色已经由劳动分工所取代。也就是说,集体意识是与有机团结相对立的。[3] 但是,就如同上表所示以及部分学者的研究所呈现的,涂尔干最初认为,社会成员共同的道德信念和道德情感体系,即集体意识,是与缺乏社会分化、与社会角色的相似性混为一谈的,但经过后来的理论

---

[1] Steven Lukes & Andrew Scull, "Introduction", in Steven Lukes & Andrew Scull ed., *Durkheim and the Law*, Basil Blackwell Publisher Ltd., 1984, p. 9.

[2] 此处英文原文为 transcendental,为与机械团结社会中集体意识内容的高度宗教性相对应,笔者将之译为"超验的",而非通常所译之"先验的",后者的哲学认识论色彩过浓。

[3] 参见〔美〕T. 帕森斯:《社会行动的结构》,张明德等译,译林出版社 2003 年版,第 374 页。

发展,他已经将二者区分开了[1],即"涂尔干已经不把'团结'问题视同社会结构问题了。"[2]也就是说,无论是机械团结还是有机团结,集体意识都具有重要功能,其间的差别仅仅是表现形式和内容的不同而已。

对此,T.帕森斯通过对涂尔干《自杀论》中关于新教徒自杀问题的论述进行评说揭示了这一点。涂尔干在《自杀论》中指出,新教徒之所以比天主教徒更加倾向于自杀,其根本原因是"新教是一个不像天主教会那样非常整体化的教会"[3]。而教会的整体化程度与"所有信徒所共有的、传统的、因而也是必须遵守的许多信仰和教规"有关;"这些集体的状态越多越牢固,宗教社会的整体化越牢固,也就越是具有预防的功效"[4]。在涂尔干看来,在这一方面新教教会显然弱于天主教会:新教不大重视共同的信仰和实践;教徒个人拥有更大的自主地位(教会不垄断《圣经》解释权、没有严格的教会等级制),新教内部教派林立(与天主教会不可分割的统一形成强烈对照)[5]。简单来说,允许教徒自由思考导致新教的信仰和实践更容易突破传统和集体的权威,使得教徒无所适从。但是:

> 新教徒之不受群体控制这一点是不能任意选择的。这种自由并非是按照本人意愿,可以把自己的宗教职责肩负起来,也可以把这种职责委之于教会。作为一个虔诚的新教徒,他必须要承担这种职责,行使他的自由。他不能把这种职责归还给教会。从这个意义上说,行使宗教自由的义务,是新教这种宗教运动的主要特点。这可以说是卢梭的著名论点的一个确切例证,即在某些方面来说,新教徒作为人而言是被迫自由的。
>
> [这]确确实实非常近似于 conscience collective 的一种表现。上面提到的那种意义上的宗教自由,是所有新教徒共同的基本道德价值。只要作为一个新教徒,他就受到那样一种社会和群体压力的制约。但是,他因此而形成的与一个有组织的宗教群体的关系,却与天主教徒全然不同。他是在必须独立的压力下承担起自己的宗教职责的,而天主教徒则是处在必须服从教会权威的压力之下。这种关键性的区别不是由于天主教徒的行动受所有天主教徒共同价值的影响,而新教徒则摆脱了所有新教徒共同价值的影响。这里讲到的自由是另一种含意的自由。区别之处在于,不同价值体系的内容不同。完全可以这样推断,如果新教徒中的高自杀率是由于利己主义引起的,这正是 conscience collective(即新教徒所共同具有而为天主教徒所不具备的信念和情感体系)约束着个人的结果。[6]

---

[1] 〔美〕T.帕森斯:《社会行动的结构》,张明德等译,译林出版社2003年版,第375页。

[2] 参见〔美〕T.帕森斯:《社会行动的结构》,张明德等译,译林出版社2003年版,第367页。

[3] 〔法〕迪尔凯姆:《自杀论》,冯韵文译,商务印书馆1996年版,第154页。

[4] 〔法〕迪尔凯姆:《自杀论》,冯韵文译,商务印书馆1996年版,第167页。

[5] 参见〔法〕迪尔凯姆:《自杀论》,冯韵文译,商务印书馆1996年版,第151页以下。

[6] 〔美〕T.帕森斯:《社会行动的结构》,张明德等译,译林出版社2003年版,第369—370页。

换言之，涂尔干仍然不自觉地把某种内容特定的集体意识当作普遍意义上的集体意识，而将另外一些内容特定的集体意识排除在集体意识范畴之外，同时他也把"共有的"、"共同的"这些用语局限地理解为对某种具有实质性内容的积极性道德信念、价值体系的分享，而忽视了人们对没有实质性内容的消极形式性原则、信念（例如新教徒的"独自面对上帝"，"己所不欲勿施于人"，康德的道德律令）的分享也可以是人们共有的、共同的道德信念和价值体系；但是，尽管如此，涂尔干的论说本身还是隐含了集体意识并非内容特定、时空特定的范畴，具有极大的内在思想张力。

涂尔干关于社会团结的理论，尤其是犯罪触犯集体意识、破坏社会团结的思想以及社会团结的不同类型与法律规范类型相对应的思想，对于本文的论题具有相当的理论价值。（1）由于集体意识的遍在性，并且只要犯罪继续被看作是对社会整体的侵害，那么犯罪就不会随着社会类型的演进而趋于减少。（2）法律规范来源于社会条件，随着后者的变化而变化。因此，一定的社会条件要求与其相适应的一定的法律规范类型。（3）法律规范的作用不仅仅在于调整利益关系，更在于维护与促进社会团结。（4）若以法律规范维护与促进某种形式的社会团结，就应当以与之相适应的特定类型的法律规范为主要工具。

（二）作为社会化过程的社会团结

社会团结对于社会而言如此重要，它如何实现？根据涂尔干的社会团结理论，社会团结主要通过以下三个由宏观渐微观的层面达成：（1）集体意识或者形成社会团结的价值结构；（2）由法、规范或习惯等形成的制度安排；（3）组织成员作为行动主体所形成的自我指涉和社会关系。[1] "社会成员平均具有的信仰和感情的总和，构成了他们自身明确的生活体系，我们可以称之为集体意识或共同意识。"[2] 这是社会团结成立的精神要素，个体正是通过对集体意识的价值认同而聚合、凝结在一起。需要注意的是，在不同的团结类型中，集体意识的存在范围、内容、作用方式以及地位是有差别的。规范性的制度安排则是集体意识与个体行动的中介与转化器。（1）规范性的制度安排将集体意识具体化为行动准则；（2）作为个体行动指南的规范将共同意识内化于个体；（3）个体意识以及行动模式的变化可以在规范、制度层面得到体现，进而可以通过后者的重构而改变集体意识、更新社会团结。正如前文已述，在机械团结的社会里，集体意识通过个体的相似性而无中介地直接内化；在有机团结的社会里，个体通过构成社会的各个部分（主要是职业群体）依赖于社会而非直接系属于社会，集体意识需要通过群体性道德（比如职业伦理）内化于个体。[3] 而中介团体的形成往往产生大量的法、规范或习惯，因此，这个社会的规范性制度安排更加发达也更加重要。总而言

---

[1] 参见李汉林、渠敬东等：《组织变迁的社会过程》，东方出版中心2006年版，第13—15页。

[2] 〔法〕涂尔干：《社会分工论》，渠东译，三联书店2000年版，第42页。

[3] 参见〔法〕涂尔干：《第2版序言：对职业群体的几点评论》，载《社会分工论》，渠东译，三联书店2000年版，第13—44页。

之,社会团结就是一个价值内化的社会化过程(socialization)。社会团结正是依靠社会化过程实现的。

"所谓社会化,是指个体在与社会的互动过程中,逐渐养成独特的个性和人格,从生物人转变成社会人,并通过社会文化的内化和角色知识的学习,逐渐适应社会生活的过程。在此过程中,社会文化得以积累和延续,社会结构得以维持和发展,人的个性得以健全和完善。"社会化是文化传递与延续的过程,其实质是社会文化的内化,尤其是价值标准、行为规范的内化。[1] 从社会运行的宏观角度来看,社会化通过文化传承、塑造个体人格来保证社会结构的再生产,从而促进整个社会的良性运行与协调发展。因此,每一个社会都力图通过社会化过程将该社会认同、提倡的主流价值标准、行为规范灌输、内化于个体,形成与社会和谐一致的个体人格,从而实现个体与社会的整合。

但是,上述传统意义上的社会化概念存在局限。(1)这一概念强调个人与社会在观念、价值体系上的契合,其隐含的前提就是将社会主要看作为一个精神性的存在,即社会的实质在于社会成员共享的价值体系;而事实上,社会不仅是具有精神性的存在,还是一个制度性(institutional)的存在。(2)既然社会作为制度性的存在,所谓个体的社会化就不仅有向社会主流价值认同、归属的一面,还应该有进入社会单元、机构、体制和机制的一面,即所谓的体制化(institutionalization);这是另一种意义上的社会化(societization)[2],与之相对的则是传统意义的偏重价值传承、价值认同的社会化(socialization)。(3)之所以质疑传统意义的社会化概念,在于这样的反思:个体行动的实施需要具备主观与客观条件,而很多实施了偏离行为的人,事实上并非没有接受、内化社会的主流价值,只是由于外在客观条件形成的"压力"而实施偏离行为;对于这类人,纠正其偏离行为的重点就不在于纠正其错误的价值观,而在于运用各种手段消除不利于履行社会主流价值的客观条件,使之能够真正"进入"社会。因此,本文使用的社会化概念包含两个意义维度:社会主流价值内化、传承意义上的社会化(socialization);个体进入社会单元、机构、体制、机制意义上的社会化(societization)。

涂尔干的社会团结理论,无论是团结类型,还是社会团结与社会化的关系,都是在对当时业已定型化、结构化的西方社会及其历史发展的分析基础上形成的概念、理论,是一种理想类型(ideal type)。而我们所面对的现实却是:

> 在这样一个改革本身成为社会惯性或习惯的时代里,在这样一个改革本身作为一种正当性和合理性的时代里,"变"也就成了一种社会意义上的常态。不仅如此,这样的常态或常规性,从根本上说并不具有一种实质性的含义,而仅仅是对所有形式上发生变化的社会现象的形式规定性。说得通俗些,就是在这样一个改革时代里,许多社会现象所反映出来的社会变化和变迁,并不首先具有具体的、实在

---

[1] 参见郑杭生主编:《社会学概论新修》(第3版),中国人民大学出版社2003年,第82页。
[2] 这是笔者生造的词:society→societize→societization,以区别于socialization,强调另一个意义维度。

的意涵,而在很大程度上是"为变而变"这种形式上的动力促成的。[1]

也就是说,中国社会目前还远远未定型化、结构化,而是一个变迁中的社会,恐怕连集体意识也正处于流变之中。因此,一切有关中国当前现实的研究都必须以对社会结构转型的考察为前提,一切外来理论都必须放在这一变迁格局下经过严格审视、改造后才能予以适用。

团结在某种程度上意味着静止、凝结,意味着不可避免的限制形式和组织形式,因此如何在社会转型的"变"局下实现社会团结就成为紧要问题。我国转型前的计划体制社会是一个强控制低失范的社会。该社会的显著特征是,纵向控制极其严密,意识形态整齐划一,社会凝聚程度极高,几乎没有个体行动的独立空间。[2] 仅就个体的相似性以及一元化的意识形态和价值理念而言,其团结形式较类似于机械团结。相应的社会化方式就是国家通过各种渠道进行的意识形态、价值伦理灌输。但是,"道德意识享有的权威不应该过度,否则就无人敢评论它,它也就容易固定为一成不变的模式。要使道德意识能够向前发展,就必须使个人的独创精神能够实现。"[3] 也就是说,社会控制过于严密会束缚个体的创造力,阻碍社会发展。但是,个体创造力的发挥又会带来发生越轨行为乃至犯罪行为的隐患。中国社会的结构转型在试图解决前一困局的同时,又陷入两难境地。合理的平衡点是,团结并非仅仅意味着稳定的社会秩序,更意味着稳定中的活力。因此,我们所要实现的社会团结是动态中的平衡,公正与功利的结合。这也就决定了我国眼下的社会团结并非某种单一形式的团结,而是兼具各种形式团结要素的混合类型。计划体制社会遗留下来的大量结构性因素、社会控制方式乃至精神文化传统尚有巨大的影响力。同时,社会结构转型带来层出不穷的新要素,它们不断蚕食着计划体制残余,逐步揭示中国社会的未来。这样,集体意识对于社会团结的作用不能忽视,劳动分工对于社会团结的作用则因为我国社会发展的既定目标——经济领域的市场化与社会团结的有机化——而需要不断促进。由此,社会化方式以及社会控制形式——这是问题的一体两面——需要进行相应转变:基于劳动分工与职业生活而形成的多样化社会角色的养成过程应当逐渐成为主要的社会化方式,而作为主要的规范性制度安排的法律规范就应当成为社会控制的主导形式。

(三)刑事政策与社会团结

作为防止犯罪的合理对策,刑事政策(criminal policy)的概念历来存在最广义、广义、狭义、最狭义的争论。这一方面反映了国家、社会反犯罪实践中各种政策之间的密切关系乃至不可分割性,即其整体性、系统性;另一方面也反映出反犯罪实践中的各种政策之间毕竟存在差别,其各自的作用界面、范围和地位也相应不同,以便于合理分

---

[1] 李汉林、渠敬东等:《组织变迁的社会过程》,东方出版中心2006年版,第1页。
[2] 参见朱力:《变迁之痛——转型期的社会失范研究》,社会科学文献出版社2006年版,第292—302页。
[3] [法]迪尔凯姆:《社会学方法的准则》,狄玉明译,商务印书馆1995年版,第88页。

配、使用有限的反犯罪资源。因此,有学者主张,基于刑法规范学和犯罪事实学的科际整合,刑事政策概念必然是一个广义的概念,并将其表述为:"国家和社会整体以合理而有效的组织对犯罪的反应为目标而提出的有组织的反犯罪斗争的战略、方针、策略、方法以及行动的艺术、谋略和智慧的系统整体。"[1] 这一概念虽然考虑到了刑事政策的层次性、系统性和综合性,但在刑事政策的具体方式、措施上还稍显不够明确,对于刑事政策的目标也没有置于一个更加广阔的视野中予以审查。因此,笔者更加倾向采用如下的刑事政策定义:"国家机关(国家和地方公共团体)通过预防犯罪、缓和犯罪被害人及社会一般人对于犯罪的愤慨,从而以实现维持社会秩序为目的的一切措施政策。"[2]

犯罪是侵犯集体意识的行为,集体意识又是社会团结的重要因素,因而犯罪的存在会严重动摇社会团结;刑事政策正是通过抑制犯罪,维护与促进了社会团结,后者才是刑事政策追求的真正目标。(1)抑制犯罪是刑事政策的直接目的,但是它并非绝对契合社会团结。例如计划体制社会通过严密的社会控制实现了低犯罪率、低失范,但是,"当集体意识完全覆盖了我们的整个意识,并在所有方面都与我们息息相通的时候,从相似性产生出来的团结就发展到了它的极致状态,但此时此刻我们的个性却已丧失殆尽。"[3] 整个社会因此缺乏活力,最终危及社会团结。再者,目前已经不再具备恢复严密社会控制的客观条件。同时,犯罪本身对于道德意识进化的有益作用应当受到关注,尤其是在社会变迁的格局下。犯罪"不仅要求为必要的改革开辟广阔的道路,而且在某些情况下,它还为必要的改革直接作了准备。哪里有犯罪,哪里的集体感情就处于为形成新的形式所必要的可塑状态。不仅如此,犯罪有时还为预先决定集体感情应采取什么形式作出过贡献。"[4](2)社会团结在某种意义上就是整合社会秩序,整合社会秩序是一项复杂的系统工程,刑事政策在其中的作用极其有限,不能过于夸大刑事政策的效果;刑事政策必须与其他措施相结合才能有助于形成广泛、明确的集体意识,才能有效地整合社会。[5] 例如,根据我国犯罪原因研究的主导观点多元论、系统论,犯罪是由多种因素促成的,包括社会因素、生物因素、心理因素等;各因素既是统一的又是排列有序、主次有别的,其中的社会因素是主导;但是,单个的犯罪因素并不能造成犯罪结果,只有各种因素有机结合才能导致犯罪发生。[6] 也就是说,犯罪原因是一个以社会因素为主导,多种因素有机结合的系统。如此,就必须针对各个犯罪发

---

[1] 梁根林:《刑事政策:立场与范畴》,法律出版社2005年版,第23页。
[2] 〔日〕大谷实:《刑事政策学》,黎宏译,法律出版社2000年版,第3页。狭义的社会秩序正是社会团结的要素之一,而广义的社会秩序与社会团结同义。
[3] 〔法〕涂尔干:《社会分工论》,渠东译,三联书店2000年版,第90页。
[4] 〔法〕迪尔凯姆:《社会学方法的准则》,狄玉明译,商务印书馆1995年版,第88页。
[5] 参见周光权:《论社会整合与刑事政策》,载《法学杂志》2007年第1期。这也就是笔者使用"社会团结"而非"社会整合"的原因。
[6] 参见康树华等主编:《犯罪学》,北京大学出版社2004年版,第106—107页。

生因素制定相应的因应对策以抑制它们的作用,从而达到抑制犯罪的目的。这样一来,刑事政策的局限性就会暴露无遗:对于作为犯罪根源的社会因素,刑事政策无能为力,而只能依赖相应的经济政策、社会政策与公共政策。

犯罪控制受刑事政策思想观念、理论原则与整体目标的指导和制约,当然也要以社会团结为终极目的,并以此确立理论基础,构建要素、体系和模式,因应变化。从某种意义上说,犯罪是犯罪人对社会集体意识的不认同甚至违反,或者是虽然认同集体意识但由于外在客观因素而无法坚定地践行社会主流价值,从而是社会化不足、不充分的表现。社会团结正是一个价值内化、使个体体制化的社会化过程,也就是说社会团结要依赖社会化过程来实现。如此,社会化就成了犯罪控制乃至刑事政策与社会团结沟通的具体环节。即,犯罪控制/刑事政策——犯罪人的(再)社会化——社会团结。

这就意味着,犯罪控制以及刑事政策的设计、制定、实施都要以有利于犯罪人(现实的和潜在的)的(再)社会化为指导思想和基本原则。我国刑事处遇理论与实践从单纯惩罚、报应向教育、改善转变的趋势就体现了这一论断。

二、犯罪作为社会失范

(一)失范现象及其意义

从词源上看,失范是对"anomie"的翻译。"a-"是否定性的,"nomos"则具有规则、规范、原则、法律或规律等诸多含义。于是,失范就含有"normlessness"或"lawlessness"之义。[1] 从而是一种反常现象。

作为个体行动的失范现象在任何时代任何社会中都是存在的;但是,在结构转型的社会变迁格局下,失范行为往往大量出现。

> 工业危机或金融危机之所以使自杀人数增加,并非由于这些危机使人贫困,因为繁荣的机遇也产生同样的结果;而是由于这些危机打乱了集体秩序。对平衡的任何破坏,哪怕由此而导致更大的富裕和生活的普遍提高,也会引起自杀。每当社会机体发生重大的调整时,不管是由于迅速的发展还是由于意外的灾难,人都容易自杀。[2]

与此同时,个人的心理层面也易显现出乱象:

> 贪婪自上而下地发展,不知何处才是止境。没有任何办法能平息贪婪,因为贪婪试图达到的目标远远超过了它能达到的目标。与狂热的幻想模糊地看到的可能性相比,现实似乎毫无价值;因此人们脱离现实,但是当可能变成现实时,他

---

〔1〕 参见渠敬东:《失范理论大纲》,载李猛编:《韦伯:法律与价值》,上海人民出版社2001年版,第352页。
〔2〕 [法]迪尔凯姆:《自杀论》,冯韵文译,商务印书馆1996年版,第261页。

们后来也又要摆脱这种可能。人们渴望各种新奇的东西、不知道的享受和不可名状的感觉,但是这些新东西被认识以后,它们便失去了它们的一切风趣。从那时起,突然发生最微小的挫折,人们就无力承受。所有这种狂热一旦减弱,人们就会意识到,这种折腾多么徒劳,所有这些无限地积累起来的新鲜感觉没有成功地构成可以在不幸的日子里靠它生活的幸福的坚实基础。聪明人懂得享受已经取得的成果,而不是经常感到需要用其他成果来取而代之,并且在困难的日子来到时从中看到生活的希望。但是,老是等待未来和眼睛盯着未来的人在他的过去却没有任何东西鼓励他忍受现在的痛苦,因为过去对他来说只是一系列急于度过的阶段。使他能够自己欺骗自己的是,他总是想在不久的将来找到迄今为止还没有遇到的幸福。但是他就此停步不前,从此在他的前后便再没有什么指望了。而且,仅仅疲倦就足以使幻想破灭,因为他终究很难不感到没有结果的追求是毫无用处的。[1]

这时失范现象就包含社会结构与个人行动两个层面,可以分别称之为社会失范与行为失范。前者是指"社会的价值与规范体系产生紊乱而导致功能丧失,无法指导与约束社会成员的思想与行为,使整个社会秩序呈现无序化状态";后者是指"社会成员违背主导的社会规范的行为"。[2] 此时,社会失范是行为失范涌现的背景、环境,而行为失范的总和又反映社会失范。对此现象,涂尔干的解释是,只有人的需要完全与他的谋生手段相适应,人才能生活得幸福;而人的大部分需要不是或者不是像动物那样在同样程度上由肉体决定,"撇开任何外部的支配力量不谈,我们的感觉是一个没有任何东西能填满的无底洞",而"如果没有任何外来的力量限制这种感觉,这种感觉本身就只能是苦恼的源泉";因此,应该使情欲受到限制,而只有社会才能起到这样的节制作用;但是,当社会动荡不定时,不管是由于某种令人痛苦的危机,还是由于令人兴奋的突然变化,社会都暂时没有能力采取行动,因为当生活条件发生变化时,调解各种需要的尺度不可能还保持原来的样子:原先的评价标准、规章制度被打乱了,但新的标准、规章制度还未建立。"各种情欲在需要更加有力的约束时反而得不到约束"。[3]

承接涂尔干的失范研究传统,结构功能学派社会学家罗伯特·默顿对失范现象进行了更加明晰的和可操作化的社会结构层面分析。(1)默顿区分了社会结构和文化结构中的两种具有直接重要性的成分:文化目标与制度性规范。"第一种成分由受文化限定的目标、目的及兴趣组成;是全体成员或广泛分布于社会各界的成员所持的合法目标。""文化结构的第二个成分规定、适应并控制着实现这些目标可以接受的方

---

[1] [法]迪尔凯姆:《自杀论》,冯韵文译,商务印书馆1996年版,第273—274页。
[2] 朱力:《变迁之痛——转型期的社会失范研究》,社会科学文献出版社2006年版,第52页。
[3] [法]迪尔凯姆:《自杀论》,冯韵文译,商务印书馆1996年版,第261—270页。

式。"当这二者之间保持大致平衡时,社会就是整合的、相对稳定的,同时也是变化的。[1] (2)默顿根据个体针对上述两个成分的不同态度,区别了个体适应模式的五种类型:

适应类型	文化目标	制度化的手段
(1)遵从	+	+
(2)创新	+	-
(3)仪式主义	-	+
(4)退却主义	-	-
(5)反抗	+/-	+/-

表中"+"表示"接受","-"表示"拒斥",而"+/-"表示"对流行价值的拒斥及用新价值替换"。"这些范畴指在具体情境类型中的角色行为,而不是指人格。它们是多多少少持久的反应类型,而不是人格组织类型。"[2] (3)"失范被看作是文化结构的瓦解,尤其是当文化规范和目标与社会结构赋予此群体成员实现这些目标的能力严重脱节时。"[3]而"无论目标的本质如何,文化目标与可行的规范手段之间的矛盾都会产生失范的倾向。"[4]因此,在默顿那里,除遵从以外的其他四种个体适应模式类型都属于失范和越轨行为的形式。[5] (4)在后来的研究中,默顿用 anomie 一词表示"指导行为的社会标准的崩溃,这也就意味着缺乏社会凝聚"。这一术语表述的是社会系统的特征,而非身处该系统内的某个个体的精神状态,因此与指示个体失范状态的术语 anomia 相区别。[6]这一对概念大体上可以对应上文所述之社会失范与行为示范。

社会失范作为一个整体性的现象包含了各种危害程度不同的失范行为。犯罪作为其中最严重的一种是以其他更加广泛、普遍、危害程度较小的越轨行为为基数的。这就好像漂浮在海面的冰山,露出水面的仅仅是整个冰山的一小部分。有学者在研究我国的社会治安问题时,就将社会治安问题划分为犯罪、违法乱纪、无责任或责任不清的不安情形以及事故事件。[7]这其中就包含了各种失范行为,从而印证了社会失范现象的整体性、系统性。强调这一点是为了说明,犯罪不是"空穴来风",其往往由其他危害较小的越轨行为演化形成。

---

[1] 〔美〕罗伯特·K. 默顿:《社会理论和社会结构》,唐少杰等译,译林出版社2006年版,第262—264页。
[2] 〔美〕罗伯特·K. 默顿:《社会理论和社会结构》,唐少杰等译,译林出版社2006年版,第271—273页。
[3] 〔美〕罗伯特·K. 默顿:《社会理论和社会结构》,唐少杰等译,译林出版社2006年版,第303页。
[4] 〔美〕罗伯特·K. 默顿:《社会理论和社会结构》,唐少杰等译,译林出版社2006年版,第308页。
[5] 参见〔美〕罗伯特·K. 默顿:《社会理论和社会结构》,唐少杰等译,译林出版社2006年版,第320页以下。
[6] Robert K. Merton, "Anomie, Anomia, and Social Interaction", in Marshall B. Clinard ed., *Anomie and Deviant Behavior*, The Free Press, 1964, pp.226-227.
[7] 参见金其高:《中国社会治安防控》,中国方正出版社2004年版,第15—22页。

虽然说失范现象使社会陷入"道德真空状态",但它同批判一样反而变成了社会生产的否定性前提:一方面,失范揭示了社会实在的危机,并被视为异类排除在社会解释的范围之外;另一方面,失范又被当作塑造社会实在的知识/权力手段和社会控制的制度中心。[1] 也就是说,社会团结与社会失范是问题的一体两面:社会失范虽然破坏了社会团结,但是社会团结又要依赖社会失范来证成自身。

因此,"失范"不仅意味着,人们在表现出偏离规范的本能倾向或性格倾向的同时,亦有经过修养和教化的再造过程重返正常的自然状态的倾向;"失范"也意味着,微观惩罚也像治疗和教育这种临时性排除策略一样,获得了人们对其技术和合理性的认可,也把自己建立在"人的科学"和动机解释之基础上。[2]

说得通俗一些就是,社会团结需要通过对社会失范的知识、策略、技术治理来恢复、维持、塑造自身,证明自身的合法性与正当性。

(二) 转型时期社会失范的原因

总体而言,社会失范表明社会结构存在内在缺陷。尤其是在社会变迁的格局下,旧的社会结构正在瓦解,新的社会结构尚未建立,社会控制松懈,正是社会失范产生的巨大温床。

1. 社会失范发生的深层原因是"存在某些使社会结构和社会环境失调的障碍因素"。[3] 这种因素有时甚至是结构性的。例如我国的犯罪问题,其原因是多方面的,既有犯罪人的个人因素,又有深层的、广泛的社会因素,后者之中即有相当一部分涉及社会结构。比如,市场经济条件下,劳动力供求关系依靠市场调节,排除了国家干预,劳动力自由流动的频率、范围、规模空前增长。原有的适应计划经济体制的人口控制手段,如户籍制度、单位体制,已经远远不能实现控制目标,新型的适应市场经济体制的人口控制手段尚未建立。这导致整个社会控制能力下降,在一定程度上"促进、便利"了流动作案、外来人口犯罪。但是,这些为犯罪"创造条件"的现象是我国从严格控制的计划经济体制向松散控制的市场经济体制转型的必然产物。

2. 社会失范的深层原因不是直接作用于社会成员的因素,其从社会结构的最深层传导作用力至社会现象的表层,须经历一个个中间环节。仍以上文的流动作案、外来人口犯罪为例。从计划经济体制向市场经济体制的转变,表现为一个个具体的经济体制改革。比如劳动制度方面。在城市,变终身制为合同制;在农村,变集体合作制为家庭联产承包责任制。这使得劳动力自由流动成为可能。在此基础上,经济繁荣催生大量劳动力需求,最终促进了人口流动。典型现象就是城市农民工。由此,我们可以理

---

[1] 参见渠敬东:《失范理论大纲》,载李猛编:《韦伯:法律与价值》,上海人民出版社2001年版,第361—362页。

[2] 渠敬东:《失范理论大纲》,载李猛编:《韦伯:法律与价值》,上海人民出版社2001年版,第390页。

[3] 郑杭生主编:《社会学概论新修》,中国人民大学出版社2003年第3版,第358页。

出一条社会失范深层原因的制度性传导路线图:社会结构转型→经济体制改革→劳动制度创新→人口自由流动→社会控制能力下降→犯罪发生。[1] 这样我们不难看出,作为制度变更动力的公共政策的内容是正确还是错误,适当还是不适当,与犯罪现象的变动方向有着实质性的联系。[2]

3. 社会失范的表层原因是在"犯罪如何发生"这个层面提出的。"当一定的外在于人的因素、关系与人格不健康结合,犯罪就有可能发生,如果人格健康者遇到同样的因素与关系不会实施犯罪,因而犯罪也便不会发生。"[3]因此,犯罪被视为犯罪人与外界因素、关系互动、反应的结果。"人格不健康"即犯罪人的人格因素,是犯罪发生的最后因素,外在于社会失范的深层、中层原因,是犯罪人对外界因素、关系进行反应的内在基础。"外在于人的因素、关系"包括一切除犯罪人人格因素以外的致罪因素,社会失范的深层、中层原因就属此列,它们通过具体环境中的外部刺激对犯罪人的人格发生作用。因此,直接促使犯罪发生的是犯罪人的人格与外部刺激,社会失范的深层、中层原因仅仅为之提供了间接性的功能条件。例如青壮年农民工实施的强奸犯罪行为。单独来看,似乎与社会失范的深层、中层原因没有关系;但是,这一现象却与不尽合理的外来人口管理政策、制度有关。

正因为社会失范的深层、中层原因作用机制的外围性、间接性,使得它们与具体犯罪行为之间的联系,只有在探究了大量具体犯罪行为之后才可能被发现。这样,我们可以说,社会失范的深层、中层原因决定了犯罪的宏观、中观现象,即总体犯罪现象——一定的国家或地区在一定时期内的个体犯罪的总和。"总和"不等于个体犯罪的简单相加,而是个体犯罪的系统化,是具有新的性质和特征的结构体系,侧重于表现社会面的犯罪状况。例如,犯罪的总体规模、分布状况、类型、态势、规律等。与之相反,社会失范的表层原因决定了犯罪的微观现象,即个体犯罪现象——由个体实施的违反规范的行为而表现出来的每一个具体的犯罪行为。[4]

三、犯罪控制:范围、体系与模式

(一) 犯罪控制的作用范围

社会失范的原因可以划分为深层/宏观、中层/中观、表层/微观三个层次,因而相应的社会控制也就应当分别针对以上三个层次的原因。犯罪及其控制也可以作如是观。但是以上的理论推演必须经过社会整体系统的功能性检视,以避免犯罪控制违背

---

[1] 这一逻辑序列仅仅是一种理论概括,现实中它们其实是并存的,甚至是互为因果的。
[2] 参见赵宝成:《犯罪问题是一个公共政策问题——关于犯罪及其控制的政治经济学思考》,载赵宝成:《犯罪学专论》,中国人民公安大学出版社2005年版,第75页。
[3] 翟中东:《犯罪控制——动态平衡论的见解》,中国政法大学出版社2004年版,第79—80页。
[4] 参见康树华等主编:《犯罪学》,北京大学出版社2004年版,第83页。

其促进社会团结的根本目标。

1. 按照是否与犯罪人相关,可以将犯罪发生原因划分为外部因素与内部因素。前者是指犯罪的深层、中层原因以及表层原因中的外部刺激,后者即犯罪表层原因中的犯罪人人格因素。

> 导致行为人犯罪的外在根据在犯罪发生的因果链上处于第一原因的地位,即犯罪发生总是先有引发犯罪发展的外在原因,然后才有导致犯罪的内在原因。犯罪是外因通过内因而起作用的结果。
>
> 对具体人而言,外在因素及形成的关系对其行为选择非常重要,因而犯罪控制应当立足于对引发行为人犯罪的外在因素与关系干预上,通过干预引发犯罪的外在因素与关系使行为人失去实施犯罪的外在根据。
>
> 因此,犯罪控制的主要对象应当是引起犯罪发生的外部因素。[1]

2. 作为社会控制的犯罪控制不能以消除犯罪发生的深层原因为己任,而只能通过消除、限制犯罪发生的中层、表层原因来抑制深层原因的作用。我国现阶段犯罪发生的深层原因是从严格控制的计划经济体制向松散控制的市场经济体制进行的社会转型与结构调整。以改革开放为内容的市场经济转型的目的主要在于扭转之前国民经济濒临崩溃、社会矛盾一触即发的不利局面,实现国家和社会的持续、全面、健康发展。因此,这一社会转型是国家既定的不可动摇的长期路线与方针——"以经济建设为中心,坚持四项基本原则,坚持改革开放"——是任何社会控制(包括犯罪控制)都不能质疑的,后者只能因势利导地为之"保驾护航"。这也就意味着,在一定意义上,"我国当代的犯罪上升具有历史的必然性,是中国现代化的一种代价","即使采取有效措施也不可能阻止犯罪的上升"。[2] 即便从绝对意义上来说,由于犯罪的发生总是基于社会系统中存在的某些深层原因,在我国现阶段体现为社会转型、现代化,在别的地方、时代又体现为另外的原因,因此,"犯罪是社会的自在现象,是社会本身存在的形式"。妄图通过犯罪控制消灭犯罪的想法是不切实际的。犯罪存在的必然性、人的能力的有限性,都决定了"控制犯罪是国家与社会处理犯罪问题的最佳选择"。[3] 这样,我们就进一步限定了犯罪控制的作用范围:犯罪发生的中层原因(政策因素)与表层原因中的外部刺激。

3. 任何犯罪控制要发挥作用都需要必要的资源予以支持。菲利提出的犯罪饱和律,即"一国的犯罪涨落取决于构成该社会总体环境的各项因素,并随其变化而变

---

[1] 参见翟中东:《犯罪控制——动态平衡论的见解》,中国政法大学出版社2004年版,第68页。
[2] 翟中东、孙霞:《试评当代本土犯罪控制主张》,载《犯罪与改造研究》2004年第7期,第8页。
[3] 翟中东:《犯罪控制——动态平衡论的见解》,中国政法大学出版社2004年版,第66—67页。

化"。[1] "就像我们发现一定数量的水在一定的温度之下就溶解为一定数量的化学物质但并非原子的增减一样,在一定的自然和社会环境下,我们会发现一定数量的犯罪。"[2] 简单来说,就是一国社会中存在多少致罪因素就至多产生与之相应的犯罪而不可能超出。这一原理虽然意在说明犯罪发生的必然性与客观规律性,但是它从反面给我们以启示:既然一定社会一定时期内的犯罪总量是相对不变的,相应的投入犯罪控制的资源总量也受犯罪总量制约,二者间大体一致而不会相差悬殊,否则,要么面临社会秩序的崩溃,要么造成资源的浪费。[3] 这样,犯罪控制的作用范围、力度就要受到投入的资源的制约。(1)总量制约。一般而言,投入越多收益越多。这就隐含一个结论:当资源投入主体单一时,例如只有国家,则表明还有相当多潜在的反犯罪资源没有被开发、利用。除非这一主体控制了所有资源,但是在现阶段这是不可能的。(2)分布配置制约。投入的资源总量一定的情况下,资源的内部配置就会影响犯罪控制的收效大小:不同犯罪控制措施进行的资源配置决定了该措施运行的效率。这一点又与第一点紧密联系,因为资源投入主体往往同时是资源分配主体,投入总是有重点的投入(分布与配置)。

(二)犯罪控制的体系与模式

1. 犯罪控制体系

犯罪控制是一个主体、措施、目的相整合的体系,正分别对应了主体、行为、对象这三个要素。主体即反犯罪资源的投入者、犯罪控制的设计者、制定者和实施者。行为即犯罪控制的各项具体措施。对象则包括已然的犯罪和未然的犯罪——可能发展为犯罪的各种失范行为、不良心态与情绪乃至可能会催生犯罪的不良环境、氛围等。

若以犯罪控制活动的目的为划分标准,犯罪控制包括犯罪抑止与犯罪预防。前者是国家在犯罪发生之后通过对犯罪人科处刑罚来防止犯罪发生的活动,重在对已然犯罪的处置;后者则是"国家为防患于未然,在犯罪尚未发生之前所采取的行动",注重消除犯罪发生的环境、原因、条件等。[4] 需要说明的是,本文使用的"犯罪控制"概念是从广义上理解的。[5] 而"犯罪抑止"则在意义上接近于一些学者所使用的"打击犯

---

[1] [美]索尔斯坦·塞林:《恩里科·菲利:他的一生及其学术》,载[英]马林诺夫斯基、[美]索尔斯坦·塞林:《犯罪:社会与文化》,许章润等编译,广西师范大学出版社2003年版,第190页。
[2] [意]恩里科·菲利:《犯罪社会学》,郭建安译,中国人民公安大学出版社2004年版,第163页。
[3] 需要注意的是,社会结构本身具有承受、消化失范的能力,结构性条件不同,这一能力也不同。参见朱力:《变迁之痛——转型期的社会失范研究》,社会科学文献出版社2006年版,第410—411页。
[4] 参见[日]大谷实:《刑事政策学》,黎宏译,法律出版社2000年版,第4页。
[5] 包含犯罪预防在内的广义犯罪控制概念可参见翟中东:《犯罪控制——动态平衡论的见解》,中国政法大学出版社2004年版;赵宝成:《犯罪问题是一个公共政策问题——关于犯罪及其控制的政治经济学思考》,载赵宝成:《犯罪学专论》,中国人民公安大学出版社2005年版。

罪"。[1] 二者的差别在于:"犯罪抑止"表现了一种更加理性、实际的犯罪观,而"打击犯罪"则反映了一种比较道德化、富于斗争色彩的犯罪观。犯罪抑止与犯罪预防存在区别的同时,也有着密切的联系。一方面,对已然犯罪的处置可以起到预防犯罪的作用。刑罚的预防功能就是其体现之一。(1)"国家通过立法的威慑作用及对特定犯罪人适用和执行刑罚产生的威慑效果,从而预防犯罪。"(2)"国家通过制定、适用和执行刑罚唤醒和强化犯罪人和犯罪人以外的其他人的规范意识,从而预防犯罪。"其中,对犯罪人① 现实适用和执行刑罚剥夺其再犯能力,预防犯罪人再次实施危害社会的犯罪行为;② "适用和执行刑罚以期预防该犯罪人再次实施犯罪的主观追求和期待。"对社会上一般人(主要是潜在的犯罪人),则通过制刑和对犯罪人适用和执行刑罚以期预防其实施犯罪的主观追求和期待。[2] 另一方面,消除犯罪发生的环境、原因、条件,预防犯罪发生,可以从宏观上抑止犯罪的规模、整体态势等。

若以犯罪控制活动的措施为标准划分其内部要素的话,犯罪控制包括刑事措施与非刑事措施。前者主要是针对已然犯罪(包括刑罚在内)的刑事处遇。后者如各类有利于消除犯罪发生的环境、原因与条件的社会政策、经济政策、公共政策以及各种具体的预防犯罪的策略、方法、技术等。犯罪控制的刑事措施与非刑事措施是可以而且应当结合起来的。例如,宣告有罪本身就是一种刑事措施,因为其天然地具有惩罚性与污名性;与此同时,对犯罪人仅予以非刑事处遇甚至不做任何处置,又体现了人道性,给予其改过自新的机会,体现了非刑事性。再比如,刑罚执行完毕之后,为使犯罪人顺利回归社会不再踏上犯罪道路,国家从社会接纳、就业安置、日常生活等各个方面给予其指导、帮助。

若以犯罪控制活动的主体为划分标准,犯罪控制包括国家设计、制定、实施的犯罪控制活动与社会设计、制定、实施的犯罪控制活动。就此,整个犯罪控制活动的主体可以简单划分为国家与社会。由于刑事惩罚权为国家所垄断,刑罚就成了国家专有的犯罪控制措施,除此之外,国家还可以制定相应的社会政策、经济政策与公共政策丰富犯罪控制的非刑事措施。社会则可以通过集合民间力量实施犯罪控制,例如,近年来受到关注与鼓励的社区治安联防,即"城镇街道社区居民同其所在地机关、团体、企业事业单位职工共同参加的群众性区域联防"。[3] 并且,社会中各企业事业单位、群众性自治组织作为主体之一参与犯罪控制也得到了我国主导的刑事政策指导思想社会治安综合治理的认可。各类型社会组织成为犯罪控制主体可以扩大反犯罪资源的总量,合理化其配置分布,弥补国家力量的不足。这就好比市场经济活动中政府鼓励引进外资、开放民间资本进入市场,以弥补国家的经费短缺与资金投入不足。

---

[1] 参见王牧:《我国犯罪对策的战略选择》,载《中国刑事法杂志》2004年第3期;陈正云、许道敏:《论预防与惩治》,载《中国刑事法杂志》2003年第4期。

[2] 参见韩轶:《刑罚预防新论》,载《法律科学》2004年第5期。

[3] 唐忠新等主编:《社区防控犯罪研究》,天津社会科学院出版社2006年版,第92页。

2. 犯罪控制模式

以上笔者从目的、措施、主体三个方面对犯罪控制体系作了一番简略的静态要素分析,而没有涉及犯罪控制的动态运行,即在犯罪控制的具体实施过程中,各要素的地位如何?各要素之间的关系如何,是否存在着主导者与从属者?这样一种地位、关系态势会导致什么样的结果?我们应当如何选择?对此,笔者将之概括为犯罪控制的模式及其选择。

既然笔者分别按照三个标准将犯罪控制体系要素划分为犯罪抑止与犯罪预防、刑事措施与非刑事措施、国家控制与社会控制,犯罪控制的理论模式无非以下几种:(1)国家+刑事措施+犯罪抑止,即国家主导、刑事措施为主、重在犯罪抑止;(2)国家+刑事措施+犯罪预防;(3)国家+非刑事措施+犯罪抑止;(4)国家+非刑事措施+犯罪预防;(5)社会+刑事措施+犯罪抑止;(6)社会+刑事措施+犯罪预防;(7)社会+非刑事措施+犯罪抑止;(8)社会+非刑事措施+犯罪预防;(9)各种多元模式。

理论模式虽然很多,但并不等于现实中实际可能存在的模式的数量。(1)由于刑事惩罚权为国家所垄断,社会没有权力实施刑事惩罚,所以含有"社会+刑事措施"要素的模式都不可行。(2)国家虽然也是非刑事措施的实施主体,但是其主要的犯罪控制手段仍然是刑事措施。刑事措施虽然具有犯罪预防的作用,但是其惩罚特性使得其直接与主要的效应还是犯罪抑止;同理,非刑事措施的非惩罚性使得其主要作用并非抑止犯罪而是预防犯罪。

这样,凡是含有"国家+非刑事措施"、"刑事措施+犯罪预防"、"非刑事措施+犯罪抑止"要素的模式都不具有独立性,只能是某种模式的组成部分。如此说来,现实中可能存在的犯罪控制模式只剩下以下几种:(1)国家+刑事措施+犯罪抑止;(2)社会+非刑事措施+犯罪预防;(3)二元模式:以上两种模式的结合。[1]

我国现有的模式是哪一种呢?根据我国犯罪学者王牧的观点,人类社会的犯罪对策概括起来只有两种:无预防的单纯打击和以预防为主的打击与预防相结合。前一种是古典的犯罪对策,后一种是现代的犯罪对策。无论在制度层面还是观念层面,我国现行的犯罪对策基本属于古典的犯罪对策,即单纯打击并且是重刑。虽然近年来我国在犯罪防治政策导向上强调"打防并举"或"打防结合、预防为主",但是还远没有形成为制度事实。这体现在立法、司法、理论研究等各个方面。[2] 由此不难发现,我国现行的犯罪控制模式就是前文所列举的"国家+刑事措施+犯罪控制"模式,笔者将之概括为国家一元主导型犯罪控制模式。

---

〔1〕 根据与本文不同的要素划分而建构的刑事政策模式类型可参见〔法〕米海伊尔·戴尔玛斯-马蒂:《刑事政策的主要体系》,卢建平译,法律出版社2000年版,第51页以下。

〔2〕 参见王牧:《我国犯罪对策的战略选择》,载《中国刑事法杂志》2004年第3期。

四、国家一元主导型犯罪控制模式的局限及其克服

（一）国家一元主导型犯罪控制模式的局限

我国现行的国家一元主导型犯罪控制模式的观念基础是前现代的刑事政策思想，其现实基础是国家应对改革开放后日益严重的犯罪态势的司法实践活动。从根本上说，这一模式是计划体制时代思维惯性、制度惯性的产物，随着社会结构转型的不断深入，它逐渐暴露出以下诸多自身难以克服的局限。

1. 有效的犯罪控制必须是针对犯罪原因设计、制定与实施，并能充分抑制该原因发挥作用的，而一元模式所倚仗的刑事措施并不能实现这一目标。前文已述，犯罪原因可分为结构层面的宏观因素、政策层面的中观因素、个体层面的微观因素。宏观因素，因为既定的社会发展总体目标不得动摇，无法抑制；中观因素则是刑事措施无力影响的，只能依靠改进各项经济、社会、公共政策的制定以及实施；刑事措施的作用界面仅仅是微观因素，即影响犯罪人的意思决定与行为选择。即便如此，刑事措施在微观层面的作用也是非常有限的。这是因为，一方面，"在犯罪或不良行为的发生中，理性及自由意思所占比重极低。"[1]另一方面，具体的犯罪事件总是在犯罪人与被害人之间发生的。（1）针对犯罪的犯罪人因素，我们研究犯罪人类型，进而针对不同类型的犯罪人采取不同的刑事处遇措施，即分类处遇、个别处遇原则；（2）针对犯罪行为，我们可以在总结各种犯罪行为的特征、规律的基础上制定有效的防范、治理对策与措施；（3）针对犯罪的被害人，我们分析他们在犯罪发生、演变过程中的作用以及犯罪过后他们对处理结果的反应，从而遏制犯罪中的被害人因素、预防被害人因二次被害而发生的犯罪。[2]上述（1）是刑事措施的主要作用领域，而（2）、（3）则同时依赖刑事措施与非刑事措施。犯罪行为的防范以非刑事措施为主，犯罪行为的治理则可以凭借刑事措施。由于我们不可能对被害人实施刑事处遇，因此有关被害人的（3）只能是非刑事措施作用的领域，即便刑事措施能够在其中发挥作用，那也是附随性的。例如合理处遇犯罪人往往能够消除被害人的愤慨、恢复被害人的生活，从而消除潜在的犯罪因素。但是，立法禁令在不少场合反而会诱发人们实施立法所力图禁止的行为的强烈动机。因为，"法律对某类服务或物品的禁止，一方面可能因增加了从事这类活动的预期成本而使某些社会成员望而却步，放弃或抑制实施这类行为的内心冲动"；"但另一方面，也

---

[1]〔日〕大谷实：《刑事政策学》，黎宏译，法律出版社2000年版，第299页。

[2]其实，在一般预防研究中，被害人往往被视为潜在的犯罪人，这是因为我们假设被害人内心存在报复欲望——一旦代替私人惩罚犯罪人的国家对犯罪人的处理没有满足被害人的要求，或者国家忽视了对害人的保护、安抚，使被害人失去对法律、国家、公正的信赖，被害人即产生亲自实施惩罚的欲望，而这种惩罚欲望的对象有时并不限于犯罪人本人。对于如何避免害人二次被害，可参见田思源：《论犯罪被害人的社会支援》，载《法制与社会发展》，2002年第4期。

正因为法律的禁止和预期成本的高昂,使某类服务或物品成为一种人为的难以为人们唾手可得的'稀有资源'或'贵重物件',从而大大增加了从事这类活动的预期收益甚至冒险的愉快体验。"[1]另外,刑事措施是一种事后措施,它能影响的仅仅是该次犯罪以后的犯罪人和一般人的心理。因此,国家一元主导模式中以刑事措施为主要手段的犯罪控制不能从根本上抑制犯罪,其作用范围也很有限甚至适得其反,而只能起到"扬汤止沸"的治标作用。于是,犯罪的整体态势并未改观,进而诱发更加严厉的刑事抗制。这就是"严打"与犯罪相互加功的恶性循环。

2. 过于夸大刑事措施在犯罪控制中的作用,导致反犯罪资源投入与分配的不充分、不合理。根据前文述及的犯罪控制的资源制约机制,(1)国家成为犯罪控制体系中的主导力量甚至唯一主体,导致反犯罪资源以国家投入为主甚至唯一来源,从而闲置了存在于社会中的大量的反犯罪资源,忽视了社会力量在犯罪控制中的独特优势,甚至有时还会妨碍它们的介入与施展。"由于法律与其他形式的社会控制之间存在着一种互为消长的关系,法律控制的一味扩张,就会相应抑制非官方社会控制力量的正常成长和发展,使社会公众和组织逐渐形成一种惰性的思维定式和行为习惯,放弃他们作为社会成员的应有责任感,而将消除犯罪诱因和维持社会秩序的义务完全交由官方机构负责。"[2](2)在反犯罪资源总量一定的情况下,如果资源投入以国家为主,社会投入就相对减少;如果资源投入偏向刑事措施,非刑事措施得到的资源就相对减少;如果资源投入主要用于犯罪抑止,用于犯罪预防的资源就相对减少。国家作为反犯罪资源投入主体倾向于将自己占用的资源优先划拨给国家的犯罪控制机构用于刑事措施以抑止犯罪。相应的,社会作为反犯罪资源投入主体则倾向于将自己占用的资源优先划拨给民间的犯罪控制组织用于非刑事措施以预防犯罪。当国家成为犯罪控制的主导力量乃至唯一主体时,社会几乎不占有任何反犯罪资源——即便占有也相当零散,资源倾斜无论是绝对量还是相对量都更加严重,几乎是国家的完全垄断。我们之所以说这样的状况不合理,是基于上文所述的一元模式在"原因—对策"层面的局限。把大量的、优质的资源投放在收效有限的措施之上当然是不合理的,是对资源的浪费。

3. 国家一元主导型的犯罪控制模式在权利(力)安排上明显失衡,过于重视公权力而冷落、忽视了私权利,尤其是被害人的权利与呼声。根据自然法的社会契约论解说,为了更好地保护人的生命、健康、自由和财产,人们按约建立国家,放弃了具有绝对自治性质的私力救济权利。随着权利救济结构的转型,权利主体对于案件事实的判断权、对于加害人的要求权、执行权分别被公共裁判机构所享有,而转变为认为权、请求

---

[1] 张远煌:《论刑法调控与犯罪生成》,载《法学》2004年第6期,第61页。

[2] 张远煌:《论刑法调控与犯罪生成》,载《法学》2004年第6期,第60—61页。关于法律控制与非官方社会控制的相互消长关系,参见〔美〕唐纳德·布莱克:《法律的运作行为》,苏力等译,中国政法大学出版社2004年版,第7—10页。

权和无权。[1] 这在刑事领域就表现为,"刑法制度的历史恰恰是永不停歇的社会侵占个人的历史,或者准确地说是社会侵占它所包含的原始群体的历史。这种侵占的后果,就是逐渐用社会的法律把个人的法律代替掉。"[2] 从此,"所有的个人之间的冲突,都被转化为个人和国家之间的冲突"。[3] 国家获得了垄断性的刑罚权,犯罪被视为对国家、社会的侵犯,成为"公害"。虽然国家垄断刑罚权有利于统一、公正的惩罚标准的建立与实施,但是,犯罪毕竟直接侵害了被害人的权益(有被害人的犯罪),如果过于强调犯罪的社会、国家侵犯性,就会忽视对被害人权益的维护。同时,刑事实体法上的罪刑法定原则、刑事程序法上的无罪推定原则及其相关原则、制度使得国家不断加强对嫌疑人、被告人、犯罪人的人权保障。刑法的法益保护机能(偏重保护被害人)与人权保障机能(偏重保护被告人、犯罪人)在总体上的此消彼长关系于此得到了突出体现。这就出现了如下尴尬的局面:相较于嫌疑人、被告人、犯罪人,更加无辜的被害人却得不到国家应有的重视,对他们权益的维护只是捆绑在国家公权力机器上的附属物。正如我国学者所言,"现代性的权利救济没有使权利救济的历史结构发生转型,而是进一步强化了公力救济的运行机制。"[4] 当然,这是现代性权利救济结构的普遍弊端,但是在国家一元主导型的犯罪控制模式中这一弊端更加明显、严重。(1)过于重视国家追诉,弱化、漠视对嫌疑人、被告人、犯罪人的人权保障。(2)在追诉过程中罔顾被害人的权益与要求。被害人成为刑事司法体系中的边缘角色甚至被排除出该体系。(3)对犯罪的处理往往是"一次性司法处理",忽视司法处理结束后对被害人的进一步救济。因为,刑罚所具有的正式认同被害人权利、重建被害人与犯罪人之间的平等、改善被害人生存机会、使被害人恢复对法律的信仰等意义[5],对于被害人而言是远远不够的,被害人尚需更加实际的帮助,例如经济赔偿、补偿、生活指导,等等。

以上就是笔者总结的我国现有的国家一元主导型犯罪控制模式存在的三大局限。从犯罪控制活动的目的来看,这三大局限的症结是,将犯罪控制的重心放在了抑止已然犯罪上。目的决定行为选择,由此相应地形成了以刑事措施为主的国家垄断模式。但是这样的模式已经难以维持、运行下去了。(1)"原因—对策"层面和"资源—配置"层面的弊端都表明这一模式不能有效抑制犯罪,预示了它的合理性危机;(2)"权利—救济"层面的弊端则表明这一模式保护私权不力,预示了这一模式的合法性危机。

对于本文的论题而言,国家一元主导型犯罪控制模式的三大局限导致的最大问题是不利于犯罪人(现实的与潜在的)的(再)社会化。

前文已述,社会化是个体内化主流价值标准、行为规范以及进入社会体制的过程。

---

[1] 参见贺海仁:《从私力救济到公力救济——权利救济的现代性话语》,载《法商研究》2004年第1期。
[2] [法]涂尔干:《社会分工论》,渠东译,三联书店2000年版,第57页。
[3] 黎宏:《刑事和解:一种新的刑罚改革理念》,载《法学论坛》2006年第4期。
[4] 贺海仁:《从私力救济到公力救济——权利救济的现代性话语》,载《法商研究》2004年第1期。
[5] 参见劳东燕:《被害人视角与刑法理论的重构》,载《政法论坛》2006年第5期。

其前提是个体与社会的互动、交往。其中介是社会化理论中所说的社会化的主体。"人的社会化过程会涉及一系列个人、群体和机构。这些个人、群体和机构中最重要和最有影响者被称为社会化的主体。"大体而言,主要包括家庭、学校、同龄群体、工作单位和大众传播媒介等。[1] 正是这些个人、群体承载着各式各样的价值标准、行为规范,并将之灌输、内化于个体。因此,社会化过程必需具备如下要素才能顺利进行并取得预期结果。(1)个体的自愿参与,即个体出于自己的意思接受社会对他实施的各种社会化活动。(2)社会化过程的开放性,即社会化过程的外部环境是开放的,便于个体与社会互动、交往。因为只有在互动、交往的过程中才能学习、内化价值标准、行为规范以及进入社会体制。(3)社会化内容的主流性,即个体学习、内化的是社会主文化提倡、认同的价值标准、行为规范,进入的是得到社会认同的体制,而非亚文化提倡、认同的价值标准、行为规范和得不到社会认同的体制。这是由社会化的社会结构再生产、社会文化传承功能以及体制化功能决定的。(4)社会其他成员对个体的接纳,即个体能够被周围的社会化的主体接受并融入其间。(1)、(2)、(4)的意义在于保证个体与社会互动、交往这一前提性条件的实现以及作为中介的社会化的主体的社会化活动的顺畅实施,(3)的意义则在于表明社会化活动的内容的特定属性。如果说前者的着力点是形式方面,后者则更加注重内容,双方共同从形式、内容两个方面对社会化过程予以保障。再社会化是社会化的子概念,"是指全面放弃原已习得的价值标准和行为规范,重新确立新的价值标准和行为规范。"[2] 所谓新的价值标准和行为规范正是社会提倡、认同的主流价值标准和行为规范。根据前文对社会化概念的重新界定,此处的再社会化概念也包括如下含义:脱离了社会体制的个体重新进入社会体制。再社会化作为社会化的一个特殊类型,在功能、内容、主体等方面没有超出社会化概念的范围,只不过,就是在特殊的社会化的主体影响下以主流价值标准、行为规范代替原先的价值标准、行为规范以及重新返回社会体制内。因此,再社会化的顺利实施与实现也必需上述要素。

  现代处遇理论与实践已经摆脱了单纯惩罚的可憎面目而迈向了教育、改造,这正是重视社会化过程的后果;但是,作为国家一元主导型犯罪控制模式的核心内容的刑事措施本身却不利于犯罪人的再社会化,因为它所具有的各项功能会排除以上所述的社会化过程的必备要素,从而与其设定的矫正目标相违背。(1)罪犯从外面的"大社会"进入监狱这个"小社会"是被迫的;也就是说,罪犯接受的再社会化其实是一种"强制社会化",极易形成抵触、抗拒情绪,无形中增加了再社会化的难度。这违背了社会化过程的自愿性。(2)封闭的监狱环境虽然有利于隔离功能的实现,但不利于罪犯的再社会化。一方面,罪犯与社会隔绝,使得罪犯家庭、工作单位、大众传播媒介的影响

---

[1] 参见郑杭生主编:《社会学概论新修》(第3版),中国人民大学出版社2003年版,第88页。
[2] 郑杭生主编:《社会学概论新修》(第3版),中国人民大学出版社2003年版,第84页。

变得微弱、间接和偶然。另一方面,监狱封闭的环境、简单划一的生活并未为主流价值标准、行为规范的实践提供理想环境与条件;社会文化、价值内化最有效、最稳固的途径应当是潜移默化、"润物细无声"式的,即个体在周围环境的熏陶下接触、学习、践行这些价值标准、行为规范;显然,监狱很难做到这一点,只能停留在反复说教上面。再一方面,罪犯的同龄群体的不利影响。同龄群体是指,由在年龄、兴趣爱好、家庭背景等方面比较接近的人们所自发结成的社会群体。从人际互动角度说,同龄群体对个体具有较强的吸引力和影响力,它的群体规范和价值往往被个体当作社会化过程中的重要参照系,从而成为个体社会化的一个重要环境因素。个体在其中接受大量亚文化影响。[1] 共同关押的罪犯"朝夕相处",享有近似的价值标准、行为规范,相互间的影响力更是超过其他社会化的主体。对此,我们需要付出更大的努力来抵消这种负面影响,从而实现教育、改造效益的最大化。[2] 这些都背离了社会化过程的开放性与内容的主流性。(3)刑罚以犯罪为前提,犯罪所具有的"标签化"作用,使得犯罪人不仅在物理层面与社会隔绝,更在精神、社会交往层面与社会隔绝。这一效应不会因为刑罚执行完毕而自动消失,有时甚至会伴随终身。这极大地影响了社会成员对犯罪人的接纳。(4)进入监狱本身就意味着犯罪人被从社会体制中剥离,(重新)进入社会体制意义上的(再)社会化在监狱中根本无从谈起。因此,我们应当尽可能地通过犯罪预防措施将犯罪消灭于无形,以减少进入监狱进行再社会化的人群。

一般而言,预防犯罪往往从以下几个方面着手。(1)针对重点区域实施戒备、警护;(2)教育、指导、帮助、扶持、监控重点人群(潜在犯罪人,如各类失范群体、犯罪被害人等);(3)惩戒不良行为,防范其发展为犯罪。[3] 如此则能尽量减少犯罪群体,减少被投入监禁机构实施强制性再社会化的人群,尽可能地将他们留在社会中予以再社会化。

(二)超越国家一元主导型犯罪控制模式

国家一元主导型犯罪控制模式的局限是内在于结构本身的,因此不能由其自身克服,而只能依靠犯罪控制模式的转变。

1. 针对国家一元模式重抑止轻预防的"事后反应型"[4]特点,我们必须从观念、制度、措施等各个方面向重预防轻抑止转变。这就要求我们:(1)加强社会政策、公共政策研究,提高设计、制定、实施水平,从根本上抑制犯罪发生的社会因素。(2)加强犯罪预测研究与活动,包括一般预测与个别预测。前者即"将过去发生的犯罪进行统计处理,查明犯罪数量、倾向及通常的犯罪原因和犯罪人的情况,推测犯罪发生的时期及

---

[1] 参见郑杭生主编:《社会学概论新修》(第3版),中国人民大学出版社2003年版,第89页。
[2] 参见邵磊:《对建立我国现代罪犯教育制度的思考》,载《河北法学》2004年第8期。
[3] 参见唐忠新等主编:《社区防控犯罪研究》,天津社会科学院出版社2006年版,第4、5、6章,第113—195页。
[4] 参见冯卫国:《犯罪控制与社会参与》,载《法律科学》2007年第2期。

场所";后者即"预测个人犯罪或对犯罪人的再犯可能性进行预测,并将由此而获得的个人类型及犯人情况在犯罪预防对策中加以利用。"[1]

2. 针对国家一元模式轻视社会在犯罪控制中的作用的特点,我们应当积极鼓励、动员社会力量参与犯罪控制,以扩大反犯罪资源的可利用数量、范围并合理化其内部配置分布。(1) 从人员素质、基础设施、工作经费、明晰职责等各个方面加强群众自治组织在犯罪控制过程中的作用与地位。(2) 积极推进非政府组织与营利组织参与犯罪控制。(3) 通过治安保卫委员会、治安联防、邻里守望、志愿服务、个体防范等组织、活动形式提高犯罪控制中的公民参与程度、范围。[2] 如此则能形成一个多元竞争、互补的社区犯罪控制公共产品提供体系,以降低政府提供的比例,因为政府提供会背离生产的社会效率水平。政府提供者往往处于垄断地位,其市场不是可以竞争的,这就意味着政府垄断没有破产的威胁,也没有明确的负责对象,激励效率的因素都被排除了。[3] 在这一过程中,政府的主要角色应当从提供者逐渐转变为协助人、监管人。我们要防止社区治安力量及其公共管理行为成为警察治安行政的附属性补充,防止社区犯罪控制退化为警察全盘负责的社区治安行政管理活动。[4] 否则,就背离了引入社会力量参与犯罪控制的初衷。

3. 针对国家一元模式重视追诉轻视私权利保护、救济的特征,在完善犯罪人人权保障机制的同时,更要完善对被害人的权益保障。(1) 追诉过程中要倾听被害人的要求、呼声。"在个体法益类犯罪中,被害人才是真正的法益主体,他/她自然有权作出相应的处置。""公民必须保留处置自身法益的权利,而只有在其力量不足时才容许国家干预。"[5] 因此,被害人有权在符合法律规定的条件下与犯罪人和解,即经由调停人帮助,与犯罪人直接相谈、协商,解决纠纷或冲突[6],以实现"犯罪责任的具体承担、对立关系的良性转化以及社区和谐的有力恢复"[7],促使犯罪人改过自新,复归社会。(2) 犯罪发生后要注意对被害人权益的保护。首先,被害人因犯罪而遭受的损失以犯罪人赔偿为原则,在犯罪人下落不明、无法赔偿、赔偿不足的情形下,要给予被害人以相应补偿。一方面是国家补偿,即由于种种原因无法从加害方获得赔偿的被害方由国

---

[1] [日]大谷实:《刑事政策学》,黎宏译,法律出版社2000年版,第300页。
[2] 参见唐忠新等主编:《社区防控犯罪研究》,天津社会科学院出版社2006年版,第2、3章,第53—112页。
[3] 参见[英]朱利安·勒·格兰德等:《社会问题经济学》,苗正民译,商务印书馆2006年版,第260页。
[4] 参见王均平:《我国社区犯罪防控模式的反思及重构》,载《法商研究》2002年第5期。
[5] 劳东燕:《被害人视角与刑法理论的重构》,载《政法论坛》2006年第5期。
[6] 参见黄京平:《和谐社会构建中的刑事和解》,载《中国刑事法杂志》2006年第5期。关于刑事和解制度的价值,还可参见黎宏:《刑事和解:一种新的刑罚改革理念》,载《法学论坛》2006年第4期;周光权:《论刑事和解制度的价值》,载《华东政法学院学报》2006年第5期。
[7] 杜宇:《"犯罪人—被害人和解"的制度设计与司法践行》,载《法律科学》2006年第5期。

家予以一定经济补偿,使被害方利益在一定程度上得以恢复。[1] 另一方面是社会补偿,以弥补国家补偿范围、力度的有限与不足。其次,为了防止第二次、第三次被害化,为了被害的及时有效恢复,在强调加害人赔偿责任和国家补偿责任的同时,全社会对被害人的理解、关怀、尊重和在力所能及的范围内的支援也是必不可少的。相应的民间组织向被害人提供包括经济援助、生活指导、法律服务、医务治疗、心理辅导、信息联络等在内的各项帮助,以及向政府部门、立法机关提出有关被害人权益保护的政策、立法建议。[2]

以上种种变化的内在趋势就是逐步弱化国家在犯罪控制中的主导地位,弱化刑事措施的本位作用;反之,就是提高社会在犯罪控制中的地位,成为与国家平行互补的主体,强化非刑事措施的作用,实现、巩固从犯罪抑止到犯罪预防、由一元论向二元论拓展的犯罪控制模式变迁[3],以"社会+非刑事措施+犯罪预防"模式校正我国现行的"国家+刑事措施+犯罪控制"模式,达成"民间社会与官方(国家)的治理分工"[4],形成国家/社会二元主导型犯罪控制模式。

就本文论题而言,犯罪控制模式的二元化转变可以为犯罪人(现实的与潜在的)营造有利的(再)社会化环境。需要说明的是,被害人其实也需要再社会化,复归社会。因为:(1)被害人因遭受犯罪侵害而产生的心理失衡必须被恢复;(2)因对犯罪处理不当而导致的被害人不满、对法律丧失信赖,必须以适当方式抚平、恢复;(3)被害人必须得到国家、社会的理解、关怀、尊重以及支援,否则被害人将永远陷于被害境地而无法重返正常生活,从而成为潜在的不安定因素。

从更深的层面来说,这一过程反映了公力救济在困顿之际向私力救济[5]的适度妥协。正如前文已述,历来的权利救济方式都是公力救济。但是物极必反,20世纪中叶以后要求在犯罪处遇中重视被害人主张的呼声越来越高,以及当代刑事政策科学对犯罪现象及其对策的认识"由片面的科学到全面的充实"[6],都使得这一垄断性局面逐渐发生改变。当然,我们必须认识到这种妥协只是"适度妥协"。因为:(1)我们已经不可能返回完全依靠私力救济抗制犯罪的时代了。几千年来国家垄断刑罚权的犯罪控制模式虽然具有不少弊端,但是其优越性也是不言而喻的。"公力救济否定的是私力救济状态之中的以权利人的个人意志为导向的权利实现方式"[7]。这在一定程

---

[1] 参见孙谦:《构建我国刑事被害人国家补偿制度之思考》,载《法学研究》2007年第2期。
[2] 参见田思源:《论犯罪被害人的社会支援》,载《法制与社会发展》,2002年第4期。
[3] 张远煌:《刑事政策观之时代精神解析》,载《中国刑事法杂志》2007年第1期。
[4] 参见卢建平、莫晓宇:《刑事政策体系中的民间社会与官方(国家)》,载《法律科学》2006年第5期。
[5] 本文使用的"私力救济"指权利的非国家性救济,并非仅指权利的个体性救济,还包括权利的社会性救济;在适用范围上,包括权利救济的一切方面。关于纠纷解决层面的"私力救济",可参见徐昕:《论私力救济》,中国政法大学出版社2005年版。
[6] 张远煌:《刑事政策观之时代精神解析》,载《中国刑事法杂志》2007年第1期。
[7] 贺海仁:《从私力救济到公力救济——权利救济的现代性话语》,载《法商研究》2004年第1期。

度上排除了因个人差异而产生的惩罚标准的恣意,为统一、公正的惩罚标准确定了前提;同时也以成本较低的救济模式取代了成本较高的救济模式。[1] (2)妥协的方式其实是国家权力的自我克制以及对社会承担相应犯罪控制职责的认可、鼓励。一方面,回应社会要求;另一方面,国家减轻自身负担,把自己不该做、做不好、做不了的事务交给社会、个人,而把自身资源集中在自己能做好的事项上。因此,妥协是有限度的,底线是国家的权威不容质疑、否认和侵犯。如此"适度妥协"的最终结果就是,"国家"与"社会"的联系更加密切,犯罪控制网络愈加严密,社会的"规训化"程度更高了。[2]

---

[1] 一旦公力救济成为垄断性的制度化权利救济方式,其成本也将上升。这就是在公力救济普遍存在的当代,人们仍然选择私力救济的原因(参见徐昕:《论私力救济》,中国政法大学出版社2005年版,第130页以下)。

[2] 对此的详细论述,参见〔法〕福柯:《规训与惩罚》,刘北成、杨远婴译,三联书店1999年版。

《刑事法评论》征稿启事

《刑事法评论》(Criminal Law Review)是北京大学刑事法理论研究所主办、由陈兴良教授主持的大型刑事法学类连续出版物和中文社会科学引文索引(CSSCI)来源集刊。北京大学出版社每年推出两卷。研究内容包括:刑法学、刑事诉讼法学、刑事侦查学、犯罪学、刑事证据学、监狱法学等。

编辑宗旨:竭力倡导与建构一种现实社会关心与终极人文关怀为底蕴的,以促进学科建设与学术成长为目标的、一体化的刑事法学研究模式。

我们欢迎各位关注刑事法学学术成长和刑事法学理论进展的有志同仁加盟,欢迎原创性的、富有思想性的鸿篇巨制汇入。《刑事法评论》以质论稿,择优录文;篇幅不限,但简练为佳。为保证论文品质,本刊恕不接受二人以上(包括二人)署名的作品。《刑事法评论》已加入《中国期刊全文数据库》,所有在《刑事法评论》发表的文章均同步收入,如作者不同意,请在来稿时声明保留。

我们诚邀您加盟《刑事法评论》。

通信地址:北京大学法学院

收信人:陈兴良　邮编:100871　电子邮件:crlr@163.com

附:《刑事法评论》基本注释体例

1. 全文采脚注,每页重新单独编号。后注与前注相同的注释,后注不用省略格式,即不采用"见前注"、"前引"、"前揭"等字样。

2. 中文部分规范注释示例。规格为:作者;书名;版本;页码。

(1) 著作:夏勇:《人权概念起源》,中国政法大学出版社1991年版,第10页。

(2) 主编:高铭暄主编:《刑法学原理》(第1卷),中国人民大学出版社1993年版,第2—4、6页。

(3) 选集:《邓小平文选》(第3卷),人民出版社1993年版,第20—21页。

(4) 译著:〔美〕格伦顿、戈登、奥萨魁:《比较法律传统》,米健等译,中国政法大学出版社1993年版,第12页。

（5）文集论文：陈兴良：《论不作为犯罪之作为义务》，载陈兴良主编：《刑事法评论》（第3卷），中国政法大学出版社1999年版，第203、206、216页以下。

（6）论文：邓正来：《中国法学的发展与世界结构》，载《现代法学》2006年第6期。

（7）脚注中的文字阐述部分中含有引用的，将引用文献加小括号。如：……（夏勇：《人权概念起源》，中国政法大学出版社1991年版，第10页）。

3. 英文部分规范注释示例：书名及期刊名采用斜体。德文、日文等其他语种从其惯例。

（1）著作：Robe Gilpin, *Economy of International Relations*, Princeton University Press, 1986, p. 5.

（2）文集中的论文：K. J. Leyser, "The Polemics of the Papal Revolution", in Berly Smalley ed., *Trends in Medieval Political Thought*, Oxford University Press, 1965, pp. 150-153.

（3）期刊中的论文：Alessandro Giuliani, "The Influence of Rhetoric of the Law of Evidence and Pleading", 62 *Judicial Review* 216 (1969).

北京大学出版社刑法学教材

★教育部普通高等教育"十一五"国家级规划教材

《刑法学》（第四版）（配有课件）

高铭暄　马克昌　赵秉志　主编　　　定价：59.00元

【本书特点】　本教材十分注重阐述我国新刑法典颁行以来刑事法治的新进展和刑法理论研究的新成果，以提高教材的学术水平和应用价值。第四版结合刑法新近的发展作了修订。

《刑法学教程》（第二版）

张明楷　著　　定价：38.00元（估）

【本书特点】　本教材采取传统的犯罪论体系，以刑法学通说为主，同时融入个人见解，是国内少有的刑法学简明教材。简洁明了，概念界定清晰，举有繁简适宜的案例，适合本科、专科学习之用，有利于教师合理安排课时，方便学生去冗存简，学习记忆。

★获第三届全国普通高校优秀教材二等奖

《中国刑法论》（第四版）

杨春洗　杨敦先　郭自力　主编　　　定价：50.00元

【本书特点】　本书结合我国现行刑法典，全面、系统地论述了我国刑法的基本概念、基本理论和基本知识以及具体的罪刑情况，对于系统学习刑法学的有关知识具有重要的指导作用。

★教育部普通高等教育"十一五"国家级规划教材

《犯罪学》（第二版）

康树华　张小虎　主编　　　定价：34.00元

【本书特点】　本教材整合了我国犯罪学的研究成果，力求在较宽的领域内和较深的层面向读者提供较多的理论帮助和实践经验。本次修订在原有基础上精练了篇幅，并增加了最新理论和实践成果。

张明楷教授作品

《罪刑法定与刑法解释》　　　　定价：25.00元

【本书特点】

　　罪刑法定原则是我国刑法的基本原则之一，由此原则派生出成文法主义、排斥习惯法、排斥绝对不定期刑、禁止类推、刑法的明确性等多个原则。在这一原则下，如何进行刑法解释、如何在刑法解释与罪刑法定间保持一定的张力，是法学中一件复杂但重要的理论和实践任务。本书从多个角度分析了刑法中罪刑法定原则与刑法解释的关系，并结合刑法分则对这一关系进行了细致分析。既有理论深度，又对实践有重要的指导和借鉴意义。

《犯罪构成体系与构成要件要素》　　　　定价：30.00元（估）

【本书特点】

　　犯罪构成理论是我国刑法的基本理论。本书从多个角度分析了犯罪构成体系的理论基础及构成要件要素，对现有的四阶层理论进行了批判，提出了自己的理论主张，并结合刑法分则对其进行了细致分析。本书体现了作者深厚的哲学、法学理论功底和很强的分析思辨能力。本书不仅对于刑法理论有重要贡献，对于法院、检察院等部门的司法实践也有重要的指导和借鉴意义。